合同司法观点
总梳理系列

物业服务合同

06

纠纷处理司法观点总梳理

王　军／编著

法律出版社
LAW PRESS·CHINA
北京

图书在版编目(CIP)数据

物业服务合同纠纷处理司法观点总梳理／王军编著
．--北京：法律出版社，2024
ISBN 978-7-5197-8753-0

Ⅰ．①物… Ⅱ．①王… Ⅲ．①物业管理-商业服务-经济合同-合同纠纷-处理-中国 Ⅳ．①D923.64

中国国家版本馆CIP数据核字(2024)第023095号

物业服务合同纠纷处理司法观点总梳理
WUYE FUWU HETONG JIUFEN CHULI SIFA GUANDIAN ZONGSHULI

王 军 编著

策划编辑 朱海波 杨雨晴
责任编辑 朱海波 杨雨晴
装帧设计 汪奇峰 臧晓飞

出版发行 法律出版社
编辑统筹 法律应用出版分社
责任校对 蒋 橙
责任印制 刘晓伟
经　　销 新华书店

开本 710毫米×1000毫米 1/16
印张 47　**字数** 878千
版本 2024年5月第1版
印次 2024年5月第1次印刷
印刷 三河市龙大印装有限公司

地址：北京市丰台区莲花池西里7号(100073)
网址：www.lawpress.com.cn
投稿邮箱：info@lawpress.com.cn
举报盗版邮箱：jbwq@lawpress.com.cn

销售电话：010-83938349
客服电话：010-83938350
咨询电话：010-63939796

书号：ISBN 978-7-5197-8753-0
定价：188.00元

凡购买本社图书，如有印装错误，我社负责退换。电话：010-83938349

序　言

随着现代市场经济的快速发展,随着房地产市场的不断升温,物业服务行业也得到迅猛发展。因物业引发的各类纠纷越来越多,诉至人民法院的物业服务合同纠纷案件大量增加,相关法律问题引起社会广泛关注。涉物业纠纷在形式上呈现多元化、群体化、复杂化趋势。涉物业纠纷已由单一的物业服务人索要物业费,向业主委员会要求移交账目、交付经营性收入,物业服务的安全保障义务,物业服务合同认定等向多层次、多方面延伸。案件主体从单一的业主与物业服务人纠纷,向业主委员会与物业服务人纠纷以及其他群体性纠纷发展。由于案件起因集中在开发商遗留的房屋质量问题、物业服务不达标、物业服务人与业主委员会的矛盾、部分业主的恶性欠费以及房屋政策调整等方面,使得案件呈现综合性、交叉性特点,大大增加了涉物业纠纷妥善处理的难度。业主诉求呈现精细化、多样化的特点,业主不仅对涉及自身居住利益的电梯噪声、小区绿化、楼道环境等提出权利诉求,也对涉及业主成员权的相关事项提出诉求。物业服务纠纷除了有群体诉讼多特点外,当事人再次诉讼的概率也远高于其他类型案件,而再次诉讼,双方往往很难达成和解。从法律上讲,物业这一领域存在多个法律关系,同一主体在不同法律关系中享有不同的权利,履行不同的义务。

物业服务案件类型纷繁多样,法律关系也日趋复杂,各种新情况、新问题不断出现,最高人民法院于2009年3月23日制定了《最高人民法院关于审理建筑物区分所有权纠纷案件具体应用法律若干问题的解释》(以下简称《2009年建筑物区分所有权解释》),同年4月20日制定了《最高人民法院关于审理物业服务纠纷案件具体应用法律若干问题的解释》(以下简称《2009年物业服务解释》)。两个司法解释颁布实施后,有力促进了"同案同判"的法律效果成为现实,最终达到了统一执法标准的目标。但也应清醒地看到,法律滞后于经济发展和社会实践,现行法律规定和2020年修正的《物业服务解释》和《建筑物区分所有权解释》与社会发展不适应和尚未规定的情况不断出现,对现有条文理解出现不同意见,这是当前的实际现状。由于各种原因的制约,对于如何正确理解、准确适用《物业服务解释》的规定,把握《物业服务解释》条款的内容含义,考量个案的实际情况,从平衡利益、鼓励交易、社会效果等因素考量案件裁判效果尚难达到预期目标，尚需继续努力。在2020年5月28日颁布的《民法典》中将《合同法》《物权法》的内容归入《民法典》中，但仍分为不同编，将物业服务合同列入合同编中作为典型合同并设立专章，且对《合同法》诸多内容进行了修改、补充和完善，需要进一步的理解和把握。《民法典》将物权与债权调整对象范围分编，但两者不同之处类似原来的《物权法》和《合同法》。物业服务法律关系在财产的归属和流转方面分别由物权和债权两种性质规范调整，尽管两种性质法律调整对象不一，但出现交叉的现象突出，既存在合同编的适用空间，也包含物权编的适用空间。也就是说，物业服务法律关系形式上虽以合同之债表现出来，但在合同履行过程中涉及的有关房屋的、第三人侵权的争议又往往需要运用物权编和侵权的规定和基本原理加以公平解决。本书虽然阐述的是物业服务合同，但不仅仅涉及《民法典》合同编的相关规定，其不可避免地涉及物权编、侵权责任编等法律条款。

在民事法律实务图书市场，主要有三类书籍形式。第一类是裁判规则类，对民事纠纷归纳各类裁判规则，简单明确，让法官、律师和广大读者对号入座争议类型进行类案参考，节约大量时间，提高效率。但不容忽视的是，现实生活中鲜活的案例绝没有百分之百的等同，任何一个细节忽视都存在可能造成处理上的偏差，完全照搬规则受到一定限制。第二类是问答类，对司法实践中出现的疑难问题和多发争议，采用问答的形式，做出自己理解的解答，是很受欢迎的形式之一，但不可避免地因缺少鲜活案例诠释法律，容易造成理解上的偏差。第三类是依据法律条文的顺序进行编排，虽附有一定案例或对同一个问题也有一定案例辅助阐述，但现实生活对一个法条或同一个争议反映出争议纠纷呈现多样化，一个争议法院判决出现不同观点，执法尺度并不统一，呈现的面和深度并未能满足实际需求。笔者从检察、法院再到退休后法律服务的阅历和几十年感悟，试图从另一类途径寻找出有用、实效的办法，从法律理解、法律适用、纠纷处理三个方面角度诠释鲜活案例反映的实际疑难纠纷。

本书针对物业服务法律关系适用实践性与复杂性、物业服务的独有特点和立法及司法现状之难点展开。基于上述背景和现状，确立了作者编写的指导思想和本书的定位。作者撷取物业服务司法实践中存在争议的热点、疑点、难点问题，以司法实践和理论相结合为基础进行探讨。本书坚持以问题为导向与纠纷案件处理思路相结合，对已生效的纠纷案件进行总结、梳理进而把握适用法律精髓。本书以现行法律规定和合同理论为基础，对其物业服务合同纠纷中存在问题选择某一部分重点探讨，未展开至该类合同纠纷的全部内容。在全书编写中作者力争贯穿一个写作指导思想，即选材上的典型性、广泛性，使用上的实用性、方便性，效果上的准确性、有效性。作者在思考并实践如何选择在生效判决中,注重研究对其纠纷裁判规则有效利用的方式和程度,使之对纠纷解决、理论的更新和发展起到更大的积极作用。也就是说,作者始终以好读、有用、实用,进而解决实际问题为目标。

本书专题设计是以作者认为的司法实践中多发争议和疑难问题确定纠纷类型,分为十二个专题。第一专题为物业服务合同纠纷概述,较为全面介绍分析了物业服务合同一般性问题如概念等,以及未归进专题中的业主、物业服务人义务、业主整体利益处理等内容。其后依次分为合同关系、主体、效力、违约与赔偿、终止、物业费支付、抗辩、安全保障、物业服务人权利、业主委员会权利、业主权利纠纷等十二个专题。在每一专题中,基本上是以该类专题理解、法律适用以及纠纷处理三大部分展开分析,便于读者有重点查阅。围绕专题的纠纷类型特点又进一步分类确定具体内涵,如业主权利纠纷,分为三大块即业主权利理解、业主撤销权行使处理、业主权利疑难问题,每一块针对实践中存在问题和争议进行剖析,用案例佐证阐述。在每一专题三大部分之下,根据作者要分析问题的多少划分若干细目并列入目录以供阅读。对其阐明的观点,均有一至三个案例实证。

本书有如下特点:(1)在本书中,作者省略案情介绍部分直接提取其判决理由,突出生效判决的重点内涵,简明扼要且信息量大;注重实务处理路径,减少学术性强的概念、术语的理论阐述,并未过分追求理论上的深度。(2)在每一专题中,作者首先是确定该类纠纷的争议焦点,即从实务纠纷中选择多发和疑难的问题,然后依据现行法律和司法解释规定、民事理论,再辅之以最高人民法院公布或认可的案例,对其进行深入分析,力争使法律条文变为看得清、摸得着的鲜活的规则,希望能给法官、律师办理服务合同纠纷案件提供有价值的参考与借鉴。(3)本书载明分析的案例有818个,以大容量展示物业服务合同纠纷案件裁判的形态。(4)作者对生效判决中争议的焦点进行分类拆分梳理,而不是展现判决全部内容,尤其是最高人民法院审理的案件和复杂疑难案件往往有几个争议焦点,对其多个争议焦点分别归置在作者分类的专题中,力求实现作者对热点、疑点、难点重点研讨的目标,减少重复或避免全部判决理由归置在一个规则下的不利因素,实现有限阅读和最大化理解。(5)在本书中,选择列出了就同一争议法院内部不同判决,有利于清醒客观认识现状,并进一步完善法律、取得共识、统一执法尺度。本书根据最高人民法院于2020年12月29日修正后的两个司法解释以及2023年12月4日颁布的《民法典合同编通则解释》编写。需要提醒的是,本书正文论述部分引用的相关法律法规、司法解释等的名称和条文序号为图书出版时生效的规定。而选取的案例中,为体现案例说理和裁判的真实情况,其涉及的法律法规、司法解释等的名称和条文序号原则上为裁判生效时的相关规定，请读者朋友在参考时注意。

众所周知，“法律的生命不在于逻辑，而在于经验”。社会在发展，经济在发展，法律也随之发展，《民法典》的颁布就是新的发展，新的发展需要新的实践、新的经验，作者也是在随着社会、法律的发展，而不断前进。虽然作者不断地刻苦学习，努力探索，但因水平有限，本书可能有诸多不足，故在此恳请各位给予批评指正，使作者能为法治建设、社会和谐作出自己应有的贡献。

王　军

2024 年春节

法律法规简称表

全称	简称
《中华人民共和国民法典》	《民法典》
《中华人民共和国民事诉讼法》	《民事诉讼法》
《中华人民共和国公司法》	《公司法》
《中华人民共和国刑法》	《刑法》
《中华人民共和国劳动法》	《劳动法》
《中华人民共和国劳动合同法》	《劳动合同法》
《中华人民共和国保险法》	《保险法》
《中华人民共和国企业破产法》	《企业破产法》
《中华人民共和国消费者权益保护法》	《消费者权益保护法》
《最高人民法院关于适用〈中华人民共和国民法典〉总则编若干问题的解释》(法释〔2022〕6 号)	《民法典总则编解释》
《最高人民法院关于适用〈中华人民共和国民法典〉时间效力的若干规定》(法释〔2020〕15 号)	《民法典时间效力规定》
《最高人民法院关于适用〈中华人民共和国民法典〉合同编通则若干问题的解释》(法释〔2023〕13 号)	《民法典合同编通则解释》
《最高人民法院关于适用〈中华人民共和国民法典〉有关担保制度的解释》(法释〔2020〕28 号)	《民法典担保解释》
《最高人民法院关于审理民间借贷案件适用法律若干问题的规定》(2020 第二次修正)	《民间借贷规定》
《最高人民法院关于适用〈中华人民共和国民法典〉物权编的解释(一)》(法释〔2020〕24 号)	《民法典物权编解释(一)》
《最高人民法院关于适用〈中华人民共和国民法典〉婚姻家庭编的解释(一)》(法释〔2020〕22 号)	《民法典婚姻家庭编解释(一)》

续表

全称	简称
《最高人民法院关于适用〈中华人民共和国婚姻法〉若干问题的解释(三)》(法释〔2011〕18号)(已失效)	《婚姻法解释(三)》
《最高人民法院关于适用〈中华人民共和国婚姻法〉若干问题的解释(二)》(2017修正)(法释〔2017〕6号)(已失效)	《婚姻法解释(二)》
《最高人民法院关于适用〈中华人民共和国婚姻法〉若干问题的解释(一)》(法释〔2001〕30号)(已失效)	《婚姻法解释(一)》
《全国法院民商事审判工作会议纪要》(法〔2019〕254号)	《九民纪要》
《第八次全国法院民事商事审判工作会议(民事部分)纪要》(法〔2016〕399号)	《八民纪要》
《最高人民法院关于适用〈中华人民共和国民事诉讼法〉的解释》(2022修正)	《民事诉讼法解释》
《最高人民法院关于民事诉讼证据的若干规定》(2019修正)	《民事证据规定》
《最高人民法院关于人民法院办理执行异议和复议案件若干问题的规定》(2020修正)	《执行异议和复议规定》
《最高人民法院关于人民法院民事执行中查封、扣押、冻结财产的规定》(2020修正)	《查封、扣押、冻结规定》
《最高人民法院关于审理民事案件适用诉讼时效制度若干问题的规定》(2020修正)	《诉讼时效规定》
《最高人民法院关于审理买卖合同纠纷案件适用法律问题的解释》(2020修正)	《买卖合同解释》
《最高人民法院关于适用〈中华人民共和国合同法〉若干问题的解释(二)》(法释〔2009〕5号)(已失效)	《合同法解释(二)》
《最高人民法院关于适用〈中华人民共和国合同法〉若干问题的解释(一)》(法释〔1999〕19号)(已失效)	《合同法解释(一)》
《最高人民法院关于审理建设工程施工合同纠纷案件适用法律问题的解释(一)》(法释〔2020〕25号)	《建设工程解释(一)》
《最高人民法院关于审理建设工程施工合同纠纷案件适用法律问题的解释(二)》(法释〔2018〕20号)(已失效)	《建设工程解释(二)》

续表

全称	简称
《最高人民法院关于审理建设工程施工合同纠纷案件适用法律问题的解释》(法释〔2004〕14号)(已失效)	《建设工程解释》
《最高人民法院关于审理技术合同纠纷案件适用法律若干问题的解释》(2020修正)	《技术合同解释》
《最高人民法院关于审理城镇房屋租赁合同纠纷案件具体应用法律若干问题的解释》(2020修正)	《房屋租赁合同解释》
《最高人民法院关于审理商品房买卖合同纠纷案件适用法律若干问题的解释》(2020修正)	《房屋买卖合同解释》
《最高人民法院关于审理融资租赁合同纠纷案件适用法律问题的解释》(2020修正)	《融资租赁合同解释》
《最高人民法院关于适用〈中华人民共和国保险法〉若干问题的解释(四)》(2020修正)	《保险法解释(四)》
《最高人民法院关于适用〈中华人民共和国保险法〉若干问题的解释(三)》(2020修正)	《保险法解释(三)》
《最高人民法院关于适用〈中华人民共和国保险法〉若干问题的解释(二)》(2020修正)	《保险法解释(二)》
《最高人民法院关于适用〈中华人民共和国保险法〉若干问题的解释(一)》(法释〔2009〕12号)	《保险法解释(一)》
《最高人民法院关于审理海上保险纠纷案件若干问题的规定》(2020修正)	《海上保险案件规定》
《最高人民法院关于审理劳动争议案件适用法律问题的解释(一)》(法释〔2020〕26号)	《劳动争议解释(一)》
《最高人民法院关于审理劳动争议案件适用法律若干问题的解释(四)》(法释〔2013〕4号)(已失效)	《劳动争议解释(四)》
《最高人民法院关于审理劳动争议案件适用法律若干问题的解释(三)》(法释〔2010〕12号)(已失效)	《劳动争议解释(三)》
《最高人民法院关于审理劳动争议案件适用法律若干问题的解释》(2008调整)(已失效)	《2008年劳动争议解释》

续表

全称	简称
《最高人民法院关于审理劳动争议案件适用法律若干问题的解释(二)》(法释〔2006〕6号)(已失效)	《劳动争议解释(二)》
《最高人民法院关于审理劳动争议案件适用法律若干问题的解释》(法释〔2001〕14号)(已失效)	《劳动争议解释》
《最高人民法院关于审理工伤保险行政案件若干问题的规定》(法释〔2014〕9号)	《工伤保险案件规定》
《最高人民法院关于审理物业服务纠纷案件适用法律若干问题的解释》(2020修正)	《物业服务解释》
《最高人民法院关于审理建筑物区分所有权纠纷案件适用法律若干问题的解释》(2020修正)	《建筑物区分所有权解释》

contents 目录

专题一　物业服务合同纠纷概述

专题二　物业服务合同关系纠纷

专题三　物业服务合同主体纠纷

专题四　物业服务合同效力纠纷

专题五　物业服务责任与赔偿纠纷

专题六　物业服务合同终止纠纷

专题七 物业服务费支付纠纷

专题八　物业服务费抗辩纠纷

专题九　物业服务安全保障纠纷

专题十 物业服务人权利纠纷

专题十一　业主委员会权利纠纷

专题十二　业主权利纠纷

专题一　物业服务合同纠纷概述

我国的物业服务更多称为物业管理，是伴随房地产迅猛发展起来的，从20世纪90年代以来，我国住房私有化迅速发展，使物业服务发展成为一个行业，并在数不清的物业纠纷中日趋成熟。物业服务合同纠纷，是当前社会生活中多发现象之一。该类合同纠纷具有合同纠纷的共性，也有其类型合同的个性，其纠纷案件类型多样、涉及的法律关系复杂、案件带有群体性特征导致处理难度较大。

本专题只阐述物业服务合同的一般性问题，对于物业服务合同关系、主体、效力、违约与损害赔偿等专门问题另开专题阐述。

一、物业服务合同理解

(一)物业服务合同含义

"物业"的含义可总体概括为各类建筑物及其配套的设施设备,既可指整个建筑物的住宅区域,也可指一定单位面积房屋,具体来说包括住宅楼、商业写字楼、综合性大楼等及其附属的设施。[1]

物业服务合同一词先规定在《物业管理条例》中,该条例第二条明确了物业管理的概念。在原《物权法》第八十一条、第八十二条中规定了物业服务合同,立法者又对其进行释义。[2]《民法典》第九百三十七条第一款规定:"物业服务合同是物业服务人在物业服务区域内,为业主提供建筑物及其附属设施的维修养护、环境卫生和相关秩序的管理维护等物业服务,业主支付物业费的合同。"物业服务合同是指业主通过选聘物业服务企业对房屋及配套的设施设备和相同场地进行维修、养护、管理、并维护相关区域内的环境和秩序,业主支付费用的合同。[3] 理论界将物业服务合同分为广义和狭义两种。广义的物业服务合同包括开发商与物业服务人订立的前期物业服务合同,以及后期业主通过业主委员会或业主大会与物业服务人订立的物业服务合同。狭义的物业服务合同仅指后者,也可称为普通的物业服务合同。本书所论述的物业服务合同是从广义的角度展开的。

物业服务合同性质,现行法律上并无明确规定,学界和实务界主要存在委托说、服务说和混合合同说等,能够达成共识的问题不多。最高人民法院法官认为,"鉴于《物权法》已经对此合同有明确规定,其作为有名合同的一种,物业服务企业与业主或者业主委员会之间,形成的无疑是一种民事合同关系。至于该合同的性质与传统意义上存在的诸多合同之间关系如何,学理上可以进一步探讨。现阶段,审判实务领域中,还是应当严格按照相关法律规定,符合立法本义的理解和适

---

〔1〕 参见黄薇主编:《中华人民共和国民法典合同编释义》,法律出版社 2020 年版,第 898 页。

〔2〕 参见胡康生主编、全国人民代表大会常务委员会法制工作委员会编:《中华人民共和国物权法释义》,法律出版社 2007 年版,第 188 ~ 189 页。

〔3〕 参见马克力、王磊、罗海艳:《物业管理纠纷》,法律出版社 2007 年版,第 93 页。

用,正确、妥善地处理相关具体案件。”[1]笔者认为,物业服务合同核心反映的是提供服务,这里涉及的管理主要是对建筑物、公用设施设备、环境、绿化、安全保卫等事项的管理,其最终目的仍是为业主提供服务,提供一个安全、方便、舒适的居住环境,物业服务合同的内容和目的不是转移某项财产权利或加工承揽最终交付标的物,而是提供服务。立法者认为,物业服务合同具有其自己的特征无法完全归入某种类型的合同适用其规定。据此,我国《民法典》将物业服务合同作为一种新的有名合同,设立专章对其加以规定,以更好地规范物业服务行业的发展,更好地解决实践中出现的物业服务纠纷。[2] 实践中,物业服务人可能会根据法律规定或者接受社居委会或者街道办事处的委托从事一定的管理活动。对此,立法者认为,物业服务人的这些管理活动实质上并非基于物业服务合同对业主进行管理,而是基于法律规定或者社区的委托,在某些特殊情况或者特定场合对政府予以配合,但其本质依然是向业主提供物业服务。[3] 有学者认为,从物业服务合同的内容来看,其同时兼具委托、承揽、劳务、服务等多种合同的内容,却又不是合同法规定的有名合同类型的简单组合。[4]

关于物业服务合同范围,根据《民法典》第九百三十八条规定:“物业服务合同的内容一般包括服务事项、服务质量、服务费用的标准和收取办法、维修资金的使用、服务用房的管理和使用、服务期限、服务交接等条款。物业服务人公开作出的有利于业主的服务承诺,为物业服务合同的组成部分……”

(二)物业服务合同特征

其一,主体的特殊性。物业服务合同是业主委员会与物业服务人签订,而合同项下权利义务的实际享有者和承担者是业主,也就是说业主是实质当事人,但个体业主不与物业服务人签订合同。作为物业服务合同一方当事人的物业服务人,虽在2018年我国已经全面取消了物业服务人的资质认定和物业服务人员的资格限制,但物业服务人应当具有提供相应服务的专业知识和技能,以满足业主的生活需要。

其二,合同约束力特殊。业主大会或业主委员会与物业服务人签订的合同,建设单位与物业服务人签订的前期物业合同对业主有约束力,业主不得以无需接

---

〔1〕 参见最高人民法院民事审判第一庭编著:《最高人民法院建筑物区分所有权、物业服务司法解释理解与适用》,人民法院出版社2009年版,第252页。

〔2〕 参见黄薇主编:《中华人民共和国民法典合同编释义》,法律出版社2020年版,第902页。

〔3〕 参见黄薇主编:《中华人民共和国民法典合同编释义》,法律出版社2020年版,第903页。

〔4〕 参见高云主编:《民法典时代合同实务指南》,法律出版社2020年版,第66页。

受相关物业服务为由进行抗辩。这种约束力还表现在对其承租人、借用人或实际使用人身上。

其三,合同内容的复合性。物业服务人提供物业服务涉及的范围宽泛,其涉及物的管理,又包括小区的环境卫生管理,还涉及小区内生活秩序与安全管理,其合同内容具有综合性与全面性特点。

其四,订立合同程序特殊。《民法典》第二百七十八条明确规定了订立程序,与一般合同签订程序不同,其需要遵循严格的法定程序。

其五,属于提供劳务型合同。物业服务合同的本质是一种提供服务行为,而不是归类为民事合同范畴,应属于提供劳务型的合同。

其六,合同双务、有偿、要式性。物业服务人按合同约定提供物业服务,由业主支付相应的报酬,具有双务性。物业服务人以专门从事物业服务为营业内容,提供有偿的服务。《民法典》第九百三十八条与《物业管理条例》第三十四条规定,物业服务合同必须采用书面形式订立,故又具有要式性。

其七,合同具有继续性。物业服务合同一般都不能即时履行,因为物业服务工作需要在一段时间内连续不断地进行,在约定的期限里,物业服务人向业主提供持续性的物业服务。

其八,物业主体并非单一性。《民法典》第九百三十七条第二款规定:“物业服务人包括物业服务企业和其他管理人。”

其九,是一种典型合同。法律、行政法规和司法解释都明确承认的合同类型,属于典型的有名合同。

(三)物业服务合同义务

学者对合同义务的来源诠释为,物业服务合同的内容主要来源于合同的约定。当事人的约定只要不违反法律、法规的规定,即产生法律约束力,双方当事人都应当严格遵守合同约定。[1] 物业服务合同所涉义务内容比较复杂,如委托、承揽、保管、租赁、雇佣等若干合同内容及法律关系。故物业服务合同既非国内现行法所规定的某一类型有名合同,也非一般的无名合同,而是复合型的合同。[2]

业主义务主要体现在以下六方面。其一,服务费支付义务。业主依据合同约定的标准、数额、方式和期限向提供物业服务的物业服务人支付物业服务费用。

---

〔1〕 参见王利明:《合同法研究》(第4卷),中国人民大学出版社2013年版,第194页。

〔2〕 参见最高人民法院民事审判第一庭编著:《最高人民法院建筑物区分所有权、物业服务司法解释理解与适用》,人民法院出版社2009年版,第276页。

《民法典》第九百四十四条作出了明确规定,该义务为业主的最主要义务。其二,协助履行义务。业主应依物业服务之性质为物业服务人提供必要的履行协助,使其得以全面、适当履行义务。其三,遵守物业服务合同和小区业主公约的义务。其四,容忍义务。物业服务人在紧急情况下,为了维护业主或小区整体利益而临时进入、穿行或占用业主私人空间的,业主有容忍义务。其五,告知义务。《民法典》第九百四十五条规定:“业主装饰装修房屋的,应当事先告知物业服务人,遵守物业服务人提示的合理注意事项,并配合其进行必要的现场检查。业主转让、出租物业专有部分、设立居住权或者依法改变共有部分用途的,应当及时将相关情况告知物业服务人。”根据该条规定,业主的告知范围为:装修房屋,出卖或出租房屋,住房人员和改变共有部分用途。告知的具体要求为:应当、事先和及时。应注意的是,根据《民法典》第二百七十三条第一款后半部分规定,业主不得以放弃权利为由不履行义务。这是禁止性规定,亦不能用约定加以排除。其六,专项维修资金交纳义务。专项维修资金是为特定范围的公共利益,即建筑物的全体业主共同利益而特别确立的一项法定义务,《物业管理条例》第七条第四项规定业主在物业管理活动中,应当履行按照国家有关规定交纳专项维修资金义务。第五十三条第一款规定:“住宅物业、住宅小区内的非住宅物业或者与单幢住宅楼结构相连的非住宅物业的业主,应当按照国家有关规定交纳专项维修资金。”

物业服务人义务主要体现在以下十四个方面(《民法典》第九百四十二条、第九百四十三条、第九百四十九条和第九百五十条等规定了物业服务人的义务)。其一,履行服务合同约定义务。具体包括,对物业共用部位的日常维护和管理;物业共用设施、设备及其运行、使用的日常维护和管理;环境卫生、绿化管理服务;物业管理区域内公共秩序、消防、交通等协助管理事项的服务;物业装饰装修管理服务;物业档案资料管理;双方约定的其他事项。其二,亲自履行义务。物业服务人应亲自履行合同义务,也可以将物业管理区域内的专项服务委托给专业公司,但不得将整体管理服务转托给第三人或将其支解后以服务人分包的名义转包给第三人。因专业公司的管理服务行为给业主造成损失的,物业服务人应承担责任。其三,善良管理义务。物业服务人应当根据与业主的约定和物业的使用性质,妥善维护、保护业主的不动产及其附属设施,保障委托人及其附属设施的使用安全和使用秩序。物业服务人应当以善良管理人的注意从事物业管理服务,维护业主的权益,并依据提供服务之性质为必要的通知、提示和关照。其四,安全保障义务。物业服务人应当及时对服务区域内违法行为采取合理措施,保护业主的人身、财产安全。因自身过错行为或有过错未防止第三人进入小区损害业主利益的,物业服务人应当承担其与过错相应的赔偿责任。其五,报告义务。《建筑物区分所有权解释》第十三条规定了物业服务人公开报告的具体内容。物业服务人应当定期向业主或业主大会报告物业服务管理的实施情况以及物业管理费用的使用情况。物业服务人应当对其服务区域内违反有关治安、环保、消防等违法行为，及时向有关行政主管部门报告并协助处理。物业服务人的披露义务并非毫无限制，其仅对涉及业主合法权益有关信息负有披露义务。业主委员会认为物业服务人应公示而未公示的信息，物业服务人拒绝披露的应举证证明，否则不受法律保护。其六，隐私保护义务。物业服务人有义务保护业主的私生活安宁和私生活秘密，不得侵扰业主的私生活或刺探、宣扬、披露业主的隐私；但有例外情形。其七，接受监督义务。物业服务人要自觉接受业主和业主委员会的监督。根据《民法典》第二百八十五条第一款之规定，物业服务人在物业服务过程中，接受业主的监督，并及时答复业主对物业服务情况提出的询问。其八，验收接管义务。物业服务人承接物业时，应当对物业共用部位、共用设施设备进行查验。其九，交接义务。物业服务合同终止时，物业服务人应及时、全面交接相关工作。其十，不得妨碍业主合理行使专有权义务。业主专有部分原则上应当由业主自己进行管理，物业服务人一般不负有管理义务。在业主合理行使专有权时，物业服务人不得进行妨碍。其十一，退出义务。根据《民法典》第九百四十九条之规定，物业服务合同终止的，原物业服务人应当在约定期限或者合理期限内退出物业服务区域。其十二，后合同义务。根据《民法典》第九百五十条之规定，物业服务合同终止的，新物业服务人接管之前，原服务人应当继续处理物业服务事项。其十三，禁止义务。根据《民法典》第九百四十四条第三款之规定，物业服务人不得采取停止供电、供水、供热、供燃等方式催交物业费。其十四，执行配合义务。根据《民法典》第二百八十五条第二款之规定，物业服务人应当执行政府依法实施的应急处置措施和其他管理措施，积极配合开展相关工作。

成立业主大会不是物业公司的法定义务。

【案例1-1】　某某与锦钰物业公司物业服务合同纠纷案

二审法院认为，依据《物业管理条例》及《业主大会和业主委员会指导规则》，业主大会是业主的自治组织，成立的主体是业主。当物业管理区域内已交付的专有部分面积超过建筑物总面积的50%时，建设单位应当按照物业所在地的区、县房地产行政主管部门或者街道办事处、乡镇人民政府的要求，及时报送筹备首次业主大会会议所需的文件资料，由区、县房地产行政主管部门或者街道办事处、乡镇人民政府负责组织、指导成立首次业主大会会议筹备组，做好首次业主大会的筹备工作。可见，召开业主大会并非锦钰物业公司的法定义务。[1]

---

〔1〕 内蒙古自治区呼和浩特市中级人民法院(2016)内01民终2762号民事判决书。

(四)物业合同纠纷举证

《民事诉讼法》第六十七条第一款规定,当事人对自己的主张,有责任提供证据。《民事诉讼法解释》第九十条规定,当事人对自己提出的诉讼请求所依据的事实或者反驳对方诉讼请求所依据的事实,应当提供证据加以证明,但法律另有规定的除外。在作出判决前,当事人未能提供证据或者证据不足以证明其事实主张的,由负有举证证明责任的当事人承担不利的后果。

物业费纠纷中,物业服务人应当承担的举证责任。物业服务人需要举证证明下列事项:双方之间存在物业服务合同;物业服务人已经按照合同约定提供相应的物业服务;业主拖欠物业费的数额。

《民事诉讼法解释》第九十一条第二款规定,主张法律关系变更、消灭或者权利受到妨害的当事人,应当对该法律关系变更、消灭或者权利受到妨害的基本事实承担举证证明责任。

业主作为负有履行支付物业费义务的一方当事人,应当对合同是否履行承担举证责任。业主主张不拖欠物业费的,应当提交物业服务人收取其物业费的收据或者其已支付物业费的证据。业主不能提交充足有效的证据证明其已支付并结清物业费的事实,应当承担举证不能的法律后果。

【案例1-2】 潼关县金鑫物业管理有限责任公司诉邹某物业服务合同纠纷再审案

再审法院认为,本案争议的焦点问题是,邹某应否支付金鑫公司物业费。经查,金鑫公司于2019年1月接管添洁公司物业服务业务,负责潼关县香堤西岸小区物业服务与管理,并受让添洁公司在潼关县香堤西岸小区物业管理服务期间的债权债务。邹某作为潼关县香堤西岸小区业主于2019年5月与金鑫公司签订了物业管理服务协议,协议对双方的权利义务、物业管理服务内容、质量、费用等进行了明确约定,协议合法有效,双方均应依约全面履行各自的义务。金鑫公司为潼关县香堤西岸小区业主提供了物业服务,邹某作为业主应向金鑫公司支付物业费。金鑫公司诉称邹某拖欠其2015年2月至2020年12月的物业服务等费用共计3029.3元,邹某辩称其已支付该期间的物业费。《最高人民法院关于适用〈中华人民共和国民事诉讼法〉的解释》第九十条规定:“当事人对自己提出的诉讼请求所依据的事实或者反驳对方诉讼请求所依据的事实,应当提供证据加以证明,但法律另有规定的除外。在作出判决前,当事人未能提供证据或者证据不足以证明其事实主张的,由负有举证证明责任的当事人承担不利的后果。”第九十一条规定:“人民法院应当依照下列原则确定举证证明责任的承担,但法律另有规定的除外……(二)主张法律关系变更、消灭或者权利受到妨害的当事人,应当对该法律关系变更、消灭或者权利受到妨害的基本事实承担举证证明责任。”本案中,金鑫公司提交了物业管理服务协议及物业移交告知声明等证据,证明其已履行了为业主提供物业服务的合同义务及受让添洁公司债权债务的事实,对此邹某并无异议,故不需要金鑫公司进一步举证。合同义务因一方当事人履行而消灭,邹某作为负有履行支付物业费义务的一方当事人,应当对合同是否履行的事实承担举证责任。邹某主张其不拖欠金鑫公司物业费,即应提交金鑫公司收取其物业费的收据或其已支付物业费的证据,但其并未提交充足有效的证据证明其已支付并结清物业费的事实,故应承担举证不能的法律后果,邹某应承担向金鑫公司支付拖欠物业费的民事责任。二审判决将邹某欠付物业费的举证责任分配给金鑫公司,属于举证责任分配错误。综上所述,金鑫公司的再审请求成立。二审判决适用法律不当,判处错误,应予撤销。一审判决结果正确,应予维持。判决:(1)撤销二审民事判决;(2)维持一审民事判决。[1]

物业服务合同纠纷中,涉及举证责任分配问题。因案件争议的问题有别,其举证内容不同。在物业公司违反安全保障义务纠纷中,业主要承担损害事实的确定、过错和因果关系三方面举证责任。

【案例1-3】 厦门海沧大厦业主委员会与厦门海投物业公司物业服务合同纠纷案

涉及两个举证责任分配问题,其一,移交竣工验收资料、相关技术资料及物业质量保修和物业使用说明文件的举证责任。根据《物业管理条例》第二十九条的规定,物业公司在承接前期物业时,建设单位应当向物业管理企业移交上述资料及文件,在物业服务终止时,物业公司应当将上述资料移交给业主委员会。因此前述资料及文件应由物业公司接收及保管是毋庸置疑的,如物业公司不能移交上述资料及文件,应当举证证明其没有接收这些资料及文件。但在本案中,物业公司承接大永固小区物业时,国家尚未颁布相关物业管理法规,进而认定业主委员会要求物业公司移交相关资料,应当举证证明物业公司实际接收了竣工总平面等资料,将该举证责任分配给业主委员会,符合当时的客观情况。其二,关于消防设施是否损坏的举证责任。根据《物业管理条例》的规定,物业公司在其管理服务期间有义务保护小区的公共设施不受损害,物业服务终止时应履行相应的交接义务,应对撤离小区前

[1] 陕西省高级人民法院(2022)陕民再112号民事判决书。

消防设施处于正常状况负有举证责任。二审法院认为,上诉人在未办理任何移交手续的情况下撤离该小区,致使该小区处于无人管理状态,无法查清讼争消防设施的损坏时间。故上诉人对其撤离时讼争消防设施处于正常状况负有举证责任,原审判决所确定的举证责任分配正确。因上诉人对此举证不能,其理应承担举证不能的法律后果,原审判决上诉人恢复受损坏的消防设施正确,依法应予维持。[1]

在物业服务不到位纠纷中,应当由业主承担主张违约事实举证责任。如业主个人住宅中,物业公司本应上门解决的问题却一直未处理的,业主进行拍照、录像取证,其后上门告诉物业公司,通过录音记录对方答复。业主需收集并举证物业公司对小区环境服务不周到之处的证据。另外,业主主张因为物业服务打折,物业费不能按此前约定价格收取,要求降低物业费甚至不交的,这时就很有可能得到法院的部分支持。业主拖欠物业费,物业公司采取停止对业主供应水、电、气等或不恰当的限制业主使用门禁、电梯等制约手段,影响业主正常生活的,业主有权要求物业公司排除妨碍,造成损失的有权要求赔偿,业主应对物业公司侵权事实举证证明。物业服务质量问题是物业服务合同纠纷案件中最常见的问题,由于物业服务涉及项目众多,业主提出的物业服务质量问题也涉及多方面的内容。笔者认为,处理该类案件应根据双方约定和法律规定分配举证责任,明确是否存在质量问题进而区分责任承担问题。业主对物业服务存在质量问题承担举证责任,然而由于物业服务合同履行的资料通常由物业公司保存,业主往往难以提供有关证据,因此物业服务质量问题的举证责任根据案件具体情况应有所转移。业主主张物业公司未履行某项或某几项服务义务时,应对物业公司应履行该服务义务进行举证,若根据合同约定或法律规定,物业公司应履行该服务义务,举证责任转移至物业公司,这实为抗辩举证。物业公司应对是否履行服务义务提供证据证明,若提供的证据不能证明其履行了服务义务,则应承担相应责任。

【案例1-4】 北京金辉锦江物业服务有限公司福州分公司诉倪某某物业服务合同纠纷案

判决观点:被告虽主张国际公馆小区违章搭建严重,原告未采取措施管理构成违约,但未能提供相应的证据予以证实,且整治拆除违章建筑是享有相应职权的行政机关的职责,物业公司并无相应的执法权,被告据此要求原告承担相应的违约责任依据不足。被告抗辩因原告管理不善、治安防护存在漏洞等导致2012年4月12日家中发生失窃事件,但被告家中失窃事件系发

---

[1] 参见最高人民法院中国应用法学研究所编:《人民法院案例选》2010年第3辑(总第73辑),人民法院出版社2011年版,第152页。

生在原告开始提供物业服务(2012年12月1日)之前,与原告无关,被告以此要求原告承担责任缺乏依据,不予支持。据审理的国际公馆小区的其他同类案件可知,原告对小区管理虽存在瑕疵,但该瑕疵对被告生活影响有限,不足以对被告生活质量产生重大影响并成为被告拒绝交纳物业服务费依据。被告以原告存在轻微违约行为作为拒绝交纳物业费的抗辩主张,依据不足,依法不予支持。[1]

物业服务合同约定内容变更,由主张变更方承担举证责任。

【案例1-5】 丹东市恒达社区服务有限公司诉郭某某物业服务合同纠纷案

判决观点:具体到本案,2009年1月至2011年6月,被告居住的三楼共三户业主均按每户每年200元的标准向原告交纳电梯使用费。此后,原告于2010年3月13日向303室业主出具收据、于2010年4月28日向被告出具的收据以及原告法定代表人杨某某亲笔书写的"戚某某2010年全年电梯费200元"等证据材料均表明:被告实际每年交纳电梯使用费为200元。被告在庭审中出示的书证——原告单方制作的《锦山公寓收费台账》复印件一份,用以证明被告已经交纳2010年全年的物业费、电梯使用费,原告当庭认可证据的真实性。该份证据与原告提供的收据、书面证言及原被告自述的被告每年交纳200元电梯费说法相互佐证。可以认定被告已经交纳了2010年全年的物业服务费、电梯使用费,以及被告应按每年200元的标准交纳电梯使用费。被告多年来向原告按照每年200元的标准交纳电梯使用费,原告多年来均按此标准进行收取,应当视为其作出了作为的默示,且根据被告所处楼层位置,双方对收取电梯费的标准作出变更也符合情理。故对原告要求被告给付2009年1月至2011年6月拖欠电梯使用费650元的诉请不予支持。[2]

业主称其已交纳物业费的,应对此承担举证责任。

【案例1-6】 莆田市城厢区新世纪物业管理有限公司涵江分公司诉张某某物业服务合同纠纷案

二审法院认为,上诉人张某某主张其并未拖欠被上诉人物业管理费、水电公摊费等费用,上诉人已于2014年5月27日提前交纳2400元。根据《最高人民法院关于民事诉讼证据的若干规定》第五条第二款的规定,讼争物业

---

〔1〕 参见国家法官学院案例开发研究中心编:《中国法院2017年度案例》(合同纠纷),中国法制出版社2017年版,第55~56页。福建省福清市人民法院(2015)融民初字第2055号民事判决书。

〔2〕 参见国家法官学院案例开发研究中心编:《中国法院2013年度案例》(合同纠纷),中国法制出版社2013年版,第97~98页。辽宁省丹东市元宝区人民法院(2011)元民二初字第401号民事判决书。

管理服务费是否已交纳的举证证明责任应由交纳物业费的义务主体上诉人张某某承担，但上诉人张某某提供的收款收据中载明的款项名称并不能证明其主张。上诉人张某某主张被上诉人存在擅自扩大收费范围、重复收费的行为，费用收取应扣除不合理部分，但未提供证据证明，故应当承担举证不能的法律责任。上诉人张某某的上诉理由不能成立，其上诉请求法院不予支持。原审法院认定事实清楚，适用法律正确，原审判决并无不当。判决：驳回上诉，维持原判。[1]

【案例1－7】 龙湾(北京)物业服务有限公司诉陈某某物业服务合同纠纷案

二审法院认为，本案中，法院总结双方当事人争议的焦点问题如下：(1)一审法院，是否存在违反法定程序的情况。陈某某上诉提出，一审程序违法，一审法官未就反诉状进行处理就径行裁判，违反法定程序；一审审判员并未参加庭审。对此法院认为，陈某某虽在庭前向法院提交了反诉状，但在开庭过程中并未明确提出反诉的诉讼请求，且在庭审中明确表示对于物业公司的损害业主合法权益的事件将另行起诉，故一审法院未对其书面反诉状作出明确处理，不构成严重违反法定程序，陈某某的相关权利可以另行主张；另外，陈某某并未提交充分证据证明一审法官未参加本案的庭审审理。故对于陈某某关于一审法院严重违反法定程序的上诉主张，法院不予采信。(2)一审法院举证责任分配是否有误及龙湾物业公司是否完成举证义务。陈某某上诉提出本案是物业合同纠纷，适用“谁主张，谁举证”的证据规则，举证责任在龙湾物业公司，而不在陈某某；龙湾物业公司未举证证明其已履行了相应的物业服务义务，陈某某在一审庭审中多次要求法庭明确龙湾物业公司的举证义务，一审法庭对此置若罔闻；本案龙湾物业公司的证据不足以支持其索要高额物业管理费的诉讼请求。对此法院认为，根据一审法院查明的事实，龙湾物业公司与北京英才房地产开发有限公司之间就案涉小区签订了《前期物业服务合同》，并向案涉房屋提供了事实上的物业服务，陈某某应当依约向其支付物业服务费用；现陈某某主张龙湾物业公司未依法依约提供物业服务，侵害了全体业主的合法权益，应当自行承担其主张内容相应的举证责任；一审法院依照相关法律规定就案涉争议事项分配举证责任，并无不当，陈某某的该项上诉主张，缺乏事实和法律依据，法院不予采信。(3)一审法院支持龙湾物业公司关于2021年未到期的物业管理费是否存在错误。陈某某上诉提出一审法院超出《物业管理合同》的约定，让陈某某交纳2021年的物业管理费，这是一笔未到期的不确定的债权债务，龙湾物业公司的主张无

---

〔1〕 参见国家法官学院案例开发研究中心编：《中国法院2017年度案例》(合同纠纷)，中国法制出版社2017年版，第6页。福建省莆田市中级人民法院(2015)莆民终字第2173号民事判决书。

法律依据、合同依据。对此法院认为,物业管理合同作为服务合同,相应的物业费用交纳应以业主实际接受完毕相关服务及服务质量达标为前提。但是本案中,首先双方在合同中对于物业费用提前一年预交的约定并不明确;其次即使存在相应约定,作为业主未参加签署的前期物业服务合同,该约定也存在明显损害业主权益的不合理性;最后,本案正式立案时间为2021年2月19日,龙湾物业公司诉讼请求为要求支付2019年1月1日至2021年12月31日的物业费,此时2021年的物业服务并未实际提供,在是否实际提供服务和提供服务是否符合标准均不确定的情况下,龙湾物业公司要求陈某某预先支付2021年全年的物业服务费,明显缺乏事实和法律依据,法院不予支持。陈某某的该项上诉主张,于法有据,法院予以采信。另外,对于2021年的物业服务费用,龙湾物业公司可在实际履行完毕后,另行主张。(4)陈某某是否应当支付有线电视费用。陈某某上诉提出有线电视费并非《物业管理合同》中的收费项目,且2014年1月1日至2017年12月31日的交费义务人也并非陈某某,即使是陈某某,该笔债权债务也因诉讼时效超期而不能受到法律保护。对此法院认为,根据法院查明的事实,2014年1月1日至2017年12月31日陈某某为涉案房产的登记所有权人,与陈某1按份共有涉案房产,因此陈某某属于上述期间的有线电视费交费义务人。关于诉讼时效,由于陈某某一直为涉案房产的所有权人,物业公司也持续为涉案房屋提供服务,且龙湾物业公司亦一审提交部分证据证明主张过相关费用,因此难以认定龙湾物业公司存在明显怠于主张权利,超出诉讼时效的情形。陈某某的该项上诉理由缺乏依据,法院不予采信,一审法院判决陈某某支付有线电视费具有事实和法律依据,综上所述,陈某某上诉请求和理由部分成立,对其上诉请求成立部分,法院予以支持。判决:(1)维持一审民事判决第二项;(2)撤销一审民事判决第一项、第三项;(3)陈某某支付龙湾(北京)物业服务有限公司2019年1月1日至2020年12月31日的物业服务费43,191.79元;(4)驳回龙湾(北京)物业服务有限公司的其他诉讼请求。[1]

业主主张包括知情权等相关权利的,应对其诉讼请求承担举证责任。

【案例1-8】 丁某诉上海某物业公司业主知情权纠纷案

判决观点:原告在其诉请(1)中要求作为物业管理公司的被告提供系争房屋所在小区的建筑总平面图,没有相应的法律依据,其诉请(1)中的其余诉请如有相应的法律依据,其诉讼对象应为业主委员会,而非作为物业管理公司的被告。原告仅提供了其支付其诉请(2)、(3)所涉及的相关费用中的

〔1〕 北京市第三中级人民法院(2021)京03民终11869号民事判决书。

极小部分费用的证据,既未就其已支付其余费用提供相应的证据证明,也未就其主张的要求退还的事实及依据提供相应的证据,其相关诉请缺乏事实及法律依据,应予驳回。原告就其诉请(4),未提供任何证据证明,且本案并未支持原告的诉请(1)(2)(3),对原告的该诉请应予驳回。判决:驳回原告丁某的所有诉讼请求。[1]

---

〔1〕 参见骆鑫、刘娅编著:《物业管理纠纷案例与实务》,清华大学出版社2017年版,第129~130页。

二、物业服务合同法律适用

(一)物业服务合同特殊性

1. 合同履行特殊性

业主和物业服务人之间是典型的双务合同关系,物业服务人要按照物业服务合同约定对物业及其附属设施、小区环境卫生等进行维护和管理服务;业主应按照物业服务合同约定,及时交纳物业费。根据双务合同关系和对价规则,业主不交纳物业费,物业服务人似乎可以停止对业主提供服务。但物业服务合同与一般双务合同有所不同,集中表现在物业服务合同中作为当事人的业主是为数众多的业主之一,但物业服务人提供的服务却是为小区全体业主的共同利益(如共用设施、设备、小区秩序、环境卫生等)。物业服务人服务的整体性决定了个别业主或少数业主不按物业服务合同约定交纳物业费时,物业服务人不能以不提供服务的方式进行抗辩。即使业主未交纳物业费,业主要求物业服务人进行维修或提供帮助时,物业服务人亦无权拒绝,否则应承担违约责任。

2. 法律适用特殊性

物业服务合同以其专属法律体系,较之其他与民法相关或者行为相类似的法律,存在较大的差别。正因为物业管理活动与物业服务合同在整个民法调整方面存在明显的差异性,世界各国民法均将物业服务合同置于法律规制层面,《民法典》将物业服务合同列为典型合同,开展更为概括、一般化及个性化的调整与规制。物业服务合同的法律适用首先需遵照有名合同对其的法律适用,并基于此,将其划定为基础依据与原则基础,也就是说在所签订合同当中,当事人有明文约定的内容,即为当事人适用的相关约定与条款。另外,对于当事人来讲,在所签订合同中,对于某事项未有约定时,准允当事人实时补充相关内容,若所补充的协议达成的,则对于此相关事项来讲,在内容上便能够适用。如若当事人不愿或无法有效达成具体要求或者补充协议的,则依据合同条款对其进行司法解释。另外,对物业服务合同同样需进行体系化解释。合同经体系解释仍然难以得出结论时,则需能够与当事人之间，在具体的交易习惯方面相适应。

3. 案件纠纷特殊性

物业服务纠纷与一般合同纠纷有诸多不同，实践中，就小区公共道路、绿地、设施等的使用问题也产生了大量纠纷，而这些纠纷混合在物业服务合同纠纷、商品房销售合同纠纷、相邻关系纠纷、排除妨害停止侵权纠纷等案件中，加大了法官审理案件的难度。

物业交接义务是常见的纠纷类型。根据《民法典》和《物业管理条例》的规定，物业服务合同终止时，物业服务人应当将物业管理用房、竣工图纸等竣工验收资料、相关技术资料及物业质量保修和物业使用说明文件等交还给业主委员会。因此，物业交接是物业服务人在物业服务合同终止后必须承担的义务，该义务实际上即合同法所规定的“附随合同义务”，亦即物业管理交接纠纷属于合同一方不履行“附随合同义务”而产生的合同纠纷。物业服务人未尽交接义务的，业主委员会可以要求法院判令其履行交接义务，因物业服务人未尽交接义务给权利人造成损害的，物业服务人还应承担赔偿责任。至于公共维修金，其属于专项维修资金，专项用于物业保修期满后物业共用部位、共用设施设备的维修和更新、改造，系业主所有，在物业服务终止时，物业服务人理应将结余的公共维修金返还业主委员会。在物业服务合同期满终止时，业主委员会尚未备案成立的情况下，是否可以免除物业服务人的交接义务这一问题，答案应是否定的。物业服务终止，物业服务人的交接义务是法定义务，法律并没有规定物业服务人在服务终止时交接义务的例外情形。并且，在前期物业服务中，物业服务人是接受开发商的委托对小区进行管理，在业主委员会备案成立前，物业服务人并没有交接对象，其应当将物业管理移交给委托人即开发商。

【案例1-9】 厦门海沧大厦业主委员会与厦门海投物业公司物业服务合同纠纷案

二审法院认为，上诉人系受大永固小区开发商的委托对该小区进行前期物业管理的物业单位，在其进行物业管理服务期间有义务保护小区的公共设施不受损害，在其撤离时理应办理相应的移交手续。因上诉人作为开发商的受托人对大永固小区进行物业管理服务的，其撤离时该小区业主委员会尚未成立而无法与其办理移交，上诉人此时应将该小区的物业管理移交给委托人即开发商。[1]

---

〔1〕 参见最高人民法院中国应用法学研究所编：《人民法院案例选》2010年第3辑（总第73辑），人民法院出版社2011年版，第151页。福建省厦门市中级人民法院（2009）民终字第22号民事判决书。

【案例1－10】　无锡市春江花园业主委员会诉上海陆家嘴物业管理有限公司等物业管理纠纷案

判决观点：2004年至2007年共有部分物业的收益，应当在物业管理企业和全体业主之间依法分配。根据公平原则的要求，并参照《江苏省物业管理条例》第三十三条“……经批准设置的经营性设施的收益，在扣除物业管理企业代办费用后，应当将收益的30%用于补贴物业管理公共服务费，收益的70%纳入维修基金，但合同另有约定的除外”的精神，同时考虑到原、被告双方自行协商确定的2008年上半年共有部分收益的分配方案，即“业主得七成，物管企业得三成”，法院判决支持了业主委员会的诉讼请求，物业公司应当将移交清单确认的款项和2005年至2007年小区共有部分收益的70%返还给业主委员会。〔1〕

小区二次供水纠纷。总表制二次供水最终的水费负担主体是业主。由于表具产权的界分，以及物业服务人的身份属性，供水企业有权向其控制、管理总表的物业服务人收取水费。供水企业与物业服务人之间形成的是委托收取水费的代理关系，故物业服务人只得按供水企业定价向业主收取水费，不得加收服务费，但可根据合同约定，向供水企业收取一定的服务费。

【案例1－11】　浙江省杭州市水务控股集团有限公司诉杭州绿洲物业有限公司给付水费纠纷案

判决观点：二水供水小区的水费，不是由水务公司直接向业主收取，而是由物业服务人向业主收取，然后由物业服务人向水务公司交纳，这是目前辖区内小区物业管理的通行做法。被告为案涉小区提供物业服务期间，一直由被告收取水费并向水务公司交纳，符合前述行业习惯。虽然原、被告未订立书面的供用水合同，但是供用水合同并非要式合同，双方之间事实上已经通过履行行为及行业习惯形成了供用水合同关系，原告要求被告支付拖欠水费符合法律规定，应予以支持，遂判决被告支付拖欠的水费。〔2〕

物业服务合同纠纷不适用不动产专属管辖，不能因为物业服务人向业主追收的物业服务费系金钱，就简单地将物业服务人的住所地认定为合同履行地。

【案例1－12】　成都睿邦物业有限公司诉李某兵物业服务合同纠纷案

判决观点：本案属于合同纠纷，双方未约定管辖法院，根据《民事诉讼法》第二十三条“因合同纠纷提起的诉讼，由被告住所地或者合同履行地人

---

〔1〕　参见《最高人民法院公报》2010年第5期（总第163期），第40页。

〔2〕　参见《人民司法·案例》2019年第11期（总第850期），第53页。浙江省杭州经济技术开发区人民法院（2017）浙0191民初905号民事判决书。

民法院管辖”之规定,李某兵的住所地、合同履行地法院对本案均有管辖权。睿邦公司向天府法院起诉,系根据《最高人民法院关于适用〈中华人民共和国民事诉讼法〉的解释》第十八条“合同对履行地点没有约定或者约定不明确,争议标的为给付货币的,接受货币一方所在地为合同履行地”之规定,其住所地在天府新区,故有权选择向天府法院起诉。对此,天府法院认为,物业服务合同的履行地具有鲜明特征,物业公司提供物业服务只能在业主住的小区,业主支付服务费通常也在小区,既符合双方当事人利益,也符合交易惯例,故小区所在地应为物业服务合同的履行地。物业服务合同纠纷中,欠费业主以物业公司的服务质量存在瑕疵为由作抗辩,故争议焦点多涉及物业服务质量问题,由案涉小区所在地法院管辖更利于查明案件事实,便于人民法院审理案件。同时物业服务合同往往具有欠费业主人数较多、争议金额小等特点,大多适用小额诉讼程序审理。案涉小区位于达州市达山区,距离天府法院430余公里,如果由天府法院审理,在经济上、时间上都不便于业主参加诉讼,不符合司法为民的宗旨。睿邦公司住所地虽在四川天府新区,但其在达州市通川区设立了分公司,具体物业服务也由分公司履行,且分公司距离案涉小区仅约10公里,故由达州市达川区法院管辖对睿邦公司并无不利。综上所述,该案合同履行地、被告住所地均在达州市达川区,该案应由达州市达川区人民法院管辖,既便于法院审理,也便于当事人参加诉讼,符合两便原则。裁定:该案移送达州市达川区法院处理。[1]

4. 业主共有权益诉讼特殊性

从《民法典》第二百八十条第二款与第二百八十六条第二款规定来看,业主共同权益与业主个人权益存在一定的重合性,这表明业主作为共同权益诉讼主体并非没有法律上的依据。根据业主诉讼请求的不同,业主单独之诉分为形成之诉和给付之诉两种,形成之诉典型形态为撤销权之诉,该诉包含了共有部分的所有权和管理权。给付之诉又有消极防御之诉和积极索赔之诉区分,给付之诉类型中的消极防御之诉,是要求被告停止侵害、恢复原状、消除危险、排除妨害,而不包括赔偿损失。积极索赔之诉较多涉及起诉业主与其他业主的利益协调关系,有必要对其进行特殊规制。消极防御之诉在法院判决起诉业主胜诉时,不涉及诉讼成果的分配,败诉时不涉及诉讼费用的承担,故可不考虑业主之间的利益冲突,从这个意义上讲,不需要对其进行特殊规制,应当允许单个或部分业主对共有部分提起消极防御之诉。也就是说,消极防御之诉不属于《民法典》第二百七十八条(《物

---

〔1〕 参见《人民司法·案例》2022年第20期(总第967期)。四川天府新区成都片区人民法院(2021)川0192民初5266号民事裁定书。

权法》第七十六条）所规范的行为，单个或部分共有人（业主）无需经专有部分占建筑物总面积过半数的业主且占总人数过半数的业主同意。对此的认识在理论和实践两个层面均有分歧，尚需积极探索取得共识。基于业主在共有部分之诉的特殊性，应当加大在现有法律框架内对业主在共有部分享有的保护救济体系完善力度。

（二）公共设施的权属归属

1. 公共设施的法律依据

《民法典》第二百七十三条第一款规定："业主对建筑物专有部分以外的共有部分，享有权利，承担义务；不得以放弃权利为由不履行义务。"第二百七十四条第3句规定："建筑区划内的其他公共场所、公用设施和物业服务用房，属于业主共有。"《物业管理条例》第二十七条规定："业主依法享有的物业共用部位、共用设施设备的所有权或者使用权，建设单位不得擅自处分。"上述规定在实践中施行还存在诸多尚未明确之处，主要表现为：其一，需要具体明确细分哪些部分、设施、设备属于全体业主共有，哪些属于部分业主共有。其二，前述部分涉及的维修和费用承担。其三，未分摊共用建筑的地下停车库权属应归全体业主或归开发商。其四，地下停车库如归属全体业主则涉及产权证发放、保管、使用及收益具体办法，维修基金筹集及分摊等，同时还涉及开发商售出车库处理。其五，部分业主或个别业主就共用设施、共用部分的收益如何处理向法院提起诉讼资格。其六，其他涉及共用设施、共用部位的收益的情形，如开发商建设的地面多层钢结构移动车位的权属等。上述存在的问题以及随着社会发展出现的新情形，都需要相关部门以法规的形式予以明确规定。

实践中，开发商向自己成立或自选关联的物业服务人移交管理的物业中往往包含了物业服务用房。当小区业主委员会成立后，聘用的新物业服务人欲进驻接管物业服务用房时，开发商或原物业服务人对其房产主张所有权。对这部分房产权属的确定，不能"一刀切"应区别情况作出处理。其一，开发商作为经营性房产移交，且原物业服务人以此性质作为物业服务用房使用的，不宜认定为物业服务用房。其二，开发商作为物业服务用房移交或者虽未明确但一直是作为物业服务用房使用的，应认定为物业服务用房。即使该用房未计入建设成本亦应界定为业主共有，但可参照住建部的规定，根据实际情况给予开发商适当补偿。现实生活中，物业服务用房争议的成因复杂，应慎重认定区别处理。

对于建于早期的小区物业服务用房产权认定，如果物业服务用房的建设成本计入房价,按照“谁投资、谁受益”的原则,应当由全体业主共有产权;如果开发商确有证据证明小区物业服务用房系自己投资兴建,并未纳入房价成本核算,且产权登记于开发商名下,综合考虑当时的特殊的时代背景,可认定物业服务用房的产权属于开发商,但开发商需无偿提供必要的物业服务用房给业委会使用,满足小区物业管理的基本需求。《物业管理条例》《物权法》等法律法规颁布之后,提供物业服务用房系开发商的法定义务,无论开发商是否将物业服务用房的建设计入销售成本,抑或计入公摊面积,新建小区物业服务用房的产权均属于全体业主共有,实际操作方式可由各地出台地方性法规予以明确。[1]

2. 公共设施的裁判

【案例1-13】 徐州西苑艺君花园(一期)业主委员会诉徐州中川房地产开发有限公司物业管理用房所有权确认纠纷案

判决观点:本案诉争房产属性应当确认为物业管理用房。虽然徐州市规划局曾于2001年11月核准将原规划的物业管理用房大部分变更为营业房,并将7#楼西侧相同面积车库变更为物业管理用房,并予以核发建设工程许可证。但因该变更规划行为被徐州市人民政府撤销,故应当恢复原状。从本案原规划定点图分析,规划的艺君花园的物业管理用房应为该小区8#楼东侧两层面积为168平方米的部分。中川公司辩称其已经提供4#楼、7#楼各两间车库作为物业管理用房,满足了艺君花园全体业主的需求。因物业管理用房在于促使管理人对居住环境进行管理,是满足全体业主对居住环境安全、健康、便利、舒适需求所必需的场所,其分割、转移、调整或重新配置,依照《物权法》第七十六条第一款第七项规定,须经业主大会决议。故中川公司辩称其重新调配物业管理用房,采取用部分车库充当相当面积物业管理用房方式供艺君业委会使用,已满足了艺君业委会的实际需求,仅能认定是中川公司单方认为而已,这种减损艺君业委会停车等其他利益需求而填补艺君业委会此种物业管理必须用房的利益,实为侵害艺君业委会利益。因中川公司无证据支持其确已满足艺君业委会利益,故对此辩解不予支持。综上,艺君业委会请求确认艺君花园8#楼东侧的物业管理用房归艺君花园全体业主共有,请求转移案涉争议建筑物所有权登记的诉请符合法律规定,予以支持。[2]

对于配电室在小区楼幢内,但并非在小区楼外的公共建筑内,虽计入建筑面

[1] 参见《人民司法·案例》2014年第14期(总第697期),第32页。

[2] 参见国家法官学院案例开发研究中心编:《中国法院2015年度案例》(物权纠纷),中国法制出版社2015年版,第111页。江苏省徐州市泉山区人民法院(2012)泉民初字第1486号民事判决书。

积但未计入建筑公摊面积。配电室属于楼幢的组成部分,其建筑成本确实包括在楼幢乃至整个小区的建筑成本中,但配电室系作为独立单元计入建筑面积,故其成本并非分摊到整栋楼的所有业主身上,而是归该配电室的所有人(出卖前为开发商,如有出卖则为买受人)。配电室系小区的配套设施,但这仅涉及其功能,不动产权属的分析认定并不能单纯从功能上判断,而应从物权的角度进行分析认定,即配电室未计入专有建筑面积中,自然不属于小区业主共有。也就是说,配电室设施属于小区业主共有,但配电室产权并不归小区业主共有。

【案例1-14】 霞浦县松港街道东兴社区某某豪庭业主委员会诉王某、福建霞浦晨曦大酒店有限公司等恢复原状纠纷案

一审法院认为,企弘公司建设的5号楼112室北向的小区配电室,已规划为备用商业配电室,目前尚未使用,但商业配电室的性质未变化,故财产的管理权仍归属于企弘公司,不属于某某豪庭业主委员会。晨曦大酒店没有使用争执配电室,某某豪庭业主委员会主张要求该酒店承担侵权责任,依据不足,不予支持。虽然目前配电室由王某用于堆放杂物,但其没有侵犯某某豪庭业主委员会的权益,某某豪庭业主委员会主张要求王某承担侵权责任,依据不足,不予支持。判决:驳回某某豪庭业主委员会的诉讼请求。二审法院认为,某某豪庭业主委员会关于诉争配电室属全体业主共有的上诉理由不成立。原审未支持上诉人某某豪庭业主委员会返还原物、排除妨害、恢复原状的诉讼请求并无不当,可予维持。至于企弘公司是否自愿将诉争配电室保留给商业店面的业主使用,属企弘公司与商业店面业主之间的法律关系,不在本案审查范围。综上所述,某某豪庭业主委员会的上诉请求不能成立,应予驳回;一审判决应予维持。[1]

锅炉房应属于公共设施,属于小区业主集体共有。

【案例1-15】 吉林省远洋建设有限公司、费某某与镇赉县荣祥热力有限公司财产损害赔偿纠纷再审案

最高人民法院认为,根据《镇赉县第二中学住宅楼购买合同》,售楼方应为购楼方提供地热采暖设施。由于当时小区附近镇赉县鹤祥供热公司的热力管网已达到满负荷状态,不能并入热力管网。为此远洋公司经请示县政府及相关部门批准在二中小区内建造锅炉房及供热供水系统,于2005年10月建造完毕并投入使用。因此,建造锅炉房系履行购房合同中供暖义务的变通做法,锅炉房为小区的附属设施,属于建设小区的附随义务。远洋公司与费

---

〔1〕 参见国家法官学院、最高人民法院司法案例研究院编:《中国法院2020年度案例》(物权纠纷),中国法制出版社2020年版,第198页。福建省宁德市中级人民法院(2018)闽09民终1400号民事判决书。

某某提出的“供热设施”仅指住户住宅范围内的采暖设备而不应包括锅炉房和购买的设备、锅炉房与二中小区是两个独立规划设计的主张不能成立。《物权法》第七十三条规定:“……建筑区划内的其他公共场所、公共设施和物业服务用房,属于业主共有。”而锅炉房应属于公共设施,属于小区业主集体共有。远洋公司与费某某并不享有对锅炉房的所有权。锅炉房系因二中小区不能并入热力管网,远洋公司为其提供的必要的供暖设施,属于远洋公司履行购房合同义务的行为,业主在购房时已经支付了供暖设施的费用,所以建造锅炉房的相关费用理应由远洋公司与费某某承担。远洋公司与费某某以支付了建造锅炉房的费用为由主张对锅炉房享有所有权缺乏依据。因小区供热不达标,热力公司在2009年受小区业主委员会的委托和镇赉县政府的指派进入小区供热的行为,不构成对远洋公司与费某某的侵权。二审法院依据《物权法》确定锅炉房权属,适用法律并无不当。[1]

楼房设备转换层应属于公共设施,属于小区业主集体共有。

【案例1-16】 小林园社区文化广场小区业主委员会诉宜昌环中房地产开发有限公司建筑物区分所有权纠纷案

二审法院认为,文化广场小区三号楼5层规划用途为文体设施用房,并备注设备转换层内设置文体设施。该用房属于商品房的配套部分,用于满足业主公共文体活动所需,为建筑区划内的公用设施用房;规划的设备转换层为满足楼层上部和下部的不同使用功能,在该楼层设置结构、设备转换,其和设备层或设备间等结构部分类似,也是为满足楼栋的设计和业主使用需要而属于建筑区划内不可分割的结构部分。且宜昌市房屋交易和产权中心出具的查档证明也显示文化广场小区三号楼5层房屋所有权人为文化广场小区全体业主,故讼争的五楼房屋应属于全体业主共有。讼争的五楼公共平台空间亦属于建筑区划内的公共场所,属于全体业主共有。[2]

因小区附属设施如会所权属争议引发的比较鲜见。对于小区会所的性质和所有权归属,《民法典》以及相关的司法解释并未作出明确规定,但应认可其属于业主共有的公共设施性质。首先,对《民法典》第二百七十四条“明示属于个人”的理解,即有确实的证据证明会所属于全体业主所有或者开发商所有,如房产证、开发商和业主的明确约定产权或者建筑规划明确属于商业用房或者公共设施。其次,从《民法典》第二百七十四条可以归纳出业主共有的公共设施的共性。该

---

[1] 最高人民法院(2013)民申字第494号民事裁定书。

[2] 参见国家法官学院、最高人民法院司法案例研究院编:《中国法院2020年度案例》(物权纠纷),中国法制出版社2020年版,第190页。湖北省宜昌市中级人民法院(2018)鄂05民终3025号民事判决书。

条明确将建筑区划内的道路、绿地列为全体业主共有，道路、绿地等公共设施是基于人们活动的基础需要而建设的配套设施，必须在建设规划中予以体现，成本已经理所当然地蕴含在开发商的开发成本中，并计入房屋买卖价格之中，因而道路、绿地等公共设施的所有权毫无疑问应归属于全体业主。会所等小区附属设施的所有权归属，亦同样应遵循“谁投资、谁受益”的准则认定。

【案例1－17】　宜兴市新街道海德名园业主委员会诉宜兴市恒兴置业有限公司（以下简称恒兴公司）等物权确认、财产损害赔偿纠纷案

一审法院认为，对于小区会所在没有合法规划、没有规定、没有产权证的情况下，有约定从约定，没有约定的，如有证据证明会所的成本实际列入了商品房建造成本，构成商品房对外销售价格的组成部分，则归业主所有。本案应认定海德名园二期第26幢会所的成本实际列入了商品房建造成本，构成商品房对外销售价格的组成部分，理由如下：(1)根据恒兴公司与紫竹物业公司签订的《物业移交验收接管协议》，会所属海德名园小区配套用房，根据建设工程规划许可，该会所不能销售。(2)从物价局核定海德名园小区商品房预售价格的材料看，恒兴公司申报列入商品房对外销售价格的是整幢会所而不仅是物业用房的成本。(3)从会所列入商品房对外销售价格的金额分析，会所的成本是由物业用房和争议面积两个部分共同组成的。(4)恒兴公司所列会所成本明细是其公司单方制作，金额无法完全确认，其公司主张的分摊方法更与事实不符。且会所是不得销售的房屋，在费用上与商品房应有区别。(5)恒兴公司提供的土地分割证、图纸等不能证明会所系恒兴公司所有。综上，再结合商品房预售价格核定材料中反映的建筑安装工程费成本，应认定会所的成本已构成商品房对外销售价格的组成部分，对会所的建设成本进行司法审价也无必要。海德名园二期第26幢会所争议的647.62平方米的房屋应属海德名园小区全体业主所有。

二审法院认为，案涉会所属海德名园全体业主，理由如下：案涉会所位于海德名园小区内，与476平方米的物业用房同属一套建筑的整体，根据建设工程规划许可证、物业移交接管协议备案证明存根以及恒兴公司与紫竹物业公司签订的物业移交验收接管协议等书面证据所载明的内容来看，恒兴公司在移交物业时，是将会所与物业用房一并作为配套用房移交给紫竹物业公司，而且写明产权归全体业主所有。海德名园业委会在本案中提供了上述证据，对其主张已经尽到初步举证义务。而恒兴公司辩称会所系其公司所有，作为海德名园小区的开发商，恒兴公司应当进一步提供充分证据予以证明。恒兴公司虽提供了土地分割证、会所成本核算等证据，但根据一审法院向宜兴市国土资源局、宜兴市环科园规划办公室调查了解的情况，以及宜兴市物价局对海德名园商品房价格核定的相关材料，恒兴公司所举证据并不足以证明会所系其公司所有。恒兴公司已将会所的成本列入商品房价格中，因此没有必要再专门对会所的建设成本进行审价。综上，依据《物权法》及相关司法解释的规定，针对双方当事人的举证情况，应认定案涉会所属海德名园全体业主所有。综上所述，恒兴公司的上诉请求不能成立，应予驳回；一审判决认定事实清楚，适用法律正确，应予维持。判决：驳回上诉，维持一审判决。[1]

【案例1－18】　某小区业主委员会诉某房地产开发有限公司物权确认纠纷案

一审法院认为，本案所涉幼儿园在构造上具有独立性，能够明确区分，在利用上具有独立性，能够排他使用。从秦皇岛市住房保障和房产管理局颁布的预售许可证来看，该幼儿园被确认为准予预售的范围，属于可以出售的专有面积，房屋所有权证书分户图也包含该幼儿园，故该幼儿园房屋属于能够登记成为特定业主所有权的客体，符合司法解释规定的专有部分的条件。另外，案涉幼儿园房屋系某房地产开发有限公司通过拍卖国有土地使用权、自筹资金建造而原始取得，且某房地产开发有限公司已取得产权证书。故原告主张诉争幼儿园属全体业主所有并要求某房地产开发有限公司予以返还的诉讼请求，没有事实和法律依据，不予支持。二审法院认为，某小区房屋系某房地产开发有限公司投资建设，案涉幼儿园属于其中一部分，预售许可证亦包括此幼儿园，属于可以出售的专有面积。现该幼儿园并没有被小区某个业主购买，其所有权理应归其投资建造者——某房地产开发有限公司所有。某小区业主委员会主张此幼儿园属于共有部分、应归全体业主所有无事实和法律依据，不予支持。原审判决认定事实清楚，适用法律正确，故判决：驳回上诉、维持原判。[2] 对拍卖获得国有土地使用权的开发商来说，其对外公示商品房销售价格并不需要附带具体的成本核算，而商品房的价格除了本身建造成本外，受到市场供求因素的影响也很大。一方面购房人不具备专业的会计核算知识，另一方面也缺乏相应的维权意识，开发商违背诚信原则利用双方信息不对称进行牟利，由此造成争议。

个案中，对于争议配套设施房屋归属由法官根据具体案情酌定。

---

〔1〕 参见国家法官学院案例开发研究中心编：《中国法院2019年度案例》（物权纠纷），中国法制出版社2019年版，第217～219页。江苏省无锡市中级人民法院（2017）苏02民终5565号民事判决书。

〔2〕 参见国家法官学院案例开发研究中心编：《中国法院2019年度案例》（物权纠纷），中国法制出版社2019年版，第223页。河北省秦皇岛市中级人民法院（2017）冀03民终1974号民事判决书。

【案例1－19】　菏泽市帝都花园业主委员会诉菏泽开发区帝源房地产开发有限公司(以下简称帝源公司)建筑物区分所有权纠纷案

判决观点:关于涉案会所、幼儿园占用房屋产权的归属,法院认为会所、幼儿园占用房屋权属应归帝都花园业主所有。本案是因小区规划内会所、幼儿园占用房屋产权归属引起的建筑物区分所有权纠纷,会所、幼儿园占用房屋虽于2006年5月竣工,但一直未确权,这种状态持续至今,且当时并无关于小区规划会所、幼儿园占用房屋权属的相关法律、法规,故本案可适用诉讼发生时相关的法律、法规。案涉争议房屋权属归帝都花园业主所有的理由如下:(1)帝源公司与帝都花园业主签订的商品房买卖合同中未就会所、幼儿园占用房屋的归属作出约定,且就上述房屋至今并未办理产权证书,帝源公司也不能提供产权归其所有的证明文件。(2)在帝源公司报规划部门的规划图纸上显示,小区规划包含会所、幼儿园,帝源公司认可公共建筑包括案涉会所、幼儿园。(3)帝源公司主张案涉会所、幼儿园所占房屋由其出资建设、其应依建设行为取得所有权,但是其不能提供证据证明其在开发建设帝都花园小区时将对会所、幼儿园占用房屋的"出资"单独核算且自行负担,即不能提供证据证明未将案涉房屋的建设成本计算在出售给帝都花园业主的商品房中。(4)帝源公司在开发帝都花园小区项目并对外宣传中称配套设施包含会所、幼儿园,将会所、幼儿园等配套部分载于其销售资料之中,使业主对其购买专有部分即可获得相应配套设施部分产生合理信赖。(5)帝源公司在业委会成立后将会所中的15间房屋交付业委会,可以认定帝源公司以其行为认可案涉争议房屋权属归帝都花园业主所有。综上,帝源公司关于案涉会所、幼儿园占用房屋由其出资建设、应归其所有的抗辩不能成立,即案涉会所、幼儿园占用房屋的所有权应归帝都花园小区业主所有。[1]

建筑物的地下室无特殊约定、未计入分摊成本时,其应归小区业主共有。《民法典》第二百三十一条(原《物权法》第三十条)规定:"因合法建造、拆除房屋等事实行为设立或者消灭物权的,自事实行为成就时发生效力。"该条主要适用三种情形:其一,没有实行房产登记的地区,如一些偏远农村。其二,单独所有的建筑物。其三,开发商对区分所有建筑物中尚未销售的"专有部分"。该条对不是单独所有建筑即区分所有权的不适用。

---

〔1〕　参见国家法官学院案例开发研究中心编:《中国法院2015年度案例》(物权纠纷),中国法制出版社2015年版,第183页。山东省菏泽市中级人民法院(2013)菏民三初字第40号民事判决书。

【案例1－20】 合肥华源物业发展有限责任公司诉奥林阁大厦业主委员会物权保护纠纷再审案

一审法院认为,本案诉争的61号、66号房屋是否属于开发商或奥林阁全体业主共有或属其他性质并未经确认,故驳回开发商的诉讼请求。二审法院以事实不清证据不足发回重审。再一审法院依据《物权法》第三十条判决支持开发商全部诉讼请求。

再二审法院认为,奥林阁大厦不是单独所有建筑物,不能简单适用《物权法》第三十条规定。对于建筑物地下负一层是否属于共有部分,有关法律和司法解释并没有明确规定,故应当根据本案具体情况综合考虑。首先,奥林阁大厦不符合专有部分的全部构成要件,不能够登记成为特定业主所有权的客体,从其属性天然属于共有的部分。其次,华源物业公司(合肥华源物业发展有限责任公司)作为开发商,是否能将争议的地下负一层的成本摊到全体业主身上,其应当提供奥林阁大厦负一层建设成本未纳入建设总成本的证据,但其未能提供该方面的证据;同时,根据《物权法》的规定,不动产物权的取得是以依法登记为前提的,乙公司对该部分未办理产权登记,综合本案的实际情况,在无相反证据以及特别约定的情况下,诉争的奥林阁大厦负一层61号、66号房屋应属奥林阁大厦全体业主共有。最后,一审判决从图中阴影部位为公用建筑部分推定出图中非阴影部位为非公用建筑部分的结论缺乏事实依据。判决:撤销一审判决,驳回开发商的诉讼请求。[1]

物业服务用房所有权属于小区全体业主共有,物业服务人出卖物业服务用房属于无权处分,即使该物业服务用房无法进行权属登记公示,小区业主购买该物业服务用房亦不构成善意取得。

【案例1－21】 长沙市麓山南路园丁新村业主委员会诉陈某某排除妨害纠纷案

二审法院认为,关于广宇置业公司是否有权出售诉争房屋及陈某某购买诉争房屋是否构成善意取得的问题。广宇置业公司在2003年7月6日向园丁新村交付了物业管理用房清单,本案中诉争的房屋园丁新村1栋12号房屋、底层5栋3号车库在交付清单范围内,虽然接收当时业主委员会没有成立,但不能改变诉争房屋已经交付的事实。广宇置业公司交付物业管理用房的行为表明其承认诉争房屋属于全体业主共有。广宇置业公司已经将诉争房屋交付园丁新村业主委员会,又在2008年10月9日将诉争房屋出卖给陈

---

〔1〕 参见中华全国律师协会民事专业委员会编:《中国民商事案例精选》(2012～2014),法律出版社2014年版,第183页。安徽省合肥市中级人民法院(2013)合民一终字00359号民事判决书。

某某,该处分行为属于无权处分。在此情况下,陈某某是否能够取得诉争房屋的所有权要看陈某某的购房行为是否构成物权法上的善意取得。根据《物权法》第一百零六条第一款之规定,无权处分的受让人要取得受让不动产或动产的所有权,必须首先符合受让人在受让该不动产或动产时是善意的。本案中,陈某某一直生活在园丁新村,对于物业管理用房的位置应当清楚,陈某某以刘某的名义与广宇置业公司签订买卖合同时,双方在买卖合同上签署的时间为2005年,陈某某对所购房屋的性质应当了解。陈某某以刘某的名义购买诉争房屋的行为不符合受让人在受让该不动产时是善意的,因此,不构成物权法上的善意取得。因此,上诉人陈某某的上诉理由不能成立,陈某某不能取得本案诉争房屋的所有权,其占有房屋的行为无法律上的依据。陈某某因购买房屋所造成的损失,可以向广宇置业公司另行主张权利。综上,原审判决认定事实清楚,适用法律正确,应予维持。法院判决:驳回上诉,维持原状。[1]

开发商违反规划建造的社区办公用房,被规划部门和房地产管理部门分别依法撤销建设工程规划许可证和房产证后,开发商将该用房产权移交给小区业主委员会,并与小区业主委员会联名申请办理建设工程规划许可,同时将该用房登记在小区业主委员会名下的,因涉及行政处置行为,该社区办公用房的产权归小区业主委员会。

【案例1-22】 合肥商业投资控股志德置业投资有限公司(以下简称志德公司)诉合肥中央花园小区业主委员会赠与合同纠纷案

二审法院认为,志德公司在开发建设中央花园小区过程中,违反规划建造8#楼、9#楼,合肥市规划局依法撤销该两幢楼的建设工程规划许可证,合肥市房地产管理局亦依据合肥市规划局的建议撤销了该两幢楼的房产证,正是在相关行政机关对志德公司违规建设行为进行行政处罚的过程中,双方协商同意将该两幢楼的产权移交合肥中央花园小区业主委员会,并联名向合肥市规划局递交申请,合肥市规划局经审批同意后,才决定给8#楼、9#楼补发建设工程规划许可证,合肥市房地产管理局遂依据申请决定将该两幢楼登记在被上诉人名下,因而双方间关于移交上述两幢楼的行为涉及了行政机关行政处置行为,双方之间不存在赠与合同法律关系,上诉人以双方间关于移交房产的协议系赠与合同,并依据赠与合同的相关法律规定请求撤销赠与的上诉理由不能成立。综上,原审虽未能正确认定双方间的法律关系,但判决驳

---

〔1〕 参见最高人民法院中国应用法学研究所编:《人民法院案例选》2012年第3辑(总第81辑),人民法院出版社2012年版,第182~183页。湖南省长沙市中级人民法院(2011)长中民三终字第2698号民事判决书。

回上诉人的诉讼请求并无不当。判决:驳回上诉,维持原判。[1]

【不同处理】 有的法院认为,开发商按照施工图合围架空层建设储藏间,导致架空层事实上已基本丧失了其防潮、通风、降噪的功能,所以合围建设的储藏间已经不是原有意义上的架空层,不宜直接判决归属全体业主所有。

【案例1-23】 名江丽景花园业主委员会诉名江房地产公司建筑物区分所有权纠纷案

一审法院认为,本案双方争议空间在设计施工图纸上名称虽然标注为架空层,但图纸显示该空间为四周合围,在建设过程中,已按图纸建设成四周合围的储藏间。该空间现已不符合"仅有结构支撑而无外围护结构的开敞空间层"的架空层定义,且已经失去架空层防潮、通风、降噪的功能,而是变更为具备储藏功能的储藏间。现原、被告均未提供证据证明被告将案涉争议空间由架空层建设成储藏间是否经过了行政规划许可,相关行政机关在房屋综合验收时也未对该争议空间定性,而关于争议空间性质的确定属于国家有关行政机关的职责范围,故本案中暂不处理,待有关行政机关对该部分建筑物的性质进行确定后,原告可以另案主张权利。判决:驳回名江丽景花园业主委员会的诉讼请求。二审法院认为,案涉储藏间和地下室空间均未计入小区规划时的容积率,亦未纳入业主公摊面积,故上诉人请求案涉的架空层(储藏间)为全体业主共同所有,没有事实和法律依据,不予支持。判决:驳回上诉,维持原判。[2]

3. 公共设施的疑难问题

建筑区划内道路通行权问题。建筑区划道路通行权,是指建筑物业主对建筑物所在小区内规划确定的道路享有的通行使用的权利。从权利性质上讲,通行权属于使用权,而使用权作为所有权能之一,其基础是所有权。判断小区业主对小区内规划确定的道路拥有通行权的逻辑前提,无疑是要认定建筑区划内道路所有权的归属。根据《民法典》第二百七十四条规定:"建筑区划内的道路,属于业主共有,但是属于城镇公共道路的除外。"该条以法律的形式明确了建筑区划内道路等公共空间的权利归属业主共有。需要说明的是,本条规定的道路、绿地归业主

---

〔1〕 参见最高人民法院中国应用法学研究所编:《人民法院案例选》2009年第3辑(总第69辑),人民法院出版社2010年版,第141页。安徽省合肥市中级人民法院(2008)合民一终字第898号民事判决书。

〔2〕 参见国家法官学院、最高人民法院司法案例研究院编:《中国法院2021年度案例》(物权纠纷),中国法制出版社2021年版,第37~38页。江西省上饶市中级人民法院(2020)赣11民终1167号民事判决书。

所有,不是说道路、绿地的土地所有权归业主所有,而是指道路、绿地作为土地上的附着物归业主所有,业主对其土地享有使用权。

【案例1-24】 上海市虹口区名江七星城小区业主委员会诉上海虹宸置业发展有限公司(以下简称虹宸公司)等其他物权保护纠纷案

二审法院认为,审理焦点在于原告与被告、第三人之间是否能够基于涉诉小区的竣工备案图纸而产生物权保护关系。被告虹宸公司在向涉诉小区业主出售小区楼盘时,竣工备案图纸和售楼广告向业主标示出小区道路的通行情况。根据被告的陈述,涉诉小区于2003年竣工,小区的人行入口和残疾人坡道、自行车坡道等配套设施均在竣工后通过规划验收,并按现有状况投入使用。按照竣工备案图纸标注,被告虹宸公司向第三人上海英腾健身有限公司(以下简称英腾公司)出租的会所中央确有通道连通小区与外界公共道路。根据我国《物权法》的规定,建筑物区分所有权属于法定物权,而根据小区竣工备案图纸标注出人行道路,是规划部门援引相关法律规定所作的行政行为,实质上是通过该行政行为,在小区建设之初,即在开发商对会所所在区域的物业所有权和小区业主的物业所有权之间设定了针对道路通行权,即小区业主有权通过该图纸标注的道路通行。而根据《物权法》对建筑物区分所有权的规定,被告与第三人应当基于小区道路归全体业主所有的物权关系,对小区业主通过该条道路通行提供条件。因此,会所产权人虹宸公司及实际使用人英腾公司关闭会所通往小区的门,致小区业主无法从人行入口处进出小区,不但与规划核准图纸不符,亦违反了虹宸公司出售房屋时向买受人所作的承诺,侵犯了小区业主的合法权益,故虹宸公司理应按照规划核准图纸恢复上述人行通道,英腾公司应当予以配合。判决:驳回上诉,维持原判。[1]

建筑容积率是房屋建筑规划管理性规定,不能作为确认房屋所有权的依据。在房屋建设违反建筑容积率、规划使用用途等规划要求时,不能以此作为依据,得出其所有权应当归属于全体业主共有的结论。

【案例1-25】 广东省深圳市福田区南天一花园业主委员会与深圳城市建设开发(集团)公司(以下简称深圳城建公司)、深圳市城建监理有限公司、深圳市城建物业管理有限公司房屋侵权纠纷再审案

最高人民法院认为,(1)能否确认诉争两栋小楼的所有权归南天一花园

---

〔1〕 参见国家法官学院案例开发研究中心编:《中国法院2013年度案例》(物权纠纷),中国法制出版社2013年版,第192~193页。上海市第二中级人民法院(2011)沪二中民二(民)终字第1791号民事判决书。

全体业主所有。

①关于能否依据《法定图则》确认案涉小楼所有权归南天一花园全体业主所有的问题。

最高人民法院认为,《法定图则》不能作为确定本案诉争两栋小楼所有权归属的依据。首先,从时间上看,《法定图则》公布于2000年1月,该图则第1.9条明确规定,图则自批准之日起施行,而未规定其具有溯及既往的法律效力。而诉争两栋小楼及南天一花园三栋住宅楼的建设时间,均早于《法定图则》的批准施行时间。南天一花园业委会以后公布的图则内容反推案涉两栋小楼的土地利用状况是否合法,缺乏事实和法律依据。其次,从内容上看,《法定图则》第2.2条规定,图则公布时已经建设利用的土地性质与图则规划不符的,仅在对用地进行部分或全部改造时,须负调整符合图则规划之义务。因此,图则中对案涉两栋小楼所涉土地的利用性质、容积率等规划内容,并不对在图则公布前已经建成的小楼的规划产生约束力,南天一花园业委会依据图则的规划内容及容积率等,认为案涉两栋小楼属于未计入容积率的建筑面积,依据不足。最后,从性质上看,《法定图则》属于建筑规划管理性规定,其所规定的土地利用性质及建筑物容积率等内容,不能作为所有权的确权依据。换言之,即使案涉小楼的建设违反了《法定图则》所确定的土地利用性质及建筑物容积率等规定,亦不能依此推断小楼所有权的归属。

②关于能否依据城市房地产管理法等法律规定的"房地一致"原则,确认诉争两栋小楼的所有权归南天一花园全体业主共同所有的问题。

最高人民法院认为,《法定图则》所载南天一花园小区的建筑容积率,不能作为推算案涉小楼是否计入容积率,并进而认定案涉小楼是否参与土地面积分摊的依据。本案中,深圳城建公司提交了单位房地产权登记申请表、南天大厦1#—3#基底面积分摊系数和公共用地面积分摊系数计算书、与深圳市规划与国土资源局签订的《深圳市土地使用权补地价协议书》及补地价款收据、付清地价款证明等证据,证明案涉两栋小楼分摊了宗地面积,且就案涉两栋小楼所占用土地,深圳城建公司已与相关政府部门签订协议并交纳了相应款项,拥有对案涉两栋小楼所占用土地的合法权利。南天一花园业委会虽然对登记申请表及分摊系数计算书的真实性不予认可,但未提出相反证据。最高人民法院认为,该两份证据系深圳城建公司在办理南天一花园三栋住宅楼房地产产权登记时填写并向登记部门提交的文件,其中的内容虽然为深圳城建公司填报,但在本案诉讼中,该证据系自登记部门复印取得,即上述材料已被登记部门审核后存档,并作为核发南天一花园三栋住宅楼房地产产权登记证书的依据,南天一花园业委会虽然对上述证据真实性不予认可,但未举出相反证据足以推翻该证据,故对上述材料记载内容的真实性,予以认可。

根据该证据内容,案涉两栋小楼在南天一花园三栋住宅楼办理产权登记时,已经参与了土地面积的分摊。南天一花园业委会虽然主张由于案涉两栋小楼的初始登记及分户登记已被撤销,补地价协议及地价款收据、付地价款证明所载的补缴费用已经或应该退回,但未提供相应证据证明。故对南天一花园业委会的该意见,不予采信。在案涉两栋小楼已经分摊了宗地面积,深圳城建公司就该小楼所占用土地的使用权利与政府主管部门签订了协议并补交了地价款的情况下,应认定深圳城建公司对案涉两栋小楼所占用土地具有合法权利。故对南天一花园业委会所持案涉两栋小楼没有分摊相应的土地份额的主张不予采信。南天一花园业委会所持案涉两栋小楼所占用土地的使用权,按照"房地一致"原则,已随南天一花园三栋住宅大厦所有权的转让,转让给南天一花园全体业主的理由,缺乏事实和法律依据,亦不予采信。

本案中,深圳城建公司提交了案涉小楼所占用土地征地的相关批准文件及征地补偿合同,证明其对土地占有利用的权利来源合法;提交了案涉小楼从规划审批到建设施工、竣工验收的相关文件,证明其属于经政府相关部门批准建设的合法建筑;提交了竣工结算文件等,证明案涉小楼的全部资金由其投入。结合案涉小楼建设时,国家对于土地的规划管理、建筑容积率规制等法律规范尚不完善的历史背景,最高人民法院认为,深圳城建公司就其对案涉小楼所占用土地享有合法权利,其对案涉小楼因合法建造而初始取得所有权的事实,承担了相应举证责任。在南天一花园业委会未举证证明深圳城建公司已将案涉两栋小楼的所有权转让给南天一花园三栋大厦业主的情况下,深圳城建公司所持其对案涉两栋小楼及整栋建筑物规划占地的专有权利,未转让给南天一花园三栋大厦业主的主张,具有事实和法律依据,且未违反城市房地产管理法、《城镇国有土地使用权出让和转让暂行条例》等法律规定的"房地一致"原则。

③关于能否依据案涉小楼房产登记证书被行政判决撤销的事实确认其所有权归南天一花园全体业主共同所有的问题。

最高人民法院认为,案涉两栋小楼的初始及分户登记证书,确已被行政判决撤销,但是否能够由此得出案涉小楼不能单独办理产权登记的结论,还需要依据案件具体情况分析。根据该生效行政判决的内容,其判决撤销登记的主要理由是,深圳市国土资源和房产管理局的该登记行为有违其之前书面复函中作出的决定。因此,该行政判决是从具体行政行为的程序合法性角度作出的认定,而未涉及小楼能否单独办理初始及分户产权登记的实质要件。换言之,已办理的案涉房产的产权登记证书因程序违法被撤销后,并不影响权利人依照合法程序再次申请办理产权登记。故南天一花园业委会仅以该行政判决结果,认为案涉两栋小楼无法单独办理产权登记,并进而认为其产权应归南天一花园全体业主共有,理据不足。

④关于能否依据有关建筑物区分所有权的法律、司法解释规定,确认案涉小楼所有权归南天一花园全体业主共有的问题。

最高人民法院认为,如上所述,《法定图则》不能作为确定案涉小楼是否计入容积率的事实及法律依据,故南天一花园业委会基于《法定图则》确定的建筑容积率推断案涉两栋小楼属于没有计入容积率的建筑,不能单独办理房地产产权登记的主张,缺乏事实和法律依据。案涉房屋的兴建、登记及本案纠纷的发生时间,均在《物权法》施行之前。鉴于在《物权法》施行之前,法律和司法解释对于建筑物区分所有问题未进行明确规定,参照该法及建筑物区分所有权司法解释的规定,案涉小楼不属于《物权法》第七十三条所规定的应当属于业主共有的道路、绿地、公共场所、公用设施和物业服务用房,亦不属于《2009 年建筑物区分所有权解释》第三条规定的应当认为属于业主共有的部分。故南天一花园业委会主张依据建筑物区分所有权的法律、司法解释规定,确认案涉小楼所有权归南天一花园全体业主共有,缺乏事实和法律依据。

⑤关于能否依据案涉小楼的规划设计用途确认其所有权归南天一花园全体业主共有的问题。

最高人民法院认为,首先,根据《法定图则》文本第 2.2 条的规定,现有土地的利用性质若与本图则规定不符,暂时不须更正,但若对用地的部或全部进行改造,则该用地新的土地利用性质必须与本图则的规定相符。因此,该图则所确定的案涉小楼的规划用地性质,不能作为确认小楼规划设计用途现状的依据。其次,退一步看,即使按照《法定图则》地块控制指标表的规定,案涉两栋小楼为配套设施,项目名称为居委会、社区管理。但无论从案涉两栋小楼的建设年代,还是从目前的法律规定看,均没有明确对"配套设施"的所有权权属进行规定。因此,并不能因案涉小楼的规划设计用途为小区"配套设施",而得出其所有权属于小区全体业主共有的结论。

综上,最高人民法院认为,南天一花园业委会请求确认诉争两栋小楼的所有权归南天一花园全体业主共同所有的诉讼请求,缺乏事实和法律依据,不予支持。

(2)能否支持南天一花园业委会要求返还诉争两栋小楼并赔偿损失的诉讼请求。

最高人民法院认为,南天一花园业委会所持诉争两栋小楼的所有权归南天一花园全体业主共同所有的主张,缺乏事实和法律依据。深圳城建公司对案涉两栋小楼的占有、使用以及委托深圳城建监理公司、深圳城建物业公司管理出租,收取租金等行为,未侵害南天一花园小区全体业主的合法权益。南天一花园业委会基于全体业主对案涉小楼共有所有权而提出的物权保护及侵权损失赔偿请求,缺乏事实和法律依据,不予支持。

综上所述,最高人民法院认为,本案二审判决认定事实清楚,适用法律正确。判决:维持广东省高级人民法院二审判决。[1]

《民法典》第二百七十四条、《物业管理条例》第三十七条等均明确规定物业服务用房归业主共有。开发商将自有房产移交物业公司用作服务用房后,无权要求返还。

【案例1-26】 某投资公司诉某物业公司、黄某隆返还原物纠纷案

二审法院认为,(1)关于某物业公司是否擅自改造涉案车库并占有使用。某投资公司系涉案小区的开发商,某物业公司系涉案小区的物业服务公司,物业服务用房是由开发商向物业服务公司交付,因此某投资公司有能力对涉案车库的改造和使用情况进行举证。某投资公司主张某物业公司擅自于2006年3月对涉案车库进行改造并使用,但是并未提交任何证据对该事实予以证明,甚至从某物业公司2006年3月入驻涉案小区起至2021年4月30日发出《撤场通知书》止,长达十五年的时间,某投资公司也未能提交任何证据证明其向物业公司就擅自改造使用的行为提出过异议或进行过交涉,应承担举证不能的不利后果。(2)关于某物业公司和黄某隆应否向某投资公司返还涉案车库以及支付占有使用费。《物业管理条例》规定,建设单位应当按照规定在物业管理区域内配置必要的物业服务用房。可见,按照规定提供物业服务用房是开发商必须履行的法定义务。本案中,根据涉案小区《建设用地规划许可证》附件,涉案小区规划的服务用房面积为100平方米,作为开发商的某投资公司应当根据规划要求为涉案小区配备足额的物业服务用房,涉案小区原有物业服务用房的面积仅为80.38平方米,扣除配电房后则更少,显然不符合《建设用地规划许可证》的规划要求。某投资公司主张争议的房产为车库而不是物业服务用房,且已登记为其所有为由,主张某物业公司予以返还,但某投资公司没有举证涉案小区原100平方米物业服务用房的规划如何进行了具体的变更,而即使变更了,物业管理的相关法律规定亦未禁止开发商以自有房产或其他房产提供多于规划或法定标准面积的物业服务用房,这与物业服务用房的服务属性和小区业主公共利益属性有关。本案中,某物业公司作为物业公司代涉案小区业主接受物业服务用房,并使用物业服务用房为小区业主服务,从2006年3月某物业公司入驻涉案小区至今,原有小区共用管理房和车库改造后的用房均作为服务用房在使用,为涉

〔1〕 参见最高人民法院民事审判第一庭编:《民事审判指导与参考》2014年第2辑(总第58辑),人民法院出版社2014年版,第186~190页。

案小区业主服务，某投资公司未能证明某物业公司改变了用途，因此涉案车库某物业公司实际使用部分的性质应认定为物业服务用房。物业服务用房是物业管理的必要配套设施，事关业主福祉，无论从占有历史和使用现状，还是从维护社会和谐稳定，以及更好地服务于小区业主的角度，某投资公司让某物业公司腾退、返还涉案车库的主张都是违反诚信和欠妥的，二审法院不予支持。某投资公司主张某物业公司及其法定代表人黄某隆支付从2006年3月1日至实际腾退之日止的占有使用费，亦没有理据，二审法院不予支持。判决：(1)撤销一审民事判决；(2)驳回某投资公司的诉讼请求。[1]

从法律意义上说，小区游泳池、网球场的所有权，属于建筑区划内的其他公共场所、公用设施。

【案例1－27】 某投资管理公司诉某小区第一届业主委员会占有排除妨害纠纷案

一审法院认为，案涉小区的网球场、游泳池，均为室外露天的运动场和游泳池，在涉案小区建设时，已规划作为小区配套设施，列入小区的建筑规划范围，开发商为了提高小区吸引力而建设的，游泳池及网球场列入建筑规划内，但并未计入建筑面积，即未列入小区公共建筑面积、也未列入专有面积，开发商并未负担游泳池、网球场部分的土地出让金等，故案涉小区的游泳池及网球场，应归全体业主共有。在某小区业委会成立前，某房地产公司作为开发商将游泳池、网球场委托给某投资管理公司经营，以弥补其建设成本的投入，具有合理性；而在某小区业委会成立后，业委会代表小区的利益而采取的规范游泳池、网球场经营的相关行为，不存在侵犯经营者权益的情况。故某投资管理公司要求某小区业委会将游泳池、网球场返还给其经营并赔偿损失的诉讼请求，于法无据，不予支持。判决：驳回某投资管理公司的全部诉讼请求。二审法院同意一审法院裁判意见，判决：驳回上诉，维持原判。[2]

(三)入住后房屋质量责任划分

业主入住后房屋受损，其责任划分是其现实生活中常见的纠纷之一。类似的

〔1〕 参见国家法官学院、最高人民法院司法案例研究院编：《中国法院2023年度案例》(物权纠纷)，中国法制出版社2023年版，第47～48页。广东省珠海市中级人民法院(2022)粤04民终101号民事判决书。

〔2〕 参见国家法官学院、最高人民法院司法案例研究院编：《中国法院2023年度案例》(物权纠纷)，中国法制出版社2023年版，第297页。广东省深圳市中级人民法院(2020)粤03民终22533号民事判决书。

房屋漏水、渗水等损坏不可能是业主的原因造成，在排除业主人为或重大过失造成的房屋质量之外，只能从开发商与物业服务人方面分析和确定责任划分。开发商和物业服务人作为不同的民事主体，虽与房屋受损均有不同程度的联系，但其对业主的房屋所承担法定职责不同。开发商作为房屋的设计、建造者，对房屋的质量应承担责任。作为小区物业服务管理主体的物业服务人，根据《物业管理条例》第二条的规定，其对小区物业承担维护和管理责任。根据两者责任范围和房屋等情况，进而划分责任人，而不是一律由开发商承担责任，或一律由物业服务人承担责任，也不是两者平均分担责任。业主入住后房屋受损，具体由谁承担损害赔偿责任，应视房屋受损原因而定。如果房屋受损是基于设计、建设、施工过程中的问题造成，则应由开发商承担责任。如果房屋受损基于未尽到维护和管理职责而造成，则应由物业服务人承担责任。如果房屋受损既有设计、施工的原因又有维护和管理原因，则应根据过错程度划分开发商和物业服务人责任比例。

应注意的是，在住宅保修期内，房屋的共用设施出现问题，应由房地产开发企业承担保修责任。在住宅保修期满后，如因房屋质量不合格导致房屋共用设施出现问题，房地产开发企业仍应承担维修义务；如因共用设施正常的损耗与老化产生问题，由物业公司负责一般日常的维护与保养，但对于修缮范围大、维修难度高、维修费用高等共用设施的修缮、改造等，则应使用住宅专项维修资金进行维修。

（四）行政主管部门对业主处罚

行政主管部门只有在法律法规明确授权的情况下才能对业主的行为进行行政处罚。对于业主自行封闭阳台等现行法律法规明确规定禁止的行为，应由地方立法机关或者由行政主管部门制定相应规定加以规范和统一。业主为了自己的利益，有可能违反物业管理规约的相关约定，擅自进行装饰装修，甚至搭建违反法律法规的违章建筑，侵害全体业主的共有利益。对于业主这些行为，行政主管部门并非都有权进行行政处罚。只有对那些法律明确规定的禁止行为，行政主管部门才有权进行行政处罚。业主对包括封闭阳台在内的缺乏事实和法律依据的行政处罚，有权向行政主管部门的上级机构申请复议，也可向法院起诉行政主管部门，维护自己的合法权益。

在商品房买卖合同、物业服务合同、物业管理规约中，开发商或物业服务人可以与业主明确约定“未经允许，业主不得擅自进行装窗封闭阳台等行为”，以减少纠纷的发生。

【案例1-28】 冯某诉杭州市某住房和城乡建设局处罚纠纷案

判决观点:被告提供的1602室原始图纸、现场检查笔录、现场拍摄照片等证据显示,本案原告对1602室进行装修时,将没有防水要求的阳台改为卫生间,在北阳台增设卫生间;未经原设计单位或具有相应资质等级的设计单位提出设计方案,即擅自超过设计标准或者规范增加卫生间楼面荷载,增加分隔,将原设计两卫改为五卫。原告的行为违反了前述规定,由城市房地产行政主管部门责令改正,并处罚款:(1)将没有防水要求的房间或者阳台改为卫生间、厨房间的,或者拆除连接阳台的砖、混凝土墙体的,对装修人处500元以上1000元以下的罚款,对装饰装修企业处1000元以上10,000元以下的罚款;(2)未经原设计单位或者具有相应资质等级的设计单位提出设计方案,擅自超过设计标准或者规范增加楼面荷载的,对装修人处500元以上1000元以下的罚款,对装饰装修企业处1000元以上10,000元以下的罚款。被告依据《住宅室内装饰装修管理办法》第三十八条第一项、第四项规定,对原告违法行为作出涉案行政处罚决定。被告在作出涉案行政处罚决定前向原告送达了《责令改正通知书》《行政处罚事先告知书》,依法履行了告知义务,程序并无不当。原告主张其对1602室的北阳台作了防水处理,并不能改变其装修行为的违法性。原告关于认定是否增加楼面荷载应经鉴定的主张没有依据。判决:驳回冯某的诉讼请求。[1]

(五)物业服务合同诉讼时效

1.诉讼时效理解

物业服务合同中,物业服务人持续不断提供服务,而业主也要持续地交纳物业费,并且双方总给付的内容取决于应给付时间的长短,因此物业服务合同属于继续性合同。物业费是在继续性合同履行期中持续定期发生的债务,司法解释对分期债务的诉讼时效起算有明确的规定,但是对于定期给付之债的诉讼时效起算点问题未有明确的界定,由此也导致对物业服务费诉讼时效的不同理解。笔者认为,物业费虽是定期给付,在各时间段内看似具有一定独立性,但其系在同一合同项下订立、基于同一债务原因即物业公司提供服务而产生,其具有整体性和同一性。而且物业服务人为了维护双方之间的合作关系不会在每一笔物业费交纳期限终止时即主张权利。在这种情形下,物业费的诉讼时效从最后一期物业费的履

---

〔1〕 参见骆鑫、刘娅编著:《物业管理纠纷案例与实务》,清华大学出版社2017年版,第110页。

行期间届满之日起计算,更有利于节约诉讼成本,保护当事人的合理信赖利益。

诉讼时效期间自权利人知道或者应当知道权利受到损害并知道或者应当知道明确的义务人时计算。未约定履行期限的合同,依照《民法典》第五百一十条、第五百一十一条的规定,可以确定履行期限的,诉讼时效期间从履行期限届满之日起计算。诉讼时效期间届满的,义务人可以提出不履行义务的抗辩。

【案例1-29】 无锡新江南物业公司诉汤某某物业服务合同纠纷案

一审法院认为,物业服务合同属继续性合同,物业服务公司要求业主给付服务费用的诉讼时效期间,应从最后一期物业服务费用的履行期限届满之日起算。新江南物业公司于2011年8月31日停止了物业服务,应从此时起算诉讼时效,故新江南物业公司的诉请并未超过诉讼时效期间。二审法院亦持同样意见维持原判。[1]

【案例1-30】 济南万怡物业公司诉孙某某物业服务合同纠纷案

二审法院认为,物业服务合同属于继续性合同,物业服务期间内产生的物业费系同一合同项下具有整体性和关联性的定期给付之债。物业服务合同双方当事人之间具有长期稳定的合同关系,维系其合同的基础是互相之间的信赖,业主没有支付某一期物业费,物业公司没有及时追索和主张,并非怠于行使权利,而是基于维持双方间良好的合作关系以及对业主的信任和谅解。因此,同一物业服务合同中约定的定期给付物业费之债的请求权,诉讼时效期间从最后一期物业费的履行期限届满之日起算。[2]

物业服务合同是整体性、连续性的合同,物业公司收取物业费较为特殊,物业费按年交纳属于对合同期限内产生的物业费用以分期付款方式履行的一种约定。《民法典》第一百八十九条的规定"当事人约定同一债务分期履行的,诉讼时效期间自最后一期履行期限届满之日起计算。"物业管理委托合同所涉物业管理服务费是一个整体的继续性债务,全部债务的整体性和关联性大于独立性,双方均作为整体债务履行。物业服务人在向业主提供物业服务的过程中按年向业主收取物业管理服务费是对整个合同期内的物业管理服务费的分期履行,因此物业费的诉讼时效应从最后一期履行期限届满之日起算而非分期履行的时间点起算。

【案例1-31】 无锡某物业管理有限公司诉倪某某物业服务合同纠纷再审案

再审法院认为,对于诉讼时效问题,物业服务合同属于继续性合同,物业服

---

〔1〕 参见国家法官学院案例开发研究中心编:《中国法院2015年度案例》(合同纠纷),中国法制出版社2015年版,第234页。江苏省无锡市中级人民法院(2012)锡民终字第915号民事判决书。

〔2〕 山东省济南市中级人民法院(2018)鲁01民终3323号民事判决书。

务一直处于持续状态，时效应从最后一期物业服务费的履行期间届满之日起算。该物业公司于2011年8月31日停止对该小区的服务，故应从此时起算。[1]

【案例1－32】 沈阳百乐物业经营管理有限公司与被告李某某、李某物业服务合同纠纷案

判决观点：原告在案涉园区提供了物业服务，被告亦应按合同支付物业费。被告抗辩原告起诉已超过诉讼时效，根据该园区的物业管理委托合同等相关证据，能够证明原告一直为该园区提供服务，实际服务至2020年5月25日，且原告在撤出园区前对该小区的物业服务尚未终止，每年都在逐户收取并追缴陈欠的物业费，而且其物业服务合同是整体性、连续性的合同，物业公司收取物业费较为特殊，物业费按年交纳属于对合同期限内产生的物业费用以分期付款方式履行的一种约定，每年收取并追缴物业费是所有园区存在的不争事实，并非普通的诉讼时效予以简单判断，即连续，故对被告的该项抗辩主张不予支持，对原告主张的2020年5月25日之前的物业费请求应予以支持。根据原、被告庭审中的陈述及相关证据，原告对被告的物业服务存在不能完全实现合同的目的的情形，服务上存在瑕疵，故法院综合考量，对原告收取被告尚欠的物业费予以酌减，以欠费的70%收取为宜。对原告要求被告给付利息损失的请求不予支持。判决：(1)被告李某某、李某给付原告沈阳百乐物业经营管理有限公司2017年1月1日至2020年5月25日的物业费3924元（$0.85\times161.64\times40\times70\%+0.85\times161.64\div31\times25\times70\%$）；(2)驳回原、被告其他诉讼请求。[2]

【不同处理】 司法实践中，有的法院持不同意见。

【案例1－33】 贵阳双诚物业管理有限公司湄潭分公司诉王某物业服务合同纠纷再审案

再审法院认为，双方签订的物业合同所约定的物业费系合同之债，且有具体的履行时间，虽每月的服务及费用相同，但系每月均要履行的相同债务，不属于同一债务的分期履行，故应从每一期物业费履行期限届满后起算诉讼时效。[3]

【案例1－34】 辽宁某物业服务有限公司诉辽宁某房屋开发有限公司物业服务合同纠纷再审案

再审法院认为，约定的定期给付债务的情形下，由于该债务已经被实际

---

〔1〕 江苏省高级人民法院(2014)苏审三民申字第00785号民事裁定书。

〔2〕 辽宁省沈阳市大东区人民法院(2022)辽0104民初7015号民事判决书。

〔3〕 贵州省高级人民法院(2017)黔民申488号民事裁定书。

分割为不同的独立债务，故其独立性大于整体性和关联性，诉讼时效期间从每一笔债务履行期限届满之日计算。[1]

个案中，最高人民法院对诉讼时效起算适用时效中断进行阐述。

【案例1－35】 佛山市某物业管理有限公司诉佛山某房地产开发有限公司物业服务合同纠纷再审案

最高人民法院认为，因某股份有限公司未交纳物业管理费，某物业公司分别于2004年3月至2007年9月，逐月或不间断地通过邮政特快专递方式向其送达催款通知书，要求其交纳拖欠的物业管理费，其对债权的主张行为依据《民法通则》第一百四十条“诉讼时效因提起诉讼、当事人一方提出要求或者同意履行义务而中断。从中断时起，诉讼时效期间重新计算”的规定，依法产生诉讼时效中断的后果。某物业公司自2007年9月催款至2008年1月提起诉讼，未超过2年的诉讼时效期间。某股份有限公司虽称2004年1月1日至2005年12月26日的物业管理费超过诉讼时效期间，但并未提供证据推翻某物业公司在上述期间向其送达的催款通知书，对此主张，法院不予采信。原判决认定某物业公司要求某股份有限公司支付2004年至2007年的物业管理费未超过诉讼时效期间，并无不当，法院予以支持。[2]

对于物业费诉讼时效起算日、中断等争议，由法官裁量。

【案例1－36】 银杏物业公司诉朱某物业服务合同纠纷案

判决观点：关于本案是否超过诉讼时效。被告朱某自2016年起未再交物业费，按照惯常理解，业主应在服务年度内及时交纳物业费，即被告朱某应在2016年12月30日以前交清当年物业费，故2016年的物业费诉讼时效应自2016年12月30日起算，至今并未超过3年的诉讼时效，且原告银杏物业公司亦多次通过张贴公告等方式进行催收，故对被告朱某该抗辩意见，法院不予采纳。[3]

物业服务人应及时主张物业费并留存相关证据，避免超过诉讼时效期间。

【案例1－37】 甲物业公司诉某业主物业服务合同纠纷案

判决观点：法律规定向人民法院请求保护民事权利的诉讼时效期间为3年，诉讼时效期间自权利人知道或者应当知道权利受到损害以及义务人之日

---

〔1〕 辽宁省高级人民法院(2014)辽审一民提字第18号民事判决书。

〔2〕 最高人民法院(2014)民提字第184号民事判决书。

〔3〕 参见国家法官学院、最高人民法院司法案例研究院编:《中国法院2021年度案例》(合同纠纷)，中国法制出版社2021年版，第197页。湖北省宜昌市远安县人民法院(2019)鄂0525民初1079号民事判决书。

起计算。甲物业公司要求业主支付2010年1月1日至2021年12月31日的全部物业费,而其提交的证据不能证明其自2010年起持续向业主主张过物业费,故认定其部分物业费的主张已超过诉讼时效,对于超过部分,法院不予支持。[1]

2. 诉讼时效适用

业主知情权行使不受诉讼时效的限制。业主知情权是基于建筑物专有部分所有权的取得,不是普通的债权,不能适用普通时效的规定。业主知情权基于建筑物专有部分所有权的取得而取得,业主转让建筑物内的住宅、经营性用房,业主知情权作为其对共有部分享有的共同管理权亦一并转让。从性质上讲,业主基于其所有权地位所取得并享有的固有权利,并非债权请求权,不应适用诉讼时效的规定。

【案例1-38】 王某等132人诉深圳市某物业服务有限公司业主知情权纠纷案

二审法院认为,根据《最高人民法院关于审理民事案件适用诉讼时效制度若干问题的规定》的规定,当事人可以对债权请求权提出诉讼时效抗辩,由于业主知情权系业主基于所有权人地位所取得并享有的固有权利,并非债权请求权,不应适用诉讼时效的规定,故某物业服务有限公司针对王某等132名业主的主张提出诉讼时效抗辩,没有法律依据,一审法院适用法律错误。[2]

类似的有伍某某等122人诉深圳市HJ物业服务有限公司业主知情权纠纷案。[3]

【案例1-39】 朱某金诉某物业管理公司建筑物区分所有权纠纷案

判决观点:根据《物业管理条例》第六条的规定,房屋的所有权人为业主,业主在物业管理活动中按照相关规定享有知情权等权利。朱某金系某小区4—2—503室业主,依法享有相关权利。根据《最高人民法院关于审理建筑物区分所有权案件具体应用法律若干问题的解释》第十三条……的规定,物业费收支情况属于业主知情权范围,而该情况亦属于某物业管理公司管理掌握的内容,因此朱某金有权要求某物业管理公司予以提供,但根据某物业管理公司提供的证据显示,其已经就2018年度的物业服务项目收支情况进

[1] 北京市第二中级人民法院2023年11月28日物业服务合同纠纷典型案例4。
[2] 参见骆鑫、刘娅编著:《物业管理纠纷案例与实务》,清华大学出版社2017年版,第23页。
[3] 参见程磊、周滨:《律师说法:业主委员会及物业服务纠纷案例评析》,法律出版社2020年版,第268页。

行了公示，朱某金对此真实性已予以认可，故对该年度的物业费收支情况朱某金再行要求提供没有事实依据。另外，业主知情权系基于业主所有权人地位并享有的固有权利，并非基于合同形成的债权请求权，不应适用诉讼时效的规定，故对某物业管理公司辩称对于公示 2018 年之前的物业费收支情况已过诉讼时效的抗辩意见，法院不予采纳。因此，某物业管理公司应向朱某金公示 2015 年度至 2017 年度、2019 年度至 2020 年度物业费收支情况。判决：(1)某物业管理公司向朱某金提供 2015 年度至 2017 年度、2019 年度至 2020 年度物业费收支情况；(2)驳回朱某金的其他诉讼请求。[1]

根据《民法典》第二百八十二条规定业主对共有部分收入享有权利。实践中，建设单位、物业服务人或者其他管理人利用共有部分获取收入的行为往往不会在第一时间被业主发现或意识到，有的行为甚至在发生数年后才被业主察觉。利用占有人常常利用诉讼时效进行抗辩，认为该共有部分收益不应当返还，但根据相关规定，对业主诉讼时效的计算不是从获取收入的行为开始之日起，而是从有业主意识到或提出该部分收入应当归全体业主之日起。

【案例 1－40】　乙小区业主委员会诉甲物业服务有限公司(以下简称甲公司)共有部分收益纠纷案

2003 年开始，甲公司受乙小区建设单位委托，对该小区进行前期物业服务。乙小区于 2008 年成立了业主委员会。从 2008 年 11 月开始，甲公司在未征得业主大会同意、办理合法手续的情况下，擅自利用小区物业公共场地、电梯进行了修建停车位、发布广告等盈利活动，获得了公共收益。2013 年 4 月 11 日，乙小区业委会与甲公司终止了物业服务合同。甲公司在提供服务期间未曾公布公共收益的账目明细，在物业服务终止时也未就公共收益与业委会进行交接，并在业委会提出返还请求时以主体不适格、经营成本高于收益、已过诉讼时效等理由予以拒绝。2014 年 9 月 10 日，乙小区业委会提起本案诉讼，要求甲公司返还公共收益 814,395 元并赔偿资金占用损失。考虑到约 300 个停车位以及电梯广告位的设立、运营、维护必然存在成本，在双方均不申请司法评估、审计的情况下，法院依据查明的案件事实、本地区行业现状等因素，将物业公司应当返还业委会的收益酌定为 491,602.48 元，即双方一致确认的收益总额的 819,338 元的 60%。[2] 在本案中，法官未采信物业公司关于诉讼时效的抗辩。

---

〔1〕 参见国家法官学院、最高人民法院司法案例研究院编：《中国法院 2023 年度案例》(物权纠纷)，中国法制出版社 2023 年版，第 131～132 页。湖北省当阳市人民法院(2021)鄂 0582 民初 891 号民事判决书。

〔2〕 重庆市沙坪坝区人民法院(2014)沙民初字第 08432 号民事判决书。

【案例1-41】 北京市西城区荣丰嘉园小区业主委员会诉北京非常空间物业管理有限公司建筑物区分所有权纠纷案

二审法院认为,关于诉讼时效,其实质是起算时间的确定。本案中,争议费用虽基于建筑物区分所有权法律关系产生,但其本质应为不当得利之债。《最高人民法院关于审理民事案件适用诉讼时效制度若干问题的规定》第八条规定,返还不当得利请求权的诉讼时效期间,从当事人一方知道或应当知道不当得利事实及对方当事人之日起计算。2011年5月,荣丰嘉园小区业主开始筹备召开业主大会,2012年12月8日,荣丰嘉园小区首次业主大会表决通过了《小区管理规约》《业主大会议事规则》,并成立了荣丰嘉园业委会。因此,荣丰嘉园小区业主大会首次召开并通过管理规约、议事规则之日,应视为全体业主知道或应当知道不当得利事实及对方当事人的日期,即本案诉讼时效的起算时间。因此,荣丰嘉园业委会于2013年7月提起本案诉讼,并未超过法律规定诉讼时效期间。[1]

专项维修资金的追缴不受诉讼时效的限制。个别业主拒交专项维修资金,并以诉讼时效抗辩的,法院不予支持。

【案例1-42】 上海虹口区久乐大厦业主大会诉环亚实业总公司业主共有权纠纷案

二审法院认为,维修资金性质上属于专项基金,系为特定目的,即住宅共用部位、共用设施设备保修期满后的维修和更新、改造而专设的资金。它在购房款、税费、物业费之外,单独筹集、专户存储、单独核算。由其专用性所决定,专项维修资金的交纳并非源于特别交易或法律关系,而是为了准备应急性维修、更新或改造区分所有建筑物的共有部分。由于共有部分的维护关乎全体业主的共同或公共利益,所以维修资金具有公共性、公益性。……交纳专项维修资金是为特定范围的公共利益,即建筑物的全体业主共同利益而特别确立的一项法定义务,这种义务的产生与存在仅仅取决于义务人是否属于区分所有建筑物范围内的住宅或非住宅所有人。因此,交纳专项维修资金的义务是一种旨在维护共同或公共利益的法定义务,其只存在补缴问题,不存在因时间经过而可以不缴的问题。业主大会要求补缴维修资金的权利,是业主大会代表全体业主行使维护小区共同或公共利益之职责的管理权。如果允许某些业主不交纳维修资金而可享有以其他业主的交纳维修资金维护共有部分而带来的利益,其他业主就有可能在维护共有部分上支付超出自己份

---

〔1〕 参见北京市高级人民法院研究室编:《审判前沿——新类型案件审判实务》(第57集),法律出版社2019年版,第266页。北京市第二中级人民法院(2016)京02民终第5179号民事判决书。

额的金钱，这违背了公平原则，并将对建筑物的长期安全使用，对全体业主的共有或公共利益造成损害。基于专项维修资金的性质和业主交纳专项维修资金义务的性质，被告环亚公司作为久乐大厦的业主，不依法自觉交纳专项维修资金，并以业主大会起诉追讨专项维修资金已超过诉讼时效进行抗辩，该抗辩理由不能成立。原告根据被告所有的面积，按照同期其他业主交纳专项维修资金的计算标准算出的被告应交纳的数额，据此判决被告应当按照原告诉请支付专项维修资金。[1]

提供物业服务用房是开发商的法定义务，业主委员会对未提供物业服务用房的开发商可以行使请求权，其诉求属于物权请求权，目的在于恢复物权的圆满状态故其不适用诉讼时效的规定。

【案例1－43】 广东省中山市YL花园小区业主委员会诉YC地产有限公司财产损害赔偿纠纷案

一审法院认为，建设单位负有提供物业管理用房的法定义务，原告的诉求属于物权请求权，不适用两年诉讼时效的规定。二审法院亦持同样意见，维持一审判决。[2]

根据《民法典》第二百七十四条、《物业管理条例》第三十七条之规定，物业服务用房属于业主共有，业主要求归还物业服务用房系行使物权请求权，该权利不适用诉讼时效与除斥期间。

【案例1－44】 南通市弘运园业主委员会诉南通弘运房屋开发有限公司（以下简称弘运公司）等退还服务用房纠纷案

二审法院认为，物权是法律赋予业主的一项排他性权利，享有物权的业主可以享有物上请求权。本案诉争房屋系弘日公司开发弘运园小区的配套设施，从弘日公司的申请、相关职能部门的批复及物价部门对该房屋造成组成的核定，均能认定弘运园小区的全体业主对案涉房屋享有物权。弘运公司、弘日公司与弘运园业委会签订的关于弘运园小区维修基金和配套用房移交协议约定了交付弘运园业委会的房间数与面积，但并未明确对其余物业服务用房应如何处置，弘运园业委会亦没有放弃该物权，即便弘运园业委会对小区管理用房的总数产生重大误解，但因其未表示放弃，其潜在的利益仍然存在，不能产生行使撤销权的除斥期间。故本案中弘运园业委会对案涉房屋

---

〔1〕 最高人民法院指导案例65号。上海市第二中级人民法院（2011）沪二中民二（民）终字第1908号民事判决书。

〔2〕 参见程磊、周滨：《律师说法：业主委员会及物业服务纠纷案例评析》，法律出版社2020年版，第96页。

仍享有物的请求权，不存在抛弃物权的法律后果。判决：驳回上诉，维持原判。[1]

业主委员会追索公共利益的时效为3年，即从2017年10月1日起，普通诉讼时效期间已由之前的2年变更为3年。《民法典》第一百八十八条规定，向人民法院请求保护民事权利的诉讼时效期间为3年，延续了《民法总则》3年的规定。小区公共收益产生的基础是建筑物区分所有权法律关系产生的，其本质应为不当得利之债。

追索公共部分经营收益的起算日。业主大会的成立，并不因小区正常运行而自然产生，必须经过筹备、开会等法定程序。业主大会首次召开并通过议事规则、管理规约之日，即系合法成立之日。此时，方能视为业主全体知道或应当知道不当得利事实及对方当事人的日期，即可开始计算诉讼时效期间。需要指出的是，业主大会成立时一般同时选举成立业主委员会，二者成立时间的混同易造成权利主体的混淆，但不能因此将业主委员会成立时间作为诉讼时效起算时间。实践中，业主委员会的成立除业主大会通过，还需到相关部门备案。备案时间与大会召开时间往往会存在一定差距。实践中可能出现的极端情况是，业主大会召开并选举业主委员会后，业主委员会在备案时因被业主举报成员选举过程不合法而未能通过备案。此时，对于诉讼时效的起算，还应坚持以业主大会成立的时间为准。在具体操作中，业主大会应对此予以注意，避免长期等待业主委员会备案通过而导致诉讼时效超过。换言之，一般情况下应从业主委员会知道或应当知道不当得利事实之日作为诉讼时效起算时间。

【案例1－45】　某业主委员会诉某物业公司建筑物区分所有权纠纷案

二审法院认为，关于诉讼时效，其实质是起算时间的确定。本案中，争议费用虽基于建筑物区分所有权法律关系产生，但其本质应为不当得利之债。《最高人民法院关于审理民事案件适用诉讼时效制度若干问题的规定》第八条规定，返还不当得利请求权的诉讼时效期间，从当事人一方知道或应当知道不当得利事实及对方当事人之日起计算。2011年5月，某小区业主开始筹备召开业主大会，2012年12月8日，某小区首次业主大会表决通过了《小区管理规约》《业主大会议事规则》，并成立了某业委会。因此，某小区业主大会首次召开并通过管理规约、议事规则之日，应视为全体业主知道或应当知道不当得利事实之及对方当事人的日期，即本案诉讼时效的起算时间。因

---

〔1〕 参见《人民司法·案例》2014年第14期（总第697期），第30页。江苏省南通市中级人民法院（2013）通中民终字第1138号民事判决书。

此，某业委会于2013年7月提起本案诉讼，并未超过法律规定诉讼时效期间。[1]

物业服务合同纠纷案件中，对超过诉讼时效的请求，业主必须主动行使诉讼时效抗辩，否则法官不对诉讼释明或主动适用诉讼时效进行裁判。

---

〔1〕参见北京市高级人民法院研究室编：《审判前沿——新类型案件审判实务》（第59集），法律出版社2020年版，第72页。

三、物业服务合同纠纷处理

（一）业主整体利益处理

对于业主整体利益或称整体共同利益，可分为整体的安全利益和整体的经济利益两个层面，其判断标准还没有定论。就整体的安全利益而言，一般认为，违反整体安全利益的行为主要包括两种：其一，对区分所有权人所有建筑物的不当毁损行为。如区分所有权人改建或增建自己的专有部分，而需拆除其室内梁柱或墙壁的全部或一部分时，但该专有部分梁柱或墙壁拆除将危及整栋建筑物安全或影响整栋建筑物美观的，其他区分所有权人可对其行为加以限制。其二，未依建筑物的本来用途或使用目的对专有部分的使用行为，如擅自改变专有部分的用途或搬入危险品。就整体的经济利益而言，单个或部分业主行使专有部分的权利应不得损害绝大多数业主的共同经济利益，在与共同利益发生冲突时，其专有所有权行使的利益应受到限制。

分割式产权商铺业主所有权行使，虽委托商业管理公司统一经营管理并收取租金，基于商铺系整体商业的一部分进行分割出售，其所有权的行使必须受到一定程度的限制。

【案例1－46】 武某诉北京东方万瑞商业有限公司（以下简称东方万瑞公司）恢复原状纠纷案

判决观点：本案中，无论是消防整改还是业态调整，均系商业管理公司即东方万瑞公司从商业整体的安全性、按照相关政策对商业整体使用功能调整升级的角度出发所作出的统一管理行为，该行为符合商业整体使用的利益以及长远发展。在这一前提下，消防改造、退出原有市场模式、为业态调整关停市场的行为，并不构成对商铺产权人权益的侵害。对于恢复原状、返还原物一节，因此案商铺系分割式产权，根据房屋所有权证书中房屋平面图及整个地下一层整体平面图所载，可以确定涉案商铺为地下一层整体的一部分以及与其他相邻商铺的位置关系，不能确定各个商业单元的具体位置，因此对于武某要求东方万瑞公司恢复原状、返还原物的诉讼请求，不予支持。因东方万瑞公司在本案中并不存在侵权行为，故就武某要求东方万瑞公司赔偿损失一节，亦不予支持。对于东方万瑞公司同意向武某支付的2016年1月1日至6月30日的补偿，武某明确在补偿标准及主体均不明确且需要附加一定条件的情况下，不同意在本案中予以领取，本案不予处理。[1]

【案例1-47】　程某、王某诉通江邻里超市返还原物纠纷案

二审法院认为，民事主体行使民事权利时不得滥用原则，这意味着民事主体行使自己的权利时不是绝对地不受制约。首先，从双方签订的《商品房买卖合同补充协议》约定的内容来看，程某、王某签订商品房买卖合同时，对该房屋在将来行使使用权应受到一定的限制是知晓的，不能随意行使房屋的使用权。该补充协议意思表示真实，不违反法律规定，程某、王某自应受其约束。其次，通江县建筑集团总公司在2009年向通江县房地产管理局报送《关于成立红军广场银座商城业主委员会登记的报告》中明确，商城自经营以来均是由总公司在代理业主承办招商引资及铺面的出租业务，总公司决定还权于业主，于是报请成立业主委员会。可以看出当初成立业主委员会的目的之一即代理业主承办招商引资及铺面的出租业务。现业主委员会成立后，经过业主大会及业主代表会议多次讨论后决定，大多数业主同意将房屋出租给通江邻里超市，依照《物权法》第七十八条第一款"业主大会或者业主委员会的决定，对业主具有约束力"的规定，程某、王某应当遵守绝大多数业主的共同决定。再次，从商城建立以来，一直采用符合广大业主共同利益的整体经营管理模式，商城其他84户业主均同意继续将房屋出租给通江邻里超市经营使用，且已与通江邻里超市签订了《物业续租协议》，程某、王某如强行收回案涉房屋，将影响商城目前整体经营管理使用状态，不利于商城整体功能的发挥，可能损害其他业主的合法权利。最后，从各业主购买案涉商城时的状态以及商城的现状来看，各业主购买的商铺没有明确的空间隔离设施，整个商城是一个开放空间，现任何一业主单独隔离商铺都将会影响整体商城的使用。现通江邻里超市租用整体商城亦不存在不支付租金的情形，因此，程某、王某请求返还原物的理由不成立。判决：驳回上诉，维持原判。[2]

产权式商铺业主个人的利益需服从业主整体的共同利益。

【案例1-48】　许某诉江阴市八方浙江商品市场有限公司（以下简称八方公司）、华某返还原物纠纷案

一审法院认为，江阴市寿山路整体商铺已被规划、改造，并重新编号，致

---

〔1〕　参见国家法官学院案例开发研究中心编：《中国法院2019年度案例》（物权纠纷），中国法制出版社2019年版，第246页。北京市海淀区人民法院（2016）京0108民初14245号民事判决书。

〔2〕　参见国家法官学院、最高人民法院司法案例研究院编：《中国法院2021年度案例》（物权纠纷），中国法制出版社2021年版，第41～42页。四川省巴中市人民法院（2019）川19民终445号民事判决书。

使法院无法查明许某所有的商铺的具体位置及实际使用人，许某在审理中也自认华某已不再租用商铺。负有返还商铺的责任主体应为实际占有、使用商铺的经营者，许某无法提供具体使用其商铺的侵权人，对其要求八方公司、华某返还商铺使用权的诉讼请求，不予支持。所有权人对自己的不动产或者动产，依法享有占有、使用、收益和处分的权利。许某对其所有的寿山路商铺依法享有处分和收益的权利。但产权式商铺的特点为业主的所有权与经营权相分离，其决定整个市场只有统一规划、统一布局、统一经营、统一管理，单个商铺业主的利益必须服从广大业主的共同利益，接受整个市场规划布局的限制和约束，业主才能获得稳定的投资回报，以实现投资目的。东方业委会与八方公司签订商城整体租赁协议，不仅符合大多数业主的利益，最充分地发挥了物的效用，也使广大业主能够从商铺投资中受益，最大限度地实现其作为所有权人的利益。现行租金分配方案是东方业委会从商城历史、整体规划、结构改造等多重角度考虑确定的结果，出于对商铺的物尽其用及大多数业主利益考虑，应当认定为有效并无不当。许某不同意和其他业主同等条件下与八方公司签订的商场租赁协议，但是在东方业委会决定将商城整体出租，绝大多数业主已经同意东方业委会与八方公司签订的商场租赁协议的情况下，从众多业主整体利益出发，许某亦有容忍义务，应尊重并遵守东方业委会与八方公司签订的商场租赁协议。八方公司已将商场租金支付给东方业委会，东方业委会亦同意支付许某相应的商铺租金，许某可向东方业委会主张相应权益，故对许某要求八方公司、华某支付租金的诉讼请求，不予支持。二审法院认为，在产权式商铺经营模式中，考虑到单个业主所购商铺在整个商场中只占很小一部分，其对商铺所享有的权利，不能等同于独立商铺，其行使所有权时，不应影响商场整体功能的发挥。开发商或指定的管理公司对外整体出租过程中，有小部分业主主张未经其同意，要求停止侵害、恢复原状的，从个人利益和整体利益的平衡角度出发，不应予以支持。东方业委会与八方公司签订的商场整体租赁协议，符合业主整体利益，应当继续履行。判决：驳回上诉，维持原判。[1]

实践中，分割式产权商铺业主以排除妨碍的诉求，要求管理公司腾退出租商铺，而法院以所有权的排他性在损害公共利益和他人合法权益时应得到阻碍而不予支持诉求。

---

〔1〕 参见国家法官学院、最高人民法院司法案例研究院编：《中国法院2020年度案例》（物权纠纷），中国法制出版社2020年版，第57～58页。江苏省无锡市中级人民法院（2017）苏02民终379号民事判决书。

【案例1-49】 肖某某诉北京物美商业集团股份有限公司(以下简称物美公司)物权保护纠纷案

二审法院认为,肖某某2004年购买了2052号房屋,并于2009年3月14日取得了所有权证书。2052号房屋系4号楼的商业配套用房的组成部分,并无明确四至界限,与其他商业用房之间也无物理空间上的实体分割隔断,有需与其他商业用房共同发挥使用功能的特殊性,不具备独立使用之条件。肖某某购房至今并未自营自用,而是于购房当日即与三连公司签订《商铺委托租赁经营合同书》,委托三连公司代理出租,收取相应租金,其对2052号房屋宜与其他商业用房一并整体出租经营以实现收益权能的稳定性与连续性有着明确具体的认知。根据审理查明的事实,三连公司退出经营后,万众公司为统一经营招商而设立,其成立虽未获肖某某之认可同意,但现并无证据表明4号楼多数业主反对万众公司成立及代理业主委托出租之行为,结合肖某某等业主收取租金之情形,可以认定万众公司能够代表多数业主之意见。华森置业公司受万众公司之委托与物美公司签订租赁合同,物美公司系基于租赁合同而占有使用2052号房屋。在华森置业公司与物美公司已为商业运营投入运行费用之情形下,4号楼的商业配套用房亦具有整体出租的必要性,其使用方法及收益方式有着延续性和不宜变更性,现肖某某要求物美公司与华森置业公司腾退返还2052号房屋,不利于物美公司、华森置业公司及其他业主合法权益以及公共利益之实现,故腾退2052号房屋尚不具有现实性,原审法院驳回肖某某要求腾退的诉讼请求并无不当,法院予以维持。[1]

【案例1-50】 林某等诉宝和嘉力(上海)商业投资管理有限公司(以下简称宝和嘉力公司)排除妨害纠纷案

二审法院认为,原审法院根据相关证据和法律认定宝和嘉力公司有权对案涉商场进行管理、装修的意见,法院赞同。因林某等4人与小长江签订的商铺委托经营合同期限已于2011年10月届满,商铺承租户均已离场,现客观上商场不具备整体开业经营的条件,宝和嘉力公司依据绝大部分业主的授权对商场实施管理及必要的装修、改建行为,符合商场整体规划利用的需要,并未构成对林某等4人的侵权,其主张租金损失缺乏依据。签约业主取得宝和嘉力公司支付的租金系根据合同约定将其商铺交由宝和嘉力公司统一经营而取得的合同对价,林某等4人现并未签约,其据此主张租金损失亦缺乏依据。且林某等4人未提供证据证明因宝和嘉力公司的管理活动致林某等4人客观存在租金损失的事实。综上所述,原审认定事实清楚,判决并

---

〔1〕 参见国家法官学院案例开发研究中心编:《中国法院2015年度案例》(物权纠纷),中国法制出版社2015年版,第22页。北京市第二中级人民法院(2013)二中民终字第4781号民事判决书。

无不当。〔1〕

就商铺自主经营权问题,有学者认为,一方面,既然商铺业主的专有权本质上是一种所有权,而业主对其财产可以依法自主经营和利用,那么,商铺的所有人对商铺也享有自主经营的权利。另一方面,商铺的功能在于从事经营性活动,实现业主的经营利益,业主当然可以自己安排商铺的利用方式。所以,业主对其商铺应当享有独立经权利。……按照"所有权应受合理限制,以保障权利正常行使并增进业主共同体的共同利益"的基本理论,商铺业主的专有权应当受到限制。商铺业主是区分所有权人,并非承租人,其所有权应当受到物权法的严格保护,不能因为商场大多数的集体决定而使其遭受损害。〔2〕

(二)业主共有收入处理

1.共有收入理解

共有收入是指在小区内基于共有部分经营而产生的经济收入。凡是在小区内利用建筑区分专有所有权之外的共有部分的经营性收入,全部归业主共同所有。这是基于小区物业所有权应归全体业主,因该共用部分的使用的收益所得也应归业主所有。

《民法典》第二百八十二条规定:"建设单位、物业服务企业或者其他管理人等利用业主的共有部分产生的收入,在扣除合理成本之后,属于业主共有。"《物业管理条例》第五十四条规定:"利用物业共用部位、共用设施设备进行经营的,应当在征得相关业主、业主大会、物业服务企业的同意后,按照规定办理有关手续。业主所得收益应当主要用于补充专项维修资金,也可以按照业主大会的决定使用。"《建筑物区分所有权解释》第十四条规定:"建设单位、物业服务企业或者其他管理人等擅自占用、处分业主共有部分、改变其使用功能或者进行经营性活动,权利人请求排除妨害、恢复原状、确认处分行为无效或者赔偿损失的,人民法院应予支持。属于前款所称擅自进行经营性活动的情形,权利人请求建设单位、物业服务企业或者其他管理人等将扣除合理成本之后的收益用于补充专项维修资金或者业主共同决定的其他用途的,人民法院应予支持。行为人对成本的支出及其合理性承担举证责任。"以上规定是业主共有收入归属以及业主委员会行使

〔1〕 参见国家法官学院案例开发研究中心编:《中国法院2015年度案例》(物权纠纷),中国法制出版社2015年版,第194页。上海市第二中级人民法院(2013)沪二中民二(民)终字第50号民事判决书。

〔2〕 参见王利明主编:《判解研究》2009年第5辑(总第49辑),人民法院出版社2009年版,第101~103页。

权利的法律依据。

利用共有部分经营主体的理解。《民法典》第二百八十二条规定为建设单位、物业服务企业或者其他管理人,并在其后又加了"等",即除了前述主体之外还包含业主或其他人。建设单位,一般指小区整体的招标人、发包人等,《建筑物区分所有权解释》第十七条规定"本解释所称建设单位,包括包销期满,按照包销合同约定的包销价格购买尚未销售的物业后,以自己名义对外销售的包销人",也应包括在利用主体范围之内。实践中,利用共有部分经营的主要是物业服务人,但也有业主。应注意的是《民法典》规定与《物业管理条例》规定的差别,前者规定的主体是建设单位、物业服务企业或者其他管理人等,其"等"包含有小区的业主或第三人在内,而后者仅指业主,即前者主体范围大于后者;另一个差别是后者业主利用共有部分经营需要事先同意,而前者对利用共有部分经营未规定需事先同意,即不论事先是否同意只要利用共有部分经营的收入统归业主共有。

利用共有部分范围的理解。根据《民法典》物权编的规定,建筑区划内的道路属于业主共有,但属于城镇公共道路的除外。建筑区划内的绿地属于业主共有,但属于城镇公共绿地或者明示属于个人的除外。建筑区划内的其他公共场所、公用设施和物业服务用房,属于业主共有。凡属于利用共有部分进行经营活动的,其获得的经济利益应认定为共有收入。实践中,利用共有的形态多样性,常见的有利用如电梯、房顶和建筑物墙面等属于共有部分经营的,有占用业主共有道路或者其他场地设置车位出租的,也有利用小区的供暖设施对外供暖收取费用的等。不管物业服务人采用何种方式、何种部位经营,如将建筑物墙面、楼顶以及电梯墙面出租他人做广告,其利用共有部分的经营性质不能改变。

共有收入主张权利主体的理解。依据小区共有收入属于业主共有的法律规定,全体业主是共有收入主张权利主体,业主委员会作为全体业主选举产生的业主大会的执行机构,其有权为全体业主主张权利。因分配全体业主共有部分收益的诉请涉及全体业主的共有利益,单个业主无权主张。小区共有利益基础是建筑物区分所有权法律关系产生的,不论其侵害发生在业主委员会成立前还是成立后,共有利益均属全体业主所有,业主委员会均有权主张。即使物业服务人已退出物业服务区域,一经发现只要未超过诉讼时效,业主委员会亦有权主张。

2. 共有收入返还认定

物业服务人未经业主大会同意,擅自利用小区公共区域开展经营活动所获收入,业主委员会有权要求其扣除合理成本后予以返还。

【案例1-51】　百年世家业主委员会诉伊仕诺物业管理有限公司共有权纠纷案

一审法院认为,物业服务企业擅自占用、处分业主共有部分,改变其使用功能或者进行经营性活动,业主委员会请求物业服务企业将扣除合理成本的收益给付业主委员会的,人民法院应予支持,物业服务企业对成本的支出及其合理性承担举证责任。本案中,物业公司未经业主大会同意即将业主共有部分经营停车位及广告位,业主委员会有权要求物业公司将扣除合理成本后的收益给付业主委员会,用于补充专项维修资金或者业主共同决定的其他用途。物业公司对成本的支出及其合理性承担举证责任。物业公司抗辩称停车位、广告位的经营成本高于收益的观点无证据支持且与常理相悖,法院不予采信。但是考虑到约300个停车位以及电梯广告位的设立、运营、维护必然存在成本,在双方均不申请司法评估、审计的情况下,法院依据查明的案件事实、本地区行业现状等因素,将物业公司应当返还业主委员会的收益酌定为491,602.80元,即双方一致确认的收益总额为819,338元的60%。据此,法院判决:伊仕诺物业管理有限公司返还百年世家业主委员会公共收益491,602.80元并赔偿资金占用损失。二审法院亦持同样意见,维持一审判决。[1]

【案例1-52】 青岛市崂山区某花园小区业主委员会诉山东某物业管理有限公司电梯广告收益归属纠纷案

判决观点:物业公司为小区提供物业管理期间,利用小区内公共设施进行经营所得的收入归全体业主所有,相应的广告费收入也应归全体业主所有,应由全体业主决定其使用,物业公司无权处置这些费用,更不能将其用于补偿物业公司的经营费用,故物业公司应返还广告费。法院判决:物业公司返还青岛市崂山区某花园小区业主委员会广告费4.34万元。[2]

经营性收入补贴物业费不足的约定不符合法律规定,亦不受法律保护。

【案例1-53】 杭州市RD花园小区业主委员会诉RD物业管理有限公司共有权收益归属纠纷案

判决观点:RD花园业主委员会与RD物业公司于2014年12月就退出物业管理服务达成一致意见并进行移交,诉讼时效应自2014年12月重新起算。RD物业公司持有相关凭证但拒不提供,故推定RD花园业主委员会的主张成立。路面停车位的所有权依法属于业主,故停车位的收益应归属业主。物业管理服务合同补充协议未征询业主意见及进行公示,该补充协议损害了全体业主的利益,应属无效。法院判决:RD物业公司向RD花园业主委员会移交停车位2010年1月1日至2014年12月31日的经营收益

---

〔1〕 参见张振华:《物业公司擅自利用公共区域所获收益如何分配》,载《人民法院报》2016年5月19日,第6版。重庆市第一中级人民法院(2015)渝一中法民终字第05661号民事判决书。

〔2〕 参见骆鑫、刘娅编著:《物业管理纠纷案例与实务》,清华大学出版社2017年版,第5页。

127,680 元。[1]

物业服务人未经业主委员会同意收取并使用公共收益,以弥补经营费用抗辩的亦不受法律保护。

【案例1-54】 沈阳市大东区鹏利花园AB区业主委员会诉沈阳凯莱物业管理有限公司(以下简称凯莱物业公司)不当得利纠纷再审案

再审法院认为,关于凯莱物业公司收取的公共区域的广告费用的性质和归属的问题:《物权法》第七十条规定……因此,鹏利花园住宅、经营性用房等专有部分以外的楼房、大堂、电梯内等公共区域应属业主的共有部分,并由全体业主共同管理。基于上述公共区域内设立广告所取得的收益依法亦应属于业主共有。关于凯莱物业公司是否有权处分其收取的公共区域广告费用的问题。如上所述,公共区域广告费用属于全体业主共有,并由全体业主享有共同管理的权利。凯莱物业公司虽然是业主委员会所在园区的物业服务单位,但是根据前期《物业管理合同》第四章约定其服务费用是从物业服务资金中支取相应的管理酬金及物业服务开支,而物业服务资金为业主交纳的物业管理费及开发商支付的经营缺口补贴。因此,公共区域的广告费用并不属于物业管理合同中所约定物业服务资金,凯莱物业公司在未经业主委员会或者全体业主同意的情况下,无权擅自使用该广告费用用以弥补其经营不足,根据《最高人民法院关于审理建筑物区分所有权纠纷案件具体应用法律若干问题的解释》第十四条第一款的规定,现业主委员会要求凯莱物业公司返还其收取的公共区域广告费用,理由正当,应予以支持。因业主委员会未主张凯莱物业公司占用广告费用期间的利息,故对此不予处理。关于凯莱物业公司提出该笔广告费用已经用于园区服务,不应当返还的主张,因凯莱物业公司未经同意擅自处分属于全体业主共有的广告费用的行为已经侵犯了全体业主的共有权,其资金的用途并不能改变其行为的性质,且虽然凯莱物业公司提供了该公司的审计报告,证明其经营一直亏损,但该审计报告无法反映出公共区域广告资金的具体使用用途。同时,根据前期《物业管理合同》的约定,对于管理费收入与实际支出不足部分的缺口由开发单位支付。因此,凯莱物业公司擅自使用公共区域广告费用的行为没有法律和合同依

---

[1] 参见程磊、周滨:《律师说法:业主委员会及物业服务纠纷案例评析》,法律出版社2020年版,第225页。

据,故对于凯莱物业公司的该项主张,不应予以支持。[1]

对小区共有部分获得收入,应当归业主共有。对于个别业主出租外墙共有部分收入,应归业主共有而不归个别业主所有。

【案例1-55】 某市都馨园小区业主委员会诉李某、王某、张某某共有权纠纷案

一审法院认为,建设银行的广告利用的是李某、王某和张某某三人房屋的外墙面,没有利用其他业主房屋的外墙面,所以其他业主无权取得该笔租金收益。如果其他业主取得该笔租金收益,对李某、王某和张某某三人不公平。判决:驳回小区业主委员会的诉讼请求。

二审法院认为,小区的外墙面属于业主共有,虽然建设银行的广告牌挂在了李某、王某和张某某三人住房的外墙上,但该笔收益应当由小区全体业主享有,而不应该仅由李某、王某和张某某三人享有。判决:撤销一审判决,改判支持业主委员会的诉讼请求。[2]

实践中,物业服务人与经营者签订便民服务协议的收益,由于是利用共有部分的场所和环境作为经营基础条件,扣除物业服务人的管理成本之后的收益,亦应属于业主共有收益。

【案例1-56】 杭州经济技术开发区某小区第二届业主委员会诉浙江某人力资源发展有限公司物业服务合同纠纷再审案

再审法院认为,刘某提供所谓的"便民服务"与利用小区环境、场所密不可分,全体业主共有的小区环境、场所系刘某提供服务从而营利的基础条件。据此,刘某向某公司支付的19万元,与《物业管理服务委托合同》第六条约定的电梯广告收入具有同质性,原判将其归入"其他收入"的范畴,并无不当。[3]

3. 合理成本扣除认定

所谓合理成本,是指为了获取共有部分收益所支出的费用。所支出的费用因具体的合同约定和利用方式不同而范围不同。个案中,由法官裁量合理成本的范

〔1〕 参见最高人民法院中国应用法学研究所编:《人民法院案例选》2017年第8辑(总第114辑),人民法院出版社2017年版,第79~80页。辽宁省沈阳市中级人民法院(2014)沈中审民终再字第136号民事判决书。

〔2〕 参见最高人民法院民事审判第一庭编著:《最高人民法院建筑物区分所有权、物业服务司法解释理解与适用》,人民法院出版社2009年版,第69页。

〔3〕 浙江省高级人民法院(2015)浙民申字第2334号民事裁定书。

围和数额。

根据《民法典》第二百八十二条的规定，物业服务人利用共用部分的经济收入应予返还，但应扣除哪些管理费用是有争议的问题。实践中，对于共有收入是由物业服务人具体运作经营，业主委员会并未实际参与利用共有收入的经营管理，从客观上讲对于共有收入的数额并不清楚。物业服务人因经营管理的一体性，其利用物业共有部分经营产生的成本与运营的整体成本混在一起很难剥离，对合理成本举证有困难而不愿举证。双方发生争议时，根据《建筑物区分所有权解释》第十四条的规定，应由物业服务人对成本支出及其合理性承担举证责任。物业服务人掌控着物业共有部位经营收入的相关合同、账簿和收入凭证，应对共有收入的具体数额承担举证责任符合法理和法律规定。物业服务人持有相应的收入凭证但拒不提供，导致法院无法通过司法审计对具体数额进行认定的，则应由物业服务人承担因此产生的不利后果。

【案例1－57】　北京市西城区荣丰嘉园小区业主委员会（以下简称荣丰嘉园业委会）诉北京非常空间物业管理有限公司（以下简称非常空间物业公司）建筑物区分所有权纠纷案

二审法院认为，本案争议费用是否应予返还及如何返还，就此焦点，法院将围绕费用性质、数额的确定展开讨论。

关于费用性质。根据在案证据，荣丰嘉园业委会提交非常空间物业公司与广告公司间的9份合同虽为复印件，但系由一审法院发函调取且均加盖有广告公司的公章。合同内容均涉及使用荣丰嘉园小区16座楼栋内候梯厅、电梯安装广告镜框并支付经济补偿费。合同履行中，付款票据上显示用途为物业费或管理费。非常空间物业公司曾与上海定向广告公司就其中的4份合同产生诉讼，经法院调解后已执行完毕。非常空间物业公司认可两家广告公司均非其提供物业服务对象。根据上述查明的事实，虽非常空间物业公司坚持不认可9份合同及票据的真实性，但其并未提供充分证据证明广告公司向其支付费用的原因，亦未对盖有广告公司公章的复印件提出更为合理的解释。根据协议内容及相关诉讼情况，法院同意一审法院的认定，即非常空间物业公司利用荣丰嘉园小区16座楼栋的候梯厅、电梯，与广告公司合作进行经营性活动，从而获取了经营性收益。

根据《2009年建筑物区分所有权解释》第十四条规定，非常空间物业公司利用属业主共有公共区域进行经营性活动获取的收益，其性质应属广告收益而非经济补偿，应归荣丰嘉园小区全体业主所有，非常空间物业公司理应返还。

对于返还的具体数额这一问题，实质是合理成本如何扣除的问题。根据前述司法解释的规定，非常空间物业公司可以主张扣除其为经营性活动支出的合理成本，但负有举证责任。本案审理中，非常空间物业公司提出的合理成本主要为保洁、电力、安保等服务，以及税务、管理等成本，但并未提出具体数额，即请求二审法院予以酌减。对此，法院认为：首先，在其与广告公司的合同中，仅约定其需提供保洁等服务，但并未明确约定上述服务的具体履行方式，根据日常生活常识，保洁、电力、安保等服务，一般均应在物业公司为小区全体业主提供的正常服务范围之内，即使非常空间物业公司为履行协议提供了上述服务，法院亦无法区分其是单独为广告公司提供了服务，还是混同于对小区业主的整体物业服务之中。其次，在一审法院审理期间，经释明，其在限期内并未提交审计报告，致使法院无法核实合理成本是否存在及其具体数额，其二审提交的财务报表，亦不能充分证实合理成本存在。因此，非常空间物业公司所提交的证据，并不能充分证明其上诉理由，对此其应承担举证不能的责任。故非常空间物业公司在本案中所取得的广告费应予全额返还，法院难以酌情扣减。

另需指出的是，荣丰嘉园业委会在二审中提出广告收益数额计算有误一节，因涉及返还数额，法院在此一并予以讨论。根据《最高人民法院关于适用〈中华人民共和国民事诉讼法〉的解释》的规定，二审人民法院应当围绕当事人的上诉请求进行审理；当事人没有提出请求的，不予审理，但一审判决违反法律禁止性规定，或者损害国家利益、社会公众利益、他人合法权益的除外。由此分析，二审法院的审理范围，应在尊重当事人处分权的前提下，体现纠错功能的同时还要保障法律的严肃性。经核实，本案一审判决送达后，荣丰嘉园业委会在法定期间内并未提起上诉，应视为其认可一审判决结果。其二审中提出的数额计算错误问题，并无法律规定的除外情形，故法院不再审查。

综上所述，非常空间物业公司应当将其利用荣丰嘉园小区候梯厅、电梯进行经营性活动取得的广告收益，全额返还荣丰嘉园业委会。原判认定事实清楚，适用法律正确，审判程序合法，处理结果并无不当，法院予以维持。非常空间物业公司的上诉请求，缺乏事实和法律依据，法院不予支持。判决：驳回上诉，维持原判。[1]

在诉讼中，法官应采取合理方法计算公共收益。案涉账目繁多，应多次对账，提取出具体的公共收益争议款项；督促举证，释明申请司法审计方式，更利于明确争议款项具体数额。

---

〔1〕 参见北京市高级人民法院研究室编：《审判前沿——新类型案件审判实务》（总第57集），法律出版社2019年版，第266～268页。北京市第二中级人民法院（2016）京02民终第5179号民事判决书。

【案例1－58】 上海市闵行区嘉和花苑业主委员会(以下简称嘉和花苑业委会)诉上海佳信物业管理有限公司(以下简称佳信物业公司)物业服务合同纠纷案

一审法院认为,根据物业管理法规及规章的相关规定,被告佳信物业公司利用物业管理区域内的公共设施、共用部位停放车辆的收益,在扣除一定管理费用后,应当归小区全体业主共同所有。考虑到本案中涉及的公共收益及支付费用项目较多,亦较为复杂,为论述方便,一审法院逐一做如下分析:

关于双方依法确认的公共收益部分,结合双方在案件审理过程中确认的相关意见,可确认2014年10月经结算的业委会收入余额为383,425.15元,2014年11～12月新增业委会收入为507,272.78元。上述金额扣除2014年11～12月新增业委会支出204,500元、2015年1～12月新增业委会支出102,493.90元,故在未计算双方争议的最低工资补差的前提下(最低工资补差下文另行专项论述),截至2015年12月31日,相应业委会收入余额应为642,440.44元。

关于2016年1～6月的公共收益,原告对被告提供相应表格的异议主要在两处,一为2016年4月的停车费,二为该期间的广告收入。2015年4月的停车费,考虑到在被告已明确2016年4月停车费记账在其他月份且被告提供的2016年1～6月停车费为一整体,经一审法院释明,原告仍表示对此不申请司法审计,从而造成相关数据难以统计核实,故相应不利后果应由原告自行承担。因此,一审法院对2016年1～6月的停车费按被告提供的数据予以计算。与此同时,对2016年1～6月的广告费收入,一审法院认为,结合原告提供的证据足以证明存在相应的广告费收入,故原告有权主张相应公共收益金额,结合案件具体情况,酌情支持29,223.73元。综上,两部分相叠加,一审法院确认2016年1～6月的公共收益金额应为239,854.03元。

关于2016年1～6月业委会支出部分,双方均确认的支出金额为130,695.10元,争议部分主要在电梯维修费350,000元,对此考虑到本案中被告所提出的电梯维修存在不规范性,确实造成本案相关费用核算的难度,同时,被告提供的材料又包含有原告盖章的部分材料,鉴于此,一审法院结合相关证据,酌情认可79,760元。

关于2013年起的最低工资补差,一审法院认为:一方面,从物业服务合同约定的角度来看,“2013年度内因政府对职工基本工资的调整,职工法定保险提高的差额部分经协商,提交业主大会表决可由公共收益中补充”,该约定虽能体现“由公共收益中补充(补贴)”的意思表示,但对补贴的具体标准、具体数额及计算方式等具体内容均未进行较为详细明确的约定。相反,该约定还附加了协商、提交业主大会表决等程序,由此可表明,上述条款在意思上并不明确,亦无可操作性的计算方法。另一方面,从原、被告之间在2014年10月前的对账情况来看,相关收入支出明细表均未列明该最低工资补差项目,即双方在被告2012年1月进入嘉和花苑小区提供物业管理服务至2014年10月近3年的时间内仍未能就最低工资补差事项达成一致意见,由此亦可推知,因该约定条款不明确,致使在实践中难以对其内容达成一致意见的情形存在。此外,原告虽表示业主大会表决不同意最低工资补差,但基于原、被告之间的利益冲突,不能仅以此完全否定相关合同条款的效力。综上所述,在物业服务合同对最低工资补差事项约定不明的前提下,一审法院考虑到该条款中含有补差的意思,结合案情,酌情支持200,000元。

关于业委会津贴的争议,双方争议焦点在于该笔款项现保管在何方处。一审法院认为,原告主张该款项在被告处应就此承担举证责任,现原告提供的证据尚不足以证明该笔款项保管在被告处,故原告的相应诉请,一审法院在本案中不做处理。

关于维修专项"0.07+0.03"资金余额情况,双方均确认截至2015年12月31日余额为166,887元,主要争议在于2016年1~6月的收益情况。考虑到被告明确表示无法提供2016年1~6月的物业收费情况,鉴于此,一审法院参照之前物业收费情况,酌情确定2016年1~6月的收益金额为64,865.33元。

关于维修专项"0.07+0.03"资金支出情况,双方争议主要在于楼宇对讲零星维修费用的金额,一审法院结合被告的举证情况,酌情对被告主张的38,583元予以支持。

综上所述,被告支付原告款项为586,460.16元。

据此,法院判决:被告佳信物业公司支付原告嘉和花苑业委会586,460.16元。

二审法院亦持同样意见,判决:驳回上诉,维持原判。[1]

个案中,对于合理成本是否扣除及扣除范围、数额等,由法官根据物业服务人的举证和其他事实综合认定。

【案例1-59】 上海市闵行区盛源花园业主委员会诉上海盛源物业有限公司业主共有权纠纷案

一审法院认为,根据物业管理法规及规章的相关规定,被告利用物业管理区域内的公共设施、共用部位停放车辆、设置广告等经营性设施而收取的费用,在扣除一定管理费用及税收后,应当归小区全体业主共同所有,并纳入

〔1〕 参见陈昶主编:《2019年上海法院案例精选》,上海人民出版社2021年版,第145~147页。

专项维修基金。本案中,被告在盛源花园小区实施物业管理期间,收取的停车费及电梯广告费等公共收益,在扣除一定的管理费用及税收后,应返还原告纳入补充盛源花园全体业主共有的专项维修基金。

关于双方争议的管理费用问题,法院认为,根据上海市的有关规定,车辆在共用部分的停放、收费和管理等事项,由业主大会决定,业主大会成立前,车辆在物业管理区域内停放的,其收费标准应当按照物价部门的规定执行。在物业管理区域公共设施停放车辆、设置广告等经营性设施收取的费用中,物业管理企业对此发生的管理成本可以在该费用中列支,但具体费用须经业主委员会审核同意。本案中,被告在原告尚未成立前所收取的停车费收益,可参照闵行区物价局制定的《闵行区居住物业管理区域内机动车停放服务收费管理办法》的规定收取25%的车管养护费。在原告成立后,管理成本在公共收益中的列支需经原告审核同意,但被告未能提供相关管理费用已经原告审核同意并在收益中列支的证据,且原、被告双方至今对该管理费用的使用比例亦无明确约定,故被告在原告成立后收取的停车费收益,继续参照闵行区物价局制定的《闵行区居住物业管理区域内机动车停放服务收费管理办法》的规定收取25%的车管养护费亦尚属合理。

关于被告要求扣除车管养护费的税款问题。法院认为,根据《上海市物价局关于居住小区内机动车辆停放等问题的复函》内容来看,首先,本市居住小区内的机动车辆停放费收益,应纳入小区的物业维修基金,但不属于物业管理企业的经营性收入。因此,被告要求在涉案停车费收益中扣除25%的车管养护费税款之抗辩,缺乏依据,法院不予采信。其次,因车管保安人员的工资已包含在上述25%的车管养护费内,故法院在扣除25%的车管养护费后,对被告要求扣除车管养护成本及车管保安人员工资之抗辩,法院亦不予采纳。但因广告费收益属于物业管理企业的经营性收入,且原告也同意扣除涉案电梯广告费税款,法院对被告为此所作之抗辩予以采纳。

关于被告要求扣除共用部分、公用设备大修费用的问题。法院认为,根据《上海市商品住宅维修基金管理办法》的规定,业主委员会成立前发生的物业维修、更新,不得使用维修基金,其费用由房地产开发企业承担。业主委员会成立后,住宅共用部位、共用设备及物业管理区域公共设施的维修、更新,应分别事先征得业主小组及业主委员会书面同意。住宅需要大修或者专项维修、更新的,物业管理企业应当在物业管理服务年度计划中列明,并提交业主委员会审核。从上述规定可以看出,被告在原告成立后所发生的共用部位、公用设备大修费用,按规定可以使用业主维修基金,但前提是被告应当在其物业管理服务年度计划中将其要求在业主维修基金中使用的上述大修费用列明并提交原告审核同意。法院同时注意到,涉案争议的公共收益即使纳入维修基金，其性质属于补充维修基金，故被告在目前尚未纳入维修基金仍属公共收益中直接扣除上述大修费用之抗辩，缺乏依据，法院不予采信。应当指出的是，被告在本案中要求扣除的上述大修费用在原告成立近3年的时间内始终未通过正当途径提交原告审核同意使用业主维修基金，其作为物业管理企业在物业管理方面确实存在一定的问题，需在今后的工作中加以改进。

关于被告要求扣除生活垃圾清运费用问题。法院认为，根据《上海市商品住宅物业管理服务收费若干问题的解答》第九条的规定，房屋所有人或使用人不承担日常生活垃圾清运费用。物业管理单位日常的办公垃圾清运费用按有关规定从办公经费中列支。因此，被告认为涉案小区内的日常生活垃圾清运费用应由业主共同承担并在维修基金中列支之抗辩，缺乏依据，法院不予采信。法院同时注意到，虽然上海市政府于2008年8月1日发布的《上海市城市生活垃圾收运处置管理办法》第十七条规定，产生生活垃圾的居民应当按照国家规定，交纳生活垃圾处理费，但由于市政府对具体的征收时间和标准至今未提出执行方案。因此，被告要求在涉案公共收益中扣除其已向有关部门交付的日常生活垃圾清运费用之主张，法院亦难以采纳。应当指出的是，若今后市政府对上述居民生活垃圾清运费的征收时间和标准提出了具体执行方案后，被告可再行处理。

综上，原告诉请返还的公共收益中在扣除25%的车管养护费722,133.86元（2,888,535.42元×25%），再扣除双方已确认的电梯广告费税款272.50元后，被告应返还原告并纳入属盛源花园全体业主共有的专项维修资金公共收益的金额为2,171,129.06元（2,893,535.42元－722,133.86元－272.50元）。

二审法院认为，上诉人原是盛源花园小区的前期物业和物业管理单位（上诉人管理时间为1996年3月1日至2010年6月30日，被上诉人于2009年1月15日备案成立）。现上诉人已退出该小区管理，被上诉人起诉要求上诉人返还属全体业主共有的停车费及其他公共收益等诉讼请求，依法有据。一审法院在查明上述事实的情况下，依法所作的判决是正确的，法院应予维持。关于共用部位、共用设备大修费用的问题，因上诉人对该小区服务管理分成前期管理和被上诉人成立之后的服务管理两个阶段，所涉时间长、票据多，且也未对所涉票据进行司法审计。鉴于该特殊情况，若仅以上诉人未事先征得被上诉人同意而否定其在长期管理系争小区期间支付的大修费用，显然有失合理性。故上诉人对共用部位、共用设备大修费用的权利主张可通过另案诉讼得以解决，本案对此不予处理。在二审中，上诉人要求被上诉人主张的公共收益中直接扣除大修费用，缺乏合理性，法院难以支持。据此，二审法院驳回上诉，维持原判。[1]

【案例1-60】　南宁市YYJ小区业主委员会诉YY物业有限公司业主共有权纠纷案

一审法院认为，被告退出小区后，应将代管的专项维修资金移交给业主委员会。本案中，被告已举证证明部分维修资金已用于物业共有部位的维修养护，剩余部分的维修资金已返还给业主委员会，因此，原告再要求被告移交专项维修资金缺乏法律依据。前期物业管理服务合同将本属于业主共有的停车费收入约定为弥补物业服务费的不足，侵害了物业买受人的合法权益，且被告并未举证证明其收取的物业服务费用不足以支付物业服务人员的工资及日常的经营管理费用。因此，停车费应返还给业主委员会。考虑到被告收取停车费支付了一定的成本，并综合考虑YY物业公司对该工作的管理投入等情况，确定物业公司与业主委员会按照6∶4的比例进行分配。法院判决YY物业公司向YYJ小区业主委员会返还停车费83,913.4元。二审法院亦持同样意见，维持一审判决。[2]

应注意的是，对共有部分收入总额的部分，由原告业主委员会承担举证责任。

【案例1-61】　无锡市春江花园业主委员会诉上海陆家嘴物业管理有限公司等物业管理纠纷案

判决观点：本案中所谓共有部分的物业管理收益应为共有部分收入与成本支出的差额，双方在本案中已经达成一致，即2004年至2007年春江花园小区业主共有部分的收入和支出以被告无锡分公司的报表为准。该双方的民事行为不违反法律法规的禁止性规定，法院予以确认。经法院审查该部分报表，2005年至2007年小区业主共有部分的总收入为5,368,050.32元，总支出为1,225,491.14元，故总收益为4,142,559.18元。原告业委会主张的2004年的收益，因其提供的报表对该收益无法判断，双方对该年度共有部分的收益也无法统一，业委会作为主张权利方对此负有举证义务，应当对其举证不能承担不利后果。故因证据不足，法院对业委会主张的2004年度收益分配的诉讼请求不予支持。[3]

4. 共有收入分配

《民法典》第二百八十三条规定："建筑物及其附属设施的费用分摊、收益分

---

[1] 参见邹碧华主编：《2013年上海法院案例精选》，上海人民出版社2013年版，第133～137页。

[2] 参见程磊、周滨：《律师说法：业主委员会及物业服务纠纷案例评析》，法律出版社2020年版，第221页。

[3] 参见《最高人民法院公报》2010年第5期（总第163期），第40页。

配等事项,有约定的,按照约定;没有约定或者约定不明确的,按照业主专有部分面积所占比例确定。”该条涉及共有及共同管理具体操作,就建筑物及其附属设施的收益分配讲,同样是业主共有部分的收入处理,亦应先扣除合理成本外,遵从合同约定优先原则。在没有约定的前提下,按照业主专有部分面积所占比例确定。立法者认为,本条在《物权法》第八十条基础上作了修改完善,将“按照业主专有部分占建筑物总面积的比例确定”修改为“按照业主专有部分面积所占比例确定”……对建筑物及其附属设施的费用分摊、收益分配等事项,没有约定或者约定不明确的,本条作了原则性、指导性规定,即按照业主专有部分面积所占比例确定。[1] 换言之,小区内一栋楼房共用部分及其附属设施产生的收益,不应仅由该栋楼房的业主享有,而应当由小区全体业主享有。

【案例1-62】 甲公司诉乙公司物业服务合同纠纷案

二审法院认为,本案的争议焦点为上诉人是否应当向被上诉人返还9.5万元租金。依据《物权法》及相关法律规定,建筑物及其附属设施的费用分摊、收益分配等事项有约定的,按照约定;没有约定或者约定不明确的,按照业主专有部分面积占建筑物总面积的比例确定。这意味着业主对建筑物及其附属设施产生的收益具有占有、使用、分配等权利。上诉人作为小区物业的服务和管理者,对涉案道路、绿地及设施并无处分的权利,租赁小区产生的租赁费收益9.5万元依法应当由小区的所有人即业主享有。上诉人未经丙小区业主的授权即将涉案租赁费在交接协议中约定归被上诉人所有,属于无权处分行为。在未经业主追认该交接协议的情形下,被上诉人要求上诉人返还该租赁费,没有法律依据,法院依法不予支持。[2]

建筑物共有区域收益分配应坚持约定优先原则。

【案例1-63】 某大厦业主委员会诉某物业公司建筑物区分所有权纠纷案

一审法院认为,某大厦业主委员会的授权范围为共有部分出租、获得收益及支付管理费用等事项,对提起诉讼无明确授权,但其提起诉讼的目的在于获得租金收益,系授权范围内。换言之,如果以业主大会作为原告提起诉讼,其参加诉讼亦应选举部分代表参加,而某大厦业主委员会作为其选举出的常设机构,与业主大会代表具有一致性。因此其有权代表业主要求物业公司返还共有区域的收益。对于建筑物共有部分的收益分配,除某大厦业主委员向某物业公司发文已经明确的对于已经收取的租赁费45万元可在扣除25%的管理成本、企业利润、税费及其他费用和某大厦业主委员会运行费以

---

〔1〕 参见黄薇主编:《中华人民共和国民法典物权编释义》,法律出版社2020年版,第183~186页。

〔2〕 山东省枣庄市中级人民法院(2014)枣民四商终字第103号民事判决书。

外,剩余部分按业主专有面积平均分配。之后,某大厦业主委员会亦向全体业主发出通知,称纳入分配的公共收益可用于抵扣供暖、物业服务费和其他费用。因此某物业公司要求扣除部分业主已经交纳的物业费、电费等具有事实依据,对该答辩意见予以认可,但对于某物业公司要求扣除维修改造费用,由于没有明确证据证明该费用纳入成本,不予支持。判决:(1)某物业公司向某大厦业主委员会返还公共收益277,469.07元;(2)某物业公司向某大厦业主委员会赔偿利息损失;(3)驳回原告某大厦业主委员会的其他诉讼请求。二审法院同意一审法院的裁判意见,判决:驳回上诉,维持原判。[1]

实践中,物业服务合同往往对共有收入未约定,法官裁判尺度不统一。一般认为,双方对共有收入数额、合理成本等发生争议,法官可根据具体案情,综合考虑物业服务人对物业服务的管理投入,结合物业服务人的人工成本、物料成本等因素,酌情裁量分配比例。

【案例1-64】　无锡市春江花园业主委员会诉上海陆家嘴物业管理有限公司等物业管理纠纷案

判决观点:本案中讼争收益之产生,一方面得益于被告物业公司、无锡分公司的管理行为,另一方面也应注意到物管企业管理的物业属于全体业主共有。共有人对共有物享有收益权,这是一项法定权利。对该部分的收益分配,全体业主和物管企业可以通过合同约定进行分配,在没有约定的情形下,应当依法分配。本案中双方对该部分收益的分配没有合同根据,故应当按照法律规定进行分配。由于我国法律对此没有具体规定,故法院认为应当在不违反法律原则的前提下,公平合理分配共有部分物业的管理收益。物业管理有其特殊性,物管企业在实施物业管理期间其服务的对象为小区业主,而其对共有部分进行管理时业主并不给予报酬。如物管企业付出管理成本后不能获得经济回报,这对物管企业是不公平的。同时,小区共有部分作为小区全体业主的共有物,全体业主才是该物的所有权人,如果在收益分配上排除业主的权利,显而易见,这有悖法律原则。据时,在存有小区共有部分管理收益的情形下,该收益应主要归属于全体业主享有,同时物管企业付出了管理成本,也应享有合理的回报。综上,根据公平原则的要求,并参照《江苏省物业管理条例》第三十三条"经批准设置的经营性设施的收益,在扣除物业管理企业代办费用后,应当将收益的30%用于补贴物业管理公共服务费,收益的70%纳入维修基金,但合同另外约定的除外"的精神,同时考虑到原、被告

---

〔1〕 参见国家法官学院、最高人民法院司法案例研究院编:《中国法院2022年度案例》(物权纠纷),中国法制出版社2022年版,第117~118页。北京市第一中级人民法院(2020)京01民终1541号民事判决书。

双方自行协商确定的2008年上半年共有部分收益的分配方案,即业主得七成,物管企业得三成。法院认为本案对共有部分收益分配的比例,确定为原告业委会得70%、物业公司得30%较为合理。据此,业委会代表春江花园全体业主得4,142,559.18元的收益其中的2,899,791.43元。值得注意的是,该部分款项,业委会不具有自行处置的权利,依据相关法律法规,该款应用作小区的维修基金,业委会作为执行机构,使用该款应按照业主的意志和法律的规定行使。关于物业公司提出的对上述收益应当首先弥补物管企业管理费用开支,多余部分还应满足物管企业8%的利润,余额再行分配的意见,因缺乏法律依据和双方合意,法院不予采纳。[1]

【案例1-65】 菏泽市帝都花园业主委员会诉菏泽开发区帝源房地产开发有限公司(以下简称帝源公司)建筑物区分所有权纠纷案

判决观点:关于自2006年8月至2013年8月帝源公司实际收取的幼儿园租金45.5万元,法院认为帝源公司应交付业委会38.5万元,即2006年8月至2009年2月租金,业委会、帝源公司各得50%,2009年3月至2013年8月的租金应归业委会所有。涉案幼儿园建设时的成本系帝源公司先行承担,但该建设成本在帝源公司出售帝都花园小区商品房的过程中逐渐分摊给小区业主,鉴于这一分摊过程是幼儿园占用房屋建设成本在帝源公司与业主之间变化的,且幼儿园占用房屋的租赁也是一个持续的过程,故幼儿园租金的分配也应随着建设成本的分摊情况而变化。但是幼儿园建设成本的分担情况是随着业主的数量的增加而不断变化的,难以固定某一比例,故业委会成立之前的租金,考虑帝源公司必要的管理成本及难以实际交付等情况,宜双方各分得50%。业委会成立之后,涉案幼儿园占用房屋具备交付条件,而帝源公司与案外人签订的租赁合同,2006年8月至2009年2月的租金为14万元,双方各50%即帝源公司应交付业委会7万元;2009年3月至2013年8月的租金为31.5万元。以上合计,帝源公司应交付业委会幼儿园租金38.5万元。[2]

5. 共有收入用途

一般来讲,对于小区共有设施设备的维修养护费用是否属于共有收入范围应区分两种情况讨论。其一,对属于小区共用部位、共用设施设备日常运行和维护费用,则依照《物业服务定价成本监审办法(试行)》的规定,该部分费用包括在物

〔1〕 参见《最高人民法院公报》2010年第5期(总第163期),第40页。

〔2〕 参见国家法官学院案例开发研究中心编:《中国法院2015年度案例》(物权纠纷),中国法制出版社2015年版,第183~184页。山东省菏泽市中级人民法院(2013)菏民三初字第40号民事判决书。

业服务人的物业服务定价成本中,应由物业服务人自行承担,而不能从公共收益扣除。其二,经过法定程序,物业服务人代垫的相关费用可以从共有收入中抵扣。根据《民法典》第二百七十八条的规定,使用建筑物及其附属设施的维护资金,应当由"双三分之二"的经过参与表决,并经参与表决的"双二分之一"的业主同意,即需要动用住宅专项维修资金的,物业服务人在使用时征询了业主意见,并获得了相应物业区域人数和面积"双三分之二"的业主同意,可以从公共收益中扣减。

【案例1-66】 广州市JF花园业主委员会诉JK物业有限公司业主共有权纠纷案

一审法院认为,原、被告合作区域内的电梯间、候梯厅安装电子镜框所取得的广告收入属于全体业主所有,被告应向业主委员会返还。经法院向广告公司和银行调查核实,2006年至2012年,电梯广告收入为1,179,408.3元。被告动用电梯广告收入用于维修电梯不符合法律规定。法院判决被告向原告返还电梯间、候梯厅广告收入为1,179,408.3元。二审法院亦持同样意见,维持一审判决。[1]

【案例1-67】 合肥市PH花园业主委员会诉PA物业有限公司业主共有权纠纷案

判决观点:PH花园业主委员会已经登记备案,并获得了PH花园业主大会的授权,有权提起本案诉讼。关于租金问题,双方合同约定,出租收益的30%用于补贴乙方的服务费,70%纳入小区专项维修资金,按此约定,PA物业公司每年应向PH花园业主委员会支付2.8万元,据此计算,PA物业公司应向PH花园业主委员会支付2014年4月30日至2016年12月31日的租金合计74,666.7元。对于该部分租金,PA物业公司认为对小区安装监控、加固围墙、改造自行车棚等在内的共用设施设备的改造的相关费用应在给付租金(公共收益的专项维修基金)中扣除,但超过保修期的物业,除房屋主体结构的维修等有相关规定不属于物业服务公司外,其他公共设施设备的维护保养应由物业公司负责,且在双方物业服务合同中对此也有约定。PA物业公司没有证据证明上述维修改造属于专项维修资金列支范围,亦未取得业主委员会认可并进行报批,现要求扣除该部分费用没有事实和法律依据。法院判决被告向原告支付公共收益74,666.7元。[2]

---

〔1〕 参见程磊、周滨:《律师说法:业主委员会及物业服务纠纷案例评析》,法律出版社2020年版,第217页。

〔2〕 参见程磊、周滨:《律师说法:业主委员会及物业服务纠纷案例评析》,法律出版社2020年版,第229页。

6. 人防车位收益权归属

根据《人民防空法》第五条规定："……人民防空工程平时由投资者使用管理,收益归投资者所有。"开发商投资建造的车位,且由其使用管理,经营收益亦归其所有而不归业主委员会所有。

【案例1-68】 湖北省武汉市FJ小区业主委员会诉HM房地产开发有限公司人防车位收益归属纠纷案

判决观点:《商品房销售面积计算及公用建筑面积分摊规则(试行)》(建房〔1995〕517号)第九条规定,作为人防工程的地下室不计入公用建筑面积。本案中,涉案人防工程的建筑面积并未计入公用建筑面积,人防地下室的建设成本是否分摊到项目建设成本不影响人防车位的归属。根据《人民防空法》第五条的规定,人防工程系由被告投资建设,应由被告享有使用权和收益权,判决驳回原告的诉讼请求。[1]

【案例1-69】 浙江省杭州市JQ开发总公司诉LH小区业主委员会物权确认纠纷案

判决观点:本案中,原告是涉案人防地下车库的投资建造主体,原告与业主签订的合同中并未约定地下车库使用权归业主所有,本案地下车库面积不应计入公摊面积,被告也未提交有效证据证明涉案地下车库面积计入公摊面积,原告作为地下车库的投资建设主体依法享有车库平时使用权,停车费收益亦应归原告JQ开发总公司所有。法院判决被告应停止侵占并出租位于LH国际公寓地下室1123.1平方米人防工程车位,将其使用权返还、移交给原告,返还停车费12.96万元。[2]

【案例1-70】 深圳市元盛实业有限公司诉深圳市瑞征物业管理有限公司物业服务合同纠纷再审案

最高人民法院认为,结合检察机关的抗诉意见、当事人的申诉及答辩理由和本案已查明的事实,本案的争议焦点为:元盛公司是否有权要求瑞征公司移交115个车位及已经收取的案涉停车位的租金收益以及主要依据。具体分析如下:第一,关于本案的案由。本案中,元盛公司与瑞征公司于1999年1月30日签订的《美加广场物业委托管理合同》,约定元盛公司委托瑞征公司对美加广场实行物业管理,合同期限为5年,自1999年2月12日起至

〔1〕 参见程磊、周滨:《律师说法:业主委员会及物业服务纠纷案例评析》,法律出版社2020年版,第69页。

〔2〕 参见程磊、周滨:《律师说法:业主委员会及物业服务纠纷案例评析》,法律出版社2020年版,第107页。

2004年2月12日止。上述合同约定元盛公司负责地下停车场《停车场许可证》的申报手续和申办费用，而收取的停车费全归瑞征公司用于补贴物业管理费用的不足。瑞征公司认可案涉车位不属于其所有。因《美加广场物业委托管理合同》期满，元盛公司依据该合同约定请求瑞征公司归还案涉车位及收取的车位租金收益，故原判决认定本案系物业服务合同纠纷，并无不当。第二，案涉115个地下停车位分属于地下一层、地下二层，其中100个停车位位于地下二层。关于元盛公司应否享有地下一层车位收益。原审查明，依据深圳市规划国土局1999年出具的美加广场《建设工程竣工测量报告》载明，美加广场A－E栋用地面积为12,034.3平方米，总建筑占地面积为2658.47平方米，总建筑面积为46,771.25平方米，建筑容积率为3.89，地下一层面积为6678.87平方米，地下二层面积为7237.67平方米，不计入容积率。案涉地下停车场没有计入容积率即并未占用案涉小区土地的使用权。元盛公司在原审中提交了深圳市规划和国土资源委员会档案室复印来的《分栋分户编制说明书》、《分栋汇总表》、《分户汇总表》和深圳市规划国土局出具的《建设工程竣工测量报告》中《房屋建筑面积分套(单元)汇总表》等证据，证明各户房屋的分摊公用面积不包括地下一、二层的建筑面积即案涉地下一、二层的建筑面积没有作为公摊面积销售给业主。瑞征公司虽然对上述证据的真实性予以确认、不认可关联性，但未提出相反证据。因此，案涉地下停车场也未计入公用建筑面积及作为分摊公用面积销售给业主，现也没有证据证实地下停车场的成本以其他方式实际计入业主的购房款中即案涉地下停车场开发成本并未相应分摊到各个商品房的出售价格之中。第三，关于元盛公司应否享有地下二层车位收益。根据元盛公司在原审中提交的美加广场(包括地下停车场)所占用土地征地的相关批准文件及出让合同、美加广场从规划审批到建设施工、竣工验收的相关文件、情况说明、广东省深圳市民防委员会出具的《深圳市民防工程建设意见征询单》和《民防工程验收证书》、美加广场停车场交通设施施工工程合同书、美加广场停车场自动管理系统及门禁“一卡通”设备供应安装合同、美加广场收费亭工程施工合同等证据，能够证实元盛公司作为美加广场的开发商及建设单位，美加广场包括案涉地下停车场系其投资和建设。地下二层属于民防工程，战时作为一般城市居民掩蔽所，平时可作为停车场。根据《人民防空法》第五条第二款：“国家鼓励、支持企业事业组织、社会团体和个人，通过多种途径，投资进行人民防空工程建设；人民防空工程平时由投资者使用管理，收益归投资者所有”的规定，元盛公司作为该工程的投资者享有相关的收益，即对案涉车位中位于地下二层的100个停车位享有收益。本案中，元盛公司提交了《深圳市房地产买卖合同》《美加广场车位租赁合同》等证据用于证明，在案涉房产销售阶段元盛公司已将美加广场地下停车场的部分车位长期出租给案涉小区业主,并收取租金。法院认为,元盛公司与业主在签订《深圳市房地产买卖合同》中虽未对停车位进行约定,但元盛公司在房屋开发销售时与部分的业主陆续签订了一百多份《美加广场车位租赁合同》,约定通过租赁70年的方式将部分车位转让给业主使用。因此,元盛公司作为美加广场地下停车场的建设者,在商品房初始销售时,通过另行签订车位租赁合同的方式对停车场的权益进行了明确约定,故不适用《深圳经济特区房地产转让条例》第十三条第二款的规定。广东省深圳市中级人民法院(2016)粤03民终3713号民事判决依据上述规定,认定案涉车位归全体业主的前提不能成立。另外,2009年4月9日,元盛公司(甲方)与美加广场业主委员会(乙方)签订《协议书》,约定甲方因资金困难无力支付美加广场的房屋公用设施专用基金,甲方将出售或长期出租美加广场地下停车位,根据乙方要求保证小区租车位住户的合理使用,先期出让30个车位,价格由甲方自行合理拟定,甲方保证本次处置车位的收入首先支付大修基金,乙方有权监督大修基金的支付情况,大修基金支付完毕后,甲方有权自行处置其余收入。依据上述协议,元盛公司又与业主签订《租赁合同》,将27个车位长期出租给案涉小区业主,租期为20年,20年以后有优先承租权,并要求瑞征公司配合办理停车的手续。上述事实,也表明深圳市南山区美加广场业主委员会、瑞征公司和部分业主对元盛公司将其拥有的车位出租不持异议。综上,因案涉地下停车场既没有计入容积率即并未占用案涉小区土地的使用权,现瑞征公司也未提交证据证明案涉地下停车场开发成本已相应分摊到各个商品房的出售价格之中,因此不宜认定案涉车位已随美加广场项目所有权的转让,一并转移给全体业主。检察机关的该抗诉意见,不予采纳。因并无事实和法律依据证明业主或者业主委员会有处置车位的权利,故瑞征公司关于其与业主之间签订新的委托合同而占有案涉车位的主张不能成立。第四,关于瑞征公司应否归还车位以及相应收益。因瑞征公司与元盛公司之间的委托合同期满后,双方当事人并未就委托事宜重新签订相关协议,故瑞征公司不再是案涉停车位管理委托人。依据《合同法》第八条第一款规定:“依法成立的合同,对当事人具有约束力。当事人应当按照约定履行自己的义务,不得擅自变更或者解除合同”以及《美加广场物业委托管理合同》第六条约定:“本合同终止时,乙方(瑞征公司)必须向甲方(元盛公司)移交原委托管理的全部物业及其各类档案、财务等资料;移交本物业的公共财产包括用管理费、公共收入积累形成的资产;对本物业的管理财务状况进行财务审计,甲方(元盛公司)有权指定专业审计机构”,瑞征公司应当依照约定归还元盛公司委托给其管理的案涉车位。该委托合同还约定,停车场的收费标准按政府规定执行,从批准收费之日起收入全归瑞征公司,用于补贴物业管理费用的不足,但该委托合同期满后,元盛公司已经没有补贴瑞征公司物业管理费用不足的义务。因此,瑞征公司在该委托合同期满后继续收取案涉车位的租金收益没有合法依据,瑞征公司应当将该委托合同期满后所收取的案涉车位的租金收益返还给元盛公司。综上所述,原判决认定事实清楚,适用法律正确,判决结果亦无不当,应予维持。检察机关的抗诉理由,不予采纳。判决:维持广东省高级人民法院(2014)粤高法民一提字第30号民事判决。[1]

(三)专项维修资金处理

所谓专项维修资金,是指根据法律规定建立的专门用于新商品房(包括经济适用房)和公有住房出售后的共用部位、共用设施设备保修期满后的维修、更新和改造之用的专门款项,属于全体业主共有。根据《物业管理条例》,住宅物业、住宅小区的非住宅物业或者与单幢住宅楼结构相连的非住宅物业的业主,应当按照国家有关规定交纳专项维修资金。开发商和购房人均应交专项维修资金。《民法典》第二百八十一条第一款规定:"建筑物及其附属设施的维修资金,属于业主共有。经业主共同决定,可以用于电梯、屋顶、外墙、无障碍设施等共有部分的维修、更新和改造。建筑物及其附属设施的维修资金筹集、使用情况应当定期公布。"在前期物业服务管理期间,开发商应将专项维修资金存入在金融机构设立的专门账户,任何人不得动用。业主委员会成立后,开发商应将专项维修资金移交给业主委员会。业主委员会应当与本市的商业银行签订委托协议,开设一个物业管理区域的专项维修资金账户,用于住宅共用部位、共用设施设备保修期满后的大修、更新、改造。

【案例1-71】　上海某小区业主委员会诉上海某房地产公司专项维修基金纠纷案

判决观点:开发商对业主交纳的维修基金有代收代交的义务,且根据上海某小区业主委员会提供的入户通知书及部分一期业主的付款凭据,可以确定上海某集团物业公司在业主办理入住手续时,已收取了一期业主交纳的维修基金。上海某房地产公司、上海某集团物业公司之间对此虽没有书面合同,但基于银行及上海某房地产公司、上海某集团物业公司之间的关系可以确定上海某集团物业公司是受上海某房地产公司委托代为收取该钱款,对于收取的业主交纳的维修基金,上海某房地产公司、上海某集团物业公司应在业委会成立后如数移交给上海某小区业主委员会。考虑到实际收款人为上

---

〔1〕 最高人民法院(2018)民再263号民事判决书。

海某集团物业公司,相应的移交责任应由上海某集团物业公司承担,但上海某房地产公司作为开发商应承担连带清偿责任。上海某小区业主委员会要求上海某房地产公司承担移交责任、上海某集团物业公司承担连带责任,法院不予支持。至于维修基金的具体金额,鉴于上海某房地产公司、上海某集团物业公司否认收取维修基金事实,对钱款去向也不置可否,故对上海某小区业主委员会主张的金额法院予以照准。至于利息,其理由正当,法院可予支持。[1]

专项维修基金总收入数额多少和支出多少,在实践中多发争议。一般讲,对于专项维修基金是按小区建筑总面积计算数额,且按应收计算总收入,而不是按实收计算总收入。专项维修基金支出范围,按照《住宅专项维修资金管理办法》第二条、第三条的规定确认。专项维修基金使用的程序按照《住宅专项维修资金管理办法》第二十二条规定,由建筑物总面积 2/3 以上的业主且占总人数 2/3 以上的业主讨论通过。对于专项维修基金收入或支出数额、启动使用程序和用途,应由物业服务人承担证明责任。

【案例 1 – 72】 深圳市某区 LZ 花园小区业主委员会诉 LC 物业管理有限公司物业服务合同纠纷案

一审法院认为,被告负有依据前期物业管理服务协议在收取业主物业管理费的同时,收取房屋本体维修基金的合同权利和义务。被告怠于履行其追索相应本体维修基金的义务,其法律后果应由被告承担。且法院多次要求被告提交有关房屋维修基金的账册等资料以供委托专业机构审计使用,但被告拒不提交,造成无法查明被告实际收取房屋本体维修基金的数额的后果应由被告承担。原告要求按照前期物业管理服务协议的收费标准计算应收的本体维修基金符合法律规定。被告已将部分物业专项维修资金用于物业共有部分的维修、更新、改造,上述费用应从被告应收专项维修资金的结余中扣除。购买零件、水表、电表、垃圾桶等用品所花费的款项和转入工商银行账户以备支付电费的款项不符合专项维修资金的筹集目的和使用用途,不应从应收专项维修资金的结余中扣除。法院判决被告向原告移交专项维修资金结余 1,874,086.13 元及利息,驳回原告的其他诉讼请求。二审法院亦持同样意见,维持一审判决。[2]

根据《物业管理条例》第五十三条的规定,专项维修资金的所有权属于业主,而由专项维修资金所产生的有关明细账册及财务凭证等档案资料均也应属于业

---

〔1〕 参见骆鑫、刘娅编著:《物业管理纠纷案例与实务》,清华大学出版社 2017 年版,第 126 页。

〔2〕 参见程磊、周滨:《律师说法:业主委员会及物业服务纠纷案例评析》,法律出版社 2020 年版,第 281 页。

主所有。这是因为专项维修资金与由其所产生的档案资料均属于独立的物,专项维修资金虽是货币,但由于被特定化而成为特定物,专项维修资金的档案资料的产生是缘于专项维修资金的管理与使用,离开了专项维修资金,这些档案资料就丧失了经济目的,且档案资料是专项维修资金的专属之物,属于专项维修资金的从物。按照从物随主物的物权基本原则,因管理、使用专项维修资金所产生的有关明细账册及财务凭证等档案资料也应属于业主所有。实践中,对专项维修资金档案资料归属发生争议的,法院应支持业主委员会要求物业服务人移交有关专项维修资金明细账册及相关财务凭证的诉讼请求。

【案例1-73】　怡和大厦业主委员会诉某物业公司专项维修基金纠纷案

判决观点:物业公司受怡和大厦业主委员会委托,对怡和大厦进行物业管理,其行为是一种委托管理行为,物业公司作为受托人,在对讼争物业进行管理期间所作的针对管理项目的财务记录,仍然属于受托范围。在与怡和大厦业主委员会解除委托合同之后,为方便下一任物业公司进行管理以及怡和大厦业主委员会查询相关的账目,其理应移交相应的财务记录。有关怡和大厦的公共维修资金收支明细账目及相应的财务凭证亦属于物权人怡和大厦全体业主的财产,物业公司无权占有。原告的诉讼请求具有充分的事实和法律依据,依法予以支持。[1]

(四)旧楼加装电梯处理

1. 旧楼加装电梯补偿

随着社会老龄化趋势越发显著,高龄老人所占比例逐年增加,加之生活质量不断提高,多层住宅楼房加装电梯的情况越来越多,由此引发的纠纷也不断出现。此类纠纷的焦点为,电梯建成后方便了高层出行并提升了房屋价值,但没有给低层尤其是一层带来合理的好处——不仅通风采光受阻,改变原有的楼梯结构也会影响消防,更重要的是一层房屋面临贬值。此类纠纷涉及的问题为,增设电梯的业主是否应补偿利益受损的低层业主,以及补偿标准的计算。

在未出台相关法律、法规之前,地方政府有规定的,亦应按其规定执行。《广东省既有住宅增设电梯的指导意见》(粤建设函〔2008〕481号)第三条规定:"对因加装电梯影响住宅采光、通风的业主,可通过协商给予适当补偿,补偿费用在筹

〔1〕 参见刘长森:《物业纠纷新型案例教程》,人民法院出版社2010年版,第148页。

措资金中支出。"《广州市既有住宅增设电梯办法》(穗府办规〔2020〕7号)第二十六条规定:"业主认为因增设电梯侵犯其所有权和相邻权等民事权益而提出补偿等要求的,由业主之间协商解决。属地镇政府或者街道办事处人民调解委员会、相关行政管理部门应当应业主请求依照法定职权和程序组织调解,促使相关业主在平等协商基础上自愿达成调解协议。业主之间协商或者调解不成的,依法通过民事诉讼途径解决。"上述规定表明了增设电梯的业主应对利益受损的业主给予补偿,这符合公平原则,当然也是业主提出补偿的法律依据。当业主认为增设电梯影响住宅采光、通风的,有权要求增设电梯方给予适当补偿。

补偿标准如何计算是司法实践的疑难问题。在无现行法律、法规量化补偿标准的背景下,可借鉴德国民法典中"不可量物侵害"的相关理论进行分析,补偿的数额应结合一层业主受影响的程度进行核算。业主受损害的程度通常是通过评估、鉴定、测量等技术手段实现计算的。在诉讼程序中,由法官委托专业的评估机构,对比增设电梯前后房屋的通风、采光情况,结合房屋的价值变动情况进行评估,评估意见作为补偿一层业主的依据。法官根据具体案情,行使自由裁量权确定补偿数额。

【案例1-74】 罗某某诉伍某某等住宅加装电梯纠纷案

一审法院认为,本案是住宅楼加装电梯引发的纠纷。46号楼中的10户业主向规划部门申请办理电梯加装事宜,占业主人数和房产面积绝大部分。街道居委会也对该事项在业主中通过的情况予以确认,且该事项已经规划部门许可建设完成并投入使用。46号楼加装电梯确实为部分楼层的业主提供了通行便利,甚至也提升了房屋价值,但同时影响了原告房屋阳台东面的通风和采光,且原告作为一楼业主并没有因此受益。基于前述事实,并综合全案案情,法院适用自由裁量权酌情认定由三层以上的8户业主向原告补偿2万元。法院判决被告伍某某、李某某、梁某某、孔某某、周某某、田某某、刘某某分别向原告罗某某补偿2500元;被告张某、王某共同向原告罗某某补偿2500元;驳回原告罗某某的其他诉讼请求。二审法院亦持同样意见,维持一审判决。[1]

2. 加装电梯使用纠纷

对加装电梯是前反对事后反悔,补交费用户可以使用加装的电梯。

---

〔1〕 参见程磊、周滨:《律师说法:业主委员会及物业服务纠纷案例评析》,法律出版社2020年版,第289页。

【案例1－75】　郭某山诉谢某蓉等建筑物区分所有权纠纷案

二审法院认为,二审争议的焦点为可否使用案涉电梯。本案中,郭某山作为年近八旬的老年人,确有日常出行时使用案涉电梯的客观需要,其使用案涉电梯事项明显不属于《物权法》第七十六条第一款第七项所规定的有关共有和共同管理权利的其他重大事项,且郭某山作为大楼住户及业主使用案涉电梯并不会导致大楼其他住户或业主使用电梯的合法权利受到损害。谢某蓉等人因郭某山在案涉电梯加装过程中有不同意见导致该工程延误而对其使用案涉电梯有情绪,虽然可以理解,但以此为由拒绝邻里之间的高龄老人在缴纳电梯集资费用之后,正常使用电梯并不符合社会主义和谐社会诚信友爱的价值观和《民法典》第八条"守法与公序良俗"原则,谢某蓉等上诉请求,事实及法律依据不足,不予支持。判决:驳回上诉,维持原判。[1]

计划加装电梯时,为争取更多的业主签字同意,部分加装电梯意愿强烈的业主以免费使用电梯为条件,争取加装电梯意愿不强烈的业主签字同意。双方签署了电梯使用协议,明确约定未出资建设的业主也可以使用电梯。但电梯使用协议对电梯使用过程中的运行费用、维保费用以及安全责任等问题未作明确约定,以致产生矛盾。法院调解促成业主按有利生产方便生活原则化解纠纷,依法保障未出资业主使用电梯权利。

【案例1－76】　赵某诉唐某、樊某等合同纠纷案

一审判决赵某有权按《某幢某单元增设电梯楼里协议》的约定使用电梯。二审经人民法院主持调解,双方达成《某幢某单元电梯使用调解方案》,约定设立电梯运行维护基金,2年内电梯运行维护开支仍按原协议由出资加装电梯居民承担,2年后由所有使用电梯住户均摊,所有电梯使用住户签订免责协议,即电梯使用住户成员及相关访客,在乘坐电梯过程中出现任何安全事故、人身伤害,除追究电梯运保维修公司责任外,其余责任自负。上诉人向人民法院申请撤回上诉。[2]

3. 侵权之诉处理

城市老旧小区加装电梯是推动城市更新、缓解老弱人群出行难的民生工程,也是明显改善人民群众生活质量的善举,受到全社会的关注。在加装过程中,低

〔1〕 参见国家法官学院、最高人民法院司法案例研究院编:《中国法院2023年度案例》(物权纠纷),中国法制出版社2023年版,第106页。广东省广州市中级人民法院(2021)粤01民终11637号民事判决书。

〔2〕 最高人民法院、住房城乡建设部联合发布第一批老旧小区既有住宅加装电梯典型案例7。审理法院:江苏省南京市玄武区人民法院。

楼层与高楼层住户矛盾较大,低楼层业主往往以影响其采光、通风、隐私等理由反对加装电梯。在加装电梯表决程序合法前提下,已加装的电梯经过绝大部分住户同意,且未明显影响低楼层住户利益,则低楼层住户负有适度容忍义务。电梯加装过程中应大力弘扬“老吾老,以及人之老;幼吾幼,以及人之幼”的中华民族传统美德。

依法加装电梯的业主有权请求相邻楼栋业主停止妨害加装电梯的行为。

【案例1-77】 徐某等六人诉范某排除妨害纠纷案

一审法院认为,某号楼加装电梯经过本幢房屋相关业主表决同意,徐某等业主系依据合法有效的既有住宅增设电梯开工备案通知单进行施工,范某实施阻碍加装电梯的行为,侵犯了徐某等合法权益。根据法律关于相邻关系的规定,相邻关系应当按照有利生产、方便生活、团结互助、公平合理的原则处理,案涉住宅增设电梯,将给大多数业主特别是老人、小孩生活带来极大便利。虽然可能会对北楼的房屋采光、通风产生一定影响,但北楼应当本着友睦邻里、互让互谅的原则对待增设电梯工程。人民法院判决范某停止对无锡市某花园小区某号楼加装电梯工程的阻挠行为。范某不服一审判决,提起上诉,二审法院认为,判决驳回上诉,维持原判。〔1〕

依法加装电梯占用公共绿地对其他业主影响较小的,有权请求其他业主停止阻挠施工、排除妨害。

【案例1-78】 康某等人诉刘某等人排除妨害纠纷案

一审法院认为,在增设电梯方案公示期间,其他楼栋的业主未提出异议,增设电梯的程序符合政策要求。增设电梯需占用的公共绿地虽属全体业主共有,但电梯加装占用的绿地面积较小,对该单元以外的其他业主影响较低,其他业主应给予便利。最终,四川省成都市武侯区人民法院判决阻挠施工的业主停止对该小区某栋某单元增设电梯施工活动的阻挠和妨碍。二审维持一审判决。〔2〕

业主诉请拆除电梯但无充分证据证明依法加装的电梯影响其通风、采光及通行的,人民法院不予支持。

【案例1-79】 刘某诉某经济联合社侵权责任纠纷案

判决观点:从现场勘验情况看,加装电梯位置位于楼宇北侧原单元门出

---

〔1〕 最高人民法院、住房城乡建设部联合发布第一批老旧小区既有住宅加装电梯典型案例1。二审审理法院:江苏省无锡市中级人民法院。

〔2〕 人民法院案例库2024-07-2-039-001。最高人民法院、住房城乡建设部联合发布第一批老旧小区既有住宅加装电梯典型案例2。审理法院:四川省成都市中级人民法院。

口，电梯东、西、北侧均为透明玻璃材质，南侧为电梯门，加装电梯后电梯入口朝西，未对楼宇一层的房屋通风形成遮挡或影响；电梯位于楼宇北侧，且未正对刘某的房屋，难以认定对其房屋采光或日照有影响，亦难以认定会产生噪声污染。加装电梯后，楼门口进出依然顺畅，并不对老年人出行带来障碍。刘某亦未提交证据证实案涉电梯影响其房屋的采光、通风及产生噪声污染。综上，法院依法驳回了刘某的诉讼请求。[1]

业主违法阻挠加装电梯施工应当依法承担赔偿责任。

【案例1-80】 某公司诉钟某排除妨碍纠纷案

判决观点：案涉住宅楼加装电梯，已经相关行政部门审核批准。某公司作为案涉加装电梯工程的施工方，其合法权益受法律保护。案涉电梯施工需要大型施工设备进场作业，出于安全考虑，非施工人员均不应长时间在施工现场停留。在此前生效判决已经判令钟某、刘某不得对住宅楼电梯施工进行阻挠和破坏的情况下，钟某仍故意在施工现场出入，其行为已影响了某公司的施工，构成侵权，钟某应对阻碍加装电梯工程施工的行为承担侵权责任。故某公司要求钟某等不得对电梯施工进行阻挠和破坏，于法有据。在某公司已举证证明因钟某的阻挠行为导致损失的情形下，判决钟某不得对案涉住宅楼电梯施工进行阻挠和破坏，并赔偿某公司3600元损失。[2]

审理法院找准问题解决的突破口，通过多次调解解开当事人心结，促使双方重新商定施工方案，并确定对被告房屋安全进行动态监测。

【案例1-81】 张某等八人诉李某、任某排除妨碍纠纷案

案件审理中，经法院调解，双方当事人充分了解对方关切，并就双方最关心的房屋安全问题提出了切实有效的解决方案，自愿达成如下调解协议：(1)原告方电梯施工方式采用直径1000毫米的钻孔灌注桩(该图纸需报送相关部门进行变更备案)；(2)由原告方负责委托有资质的第三方机构对两被告的房屋进行安全动态监测(具体监测时间分三次：第一次为电梯施工开工前，第二次由第三方机构在施工期间自行选择一个时间，第三次为电梯竣工验收合格之日起满60日后)，该监测费用由原告方承担；(3)自本协议双方签字生效后，两被告不得再阻挠原告方电梯施工。原、被告双方都要遵守本协议约定，如果有任何一方违约的话，违约方要赔偿对方16万元的经济损

---

〔1〕 最高人民法院、住房城乡建设部联合发布第一批老旧小区既有住宅加装电梯典型案例3。审理法院：北京市朝阳区人民法院。

〔2〕 人民法院案例库2024-07-2-039-002。最高人民法院、住房城乡建设部联合发布第一批老旧小区既有住宅加装电梯典型案例4。审理法院：广东省广州市中级人民法院。

失。若该违约金不足以覆盖实际损失的,以实际损失为准。[1]

由于案涉楼栋建筑结构特点,电梯的增设虽无法满足业主平层入户,但从总体效益而言,提高了绝大部分业主的出行便利,提升了居住质量。本案中一楼业主苏某同意增设电梯,但其需求与其他业主的利益发生冲突,一审法院结合实际施工条件及公平原则,权衡各方利益,驳回了苏某、吴某全部诉讼请求。二审法院晓之以理动之以情,促成原告与被告达成和解协议并撤回上诉。

【案例1-82】 苏某、吴某诉谌某等十人排除妨碍纠纷案

一审法院认为,根据《民法典》第二百七十八条的规定,案涉房屋增设电梯属于应由业主共同决定的事项,应当由专有部分面积占比2/3以上的业主且人数占比2/3以上的业主参与表决,并应当经参与表决专有部分面积3/4以上的业主且参与表决人数3/4以上的业主同意。案涉单元楼共计12户业主,11户业主同意增设电梯,电梯施工中10户业主同意现有的该电梯设置停靠点的方案,表决程序及建设程序符合法律规定。苏某、吴某在电梯建设前后均需走半层楼梯入户,案涉电梯建设并未对其出行构成妨碍,其关于拆除案涉电梯并重新设计、建设的主张未经业主合法表决通过,不应予以支持,遂驳回其诉讼请求。苏某、吴某上诉后,经二审法院耐心细致做调解工作,案涉单元楼业主互相达成谅解,同意按照既有设计、建设方案继续使用电梯,苏某、吴某撤回上诉。[2]

楼上业主集资免费为低层老年业主加装电梯连廊,共享加装电梯便利。

【案例1-83】 王某、窦某诉骆某、阳某等侵权责任纠纷案

判决观点:经现场勘验,拟加建的电梯及连廊作为全封闭的建筑,在距楼栋较近的情况下可能会影响王某家阳台一侧的通风、采光和日照,至于影响的程度大小,因无明确的证据而无法确定,王某也无法举证。该加装电梯项目已取得相关行政许可,且业主表决程序合法,加建电梯的行为符合法律的规定,故判决不支持王某的诉讼请求。虽然骆某等14户业主赢了官司,但为避免出现"赢了官司、输了感情",该单元的几名中共党员牵头,主动找到王某协商,提出由楼上业主共同出资7639元,为二楼年近九旬反对加装电梯的业主免费增设电梯入户连廊,10年内免交电梯保养费、维修费。王某也消除

---

〔1〕 最高人民法院、住房城乡建设部联合发布第一批老旧小区既有住宅加装电梯典型案例6。审理法院:浙江省玉环市人民法院。

〔2〕 最高人民法院、住房城乡建设部联合发布第一批老旧小区既有住宅加装电梯典型案例8。审理法院:福建省漳州市南靖县人民法院。

了思想顾虑,肯定了加装电梯对自身带来的便利,双方最终握手言和。[1]

联合调解、释法答疑促进业主形成加装电梯共识。

【案例1-84】 何某诉万某排除妨碍纠纷案

浙江省杭州市上城区人民法院、区住房城乡建设局和区人民调解委员会共同决定召集各方进行联合调解,从专业角度为双方分析利弊。法官在充分了解该项目实际情况及双方诉求基础上,详细解读加装电梯适用的相关法律规定、诉讼对邻里关系的负面影响等。区住房城乡建设局说明了加梯补贴政策、加梯审批流程、位置移动变更手续等。电梯加装企业就电梯加装对楼房间距、个人隐私等影响,从技术层面予以对比说明。最终,双方签订调解协议,电梯在原方案基础上适度移位,双方共同监督加装电梯施工,尽量减少对居民的影响,同时经区人民法院、区住房城乡建设局和区人民调解委员会与设计单位、电梯加装企业协商,不再增加移位后产生的加装费用。何某等人撤诉。[2]

4. 加装电梯事务管理

在电梯加装过程中产生的相关协议书以及后续维护事宜协议的效力,应根据案情具体认定。对于只使用电梯而不承担交维保费用的,法律不予保护。

【案例1-85】 黄某某等14户业主诉郑某某、李某某建筑物区分所有权纠纷案

二审法院认为,其一,关于《增设电梯的协议书》是否成立的问题,黄某某等14户业主于二审中提交了《加装电梯确认意见书》,业主同意按《增设电梯的协议书》履行相关加装电梯的价格及各户分摊表,郑某某、李某某也在《确认意见表上》签名并按手印,结合本案加装电梯已经实际履行的事实,二审法院认为,一审认定该《关于增设电梯协议书》仅属于一份草拟的协议,未成立且不生效,有欠妥当。其二,关于《加装电梯后续维护事宜决议》的合法性。从查明的事实来看,《加装电梯后续维护事宜决议》形成于2020年12月26日,内容涉及电梯维保管理人员的变更,应当适用当时的法律即《物权法》第七十六条的规定,而根据《增设电梯的协议书》的内容,一楼、二楼住户无需分摊加装电梯的费用,但二楼以上住户应当交纳电梯维保费用,黄某某等14户业主二审中提交的微信聊天记录显示,业主商议二楼住户以不拿补偿

---

〔1〕 最高人民法院、住房城乡建设部联合发布第一批老旧小区既有住宅加装电梯典型案例9。审理法院:广西壮族自治区南宁市青秀区人民法院。

〔2〕 最高人民法院、住房城乡建设部联合发布第一批老旧小区既有住宅加装电梯典型案例10。

款的方式无需交纳电梯维保费用，因此，按照出资加装电梯的业主户数21户，或认为二楼业主应当负担维保费用，加上二楼业主户数为24户以此计算基数，同意决议事项的业主已达14户，由此可见，《加装电梯后续维护事宜决议》所涉及的事项已取得专用部分占建筑面积过半数的业主且占总人数过半数的业主同意。况且，实际已经交纳电梯维保费用的已达17户。另外，微信聊天记录显示，在电梯维保合同需要签订的背景下，业主们关于电梯维保费用的商议早已在微信群中展开讨论，有业主发出了开会通知，会议议题也指向"电梯日常管理事项"相关通知在微信群进行了发送，并在电梯里进行了张贴，有理由认为郑某某、李某某对于业主们通知开会是知情的，因此，一审关于"在表决事项不清楚的情况下，黄某某等的表决通知没有送达给每一位业主，使郑某某、李某某丧失了对重要事项的表决权"的认定，有欠妥当，不符合本案实情，予以纠正。综合上述因素，二审法院认为《加装电梯后续维护事宜决议》应合法有效。其三，当事人对自己提出的诉讼请求依据的事实应当提供证据加以证实，鉴于黄某某等14户业主未能提供证据证明《增设电梯的协议书》原件、出资业主的身份证复印件、房产证复印件、银行贷款证明的原件和复印件等用于筹建电梯的资料在郑某某、李某某处，故其应当承担不利的后果。其四，根据《加装电梯后续维护事宜决议》内容以及黄某某等14户业主提交的2019年8月3日《电梯资金、资料交接清单》，黄某某等14户业主要求李某某向新的财务负责人卢某某移交电梯有关的全部剩余资金以及出纳日记账手工账本、中国农业银行个人明细对账单资料，合理有据，予以支持。另外，关于2020年、2021年的电梯维保费和电梯整改费，属于已经实际发生的费用，该部分费用是电梯运行必须产生的费用，已由黄某某等14户业主代垫，郑某某、李某某作为电梯的使用者之一，理应承担。判决：(1)撤销一审判决；(2)李某某向卢某某移交电梯有关的全部剩余资金26,371.74元以及出纳日记账手工账本、中国农业银行个人明细对账单、已开具的收据存根等全部与电梯有关的资料；(3)郑某某向黄某某等14户业主支付2020年电梯维保费、电梯整改费272.94元和电梯安检费34.55元及滞纳金838.79元；(4)李某某向黄某某等14户业主支付2020年电梯维保费和电梯整改费249.34元和电梯安检费31.57元及滞纳金31.27元；(5)驳回黄某某等14户业主其他诉讼请求。[1]

---

〔1〕 参见最高人民法院中国应用法学研究所编：《人民法院案例选》2023年第6辑(总第184辑)，人民法院出版社2023年版，第75~76页。广东省广州市第二中级人民法院(2022)粤01民终11014号民事判决书。

专题二　物业服务合同关系纠纷

本专题围绕业主与物业服务人是否形成物业关系、形成什么样的合同关系以及就合同纠纷展开阐述。

一、物业服务合同关系理解

（一）物业服务合同关系含义

合同关系即合同当事人之间的权利义务关系。合同关系作为一种法律关系是由主体、客体及内容三部分组成的。[1] 物业服务合同亦是同理。物业服务合同主体是双方当事人，并且当事人双方处于对立的法律地位。[2]

物业合同关系性质：物业服务人提供一种社会化、专业化、技术化的有偿性质的服务，因建立合同关系的物业服务人所处理的事务范围远比一般合同关系更为专业。

1. 物业合同关系构成要件

其一，提供物业服务主体符合法律规定的条件。

其二，提供物业服务人实际上履行了小区的物业服务与管理事项。

其三，业主接受物业服务，并未明确提出反对。

2. 物业服务合同内容

《民法典》第九百三十八条规定："物业服务合同的内容一般包括服务事项、服务质量、服务费用的标准和收取办法、维修资金的使用、服务用房的管理和使用、服务期限、服务交接等条款。物业服务人公开作出的有利于业主的服务承诺，为物业服务合同的组成部分。物业服务合同应当采用书面形式。"也就是说，物业服务合同具备上述内容和条款是合同成立的基础和前提条件，但并非缺任一条款合同就不能成立，如缺维修资金使用条款合同照样成立。其该条第三款的"书面形式"是法律规定合同成立的要件。

对于物业服务合同的其他内容，立法者认为，还应当包括如下几个方面的内容：(1)法律法规的规定。(2)地方性规定。(3)物业服务人的服务细则。服务细

---

〔1〕 参见韩世远：《合同法总论》(第4版)，法律出版社2018年版，第12页。

〔2〕 参见王利明：《合同法研究》(第4卷)，中国人民大学出版社2013年版，第188页。

则是指物业服务人依据《物业管理条例》等规定单方面制定用于指导物业服务活动的细则,其是否可以作为合同内容的组成部分,还应当视细则中规定的具体内容而定。一般来说,服务细则中违反法律法规、政府规章的规定无效。服务细则中如有利于业主的物业承诺的规定,则可以成为物业服务合同的内容。[1] 应特别强调的是,物业服务人公开作出的有利于业主的服务承诺为物业服务合同的组成部分。[2] 这种有利于业主的服务承诺,是物业服务人从有利于业主及房屋实际使用人,提高服务管理和社区生活品质及自律行为的角度考虑,作出的单方意思表示。作为物业服务合同的组成部分,一般认为应具备的主要条件为:其一,承诺的目的是有利于业主,而不是限制或变相剥夺业主的权利。其二,是物业服务人的真实意思表示。其三,所承诺的内容必须清楚明确。其四,承诺的内容是公开作出的或在小区内进行了公示。

在《民法典》颁布前,为解决司法实践对公开承诺的争议纠纷,最高人民法院作了相关规定。最高人民法院在《2009 年物业服务解释》中依据合同默示条款理论,确认了公开承诺可以构成合同内容的裁判规则,合理扩充了物业服务人应承担义务的依据范围。依据《2009 年物业服务解释》第三条的规定,能够构成合同履行依据的内容,除合同约定的明示条款外,还包括两方面的内容:(1)法律、法规规定以及相关行业规范确定的维修、养护、管理和维护义务;(2)物业服务人公开作出的服务承诺及制定的服务细则。值得特别注意的是,《民法典》本条乃至本章中并未继续将“法律、法规规定以及相关行业规范”作为合同默示条款内容,而是仅确认了公开承诺的约束力。并且,构成合同组成部分的公开承诺仅限于其中有利于业主的内容。在司法实践中,关于物业服务人制定的服务细则能否构成合同内容,应当审查对外公示的细则内容是否与物业服务事项或服务质量标准等密切相关,如果在性质上属于服务承诺,则应认定为合同的组成部分。[3] 应注意的是,《民法典》第九百三十八条第二款对物业服务人公开作出的有利于业主的服务承诺,为物业服务合同的组成部分作出规定后,《2009 年物业服务解释》第三条已经被修正而不再适用。

【案例 2-1】 巨某、魏某国诉重庆甲服务股份有限公司、重庆乙房地产开发有限公司物业服务合同纠纷案

二审法院认为,乙公司与甲公司签订的《前期物业服务合同》系合同各方真实意思表示,内容不违反法律、行政法规的强制性规定,应属合法有效,

[1] 参见黄薇主编:《中华人民共和国民法典合同编释义》,法律出版社 2020 年版,第 914 ~ 915 页。
[2] 参见黄薇主编:《中华人民共和国民法典合同编释义》,法律出版社 2020 年版,第 912 页。
[3] 参见中国审判理论研究会民事专业委员会编著:《民法典合同编条文理解与司法适用》,法律出版社 2020 年版,第 729 页。

对业主亦具有约束力。甲公司出具的《业户手册》,系其作为物业服务企业公开作出的服务承诺及制定的服务细则,也应当认定为物业服务合同的组成部分。至于甲公司是否完全履行了正常的安全防范义务,则要以前期物业服务合同及附件、《业户手册》等为依据,结合具体的案件情况综合进行判定。案涉《业户手册》"物业服务分版块介绍"中载明:"甲物业将多重安全防范系统和固定岗位、巡逻岗位相结合。"法院通过综合分析认定,虽然巨某、魏某国的财产损失系他人故意侵害导致,但是巨某、魏某国的财产损失亦与甲公司未按照合同约定全面履行安全防范义务存在一定的因果关系,甲公司应当承担相应的违约责任。[1]

(二)物业服务合同关系成立

《民法典合同编通则解释》第十五条规定:"人民法院认定当事人之间的权利义务关系,不应当拘泥于合同使用的名称,而应当根据合同约定的内容。当事人主张的权利义务关系与根据合同内容认定的权利义务关系不一致的,人民法院应当结合缔约背景、交易目的、交易结构、履行行为以及当事人是否存在虚构交易标的等事实认定当事人之间的实际民事法律关系。"

物业服务合同关系是否成立在实践中多发争议。

前期物业服务合同关系成立具有特殊性。根据《物业管理条例》的相关规定,物业服务合同成立一般有两种形式:其一是通过开发商选聘物业服务人,由开发商与物业服务人签订书面服务合同,也就是前期物业服务合同。其二是通过业主大会选聘物业服务人,由业主委员会与物业服务人签订物业服务合同。前期物业服务合同之所以特殊,在于它的直接订立者为开发商与物业服务人,但履行服务合同的主体却为业主与物业服务人,即用一个业主没有参与订立的服务合同来约束业主。这也导致了前期物业服务合同会在一定程度上引起业主的反感,很难被业主普遍接受认同。但实际上,业主与物业服务人虽然未签订物业服务合同,但业主在购房时签订了《业主临时公约》,其中往往都约定了前期物业服务人由开发商通过一定的方式选定,这自然包含签订服务合同内容。因此,若物业服务人确实对业主提供了物业服务,业主与物业服务人成立物业服务合同关系。立法上将前期物业服务合同设计为一种临时性的替代合同,是在业主尚未全部入住小区,业主大会无法召开情况下的权宜之计,其是为了小区业主的整体利益。这种临时性的状态理论上不应持续时间过长,根据业主入住情况允许召开业主大会

---

〔1〕 重庆市第一中级人民法院(2018)渝01民终6636号民事判决书。

时，则应当及时召开业主大会选聘物业服务人，签订正式物业服务合同。但现实情况不容乐观，召开业主大会这一环节往往得不到有效的落实，导致前期物业服务合同往往持续时间过长。

交纳物业费与物业服务合同关系建立的问题。实际生活中，有的业主并未与物业服务人签订物业服务合同，只交纳清洁费而未交其他项物业费，同样与物业服务人建立物业服务合同关系。物业服务人经依法登记，其经营范围是对小区房屋的共有部位，公用设备设施、绿化、卫生、交通和环境进行综合维护、修缮和整理，服务的对象是小区的全体业主，依法律规定和物业服务合同约定不能将个别业主排除在外。个别业主因各种原因虽未与物业服务人签订合同，或未交物业费，但仍旧是小区的业主，是物业服务人的服务对象。至于未交物业费，是为另一种法律关系。

在业主自行管理模式下，代表全体业主从事具体的物业管理事务的业主自治组织或其他主体之间形成物业服务合同关系，即业主委员会可以成为合同相对方。

【案例2－2】　某小区业主委员会诉邓某某物业服务合同纠纷案

判决观点：《物权法》规定，业主可以自行管理建筑物及其附属设施，也可以委托物业服务企业或者其他管理人管理。由此可见，法律赋予业主对所居住的小区的物业管理予以选择的权利，业主有权对所居住小区进行自治管理。本案中，小区业主委员会受业主大会的委托负责该小区的物业服务，并制定了《自治管理办法（试行）》，其与业主之间形成了物业服务法律关系。作为小区业主，邓某某在接受了相应的物业服务后应该按时交纳物业服务费用。邓某某关于业主委员会主体不适格的辩称意见未被采纳。法院判决邓某某给付某小区业主委员会物业服务120元。[1]

其小区是村委会投资，占用集体土地建设的，从法律上讲，属于"小产权房"。"小产权房"不是法律上的概念，而是人们在社会生活中形成的约定俗成的称谓。通常所谓的"小产权房"，也称"乡产权房"，是指乡镇政府而不是国家颁发不动产证的房产，即一些村集体组织或者开发商打着新农村建设等名义出售的、建筑在集体土地上的房屋或是由农民自行组织建造的"商品房"。目前，我国对于"小产权房"的定性还不明晰，其法律性质上的模糊使"小产权房"在物业、供暖等各种矛盾出现时，缺乏相应的法律调整。但是，作为一种现实中普遍存在的现象，法律不能回避"小产权房"出现的矛盾。从实际使用用途和使用方式上看，"小产权

---

〔1〕 最高人民法院关于弘扬社会主义核心价值观典型案例之一，载《人民法院报》2016年8月23日，第4版。

房”和普通的商品房并无区别。从这个意义上讲入住的村民就是业主,村委会负责小区管理服务,双方建立了物业服务合同关系,自然有权收取物业费,但其收取物业费的高低并不影响合同关系成立。

【案例2-3】 南彩村委会诉孙某某物业服务管理合同纠纷案

判决观点:村委会作为一个社团组织,其不具备物业管理收费的主体资格。但双方之间的关系可以用普通服务合同的性质来界定,以明确服务者与被服务者之间的合同关系。本案中,孙某某主张自己是本村村民,作为村民本来就在村中免费享用各种服务。如今搬到了小区,也应该继续无偿享受物业等服务。对此,法院认为,农村的管理、服务方式和内容与住宅小区的管理和服务是不同的。如北京农村多没有统一的供暖、没有保安、没有规范的绿化带等。从服务内容上看,住宅小区需要的服务远多于一个普通农村的服务,其维护和维修等费用也大有差异。因此,从合理的角度出发,居住在小区中必然要承担更多的服务费用,这是由于服务内容不同引起的收费上必然的变化。孙某某系南彩小区业主,南彩村委会向南彩小区提供了各项服务,双方已经形成事实上的服务合同关系,孙某某作为享受服务一方,应负有向南彩村委会交纳服务费的义务。现南彩村委会要求孙某某交纳拖欠的服务费,事实清楚,证据充分,应予支持。孙某某的抗辩意见,依据不足,不予采信。[1] 应注意,本案判决时《物业管理条例》规定物业服务人应具有物业服务资质,现已修订取消物业服务资质的规定。

(三)物业服务合同关系类型

由物业服务合同建立的合同关系,这是现实社会生活中最为普遍的情形。物业服务合同关系包括前期物业服务合同关系、事实物业服务合同关系和普通物业服务合同建立的合同关系三种类型。

前期物业服务合同关系。前期物业服务合同是指在物业服务区内的业主、业主大会选聘物业服务人之前,由房地产建设单位与服务人签订的合同。普通物业服务合同是指业主委员会根据业主大会的决议,与物业服务人签订的物业服务合同。两种物业服务合同的主要区别是:第一,合同签订的主体不同。前期物业服务合同的相对方是建设单位,普通物业服务合同的相对方是业主委员会。因此普通物业服务合同更能够充分体现业主的意志。第二,合同的内容不同。前期物业

〔1〕 参见国家法官学院案例开发研究中心编:《中国法院2013年度案例》(合同纠纷),中国法制出版社2013年版,第90页。北京市顺义区人民法院(2011)顺民初字第1952号民事判决书。

服务合同侧重于对建筑物建成初期的养护、安全保障以及配合建设单位将入住的业主提供服务等，另外包括管理遗留的扫尾工程、空置房出租或者看管、协助办理业主入住等事项。普通物业服务合同侧重于对建筑规划内建筑物的维护、环境居住条件的保障，目的系为业主正常的日常起居生活提供服务。第三，存在阶段不同。前期物业服务合同仅存在于项目建成初期，业主入住人数较少，尚未成立业主大会及业主委员会的阶段。普通物业服务合同的存在于符合法律规定条件的业主大会及业主委员会已经产生，多数业主已经入住，建设单位基本撤出的后期阶段。第四，合同终止方式不同。前期物业服务合同的当事人虽然能够约定服务期限，但是业主委员会与业主大会选聘的物业服务人签订的物业服务合同生效之时，前期物业服务合同即应终止。普通物业服务合同的期限则由双方当事人协商确定。〔1〕

【案例2-4】 某物业服务公司诉何物某业服务合同纠纷案

二审法院认为，建设单位依法与物业服务企业签订的前期服务合同，以及业主委员会与业主大会依法选聘的物业服务人签订的物业服务合同，对业主具有约束力。建设单位与物业服务人签订的前期物业服务合同系双方真实意思表示，不违反法律规定，合法有效，对业主具有约束力。建设单位虽然未按照《辽宁省物业管理条例》的规定，通过招投标的方式选聘物业公司，但其行为不违反法律、行政法规的强制性规定，应确认合法有效，且该合同已实际履行。各方当事人应当按照约定履行合同。〔2〕

【案例2-5】 某物业管理有限公司诉柯某物业服务合同纠纷案

二审法院认为，物业公司与物业小区的开发商签订前期物业服务合同系双方真实意思表示，内容合法有效，物业公司与业主均应按照合同约定的内容完全及时地履行合同义务。物业公司依合同约定为小区提供了相关的物业服务，履行了自己的合同义务，业主所提供的证据不足以证明物业公司在物业服务过程中不履行主要合同义务，应依据合同约定及时交纳相关费用。对于物业公司存在的问题，业主应依据相关法律法规，及时通过业主大会和成立业主委员会集中民意，也可以向相关主管部门反映，督促物业服务企业不断提升物业服务水平。〔3〕

---

〔1〕 参见最高人民法院民法典贯彻实施工作领导小组编著：《中国民法典适用大全》（合同卷五），人民法院出版社2022年版，第3533～3534页。

〔2〕 参见最高人民法院民法典贯彻实施工作领导小组编著：《中国民法典适用大全》（合同卷五），人民法院出版社2022年版，第3538页。辽宁省鞍山市中级人民法院（2021）辽03民终3665号民事判决书。

〔3〕 参见最高人民法院民法典贯彻实施工作领导小组编著：《中国民法典适用大全》（合同卷五），人民法院出版社2022年版，第3539页。山东省青岛市中级人民法院（2021）鲁02民终1141号民事判决书。

事实物业服务合同关系，在前期物业服务合同期满后未续订或一开始就未签订物业服务合同，物业服务人实际提供服务而业主接受物业服务形成的事实状态，这是现实社会生活中最容易发生纠纷的情形。基于上述客观情况，也就产生了是否存在合同关系的质疑。在业主与物业服务人之间缺乏一致意思表示的情况下，根据事实服务来确定两者之间已经建立了物业服务合同关系，有着现实的合理性和必要性。首先，物业服务涉及范围广，当事人取证困难。如果否认存在服务合同关系，而依据不当得利或侵权行为来处理，案件的审判将变得异常繁杂，而且根本不能与实际情况相吻合。其次，小区业主个体情况比较复杂，在业主整体意志不明确的情况下，很难以个别或部分业主不交纳物业费的行为推定多数业主不同意现在的物业服务人提供服务。最后，基于一方履行义务且对方接受的事实，认定事实合同关系，在《民法典》范围内存在法律依据。这里"对方接受"是指多数业主也包括不交物业费但未明确表示反对的业主接受物业服务。因此，实践中法官选择认可双方之间存在物业服务合同关系，是符合法律规定的必然结果。

【案例2-6】　中山市某物业管理有限公司诉方某某物业服务合同纠纷案

二审法院认为，涉案商业楼虽不在物业服务合同约定的物业服务管理范围内，涉案商业楼所有权人也并非物业服务合同的相对方，但在物业公司已向涉案商业楼履行基本的养护、管理、清洁、安全保障等义务且涉案商业楼所有权人也长期未提出异议的情况下，双方形成事实上的物业服务合同关系，涉案商业楼所有权人应向物业公司缴纳物业费。[1]

物业交接期间的事实物业服务合同关系。《民法典》第九百五十条规定："物业服务合同终止后，在业主或者业主大会选聘的新物业服务人或者决定自行管理的业主接管之前，原物业服务人应当继续处理物业服务事项，并可以请求业主支付该期间的物业费。"该条规定物业服务人在交接期间强制服务，就涉及支付物业费以及是否成立合同关系而言，有观点认为，此时双方当事人之间成立事实物业服务合同关系。物业服务合同终止后，如果物业服务人继续提供物业服务，而业主也继续接受物业服务，双方实际上存在事实合同关系，应当按照原物业服务合同约定的标准支付物业费。虽然依据法律规定，物业服务合同属于法定的书面合同，但是依据《民法典》第四百九十条的规定，物业服务人已经履行其主要义务，业主接受时，物业服务合同就已经成立。不过，因为当事人没有对服务期限作出约定，所以该物业服务合同已经转变为不定期合同，双方可以随时终止该合同。对于该种观点，物业服务人继续提供服务、业主继续接受其服务的时间较短，根据

---

〔1〕 人民法院案例库2023-16-2-121-006。广东省中山市中级人民法院(2022)粤20民终849号民事判决书。

双方的事实合同关系，物业服务人可以请求该期间的物业费，对物业服务人和业主来说都是公平的。[1] 笔者认为这种分析是有一定道理的。

实践中，形成事实物业合同关系形态多样。如小区原由开发商物业管理部负责，后该物业管理部更名成立物业管理中心，开发商将小区物业服务移交物业管理中心。这表明物业管理中心获得了开发商移交的物业管理权，虽然没有签订新的物业服务合同，但基于物业管理中心一直提供物业服务，业主也接受其物业服务，其形成事实上的物业服务合同关系。

〔1〕 参见黄薇主编：《中华人民共和国民法典合同编释义》，法律出版社2020年版，第954页。

二、物业服务合同关系法律适用

(一)不定期物业服务合同关系

所谓不定期物业服务合同关系,即指物业服务合同期限届满而又未签订新的物业服务合同之前,物业服务人在小区继续提供物业服务而与业主形成的关系。

不定期物业服务合同关系包括两种情形,前期物业服务合同届满和物业服务合同届满。事实物业服务合同就是不定期物业服务合同的典型形式。

《民法典》第九百四十八条第一款规定:“物业服务期限届满后,业主没有依法作出续聘或者另聘物业服务人的决定,物业服务人继续提供物业服务的,原物业服务合同继续有效,但是服务期限为不定期。”依据本条规定,成立不定期物业服务合同关系的条件有二:一为没有依法续聘或者另行聘请他人,不存在将物业服务人排除在继续提供物业服务区域之外的先决条件。二为继续提供物业服务的,对于未退出但不继续提供物业服务的,或退出物业服务区域的,则不能认定为符合不定期服务合同关系。这两个条件为一个整体,缺一不可。有法官认为,本条与《民法典》第七百三十四条中的不定期租赁规则相仿,确立了不定期物业服务合同制度。但是,二者不同的是,租赁期间届满后承租人继续使用租赁物且出租人不提出异议时,立法推定出租人通过默示行为表达了同意的意思表示,故形成了续订合同的合意。本条中,并未强调业主存在默示同意的意思或行为,相反,是在业主无法有效作出意思表示的情况下,基于物业服务人同意继续提供服务的行为事实,法律拟制原合同当事人之间形成续订合意。但由于当事人之间没有真实的磋商过程,故仍按原合同内容继续履行。其理由依然是尽力维系稳定的物业服务法律关系,保障服务区域内的公共秩序和业主共同利益。在这种拟制合意下,业主的个人利益应服从于团体利益,即个体业主不能以其未同意续聘原物业服务人为由拒绝支付相应期间内的物业费。虽然是继续履行原合同,但当事人之间实质上通过法律的拟制而订立了新的合同关系,只不过新合同的权利义务内容与原合同相同,只是服务期限为不定期。[1]

【案例2－7】 南京市金陵世家住宅小区业主委员会与南京宁设物业管理有限责任公司物业服务合同纠纷案

二审法院认为,物业服务合同到期后,业主未作出另聘或者续聘决定,物业服务人员继续提供物业服务的,原物业服务合同继续有效,服务期限为不定期。业主大会依法定程序投票决定,可以解聘物业服务人。[2]

【案例2－8】 物业服务公司与H业主委员会物业服务合同纠纷案

二审法院认为,2021年4月24日,H业主大会授权H业主委员会选聘物业服务公司,H业主委员会通过公开招标的方式选聘L物业公司作为新物业服务人后,在未就选聘该公司为新物业服务人及物业服务合同草稿内容等事项召开大会进行表决的情况下,即于2021年7月1日与该公司签订了物业服务合同,违反了上述规定。物业服务公司系H小区前期物业服务人,其与小区建设方签订的前期物业服务合同约定的服务期在2018年8月30日届满后,H小区业主没有依法作出续聘或者另行聘请物业服务人的决定,物业服务公司继续为小区业主提供物业服务合同,根据《民法典》第九百四十八条之规定,原物业服务合同继续有效,物业服务公司与小区业主之间系不定期物业服务合同关系,小区业主可随时解除不定期物业服务合同,但应提前60日书面通知物业服务公司。但其在通知期限未届满,且H小区业主未依法作出另行聘请物业服务人的决定,并由新物业服务人接管小区物业服务的情况下,即在小区张贴《暂缓缴纳物业费的通知》,违反了上述法律规定。至于H业主委员会主任李某拖欠物业费是否影响业主大会决定效力的问题,由于业主大会的决定根据符合法定人数的业主本人的意愿作出的,在无法律明确规定的情况下,不能因H业主委员会主任李某拖欠物业费而否定业主大会决定的法律效力。判决:驳回上诉,维持原判。[3]

应注意的是,不定期物业合同服务合同并不是业主和物业服务人之间订立了新的合同,而是原物业服务合同的延续。虽然这种规定在一定程度上干预了当事人的自由意思,但应看作法律对秩序、效益等价值的考量,属于法定的特殊安排。

---

〔1〕 参见中国审判理论研究会民事专业委员会编著:《民法典合同编条文理解与司法适用》,法律出版社2020年版,第747页。

〔2〕 最高人民法院民法典贯彻实施工作领导小组编著:《中国民法典适用大全》(合同卷五),人民法院出版社2022年版,第3605页。江苏省南京市中级人民法院(2016)苏01民终4765号民事判决书。

〔3〕 参见国家法官学院、最高人民法院司法案例研究院编:《中国法院2023年度案例》(合同纠纷),中国法制出版社2023年版,第199～200页。湖北省襄阳市中级人民法院(2021)鄂06民终5330号民事判决书。

对不定期物业服务合同当事人的随时解除权,必须按照法律规定的方式形式,即提前 60 日书面通知对方。当事人书面通知对方,即为行使解除权的行为,该行为在 60 日期限届满后方发生效力,而不是发出书面通知后即发生效力。

(二)转委托合同关系

《民法典》第九百四十一条规定:“物业服务人将物业服务区域内的部分专项服务事项委托给专业性服务组织或者其他第三人的,应当就该部分专项服务事项向业主负责。物业服务人不得将其应当提供的全部物业服务转委托给第三人,或者将全部物业服务支解后分别转委托给第三人。”根据该条规定,物业服务人可以将部分专项服务委托他人,但应就委托服务事项对业主负责。根据法学理论,受托服务人可以与业主、业主委员会建立转委托合同关系。建立转委托合同关系基础是依照法律规定,而不是业主、业主委员会直接表示同意,这不同于一般的转委托的关系。当然,业主也可以不同意受托服务人提供服务,此时则应由物业服务人重新选任。受托服务人虽是受转委托但应受业主与物业服务人签订的物业服务合同约定之约束,受托服务人违反物业服务合同约定的,除物业服务人承担违约责任外,受托服务人亦应承担责任。物业服务人承担基于选任受托服务人的过错造成业主损害的赔偿责任,受托服务人对造成业主损害承担连带责任。

禁止物业服务人将全部物业服务事项转委托给第三人,主要理由有:第一,物业服务合同是基于业主对物业服务人的信任而成立的,业主将其共同财产、共同事务交给物业服务人进行管理和处理,如果物业服务人擅自转委托,将使业主对物业服务人的信任落空,物业服务合同人订立的基础就不存在,业主不如直接委托其他物业服务人来提供服务。所以,物业服务人负有亲自提供服务的义务。第二,物业服务有很强的综合性和专业性,不同的物业服务人专业、技术水平有所不同,物业服务事项、服务质量以及收费标准等都会有所差异。第三,物业服务人作为专门从事提供物业服务的经营者,是以营利为目的的。物业服务合同是有偿合同,物业服务人提供的是有偿服务,业主向物业服务人交纳的物业服务费中包含了投入的成本和合理的预期利润。物业服务人在订立物业服务合同后,如果为赚取一定的利润全盘转委托,就会降低原合同价款。接受转委托的第三人依然要按合同的约定提供同样的物业服务,但是经过转委托其利润空间已经被压缩,为了获取一定的利润,第三人只能通过降低服务质量来节约成本,进而便会损害全体业主的利益。[1]

---

〔1〕 参见黄薇主编:《中华人民共和国民法典合同编释义》,法律出版社 2020 年版,第 925 ~926 页。

物业服务转委托的范围。物业服务人转委托的可以是某些服务事项，但不得将全部物业服务转委托给第三人，或者支解后分别转委托给第三人。换言之，禁止物业服务人通过违法转包谋取非法利益，损害业主利益。在司法实务中，需要重点关注两个问题：(1)可以转委托的服务内容只包括专项服务事项，且应当是明确具体的特定类型的物业服务事项，如清洁卫生、垃圾清运、安保巡查等。(2)法律禁止将物业服务事项全部或者变相全部转委托，《民法典》第九百四十一条第二款并非仅是民法上的禁止性规定，也包含对公法中相关强制性规范内容的确认和引致。[1]

需要注意的是，本条所说的转委托，并非委托合同中的转委托，而是特指或者说仅限于物业服务人与业主或者业主委员会签订物业服务合同后，围绕该合同涉及的物业服务人具体事项进行的转委托。所以，本条的转委托不适用委托合同中转委托的规则。物业服务人将物业服务区域内的部分专项服务事项委托给专业性服务组织或者其他第三人的，无需经过业主同意，但是物业服务人应当就该部分专项服务事项向业主负责。而委托合同中的受托人应当亲自处理委托事务，须经委托人同意才能转委托。[2] 有法官认为，与委托合同一章规定的转委托规则不同的是，本条并未以转委托行为是否取得委托人同意或追认来设定不同的法律效果，而是采取法律间接赋权模式的同时，依照合同相对性原理，将转委托事项处理的后果和责任归于物业服务人承担。如果业主或业主大会选聘物业服务人是基于其专业能力或市场声誉等特殊条件的，则可以在订立合同时约定禁止转委托的条款。[3]

《民法典》第九百四十一条规定："物业服务人将物业服务区域内的部分专项服务事项委托给专业性服务组织或者其他第三人的，应当就该部分专项服务事项向业主负责。物业服务人不得将其应当提供的全部物业服务转委托给第三人，或者将全部物业服务支解后分别转委托给第三人。"该条款规定了物业服务转委托的条件和限制性条款。

实践中，物业服务人将物业服务区域内的部分专项服务事项委托他人的，法院以未经业主同意而确认无效。

---

[1] 参见中国审判理论研究会民事专业委员会编著：《民法典合同编条文理解与司法适用》，法律出版社2020年版，第734页。

[2] 参见黄薇主编：《中华人民共和国民法典合同编释义》，法律出版社2020年版，第927页。

[3] 参见中国审判理论研究会民事专业委员会编著：《民法典合同编条文理解与司法适用》，法律出版社2020年版，第734页。

【案例2－9】　某业主委员会诉某甲物业管理有限公司(以下简称甲物业企业)等物业服务合同纠纷案

一审法院认为,《转委托协议书》合法有效,不构成对业主权利的侵害,据此判决驳回了业主委员会诉讼请求。二审法院认为,甲物业企业与该小区业主通过签订物业服务合同并提供了物业服务行为,二者之间已经形成了委托与被委托的关系。小区业主对其区域的物业设备等的使用、维护情况享有知情权和监督权。甲物业企业未征得业主同意就擅自将其服务项目进行转委托,其行为已经侵害了所有业主的合法权益,应当承担相应的法律责任。据此,判决撤销一审判决,支持原告的诉讼请求。[1]

(三)小区停车关系

实践中,业主与物业服务人在小区停车是否构成车辆保管关系经常为争议的焦点。如果成立了车辆保管合同关系,在物业服务人存在保管不善的情况下,业主可以主张物业服务人承担赔偿责任。

现阶段的相关法律并未对小区内停放车辆的管理作出明确规定,理论界对于这一问题所涉及的法律关系的定性大致有三种不同观点:物业服务合同关系、保管合同关系及场地使用(租赁)关系。三种观点的定性依据和划分标准都不尽相同。物业小区停车场有其自身特殊性,因小区的停车场所占用的土地使用费已打入商品住宅的成本,计入商品住宅销售的价格中,因此,小区包括停车场所占用地等附属土地的使用权,只能为该小区共有人共有、小区共有人全体共有停车场所占有的土地。小区的物业服务人没有土地使用权,其收取的费用多为市场价格。笔者认为,对小区内停车的法律关系,不能仅根据不同合同类型和合同性质确定,而应根据小区内停车区域的地点和性质、停车管理的费用、车辆看护的责任程度等多方面因素综合考量,并认定停车管理法律关系的实质。具体可分以下五种情况。

第一种情况,物业服务人仅允许本小区业主将车辆停放在小区内,且物业服务人并不向业主收取停车费用,对停放车辆并不进行实际保管与看护,而仅对小区内停车秩序或交通秩序进行管理,则在此种情形下,可视为物业服务人在履行小区物业管理服务之职责,车主即业主与物业服务人之间应当形成物业服务法律关系。

---

〔1〕 参见最高人民法院民事审判第一庭编著:《最高人民法院建筑物区分所有权、物业服务司法解释理解与适用》,人民法院出版社2009年版,第262～263页。

【案例2－10】 曹某某诉北京万科物业服务有限公司物业服务合同纠纷案

判决观点：根据《北京市商品房预售合同》附件七的规定，北京万科四季花城房地产开发有限公司选定本案被告作为北京万科四季花城的前期物业服务公司，物业服务内容之一为车辆停放管理。根据《北京市居住小区机动车停车管理办法》的相关规定，作为北京万科四季花城的业主，原告与被告之间构成物业服务合同关系，原告将车停放在被告管理的停车场内，按照前期物业服务合同的内容，被告应为原告提供车辆停放管理服务，且原告在停车场内临时停车按规定向被告交纳停车费，被告关于该费用为车位租用费、车位服务费，非车辆保管费的抗辩意见于法无据，被告负有采取措施防范原告车辆受损的物业服务合同义务。[1]

第二种情况为场地使用（租赁）关系或称车辆停放管理关系，可细分为固定停车位和一般停车两种具体情形。如果小区业主定期向物业服务人交纳一定的车位使用费，从而获得一个固定停车位，物业服务人仅要求业主按照约定在固定地点停放车辆，而对于车辆进出、所停放的车辆是否属于业主等均不予管控，对此种情形双方之间应为车位租赁关系。有的法官认为，法律关系上，业委会将共有车位交由物业服务人出租管理，后者以自己名义出租他人使用的行为是法律上的隐名代理，即代位订立车位租赁协议。此时，小区业主作为车位租赁协议的承租方，系租赁合同一方当事人，享有要求出租方全面履行交付租赁物、保证租赁物正常使用之债权。[2] 虽小区停车属于租赁关系性质，但其实质仍为场地使用关系。后一种情形更为常见，物业服务人对其进入小区的车辆凭卡进入刷卡计时收费，其无论是本小区车辆或小区之外的车辆均按物价部门规定的收费标准收费。小区内外车辆进入小区收费的区别为，小区内的车辆可以包年或包月一次性交纳，其费用固定比每次进入小区收费低，而小区外的车辆不享受其包年、包月价格优惠条件，这实为场地使用关系，当前社会生活中普遍使用该模式。

实践中，有的物业服务人既收取物业费又收取停车费的，法院按物业服务合同认定。个案中，法官结合物业服务合同的具体约定，物业服务人作出的服务承诺或服务细则、车位性质是购买还是租赁、停车收费情况、停放位置是否由物业服务人划定及控制进出车辆等因素综合认定。

【案例2－11】 邱某诉漳州某物业服务有限公司等物业服务合同纠纷案

判决观点：保管合同是保管人将寄存人交付的保管物保管，并返还该物的合同。保管人的义务是结果义务。而物业服务合同是物业公司对业主的

---

〔1〕 参见国家法官学院案例开发研究中心编：《中国法院2015年度案例》（合同纠纷），中国法制出版社2015年版，第230～231页。北京市顺义区人民法院（2013）顺民初字第14073号民事判决书。

〔2〕 参见《人民司法·案例》（2015年第18期），第70页。

房屋及配套的设施设备和相关场地进行维修、养护、管理,维护物业管理区域内的环境卫生和相关秩序的活动。物业公司的义务是行为义务。本案原告将车辆停放在被告漳州某物业服务有限公司管理的小区停车场,原告支付了物业费和停车费,但双方未明确约定车辆由被告漳州某物业服务有限公司保管,且车辆停放后车辆由原告实际掌控,停车费是场地使用费而不是保管费,故原告与被告漳州某物业服务有限公司之间是物业服务合同关系而不是保管合同关系。[1]

【案例 2－12】　程某诉绿城物业服务集团有限公司(以下简称绿城物业)物业服务合同纠纷案

一审法院认为,程某与绿城物业之间不存在委托合同关系,绿城物业不负有保管义务,也不存在失职行为,故判决驳回程某的诉讼请求。

二审法院认为,尽管涉案车位管理费是绿城物业在物业费之外另行收取的费用,但鉴于小区地下停车场亦是绿城物业进行管理,绿城物业在向业主发放的业主手册中明确载明了其提供停车场的秩序维护等方面服务。因此,就本案而言,程某与绿城物业之间存在物业服务合同关系。根据物业服务合同及绿城物业发放的业主手册,可以认定绿城物业应当负有设置监控、周界报警等技防设施的义务,并且应对停车场进行人员巡逻。但就本案而言,绿城物业未尽到上述合同义务,应当承担违约责任。判决:撤销一审判决,绿城物业赔偿程某损失 6000 元。[2]

【不同处理】　有的法院将收取停车费的行为认定为存在保管合同关系。

【案例 2－13】　范某某诉海南佳宇物业服务有限公司保管合同纠纷案

判决观点:原告将车停放在小区内,被告向原告每月收取 20 元停车费,双方之间存在保管合同关系。[3]

第三种情况,收费项目明确为保管费的,且其他特征符合保管合同关系的,可以按保管合同处理,但不宜单纯以收费凭证为唯一依据认定保管合同成立。在现实社会生活中,大多数小区采取的停车管理模式为,在小区内开辟专门的地上或地下区域作为停车场所专门用于停放车辆,有车业主必须通过向物业服务人购买或者按期交纳保管费的方式获取车位,物业服务人则向相应业主发放停车凭证、车位锁等,业主在停放及移出车辆时应与停车管理人员办理交接手续。对此,物

---

〔1〕 参见骆鑫、刘娅编著:《物业管理纠纷案例与实务》,清华大学出版社 2017 年版,第 73 页。

〔2〕 参见北京市高级人民法院研究室编:《审判前沿——新类型案件审判实务》(总第 57 集),法律出版社 2019 年版,第 200 页。北京市第三中级人民法院(2016)京 03 民终第 4786 号民事判决书。

〔3〕 参见国家法官学院案例开发研究中心编:《中国法院 2013 年度案例》(合同纠纷),中国法制出版社 2013 年版,第 145 页。海南省海口市龙华区人民法院(2010)龙民一初字第 1304 号民事判决书。

业服务人提供的车辆保管服务，应认定为保管合同关系。

【案例2-14】 白某某诉北京大邦物业管理有限公司（以下简称大邦物业）保管合同纠纷案

判决观点：白某某和大邦物业虽未签订书面保管合同，但双方意思表示一致，白某某交纳了保管费，大邦物业收取了保管费，约定了保管期间，并提供保管物，指定了停车位，双方之间形成口头保管合同。该合同内容不违反法律法规强制性规定，属于有效合同。〔1〕

【案例2-15】 郑某某诉北京格林物业管理有限公司（以下简称格林物业公司）保管合同纠纷案

判决观点：根据已查明事实，郑某某将其所有的号牌为京NR××××的车辆停放在格林物业公司管理的区域，格林物业公司记录该车辆进出时间并按照停放时长收取相应费用，双方已成立事实上的保管合同关系，该合同关系不违反法律、行政法规的强制性规定，应属有效。应格林物业公司的要求，郑某某交纳了2014年9月25日至12月5日的停车费，因此，双方之间系有偿保管合同关系。〔2〕

第四种情况，收费项目不明确，如以停放费名义收取的，是否按保管合同处理，应根据物业服务合同的内容、双方意思表示、当地的管理习惯，综合案件全部事实，对照保管合同的特征，确定双方的法律关系。有的法院对小区物业服务人未收取停车费的，则否认为保管合同关系。

【案例2-16】 许某、黄某诉上海某物业管理有限公司物业服务合同纠纷案

二审法院认为，当事人间不构成保管合同关系，被告不应就原告损失承担责任：第一，被告与某小区业主签订的物业服务合同并未约定车辆保管事宜，被告未与黄某达成保管车辆协议并就车辆保管收取费用，黄某停放车辆后也未向被告支付相应对价；第二，黄某认为被告的管理活动存在缺陷并导致黄某车辆被盗，但黄某并未举证证明上述主张，故判决驳回原告的诉讼请求。〔3〕

【案例2-17】 杨某某诉厦门市银鼎岩物业管理有限公司损害赔偿纠纷案

二审法院认为，依据《物业服务合同》的约定，上诉人负有向被上诉人交

---

〔1〕 参见国家法官学院案例开发研究中心编：《中国法院2013年度案例》（合同纠纷），中国法制出版社2013年版，第148页。北京市石景山区人民法院（2011）石民初字第1139号民事判决书。

〔2〕 参见国家法官学院案例开发研究中心编：《中国法院2017年度案例》（合同纠纷），中国法制出版社2017年版，第255页。北京市海淀区人民法院（2015）海民（商）初字第02750号民事判决书。

〔3〕 参见上海市第一中级人民法院（2008）沪一中民二（商）终字第3403号民事判决书。

纳该车位每月80元物业管理费用的义务,而被上诉人的义务"承担皓晖花园交通、车辆行驶、停泊及管理,对皓晖花园实行24小时保安服务和管理,对皓晖花园规划红线范围进行全天候值班巡视,维护小区正常生活秩序、防火、防盗等安全保卫工作,并积极配合和协助公安机关做好小区的治安工作"。上诉人每月向被上诉人缴交80元系其作为讼争车位的使用权人依照《物业服务合同》约定应当履行的义务,而非讼争车辆的保管费用。因上诉人没有证据证明其与被上诉人就讼争车辆的保管进行约定,也未将讼争车辆交被上诉人直接占有控制并支付保管费用,故上诉人与被上诉人之间所形成的是就讼争车位的物业服务管理法律关系,而非讼争车辆的保管关系。上诉人主张双方之间存在车辆保管关系依据不足,法院不予采信。[1]

第五种情况,同时成立两种法律关系。物业服务人对小区停放车辆既收取物业费,又收取停车费,事实上形成物业服务关系和车辆保管(或停放)关系。当业主以停车服务关系起诉,认为双方构成车辆保管关系,法官认为未交停车费保管关系终止,有可能驳回其要求赔偿全部损失的请求,但也不应排除依据物业服务合同关系认定物业服务人承担部分赔偿责任判决的可能。

【案例2-18】 李某诉某物业管理有限公司物业服务合同纠纷案

判决观点:对原告主张车辆在该小区丢失的事实,因被告没有提供相反证据证明原告系恶意编造,现原告又持有被告保安发给的车卡,并且在车辆丢失后已向公安机关报案,所以对该事实应予以认定。原、被告签订的物业服务协议符合有关法律规定,予以确认。在该协议中,双方虽没有约定车辆保管服务,但原告于2008年4月交纳了5个月的停车费500元,应认定双方存在事实上的保管服务关系。原告在届满时没有续交停车费用,被告对车辆的保管义务应视为终止,原告的车辆在保管合同终止后丢失,被告不应承担保管合同的违约责任。现原告要求被告承担未履行保管义务的违约责任缺乏法律依据,不予支持。但依照双方签订的物业管理服务协议的约定,维护住宅小区业主的人身和财产安全是被告应尽的义务,然而在小区内却发生了原告车辆丢失的现象,这充分说明被告的保安人员在履行对出入小区的车辆和人员的登记、询问、发证、收证、检查职责上存在明显过失,未尽到安全防范的义务。被告对因此给原告造成的财产损失,应承担相应的赔偿责任。据此,判决该小区物业公司赔偿李某车辆损失费1万元。[2]

---

〔1〕 参见最高人民法院中国应用法学研究所编:《人民法院案例选》2009年第3辑(总第69辑),人民法院出版社2010年版,第87页。福建省厦门市中级人民法院(2008)厦民终字第2520号民事判决书。

〔2〕 参见刘长森:《物业纠纷新型案例教程》,人民法院出版社2010年版,第167~168页。

实践中,一些法院对进入小区的车辆无论是有停车位的停车还是自找空地停车,物业服务人对其停车收取费用的,按成立保管合同关系认定。但不应否定法院认定为场地使用关系,从一定意义上讲按场地使用关系认定进入小区的车辆更符合实际情况。保管关系与场地使用关系中物业服务人的责任不同,前者物业服务人责任重,即必须认真保管,保管结束应将原物毫无损害的返还,如有任何损失均应赔偿。后者责任轻,保管责任由业主自己承担,物业服务人不承担保管责任,但应承担物业管理协议约定和收取费用相对应的安全保障义务,即小区业主停放车辆属于场地使用情况的,只要物业服务人履行了物业服务合同中约定的正常安全防范义务,没有重大过错行为,物业服务人便对丢失或毁损的车辆免责。如果物业服务人未尽保安或安全防范职责义务,则应承担一定的过错赔偿责任。也就是说,车辆保管合同和车辆停放管理合同是两种不同的法律关系,在合同的成立、履行和双方法律责任分配上存在明显差别。往往在业主与物业服务人之间很难就车位保管达成一致的意思表示,而且物业服务人在月卡和临时出入计时卡上往往都已明确告知其停车场提供车位有偿使用服务,不承担车辆的被盗、被损的保管责任,故业主与物业服务人之间往往不构成车辆保管法律关系。业主向物业服务人支付停车费并取得车辆停放月卡,物业服务人准予业主在小区内停车,双方构成车辆停放管理关系。在地方性法规对车辆停车存放管理有规定的,则应遵从规定确定相应法律关系。根据《深圳市停车场规划建设和机动车停放管理条例》第二十一条的规定,深圳法院将未明确车辆保管关系的住宅区车辆管理关系界定为车辆停放管理关系。

在司法实践中,法院内部就车辆保管关系与车辆停放管理关系认识存在分歧的,将导致责任承担的不同判决结果。

【案例2-19】 陈某诉深圳某物业管理有限公司财产损害赔偿纠纷案

一审法院认为,原告在被告处办理了自2007年2月1日至12月31日止的车位使用证并支付了12月份的停车费,双方当事人之间成立了车辆停放管理合同关系。在车位使用证的有效期限内以及已支付停车费的前提下,原告将其车辆停放在被告的停车场内,被告值班保安谭某某填写了出入放行卡,原告取得了出入放行卡,其停放车本身包含了保管的内容,被告负有保证原告车辆不被损坏和不被盗走的义务。在原告车辆被盗的问题上,被告存在过错。众所周知,车位使用证是对长期居住的业主发放的证明其已经交纳停车费的凭证,不是车辆出入放行的凭证。车辆能否出入放行要查验开车人是否持有出入放行卡,没有出入放行卡的,被告应当登记开车人的身份证并与车主取得联系,确认无误后放行。被告仅凭车位使用证,未查验出入放行卡而放行车辆,致使该车被盗,导致原告的经济损失无法挽回。由于被告疏忽管理,没有履行凭出入放行卡放行车辆的义务,对原告车辆的丢失存在重大过错，由此造成原告的车辆被盗，被告应承担民事赔偿责任。关于被盗车的价值问题，应根据该类车辆合法使用年限扣除已使用年限的折旧确定。经计算，车折旧后的残值减去天安保险股份有限公司深圳分公司的理赔款51,100元后，其车辆损失为19,935元，该差额损失应当由被告赔偿原告。

二审法院认为，原告作为小区业主，向管理该小区停车场的被告办理了车位使用证并支付了停车费，双方未约定被告为原告保管车辆，故双方之间成立事实的车辆停放管理合同。被告作为车辆管理人，负有保障原告车辆安全的义务。本案中，犯罪分子能够在盗取原告车辆后驶离停车场，必须同时满足持有车辆放行凭证和将该放行凭证交停车场保安检验两个条件。被告作为停车场的管理人，在车辆驶离停车场时，应首先检验车辆的出入放行卡。但被告未履行该职责，仅凭驾驶人的说辞和车位使用证便放行该车辆，最终导致车辆被盗，故被告没有尽到管理职责，应对车辆被盗承担责任。原告作为车辆所有人，疏于对车辆放行凭证的管理，将出入放行卡与车位使用证同时放在车上，使犯罪分子在进入车辆后同时获得出入放行卡和车位使用证，并最终凭车位使用证驶离停车场，原告对此亦存在过错。考虑到出入放行卡是放行车辆的首要凭证，而犯罪分子在获得出入放行卡的情况下，未出示该出入放行卡便由被告放行，因此被告应承担主要责任，原告承担次要责任。结合双方的过错程度，法院酌定被告与原告的责任比例为6∶4。双方对车辆损失价值19,935元均无异议，法院予以确认。根据双方的责任比例，被告应向原告赔偿车辆损失价值的60%，即11,961元，剩余40%的车辆损失价值由原告自行承担。〔1〕

综观一、二审判决，均认定涉案车辆是停放管理合同关系，但一审法院却又认定“停放车辆本身包含了保管的内容，被告负有保证原告车辆不被损坏和被盗走的义务。”可见，一审法院混淆了车辆保管与车辆停放两种法律关系的差别，将车辆保管责任强加至车辆停放法律关系当中，错误地加重了被告赔偿责任。

〔1〕 参见刘长森：《物业纠纷新型案例教程》，人民法院出版社2010年版，第156～159页。

三、物业服务合同关系纠纷处理

(一)事实物业服务合同关系处理

现实社会生活中,经常发生业主以前期物业服务合同期满而拒交物业费的纠纷。笔者认为,前期物业服务合同期满后,物业服务人继续提供物业服务,业主接受,形成事实上的物业合同关系。若物业服务合同期满,业主大会或业主委员会没有明确表示是否与原物业服务人继续签订合同,亦未明确要求原物业服务人退出或不能证明已明确拒绝接受服务的,而原物业服务人仍继续提供物业服务的,可以认定双方之间形成事实上的物业服务合同关系。合同的实际履行是指合同的一方或双方以自己的实际行为履行了合同主要义务,对方予以接受。也就是说,事实上的物业服务合同存在实际履行的客观事实。在认定物业服务合同关系成立的基础上,考虑到物业服务人提供的物业管理服务质量、服务品质并未发生变化,按照《物业管理条例》第四十条规定的费用与服务水平相适应的原则,业主应继续按照原物业服务合同约定标准支付物业服务费为宜。现实社会生活中,形成事实物业合同具有多种形态。

【案例2-20】 李某某诉洛阳石化总厂惠康物业管理公司物业管理纠纷案

被告虽然没有向企业职工直接收取物业费用,但是其却向职工所在单位收取了较高的关联交易费,此关联交易费包含物业服务费。且被告单位并没有创造任何劳动价值,其各种费用的来源是各个公司按人数交纳的关联交易费,如果各个公司不向被告交纳此关联交易费,则该部分费用就会作为利润分配给职工,因此此关联交易费应是企业代替职工向被告交纳的费用。法院认为,虽然原、被告并未签订任何书面的物业管理合同,但原告单位实际代替原告向被告交纳了相应的物业管理费,因此,本案原、被告之间形成了物业管理合同关系。[1]

---

〔1〕 参见最高人民法院中国应用法学研究所编:《人民法院案例选》2006年第3辑(总第57辑),人民法院出版社2007年版,第215页。

【案例2－21】　上海枫丹白露物业有限公司（以下简称枫丹物业公司）诉郑某某等物业服务合同纠纷案

二审法院认为，被上诉人名流公司是上诉人居住小区的开发商，被上诉人枫丹物业公司是该小区的前期物业管理单位，建设单位依法与物业服务企业签订的前期物业服务合同，以及业主委员会与业主大会依法选聘的物业服务企业签订的物业服务合同，对业主具有约束力。业主以其并非合同当事人为由提出抗辩的，人民法院不予支持。上诉人上诉称，两被上诉人之间所签订的前期物业服务合同对其没有约束力的诉讼请求，于法无据。[1]

根据《民法典》第九百五十条的规定，笔者赞同物业服务人继续提供物业服务、业主继续接受服务的，根据双方的事实合同关系，物业服务人可以请求该期间的物业费。[2]

主流观点认为，物业服务合同期限届满后未续签，物业服务人继续提供物业服务的构成事实合同关系。

【案例2－22】　嘉兴市某物业管理有限责任公司诉孙某等物业服务合同纠纷案

判决观点：本案所涉《物业管理服务合同》期限届满后未续签，但嘉兴市某物业管理有限责任公司继续提供物业服务至2015年6月30日，法院认为已构成事实物业服务合同关系，双方权利义务参照原物业服务合同确定。[3]

在原《物业委托合同》已经到期的情况下，物业公司仍提供了物业服务，双方当事人已形成事实上的物业服务关系，业主仍需支付相应的物业费。

【案例2－23】　芳邻物业公司诉柴某某物业服务合同纠纷案

二审法院认为，本案争议焦点是芳邻物业公司是否有权向柴某某主张物业服务费、暖气费，原判判决柴某某限期支付拖欠的物业服务费、暖气费是否适当。2013年11月20日，佳豪国际广场小区业主委员会与芳邻物业公司签订了《业主委托代管协议》，协议约定委托管理期限为1年，自2013年5月15日至2014年5月14日止，物业管理服务费为每月每平方米1.45元。一年的代管期限届满后，佳豪国际广场小区业主委员会与芳邻物业公司没有再续签合同，但物业服务合同关系一直存续，本案上诉人柴某某自入住以来，向芳邻物业公司交纳了2018年7月18日之前的物业费、暖气费，但拒绝交纳之后的物业费、暖气费，理由是双方之间的物业合同关系已于2020年6月20

---

〔1〕　参见沈志先主编：《2012年上海法院案例精选》，上海人民出版社2012年版，第165页。

〔2〕　参见黄薇主编：《中华人民共和国民法典合同编释义》，法律出版社2020年版，第954页。

〔3〕　浙江省嘉善县人民法院（2016）浙0421民初5296号民事判决书。

日解除，业委会与新的物业公司青海省通信服务有限公司签订了物业服务合同，即使交纳费用也应向新的物业公司交纳，芳邻物业公司无权主张合同解除之后的物业费、暖气费。经审理查明，2020年6月3日，佳豪国际广场小区业主委员会会议表决青海省通信服务有限公司为中标的新物业公司，6月15日业委会与青海省通信服务有限公司签订了《物业服务合同》，但在2020年6月19日西宁市住房保障和房产管理局就向青海省通信服务有限公司发出了《通知》，要求该公司暂缓办理物业项目交接手续，待物业纠纷解决后，该公司再依法依规办理交接工作。青海省通信服务有限公司在给佳豪国际广场小区业主委员会的函中也明确表示，物业服务合同签订后，6月17日该公司开始进驻小区，但由于老物业不退场和上级行政机关通知暂缓进场等原因，该公司于6月22日决定暂缓进驻，其后有人冒充该公司旗号，在贵小区进行物业相关服务及其他相关活动，该公司不承担任何责任。即新的物业公司青海省通信服务有限公司并未实际入驻该小区，也未给该小区提供物业服务，柴某某作为业主也未向青海省通信服务有限公司交纳过任何费用，因此原判认定芳邻物业公司与各业主之间一直存在事实上的物业服务合同关系并无不当，柴某某没有证据证实2020年6月20日之后芳邻物业公司没有提供物业服务，故其以业委会解除了与芳邻物业公司的物业服务合同、芳邻物业公司无权主张物业服务费为由拒绝支付2020年6月20日至2021年12月31日的物业服务费没有合理依据，原判认定的物业服务费、采暖费适当，应予维持。佳豪小区因属商住混合的开放式小区，虽存在管理难度较大的客观因素，但作为物业服务企业应当在现有条件下尽到最大努力，解决住户提出的合理要求。在业主与物业公司存在矛盾的情形下，芳邻物业公司一直提供了物业服务，故其主张的物业费、采暖费应予支持，双方之间应尽快解决纠纷，确保物业服务合同的正常履行。关于是否减免相关物业服务费用问题，柴某某未提出明确的反诉主张，一审判决中对物业服务合同中的群体利益性进行了充分阐述，法院不再赘述。综上，原判认定事实清楚，判决结果准确，应予维持。判决：驳回上诉，维持原判。[1]

类似的案例有王某某与北京某物业管理有限责任公司物业服务合同纠纷案，[2]雷某某与衡阳市某物业管理有限责任公司物业服务合同纠纷案。[3]

案涉楼房位于物业小区旁的规划路边上，该楼房业主从楼东侧围墙缺口处出入，并不必然受到物业服务人提供的物业服务，物业服务人也未能提供证据证明

---

〔1〕 青海省西宁市中级人民法院（2022）青01民终1406号民事判决书。

〔2〕 北京市第一中级人民法院（2016）京01民终第456号民事判决书。

〔3〕 湖南省衡阳市中级人民法院（2016）湘04民终第1048号民事判决书。

已提供物业服务。在双方未签订物业服务合同的情况下,该楼业主拒绝纳入物业管理服务范围既不影响小区物业的独立性,亦不损害小区的整体管理和其他业主的利益,结合合同订立的基本原则以及涉众因素的影响,不能认定为双方形成事实上的物业服务合同关系。也就是说,物业服务人将他人房产纳入物业服务管理范围须经所有权人,否则不能形成物业服务关系。

【案例2-24】 某物业公司诉化学工业公司物业服务合同纠纷案

二审法院认为,化学工业公司与物业公司之间是否存在事实上物业服务合同关系的问题。合同的订立应遵循平等自愿、诚实信用以及公平原则。本案中乙公司将案涉B10号楼纳入案涉物业小区,并与物业公司签订《前期物业管理服务合同》,约定由物业公司对包括案涉B10号楼在内的案涉花园商住楼提供物业服务并收取相关费用。对此,法院认为,其一,乙公司从未享有案涉B10号楼的产权,其也没有证据证明将该楼围起来实施物业管理征得化学工业公司的同意,故其将该楼的物业管理服务委托给物业公司的行为属于无权代理;诉讼中,物业公司虽然提交了化学工业公司交纳了2018年6月至2019年1月物业费票据,但化学公司对此予以否认,并反驳称自案涉花园实施物业管理开始,物业公司原负责人同意免交物业管理费,上述费用属于误交。根据本案查明的事实,案涉花园实施物业管理是从2010年3月25日开始,2018年6月至2019年1月之前及之后,化学工业公司均没有交纳物业费,本案争议第二次起诉前物业公司也没有向化学工业公司催收过物业管理费,故化学工业公司的抗辩理由成立,据此不能根据化学工业公司交纳2018年6月至2019年1月物业费的票据认定其履行交物业费的义务;本案中化学工业公司作为案涉B10号楼的所有权人已明确拒绝接受物业公司的物业管理服务。综上事实,根据《民法典》第一百七十一条第一款"行为人没有代理权、超越代理权或者代理权终止后,仍然实施代理行为,未经被代理人追认的,对被代理人不发生效力"的规定,乙公司与物业公司签订的物业管理合同对化学工业公司不能发生法律效力。其二,案涉B10号楼位于案涉物业小区旁的规划路边上,化学工业公司从该楼东侧围墙缺口处出入,其并不必然受到物业公司提供的物业服务,而本案中物业公司也未能提供证据证明以提供物业服务。其三,案涉B10号楼所处的位置,其既不纳入物业管理服务范围,也不损害小区的整体管理和其他业主的利益。综上事实及理由,法院认定化学工业公司与物业公司之间并不存在事实上的物业服务合同关系,故物业公司要求化学工业公司支付物业费、维修基金、垃圾水电公摊费、滞纳金的诉讼请求于法无据,法院不予支持。一审认定双方形成事实上的物业服务合同关系不当,法院予以纠正。……虽然化学工业公司与物业公司之间并不存在物业服务关系,但案涉B10号楼的水电均与小区共用电表,即案涉B10号楼的水电费均需物业公司先行垫付，故化学工业公司仍需支付物业公司垫付的水电费。根据本案查明的事实，物业公司为案涉B10号楼垫交的水电费为4210元，一审判令化学工业公司支付水电费4210元给物业公司并不当，法院予以维持。鉴于双方对物业管理费及水电费的缴交上存有争议，故物业公司主张该水电费的滞纳金法院不支持。综上所述，一审查明事实清楚，适用法律及判决结果不当，法院依法予以改判。判决：(1)撤销一审判决；(2)上诉人化学工业公司支付水电费4210元给被上诉人物业公司；(3)驳回被上诉人物业公司的其他诉讼请求。[1]

(二)前期物业服务合同关系处理

物业服务人与开发商签订《物业管理委托合同》，没有与业主签订物业服务合同，业主住在物业服务人管理的小区亦构成事实物业合同关系。也就是说，因不可归咎于物业服务人的原因致使物业服务人在无合同依据的情况下为业主提供了物业服务，业主享受了该服务，物业服务人以存在事实物业服务关系为由，请求业主支付物业费的，应予支持，并参照政府规定的收费标准或同类物业服务项目收费标准来确定业主应当交纳的物业费。

【案例2-25】 重庆悦来物业管理有限公司(以下简称悦来物业公司)诉何某物业服务合同纠纷案

判决观点：本案中，原告悦来物业公司与重庆富悦实业集团有限公司签订的《物业管理前期委托合同》不违反法律规定，合法有效，该合同对富悦大厦小区全体业主均具有约束力。尽管该合同约定的期限为3年，但2004年8月29日后，原告仍为富悦大厦小区提供物业管理服务至2010年5月31日，原、被告之间形成事实物业服务关系。2010年5月31日后，尽管富悦大厦业主委员会另聘了新的物业服务企业，但由于部分业主出面干扰致使原告未能交接成功而继续为富悦大厦小区提供物业服务至2012年7月20日，并非原告拒绝退出或移交，故应当认为2010年6月1日至2012年7月20日原、被告之间亦形成事实物业服务关系，此期间被告仍应向原告支付相应的物业服务费用。[2]

---

〔1〕 参见国家法官学院、最高人民法院司法案例研究院编：《中国法院2022年度案例》(合同纠纷)，中国法制出版社2022年版，第220~222页。广西壮族自治区北海市中级人民法院(2021)桂05民终262号民事判决书。

〔2〕 参见最高人民法院中国应用法学研究所编：《人民法院案例选》2015年第4辑(总第94辑)，人民法院出版社2016年版，第16页。重庆市渝北区人民法院(2012)渝北法民初字第15547号民事判决书。

【案例2-26】　莆田市城厢区新世纪物业管理有限公司涵江分公司诉张某某物业服务合同纠纷案

一审法院认为,原告虽未与被告签订物业服务合同,但双方均确认2014年一直由原告管理被告居住小区,被告实际上已经享受了原告提供的物业服务,原、被告之间形成了事实上的物业服务合同关系。原告与莆田市荔洲房地产开发有限公司签订的《物业服务合同》内容不违反法律、行政法规的强制性规定,且原、被告双方在本案纠纷发生前一直按照该合同履行,被告在纠纷发生前也未对该合同的履行提出异议,因此讼争的《物业服务合同》合法有效,各方均应依约履行。原告对被告提供物业服务后,有权依《物业服务合同》的约定向被告收取物业管理服务费。二审法院亦持同样意见。[1]

主流观点认为,业主并不直接参与前期物业合同的订立,根据《物业管理条例》第二十五条的规定,房屋买卖合同应当包含前期物业服务合同内容,前期物业服务合同因此转化为买卖合同对业主产生效力。同时,基于物业服务的公共性,业主通常在事实上接受了物业服务,在纠纷发生前,业主可能实际交纳了物业费,可视为业主以其行为认可了与物业服务人的合同关系。实践中,有的业主并非从开发商处购买房屋,其所购买的是二手房。业主与出卖人签订的房屋买卖合同通常不会吸收物业服务合同的内容,此时则需要结合已查明的案件事实具体分析判断,原则上按原业主(出卖人)与物业服务人的关系认定。

【案例2-27】　曲靖佳恒物业服务有限公司(以下简称佳恒物业公司)诉王某某、陈某物业服务合同纠纷案

二审法院认为,根据《物业管理条例》关于前期物业管理的规定,在业主大会选聘物业服务企业之前,建设单位可以选聘物业服务企业。萧湘新区二期尚未成立业主大会,建设单位可以选聘具有资质的物业服务企业进行前期物业管理服务。佳恒物业公司所提供资质证书已证实其具备从事物业服务的相应资质。根据最高人民法院《2009年物业服务解释》第一条关于"建设单位依法与物业服务企业签订的前期物业服务合同,以及业主委员会与业主大会依法选聘的物业服务企业签订的物业服务合同,对业主具有约束力。业主以其并非合同当事人为由提出抗辩的,人民法院不予支持"之规定,王某某、陈某作为萧湘新区二期业主,应受前期物业管理服务委托合同的约束。且王某某、陈某也实际享受了佳恒物业公司提供的物业服务,并交纳了2014

〔1〕　参见国家法官学院案例开发研究中心编:《中国法院2017年度案例》(合同纠纷),中国法制出版社2017年版,第5页。福建省莆田市中级人民法院(2015)莆民终字第2173号民事判决书。

年、2015年的物业服务费,已形成了事实物业服务合同关系。[1]

物业服务合同终止的原因有三种情形:一是合同期限届满;二是普通物业服务合同订立并生效;三是合同解除。本文讲的终止为第二种情形。

《民法典》第九百四十条规定:"建设单位依法与物业服务人订立的前期物业服务合同约定的服务期限届满前,业主委员会或者业主与新物业服务人订立的物业服务合同生效的,前期物业服务合同终止。"

(三)物业服务合同关系处理

对于不定期物业服务合同的处理,《民法典》第九百四十八条第一款规定:"物业服务期限届满后,业主没有依法作出续聘或者另聘物业服务人的决定,物业服务人继续提供物业服务的,原物业服务合同继续有效,但是服务期限为不定期。"

对于物业服务合同终止后继续提供服务的处理。《民法典》第九百五十条规定:"物业服务合同终止后,在业主或者业主大会选聘的新物业服务人或者决定自行管理的业主接管之前,原物业服务人应当继续处理物业服务事项,并可以请求业主支付该期间的物业费。"立法者认为,之所以作出该规定,主要有以下几个理由:一是出于保护业主利益的考虑。物业服务合同终止后,如果在业主或者业主委员会选聘的新物业服务人或者决定自行管理的业主接管之前,原物业服务人就已完全退出,将导致该物业区域陷入无人服务和管理的境地,如小区无人进行保洁工作使得垃圾堆积成山,影响全体业主的日常生活,损害全体业主的共同利益。二是基于诚信原则。物业服务人与业主之间存在合同关系,由物业服务人为业主提供物业服务,当合同终止后,他人接管之前,物业服务人也应当按照诚信原则的要求,继续为业主处理物业服务事项,这属于物业服务人的后合同义务。三是符合公平与效率原则。在物业服务合同终止后,物业服务人交给他人接管前,显然由物业服务人继续为业主提供服务是最为简便、快捷的做法,而且物业服务人可以请求业主支付相应的报酬,也符合公平的原则。[2]

小区未成立业主委员会的,建设单位有权选聘请物业公司为小区提供物业服务,新物业公司进驻后已经提供服务的,未依法解除的物业服务合同的,可以认为前期物业服务合同系双方的真实意思表示,合法有效。

---

〔1〕 参见《人民司法·案例》2018年第5期(总第808期),第51页。云南省曲靖市中级人民法院(2017)云03民终1415号民事判决书。

〔2〕 参见黄薇主编:《中华人民共和国民法典合同编释义》,法律出版社2020年版,第953页。

【案例 2－28】　新嘉物业公司诉蔡某某物业服务合同纠纷案

判决观点：在小区未成立业主委员会前，按照相关规定，建设单位有权选聘物业管理企业并与其签订前期物业服务合同。本案中，赋海仁居小区未成立业主委员会，建设单位有权选聘新嘉物业公司为小区提供物业服务，新嘉物业公司进驻后已经提供服务多年，小区业主也知晓物业公司更换及提供物业服务事宜。故新嘉物业公司与昌邑市城市建设综合开发有限公司签订的前期物业服务合同系双方的真实意思表示，亦不存在违反法律、法规的强制性规定，合法有效。综上，原告新嘉物业公司作为被告蔡某某所在的赋海仁居小区的物业服务企业，原告为被告所居住的小区提供物业服务，被告也实际接受了服务，原告要求被告支付 2015 年 1 月 1 日至 2021 年 12 月 31 日的物业服务费、代收生活垃圾费的诉讼请求，法院予以支持。关于原告主张被告支付违约金的问题，被告没有按时交纳物业费是因为与原告在服务义务履行上存在争议，原告没有与被告进行及时有效的沟通，被告并非恶意欠费，故对原告该项诉讼请求，法院不予支持。关于本案诉讼时效问题，双方物业服务关系自原告提供物业服务时建立，该物业服务关系是一个持续存在的法律关系，属于同一债务，诉讼时效期间应当自服务结束起算，故被告的时效抗辩，法院不予采纳。判决：(1)被告蔡某某支付原告山东新嘉物业公司物业服务费 21,427.56 元，代收生活垃圾 840 元，共计 22,267.56 元；(2)驳回原告山东新嘉物业公司的其他诉讼请求。[1]

物业服务期限届满前，业主共同决定可以签订物业服务合同。

【案例 2－29】　戴某与漳州金汇物业服务有限公司物业服务合同纠纷案

二审法院认为，物业服务期限届满前，业主共同决定续聘原物业服务人的，应当与原物业服务人在合同期限届满前签订物业服务合同。续订的物业服务合同对业主具有法律约束力，业主应当依约交纳物业费等费用。物业服务存在瑕疵，业主以此为由抗辩的，人民法院可以酌减物业费。[2]

---

〔1〕 山东省潍坊高新技术产业开发区人民法院(2022)鲁 0791 民初 2060 号民事判决书。

〔2〕 参见最高人民法院民法典贯彻实施工作领导小组编著：《中国民法典适用大全》(合同卷五)，人民法院出版社 2022 年版，第 3599 页。福建省漳州市中级人民法院(2021)闽 06 民终 2921 号民事判决书。

专题三　物业服务合同主体纠纷

本专题阐述物业服务合同纠纷中涉及的主体资格及范围问题。

一、物业服务合同主体理解

(一)合同主体含义

本专题所指的合同主体,是指物业服务合同的相对方,即承担合同权利与义务的当事人。但应注意的是,物业服务合同主体与一般典型合同有所区别,即业主不直接签订物业服务合同,但依法享有物业服务合同的权利,并承担相应的义务。

根据《民法典》第九百四十条的规定,前期物业服务合同的相对方为建设单位与物业服务人,物业服务合同的相对人为业主委员会或业主与新物业服务人,相较于《物业管理条例》第二十六条的规定,法律逻辑上更为周延。

《民法典》物权编第六章对业主权利义务作了规定,业主是《民法典》中的基础性概念之一。《民法典》第二百七十一条规定:"业主对建筑物内的住宅、经营性用房等专有部分享有所有权,对专有部分以外的共有部分享有共有和共同管理的权利。"立法者释义为:业主,是指享有建筑物专有部分的人。[1]《物业管理条例》第六条第一款规定:"房屋的所有权人为业主。"2020年《建筑物区分所有权解释》第一条规定:"依法登记取得或者依据民法典第二百二十九条至第二百三十一条规定取得建筑物专有部分所有权的人,应当认定为民法典第二编第六章所称的业主。基于与建设单位之间的商品房买卖民事法律行为,已经合法占有建筑物专有部分,但尚未依法办理所有权登记的人,可以认定为民法典第二编第六章所称的业主。"《民法典》物权编中的业主应理解为合同编中的业主,即物业服务合同的主体。

就《建筑物区分所有权解释》第一条规定中业主而言,对业主的类型和范围应作广义解释。司法解释制定者释义为,本条两款中所称的"人"是侧重于"私法上权利义务所归属之主体"而使用的,是指依照法律规定能够参与民事法律关系,享受民事权利和承担民事义务的民事主体。基于此,可以具有业主身份的"人"就不仅仅限于自然人,也包括法人(企业、事业和社团)、合伙以及非法人团体、特

〔1〕 参见黄薇主编:《中华人民共和国民法典物权编释义》,法律出版社2020年版,第131页。

定情况下也可能包括国家。[1]

理论上将业主分为两类:一类是法定业主,另一类是事实业主。前者通常是指依法登记或者根据《民法典》规定取得建筑物专有部分所有权的人。后者是指基于与开发商之间的商品房买卖民事法律行为,已经合法占有建筑物专有部分,但尚未依法办理登记的人。

(二)合同主体范围

就物业服务合同纠纷涉及的主体看,包括物业服务人、其他管理人、业主、业主委员会及物业使用人。

物业服务人。《民法典》第九百三十七条第二款规定:"物业服务人包括物业服务企业和其他管理人。"这里的物业服务人通常指物业公司,即依法成立有自己财产的法人。

其他管理人。《民法典》第九百三十七条第二款、第二百八十四条和第二百八十五条规定了其他管理人。其他管理人是指物业服务人以外的根据业主委托管理建筑区划内的建筑物及其附属设施的人,主要包括管理单位住宅的房管机构,以及其他组织,自然人等。其他管理人的范围广泛,且是一个开放的空间,也是颇有争议的问题。实践中常见的有业主委员会、小区自己成立的管理组织、临时性管理组织。其他管理人与物业服务人在权利义务等方面原则上是相同的,但也可以有差异,即根据与业主签订的物业服务合同内容区分差别,可以大于或小于物业服务人的权利义务或服务管理范围。

物业使用人是指业主以外的实际使用物业的人。物业使用人是《物业管理条例》《物业服务解释》中使用的概念,是与业主概念相对应的。业主是物业所有权人,而物业使用人则是指不具有物业的所有权,但是对物业享有使用权,并且按照合同、法律规定能够行使业主的部分权利的人。物业使用人具有以下特征:第一,物业使用人不是专有部分的所有权人,对专有部分既不单独享有所有权,也不享有共有权。第二,物业使用人对业主专有部分,或者物业小区内的公共物业享有占有权与使用权。第三,物业使用人在物业管理法律关系中享有权利的来源具有多样性,既包括法律法规的规定,物业管理规约的规定,业主大会或者业主委员会的决定,还包括与业主的约定。物业使用人的外延,即物业使用人一般包括以下类型:物业的承租人;业主的父母子女等与业主共同居住者;接受业主委托管理其

---

[1] 参见最高人民法院民事审判第一庭编著:《最高人民法院建筑物区分所有权、物业服务司法解释理解与适用》,人民法院出版社 2009 年版,第 34 页。

物业的亲戚朋友或者专门机构等代管房屋的人；临时借用业主专有物业的物业使用人；占有物业管理区域内公共物业的使用人；尚未出售的公有住房的住户；法律上无因管理的管理人。在物业管理实践中，前两类物业使用人最为常见。[1] 业主以外、经过业主许可而有权占有的实际使用物业的人，可以是自然人也可以是法人或者其他组织。应注意的是，物业使用人与开发商、物业服务人没有直接关系，不是物业销售合同的当事人，也不是物业服务合同的委托方；物业使用人不是物业区域的区分所有权人，不具有成员权，一般不参加业主大会与业主委员会。但现实社会生活中，无论是居住或非居住物业，普通小区物业或商铺物业，业主将物业出租以获利益带有普遍性，故物业使用人是小区的重要成员，这是需要关注的群体。

建设单位作为合同主体问题。在建设单位将商品房建成后出售过程中，在物业服务人未接手、业主委员会未成立前提下，购房人即业主对其购买的房屋共有部位行使权利，建设单位可基于购房合同对业主予以限制。

【案例3－1】　郑州二建诉王某某公有住房出售协议违约纠纷案

二审法院认为，根据《公有住宅售后维修养护管理暂行办法》第六条的规定，被上诉人郑州二建虽然不是1号楼的物业经营管理单位，也不是1号楼的业主委员会或者房屋所有权人，但在1号楼售出后至新的物业经营管理单位接手前，作为1号楼的建设单位、售房单位，郑州二建对1号楼的共用部位承担着维修责任。上诉人王某某在1号楼11号房间临街墙上开挖门窗，加重了郑州二建的维修负担，直接影响到郑州二建公司的利益，郑州二建有权依照《公有住房出售协议书》起诉王某某的违约行为。[2]

"住改商"中利害关系的业主问题。《民法典》第二百七十九条规定："……应当经有利害关系的业主一致同意"，其应当具备的条件应予正确界定。司法解释制订者认为，人民法院审理案件时，判断某业主是否能够被认定为《民法典》规定的有利害关系的业主，应当从下面几点把握：第一，从权利主体角度分析，诉讼当事人应当具有《建筑物区分所有权解释》第一条中规定的业主身份。当然，符合法律和《建筑物区分所有权解释》规定情形的物业使用人基于合同或法律规定而具体居住或者使用物业时，拥有与业主相同的权利。第二，从权利客体角度分析，必须是业主的合法权利受到或者可能受到侵害。根据《民法典》的规定，此受到损害的权利，应当是指业主作为建筑物所有权人所享有的特定权利，包括区分专有权、共有权以及成员权等内容。至于权利人行使这些权利的具体形式、受到或

---

〔1〕 参见最高人民法院民事审判第一庭编著：《最高人民法院建筑物区分所有权、物业服务司法解释理解与适用》，人民法院出版社2009年版，第222页。

〔2〕 参见《最高人民法院公报》2006年第11期（总第121期）。

者可能受到损害的表现方式等问题，需要结合个案具体分析。第三，要求损害与“住改商”业主行为之间有法律上的因果关系。这种因果关系按照目前的通说理解，相当于因果关系说。在审理“住改商”引发的纠纷案件时，由于具体情况千差万别，因此，还不能简单地以某一种判断方法为唯一依据，而是应当结合具体案件，选择符合大多数民意的、公平的方法。[1]

应注意的是，对有利害关系的业主界定，不仅要考虑对业主居住、生活环境的安全和安宁的影响，还应当考虑对其专有部分不动产价值的影响，原则上确定在本栋建筑物之内。对小区本栋建筑物之外的业主也与“住改商”行为存在利害关系的业主，对其主张权利应证明利害关系的存在。

〔1〕 参见最高人民法院民事审判第一庭编著：《最高人民法院建筑物区分所有权、物业服务司法解释理解与适用》，人民法院出版社2009年版，第168～169页。

二、物业服务合同主体法律适用

（一）业主认定

1.业主认定依据

《民法典》第二百七十一条、《物业管理条例》第六条第一款规定是认定业主合法身份的法律依据。根据相关司法解释的规定，依法登记或者依据生效法律文书继承或者受遗赠，以及因合法建造房屋等事实行为取得专有部分所有权的人为业主，这是界定业主身份的一般规则。

现实社会生活中，购房人在已经合法占有并使用专有部分的情况下，因各种原因未依法取得不动产权证的情形大量存在。在这种情况下，如果仅以是否取得不动产权证作为界定业主身份的标准，不仅与法律规定冲突，也与现实生活产生冲突，并有可能对社会生活中客观存在大量的无不动产的业主应当享有的权利造成损害，其对共有部分的利用以及共同管理权的行使需求更为强烈，与其他业主之间的联系程度也更为直接和紧密，因此有必要对其业主身份问题作出特别规定，统一认定标准。根据《民法典》等法律规定，在未取得不动产证的情形下对其专有部分依法占有使用的人可以认定为《民法典》物权编第六章所称的业主。这种理解和认定有利于统一司法评价标准，也符合《民法典》的规定精神，同时还可以引导这部分人及时办理不动产登记。也就是说，业主既然已经购买房屋且一直占有使用，则应认定为实际业主，且其实际享受了物业服务，故不能以不动产证尚未办理为由拒交物业费。

最高人民法院《建筑物区分所有权解释》第一条第二款规定："基于与建设单位之间的商品房买卖民事法律行为，已经合法占有建筑物专有部分，但尚未依法办理所有权登记的人，可以认定为民法典第二编第六章所称的业主。"最高人民法院法官解释，本条第二款仅针对一手房买卖情形。此时的登记权利人是建设单位。实践中不会出现建设单位在已经出售并移转占有以后，还与买受人争夺业主身份的情况。如果买受人购买专有部分再行转让（二手房买卖）的话，有关业主身份认定的问题会相对复杂。

(1)买受人购买专有部分后尚未办理所有权登记即转让该专有部分并向其相对人转移占有的,参照本条第二款规定精神,可以认定专有部分合法占有人。

(2)买受人购买专有部分并办理所有权登记即转让该专有部分并向其相对人转移占有的,如果双方当事人对业主身份产生争议,应当认定登记所有权人为业主。

(3)买受人购买专有部分并办理所有权登记后发生一房数卖的,如果已经完成变更登记的二手房买受人与实际占有的二手房买受人针对业主身份产生争议,应当认定完成登记所有权人为业主。

实践中,还有可能出现在需要认定业主身份的时候,有关当事人正在通过诉讼或者仲裁方式解决专有部分归属的争议。此时,应当待生效法律文书作出后,再进行认定。由于这种情况应属极端个例,所以并不会对业主自治秩序和多数决的形成造成太大冲击。〔1〕

《最高人民法院关于人民法院民事执行中拍卖、变卖财产的规定》第二十六条规定:"不动产、动产或者其他财产权拍卖成交或者抵债后,该不动产、动产的所有权、其他财产权自拍卖成交或者抵债裁定送达买受人或者承受人时起转移。"也就是说,通过拍卖方式取得了房屋所有权,已有拍卖成交确认书及法院裁定书予以证明,房屋产权已经发生转移,此时虽未办理不动产登记,但也应被认定为业主。

【案例3－2】 梁某某、林某某诉YL花园业主委员会业主撤销权纠纷案

一审法院认为,原告通过拍卖方式取得了房屋的产权,应认定为YL花园的业主,有权提起业主撤销权诉讼。二审法院亦持同样意见,维持一审判决。〔2〕

业主取得资格时间。《最高人民法院、国土资源部、建设部关于依法规范人民法院执行和国土资源房地产管理部门协助执行若干问题的通知》第二十七条规定:"人民法院制作的土地使用权、房屋所有权转移裁定送达权利受让人时即发生法律效力,人民法院应当明确告知权利受让人及时到国土资源、房地产管理部门申请土地、房屋权属变更、转移登记。国土资源、房地产管理部门依据生效法律文书进行权属登记时,当事人的土地、房屋权利应当追溯到相关法律文书生效之时。"根据上述规定,业主取得资格的时间应为法院作出执行裁定书之日。

---

〔1〕 参见最高人民法院民事审判第一庭编著:《最高人民法院建筑物区分所有权、物业服务司法解释理解与适用》,人民法院出版社2009年版,第35～36页。

〔2〕 参见程磊、周滨:《律师说法:业主委员会及物业服务纠纷案例评析》,法律出版社2020年版,第24页。

【案例3-3】　罗某某诉XZ花园业主委员会业主撤销权纠纷案

判决观点:业主行使撤销权的前提既包括实体权益受到侵害,也包括程序权益受到侵害。原告罗某某取得业主资格的时间为法院作出执行裁定书之日,其有权作为原告提起业主撤销权诉讼。[1]

业主按照是否实际居住的标准,可以分为两类:一类是在小区内居住购买房屋的业主,即普通业主,这一部分为绝大多数人。另一类是在小区内不实际居住的业主,包括在小区未出售或自用的保留商品房所有权的开发商。开发商为开发小区幼儿园、会所的所有权人,符合小区业主的身份。虽然幼儿园、会所不是普通住宅,亦未办理权属证书,但不影响开发商作为业主的身份,其依法享有行使业主撤销权主体资格。

开发商作为业主的身份问题。开发商开发的商品房绝大部分或全部售出的,开发商不可能成为业主,但对于开发的一些写字楼或大型商厦,开发商留下一部分未出售留作自用,享有专有部分所有权的自然可以为业主。对于房屋所有权人,法律明确规定为业主,对开发商同样适用。开发商作为业主,可以参加业主大会,同时也要交物业费,亦享有普通业主的各项权利。开发商对未出售的小区地下车位、会所享有产权人身份,以此身份可以参加业主大会,其开发商的票权是比较重的,对于物业管理尤其是普通业主票权的影响是应考虑的因素。在开发商未出售保留所有权的房屋、商铺、地下车位、会所等时,其登记为产权人成为业主,则依法应承担相应的物业费、专项维修基金,不因是其开发建设而排除其应承担的义务。

《民法典》第二百七十九条、最高人民法院《建筑物区分所有权解释》第十条规定的"业主"和"有利害关系的业主"的主体范围。本条规定的"业主"应是指专有部分住宅用途改为经营性用房的业主,但在实践中,业主将住宅出租、出借后,借用人改变住宅用途为经营性用房的情况时有发生。非业主的物业使用人同样受本条内容的规制,在将住宅改变为经营用房时,亦应遵守本条规定的相应义务。对有利害关系的业主界定,不仅要考虑对业主的居住、生活环境的安全和安宁的影响或者可能造成的影响,还应考虑对其专有部分不动产价值的影响。实践中,在判断某一业主是否属于本条所称的有利害关系的业主时,应当注意以下几点进行认定:一是应当具有法律规定的业主身份。实践中,应认定基于合同或法律规定而具体居住或者使用物业的符合法律规定情形的物业使用人,拥有与业主相同的权利。二是必须是业主的合法权利受到或者可能受到侵害,这里所说的合法权利是指业主作为建筑物所有权人所享有的特定权利,如共有权、区分专有权等。

---

〔1〕 参见程磊、周滨:《律师说法:业主委员会及物业服务纠纷案例评析》,法律出版社2020年版,第36页。

三是损害与“住改商”业主行为之间有法律上的因果关系。从位置上来说，本栋建筑物内的其他业主是当然有利害关系的业主，但不宜将整个小区的所有业主都认为认定为法律规定的有利害关系的业主。实践中确有可能出现建筑区划内本栋建筑物之外的业主也与“住改商”行为存在利害关系的情况，但这部分业主的范围难以统一划定。如果建筑区划内本栋建筑物之外的业主主张与“住改商”行为存在利害关系的，应当举证证明利害关系的存在，即其房屋价值、生活质量受到或者可能受到不利影响。当存在小区业主已将房屋出租、出借情形时，也应赋予非业主的物业使用人相同的异议权利。[1]

业主组成变化是一个值得关注的问题。随着城市房地产价格不断提升及旅游业的发展，业主成分逐渐从原有的社区居民向多元化发展，其中非定居型业主增多，出现了“候鸟型业主”“云业主”。所谓“候鸟型业主”每年从三四线城市到旅游城市或沿海城市的小区住几个月，整个小区有一部分或大部分均为该种业主的现象增多。所谓“云业主”购买房产的目标是投资，平时并不居住，有的出租，有的空置。有的业主平时居住外地或者国外，一年甚至几年才会出现一次，联系起来非常困难。业主这种组成成分的复杂和变化，虽然不影响业主身份，但给业主大会的召开带来困难和障碍。

非小区房屋产权人，也非物业使用人的，不应认定为业主。

【案例3－4】　江苏某物业管理有限公司诉霍某拒交物业费纠纷案

二审法院认为，本案中涉案房屋的产权属于案外人霍星某单独所有，本案上诉人霍某并非涉案房产的所有权人，因此并非本案的适格被告。一审法院认定霍某应承担支付涉案房产的物业费用的责任明显不当，二审法院依法予以纠正。至于第二个争议焦点，因某物业公司起诉被告主体错误，故不在本案中予以处理。综上，霍某的上诉请求和理由部分能够成立，二审法院依法予以支持。一审判决认定事实错误，适用法律不当，二审法院依法予以纠正。裁定撤销本案一审法院的判决，驳回江苏某物业公司的起诉。[2]

2. 诉讼中业主身份

业主作为诉讼主体限制。其一，在提起撤销物业服务合同诉讼中，限制业主作为撤销物业服务合同的原告。根据合同相对性原则，只有合同签订人享有撤销权，单个业主并非物业服务合同相对方（签约人），无权要求撤销物业服务合同。其二，在物业服务人履行移交义务纠纷中，限制业主作为原告主体资格。物业服

〔1〕 参见最高人民法院民事审判第一庭编：《民事审判指导与参考》2021年第2辑（总第86辑），人民法院出版社2021年版，第75～76页。

〔2〕 参见骆鑫、刘娅编著：《物业管理纠纷案例与实务》，清华大学出版社2017年版，第16页。

务人履行后合同义务移交义务的相对人为业主委员会，并非业主，因此有权提起诉讼的主体为业主委员会，非业主本人。对于业主以此为由提起诉讼的，法官应当向其释明，业主坚持起诉的，应当裁定不予受理。

诉讼中转移房屋所有权不影响其诉讼主体资格，即不影响业主主体资格。

【案例3-5】 陈某、黄某诉徐某业主专有权纠纷案

二审法院认为，本案中，受让人代某某在受让争议的民事权利义务后，系争议房屋的实际使用人及所有权人，对正在诉讼的案件具有法律上的利害关系，其申请以第三人身份参加本案诉讼，应予准许。徐某作为争议房屋的所有权人，有权利转让处于争议中的民事权利义务，不因民事权利义务具有诉讼负担而被限制实体上的权利。但是，在尊重当事人自由处分原则的前提下，仍然要充分保障对方当事人的利益，故已经进行的诉讼不受转移和让与的影响。陈某、黄某作为相邻住户，有权根据《物权法》第七十七条以及《2009年建筑物区分所有权解释》第十条的规定，要求房屋所有权人将204号房屋恢复至住宅用途。代某某系徐某的岳母，鉴于二人的特殊关系及代某某在诉讼过程中实际占有使用争议房屋这一事实，可以推定代某某明确知晓争议房屋所处争议，在各方当事人对实体处理均未提出新的事实和理由的前提下，仅依据争议房屋所有权的转移要求将本案发回一审法院重审，缺乏事实和法律依据，也不符合诉讼经济原则。[1]

应注意的是，业主知情权是具备业主身份的每个主体均享有的权利，故业主是适格的原告。换言之，业主知情权可以由业主个人享有并行使，并非必须集体行使。

3. 物业使用人责任主体

经业主允许占有使用物业的人，虽然不能认定为法律上规定的业主，但其因使用物业并非不能作为诉讼中的主体或责任承担主体。对于非业主使用人而言，由于其不拥有房屋所有权和物业共同管理权，对于其享有的权利，法律没有规定。[2] 他们的法律地位相对低于业主，权利行使也受到一定程度的限制，但作为物业的实际使用人，非业主使用人享有和接受了物业服务，也就是享有了物业服务的权利，因此亦应承担物业管理中的相应责任，并受管理规约和法律规范的约束。[3] 也就是说，物业使用人违反物业服务合同或者法律、管理规约，实施妨碍

---

〔1〕 参见国家法官学院案例开发研究中心编：《中国法院2018年度案例》（物权纠纷），中国法制出版社2018年版，第182页。四川省成都市中级人民法院（2016）川01民终字第9217号民事判决书。

〔2〕 参见董藩、秦凤伟、刘毅编著：《物业管理法律与制度》，清华大学出版社2006年版，第39页。

〔3〕 参见高富平、黄武双：《物业权属与物业管理》，中国法制出版社2002年版，第254～255页。

物业服务与管理的行为，应认定为责任主体并承担相应的民事责任。

（二）业主委员会

业主委员会是签订物业服务合同的主体，在《民法典》和其他法律法规、司法解释中有大量规定（详见业主委员会涉及纠纷专题阐述）。

（三）物业服务人

物业服务人作为合同主体，一般包括：其一，物业公司。其二，专项服务公司。其三，其他管理组织。其四，临时性管理组织。

实践中，业主大会未能依法决议选聘新物业服务人的，原物业服务人通过分别与过半数的业主签订物业服务合同，且大部分业主向其支付物业费的，法院应认可其物业服务人身份。

【案例3-6】 赵某森诉黑龙江甲物业管理有限公司（以下简称甲物业）物业服务合同纠纷再审案

再审法院认为，《物权法》第七十六条中关于业主共同决定选聘和解聘物业服务企业的事项，有明确的程序要求，即需专有部分占建筑物总面积过半数的业主同意和占总人数过半数的业主同意两个条件同时具备、缺一不可。本案中，赵某森虽提供丙小区业主大会于2010年5月28日作出的决议，但该决议中仅有部分业主签名，且没有注明签名的各个业主的房屋面积。调查结果中显示的每栋、每单元的户数与调查表中所载户数明细亦不相符，故该份决议不符合《物权法》第七十六条的规定，丙业主委员会无权依照该决议解除物业服务合同。甲物业自2007年10月起至今一直为丙小区提供物业服务，且在2009年之后甲物业通过与小区业主分别签订物业服务合同的方式，继续提供物业服务。小区超过半数以上的业主均与甲物业签订了物业服务合同，超过80%的业主均按时交纳了物业费。因此，甲物业已事实上成为丙小区合法物业服务公司，其有权向欠付物业费的业主追缴物业费。如赵某森对甲物业提供的服务存在质疑，应依法通过业主大会按照法定程序作出解聘物业服务企业的决定，依法解除物业服务合同。[1]

---

〔1〕 黑龙江省高级人民法院（2019）黑民再323号民事判决书。

根据《物业管理条例》第十五条和第二十一条的规定，在一个小区内，只有开发商或业主委员会有权签订物业服务合同，单个业主或部分业主均无权作为物业服务合同的签订主体，故单个业主或部分业主委托的物业服务人主体不适格，不受法律保护。根据《物业管理条例》第三十三条的规定，在一个小区内只能有一个物业服务人存在，而不允许两个物业服务人存在。

【案例3－7】　华龄物业公司诉TC物业管理有限公司物业服务合同纠纷案

一审法院认为，本案讼争的焦点是金山城小区的物业管理权。原告基于该小区的开发商的委托，取得了该小区的前期物业管理权，未违反《物业管理条例》规定。被告对该小区的第1、2、8号楼的3—9层及这三栋楼的1、2层的一部分行使物业管理权是基于这三栋楼的业主的委托，被告和这些业主签订了《物管服务协议》，被告这一物管权，也不违反《物业管理条例》禁止性规定。原、被告均为有资质的物管企业，要取得金山城小区的完全物业管理权，成为该小区的唯一的、合法的物管企业，按照《物业管理条例》的规定，依据该小区的实际情况，只有该小区成立了业主大会和业主委员会，由业主大会选聘才有可能达之。原告的诉讼请求没有事实和法律依据，法院不予支持。

二审法院认为，本案所涉及的金山城小区已建成及基本出售完毕却至今未成立业主大会和业主委员会的事实清楚，双方当事人对此亦无异议，则该事实应予认定。而依据国务院颁布的《物业管理条例》第二十一条"在业主、业主大会选聘物业管理企业之前，建设单位选聘物业管理企业的，应当签订书面的前期物业服务合同"的规定，案外人华龄房产公司作为金山城小区的开发商依法可与华龄物业公司签订相关物业委托管理合同，委托华龄物业公司对金山城小区第1—11号楼进行物业管理。这是行政法规赋予开发商在业主大会、业主委员会成立前所享有的选聘权，亦是目前房地产开发销售中的商业惯例。开发商对物业管理企业的选聘权只有业主大会和业主委员会才可对抗，而个别或部分业主均不能私自选聘物业管理企业。因此，在业主大会和业主委员会成立前，华龄物业公司对金山城小区进行物业管理于法有据，其作为原告起诉请求确认相应物业管理权主体适格。被上诉人关于上诉人主体不适格的辩称没有法律依据，应不予采纳。而被上诉人是基于业主委托进行物业管理的辩称，因委托被上诉人的业主约60户，只占全部小区户数（约500户）的小部分，并不是全体业主大会的委托，则该辩称没有事实和法律依据，亦不应予采纳。同时，金山城小区的大门、道路、围墙、供水、排水、供电、化粪池、停车场、绿化等公用设施全部统一在一个小区内不可分。依据国务院颁布的《物业管理条例》第三十四条"一个物业管理区域由一个物业管理企业实施物业管理"的规定，金山城小区只能由一个物业管理企业进行管理。现被上诉人对第1、2、8号楼部分业主进行物业管理而上诉人对其他楼业主进行物业管理，事实上造成两个物业管理企业对一个小区同时进行物业管理，与上述物业管理行政法规相悖，亦必然会使该小区物业管理陷入混乱，最终将损害全体业主的合法权益。在全体业主大会和业主委员会成立之前，上诉人作为合法选聘的物业管理企业享有请求排除其他物业管理企业妨碍的权利，其关于判令被上诉人停止并退出金山城小区物业管理的请求，有事实和法律依据，应予支持。二审法院支持了华龄物业公司的上诉请求。[1]

(四)业主委员会负责物业服务

物业服务主体不是专业的物业服务企业，而是由业主委员会根据业主大会的授权负责物业服务，对此能否属于物业纠纷即业主委员会能否为服务合同主体在实践中是有争议的。小区业主集体决定自管物业，打破了过去必须由专业物业服务企业从事物业管理的惯例。根据《民法典》第二百八十四条的规定，业主可以自行管理建筑物及其附属设施，也可以委托物业服务企业或者其他管理人管理。这表明，业主可以选择的物业管理方式有两种：一是自行管理，二是委托物业服务企业或者其他管理人管理。实践中，具体选择何种管理方式要结合小区实际建筑规模、居住人数、物业服务范围和专业性、物业经营风险等多种因素进行考虑。也就是说，业主在物业管理方面享有自治权。小区业主委员会基于自管的目的从事物业管理，不适用独立的法人资格的法律规定。业主委员会与业主之间形成了物业服务法律关系，这种特殊的物业服务法律关系是基于法律的许可和业主的自行管理而产生的。

【案例3-8】　某小区业主委员会诉某房地产开发公司物业服务合同纠纷案

一审法院认为：(1)某小区是独栋建筑物的小区，具备业主自管的条件，在此情况下，业主委员会根据业主大会授权负责本小区的物业服务，与业主之间形成了物业服务法律关系。这种特殊的物业服务法律关系是基于法律的许可和业主的自治产生，并非基于合同。《物权法》第七十八条规定，业主大会或者业主委员会的决定对业主具有约束力。原告某小区业主委员会因从事物业服务的公共事务而有权向业主收取物业服务费用，该项权利可依民事诉讼获得保护。(2)被告没有举证证明任何其他物业服务企业受聘为某小区工作，也无法推翻原告从事物业服务的相关事实。小区的物业服务是多种服务的集合，被告以其没有接受服务而拒绝支付物业费，不履行其对小区

---

〔1〕 参见刘长森：《物业纠纷新型案例教程》，人民法院出版社2010年版，第141～145页。

公共事务分担的责任,违反了业主应当承担的义务。(3)小区物业服务费用的计取标准,没有违反相关规定,而原告依据物业费的节余情况逐年下调收取标准,符合业主利益。(4)2006年12月,小区的业主们通过书面投票的方式决定自行管理物业,没有证据表明业委会的相关决定违反了法律的强制性规定。2007年和2008年,小区在没有选聘其他物业服务企业的情况下一直由小区业委会提供物业服务,这种事实上的物业服务关系决定了作为业主的被告应当向服务提供者支付相应的服务费用,而不以业主大会或业主委员会的决议有效为前提。如果被告认为小区业主大会及业主委员会关于自行管理物业的决议违反了法律的强制性规定,可另行提起确认之诉并提供相应证据,亦可要求再行召开会议充分协商,但对2007年和2008年实际发生的物业服务费用,无权拒付。所以,一审法院判决,被告向原告支付2007年和2008年的物业服务费277,704元及相应利息。二审法院维持原判。[1]

对类似业主委员会自管物业模式,在《物业管理条例》及《民法典》等中均有明确的规定。业主以主体不适格抗辩,拒交物业费的不予支持。

【案例3-9】　某小区业主委员会诉邓某某物业服务合同纠纷案

判决观点:本案中,原告某小区业主委员会受业主大会的委托负责该小区的物业服务,并制定了《自治管理办法(试行)》,其与业主之间形成物业服务法律关系。作为小区业主,被告在接受了相应的物业服务后应该按时交纳物业服务费用。被告的原告主体不适格的辩称意见未被采纳。[2]

---

〔1〕 参见北京市高级人民法院编:《审判前沿——新类型案件审判实务》2011年第2集(总第38集),法律出版社2012年版,第98页。

〔2〕 参见最高人民法院中国应用法学研究所编:《人民法院案例选》2017年第2辑(总第108辑),人民法院出版社2017年版,第63页。

三、物业服务合同主体纠纷处理

（一）业主委员会诉讼主体处理

业主委员会诉讼主体资格问题一直是民事审判的热点和难点问题，在业主、业主委员会与开发商、物业服务人之间的纠纷中，当事人之间往往对业主委员会的诉讼主体资格提出异议。有的法院对同一类型案件有不同的认识，作出了不同的判决，上下级法院对同一类型案件认识存在差异，也会作出不同的判决。

1. 诉讼主体判断

根据相关法律法规，业主委员会是依法成立的，并且具有一定的组织机构和财产，完全具备“其他组织”的条件，将业主委员会作为适格民事诉讼主体符合法律的规定。《民法典》第二百八十条第二款规定：“业主大会或者业主委员会作出的决定侵害业主合法权益的，受侵害的业主可以请求人民法院予以撤销。”第二百八十六条第二款规定：“业主大会或者业主委员会，对任意弃置垃圾、排放污染物或者噪声、违反规定饲养动物、违章搭建、侵占通道、拒付物业费等损害他人合法权益的行为，有权依照法律、法规以及管理规约，请求行为人停止侵害、排除妨碍、消除危险、恢复原状、赔偿损失。”《最高人民法院关于金湖新村业主委员会是否具备民事诉讼主体资格请示一案的复函》中认为，“根据《民事诉讼法》第四十九条、《最高人民法院关于适用〈中华人民共和国民事诉讼法〉若干问题的意见》第四十条的规定，金湖新村业主委员会符合‘其他组织’条件，对房地产开发单位未向业主委员会移交住宅区规划图等资料，未提供配套公共设施、公用部位维护及物业管理用房、商业用房的，可以自己的名义提起诉讼。”最高人民法院民事审判第一庭认为：依法成立的业主委员会在其职责范围内，经业主代表大会授权，有权就与物业管理有关的、涉及全体业主公共利益的事宜，以物业公司为被告向人民法院提起民事诉讼。与物业管理无关的、个别或部分业主的事宜，业主委员会无权向人民法院提起民事诉讼。[1]《民法典》虽然没有明确使用“业主委员会诉讼主体”的字眼，但其内容都表明业主委员会具有诉讼主体资格。最高人民法院司法批复则直接表明业主委员会是独立的诉讼主体。

业主委员会有具体独立的诉讼主体资格，只是说应当认可其具备一般的诉讼主体资格，但并不等于在具体的个案中，业主委员会均是适格主体。业主委员会只有具备相应的条件才是适格的诉讼主体：其一，业主委员会的成立符合法定程序。业主委员会应当依法成立，须经业主大会选举产生，并经房地产行政主管部门备案登记。其二，业主委员会提起诉讼经过业主大会的授权，对于这一点存在不同观点，且实践操作上也存在诸多困难。一般认为，为防止业主委员会滥用职权，业主委员会每一次提起诉讼都必须经业主大会授权，以便在程序上确保业主委员会提起诉讼是广大业主的真实意思表示。其三，在物业服务纠纷范畴内，限制业主委员会超出职责范围提起诉讼。其四，涉及全体业主的公共利益。也就是说，在现行法律框架下，业主委员会就权属、侵权问题提出的诉讼主体资格范围只能限于业主共有和物业共同管理事项以及由此延伸引发的诉讼，与业主共有和物业共同管理无关的事项如业主与开发商的商品房销售合同纠纷，业主委员会没有相应的诉讼主体资格。

【案例3－10】　国电家园小区业主委员会与伊宁市宏基房地产开发有限责任公司等房屋买卖合同纠纷再审案

最高人民法院认为，行为时有效的《物权法》第七十条规定：“业主对建筑物内的住宅、经营性用房等专有部分享有所有权，对专有部分以外的共有部分享有和共同管理的权利。”根据《物业管理条例》第十五条规定和《最高人民法院关于金湖新村业主委员会是否具有诉讼主体资格请示一案的复函》(2002)民立他字第46号载明：“金湖新村业主委员会符合其‘其他组织’条件，对房地产开发单位未向业主委员会移交住宅区规划图等资料、未提供配套公用设施、公用设施专项费、公共部分维护费及物业管理用房、商业用房的，可以自己名义提供提起诉讼。”《最高人民法院关于春雨花园业主委员会是否具有民事主体资格的复函》(2005)民立他字第8号载明：“根据《物业管理条例》的规定，业主委员会是业主大会的执行机构，根据业主大会的授权对外代表业主进行民事活动，所产生的法律后果由全体业主承担。业主委员会与他人发生民事争议的，可以作为被告参加诉讼。”根据上述法律规定及答复意见，业主委员会根据业主大会的授权对外代表业主进行民事活动，可以成为民事诉讼活动的主体。业主委员会符合“其他组织”条件，是业主大会的

---

〔1〕 参见最高人民法院民事审判第一庭编：《中国民事审判前沿》2005年第2集(总第2集)，法律出版社2005年版，第27页。

执行机构,根据业主大会的授权对外代表业主进行民事活动,对于业主共有事项和物业共同管理事项,可以自己名义提起诉讼。[1]

【不同处理】 对物业管理区域内相关建筑物权属确认及恢复原状请求的行使为消极防御之诉。该类行为对其他共有人(业主)并无不利影响,不同于物权的用益、处分行为,因而不属于《民法典》第二百七十八条(原《物权法》第七十六条)所规范的行为。单个或部分共有人(业主)无需经专有部分占建筑物总面积过半数的业主且占总人数过半数的业主同意,即可提起消极防御之诉,其诉讼主体适格。

【案例3-11】 津市市尚居一品小区业主委员会(以下简称尚居一品业委会)诉湖南省恒拓置业有限公司(以下简称恒拓公司)、常德市政融物业服务有限公司恢复原状纠纷案

二审法院认为,本案尚居一品业委会已经备案通过,应当认为尚居一品业委会具有相应的主体资格。物业管理区域内相关建筑物权属确认、物上请求权的行使,系为了维护权利的现状、保护权利免受侵害的行为,对其他共有人即其他业主并无不利影响,不同于物权的用益、处分行为,单个或部分共有人亦可行使,故无需按照《物权法》第七十六条的规定必须经专有部分占建筑物总面积过半数的业主且占总人数过半数的业主同意。本案涉架空层与架空夹层属于全体业主共有。恒拓公司的该行为不仅改变了架空层与架空夹层的使用功能,而且侵占了业主的共有权,损害了全体业主的合法权益,应承担恢复原状的民事责任。[2]

实践中,业主大会表决结果统计失误,但经参与表决专有面积过半数的业主且参与表决人数过半数的业主同意即符合业主双过半的要求,不影响业主委员会诉讼主体资格。

【案例3-12】 某商住区A栋业主委员会(以下简称业委会)诉聚融公司、润禾公司物权保护纠纷案

判决观点:虽然业委会提供的表决结果所显示的个别数据在统计标准上有偏差,但其与业主大会召开通知、表决登记表等证据结合,可证实业委会就提起本案诉讼经过业主大会的集体表决,其表决结果符合《物权法》第七十

---

〔1〕 最高人民法院(2021)民再344号民事裁定书。

〔2〕 参见最高人民法院中国应用法学研究所编:《人民法院案例选》2020年第6辑(总第148辑),人民法院出版社2020年版,第111页。湖南省常德市中级人民法院(2018)湘07民三终1752号民事判决书。

六条第二款规定,故应认定业委会具备诉讼主体资格。[1]

【不同处理】 有的法院以行政主管部门暂未办理业主委员会备案而认定业主大会未合法成立为由,驳回业主对业主大会的起诉。

【案例3-13】 李某诉星星广场小区首届业主大会撤销权纠纷案

二审法院认为,民事案件起诉的必备条件之一即被告为明确的、无争议的公民、法人或者其他组织。一审法院为查明星星广场小区首届业主大会主体资格问题,先后两次向佛山市禅城区住房城乡建设和水利局发出调查函,该局的两次复函显示,星星广场小区首届业主大会截至目前尚未合法成立,亦无组织机构和财产,不符合《民事诉讼法》第四十八条关于"其他组织"之规定,故一审法院据此驳回李某的起诉,符合法律规定,予以维持。裁定:驳回上诉,维持原裁定。[2]

【案例3-14】 虞城县某业主委员会诉虞城县某物业公司物业服务合同纠纷案

判决观点:业主委员会作为全体业主的自治性组织,需经业主大会选举产生,并应依法在物业所在地的县级人民政府房地产行政主管部门和街道办事处、乡镇人民政府办理备案手续。本案中,原告虞城县某业主委员会没有在虞城县房地产行政主管部门和所在的街道办事处、乡镇人民政府办理备案手续,使用的印章也没有在公安机关登记,其主体资格不具有合法性。裁定:驳回原告虞城县某业主委员会的起诉。[3]

从根本上说,承认业主委员会的诉讼地位是为了保护业主的利益,以及便于业主行使法定的权利和义务。为了从根本上实现业主委员会的诉讼地位,笔者建议立法赋予业主委员会的上位机构——业主大会以法人地位。业主委员会只是业主大会的执行机构,赋予业主大会法人地位,就从根本上解决了业主委员会的诉讼资格。[4]

---

〔1〕 参见国家法官学院、最高人民法院司法案例研究院编:《中国法院2021年度案例》(物权纠纷),中国法制出版社2021年版,第187页。福建省泉州市洛江区人民法院(2019)闽0504民初2166号民事判决书。

〔2〕 参见国家法官学院、最高人民法院司法案例研究院编:《中国法院2021年度案例》(物权纠纷),中国法制出版社2021年版,第192页。广东省佛山市中级人民法院(2020)粤06民终6560号民事裁定书。

〔3〕 参见最高人民法院民法典贯彻实施工作领导小组编著:《中国民法典适用大全》(合同卷五),人民法院出版社2022年版,第3542页。原载《人民法院报》2016年9月1日。

〔4〕 参见倪寿明、柳福华主编:《法律规则的提炼与运用——〈人民司法·案例〉重述》(民事卷),法律出版社2012年版,第22页。

2. 原告主体资格

业主大会是一个法律认可的实体组织，当然具备诉讼主体资格。业主大会可以起诉业主，专有面积较小的业主可联合起来通过业主大会行使权利，如此有利于在开发商保留产权并成为最大业主的情况下，小业主的维权。《物权法》及《物业管理条例》并未赋予业主委员会代替业主大会诉讼的权利资格，这在理论界与实务界存在一定争议。《民法典》第二百八十六条规定了业主委员会的诉权，业主委员会在物业服务人不能履行职责时，业主大会决定解聘物业服务人后，有权主张解除物业服务合同，具有诉讼主体资格。

司法实践中，业主大会作为诉讼主体直接参加诉讼的情况较少，更多是由业主委员会作为诉讼主体参加诉讼，但业主委员会的诉讼主体资格受到了严格限制。业主委员会作为业主大会执行机构，其权利来自全体业主，参加诉讼的法律后果是由全体业主共同承担。因此，当业主委员会作为原告时，其诉讼主体资格应受到两方面的限制：一是业主委员会参与诉讼应提交业主大会授权决定，未经授权不得参与诉讼，以免业主委员会滥用职权、越权代理、损害全体业主的利益。二是业主委员会仅能代表全体业主的共同利益参加诉讼，对单个业主或部分业主的利益，应由单个业主或部分业主自由主张权利，而不能由业主委员会代为参加诉讼。对于业主委员会能否作为被告承担责任，以及如何承担责任的问题，法律未作明确规定。一般情况下业主委员会可以作为被告参加诉讼，但民事责任如何承担有待深入研究。物业小区实行物业自治管理的，业主委员会直接起诉业主催讨物业费，其小区自治管理合法性和业主委员会作为原告是有争议的问题，也是需要研究的问题。业主委员会的职责中无收取物业费的权利，故自行管理方案无约束力。业主委员会并非物业服务合同的另一方当事人，不是物业服务人，其诉请业主给付物业费没有法律和合同依据。业主委员会位于物业服务人地位时，谁来制约这特殊企业？那样全体业主利益将难以维护。换言之，在具备合法手续和授权的前提下，业主委员会具有原告资格。业主委员会代表全体业主为公共利益提起诉讼的，法院应当准许。如涉及业主公共利益的信息资料，业主委员会主张要求公开、查阅的，法院应当依法准许。

【案例 3－15】 北京市昌平区回龙观金达园小区业主委员会（以下简称金达园业委会）诉北京华特物业管理发展有限公司（以下简称华特物业公司）物业服务合同纠纷案

二审法院认为，业主有权要求公示建筑物及其附属设施的维修资金的筹集、使用情况，物业服务合同，共有部分的使用和收益情况，建筑区划内规划用于停放汽车的车位、车库的处分情况。金达园业委会基于法律规定要求华特物业公司公示相关材料，而华特物业公司在向金达园业委会的复函以及在建委的公示材料中对涉及的中修费、对外供暖情况及供暖维修情况，小修费及车位费的情况均予以公布，应视为华特物业公司已经履行了公示义务。至于金达园业委会对公示内容存在异议，要求提供财务凭证等，法律依据不足。对于金达园业委会认为应公示而未公示的文件类、对外广告合同、供暖设施设备原始单据以及折旧、维修情况的诉讼请求，因华特物业公司否认持有上述文件、单据，未向外签订广告合同，故在缺乏证据佐证的情况下，法院无法支持金达园业委会的诉讼请求。[1]

业主委员会虽然不具有完全权利能力，但在维护全体业主共同利益的时候可以提起诉讼，具有原告的主体资格。

【案例3－16】　某小区业主委员会诉某房地产开发公司、某建筑公司房屋买卖合同纠纷再审案

最高人民法院认为，业主委员会根据业主大会的授权对外代表业主进行民事活动，可以成为民事诉讼活动的主体。业主委员会符合“其他组织”条件，是业主大会决议的执行机构，根据业主大会的授权对外代表业主进行民事活动，对于业主共有事项和物业共同管理事项，可以自己名义提起诉讼。业主委员会诉讼请求涉及的配套设施未建设及退还前期物业费等问题，属于业主共有事项和物业共同管理事项，人民法院应予受理。业主委员会诉讼请求涉及的开发商履行商品房买卖合同约定的不动产权确权登记义务及承担逾期办证违约金等问题，属于业主专有事项，即使其具有业主大会的授权，人民法院亦不予受理。

业主委员会的选举结果未经备案不影响其诉讼主体资格。

【案例3－17】　福建省某物业管理有限公司诉福州市台江区某业主委员会物业服务合同纠纷再审案

再审法院认为1.业主委员会成立及成员的选任是业主自治权行使的结果，是对外代表全体业主、维护全体业主整体利益的手段、形式、载体。因所有权核心权能是基于真实意思表示的处分权，除非法律、行政法规有强制性规定，否则应尊重所有权人基于整体利益而为的团体意思表示，即业主委员会不因任期届满而丧失诉讼主体资格。2.《物业管理条例》第十六条规定了业主委员会应当自选举产生之日起30日内，向物业所在地的区、县人民政府房地产行政主管部门和街道办事处、乡镇人民政府备案，该条中的备案为程序性要求，属行政主管部门单纯接受备案的行为，未备案对于业主委员会的

---

〔1〕　参见最高人民法院中国应用法学研究所编：《人民法院案例选》2015年第4辑（总第94辑），人民法院出版社2016年版，第4页。北京市第一中级人民法院（2013）一中民终字第14415号民事判决书。

诉讼主体资格并不产生影响。[1]

经业主大会授权,业主委员会可以以自己的名义对开发商提起住宅共用部分共用设施设备维修基金返还之诉。

【案例3-18】 锦绣苑业主委员会诉新海通公司返还维修基金纠纷案

二审法院认为,(1)根据《民事诉讼法》第四十九条的规定,具备民事诉讼主体资格的三种主体为自然人、法人和其他组织。业主委员会由业主大会选举若干委员组成,有主任、副主任、委员和秘书,有公章,具备一定的组织机构,并经房地产行政主管部门登记备案合法成立,亦具有一定可支配财产,故可归入我国法律规定的其他组织中。本案中,锦绣苑业主委员会经南通市房地产管理局登记备案成立,当具备民事诉讼主体资格。建设部、财政部《住宅共用部位共用设施设备维修基金管理办法》第十六条规定,业主或使用人、物业管理企业、开发建设单位之间就维修基金发生纠纷的,当事人可以向人民法院起诉。作为业主自治管理组织的业主委员会,涉及全体业主公共利益并属自己直接管理支配的维修基金,经业主代表大会授权,可对建设单位提起民事诉讼。(2)根据1998年江苏省物价局、建委制定实施的江苏省商品房价格管理规定,商品房价格成本包括维修基金等九项费用。1999年1月1日实行的建设部、财政部《住宅共用部位共用设施设备维修基金管理办法》规定,售房单位代为收取维修基金属全体业主共同所有,不计入住宅销售收入。故对商品房价格是否包括维修基金两部规章有不同规定,但维修基金归全体业主共同所有的规定两部规章应属一致。为避免维修基金重复收取,2002年4月,南通市物价局、房管局发布《关于调整市区房屋共用部位、共用设施设备维修基金征收管理等问题的通知》,确定从2002年5月1日起维修基金从商品价格中分离出来,不再列入房价,实行价外定额征收。本案中,新海通公司2000年10月即取得商品房销售许可证对外销售锦绣苑商品房,其定价销售在2002年5月1日之前,参照国务院部门规章、江苏省地方政府部政府规章及南通市物价、房管部门当时的地方政策,认定锦绣苑商品房销售价格中已包括维修基金。(3)根据建设部、财政部《住宅共用部位共用设施设备维修基金管理办法》的规定,商品住房在销售时,购房者与售房单位应当签订有关维修基金交缴约定。本案中,新海通公司与购房者签订的商品房预(销)售合同中并没有维修基金代收约定,其亦未开具缴款单交购房者自行交款,现双方为维修基金是否收取产生纠纷,对处于合同签订优势地位的新海通公司

[1] 人民法院案例库2023-07-2-121-003。福建省高级人民法院(2022)闽民再304号民事裁定书。

应作不利推定。一、二审诉讼中新海通公司未能提供锦绣苑商品房价格成本核算单，作为房屋开发销售单位，当其与购房者就商品房价格成本构成产生争议时，其理应根提供价格成本核算单来证明自己的主张，若未能提供，根据最高人民法院《关于民事诉讼证据的若干规定》第七十五条的规定，对新海通公司应作不利推定。判决：驳回上诉，维持原判。[1]

业主委员会可以作为全体业主的代表对涉及业主生活安全与土地使用权行使起诉的权利。

【案例3－19】　朗琴园小区业主委员会诉润博公司侵权纠纷案

二审法院认为，程序方面争议之二在于朗琴园业委会的诉讼主体资格。根据我国《物权法》《物业管理条例》等相关规定，业主委员会可以作为全体业主的代表对涉及业主共同利益的公共事务行使起诉的权利。本案之争议涉及朗琴园小区全体业主共同的生活安全与土地使用权，属于业主委员会处理公共事务的范围，故朗琴园业委会依法具有本案诉讼主体资格，润博公司之异议不能成立。[2]

业主委员会在授权范围内，以业主委员会名义从事法律行为，具备诉讼主体资格。

【案例3－20】　徐州西苑艺君花园（一期）业主委员会诉徐州中川房地产开发有限公司物业管理用房所有权确认纠纷案

判决观点：业主委员会依照《物权法》第七十五条第一款规定成立，具有一定目的、名称、组织机构与场所，管理相应财产，是《民事诉讼法》第四十九条第一款规定的“其他组织”。业主委员会依据业主共同或者业主大会决议，在授权范围内，以业主委员会名义从事法律行为，具备诉讼主体资格。[3]

【不同观点】　有的法院认为，业主委员会对涉及侵犯所有权问题没有诉讼主体资格。

【案例3－21】　成铭大厦业主委员会诉北京市轨道交通建设管理有限公司所有权纠纷案

二审法院认为，业主委员会对业主共有的小区停车场与绿地等不具有实

---

〔1〕　参见《人民司法·案例》2007年6期（总第693期），第74页。江苏省南通市中级人民法院（2006）通中民一终字第0004号民事判决书。

〔2〕　参见最高人民法院民事审判第一庭编：《民事审判指导与参考》2010年第1集（总第41集），法律出版社2010年版，第221页。

〔3〕　参见《最高人民法院公报》2014年第6期。

体权利,无权提起诉讼。判决驳回成铭大厦业主委员会对北京市轨道交通建设管理有限公司占用成铭大厦停车场与绿地要求侵权赔偿的诉讼请求。[1]

业主委员会对于业主专有部分利益提起诉讼的,不具有原告的主体资格。如沈阳市大东区鹏利花园AB区业主委员会诉沈阳凯莱物业管理有限公司不当得利纠纷再审案。[2] 应注意的是,物业服务人收取的押金等属于业主个人利益的,业主委员会不具有以自己的名义提起请求此等押金之诉讼的资格。如杭州市西湖区某业主委员会诉浙江某物业服务有限公司物业服务合同纠纷案。[3]

诉的利益可作为判断业主委员会主体是否适格的依据。业主委员会具有诉讼主体资格,但适格当事人之诉讼要件要求业主委员会在特定的诉讼中具有诉的利益,这可以从业主委员会的性质、宗旨与职责方面进行考量。业主委员会的宗旨在于维护全体业主的利益,因此,涉及全体业主共同利益的事项、与物业管理有关的事项,可以纳入业主委员会诉的利益范围。就合同纠纷而言,如果涉及全体业主的共同利益,应认可业主委员会的诉讼主体资格;相反,不涉及全体业主共同利益,只涉及个别业主利益的事项,应认定业主委员会不具有诉的利益而不是适格的原告。

【案例3-22】 呼和浩特光彩市场业主委员会(以下简称光彩市场业委会)申请撤销仲裁裁决纠纷案

中级人民法院认为,根据法院查明的事实,本案申请人光彩市场业委会由光彩市场业主大会于2009年4月选举成立,并向呼和浩特市玉泉区大南街街道办事处及呼和浩特市玉泉区人民政府物业管理办公室申请了备案登记。呼和浩特市玉泉区人民法院与呼和浩特市中级人民法院作出的民事判决均将申请人列为诉讼当事人。根据《民事诉讼法》第四十八条以及最高人民法院(2002)民立他字第46号及(2005)民立他字第8号复函,申请人可以作为其他组织申请仲裁或参加诉讼。但仲裁庭从实体上对申请人的资格进行了审查,认为业主委员会是由业主选举而产生,而业主是物业的所有权人;本案所涉及的柜台所有人只是取得了柜台的经营权,不是房屋所有权人,因而不具备物权法中业主的地位,由其成立的业主委员会,虽名为业主委员会,实质上不具备业主委员会的性质,而且业主委员会只能就物业管理范围内的

---

〔1〕 参见李佳、冼石:《业主以业委会名义诉侵权起诉资格受质疑诉请被驳》,载《中国建设报》2009年7月31日,第2版。

〔2〕 参见最高人民法院中国应用法学研究所编:《人民法院案例选》2017年第8辑(总第114辑),人民法院出版社2017年版,第80页。辽宁省沈阳市中级人民法院(2014)沈中审民终再字第136号民事判决书。

〔3〕 浙江省杭州市西湖区人民法院(2017)浙0106民初2307号民事判决书。

共有部分和物业共同管理权利范围的事务行使管理权，对业主专有部分的权利不能行使管理权；本案柜台出租、经营的权利是柜台所有人的专有权利，其他人未经授权不能行使，即使有授权也必须以柜台所有人的名义行使；本案申请人所主张的权利是柜台所有人的专有权利，申请人不能越权行使，从而作出申请人不具备民事主体资格，因而不具备申请仲裁的主体资格的认定，从程序和实体两方面否定了申请人的主体资格，显然仲裁违反了法定程序，因此申请人此项申请撤销理由成立，法院予以支持。据此，裁定撤销呼和浩特仲裁委员会作出的（2012）呼仲裁字第140号裁决。[1] 由此，光彩市场业委会的民事主体资格已确定，其依据合同约定的仲裁条款可以申请仲裁，仲裁委员会应受理裁决。

业主委员会以商品房销售合同履行和违约提起诉讼原告资格应受到限制。业主委员会依法享有一定的民事权利和义务，其具有民事诉讼主体资格范围是由法律、法规规定的业主委员会的职责和权限决定的，只限于与业主共有和物业共同管理事项有关的范围。商品房销售合同是业主与开发商之间形成的合同法律关系，基于商品房销售合同形成的权利主张是特定主体之间的权利义务关系，不属于业主共有和物业管理事项的范围，业主委员会无权代为主张，也不能通过业主授权或业主大会决议取得诉讼主体资格。也就是说，业主委员会不具有要求开发商履行商品房销售合同并承担违约责任的诉讼主体资格，其诉讼请求不应得到法律支持。

【案例3－23】　赣州市章贡区帝景豪园小区业主委员会（以下简称帝景豪园业委会）诉江西帝景置业有限公司（以下简称帝景公司）商品房销售合同纠纷案

二审法院认为，本案的争议焦点包括帝景豪园业委会的诉讼主体资格和帝景公司是否构成违约。要确定帝景豪园业委会是否具有本案诉讼主体资格，首先要分析帝景豪园业委会在本案主张何种权利和其主张权利的基础，即本案争议的是什么法律关系。帝景豪园业委会的第一项诉请，即判令帝景公司在3个月内按照经批准的规划设计方案建设幼儿园，并达到使用条件，其依据是《商品房买卖合同》第十四条的约定；第二项诉请，即判令帝景公司承担未能在约定时间建成幼儿园的违约金5,123,570元，主张的是合同违约责任，其依据也是《商品房买卖合同》第十四条的约定；第三项诉请，即请求法院判令帝景公司将小区会所全部交付给其管理，并由全体业主无偿使用，

---

〔1〕 参见《人民司法·案例》2014年10期（总第693期），第74页。内蒙古自治区呼和浩特市中级人民法院（2013）呼民仲字第8号民事裁定书。

该项诉请并未主张对会所的所有权,不是对小区会所所有权的争议,也不是物业共同管理事项的争议,而是帝景豪园业委会认为帝景公司承诺建设会所达到使用条件包含了移交业委会并由业主使用的义务,因而其主张该权利的依据也是《商品房买卖合同》第十四条的约定。从上述分析可知,帝景豪园业委会的三项诉讼请求均是以业主与帝景公司签订的《商品房买卖合同》为其主张权利的基础,争议实质是商品房销售合同履行和违约责任的承担。业主委员会是根据物权法和《物业管理条例》的规定成立的组织,其职责范围根据法律、法规的有关规定,只能限于业主大会有权决定的事项范围,包括业主共有和物业共同管理事项。本案纠纷不属于物权法和《物业管理条例》所规定的业主共有和物业共同管理事项范围,业主大会所作的决议超出了业主大会自身的职责和权限,也同样超出了业主委员会的职责和权限,不会使业主委员会产生诉讼主体资格。合同之债具有相对性,业主是商品房买卖合同的权利义务主体,是与本案有直接利害关系的人,帝景豪园业委会与商品房买卖合同没有直接利害关系,业主的授权不会使帝景豪园业委会与商品房买卖合同发生直接利害关系从而获得独立的主张合同权利的资格。据此,二审法院撤销原判,驳回帝景豪园业委会的起诉。[1]

在实践中,业主委员会能否径行提起业主知情权诉讼有不同观点。有的法院认为,业主委员会在无明确授权的情形下,无权径行以自己的名义提起业主知情权诉讼。

【案例3-24】 吉林某小区业主委员会诉北京某物业服务有限公司吉林市松花分公司知情权纠纷案

二审法院认为,业主委员会是业主大会的执行机构,根据业主大会的授权对外代表业主进行民事活动,所产生的法律后果由全体业主承担。本案中吉林某小区业主委员会明确表示提起本案诉讼未召开业主大会,即其未经业主大会的授权,故一审法院以吉林某小区业主委员会不是本案适格诉讼主体为由裁定驳回起诉,并无不当。[2]

【案例3-25】 北京市西城区某小区业主委员会(以下简称某业主委员会)诉北京某物业管理有限公司等知情权纠纷案

二审法院认为,业主委员会是业主大会的执行机构,故其本身不是诉争权利的承受者,不享有裁判结果所确定的实体权利,裁判结果应由全体业主

---

〔1〕 参见最高人民法院民事审判第一庭编:《民事审判指导与参考》2013年第3辑(总第55辑),人民法院出版社2014年版,第201页。江西省高级人民法院(2013)赣民一终字第53号民事判决书。

〔2〕 吉林省吉林市中级人民法院(2017)吉02民终897号民事裁定书。

承担。因此，业主委员会的诉权来源于全体业主赋予其的代表权，未经业主大会授权，业主委员会无权以自己的名义提起诉讼。某业主委员会没有提交业主大会授权其提起本案诉讼的决议，故某业主委员会不具有民事诉讼主体资格，其起诉不具备法律规定的受理条件，一审法院裁定驳回某业主委员会的起诉于法有据，处理并无不当。[1]

【不同处理】 有的法院认为，业主委员会在无明确授权的情形下，虽无权径行以自己的名义提起业主知情权诉讼，但其可就履行物业服务合同中发生的纠纷提起诉讼。

【案例3-26】 新安江街道溪头社区某小区业主委员会（以下简称某业主委员会）诉杭州某物业管理有限公司（以下简称某物业）知情权纠纷案

二审法院认为，关于某业主委员会要求某物业交付自2006年8月9日至2012年10月31日止某小区公共设施能耗费收支明细及凭证的请求，法院认为，公共设施属于全体业主共有，其支出等费用由全体业主承受，前期物业服务合同约定公共能耗费先预收后据实结算，故该部分费用应属于对业主公开的范畴。某物业自认没有向业主公示过公共设施能耗费的收支明细，并以自己提供的物业服务系包干式收费为由拒绝公示，但该主张没有依据，法院不予支持，某物业须向某业主委员会公布自2006年8月9日至2012年10月31日止某小区公共设施能耗费收支明细及凭证。[2]

法律明确规定了业主委员会在一定范围内的权利、义务，故在相应的民事法律关系中，业主委员会经业主代表大会授权，就物业管理有关的、涉及全体业主公共利益的事项，可以提起民事诉讼。但业主委员会并无独立财产，其本身不具有完全独立从事民事活动及承担民事义务的能力，不具有民事主体资格，而只有有限诉讼主体资格，故业主委员会并非名誉侵权纠纷的适格权利主体。

【案例3-27】 上海市黄浦区冠浦花园业主委员会诉丁某某等名誉权纠纷案

一审法院认为，本案争议焦点为上海市黄浦区冠浦花园业主委员会是否为名誉权的适格权利主体。根据法律规定，自然人、法人及非法人组织享有名誉权。法人是依法成立的，具有民事权利能力和民事行为能力，依法独立享有民事权利和承担民事义务的组织。非法人组织是依法登记的，不具有法人资格，但是能够依法以自己的名义从事民事活动的组织。本案中，上海市

---

〔1〕 北京市第二中级人民法院（2017）京02民终10165号民事裁定书。

〔2〕 浙江省杭州市中级人民法院（2014）浙杭民终字第2335号民事判决书。

黄浦区冠蒲花园业主委员会系由所涉物业范围内业主按照相关议事规则选出,用以执行业主大会的决定事项,法律性质为业主大会的执行机构。业主委员会从事民事活动应经业主大会授权,以维护全体业主享有的不动产及相关合法权益为目的,所产生的法律效果亦归于全体业主。法律明确规定了业主委员会在一定范围内的权利、义务,故在相应的民事法律关系中,业主委员会经业主代表大会授权,就物业管理有关的涉及全体业主公共利益的事项,可以提起民事诉讼。业主委员会无独立财产,其本身不具有完全独立从事民事活动及承担民事义务的能力,故业主委员会并非名誉侵权纠纷的适格权利主体。综上,上海市黄浦区冠浦花园业主委员会提起本案诉讼不符合法律的规定,应裁定驳回起诉。裁定:驳回原告上海市黄浦区冠浦花园业主委员会的起诉。二审法院裁定:驳回上诉,维持原裁定。[1]

业主委员会不属于行政诉讼法规定的公民、法人,但属于"其他组织",只要业主认为具体行政行为侵犯了其合法权益,为维护全体业主的利益,业主委员会可以以自己的名义提起行政诉讼,其具备行政诉讼的原告资格。如金殿苑业主委员会诉上海市虹口区城市规划管理局补发建设工程规程许可证行政纠纷案。[2] 新开河小区业主委员会诉无锡市国土资源局不依法颁发土地使用权证行政纠纷案。[3]

3.被告主体资格

业主大会与业主委员会作为被告的主体资格,在实践中是极富争议的问题之一。业主大会与业主委员会不能作为被告的理由主要是:业主大会仅是议事会议,本身并不具有实体性,根本不具有享有法律主体资格的余地。简要之,业主大会是一次次开会的活动,而不是一个组织。业主委员会是业主大会的常设机构,负责处理业主大会的日常事务,但不具有独立的财产,依我国法律规定,其并不具有法人资格,也不属于民事诉讼法律中具有诉讼主体资格的"其他组织"。业主大会与业主委员会谁可以作为被告,对其认识是在不断深化之中的。

业主大会与业主委员会作为被告如何承担民事责任?在撤销权案件中,业主只请求撤销业主大会与业主委员会错误的决议,因不涉及损害赔偿故作为被告并

---

〔1〕 参见最高人民法院中国应用法学研究所编:《人民法院案例选》2021年第6辑(总第160辑),人民法院出版社2021年版,第31页。上海市第二中级人民法院(2019)沪02民终9808号民事裁定书。

〔2〕 参见最高人民法院中国应用法学研究所编:《人民法院案例选》2005年第4辑(总第54辑),人民法院出版社2006年版,第462页。上海市第二中级人民法院(2004)沪二中行终字第161号行政判决书。

〔3〕 参见最高人民法院中国应用法学研究所编:《人民法院案例选》2004年行政国家赔偿专辑(总第50辑),人民法院出版社2005年版,第275页。

无执行上的障碍。因业主大会与业主委员会并无独立的财产,在涉及财产损害赔偿时,如果法院判决败诉,存在如何承担损害赔偿责任问题。

业主委员会是小区物业管理的合议组织,其本身并无财产可供执行,相应的责任承担主体事实上亦为小区的全体业主。正因如此,有关业主委员会作为被告主体资格在很长时间存在争议。《最高人民法院关于春雨花园业主委员会是否具有民事诉讼主体资格的复函》中明确,根据《物业管理条例》的规定,业主委员会是业主大会的执行机构,根据业主大会的授权对外代表业主进行民事活动,所产生的法律后果由全体业主承担。业主委员会与他人发生民事争议的,可以作为被告参加诉讼。[1]

有法官认为,物业服务合同类似于有偿的委托合同,故参照《民法典》"合同编"第九百三十三条的规定,除不可归责于业主的事由外,业主应当赔偿物业服务人的损失范围包括直接损失和可得利益损失。承担损害赔偿责任的主体,应当是全体业主,包括在共同决议程序中投反对或弃权票的业主。司法实务中的难点在于,物业服务人主张业主赔偿损失的,应当如何选择和确定诉讼主体。依据《民法典》第二百八十条、第二百八十六条的规定,业主大会应当具有诉讼主体地位。依据《民法典》"总则编"第一百零二条、第一百零四条的规定,业主大会应当属于非法人组织,其财产包括住宅维修资金,已获取但尚未分配的业主共有部分经营收入等。因此,物业服务人可以业主大会作为被告提起诉讼,业主大会的财产不足以赔偿全部损失的,剩余部分由全体业主分担。基于司法实践中的通例,物业服务人也可将业主委员会作为被告,但最终的责任财产范围和责任主体并无实质差异。[2]

侵权赔偿案件中业主委员会为被告问题。业主委员会出租房屋对业主造成妨害,业主可否请求业主委员会停止侵权行为赔偿损失是司法实践的疑难问题。个案中,法院判决业主委员会不担责而由行为人担责。

【案例3－28】　杨某某诉上海市普陀区岚益公寓业主委员会(以下简称岚益业委会)、韩某某赔偿纠纷案

一审法院认为,被告岚益业委会将小区地下室对外出租时未充分考虑对相邻居民的影响,其工作有不周之处,但直接侵权行为非其实施,故其不符合排除妨害案件的主体资格,而被告韩某某对地下室的使用行为既已构成侵权,则赔偿责任应由其按侵害程度负担,但原告请求赔偿数额依据不足,故由法院结合案情酌定。判决:被告韩某某迁出承租的上海市岚皋西路330弄15

---

〔1〕　最高人民法院(2005)民立他字第8号。

〔2〕　参见中国审判理论研究会民事专业委员会编著:《民法典合同编条文理解与司法适用》,法律出版社2020年版,第743～744页。

号面积为200平方米的地下室,以消除其对原告杨某某造成的妨害,并赔偿人民币500元。

二审法院认为,上海市岚皋西路330弄15—16号地下室处于居住小区内,而小区系居民日常生活、休憩之所。韩某某承租该地下室未尝不可,但其用以存储香蕉,则应根据该存储物的特性,采取必要的防护措施,避免对相邻居民的生活带来影响。香蕉存储对温度、湿度有一定要求,并需采取人工催熟手段,长时间的存储还会产生大量的水汽和异味,这些均会对周边的环境产生影响。目前韩某某在该地下室采取的防护手段无法做到对周边环境不造成影响。两上诉人上诉称未对被上诉人的生活和居住造成影响及损害,与事实不符,难以采信。原审法院综合考虑各种因素后,酌情决定韩某某应承担的赔偿数额无不当。两上诉人的上诉请求,于法无据,不予支持。原审法院判决正确,法院予以维持。〔1〕

4. 被执行主体

实践中,业主委员会代表业主大会对外进行民事行为,发生争议由业主委员会作为诉讼主体。然而判令负担义务的业主委员会名下并无登记财产,从而导致无财产可供执行的困境。作为民事主体的业主大会名下设有共益账户,账户内存款为其唯一的财产,业主委员会只是其执行机构。从表面上看,诉讼主体的差异直接影响案件的执行结果,而实践中,业主大会能否成为案件债务的最终责任人,共益账户内的存款是否为责任财产,负担责任是否依规,有必要进行研究统一认识。

【案例3－29】 上海秉良保洁服务有限公司申请执行欣苑小区业主委员会支付工程款纠纷案

人民法院受理案件后,向被执行人欣苑业委会发出执行通知书及报告财产令,责令欣苑业委会支付欠款人民币608,720.77元及相关利息,执行费8487.21元,并报告财产。但被执行人未在指定期限内履行义务,亦未向法院报告财产。执行过程中,法院不动产、车辆、股权登记管理部门、银行等协助机构查询被执行人财产状况,均未查得其名下登记财产信息。欣苑业委会主任吴某某对此负有直接的责任,依申请将其限制消费,仍未见履行。而后,申请执行人秉良公司提供线索,被执行人欣苑业委会在上海银行闵行支行设有账号为03003341×××的账户。据此,承办人向该行发出协助查询存款通

〔1〕 参见国家法官学院案例开发研究中心编:《中国法院2012年度案例》(侵权赔偿纠纷),中国法制出版社2012年版,第163～164页。上海市第二中级人民法院(2010)沪二中民二(民)终字第1348号民事判决书。

知书，查询结果显示账号03003341×××开户名为欣苑小区业主大会（以下简称欣苑业主大会），且属于维修资金账户，账户借贷方限制，进出资金需出具资金报文。

法院将查询结果告知申请执行人秉良公司，申请执行人表示本案在一审立案时秉良公司是准备将欣苑业主大会作为共同被告起诉的，但是因合同中的当事人为秉源公司与欣源公司、欣苑业委会，欣苑业主大会并不包括在内，根据合同相对性原则，仅起诉欣源公司和欣苑业委会。现被执行人欣苑业委会并无财产可供执行，欣苑业委会与欣苑业主大会为同一主体，应当通过欣苑业主大会名下维修资金账户来清偿本案债务，并有（2017）沪02执异123号、（2018）沪02执复3号案例作为参照。为保障自身合法权益，申请执行人秉良公司于2019年2月26日向法院执行裁判庭申请追加被申请人欣苑业主大会为被执行人，承担还款责任。

法院执行裁判庭审查，（2019）沪0112执异33号裁定本案被执行人欣苑业委会与欣苑业主大会系同一主体，无需追加，申请执行人要求直接执行欣苑业主大会名下维修资金账户的资金。

鉴于维修资金账户的特殊性，本着审慎原则，经法院向上海市闵行区住房保障和房屋管理局咨询核实确认，业主大会名下存在"业主大会账户"，并内分3个分户，分别为业主大会活动经费科目、公共收益科目、维修资金科目，账户的资金的提取需经业主大会表决。其中活动经费账户资金来源于公共收益和业主缴纳，主要用于业主大会日常运行管理费用的支出；公共收益账户资金来源于物业共有部门从事广告、商业推广等活动的收益，主要用于补充维修资金账户，业主大会活动资金账户的资金；维修资金账户资金来源于业主缴纳及公共收益补充，分配细化到每户业主名下，专用于公共设备、设施、房屋等修缮、改造和材料更新，相应部位的损耗由对应部位业主名下维修资金支出。结合本案依据的民事判决及（2019）沪0112执异33号裁定，该局认为本案债务为小区绿化改造工程所致，对于业主大会名下账户有执行依据，既可以从公共收益账户支取，也可以从维修资金账户支取，且应当由全体业主共同承担。因业主大会账户只能给付特定债务，司法规费不应从中提取。

申请执行人欣苑业委会及业主大会在整个执行过程中消极应诉，怠于履行职责，通过业主大会表决提取业主大会账户的资金偿还本案债务已不可能实现。为保障申请执行人秉良公司的合法权益，节约司法和时间成本，2019年3月28日法院作出执行裁定，划拨欣苑业主大会名下上海银行闵行支行维修资金账户内钱款692，486.45元，并于4月2日发还给申请执行人，并免除本案的执行费。至此，本案执行完毕。另外，因法院扣除维修资金账户内钱款,欣源公司作为欣苑小区物管企业,通过维修资金管理系统形成维修资金支取报文,但是欣苑业委会对此存在异议而拒绝盖章确认,导致无法完成平账工作,对日后账户资金支取造成影响,故上海市闵行区住房保障和房屋管理局于2019年5月7日向法院发函,要求协助办理平账事项。法院收到公函后,告知该局维修资金平账工作属于小区内部管理事项,法院执行无权介入,应当由欣源公司、欣源业委会及欣源业主大会协同解决。[1]

5. 特殊情况主体

实践中还需注意,依法可以不必成立业主大会和业主委员会的情况下,全体业主或业主代表也应享有请求解除合同或确认解除效力的诉权。[2]

业主委员会任期届满后仍具有诉讼主体资格。

【案例3-30】 福建省繁荣顺物业管理有限公司与福建省福州市台江区圣淘沙花园业主委员会物业服务合同纠纷再审案

再二审法院认为,本案审理涉及对两个问题的判断,一是业主委员会的权源及性质,二是业主委员会备案的性质对业主委员会诉讼主体资格的影响。第一,从业主委员会的权限及性质看,首先,根据《物权法》第七十六条,《物业管理条例》第十一条、第十五条、第十八条的规定,业主委员会成员选任、更换、任期及选聘物业服务企业,均由业主以业主大会的形式共同决定。据此而言,业主委员会成立及成员的选任体现的是全体业主的整体意志,是业主自治权行使的结果,也是对外代表全体业主、维护全体业主整体利益的载体、手段、形式,故业主委员会应当属于《民事诉讼法》第四十八条规定的可以作为民事诉讼当事人的其他组织范畴,具有诉讼主体资格,包括作为原告起诉及作为被告应诉。其次,全体业主未经法定程序更换业主委员会成员的情况下,即使业主委员会成员任期届满,但业主委员会这一载体、手段、形式仍然存在,且从全体业主共同利益维护、物业管理权利义务纠纷解决这一目的看,业主委员会及成员的存续之法律效力仍应当予以认可,否则,不利于全体业主整体利益之维护,也不利于物业管理秩序稳定,势必违背全体业主的根本利益。据此,不能仅以业主委员会任期届满为由,否定其诉讼主体资格。第二,关于备案的性质问题。《物业管理条例》第十六条规定:"业主委员会应当自选举产生之日起30日内,向物业所在地的区、县人民政府房地产行政主管部门和街道办事处、乡镇人民政府备案。"根据本案原二审查明的事

---

〔1〕 参见陈昶主编:《2020年上海法院案例精选》,上海人民出版社2022年版,第407~408页。

〔2〕 参见中国审判理论研究会民事专业委员会编著:《民法典合同编条文理解与司法适用》,法律出版社2020年版,第743页。

实，圣淘沙业委会任期至2018年1月25日届满。但是从《物业管理条例》条文体系看，首先，该条例第六章"法律责任"部分并未对未办备案情形予以规制，按通常理解，应当将《物业管理条例》第十六条中的备案理解为程序性要求，是业主委员会成立后便于行政机关监督管理的一项措施，对业主委员会的合法性或成立不应直接产生法律后果；从另一个角度看，行政权通常具有主动性，而在《物业管理条例》未规定不备案不利法律后果的情况下，应当将行政主管部门单纯接受备案的行为，理解为是行政主管部门履行职责的行为，不是行使权力的行为。由上述逻辑，可以得出即使业主委员会备案证明载明的业主委员会任期已届满，并不能当然认为业主委员会不具有诉讼主体资格的结论。其次，从产权视角看，商品房销售、交付后，专属部分商品房及项下分割的土地使用权归建筑物所有权人所有、共用设施及设备部分分割的土地使用权归全体业主所有。因所有权的核心权能是基于真实意思表示的处分权，除非法律、行政法规有强制性规定，否则应尊重所有权人基于整体利益而为的团体意思表示。从这个角度论，在现行法律、行政法规未就备案进行强制性规定的情形下，备案也不应对业主委员会的成立及合法性产生影响。〔1〕

6. 居委会代行主体

在现实社会生活中，小区业主自治陷入僵局时常发生。《民法典》的颁布，对于业主自治在实践中遇到的问题进行了回应，有助于推动业主自治真正地实现。在未成立业主大会的小区创新业主自治模式，由居民委员会代行业主委员会职责是破解业主自治的僵局途径之一。

《城市居民委员会组织法》第二条规定，居民委员会是居民自我管理、自我教育、自我服务的基层群众性组织。居民委员会在我国建成时间早，发展时间长，已经实现城镇区的全天候、全范围覆盖，而且经过多年的发展，改革完善，居民委员会在职责分工、人员构成、制度规范等方面亦已相对稳定和完善。居民委员会人民政府接受派出机构的指导、支持和帮助。基于居民委员会的性质和特点，居民委员会完全有能力履行业主委员会的部分职责。

根据《物业管理条例》第二十条、《业主大会和业主委员会指导规则》第五十八条依据相关部门规章的规定，居民委员会是最有资格代行业主委员会履行职责的主体。从一定意义上讲，居民委员会能最大限度地代表业主合法权益。

居委会代行主体依据问题。《业主大会和业主委员会指导规则》第五十八条

---

〔1〕 参见《人民司法·案例》2023年14期（总第997期），第64页。福建省高级人民法院（2022）闽民再304号民事裁定书。

规定："因客观原因未能选举产生业主委员会或者业主委员会委员人数不足总数的二分之一的，新一届业主委员会产生之前，可以由物业所在地的居民委员会在街道办事处、乡镇人民政府的指导和监督下，代行业主委员会的职责。"该条规定直接体现了物业服务的行政强制特征，该行政强制主要集中体现在物业管理法规中会存在一些强制性的规定，这些规定构成了物业服务双方的强制性条款。同时又规定物业所在地的行政主管机关依法对物业服务负有适当的行政指导、行政协助的义务，并享有行政监督的权力。在此前提下，行政权适当介入物业服务中即成为必然，行政权的依法介入对物业服务合同的当事人依法具有约束力。实践中，居委会基于行使行政监督职权，在法定情形下依法代行业主委员会的职责，直接作为案件的诉讼主体参与到案件审理当中。需要指出的是，居委会代行业主委员会诉权必须有明确的法律依据，同时也并不意味着在涉及业主委员会的纠纷中居委会都必须以自己的名义参加诉讼。如业主委员会主体消亡的，居委会当以自己的名义参加诉讼，但如仅系业主委员会因故不能履职而导致其诉讼行为能力被暂时中止（包括但不限于换届改选）的，居委会主任作为业主委员会的诉讼代表人参加诉讼，已足可解决阻碍诉讼的相关程序问题，且此做法符合上述指导规则中"代行"文义的应有之义，故无需也不宜由居委会以自己的名义参加诉讼。也就是说，法院指定居委会主任作为业主委员会诉讼代表人参加诉讼，起因于业主委员会的诉讼行为能力因换届改选而被暂时中止，在业主委员会因其他原因暂时性丧失诉讼行为能力的，亦可适用此做法。

【案例3－31】　宋某某诉LT居委会（以下简称居委会）等撤销权纠纷案

二审法院认为，业主委员会人数不足总数的1/2时，居委会在街道办事处的指导和监督下，代行业主委员会的职责符合法律规定。居委会按照《物业管理条例》的规定，采用书面征求意见的形式召开了业主大会，已经获得了小区内业主人数和面积"双过半"的业主同意，符合《物权法》第七十六条的规定。因此判决驳回原告宋某某的诉讼请求。二审法院判决：驳回上诉，维持原判。[1]

【案例3－32】　陆某某等诉厦门市龙山山庄业主委员会（以下简称龙山山庄业委会）等业主撤销权纠纷案

二审法院认为，龙山山庄业委会在2006年任期届满后，未进行换届选举，其诉讼行为能力暂时中止。根据住房和城乡建设部《业主大会和业主委员会指导规则》（建房〔2009〕274号）第五十八条规定："因客观原因未能选

〔1〕　参见程磊、周滨：《律师说法：业主委员会及物业服务纠纷案例评析》，法律出版社2020年版，第20页。

举产生业主委员会或者业主委员会委员人数不足总数的二分之一的,新一届业主委员会产生之前,可以由物业所在地的居民委员会在街道办事处、乡镇人民政府的指导和监督下,代行业主委员会的职责。”因此,本案原审法院应指定物业所在地居民委员会作为龙山山庄业委会的诉讼代表人,以龙山山庄业委会的名义代行诉讼事务。原裁定以龙山山庄业委会任期届满后未进行换届选举,其作为被告主体不适格为由,裁定驳回陆某某等人的起诉,是错误的。裁定:撤销一审裁定,发回一审法院重审。[1]

未成立业主大会或已成立业主大会但未选举业主委员会的小区,居民委员会可以法定程序代行业主委员会职责。业主仅以居民委员会无权代行业主委员会职责要求确认代行行为无效的,法院不予支持。

【案例3-33】 刘某某诉北京佳安颐园物业管理有限责任公司物业服务合同纠纷案

二审法院认为,本案中,宣颐家园小区尚未成立业主大会并选举业主委员会,根据佳安颐园物业公司的申请,宣颐居委会代行业主委员会职责并全权委托佳安颐园物业公司负责入户调查并未违反相关规定。佳安颐园物业公司受托进行民意调查后,将调查结果向宣颐居委会和旧宫小区办分别进行报告,宣颐居委会认可调查结果并同意上调宣颐家园小区物业费,旧宫小区办亦在《关于宣颐家园小区调整物业费服务费签约交费情况审核报告》上盖章确认审核结果,后佳安颐园物业公司向大兴小区办申请变更物业收费标准并进行了相关备案工作。一审法院根据上述事实,确认佳安颐园物业公司的物业费涨价行为符合形式要求,并无不当,法院予以支持。刘某某要求佳安颐园物业公司继续按照原“物业管理服务协议约定”的标准收费,无事实和法律依据,法院不予支持。刘某某主张佳安颐园物业公司在调整物业费的过程中造假,本案核心证据系伪造,但未就该主张提供确实充分的证据,法院对其该项主张不予支持。判决:驳回上诉,维持原判。[2]

(二)物业服务人诉讼主体处理

从理论上讲,物业服务人受业主委托对小区实施管理,代表的是全体业主的

---

〔1〕 参见国家法官学院案例开发研究中心编:《中国法院2017年度案例》(物权纠纷),中国法制出版社2017年版,第170页。福建省厦门市中级人民法院(2015)厦民终字第2094号民事裁定书。

〔2〕 参见最高人民法院中国应用法学研究所编:《人民法院案例选》2021年第6辑(总第160辑),人民法院出版社2021年版,第113~114页。北京市第二中级人民法院(2019)京02民终7266号民事判决书。

整体利益，如果与个别业主的利益发生冲突，物业服务人为维护整体利益依据其管理权，可以向个别业主提起诉讼。

(1)诉讼主体依据

物业服务人诉讼主体法律规定依据。根据《民法典》第九百四十六条第二款的规定，物业服务人对业主委员会行使任意解除权的效力发生争议的，可以起诉确认合同效力。《物业服务解释》第一条规定："业主违反物业服务合同或者法律、法规、管理规约，实施妨碍物业服务与管理的行为，物业服务人请求业主承担停止侵害、排除妨碍、恢复原状等相应民事责任的，人民法院应予支持。"该条赋予物业服务人对于业主实施的妨碍物业服务与管理的行为可以以自己的名义起诉的权利，但实践中依此规定提起诉讼时有争议，但不能就此而将诉讼主体排除在外。

物业服务人诉讼主体合同约定依据。物业服务人作为提供物业服务的合同一方当事人，有义务依约进行管理，要求业主遵守公约及小区物业管理规定，有权对违反业主公约及物业管理规定的行为加以纠正，以维护小区全体业主的共同利益。当业主不按照要求纠正违反业主公约和物业管理规定的行为时，物业服务人作为合同一方当事人，其诉讼主体适格，有权依法提起诉讼。

【案例3－34】 青岛中南物业管理有限公司南京分公司（以下简称中南物业南京公司）诉徐某某、陆某某物业管理合同纠纷案

判决观点：根据本案事实，原告中南物业南京公司受常锦公司委托对麒麟锦城小区进行前期物业管理。被告徐某某、陆某某购买麒麟锦城小区房屋后，于2005年10月1日办理了房屋交付手续，于当日签署了《中南麒麟锦城业主公约》，并与中南物业南京公司签订了《中南麒麟锦城物业管理协议》。因此，徐某某、陆某某与中南物业南京公司之间建立了物业管理服务合同关系。中南物业南京公司作为提供物业服务的合同一方当事人，有义务依约进行物业管理，要求业主遵守业主公约及小区物业管理规定，有权对违反业主公约及物业管理规定的行为加以纠正，以维护小区正常的物业管理秩序，维护小区全体业主的共同利益。当业主不按照整改要求纠正违反业主公约和物业管理规定的行为时，中南物业南京公司作为合同一方当事人，有权依法提起诉讼。[1]

(2)诉讼主体条件和范围

物业服务人行使诉讼权利的标准。物业服务人提起诉讼应坚持全体业主共同利益标准。根据法律的规定和物业服务公约的约定，对物业服务人维护业主共

〔1〕 参见《最高人民法院公报》(2007年第9期)，第37页。

同利益的有关物业的使用、维护、管理行为，业主应当配合履行相关义务。在全体业主代表表决，就小区阳台不准封闭或禁行事项，个别或部分业主不遵守公约而封闭阳台或为其他改造行为的，便损害了全体业主的共同利益。该共同利益亦应作为物业服务人提起诉讼的依据。

物业服务人行使诉讼权利的前提条件。一般认为，物业服务人提起诉讼，首先是对业主修建室外设施等进行劝阻、制止；在劝阻、制止无效的情况下，应当在24小时内报告房屋行政主管部门。而不是未经劝阻、制止，直接向法院提起诉讼。个案中，是否必须先履行制止无效方能提起诉讼并非绝对化。

物业服务人行使诉讼权利的具体范围：其一，业主拖欠物业费的。其二，业主违反禁止性规定或临时规约的行为。其三，妨碍物业服务人的服务和管理行为的。常见的如业主违章修建室外设施、自行搭建等。

对原物业服务人不按照《民法典》第九百四十九条规定履行退出、返还、协助和告知义务的，已依法与业主或业主委员会订立物业服务合同的新物业服务人因此受到利益损害的，其在法律上具有诉讼主体资格，有权诉请原物业服务人履行相应法律义务。

在业主提起撤销权案件中，物业服务人可以作为被告。物业服务人作为被告前提是构成特定条件，符合“有权利必有救济”的基本原则。在小区尚未成立业主大会，物业服务人采取向全体业主书面征求意见的表决方式，取得了法定数额业主的同意，该表决结果基本等同于业主大会的决议，可视为其在进行组织表决方面实际代行了业主大会的相应职能，在执行实施方面实际代行了业主委员会的相应职能，其决议侵害了业主的合法权益。

【案例3－35】　陈某某等诉广东省江门市JQ物业管理有限公司业主撤销权纠纷案

判决观点：根据《物权法》第七十八条第二款关于“业主大会或者业主委员会作出的决定侵害业主合法权益的，受侵害的业主可以请求人民法院予以撤销”的规定，本案的涉案改建决定是由被告组织召开业主大会作出的，但本涉案小区尚未成立业主大会，无法将业主大会和业主委员会列为被告。被告作为业主大会的组织者，实际上代行了业主大会的组织职责，可以作为业主撤销权案的被告。因篮球场所产生的噪声确实会影响原告房屋的安宁生活环境，且涉案场地原规划用途为网球场，因此，原告要求撤销涉案改建决定符合法律规定。法院判决撤销由江门市JQ物业管理有限公司组织江门市JQ花园业主作出的在江门市JQ花园西网球场增设篮球场的决议。[1]

---

〔1〕参见程磊、周滨：《律师说法：业主委员会及物业服务纠纷案例评析》，法律出版社2020年版，第47页。

物业服务人诉讼权利的限制。当业主委员会单方解除合同后,物业服务人不能主张违约责任。这是基于《民法典》第九百四十六条规定,业主委员会可以根据业主大会的决定解除与物业服务人的合同,而无需物业服务人同意。合同正常履行与合同目的的顺利实现需要双方当事人的相互信任和配合,应赋予当事人享有较为宽松的任意解除权。否则允许物业服务人主张违约责任,有违法理。限制物业服务人主张违约责任,并未限制其主张赔偿损失权利。如果在物业服务人并无过失或违约行为的情况下,因业主委员会提前解约而给其造成实际损失的,则物业服务人有权请求业主委员会赔偿损失。

小区共用管道堵塞致损,业主将物业服务人与其他业主一同诉至法院,赔偿责任主体确定为司法实践争议问题。

【案例3-36】 詹某某诉北京东晶均豪物业发展有限公司(以下简称东晶物业公司)、李某财产损害赔偿纠纷案

二审法院认为,物业服务单位有义务按照约定或者法律法规规定履行自身的管理职责,没有尽到管理义务,导致业主财产受损的,既构成违约也构成侵权。本案中,东晶物业公司作为105室、202室所在小区的物业服务单位,对小区建筑共用部位及共有设施设备负有管理、维修、养护的义务。而综合在案的证据可以认定,此时事故堵塞的管道系共用排水管道,东晶物业公司作为管理者,没有提供证据证明已经尽到管理义务,其对于共用管道堵塞并导致詹某某财产损失存在过错,其疏于管理的行为与损害后果的发生之间具有法律上的因果关系,因此应当承担相应的损害赔偿责任。原审法院判决东晶物业公司对詹某某的合理财产损失承担赔偿责任并无不妥,法院予以确认。东晶物业公司关于楼上住户不当使用导致管道堵塞应由楼上住户承担责任的主张,因其没有提供证据证明楼上住户有超出正常使用范围的行为,对此意见法院不予采信。判决:驳回上诉,维持原判。[1]

(3)诉讼主体裁判

实践中,对业主违章搭建私搭乱盖等行为,物业服务人是否有权利作为原告提起诉讼是有争议的问题。主要有三种观点:第一种观点认为,物业服务人享有诉权。物业服务人作为小区的服务者和管理者,在对小区进行日常的维护和管理时,必须享有一定的制止权,以维护其他业主共同的权利。如果物业服务人认定业主的行为属于违规的行为,妨碍了小区的管理秩序,系实施妨碍物业服务与管理的行为,就可以将业主起诉到法院。第二种观点认为,物业服务人在业主公约

---

〔1〕 参见国家法官学院案例开发研究中心编:《中国法院2015年度案例》(侵权赔偿纠纷),中国法制出版社2015年版,第195页。北京市第一中级人民法院(2013)一中民终字第00260号民事判决书。

的范围内享有一定诉权。在一般的业主公约中,都有关于小区禁止乱搭乱盖的约定,在部分业主违反公约,侵犯了小区的共同利益时,其他的业主共同地享有制止该业主侵权行为的诉权,但在现行的法律规则下,期待其他业主及时制止该行为不具有现实意义,因此在业主公约有约定时,赋予小区的物业服务人起诉权利,不违反相关法律规定,体现了《民法典》关于小区自治的原则的规定。第三种观点认为,物业服务人不享有起诉业主的权利。根据《民事诉讼法》第一百二十二条的规定,起诉必须具备的条件之一就是原告是与本案有直接利害关系的公民、法人和其他组织。在业主进行私搭乱盖时,侵犯的是其他业主,特别是相邻业主的权利和利益,而没有损害物业服务人的利益,物业服务人是小区综合服务的提供者,只需要根据现有条件提供服务,其诉讼只能作为代理人。

笔者赞同第一种观点,其第二种观点、第三种观点均是不正确的。业主的自行搭建、改建行为在某些情况下兼具有侵权性和违约性,但这不影响物业服务人作为原告提起诉讼。《物业服务解释》第一条(修订前为第四条)规定是起诉此类纠纷的法定依据。业主自行搭建、改建行为既是违反合同约定和规约的行为,也是妨碍物业服务人管理的行为,不能仅以违反规约或不是利害关系人评判物业服务人作为原告的主体资格。物业服务人不但须提供物业服务,对业主违反公约的行为亦享有管理权。

【案例3-37】　上海启胜物业管理服务有限公司(以下简称启胜物业)诉游某磊物业服务合同纠纷案

二审法院认为,根据《物业服务解释》第四条的规定,游某磊未经允许,擅自将后花园部分围墙拆除后安装大门的行为,违反了小区管理规约及法律规定。启胜物业以自己名义请求恢复原状符合法律规定。游某磊认为启胜物业需经业主有效授权才能提起诉讼的观点于法相悖,不予采信。[1]

【案例3-38】　北京万科物业服务有限公司诉王某、邹某阳排除妨害纠纷案

判决观点:原告作为物业管理公司是否有权起诉。《物权法》第八十一条第一款规定,业主可以自行管理建筑物及其附属设施,也可以委托物业服务企业或者其他管理人管理。可见,物业管理公司依据物业服务合同以及业主管理公约,对小区进行物业服务的同时还承担一定的管理职能,对业主占用小区共有部位、私搭乱建等行为有制止、管理的职责。该管理权来源于全体业主的授权或委托,内容表现为对物业本身和对业主行为的管理,目的在于更好地维护业主的合法利益。原告与某小区业委会签订《物业服务合

[1] 参见国家法官学院、最高人民法院司法案例研究院编:《中国法院2020年度案例》(合同纠纷),中国法制出版社2020年版,第248页。江苏省苏州市中级人民法院(2018)民终7248号民事判决书。

同》,约定由原告对某小区提供物业服务,内容包括物业共用部位的维修、养护和管理,维护公共秩序,进行安全防范等,现二被告未经原告或者业委会同意即搭建了升降停车设备,原告作为某小区的物业管理公司有权利起诉。[1]

物业服务人认为业主利用建筑物专有部分不当的可以起诉,由法官根据案情予以裁量。至于业主是否违反城市市容管理的相关规定,应由行政机关判断处理。

【案例3－39】 北京万通鼎安国际物业服务公司天津分公司诉李某某物业服务合同纠纷案

判决观点:原告依据与开发商签订的前期物业管理服务合同对尚都家园实施物业管理服务,并与被告签订前期物业管理服务协议,其服务对象是全体业主,物业服务企业在提供物业服务过程中为了维护小区全体业主的共同利益,有权依据协议对包括被告在内的业主提起违约之诉。判断被告是否违约,应当以其是否正当行使建筑物区分所有权为标准,即具体分析被告封闭天井和露台的行为是否违反了业主的共同利益、妨碍了原告的管理服务。小区建筑物分为专有部分和共用部分,专有权人对专有部分独立享有支配权。本案被告封闭的天井和露台在空间上和功能上均具有独立性,在使用上具有排他性,且在商品房买卖合同注明的房屋面积之内,应当认定属于被告的专有部分,被告有权对天井和露台行使专有权,他人不得干涉。被告封闭天井和露台是为方便使用所购房屋而实施的添加设施的行为,系对专有空间的合理使用,原告未能举证证实被告该行为破坏建筑物结构安全、妨害相邻业主或全体业主的利益,故对其主张被告违反约定、承担相应责任的诉请,不予支持。至于原告提出被告行为违反行政法的有关规定,应到行政主管机关投诉,不属于法院主管。判决:驳回原告的诉讼请求。[2]

【不同处理】 "法律上的利害关系"对物业服务人诉讼主体是否限制问题。对业主乱搭建违反城市规划、建筑、消防、环保或社会治安等行政法律法规或侵害其他业主权益的行为,物业服务人应及时出面进行通告制止;在制止无效时,应立即通知相关政府部门出面解决或请求利益受损害的业主通过诉讼或其他途径解决。物业服务人不是政府也不代表政府,不可能拥有制裁业主行政违法的政府权力,不能对业主采取行政强制措施。有的法院认为,物业服务人并非小区业主,即

---

〔1〕 参见国家法官学院案例开发研究中心编:《中国法院2019年度案例》(物权纠纷),中国法制出版社2019年版,第230页。北京市朝阳区人民法院(2016)京0105民初16482号民事判决书。

〔2〕 参见最高人民法院中国应用法学研究所编:《人民法院案例选》2011年第2辑(总第76辑),人民法院出版社2011年版,第136～137页。天津市红桥区人民法院(2009)红民二初字第981号民事判决书。

区分建筑物所有权人，对侵害小区物业或业主相邻权的行为，因不符合《民事诉讼法》对诉讼主体关于"法律上的利害关系"的要求，不具备诉讼主体资格。

【案例3－40】 某物业发展有限责任公司（以下简称某物业公司）诉瞿某共有权纠纷案

二审法院认为，本案中，被上诉人瞿某在对房屋进行装修时，占用公共过道违章搭建，权利受到侵害的业主或业主委员会、业主大会依法可以向人民法院提起诉讼。上诉人某物业公司作为提供物业管理服务的企业，对物业管理区域内业主实施的侵害建筑物共有权或其他业主相邻权的行为，无权提起诉讼，上诉人某物业公司的起诉不符合《民事诉讼法》规定的诉讼主体须具有"法律上的利害关系"的要求，不具备原告诉讼主体资格。裁定：驳回上诉，维持原裁定。[1]

【案例3－41】 宿松县恒远物业管理有限公司诉李某某等物业服务合同纠纷案

二审法院认为，物业服务企业或者其他管理人根据小区业主的委托可以管理小区内的建筑物及附属设施，物业服务企业与业主之间系服务合同关系。李某某、齐某某于2017年10月对该商铺进行装修，恒远物业公司未提交证据证明，李某某、齐某某装修前与其签订有关装修的禁止约定和质量保证金决定，当事人对自己的主张应提供证据，未提供证据或提供证据不足以证明其主张的，应承担不利后果。故对恒远物业公司要求李某某、齐某某拆除违法建筑、恢复原状等诉讼请求全部不予支持。根据《物业管理条例》第四十五条的规定"对物业管理区域内违反有关治安、环保、物业装饰装修和使用等方面的法律、法规规定的行为，物业服务企业应当制止，并及时向有关行政管理部门报告"且对违章建筑的认定和处理，不属于人民法院的职权范围，恒远物业公司认为李某某、齐某某私自违章建筑，可另向有关主管部门反映，依法依规行使权利。[2]

对业主装修不当的，物业服务人可以提起诉讼。

【案例3－42】 陈某某与平湖吉翔物业服务有限公司物业服务合同纠纷案

二审法院认为，《临时管理规约》是全体业主遵守物业管理规章各项制度的行为准则，业主应当予以遵守。《物业管理条例》第五十二条规定："业主需要装饰装修房屋的，应当事先告知物业服务企业。物业服务企业应当将

---

〔1〕 参见骆鑫、刘娅编著：《物业管理纠纷案例与实务》，清华大学出版社2017年版，第54页。

〔2〕 参见最高人民法院民法典贯彻实施工作领导小组编著：《中国民法典适用大全》（合同卷五），人民法院出版社2022年版，第3584页。安徽省安庆市中级人民法院（2021）皖08民终471号民事判决书。

房屋装饰装修中的禁止行为和注意事项告知业主。"《临时管理规约》第十八条第六项规定有统一的样式,虽未在《临时管理规约》中明确具体的样式,陈某某在安装前有责任向吉翔公司咨询或了解安装外挑式防盗窗(笼)是否符合统一标准和样式的要求。陈某某事先未作了解,安装时又未听吉翔公司劝阻,安装了外挑式防盗窗(笼),违反了《临时管理规约》第十八条第六项的规定,且在收到整改通知后未予整改,故法院对吉翔公司要求整改或拆除的诉讼请求予以支持。[1]

(三)物业费交纳主体处理

1. 物业费交纳主体的理解

根据《民法典》第九百四十四条的规定,对于前期物业服务合同,物业费的交纳主体为开发商或者业主;对于普通物业服务合同,物业费的交纳主体为业主。物业使用人(房屋承租人)、借用人不是物业服务合同的相对人不负有交纳费用义务,但有例外。这是针对物业服务合同而言,但并没有排除业主与承租人、使用人约定物业费的承担,其如何约定不影响合同效力。业主在根据物业服务合同约定交纳物业费后,可以依据其双方约定向物业使用人追偿。

《物业管理条例》第四十一条规定:"业主应当根据物业服务合同的约定交纳物业服务费用。业主与物业使用人约定由物业使用人交纳物业服务费用的,从其约定,业主负连带交纳责任。已竣工但尚未出售或者尚未交给物业买受人的物业,物业服务费用由建设单位交纳。"该条明确规定了交纳物业费主体的三种情形。

在房屋基于买卖、赠与、继承等方式发生转移的情况下,业主拖欠物业费由何人承担常引发争议。立法者认为,对于新业主是否需要承担前业主拖欠的物业费,不能一概而论,应当区分具体情形处理。在继承场合,继承人如果没有放弃继承的,应当承担被继承人拖欠的物业费。在赠与场合,拖欠的物业费原则上不应由受赠人承担,如果原业主的赠与行为影响了物业服务人债权(拖欠的物业费)的实现,物业服务人可以请求法院撤销原业主的赠与行为。在买卖场合,一般由出卖人和买受人在买卖合同中约定拖欠物业费的承担;如果没有约定,买受人没有查询出卖人是否拖欠物业费之义务,根据合同相对性的原则,拖欠的物业费属

---

〔1〕 参见最高人民法院民法典贯彻实施工作领导小组编著:《中国民法典适用大全》(合同卷五),人民法院出版社 2022 年版,第 3583 页。浙江省嘉兴市中级人民法院(2020)浙 04 民终 2601 号民事判决书。

于出卖人之个人债务，与买受人无关，买受人无需承担该拖欠的物业费，物业服务人可以向原业主请求支付。[1]

业主通过买卖或法院委托拍卖的方式取得小区房屋，对于在买卖或拍卖该房屋之前原业主拖欠的物业费，因其此前并非该房产的所有人，除非业主在购买时承诺自愿承担物业费，否则对此业主没有给付的义务。物业费属一般债权，不具有物业的性质，因此物业服务人关于无论新老业主均有交费义务的主张没有法律依据。

2. 物业使用人交费主体问题

根据《物业管理条例》第四十一条第一款规定："业主应当根据物业服务合同的约定交纳物业服务费用。业主与物业使用人约定由物业使用人交纳物业服务费用的，从其约定，业主负连带交纳责任。"这里的物业使用人包括承租人、借用人或者其他占有使用人，物业使用人并非交物业费的主体而是根据其与业主约定交纳物业费，在其未履行交纳物业费义务时，应由业主承担未交纳物业费的连带责任。司法解释制订者认为，虽然法律没有直接规定物业使用人享用了物业服务就要支付物业费，但法律并不排斥业主与物业使用人就物业费支付进行约定。从物业使用的实际情况看，无论是业主本人还是业主之外的物业使用人，都离不开物业服务企业的服务，而要享用这种服务，需要付出成本也就是要支付物业费。因此，在业主许可物业使用人使用其物业时，物业费的支付往往会成为双方约定的内容。另外，业主与物业使用人就物业费支付所作约定，虽然没有出现于业主与物业服务企业订立的物业服务合同中，但这种约定对物业服务企业而言并无不利影响，相反其实质上赋予了物业服务企业以权利。正是基于这些实际情况，《物业管理条例》尊重业主与物业使用人就物业费支付所作约定并承认这种约定的效力，从而规定"业主与物业使用人约定由物业使用人交纳物业服务费用的，从其约定"。[2] 换言之，从这种约定的法律后果看，又多出了债务人承担物业费支付的债务，且其是物业使用人自愿加入债的履行，有利于物业服务人实现债权。业主与物业使用人约定的物业费超出物业服务合同约定的范围和金额的，物业服务人无权收取；反之，约定的物业费在金额和范围上没有达到物业服务合同约定的金额和范围的，对于没有达到的部分，物业使用人没有义务向物业服务人支付，应由业主支付。业主与物业使用人约定因违法或者违背当事人的意愿而被宣告无效或者被撤销的，物业使用人不存在依据该约定而向物业服务人履行支付物业费的

---

〔1〕 参见黄薇主编：《中华人民共和国民法典合同编释义》，法律出版社 2020 年版，第 935 页。

〔2〕 参见最高人民法院民事审判第一庭编著：《最高人民法院建筑物区分所有权、物业服务司法解释理解与适用》，人民法院出版社 2009 年版，第 318 页。

义务，物业服务人也不能依据该约定而请求物业使用人支付物业费，但这不影响物业服务人依照物业服务合同请求业主支付物业费，也不就此免除业主支付物业费的义务。

物业使用人直接订立物业服务合同交费主体认定是疑难问题。就物业使用人使用自己的名义订立物业服务合同的争议，司法解释制订者认为，法律并没有禁止物业使用人与物业服务企业之间直接订立物业服务合同，基于民事活动的平等自愿原则，只要这种约定不违法，并不损害业主或者其他第三人的利益，物业使用人与物业服务企业自愿就物业服务达成一致并无不可。承认物业使用人订立物业服务合同的资格及其订立物业服务合同的效力，对于维护正常的物业服务秩序也具有重要意义。[1] 物业使用人直接与物业服务人订立物业服务合同的情况，涉及业主对物业使用人应支付物业费是否承担连带责任问题。笔者认为，以订立合同约定是否超出业主委员会与物业服务人订立的物业服务合同的服务项目和服务收费为标准分两种情况认定业主是否承担连带责任：其一，订立的合同与业主委员会签订的一致的，或者部分一致的，业主对其一致部分承担连带责任。其二，订立的合同超出业主委员会签订的内容，或需特定服务项目，由物业使用人对其自愿给付承担清偿责任，业主不承担连带清偿责任；但是，业主对其自愿承担连带清偿责任的除外。

建设单位依法与物业服务人签订的前期物业服务合同，以及业主委员会与业主大会依法选聘的物业服务人签订的物业服务合同，对业主具有约束力。业主以其并非合同当事人为由提出抗辩的，法院不予支持。业主将其房屋转租的，业主与承租人约定由承租人交纳物业费用的，从其约定，能免除业主的交费义务，但不能免除业主向物业服务人承担的义务。租赁合同只能约束出租人（业主）和承租人，但不能约束物业服务人，业主与承租人的约定不能对抗物业服务人主张拖欠物业费的诉请。物业服务人起诉要求业主承担连带责任的，法院应予支持。

【案例3－43】 贾某与某物业公司物业服务合同纠纷案

二审法院认为，根据《物业管理条例》第四十二条规定，业主与物业使用人约定由物业使用人交纳物业服务费用的，从其约定，业主负连带交纳责任的规定，尽管贾某与承租人有物业服务费用由承租人负担的约定，但也不能免除业主对物业公司承担连带交纳物业费用的责任。根据《2009年物业服务解释》第七条"业主与物业的承租人、借用人或者其他物业使用人约定由物业使用人交纳物业费，物业服务企业请求业主承担连带责任的，人民法院应予支持"的规定，即便贾某将租赁合同交与物业管理公司登记，物业公司请求业主

---

〔1〕 参见最高人民法院民事审判第一庭编著：《最高人民法院建筑物区分所有权、物业服务司法解释理解与适用》，人民法院出版社2009年版，第324页。

承担责任的,法院应予支持。综上,驳回贾某的上诉请求,维持原判。[1]

【案例 3－44】　某物业公司与某开发公司、某发展公司物业服务合同纠纷案

判决观点:原告某物业公司向被告某开发公司提供相应物业服务,被告开发公司应交纳相应费用。某开发公司将部分房屋出租,并约定由承租人即某发展公司自行支付物业费、空调费,不违反法律规定,但该约定系二被告之间的内部约定,某开发公司不能以此约定免除其应负责任。另外,某发展公司系物业服务的直接受益人,在之前的物业费收取中某物业公司也系直接向某发展公司收取,故可以确定,某物业公司与某发展公司之间已经形成事实上的债权债务关系。同时法律规定,业主与物业的承租人、借用人或者其他物业使用人约定由物业使用人交纳物业费,物业服务企业请求业主承担连带责任的,人民法院应予支持。[2]

在小区内使用物业的主体,均为交物业费的主体。承租人租赁商场在小区规划范围内,使用建筑物本体的公用部分、共用设施设备,应认定为物业使用人,而不论商场自身面积的大小,其主张商场内的保安服务及商场内垃圾清运服务显然不属于物业服务合同约定的范围。承租人为经营百货超市的商业机构,在商场内设立保安、清运商场内的垃圾是承租人为商场的正常营运所采取的必要的管理手段,属于商场专有部分的内部管理事务,不属于小区物业管理公共管理服务,自然不应排除在交物业费主体范围之外。

3. 按份共有房屋交纳物业费的主体是疑难问题

《民法典》第三百零七条规定:“因共有的不动产或者动产产生的债权债务,在对外关系上,共有人享有连带债权、承担连带债务,但法律另有规定或者第三人知道共有人不具有连带债权债务关系的除外;在共有人内部关系上,除共有人另有约定外,按份共有人按照份额享有债权、承担债务,共同共有人共同享有债权、承担债务。偿还债务超过自己应当承担份额的按份共有人,有权向其他共有人追偿。”物业费可以解释为本条中因共有的不动产产生的债务,业主基于其不动产所有权产生的需向物业服务人履行的债务。按份共有的房屋实际上是一个专有部分,即一个专有所有权,物业费尽管是因物业服务人提供共有部分的服务的价值,包括使用价值,但亦包括业主专有部分正常使用的内涵,故将物业费视为业主专有部分的负担符合当前现实客观情况。从这个意义上讲,物业费属于《民法典》第三百零二条规定的“共有物的管理费用以及其他负担”的内容之一。一般来

〔1〕 江苏省徐州市中级人民法院(2015)徐民终字第 03575 号民事判决书。

〔2〕 参见李方民主编:《房屋租赁合同纠纷诉讼指引与实务解答》(第 3 版),法律出版社 2017 年版,第 240 页。

讲,物业服务人主张共有房屋物业费的,法院予以支持诉请而不再区分份额。物业服务人可以向按份共有人之一提起要求交纳全部物业费的诉讼,则所有按份共有人应对物业费的交纳负连带责任,物业服务人也可以向所有按份共有人提起诉讼。实践中,法院按照物业服务人诉请判决。

其一,物业服务人起诉全部按份共有人的,法官在查明各按份共有人份额情况下,判决按照其各自份额负担物业费。

【案例3-45】 北京某物业管理有限公司诉洪某敏、洪某物业服务合同纠纷案

法院查明,涉诉房屋登记在洪某敏、洪某名下,建筑面积为99.41平方米。洪某敏、洪某自述房屋按份共有,洪某敏占99%的份额,洪某占1%的份额。法院判决洪某敏支付所欠物业费总额中的99%,洪某支付所欠物业费总额中的1%。[1]

其二,物业服务人起诉按份共有人之一的,按份共有人之一承担全部物业费,各共有人之间亦承担连带责任。

【案例3-46】 某物业顾问(北京)有限公司诉曹某庆物业服务合同纠纷案

一审法院查明,涉诉房屋由曹某庆与曹某宁按份共有,曹某庆的共有份额为51%、曹某宁的共有份额为49%。法院认为,曹某庆作为房屋的住户,自愿承诺尊重某小区业主临时公约的所有条款,虽曹某宁为房屋共有权人,但房屋入住等物业手续均由曹某庆予以办理,且曹某庆在产权确认书中表示上述房产自转让后的一切费用由其承担,法院对此不持异议,遂判决曹某庆对物业费承担全部交纳义务。二审法院对一审判决予以维持。[2]

【案例3-47】 南京某物业管理有限公司诉糜某毅物业服务合同纠纷案

二审法院认为,上诉人主张涉案房屋有两个产权人,因另一产权人与其为夫妻关系,且上诉人在被上诉人处登记的业主信息仅填写一人,一审法院判决上诉人向被上诉人承担交纳物业服务费的义务并无不当。[3]

主流观点将物业费视为"因共有的不动产产生的债务",法院判决按份共有人之间互负连带责任。

[1] 北京市朝阳区人民法院(2015)朝民初字第23436号民事判决书。

[2] 北京市第一中级人民法院(2013)一中民终字第13226号民事判决书。

[3] 江苏省南京市中级人民法院(2015)宁民终字第1946号民事判决书。

【案例3-48】 天津市某物业管理有限公司诉崔某娜、崔某旺物业服务合同纠纷案

二审法院认为,对于崔某娜、崔某旺主张二人应按照对涉案房屋的所有权份额比例向某物业公司交纳物业费的上诉理由,根据《物权法》第一百零二条之规定,一审法院判令崔某娜、崔某旺对应交物业费对外承担连带给付责任于法有据。崔某娜、崔某旺在其共有人内部关系上,可从约定或依法按份承担,如在履行中发生交纳物业费超过自己应当承担份额的情形,可依法向其他共有人追偿。[1]

实践中,物业服务人起诉按份共有人之一的,各地法院在是否遗漏当事人上有两种不同观点。多数法院认定此种情形不属于遗漏当事人。

【案例3-49】 上海某物业管理有限公司诉胡某敏物业服务合同纠纷案

二审法院认为,经法院审核,原审程序并无不当,故上诉人诉称原审程序违法,法院难以采信。上诉人以本案所涉房屋系其与妻子按份共有为由,要求仅支付其所占有的房屋份额范围的物业费,于法无据,法院不予采信。[2]

【不同处理】 有的法院认为,物业服务人起诉按份共有人之一的属于遗漏当事人。

【案例3-50】 辽宁某物业管理工程有限公司诉郭某物业服务合同纠纷案

二审法院认为,原审法院遗漏当事人。本案中涉案房屋为郭某、李某坤按份共有,郭某、李某坤应对欠付物业费承担共同的给付责任。法院在审理过程中郭某表示不同意单独承担物业费,故原审法院应追加李某坤作为本案的被告。遂裁定撤销原判,发回重审。[3] 后续该案二审判决,判决郭某与李某坤按各自份额承担物业费,两人之间也不承担连带责任。[4]

4.总表制下的水电费交纳主体

依照《物业管理条例》第四十一条第一款的规定,在约定由物业使用人交纳物业费用的情形下,业主也负连带交纳责任。在总表制下,业主是否对物业使用人使用的水电费的交纳承担连带责任有不同观点。一般认为,使用权是房屋所有权的权能之一,而使用中产生的水电费应当由业主承担或业主应当对此负连带交纳责任是基于其作为所有权人产生的义务。从另一个角度讲,物业使用人与业主

---

〔1〕 天津市第一中级人民法院(2016)津01民终3463号民事判决书。

〔2〕 上海市第一中级人民法院(2015)沪一中民二(民)终字第610号民事判决书。

〔3〕 辽宁省沈阳市中级人民法院(2016)辽01民终9684号民事裁定书。

〔4〕 辽宁省沈阳市中级人民法院(2017)辽01民终9126号民事判决书。

虽未订立水电供应合同,但存在事实供用水、电合同关系。

【案例3-51】 杭州某物业管理有限公司诉杭州萧山某房地产开发有限公司(以下简称某房产公司)、邵某某物业服务合同纠纷案

二审法院认为,某房产公司作为所有人将房屋出租属于其实现所有权权能使用房屋的一种方式,根据权利义务对等原则,对该房屋用益期间产生的水电费应当由其承担,某房产公司关于其对水电费无给付义务的主张不能成立。[1]

【案例3-52】 无锡某物业管理有限公司(以下简称某公司)诉谈某某物业服务合同纠纷案

一审法院认为,谈某某作为涉案房屋所有权人,有权与供水、供电企业联系办理单独装表计量事宜。假设供水、供电企业已为涉案商铺安装了单独的水表、电表,如果承租人李某某未按租赁合同的约定按时向供水、供电企业支付水电费,供水、供电企业有权按照法律规定中止供水、供电,但对拖欠的水电费,供水、供电企业有权向谈某某催缴,而谈某某可依商铺租赁合同向李某某主张权利。本案中,涉案商铺的水、电均由某公司提供,即从该公司名下的水电总表中接出,在供水、供电公司并未有单独的户名,相应的水、电表读数均由某公司抄表后按照实际使用量向用户收取。某公司并非接受供水、供电等单位委托代收水电费,其与谈某某之间存在事实上的供水、供电合同关系,某公司有权要求谈某某在合理期限内按使用量计付水电费。涉案商铺属于谈某某所有,房内所用水电系租赁房屋整体使用功能之一,谈某某在出租时水电线路即已存在且可正常使用,并非李某某在租赁房屋后另行与某公司申请用水、用电,且此后李某某并未与某公司就供水供电订立合同。在谈某某将商铺出租后,就供水供电合同而言,某公司实际是向该合同以外的承租人履行供水供电义务。二审法院亦持同样意见。[2]

【不同处理】 有的法院认为,水电费应由实际使用人支付,其水电费并不属于物业费范畴,要求业主对水电费承担连带责任的依据并不充分。

【案例3-53】 佛山某贸易有限公司诉陈某娟、李某庄、崔某能合同纠纷案

二审法院认为,虽然陈某娟、李某庄作为涉案商铺的所有权人,但并无法律规定其应对承租人使用水、电而产生的费用承担连带责任。最高人民法院《2009年物业服务解释》第七条规定来源于《物业管理条例》第四十一条的直接规定,但物业服务费并非以使用为发生前提,与水、电费等费用有本质的区

〔1〕 浙江省杭州市中级人民法院(2014)浙杭民终字第1096号民事判决书。
〔2〕 江苏省无锡市中级人民法院(2017)苏02民终4603号民事判决书。

别。况且从《物业管理条例》第四十四条关于"物业管理区域内，供水、供电、供气、供热、通信、有线电视等单位应当向最终用户收取有关费用……"的规定中的"最终用户"的用词分析，水、电等费用的负担强调的应当是实际使用人，而非不动产的业主。根据"权利义务一致"原则，应按"谁使用、谁付费"方式来确定费用承担主体更为公平合理。[1]

【案例3－54】 宁波某物业管理有限公司南京分公司（以下简称某物业南京分公司）诉南京某餐饮管理有限公司（以下简称某餐饮公司）等物业服务合同纠纷案

二审法院认为，户内水、电费用系某餐饮公司在实际经营中产生的费用，生产服务站作为案涉房屋的产权人，其并未委托某物业南京分公司代为交纳户内的水、电费用，某物业南京分公司签订的物业服务合同中对此亦无约定，故某物业南京分公司要求生产服务站对某餐饮公司应当承担的户内水、电费承担连带给付责任，缺乏事实和法律依据，法院不予支持。[2]

5. 特殊情形的处理

一个物业管理区域的物业服务事项划分为不同管理主体，开发商作为业主应该交纳相应的物业服务费用。

【案例3－55】 长城物业公司诉天平公司物业合同纠纷案

二审法院认为，长城物业公司与天平公司等四方主体在2009年12月28日签署了交接协议。该交接协议将本属于一个物业管理区域的物业服务事项划分为不同管理主体，在管理权目前未能协议一致归属同一物业公司的情形下，势必导致本案双方在物业管理区域范围上存在混乱的现象。在本案中，尽管天平公司称其有自己单独的物业管理公司，但事实上，正如庭审所调查的事实，双方就管理权无法也不可能确定彼此清晰的界限，造成该问题的原因即在于交接协议本身。因此，在双方无法协议一致的情形下，目前只能依据该协议内容以及天平公司作为业主，其产权共有部分由长城物业公司管理服务的客观既定事实确定相应的费用。依据该协议第六条约定，天平公司有义务向长城物业公司交纳相关设备设施的使用、维修费用。同时，依据该协议第七条约定，产权以及管理权有疑义的其他事宜，应经过双方协商一致解决。而在不能协议一致的情形下，应该依据实际管理原则确定。长城物业公司作为小区主要物业管理单位，其与业主委员会签署了物业服务合同，属

---

〔1〕 广东省佛山市中级人民法院（2017）粤06民终6635号民事判决书。

〔2〕 江苏省南京市中级人民法院（2015）宁民终字第4046号民事判决书。

于全体业主的选择。天平公司作为部分产权的产权人,亦具有业主身份,应该交纳相应的物业服务费用。一审法院依据长城物业公司收费明细,以物业共用部分、共用设施设备的日常维护以及日常运行费用,绿化养护、秩序维护费用,社区文化活动以及装饰费、固定资产折旧等费用确定收费标准,进而计算出应交纳的物业服务费并无不当之处。长城物业公司的收费标准应适用于本案,其申请评估鉴定的理由不能成立。依据现有证据显示,长城物业公司已逐年张贴了物业费缴费通知单,说明其并无怠于主张权利的事实,天平公司主张本案已经超过诉讼时效的理由没有事实和法律依据。天平公司不同意交纳费用的上诉意见,一方面与交接协议不符,另一方面也与长城物业公司基于所有业主委托履行物业服务的事实不符,对其上诉请求和理由,法院不予支持。综上所述,长城物业公司与天平公司的上诉请求均不能成立,应予驳回;一审判决认定事实清楚,适用法律正确,应予维持。判决:驳回上诉,维持原判。[1]

个案中,是否为业主根据具体案情由法官裁量。

【案例3-56】 某物业管理有限公司诉江某物业合同纠纷案

判决观点:被告虽然使用农贸交易区的摊位,但不是摊主的业主,也未与物业公司签订书面物业服务合同,依据合同相对性原则,物业公司向被告主张物业管理费,没有法律依据。[2]

(四)业主起诉主体适格处理

这里讲的业主起诉适格性,是指业主针对小区共有或共用部分受到侵犯作为原告起诉的情形。业主作为原告起诉,应区分起诉对象与诉讼请求。

1.共有权诉讼涉及主体

在实践中,出现了许多侵犯业主共有权的现象,对这种情形是需要全部业主共同提起诉讼才可以成立,还是个别业主便可提起诉讼存在争议。《民法典》第二百八十七条规定:"业主对建设单位、物业服务企业或者其他管理人以及其他业主侵害自己合法权益的行为,有权请求其承担民事责任。"该条是关于业主对侵害自己合法权益的行为,有权请求实施侵害者承担民事责任的规定。对于业主认为侵犯了自己合法权益的事项除包括质量、服务、合同以外,还应包括小区的共有或共用部分,而

---

〔1〕 北京市第一中级人民法院(2021)京01民终10373号民事判决书。

〔2〕 参见最高人民法院民法典贯彻实施工作领导小组编著:《中国民法典适用大全》(合同卷五),人民法院出版社2022年版,第3531页。四川省西昌市人民法院(2021)川1028民初607号民事判决书。

小区的共有或共用部分是业主享有合法权益的组成部分，当然这种权益与业主的四项权能范畴亦有区别。笔者认为，在该条规定中确定的主体是业主，这里的业主既包括个别业主也包括部分业主、业主委员会，而不能狭义地理解为仅指业主委员会，从这个意义上讲，单个业主对认为侵犯共有或共用部分提起诉讼主体是适格的。对于侵犯共有或共用部分的行为，基于小区建筑区划内公共部分的所有权由小区业主共同所有，各共有人均可行使这一权利，对其他共有人均不会产生不利影响，体现了起诉的正当性，如单个业主诉至法院，法院应当立案受理。有的法院认为经全体业主或大多数业主同意或授权才能提起诉讼的观点实属对法律原意的误解。

【案例3－57】　陈某某诉安宁创佳房地产开发有限公司（以下简称创佳地产）物权保护纠纷案

一审法院认为，陈某某所购福苑2栋18××号房屋屋顶应属于建筑区划内的共有部分，故陈某某作为单个业主无权要求创佳地产拆除搭建的构筑物，据此，法院对陈某某提出的诉讼请求依法不予支持。另外，陈某某与创佳地产签订了房屋买卖合同并且已经按合同的约定支付了购房款，虽然因客观原因其没有接收本案诉争的房屋，但是其作为创佳地产福苑2栋18××号房屋准物权人的身份应依法予以承认。据此，法院认为虽然陈某某不能以单个业主的身份要求创佳地产拆除在福苑2栋18××号房屋屋顶上搭建的构筑物，但如果因创佳地产在福苑2栋18××号房屋屋顶搭建构筑物致使该房屋出现质量问题而给陈某某造成损失的，其可以以准物权人的身份向创佳地产主张权利。判决：驳回陈某某的诉讼请求。

二审法院认为，本案中，陈某某与创佳地产签订了《商品房购销合同》，并已经按合同约定支付了购房款，对于该购房行为已在房产管理部门进行了备案登记，陈某某作为福苑2栋18××号房屋的准物权人，有权作为业主提起本案诉讼，创佳地产认为陈某某无诉讼主体资格的主张于法无据，法院不予支持。创佳地产需要改变建筑物共有部分的用途，利用共有部分从事经营性活动、处分共有部分，都应征得全体业主同意方可进行，现创佳地产占用、处分业主共有部分、改变其使用功能，将屋顶用于搭建巨型钢架，摆放巨型大字，并未征询全体业主的意见。同时，创佳地产也未提交证据证实搭建该构筑物系在房屋设计的承载范围内，则创佳地产搭建该构筑物必然对房屋质量产生重大影响，对此，陈某某也已举证证实房屋已出现开裂和渗水情况。作为建筑物专有部分的业主陈某某，其所购买的房屋位于该栋楼房的顶层，创佳地产在屋顶搭建巨型钢架将给陈某某造成潜在的安全隐患，直接影响陈某某的正常生活，妨害到陈某某对专有部分建筑物合理使用的权利，故陈某某有权要求创佳地产排除妨害、恢复原状。判决：撤销一审判决，创佳地产拆除位于福苑2栋18××号房屋屋顶上搭建的构筑物,将屋顶恢复原状。[1]

【案例3-58】 简某某、萧某某诉上海英达方物业管理有限公司(以下简称英达方公司)排除妨害纠纷案

判决观点:根据简某某、萧某某提供的照片,法院确信系争商铺北侧最初应为透明玻璃幕墙,英达方公司擅自覆盖了商业广告进行经营性活动,简某某、萧某某作为权利人得依法请求排除妨害、恢复原状或者赔偿损失。鉴于系争商铺所处的临街位置,通过透明玻璃橱窗陈列商品可以吸引潜在的顾客光顾和消费,具有一定的商业价值,而英达方公司的覆盖行为势必造成该部分客源的流失,使系争商铺应有的价值受到贬损,致简某某、萧某某罹患损失,英达方公司应承担赔偿责任。现简某某、萧某某仅主张赔偿经济损失1元,系其对自身权益的处分,于法不悖,可予支持。判决:英达方公司拆除覆盖本市闸北区天目西路144号商铺北侧外墙面的铝塑板广告,恢复商铺北侧墙面原状,赔偿简某某、萧某某经济损失1元。[2]

【案例3-59】 曾某某等15人与东兴房地产开发有限公司、东淮房地产开发有限公司财产损害纠纷案

二审法院认为,本案诉争屋顶架空部分在原规划设计中并没有围砌封闭墙体,也没有涵括在B幢建筑面积中,没有计入业主的公摊面积,属于非独立的所有权空间,不属于某位业主所有,也不属于业主的公摊范围,更不属于开发公司的产权保留空间,应属于兴淮花苑小区B幢楼房全体区分所有权人所共有,上诉人无权处分,上诉人未经该楼房的所有业主同意,违反规划设计,擅自将屋顶加空部分围砌成封闭墙体,改变加空层的结构和用途,侵犯了该楼房全体区分所有权人的权利。15位被上诉人是该楼房的部分业主,有权提起民事侵权诉讼。判决:驳回上诉,维持原判。[3]

楼顶的平台该楼房全体业主所有,未经楼房全体业主同意,任何擅自处理和改变楼房顶端使用权的行为,构成业主权益的妨害,应承担相应的民事责任。

【案例3-60】 侯某某诉艺之林广告公司、五交化公司排除妨害纠纷案

二审法院认为,楼房的顶端,以其自然物理属性和功能用途来看,属于该楼房的全体业主共有,对共有部分如何使用和处分,应由全体业主决定。梅江二路82号大楼原系第三人五交化公司集资建造,大楼建成后不久,五交化公司转

---

〔1〕 参见国家法官学院案例开发研究中心编:《中国法院2017年度案例》(物权纠纷),中国法制出版社2017年版,第211~213页。云南省昆明市中级人民法院(2015)昆民一终字第684号民事判决书。

〔2〕 参见国家法官学院案例开发研究中心编:《中国法院2015年度案例》(物权纠纷),中国法制出版社2015年版,第150~151页。上海市闸北区人民法院(2012)闸民三(民)初字第1824号民事判决书。

〔3〕 福建省泉州市中级人民法院(2006)泉民终字第342号民事判决书。

让了一、二层的产权,三至七层集资套房的产权登记住户的产权人名下。因此,至2002年,五交化公司已不是梅江二路82号大楼的产权共有人,其无权对外订立合同出租82号大楼天面使用权,其与艺之林广告公司2002年3月签订的租用广告场地合约书侵害了包括侯某某在内的梅江二路82号大楼的全体产权共有人的利益。侯某某是梅江二路82号大楼的产权人之一,拥有该栋房屋天面的共同使用权,且其房屋位于大楼顶层,广告牌对其影响最直接。艺之林广告公司未经侯某某等大楼房屋所有权人同意。在该楼顶天面安装大型广告牌,侵害了侯某某的权利。侯某某要求艺之林广告公司拆除在楼顶设置的广告牌,恢复原状,理由正当,应予支持。原审认定侯某某于2003年5月14日向第三人购买了该大楼706房,同时原审以艺之林广告公司设置广告牌办理了相关手续,侯某某未能提供证据证明广告牌对其房屋有侵害和在取得房产权时就知道或应当知道该广告牌存在为由,驳回侯某某的诉讼请求不当,予以纠正。判决:(1)撤销一审判决;(2)被上诉人艺之林广告公司自行拆除位于梅江市梅江二路82号706房楼顶的广告牌(该广告牌长27米,高8米,面积为216平方米),排除妨害,恢复原状。[1]

业主对建筑区划内的共有部分享有共有和共同管理的权利,可以要求共享单车运营方在建筑区划共有部分设置禁停区。

【案例3-61】　黄某华诉某科技公司排除妨害纠纷案

二审法院认为,某科技公司一审提交的《共享单车平台用户服务协议》记载"平台方:甲科技公司,利用互联网信息技术开发能力,为用户及出租方提供车辆信息、动态、使用授权以及调度、运维、管理等部分周边服务的综合平台,包括某出行App汽车页面、××牌骑行微信小程序、××牌App""出租方:乙科技公司、丙科技公司(及其委托方)或其他投入平台的车辆所有者及经营管理者"等信息,《××牌单车用户租赁服务协议》记载:"出租方:乙科技公司,其为接入平台的××牌单车所有者及运营方,并通过平台向用户提供车辆及其相关服务"等信息,据此可知甲科技公司、乙科技公司和丙科技公司通过包括某出行App在内的平台××牌单车技术、车辆租赁有关服务。《某出行App证照信息》显示某科技公司是某出行App的经营企业。根据上述信息可知某科技公司既非××牌单车的平台方和出租方,亦非直接向用户提供××牌单车的服务,而是通过某出行App提供相关链接的服务,某科技公司系为提供××牌单车链接服务的网络服务提供

---

〔1〕 参见《人民司法·案例》2009年第14期。广东省梅州市中级人民法院(2008)梅中法民一终字第241号民事判决书。

者。《物权法》第三十五条规定:"妨害物权或者可能妨害物权的,权利人可以请求排除妨害或者消除危险。"黄某华提交的照片显示某小区10栋出口区域停放有包括××牌单车在内的许多共享单车,影响正常通行。某小区10栋出口区域是小区业主公共通行的通道,属于建筑区划内的共有部分,黄某华作为某小区的业主,有权要求排除妨害、恢复正常通行,而将上述区域设置为××牌单车的禁停区域是现实可行的有效措施,可以避免××牌单车在上述区域内扎堆停放,影响包括黄某华在内的业主的通行。停放上述区域的××牌单车虽然系由甲科技公司、乙科技公司和丙科技公司提供相应的技术、车辆租赁等服务,但是某科技公司作为某出行App的运营方也提供了相关链接服务,某科技公司作为网络服务提供者,应当依法采取必要措施,防止损害继续扩大。黄某华在一审起诉前已经向某科技公司邮寄《律师函》要求设置禁停区。某科技公司一审未能举证证明其在收到《律师函》后采取了法律规定的必要措施,根据《侵权法》第三十六条的规定,本应与相关主体一并承担侵权责任,鉴于某科技公司二审期间提供了相关证据,显示其已经采取必要措施,上述区域已经被设置××牌单车禁停区,黄某华一审诉讼请求已经实现,为避免当事人的诉累,本案已无追加其他当事人参加诉讼以及判决某科技公司承担责任的必要。由于某科技公司一审判决后才采取必要措施,黄某华一审诉讼请求目的于二审期间才实现,故二审受理费应由某科技公司负担。二审法院对黄某华的权利基础和诉讼请求予以肯定,但是基于案涉区域已经被设置××牌单车的禁停区,黄某华一审诉讼请求已经实现,没有必要追加其他当事人参加诉讼。判决:驳回上诉,维持原判。[1]

【不同处理】 有的法院认为,小区部分业主以共有部分存在质量问题起诉,其主体不适格。

【案例3-62】 俞某等诉北京长廊房地产开发有限公司(以下简称长廊房地产公司)房屋买卖合同纠纷案

一审法院认为,本案涉及多重法律关系。首先,25名原告中的朱某并未与长廊房地产公司直接建立商品房销售合同关系。因此就合同关系而言,原告朱某的主体资格问题存在瑕疵。其次,本案原告方并非以其对于共有部分享有的共有权为基础起诉,而是依据合同关系起诉,这将涉及未起诉业主无法借由共有人身份参加诉讼或对是否同意维修住宅楼共有部分外墙以及通

---

[1] 参见国家法官学院、最高人民法院司法案例研究院编:《中国法院2023年度案例》(物权纠纷),中国法制出版社2023年版,第56~57页。广东省广州市中级人民法院(2021)粤01民终10048号民事判决书。

过何种方式维修发表意见。由此原告方在此方面存在法律关系以及权利管理上的瑕疵。二审法院认为,关于诉讼主体资格,朱某、孙某、蒋某某等25人虽以房屋买卖合同纠纷为由提起本案诉讼,但是上诉人所主张的具体诉讼请求已涉及建筑物专有部分以外的共有部分之权利义务,因此,在尚有部分业主未明确具体意见的情况下,法院认定朱某、孙某、蒋某某等25人的诉讼主体资格存在瑕疵。[1]

有的法院以双过半数为标准判断业主起诉主体是否适格。

【案例3-63】 刘某某等诉广西钦州华信置业有限公司业主共有权纠纷案

判决观点:本案中华信·香江花园第三栋(翡翠华庭)共有业主108户,现提起诉讼的原告有57户74人,已超半数,且专有部分占建筑物总面积过半数,符合以上法律规定,因此原告作为诉讼主体适格。[2]

2. 共同决定事项诉讼涉及主体

有的法院认为,安装充电桩事项属于应由业主共同决定的事项,因此不能以个人名义对须由小区共同决定之事项进行起诉,其起诉主体不适格。

【案例3-64】 林某诉杭州某物业管理有限公司(以下简称物业管理公司)物业服务合同纠纷案

二审法院认为,林某欲在其车位建立汽车充电设施,因小区的基础建设未预留汽车充电设施的设置条件,其建立汽车充电设施的行为,必然会对小区相关附属设施予以变动,涉及小区业主对小区公共资源的共同利益。林某的请求事项,符合《物权法》第七十六条规定的范围。林某在未经业主大会或者业主委员会作出决定前起诉物业管理公司不符合相应程序,故原审法院作出驳回林某起诉之裁定符合法律的规定。[3]

小区公共停车位安装充电桩不构成对业主权益的侵害。

【案例3-65】 雷某等诉甲科技公司、某顾问公司物权保护纠纷案

一审法院认为,根据《前期物业服务合同》第九条之规定,某顾问公司有权对共有部分统一实施经营,涉案场地规划为共同车位,现某顾问公司将涉案场出租给乙科技公司,乙科技公司又将场地转租给甲科技公司用于经营地

---

〔1〕 参见国家法官学院案例开发研究中心编:《中国法院2016年度案例》(房屋买卖合同纠纷),中国法制出版社2016年版,第155~156页。

〔2〕 参见国家法官学院案例开发研究中心编:《中国法院2014年度案例》(物权纠纷),中国法制出版社2014年版,第146页。广西壮族自治区钦州市钦南区人民法院(2012)钦南民初字第1665号民事判决书。

〔3〕 浙江省杭州市中级人民法院(2019)浙01民终877号民事裁定书。

面充电专用停车位,并未改变场地的用途,即便配备的配电房部分占用了小区公共区域,但该配电房是基于充电专用停车位的必备设备。《最高人民法院关于审理物业服务纠纷案件具体应用法律若干问题的解释》(法释〔2009〕8号)第一条规定,建设单位依法与物业服务企业签订的前期物业服务合同,以及业主委员会与业主大会依法选聘的物业服务企业签订的前期物业服务合同,对业主具有约束力。另外,雷某等人作为小区业主,对侵犯业主共同利益的行为有权寻求救济,但是否符合小区业主的共同利益行为属多数决,雷某等人并未对被告修建充电专用停车位的行为是否多数业主均不同意进行举证证明。据此,雷某等人要求某顾问公司、甲科技公司、乙科技公司停止修建充电桩和配电房并将场地恢复原状的诉讼请求,缺乏依据,法院不予支持。判决:驳回雷某、费某精、杨某云、周某宇、胡某琴、包某寿、李某玉的诉讼请求。二审法院同意一审法院裁判意见,判决:驳回上诉,维持原判。[1]

3. 公共收益事项诉讼涉及主体

业主起诉主张公共收益权利主体适格问题。《民法典》第二百八十二条规定:"建设单位、物业服务企业或者其他管理人等利用业主的共有部分产生的收入,在扣除合理成本之后,属于业主共有。"单个业主对本条规定的共有部分收益具有直接利害关系,但根据《民法典》的相关规定,业主大会或业主委员会根据业主大会的决定,代表全体业主参加因物业管理活动发生的诉讼或者仲裁。也就是说,在适用本条规定主张公共利益权利时,单个或部分业主并不具备原告的资格。

4. 物业服务合同效力诉讼涉及主体

单个或部分业主能否提起确认物业服务合同无效的诉讼,在实践中是有争议的问题。有的法院认为,单个或部分业主能提起确认物业服务合同无效的诉讼,但应由业主委员会或业主大会授权。

【案例3-66】 王某某诉杭州市西湖区某小区业主委员会民事纠纷再审案

再审法院认为,业主委员会作为业主大会的执行机构,有权代表业主大会签订物业服务合同,对于解聘物业服务企业、认定物业服务合同无效,因涉及全体业主共同利益,应由业主大会授权或者由业主委员会依照法律规定起诉,而非由业主个人在未经业主大会授权的情况下以自己的名义提起诉讼。故原审裁定认定王某某作为确认物业服务合同无效的原告主体不适格并无不当。[2]

---

〔1〕 参见国家法官学院、最高人民法院司法案例研究院编:《中国法院2023年度案例》(物权纠纷),中国法制出版社2023年版,第3页。重庆市第五中级人民法院(2021)渝05民终6940号民事判决书。

〔2〕 浙江省高级人民法院(2016)浙民申2878号民事裁定书。

【案例 3－67】　顾某某诉台州某物业服务有限公司、某小区业主委员会确认合同无效纠纷案

二审法院认为，本案中并无证据能够证明某小区业主委员会怠于提起诉讼，上诉人顾某某也未取得该小区业主大会授权来进行诉讼。由于物业服务合同效力认定涉及全体业主的利益，在未经业主大会授权的情况下，上诉人不具备一审原告的诉讼主体资格，本案应该驳回上诉人的起诉。据此，裁定撤销了一审的判决，驳回上诉人顾某某的起诉。[1]

【不同处理】　有的法院认为，单个或部分业主提起确认物业服务合同无效的范围，仅限于司法解释规定的两种情形。

【案例 3－68】　张某某、万某诉厦门市同安区某小区第一届业主委员会、厦门某物业管理服务有限公司等确认合同无效纠纷案

二审法院认为，张某某作为厦门市某小区业主，请求确认该小区业主委员会与物业公司所签订的物业服务合同无效，应符合最高人民法院《2009 年物业服务解释》第二条规定的情形。一审法院裁决驳回张某某的起诉，并无不当。[2]

有的法院认为，单个或部分业主作为物业服务合同的当事人之一，有权提起确认物业服务合同无效的诉讼。

【案例 3－69】　覃某某诉重庆某物业管理有限公司（以下简称某物业公司）、重庆市永川区某小区业主委员会确认合同无效纠纷案

判决观点：覃某某作为某小区业主，与该物业服务合同存在直接的利害关系，某小区业主委员会违反《物业管理条例》第十一条的规定没有召开业主大会即与某物业公司签订物业服务合同损害了原告的利益，其有权依照《民事诉讼法》第一百一十九条之规定向人民法院提起诉讼。[3]

【案例 3－70】　段某雷诉邓州市某小区业主委员会、南阳某物业管理有限公司（以下简称某物业公司）确认合同无效纠纷案

二审法院认为，段某雷作为邓州市某小区的业主，受某小区业主委员会与某物业公司签订的物业服务合同的约束，其与该物业服务合同有利害关系，其以某小区业主委员会未经过半数业主同意与某物业公司签订物业服务合同为由，要求确认该物业服务合同无效，人民法院应予审理。至于段某雷要求确认合同无效的理由是否成立，应当通过审理查明。一审法院以段某雷

---

〔1〕 浙江省台州市中级人民法院（2017）浙 10 民终 248 号民事裁定书。

〔2〕 福建省厦门市中级人民法院（2018）闽 02 民终 4241 号民事裁定书。

〔3〕 重庆市永川区人民法院（2014）永法民初字第 01424 号民事判决书。

不具有诉讼主体资格为由,驳回段某雷的起诉适用法律错误。[1]

5. 行政行为诉讼涉及主体

对于行政机关作出的涉及小区业主共同利益的行为,个别业主通常不具有申请行政复议或者提起行政诉讼的主体资格。行政机关作出的行政行为涉及业主共有利益的,尽管会影响每一个业主的利益,但这种影响是分散的,某一特定业主通常不会受到比其他业主更加不利的影响。换言之,某一特定业主往往并不具有更加特别的利害关系。同时,涉及业主共有利益的事项应由业主共同决定,个别业主并无决定权。鉴于此,不认可个别业主对该类行为提起行政诉讼的原告主体资格,具有合理性。但在两种情况下,个别业主原告主体资格不受限制:其一,符合单过半的条件。《最高人民法院关于适用〈中华人民共和国行政诉讼法〉的解释》第十八条第二款规定,业主委员会不起诉的,专有部分占建筑物总面积过半数或者占总户数过半数的业主可以提起诉讼,即确立了单过半规则。个别业主是指不足以代表全体业主的一个或多个业主,而不仅是指一个业主。在物业管理区域业主数量很少,甚至只有一个业主的,符合单过半的条件。其二,如果行政行为对特定业主的权利义务产生实际影响,则特定业主具有申请复议或提起诉讼的主体资格。

【案例3-71】 王某诉北京市海淀区人民政府行政复议纠纷案

一审法院认为,复议申请人与具体行政行为有利害关系,系行政复议机关受理行政复议申请的要件之一。王某提出的行政复议请求为责令学院路街道办事处履行"指导协助业主召开业主大会会议决定有关事项及责令富润业委会限期改正或者撤销富润业委会的决定并通告全体业主"的法定职责。学院路街道办是否履行王某要求其履行的上述职责,涉及富润家园小区全体业主的权益,而王某仅系小区众多业主中的一员。在行政复议期间,王某并未提交证据证明其申请行政复议所针对的具体行政行为对其权利义务产生了相较于该小区其他业主而言更加不利的实际影响。在此情况下,海淀区政府认定王某不具有申请行政复议的主体资格,并无不当。判决:驳回王某的诉讼请求。

二审法院认为,业委会的决定对全体业主具有约束力,并非针对特定业主作出,业主大会会议的召开亦应遵循相应的程序和要求。王某作为单独个别业主要求学院路街道办事处履行撤销业委会决定等职责,进而提出本案行政复议申请,其不具有提起行政复议的主体资格。海淀区政府据此驳回其行政复议申请符合规定。从本市规范性文件739号指导规则的相关规定亦不

[1] 河南省南阳市中级人民法院(2019)豫13民终4909号民事判决书。

能得出王某作为个别业主具有本案行政复议申请主体资格的结论。判决：驳回上诉，维持一审判决。[1]

一直以来，关于楼下住户是否可以对楼上违规建筑以个人名义提起行政诉讼，实践中有两种不同的裁判标准。一般认为，原本规划为隔热层的封闭空间被开发商私自改建成阁楼并出售，楼下房屋与楼上区域有直接接触面积，可以推定楼上区域的使用将导致楼下住户的合法权益遭受影响。作为利害关系人楼下住户有权以个人名义提起行政诉讼，要求综合行政执法局等相关职责部门依法履职。

【案例3－72】　秦某诉日照山海天旅游度假区综合行政执法局不履行法定职责纠纷再审案

一审法院认为，本案中，原告举报其楼上的隔热层交付使用后，被改变规划，原告作为涉案楼房所有权人，其楼上隔热层封闭或是对外开放使用，与原告存在一定的利害关系，因此，原告向被告举报违法建设行为并要求被告履行查处职责，被告对举报事项的处理结果存在利害关系，原告依法具有提起行政诉讼的原告主体资格。……综上，原告要求被告履行法定职责，符合法律规定，应予支持。判决：被告日照山海天旅游度假区综合行政执法局对原告秦某申请事项履行法定职责。二审法院判决：驳回上诉，维持原判。再审法院裁定：驳回日照山海天旅游度假区综合行政执法局再审申请。[2]

单个业主不具备起诉撤销业主委员会备案的主体资格。

【案例3－73】　某某诉青县住房和城乡建设局备案撤销权纠纷案

二审法院认为，《最高人民法院关于适用〈中华人民共和国行政诉讼法〉的解释》第十八条规定，业主委员会对于行政机关作出的涉及业主共有利益的行政行为，可以以自己的名义提起诉讼。业主委员会不起诉的，专有部分占建筑物总面积过半数或者总户数过半数的业主可以提起诉讼。根据上述规定，对于涉及业主共有利益、公共事务的行政行为，单个业主不具有单独提起行政诉讼的原告主体资格。本案中，上诉人成立后的备案行为，属于全体业主对东方丽都小区公共事务的决策事项。虽然上诉人的成立及上诉人对该小区事务的管理活动与业主个体的利益有关联，但单个业主并不具有独立处分、决策小区公共事务的权利。二被上诉人在该小区的总户数或专有部分占建筑物总面积均未过半，故不具有对青县住房和城乡建设局所作备案行为

---

〔1〕 参见国家法官学院、最高人民法院司法案例研究院编：《中国法院2021年度案例》（行政纠纷），中国法制出版社2021年版，第179～180页。北京市高级人民法院（2019）京行终4428号行政判决书。

〔2〕 参见最高人民法院中国应用法学研究所编：《人民法院案例选》2021年第7辑（总第161辑），人民法院出版社2021年版，第220页。山东省高级人民法院（2021）鲁行申26号行政裁定书。

提起行政诉讼的原审原告主体资格，应当裁定驳回其起诉。[1]

(五)非业主诉讼主体适格处理

1.非小区业主请求权主体处理

可分以下两种情况予以讨论。其一，非小区业主进入小区，因物业服务人未设路障、未采取防护措施的原因受伤的，有权作为赔偿请求主体主张赔偿权。《民法典》第一千二百五十六条规定："在公共道路上堆放、倾倒、遗撒妨碍通行的物品造成他人损害的，由行为人承担侵权责任。公共道路管理人不能证明已经尽到清理、防护、警示等义务的，应当承担相应的责任。"该条规定同样适用于物业服务人在小区为修缮挖路挖地的情形。物业服务人为修理需要挖开路面或某一处地面，未设置任何防护措施，不论是业主或非业主均有权利向法院提起诉讼，请求物业服务人承担赔偿责任。但应注意的是，业主与非业主提起诉讼有别——业主有权选择提起违约之诉或侵权之诉，而非业主只能提起侵权之诉。

其二，公租房的承租人作为撤销权原告问题。业主撤销权一般专属于业主，但在特殊情况下，如业主大会或者业主委员会的决定损害了非业主的物业使用人的合法权益时，物业使用人也可以行使撤销权，具有提起撤销权诉讼的原告主体资格，这符合权利义务对等原则，亦有法律依据。根据最高人民法院《建筑物区分所有权解释》第十六条的规定，建筑物区分所有权纠纷涉及专有部分的承租人、借用人等物业使用人的，可以参照该解释处理。这就是说，在行使撤销权主体上公租房承租人与业主等同。公租房承租人作为物业使用人，在物业服务法律关系中，除遵守法律、法规、管理规约、业主大会或者业主委员会依法作出的决定外，自然可以根据其与业主的约定，享有相应的权利，承担相应的义务。物业使用人的主要权利应当包括接受物业服务人服务的权利、合理利用共有部分的权利，以及该权利受到侵害时，提起相应诉讼的请求权等。

【案例3-74】 王某某诉广东省珠海市NL花园业主委员会业主撤销权纠纷案

判决观点：关于王某某作为本案原告是否适格的问题，根据最高人民法院《2009年建筑物区分所有权解释》第十六条的规定，建筑物区分所有权纠纷涉及专有部分的实际使用人可以以自己的名义享受物业管理的权利并承

---

〔1〕 河北省沧州市中级人民法院(2020)冀09行终193号行政裁定书。

担相应的法律责任。被告认可其作出的关于对NL花园小车停车管理规定的补充条款和关于NL花园小车停车的相关规定没有经过业主大会会议表决,违反了《物权法》第七十六条的规定,即便是为了保障业主权益,也应当依照相关的法律程序召开业主大会进行投票表决。原告承租的是珠海市公租房,业主委员会作出的"停车规定"直接关系到作为公租房承租人所使用的车辆能否在小区办理固定停车手续的问题,原告认为该规定损害其合法权益,符合法律规定。故法院判决撤销被告作出的对关于对NL花园小车停车管理规定的补充条款和关于对NL花园小车停车的相关规定。[1]

2. 占有房屋提出执行异议问题

当事人仅以入住通知单、水费单、物业费收据等材料主张自己已实际合法占有案涉房屋并要求因此排除法院强制执行的,人民法院不予支持。

【案例3-75】 李某某与河南中德建筑工程有限公司案外人执行异议之诉纠纷再审案

最高人民法院认为,李某某的再审申请事由不成立,本案不应当再审。经审查,李某某提交的2018年9月7日东盛苑2号楼1单元202室入住通知书、装饰装修管理协议、前期物业管理服务协议、水电费、电费单、物业费收据等材料,但未提供物业费、水费、电费等费用交纳银行转账记录及交费凭证原件,不符合证据规定,不足以证明其在人民法院查封之前已合法占有案涉房屋。李某某以其家庭人口多为由,主张对案涉202室房屋享有排除强制执行的民事权利,不符合强制执行的规定条件。裁定:驳回李某某的再审申请。[2]

3. 承租人欠交物业费被告主体

实践中,经常存在业主将房屋出租时与承租人签订租赁合同,约定由承租人向物业公司交纳物业服务费。当欠交物业费时,物业公司是否有权直接起诉没有直接合同关系的承租人,请求其承担物业费及违约金存在一定争议。多数法院认为,根据《物业服务解释》第四条规定:"因物业的承租人、借用人或者其他物业使用人实施违反物业服务合同,以及法律、法规或者管理规约的行为引起的物业服务纠纷,人民法院可以参照关于业主的规定处理。"承租人作为实际上物业服务的接受者,与物业公司之间形成了事实上的物业服务关系,因此是本案的适格被告。

---

〔1〕 参见程磊、周滨:《律师说法:业主委员会及物业服务纠纷案例评析》,法律出版社2020年版,第52页。

〔2〕 最高人民法院(2021)民申7524号民事裁定书。

【案例3－76】 深圳市城建物业管理有限公司荔波分公司与任某德物业服务合同纠纷案

一审法院认为，根据《最高人民法院关于审理物业服务纠纷案件具体应用法律若干问题的解释》第一条“建设单位依法与物业服务企业签订的前期物业服务合同，以及业主委员会与业主大会依法选聘的物业服务企业签订的物业服务合同，对业主具有约束力。业主以其并非合同当事人为由提出抗辩的，人民法院不予支持。”及第十二条“因物业的承租人、借用人或者其他物业使用人实施违反物业服务合同，以及法律、法规或者管理规约的行为引起的物业服务纠纷，人民法院应当参照本解释关于业主的规定处理。”的规定，房开企业与物业服务公司签订的前期物业服务合同效力及于全体业主，业主应按前期物业服务合同交纳物业费。本案中，任某德作为承租人在签订租赁合同时除约定租金外约定了商业管理费，深圳市城建物业管理有限公司荔波分公司也提出该商业管理费即为物业管理费，合同也约定了要与指定物业管理部门签订物业管理协议，且实际上任某德亦向深圳市城建物业管理有限公司荔波分公司交纳了部分物业管理费。说明任某德明知需要交纳物业管理费，虽然双方未签订物业合同，但前期物业合同效力及于双方，双方应当遵守该合同。深圳市城建物业管理有限公司荔波分公司提供了物业服务，则任某德应按前期物业合同交纳物业管理费。任某德提出商铺漏水等问题，可向房开公司等部门主张权利解决，但不是拒绝交纳物业费的理由。另外，深圳市城建物业管理有限公司荔波分公司主张尚未交纳的物业费从2018年8月11日开始计算，但其提交的收据反映任某德交纳了2018年7月1日至9月1日的物业，故尚欠物业费应从2018年9月起计算至2020年7月，共23个月，每月413.62元，共9513.26元。深圳市城建物业管理有限公司荔波分公司主张的按欠费金额每日千分之一标准计算违约金缺乏合同依据，不予支持。二审法院维持一审判决。[1]

【案例3－77】 重庆跃飞物业管理有限公司与张某物业服务合同纠纷案

一审法院认为，重庆跃飞物业管理有限公司与南川区博赛豪庭小区业主委员会于2015年1月1日及2017年10月20日签订的《物业服务合同》系双方当事人的真实意思表示，未违反法律的强制性规定，依法应受保护，双方当事人均应按照合同约定全面履行各自的义务。根据《最高人民法院关于审理物业服务纠纷案件具体应用法律若干问题的解释》第一条“业主委员会与业主大会依法选聘的物业服务企业签订的物业服务合同，对业主具有约束

〔1〕 贵州省黔南布依族苗族自治州中级人民法院(2021)黔27民终614号民事判决书。

力”的规定,前述《物业服务合同》依法对南川区博赛豪庭小区包括重庆市博嘉房地产开发有限公司在内的全体业主具有约束力。重庆市博嘉房地产开发有限公司将案涉门面租赁给张某,双方签订的《房屋租赁合同》约定由承租人承担租赁期间的一切费用,即包括物业费用。张某作为物业使用人,前述《物业服务合同》对其亦具有法律约束力。

对于重庆跃飞物业管理有限公司主张的违约金,因该院在审理博赛豪庭物业服务合同纠纷系列案件中,重庆跃飞物业管理有限公司确实存在一定服务内容不够全面,服务质量不够优质的情况,即履行物业服务中存在一般瑕疵。而由于该瑕疵,对于重庆跃飞物业管理有限公司要求对方支付违约金的诉讼请求,不予支持。二审法院维持一审判决。[1]

【案例 3 -78】 重庆跃飞物业管理有限公司与袁某绩物业服务合同纠纷案

一审法院认为,重庆跃飞物业管理有限公司与南川区博赛豪庭小区业主委员会于 2015 年 1 月 1 日及 2017 年 10 月 20 日签订的《物业服务合同》系双方当事人的真实意思表示,未违反法律的强制性规定,依法应受保护,双方当事人均应按照合同约定全面履行各自的义务。根据《最高人民法院关于审理物业服务纠纷案件具体应用法律若干问题的解释》第一条“业主委员会与业主大会依法选聘的物业服务企业签订的物业服务合同,对业主具有约束力”的规定,前述《物业服务合同》依法对南川区博赛豪庭小区包括重庆市博嘉房地产开发有限公司在内的全体业主具有约束力。重庆市博嘉房地产开发有限公司将案涉门面租赁给袁某绩,双方签订的《房屋租赁合同》约定由承租人承担租赁期间的一切费用,即包括物业费用。袁某绩作为物业使用人,前述《物业服务合同》对其亦具有法律约束力。

对于重庆跃飞物业管理有限公司主张的违约金,因该院在审理博赛豪庭物业服务合同纠纷系列案件中,重庆跃飞物业管理有限公司确实存在一定服务内容不够全面,服务质量不够优质的情况,即履行物业服务中存在一般瑕疵。而由于该瑕疵,对于重庆跃飞物业管理有限公司要求对方支付违约金的诉讼请求,不予支持。二审法院维持一审判决。[2]

【不同处理】 有的法院认为,物业公司与承租人之间没有形成直接的合同关系,当事人不能提供法律或合同上的依据证明承租人是其诉请直接向其交纳物业服务费的适格被告,因此应当裁定驳回起诉。

---

〔1〕 重庆市第三中级人民法院(2019)渝 03 民终 1867 号民事判决书。

〔2〕 重庆市第三中级人民法院(2019)渝 03 民终 1866 号民事判决书。

【案例3-79】 四川宏睿物业服务有限公司与梓潼县文昌镇诗韵茶轩物业服务合同纠纷案

二审法院认为,上诉人四川宏睿物业服务有限公司与被上诉人梓潼县文昌镇诗韵茶轩之间没有形成直接的合同关系。经审查,上诉人没有提供法律或合同上的依据,证明被上诉人是其诉请直接向其交纳物业服务费的适格被告,一审法院裁定驳回上诉人的起诉并无不当,法院予以维持。[1]

【案例3-80】 可域物业公司与吴某莹、曾某福等物业服务合同纠纷案

判决观点:可域物业公司与业主存在合同关系,与承租人并未建立合同关系。根据合同相对性原理,可域物业公司只能向业主主张权利。业主刘某康、罗某娣、吴某富、王某平与承租人吴某莹之间租赁合同关系,吴某莹与曾某福之间转租关系,与本案物业合同纠纷系另一法律关系。业主与承租人之间基于房屋租赁对物业管理费用的负担问题不属本案审理范围。因此,罗某娣、吴某富该辩称无法律依据,法院不予采纳。[2]

---

〔1〕 四川省绵阳市中级人民法院(2020)川07民终3300号民事判决书。

〔2〕 福建省上杭县人民法院(2022)闽0823民初368号民事判决书。

专题四　物业服务合同效力纠纷

本专题只就物业服务合同效力涉及的相关问题予以阐述。

一、物业服务合同效力理解

(一)合同效力含义

合同效力是指已经成立的合同在当事人之间产生的法律拘束力,也就是通常所说的合同具有的法律效力。[1] 有学者认为,合同效力是指因合同而产生的权利义务。[2] 法官认为,合同的效力反映了法律对当事人之间的合意的评价。[3] 换言之,合同效力是合同经过法律的评价所反映出的效果。[4] 在物业服务合同纠纷中,合同效力争议是最常见且复杂的争议之一,有必要从理论和实践两个层面结合研究。

物业服务合同的效力,是指物业服务合同对何人发生法律约束力,即约束力指向的具体对象。物业服务合同属集体契约。依据《民法典》《物业管理条例》等法律法规的规定,签订物业服务合同的主体包括建设单位(开发商)及业主大会授权的业主委员会。由于物业服务合同的特殊性,物业服务合同的成立不以每一名业主签字同意为生效的条件。

物业服务涉及公共部分建筑物区分所有权问题,物业服务人与业主委员会签订的物业服务合同对全体业主有效,业主以未享受或者无须接受相关物业服务为由拒绝交纳物业费的,法院不予支持。物业服务涉及公共部分建筑物区分所有权的整体性,该权利不同于普通所有权,其包括专有权、共有权和成员权三个方面,而非单个业主的绝对支配权。建筑物区分所有权人数众多,共有部分的利用和管理必须由全体共有人以团体意思决议,而不能以单个区分所有权人的个体意思为准。共有部分的管理和利用皆与其正常生活居住息息相关,关乎其正常生活权利的合理实现。其之间不再是简单的财产共有关系,而是相互依存、相互协助之共同生活关系。因此,在关系全体业主共同利益的事项上,必须由全体业主共同作

---

〔1〕 参见程国林:《合同效力状态及其转化》,载《法学杂志》2006 年第 3 期。

〔2〕 参见李仁玉等:《合同效力研究》,北京大学出版社 2006 年版,第 1 页。

〔3〕 参见吴庆宝主编:《最高人民法院专家法官阐释民商裁判疑难问题》(合同裁判精要卷)(增订版),中国法制出版社 2011 年版,第 75 页。

〔4〕 参见韩世远:《合同法总论》(第 4 版),法律出版社 2018 年版,第 196 页。

出决议，并且该决议对所有业主具有约束力，业主个体意思不能否定业主委员会代表业主共同意思与之所签订物业服务合同效力。

所谓管理规约，是指业主大会依据法定程序通过的对业主具有拘束力的关于共同事务和共有财产的管理问题的具体规则。管理规约在性质上属于一种共同行为，是各业主对共同事项的一致意思表示，类似于公司的章程。换言之，管理规约是全体业主依据法定的程序而集体签订的合同，是业主自治的产物，一旦生效，对全体业主产生拘束力。[1] 学界一般认为，管理规约是指由全体业主通过业主大会就物业管理、使用、维护与所有关系等各方面制定的规则。[2] 管理规约主要包括两个方面的内容：一是对共有物和共同事务的管理，比如建筑物及其附属设施的使用、维护与管理；二是对业主行为的规范与管理，比如禁止业主携带危险品进入社区等。需要注意的是，管理规约的性质决定其不能非法干预业主对专有部分的正常使用，比如禁止业主出租房屋，也不能对业主人身权利作出不当限制，比如不得晚于23时回家。[3] 管理规约对业主具有普遍效力，主要体现在两个方面：第一，即使某个（些）业主对该规约的通过持反对意见，但一经合法作出，其亦必须遵守；第二，即使某个（些）业主是在管理规约通过后入住，亦与上同。[4] 也就是说，在物业小区区域内，管理规约是业主相互间权利义务关系的基本规定，为自治规范或自治规则，是反映物业性质的规范。管理规约只要不违反法律的效力性强制性规定，不违反公序良俗原则或变更、排除区分所有权的本质，区分所有权人就应自觉遵守；但管理规约未排除、未禁止的，区分所有权人就可以自由使用其所有权。应强调的是，管理规约对业主具有约束力，但不得排除对业主专有部分的合理使用。

所谓业主大会或者业主委员会的决定，是指业主大会或者业主委员会通过的“管理规约之外的关于物业管理、共同生活等方面事项的决定”。[5]

应注意的是，从《民法典》的规定来看，管理规约与业主大会或者业主委员会的决定在效力上是有区别的。根据《民法典》第二百八十六条第一款的规定，业主应当遵守法律、法规以及管理规约，但该条并没有提到业主大会或者业主委员会的决定。虽然《民法典》第二百八十条第一款规定了业主大会或者业主委员会的决定，对业主具有约束力，但是该条第二款明确规定：“业主大会或

---

〔1〕 参见王利明：《物权法论》（第2版），中国政法大学出版社2008年版，第177页。

〔2〕 参见万鄂湘：《物权法论理论与适用》，人民法院出版社2005年版，第410页。

〔3〕 参见最高人民法院民事审判第一庭编著：《最高人民法院建筑物区分所有权、物业服务司法解释理解与适用》，人民法院出版社2009年版，第112页。

〔4〕 参见最高人民法院民事审判第一庭编著：《最高人民法院建筑物区分所有权、物业服务司法解释理解与适用》，人民法院出版社2009年版，第112页。

〔5〕 参见王利明：《物权法论》（第2版），中国政法大学出版社2008年版，第177页。

者业主委员会作出的决定侵害业主合法权益的,受侵害的业主可以请求人民法院予以撤销。”不但本条没有规定对管理规约予以撤销,《民法典》的其他条款也没有对管理规约予以撤销的规定。有学者认为,这主要是因为管理规约是全体业主基于法定的程序而共同制定的,体现了业主的共同意志,从维护业主自治考虑,只要管理规约没有违反法律、行政法规的强制性规定,则业主无权请求撤销或宣告无效。由此可见,管理规约具有较强的法律约束力[1],管理规约的效力大于业主大会或者业主委员会的决定。司法实践中,亦鲜见法院对管理规约撤销或宣告无效的案件。

(二)合同效力范围

业主虽然不与物业服务人直接订立物业服务合同,但根据《民法典》的规定,业主委员会依法选聘的物业服务人订立的物业服务合同,对业主具有法律约束力。在物业服务领域中效力发生的来源、范围不同于一般的合同效力,即物业实际使用人受物业服务合同约束,但又不直接签订合同。

【案例4-1】 福建省厦门市佰鸿物业有限公司(以下简称佰鸿物业公司)诉樊某荣物业服务合同纠纷案

一审法院认为,佰鸿物业公司系具有独立法人资格、具有物业管理服务资质的物业管理服务单位。城市花园及中发荣寓小区业主委员会共同与佰鸿物业公司签订的《物业服务委托合同》经一、二审法院认定为有效,该合同对物业服务企业及全体业主均具有约束力,各方当事人均应遵守,全面履行。佰鸿物业公司按约定向包括樊某荣在内的业主提供了服务,樊某荣在接受物业服务后,应履行向佰鸿物业公司交纳相关费用的义务。二审法院持同样意见,维持原判。[2]

【案例4-2】 马某萍诉物业公司物业服务合同纠纷案

二审法院认为,被上诉人甲公司与乙小区B区业主委员会签订了《物业管理委托合同》,该合同对全体业主均有约束力。上诉人马某萍与被上诉人甲公司之间形成了物业管理服务权利义务关系,被上诉人甲公司提供了物业服务,有权向上诉人马某萍收取物业管理服务等费用。[3]

---

〔1〕 参见王利明:《物权法论》(第2版),中国政法大学出版社2008年版,第177页。

〔2〕 参见国家法官学院、最高人民法院司法案例研究院编:《中国法院2020年度案例》(合同纠纷),中国法制出版社2020年版,第239页。福建省龙岩市中级人民法院(2018)闽08民终1620号民事判决书。

〔3〕 宁夏回族自治区吴忠市中级人民法院(2019)宁03民终997号民事判决书。

1.前期物业服务合同效力

《民法典》第九百三十九条规定:“建设单位依法与物业服务人订立的前期物业服务合同,以及业主委员会与业主大会依法选聘的物业服务人订立的物业服务合同,对业主具有法律约束力。”所谓“对业主具有法律约束力”,是指业主享有合同权利并承担合同义务。无论是订立前期物业服务合同时已经入住的业主,还是在前期物业服务合同订立后、业主或者业主委员会与物业服务人订立物业服务合同前入住的业主,都应当受到前期物业服务合同的约束。[1]

《城市房地产开发经营管理条例》第二十八条规定:“商品房销售,当事人双方应当签订书面合同。合同应当载明商品房的建筑面积和使用面积、价格、交付日期、质量要求、物业管理方式以及双方的违约责任。”也就是说,在商品房销售时,物业服务内容是合同的必备内容之一。

《物业管理条例》第二十一条规定:“在业主、业主大会选聘物业服务企业之前,建设单位选聘物业服务企业的,应当签订书面的前期物业服务合同。”第二十五条规定:“建设单位与物业买受人签订的买卖合同应当包含前期物业服务合同约定的内容。”

从上述法律规定可以得出,在商品房销售时,购房人与开发商签订买卖合同,同时或其后签订的前期物业服务合同对购房人发生效力。此时的物业服务人绝大多数是开发商自己成立的子公司,基于业主大会和业主委员会尚未成立,开发商依照现行法律可以委托物业服务人对小区进行服务,其签订的物业服务合同亦是合法有效的。但也存在例外,在物业服务合同约定的内容损害了业主合法权益时,则该约定内容无效。从另一个角度讲,虽然前期物业服务合同在订立时,购房人也就是业主没有参与协商,也不是作为委托人委托物业服务人进行物业服务。但签订商品房买卖合同本身已对前期物业服务合同进行了确认,购房人自然要受前期物业服务合同的约束。从合同相对性原理出发,开发商同物业服务人签订的合同不能对业主产生约束力,而这对于开发商而言是不公平的。为了克服这一弊端,我国立法扩大了这一合同的效力范围,从《物业管理条例》第二十五条的规定分析,实际上,目前我国在开发商与购房人签订买卖合同之时,就同时包含了双方转让前期物业服务合同的合意在其中。当然,有的业主并非自愿,但由于前期物业服务合同是为了小区业主整体利益而制定的,其利益归业主所有,且其制定有法律依据,因此具有合法性,其应受法律保护。从法律规定和理论上讲,对前期物业服务合同内容损害业主利益的,业主有权要求修改或请求法院确认无效。对于《民法典》第九百三十九条规定的效力原因,立法者认为,这主要是因为,业主与

〔1〕 参见黄薇主编:《中华人民共和国民法典合同编释义》,法律出版社2020年版,第918页。

建设单位之间有关于受前期物业服务合同约束的合意。从形式上看，前期物业服务合同的签订主体是建设单位与物业服务人，业主并不是合同主体；从合同的相对性原理出发，建设单位同物业服务人签订的合同不能对业主产生法律约束力。但如果由建设单位承担物业费，且业主只享受前期物业服务合同中的相应权利，对于建设单位来说显然是不公平的。按照权利义务相一致的原则，在成为物业所有人后，业主开始享受物业服务人提供的物业服务，就应当履行相对义务——主要是支付相应的物业费。[1]

【案例4-3】 上海枫丹白露物业有限公司诉郑某某等物业服务合同纠纷案

二审法院认为：被上诉人名流公司是上诉人居住小区的开发商，被上诉人枫丹物业公司是该小区的前期物业管理单位。建设单位依法与物业服务企业签订的前期物业服务合同，以及业主委员会与业主大会依法选聘的物业服务企业签订的物业服务合同，对业主具有约束力。业主以其并非合同当事人为由提出抗辩的，人民法院不予支持。上诉人上诉称，两被上诉人之间签订的前期物业服务合同对其没有约束力的诉讼请求，于法无据。[2]

【案例4-4】 四川省乐山市郡和物业管理有限公司（以下简称乐山郡和物业公司）诉张某容、王某物业服务合同纠纷案

二审法院认为，根据查明的事实可知，《前期物业服务合同》是双方当事人的真实意思表示，该合同并不存在前述规定合同无效的情形，因此张某容、王某主张《前期物业服务合同》违反法律、行政法规的强制性规定应属无效的上诉理由，于法无据，不予采纳。乐山郡和物业公司按照合同约定提供了物业服务，而张某容、王某没有按照约定交纳物业服务费，故对乐山郡和物业公司按照合同约定要求张某容、王某支付拖欠物业服务费的诉讼请求，予以支持。据此判决：驳回上诉，维持原判。[3]

没有通过招投标的方式选聘，亦未通过政府批准方式选用的物业服务人，与其签订的前期物业服务合同有效。

【案例4-5】 白山市江源区某物业有限公司（以下简称某物业公司）诉桦甸市某房地产开发有限责任公司（以下简称某房地产公司）物业服务合同纠纷案

一审法院认为，某物业公司与某房地产公司签订的前期物业服务合同是

---

〔1〕 参见黄薇主编：《中华人民共和国民法典合同编释义》，法律出版社2020年版，第919页。

〔2〕 参见沈志先主编：《2012年上海法院案例精选》，上海人民出版社2012年版，第165页。

〔3〕 参见国家法官学院、最高人民法院司法案例研究院编：《中国法院2020年度案例》（合同纠纷），中国法制出版社2020年版，第261页。四川省乐山市中级人民法院（2019）川11民终22号民事判决书。

当事人的真实意思表示，内容不违反法律、行政法规的强制性规定，合同有效。某房地产公司关于前期物业服务合同不符合《白山市人民政府关于加强物业管理有关问题的通知》中第一条第三项的规定合同无效的主张，不符合法律关于合同无效的规定情形。所以对某房地产公司关于前期物业服务合同无效的观点不予采纳。某物业公司是否办理收费许可不属于本案审理范围。二审法院持同样意见，维持一审判决。[1]

2. 开发商子公司担任前期物业服务人效力

《物业管理条例》第二十四条规定，国家提倡建设单位按照房地产开发与物业管理相分离的原则，通过招投标的方式选聘物业服务人，经行政主管部门批准也可以采用协议的方式选聘物业服务人。第五十六条又规定了违反上述规定选聘物业服务人的行政责任。从法律规定上看，只要符合选聘条件的开发商的子公司自然可以成为前期物业服务人，故其亦是合法的。反之，未经过招投标形式或未经过批准的程序，开发商的子公司接受委托作为前期物业服务人则必然不合法。在现实社会生活中，世界或全国级大开发商或小开发商开发的商品房，多数是由子公司负责前期物业服务的。需要研究的问题是，其第二十四条规定是国家提倡建设单位按照房地产开发与物业管理相分离的原则，其“提倡”二字在文义上只能理解为引导、指引，而不是必须、强制，换一种说法，开发商与物业服务人也可以不分离，由其自身兼具两种身份，即既是开发商又是物业服务人，其直接后果是规避选聘物业服务人的程序性规定。

3. 物业服务合同是否备案并不影响其效力

根据《关于清理国务院部门非行政许可审批事项的通知》（国发〔2014〕16号）、《国务院关于取消非行政许可审批事项的决定》（国发〔2015〕27号），非行政许可审批原审批类别已被取消。物业服务合同备案是为了满足物业主管部门的管理需要，是否备案、何时备案并不影响物业服务合同的效力。物业服务合同备案制度属于非行政许可审批项目，合同是否合法有效在于是否如实体现了双方的合作意愿，是否在双方平等自愿的条件下签署的。《物业管理条例》中也没有强制备案的要求。所谓合同备案，更多地体现出一种主管部门监督的意识，与效力无关。根据《物业管理条例》第三十四条的规定，物业服务合同由业主委员会与业主大会选聘的物业公司签订。因此，选聘物业公司由业主大会决定，物业服务合同由业主大会授权、业主委员会签订，业主委员会订立合同的权利来自业主大

---

〔1〕 参见骆鑫、刘娅编著：《物业管理纠纷案例与实务》，清华大学出版社2017年版，第98～99页。

会,而不是房地产部门的备案登记。由此可以看出,签订物业服务合同是业主大会的决定,自签订日生效后备案,而非备案后生效。

(三)合同效力终止与变更

《民法典》第九百四十条规定:"建设单位依法与物业服务人订立的前期物业服务合同约定的服务期限届满前,业主委员会或者业主与新物业服务人订立的物业服务合同生效的,前期物业服务合同终止。"该规定前期物业服务合同终止的时间,并非前期物业服务合同届满。换言之,前期物业服务合同虽然由建设单位(开发商)与物业服务人订立,但该合同对业主发生法律效力,单个业主实际上是合同权利义务的享有者和承担者。在房屋销售之前,无法确定具体的购房人即业主,而由开发商代表业主与物业服务人订立前期物业服务合同。房屋销售后,开发商的物业所有权以建筑物区分所有权的形式开始分散转移给业主。开发商从唯一的业主地位转变为普通业主。从这个意义上讲,前期物业服务合同具有过渡性,通常存续一定时间并在业主委员会与物业服务人订立物业服务合同生效时终止。

在前期物业服务合同终止前,其前期物业服务合同约定的内容,依法定程序可以变更。前期物业服务合同对物业费的调整约定为"随着市场变化和物业服务成本的提升可以进行调整",没有约定具体的调整方案,具体的调整方案应按照法律规定的程序进行。物业服务人服务的对象为小区的全体业主,故只有全体业主有权决定是否变更物业费的标准。开发商并不具有组织业主大会的职能,在业主委员会没有成立或业主委员会不能正常履行职责的情况下,由居委会组织召开小区的业主大会,并依照法定程序作出调整物业费的决议,该决议对小区的全体业主具有约束力。

二、物业服务合同效力法律适用

(一)合同效力判断认定

1. 合同效力判断理解

在原《物权法》出台前,业主委员会与物业公司签订物业服务合同的行为主要受《合同法》《物业管理条例》的调整。《物权法》出台后,其判断物业服务合同效力必然涉及《物权法》,随后《民法典》颁布,该法与《物业管理条例》在判断物业服务合同效力中的关系,理应成为关注重点。《民法典》将"选聘和解聘物业服务企业"规定为"由业主共同决定"的法定事项之一,因此业主委员会不再享有"选聘权",其享有的仅是依据业主大会决定而代表业主与物业公司签订物业服务合同的"签约权"。如果业主大会选聘物业公司的决定未经专有部分占建筑物总面积过半数的业主且占总人数过半数的业主同意,其业主委员会或其成员与物业公司签订的物业服务合同,便违反了《民法典》的强制性规定而不应被认定为有效。有法官认为,对该合同效力的定性,应结合相关立法意旨,权衡相互冲突的权益,以维护物业服务市场秩序、促进交易稳定、保护当事人合法权益为目的,严格适用合同法中有关合同无效的规定,不宜将违反物权法相关规定而订立的物业服务合同一概认定为无效。[1]

【案例4-6】 江某地诉广东客都物业管理有限公司物业服务合同纠纷案

一审法院认为,广东客都物业管理有限公司与江某地签订的《客都新村陶然居电梯房物业管理规约》系双方意思自治的表现,双方均无异议,为有效合同。陶然居业委会是经依法成立的业主自治机构,《梅州市物业服务收费管理办法》(梅市价〔2014〕45号)第七条规定,别墅、业主大会(业主委员会)成立之后的住宅(含业主自有产权或取得使用权的车位、车库)及其他非住宅物业服务收费实行市场调节价。其收费项目和标准由业主大会(业主委员会)与物业服务企业共同协商约定,并签订物业服务合同。《物业管理条例》

---

〔1〕 参见沈志先主编:《合同案件审判精要》,法律出版社2013年版,第551页。

第十五条规定:“业主委员会执行业主大会的决定事项,履行下列职责:……(二)代表业主与业主大会选聘的物业服务企业签订物业服务合同……”而通过的《梅州市客都新村陶然居业主委员会章程》第七条第二款、第三款亦规定业委会有权与物业管理单位议定管理服务等费用的收取标准及使用方法,并签订物业服务合同。因此,陶然居业委会依法可以与广东客都物业管理有限公司签订续约合同,该合同签订后对全体业主均发生法律效力。江某地的合同无效抗辩不予采纳。作为陶然居业委会负责人的宋某某,其在合同中的签名,应为代表业委会行使职责的行为,该行为的一切法律后果均由业委会承担。江某地应该按续约合同约定以0.9元/平方米为标准交物业服务费,现江某地拖欠广东客都物业管理有限公司2015年2~12月物业服务费1275.3元(128.82平方米×0.9元/平方米×11月)未付,构成违约,广东客都物业管理有限公司有权向人民法院提起诉讼要求其支付所欠物业服务费。故广东客都物业管理有限公司物业服务费请求应予以支持,江某地的抗辩不予采纳。江某地退还多收13元、承担律师费1500元和承担反诉费用的请求应予以驳回。

关于广东客都物业管理有限公司的滞纳金请求,《客都新村陶然居电梯房物业管理规约》第六条第三款已经约定,在产生业主委员会后,业主委员会制定的物业管理规约生效后本规约即自然失效。因此,广东客都物业管理有限公司不能以管理规约来请求滞纳金,但江某地的滞纳金请求应属于逾期付款违约金请求,江某地欠交物业服务费事实存在,江某地应承担逾期付款的违约金,由于广东客都物业管理有限公司表示江某地可选择按月、季、年方式缴交,逾期付款违约金应从2016年1月1日起算,该违约金参照中国人民银行同期同类贷款利率计算。至于江某地要求宋某某承担责任及要求广东客都物业管理有限公司书面道歉的反诉请求,不属于反诉范围,不予受理,江某地可另行寻求解决途径。

二审法院认为,关于江某地应按0.9元/平方米的标准支付物业服务费问题。根据《最高人民法院关于适用〈中华人民共和国民事诉讼法〉的解释》第九十三条的规定,已为人民法院发生法律效力的裁判所确认的事实,当事人无须举证证明。根据法院(2016)粤14民终1022号上诉人杨某某与被上诉人广东客都物业管理有限公司物业服务合同纠纷一案生效民事判决认定的事实,涉案梅州市客都新村陶然居业委会与梅州客都物业管理有限公司(广东客都物业管理有限公司的前身)签订的《续约陶然居物业管理服务合同》合法有效。宋某某作为梅州市客都新村陶然居业委会负责人,其在续约合同上的签名,是代表该业委会行使权利义务,所产生的法律后果应由业委会承担。故《续约陶然居物业管理服务合同》对包括江某地在内的所有业主具有约束力。一审认定江某地应根据合同约定按0.9元/m^2的标准向广东客都物业管理有限公司支付物业服务费并无不当。江某地的上诉主张,依据不充分,不予支持。判决:驳回上诉,维持原判。[1]

未达到《民法典》第二百七十八条、《物业管理条例》第十一条规定选聘物业服务人"双过半"时,业主委员会根据业主大会的决定,与得票最多的竞聘物业服务人签订的临时物业服务合同应当为有效协议。

【案例4-7】 成都永诚物业有限责任公司(以下简称永诚物业公司)诉江华社区业主委员会(以下简称江华社区业委会)、第三人成都龙泉江华物业有限责任公司(以下简称江华物业公司)物业服务合同纠纷案

一审法院认为,本案中,江华社区业委会在居委会的指导下于2008年5月形成选聘方案草案,同年6月1日向小区业主进行了公告,6月16日召开业主大会以1418票赞成的多数票通过形成选聘方案。在2008年6月23日的选聘大会上,有1441户业主参与有效投票,投票权数总计为108,405.59。超过专有部分占建筑物总面积50%的业主且占总人数50%的业主参与投票,表明这些业主对选聘方案予以了认可。因此,选聘方案应当是经专有部分占建筑物总面积过半数的业主且占总人数过半数的业主同意的选聘物业服务企业的方案。2008年6月23日的选聘大会虽未选出符合"双过半"规定的物业服务企业,但按符合"双过半"规定的选聘方案选出了临时性的过渡物业服务企业即本案原告永诚物业公司。此外,根据《物业管理条例》第十五条的规定,业委会代表业主与业主大会选聘的物业服务企业签订物业服务合同。签订合同的决定权在于业主大会,业委会仅负责执行业主大会的决定。本案中,被告江华社区业委会与原告永诚物业公司签订《江华社区物业管理临时委托协议》的行为,系以选聘方案和选聘结果为依据,执行业主大会决定的执行行为,而非被告江华社区业委会的决定行为。综上,法院认为,江华物业公司辩称原、被告签订的《江华社区物业管理临时委托协议》无效的意见不能成立,不予支持。二审法院持同样意见,维持一审判决。[2]

在司法实务中,需要注意的是,建设单位或者业主委员会未按照法定程序订立物业服务合同的效力。对于前期物业服务合同,行政法规规定应当采取招投标

---

〔1〕 参见国家法官学院案例开发研究中心编:《中国法院2019年度案例·合同纠纷》,中国法制出版社2019年版,第237~238页。广东省梅州市中级人民法院(2017)粤14民终22号民事判决书。

〔2〕 参见最高人民法院中国应用法学研究所编:《人民法院案例选》2011年第1辑(总第75辑),人民法院出版社2011年版,第185页。四川省成都市中级人民法院(2009)成民终字第1161号民事判决书。

方式选聘物业服务人的情形,建设单位如未依法采取招投标方式选择物业服务人并订立合同,属于违反法律的强制性规定的行为。按照《九民纪要》第三十条的意见,违反招投标等竞争性缔约方式订立合同的,构成交易方式违法,属于违反效力性强制性规定的情形,故相应前期物业服务合同应认定无效。[1]

《民法典》第二百七十六条规定:"建筑区划内,规划用于停放汽车的车位、车库应当首先满足业主的需要。"就该条规定的"首先满足业主的需要"是否为判断合同的效力依据,在实践中有分歧。有的法院认为,该条规定不是判断合同效力的依据,只是会影响车位物权的变动。

【案例4-8】　重庆市南川区某小区业主委员会与重庆市南川区某物业开发有限公司等房屋买卖合同纠纷再审案

再审法院认为,《物权法》第七十四条第一款仅是对车位、车库等的物权变动作了限制,并非判断合同是否有效的规定,该条款仅是合同有效后能否履行的问题,只涉及是否发生物权变动的后果,并不影响合同的效力。故案涉合同并未违反法律效力性、禁止性规定,应当认定为有效,一、二审法院驳回某业主委员会要求确认案涉合同无效的请求并无不当。[2]

【不同处理】　有的法院认为,该条规定是判断合同效力的依据,即车位购买人不是业主的则合同无效。

【案例4-9】　武汉某投资有限公司与武汉某物业发展有限公司等房屋买卖合同纠纷再审案

就《物权法》第七十四条第一款规定,再审法院认为,其旨在防止开发商将小区内的车库、车位任意出售给业主之外的第三人,侵害全体业主的停车利益,因此该规定属于强制性规定。由于某公司并非某小区业主,其与某公司就本案涉诉车库签订的武汉市商品房买卖合同违反了该强制性规定,应属无效,一、二审法院适用法律正确。[3]

管理规约限制业主共有管理权效力问题。管理规约具有业主团体根本自治法规的性质,系业主团体的最高自治规则和业主基于意思自治精神对小区物业管理作出的自律约定,对全体业主具有约束力。管理规约可以对业主权利行使作出某些限制,如共同管理权。但管理规约并非可以对业主权利任意限制,而须具有正当性,也即业主的行为损害了其他业主的利益,为维护小区公共利

---

〔1〕 参见中国审判理论研究会民事专业委员会编著:《民法典合同编条文理解与司法适用》,法律出版社2020年版,第731页。

〔2〕 重庆市高级人民法院(2015)渝高法民申字01723号民事裁定书。

〔3〕 湖北省高级人民法院(2014)鄂民申字00235号民事裁定书。

益有必要限制其权利，这也是业主违反公共义务所应承担的责任。若业主的行为并未损及其他业主利益，且与小区公共利益无涉，则管理规约对其权利加以限制也就不具有正当性，业主可请求法院对相应条款予以撤销。物业费的正常交纳从形式上看是业主与物业服务人之间的权利义务，但实则关系到物业管理工作的正常开展和全体业主的共同利益。因物业费拖欠导致的物业纠纷和物业服务停滞已成为当前小区治理的痼疾。因此，管理规约限制欠费业主的小区公共管理权具有正当性，其管理规约条款合乎立法精神，又有益于公共福祉，应肯定其法律效力。

2. 不具备资质签订合同效力

原《物业管理条例》第三十二条、第三十三条（现被删除）规定，对物业公司实行市场准入制，要求物业公司必须具备和符合特定条件，具体包括物业公司必须是法人，应具有一定的物业服务资质，其从业人员也应具有相应的资格。现行法律设置物业公司的资质要求应属管理性的强制性规定，它并没有否定业主的自主选择权，业主可以遵循《民法典》的意思自治原则在一定范围内选择合适的物业公司对小区进行服务管理。有法官提出审理此类纠纷的思路：如果小区业主大会在选聘物业服务企业时或者业主委员会在签订物业服务合同时是明知该物业服务企业不具备资质或资质等级不够的，双方当事人的约定出于真实意思表示，且合同内容不违反法律、法规强制性规定，则该合同应认定为有效；如果业主委员会在不知情的情况下签订合同，且因此对合同效力提出异议的，可以认定合同无效。简言之，应充分尊重当事人意思表示，而不应仅以资质问题作为合同无效的判断依据。[1] 笔者赞同上述法官的观点，即便法律对物业公司资质有规定（并非效力性强制性规定），也不应否认此类合同效力。况且现行法律取消了对物业公司资质要求，所以其更不应成为物业服务合同效力的争议。

3. 违反法律法规管理性规定的合同不应否认其效力

【案例 4－10】 张某诉北京 LF 物业管理有限公司（以下简称 LF 物业公司）物业服务合同纠纷案

判决观点：关于张某所提要求被告 LF 物业公司与某房地产开发有限公司签订的《北京市前期物业服务合同》无效的诉讼请求，对张某所持各项主张涉案无效的理由：第一，《合同法》第五十二条第（五）项规定，违反法律、行政法规的强制性规定的，合同无效。对张某所提 LF 物业公司签订的《北京

[1] 参见沈志先主编：《合同案件审判精要》，法律出版社 2013 年版，第 548 页。

市前期物业服务合同》属于无照经营、无资质经营，且LF物业公司出借资质违反了(原)国家工商行政管理总局、住房和城乡建设部等部门规章，因张某所提相关规定并非法律或行政法规，不符合《合同法》上述规定情形，故对张某所提该项理由，法院不予采信。第二，对张某所提LF物业公司签订的《北京市前期物业服务合同》违反了国务院《无照经营查处取缔办法》(已废止)第二条"任何单位和个人不得违反法律、法规的规定，从事无照经营"等规定，根据查明的事实，被告LF物业公司在为YS嘉园小区提供物业服务期间已经领取营业执照，故对张某所提该项理由，法院不予采信。第三，对张某所提与LF物业公司签订的《北京市前期物业服务合同》违反了《物业管理条例》第二十四条第二款"住宅物业的建设单位，应当通过招投标的方式选聘具有相应资质的物业服务企业……"之规定，本院认为，《物业管理条例》属于行政法规，该条例第二十四条的规定属于管理性禁止规范，禁止的是一种交易方式而不是交易行为本身，所涉及事项亦不损害国家利益和社会利益，因此不应理解为足以导致合同无效的效力性禁止性规范，故对张某所提该项理由，法院不予采信。第四，对张某所提LF物业公司签订的《北京市前期物业服务合同》违反了《物业管理条例》第四十条"物业服务企业可以将物业管理区域内的专项服务业务委托给专业性服务企业，但不得将该区域内的全部物业管理一并委托给他人"之规定，根据查明的事实，LF物业公司在其取得相应物业服务资质前挂靠LH物业公司为YS嘉园小区提供物业服务，实际为YS嘉园小区提供物业服务的企业为LF物业公司，并不存在LH物业公司将物业服务业务一并委托给LF物业公司的情形，故法院对张某所提该项理由不予采纳。另外，二被告LF物业公司与某房地产开发有限公司所签订的《北京市前期物业服务合同》亦不构成《合同法》第五十二条其他各项规定的合同无效要件。综上，对张某持其诉称理由请求确认被告LF物业公司与某房地产开发有限公司签订的《北京市前期物业服务合同》无效的诉讼请求，无法律依据，法院不予支持。对于二被告LF物业公司与某房地产开发有限公司在经营过程中发生的违反有关行政法规、部门规章的行为，应由行政主管机关对违反行政管理规定的违法行为予以处理，不影响对涉案合同效力的认定。对张某要求LF物业公司返还2009年8月1日至2014年7月31日的物业管理费8838元的诉讼请求，已经法院生效判决审理，故法院对此不予处理。判决：驳回张某的诉讼请求。[1]

---

〔1〕 参见骆鑫、刘娅编著：《物业管理纠纷案例与实务》，清华大学出版社2017年版，第102～103页。

4. 未经招投标选聘效力

《招标投标法》仅规定了特定的建设工程项目必须进行招投标，而没有规定物业管理服务也必须进行招投标，即物业管理服务不在强制招投标范围之内。《物业管理条例》第三条规定："国家提倡业主通过公开、公平、公正的市场竞争机制选择物业服务企业。"该条规定是提倡而不是强制采取招投标的方式选聘物业服务人，即既可以采用招投标也可以不采用招投标，不采用招投标选聘物业服务人亦是有效的。换言之，在现行法律框架下，物业管理服务招投标不属于强制招投标的范围，仅属于鼓励招投标的范围。在某些地方性法规中可见物业管理服务强制招标的规定。在地方政府有强制性招投标规范文件的，仅对地方物业管理服务招投标活动起到指导作用，但不能作为判断招投标是否有效的法律依据。对于招投标是否无效的认定，应当依据《招标投标法》的相关规定确认。

【案例4－11】 景象物业管理有限公司（以下简称景象公司）诉厦门市黄金大厦业主委员会物业服务合同纠纷案

判决观点：业主委员会是全体业主选出的代表业主所组成的自治组织，自成立时即可代表业主行使职权，向有关部门办理备案登记并非业主委员会成立的前提，所以，本案中业主委员会有权进行选聘物业公司的行为。选聘物业管理企业并非《招标投标法》所规定的必须进行招投标的项目，但业主委员会选聘物业管理企业的行为仍应当遵循公开、公平、公正的原则进行，其中一些程序可以参照《招标投标法》的规定。本案中，业主委员会选聘物业管理企业的过程中向小区业主提前公开景象公司为潜在的投标者、提前公布评标委员会成员名单的行为虽有不妥，但并不属于不公平、不公正的情形，从结果上看，也未出现影响小区业主利益的严重后果，故不能成为认定此次招投标结果无效的理由。本案中，评标委员会的成员之一叶某是水务集团公司的员工，虽无直接证据证明其与参与投标的水务公司有利害关系，但从避嫌的角度出发，其作为评标组成人员确有不妥；业主委员会开标时，虽然并不具备所有投标人在场的情形，但已有街道派来的监督人员及全体评审人员在场，尚属公正的情形，该行为并不影响本案招投标的结果。本案中，景象公司主张业主委员会的行为未得到2/3以上多数业主的授权以及业主委员会有伪造授权书的情形，但未提供充足的证据，对其主张不予支持。综上，业主委员会在选聘物业管理企业时，在程序上虽有瑕疵，但从总体上看，整个招投标过程尚属公正、公开、公平，最终也得到了绝大多数业主的认可，业主委员会的行为并不属于相关法律规定的无效行为的情形，景象公司的诉讼请求缺乏事实与法律根据,法院不予支持。[1]

5. 业主委员会实施授权行为效力

业主委员会根据业主大会决定,在授权范围内与物业服务人或第三人签订的合同有效。在小区内,业主委员会对公共物业或空间委托物业服务人出租的行为合法。小区物业的产权属于业主共有,业主委员会有权代表小区全体业主行使物业的收益权,其委托出租共有部分并未违反相关法律规定。但是,业主委员会未经依法授权的行为无效。

【案例4－12】 杞县天一物业管理服务有限公司诉开封龙宇化工有限公司物业服务合同纠纷案

二审法院认为:(1)关于天一物业公司与和谐港湾业委会签订的《开封龙宇和谐港湾小区物业管理委托合同》是否真实有效的问题。《开封龙宇和谐港湾小区物业管理委托合同》显示的签订时间是2018年1月1日,而和谐港湾业委会成立时间是2018年7月24日,开封龙宇公司据此主张该合同虚假。天一物业公司辩称其自2013年以来,一直对开封龙宇和谐港湾小区提供物业服务,和谐港湾业委会成立后对其前期的物业服务予以追认,并在其事先起草的合同上加盖和谐港湾业委会印章。一方面,事实上,天一物业公司自2013年7月22日与开封龙宇和谐港湾小区签订物业管理委托合同,多年来一直对开封龙宇和谐港湾小区提供物业服务。本案二审开庭时,开封龙宇公司亦认可2018年至2020年,天一物业公司向开封龙宇和谐港湾小区提供物业服务。而且2018年、2019年的物业费,经过人民法院调解,开封龙宇公司已经向天一物业公司支付。故天一物业公司实际履行了向开封龙宇和谐港湾小区提供物业服务的合同义务。另一方面,《开封龙宇和谐港湾小区物业管理委托合同》由合同双方当事人和谐港湾业委会、天一物业公司自愿协商签订,并盖章确认,并不违反法律、行政法规强制性规定,合法有效。开封龙宇公司主张该合同虚假,但未提交充分证据予以证明,该主张不能成立,法院不予支持。(2)关于《开封龙宇和谐港湾小区物业管理委托合同》是否对开封龙宇公司产生约束力的问题。《民法典时间效力规定》第二十条规定:"民法典施行前成立的合同,依照法律规定或者当事人约定该合同的履行持续至民法典施行后,因民法典施行前履行合同发生争议的,适用当时的法律、司法解释的规定;因民法典施行后履行合同发生争议的,适用民法典第三编第四章和第五章的相关规定。"《物权法》(2007年3月16日由中华人民共

---

〔1〕 参见刘长森:《物业纠纷新型案例教程》,人民法院出版社2010年版,第152页。

和国第十届全国人民代表大会第五次会议通过）第七十八条第一款规定："业主大会或者业主委员会的决定，对业主具有约束力。"《物业服务解释》（2009年4月20日由最高人民法院审判委员会第1466次会议通过）第一条规定："建设单位依法与物业服务企业签订的前期物业服务合同，以及业主委员会与业主大会依法选聘的物业服务企业签订的物业服务合同，对业主具有约束力。业主以其并非合同当事人为由提出抗辩的，人民法院不予支持。"根据上述规定，和谐港湾业委会与天一物业公司签订的《开封龙宇和谐港湾小区物业管理委托合同》对开封龙宇和谐港湾小区全体业主具有约束力。开封龙宇和谐港湾小区1#、2#公寓楼权属开封龙宇公司，即开封龙宇公司系开封龙宇和谐港湾小区业主，对该事实，河南省杞县人民法院作出的（2019）豫0221民初4996号民事判决已认定，虽该判决因二审调解结案未生效，但开封龙宇公司对该事实从未否认，且在本案二审开庭时，明确认可其系开封龙宇和谐港湾小区1#、2#公寓楼所有权人。故《开封龙宇和谐港湾小区物业管理委托合同》对开封龙宇公司具有约束力。开封龙宇公司上诉称其并非《开封龙宇和谐港湾小区物业管理委托合同》当事人，该合同不应对其产生约束力的主张不能成立，法院不予支持。开封龙宇公司主张，根据国务院《关于国有企业职工家属区"三供一业"分离移交工作指导意见的通知》（国办发〔2016〕45号）、河南省深化国有工业企业改革领导小组办公室《关于印发2016年国有企业职工家属区"三供一业"分离移交工作计划的通知》（豫企改办〔2016〕16号）等相关文件精神，开封龙宇公司不应承担天一物业公司诉请的物业费。法院认为，上述文件规定分离移交职工家属区"三供一业"（供水、供电、供热或燃气及物业管理）系为剥离国有企业办社会职能，而开封龙宇公司作为开封龙宇和谐港湾小区1#、2#公寓楼所有权人，接受小区物业服务，承担物业服务费，与上述文件规定精神并不冲突。故开封龙宇公司该项主张亦不能成立，法院不予支持。综上，开封龙宇公司的上诉请求不能成立，应予驳回。原审判决认定事实清楚，适用法律正确，应予维持。判决：驳回上诉，维持原判。[1]

【案例4－13】 上海华鑫物业管理顾问有限公司诉吴某物业服务合同纠纷

二审法院认为，金星苑业主大会与A公司2013年12月19日签订的《物业服务合同》、金星苑业委会与华鑫物业公司签订的2015年12月25日《物业管理服务合同续期协议》均系各方真实意思表示，上述合同内容不违反强制性法律规定。根据查明事实，合同履行期间，A公司被华鑫物业公司吸收

〔1〕 河南省高级人民法院（2021）豫民终1161号民事判决书。

合并,其注销后之民事权利、义务依法应由华鑫物业公司承继。查金星苑业主委员会系标的房屋所在小区的业主委员会,业主委员会作为业主大会的执行机构,依法代表全体业主管理、服务小区,业主委员会及业主大会履职之民事行为后果应当由小区全体业主承担。上诉人吴某一、二审坚持主张:被上诉人未提供实质性材料证明合同签约方之业主委员会经合法产生且经业主大会授权等。法院注意到,上述金星苑业主大会、业主委员会皆经合法备案确定,符合民事主体成立法定要件;上诉人主张上述合同文件未有签名等,不具备合同法定形式及实质要件。根据现有证据,上述合同文件中金星苑业主大会、金星苑业委会之意思表示真实,且合同业经有关部门备案,上诉人主张合同缺乏形式及实质要件系属无效,缺乏事实及法律依据,法院难予采信。应该认为,金星苑业主委员会、业主大会与被上诉人华鑫物业公司建立的物业服务合同关系依法应属有效。上诉人及被上诉人依法应按照上述合同约定全面履行。根据查明事实,上诉人拖欠被上诉人物业管理费未付依法应承担违约责任、按约清偿该等债务,原判确定之2014年1月至2016年8月物业服务费欠付债务应属合法、有据。上诉人二审主张其未收讫被上诉人催款信函,必须指出,接受物业服务支付约定物业费本为业主义务,该义务除法定抗辩外,其成立与否本身不受是否提醒、催告影响;另根据查明事实,被上诉人相关催款函件业经合法、正当邮寄程序通知,应该认为,被上诉人并不具备怠于履行债权人主张之行为,如仅以上诉人口头主张未实际收讫函件即剥夺被上诉人合法债权之胜诉权显非合理,上诉人该部主张法院不能采信。关于上诉人主张原审剥夺其"提出控诉反诉"权利等严重程序违法,法院经审查,原审诉讼程序合法、有效,上诉人所谓"控诉"内容与本案物业服务合同纠纷诉讼标的不具有法律上的直接关联性,法院不能采信。其余上诉内容,原审判决已阐述详尽、有据,法院不再赘述。综上所述,一审法院判决正确,法院予以维持。上诉人的上诉请求,法院不予支持。判决:驳回上诉,维持原判。[1]

物业服务人出租共有部分行为合法的判断标准:其一,小区的公共物业或公共空间的利用经过了相关业主或业主委员会的授权。其二,小区的公共物业或公共空间的利用不违反法律的强制性效力性规定,如是否违反《建筑法》或《消防法》等。其三,小区的公共物业或公共空间的利用不妨害或侵害第三人的合法权益。

---

〔1〕 上海市第一中级人民法院(2017)沪01民终2232号民事判决书。

6. 未经备案物业收费标准效力

现行法律没有规定物业服务人必须将与业主约定的具体收费标准到物价局备案,是否备案不是判断物业收费效力的标准。对于一些高档小区,业主委员会与物业服务人协商,确定略高于一般的物业收费标准,但没有到物价局备案亦是合法的,对业主和物业服务人产生法律效力。

许多地方政府根据当地实际情况对物业收费标准要求进行登记备案。例如,《上海市住宅物业服务分等收费管理暂行办法》规定,物业管理企业应当自签订物业服务合同之日起15个工作日内,将物业服务合同提交物业所在地的区县价格主管部门和房地产行政主管部门备案。但备案仅是登记性质的,是一种行政管理模式,不是行政审批。登记备案仅是行政管理的需要,不能因为没有进行登记备案,就认为物业服务人和业主委员会签订的物业服务合同中约定的收费标准是无效的。根据现行法律规定,判断合同无效应当以全国人民代表大会及其常务委员会制定的法律和国务院制定的行政法规为依据,不得以地方性法规、行政规章为依据。地方性法规或行政规章要求物业服务合同及收费标准备案的规定不能作为判断效力依据,未进行备案的物业收费标准亦是有效的,未进行备案的行政管理处理与效力无关。

7. 免责告示的效力

在小区内,物业服务人经常张贴各种告示,如对健身器材已坏发生的任何人身损害问题物业服务人概不负责的告示。对于物业服务人此类免除责任告示的效力认定,应依据法律规定予以确认。《民法典》第四百九十七条规定:“有下列情形之一的,该格式条款无效:……(二)提供格式条款一方不合理地免除或者减轻其责任、加重对方责任、限制对方主要权利;(三)提供格式条款一方排除对方主要权利。”根据法律规定,物业服务人对其小区内包括健身器材在内设备设施负有日常管理维护的义务,应提示业主注意而不应该逃避因自己的管理维护义务不到位所造成的后果,类似的免除物业服务人未尽管理维护责任造成后果的告示,就是不合理地免除或者减轻物业服务人的责任,加重业主的责任,应认定为无效条款,对业主无法律约束力。应注意的是,从物业服务人告示中提示的健身器材已损坏的角度讲,表明其履行了提醒义务,可以酌情减轻其赔偿责任。

8. 禁止封闭阳台条款效力

在管理规约中一般有禁止封闭阳台的条款,物业服务人常据以提起诉讼。在法院内部对该条款评价不同,有的法院认为,该约定不违反法律、行政法规的强制性规定,亦为有效。

【案例4－14】 聂某某诉石家庄某物业服务有限公司物业服务合同纠纷案

判决观点：被告所在小区的建设单位与原告签订了前期物业服务合同，后原告又与小区业主之一的被告双方自愿签订了前期物业管理服务协议和临时管理规约，其内容未违反法律、行政法规的强制性规定，合法有效，对双方均有约束力。[1]

【不同处理】 有的法院认为，禁止封闭阳台条款属于格式条款，其排除了业主的主要权利，应属无效。

【案例4－15】 浙江某物业服务有限公司诉徐某某、杨某某物业服务合同纠纷案

判决观点：某公寓临时管理规约、住宅装饰装修管理协议等有关业主不得擅自封包阳台的规定，系房地产公司或物业公司为了重复使用而预先拟定，并且在订立合同时未与业主进行充分协商的格式条款，该格式条款排除了业主的主要权利，应属无效。据此，判决驳回了物业公司的诉讼请求。[2]

【案例4－16】 某物业服务集团有限公司衢州分公司诉赵某某物业服务合同纠纷案

判决观点：管理规约关于业主不得擅自封包阳台的规定，系房地产开发公司或物业公司为了重复使用而预先拟定的格式条款，被告虽在某小区临时管理规约、装修重点提示上签字确认，但该条款属于对业主行使专有部分权利的限制条款。对限制业主专有部分权利的条款，在未经业主充分表决的情况下，难以直接作为有效条款限制被告的权利。[3]

（二）商品房合同涉及物业部分效力

1. 开发商赠送物业费效力

实践中，开发商在售楼广告中作出的购房赠送前期物业服务费的承诺是否有效，对物业服务人有无约束力，有不同的观点。应该肯定的是，开发商赠送前期物业服务费合同有效，但这种承诺只对开发商自身发生效力，原则上不对前期物业服务人发生效力。但在三种情形下对前期物业服务人有约束力：其一，开发商与

---

〔1〕 河北省石家庄市高新技术开发区人民法院（2015）石民二初字第01277号民事判决书。

〔2〕 浙江省杭州市江干区人民法院（2014）杭江九民初字第384号民事判决书。

〔3〕 浙江省衢州市衢江区人民法院（2015）衢民初字第284号民事判决书。

前期物业服务人签订的物业服务合同中有明确约定,购房人交纳了全部或部分购房款,在入住后可免除若干时间段的物业服务费。其二,在商品房预售合同中明确约定,购房人在入住后若干时间段的物业服务费由其支付。其三,前期物业服务人是开发商的子公司,虽其分为两个公司但其实质是一家人,前期物业服务人愿意遵守其承诺,或者就其承诺又与业主签订前期物业服务合同附件的。

2. 商品房合同约定外墙面使用权归开发商效力

在开发商与购房人签订的商品房合同中,约定保留所购商品房所属楼房的屋面、外墙面使用权。因开发商提供的格式条款剥夺了小区业主楼房屋面、外墙面的共有权利,其该约定无效。

【案例4-17】 东方时代广场73户业主诉某开发商共有权纠纷案

一审法院认为,东方时代广场与业主签订的《商品房买卖合同》合法有效。据此判决:驳回73户业主诉讼请求。

二审法院认为,《合同法》第五十一条、《物业管理条例》第十条第(七)项规定,处分建筑物共有部分应当由全体业主共同决定,除非事后取得全体业主追认,否则单个业主无权就共有部分进行处分。在这起案件中,虽然双方签订的《商品房买卖合同》对全体业主共有的屋面、外墙面的使用权作出处分,但不能举证证明该处分得到全体业主的同意或追认,因此相关条款应该认定为无效。据此,判决业主与开发商签订《商品房买卖合同》中第十七条第一款、第二款为无效条款,诉争的房屋屋面及外墙面使用权归小区全体业主所有。[1]

3. 开发商与第三人签订买卖车位合同效力

关于开发商没有首先满足业主的需要合同效力,因其限制业主的权利,司法解释制定者认为,《民法典》第二百七十六条关于车位、车库"首先满足业主的需要"的规定属于法律的强制性规定,而且属于效力性强制性规定。如果开发商违反该规定出卖或者出租车位、车库,有利害关系的业主请求宣告该买卖行为无效或者请求终止租赁关系的,人民法院应予支持。[2] 也就是说,小区的业主在其合理的停车需求没有得到满足,开发商又将小区内的停车位、车库出卖给第三人的情况下,可以向法院请求宣告开发商与第三人签订买卖车位、车库的合同无效。

---

〔1〕 参见最高人民法院民事审判第一庭编著:《最高人民法院建筑物区分所有权、物业服务司法解释理解与适用》,人民法院出版社2009年版,第71页。

〔2〕 参见最高人民法院民事审判第一庭编著:《最高人民法院建筑物区分所有权、物业服务司法解释理解与适用》,人民法院出版社2009年版,第97页。

小区的业主,在其合理的停车需求没有得到满足的情况下,可以向法院请求宣告开发商与业主签订的超过配置比例买卖车位、车库的合同部分无效。

4. 开发商约定第三人享有专有使用权合同效力

【案例4-18】 长城宽带网络服务有限公司江苏分公司诉中国铁通集团有限公司南京分公司恢复原状纠纷案

判决观点:小区内的通信管道在小区交付后属于全体业主共有,通信运营公司与小区房地产开发公司签订的小区通信管线等通信设施由通信运营公司享有专有使用权的条款,侵犯了业主共有权,侵犯了业主选择通信服务的自由选择权,应属无效。[1]

(三)开发商制定临时管理规约效力

《物业管理条例》第二十二条规定:"建设单位应当在销售物业之前,制定临时管理规约,对有关物业的使用、维护、管理,业主的共同利益,业主应当履行的义务,违反临时管理规约应当承担的责任等事项依法作出约定。建设单位制定的临时管理规约,不得侵害物业买受人的合法权益。"第二十三条规定:"建设单位应当在物业销售前将临时管理规约向物业买受人明示,并予以说明。物业买受人在与建设单位签订物业买卖合同时,应当对遵守临时管理规约予以书面承诺。"根据上述法规规定,开发商有权依法制定临时管理规约,其单方面制定的临时管理规约亦是有效的。购房人签订商品房买卖合同时,其物业服务并未进行销售,没有购买物业服务的购房人在办理房产证之前,开发商是唯一的产权人,是大业主,当然可以制定临时管理规约,但不得侵害购房人即小业主的合法权益。在成立业主大会和业主委员会,且通过法定程序制定管理规约后,该临时管理规约即失去效力。

同时,购房人签订商品房预售合同等同于对临时管理规约的确认,其确认行为应视为对临时管理规约的认可。在业主认为临时管理规约的内容违反法律、法规规定时,有权请求行政主管部门撤销或诉请法院确认无效。

业主在签订预售合同时,对作为房屋预售合同附件的临时管理规约作了书面认可,因此,在临时管理规约不侵害物业买受人合法权益的前提下,对其具有约束力。

---

〔1〕 参见《最高人民法院公报》2019年第12期(总第278期)。

【案例4－19】 上海市某物业管理有限公司诉黄某物业服务合同纠纷案

判决观点：本案中，原告自2013年1月1日起受房产开发商委托对某佳苑小区实行前期物业管理服务，一直实际服务至今，原告系该小区的物业服务企业。按照前期物业服务合同的约定，原告有权对该小区业主及物业使用人违反管理规约的行为进行劝阻、制止，并有权向人民法院提起诉讼。被告作为某佳苑小区的业主，理应遵守法律、法规及管理规约的规定。本案中所涉的管理规约应为被告承诺书确认的《业主（临时）管理规约》及《上海市商品房预售合同》中附件五的约定。虽然预售合同系被告与开发商签订，但附件五明确载明为物业管理公约，其中对业主在接受物业管理过程中应予遵循的内容作出了详细约定，附件五应视为对物业管理规约的补充，对业主具有约束力。现被告在使用房屋时擅自在房屋阳台外安装伸缩式衣架，违反了《业主（临时）管理规约》及预售合同中不得破坏房屋外貌及禁止安装晒衣架的规定，原告在劝阻未果的情况下据此要求被告承担拆除晾衣架的民事责任，有事实和法律的依据，法院予以支持。至于被告所提的晾衣服问题，因房屋带有内阳台，可以晾晒衣服，故被告的抗辩难以成立。据此判决：被告黄某拆除其在房屋阳台外安装的伸缩式晾衣架。〔1〕

（四）业主大会会议决议效力

业主大会尽管是业主团体的最高意思决策机关，但其作出的决议不得违反管理规约。根据《物业管理条例》第十七条第二款的规定："管理规约应当尊重社会公德，不得违反法律、法规或者损害社会公共利益。"据此，业主大会会议的决议不得违反法律、法规或者社会公共利益。由于业主委员会系业主大会的常设机构和执行机构，执行业主大会决定事项，因此业主大会会议的决议不但可以约束业主，而且对业主委员会也有约束力。需要强调的是，对全体业主具有约束力的业主大会的决定，必须是依法设立的业主大会作出的，且必须是业主大会依据法定程序作出的，同时应符合法律、法规及规章的规定，不违背公序良俗、不损害国家利益和他人的合法权益。此三点必须同时具备才对全体业主具有约束力，反之没有约束力。

业主大会或业主委员会的决定，对业主具有约束力，这体现了私法自治的精神，也是《民法典》的明确规定。业主大会或业主委员会的决定，不仅约束业主本人、其继承人、合伙人或概括承受人，亦约束区分所有权的买受人、互易人、受赠

〔1〕 参见骆鑫、刘娅编著：《物业管理纠纷案例与实务》，清华大学出版社2017年版，第51页。

人、承租人或借用人等。

【案例4－20】　陈某某诉宜兴市恒立物业管理有限公司(以下简称恒立公司)排除妨害纠纷案

二审法院认为,陈某某系新茶东花园小区的业主,业委会的决定没有违反法律规定,对每个业主均有约束力。新茶东花园小区的西大门没有启用,是小区业委会决定的,恒立公司是依据物业管理合同,受业委会委托进行管理,并非擅自关闭西大门。陈某某认为恒立公司妨碍其进出新茶东花园小区的西大门,与事实不符,对其诉讼请求不予支持。原审判决认定事实清楚,适用法律正确,依法应予维持。判决:驳回上诉,维持原判。[1]

业主委员会自治物业管理中,以业主大会或业主委员会会议形式作出的决议对业主发生法律效力。

【案例4－21】　怡家园小区业主委员会诉邱某金物业服务合同纠纷案

判决观点:本案中,怡家园小区实行业主自治,由业主委员会自行管理怡家园小区,并经业主委员会会议决定卫生费为住宅房屋每月每平方米0.5元,公共维修金为每月每平方米0.2元的收费标准。可见,小区已依法订立自我管理规约,全体业主或物业使用人都应当依照管理规约行使权利、履行义务。被告邱某金辩称原告怡家园小区业主委员会成立违反相关法律规定,日常管理服务中存在收费混乱等诸多问题,并且他人已代其交纳了300元的费用。被告邱某金的上述抗辩意见缺乏事实依据,法院不予采信。因此,原告怡家园小区业主委员会主张被告邱某金应支付2018年1月1日至12月31日的卫生费179元和公共维修金72元的诉讼请求,于法有据,法院予以支持。原告怡家园小区业主委员会主张被告邱某金支付2018年度水电公摊费36元,法院认为水电公摊费用系小区管理服务中必然产生的支出,结合被告邱某金上一年度的缴费情况,符合情理,法院予以支持。关于原告怡家园小区业主委员会主张的滞纳金实为违约金,被告邱某金逾期未缴交相关费用,已构成违约,应向原告怡家园小区业主委员会支付相应的逾期付款损失。公告中并未约定滞纳金的具体标准,原告怡家园小区业主委员会主张按日3‰的标准计收缺乏依据,法院酌情调整为以欠交总额287元为基数,自2019年3月11日起按年利率4%计算至实际付款之日止,对于原告怡家园小区业主

---

〔1〕　参见国家法官学院案例开发研究中心编:《中国法院2015年度案例》(物权纠纷),中国法制出版社2015年版,第180页。江苏省无锡市中级人民法院(2013)锡民终字第1409号民事判决书。

委员会超出部分的主张，法院不予支持。[1]

关于业主大会或业主委员会的决定，只要业主大会召开程序合法，大会表决符合法定人数且具有投票权的业主参加并形成决议，其就是合法有效的，对全体业主具有约束力，个别或少数业主没有参加业主大会不能成为否定业主大会决定的理由，亦受其约束。

业主委员会直接决定解除物业服务合同无效。实践中，业主委员会在签订物业服务合同时未取得业主大会授权，在合同签订后也未取得人数和面积"双过半"的业主追认，违反了法律规定，物业服务合同应当认定为无效。

【案例4－22】 广州市FH物业有限公司（以下简称FH物业公司）诉某街道办事处、居委会等赔偿损失纠纷案

判决观点：原告未能举证证明其与业主委员会在签订物业服务合同前，业主委员会采用集体讨论的形式召开业主大会，以及采用法律规定的业主大会会议可以采取的书面方式，征求了FL花园小区所有业主对选聘FH物业公司提供物业服务的意见，亦未能提供证据证明在签订物业服务合同之后，其取得了"双过半"的业主追认，也未提供业主委员会关于选聘物业服务公司的决议，故原告与业主委员会未按法定程序签订的物业服务合同是无效的。[2]

业主委员会擅自与物业服务人签订物业服务合同无效。业主委员会与物业服务人签订物业服务合同属于无权代理行为，并因被代理人拒绝追认而对被代理人（小区全体业主）不发生法律效力。《浙江省高级人民法院民一庭关于审理物业服务合同纠纷案件适用法律若干问题的意见（试行）》第十二条规定："业主委员会虽未经业主大会授权或者同意，擅自订立、变更或者解除物业服务合同，但在一审法庭辩论终结前经过业主大会追认的，该行为有效。"《江苏省高级人民法院关于审理物业服务合同纠纷案件若干问题的意见》（苏高法审委〔2009〕36号）第十二条规定："业主委员会擅自订立、变更或者解除物业服务合同，业主大会不予追认的，应当认定业主委员会的订立、变更或者解除物业服务合同的行为对全体业主不发生效力，由此产生的后果由业主委员会中负有责任的个人承担。"

---

〔1〕 参见国家法官学院、最高人民法院司法案例研究院编：《中国法院2021年度案例》（合同纠纷），中国法制出版社2021年版，第239页。福建省厦门市集美区人民法院（2019）闽0211民初6253号民事判决书。

〔2〕 参见程磊、周滨：《律师说法：业主委员会及物业服务纠纷案例评析》，法律出版社2020年版，第186页。

【案例4－23】　杭州市DX物业管理有限公司(以下简称DX公司)诉杭州市LH家园业主委员会物业服务合同纠纷案

判决观点:原告提供的证据无法确认业主大会是否授权第二届业主委员会选聘物业公司。原告在签订LH家园物业服务合同及补充协议时,未要求第二届业主委员会出示业主大会授权其选聘物业公司的决议。根据法律规定,业主委员会依法可以代表业主与业主大会选聘的物业服务企业签订物业服务合同,未经业主大会授权,无权代表业主履行物业服务合同,该行为属于无权代理,对业主不发生法律效力。无论当时的业主大会是否有效授权第二届业主委员会选聘物业公司,第三届业主委员会也非该物业服务合同的主体,与该合同的履行无关。DX公司要求第三届业主委员会继续履行该合同并赔偿损失,无事实和法律依据,故法院判决驳回原告的全部诉讼请求。[1]

【案例4－24】　苏州市YJ家园小区业主委员会诉JT物业管理有限公司(以下简称JT物业公司)物业服务合同纠纷案

判决观点:刘某某未经YJ小区业主大会授权与JT物业公司签订了2013年、2014年、2015年3份物业服务合同,故合同效力处于待定状态。在这3年间,JT物业公司客观上提供了物业服务,且超过小区面积过半数、人数过半数的业主亦按照上述合同约定的费用标准交纳了相应物业费,据此认定合同已为小区业主所追认,合同发生法律效力。3份物业服务合同均约定汽车停放费及广告费属于被告,故原告要求被告返还无合同依据。法院判决驳回YJ家园小区业主委员会的全部诉讼请求。[2]

业主委员会动用专项维修资金购买理财产品的决定无效。

业主委员会随意使用专项维修资金改造小区的决定无效。

业主委员会对“住改商”限制纳入管理规约的调整范围符合法律规定,亦是有效的。虽然管理规约不得非法干预业主对专有部分的正常使用,但“住改商”突破了住宅的规划用途,已经不属于对专有部分的正常使用范畴。

业主委员会换届后,合同一方的主体由换届后的业主委员会取代换届前的业主委员会,合同中确立的前届业主委员会的权利、义务也概括地转移到换届后的业主委员会。所以,原届业主委员会订立的物业服务合同对后届业主委员会具有约束力,应继续履行。也就是说,物业服务合同的有效性并不因业主委员会换届而终止。

---

〔1〕 参见程磊、周滨:《律师说法:业主委员会及物业服务纠纷案例评析》,法律出版社2020年版,第194～195页。

〔2〕 参见程磊、周滨:《律师说法:业主委员会及物业服务纠纷案例评析》,法律出版社2020年版,第242～243页。

实践中,业主大会临时会议决议的效力受法律保护。

【案例4-25】 徐某诉沈阳某物业公司物业服务合同纠纷案

二审法院认为,被上诉人依据与沈阳某花园新城业委会于2010年签订的物业服务合同取得了某花园新城小区的物业服务管理权利,合同约定的服务期限于2011年12月31日届满后,被上诉人虽未续签物业服务合同,但一直在某花园新城小区提供物业服务,履行了小区物业代管职能。被上诉人依据某社区委员会于2013年10月31日发布的《关于召开某花园新城续签物业服务合同并调整物业费标准业主大会临时会议的通知》及2013年12月11日的《某花园新城业主大会临时会议表决结果公告》,取得了某花园新城小区从2014年起住宅物业服务费为1.5元/(平方米·月)的物业管理服务权利。小区业主大会临时会议的表决效力及于小区全体业主,上诉人作为小区业主,应履行交纳物业费的义务,一审判决上诉人交纳2014年1月1日至12月31日的物业费并无不当。关于上诉人以被上诉人未提供物业服务合同,不同意按照涨价的1.5元/(平方米·月)交纳物业费的上诉主张,根据《业主大会和业主委员会指导规则》第二十一条、第五十一条及第五十八条规定,某社区委员会受所在地丰乐街道委托,组织召开某花园新城业主大会临时会议并决议通过续聘被上诉人提供物业服务且经户数和专有面积"双过半"业主同意实施住宅物业服务费为1.5元/(平方米·月)的内容,具有法律效力,被上诉人据此取得小区的物业管理服务权利,决议内容对小区业主具有约束力。上诉人不能以被上诉人未提供物业服务合同为由,拒绝履行其交纳物业费义务,对上诉人该项主张不予支持,故判决驳回上诉,维持原判。[1]

应注意的是,业主能否在业主大会议事规则中约定与《民法典》第二百七十八条(原《物权法》第七十六条)规定不同的决议通过规则,对于业主的此类特别约定,司法解释制定者认为应当承认其效力。首先,就业主大会而言,其实质是业主的自治组织,共同管理事项更是业主最重要的自治内容。所以,法律于此尚无干涉的必要。其次,《物业管理条例》第十八条规定,业主大会议事规则应当就业主大会的议事方式、表决程序、业主委员会的组成和成员任期等事项作出约定。其中的表决程序在解释上应当包括决议的通过条件。最后,从比较法上来看,德国、日本对决议规则都明确规定允许当事人作出特别约定。比较法上的观点有利于我们理解本国法的相关规定。在审判实务中应当注意,对于有特别约定的案件,要根据该约定来判断业主表决能力及决议的效力问题。但是,应当明确,前述业主的特别约定仍然要受

---

〔1〕 参见骆鑫、刘娅编著:《物业管理纠纷案例与实务》,清华大学出版社2017年版,第40~41页。

到一定的限制。业主可以约定不低于《民法典》第二百七十八条第二款规定的决议规则。[1]

（五）业主公约或章程效力

业主制定的章程和公约中规定涉及共同经营事项的效力是司法实践中的疑难问题。《民法典》第二百七十八条规定业主共同决定事项即共同管理范围，亦即小区共有部分或共有部分的合理延伸，而不包括商铺经营要统一管理事项。其统一经营管理不是共同管理的范畴，不能对业主专有权的限制随意扩大，专有部分的所有权作为所有权的基本属性即依据权利人自己独立自主的意思表示行使处分权的特征没有改变。业主公约或者业主章程所约定的事项，只能是业主"之间"的共同事项，即业主和业主之间的共同事务的事项，而不是专有部分所有权指向的事项，更不能包括专有部分所有权的处分权。依据《民法典》的规定和物权原理，专有部分所有权部分，在任何情况下都不能属于业主公约的约定范围。专有部分的自主经营或委托经营事项，不属于《民法典》第二百七十八条规定业主共同决定事项，而属于专有部分业主自主决定的内容，当然不能适用该条第二款的表决程序决定统一经营事项。笔者认为，管理规约的适用范围应限于全体业主的一致性共同利益。章程和公约中规定涉及共同经营事项不构成公共利益。多数业主要求统一经营最终体现为一定的经济利益，一般并不认为是一种公共利益，其实质反映的是业主的民主决定与业主个人权利之间的关系问题。在民主投票即业主自治的前提下，业主的专有部分所有权能够对抗业主的多数决是业主自治的前提和基础。从这个意义上讲，业主的基本权利即专有部分所有权优先于民主决定的业主自治。章程和公约中规定涉及共同经营事项，虽然其决定的程序符合表决规定，但决定的事项是处分业主专有部分财产权利，明显超过《民法典》规定共同决定的事项而应被界定无效。根据章程和公约中规定由业主委员会与第三人签订统一共同经营合同不能拘束未签名同意的业主。需要说明的是，虽然商铺业主签订的章程和公约中规定涉及共同经营的事项无效，但并非整个商铺不能按统一经营的模式运作。在产权式商铺经营模式中，考虑到单个业主所购商铺在整个商场中只占很小一部分，其对商铺所享有的权利，不能等同于独立商铺，其行使所有权时，不应影响商场整体功能的发挥。开发商或业主委员会对外整体出租过程中，有小部分业主主张未经其同意，要求停止侵害、恢复原状的，从个人利益

---

〔1〕 参见最高人民法院民事审判第一庭编著：《最高人民法院建筑物区分所有权、物业服务司法解释理解与适用》，人民法院出版社2009年版，第135～136页。

和整体利益的平衡角度出发，不应予以支持。也就是说，就整体的经济利益而言，单个或部分业主行使专有部分的权利应不得损害绝大多数业主的共同经济利益，在与共同利益发生冲突时，其专有所有权行使的利益应受到限制。但这与章程和公约中规定涉及的共同经营事项是不同层面所要考虑和解决的问题，实践中，法院生效判决亦表明了支持多数业主的诉求（详见合同纠纷专题的阐述）。

【案例4－26】 某商厦业主委员会诉38户业主确认章程效力纠纷案

一审法院认为，2004年10月24日，某商厦业主制定的《章程》和《公约》是广大业主自愿制定的，其内容不违反法律、行政法规的强制性规定。虽然《物业管理条例》没有对业主制定《章程》作出明确规定，但是业主之间自愿制定《章程》并不违反法律禁止性规定。因此该《章程》和《公约》具有法律效力。2006年9月29日，业主对《章程》和《公约》进行了部分修改，虽然原告认为该修改不符合法定程序，但根据《物业管理条例》的相关规定，该修改不违反法律规定，修改时有946个铺位的业主（已超过1/2）在修改说明上签了名，同意修改意见。因此，该修改也具有法律效力。某商厦业主对其商铺享有独立的所有权，就经营问题而言，如果业主之间没有特殊的约定，在不违背法律规定的情况下，如何经营是业主自己的权利。业主之间自愿制定了《章程》和《公约》，那么业主的经营活动，就得受《章程》和《公约》的约束。《章程》规定了所持投票权2/3的业主有权决定经营管理事项。现所持投票权2/3以上的业主同意统一经营，那么所有的业主就应该统一经营。另外，《公约》约定了业主委员会有权选聘经营管理公司，根据业主的意见与经营公司签订合同。本案中的第三人是所持投票权2/3以上业主选定的，业主委员会与第三人签订《委托经营管理合同》是基于所持投票权2/3以上业主的授权。因此，业主委员会代表业主与第三人签订《委托经营管理合同》具有法律效力。至于房地产开发公司出卖铺位时的承诺，在经营管理方面不具有任何效力，因此，被告以此抗辩，不予支持。据此判决：《章程》《公约》有效，业主委员会代表业主与第三人签订《委托经营管理合同》有效。〔1〕

最高人民法院民事审判第一庭意见为，根据原《物权法》第七十六条（现《民法典》第二百七十八条）的规定，经营性用房的专有部分的经营方式不属于业主大会的共同决定事项。业主公约或章程作出的该专有部分是自主经营还是委托他人经营，由全体业主按照少数服从多数原则投票共同决定的约定无效。业主大会根据该公约或章程作出委托经营的决定后，业主委员会与他人签订的委托经营

〔1〕 参见最高人民法院民事审判第一庭编：《民事审判指导与参考》2010年第1集（总第41集），法律出版社2010年版，第212页。

合同,对未经同意或追认的业主不发生法律效力。[1]

【不同处理】 商铺业主在制定管理规约时,已经确定以多数决决定商铺经营方式,应如何认定。有学者认为,如果规约设定、变更或废止将特别影响一部分区分所有人的权利时,应得到其承诺。[2] 司法解释制定者认为,在此情况下,应当可以认定有关采用整体出租的方式经营商铺的业主大会决定,对坚持自己经营的业主具有约束力。理由在于,尽管采用何种方式经营商铺是商铺业主的基本自由,但该自由毕竟属于私权范畴。业主预先把自己私权行为行使自由置于共同议决事项范围之内无关公共利益,亦不违反法律规定,其应受自己的意思表示的限制与制约。在此情况下,该业主的反悔有违诚信信用,不应得到支持。[3] 该释义与最高人民法院民事审判第一庭意见有不一致之处,为统一执法尺度亦可按后一种意见处理,但不影响对不同意见的研究和对司法实践的探索。

管理规约主要是全体业主对共有部分和共同事务作出的约定,不能干涉专有部分的使用权。[4] 小区地下车位定价权是开发商和租赁车位业主间的对立利益,开发商提高租赁价格时,不应征得"双过半"的业主同意,其管理规约不应对开发商所有的车位作出价格规定。

【案例 4－27】 薛某诉某置业公司、某物业公司建筑物区分所有权纠纷案

二审法院认为:(1)《临时管理规约》不能约定地下车库使用费的具体价格。管理规约不能非法干预业主对专有部分的正常使用,即不能约定属于开发商专有部分车位的价格,否则可能使价格永远无法上涨或车位闲置,最终还将损害开发商或需要车位业主的利益,导致双输。(2)合同中300元/月的价格条款不能继续适用。该条款应属合法有效,但性质只是宣示性条款,具体义务的确定还要另行协商,期限也不受规约存续时间限制。[5]

---

〔1〕 参见最高人民法院民事审判第一庭编:《民事审判指导与参考》2010年第1集(总第41集),法律出版社2010年版,第218页。

〔2〕 参见[日]我妻荣:《新订物权法》,罗丽译,中国法制出版社2008年版,第550页。日本《有关建筑物区分所有权等之法律》第三十一条第一款亦有规定。

〔3〕 参见最高人民法院民事审判第一庭编著:《最高人民法院建筑物区分所有权、物业服务司法解释理解与适用》,人民法院出版社2009年版,第117页。

〔4〕 参见申卫星:《自治与受制之法律基石》,载蔡耀忠主编:《物权法报告》,中信出版社2005年版,第38页。

〔5〕 参见北京市高级人民法院研究室编:《审判前沿——新类型案件审判实务》(总第58集),法律出版社2019年版,第127页。

三、物业服务合同效力纠纷处理

(一)服务合同无效处理

物业服务人将全部物业服务事项一并转委托而签订的合同无效,受让人因无效协议获得的物业管理权应交回转让人。

【案例4－28】 深圳市甲物业管理有限公司赣州分公司(以下简称甲公司)诉瑞金市乙置业有限公司(以下简称乙公司)物业服务合同纠纷案

判决观点:甲公司于2016年9月1日开始履行丙公馆前期物业服务合同,履行合同仅4个月,就出现经营亏损、服务质量下降等问题。经与乙公司协商一致,双方签订补充协议,约定甲公司将丙公馆的前期物业服务管理经营权交由乙公司,由其来行使丙公馆的物业管理权。该约定违反了《2009年物业服务解释》第二条之规定。甲公司将丙公馆的全部物业服务业务一并委托乙公司管理,因违反了法律法规的规定而无效。无效协议约定的义务还未履行的,无须再履行,故甲公司要求乙公司支付自管服务费的请求,法院不予支持。已经履行的,因无效合同所取得的财物应予返还,如果造成损失,还应当根据过错赔偿损失。[1]

业主委员会与物业服务人约定由其代拆迁户支付物业费的约定,因涉及全体业主共同利益的事项,且未经由全体业主共同决定,故该约定无效。

【案例4－29】 某家园物业服务公司诉某滨江小区业委会物业服务合同纠纷案

一审法院认为,该协议中关于"某家园物业公司为某滨江小区延长2个月服务期间,该小区内拆迁户的物业费用由某滨江小区业委会支付"的约定,一审法院认为,该部分内容性质为债务的承担,而非物业管理事项,因违反《物业管理条例》第十九条的强制性规定而无效。判决:驳回某家园物业服

---

〔1〕 江西省瑞金市人民法院(2018)赣0781民初2171号民事判决书。

务公司的诉讼请求。二审法院认为,一审判决认定事实清楚,实体处理和适用法律正确。判决:驳回上诉,维持原判。[1]

违反法律法规强制性效力性规定的物业服务合同无效。

【案例4-30】 海南自力投资有限公司诉海南华鑫物业管理有限公司物业管理承包合同纠纷案

二审法院认为,本案中,被上诉人投资公司只是顺发新村住宅小区的开发建设单位,其擅自与上诉人物业公司签订合同,将住宅小区的物业管理权“发包”给物业公司行使,借机收取承包金,该行为侵犯了业主的合法权益。依照《民法通则》第五十八条第一款第(五)项的规定,这个承包合同及其补充协议应为无效合同。依照《民法通则》第六十一条第一款的规定,投资公司应当将保证金50万元返还给物业公司,其要求物业公司偿付承包金和承担违约责任的诉讼请求应当驳回。物业公司根据无效合同的约定,要求投资公司偿付少交付物业管理面积给其造成的“损失”,不予支持。投资公司对住宅小区没有物业管理权,原审在处理合同无效时,虽然注意到这一问题,但是以维护住宅小区的管理秩序和便于收回住户拖欠的物业管理费、维修基金、水费、电费等为由,判决将住宅小区的物业管理权及维修基金交投资公司代管,没有法律依据,应当撤销。现顺发新村业主管委会已经成立,并与物业公司签订了《住宅聘用管理合同》,这是业主行使权利的行为。物业公司据此提出上诉有理,应予支持。物业公司请求判令投资公司按照合同向其支付物业管理维修费15万元及违约金15万元,是另一法律关系,一审不予合并审理,是正确的。一审判决认定事实部分不清,判决部分不当,应予纠正。[2]

作为专有部分占建筑物总面积过半数且占总人数过半数的业主,以业主大会的名义作出排除他人使用、同意自己使用建筑物共有部分的决议无效。业主大会的决议应当为全体业主利益考虑,不得成为部分业主谋取私利的工具。

【案例4-31】 张某、李某诉耿某某等建筑物区分所有权纠纷案

二审法院认为,张某、李某和耿某某等均为华德乐园业主,他们对涉案门厅享有共有和共同管理的权利,这已被生效判决所确认。业主大会的决议应当为全体业主利益考虑,如果部分业主利用自己的人数和面积优势作出限制其他业主权利的决定,则会出现业主滥用权利的情形,这对于其他业主显失公平,况且顾某某、吴某某已表示门厅由全体业主合理使用,因此业主大会曾经作出的张某、李某及其承租户不得在涉案门厅内摆放设施的决定与法相

---

〔1〕 参见骆鑫、刘娅编著:《物业管理纠纷案例与实务》,清华大学出版社2017年版,第43页。

〔2〕 参见《最高人民法院公报》1999年第2期。

悖。本案中，开发商虽然曾在第一份房地产买卖契约中与张某约定其未经开发商同意不得在涉案门厅设置任何设施，但在房屋产权监理所备案的第二份契约中并无此限制性规定。退一步讲，即使开发商曾与张某有此约定，开发商将房屋出售给张某后，张某即房屋的所有权人，张某对涉案门厅享有共有和管理的权利，其物权是完整和绝对的，其作为业主之一与其他业主享有同样的权利。李某在涉案门厅设置的物品已经法院判决确定拆除，该判决已发生法律效力，故耿某某、丁某某、耿某春、王某霞也应将其在门厅内的物品拆除。双方均为华德乐园的业主，平等地享有使用涉案门厅的权利，双方应合理使用门厅，满足业主的需求，虽双方通过诉讼均需拆除各自设置的物品，但各业主仍可对涉案门厅的使用进行协商，使门厅发挥最大效用。上诉人的上诉理由不能成立，法院不予支持。原审法院认定事实清楚，适用法律正确，审判程序合法，应予维持。判决：驳回上诉，维持原判。[1]

物业服务人擅自提高业主未按时交纳物业费违约金的合同条款无效，其诉求不受法律保护。

【案例4-32】 某物业公司诉张某龙物业服务合同纠纷案

判决观点：物业公司为某商场小区提供物业服务，张某龙系该小区业主，应当按照双方签订的物业服务协议及时交纳物业费、电梯费，其未及时交纳构成违约，应当承担违约责任。对于物业公司要求张某龙交纳物业费、电梯费共计4391元的诉讼请求，予以支持。根据《物业服务解释》第一条规定，物业公司在涉案小区与开发建设单位签订的前期物业管理服务协议对小区业主具有约束力，在前期物业服务协议对业主不按时交纳物业费已经约定违约金计算标准的情况下，物业公司在与业主签订前期物业管理服务协议时通过格式条款提高了该情况下违约金的计算标准，该约定不当地加重了业主的责任，依法对业主不产生约束力。业主承担的违约金应按物业公司与开发建设单位签订前期管理服务协议中的约定计算，为219.55元（4391元×5%）。判决：(1)张某龙给付物业公司物业费3401元、电梯费990元；(2)张某龙给付物业公司违约金219.55元；(3)驳回物业公司的其他诉讼请求。[2]

---

〔1〕 参见国家法官学院案例开发研究中心编：《中国法院2015年度案例》（物权纠纷），中国法制出版社2015年版，第190页。江苏省南通市中级人民法院(2012)通中民终字第1273号民事判决书。

〔2〕 参见国家法官学院、最高人民法院司法案例研究院编：《中国法院2022年度案例》（合同纠纷），中国法制出版社2022年版，第213页。黑龙江省哈尔滨市南岗区人民法院(2020)黑0103民初7581号民事判决书。

(二)限制业主权利合同条款处理

在现实社会中,物业服务人时常以合同约定不准封闭阳台、安装防盗窗等限制业主,这涉及物业服务合同中禁止封闭阳台条款效力。

从所有权上讲,业主对阳台享有专有所有权。所谓专有部分,一般认为是构造上能够明确区分,具有排他性且可以独立使用作为区分所有权标的建筑物部分。阳台与房屋主体紧密相连,不属于建筑物中的共有部分,专属于业主个人独立使用。阳台在构造和使用上均具独立性,应确定为房屋的专有部分,故依法为业主专有所有权组成部分。

从法律规定上看,物业服务合同是物业服务人单方提供的为重复使用而预先拟定的合同,其格式条款违反《民法典》第四百九十七条规定不合理免除或者减轻其责任、加重对方责任、限制对方主要权利的无效。在物业服务合同中限制业主主要权利,指的是《民法典》规定的物权性质上的权利,业主对其房屋所有权涉及专有部分的所有权、共有部分的共有权和基于建筑物共同事务而产生的成员权。物业服务人以格式条款限制业主封闭阳台,是限制业主的主要权利,按照《民法典》规定应认定该条款无效。业主作为阳台的专有所有权人,有权对阳台正当支配使用,物业服务人无合法依据不得干涉。

【案例4-33】　南通新海通物业管理有限责任公司诉裴某物业管理合同纠纷案

二审法院认为,首先,《补充协议》禁止封闭阳台的格式条款排除了裴某的主要权利,应属无效。本案物业公司通过《补充协议》提出“不得封闭阳台”的条款,该条款未与裴某等业主协商,亦非遵从业主大会的决定或业主委员会的授权,根据《合同法》第三十九条第二款的规定,属于格式条款。裴某通过订立合同、支付价款、办理产权登记等取得房屋建筑物区分所有权。案涉阳台作为附属于房屋主体的特定部分,在构造和使用上均具有独立性,应确定为房屋的专有部分,业主裴某依法享有专有所有权。《补充协议》以格式条款禁止封闭阳台,排除了对方的主要权利,根据《合同法》第四十条的规定,应属无效。封闭阳台本属行使专有所有权能范围内的行为,而专有所有权作为一种完全的物权,具有直接支配性、排他性等本质属性,显然属于业主的主要权利。而且物业公司以位阶较低的物业管理权用未经协商的格式条款排除了业主位阶更高的专有所有权,导致双方权利义务的失衡。因而,两权比较之下,业主的权利是一种主要权利,物业公司关于封闭阳台并非裴某主要权利的上诉理由,不能成立。其次,裴某封闭阳台符合行使专有所有权的正当性要求。裴某因居住安全、防尘、防噪声之需封闭阳台,采用之方法已顾及小区环境的整体美观,且未损害其他建筑物区分所有人的合法权益,其目的、方式和结果正当,不属于法律法规禁止业主从事的行为。而且,裴某封闭阳台未损害其他建筑物区分所有人的合法利益和社会公共利益,亦无来自业主整体意志的限制。最后,业主基于专有所有权而享有的居住利益应得到优先保护。对于本案阳台能否封闭及如何封闭的问题,理想的方式是由物业公司从符合多数业主意愿的原则出发与业主协商。但由于物业公司与包括裴某在内的业主不能就此达成一致,因而,法院只能就本案个案依法作出裁量,以平衡各方利益。法律应当保护业主裴某对专有所有权的正当行使。建筑物和小区外部美观、整体风貌的保护亦属法理和通常意义上的正当利益,理应得到维护。而本案裴某对阳台加以封闭,不可避免地对建筑物和小区的整体和谐造成一定影响,但如物业公司在没有合法依据情况下因此限制裴某封闭阳台,又会侵犯裴某的正当权利,两者存在一定的利益冲突。利益衡量之下,业主基于专有所有权而享有的居住利益比建筑物和小区整体美观这样的表层利益等次更高,也更为重大,应得到优先保护。据此判决:驳回上诉,维持原判。[1]

【案例4-34】 于都城宏物业管理有限公司诉陈某某、管某某物业服务合同纠纷案

判决观点:《房屋装饰装修管理责任书》是原告为管理业主装饰装修行为自行拟定的格式合同,不是业主大会讨论通过的业主公约,故该格式合同缺少平等协商性、公平性,且该责任书以格式条款规定排除业主对建筑物专有部分享有占有、使用、收益和处分的主要权利,因此该条款属无效条款,不具有约束力。同时,原告无证据证明被告外装防盗网危及建筑物安全或损害其他业主合法权益,故原告无权要求其拆除并恢复原状。[2]

从合理正当性上说,业主封闭阳台未突破不当行使专有所有权限度。首先,封闭阳台不违反法律法规的禁止性规定。现行法律法规对业主能否自行封闭阳台以及如何封闭阳台尚未明确规定,更未加以禁止。其次,保障居住安全和提高生活质量是业主封闭阳台的目的和出发点,其行为具有正当性。业主封闭阳台并未改变居住的根本用途,物业服务人认为阳台应在未封闭下使用的理由不能成

---

〔1〕 参见最高人民法院中国应用法学研究所编:《人民法院案例选》2007年第2辑(总第60辑),人民法院出版社2007年版,第242~243页。江苏省南通市中级人民法院(2006)通中民二终字第0190号民事判决书。

〔2〕 参见国家法官学院案例开发研究中心编:《中国法院2017年度案例》(合同纠纷),中国法制出版社2017年版,第230页。江西省赣州市于都县人民法院(2015)于民一初字第965号民事判决书。

立。最后,业主封闭阳台的行为未损害其他专有权人和小区业主整体利益。当前整体社会秩序、自然环境并未臻良好境况,安全、噪声、灰尘等都是居民为保障其基本居住利益、提高生活质量必须面临和考虑的现实重要问题。基于这种外部环境,在现实社会生活中,绝大多数业主也往往选择自行封闭,这符合居民的居住习惯,也符合我国的基本国情。

例外情况是,根据小区业主自治原则,业主大会可以对阳台能否自行封闭及如何封闭等涉及小区管理的事项以民主方式议定,由业主委员会委托物业服务人执行,该决议对小区全体业主具有合约效力。业主如对不准封闭阳台有异议的,可依法行使权利。

(三)超出职责权利行为效力处理

实践中,业主委员会超出小区物业范围而对其他事项作出的决定或签订的合同效力亦为争议问题。

续约的物业服务合同效力是实践中多发争议之一。在前举的江某地诉广东客都物业管理有限公司物业服务合同纠纷案中,一、二审法院认为《续约陶然居物业管理服务合同》有效。[1]

没有代理权人签订的物业服务合同,经权利人追认的部分有效,未经权利人追认的部分无效。

【案例 4-35】　台山市信联物业管理有限公司诉黄某某物业服务合同纠纷案

一审法院认为,黄某某的母亲伍某某在没有授权的情况下,代黄某某签收了上述文件,是无权代理行为。伍某某的无权代理行为只有经过黄某某的追认,黄某某才承担民事责任。根据《最高人民法院关于适用〈中华人民共和国合同法〉若干问题的解释(二)》第十二条的规定,黄某某向物业公司交纳 2008 年 12 月至 2009 年 9 月物业管理费的行为,应视为对该部分条款(关于物业管理费条款)的追认,故该条款对黄某某具有法律效力。至于上述文件的其他条款,由于原告没有证据证明黄某某已履行,所以不能视为黄某某已全部追认,由于黄某某没有全部追认,故上述文件的其他条款对黄某某并不产生法律效力。二审法院持同样意见,维持原判。[2]

---

〔1〕 参见国家法官学院案例开发研究中心编:《中国法院 2019 年度案例》(合同纠纷),中国法制出版社 2019 年版,第 238 页。广东省梅州市中级人民法院(2017)粤 14 民终 22 号民事判决书。

〔2〕 参见国家法官学院案例开发研究中心编:《中国法院 2013 年度案例》(合同纠纷),中国法制出版社 2013 年版,第 81 页。广东省江门市中级人民法院(2011)江中法民二终字第 214 号民事判决书。

业主委员会主任超越业主议事规则约定的权限签订的维修协议，其相对人是善意的则协议有效。根据《民法典》第五百零四条的规定，第三人的认知态度对合同效力有着极其重要的影响。在第三人为善意时，法律有义务保护其交易利益不受侵害，则应认定合同有效。在第三人为恶意时，则应自行承担市场交易的不利后果，其合同按无效认定。一般来讲，法人对法定代表人行为的限制更多的是内部的限制，交易的第三人难以查阅法人章程规定及内部协议赋予法定代表人的权限，更多的第三人往往根据法定代表人的身份或加盖公司印章推定其在职权范围内行事，此时应推定第三人主观上是善意地与法定代表人签订合同，但有相反证据证明第三人明知法定代表人越权的除外。在第三人与法定代表人有多次交易行为，其应推定为知道或应当知道法定代表人超越权限的，即恶意的。

【案例4－36】 南京SQ装修设计工程有限公司诉南京市某区XJ花园小区业主委员会、刘某某装修合同纠纷案

判决观点：本案原、被告双方为XJ花园小区活动室房屋装修施工工程所签订的维修协议，意思表示真实，内容不违反法律、行政法规的强制性规定，为有效合同。根据《合同法》第五十条表见代理的规定，XJ花园小区业主委员会主任刘某某虽然存在超越议事规则权限订立合同的行为，但原告作为善意第三人，并没有义务去查阅业主大会议事规则来审查内部协议赋予法定代表人的权限，因此，刘某某的代表行为有效。刘某某代表业主委员会签约属于其履行职务，其法律后果应由业主委员会承担，个人不应承担相应的责任。法院判决被告XJ花园小区业主委员会给付原告工程款20,580元，驳回原告的其他诉讼请求。[1]

免除物业费效力。这里讲的免除物业费效力，是指业主委员会免除小区业主物业费是否具有法律约束力，并非指物业服务人对小区业主物业费的免除，这种免除对物业服务人与业主均有约束力。

在小区的物业服务中，涉及众多法律主体和法律关系。业主委员会依据业主大会的授权选聘物业服务人，双方签订物业服务合同后成立物业服务合同关系。物业服务人依据物业服务合同对小区进行服务和管理，其服务和管理对象为业主，这实质上形成物业服务人与单个业主的物业服务合同关系。从表象上看，两者均为物业服务合同，依据合同相对性原则，两者的主体、权利义务不相同，其分属两个不同的法律关系。在前一个物业服务合同中，合同相对方是业主委员会和物业服务人，权、利、责约束本合同的当事人。在后一个物业服务合同中相对方是

〔1〕 参见程磊、周滨：《律师说法：业主委员会及物业服务纠纷案例评析》，法律出版社2020年版，第273页。

物业服务人和业主,权、利、责约束本合同的当事人。如果前一个物业服务合同未对某业主作出免交物业费的约定,物业服务人对业主委员会作出对某业主免除物业费也不予认可,即便业主委员会与某业主(物业使用人)之间有此协议,但根据合同相对性原则,对物业服务人不具有约束力。

【案例4-37】　南京某物业管理有限公司(以下简称某物业公司)诉南京某医院物业服务合同纠纷案

一审法院认为,某公司系该小区的业主,是某物业公司服务成果的享有者,故某公司亦应是交纳物业费义务的承担者。某公司将房屋出租给某医院使用,在合同中有关于"与该房屋有关应由承租人支付的费用均由某医院支付"的约定,且某医院举证的某家园业委会证明(关于免除物业费)亦能佐证物业费由某医院承担。故对某公司提出物业服务合同无效,以及某医院有关租赁合同中并未约定物业费由其承担的主张,一审法院均不予采信。某医院称某家园业委会承诺免除其物业费至2013年9月30日,对此,由于某物业公司行使物业管理权限自2010年1月1日开始,而业委会免除某医院物业费系2009年,收取物业费系某物业公司的权利,某家园业委会无权作出免除的承诺,现某物业公司对免除物业费不予认可,因此,对某医院的上述抗辩,一审法院亦不予采信。某医院作为物业使用人应根据租赁合同的约定交纳物业费,某公司应承担连带责任。至于某医院交纳给某家园业委会的用于小区车库改造的25,000元,其应与某家园业委会协调处理。本案中,某医院使用的门面房与普通住户有所区别,门面房系临街而建,物业使用人享受到的物业服务相对普通住宅用户较少,一审法院对物业服务费酌情降低20%。故某医院应给付某物业公司的物业费为193,536元(241,920元×80%)。审理中,某物业公司自愿放弃主张违约金,一审法院予以准许。

二审法院认为,被上诉人某物业公司在一审中提交了某家园业委会的收条,该收条注明某家园业委会在2009年12月28日收到某物业公司20,000元保证金,能够证明在涉案合同签订后某物业公司已履行了交纳20,000元保证金的义务,双方合同已经生效,对相关当事人具有法律约束力。上诉人某医院尽管对前述收条提出异议,但并未提供相反证据,亦无证据显示某家园业委会对某物业公司向其交纳20,000元保证金持不同意见,故法院对某医院该上诉意见不予采纳。某物业公司与某家园业委会签订的物业服务合同约定了某物业公司行使物业管理权限自2010年1月1日开始,从该日起,某物业公司既有义务提供物业服务,也有权利收取相应的物业管理服务费用。该合同双方当事人在合同中也没有对上诉人某医院作为物业使用人免交物业服务费用作出约定,现某物业公司对免除物业费不予认可,因此,上诉人某医院与某家园业委会之间达成的协议,对被上诉人不具有约束力。上诉人某医院上诉理由不能成立。上诉人某医院交给某家园业委会的用于小区车库改造的25,000元,一审法院认为上诉人应与该业委会协调处理的意见并无不当。判决:驳回上诉,维持原判决。[1]

(四)超出合同约定行为效力处理

在小区内,物业服务人在未经业主委员会或业主大会同意的情况下,擅自划分车位,并将车位出租给业主收取泊位租金的行为侵害了全体业主的共有所有权,其出租行为无效。因出租而取得的租金,应返还全体业主。

规划建设的地上车位开发商保留所有权约定效力。《民法典》第二百七十五条第一款规定:"建筑区划内,规划用于停放汽车的车位、车库的归属,由当事人通过出售、附赠或者出租等方式约定。"第二款规定:"占用业主共有的道路或者其他场地用于停放汽车的车位,属于业主共用。"该条中的"规划"应是解决车位、车库建设的合法性、合规性和合理性问题,并非解决权属问题。在一个建筑区划内的物权归属仅有四类,即业主专有、业主共有、城镇(市政)所有(公用)和其他权利人所有。城镇(市政)所有(公用)一般指城镇道路、城镇绿地等,而其他权利人一般指在建筑区划内建设信号发射站的电信部门等,这两类情形很容易区分。故一般情况下,由开发商建造的建筑物、构筑物及其附属设施若不属于业主专有就应属于业主共有,系非此即彼的关系。专有部分不仅要具备构造和利用上的独立性,还要能进行产权登记。地上车位虽经过规划,但因其仅附着于小区土地上,既未计算建筑面积,也未纳入容积率指标,故无法办理产权登记,实质上属于建设用地使用权,根据《建筑物区分所有权解释》第三条第二款的规定,建设单位将房屋销售完毕后,小区建设用地使用权就转移为业主共有,地上车位无法成为特定人所有的专有部分,应认定其占用了业主共有部分,所有权归属于全体业主。开发商对车位进行处分的前提是享有所有权,因地上车位属业主共有,故开发商无权进行处分,商品房买卖合同中关于车位所有权保留的约定应认定为无效,对业主不发生效力。

应注意的是,"规划"在于确定物的位置、规模及用途等指标,而规划审批是职能部门依法履行监管职责的方式,建筑规划本身并不能确定建筑物的所有权归属,只能证明其合法性、合规性和合理性。

---

〔1〕 参见骆鑫、刘娅编著:《物业管理纠纷案例与实务》,清华大学出版社2017年版,第81~83页。

(五)超出指导价物业费标准效力处理

物业费标准是物业服务合同的主要条款,具有涉众性特征与业主经济利益直接挂钩。物业费的标准一般在物业服务合同中有约定,其发生的争议是合同约定的物业费标准高于政府指导价或滞后性等。对于高于政府指导价的物业费标准效力认定处理有不同观点。一般认为,高于政府指导价的超出部分无效,业主可以拒交超出标准的费用并可要求返还已交的超标费用。

【案例 4-38】　宜昌某物业管理有限公司诉聂某锋物业服务合同纠纷案

二审法院认为,《价格法》第十二条的规定应属于效力性强制性规定。若经营者与相对人约定的价格违反了政府指导价确定的幅度,其超出部分应属无效。本案某物业公司将水岸天成小区2011年12月1日至2013年11月30日的普通住宅物业收费标准约定为0.65元/(平方米·月),并按月每户收取电梯费25元,某物业公司就其收费标准未报价格行政主管部门审批,参照宜昌市夷陵区物业服务收费标准高层0.85元/(平方米·月)(含电梯费),如将双方约定的25元/(月·户)的电梯费按户均住房面积平均后(聂某锋所在楼栋住户为85户,每月收取电梯费共计2125元,该楼栋住房面积共计9311.4平方米,计算得出收取的电梯费约为0.23元),将0.23元/(平方米·月)加入服务费0.65元/(平方米·月)中考察,合同含电梯费在内的服务收费标准超出了0.85元/(平方米·月)标准,故对于超出的部分应认定为无效。[1]

【案例 4-39】　广西平果南方鸿基物业有限公司诉黄某某物业服务合同纠纷案

该案中,物业公司与业主签订的《前期物业服务协议》中约定的住宅物业费标准是1元/(平方米·月),物价局对中环商业广场小区普通住宅物业管理服务收费指导的基准价为0.75元/(平方米·月)(上下浮动幅度不超过15%)。物业公司起诉时按0.86元/(平方米·月)的标准主张物业费,二审法院认为没有超过物价局指导价的上限,符合法律和合同约定,合法有据,予以确认。[2]

【不同处理】　有的法院认为,物业费是否超出指导价不能机械地套用签订

---

〔1〕湖北省宜昌市中级人民法院(2014)鄂宜昌中民终字第00310号民事判决书。

〔2〕广西壮族自治区百色市中级人民法院(2016)桂10民终字1000号民事判决书。

合同时的政府指导价,政府指导价过于滞后的,应考虑现实的一些因素适当变通。

【案例4-40】 某物业管理(上海)有限公司嘉兴分公司诉黄某某物业服务合同纠纷案

二审法院认为,本案物业服务合同签订于2012年,其收费标准虽超过了当时实行的《嘉兴市本级物业服务收费管理实施办法(试行)》(2006年颁布)规定的最高限价,但该规定同时明确其附件中的中基准价以2006年为标准的"近期"指导价,而该指导价至案涉物业服务合同签订已有7年,其间社会物价水平、管理成本等已有较大变化,如仍按照该规定确定物业费的收取标准不仅不符合文件"近期"概念,还忽视了社会客观现实的发展变化。况且,该试行办法还规定物业收费的中准价及浮动幅度由相关部门定期向社会公布,也表明2006年公布的政府指导价并非固定不变。由于本案物业服务合同签订于2012年,故可参照2013年颁布的《嘉兴市本级物业服务收费管理实施办法》对双方约定的1.8元/(平方米·月)的收费标准是否过高加以评判,并以此认定双方物业服务合同中约定的1.8元/(平方米·月)的标准并未超过最高限价。判决支持物业公司按1.8元/(平方米·月)的标准主张物业费。[1]

实践中,法院不支持物业服务人以政府指导价调整而径行提高物业费标准。物业服务合同约定的物业费标准在合同期内不受政府指导价调整而影响其效力,但可依法予以调整。

【案例4-41】 南宁市某物业服务有限公司诉成某某物业服务合同纠纷再审案

再审法院认为,某物业公司在2004年3月1日与房产公司签订的某商城前期物业服务合同补充条款,约定物业服务费按连排单栋独户0.9元/(平方米·月)收取。该补充条款改变了原前期物业管理服务合同的约定,提高了物业服务费,某物业公司在2004年3月14日与成某某签订前期物业管理服务协议书时并未告知成某某住宅物业费按0.9元/(平方米·月)收取,故该0.9元/(平方米·月)的标准仅在某物业公司与房产公司之间产生效力,不能约束成某某。况且,将物业服务费提高到0.9元/(平方米·月)的补充条款并未得到物价部门的核准,南宁市物价局(南价格〔2005〕72号)《关于某商城物业管理服务收费标准的批复》指出,某商城属连排单栋商住混合小区,其物业管理服务价格实行市场调节价管理,应由双方签订合同,双方按合同约定的服务内容、服务性质、服务成本、收费项目、收费标准、违约规定履行

〔1〕 浙江省嘉兴市中级人民法院(2016)浙04民终1406号民事判决书。

各自的职责和义务。之后,某物业公司并未与成某某等某商城的业主进行协商,也未签订合同。某物业公司如果想提高物业服务费,应当符合法律、法规的规定,即应当经专有部分占建筑物总面积过半数的业主且占总人数过半数的业主同意,可以采用集体讨论的形式,也可以采用书面征求意见的形式。成某某以某物业公司违规收费为由提出抗辩并申请再审,其再审理由成立,法院予以支持。[1]

【案例4-42】　江门市某物业服务有限公司(以下简称某公司)诉谭某物业服务合同纠纷再审案

再审法院认为,虽然某公司与谭某签订的前期物业管理服务合同,约定物业服务费实行政府指导价,但参照国家发展改革委、原建设部制定的《物业服务收费管理办法》第七条的规定,即使实行政府指导价,物业服务费的具体收费标准仍是由业主与物业管理企业在物业服务合同中约定。某公司与谭某已在双方签订的前期物业服务协议中约定了物业服务费的具体收费标准为1.2元/(平方米·月),且该收费标准在合同期内不进行调整。同时,从江门市蓬江区物价局的复函的内容来看,该复函只是表明某某小区电梯洋房物业管理服务收费标准可以升为1.35元/(平方米·月),但该涨价行为仍未落实到物业服务合同中。该小区没有成立业主委员会,即使某公司以书面征求意见形式召开业主大会,根据《物业管理条例》第十一条第七项、第十二条的规定,提交物业管理服务收费标准应达到"双过半",即专有部分占建筑物总面积过半数且占总人数过半数的业主同意,该"涨价"行为才能及于每位业主。某公司没有提供证据证明已达到"双过半"的标准,故二审判决仅审查谭某单个业主,支持谭某对其在合同期内的涨价行为作出违约抗辩,符合最高人民法院《2009年物业服务解释》第五条第一款的规定。二审判决对某公司应按涨价后的标准收取管理费的主张不予支持,并无不当。[2]

应注意的是,超出政府指导价标准签订的物业服务合同,有的法院认为其价格条款不影响合同效力。

【案例4-43】　浙江某物业管理有限公司诉潘某涛、楼某寅物业服务合同纠纷再审案

再审法院认为,潘某涛、楼某寅认为湖畔官邸小区属于普通住宅小区,前期物业服务收费应按《杭州市物业服务收费管理实施办法》《杭州市萧山区物业服务收费管理实施办法》规定的标准收取,即1.2元/(平方米·月),某

---

〔1〕 广西壮族自治区高级人民法院(2015)桂民提字156号民事判决书。
〔2〕 广东省高级人民法院(2015)粤高法民申字1178号民事裁定书。

物业公司未经价格主管部门和物业主管部门核准即以市场调节价收取物业服务费，属于违法收费。因上述市、区两级政府制定的实施办法不属于法律、法规的强制性规定，某物业公司是否存在违反上述规定的情形，并不影响涉案合同的效力。[1]

（六）限制业主共同管理权条款效力处理

司法实践中，因限制业主共同管理权纠纷进入诉讼程序的案件为数不少，表现的形式和诉求并不一致。有的案件，业主直接请求撤销管理公约中限制业主行使共同管理的相关条款；有的案件，业主请求撤销业主大会决议限制业主表决权或选举权，其以表决程序违法为由，概括起来的核心点是侵害合法权益。限制业主共同管理权的基本原因在于未按时支付物业费、专业维修基金等，基本点是依据是业主大会的决议、管理规则或者议事规则。对此，法院的执法尺度并不统一，主要存在两种不同观点，各有实例支持，有必要进行分析。

认定限制业主共同管理权的条款对业主具有拘束力，主要理由为：一是业主大会制定的管理规约或者议事规则即按照法定程序表决通过，业主应该遵守。二是支付物业费关系全体业主的共同利益，业主有支付物业费的义务，根据权利和义务相一致原则，其不履行义务可以限制其行使共同管理权。三是业主委员会成员应该遵守管理规约或者议事规则模范履行业主义务，其不支付物业费，可限制参选业主委员会成员。[2]

【案例4－44】　某某与某业主委员会业主撤销权纠纷案

二审法院认为，案涉议事规则明确将拒付物业费的行为界定为损害共同权益的行为，并对物业费的业主表决权进行限制，并对拒付物业费的业主表决权进行限制。且案涉议事规则经专有部分占建筑总面积2/3以上的业主且占总人数2/3以上的业主同意通过，并予公示，该决定系民事法律行为，对小区全体业主均具有约束力。因此，这种表决权的限制应予准许。[3]

【案例4－45】　某某与某业主委员会业主撤销权纠纷案

判决观点：权利和义务相一致原则是我国法律体系中所应遵循的基本原

---

〔1〕浙江省高级人民法院（2013）浙民申字779号民事裁定书。

〔2〕参见最高人民法院民事审判第一庭编：《民事审判指导与参考》2022年第4辑（总第92辑），人民法院出版社2023年版，第166页。

〔3〕浙江省金华市中级人民法院（2020）浙07民终1494号民事判决书。

则。从整个小区全体业主的利益来考量，支付物业费和维修资金的目的，是为整个小区创造良好的生活环境，主动履行支付物业费和维修资金等义务的业主理应享有完整的业主权利，包括享有业主大会会议上的投票权、物业服务所带来的便利等；若赋予未履行义务的业主同样的权利，实则变相侵害了主动履行义务业主的权益，不值得提倡。[1]

【案例4－46】　某某与某业主委员会业主撤销权纠纷案

判决观点：按时支付物业费系业主应尽的义务，作为一名诚信守法的业主，其在维权过程中拒付物业费已侵害了其他业主的权益，不符合议事规则中规定的业主委员会委员应当遵守业主大会的议事规则、管理规约模范履行业主义务的条件。[2]

认定限制业主共同管理权的条款对业主不具有拘束力，主要理由为：一是业主的共同管理权是基于业主享有的不动产物权，非因法定事由不能被剥夺。业主大会通过的管理规约或者议事规则排除未支付物业费的业主的表决权，与法律规定相悖，依法应认定为无效条款。二是限制业主表决权将损害全体业主的利益。三是业主欠付物业费与业主是否享有选举权无关。[3]

【案例4－47】　某某与某业主委员会业主撤销权纠纷案

二审法院认为，业主在业主大会会议上享有投票权是物权法规定的“共同管理”的权利，该权利的行使是基于业主享有小区房屋的物权而产生的，不应当受到排除和限制。而业主拒付或欠付物业费，系业主与物业公司之间的合同关系，未付物业费不能取消因物权产生的选举权与被选举权。故不能以业主未支付物业费为由剥夺业主投票权。案涉业主大会通过的业主大会议事规则中第十三条直接排除未支付物业费的业主的投票权，依法应认定为无效条款。[4]

【案例4－48】　某某与某业主委员会业主撤销权纠纷案

判决观点：根据业主委员会提供的说明，过半数业主欠费，按照管理规约过半数业主将被取消共同管理事项的表决权，那么任何一项需要业主共同决定的事项均无法进行处理，包括解聘物业服务企业的事项，也包括修改管理规约的事项，这样才是对业主共同权利的侵害。[5]

---

〔1〕湖北省武汉市蔡甸区人民法院(2019)鄂0114民初2572号民事判决书。

〔2〕湖北省长沙市开福区人民法院(2018)湘0105民初2611号民事判决书。

〔3〕参见最高人民法院民事审判第一庭编:《民事审判指导与参考》2022年第4辑(总第92辑),人民法院出版社2023年版,第167页。

〔4〕湖北省武汉市中级人民法院(2020)鄂01民终4112号民事判决书。

〔5〕广东省东莞市第三人民法院(2017)粤1973民初15099号民事判决书。

【案例4－49】 某某与某业主委员会业主撤销权纠纷案

判决观点：能否当选业主委员会委员，最主要的前提条件是看其是否具有业主身份，业主委员会是按照业主大会多数业主的意愿选择选举出来的，其他人不得干涉。欠费问题是业主与物业服务公司之间的民事合同纠纷，与业主是否有资格当选为业主委员会委员无关。〔1〕

一般认为，管理规约具有业主团体根本自治法规的性质，系业主团体的最高自治规则和业主基于意思自治精神对小区物业管理作出的自律约定，对全体业主具有约束力。管理规约可以对业主权利行使作出某些限制，如共同管理权。但管理规约并非可以对业主权利任意限制，而须具有正当性，也即业主的行为损害了其他业主的利益，为维护小区公共利益有必要限制其权利，这也是业主违反公共义务所应承担的责任。若业主的行为并未损及其他业主利益，与小区公共利益无涉，则管理规约对其权利加以限制也就不具有正当性，业主可请求法院对相应条款予以撤销。物业费的正常交纳从形式上看是业主与物业服务人之间的权利义务，但实则关系到物业管理工作的正常开展和全体业主的共同利益。因物业费拖欠导致的物业纠纷和物业服务停滞已成为当前小区治理的痼疾。因此，管理规约限制欠费业主的小区公共管理权具有正当性。其管理规约条款合乎立法精神，又有益于公共福祉，应肯定其法律效力。

关于管理规约和业主大会议事规则中因业主欠交物业费而被限制共同管理权的条款的效力问题，最高人民法院法官赞同该条款对业主无拘束力的观点。主要理由有以下几点：(1)共同管理权是法律赋予业主的权利，管理规约不能违反法律规定限制业主的权利。(2)通过限制业主共同管理权促使业主支付物业费缺乏合理性、必要性。(3)限制业主的共同管理权会损害业主共同利益。〔2〕

最高人民法院认为，业主被限制共同管理权的事由，除业主未交付物业费外，还有业主欠交专项维修资金、违章装修、违法搭建等。虽然业主的这些行为并不一定有合理的理由，但是均有相应的救济途径，业主管理规约对业主管理权进行限制并不具有合法性、必要性，且会导致民法典规定由业主共同决定的事项无法处理，有违民法典的立法本意。故司法实践中对于业主管理规约或者议事规则限制业主共同管理权的条款，应予以慎重审查，妥善平衡业主个体权利与团体共同利益。〔3〕

---

〔1〕 福建省三明市三元区人民法院(2019)闽0403民初1652号民事判决书。

〔2〕 参见最高人民法院民事审判第一庭编：《民事审判指导与参考》2022年第4辑(总第92辑)，人民法院出版社2023年版，第171～174页。

〔3〕 参见最高人民法院民事审判第一庭编：《民事审判指导与参考》2022年第4辑(总第92辑)，人民法院出版社2023年版，第174～175页。

专题五　物业服务责任与赔偿纠纷

本专题围绕物业服务人责任及其造成的损害赔偿予以阐述，同时涉及在物业服务活动中的侵权责任、刑事责任等问题。

一、物业服务责任理解

(一)合同责任含义

合同责任是当事人违反涉及合同的义务,依法应当承担的不利法律后果。[1] 合同责任以合同债务不履行为前提,以过错为核心,以合同责任的承担方式和赔偿范围的确定方式为保障,构建一个丰满健全的法律制度。[2]

合同责任是责任的一种。学者认为,从文义上看,责任是指债务人对债权人强制干涉的服从状态,但责任也常被用于表达债务的意义。[3] 也有学者认为,责任指债务人当给付而未给付或不完全给付时,应服从债权人强制取得的关系。由于此种强制取得的责任关系,附加于债务关系,债务才有拘束力,从而为实现债之目的,责任乃具有担保作用。[4] 合同责任主要是财产责任,但有例外,即合同责任与侵权责任竞合时,允许当事人有选择非物质性民事责任之权利。合同责任是违反涉及合同义务的不利后果,但其具有相对性,即发生在特定的当事人之间,这是明显区别于侵权责任的。应该看到合同责任相对性的例外,即第三人侵害债权理论的出现。一般来讲,合同责任可以由当事人事先约定,这是基于意思自治原则,即可以由当事人在合同中事先约定违反合同义务应当承担责任的方式和方法,自然可以直接约定违反合同义务的违约金。但合同责任约定要受到法律的限制,因其归根结底是一种国家强制方式,不可能完全自由,对超出法律规定责任范围和方式约定的无效,对约定违约金过高或过低的,可以请求法官进行适当调整。合同责任除约定部分之外,还有相当一部分是法定责任,这是不可以由当事人自由约定的,对于强制性规范的责任,即便约定也是无效的,这并未超出意思自治原则范围。

违约是指当事人不履行或不全面履行合同义务的行为。违约以当事人存在

---

〔1〕 参见冉富强等:《合同责任研究》,吉林大学出版社2008年版,第11页。

〔2〕 参见张礼洪:《罗马法中的合同责任及其在现代中国的发展》,载梁慧星主编:《民商法论丛》1996年第1号(第5卷),法律出版社1996年版,第634页。

〔3〕 参见王洪亮:《强制履行请求权的性质及其行使》,载《法学》2012年第1期。

〔4〕 参见林诚二:《民法理论与问题研究》,中国政法大学出版社2000年版,第208页。

合同约定义务为前提,无义务即无责任。

本专题主要涉及的是违约责任,是指物业服务人违反物业服务合同约定承担的责任。《民法典》第五百八十二条规定:“履行不符合约定的,应当按照当事人的约定承担违约责任。对违约责任没有约定或者约定不明的,依据本法第五百一十条的规定仍不能确定的,受损害方根据标的的性质以及损失的大小,可以合理选择请求对方承担修理、重作、更换、退货、减少价款或者报酬等违约责任。”

(二)法律责任范围

物业服务活动中,除大量的违约责任外尚存在其他责任,如侵权责任、刑事责任,以及物业费连带清偿责任和后合同义务责任等。

1. 物业服务活动中的侵权责任

《民法典》第一千二百五十四条第二款规定:“物业服务企业等建筑物管理人应当采取必要的安全保障措施防止前款规定情形的发生;未采取必要的安全保障措施的,应当依法承担未履行安全保障义务的侵权责任。”该条明确了物业服务人在物业服务活动中未履行安全保障义务时承担的是侵权责任。

司法解释制定者认为,实践中物业服务企业侵权行为主要有:(1)物业管理人员在物业服务管理过程中的职务侵权;(2)物业服务企业违反共用设备服务管理规约的侵权;(3)物业服务企业侵犯建筑物共用部分、小区共用部分或配套公共设施权益的侵权;(4)第三人致害时物业服务企业未履行保障义务的侵权等。民事侵权责任按其构成要件、归责原则的不同,又可以分为一般民事侵权行为和特殊民事侵权行为。其中,一般民事侵权行为是指行为人因过错而实施的,适用过错责任原则和侵权责任的一般构成要件的侵权行为。特殊民事侵权行为是指不以行为人过错为条件而实施或发生的,适用无过错责任原则和侵权责任的特殊构成要件的侵权行为或特定事实状态。也就是说,特殊民事侵权行为不考察行为人的主观过错,行为人可能有过错,也可能无过错,均不影响其承担责任。物业服务管理纠纷大多数是一般侵权纠纷。认定物业服务企业的行为构成侵权,应具备以下几个要件:一是物业服务企业实施了加害行为;二是有业主损害事实的发生和存在;三是物业服务企业的加害行为与业主所遭受的损害事实之间存在因果关系;四是物业服务企业存在过错。[1]

---

〔1〕 参见最高人民法院民事审判第一庭编著:《最高人民法院建筑物区分所有权、物业服务司法解释理解与适用》,人民法院出版社2009年版,第278~279页。

物业服务人对工作人员职务行为承担责任认定。司法解释制定者认为,关于物业服务企业对工作人员的职务行为是否承担民事责任,可以把握以下几个条件:一是行为人与物业服务企业之间是否存在聘任和劳动合同关系;二是所造成的损失是否系物业服务企业工作人员履行职责造成的;三是物业服务企业工作人员履行职责的行为是否违反了合法性的原则;四是物业服务企业工作人员的行为客观上是否造成了业主及相关人员的损害后果;五是物业服务企业工作人员的职务行为与业主及相关人员受到的损害事实是否有因果关系;六是物业服务企业工作人员在主观上是否有过错。对符合上述条件的,可以认定物业服务企业构成侵权,并应承担相应的侵权责任。[1]

应注意的是,当物业公司与案件有所牵连但无法明确其责任的情况下,仍不应将物业公司排除在责任主体范围之外。关于物业公司承担责任的方式问题,可以依据《民法典》侵权责任编中的公平原则来处理,也可以创造性地适用安全保障义务原则,要求物业公司承担一定的补偿赔偿责任。在这种情况下,物业服务企业或其他管理人承担的不是因为自身存在侵权行为而产生的赔偿责任,其承担的是在有具体的侵权行为人时,因其没有尽到合理的注意义务而产生的补偿责任。追究这种补偿责任一般发生在对直接侵权行为进行法律追究之后,但这并不影响物业服务企业或其他管理人因此成为诉讼的一方当事人。[2]

物业服务人收取的物业费以及租金属于履行管理小区的义务而为,具有合同依据,不构成侵权损害赔偿民事责任。

【案例5-1】　甲小区业主委员会诉乙公司财产损害赔偿纠纷案

判决观点:原告甲小区业主委员会认为被告乙公司收取小区业主接房前至少7个月的物业费(534,905.8元)的行为构成侵权,物业公司未经小区业主同意,擅自占用小区公共设施对外出租,收取租金163,000元,也是对本小区业主权利的侵害。对于双方争议的焦点物业公司是否承担侵权责任的问题,法院审查认为,本案业主委员会以财产损害民事法律关系主张权利诉至法院,根据《侵权责任法》第六条关于"行为人因过错侵害他人民事权益,应当承担侵权责任"的规定,侵权损害赔偿责任构成要件有四个,即违法行为、损害事实、因果关系和过错,构成一般损害赔偿责任,这四个要件缺一不可,否则就不能认定损害赔偿的民事责任。本案中,针对业主委员会要求物业公司赔偿多收取的物业管理费及小区公共场地的租赁费的诉请,因物业公司收

---

〔1〕 参见最高人民法院民事审判第一庭编著:《最高人民法院建筑物区分所有权、物业服务司法解释理解与适用》,人民法院出版社2009年版,第282页。

〔2〕 参见中国审判理论研究会民事专业委员会编著:《民法典物权编条文理解与司法适用》,法律出版社2020年版,第186~187页。

取2012年6月1日至12月31日的物业管理费的依据是边防总队的明传电报，并且小区业主也都按照本单位的要求进行了交纳；物业公司对小区公共场地所收取的租赁费也是依据边防总队后勤部与物业公司所签订的前期物业管理合同的约定，履行管理小区的义务而为，是具有合同依据的。故物业公司的上述行为均不具有违法性、损害事实及过错，不构成侵权损害赔偿民事责任。[1]

物业服务人根据业主委员会的决定，履行管理小区的义务不构成侵权。

【案例5-2】 常某富诉南京秦房物业管理有限公司侵权责任纠纷案

判决观点：业主委员会有权按照法定程序对小区公共区域的管理作出决定，在法律未对共享单车停放作出明确规定的前提下，业主委员会作出的不允许小区内部骑行、停放共享单车的决定对全体业主具有约束力，物业管理公司据此拒绝业主将共享单车骑入小区的，不构成侵权。[2]

2. 物业服务活动中的刑事责任

本部分主要讲物业服务人或业主委员会个别成员在物业服务活动中从事违法犯罪活动，而其个人应承担的刑事责任。

【案例5-3】 彭某、李某、张某等强行接管物业案

判决观点：案发前，被告人彭某等拟定了强行接管物业管理的行动方案，并由彭某纠合同乡带人前来帮忙。这种“方案”带有一定的强制性，被告明知该方案的实施完全有可能导致扰乱秩序，但各被告人仍一意孤行。5名被告人的行为已构成聚众扰乱社会秩序罪，其中被告人彭某属首要分子，处有期徒刑3年，缓刑3年6个月。谭某同属首要分子，判处有期徒刑3年，缓刑4年。其他3名被告人则为事件的积极参加者，免予刑事处罚。此外，5名被告人还需在10日内连带赔偿受害人经济损失16万元。[3]

需要研究的问题是，业主委员会个别成员利用业主委员会名义从事违法犯罪活动，其个别成员是否应承担相应的法律责任。现行法律对此无规定，部分地方性法规有规定。例如，《广东省物业管理条例》第六十五条规定：“业主委员会作出的决定违反法律法规规定或者业主大会决定，给业主、物业服务企业造成损害的，由签字同意该决定的业主委员会委员承担民事责任。业主委员会违反法律法规规定，严重侵害业主合法权益或者严重影响公共秩序的，由政府有关部门依法

〔1〕 云南省昆明市官渡区人民法院(2018)云0111民初6708号民事判决书。
〔2〕 参见《最高人民法院公报》2021年第9期(总第291期)。
〔3〕 参见刘长森：《物业纠纷新型案例教程》，人民法院出版社2010年版，第35页。

追究责任。”第六十六条第一款规定：“业主委员会委员违反本条例第三十条规定的，由县级以上人民政府相关行政主管部门依法处理，并在其物业管理区域内予以通报；构成犯罪的，依法追究刑事责任。”笔者认为，对于业主委员会成员违法犯罪行为，地方性法规对此有规定的按规定处理，未有规定的地方参照类似规定处理。

3. 物业费连带清偿责任

根据《物业管理条例》第四十二条第一款的规定：“业主应当根据物业服务合同的约定交纳物业服务费用。业主与物业使用人约定由物业使用人交纳物业服务费用的，从其约定，业主负连带交纳责任。”这里的物业使用人包括承租人、借用人或者其他占有使用人，物业使用人并非交纳物业费的主体，其是根据与业主约定交纳物业费，在其未履行交纳物业费义务时，应由业主承担未交纳物业费的连带责任。

4. 物业服务活动中的后合同义务责任

《民法典》第九百四十九条第二款规定：“原物业服务人违反前款规定的，不得请求业主支付物业服务合同终止后的物业费；造成业主损失的，应当赔偿损失。”该条规定了物业服务人后合同义务责任。原物业服务合同终止后，原物业服务人违反退出、移交、配合、告知义务的，应承担相应的合同责任。

《民法典》第九百五十条规定：“物业服务合同终止后，在业主或者业主大会选聘的新物业服务人或者决定自行管理的业主接管之前，原物业服务人应当继续处理物业服务事项，并可以请求业主支付该期间的物业费。”该条明确规定了物业服务人在交接期间的强制服务义务，这是物业服务人的后合同义务且带有强制性。物业服务人不履行该项义务的，亦构成违约应承担违约责任。

（三）合同违约形态

物业服务人在物业服务活动中，亦可能发生各种违约行为，主要违约行为可归纳为三类：其一，未按服务合同规定的内容或违反合同要求向业主提供服务。其二，未按服务合同约定对物业设施等进行维修、养护。其三，对业主受到的人身和财产损害未能履行服务合同的约定而存在的违约行为。

常见的物业服务人违约情形包括以下几个方面：

其一，清洁绿化中的违约。物业服务人对小区的服务管理中，小区的清洁绿化服务是日常必备性工作，也是业主最易不满意之处。因为对清洁绿化未有实质性的量化标准,业主与物业服务人理解不同,因此多发争议。

其二,维护养护中的违约。物业服务人在日常的服务中,没有及时维修而构成违约,应认定物业服务人在履行物业服务合同中存在一定的过错,应承担相应的违约责任。例如,常见的小区健身器材年久失修,物业服务人因计划不周、人力不足或是服务态度等原因,造成房屋及公用设施、设备修缮不及时的;又如,业主发现漏水后及时向物业服务人进行报修,物业服务人虽然及时查看,但因维修水电人员请假未及时采取维修措施,客观上延长了漏水的时间,致使损失扩大的。

业主不当装修造成主下水管道堵塞,导致房屋遭到返水浸泡造成损害的,物业服务人不应承担直接侵权责任。对业主不当装修物业服务人怠于监督管理的,物业服务人承担相应责任。因其监管不力造成损失扩大的,就扩大损失部分由物业服务人承担责任。

其三,安全保障中的违约。例如,小区管理混乱,怠于共用设备设施修理维护,随意让社会人员进入小区,无监管措施造成治安或刑事案件且侦破困难的。

其四,改变公共设施、场所原始用途的违约。常见的如将篮球场改为收费停车位。

其五,采取停电、停水的违约。业主不及时交纳物业费,应承担违约责任。物业服务人因拖欠物业费而停水、停电的亦应承担违约责任。

其六,不退出不移交违约。根据《民法典》第九百四十九条之规定,物业服务合同终止的,原物业服务人应当在约定期限或者合理期限内退出物业服务区域,物业服务人违反该条第一款规定的任一项义务都将构成违约。

其七,违反后合同义务违约。根据《民法典》第九百五十条之规定,物业服务合同终止的,新物业服务人接管之前,原物业服务人应当继续处理物业服务事项。

二、物业服务合同违约法律适用

(一)物业服务人违约认定

1. 违约构成要件

物业服务人是否违约争议是此类纠纷重点。认定物业服务人违约行为,应厘清其构成违约的要件。最高人民法院法官认为,物业服务企业违反合同约定构成违约,应符合以下几个条件:(1)要有不履行或者不完全履行合同义务的行为。(2)当事人的违约行为造成了损害事实。(3)违约行为和损害结果之间存在因果关系。[1] 这里的因果关系认定在实践中是比较难的,当业主违约或有过错行为,且物业服务人不作为共同造成损害事实的,在这种混合交织的情况下亦应认定物业公司违约,但在处理时责任划分有区别,即承担部分赔偿责任。

物业服务人不能全面、恰当地履行对小区物业管理服务的义务,对小区车辆管理、安全防范和保卫存在疏漏,履行管理维护共用设施、协助管理公共秩序、安全防范和保卫等义务时存在瑕疵。实践中,主要表现有:在小区监控器、物业共用安全防范设施出现故障不能完全正常运作时未及时维护;在业主为小区安全防范配备了物业共用录像设备的情况下,其未以利用,其值班人员对每日监控录像设备的运行情况和安全监控状况未记载,甚至不会操作监控设备,无法对小区进行正常监控等。

小区内公用地的法律性质为共有物,非经业主同意,物业服务人无权将公用地委托他人使用收益,其行为超越了物业服务合同约定和法律规定的权利范围,应构成违约。物业服务人用共用部分做广告,如将建筑物墙面、楼顶以及电梯墙面出租他人,非经相关业主、业主大会同意亦构成违约。

在不定期合同履行期间,物业服务人自行提高物业服务收费标准,或者擅自降低物业服务质量的,业主可以主张其承担违约责任。

---

〔1〕 参见最高人民法院民事审判第一庭编著:《最高人民法院建筑物区分所有权、物业服务司法解释理解与适用》,人民法院出版社 2009 年版,第 277 页。

【案例5-4】 邱某诉漳州某物业服务有限公司等物业服务合同纠纷案

判决观点:关于"西马仓"台风是否属于法律规定的不可抗力的问题。根据《合同法》第一百一十七条第二款的规定:"本法所称不可抗力,是指不能预见、不能避免并不能克服的客观情况。"台风作为一种严重的自然灾害,确实是难以避免的。但是,在气象等相关科学高度发展的今天,台风是可以预见的,通过采取适当的措施,台风过境造成的影响也是能够减小到最低限度的。本案中,政府已经对"西马仓"台风即将登陆发出了警报,且准确预报了台风登陆时间和范围,被告漳州某物业服务有限公司对台风即将登陆这一事实是明知的,也在小区张贴了"温馨提示"。因此,被告漳州某物业服务有限公司对于受台风袭击致停车场积水浸泡停车场的车辆并非不能预见、不能避免,被告漳州某物业服务有限公司完全有条件在台风登陆前做好小区停车场防洪排水措施工作,但是在台风登陆当日,被告漳州某物业服务有限公司因管理措施不力,致使小区停车场大量积水长时间不能排出,积水浸泡了原告的车辆,造成车辆的损失。因此,被告关于本案事故发生系因不可抗力的抗辩理由,没有事实和法律依据,不予支持。[1]

物业服务人无正当理由退出管理服务物业区域的,应认定为违约行为。

【案例5-5】 某物业管理有限公司诉沈某物业服务合同纠纷案

判决观点:原、被告之间签订的物业管理服务合同依法成立有效,对双方当事人均有约束力,双方应按合同约定全面履行义务。虽然某物业管理公司提前3个月向业主委员会提交了退出函,退出前也向物业办办理了备案,但这不能成为其擅自退出小区、单方终止合同的法定条件。物业用房已经建成,被告已经使用,业主拖欠物业费,应由被告自行收取,且被告未举证证明原告未尽催交责任;关于物业管理面积的问题,双方在合同中并未约定物业管理服务的具体面积;关于被告垫付的水电费,合同中也没有约定,与原告无关。综上所述,法院认为,被告撤出某花园小区并无正当理由,属违反合同约定的行为,应按照双方合同中有关违约责任的约定赔偿原告违约金。鉴于被告曾为搭建物业用房垫付了2万余元,这笔钱应从其应付的违约金中扣除,实际应支付原告7万余元。[2]

2. 违约程度认定

物业服务人管理物业服务区域,应当尽到善良管理人的一般注意义务,其理

〔1〕 参见骆鑫、刘娅编著:《物业管理纠纷案例与实务》,清华大学出版社2017年版,第71页。
〔2〕 参见骆鑫、刘娅编著:《物业管理纠纷案例与实务》,清华大学出版社2017年版,第94页。

性程度和标准既应以物业服务合同约定的具体服务内容和质量标准作为最低限度,也应结合物业服务行业的通常标准和水平,还需要考虑“物业的使用性质”。例如,封闭式住宅小区和开放式住宅小区是否在安保管理方面存在标准上的差异等。物业服务人尽到了必要的注意义务的,即不应对业主的人身、财产损害承担赔偿责任。同理,物业服务人违反安全保障义务时,其承担的责任范围也应与其违反注意义务的程度相适应,符合比例原则的要求。[1]

对《民法典》第九百四十九条之规定的违约,法官认为,需注意不同情形下物业服务人承担责任的范围。如果物业服务人未在约定期限或者合理期限退出并移交的,不得主张物业服务合同终止后的全部物业费。如果物业服务人在约定期限或合理期限内完成了退出、移交和交接工作,但并未如实告知物业的使用和管理情况,原物业服务人是否能够主张合同终止后至约定期限或合理期限届满期间的物业费?对此,可以区分物业服务人的主观状况进行评价,如果其是因恶意隐瞒而未如实告知,除不能主张终止后的全部物业费外,造成损失的还需承担赔偿责任。如果仅系因一般过失而未告知的,则不宜令其承担过重的民事责任。[2]

3. 违约金调整

《民法典合同编通则解释》第六十四条规定:“当事人一方通过反诉或者抗辩的方式,请求调整违约金的,人民法院依法予以支持。违约方主张约定的违约金过分高于违约造成的损失,请求予以适当减少的,应当承担举证责任。非违约方主张约定的违约金合理的,也应当提供相应的证据。当事人仅以合同约定不得对违约金进行调整为由主张不予调整违约金的,人民法院不予支持。”

《民法典合同编通则解释》第六十五条规定:“当事人主张约定的违约金过分高于违约造成的损失,请求予以适当减少的,人民法院应当以民法典第五百八十四条规定的损失为基础,兼顾合同主体、交易类型、合同的履行情况、当事人的过错程度、履约背景等因素,遵循公平原则和诚信原则进行衡量,并作出裁判。约定的违约金超过造成损失的百分之三十的,人民法院一般可以认定为过分高于造成的损失。恶意违约的当事人一方请求减少违约金的,人民法院一般不予支持。”

---

〔1〕参见中国审判理论研究会民事专业委员会编著:《民法典合同编条文理解与司法适用》,法律出版社2020年版,第736页。

〔2〕参见中国审判理论研究会民事专业委员会编著:《民法典合同编条文理解与司法适用》,法律出版社2020年版,第749页。

【案例5-6】 白山市江源区某物业有限公司(以下简称某物业公司)诉桦甸市某房地产开发有限责任公司(以下简称某房地产公司)物业服务合同纠纷案

一审法院认为,根据合同第十二条、第十三条的约定,某物业公司提供物业服务后有权依照法律、法规、规章收取物业服务费;某房地产公司应依照法律、法规、规章交纳物业服务费。依照《物业管理条例》第四十二条第二款"已竣工但尚未出售或者尚未交给物业买受人的物业,物业服务费用由建设单位交纳"的规定,某房地产公司应交纳未售出房屋和买卖双方有争议而未办理入住手续的已售出房屋及已售出房屋的2013年10月1日至办理入住手续前的物业服务费。经核算,某房地产公司应交纳未售出房屋物业服务费152,443.76元、因买卖双方有争议未办理入住手续的已售出房屋物业服务费14,085.36元、已售出房屋的2013年10月1日至办理入住手续前的物业服务费17,286.52元,合计183,815.64元。因某房地产公司未交纳物业服务费,所以其应承担违约责任。由于合同约定的违约金过分高于造成的损失,某房地产公司可按中国人民银行发布的同期同类贷款利率承担违约责任。某物业公司主张从2014年11月1日计收至2015年3月31日未办理入住交接手续房屋物业费的违约金,不违反合同约定和法律规定,予以支持。二审法院持同样意见,维持一审判决。[1]

(二)违约责任与合同性质关系

对于物业服务合同的性质,在审判实务中主要存在保管合同说和服务合同说两种观点。保管合同说认为业主与物业公司之间成立特约服务性质的车辆保管合同关系。在物业管理区域内存放的车辆,应当属于车辆保管合同中的保管物,物业公司作为保管人对保管物负有特殊注意义务,即特定关系中所产生的善良管理人的注意义务,对于一切因自己过失而给保管物造成的损害,保管人都应承担赔偿责任,这种损害既包括车辆被盗也包括车辆的毁损(哪怕是划伤)。服务合同说认为业主与物业公司之间成立公共服务性质的物业服务合同法律关系,物业公司负有法定的一般注意义务。笔者赞同一线审案法官服务合同说的观点。[2]两种观点的区别在于注意义务的程度不同,对认定物业公司是否构成违约的标准

---

〔1〕 参见骆鑫、刘娅编著:《物业管理纠纷案例与实务》,清华大学出版社2017年版,第99页。

〔2〕 参见最高人民法院民事审判第一庭编:《民事审判指导与参考》2012年第4辑(总第52辑),人民法院出版社2013年版,第228页。

亦不同。在小区内的车辆毁损或划伤,按特殊注意义务认定则构成违约,而按一般注意义务认定则可能不构成违约。在处理此类纠纷对违约责任认定时必须首先解决以何种注意义务作为判断标准,判断标准选择不当则导致违约责任不成立。但应注意例外约定,在服务合同中明确约定物业公司有特殊注意义务的应遵从约定。

学者认为,目前司法实践中一般认为小区停车所收费用基本属于停车费,除非有明确约定否则不会认定为保管关系。从我国目前物业管理的相关法规和物业管理的收费标准及物业管理手段来看,物业公司对整个小区的安全保卫范围是小区的公共设施设备的安全保卫工作,并不涉及业主个人特定财产的安全保卫之责。毕竟物业公司是以服务为主收取微薄费用,根据权责一致原则,如把小区内的私人财产及人身安全一并囊括进物业公司的保卫范畴,对于物业公司来说也是不公平、不对价的。《物业管理条例》规定物业服务企业有一定的安全防范义务,物业服务合同所约定的保安服务,一般指物业服务企业为维护物业管理区域内的公共秩序而实施的必要的正常防范性安全保卫活动。业主人身或财产受到第三者不法侵害的,如果物业服务企业已尽到安保注意义务,可不承担损害赔偿责任。如果能够按照约定或事实确定业主与物业服务企业之间形成车辆保管合同关系,则物业服务企业应对车辆被盗的损失承担部分或全部赔偿责任;如果不能确定业主与物业服务企业之间是否构成保管合同关系,应按一般的物业管理服务关系处理,只要物业服务企业的安全保卫工作没有过错,即可免除赔偿责任。[1]

【案例5 7】 孟某诉南京市某物业服务有限责任公司(以下简称某物业公司)物业服务合同纠纷案

一审法院认为,某物业公司并未对除汽车以外进出、停放小区的其他车辆采取任何可以确认车辆停入事实的管理措施,或给孟某发放过任何车辆进出凭据,某物业公司作为创设该举证条件的一方,应对“案发当晚原告车辆是否停入小区”的事实承担举证责任,故应推定摩托车在小区内丢失的法律事实。孟某作为业主与某物业公司之间已建立了物业服务关系,某物业公司应依法履行对小区物业共用部位和物业共用设施设备的日常维护和管理义务,以及对其物业管理区域内公共秩序、安全防范的协助管理等义务。某物业公司在履行义务时存在疏漏和瑕疵,由此给孟某造成的财产损失应依法承担相应的赔偿责任,综合各方面因素,某物业公司承担孟某全部损失的60%较为适当。丢失摩托车的价值可以参照折旧年限的相关规定,确定为6400元。登报挂失费200元和补办驾驶证费用18元,系由原告发生的实际损失确定。

---

〔1〕 参见骆鑫、刘娅编著:《物业管理纠纷案例与实务》,清华大学出版社2017年版,第58~59页。

某物业公司关于双方未形成车辆保管关系,不应承担赔偿责任的辩解不能成立。孟某关于赔偿车辆购置附加费800元的主张未提供证据,不予支持。一审法院判决某物业公司赔偿孟某损失3970.8元。二审法院认为,某物业公司不能举证证明其对孟某的摩托车丢失已经尽到合理的安全防范义务,一审法院基于某物业公司在履行小区安全防范义务中过错酌情判令其赔偿60%的损失并无明显不当,某物业公司的上诉理由均不能成立。综上所述,判决驳回上诉,维持原判。[1] 本案是按物业服务合同定性,法官根据某物业公司过错裁定责任的大小。

(三)违约责任与物业服务范围

违约责任认定与物业服务范围存在内在联系。物业服务合同约定物业服务人具体的服务范围,因各地各小区的情况不同其约定的范围存在一定差异。绝大部分物业服务合同约定物业服务人要维护小区公共秩序,确保公用设施设备24小时处于受控状态;对车辆的进入实行验证制度,车辆需按规定线路行驶,进场后需按指定位置停放,巡逻保安负责疏通和维护小区内交通秩序,督促车辆分类停放,无乱停乱放现象;约定所设的监控中心、门岗、道口岗、巡逻岗24小时值班等。在别墅区或高档小区,因物业费收取相对较高,故较一般小区物业服务范围有更多差别,相应增加了许多服务内容。物业服务人应当按照物业服务合同的约定,提供相应的服务。除法律规定物业服务人的法定义务外,物业服务合同具体约定的内容,就是判定物业服务人是否严格按物业服务合同履约的依据。从这个意义上讲,物业服务合同的具体约定内容,决定物业服务人违约责任的成立和范围。

依据权责利相对等原则,一般情况下,物业服务人只要做到了职责范围内的事情,如小区摄像头良好、巡逻人员定点巡视等,即应视为履行了善良管理人的注意义务,不能苛求物业服务人对小区内的所有事情负责,亦不能随意认定物业服务人违反合同约定。对于超出物业服务人职权范围或物业服务合同约定范围的事情,业主可以请物业服务人协助,找相关部门及人员予以解决。

不在物业服务范围的业主损失,不能认定物业服务人存在违约行为,亦不应使其承担违约责任。楼上污水管道堵塞造成楼下业主损失,不能仅根据管道堵塞事实进而推定物业服务人存在违约行为。

---

[1] 参见骆鑫、刘娅编著:《物业管理纠纷案例与实务》,清华大学出版社2017年版,第56~57页。

【案例5-8】　郭某诉某物业有限公司物业服务合同纠纷案

二审法院认为,共用设施设备使用人因使用不当侵害他人财产的,应当承担赔偿责任。原告所在同一单元上层住户将装修施工的白灰膏和塑料袋等物倒入主卫排水管,排水管堵塞造成污水反灌,导致原告房屋地面墙体污损,该损害结果应当由侵权行为人承担责任。原告与被告签订的物业管理服务协议有保障污水排放通畅之条款,但原告未能举证证明其所受损害系物业公司违约或侵权所致。事发后,被告及时对管道进行了疏通并对房屋进行清扫,已履行了承诺的义务,因此被告不应承担赔偿责任。[1] 本案实质属相邻关系侵权纠纷,类似情况包括楼上漏水至楼下,造成楼下业主的损害,受害人应当依法将楼上实施侵权行为的业主作为被告。除非受害人有充分的证据证明因物业公司不作为,导致其损害扩大,并就损害扩大的部分向物业公司主张赔偿。否则,受害人将物业公司告上法庭,必将承担败诉的法律后果。

超出物业服务范围,物业服务人接受业主委托对出租房屋停水、停电、更换门锁或禁止承租人搬出物品的,法官根据具体案情自由裁量其是否承担违约责任。

【案例5-9】　森宁公司诉金某、某物业有限公司房屋租赁合同纠纷案

判决观点:本案中,森宁公司与金某等签订的物业租赁合同及补充条款系双方当事人真实意思表示,合法有效,双方当事人均应依约履行。该合同明确,如果森宁公司违约导致合同提前终止的,森宁公司应及时将承租房内的物品清除,否则视为放弃,金某等有权处置。现认定森宁公司违约并确认双方租赁合同于2007年7月31日解除,因此金某在森宁公司未能按约支付2007年7月的租金,又未能及时清除在承租房中的物品的情况下,按合同约定更换森宁公司承租房屋的门锁,并处置森宁公司留置在该房屋内物品的行为,并无不当。森宁公司要求金某返还财物,并要求物业公司承担连带责任的请求,法院不予支持。[2]

(四)业主物业使用人违约认定

1. 业主违约认定

根据《民法典》第九百四十四条第一款、第二款规定,业主应当按照约定向物

〔1〕 参见刘长森:《物业纠纷新型案例教程》,人民法院出版社2010年版,第85页。
〔2〕 参见刘长森:《物业纠纷新型案例教程》,人民法院出版社2010年版,第99页。

业服务人支付物业费,无正当理由逾期不支付物业费的,应当承担相应的违约责任。

业主作为建筑物区分所有权人,其权利具体由三部分组成:业主对自有房屋的专有权,对公共地区、公共设施的共有权,以及对小区进行管理的成员权。

业主违约主要和普遍的现象是不交或迟延交纳物业费,但也存在业主对建筑物专有部分实施部分改造的行为是否违反物业服务合同之争议。业主不得从事物业服务合同约定的禁止行为既是对其他业主的义务,也是对物业服务人的义务,物业服务合同的复杂性和特殊性之一在于物业服务人的给付义务具有综合性和部分的公益性,例如维持秩序——保持良好的公共秩序,仅靠物业服务人而没有业主的配合是无法实现的。因此,在物业合同中,业主除支付物业服务费外,还要履行一定的义务以保证物业公司综合性给付的实现。这种义务显然是物业服务人的合同义务。所以,业主违反物业服务合同违章搭建的行为构成对物业服务人的违约。笔者认为,业主合理利用建筑物的专有部分,如未损害其他业主的公共利益,应当受到法律保护,物业服务人不能干涉。至于其是否违反城市市容管理的相关规定,应由行政机关判断处理。一般来说,对于业主行使专有部分权利的行为是否损害其他业主的共同利益,应根据具体的时间和区域,依据社会的一般观念进行认定。

【案例5-10】 北京万通鼎安国际物业服务公司诉李某某物业服务合同纠纷案

判决观点:判断被告是否违约,应当以其是否正当行使建筑物区分所有权为标准,即具体分析被告封闭天井和露台的行为是否违反了业主的共同利益、妨害了原告的管理服务。小区建筑物分为专有部分和共用部分,专有权人对专有部分独立享有支配权。本案被告封闭的天井和露台在空间上和功能上均具有独立性,在使用上具有排他性,且在商品房买卖合同注明的房屋面积之内,应当认定属于被告的专有部分,被告有权对天井和露台行使专有权,他人不得干涉。被告封闭天井和露台是为方便使用所购房屋而实施的添加设施的行为,系对专有空间的合理使用,原告未能举证证实被告该行为破坏建筑物结构安全、妨害相邻业主或全体业主的利益,故其主张被告违反约定、承担相应责任的诉请,不予支持。至于原告提出被告行为违反行政法的有关规定,应到行政主管机关投诉,不属法院主管。据此判决:驳回原告的诉讼请求。[1]

---

〔1〕 参见最高人民法院中国应用法学研究所编:《人民法院案例选》2011年第2辑(总第76辑),人民法院出版社2011年版,第137页。

【案例5－11】 合肥某物业管理公司诉刘某物业服务合同纠纷案

判决观点：在合同履行期间，原告合肥某物业公司依约为包括被告刘某在内的小区业主提供了物业服务，因此根据合同约定和法律的规定，原告有权向被告方收取物业服务等费用，且物业服务费正是用于保障物业共用部位、共用设施设备的日常运行维护、清洁卫生、绿化养护、公共秩序维护，物业服务人员工资等项目的开支，没有相应的物业服务费，客观上可能也会影响物业公司的服务水平和服务质量。而被告刘某作为业主，在接受和享有了原告提供的物业服务内容后，应当负有按照合同约定及时履行交纳物业服务等费用的义务。刘某未向原告公司交纳自2005年11月21日至2009年5月1日，以及自2009年12月30日至2010年7月24日的物业服务费用，对此未提出任何事由予以抗辩，其拖欠物业服务费已经违反了双方合同的约定，原告现有权依照合同的约定要求其支付物业服务费。本案中，原告按照70.395平方米作为物业计费面积计算物业服务费，其低于实际面积标准，对此法院予以准许，据此物业服务费为5079元。但是由于合肥某物业公司在2010年2月25日至2010年7月24日物业服务期间，小区存在环境卫生差、绿化损坏、公共设施设备损坏等现象，因此可以反映出原告在此期间的服务存在一定的瑕疵，且此事实在安徽省合肥市中级人民法院生效的民事判决中已作认定，故法院酌情对该期间的物业服务费按原双方合同收费标准酌减20%，即被告可从物业服务费总额中扣除105.6元，故被告刘某还应交纳物业服务费计4973.4元。同时按照合同第七条的约定，物业服务费在每半年度前15日交纳，未按时足额交纳的，依合同第二十二条约定理应按照每日3‰支付违约金。本案中，被告刘某未按约定交付物业服务费用存在违约，因此应当承担支付违约金的责任。现原告主张自2010年7月25日起以被告拖欠的物业服务费为基数，按每日5‱计算，是原告对自己权利的处分，对此符合法律规定，法院予以准许。据此，被告应当以拖欠的物业服务费4973.4元为基数，自2010年7月25日按日5‱计取违约金至本判决确定给付日止。[1]

业主违反管理规约构成妨害物业服务的行为，应承担违约责任。管理规约是业主共同利益和意志的体现，对业主和物业服务人均具有约束力。物业服务人接受委托开展物业服务，其服务管理权来源于业主的授权，物业服务人对个别业主违反管理规约的行为，自然有权利予以制止。

对于《民法典》第九百四十五条规定的业主告知、协助义务，法官认为，就本

〔1〕 参见骆鑫、刘娅编著：《物业管理纠纷案例与实务》，清华大学出版社2017年版，第142～143页。

条的司法适用而言,立法规范的重点在于为业主实施特定行为设置相应的法定义务,规范目的主要在于通过强调业主的告知和协助义务的方式,间接赋予物业服务人针对装饰装修行为、特定权利处分行为等事项的管理性权利。因此,业主违反本条中的法定义务,并不当然意味着承担民事责任的法律后果。如果业主在实施装饰装修行为或相应权利处分时,侵犯了其他业主的合法利益、业主共同利益或者妨害了物业服务和管理秩序的,相应业主、业主团体或物业服务人即有权请求其承担民事责任。[1]

业主未按照管理规约的规定将装饰装修房屋行为事先告知物业服务人,且未按小区统一标准安装防盗网的,构成违约,物业服务人有权要求其恢复原状。

【案例5-12】 深圳甲物业服务有限公司(以下简称甲公司)诉王某兆物业服务合同纠纷案

判决观点:王某兆作为涉案房产的权利人,其应遵守《深圳市福田区某花园管理规约》及《某花园物业服务合同》的规定。管理规约明确约定业主按规定可以安装防盗网,但应按照统一的标准制作安装,以保持物业区域外观统一。物业服务合同约定业主装饰装修房屋的,应当事先告知并与物业服务企业签署装修管理服务协议,物业公司对业主违反规划私搭乱建的行为,有权及时劝阻、制止和上报,必要时可提起诉讼。王某兆在安装新的防盗网前,未向甲公司提交申请、办理相关的手续,且安装的防盗网未按小区的统一标准制作,王某兆的行为违反了上述管理规约及物业服务合同的规定,构成违约。甲公司作为涉案房产的物业管理单位,有权提起本案诉讼并要求王某兆拆除安装在涉案房产阳台上凸出物业外立面的防盗网,恢复物业原状。[2]

业主未经批准拆改一楼私有房屋外墙修建台阶,已明显侵占共有部分,违反了装修协议中的承诺。业主取得个体工商户营业执照,仅能说明市场监督部门对业主申请将该场所作为经营场所准许登记,而不能作为该场所作为经营场所在民事权利义务关系中具有合法性的充分依据。业主取得工商登记可以作为住宅用途已经行政机关许可理由,但不能成为拆除窗下墙体、修建台阶合法的抗辩理由,以及拒绝恢复原状的抗辩理由。

【案例5-13】 某物业服务有限公司诉邢某物业服务合同纠纷案

判决观点:被告拆改窗下墙、搭建台阶的行为损害、侵占了公用部位,违反了合同约定及法律、法规的规定,依法应承担相应的民事责任。被告方以

[1] 参见中国审判理论研究会民事专业委员会编著:《民法典合同编条文理解与司法适用》,法律出版社2020年版,第742页。

[2] 广东省深圳市福田区人民法院(2018)粤0304民初34014号民事判决书。

已有营业执照及家庭困难为由拒绝恢复原状、拆除搭建台阶。对此法院认为,被告方不能以改善家庭生活为由侵害其他人的合法权益。同时,被告虽取得营业执照,但营业执照仅能说明被告系有照经营,并不能作为从事民事法律行为有合法性的充分依据。但是,法院认为,现被告家庭困难,为减少被告商业上的损失,以免加重被告的家庭困难程度,法院判决被告方3个月内恢复窗下墙体、拆除搭建台阶。[1]

业主未按时交纳物业费不存在过错的不应认定为违约。应注意的是,根据《消费者权益保护法》第二条的规定业主是消费者,根据第八条的规定其享有知情权。二手房买卖购房人因入住时并未与物业服务人签订物业服务合同,未参加物业费收取标准讨论等会议,故其知情权受阻。业主大会、业主委员会的决议对小区全体业主具有约束力,而房屋的出售、赠与、继承等又会产生新的业主,新业主同样要遵守小区内业主大会、业主委员会作出的决议。但在制定业主规约、选聘物业服务人及物业收费标准讨论时,新业主不可能参与,这样就不可避免地出现新业主对物业服务合同具体内容不了解,导致新业主以没看到物业服务合同为由拒交物业费情况时有发生。往往物业服务人在起诉时,将物业服务合同、收取物业费标准等作为证据向法院提交,在庭审中业主方见到物业服务合同及收费标准。由于物业服务人在服务过程中未向新业主提供或告知物业服务合同及收费标准,业主才没有按时交纳物业费的,业主不存在过错,过错在物业服务人一方。此时,物业服务人请求业主承担违约金的诉求,法律不予支持。

2. 物业使用人违约认定

在认可物业公司与承租人之间存在物业服务关系的司法实践中,各法院对于欠付物业费承租人应承担的违约金数额的认定存在很大差异:有的法院以双方不存在合同依据为由,完全不予支持违约金的主张。有的法院虽支持物业公司的违约金请求,调整违约金的方式却不同。

因物业服务合同存在瑕疵,不予支持违约金的主张。

【案例5-14】 物业公司与某某物业服务合同纠纷案

二审法院认为,关于违约金支付问题,被告存在迟延交纳物业费的行为,按合同约定应当承担相应的违约责任,但原告在为九龙家园小区提供物业服务的过程中,特别是在加强与业主的沟通、改善物业服务关系上尚有需完善之处,在履行物业服务合同的过程中亦存在不足,且被告迟延交纳物业费,主要基于对原告物业服务质量的不满意,并非恶意拒交,为维护物业公司与业

[1] 参见刘长森:《物业纠纷新型案例教程》,人民法院出版社2010年版,第57页。

主之间的和谐关系，促进小区物业服务良性发展，对原告要求被告支付逾期付款违约金的诉讼请求，本院不予支持。[1]

调整违约金为欠费总额的10%。

【案例5－15】 万科物业公司与汇港幼儿园物业服务合同纠纷案

一审法院认为，关于违约金，被告汇港幼儿园在交纳部分费用时已经逾期，且未全额交纳此前全部费用，按照《物业服务合同》约定，其承租房屋应以每日5‰的标准计算逾期交纳费用的违约金，但按照合同约定计算的违约金数额过高，法院综合考虑原告的实际损失，酌情按照欠费总额的10%予以调整，调整后，被告汇港幼儿园承租房屋应支付的违约金数额为37,864.18元。

二审法院认为，《物业服务合同》约定承租房屋以每日5‰的标准计算逾期交纳费用的违约金。上诉人存在逾期交纳和未足额交纳的事实，应当承担支付违约金的违约责任。一审法院根据被上诉人万科物业公司的实际损失酌情确定以欠费总额的10%作为上诉人应支付的违约金，并无不当，本院予以确认。[2]

调整违约金计算方式为按全国银行间同业拆借中心公布的贷款市场报价利率的标准（LPR）计算。

【案例5－16】 物业公司与康鲜汇公司物业服务合同纠纷案

判决观点：康鲜汇公司未按照《西湖怡景前期物业管理服务合同》的约定向原告交纳物业服务费，属违约行为，理应向原告支付滞纳金。根据《民法典》第五百八十五条第二款的规定，约定的违约金低于造成的损失的，人民法院或者仲裁机构可以根据当事人的请求予以增加；约定的违约金过分高于造成的损失的，人民法院或者仲裁机构可以根据当事人的请求予以适当减少。涉案《西湖怡景前期物业管理服务合同》约定的滞纳金标准为每日1‰，明显高于实际损失。另外，康鲜汇公司未及时向原告支付电费及垃圾清运费，亦会给原告造成占用资金期间的利息损失。法院对逾期违约金及利息的计算标准酌情调整为同期银行间同业拆借中心公布的贷款市场报价利率，计算至实际付清之日止。[3]

【案例5－17】 物业公司与某甲、某乙物业服务合同纠纷案

判决观点：关于违约金问题。两被告在明知自己需要承担物业管理费的情况下既不向物业公司交纳，也不向合同相对方交纳，拖延至今仍不交纳，明

---

〔1〕 云南省峨山彝族自治县人民法院（2022）云0426民初128号民事判决书。
〔2〕 广东省深圳市中级人民法院（2020）粤03民终22135号民事判决书。
〔3〕 广东省珠海市金湾区人民法院（2022）粤0404民初727号民事判决书。

显存在迟延交纳物业管理费的违约行为。如由出租人向两被告主张逾期交纳物业管理的违约金则又产生新的诉累，原告选择直接向两被告主张物业管理费，依据前期物业服务合同的违约金标准向两被告主张依据不足，违约金以弥补损失为限，法院酌情调整为按全国银行间同业拆借中心公布的贷款市场报价利率计算违约金。原告要求当月物业管理费的违约金从下月6日起算合理，符合日常生活经验，法院予以采纳，违约金应以本金为限。原告在本案中要求两被告承担违约金后，不得依据前期物业服务合同再向产权人或出租人主张相应违约金。原告要求被告支付律师费没有合同依据，且律师费并非原告提起本案诉讼必然及必要产生的支出，故该诉讼请求依据不足，本院不予支持。[1]

调整违约金计算方式为LPR加计50%。

【案例5－18】　高成公司与菲常管家公司物业服务合同纠纷案

判决观点：菲常管家公司迟延支付物业管理费，违反合同约定，高成公司诉请要求其支付违约金，法院予以支持。菲常管家公司辩称违约金过高，法院酌情予以调整，故违约金以每月欠付物业管理费5673.5元为本金，分别自当月6日起至实际支付之日止按照同期全国银行间同业拆借中心公布的贷款市场报价利率上浮50%为标准，各期违约金以本金为限。对于高成公司诉请的超出部分，法院不予支持，予以驳回。[2]

违约金按每日3‰计算。

【案例5－19】　物业公司与某某物业服务合同纠纷案

判决观点：本院认为原告主张合理，予以支持。关于违约金的计算标准，本院结合被告主观恶意及欠付行为给原告造成的实际损失，认为按每日3‰计算较为合理。[3]

以物业公司与业主委员会签订的合同为准，但以本金为限。

【案例5－20】　安远公司与凯旋门公司物业服务合同纠纷案

二审法院认为，凯旋门公司二审期间主张上述滞纳金计算标准过高，请求二审法院予以调低。依据《合同法》第一百一十四条第二款之规定，约定的违约金低于造成的损失的，当事人可以请求人民法院或者仲裁机构予以增加；约定的违约金过分高于造成的损失的，当事人可以请求人民法院或者仲

〔1〕广东省广州市海珠区人民法院(2022)粤0105民初7129号民事判决书。
〔2〕广东省广州市天河区人民法院(2020)粤0106民初16370号民事判决书。
〔3〕上海市闵行区人民法院(2021)沪0112民初14621号民事判决书。

裁机构予以适当减少。依据《最高人民法院关于适用〈中华人民共和国合同法〉若干问题的解释(二)》第二十九条的规定,当事人主张约定的违约金过高请求予以适当减少的,人民法院应当以实际损失为基础,兼顾合同的履行情况、当事人的过错程度以及预期利益等综合因素,根据公平原则和诚实信用原则予以衡量,并作出裁决。当事人约定的违约金超过造成损失的30%的,一般可以认定为《合同法》第一百一十四条第二款规定的"过分高于造成的损失"。在凯旋门公司未能提交任何证据证明滞纳金约定过高,且安远公司也没有提交证据证明其实际损失的情况下,本院根据安远公司的实际损失,兼顾合同的履行情况、违约方的过错以及预期利益等综合因素,根据公平原则和诚实信用原则予以衡量,酌定上述滞纳金均以本金为限。[1]

---

〔1〕 广东省东莞市中级人民法院(2015)东中法民二终字第839号民事判决书。

三、物业服务人赔偿处理

（一）合同损失赔偿处理

1. 物业服务不到位损失

物业服务人违反合同义务，应承担违约责任并赔偿损失，其承担违约责任的方式由个案情形确定。物业服务人对小区共有部分负有保养、维护义务，对于可能对业主财产造成损害的小区共用部分的安全隐患，应当及时消除，否则致业主财产受到损害后，物业服务人应承担违约责任，对业主的损失进行赔偿。物业服务中存在瑕疵并由此造成业主损失的，物业服务人应当承担赔偿责任。

【案例 5－21】 孟某诉南京市建宇物业公司物业管理合同纠纷案

一审法院认为，建宇物业公司在履行义务时存在疏漏和瑕疵，由此给孟某造成的财产损失应依法承担相应的赔偿责任，综合各方面因素，建宇物业公司承担孟某全部损失的60%较为适当。二审法院持同样意见，维持原判。[1]

【案例 5－22】 刁某某诉泉州市华洲物业管理有限公司（以下简称华洲物业公司）未尽人身安全保护义务纠纷案

二审法院认为，关于刁某某要求华洲物业公司赔礼道歉、赔偿精神损害抚慰金1万元和另租他处的租金损失2000元是否有事实与法律依据。法院认为，一审法院在受理本案时，要求刁某某选择以物业管理合同的违约之诉提起诉讼或以民事侵权之诉提起诉讼时，刁某某明确选择了违约之诉并据此提供了相应证据和理由。而赔礼道歉和精神损害赔偿，根据《民法通则》和《最高人民法院关于确定民事侵权精神损害赔偿责任若干问题的解释》规定和民法理论的通说，系作为侵权损害赔偿的责任方式，合同诉讼中的精神损害抚慰金仅存在于法律、司法解释明文规定的几类合同中，本案物业管理合

〔1〕 参见最高人民法院中国应用法学研究所编：《人民法院案例选》2007年第1辑（总第59辑），人民法院出版社2007年版，第249页。江苏省南京市中级人民法院（2006）宁民四终字第501号民事判决书。

同并不包括,因此刁某某以华洲物业公司违约为由要求华洲物业公司赔礼道歉和赔偿精神损害抚慰金缺乏法律依据。刁某某另要求赔偿转租赁造成的损失2000元并在一审中提供了其与吴某某签订的两份《租赁协议书》和在受侵害后转租丰泽区六灌路富贵人家F-1401的《房屋租赁协议》,对此华洲物业公司认为刁某某违反与吴某某签订的租赁合同造成的租金损失和违约损失是其自行选择的结果,与华洲物业公司的管理没有关系。法院认为,判断法律上违约损害赔偿的因果关系,应当从两个方面考察:一是如果没有一方当事人的违约行为,该损害是否会发生或发生的概率是否会大大降低;二是该损害是否在一方当事人存在违约行为时,另一方当事人通常会造成的损失或一个正常、理智的社会人作出合理反应、采取必要措施时将造成的损失。本案上诉人刁某某因在租住处遭受他人对人身的突然不法侵害,精神上遭受惊吓,且华洲物业公司在此过程中并未尽到安全保卫义务,因此上诉人刁某某出于对自身安全考虑采取合理措施,并未逾越一般人在此情形下的正常行为,由此带来的直接经济损失,在侵害人尚未明确和归案的情况下,应由在履行物业管理合同中存在违约行为的一方依照违约责任先行承担该损失。故而刁某某要求华洲物业公司赔偿其因华洲物业公司违约而遭受侵害后,采取合理措施造成的损失于法有据,应予支持。但其主张单方终止租赁合同及搬迁期间1个月的损失共计2000元,因在续租期间的2003年7月租金变更为每月950元,因此华洲物业公司应赔偿刁某某因单方终止合同的违约金1000元和搬迁期间的合理租金损失共计1950元。[1]

根据电梯发生故障的不同原因,承担民事责任的主体是不同的。一般而言,如果是因产品质量不合格或者产品自身固有缺陷发生故障导致伤害事故发生,当然应由产品制造商承担责任。虽然产品质量合格,但在使用过程中发生了故障,因维修不合格发生损害事故致人损伤,负有维修责任的企业也应当承担赔偿责任。小区电梯系合格产品,并无证据证明电梯质量有问题,日常维修也是正常进行,并无不合规定之处,因而只能推定系日常使用过程中发生故障。电梯为小区业主共有设施,物业服务人管理时只做了其中部分工作,对电梯使用状况检查存在问题,致业主受伤存在过错的,应承担赔偿责任。

【案例5-23】 倪某某诉上海德圣米高电梯有限公司等健康权纠纷案

二审法院认为,本案的争议焦点为:(1)被上诉人倪某某的身体损伤与电梯不平层间是否存在因果关系?(2)被上诉人倪某某的损害后果应由哪

---

〔1〕 参见最高人民法院中国应用法学研究所编:《人民法院案例选》2007年第1辑(总第59辑),人民法院出版社2007年版,第201~203页。福建省泉州市中级人民法院(2005)泉民终字第1598号民事判决书。

个责任主体承担赔偿责任？对于是否存在因果关系的问题，一审法院就案件事实作出了明确认定，并无不当，二审予以确认。本案适用过错原则，即对电梯的不平层以致造成损害后果，应由谁来承担过错责任，本案上诉人作为电梯的维护保养企业，对已经过了质保期的涉案电梯依照与被上诉人宏苑物业公司签订的电梯保养合同中的约定进行维护保养，现无证据证明上诉人存在过错，而被上诉人宏苑物业公司作为涉案电梯管理方，对电梯负有监督、巡查的职责，发现电梯存在故障，应及时关闭电梯，通知电梯维保企业进行修理。故被上诉人宏苑物业公司有义务保证电梯运行安全。同时，有证人证明事发前电梯已存在不平层现象，则可以推断被上诉人宏苑物业公司在电梯日常管理上存在过错，故本案应由被上诉人宏苑物业公司承担相应的过错责任，至于责任比例，一审法院确认被上诉人倪某某自担30%的责任，并无不当，被上诉人宏苑物业公司应承担70%的赔偿责任。据此，二审遂改判宏苑物业公司对倪某某承担70%的赔偿责任。[1]

物业服务人接受空置房业主托管保管钥匙，当空置房发生溢水事故造成楼下业主受损，物业服务人是否承担赔偿责任是疑难问题。

【案例5－24】　林某某诉西安某物业管理服务有限公司（以下简称某物业公司）、薛某某等财产损害赔偿纠纷案

二审法院认为，本案中，林某某的房屋内的财物受到损失，系由于楼上薛某某房屋中的水龙头及室外分户水阀未关闭导致漏水所造成。薛某某作为漏水房屋的业主应对其房屋中的水龙头未关闭，致使房屋漏水造成林某某室内财产损失承担主要赔偿责任。某物业公司作为物业管理公司对小区内共用设施及公共区域负有养护和管理之责，薛某某房屋的室外水阀并未关闭，属于物业管理范围，薛某某虽已收房，但未对该房屋进行装修和使用，某物业公司对该房屋空置的事实是明知的，在此情况下，某物业公司更应尽到审慎的管理义务。发生漏水事件时，薛某某房屋的室外水阀并未关闭，该情形是导致漏水的一个重要原因，但某物业公司并未提供相应的证据证明其对控制该房屋用水的室外水阀等设施尽到了更加审慎的管理义务，故某物业公司也应对林某某财产受损的后果承担相应的赔偿责任。综合考虑本案的各种因素，酌情认定由薛某某承担60%的赔偿责任，另外40%的赔偿责任由某物业公司承担。[2]

当相邻业主擅自更改下水管道造成空置房业主受损，接受空置房业主托管保

---

〔1〕参见郭伟清主编：《2015年上海法院案例精选》，上海人民出版社2016年版，第151～152页。
〔2〕陕西省西安市中级人民法院（2017）陕01民终13674号民事判决书。

管钥匙的物业服务人是否承担赔偿责任以及与侵权业主之间如何承担责任是疑难问题。

【案例5－25】 高某某、陆某某诉孙某某、季某某、廊坊某物业服务有限公司等侵权责任纠纷案

判决观点：由于廊坊某物业服务有限公司常州分公司将常州市天宁区HY6幢201室房屋钥匙交由某某公司的维修人员，未对钥匙履行其管理义务，某某公司的维修人员将常州市天宁区HY6幢201室房屋钥匙交给孙某某，客观上为孙某某改动常州市天宁区HY6幢301室与201室之间的管道提供了条件，故某物业常州分公司、某某公司均有过错，其各自疏于管理义务的行为与孙某某改动管道的行为相互结合，最终造成管道被孙某某改动。因此，孙某某、某物业常州分公司、某某公司构成共同侵权行为，某物业常州分公司、某某公司应对孙某某、季某某将上述改动和增设的排水管道恢复原状，承担连带责任，对孙某某、季某某赔偿高某某、陆某某的5000元，由某物业常州分公司、某某公司承担连带赔偿责任。[1]

【案例5－26】 曹某某诉张某、某物业服务有限公司（以下简称某物业公司）等财产损害赔偿纠纷案

判决观点：某物业公司作为原告物业的管理人且持有原告房屋的钥匙，准许某某公司人员进入原告房屋，并在2016年9月因漏水安排人员进行维修。其未提供证据证明已尽到相应的物业管理服务、及时通知、谨慎注意等义务，应对原告承担相应的责任。某某公司认可改装下水管道后未进行处理、修理……应对原告的损失承担相应的责任，且其在庭审中表示同意对原告进行赔偿和补偿。综上所述，原告要求三被告赔偿损失各1000元的请求合理，法院予以支持。[2]

2. 车辆损害损失

实践中，对于小区内车辆被砸，物业服务人是否构成违约争议颇大。现实社会生活中小区内车辆被砸现象多发，物业服务人多以与业主之间未签订车辆保管协议，向业主收取的停车费为车位租用费、车位服务费，非车辆保管费为由，拒绝承担违约赔偿责任。对此，应作具体分析。其一，物业服务人向业主提供停车管理服务并向业主收取费用的关系性质，不能仅看双方之间是否签订书面车辆保管协议，还要看双方之间是否有其他书面约定。就目前而言，小区停车位的产权性

〔1〕 江苏省常州市天宁区人民法院（2016）苏0402民初2413号民事判决书。

〔2〕 河北省固安县人民法院（2017）冀1022民初3504号民事判决书。

质主要有以下几种:(1)法定配建停车位,属于全体业主共同共有;(2)符合小区建设规划、在法定配建停车位之外由开发商另行建设的停车位,根据是否计入容积率、是否计入公摊面积,或属全体业主共有或为开发商所有;(3)对不计入容积率的部分,如人防工程、地下停车位由开发商所有,但开发商不能对人防工程、停车位所有权进行处分,只能以出租方式转让使用权;(4)占用业主共有道路或其他停车场地所设置停车位的权属。《民法典》第二百七十五条第二款规定,占用业主共有的道路或其他场地用于停放汽车的车位,属于业主共有。其二,物业服务人与业主之间车辆管理服务的内容除双方约定之外,还应该符合法律法规规定的物业公司提供服务的最低标准。例如,《北京市居住小区机动车停车管理办法》第三条第五款规定,停车管理单位按照政府规定的价格收取停车费的,应达到以下要求:24 小时专人看管停车场或采用电子监控手段进行不间断监视,劝阻、制止损害停放车辆的行为,采取防范措施,防止车辆丢失。《物业管理条例》第三十六条规定,物业服务企业应当按照物业服务合同的约定,提供相应的服务。物业服务企业未能履行物业服务合同的约定,导致业主人身、财产安全受到损害的,应当依法承担相应的法律责任。

【案例 5-27】 曹某某诉北京万科物业服务有限公司物业服务合同纠纷案

判决观点:原告与被告之间构成物业服务合同关系。原告之妻王某某于二人婚姻关系存续期间购买汽车属于夫妻共同财产,该车停放在被告管理的停车场时被砸,原告作为被砸汽车的共同所有权人有权以被告违反了物业服务合同规定的义务为由,要求后者承担相应的违约责任,其中要求被告支付因车辆被砸造成的480元修车费损失具有事实和法律依据,予以支持。[1]

【案例 5-28】 王某某诉陈某某等财产损害赔偿纠纷案

二审法院认为,业主将车辆停放在住宅小区收费车棚内,与管理者产生了车辆保管法律关系,车辆被盗,车棚的管理者应承担保管责任。物业管理企业对物业管理范围内的公用设施负有管理义务,对车棚管理过程中存在的问题疏于监督和管理,对业主车辆丢失的损害结果应当承担连带赔偿责任。[2]

【不同处理】 有的法院认为,业主车辆在小区内被盗而要求物业服务人承担赔偿责任应有书面保管合同的约定。

---

〔1〕 参见国家法官学院案例开发研究中心编:《中国法院 2015 年度案例》(合同纠纷),中国法制出版社 2015 年版,第 230~231 页。北京市顺义区人民法院(2013)顺民初字第 14073 号民事判决书。

〔2〕 参见《人民司法·案例》2007 年第 24 期。江苏省南京市中级人民法院(2005)宁民二终字第 694 号民事判决书。

【案例 5－29】 黄某某诉北京东兴联物业管理有限公司物业服务合同纠纷案

判决观点:原告黄某某与被告北京东兴联物业管理有限公司是物业管理合同关系,发生纠纷应当以双方约定的合同条款内容为依据。原、被告签订的《房屋委托托管合同》中的乙方(即被告)“受委托管理的范围”没有关于停车管理服务的约定内容,双方亦没有实际停车保管关系;按照北京市国土资源和房屋管理局(京国土房管物〔2002〕973 号)《关于加强北京市居住小区机动车停放管理的通知》的规定,物业管理企业为业主提供停车管理服务,必须按照有关规定办理停车管理经营资质,本案被告没有停车管理经营的资质;故原告要求被告承担违约和过错责任并赔偿丢车损失,没有合同和法律依据,法院不予支持。另外,原告在庭审中出示的小区业主关于被告服务不到位的联合签名、照片等证据与本案没有直接关联,不作为本案的定案依据。判决:驳回原告黄某某的诉讼请求。[1]

价值较大的财物在受损后,虽经修复,但与原物相比不仅可能在客观价值上降低,而且在人们心理上价值降低,这就是价值贬损。按照违约责任理论,承担违约责任的方式首先是恢复原状,而恢复原状肯定要求赔偿财物的价值贬损。

【案例 5－30】 陈某某与南京武宁房地产开发有限公司(以下简称武宁公司)、南京青和物业管理有限公司(以下简称青和公司)财产损害赔偿纠纷案

一审法院认为,致原告陈某某车辆受损的原因是被告青和公司对按约应由其管理的小区共用部分(围墙)管理不善。被告青和公司对小区的共用部分——围墙的管理不善,体现在对围墙没有进行日常的保养和维护。从本案的案情来看,围墙倒塌系墙外堆土过多、雨天倒塌所致。而按案件实际情况并不是土刚刚堆好就遇雨倒塌,也就是说,只要青和公司按照合同的约定对围墙进行日常保养维护,是能够发现并消除安全隐患的,也就能够避免陈某某的车辆受损。对陈某某要求被告青和公司赔偿其损失的诉讼请求,予以支持。陈某某主张的车辆维修费 20,654 元、定损费 720 元,有车辆损失鉴定清单、定损费票据等证据印证,法院予以采信。其主张的车辆配件费、汽车美容费、误工费、交通费,因无充分证据证明系车辆受损所致,法院不予支持。对其主张的车辆折损费 20,000 元,因车辆贬值损失价格鉴证价格为 9770 元,故部分予以支持。二审法院认为,被上诉人武宁公司与上诉人青和公司签订的前期物业服务合同合法有效,当事人应当履行合同中约定的权利义务。根

---

〔1〕 参见北京市高级人民法院民事审判第一庭编:《北京民事审判疑难案例与问题解析》(第一卷),法律出版社 2007 年版,第 536～537 页。

据该合同的约定,青和公司负责物业共用部分的维修养护。陈某某的车辆停放在青和公司提供的车位上,被倒塌的围墙致损,青和公司未尽到维修义务,应当承担赔偿责任。综上所述,青和公司的上诉请求与理由均不能成立,不予支持。[1]

在小区车辆停放管理法律关系中,因物业服务人的过错导致车辆丢失的情况,物业服务人应当承担责任范围是全部赔偿责任还是部分赔偿责任是实践中的疑难问题。一般来讲,物业服务人存在不按规定发放、查验停放凭证;停车场设施不完善;发现他人损坏或者盗窃车辆,未采取适当措施阻止和报警;未按公示的停车场管理制度提供车辆停放服务,并且车主无过错等情况时,法院即判决物业服务人承担全部赔偿责任。需要研究的问题是,车辆停放管理关系与车辆保管关系是两种性质不同的法律关系,根据权利义务对等原则,其承担责任的范围应有所区别,即车辆保管责任大于车辆存放管理责任范围。在上述情形下,物业服务人虽有过错但承担全部赔偿责任即等同于车辆保管责任,与其收取的停车费标准、车辆停放管理设施、人员、管理方法及看护能力等不对应有冲突,故从公平原则上讲是否承担与其过错相对应的最高额赔偿责任而不是全部赔偿责任,需要深入研究取得共识。

业主在小区停放的车辆被盗,业主与物业服务人均有过错的,由法官根据过错程度裁量责任承担比例。如陈某诉深圳某物业管理有限公司财产损害赔偿纠纷案。[2]

【不同处理】　有的法院对车辆损害适用公平原则处理。所谓公平原则,是指当事人都没有过错,在损害事实已经发生的情况下,以公平考虑作为价值判断标准,根据实际情况和可能,由双方当事人公平地分担损失的归责原则。《民法典》第六条规定:“民事主体从事民事活动,应当遵循公平原则,合理确定各方的权利和义务。”原《民法总则》第六条、《合同法》第五条作了同样规定。物业服务合同双方当事人对其小区内车辆被盗或者毁损均没有过错,物业服务人如何担责是有争议的问题。笔者认为,在此种情况下,适用公平原则由物业服务人适当承担责任。

【案例 5-31】　杨某某诉厦门市银鼎岩物业管理有限公司损害赔偿纠纷案

二审法院认为,根据本案查明事实,进入车库仅能通过小区内的电梯(须经过防盗门)和车库大门。而被上诉人对车库大门使用控制道闸系统,对进出车辆实行智能读卡登记,且保安每 2 小时对车库巡查一次,已对车库尽了

〔1〕　参见《最高人民法院公报》2013 年第 5 期(总第 199 期)。

〔2〕　参见刘长森:《物业纠纷新型案例教程》,人民法院出版社 2010 年版,第 156～159 页。

相应的管理责任,符合《物业服务合同》的约定,上诉人主张被上诉人对其车辆受损存在过错依据不足,法院不予采信。综上,原审判决认定双方之间形成的是物业服务管理关系,被上诉人对上诉人的车辆受损不存在过错正确。上诉人上诉主张其与被上诉人之间存在车辆保管关系、被上诉人对上诉人的车辆受损存在过错,请求被上诉人赔偿其车辆受损的经济损失28,482元缺乏事实和法律依据,法院不予支持。原审判决依据公平原则判决被上诉人赔偿上诉人10%的损失2848.20元,因被上诉人未提起上诉,法院予以照准。据此判决:驳回上诉,维持原判。[1]

3.开发商赔偿问题

开发商在没有明确取得业主的同意下,自行占有使用小区全体业主的房屋,应自该房屋应当移交时起计算占有使用费,应当移交的时间应以小区配套设施的移交时间为准。开发商占有期间无论是否使用该房屋,用途是自用办公、商业性经营还是出租,均侵犯了小区业主对该房屋的使用和收益权利,给业主造成了损失,应当按照租金标准计算占有使用费。

【案例5-32】 宜兴市新街道海德名园业主委员会诉宜兴市恒兴置业有限公司(以下简称恒兴公司)等物权确认、财产损害赔偿纠纷案

一审法院认为,海德名园二期第26幢会所有争议的647.62平方米的房屋应属海德名园小区全体业主所有。恒兴公司占有使用除物业用房外的其他会所房屋,应支付参照租赁费用计算损失。《物业移交验收接管协议》约定紫竹物业公司承接物业的时间是2008年10月30日,海德名园业委会有权要求从2008年11月1日起开始计算损失,金额可按评估报告确定的标准计算。因恒兴公司系连续占有使用会所,故本案未过诉讼时效,损失计算至起诉之日共计803,150元,海德名园业委会要求紫竹物业公司承担赔偿责任于法无据,不予支持。

二审法院认为,关于恒兴公司占有使用案涉会所应当承担的责任。首先,会所属于全体业主所有,恒兴公司作为海德名园小区的开发商对此理应知晓,并且在物业移收接管协议备案证明中也明确了该事实,故恒兴公司自将物业用房于2008年10月30日移交给紫竹物业公司时,本应将会所一并移交给全体业主占有、使用、收益,但恒兴公司一直无偿占有使用至今,致使海德名园全体业主不能使用、收益,从而造成了相应损失。依据《物权法》第

---

[1] 参见最高人民法院中国应用法学研究所编:《人民法院案例选》2009年第3辑(总第69辑),人民法院出版社2010年版,第87~88页。福建省厦门市中级人民法院(2008)厦民终字第2520号民事判决书。

三十七条的规定,因恒兴公司的侵权,海德名园业委会作为全体业主代表有权请求恒兴公司赔偿损失。其次,恒兴公司认为海德名园业委会没有主张过权利至少表明是同意其公司使用的,但依据《民法总则》第一百四十条第二款的规定,沉默只有在有法律规定、当事人约定或者符合当事人之间的交易习惯时,才可以视为意思表示。海德名园业委会明确表示曾多次向恒兴公司提出归还会所的主张,并未同意恒兴公司无偿使用,恒兴公司亦未能举证证明其公司占有使用会所符合法律所列上述情形,故恒兴公司所提该项上述意见,并无事实和法律依据。最后,《侵权责任法》第十九条规定,侵害他人财产的,财产损失按照损失发生时市场价或者其他方式计算。原审法院参照会所的租赁费用来确定本案损失,并依法委托评估机构对此进行评估。从评估机构对会所租赁费用的评估过程来看,评估机构不仅到现场勘查了会所的实际情况,还对类似商业办公用房的租金情况进行了大量的调查和分析,亦无程序违法之处,恒兴公司未能提供相应证据推翻该评估意见,该评估意见合法有效,一审法院据此作为参照确定本案损失,并无不妥。综上所述,恒兴公司的上诉请求不能成立,应予驳回;一审判决认定事实清楚,适用法律正确,应予维持。判决:驳回上诉,维持一审判决。[1]

开发商擅自出租小区公有部分盈利,属不当得利应予退还。

【案例 5-33】　小林园社区文化广场小区业主委员会(以下简称文化广场业委会)诉宜昌环中房地产开发有限公司(以下简称环中房地产公司)建筑物区分所有权纠纷案

二审法院认为,因案涉 5 层房屋和公共平台空间属全体业主共有,环中房地产公司对上述房屋及公共平台空间不享有所有权,也未接受所有权人的委托进行处分,其无权将该 5 楼房屋和公共平台空间使用权进行转让处分,也无权将其出租给天长地久公司。天长地久公司和环中房地产公司均称 5 层房屋已经由环中房地产公司将使用权转让给 9 户业主,并由 9 户业主委托环中房地产公司签订租赁合同,但无论是环中房地产公司还是该 9 户业主对诉争房屋出租均系无权处分行为,且环中房地产公司自称将房屋使用权转让后收取了 9 户业主的转让价款,环中房地产公司处分诉争房屋及平台的行为对小区业主的公共利益构成共同侵害,现文化广场业委会以环中房地产公司为被告直接请求环中房地产公司赔偿其损失合乎法律规定。至于环中房地产公司诉称的 9 户业主未参与本案诉讼程序违法,9 户业主未参与本案诉

---

〔1〕 参见国家法官学院案例开发研究中心编:《中国法院 2019 年度案例》(物权纠纷),中国法制出版社 2019 年版,第 219~220 页。江苏省无锡市中级人民法院(2017)苏 02 民终 5565 号民事判决书。

讼并不影响文化广场业委会直接向无权处分人环中房地产公司主张要求赔偿，也不影响本案的审理，环中房地产公司的诉称于法无据。因本案各方当事人对环中房地产公司与天长地久公司签订的《文化广场房屋租赁合同》的真实性均不持异议，一审法院依照该合同的约定判令环中房地产公司应赔偿文化广场业委会2012年8月10日至2018年8月9日的租金为2,354,018元合理。[1]

开发商未提供物业服务用房的，业主委员会主张开发商按照依法应配置的物业服务用房面积支付对应价款及利息，符合法律规定。

【案例5-34】 广东省中山市YL花园小区业主委员会诉YC地产有限公司财产损害赔偿纠纷案

一审法院认为，YL花园建设工程通过竣工验收，符合规划要求，并不能免除其依照法律规定提供物业管理用房的法定义务。被告作为建设单位，未履行法定职责，在其不能按照法律法规的规定提供物业管理用房的情况下，应承担相应的赔偿责任。2008年11月28日修订后的《广东省物业管理条例》第三十八条规定："建设单位应当按照不少于物业管理区域总建筑面积千分之二的比例，在物业管理区域内配置物业服务用房……"另参照《中山市物业管理实施细则》（中府〔1999〕24号）第六十三条的规定，按照YL花园建筑总面积2‰的比例要求被告支付配置物业服务用房的赔偿款符合法律规定。法院判决被告按其依法应配置的物业管理用房的面积向原告支付对应价款1,236,547元及利息。二审法院持同样意见，维持一审判决。[2]

开发商与物业服务人均违约的，应共同承担违约责任。

【案例5-35】 郑某某诉辽宁省沈阳市铁西区城建开发有限责任公司、沈阳市建发物业有限责任公司财产损害赔偿纠纷案

二审法院认为，物业公司负有履行保护业主的财产、人身安全不受损害之义务，若物业公司未能尽到善良管理人的防范义务（如案发时小区内的保安监控措施未能正常有效运作，保安人员亦未能做到勤勉尽职，表明物业公司疏于管理，未能尽到安全防范义务），业主财产被盗虽不是物业公司的违约行为直接造成的，两者之间不存在直接、必然的侵权因果关系，但物业公司的违约不作为行为客观上为窃贼作案提供了一定的便利条件，其违约行为与业

〔1〕 参见国家法官学院、最高人民法院司法案例研究院编：《中国法院2020年度案例》（物权纠纷），中国法制出版社2020年版，第190~191页。湖北省宜昌市中级人民法院（2018）鄂05民终3025号民事判决书。

〔2〕 参见程磊、周滨：《律师说法：业主委员会及物业服务纠纷案例评析》，法律出版社2020年版，第96页。

主财产被盗事实之间有相当因果关系，因此物业公司应承担相应责任。开发商未能履行在售房广告中有关小区安全装备的承诺，构成违约，对业主财产被盗所致损失承担相应责任。[1]

4. 执行职务行为不当赔偿

物业服务人工作人员因执行职务中采取不正当的职务行为，损害了业主的合法权益，物业服务人应当承担民事责任。

【案例5－36】　李某某诉广州市某物业管理有限公司（以下简称某物业公司）健康权赔偿纠纷案

判决观点：本案中，根据公安机关的询问材料显示，刘某、贺某于2014年8月25日在涉案小区便衣巡查时与李某某发生冲突，导致李某某受伤。上述事实足以认定作为某物业公司中山分公司聘请的保安员刘某、贺某在工作期间殴打李某某致其人身受到伤害，其用人单位某物业公司应承担赔偿责任。从侵权行为发生的原因、地点等因素综合来看，刘某、贺某对李某某实施的侵权行为符合"用人单位的工作人员因执行工作任务造成他人损害的"情形，某物业公司作为刘某、贺某的用人单位应当承担侵权责任。法院经审理认定李某某医疗费、误工费、交通费、住院伙食费、营养费、财产损害赔偿费等损失实际共计31,449.2元，据此判决某物业公司向李某某支付赔偿款31,449.2元。[2]

物业服务人雇用保安在物业管理中致业主损害的，物业服务人应当承担赔偿责任；保安因故意或者重大过失致人损害的，应当与物业服务人承担连带赔偿责任。物业服务人承担连带赔偿责任后，可以向雇用保安追偿。

【案例5－37】　吴某某诉泉州市丰泽顺鑫物业管理有限公司人身损害赔偿纠纷案

判决观点：原告被被告保安在居住小区内打伤，事实清楚，可以认定。原告所受伤情经鉴定为十级伤残，有法医鉴字第2006106号《鉴定书》一份为凭，对该鉴定结论法院予以采信。因本案被告所雇用的保安为实际侵权人，故法院责令被告提供该保安的真实身份及下落并向其释明不能提供的法律后果，但被告在指定期限内没有提供，被告应对怠于提供保安真实身份及下落承担相应的法律责任。被告辩称保安殴打原告不是在工作时间，但被告对

---

〔1〕 参见《人民司法·案例》2007年第18期。辽宁省沈阳市中级人民法院（2004）沈中民三权终字第36号民事判决书。

〔2〕 参见骆鑫、刘娅编著：《物业管理纠纷案例与实务》，清华大学出版社2017年版，第8页。

此并没有提供证据予以证明,且根据派出所所作的询问笔录,可以体现保安殴打原告的地点是在小区内及保安是在履行职务行为过程中与作为业主的原告发生争执的,故被告的辩称不能成立。作为物业管理部门的被告,其应当尽到管理和保护业主权益的责任,但其所雇用的保安人员在履行职务行为过程中殴打了业主,被告具有管理上的失职。根据《最高人民法院关于审理人身损害赔偿案件适用法律若干问题的解释》第九条的规定,被告应对该损害行为承担替代责任,被告在承担了替代责任后,有向实际侵权人追偿的权利。对原告的医疗费主张可按原告提供的医疗费票据金额予以支持。被告虽对票据金额提出异议,但被告并没有提供反驳证据,故对被告的异议不予采信;对原告的误工天数可计算至原告定残前一日止,原告主张按258天予以计算可以支持。原告主张每天按31.77元予以计算误工费,该标准没有超过法律规定的范围,可以支持,即258天×31.77元/天=8196.66元;住院伙食补助费按住院天数以每天每人15元予以支持,即18天×15元/天=270元;交通费可按原告主张的200元予以支持;原告被殴打伤残,身体的伤情确实需要一定的营养补助,故对原告主张的营养费可按800元予以支持;原告主张伤残补助费,应按其伤残等级予以赔付,即11,175元/年×2年=22,350元。原告请求被告赔偿精神抚慰金没有事实依据,不予支持。因原告喝酒与被告殴打并无直接因果关系,故被告主张原告喝酒具有一定过错不能成立。[1]

5. 装修损失

在房屋装修过程中,业主、装饰装修人或物业服务人有过错造成损失的,应承担赔偿责任。

【案例5-38】 刘某诉天津某置业有限公司等财产损害赔偿纠纷案

判决观点:四被告对涉诉房屋因暖气漏水而造成的损失后果均无异议,法院予以确认。关于涉诉房屋的漏水原因,该房屋的漏水部位系暖气片下部与进水口的连接处,原告与天津某建筑装饰工程有限公司均认可在涉诉房屋装修过程中对漏水暖气片进行过拆卸和安装,原告自述在漏水发生后拧紧上述漏水部位的螺丝处不再漏水,暖气能够正常使用,本案虽因客观原因不能对上述部位的漏水原因进行鉴定,但基于上述事实,能够确认拆装暖气片与暖气漏水所致损害之间存在因果关系。根据我国原建设部于2002年3月5

---

〔1〕 参见最高人民法院中国应用法学研究所编:《人民法院案例选》2006年第4辑(总第58辑),人民法院出版社2007年版,第148~149页。福建省泉州市丰泽区人民法院(2006)丰民初字第341号民事判决书。

日颁布的《住宅室内装饰装修管理办法》第六条、第三十三条的规定,“装修人从事住宅室内装饰装修活动,未经批准,不得有下列行为:……(三)拆改供暖管道和设施;……第(三)项行为,应当经供暖管理单位批准……”“……装修人擅自拆改供暖、燃气管道和设施造成损失的,由装修人负责赔偿”。被告天津某建筑装饰工程有限公司作为具备相应资质的装修单位,对于装修过程中拆装暖气片这一普遍现象,应当按照上述针对装修行业所制定的专项规定进行操作。而在本案中,其拆装暖气片并未经过供暖管理单位同意,违反了上述规定,具有过错,应当对其违规装修行为承担责任。原告主张其他三被告的相关行为亦系导致暖气漏水的原因,因证据不足,法院不予确认,对于原告要求其他三被告承担赔偿责任的主张,法院不予支持。对于原告而言,其在被告天津某建筑装饰工程有限公司拆装暖气片时虽未向供暖单位申报,但其该不作为行为与被告天津某建筑装饰工程有限公司因拆装暖气片而导致的损害后果之间并不存在因果关系,且原告作为一般大众并不具备装修单位所应熟稔的装修知识,其主观上亦不存在过错,故原告的合理损失应由被告天津某建筑装饰工程有限公司全部承担。

对于原告主张的各项损失,法院具体分析如下。(1)物品损失:原、被告双方对涉诉房屋内的沙发、茶几、电视柜、餐桌、餐椅损坏的评估价格2627.33元,以及客厅木质地板及主卧、次卧、卫生间、厨房门框开裂、鞋帽柜底部开裂的评估价格12,501.7元均无异议,法院予以确认。(2)误工费:原告主张因今后更换和重新装修受损而发生的误工损失,尚未实际发生,法院不予支持。(3)精神损失费:原告该项请求于法无据,法院不予支持。(4)采暖费:原告因卫生间暖气漏水无法使用该暖气确属事实,在其正常交纳供暖费而无法享受供暖服务的情况下主张该项损失较为合理,考虑到原告在供暖期后期曾恢复暖气使用,参考原告提交的采暖费收据所载金额,法院酌情支持其该项损失1000元。(5)交通费:原告主张因处理暖气漏水及诉讼过程中所发生的交通费用,确系必然发生,法院予以支持;原告主张今后装修发生的交通费尚未实际发生,法院不予支持。(6)电话费:原告主张该项损失无证据证实,法院不予支持。(7)其他经济损失:原告主张因暖气漏水将其购买的新鞋、地垫等物品浸泡,无法继续使用,但未提供相关证据证实该项损失的发生,法院不予支持。上述损失共计16,429.03元,应由被告天津某建筑装饰工程有限公司对原告予以赔偿。[1]

---

〔1〕 参见骆鑫、刘娅编著:《物业管理纠纷案例与实务》,清华大学出版社2017年版,第115~116页。

【案例5－39】 熊某某诉北京天鸿宝地物业管理经营有限公司(以下简称天鸿宝地公司)等物件损害赔偿纠纷案

判决观点:根据天鸿宝地公司提供的《商业房屋装饰装修管理规定》,业主在房屋装饰装修前需向物业公司申请并提交相关材料进行审查备案,装修工程个体从业人员,应具备相应个人技能证书,应向物业公司提交职业技能证书。施工人员只有具有相关职业技能,才能确保工程的安全,天鸿宝地公司应对施工人员职业技能进行严格审查并将该材料进行备案,且负有严格的审查和监工义务。但天鸿宝地公司并未提供相关证据证明其已尽到了审批义务,导致了具有安全隐患的屋檐的存在,天鸿宝地公司作为房屋管理人,在事前审查方面存在一定的过错,故应承担相应的民事责任。综合以上,熊某某、杜某某、刘某及天鸿宝地公司对该事故均存在过错,故应考虑各方的过错程度合理分担民事责任。刘某及杜某某作为物件的所有者及使用者,未尽到安全防范义务,致使具有安全隐患的物件脱落造成他人损伤,故刘某及杜某某应当共同承担主要责任,即80%的责任。天鸿宝地公司在安装屋檐时未尽到严格的审查义务,具有过错,应承担10%的责任。熊某某在施工前后未采取安全防护措施,亦应承担一定责任,责任系数为10%。〔1〕

【不同处理】 有的法院认为,物业服务人采取停水、停电措施制止违章装修的,不属于侵权行为且不承担赔偿损失的责任。

【案例5－40】 杭州某电子商务有限公司诉杭州某物业管理有限公司侵权责任纠纷案

判决观点:被告对原告的违规装修行为以停水、停电的方式进行制止并上报相关部门,不存在侵权行为,且现在涉案房屋的客厅尚未整改完毕,水电已开通,故对原告要求被告恢复水、电及赔偿损失的诉讼请求,法院不予支持。〔2〕

关于装修企业(人)违反装修有关规定时,物业服务人所应承担的责任问题。最高人民法院法官认为,根据《民法典》及相关法规规定,在装饰装修工程中,物业服务人承担的是提示义务、告知义务、监督义务以及检查义务,相较于业主、装修企业在装修工程中的主要责任,物业服务人承担的责任应以其所应承担的必要义务为限。如果物业服务人已经按照合同约定及相关规定履行了必要的管理职责,那么要求物业服务人对装修企业的过错承担责任是没有道理的;而如果装修

〔1〕 参见国家法官学院案例开发研究中心编:《中国法院2014年度案例》(侵权赔偿纠纷),中国法制出版社2014年版,第145～146页。北京市海淀区人民法院(2012)海民初字第25058号民事判决书。

〔2〕 浙江省杭州市余杭区人民法院(2016)浙0110民初10744号民事判决书。

企业在装修过程中违反装修规范的行为已经为物业服务人所知晓，物业服务人未采取制止措施或其他合理措施致使损害进一步扩大的，对扩大部分的损失，物业服务人应就扩大部分的损失承担相应的责任。[1]

6. 侵权赔偿

业主认为物业服务人或第三人侵犯其利用公有部分权利的，有权利提起诉讼请求赔偿。

【案例5－41】 黄某某、沈某某诉无锡市锦江旅游客运有限公司（以下简称锦江公司）、无锡城建物业管理有限公司（以下简称物业公司）侵权赔偿纠纷案

判决观点：本案系因区分所有权建筑物的相邻关系引起的纠纷，应遵循有利生产、方便生活、团结互助、公平合理的原则，并在受害人主张排除妨碍和损害赔偿时以忍受程度为判断基准，来确定黄某某、沈某某提出的主张能否成立。本案的争议焦点为：(1)锦江公司在东方银座4号楼楼面竖立公司字号牌行为是否正当？(2)字号牌是否侵犯黄某某、沈某某在相邻关系中的相关权利？(3)锦江公司、物业公司是否应当承担法律责任及如何承担？

关于第一项争议焦点，原告提供的相应证据表明，锦江公司的字号牌系竖立于东方银座4楼女儿墙上方，所支撑的钢制网架占用了4楼设备层屋面，该屋面虽非本案501室业主黄某某、沈某某或401室业主邵某所专有，根据建筑物区分所有权理论，该屋面及外墙当属东方银座全体业主共有和共同管理。锦江公司在东方银座的共用部分上设定专用使用权，除依法取得行政许可外，应当得到全体区分所有权人共同表示方可。在现实生活中，取得全体区分所有权人共同表示的方式除经业主大会程序在公约或者特定事项的决定中设定外，亦可于开发商在出售房屋时于房屋买卖（包括预售）合同中约定。

本案中，银座公司在将501室出售与黄某某、沈某某时，房屋买卖合同中明确约定商品房所在楼宇的屋面使用权、外墙面使用权归全体业主所有，由物管公司统一管理，此单份合同中的授权性条款虽不能必然推及全体业主，但对黄某某、沈某某具有约束力。就本案而言，法院无须亦不可能对物业公司所得授权的完整性加以审查。在银座公司委托物业公司实施物业管理后，物业公司依据银座公司之委托及业主之授权，对东方银座共有部分出租与锦

〔1〕 参见最高人民法院民法典贯彻实施工作领导小组编著：《中国民法典适用大全》（合同卷五），人民法院出版社2022年版，第3583页。

江公司竖立字号牌属其约定的管理行为，锦江公司与物业公司签订租赁协议并经行政许可后竖立字号牌，已经法定程序且已尽必要的注意义务。在未经特定程序对此特定事项加以决定时，黄某某、沈某某针对锦江公司竖立字号牌及物业公司对共有部分设置专用使用权的行为提出异议的权利，依约予以排除。至于黄某某、沈某某提出物业公司所收取的租金未用于全体业主的意见，不属于本案审查范围，法院不予理涉。

关于第二项争议焦点，黄某某、沈某某对东方银座共有部分所设置的专用使用权行为之异议虽被排除，但并不意味着专用使用权不受相邻权的限制。相邻权是不动产权利人合理限制或者延伸自己的权利。本案中，黄某某、沈某某系501室权利人，锦江公司系401室女儿墙及屋面的用益权人，其双方形成的关系是区分所有权建筑物专有部分和共有部分之间的相邻。锦江公司虽经法定程序取得共有部分的专用使用权设置字号牌，但仍不能侵犯字号牌相邻特定业主的相关权利，包括通风采光权、眺望远景权、视觉卫生权等。同时，应科以区分所有权建筑物专有部分的权利人一定的容忍限度及义务。根据原告提供的现场照片及法院的现场勘查，因锦江公司所设置的字号牌高度有限，整体与501室的距离尚属合理，未发现字号牌对501室采光的妨碍，且字号牌采用分栅式条状面板，亦不致501室通风的妨碍，故黄某某、沈某某提出的字号牌严重影响其房屋通风、采光的主张没有事实依据，法院不予采信。

眺望远景权、视觉卫生权虽未规定在我国有关相邻关系法律界定的权利范围内，但亦应纳入相邻关系的范围。眺望远景权常见于商品房买卖中的合同约定，此种场合下仅体现合同义务，锦江公司据此提出抗辩意见虽不无道理，但与相邻关系中自然形成的眺望远景权非属同一场合下的权利。在相邻关系中的眺望远景权应当被限定于必要的容忍限度内，当以有利生产、方便生活以及公平合理的原则确定是否构成妨碍，并不是有遮挡即可强制性保护。锦江公司为公司经营于501室外设置字号牌，字号牌于视觉上为大部分遮挡从501室向外远眺的权利，但考虑到501室窗外远近景并无特别景致，黄某某、沈某某亦将501室改为麦杰公司展厅及会客厅，双方均为自己的生产经营所考虑，尤其是在现代社会的城市中，双方利益的冲突当以相互谅解、相互容忍为解决方式。即使业主自行居住使用该房屋，字号牌的竖立方式和实际后果也在业主可容忍范围内，此时黄某某、沈某某以侵犯眺望远景权主张拆除后排的权利当被限制。但是，从视觉角度来看，房屋窗外竖立字号牌的确有遮挡之效果，而支撑字号牌的钢制网架纵横交错，给人以精神上一定的压抑感与不愉悦感，构成对特定业主视觉卫生权的侵害，锦江公司应当承担一定的法律责任。

关于第三项争议焦点，综合上述意见，物业公司的行为未构成违法，亦未构成违约，不应向黄某某、沈某某承担法律责任；锦江公司所竖立的字号牌于效果上造成对黄某某、沈某某视觉卫生权的妨碍，理应对黄某某、沈某某给予一定的损害赔偿。但前述妨碍尚未达到拆除字号牌的程度，故黄某某、沈某某要求拆除字号牌恢复原状的诉讼请求法院不予支持，其主张5万元的损失赔偿亦与其权利受限程度不相适应，法院确定由锦江公司赔偿黄某某、沈某某1万元。判决：(1)锦江公司赔偿黄某某、沈某某1万元；(2)驳回黄某某、沈某某的其他诉讼请求。[1]

【案例5-42】　某商住区A栋业主委员会(以下简称业委会)诉聚融公司、润禾公司物权保护纠纷案

判决观点：根据《2009年建筑物区分所有权解释》第三条第一款第一项规定，因涉案广告牌设置于××小区1、2、3、5号楼连接处的外墙上，故其所处位置应属于建筑物的共有部分。聚融公司、润禾公司未经允许擅自搭建涉案广告牌，业委会作为权利人有权请求排除妨害和赔偿，但其提供的证据不足以证明该侵害行为造成其损失9万元的主张，鉴于润禾公司仅承租涉案外墙一年用于设置广告牌以及聚融公司仅向润禾公司收取租金4.5万元的事实，对聚融公司应赔偿业委会的损失确定为4.5万元。[2]

物业服务人未履行安全保障责任造成业主人身损害，应根据过错程度承担赔偿责任。

【案例5-43】　郑某某诉厦门市湖里区吕岭社区居民委员会(以下简称B岭居委会)、厦门市住总物业管理公司(以下简称住总物业)人身损害赔偿纠纷案

二审法院认为，住总物业虽不是健身器材所有人，但其负责吕岭小区的物业管理，与吕岭居委会共同接收了厦门市湖里区文化体育局捐助使用的健身器材，对吕岭小区内的公共场地上安装设置公共健身器材亦未提出异议，故住总物业负有对上述公共健身器材维护和管理的义务。住总物业未能履行维护和管理义务，导致该健身器材存在一定的安全隐患，系造成郑某某人身损害的主要原因，因此，住总物业对郑某某人身损害应当承担主要赔偿责

---

〔1〕参见最高人民法院中国应用法学研究所编：《人民法院案例选》2009年第1辑(总第67辑)，人民法院出版社2009年版，第247～250页。江苏省无锡市高新技术开发区人民法院(2007)新民一初字第0695号民事判决书。

〔2〕参见国家法官学院、最高人民法院司法案例研究院编：《中国法院2021年度案例》(物权纠纷)，中国法制出版社2021年版，第187页。福建省泉州市洛江区人民法院(2019)闽0504民初2166号民事判决书。

任，原审判决认定住总物业承担70%的赔偿责任是适当的。郑某某的监护人未做好未成年子女在公共场所活动的安全教育和防护，也是造成郑某某受伤的原因，原审认定郑某某的监护人应承担20%的责任也是适当和合理的。住总物业主张郑某某的监护人应当承担主要责任的理由依据不足。住总物业未能提供谁为第三人及系该第三人的误推造成郑某某受伤的相关证据，故其主张第三人的监护人也应承担赔偿责任的理由依据不足，不予采纳。郑某某的父母均居住于厦门市，其父母的暂住证上均载明携带子女郑某某，原审判决按2006年度厦门市城镇居民人均可支配收入标准计算残疾赔偿金是正确的，住总物业主张应当按郑某某户籍所在地的人均收入计算残疾赔偿金的理由不能成立，不予采纳。综上所述，原审判决正确，依法应驳回住总物业的上诉。判决：驳回上诉，维持原判。[1]

在建筑物所属物件坠落致害责任界定中，物业服务人是否承担责任是经常发生争议的问题。物业服务人与业主签订的物业服务合同中未涉及对建筑物、构筑物或者其他设施及其搁置物、悬挂物的管理服务内容，如根据物业服务合同确定物业服务人的赔偿责任依据不足，又因物业服务人并非法定赔偿主体，有的法院基于上述两点认为物业服务人无须承担赔偿责任。如葛某某诉周某某等62人、浙江平安物业管理有限公司人身损害赔偿纠纷案。[2]

7. 业主室内被盗损失

实践中，此类案件赔偿损失难点，是在案件未侦破的情况下，业主的诉讼请求能得到支持。

有的法院对业主自行提交失窃清单或损失财物不认可，以损失尚不能确定为由，对业主的诉讼请求不予支持。

【案例5－44】 孙某诉沈阳某物业管理公司物业服务合同纠纷再审案

再审法院认为，由于盗窃案件尚在公安机关侦查阶段，孙某仅以其自行计算的损失财物清单为依据主张权利，证据不充分。故原审判决告知孙某可待损失数额确定、证据充分时再行主张权利并无不当。[3]

【案例5－45】 石某广诉盐城某物业有限公司物业服务合同纠纷案

二审法院认为，由于石某广未能证明其专有部分失窃与某物业公司提供

---

〔1〕 参见最高人民法院中国应用法学研究所编：《人民法院案例选》2009年第2辑（总第68辑），人民法院出版社2009年版，第106页。福建省厦门市中级人民法院（2008）厦民终字第1596号民事判决书。

〔2〕 参见《人民司法·案例》2015年第22期（总第729期）。浙江省丽水市莲都区人民法院（2015）丽莲民重字第1号民事调解书。

〔3〕 辽宁省高级人民法院（2014）辽审一民申字第680号民事裁定书。

的物业服务之间的关联，同时，其虽然在公安机关登记了被盗物品的种类、数量及价值，但该登记情况尚未得到公安机关的确认，其仅以在公安机关的登记来证明其实际被盗损失，依据不足。故对石某广要求某物业公司赔偿盗窃损失的主张不予支持。[1]

【不同处理】 有的法院认为，公安机关未侦破案件，但有证据证明发生失窃的，其损失可以由法官结合证据酌定。

【案例5-46】 孙某忠诉某(厦门)物业管理公司物业服务合同纠纷再审案

再审法院认为，关于孙某忠的财产损失，生效判决结合监控视频、厦门市公安局湖里分局刑侦大队出具的《关于报警(回执单)明细说明》、购物凭证等证据，仅认定购物凭证中与报警损失内容能印证的手表一块、翡翠手镯及尼康单反相机D90被盗，并未全部采信孙某忠单方陈述的财产损失数额，所作认定依据充分，已臻公平。[2]

【案例5-47】 许某诉衢州某物业管理有限责任公司物业服务合同纠纷案

二审法院认为，被上诉人许某在家中失窃之后报警，衢州公安局柯城分局信安派出所的受案登记表及询问笔录中所记载的失窃物品的组成系被上诉人最初的直观反映，符合客观事实。被上诉人的诉讼请求的赔偿数额以失窃物品原有价值相加得出，因上诉人在原审中未申请对此予以评估，故法院认为原审认定的被上诉人损失并无不当。[3]

对于已经破案并经刑事审判，其刑事判决书载明"被告人继续退赔被害人经济损失"或"赃物追缴后发还被害人"的内容，此时物业服务人是否可以据此不承担赔偿责任，有两种不同的观点。

有的法院认为，在上述情形下物业服务人仍需承担责任。

【案例5-48】 李某华诉许昌市安居物业管理有限公司(以下简称安居物业公司)物业服务合同纠纷案

二审法院认为，李某华家中被盗的两根金条经评估价值88,200元，扣除已退还给李某华的26,000元，剩余62,200元为李某华的实际损失。安居物业公司应对李某华损失的40%承担赔偿责任，即62,200元×40%=24,880元。[4]

【不同处理】 有的法院认为，在上述情形下物业服务人不需承担责任。

---

[1] 江苏省盐城市中级人民法院(2016)苏09民终2169号民事判决书。

[2] 福建省高级人民法院(2016)闽民申889号民事裁定书。

[3] 浙江省衢州市中级人民法院(2016)浙08民终918号民事判决书。

[4] 河南省许昌市中级人民法院(2013)许民一终字第369号民事判决书。

【案例5-49】 北京市某物业管理有限公司诉范某宇物业服务合同纠纷案

判决观点：关于被告所主张的经济损失，依据被告所提供的证据，并不能确定损失的数额，且(2014)顺刑初字第642号刑事判决书明确写明，该案所扣押的退赔款人民币12,000元发还被害人，该案所有被告人继续退赔各被害人的其余经济损失，故本案被告向原告主张此项损失于法无据，法院不予支持。[1]

8. 其他赔偿

《民法典》第九百四十四条第三款规定："物业服务人不得采取停止供电、供水、供热、供燃气等方式催交物业费。"对违反该项规定造成业主损失的，应当承担相应的赔偿责任。对于物业服务合同约定在业主拒绝支付物业费时物业服务人可以采取停水、停电、停气等措施的，是否可以免除物业服务人的责任问题。有法官认为：一方面，本条第三款的规范性质应为禁止性规定，当事人不能通过约定排除其适用；另一方面，供水、供电、供热、供燃气等系业主基于其与公用事业单位之间的相应合同而享有的权利，且与基本生活权利保障密切相关，物业服务人不得任意侵犯。因此，无论是否存在相关合同条款，物业服务人均不得实施上述行为，否则应承担相应的民事责任。[2]

实践中，物业服务人采用停电的方法纠正业主违章装修或索要电费造成业主损失的，亦应承担赔偿责任。

【案例5-50】 林某诉某物业管理有限公司物业服务合同纠纷案

判决观点：原告签署的《业主公约》是其真实意思表示，但因停电的权利只有法律、法规允许的供电相关部门依一定的程序才能合理行使，其他部门和个人不得违法施行。因此，《业主公约》第三十六条约定的停电条款为无效条款，被告不得据此对原告的住宅实施停电措施。因被告采取的停电措施导致原告无法在该房内正常居住，造成了必要的损失，被告对此应予以赔偿。[3]

【案例5-51】 魏某某诉北京某物业管理有限公司（以下简称物业公司）财产损害赔偿纠纷案

二审法院认为，物业公司以业主欠交物业费为由发出通知对涉案房屋停电，致使涉案房屋不能正常使用，侵害了业主的合法权益，应当承担相应的赔

---

〔1〕 北京市顺义区人民法院(2015)顺民初字09150号民事判决书。

〔2〕 参见中国审判理论研究会民事专业委员会编著：《民法典合同编条文理解与司法适用》，法律出版社2020年版，第740页。

〔3〕 参见刘长森：《物业纠纷新型案例教程》，人民法院出版社2010年版，第88~89页。

偿责任。故业主方要求物业公司赔偿其经济损失，具有事实及法律依据，应予支持。[1]

【不同处理】 有的法院认为，管理规约、业主手册条款规定对停电这一措施作出了明确约定，业主既然有所承诺，则属于其自身权利的处分，物业服务人亦可以据此停电。

【案例 5－52】 袁某某、顾某某等诉常熟市经济开发物业管理有限公司（以下简称物业公司）财产损害赔偿纠纷案

判决观点：临时管理规约第 16 条载明，物业公司对违反临时管理规约的行为，有权采取停电的措施，原告在承诺书中也明确同意并遵守上述条款，可视为对自身权益的处分，并不违反法律规定。故原告方违反统一规定进行装修，被告依双方的约定采取停电措施，以制止原告违规装修，被告的行为并不构成侵权，原告的损失应由其自负。[2]

物业服务人采用停水的方法索要拖欠水费，造成业主损失的，亦应承担赔偿责任。

【案例 5－53】 季某某诉杭州某物业管理有限公司（以下简称物业公司）财产损害赔偿纠纷案

二审法院认为，双方因物业服务纠纷产生争议，自应依照法律的规定，通过合法的途径解决。物业公司采用拆除被上诉人水表的形式主张权利，历时近 8 个月，超出了自力救济的合理界限，破坏了被上诉人房屋的基本居住条件，依法应认定不法侵害行为。原审法院根据物业公司的不法侵害行为严重程度，以及被上诉人因此遭受的损害后果，酌情判处物业公司赔偿经济损失 10,000 元，并无不当。[3]

【不同处理】 有的法院认为，物业服务合同对停水这一措施作出了明确约定，包括适用条件的，物业服务人亦可以据此停水。

【案例 5－54】 朱某某、曹某诉某物业管理（上海）有限公司（以下简称某物业公司）物业服务合同纠纷再审案

再审法院认为，某物业公司以二次加压的方式为业主提供供水服务，与业主委员会以合同方式作出逾期交纳物业费可予停水的约定，并不违反法律、行政法规的强制性规定，因此改判驳回两业主的诉讼请求。再审法院经

---

〔1〕 北京市第二中级人民法院（2017）京 02 民终 1248 号民事判决书。

〔2〕 江苏省常熟市人民法院（2015）熟开民初字第 00069 号民事判决书。

〔3〕 浙江省杭州市中级人民法院（2015）浙杭民终字第 371 号民事判决书。

审查后也认同二审法院的观点，驳回了申请人再审请求。[1]

【案例5-55】 卢某兴诉李某某排除妨害纠纷再审案

再审法院认为，李某某是经某大厦业主大会确定的大厦的管理人，负责大厦的招租管理和卫生服务，并代为收取水电、卫生、管理维护等相关费用。卢某兴从2011年8月起以不接受李某某管理物业为由拖欠水电费及拒交管理费、公摊费用。根据权利义务相一致的原则，李某某在卢某兴欠交水电费的情况下，有权利停止对其供水、供电。若业主只是拖欠物业费，采取停水、停电的措施则可能导致侵权责任的法律后果。[2]

基于权利义务相一致的原则，物业服务人不同意续订合同又未在规定期限内书面通知的，除根据《民法典》第九百五十条的规定在新的物业服务人或业主接管前继续处理物业服务事项外，给业主造成其他损失的还需承担赔偿责任。

业主行使任意权承担赔偿损失。《民法典》第九百四十六条第二款规定："依据前款规定解除合同造成物业服务人损失的，除不可归责于业主的事由外，业主应当赔偿损失。"

按照约定向物业服务人支付物业费。物业服务人已经按照约定和有关规定提供服务的，业主不得以未接受或者无需接受服务为由拒绝支付物业费。

（二）保养维修不当赔偿处理

根据法律规定和物业服务合同的约定，物业服务人不当履行物业管理服务工作或履行不到位的，侵害了业主的人身、财产安全的，应依法承担相应的赔偿责任。如更换水阀并收取了维修费，造成漏水给楼下造成损失。

物业服务人未依照物业服务合同的约定对受害业主和其他业主共用的屋顶及落水管进行清理、疏通，造成业主经济损失的，应当承担违约赔偿责任。

【案例5-56】 陆某某诉上海冠诚物业管理有限公司（以下简称冠诚物业公司）物业服务合同纠纷再审案

再审法院认为，首先，案涉建筑区划在本案系争纠纷发生时尚未成立物业业主委员会，因此根据《2009年物业服务解释》之规定，系争物业服务合同对冠诚物业公司与陆某某均有法律效力。其次，鉴于系争物业服务合同第五条、第二十条、第二十八条之约定已明确冠诚物业公司应对本案系争的共用

---

〔1〕 浙江省高级人民法院(2013)浙民申字第1380号民事裁定书。

〔2〕 广东省高级人民法院(2015)粤民申字第1508号民事裁定书。

落水管道等设施予以定期、定人保养和维修，不能完成目标，造成经济损失的应给予经济赔偿。因此，冠诚物业公司自陆某某2005年入住该小区以来从未对系争的共用屋顶及落水管进行清理、疏通，显已违反其合同约定的义务。故陆某某户于2011年8月因大雨而导致的系争落水管堵塞、渗水所造成的室内装修损失及相关物品损失理应依约由冠诚物业公司予以赔偿。再审法院认为，一审认定系争堵塞的落水管属陆某某户专有部分，与事实不符；二审法院虽改认该系争落水管道系属共有部分，但基于须经过陆某某户才能到达该管道的事实而认为冠诚物业公司无主动履行合同约定的定期保养、清理义务，与系争物业服务合同相关约定不符，亦不利于督促物业管理企业更好地履行管理职责，再审法院对此一并予以纠正。最后，至于冠诚物业公司依约应当承担赔偿责任范围，再审法院结合一审法院委托鉴定的工程审价，双方当事人的举证、质证情况，酌定陆某某可得赔偿的经济损失数额为29,500元。据此，再审法院判决撤销一、二审民事判决，并依法改判冠诚物业公司应一次性赔偿陆某某经济损失29,500元。[1]

对于房屋共有设施损害造成业主财产损失的，应区分过错界定开发商与物业服务人的承担赔偿责任比例。

【案例5－57】　曹某诉北京龙城兴业物业管理有限公司（以下简称龙城公司）、北京市鲁艺房地产开发有限责任公司（以下简称鲁艺公司）侵权责任纠纷案

一审法院认为，在住宅保修期内，房屋的共用设施出现问题，应由房地产开发企业承担保修责任。在住宅保修期满后，如因房屋质量不合格导致房屋共用设施出现问题，房地产开发企业仍应承担维修义务；如因共用设施正常的损耗与老化产生的问题，由物业公司负责一般日常的维护与保养，但对修缮范围大、维修难度高、维修费用高等共用设施的修缮、改造等，则应使用住宅专项维修资金进行维修。本案中，因维修的紧急性，曹某已自行维修完毕，已不具备条件对管道破裂的原因是否系质量问题进行鉴定。隐蔽排水管道的维修难度较大、费用较高，已超出物业日常维修保养的范围，但因现行的专项维修资金审核标准明确规定隐蔽给排水工程的保修期最低为10年，本案案涉管道维修亦难以使用专项维修资金。虽然涉案房屋取得施工许可证当时的相关规定确认给排水工程的保修期限最低为2年，但并未明确规定隐蔽的给排水管道的保修期限。而后施行的《商品住宅工程质量保修规程》明确规定采取隐蔽方式安装的给排水管道最低保修期为10年，可见隐蔽的给排

〔1〕 参见郭伟清主编：《2016年上海法院案例精选》，上海人民出版社2017年版，第18～19页。

水管道的常规使用寿命应为10年以上。综合以上因素,法院认为鲁艺公司应承担本案共用管道的维修责任,鉴于曹某与龙城公司亦有义务减少损失的扩大,曹某的财产损失由三方予以分担。二审法院持同样意见,维持一审判决。[1]

共用水管堵塞引致的财产损害赔偿纠纷时有发生,业主损失范围认定是多发争议。实践中,业主主张损害赔偿有两种模式:一种是以物业服务合同纠纷为由主张赔偿,物业服务人未尽合理义务应承担相应责任。另一种是以财产损害赔偿为由主张赔偿,物业服务人存在过错的应承担相应责任。前一种是合同违约之诉,责任主体是物业服务人。后一种是侵权之诉,责任主体除物业服务人外,还可以扩大到共用管道的其他业主或物业使用人,法官根据物业服务人或其他业主的过错划分赔偿责任比例。

【案例5-58】 邱某某诉赵某、杭州某物业管理有限公司财产损害赔偿纠纷案

判决观点:楼上业主对其阳台地漏未能及时疏通,事发时家中无人及时关闭阳台门,亦存过错,从而判定楼上业主承担损失的30%,物业公司承担70%。[2]

【案例5-59】 梅某某诉宁波经济技术开发区某物业管理有限公司(以下简称物业公司)物业服务合同纠纷案

判决观点:原告在装修房屋时擅自将地板覆盖阳台雨水管地漏,导致地漏上返水时难以发现,使原告装修损失不断扩大。如果不覆盖地漏,可以及时发现问题,不会造成太大损失。本案中,原告在装修房屋时擅自将地板覆盖阳台雨水管地漏是造成原告装修损失的主要原因,同时被告没有履行好对涉案楼宇水管的日常维修管理义务是造成原告装修损失的次要原因。法院酌情确定物业公司应当对原告之损害结果承担30%的赔偿责任。[3]

高层住宅卫生间返水造成的财产损失,物业公司有过错的应承担相应赔偿责任。

【案例5-60】 王某、马某诉某物业公司等财产损害赔偿纠纷案

判决观点:某物业公司依法依约均有保持案涉管道排水畅通的义务,在

---

〔1〕 参见国家法官学院、最高人民法院司法案例研究院编:《中国法院2020年度案例》(侵权赔偿纠纷),中国法制出版社2020年版,第157页。北京市第一中级人民法院(2018)京01民终7071号民事判决书。

〔2〕 浙江省杭州市下城区人民法院(2014)杭下民初字第1881号民事判决书。

〔3〕 浙江省宁波市北仑区人民法院(2010)甬仑民初字第2316号民事判决书。

多户进行装修、多户已入住的情况下，更应该加强对排污主管道及外部连接管道的日常维护，防止共用管道堵塞。王某、马某进行了第一次管道疏通后十天左右，在同样位置再次堵塞，造成了第二次返水。某物业公司提供的证据不能证明对案涉管道做到了排查、及时疏通、消除隐患，不能证明尽到了足够的日常维护义务。法院酌定其对王某、马某的财产损失承担证明 50% 的赔偿责任。由于堵塞无法确定具体是由谁造成的，且主下水管道堵塞应系堵塞物长期积累所致，故该栋楼 10 层以上排放水泥砂浆等建筑垃圾、生活杂物的住户均有可能实施加害行为。刘某坡等业主不能证明自己从未丢弃杂物至案涉管道，因责任大小难以确定，法院酌定 11 楼以上均需承担责任。王某、马某作为业主长期不在此居住，疏于管理自己的财产，未及时发现返水，对损失的扩大需承担相应责任，法院酌定其支付损失 20% 的责任。王某、马某增加诉讼请求须在法庭辩论终结前提出。故对王某、马某 2021 年 12 月 20 日增加请求判令被告赔偿其管道疏通费用 300 元不予准许。关于证人出庭作证的相关费用 300 元的请求，法院在诉讼费负担部分作出认定。判决：(1)某物业公司一次性赔偿王某、马某损失 14,135 元；(2)刘某坡、岳某鸣等一次性各自赔偿王某、马某损失 471.17 元；(3)驳回王某、马某的其他诉讼请求。[1]

共有设施各业主在无法确认具体责任人时应集体补偿受害者，而并非由物业服务人承担赔偿责任。

【案例 5－61】　高某诉郑某等财产损害赔偿纠纷案

判决观点：涉诉 10 楼房屋间卫生间地漏返水导致 9 楼房屋被水泡，而卫生间地漏返水系污水主管道被堵所致，事发当日疏通后排水管道恢复正常，此后未再发生堵塞，污水主管道系 9 楼房屋楼上 10 层至 17 层业主共同使用，现 10 楼至 17 楼的业主均否认堵塞物与自己有关，且部分业主主张系开发商和物业公司的责任，但均缺乏充足的证据证明和相关依据，法院参照物件损害责任承担责任的原则，确认可能导致该侵权行为的使用人即陈某、乔某、周某、康某、苏某帆、王乙、解某元、王甲、刘某森就高某的损失应当给予补偿，具体金额根据高某家实际受损情况以及修复情况确定。因高某明确表示只要求郑某个人赔偿，放弃要求其他被告承担赔偿责任，对此法院不持异议，并判定郑某在其应当承担责任范围内给予高某相应的补偿，对于高某请求的合理部分予以支持，超出部分不予支持。判决：(1)郑某给付高某补偿款

---

〔1〕　参见国家法官学院、最高人民法院司法案例研究院编：《中国法院 2023 年度案例》（物权纠纷），中国法制出版社 2023 年版，第 78 页。安徽省淮南市由家庵区人民法院(2021)皖 0403 民初 1286 号民事判决书。

1250元;(2)驳回高某的其他诉讼请求。[1]

【不同处理】 对于业主提起财产损害赔偿诉讼,物业服务人证明已经较好地履行了共用管道维护义务的,也有判决认定此时物业服务人可以免责。

【案例5-62】 李某某、任某某诉上海某物业管理有限公司(以下简称某物业)财产损害赔偿纠纷案

二审法院认为,某物业基于其与该小区业主大会签订的物业服务合同对该小区进行物业服务。现有证据证明,某物业已根据物业服务合同的约定履行了例行管道疏通的义务,故李某某、任某某关于某物业未尽到疏通管道义务的上诉理由,依据不足。关于李某某、任某某家中因返水造成的经济损失,因某物业对其报修进行了及时处置,已经履行了相应的物业管理服务职能,故原审法院对其要求某物业赔偿相关经济损失的诉讼请求不予支持,并无不当。[2]

有的法院认为,业主与物业服务人之间系物业服务合同关系,业主以物业服务人的违约行为导致其财产损害为由提起侵权之诉,物业服务人证明已经较好地履行了共用管道维护义务的,物业服务人不承担赔偿责任,而由有过错的业主承担责任。

【案例5-63】 魏某某、许某某、张某某、陈某某、田某与南京某物业管理有限公司、张某财产损害赔偿纠纷案

二审法院判决,由楼上4户业主各自承担10%的责任,业主本人承担60%的责任。[3]

《物业服务合同》未对公共管理维护义务的部分作出具体约定,应当根据案件的实际情况,认定双方承担责任比例。公用下水管道,在每户业主自家内可能存在部分管道,因业主家具有私密性,物业公司不能像进其他公共区域那样随时维护,以及没有业主及时反映公用管道出现问题需要管理、维护、疏通的情况下,要求物业服务人定期入户对室内公用下水管道进行疏通不太符合实际,物业服务人应在接到反映时第一时间进行维护。

【案例5-64】 高某诉陕西惠民通物业管理有限公司物业服务合同纠纷案

二审法院认为,本案的争议焦点:上诉人惠民通公司是否应向被上诉人高某承担损失42,645元。一是关于上诉人惠民通公司提出本案属于典型的

---

〔1〕 参见国家法官学院、最高人民法院司法案例研究院编:《中国法院2022年度案例》(物权纠纷),中国法制出版社2022年版,第109页。北京市顺义区人民法院(2019)京0113民初2514号民事判决书。

〔2〕 上海市第二中级人民法院(2015)沪二中民一(民)终字第2133号民事判决书。

〔3〕 江苏省南京市中级人民法院(2016)苏01民终301号民事判决书。

侵权案件,以物业合同纠纷审理,无法查清案件的基本事实。被上诉人高某选择以物业服务合同纠纷为由,主张上诉人惠民通公司未尽到物业服务义务要求赔偿损失,是被上诉人高某对其诉讼权利和实体权利的选择,一审认为上诉人惠民通公司无权要求被上诉人高某予以变更案由和诉请,并无不当。二是关于上诉人惠民通公司提出其履行了物业服务应提供的内容,尽到定期维修维护公用管道的义务,不应承担全部责任。《陕西省物业服务管理条例》第六十九条规定,物业服务人应当按照物业服务合同约定的服务质量等级和服务标准提供下列服务:共有部分、共用设施设备的运行、维修、养护和经营管理……;第一百一十六条规定,本条例中有关的专业用语含义:(1)专有部分,是指门户以内业主使用的房间、阳台、天井、庭院以及室内墙面等部位;(2)专有设施设备,是指门户以内业主自用的门窗、卫生洁具和通向总管的供水、排水、供热、供燃气的管道,电线以及水、电、气户表等设备;(3)共有部分,是指属于业主共有共用的房屋主体承重结构部位(包括基础、内外承重墙体、柱、梁、楼板、屋顶等)、户外墙面、门厅、电梯井、楼梯间、走廊通道等;(4)共用设施设备,是指物业服务区域内业主共同使用的供排水管道、水箱、加压水泵、电梯、天线、照明设施、供电线路、煤气(天然气)管道、消防设施、安防设施、垃圾转运、绿地、道路、沟渠、池、井、公益性文体等设施设备;本案中,双方当事人均未提供物业服务合同证明双方对单元楼公用下水管道的管理维护义务的具体约定。根据本案的实际情况,公用下水管道在业主家庭装修时基本已将该管道进行包装,且该管道在业主家里,在没有物业服务合同中约定对业主家里的公用管道进行定期疏通,以及没有业主及时反映公用管道出现问题需要管理、维护、疏通的情况下,要求物业服务人定期入户对室内公用下水管道进行疏通不太符合实际。三是上诉人惠民通公司是否应向被上诉人高某承担损失 42,645 元。由于被上诉人高某没有在案涉房屋中居住,地面出现积水时未能及时发现,而上诉人惠民通公司作为物业服务人在事发后第一时间对涉案房屋及时进行了下水管道疏通,尽到了一定的义务,加之造成管道堵塞可能是多方面原因造成的。因此,一审认为上诉人惠民通公司未尽到物业服务义务,应对被上诉人高某房屋的装修损失予以赔偿没有法律依据,依法应予纠正。综上所述,上诉人惠民通公司的上诉理由成立,其上诉请求应予支持。判决:(1)撤销一审民事判决;(2)驳回被上诉人高某的全部诉讼请求。[1]

对于物业服务人而言,转供电环节除技术耗损外还存在管理耗损因素,因物

---

〔1〕 陕西省渭南市中级人民法院(2022)陕05民终1230号民事判决书。

业服务人未尽电力设施设备管理维护义务而产生的管理维护层面的线路损耗必然也应当由物业服务人承担。这是物业服务人应承担的违约的法律后果，物业服务人已收取的该笔费用应予以返还。

【案例5－65】 张某、徐某诉保利物业发展股份有限公司成都分公司（以下简称保利物业成都分公司）、保利物业发展股份有限公司（以下简称保利物业公司）物业服务合同纠纷案

一审法院认为，关于被告保利物业成都分公司涉案物业的电费收取标准。虽然《前期物业服务协议》对此有作约定，即“执行政府规定”，且涉案小区的商业用电执行丰平枯分期、峰平谷分段浮动电价，但由于无法确认涉案物业分表在各时段的用电量，因此不能以涉案物业分表在每月各时段的用电量，因此不能以四川省电网销售电价中“50KVA（KW）及以上一般工商业及其他1～10KW”用电的丰平枯分期、峰平谷分段浮动电价作为保利物业成都分公司收取电费的标准。而原告主张的电价0.8010元/度不能体现涉案物业在丰平枯、峰平谷各时期段的用电量及电价差异，且富通公司在宣传资料上列明电费单价0.85元/度对被告保利物业成都分公司无约束力。鉴于此，法院考虑涉案小区的LOFT物业及商铺的入住情况，以及计算电费收取或退还的简便性，以2017年涉案小区“商业用表75”的用电量及被告保利物业成都分公司就“商业用表75”向供电公司交纳的电表总额为计算数据，计算年度平均电价为0.8585元/度（5,757,131.57元÷6,705,854度），确定在涉案已交电费期间（2016年11月30日至2017年7月31日）被告保利物业成都分公司按0.8585元/度的电价标准向原告收取电费，对原告要求保利物业成都分公司按0.8010元/度标准收取电费的主张不予支持。

关于被告提出的输电线路损耗问题。依据法院查明的事实，涉案小区未使用一户一表的商品用电表，涉案小区的LOFT物业及商铺的分表在用电时，相应的输电设备会产生电量损耗，该损耗电量不能体现在每个物业的分表计量上且不易计算。由于该损耗电量系因所有LOFT物业及商铺的业主分摊，不应由保利物业成都分公司承担，涉案小区的所有LOFT物业及商铺的业主向保利物业成都分公司交纳的电费应包括分表电量的电费和损害电量的电费，故法院对原告要求以分时电表为准交纳电费的诉请不予支持。对于业主分摊损耗电量的计算，法院参照《四川省发展和改革委员会关于清理规范转供电环节收费有关事项的通知》（川发改价格〔2018〕395号）关于转供体的用户线损电价按6%（线损率6%）计算的规定，酌定涉案已交电费期间的线损率为6%。经核算，在2016年11月30日至2017年7月31日，原告就涉案物业应向被告保利物业成都分公司支付电费576元［633度×（1＋6%）×0.8585元/度］，现原告已向被告保利物业成都分公司交纳该期间的电费854.55元，故被告应退还原告该期间的电费278.55元(854.55元-576元)。因被告保利物业成都分公司系被告保利物业公司成立的分支机构，无法人资格，故应由被告保利物业公司向原告退还电费。

关于被告提出的变压器的电量损耗问题。由于供电公司电费计算清单中的“商业用表75”显示的所有电量已包含变压器产生的电量损害，并且前述法院计算的电量损害比率已包含涉案小区商业用电表到分表的输电设备所产生的电量损耗，因此不应再另行计算变压器所产生的电量损耗。

关于被告将变配电设备检测费用分摊在代收电费中由业主承担的主张。由于《前期物业服务协议》约定被告保利物业成都分公司的物业费用包括对涉案小区房屋共用设施设备的维修、养护、运行和管理，且未约定由业主承担变配电设备费用，因此被告的上述主张缺乏事实依据，法院不予支持。

关于被告将供电公司就未按时交纳电费收取的违约金分摊代收电费中的业主承担的主张。首先，被告的该主张是将部分业主逾期交纳电费给被告保利物业成都分公司造成的向供电公司支付违约金的损失转嫁给全体业主，明显不具有合理性。其次，《IC卡购电结算协议》约定了代缴涉案小区电费的缴费期限，被告保利物业成都分公司可通过与业主约定电费缴费时间和逾期缴费违约责任的方式来减少或弥补逾期向供电公司交纳电费所应承担的违约金损失，因此法院对被告的上述主张不予支持。

二审法院同意一审法院裁判意见，判决驳回上诉，维持原判。[1]

实践中一般认为，物业服务人如果日常维修、保养没有到位，势必会造成设备的损耗及老化程度加剧，故而应当承担相应的赔偿责任。

【案例5-66】 嵊州市某小区业主委员会诉杭州某物业管理有限公司(以下简称物业公司)物业服务合同纠纷案

二审法院认为，物业公司未及时、迅速履行小修、急修义务，未及时发现设备设施存在需大修、中修、更新、改造的情形，未及时编制年度维修养护计划、制定修缮方案，造成损失的进一步扩大，应当认定被告之行为已经构成违约并应承担相应的违约责任。法院根据物业公司的过错程度，酌定对上述损失由被告承担60%的赔偿责任。[2]

---

〔1〕 参见国家法官学院、最高人民法院司法案例研究院编：《中国法院2020年度案例》(合同纠纷)，中国法制出版社2020年版，第256~257页。四川省成都市中级人民法院(2018)川01民终17949号民事判决书。

〔2〕 浙江省绍兴市中级人民法院(2017)浙06民终2180号民事判决书。

【案例5-67】 台州市路桥区某花园业主委员会诉台州市某物业管理有限公司(以下简称某物业公司)等物业服务合同纠纷案

判决观点:消防、监控、水泵等系统设施均会自然老化,使用一段时间后需中修、大修属客观规律。被告某物业公司在其物业服务期间已就该小区配套设施、设备进行维修和更新,申请划拨专项维修资金,后因故没有获得专项维修资金,无法对该小区紧急情况事项(包括原告主张的维修事项)进行维修和更新。为平衡双方利益,法院酌定被告某物业公司赔偿原告此项主张损失金额6000元。[1]

空调外机平台属于全体业主共有。物业服务人作为专业的物业服务管理机构,应对包含空调外机平台内的共有部分积极履行维护、管理义务,检查并消除隐患。未尽到必要义务致人损害的,应承担相应的赔偿责任。业主对空调外机平台的使用系对共有部分的使用,并不能以此推定其承担赔偿责任。

【案例5-68】 顾某某诉盐城好帮手物业有限公司、东台建源置业有限公司、于某、余某物业服务合同纠纷案

判决观点:本案中,案涉平台规范设计为对应住宅的业主安装空调外机,但该住宅的业主无法从室内到达该平台,只能从大楼外部使用专业设备沿外墙面到达,且未登记在7号楼904房屋业主名下,亦无法自行独立使用、正常管理,不宜认定为业主专有。此外,案涉平台外粉水泥层脱落物,原系附着于该平台外沿,应属于外墙的组成部分,故应认定为共有部分。于某、余某作为7号楼904室房屋所有权人,事发前尚未在该平台上安装空调外机,未实际使用。于某、余某可以证明不存在过错,故不应当承担赔偿责任。好帮手公司作为专业的物业服务管理机构,与健源公司签订东城名苑前期物业服务合同,应按照合同约定全面履行义务,其中包含对共有部位的维修保养。因此,好帮手公司对案涉小区共有部分负有审慎管理义务,有义务对案涉小区进行检查、维修、养护,发现问题及时维修,消除安全隐患。对案涉平台外沿(水泥块)脱落造成的损害,好帮手公司提供的证据不足以证明其不存在过错,依法应当承担损害赔偿责任。好帮手公司辩称,案发当日狂风大作,是不可预见的意外。法院认为,事发当天风力为6级,不属于突发的意外事件,且在现有的气象预报条件下,其作为小区物业管理机构对上述天气应有合理预见,并采取相应管理措施避免损害的发生,故好帮手公司的辩称理由,法院依法不予采信。健源公司为案涉小区的开发商,顾某某主张其开发建设的案涉房屋存在质量问题,应对质量问题引发的损害后果承担赔偿责任,但顾某某对其

---

〔1〕 浙江省台州市路桥区人民法院(2014)台路民初字第2589号民事判决书。

上述主张未能提供证据证明,且健源公司交付房屋已7年,故对顾某某要求健源公司承担赔偿责任的诉讼请求,法院依法不予支持。综上所述,顾某某的诉讼请求中合法有据的部分,法院依法支持。判决:(1)好帮手公司赔偿顾某某车辆损失5410元;(2)驳回顾某某的其他诉讼请求。[1]

(三)物业服务人减免赔偿处理

1.可以免赔情形

在小区紧急情况下,如业主擅自停车占用通道堵塞,物业服务人为疏通道路采取谨慎合理的措施将车移开时致损,不应承担责任。为维护小区的正常管理秩序而采取合理措施,因不慎或不可避免的因素造成业主损失的,可作免责处理。

物业服务人对于小区发生包括楼房瓷砖掉落在内的安全隐患,已经按约定履行了维修更新申请或建议,因未获批准而未实施维修、更新,且其已采取合理措施防范危险源的,应认定其没有过错,从而不应对损失承担责任。

【案例5-69】 上海某物业管理有限公司(以下简称某物业公司)诉中国某保险股份有限公司营业部保险人代位求偿权纠纷案

二审法院认为,本案中,某物业公司已经就可能发生的事故危险性向业主委员会作了汇报并申请维修,业主委员会因不能承担维修费用而不予批准,此后某物业公司在日常工作中仍继续履行了必要的检查职责,故某物业公司没有过错,其不应承担赔偿责任。[2]

物业公司剪断业主私搭电线属正当履职行为,业主无权要求损害赔偿。

【案例5-70】 梁某诉某物业公司物权保护纠纷案

一审法院认为,本案中,梁某所拥有的涉案房屋系由物业公司提供物业服务,双方虽未签订物业服务合同,但已实际构成物业服务关系,当事人需根据物业服务的一般习惯履行自身的义务。梁某称其电表损坏后报修,物业公司未及时修理,但其并未提供证据予以证明。结合梁某在起诉状中的描述及物业公司的答辩意见,梁某在无法使用电表的情况下进行了私自搭接电线的行为。私自搭接电线的行为存在极大的安全隐患,物业公司作为整个园区提

---

〔1〕 参见《人民司法·案例》2021年14期(总第925期)。江苏省东台市人民法院(2020)苏0981民初1519号民事判决书。

〔2〕 上海市第一中级人民法院(2014)沪一中民六(商)终字第302号民事判决书。

供物业服务方,其有责任保证园区的用电安全,且剪断梁某私自搭接电线的行为在合理行使物业管理服务的范围内,故对于梁某要求维修损害损坏电线的诉讼请求,法院不予支持。关于梁某诉求赔偿损失(包括电器购买花费、租房费用),因梁某并未提供证据证明物业公司的行为导致其无法使用房屋,即使在电表损坏的情况下,梁某亦完全可以通过聘请其他专业电工进行修理。故梁某称因电表损坏而无法使用房屋导致损失而要求物业公司予以赔偿的诉求,法院不予支持。判决:驳回梁某的诉讼请求。二审审理过程中,物业公司已将梁某要求维修的电线修好。二审法院判决:驳回上诉,维持原判。[1]

2. 不能免赔情形

物业服务人对小区共有部分负有保养、维护义务,对于可能对业主财产造成损害的小区共用部分的安全隐患,应当及时消除,否则致业主财产损害后,物业服务人应承担违约责任,对业主的损失进行赔偿。即便该安全隐患是第三人造成,也不能免除物业服务人的违约责任;因第三人侵权致小区共用部分对业主造成损害的,物业服务人可以免责的情形是物业服务人已履行了保养维修义务,且第三人侵权是不可预见、不可避免的。

物业服务人保安打死访客的,由物业服务人承担赔偿责任。

业主因小区内设施存在隐患导致受伤,如污水管道窨井井盖缺失造成业主骨折的,由物业服务人承担赔偿责任。

小区内部消防设施属于公用设施,归业主共有。业主委托物业服务人管理小区公用设施的,自然包括消防设施在内。《消防法》第二十八条第二款明确规定,住宅区的物业服务企业应当对管理区域内的共用消防设施进行维护管理,提供消防安全防范服务。小区内部消防设施属于自备消防设施,其取水救火需要交纳水费。消防设施漏水产生的水费损失,应由物业服务人承担。

关于突发暴雨业主汽车被淹,物业服务人的免责问题。物业服务人作为车库出租方及物业管理方,应当按照约定保持车库符合约定的用途,承担地下车库的物业管理养护与维修义务。暴雨等自然灾害虽然具有不可预见性,但物业服务人未尽合理注意义务及充分防范职责的,对业主财产损害结果的发生,物业服务人具有过错,应负赔偿修复责任。根据《民法典》第一百八十条的规定,在外来因素发生的事件中,事件的发生是客观的,但当事人能够预见却由于疏忽没有预见,或者未尽最大努力加以防止的,不可抗力不能成立。物业服务人作为专业的物业管理方,对雨季可能危及其利益是可以预见的。虽然物业服务人采取了一定的抗灾

[1] 参见国家法官学院、最高人民法院司法案例研究院编:《中国法院 2023 年度案例》(物权纠纷),中国法制出版社 2023 年版,第 6 页。北京市第三中级人民法院(2021)京 03 民终 130 号民事判决书。

措施,但未尽到最大的谨慎和最大的努力的,不能主张不可抗力免责。

物业服务人只收取规定的车辆管理费的一半,业主汽车玻璃被砸坏,物业服务人不能因此减免赔偿。

3. 赔偿数额确定

对于物业服务人的过错,由法官行使自由裁量权确定其赔偿责任比例。

【案例5-71】　李某某诉洛阳石化总厂惠康物业管理公司物业管理纠纷案

判决观点:被告作为国家市场监督管理部门核准登记的物业公司,对辖区内居民的人身、财产安全负有注意、保护的义务。本案中,原告的车辆损失系案外人的犯罪行为所致,被告门卫未有效控制车辆闯岗,在发现原告车辆闯岗后,未及时采取补救措施、及时报警,以致错过了最佳报警时机,导致车辆丢失无法追回的后果,被告在管理中存在过错,对原告车辆丢失应当承担与其过错相适应的赔偿责任。综合被告在本案中的过错程度,以被告承担20%的责任为宜。根据有关规定,原告车辆在丢失时的价值应为96,500元。据此,判决被告赔偿原告损失19,300元。[1]

【案例5-72】　溪东社区某小区业主委员会诉杭州某物业管理有限公司余杭分公司等物业服务合同纠纷案

一审法院认为,现小区消防设施、设备缺损系由多方因素造成,业主委员会举证的证据不足以证明损失的形成系物业公司一方的责任。综合考虑自然损耗折旧和物业公司应当承担的相应责任,原审法院酌定由物业公司赔偿业主委员会30,000元。二审法院持同样意见,维持一审判决。[2]

【案例5-73】　赵某诉李某、重庆泓山物业管理有限公司徐州分公司财产损害赔偿纠纷案

判决观点:原告赵某名下位于徐州市内物品受损,该损失依法应由侵权人承担赔偿责任。关于侵权人的认定及原告是否存在过错的问题。首先,庭审查明,案涉房屋所在楼栋的公共排污管道因被油泥堵塞,导致生活污水上泛至二楼李某家中,然后自李某家中厨房下水管道中涌出,溢到地面漏下,故造成漏水的根本原因在于公共排污管道堵塞,而非李某用水不当;其次,李某虽然对烟道进行了改动后自行恢复,亦无证据证明其在恢复后的烟道位置进行防水处理,但根据日常生活经验判断,厨房用水基本是在水池处清洗蔬菜、

---

〔1〕参见最高人民法院中国应用法学研究所编:《人民法院案例选》2006年第3辑(总第57辑),人民法院出版社2007年版,第216页。

〔2〕浙江省杭州市中级人民法院(2017)浙01民终7414号民事判决书。

锅碗等物，不会造成地面积水，与卫生间用水不同，所以卫生间内地面需要做重点防水处理，而厨房一般不需要对地面做防水处理，同样，烟道部位亦无需防水，李某基于日常生活正常需要，未对烟道位置进行防水处理通常来说不会造成漏水，而本案中的漏水是在非正常情况下的公共排污管道堵塞所致，李某对此并不能提前预知或能采取措施有效避免，而且李某在得知房屋漏水后及时反映至物业公司处，亦即采取了积极措施避免了损失进一步扩大，因此，李某改动烟道的行为与本案漏水无法律上因果关系，对于原告家中漏水，李某并不存在过错，不负赔偿责任；再次，原告家中装修时违规砸开南阳台承重墙，与厨房下水主管道的油污堵塞并无关联，其未在新装修好的房屋内居住且长时间未来查看，亦与楼上能否漏水无关，虽然若其在此居住可能会及时发现并处理漏水造成的不利影响，但不能因其未居住而将漏水责任归咎于其，故原告对其房屋内的损失不具有过错；最后，根据重庆泓山物业管理有限公司与上海绿地集团徐州新诚置业有限公司签订的《绿地商务城B1－1.2.3项目前期物业服务合同》约定，重庆泓山物业管理有限公司对案涉物业绿地商务城 B1－1.2.3 项目的共用设施设备负有保证运行并进行维修、养护和管理的义务，其责任范围包括对公共污水管道的疏通，被告泓山物业公司作为重庆泓山物业管理有限公司设立并领有营业执照的分支机构，且系实际提供物业管理服务的主体，亦有履行上述物业服务合同义务的责任，被告泓山物业公司作为物业实际管理人对主下水管道负有疏通义务，被告泓山物业公司虽提供其定期巡查记录证明其履行了管道管理义务，但历次检查均未发现管道有堵塞的迹象，恰恰在其两次巡查间隙发生本案管道堵塞的情况，说明其巡查仅仅流于形式，并未起到实质性保障管道畅通的作用，属履行物业服务义务不当，对原告家中的损失具有过错，应对原告的损失承担赔偿责任。另外，本案侵权人明确，被告要求追加徐州市绿地商务城 7 期书香苑 121 号楼 1－301 室至 1801 室共 16 户业主为共同被告的申请，因上述业主并非侵权人，亦无赔偿责任，法院对被告的申请不予准许。关于原告损失范围的问题。原告家中财物损失经鉴定机构评估为 34，916 元，但根据法院现场勘查时原告确定的财产损失范围来看，其主张受损的门仅有两扇，评估报告按照 6 扇评估确已超出损失范围，故评估报告中损失明细第 2 项“房间门及门套”的数额应当扣除 4 扇门的损失，扣除的数额应为 2890 元（该项单价 1200 元，参照第 3 项入户门套单价 350 元，确定门的单价为 850 元，4 扇门为 3400 元，按成新率 85% 计算为 2890 元）。对于被告提出的墙面、地板定损面积过大，地板价格依据不足，以及电视背景墙未损坏等意见，法院认为，从原告房屋建筑面积、墙面和地板受损范围及家庭装修美观的角度来判断，重新铺设地板和粉刷墙面的面积确实需要大于过水面积，评估报告确定的地板和墙面的面积符合实际需要；被告并未能举证证明评估报告中确定的地板价格严重背离市场价格，故对评估报告根据地板的品牌、规格、型号确定的单价，法院予以确认；电视背景墙位于原告房屋客厅位置，而漏水部位集中在客厅，电视背景墙必然会因受潮而被破坏，故电视背景墙应计入损失范围。综上所述，被告对评估报告的异议无事实及法律依据，法院依法不予采纳。原告主张其损失还包括在外租房费用，并提供房屋租赁合同一份，但未提供实际履行的证据，该合同中记载的租赁期间远超原告修复房屋的合理期间，且租赁起始时间是在原告房屋漏水后近2个月，合理性存疑。而且，根据原告陈述，与其签订房屋租赁合同的梁某某系其“老表”，亲属关系较近，亲属之间为临时用房而签订房屋租赁合同的行为本身即有悖生活常识，再根据合同记载的租赁期间，法院认为即使该合同真实，亦与原告家中漏水无关联。综合以上因素考虑，对于原告主张的租金损失，法院不予支持。判决：(1)被告重庆泓山物业管理有限公司徐州分公司赔偿原告赵某各项损失共计32,026元；(2)驳回原告其他的诉讼请求。[1]

4. 不能请求赔偿问题

依照《民法典》第九百四十条的规定，前期物业服务合同因新的物业服务合同生效而终止的属于因法定条件而终止，并非业主大会或业主委员会行使任意解除权的结果，限制物业服务人据此主张赔偿损失。

5. 装修管理赔偿

业主违章装修造成相邻业主财产损害的，物业服务人是否承担责任为疑难问题。

物业服务人已经尽到通知、管理(制止)、协调义务的，应视为已经履行法定义务和物业服务合同约定义务，相邻业主因此遭受损失的应由违章装修的业主承担，物业服务人不承担责任。反之，未尽管理义务应承担责任。

【案例5－74】　孙某某、颜某某诉浙江某物业管理股份有限公司物业服务合同纠纷案

判决观点：在原告和402室业主因中央空调外机安装产生的纠纷中，被告多次以口头、书面的形式通知402室业主对违章装修情况予以整改，并且联系了社区、派出所等参与协调。原告与邻居的共有权纠纷虽最终通过诉讼调解解决，但在处理该纠纷的过程中，被告作为物业服务企业，履行了通知、

[1] 江苏省徐州市云龙区人民法院(2019)苏0303民初1666号民事判决书。

管理、协调等义务，被告未违反前期物业服务协议约定的义务，也未违反法律、法规规定的以及物业服务行业规范确定的义务，故两原告要求被告赔偿误工费、咨询律师费、精神损失费等39,000元的诉讼请求，缺乏事实和法律依据，法院不予支持。[1]

【案例5-75】 魏某、许某诉浙江某物业管理有限公司（以下简称某物业公司）、杭州某房地产开发有限公司合同纠纷案

判决观点：某物业公司对违章装修行为未予有效劝阻和制止……因此，某物业公司应当对原告所遭受的损害承担相应的赔偿责任。[2]

物业服务人在日常的物业服务管理中存在过错，造成业主财产损害，应承担相应赔偿责任，承担责任比例由法官根据过错程度裁定。

【案例5-76】 孙某某、曹某某等诉某物业管理（深圳）有限公司某管理处等财产损害赔偿纠纷案

二审法院认为，物业服务企业依法应当按照物业服务合同约定对物业装修施工进行监督，对违反有关规定的行为应当要求行为人及时整改，行为人未按要求整改的，应当及时报告相关行政管理部门依法处理。本案中，涉案的6B、7B房屋共同搭建3层阳台楼板，属室外搭建工程，管理处易于发现，应对该加建工程及时进行监督管理。鉴于管理处未能提交充分、有效证据证明其对6B、7B户的擅自加建行为已依法履行监督管理职责及报告相关行政部门进行处理，对本次事故造成孙某某的损失亦存在一定过错，一审判决其承担10%的责任，即赔偿11,558.44元，依据充分，法院予以确认。[3]

【案例5-77】 陈某某诉郭某某、武汉华海林物业管理有限公司排除妨害纠纷案

判决观点：本案中，郭某某擅自改变房屋结构，将原阳台改为卫生间，并将卫生间的污水直接排入阳台下水管道。虽然陈某某申请对渗水原因进行鉴定被退回，但事故发生时其家中返渗出来的是卫生间污水，且其所在楼栋仅郭某某一家将阳台改造成卫生间，可以认定陈某某家中的污水返渗系因郭某某的违规改造行为所致。结合华海林物业公司提供的《装修管理服务协议》以及户型图上郭某某自己书写的内容可知，郭某某对装修时不能改变原房屋用途的规定是明知的，其在明知的情况下仍改变阳台的用途，明显存在过错。因此，郭某某应对陈某某家中因污水返渗造成的损失承担责任，对陈

---

〔1〕 浙江省杭州市萧山区人民法院(2017)浙0109民初6177号民事判决书。
〔2〕 浙江省杭州市江干区人民法院(2016)浙0104民初1314号民事判决书。
〔3〕 广东省深圳市中级人民法院(2016)粤03民终1101号民事判决书。

某某要求郭某某赔偿的请求法院予以支持。关于华海林物业公司是否应当承担责任的问题。虽然华海林物业公司在郭某某装修时已告知其装修时的禁止事项,同时收取了3000元装修押金,且事故发生后督促郭某某封堵了改造后卫生间的下水道地漏,基本履行了物业公司的物业管理义务。但是根据《装修管理服务协议》的约定,华海林物业公司在郭某某装修完毕后应当对其装修进行验收,如发现违规之处,应当予以整改,并可以扣留装修押金,而华海林物业公司提供的郭某某装修押金的背面明确标注了2016年6月28日验收,说明华海林物业公司在事故发生前对郭某某的房屋进行过验收,但其未对郭某某将阳台改造为卫生间这一明显违反装修协议的行为进行制止,存在一定过错,间接导致了随后事故的发生,因此,法院认为,华海林物业公司仍应对陈某某的损失承担部分责任,法院酌情认定华海林物业公司对陈某某的损失承担10%的责任,郭某某对其损失承担90%的责任。关于损失的认定问题。根据评估报告,陈某某因污水返渗导致的直接经济损失为3776元,对该损失法院予以确认。另外,陈某某还提供了一张由个人书写的收条,拟证明其支出了清理污水的费用500元。虽然陈某某仅提供了该收条的原件,未提供出具收条个人的身份信息,出具收条的个人亦未出庭作证,证据形式上存在一定瑕疵,但该笔支出是陈某某为事故发生后的必要支出,对该费用法院予以认可。关于房屋出租的费用,如前所述,陈某某仅提供房屋租赁合同不能证明该房屋出租费用的实际发生,但因其家中污水返渗,确不能居住,但其在外租房2个月的时间过长,不属于必要支出,法院酌情按照150元/天的标准计算10天的住宿费。综上所述,陈某某的损失共计5776元。关于恢复原状、消除妨害的请求。根据华海林物业公司的举证可以证明其已督促郭某某将阳台上马桶的下水口封堵,事实上已不具备使用功能,已排除了对陈某某家的妨害。故对其该项诉讼请求,因郭某某已履行,法院不予支持。郭某某经本院传票传唤未到庭应诉不影响本案的正常审理,本案依法可缺席判决。缺席判决:(1)被告郭某某向原告陈某某赔偿5198.40元;(2)被告华海林物业管理有限公司向原告陈某某赔偿577.60元;(3)驳回原告陈某某的其他诉讼请求。[1]

【案例5-78】　王某某与被告裴某等、甘肃恒顺佳和物业服务有限公司侵权责任纠纷案

判决观点:原、被告作为邻居,应当按照有利生产、方便生活、团结互助、公平合理的精神,正确处理截水、排水、通行、通风、采光等方面的相邻关系。

---

〔1〕 湖北省武汉市东西湖区人民法院(2018)鄂0112民初3257号民事判决书。

本案原、被告作为上下楼邻居,共同使用同一污水主管道排放生活污水,应共同维护管道的通畅,保证公共设施的正常使用。原告所在的二楼位于污水管道的底端,因下水道被污物堵塞,污水从卫生间外溢,造成财产受损,该损害后果,不应由居于管道底端的原告一户承担,而应在查明堵塞原因的基础上由侵权人共同承担。在不能查明侵权人的情况下,应由可能造成后果的使用该共有设施的共有人共同承担。本案中,现有证据无法确认堵塞下水道公共部分污物的直接来源,而本案下水管道堵塞的原因主要为水泥和腻子粉等建筑材料,在下水道堵塞之前,原告和已办理装修手续的16户住户均对房屋进行了装修,在装修过程中,势必使用水泥和腻子粉等装修材料,现该16户住户均不能提交有效证据证明其能免责。故从维护公共利益角度出发,共有设施在业主使用过程中出现无法查明造成问题的具体责任人时,按照公平原则,共有设施各业主应共同承担赔偿责任,即由原告和16户住户共同承担赔偿责任。甘肃恒顺佳和物业服务有限公司作为该小区的物业管理部门,其管理维护义务不应仅体现在对相关设施、设备进行修缮、保养和疏通等,也应包含对业主正常合理使用建筑物及其附属设施维护其他业主合法权益和公共安全进行宣传和劝导等。甘肃恒顺佳和物业服务有限公司虽然每天派人对业主的装修情况进行监督检查,管道堵塞后积极组织人员进行维修疏通,但仍存在宣传提醒不到位、监督检查不仔细的情况,因此,甘肃恒顺佳和物业服务有限公司对本案损害后果的发生存在一定过错,应承担相应赔偿责任,故法院酌定甘肃恒顺佳和物业服务有限公司对原告的损失承担10%的责任。关于原告主张的经济损失数额问题,现原告主张财产损失41,439元,交通费750元,误工费10,000元,烘干费700元,房屋租赁费1500元,精神损害抚慰金5000元,以上合计59,389元。关于原告主张的财产损失问题,本应通过司法鉴定程序确定原告的损失数额,通过与鉴定部门沟通,本案的鉴定费用高达1万元左右,如再鉴定损失金额,将更加重各当事人的经济负担,故法院不再进行司法鉴定。本案污水反流事件发生后,为了尽快解决纠纷,原告给甘肃恒顺佳和物业服务有限公司第一时间反馈的财产损失为28,289元,该金额应该为原告的实际损失,法院予以确认。关于原告主张的交通费750元,误工费10,000元,烘干费700元,房屋租赁费1500元,精神损害抚慰金5000元,并无事实或法律依据,法院不予支持。关于吴某辩称案涉房屋本身存在质量瑕疵的问题,法院认为案涉房屋在竣工验收时,已经相关部门验收合格,2021年1月起就有住户办理房屋交付手续并开始装修,之后又有多个住户开始陆续装修,如果管道本身就存在水泥、腻子粉等建筑材料堵塞的情况,污水反流的时间不可能发生在9月份,所以吴某的该辩称理由不能成立。综上所述,对于原告的财产损失28,289元,甘肃恒顺佳和物业服务有限公司赔偿2828.9元,原告和其他各被告各承担1497.65元。判决:(1)被告甘肃恒顺佳和物业服务有限公司向原告王某某支付财产损失费2828.9元;(2)被告裴某、吴某、王某、刘某某、海某某、李某某、朱某、雷某、张丰、赵某某、范某、王某某、柴某、薛某某、雷某、赵某某各向原告王某某支付财产损失费1497.65元。(3)驳回原告王某某的其他诉讼请求。[1]

(四)混合过错赔偿处理

在小区内,物业服务人对于发生损失存在过错,业主对于发生损失亦存在过错的,由法官根据各自具体过错程度裁量各自责任承担比例。

【案例5-79】　穆天子房产公司诉百花物管公司物业服务合同纠纷案

二审法院认为,关于被盗保险柜中财物损失的认定及相关责任分担问题。首先,对于保险柜内被盗现金的数额认定。本案中,综合有关证据和多方因素,可以肯定被盗保险柜内应存放有相当数量的现金。穆天子房产公司以案发现场拾捡的收款收据及相关准备于近期支付款项的发票等凭证,主张的财产数额为610,956.50元,虽有一定依据,但考虑到有关票据落款时间距案发时间较长,其间不免存在收支及转移现金存放的变化,难以尽信。相反,穆天子房产公司在案发后,第一时间向公安机关报案时,其两位财务人员在公安机关首次所作的询问笔录中陈述约有30万元现金存放于保险柜内。该陈述与穆天子房产公司在事后诉讼中所提出的现金失窃数额相比,具有较高的可信度。故法院确认穆天子房产公司在本次被盗案中的财产损失为30万元,对该公司在30万元以外所主张的其他损失,由于缺乏充分证据支持,法院不予采信。其次,对于本案的责任分担问题。虽然百花物管公司对保险柜被盗所造成的财产损失应该承担主要责任,但是穆天子房产公司没有严格执行财经纪律,存放过多现金在财务室保险柜内,以及没有为财务室特别安装防盗设备,其本身对于现金失窃也存在一定过错。所以,百花物管公司与穆天子房产公司依法应分担损失。综合比较两公司的过错程度,原审判决判令百花物管公司承担70%的责任合理。综上所述,百花物管公司应赔偿穆天子房产公司财产损失21万元(失盗金额30万元×70%)。原审判决采信穆天子房产公司所主张的财产损失610,956.50元,依据不足,应予纠正。[2]

---

[1] 甘肃省天水市秦州区人民法院(2021)甘0502民初4157号民事判决书。

[2] 参见吴庆宝主编:《最高人民法院专家法官阐释民商裁判疑难问题》(民事裁判精要卷)(增订版),中国法制出版社2011年版,第101~102页。

【案例 5－80】 邱某诉漳州某物业服务有限公司等物业服务合同纠纷案

判决观点：关于原告车辆被水浸泡造成的经济损失应由谁承担赔偿责任的问题。法院确认原告车辆的经济损失：(1)台风时车辆被水浸泡的损失32,725元。“西马仑”台风引起的强降雨是原告车辆被水浸泡的直接原因。在合同履行中，被告漳州某物业服务有限公司应当对共用设施设备进行日常管理和维修养护，对进出小区的车辆进行管理，引导车辆有序通行、停放，但被告漳州某物业服务有限公司因其管理措施不力导致停车场长时间积水的过错行为，与原告车辆的损失有直接的因果关系，应当承担违约责任，该部分损失32,725元应由被告漳州某物业服务有限公司承担赔偿责任。(2)台风过后原告车辆扩大的损失40,425元。被告漳州某物业服务有限公司未能及时排水，导致车辆被水长时间浸泡，故被告漳州某物业服务有限公司在履行合同上有过错，不完全履行合同约定的管理义务，应当承担相应的违约责任。(3)原告在车辆被水浸泡后以未达成赔偿协议为由拒绝将车拖走维修，对车辆扩大损失部分40,425元，由原告和被告漳州某物业服务有限公司各承担50%，即20,212.5元。被告漳州某房地产有限公司作为商品房的出卖人，在出售商品并转移房屋所有权、商品房小区已经交付使用后，在房屋质量没有瑕疵的情形下，对房屋的买受人的义务已履行完毕，原告车辆的损失与被告漳州某房地产有限公司缺乏因果关系，法院不予认定。[1]

【案例 5－81】 郭某诉潍坊某物业管理有限公司（以下简称物业公司）财产损害赔偿纠纷案

判决观点：原告郭某作为小区业主，接受被告物业公司的服务，应当按时交纳物业管理费；其与涉案小区开发商存在纠纷且协商未果，拖欠物业管理费，系违约行为，是造成本案纠纷的主要原因。被告物业公司系为小区业主提供物业服务的企业，在与业主发生纠纷时，应当采取合法适度的方式处理纠纷；被告物业公司在催要拖欠的物业管理费无果后，采取停水、停电的方式，迫使原告交纳物业管理费，致使双方的纠纷加剧，被告物业公司对此也有一定过错。考虑水电关系到居民的日常起居生活，长时间的停水、停电必然影响住房的居住使用功能、对外租赁的价格，且原告郭某与被告在双方协商、诉讼期间支付了部分费用。对原告郭某向被告物业公司主张的经济损失，根据本案的实际情况、双方的过错程度，法院酌定为1500元。[2]

个案中，业主没有采取适当措施致使损失扩大的，亦为法官考虑物业服务人

---

〔1〕 参见骆鑫、刘娅编著：《物业管理纠纷案例与实务》，清华大学出版社2017年版，第73页。

〔2〕 山东省潍坊市奎文区人民法院(2013)奎民一初字第691号民事判决书。

赔偿范围的因素。

【案例5-82】 邵某某诉南京某物业管理有限公司财产损害赔偿纠纷案

二审法院认为,上诉人对被上诉人实施了停电的侵权行为,致使被上诉人房屋无法正常出租,应当承担损害赔偿责任。针对上诉人实施的停电行为,被上诉人未能提供证据证明其主动要求上诉人恢复供电或向相关部门投诉反映情况,故对房屋长期空置造成的损失被上诉人也负有一定的责任。原审法院酌定上诉人赔偿被上诉人两套房屋相当于4个月租金损失,并无不当。[1]

【案例5-83】 朱某某诉平凉某物业管理有限公司财产损害赔偿纠纷案

判决观点:原告要求被告赔偿鱼死亡的损失6050元,被告因原告未交纳所拖欠的水电费等有关费用,采取停电措施,致原告所饲养的观赏鱼死亡,应当承担相应的赔偿责任,但原告明知被告已经采取了停电措施,却未对所饲养的观赏鱼采取任何措施,致鱼全部死亡,使损失扩大,也应该承担一定的责任,故该项损失应当由被告赔偿40%为宜。[2]

火灾发生时,业主家中是否有人、阳台是否堆放物品、窗户是否关闭等是否作为受害业主存在过错依据,应由法官根据案情认定,业主有过错的可减轻物业服务人赔偿责任,反之则不减轻物业服务人赔偿责任。

【案例5-84】 陈某勤诉胡某武、嘉兴某物业服务有限公司(以下简称某物业)侵权责任赔偿纠纷案

二审法院认为,至于胡某武和某公司提出陈某勤未关窗户导致事故发生,自身也存在过错,应承担一部分责任。原审认为,陈某勤未关窗户不是导致火灾发生的必然因素,对于火灾的发生不存在故意或过失的主观过错,且从常理讲新装修的房子开窗通风也符合情理。胡某武认为陈某勤的过错为家中无人留守、阳台窗户打开、客厅移门改造,但陈某勤的行为既不违反法律的规定,也与火灾的发生没有因果关系。因此,陈某勤对火灾的发生并无过错,胡某武认为陈某勤应自负主要责任的理由缺乏依据。[3]

【案例5-85】 唐某伟诉施某才、浙江某物业管理有限公司财产损害赔偿纠纷再审案

二审法院认为,唐某伟应对房屋的使用情况进行必要的了解和管理,现房屋被转租给五人并进行结构改造,存在一定的安全隐患,且不利于灾情的彻底排查及消除,故唐某伟对火灾发生亦应负一定的责任,唐某伟应对此承

---

〔1〕 江苏省南京市中级人民法院(2015)宁民终字第2055号民事判决书。

〔2〕 甘肃省华亭县人民法院(2015)华民初字第1432号民事判决书。

〔3〕 浙江省嘉兴市中级人民法院(2015)浙嘉民终字第480号民事判决书。

担10%的责任。再审法院亦认为责任比例的分配合理得当。[1]

在小区内,物业服务人已经张贴风险提示标语及禁止停车告示,业主无视风险警示,其擅自所停车辆因外墙脱落物掉落受损的,一般可认为业主自身存在过错。

【案例5-86】 唐某黎诉成都某物业管理有限公司(以下简称某物管公司)等物件损害责任纠纷案

判决观点:被告某物管公司在某小区地下停车库入口墙上张贴“此处禁止停车,后果自负!!!”的告示,原告唐某黎知车辆不应停放于此,并对被告某物管公司张贴的告示置之不理,未按规定停放车辆,对车辆受损结果的发生有一定的过错,法院酌定其自行承担50%的责任。[2]

【不同处理】 有的法院认为,仅以物业服务人警示为由要求业主负注意义务,并依此认定业主有过错不当。

【案例5-87】 章某文诉杭州某物业管理有限公司等物件坠落损害责任纠纷案

二审法院认为,关于上诉人主张被上诉人章某文亦应自行承担相应过错责任的上诉理由,基于上述分析,案涉场地在案涉大厦外墙存在墙砖脱落的危险情形,而在紧邻大厦外墙一侧并未因此危险情形而被隔离或者做有效防护的情形下,仅以外墙张贴的警示提醒为由,要求他人对案涉危险情形负有注意义务,并以此为据要求被上诉人章某文自负相应的损失,显属不当。[3]

小区业主未在停车位上停车是否存在过错以及在物业服务人减责上存在不同观点,多数法院认为业主没有过错。

【案例5-88】 李某杰诉北京市某物业管理有限公司(以下简称某物业公司)财产损害赔偿纠纷案

二审法院认为,李某杰系某物业公司提供物业服务小区的住户,且李某杰受损车辆内有某物业公司核发的停车证,说明李某杰在该小区内停车已成常态,故现没有证据证实李某杰本人就停车一节存在过错。[4]

【案例5-89】 中国太平洋保险股份有限公司桐庐支公司诉桐庐某物业管理有限公司长兴分公司保险人代位求偿权纠纷案

判决观点:被告作为物业管理公司,应尽到相应的责任与义务,被告在庭

---

[1] 浙江省宁波市中级人民法院(2016)浙02民终1405号民事判决书。

[2] 四川省成都市金牛区人民法院(2012)金牛民初字第4902号民事判决书。

[3] 浙江省杭州市中级人民法院(2016)浙01民终2584号民事判决书。

[4] 北京市第二中级人民法院(2014)二中民终字第00800号民事判决书。

审中自认未设置禁停标志,保安也未完全尽到相应的指引义务,而且车辆所停放的地坪上未设置停车线,因此,法院对被告的该辩称不予采信,车主项某对损失不应承担责任。[1]

即便业主把车停在小区外即市政道路上,因小区内房屋外墙面掉落致物损,物业服务人的业主违章停车有过错的抗辩理由不受法院支持。

【案例5-90】 王某某诉哈尔滨市某物业管理有限公司(以下简称某物业)等财产损害赔偿纠纷案

二审法院认为,某物业主张不承担责任的理由之二是王某某违反《道路交通安全法》第五十六条规定,违规将车辆停放在人行道上导致车辆被坠物损害,其自身有过错,责任自负。但本案系特殊侵权纠纷,而非交通事故责任纠纷,王某某车辆停放是否违章,未经相关职能部门依法确认,亦不属于本案调整范围,原审法院未予审理认定并无不当。[2]

【不同处理】 有的法院认为,业主未在停车位上停车存在过错,物业服务人可以减责。

【案例5-91】 中国某保险股份有限公司常州分公司诉绍兴某物业管理有限公司长兴分公司保险人代位求偿权纠纷案

判决观点:因刘某某的车辆停在小区内的店铺门口,而没有停在停车位上,对事故的发生存在一定过错,被告可减轻赔偿责任。法院根据刘某某自身过错程度,酌情确定被告应对原告的损失承担70%的责任。[3]

实践中,业主主张请求权的诉求有的是财产损害赔偿,有的是侵权责任纠纷等,但法院是依据物业服务人有过错确定赔偿责任。

【案例5-92】 王某某、张某诉上海青浦青房物业管理有限公司财产损害赔偿纠纷案

判决观点:本案中,原、被告一致确认漏水原因是位于被告熊某某家中的排污管道破损。而该排污管道系公共管道,青房物业公司对公用设施负有管理和维护的职责。现青房物业公司在庭审中自认平时不会进入业主家中查看排污管道,只有有人报修才会查看。现青房物业公司未尽到对公共排污管道的管理维护职责,且对被告熊某某将公共管道封闭在墙体内的行为未加有效阻止,故青房物业公司应对原告损失承担一定赔偿责任。被告熊某某将原

---

〔1〕 浙江省桐庐县人民法院(2014)杭桐商初字第2038号民事判决书。

〔2〕 黑龙江省哈尔滨市中级人民法院(2015)哈民一民终字第275号民事判决书。

〔3〕 浙江省长兴县人民法院(2016)浙0522民初7742号民事判决书。

本暴露在外的公共排污管道擅自封闭在墙体内，致使排污管道出现问题后难以被发现并导致检修难度增加，与原告房屋受损亦存在一定的因果关系，被告熊某某应对两原告损失承担一定赔偿责任。两被告抗辩称原告将房屋用途进行改变应自行负担部分责任，该抗辩无法律依据，法院不予支持。综合本案实际情况，法院酌定被告熊某某应对原告损失承担30%的赔偿责任、被告青房物业公司应对原告损失承担70%的赔偿责任。关于两原告主张的各项损失金额：(1)房屋受损部位修复费用，该项损失由鉴定意见书予以确认，法院确认两原告该损失金额为19,764元；(2)衣物清洗费和衣物整理费，根据两原告提供的发票，法院确认衣物清洗费金额为980元、衣物整理费金额为500元；(3)租金损失，根据鉴定意见书，两原告房屋受损部位修复工程的工期为15～30天，结合房屋租赁市场行情，法院酌定两原告因漏水产生的租金损失为2000元；(4)衣物、被褥等物品损失，根据法院现场核对清单数量及现场物品实际情况，结合原告提供的相应证据，考虑折旧因素，法院确认该项损失为10,000元；(5)评估费和鉴定费，根据评估费和鉴定费发票，法院确认评估费3500元、鉴定费12,000元。综上，法院确认两原告房屋因漏水产生的损失共计48,744元，其中被告熊某某应承担14,623.20元，被告青房物业公司应承担34,120.80元。判决：(1)被告熊某某偿付原告王某某、张某损失14,623.20元；(2)被告上海青浦青房物业管理有限公司偿付原告王某某、张某损失34,120.80元。[1]

物业服务人对共用设施未尽维护义务，导致业主屋内发生漏水造成损失，应依法承担相应的赔偿责任，业主有过错的理应承担相应责任。

【案例5－93】 刘某诉李某、甲物业公司物业服务合同纠纷案

判决观点：刘某房屋漏水原因系位于楼板结构层之间的排水主立管三通下口脱节导致排水渗漏，该部位属于公共主管道，属于物业服务企业管理维护职责范围。甲物业公司作为物业服务企业，应就自己管理维护职责范围内发生的问题，以及由此引起的损害后果承担相应的赔偿责任。李某作为建筑物区分所有权人，对甲物业公司入户排查这一合理要求不予配合，损害了其他业主的合法权益。判决：甲物业公司、李某各承担相应责任，并按照责任比例赔偿刘某因房屋漏水产生的各项合理损失。[2]

---

〔1〕 上海市青浦区人民法院(2019)沪0118民初24128号民事判决书。

〔2〕 北京市第二中级人民法院2023年11月28日物业服务合同纠纷典型案例1。

专题六　物业服务合同终止纠纷

本专题阐述围绕物业服务合同的终止相关问题，也包含合同解除的相关内容。合同终止与合同解除的法律后果是一致的，即合同消灭不再履行，故本专题将二者放在一起阐述。

一、物业服务合同终止理解

(一)合同终止含义

1. 合同终止

合同的权利义务终止,是指依法生效的合同因具备法定情形和当事人约定的情形,合同的债权、债务归于消灭,债权人不再享有合同权利,债务人也不必再履行合同义务。[1] 有法官认为,合同的权利义务终止是指合同关系在客观上不复存在,合同债权和合同债务归于消灭。[2]《民法典》中债权债务终止,是指有效的债权债务因具备法定情形和当事人约定的情形,使债权、债务归于消灭,债权人不再享有债权,债务人也不必再履行债务。[3] 通说认为,合同终止是合同解除、合同消灭的上位概念,它们之间为种概念和属概念的关系,这与传统合同法是有很大区别的。[4] 换言之,合同解除虽包括在合同终止范畴之内,但是二者之间又有区别。《民法典》第五百五十七条第二款规定:"合同解除的,该合同的权利义务关系终止。"这表明合同解除是债权债务终止的原因之一,依据本条第一款列举的债权债务终止情形不包含合同解除,其债权债务终止的适用范围大于合同解除范围。

合同终止事由。审判实践中,引起物业服务合同权利义务终止的事由主要有:(1)因物业服务合同目的实现而终止。(2)因物业服务合同约定解除而终止。(3)因物业服务合同出现了当事人行使法定解除权而终止。无论哪一种情形引起的物业服务合同关系归于终止,对于业主请求物业服务企业退还已经预收但尚未提供物业服务期间的物业费的,人民法院对其合法的请求,应当予以支持。如果一方行使履行中的抗辩权,可以暂时中止合同的履行,但物业服务合同关系依

---

[1] 参见胡康生主编:《中华人民共和国合同法释义》(第2版),法律出版社2009年版,第145页。

[2] 参见李国光主编:《中国合同法条文释解》,新华出版社1999年版,第206页。

[3] 参见黄薇主编:《中华人民共和国民法典合同编释义》,法律出版社2020年版,第209页。

[4] 参见杨立新主编:《合同法的执行与运用》,吉林人民出版社1999年版,第171页。

然对当事人产生约束力,并没有因履行的中止而终止。[1]

合同终止后果。合同终止的法律后果,即解除了当事人履行或者接受履行的全部义务。同时,依附于权利义务的从权利和从义务也一并消灭(如违约金、债权法定利息等)。但合同终止不影响非违约方所享有的损害赔偿权利。尽管终止合同的权利义务关系消灭,主要是使合同关系不再存在,但一方对原合同的违约给另一方造成的损害不因合同关系终止而被免除责任。物业服务合同的权利义务终止后的法律后果亦应如此,即物业服务合同的权利义务终止后,物业服务企业与业主之间并不因此就毫无关系,如同本文前述,根据《物业管理条例》第三十九条的规定,物业服务合同终止后,物业服务企业应当向业主委员会履行移交竣工总平面图,单体建筑、结构、设备竣工图,配套设施、地下管网工程竣工图等后合同义务。[2]

2. 合同解除

合同解除是指在合同有效成立后,因一方或双方当事人的意思表示,使合同关系终了,未履行的部分不必继续履行,既已履行的部分依具体情形进行清算的制度,它是合同特有的终止原因。[3] 有学者认为,合同解除是指合同有效成立之后,当具备合同解除条件时,因当事人一方或双方的意思表示而使合同关系自始消灭或向将来消灭的一种行为。[4] 换言之,物业服务合同在订立后,双方当事人应当按照合同约定履行合同,当事人也可以通过协议方式解除合同。在履行合同过程中,一旦符合法律规定或当事人约定的解除条件,当事人也可以解除合同。[5]

物业服务合同作为《民法典》中的典型合同,应适用《民法典》合同编第五百六十三条、第五百六十四条等合同解除的一般规定。其第九百四十六条第一款规定:“业主依照法定程序共同决定解聘物业服务人的,可以解除物业服务合同。决定解聘的,应当提前六十日书面通知物业服务人,但是合同对通知期限另有约定的除外。”该条规定了业主的任意解除权。为了保护业主的合法权益,构建和谐物业服务关系,《民法典》作出本条规定,赋予业主一方任意解除权。

所谓业主一方的任意解除权,此处的“业主”并非单个业主,而是指全体业

---

[1] 参见最高人民法院民事审判第一庭编著:《最高人民法院建筑物区分所有权、物业服务司法解释理解与适用》,人民法院出版社2009年版,第344~345页。

[2] 参见最高人民法院民事审判第一庭编著:《最高人民法院建筑物区分所有权、物业服务司法解释理解与适用》,人民法院出版社2009年版,第345页。

[3] 参见韩世远:《合同法总论》(第4版),法律出版社2018年版,第644页。

[4] 参见王利明:《合同法研究》(第2卷),中国人民大学出版社2003年版,第269页。

[5] 参见王利明:《合同法研究》(第4卷),中国人民大学出版社2013年版,第218页。

主。单个业主是不能行使这种任意解除权的，必须由全体业主“依照法定程序共同决定解聘物业服务人”，才能解除物业服务合同。根据《民法典》第二百七十八条的规定，解聘物业服务企业或者其他管理人由业主共同决定。而该“法定程序”，也就是通过业主大会的形式，而且对参与表决和同意的业主数量有所要求，即应当由专有部分面积占比2/3以上业主且人数占比2/3以上的业主参与表决，以及经参与表决专有部分面积过半数的业主且参与表决人数过半数的业主同意。[1] 笔者认为，业主一方的任意解除权是对外部而言的，在业主行使任意解除权之前则必须交由业主自治，这是法律的强制性规定。解聘物业服务人或者说解除物业服务合同，是事关全体业主利益的重大事项，如果未经业主大会讨论即解除物业服务合同，势必严重损害业主的权利，也将导致物业服务秩序的混乱，基于此，《民法典》第二百七十八条第四项明确作了规定。也就是说，业主行使任意解除权要受到全体业主共同决定意思之限制，并非不受全体业主共同决定之约束。

关于解除合同通知期限问题，立法者认为，《民法典》第九百四十六条规定的合理期限为60日，该合理期限的规定为任意性规定，当事人可以作出特别约定排除其适用。因为实践中，不同物业服务人负责的物业服务内容可能是不同的，所以解聘物业服务人做好退出准备的时间也是不相同的，当事人可以对提前通知物业服务人解聘的期限作出特别约定。[2] 有法官认为，通知的期限和形式属于解除权行使的程序规定，业主未在期限内通知的，不影响解除权行使的效力，但是物业服务人可以主张因此遭受的损失。[3]

《民法典》第九百四十八条第二款规定：“当事人可以随时解除不定期物业服务合同，但是应当提前六十日书面通知对方。”该条规定了业主和物业服务人的随时解除权，其解除的基本要求是，需要提前60日书面通知对方。

物业服务合同届满后，没有依法续聘或者另聘的决定，物业服务人则须在合理期限内退出物业区域，将用房、相关设施、所必需的相关资料等交还给业主委员会、决定自行管理的业主或其指定的人，配合新物业服务人做好交接工作，并如实告知物业的使用和管理状况。

应注意的是，实践中，对个别业主解除物业服务合同存在两种观点，一种观点认为，个别业主有权解除物业服务合同。另一种观点认为，个别业主无权解除物业服务合同。主流观点认为，无论是前期物业服务合同还是普通物业服务合同，业主均不是物业服务合同的签订主体，即便存在物业服务人与个别业主在业主委员会成立之前签订物业服务合同的情况，但这种合同并非通常意义上的物业服务

[1] 参见黄薇主编：《中华人民共和国民法典合同编释义》，法律出版社2020年版，第946页。

[2] 参见黄薇主编：《中华人民共和国民法典合同编释义》，法律出版社2020年版，第946～947页。

[3] 参见中国审判理论研究会民事专业委员会编著：《民法典合同编条文理解与司法适用》，法律出版社2020年版，第743页。

合同,仅是物业服务人与业主达成的确认书,其成立与否并不能直接影响物业服务人与业主之间的权利义务关系。也就是说,物业服务合同解除权属于全体业主享有的权利,单一业主无权解除合同。

(二)合同解除范围

1. 前期物业服务合同解除

《物业管理条例》第二十六条规定:"前期物业服务合同可以约定期限;但是,期限未满、业主委员会与物业服务企业签订的物业服务合同生效的,前期物业服务合同终止。"根据该条规定,开发商可以与其选聘物业服务人签订合同中约定服务期限,但该期限不能限制合同的具体履行。前期物业服务合同期限未满,业主委员会与新物业服务人签订的物业服务合同生效的,前期物业服务合同自动终止,而无须业主委员会再行解除。实践中,业主入住多年但因各种原因未能成立业主委员会,业主对前期物业服务人的服务很不满意,由谁行使合同解除权以及如何行使都是亟须解决的问题。

【案例6-1】 某业主委员会诉某物业公司物业服务合同纠纷案

一审法院认为,某小区于2017年9月3日召开业主大会,并选举成立业主委员会,前期物业管理服务协议履行期限为2011年7月21日至2014年7月21日,被告某物业公司未被继续选聘为物业服务企业,且业主委员会已另行与其他物业公司签订物业服务合同,被告某物业公司不存在继续提供物业服务的情形,双方之间前期物业服务合同终止。判决:被告某物业公司搬离某小区,并依照《物业服务解释》第十条规定,移交相关设备等。二审法院判决:驳回上诉,维持原判。[1]

前期物业服务合同期限届满后,小区尚未成立业主大会和业主委员会,开发商可以解除合同并重新选聘物业服务人。这是基于开发商作为委托人,是与物业服务人签订合同的相对方,根据合同相对性原则,开发商依法享有解除权。在小区尚未成立业主大会和业主委员会的情况下,如果对物业服务人服务不满意,其开发商不能解除合同将导致委托人与受托人权利失衡,对于委托人来说是不公平、不合理,也是不符合法律规定的。

---

〔1〕 参见房善增、徐朦朦:《业主委员会有权解除前期物业服务合同》,载《人民法院报》2018年11月22日,第6版。河南省濮阳市中级人民法院(2018)豫09民终2021号民事判决书。

【案例 6－2】　重庆市 TR 房地产发展有限公司诉重庆市 HJ 物业管理有限公司（以下简称 HJ 物业）物业服务合同纠纷案

判决观点：《业主临时管理规约》第三十条规定："在业主大会成立之前，业主同意由建设单位在物业管理中代行业主大会的以下职责：（一）制定业主临时管理规约；（二）选聘物业服务企业，签订前期物业服务合同。"本涉案物业项目尚未成立业主大会，应由建设单位代行业主大会选聘物业服务企业的职责。前期物业服务合同期限届满后，原告有权重新选聘物业服务企业。鉴于 HJ 物业提供前期物业服务的项目较大，其撤场及移交必然需要较多时间，根据实际情况并参照双方合同的约定，法院判决被告自本判决生效后 60 日内退出重庆市某国际商贸城一组团一期市场物业管理区域；退出重庆市某国际商贸城一组团一期市场物业管理区域之前 15 日内向原告移交该重庆市某国际商贸城一组团一期市场物业服务用房和相关设施，以及物业服务所必需的相关资料。[1]

在地方制定条例对物业服务相关事项有明确规定的，依照该规定成立的物业管理委员会有权代表全体业主解聘物业服务人。

【案例 6－3】　日照市 SJ 物业管理有限公司（以下简称 SJ 物业）诉 AL 公馆物业管委会物业服务合同纠纷案

判决观点：根据《日照市物业管理条例》第四十六条的规定，住宅小区内不具备成立业主大会条件或者经街道办事处指导两次仍无法成立业主大会，应当成立物业管委会，作为临时机构履行物业管理职能。本案中，AL 公馆物业管委会经过所在小区业主同意及所在辖区住建局、街道办事处、社区等有关主管部门的指导成立，是履行 AL 公馆小区物业管理职能的临时性、过渡性机构，是业主的自治性组织。其依照《物业管理条例》的规定解聘 SJ 物业，获得了小区内人数和面积"双过半"的业主同意，不违反法律、行政法规和地方性法规的规定。至于物业管委会成立的程序是否合法，属于小区业主自治的范围，原告以被告成立不合法为由，要求继续履行前期物业服务合同的诉讼请求，法院不予支持。本案并不必须以行政案件的结果为依据，不符合中止诉讼的情形。法院判决驳回原告要求与第三人 JR 有限公司继续履行前期物业服务合同的诉讼请求。[2]

开发商对前期物业服务合同按何性质、在何阶段解除在实践中都是有争议的

---

〔1〕 参见程磊、周滨：《律师说法：业主委员会及物业服务纠纷案例评析》，法律出版社 2020 年版，第 207～208 页。

〔2〕 参见程磊、周滨：《律师说法：业主委员会及物业服务纠纷案例评析》，法律出版社 2020 年版，第 203 页。

问题。有的法院认为,前期物业服务合同的性质属于委托合同,双方具有单方解除的权利。

【案例6-4】 某地产投资有限公司(以下简称某地产公司)诉江苏某物业管理有限公司(以下简称某物业公司)物业服务合同纠纷再审案

再审法院认为,某物业公司与某地产公司于2012年11月27日签订的前期物业服务委托合同的基础法律关系是委托法律关系,某物业公司的前期介入服务以及管理活动均是受某地产公司的委托而实施的,即使合同是采取招投标的方式签订并经过专家审定程序和政府职权部门确认,也不因此改变合同的性质。当双方发生纠纷时,在处理上不应突破基本法律关系所确定的权利义务内容。委托合同一般是基于信任而签订的,本案中,双方实际已经产生矛盾,在合同的实施中甚至还存在互相攻击的情况,信任已经不复存在。在此情形下,如果仍然不允许双方解除合同,显然不利于合同目的的实现,也不符合当事人签订合同的初衷。因此,原一、二审法院将双方合同定性为委托合同符合事实和法律规定,本案适用《合同法》第四百一十条规定也并无不当。从合同主体来看,某物业公司主张住宅出售以后,因为服务的对象发生了变化,合同的相对方也相应发生变化。该主张显然已经突破了合同的相对性原则。首先,某物业公司是接受某地产公司的委托来实施服务和管理行为的,相对于业主而言,某物业公司是某地产公司的代表,服务结果实际也是由某地产公司来承担。因此,业主只是服务的对象,并不是合同的相对方。其次,签订前期物业服务委托合同的双方只有本案的双方,并没有业主委员会介入,也没有其他人来主张权利,即使来主张权利也会缺乏合同依据。因此,本案如果要解除合同,也只有本案的双方才能提出。最后,《江苏省物业管理条例》第十七条的规定是对选取物业公司在程序上的规定,并不是对法律关系的确定。商品房一旦卖出,只有业主大会才能解除前期物业服务委托合同,委托方反而不能提出解除,相对于尚未成立业主委员会的小区,如果物业公司不同意解除,合同就会无法解除,那么就会产生委托他人完成一定行为,即使不满意,仍然不能更换受托人的结果,这样的结果将会导致委托方与受托方权利失衡,对于委托方所产生的风险是极大的,明显不合常理。正因如此,《合同法》第四百一十条才明确规定,委托人或者受托人可以随时解除委托合同。[1]

【不同处理】 有的法院认为,物业交付后,开发商无权自行决定是否解除前期物业服务合同,而应由业主共同决定。

---

〔1〕 江苏省高级人民法院(2015)苏审二民申字第00896号民事裁定书。

【案例6－5】　乾安县某某物业服务有限公司(以下简称某某物业公司)诉乾安县某物业服务有限公司(以下简称乾安县某物业公司)、吉林省某地产有限公司乾安分公司(以下简称某乾安分公司)物业服务合同纠纷案

二审法院认为,某某物业公司与某乾安分公司签订前期物业服务合同,系双方当事人真实意思表示,且不违背法律法规的强制性规定,该合同合法有效。某乾安分公司在与某某物业公司签订前期物业服务合同后,其无权再解除合同,进而又与乾安县某物业公司签订前期物业服务合同,其与乾安县某物业公司另行签订前期物业服务合同的行为无效。某某物业公司与某乾安分公司签订前期物业服务合同到期后,继续履行与否的问题,应由业主大会或者业主委员会决定,作为开发方的某乾安分公司无权决定。[1]

有的法院认为,物业交付后,开发商在前期物业服务合同约定的解除条件成就或发生法定解除事由时,亦可以行使解除的权利,但必须承担其解除合同成立的举证责任。反之,则限制解除前期物业服务合同。

【案例6－6】　重庆某房地产开发有限公司(以下简称某房地产公司)诉重庆某物业管理有限公司(以下简称某物业公司)物业服务合同纠纷案

二审法院认为,双方签订前期物业服务合同不应解除。主要事实和理由:前期物业服务合同不违反法律法规的规定,合法有效,对某房地产公司和某物业公司具有约束力。本案中,某房地产公司并未举示证据证明某物业公司存在符合合同法定解除条件的违约行为;也未举示充分证据证明某物业公司无法完成合同第二章约定的三项以上的“物业管理事项”,即某房地产公司有权根据合同第三十一条的约定解除本案合同;也未举证证明涉案小区业主大会已经成立,业主委员会与物管企业签订新物业服务合同且生效……故法院对某房地产公司解除双方签订的前期物业服务合同的请求不予支持。[2]

【案例6－7】　广德某置业有限公司诉广德某物业服务有限公司物业服务合同纠纷案

二审法院认为,开发商并未提供任何证据证明物业公司的服务等级未达到合同约定标准,或物业公司未能履行合同义务,所以其以此为由行使解除权,要求解除双方之间的前期物业服务合同的理由不能成立,该解除合同的

---

〔1〕 吉林省松原市中级人民法院(2017)吉07民终12号民事判决书。

〔2〕 重庆市高级人民法院(2015)渝高法民终字00048号民事判决书。

行为应被确认为无效。[1]

2. 转委托物业服务合同解除

《民法典》第九百四十一条第二款规定："物业服务人不得将其应当提供的全部物业服务转委托给第三人，或者将全部物业服务支解后分别转委托给第三人。"这是业主委员会对物业服务人转委托违约行为解除合同的依据，亦是法定解除权。

3. 物业服务合同约定条件成就解除

《民法典》第五百六十二条第二款规定："当事人可以约定一方解除合同的事由。解除合同的事由发生时，解除权人可以解除合同。"实践中，比较常见的是开发商或者业主委员会与物业服务人约定以业主"满意率（度）"作为物业服务质量的条件，其"满意率（度）"低于一定的程度时（如60%），开发商或者业主委员会可以解除物业服务合同。

【案例6－8】 杭州市某某物业管理服务股份有限公司（以下简称某某物业公司）诉杭州某物业管理有限公司（以下简称某物业）物业服务合同纠纷案

由于双方在合同中约定了60%的业主满意度条件，某某物业公司以某物业在满意度测评中未达到该条件而行使合同解除权，一、二审法院均予支持。[2]

4. 事实物业服务合同关系解除

事实物业服务合同是可以随时解除的，在业主委员会明确通知物业服务人退出，事实合同关系成立的要件已经不具备时，双方的事实物业服务合同解除。

【案例6－9】 浙江某物业有限公司诉绍兴市某小区业主委员会物业服务合同纠纷案

判决观点：被告的通知行为，可认定被告解除合同的意思表示已达到原告，法院确认双方合同关系于2017年1月10日解除。2017年1月10日前，原、被告之间虽未签订物业服务合同，但存在物业服务合同关系，故对原告要求确认双方事实物业服务合同关系的请求，法院予以支持。[3]

---

[1] 安徽省宣城市中级人民法院（2014）宣中民二终字第00063号民事判决书。
[2] 浙江省杭州市中级人民法院（2015）浙杭民终字第2136号民事判决书。
[3] 浙江省绍兴市中级人民法院（2017）浙0602民初3571号民事判决书。

【案例6－10】　长春市绿园区某小区业主委员会诉长春市某物业服务有限公司(以下简称物业公司)物业服务合同纠纷案

二审法院认为,物业公司在物业服务合同到期后,一直在园区服务,现业主委员会请求其撤出并办理交接,但其拒绝退出和交接的状态,完全符合最高人民法院《2009年物业服务解释》第十条规定的情形。因此,判决维持原审要求物业公司退出小区的判决。[1]

(三)合同解除涉及业主问题

这里讲的合同解除涉及业主问题,主要指业主个人涉及合同解除的相关问题。

关于业主个人能否解除物业服务合同的问题。根据法律规定,普通物业服务合同是由小区的业主委员会代表业主签订的,但业主是权利的享有者和义务的承担者,是业主在使用物业。业主通过法定程序由业主大会授权业主委员会签订或解除物业服务合同,业主自身不能直接对物业服务合同行使签订权和解除权,业主行使解除权的诉请不受法律保护。即便业主有证据证明物业服务人严重违约或侵犯其自身合法权益,也只可以依法提出其他诉求请求物业服务人承担相应的民事责任,但限制其请求解除物业服务合同。也就是说,只有业主委员会可以请求解除物业服务合同,未设立业主委员会的可以由全体业主共同请求解除,业主个人并不享有解除权。

最高人民法院法官认为,无论是前期物业服务合同还是普通物业服务合同,业主均不是物业服务合同的签订主体,即便存在物业服务人与个别业主在业主委员会成立之前签订物业服务合同的情况,但这种合同并非普通意义上的物业服务合同,仅是物业服务人与业主达成的确认书,其成立与否并不直接影响物业服务人与业主之间的权利义务关系。对此,笔者赞成后一种观点。现代物业服务制度源于业主群体的共同居住、生活关系,由此形成了业主团体,团体性组织的特点决定了团体利益和团体意思不可能永远与每一名成员的利益和意思一致,为保证业主团体组织的高效和顺畅运作,业主团体必须有独立意识并将其意思付诸实施,单个业主的必须遵守此种规则。《民法典》第二百七十八条已规定选聘和解聘物业服务企业或者其他管理人属于业主共同决定的事项,且须符合专有面积及人数双重多数决的程序。无论是建设单位与物业服务人签订的物业服务合同还是业主委员会代表全体业主与物业服务人签订的物业服务合同,业主均应遵守。合同

〔1〕　吉林省长春市中级人民法院(2019)吉01民终2605号民事判决书。

解除权属于全体业主享有的权利，单一业主无权解除合同。[1]

关于业主在物业服务合同解除后欠付物业费的问题。主流观点认为，物业服务合同解除（或终止）后，业主欠付物业费并不因此消灭仍应支付，物业服务人仍有权利向欠付物业费业主主张给付。从理论上分析这是基于以下原因：物业服务人订立合同、提供物业服务的目的是取得业主交纳的物业费。在物业服务合同解除后，业主交纳物业费的合同义务被解除，物业服务人提供物业服务的目的消灭，因此作为其相对人的业主接受物业服务人提供的服务欠缺法律上的原因。并且物业服务合同解除后，欠交物业费的业主一方面不再负有交付物业费的合同义务，另一方面在合同解除前已经实际使用了物业服务人提供的服务，按照对价理论亦应对使用物业受益支付对价即物业费。从不当得利上讲，业主已使用物业服务人提供的服务，使他人受损而自己获益，因此其行为构成不当得利，应当依照不当得利制度返还取得的利益。欠交物业费的业主不当得利的数额相当于其欠交物业费的数额，因此其仍负有交付欠交物业费的义务。无论以何种请求权法律基础，物业服务人仍然有权请求业主交付欠交物业费，其主张欠交物业费的诉请受法律保护。应注意的是，业主委员会虽为物业服务合同签订者，但实为受全体业主的委托签订，其自身并非合同的实质当事人，并不承担合同项下的权利义务，其既未享受物业服务人提供的物业服务，亦无承担合同约定的义务。从这个意义上讲，业主委员会不负有支付物业费的义务，当然物业服务人也不能将合同解除后应返还的公共收益予以抵销业主个人欠付的物业费。物业服务人向法院起诉业主委员会请求支付欠付物业费或对单个业主欠付物业费承担连带清偿责任的，属于诉讼主体不适格，法院应判决驳回物业服务人的诉讼请求。实践中，法院亦不支持物业服务人用业主欠付物业费抵销应返还的公共收益。如无锡市春江花园业主委员会诉上海陆家嘴物业管理有限公司等物业管理纠纷案。[2]

---

〔1〕 参见最高人民法院民法典贯彻实施工作领导小组编著：《中国民法典适用大全》（合同卷五），人民法院出版社 2022 年版，第 3592 页。

〔2〕 参见《最高人民法院公报》2010 年第 5 期（总第 163 期）。

二、物业服务合同终止法律适用

（一）合同任意解除

物业服务人未履行物业服务合同的主要义务即小区的清洁卫生维护和环境维护，构成根本违约的，业主委员会自然可以要求解除物业服务合同。在业主委员会是否可以行使任意解除权上，理论界与实务界的观点有分歧。有学者认为，对建设单位在前期物业服务合同中所聘请的物业服务企业，业主有权予以更换，但对业主自己在普通物业合同中选聘的物业服务企业，业主应当受到物业服务合同效力的拘束，不应当享有任意解除权。[1] 实务界主流观点为，业主委员会请求解除物业服务合同系《民法典》赋予业主大会的一项法定权利，其无须满足《民法典》的一般解除条件，只要业主大会依照《民法典》第九百四十条规定的程序作出解聘决议即可，而无论物业服务是否存在瑕疵或构成违约，即业主委员会行使解除权具有任意性不存在限制。最高人民法院法官认为，业主应当享有任意解除权。主要理由在于：物业服务合同本质上是委托合同，《民法典》虽然未明确规定物业服务合同可以参照适用委托合同相关规定，但委托合同无论是在立法上还是在实践中都是物业服务合同的重要参照。委托合同重视当事人之间的互相信任，如果当事人之间的信任受到严重损害，合同双方均可以随时解除合同。物业服务合同在履行过程中同样需要当事人的互相配合和互相理解，强行将貌合神离的合同当事人拘束在一起，无益于合同目的的实现。[2]

应注意的是，其行使解除权只适用普通物业服务合同，而不适用于前期物业服务合同。因为根据《物业管理条例》第二十六条的规定，前期物业服务合同期限未满，业主委员会与新物业公司签订的物业服务合同生效的，前期物业服务合同自动终止，而无须业主委员会再行解除。

---

〔1〕 参见王利明：《合同法研究》（第4卷），中国人民大学出版社2013年版，第219页。

〔2〕 参见最高人民法院民法典贯彻实施工作领导小组编著：《中国民法典适用大全》（合同卷五），人民法院出版社2022年版，第3588～3589页。

【案例6－11】 宁波市春藤城市生活服务有限公司与宁波市鄞州区福明街道波波城小区业主委员会物业服务合同纠纷案

二审法院认为，业主依照《民法典》第二百七十八条的规定，经过法定程序共同决定解聘物业服务人，享有任意解除权，可以解除物业服务合同。除物业服务合同对通知期限另有约定外，业主应当提前60日书面通知物业服务人。[1]

【案例6－12】 正和园小区业主委员会诉首信物业管理有限公司物业服务合同纠纷案

二审法院认为，虽然被上诉人不同意解除合同，并要求继续履行合同，但因被上诉人没有提供有效证据证明其停止物业服务的原因是上诉人造成的，且一审判决驳回上诉人要求解除物业服务合同诉讼请求至二审开庭时，被上诉人也未恢复对该小区的物业服务。维护小区的清洁卫生是被上诉人履行物业服务合同的主要义务，因其停止物业服务致使小区内的垃圾成堆，给小区业主生活带来不便，使小区业主与被上诉人产生了对立情绪。被上诉人虽表示不同意解除物业服务合同，但未采取实际行为履行物业服务义务。该物业服务合同已经不存在继续履行的条件。综上所述，上诉人要求与被上诉人解除物业服务合同的主张，理由成立，予以支持。一审法院认定事实不清，适用法律错误，应改判。[2]

业主对解聘物业服务人没有直接执行权，但其决策参与权与事务管理权系通过业主大会表决权实现的。业主委员会依据业主大会决定解除物业服务合同，若业主委员会未依其内部议事规则进行决策，亦应由小区业主向业主委员会主张相应的损害责任，物业服务人对其解除物业服务合同不当抗辩不能成立。

【案例6－13】 嘉定区真建六街坊业主委员会诉上海嘉盛物业管理有限公司物业服务合同纠纷案

一审法院认为，原、被告之间的物业服务合同关系自2008年12月28日起建立，并于2010年2月12日签订物业服务合同，约定合同期限延长至2012年12月31日止。此后双方未再签订新的物业服务合同。原告于2011年4月20日明确通过业主大会表决决定继续聘请被告为物业服务企业，期限为本届业主委员会任期。现本案所涉小区的本届业主委员会任期未届满，故原、被告之间的物业服务合同的期限尚未届满。根据法律规定，业主大会

〔1〕 参见最高人民法院民法典贯彻实施工作领导小组编著：《中国民法典适用大全》（合同卷五），人民法院出版社2022年版，第3593页。浙江省宁波市中级人民法院（2021）浙02民终5970号民事判决书。

〔2〕 参见国家法官学院案例开发研究中心编：《中国法院2015年度案例》（合同纠纷），中国法制出版社2015年版，第239～240页。辽宁省盘锦市中级人民法院（2014）盘中民三终字第38号民事判决书。

有权决定是否聘请物业服务企业,原告于2012年3月2日决定召开业主大会,讨论选聘物业服务企业事宜,并于2012年8月7日公示表决结果,决定选聘案外人作为物业服务企业,并以已选聘案外人为由要求解聘被告。然原告召开的该次业主大会决定选聘案外人的过程,经行政职能部门认定程序违法,应予改正,故原告依据2012年8月7日的表决结果要求解除与被告之间的物业服务合同关系,法院不予支持。原告依职权于2013年2月1日决定召开业主大会,要求业主投票决定是否通过诉讼的方式解聘被告,经征询,原告以2013年3月1日征询结果符合法定解聘条件为由,诉讼要求解除与被告的物业服务合同关系。对此,被告抗辩反驳征询结果的真实性,为探究业主的真实意思,法院委托当地政府部门对涉案小区的业主进行了意见征询,结论为赞成解除合同关系的业主超过了反对的业主。根据2013年3月1日征询结果,结合政府部门对小区业主的民意测试,法院考虑本案所涉小区的具体情况,解除原被告物业服务合同关系。二审法院认为,被上诉人小区业委会通过何种议事规则进行决策,并不影响被上诉人对外代表其所在小区全体业主从事相关民事行为的权利。若被上诉人未依其内部议事规则进行决策,亦应由小区业主向被上诉人主张相应的损害责任,与上诉人无涉。维持一审判决。〔1〕

业主委员会擅自解除物业服务合同不当的,物业服务人可以向法院提出解除合同无效之诉。

【案例6-14】 上海某物业管理有限公司杭州分公司诉杭州市滨江区小区业主委员会物业服务合同纠纷案

一审法院认为,依双方物业服务合同第九条约定,涉及合同解除的满意度调查应该由双方共同组织进行。从本案实际情况来看,业主委员会启动满意度调查之际,物业公司即提出异议,并要求推迟满意度调查。之后,业主委员会告知征询结果后,物业公司同样提出异议,对此不予认可。业主委员会公布的满意度调查结果属于单方行为,其程序不当,故不能作为有效的业主大会表决。业主委员会提出解除合同,其条件不成就。据此,判决确认业主委员会于2015年9月16日作出解除物业服务合同的公函无效。二审法院经审理后维持一审判决。〔2〕

物业服务合同未到期,业主委员会未经业主大会同意提前解除合同现象时有

---

〔1〕 参见国家法官学院案例开发研究中心编:《中国法院2016年度案例》(合同纠纷),中国法制出版社2016年版,第244~245页。上海市第二中级人民法院(2014)沪二中民二(民)终字第222号民事判决书。

〔2〕 浙江省杭州市中级人民法院(2016)浙01民终570号民事判决书。

发生。一般认为,在物业服务合同未到期,且业主委员会未经该小区业主共同决定并达到法定解除条件的情况下,自行要求解除与物业服务人签订的物业服务合同的,没有法律依据,不符合法定程序,应认定为行使解除权不当的行为。物业服务人要求继续履行物业服务合同的,具有相应的事实和法律依据,受法律保护。

应注意的是,根据《民法典》第九百五十条的规定,原物业服务人退出物业服务区域并移交相关资料之日,上述事实物业服务关系即终止,在此之前,业主委员会不得主张解除该合同关系,当然原物业服务人也不能主张解除该合同关系。

最高人民法院法官认为,不定期物业服务合同当事人的任意解除权属于法定解除权,它在合同期限届满后为当事人脱离合同锁链的永久束缚提供了途径,因此,行使该解除权是基于法律的明文规定,并不需要其他理由。[1]

(二)物业服务人解除

当约定解除条件或法定解除条件出现时,物业服务人与业主委员会一样可以解除物业服务合同。合同约定解除的情形包括:一是物业服务合同中有解除权条款约定的,当解除合同的条件成就时,享有解除权的一方行使解除权,物业服务合同关系因此终止。二是物业服务合同中虽然当事人没有约定解除条款,但在合同履行过程中经双方协商一致,可以解除物业服务合同。一方或者双方行使协议解除权,物业服务合同关系因此终止。三是合同出现法定解除的情形,其物业服务人行使解除权。通常是指在不可抗力、对方预期违约不履行主要合同义务、迟延履行合同主要义务、根本性违约不能实现合同订立目的等情形下,当事人可以解除合同。如果物业服务合同履行过程中具备了法定解除条件,一方行使法定解除权,物业服务合同关系因此终止。

实践中,物业服务人提出解除物业服务合同的情形少见,但也是可以提出解除合同的,这种情形多发生于物业费收取矛盾得不到妥当解决的场合。开发商与物业服务人已经在前期物业服务合同约定了物业费标准的,如果物业服务人认为按原收费标准无法满足小区物业服务的开支并发生亏损,经过业主或业主委员会协商程序仍不能得到合理解决,其继续履行违反合同的公平原则,不符合相关法律规定,物业服务人向法院请求解除物业服务合同的,应予以支持。物业服务人这种解除从法律上讲虽然是单方解除,但属于法定单方解除而应排除在任意解除范围之外。如果物业服务人擅自提高物业费标准,遭到业主的反对提出解除物业

〔1〕 参见最高人民法院民法典贯彻实施工作领导小组编著:《中国民法典适用大全》(合同卷五),人民法院出版社 2022 年版,第 3604 页。

服务合同的,对其滥用解除权的行为法律不予保护,法院应判决继续履行物业服务合同。就另一种单方解除物业服务合同来讲,司法解释制定者认为,业主委员会一方根本违约或者约定的解除事由出现的,物业服务企业可以解除物业服务合同,并无争议。但是对物业服务企业可否单方解除物业服务合同,法律未明文规定。虽然物业服务企业主张解除物业服务合同的比较少见,但也不能完全排除其发生的可能性。如前文所述,支持业主委员会合同解除权的依据在于物业服务合同的履行需要当事人双方的相互信任和相互配合,物业服务企业决定解除物业服务合同的,说明物业服务企业与业主的相互信任已经丧失,相互配合履行合同的可能性也基本丧失,因此对物业服务企业解除物业服务合同的请求,同样应予以支持。[1]

【案例6－15】　北京北方阳光物业管理有限责任公司诉保泰持盈(北京)投资管理有限公司、北京积勇石油化工有限责任公司物业服务合同纠纷案

二审法院认为,依法成立的合同,对当事人具有法律约束力。当事人应当按照约定履行自己的义务,不得擅自变更或者解除合同。依法成立的合同,受法律保护。本案中,北方阳光物业公司与保泰持盈北京公司就承租涉案房屋自愿签订物业管理协议及补充协议,履行中另经三方协议,将涉案房屋物业管理协议项下权利义务由积勇石化公司承继,保泰持盈北京公司对此承担连带保证责任,以上在北方阳光物业公司与积勇石化公司之间及与保泰持盈北京公司之间所形成物业服务关系及保证合同关系应受法律保护。关于违约行为的认定。保泰持盈北京公司上诉主张系北方阳光物业公司单方先行违约,致使物业服务合同无法继续履行,当时积勇石化公司并未违约。但根据物业管理协议的约定,积勇石化公司应当在每三个月开始的前5日内支付物业费,保泰持盈北京公司虽代为承担保证责任支付了部分物业费,但积勇石化公司仍未能履行支付2019年4月1日之后的物业费义务,其行为违反了物业管理协议约定,积勇石化公司应当对此承担相应的违约责任,保泰持盈北京公司应对此承担连带保证责任。另外,根据物业管理协议的约定,如使用人在应付款项到期后的15日内没有支付该款项,物业管理企业有权就迟延付款征收滞纳金;如果使用人在任何款项到期后的15日内还没有支付该款项且无任何合理的解释,物业管理企业有权采取合理合法措施予以追缴。并同意物业管理企业停止一切物业服务,自行承担后果。本案中,积勇石化公司在北方阳光物业公司发出通知后,15日内仍未能交付该等款项

---

〔1〕　参见最高人民法院民事审判第一庭编著:《最高人民法院建筑物区分所有权、物业服务司法解释理解与适用》,人民法院出版社2009年版,第338页。

且从后续《关于终止租赁合同的函》中明确系因资金紧张。本院认为，积勇石化公司于本案中逾期支付物业费的行为构成根本违约，北方阳光物业公司有权解除双方物业服务合同。保泰持盈北京公司所主张的北方阳光物业公司 2019 年 4 月 29 日的封门行为，可视为其对积勇石化公司不履行主要合同义务的一种不安抗辩，而非违约行为。另外，虽然双方合同约定北方阳光物业公司可以停止物业服务，保泰持盈北京公司也主张北方阳光物业公司于 2019 年 4 月 29 日停止物业服务，对此北方阳光物业公司不予认可，法院认为，物业服务具有不间断性、整体性等特点，积勇石化公司所使用房屋涉及的公共区域维修养护同样属于物业服务内容，现保泰持盈北京公司所述北方阳光物业公司停止物业服务一节，缺乏有效证据佐证，法院不予采信。关于《物业管理协议》《物业管理协议补充协议》《三方协议》的解除时间。保泰持盈北京公司上诉主张合同解除时间应为北方阳光物业公司收到积勇石化公司《关于终止租赁合同的函》的时间，即 2019 年 8 月 19 日。但积勇石化公司作为违约方，其在违约之后作出的解除合同表示，不能发生合同解除的法律效力，故法院对保泰持盈北京公司的主张不予采信。北方阳光物业公司在催款无果情形下，提起了本案诉讼并要求终止与积勇石化公司、保泰持盈北京公司的合同关系，该行为应确定为向该公司行使合同解除权，并可产生合同解除的法律效力，一审法院认定双方合同于民事起诉书送达时解除并无不当。关于积勇石化公司占有使用房屋的终止时间。保泰持盈北京公司上诉主张 2020 年 1 月 1 日之后涉案房屋由北方阳光物业公司另租给第三方，但该公司未提交充分有效的证据予以证明，且根据租赁合同约定，积勇石化公司应当在合同终止当日腾空并搬离承租房屋，同时返还承租房屋的全部钥匙，依据查明的事实，积勇石化公司至今未腾空房屋，北方阳光物业公司主张支付房屋使用费至 2020 年 3 月 31 日，一审法院据此认定并无不当。保泰持盈北京公司称 2020 年 3 月 31 日北方阳光物业公司将涉案房屋另行出租他人一事未经当事人质证，一审审理存在程序问题。法院认为，该时间是北方阳光物业公司自认的时间，保泰持盈北京公司对此如持有异议，可提供相关证据加以反驳，此事实认定不属于本案程序问题。保泰持盈北京公司此项主张缺乏依据。《合同法》第九十七条规定，合同解除后，尚未履行的，终止履行；已经履行的，根据履行情况和合同性质，当事人可以要求恢复原状、采取其他补救措施，并有权要求赔偿损失。北方阳光物业公司要求积勇石化公司、保泰持盈北京公司支付合同解除前及合同解除后房屋占用期间的物业费，符合法律规定，法院予以支持。保泰持盈北京公司主张其不应对扩大的损失承担责任，但依据一审当事人陈述及证人证言，北方阳光物业公司在积勇石化公司人员取出物品时已将封条解除，积勇石化公司虽不认可，但未提交反证，故法院对保泰持盈北京公司的主张不予采信。北方阳光物业公司另要求积勇石化公司、保泰持盈北京公司支付逾期付款违约金,符合双方合同约定,鉴于双方约定的违约金标准过高,一审法院酌情予以调整并无不当,同时,违约金未支持部分的诉讼请求应予驳回,一审法院对此未予表述欠妥,法院予以更正。此外,保泰持盈北京公司上诉主张本案在疫情期间,应适用相关法律。法院认为,双方当事人就本案纠纷产生时间在疫情前,纠纷产生的原因亦非受疫情影响,故保泰持盈北京公司此项理由,不能成立。综上所述,保泰持盈北京公司的上诉请求不能成立,应予驳回;一审判决处理结果不妥之处法院予以改正。判决:(1)维持北京市海淀区人民法院(2020)京0108民初10119号民事判决;(2)驳回北京北方阳光物业管理有限责任公司其他诉讼请求;(3)驳回保泰持盈(北京)投资管理有限公司的上诉请求。[1]

需要研究的问题是,物业服务人是否享有任意解除物业服务合同的权利。从理论上讲,根据合同权利义务对等的原则,物业服务人亦可行使单方解除权。物业服务合同的履行需要双方当事人的相互信任和配合,在信任和配合履行的可能性基本丧失时,不宜再勉强维持这种合同关系继续履行,其后果对合同双方均为不利,法院可以像支持业主委员会单方解除权一样支持物业服务人解除物业服务合同,但法律从公共利益角度考虑并未规定物业服务人任意解除权。立法者认为,从比较法上看,多数国家都只规定业主一方的任意解除权,没有规定物业服务人的任意解除权。物业服务人作为专门提供物业服务的经营者,掌握信息优势,处于合同的有利地位,在服务期限届满前,都应当尽到善良管理人之职责,按照约定为业主提供物业服务。因此,《民法典》未赋予物业服务人任意解除权。[2]有法官认为,物业服务合同在本质上属于委托合同的一种特殊形态,但基于其内容上的独特性,又不能完全适用委托合同的相关规则。《民法典》仅赋予作为委托人的业主以单方解除权,物业服务人作为受托人并不享有任意解除权,主要理由在于,物业服务合同事项涉及服务区域内的公共秩序维系,关涉群体性的业主团体、物业使用人的公共利益,故不宜赋予物业服务人任意解除权。[3]

应注意的是,在不定期物业服务合同中,物业服务人享有任意解除权。《民法典》第九百四十八条第二款规定:"当事人可以随时解除不定期物业服务合同,但是应当提前六十日书面通知对方。"该条规定了业主和物业服务人的随时解除权。也就是说,在合同当事人均具有独立作出意思表示的能力时,应允许合同的任何

---

〔1〕北京市第一中级人民法院(2020)京01民终8910号民事判决书。

〔2〕参见黄薇主编:《中华人民共和国民法典合同编释义》,法律出版社2020年版,第947页。

〔3〕参见中国审判理论研究会民事专业委员会编著:《民法典合同编条文理解与司法适用》,法律出版社2020年版,第743页。

一方解除不定期物业服务合同,但要给予对方必要的合理准备时间。

物业服务人擅自解除物业服务合同并退出物业服务区域的,应承担开发商或业主委员会由此产生的相应费用。

【案例6-16】 辽宁某房地产开发有限公司(以下简称房产公司)诉沈阳某物业管理有限公司(以下简称物业公司)物业服务合同纠纷案

二审法院认为,房产公司与物业公司签订的前期物业服务合同及业主委员会与物业公司签订的承诺书均合法有效,合同当事人均应当按照合同的约定履行各自的权利和义务。物业公司存在擅自提前解除合同的违约行为(新物业服务合同生效时间为2011年7月23日,其退出园区时间为2011年6月8日),故应承担违约责任。物业公司擅自撤离园区,撤离时并未与相关方就园区设施进行交接,因此其不能证明其撤离时园区相关设施完好无损;亦因其未将有关设施、维保单位资料进行交接,导致房产公司在代管期间委托其他维修单位对设施进行维修保养,并产生了相关费用,对此,应由物业公司承担相应不利后果。判决物业公司赔偿房产公司支付的全部费用286,375.75元。[1]

(三)合同解除溯及力

《民法典》第五百六十六条第一款规定:"合同解除后,尚未履行的,终止履行;已经履行的,根据履行情况和合同性质,当事人可以请求恢复原状或者采取其他补救措施,并有权请求赔偿损失。"该条款是关于合同解除后如何处理合同存续期间相关事项的规定,也是合同解除的溯及力规定。该规定既适用于一般合同的解除,也适用于物业服务合同的解除。

对于合同解除的效果即合同解除的溯及力问题,立法者认为,在比较法上,世界各个国家和地区合同法对于合同解除的溯及力的规定基本一致,合同解除对非继续性合同具有溯及力,而对继续性合同不具有溯及力,即合同解除仅向将来发生效力。我国理论界和实务界一般认为,应当区分解除对继续性合同和非继续性合同具有不同的法律效力,非继续性合同的解除原则上具有溯及力,继续性合同的解除原则上不具有溯及力。《民法典》第五百六十六条第一款规定:"合同解除后,尚未履行的,终止履行;已经履行的,根据履行情况和合同性质,当事人可以请

---

〔1〕 辽宁省高级人民法院(2015)辽民三终字第12号民事判决书。

求恢复原状或者采取其他补救措施，并有权请求赔偿损失。"对继续性合同来说，恢复原状不具有现实可行性，物业服务人可以请求相应的损失，主要就是与其已经履行的部分合同义务相对应的物业费。[1]

有学者认为，物业服务合同是一种继续性合同，它是指履行必须在一定继续的时间完成，而不是一时或一次完成的合同。此类合同的解除原则上不具有溯及力，它的解除只是合同效力向将来发展。[2] 如果物业服务人已经提供了物业服务，在物业服务合同的权利义务终止后，这些服务是不能恢复原状的，而且承认物业服务合同具有溯及力，则会使当事人互负返还所得利益的义务，事实难以操作。根据服务合同的性质，服务者提供的服务即时被业主接受或享有无法返还。

〔1〕 参见黄薇主编：《中华人民共和国民法典合同编释义》，法律出版社2020年版，第947页。
〔2〕 参见马克力、王磊、罗海艳等：《物业管理纠纷》，法律出版社2008年版，第100页。

三、物业服务合同终止纠纷处理

(一)合同终止处理

1. 合同终止义务

《民法典》第九百四十九条第一款规定:“物业服务合同终止的,原物业服务人应当在约定期限或者合理期限内退出物业服务区域,将物业服务用房、相关设施、物业服务所必需的相关资料等交还给业主委员会、决定自行管理的业主或者其指定的人,配合新物业服务人做好交接工作,并如实告知物业的使用和管理状况。”

物业服务合同终止后,物业服务人应履行的义务主要为:其一,退出义务,即约定期限或合理期限退出。在二者的顺序上,物业服务合同有约定期限的按约定期限执行,没有约定期限的则在一般人认知的时间段内退出。其二,移交设备与资料义务。物业服务人应将其管理的服务用房、相关设施及相关资料移交,移交时办理书面登记手续。其三,告知义务。物业服务人如实告知物业的使用和管理状况。其四,保密义务。物业服务人应当对其为业主提供物业服务期间所掌握的有关信息、资料和情况等进行保密。其五,返还小区收益义务。物业服务人应当返还其占有的属于业主所有的财产,主要指物业服务人利用业主共有部分从事经营活动获得的收益。其六,退还预收款义务。物业服务人应当退还已经预收的、尚未提供物业服务期间的物业费。物业服务人预收的其他费用,如装修保证金、垃圾清运费等,也应当依法返还业主。其七,其他后合同义务,如交接期间的强制服务义务。

2. 合同终止条件

关于合同终止的条件,应以新物业服务人或自行管理的业主具备接管物业服务事项并向原物业服务人书面通知来作为判断终止条件是否成就的依据。原物业服务人主张业主支付物业费的截止日期也应以其实际撤场的时间为标准。[1]

前期物业服务合同到期后，业主委员会未续签订的，物业服务合同终止。

【案例6－17】　广州市ZHW花园小区业主委员会诉广州市ZY物业管理有限公司物业服务合同纠纷案

一审法院认为，前期物业服务合同的期限于2014年7月31日届满，被告与开发商续签的物业管理合同对涉案小区业主无约束力。本案原告已经通过召开业主大会作出了自治管理规定，被告应撤出物业管理区域，将物业管理权移交给原告。法院判决确认被告于2014年7月31日起终止与ZHW花园小区的物业管理服务关系，被告于本判决发生法律效力之日起7日内撤出ZHW花园小区，并移交物业管理权给原告。二审法院判决：驳回上诉，维持原判。[2]

原物业服务合同到期后，是否延长物业服务合同期限应召开业主大会，经全体业主投票表决才能发生法律效力，而不是仅仅由业主委员会召开业主委员会会议表决即生效。

【案例6－18】　重庆市HX物业管理有限公司诉某房管局赔偿损失纠纷案

一审法院认为，XHX花园第三届业主委员会与原告签订的XHX花园物业服务合同注明合同期限延长3年，但该决定仅为业主委员会的决定，未依照法律规定召开业主大会进行投票表决，因此原告提出的该合同中物业服务期限延长至2018年5月29日无法律依据。XHX花园第四届业主委员会已通过召开业主大会选聘了新的物业服务企业（重庆KZ物业管理有限公司）进行物业服务，故原告与重庆市XHX花园第三届业主委员会签订的物业服务合同已经终止。原告应当依据《重庆市物业管理条例》第五十四条、第五十五条之规定，退出物业管理区域并移交相关资料。被告作为物业管理活动的监督管理部门，在原告未按照法律规定撤出物业管理区域的情况下作出被诉通知符合法律规定。国家赔偿的前提是行政行为违法，本案中，被告作出的行政行为符合法律规定，原告提出行政赔偿请求不具备必备的前提条件。法院判决驳回原告的全部诉讼请求。二审法院持同样意见，维持一审判决。[3]

---

〔1〕　参见中国审判理论研究会民事专业委员会编著：《民法典合同编条文理解与司法适用》，法律出版社2020年版，第751页。

〔2〕　参见程磊、周滨：《律师说法：业主委员会及物业服务纠纷案例评析》，法律出版社2020年版，第175页。

〔3〕　参见程磊、周滨：《律师说法：业主委员会及物业服务纠纷案例评析》，法律出版社2020年版，第145页。

3. 合同终止后果

物业服务合同终止的,原物业服务人应当在约定期限或者合理期限内退出物业服务区域,将物业服务用房、相关设施及资料等交还给业主委员会、决定自行管理的业主或者其指定的人,配合新物业服务人做好交接工作,并如实告知物业的使用和管理状况。

物业服务合同终止后,物业服务人拒绝退出、退出不交相关资料或少交相关资料的,应承担违约责任,给业主造成损失的,业主委员会还可以要求其承担赔偿责任。对此,业主委员会也可以根据《物业管理条例》第五十八条的规定向房屋所在地的县级以上地方人民政府房地产行政主管部门投诉,要求房地产行政主管部门予以查处。

【案例6-19】 甲物业服务有限公司(以下简称甲物业)诉乳山市爱琴海乙业主委员会物业服务合同纠纷案

二审法院认为,本案中,甲物业与丙置业有限公司签订的前期物业服务合同约定前期物业服务期限自2010年11月1日起至业主委员会成立之日止,在前期物业服务期限内,业主委员会代表全体业主与物业服务企业签订的物业服务合同生效时,前期物业服务合同自动终止。2014年9月,丁物业通过公开招投标中标了涉案小区的物业管理服务,并于9月29日与业主委员会签订了物业服务合同,该物业服务合同系当事人真实意思表示,签订程序符合法律规定,且已在乳山市住房保障和房产管理局进行了备案,合同合法有效。根据《物业管理条例》第二十六条及甲物业与丙置业有限公司签订的前期物业服务合同,前期物业服务合同应自业主委员会与丁物业签订的物业服务合同实施之日即2014年10月1日终止,上诉人甲物业继续对涉案小区进行物业管理服务无事实和法律依据,一审法院判令甲物业退出物业管理区域,并将物业服务用房、设施设备及物业资料、代管的维修资金等移交业主委员会正确,应予维持。[1]

【案例6-20】 香江花园业主委员会诉绿色馨家园物业管理(厦门)有限公司(以下简称绿色馨公司)物业服务合同纠纷案

一审法院认为,香江花园业主委员会与绿色馨公司和住总物业公司签订的两份物业管理委托合同均是当事人的真实意思表示,其内容合法有效,具备主体资格。现香江花园业主委员会与绿色馨公司之间的合同已到期而自然终止,根据有关法律、法规的规定,绿色馨公司应将香江花园的物业管理权

〔1〕 山东省威海市中级人民法院(2019)鲁10民终24号民事判决书。

移交,香江花园业主委员会要求绿色馨公司立即撤出香江花园管理现场,并将香江花园的物业管理移交给第三人住总物业公司的请求应予支持。判决:绿色馨公司应于判决生效后立即撤出香江花园管理现场,并将香江花园物业管理的现场、设施及有关资料移交给第三人住总物业公司。二审法院认为,香江花园管理公约及管理章程均规定,业主委员会可聘请物业管理公司及与物业管理公司签订小区物业管理聘用合同。香江花园业主委员会据此委托绿色馨公司进行物业管理,并在该委托合同期限届满前三个月,按合同约定履行了通知绿色馨公司重新参加投标的义务。住总物业公司参与招标后中标,并与香江花园业主委员会签订了《香江花园物业管理委托合同》,绿色馨公司应及时向住总物业公司办理移交手续,不得以任何借口拖延不办。绿色馨公司以香江花园业主委员会对外公开招标未经业主大会授权为由,主张住总物业公司的物业管理合同无效依据不足,不予采纳。原审判决正确,予以维持。判决:驳回上诉,维持原判。

《人民法院案例选》责任编辑按:基于原、被告之间的合同关系及其内容,被告作为原合同的一方当事人,在原告依法行使下期合同的招标权,并向被告发出通知的情况下,被告在无优先权可行使时,唯一的选择就是参加投标;在原合同期满时,没有任何理由可继续享有合同权利,必须办理移交;由于被告未参加投标,也无权主张原告的招标行为、第三人的投标行为及原告与第三人签订的合同无效。进一步说,在合同已到期的情况下,被告无任何理由可以抗辩原告要求撤出的主张,其到期拒不撤出即为侵权。被告在本案中无权以其在诉讼前、诉讼中提出的理由,对原告正当行使权利及合同到期终止进行抗辩,更何况原告是以合同期满被告拒不撤出,为霸占行为这种侵权之诉而起诉,只要查明合同是否期满及被告是否在期满时撤出的事实即可。[1]

物业服务合同终止后,物业服务人拒绝退出并移交管理的,业主委员会可向法院起诉要求立即排除妨碍,退出小区,腾空物业用房,移交全部物业及物业管理全部档案资料。

【案例6-21】　温州瓯海区某小区业主委员会诉浙江某物业管理有限公司(以下简称某物业)排除妨害纠纷案

一审法院认为,该小区业主委员会已经成立,并已聘任浙江某某物业管理有限公司作为小区新的物业管理公司,同时已向被告某物业发送物业解聘通知书,被告某物业与开发商的前期物业管理合同已自然终止,被告某物业

〔1〕　参见最高人民法院中国应用法学研究所编:《人民法院案例选》2003年第2辑(总第44辑),人民法院出版社2004年版,第105~111页。

无权继续占有使用涉案小区的物业管理用房以及全部物业资料。判决:某物业腾空物业管理用房,向原告业主委员会移交全部管理工具、办公用具及物业管理资料并撤离项目。二审法院持同样意见,维持一审判决。[1]

物业服务合同终止后物业服务人应当及时退场并依法履行交接义务。

【案例6-22】 某中心诉甲物业公司物业服务合同纠纷案

判决观点:某中心要求甲物业公司退出案涉物业服务区域的诉讼请求,有合同依据,亦不违反相关物业服务区域全体业主的意思表示。现案涉物业服务区域已经选聘新的物业服务人,具备交接条件,对于某中心要求甲物业公司退出案涉物业服务区域、办理相关交接手续的诉讼请求予以支持。甲物业公司在退出时,应当将以上物业服务区域的物业服务用房、相关设施及资料移交给某中心,配合新的物业服务人做好交接手续,并如实告知物业的使用和管理情况。[2]

物业服务合同终止后,物业服务人拒绝退出并移交管理的,无权要求业主支付合同终止后的物业费。

【案例6-23】 南京甲物业管理有限公司(以下简称甲物业公司)诉董某某物业服务合同纠纷案

二审法院认为,物业服务合同的权利义务终止后,业主委员会请求物业服务企业退出物业服务区域,物业服务企业拒绝退出、移交,并以存在事实上的物业服务关系为由,请求业主支付物业服务合同权利义务终止后的物业费的,人民法院不予支持。2015年8月,乙小区召开业主大会,并作出不同意甲物业公司留用的决定。甲物业公司也已知悉该决议,乙业委会亦于2015年9月14日通知甲物业公司于2015年12月31日前撤出小区,乙业委会与甲物业公司之间的权利义务应于2015年12月31日终止,甲物业公司应按时退出乙小区并移交物业管理权。甲物业公司拒绝退出,并以为乙小区提供了服务为由要求业主支付2016年1月之后的甲物业服务费,不应得到支持。[3]

在业主委员会起诉物业服务人物业移交诉讼案中,有业主诉讼要求法院撤销业主委员会决定的,因业主撤销权属于业主与其自治组织之间的内部关系,且法律未规定业主撤销权诉讼的效力构成物业移交案的前置条件,故不能中止物业移交案审理。

---

〔1〕 浙江省温州市中级人民法院(2017)浙03民终1918号民事判决书。

〔2〕 北京市第二中级人民法院2023年11月28日物业服务合同纠纷典型案例3。

〔3〕 江苏省南京市中级人民法院(2017)苏01民终9362号民事判决书。

【案例6-24】 广州市BZ花园业主委员会诉JX物业公司物业服务合同纠纷案

判决观点：现BZ花园业主委员会已与新的物业服务企业签订物业合同，故JX物业公司与建设单位签订的前期物业服务合同已经终止。因此，BZ花园业主委员会要求JX物业公司撤出BZ花园、移交相关物业资料及财物的诉讼请求，合法合理，法院予以支持。关于业主大会选聘新的物业公司的问题是业主与自治组织之间的内部关系，故JX物业公司关于选聘程序的抗辩与本案无关。法院判决JX物业公司撤出对BZ花园区域的管理，按照《广东省物业管理条例》第五十一条的规定将BZ花园的资料及财物移交给业主委员会。[1]

4. 退还预收物业费

《物业服务解释》第三条规定："物业服务合同的权利义务终止后，业主请求物业服务人退还已经预收，但尚未提供物业服务期间的物业费的，人民法院应予支持。"该条是关于物业服务合同的权利义务终止后物业费"多退"问题的规定。对该条规定可从以下几个方面理解：其一，适用范围具有特定性。该条仅限于物业服务合同的权利义务终止后引发的物业费纠纷，不适用于物业服务合同履行过程中物业服务人与业主发生的其他物业费纠纷。其二，存在预收物业费事实。合同存续期间，物业服务人已经预收业主物业费，因其合同终止应退还尚未提供物业服务的物业费，业主亦有权主张退还，物业服务人不得以任何理由拒绝退还。其三，原告主体是业主。物业服务人预收业主的物业费，故只能由业主向法院提起诉讼，其业主大会或业主委员会无权请求物业服务人退还预收的物业费。其四，物业使用人亦可成为原告。根据《物业管理条例》第四十二条和《物业服务解释》第四条的规定，物业使用人在预交物业费时亦有权请求物业服务人退还，法院应认定原告主体适格并支持诉求。

应注意的是，物业服务人收取的总表制下水电费周转押金或其他情形收取的押金，在其退出之后应当退还。一般认为，只有业主方可向法院起诉主张权利，而业主委员会不具有以自己的名义提起请求此等押金之诉讼的资格。

【案例6-25】 杭州市西湖区某业主委员会诉浙江某物业服务有限公司物业服务合同纠纷案

判决观点：业主预交的"蓝牙"押金属于业主个人利益，该项权利的享有

---

〔1〕 参见程磊、周滨：《律师说法：业主委员会及物业服务纠纷案例评析》，法律出版社2020年版，第183页。

者系业主,业主委员会无权就业主个人权益以自己名义提起诉讼,承受相关法律后果。[1]

5. 交接期间强制服务义务

《民法典》第九百五十条规定:"物业服务合同终止后,在业主或者业主大会选聘的新物业服务人或者决定自行管理的业主接管之前,原物业服务人应当继续处理物业服务事项,并可以请求业主支付该期间的物业费。"该条明确规定了物业服务人在交接期间的强制服务义务,这是物业服务人的后合同义务且带有强制性。立法者认为之所以作出该规定,主要有以下几个理由:一是出于保护业主利益的考虑。物业服务合同终止后,如果在业主或者业主大会选聘的新物业服务人或者决定自行管理的业主接管之前,原物业服务人就已完全退出,将导致该物业服务区域陷入无人服务和管理的境地,如小区内无人进行保洁工作使得垃圾堆积成山,影响全体业主的日常生活,损害全体业主的共同利益。二是基于诚信原则。物业服务人与业主之间存在合同关系,由物业服务人为业主提供物业服务,当合同终止后,他人接管之前,物业服务人也应当按照诚信原则的要求,继续为业主处理物业服务事项,这属于物业服务人的后合同义务。三是符合公平与效率原则。在物业服务合同终止后,物业服务人交给他人接管前,由物业服务人继续为业主提供服务是最简便快捷的做法,而物业服务人请求业主支付相应的报酬,也符合公平的原则。[2] 物业服务人不履行该项义务的亦构成违约,应承担违约责任。

6. 终止移交范围

【案例 6-26】 连城县阳光新都业主委员会诉龙岩市连城县星辉物业服务有限公司物业服务合同纠纷案

二审法院认为,根据前期物业服务合同约定,前期物业服务合同履行期间,业委会成立,前期物业服务合同在合同约定期限届满后自然终止。物业服务合同的权利义务终止后,物业服务企业应当履行的合同义务范围主要包括退出物业服务区域、移交服务用房、移交相关设施、移交物业服务所必需的相关资料和由其代管的专项维修资金等。[3]

---

〔1〕 浙江省杭州市西湖区人民法院(2017)浙 0106 民初 2307 号民事判决书。

〔2〕 参见黄薇主编:《中华人民共和国民法典合同编释义》,法律出版社 2020 年版,第 953 页。

〔3〕 参见最高人民法院民法典贯彻实施工作领导小组编著:《中国民法典适用大全》(合同卷五),人民法院出版社 2022 年版,第 3543 页。福建省龙岩市中级人民法院(2020)闽 08 民终 173 号民事判决书。

【案例6－27】　北京市海淀区天秀花园古月园业主委员会与北京龙城兴业物业管理有限公司物业服务合同纠纷案

二审法院认为,物业服务合同权利终止后,物业服务人应当履行的后合同义务范围主要包括退出物业服务区域、移交物业服务用品、移交相关设施、移交物业服务所必需的相关资料和由其代管的专项维修资金等。[1]

实践中,物业服务人需定期向业主公布一些资料,若未公布亦应在移交之列。

【案例6－28】　杭州新安江街道溪头社区某小区业主委员会诉杭州某物业管理有限公司(以下简称某物业)物业服务合同纠纷案

二审法院认为,前期物业服务合同约定公共能耗费先预收后据实结算,故该部分费用应属于对业主公开的范畴。某物业自认没有向业主公示过公共设施能耗的收支明细,并以自己提供的物业服务系包干式收费为由拒绝公示,但该主张没有依据,法院不予支持,某物业须向业主委员会公布自2006年8月9日至2012年10月31日该小区公共能耗收支明细及凭证。[2]

对开办所购物品是否属于移交之列,应根据地方性规定和合同约定处理。在地方性规定未对开办费作明确规定,开发商与物业服务人也未对用开办费购置的设备的归属作出约定的情形下,前期物业服务开办所购物品一般不属于移交范围。

【案例6－29】　南湖区某小区业主委员会诉嘉兴市某物业管理有限公司物业服务合同纠纷案

判决观点:该请求的实质法律问题是物权归属争议。从现有证据可以看出,被告因受开发商的委托对某小区进行前期物业管理,由于物业管理的需要以列表的形式向开发商申请开办费用,开发商同意后自行出资购置了办公设备、物业用工具到小物品一批总计价值153,945元的实物并交付被告。整个申请、购买到交付被告的过程发生在2009年和2010年上半年,早于原告业主委员会成立时间约一年半,而且交接的双方当事人只是被告和开发商。另外,根据开发商与被告的前期物业管理委托协议,开发商应当给予物业管理的启动资金或其他房产变现的资金,但本案中没有证据显示开发商除上述体现为开办费的实物外另外给予了被告物业启动资金。因此,上述价值153,945元物品的所有权应归属被告,被告所提上述实物是其“讨”来的抗辩

---

〔1〕 参见最高人民法院民法典贯彻实施工作领导小组编著:《中国民法典适用大全》(合同卷五),人民法院出版社2022年版,第3615页。北京市某第一中级人民法院(2020)京01民终3823号民事判决书。

〔2〕 浙江省杭州市中级人民法院(2014)浙杭民终字第2335号民事判决书。

成立，原告的该项请求缺乏物权的依据，不予支持。[1]

【案例6－30】 瑞安市某小区业主委员会诉浙江某物业管理有限公司（以下简称物业公司）等物业服务合同纠纷案

判决观点：开办费系房地产开发公司支付给物业公司前期进入小区时的办公启动费用，开办费使用清单的移交对小区物业管理并不造成影响，因此不属于必须移交的资料，故对原告的该项诉讼请求不予支持。[2]

7. 注意事项

物业服务人退出小区时，要求业主委员会归还垫付的专项大额的维修费用受法律保护。

【案例6－31】 浙江某物业管理有限公司诉苍南县某小区业主委员会物业服务合同纠纷案

一审法院认为，向物业维修资金管理中心申报维修资金程序属行政管理方面要求，原告未能申报成功，不免除被告及小区业主应承担维修费用的责任。根据司法最终解决纠纷的原则，本案中可以对审查确认的维修费用予以处理，故判决业主委员会支付物业公司垫付的物业维修资金额。二审法院持同样意见，维持一审判决。[3]

物业服务人退出小区时，要求业主委员会兑现奖励的，应由法官根据物业服务合同约定的奖励条件是否成就裁量。

【案例6－32】 浙江某物业管理有限公司（以下简称物业公司）诉杭州市滨江区某小区业主委员会物业服务合同纠纷再审案

一审法院认为，物业公司未提供证据证明物业服务满意度达到85%，其要求某小区业主委员会支付奖励10万元的诉讼请求，依据不足，不予支持。二审、再审持同样意见，分别驳回上诉和再审请求。[4]

物业服务人在退出小区前继续提供物业服务的，小区业主也应支付相应的物业费。

【案例6－33】 开元国际物业江西分公司诉俞某某物业服务合同纠纷案

判决观点：开元国际物业公司与万达星城业委会签订《物业服务委托合

〔1〕 浙江省嘉兴市南湖区人民法院（2012）嘉南民初字第1481号民事判决书。
〔2〕 浙江省瑞安市人民法院（2016）浙0381民初8364号民事判决书。
〔3〕 浙江省温州市中级人民法院（2016）浙03民终5047号民事判决书。
〔4〕 浙江省高级人民法院（2016）浙民申530号民事裁定书。

同》,虽然该合同于2018年8月31日到期后未再续签合同,但结合原告提交的民事调解书、民事判决书,电梯维护保养合同、保洁服务合同、生活垃圾清运服务合同、保安服务合同及工作照片等证据材料,可证实原告作为开元国际物业公司的分公司一直在该小区继续提供物业服务,事实上与小区业主之间仍存在物业服务关系,被告作为小区业主也应支付相应的物业费。本案中,虽然业委会于2020年7月17日、2021年1月18日发出了撤场通知,但原告提出了选聘程序瑕疵的异议并向法院提出请求“确认万达星城业委会于2020年7月10日作出的《中标通知书》及中标结果无效”的诉讼,且小区业主周某某亦提起“撤销万达星城业委会于2020年6月25日作出的选聘新力公司为新一任物业服务企业的决定”的诉讼,直至2021年4月30日法院作出(2021)赣01民终1205号终审民事判决书,确认了选聘新力公司的合法性并驳回了业主的上诉,在该判决生效前,原告在面临对于业主大会决议是否予以撤销存在争议的情况下,没有退出小区,并对小区继续进行物业管理,故当时原告未能退出小区并不属于《民法典》第九百四十九条规定的物业公司故意拒绝退出小区的情形。综上所述,鉴于本案具体案件事实,法院认为自上述判决之日即2021年4月30日,考虑给予原告两个月的合理交接期,即原告最迟应在2021年6月30日前交接完毕和撤出对案涉小区的管理。故被告俞某某应支付物业服务费截止时间为2021年6月30日。案涉房屋于2016年9月13日登记在被告名下,故法院支持自2016年9月13日起至2021年6月30日的物业费,对于原告请求超过该段期间的物业服务费,法院不予支持。物业管理服务具有长期、持续、复杂的特点,并不是一次性履行完毕,物业服务企业已经对小区提供物业服务。一个小区环境的良好运转与物业公司的服务规范程度、业主素质、小区的自然老化程度、房屋建筑质量、交费率、物业费标准的高低等多重因素密切相关,业主拒付物业服务费会使物业服务标准随之降低,造成恶性循环,对物业公司的正常运作及小区的正常管理会造成影响,影响小区业主的共同利益。原告提交的民事判决书、服务合同及照片等证据材料,能够证实其履行了相应的物业服务义务。被告提出的车辆受损问题属于侵权责任纠纷,不能成为被告拒付物业服务费的法定理由,被告提交的证据不足以证明原告构成根本违约,但可以认定原告提供的物业服务存有不足,给被告造成了不便,故法院酌定被告向原告支付案涉房屋2016年9月13日起至2021年6月30日的物业服务费11,063.47元(164.28平方米×1.30元/平方米/月×57.56月×90%),扣除装修押金1000元,被告还应支付原告物业服务费10,063.47元。原告主张的超出部分,法院不予支持。被告俞某某并非故意拒绝交纳相关费用,且原告提供的物业服务亦有不足,对原告要求被告支付滞纳金的诉请,法院不予支持。判决:(1)限被告俞某某支付原告深圳市开元国际物业管理有限公司江西分公司2016年9月13日至2021年6月30日的物业服务费10,063.47元。(2)驳回原告深圳市开元国际物业管理有限公司江西分公司的其他诉讼请求。[1]

物业服务公司持续提供物业服务,在合同期满后继续提供物业服务未被依法终止,在一定意义上也说明其服务得到了大多数小区业主的认可,否则将难以为继。更重要的是,即使物业服务公司遭到某些反对,也不能改变物业服务公司已提供物业服务的事实,不影响其依法主张物业费的权利。业主实际享受了物业服务,理应履行交纳物业费的义务。

【案例6-34】 北京城建福安楼寓物业管理有限公司诉徐某、史某物业服务合同纠纷案

再审法院认为,2011年长河湾小区业委会与城建福安公司签订的《北京市物业服务合同》及《物业服务合同展期协议》合法有效。城建福安公司有权向业主收取物业服务费,既符合《北京市物业服务合同》约定,也于法有据。审计结算事项属于小区业委会与城建福安公司之间就所收物业费在管理和提取方面的约定,与业主根据合同约定和法律规定履行交纳物业费义务,属于不同范畴,法院对徐某、史某认为在未审计结算情况下城建福安公司无权要求其支付物业服务费的主张不予采信。城建福安公司持续提供物业服务的事实,表明其在合同期满后继续提供物业服务未被依法终止,而且在一定意义上也说明其服务得到了大多数小区业主的认可,否则将难以为继。更重要的是,城建福安公司继续提供物业服务是否曾遭到某些反对,并不能改变城建福安公司已提供物业服务的事实,不影响其依法主张物业费的权利。徐某、史某作为小区业主实际享受了物业服务,理应履行交纳物业费的义务。徐某、史某关于城建福安公司物业服务未达标准的主张,缺乏充分有效证据,法院对此不予采信。根据合同约定和法律规定,城建福安公司有权向业主收取物业费,作为业主也应该向物业公司交纳,而且按照徐某、史某交给业委会的费用系用于业委会等的办公费用及诉讼费用,业委会并未作为物业费交给城建福安公司,故徐某、史某所提该节问题与本案认定处理无涉。法院根据查明事实所作判决并无不当,判决认定事实清楚,适用法律正确。徐某、史某申请再审的理由不能成立。徐某、史某的再审申请不符合《民事诉讼法》第二百零七条规定的情形。裁定:驳回徐某、史某的再审申请。[2]

---

〔1〕 江西省南昌市红谷滩区人民法院(2021)赣0113民初14209号民事判决书。
〔2〕 北京市高级人民法院(2022)京民申3478号民事裁定书。

【案例6-35】 常德市鼎城万顺物业有限公司与刘某、宋某物业服务合同纠纷案

二审法院认为,物业服务合同终止后,在业主选聘新物业服务人接管物业服务事项之前,原物业服务人继续处理物业服务事项,可以请求业主支付该期间的物业费。原物业服务人提供的物业服务存在瑕疵的,业主以此为由抗辩的,人民法院可以酌减物业费。[1]

前期物业服务合同到期后,在业主委员会未选聘出新的物业公司之前,原物业公司继续为业主提供物业服务的,业主应当向原物业公司交纳物业费。

【案例6-36】 王某有与辽阳市光大物业管理有限公司及王某物业服务合同纠纷再审案

再审法院认为,经审查,涉案小区的前期物业管理服务合同到期后,因小区未产生业主委员,不具备更换物业公司的必要条件,在其未选出新的物业公司之前,辽阳市光大物业管理有限公司继续为该小区提供物业服务,且王某有作为小区业主实际享受了物业服务。此外,前期物业服务合同于2016年到期,王某有于2017年3月交的物业费,即对合同延续已经默认。因此,王某有应当支付物业服务费。综上,王某有的再审申请不符合法定情形,驳回王某有的再审申请。[2]

应注意的是,在具备终止条件后,业主也必须参照《民法典》第九百四十九条的规定,合理通知物业服务人履行退出和移交程序。

8. 物业服务交接纠纷中的先予执行问题

最高人民法院法官认为,物业交接纠纷产生很大程度上在于原物业服务人对合同解除或合同终止的质疑。如原物业服务人提出了双方物业服务合同未依法解除的抗辩或提出了反诉要求继续履行合同,那么人民法院在审理过程中需要对双方合同是否已经解除进行审理,在此情况下,如人民法院依原告的申请先予执行,则相当于变相确认了物业服务合同已经解除,不利于双方纠纷的解决,还会造成更大的纠纷。如果原物业服务人对于合同解除并无异议,只是出于其他方面的考虑不愿配合交接也不继续提供物业服务,造成物业管理秩序混乱,影响业主基本的正常生活,人民法院可以根据案件的具体情况审查是否准许原告先予执行的

---

〔1〕 参见最高人民法院民法典贯彻实施工作领导小组编著:《中国民法典适用大全》(合同卷五),人民法院出版社2022年版,第3622页。湖南省常德市中级人民法院(2021)湘07民终1519号民事判决书。

〔2〕 辽宁省高级人民法院(2021)辽民申5769号民事裁定书。

申请。[1]

应注意的是，在没有业主委员会申请先予执行的情况下，法官不能依职权决定先予执行。

（二）合同解除处理

在现实社会生活中，由于物业服务项目内容广泛，许多领域专业性很强，一个物业服务人可能很难完全胜任，有必要将这些专业性的服务活动再行委托给其他专业物业服务人才能很好地完成物业服务活动，这样对业主是有利的。基于此，法律允许物业服务人转委托其他物业服务人共同参与小区物业服务。根据《物业管理条例》第四十条的规定，聘请专业机构承担机电设备维修养护、清洁卫生、园林绿化、工程施工等专项服务，而不必取得业主的同意。因此，物业服务人在对小区从事物业服务的过程中，根据实际情况，有权聘请专业的保安公司对小区安全提供服务，有权委托他人从事物业服务的专项服务，但是这种转委托他人是有限制条件的，物业服务人无权将小区物业服务区域内的全部物业服务一并委托给他人，或者以各种形式肢解后委托给他人，因为这从性质上讲是物业服务人利用转包谋利。对物业服务人与他人的转包合同实践中按无效处理，根据《民法典》第九百四十一条第二款的规定，业主委员会享有对物业服务人违法转包的解除权。

【案例6-37】 JS小区业主委员会诉HD物业服务有限公司、张某转包物业服务合同纠纷案

判决观点：被告HD物业服务有限公司与被告张某签订的承包经营合同，虽约定成立由张某任负责人的小区物业管理处，但同时约定管理处与HD物业服务有限公司相对独立，自负盈亏、独立经营，承包经营期间的债权、债务均由张某个人负责，HD物业服务有限公司除每年固定收取承包费用外不承担任何服务义务。因此，HD物业服务有限公司与张某的承包经营合同不符合内部承包经营的形式，而是对JS小区物业的转包。该承包经营合同违反了国务院《物业管理条例》的禁止性规定，且张某系自然人，不具有物业管理资质，该合同应属无效合同。HD物业服务有限公司与金盛业主委员会签订的物业服务合同虽未约定物业服务公司不得将物业服务转包，但约定了由HD物业服务有限公司对小区物业提供物业服务，HD物业服务有限公司未按合同约定为小区提供物业服务，而是将小区物业服务工作转包给被

〔1〕 参见最高人民法院民法典贯彻实施工作领导小组编著：《中国民法典适用大全》（合同卷五），人民法院出版社2022年版，第3614页。

告张某,其行为不仅违反了国务院《物业管理条例》的禁止性规定,也是一种违约行为。据此,法院判决支持原告 JS 小区业主委员会的请求,确认被告 HD 物业服务有限公司与张某签订的承包经营合同无效,并解除原告 JS 小区业主委员会与被告 HD 物业服务有限公司签订的物业服务合同。[1]

《民法典》第五百六十三条第一款规定:“有下列情形之一的,当事人可以解除合同:……(四)当事人一方迟延履行债务或者有其他违约行为致使不能实现合同目的……”在现行合同解除制度中采用的是“根本违约”的标准。所谓根本违约,是指一方的违约致使另一方订约目的不能实现,或者遭受重大损失。根本违约是合同当事人法定解除权的重要发生原因,亦是守约方行使解除权的事实基础。因业主委员会无法协助物业服务人进入小区履行物业服务合同,致使物业服务人无法实现合同目的的,则业主委员会构成根本违约,物业服务人有权主张解除物业服务合同。

【案例 6 - 38】　KQ 物业服务有限公司(以下简称 KQ 物业公司)诉深圳市 JX 花园业主委员会物业服务合同纠纷案

判决观点:JX 花园第三届业主委员会与 KQ 物业公司签订的物业服务合同约定合同期限为 3 年,即自 2016 年 1 月 1 日起至 2018 年 12 月 31 日止。但在合同期开始时,原物业公司不愿意退出导致无法交接。JX 花园第三届业主委员会作为委托方,交付的涉案物业应当不存在管理上的障碍,根据合同相对性原则,即使是因第三人的原因导致无法将涉案物业交付给 KQ 物业公司,其亦应承担违约责任。在近一年的时间里,KQ 物业公司仍未实现对涉案小区的管理,合同的目的难以实现,其要求解除涉案合同及退还履约保证金理由充分,予以支持。判决确认原告和 JX 花园第三届业主委员会签订的物业服务合同于 2017 年 1 月 17 日解除;JX 花园第三届业主委员会、第四届业主委员会向原告返还履约保证金 20 万元。[2]

合同解除后,对其合同双方的权利义务一并处理。

【案例 6 - 39】　上海金现企业管理有限公司诉上海临潼文化发展有限公司物业服务合同纠纷案

一审法院认为,依法成立的合同具有法律拘束力,双方均应依约履行义务。本案中,金现公司与临潼公司签订服务合同约定金现公司接受临潼公司的委托对临潼路房屋进行运营物业管理服务,双方之间形成委托合同关系。

---

〔1〕 参见骆鑫、刘娅编著:《物业管理纠纷案例与实务》,清华大学出版社 2017 年版,第 66 页。

〔2〕 参见程磊、周滨:《律师说法:业主委员会及物业服务纠纷案例评析》,法律出版社 2020 年版,第 199 页。

根据合同法的相关规定,临潼公司作为委托人有权随时解除合同,故临潼公司发函要求于2019年3月15日解除双方的服务合同,依法发生法律效力,双方的服务合同应于2019年3月15日解除。合同解除后,合同期间双方欠付的费用应当支付。根据合同约定,当项目出租率达到50%及以上时,临潼公司按每月租金收入的5%支付金现公司酬金,故临潼公司应付2018年12月酬金40,340.94元,2019年1月酬金39,973.34元,2019年2月酬金39,973.34元,双方合同于3月15日解除,当月酬金减半为20,450.57元,至2019年3月15日,临潼公司共应支付酬金140,738.19元,临潼公司欠付上述费用,金现公司主张利息损失,于法有据,利息标准2019年8月20日前应按照中国人民银行发布的金融机构人民币同期同类贷款利率计算,2019年8月20日起应按全国银行间同业拆借中心公布的贷款市场报价利率计算,自应付之月2日起计算至清偿之日止。关于车位管理费,按照双方约定应当支付,双方确认2018年12月、2019年1月为13个车位,2019年2月开始为15个车位,每个车位每月150元,共计7275元。因合同于2019年3月15日解除,金现公司主张酬金和车位管理费至2019年8月31日缺乏依据,不予支持。根据合同约定,金现公司应设立独立专用的管理费账户,该账户内应存入的款项包括物业管理费、装修管理费、租户装修保证金、场地租赁费、停车费、广告费、冠名费等。双方均认为该账户内的款项属于己方所有,法院认为,合同约定金现公司代收的属于临潼公司所有的租金、租赁保证金及各类政策补贴应存入临潼公司指定账户,合同又约定合同终止之日,金现公司同意将管理费账户的全部应收账款的追索权转让临潼公司,而合同又无关于该账户用于日常管理开支后剩余的费用如何向临潼公司结算的约定,故应认为,该管理费账户内的费用应归金现公司所有。但自2016年双方签订合同后,合同履行过程中金现公司并未设立专用账户,临潼B公司收取后交付临潼公司,双方于2018年底进行结算时,并未结算该停车费,双方亦无关于借贷资金的相关约定,故应认为双方在实际履行合同过程中变更了相关合同约定,现金现公司要求临潼公司支付停车费,法院不予支持。关于金现公司主张的临潼公司自持房屋部分的物业管理费,合同约定虽不明确,但双方在合同实际履行过程中从未结算支付过该费用,金现公司亦从未催讨过该款项,故金现公司要求临潼公司支付该款项,依据不足,法院不予支持。关于金现公司主张的出租部分的物业费,因金现公司与临潼路房屋租户之间分别签订有物业管理合同,承租户未向其支付物业费,金现公司要求临潼公司支付,于法无据,不予支持。临潼路房屋7楼至8楼不在本案服务合同范围内,金现公司与临潼公司就该部分房屋另签订有合同,临潼公司亦不同意在本案中处理,故法院不予处理,双方有争议的,可另案主张。关于金现公司主张的违约金,金现公司未按约设立专用账户亦未在临潼公司多次来函的情况下接受临潼公司关于核对财务账册共管账户的要求,确有违合同,但合同签订后,双方事实上确未对账户进行过共管,而该账户内的款项亦应归金现公司用作其管理支出费用,临潼公司以此为由解除合同,依据尚不充分,应承担相应违约责任,临潼公司认为违约金过高,法院结合合同履行情况、双方过错程度及金现公司实际损失因素,酌情认定临潼公司应支付违约金40万元,金现公司主张的实际损失,不予支持。关于临潼公司反诉要求金现公司支付拖欠电费的请求,因现临潼公司主张的电费系根据金现公司已向承租户代收并已支付给临潼公司的电费,以及临潼公司与案外人就电费分摊后临潼公司承担的电费之间的差额计算得出,但临潼公司与案外人就电费分摊的相关协议系于2018年5月在临潼公司与金现公司合同履行过程中达成,无证据证明金现公司参与,2018年12月前金现公司已按照电表读数向承租户收取了高于供电公司单价的电费,并于2018年底结算确认已支付给临潼公司,12月之后,一楼租户以外的电费由临潼公司直接收取,现金现公司同意向临潼公司返还2019年12月1日后向一楼租户收取的水电费,该部分金额金现公司自认为33,974.52元,于法不悖,予以照准,临潼公司主张的电费金额,缺乏依据,不予支持。关于临潼公司要求金现公司支付自2019年3月15日起向承租户已收取的物业管理费的诉讼请求,因该费用系金现公司向承租户收取,临潼公司要求金现公司向其支付缺乏依据,不予支持。关于临潼公司要求金现移交相关设备的合格证、说明书的诉讼请求,因并无证据证明临潼公司曾向金现公司交付上述材料,金现公司亦表示否认,故对该诉请不予支持。判决:(1)金现公司与临潼公司签订的《(临潼188)创客空间运营管理服务合同》于2019年3月15日解除;(2)临潼公司应于判决生效之日起15日内向金现公司支付2018年12月1日起至2019年3月15日止的酬金140,738.19元,并支付逾期付款利息(利息分别以2018年12月酬金40,340.94元、2019年1月酬金39,973.34元、2019年2月酬金39,973.34元、2019年3月酬金20,450.57元为基数,按照中国人民银行发布的金融机构人民币同期同类贷款利率分别自2018年12月2日、2019年1月2日、2019年2月2日、2019年3月2日计算至2019年8月19日,以及自按全国银行间同业拆借中心公布的贷款市场报价利率自2019年8月20日起计算至清偿之日止);(3)临潼公司向金现公司支付违约金40万元;(4)临潼公司向金现公司支付2018年12月1日至2019年3月15日的车位管理费7275元;(5)金现公司向临潼公司支付水电费33,974.52元;(6)驳回金现公司的其余诉讼请求;(7)驳回临潼公司的其余反诉请求。

二审法院认为,上诉人依法应对自己提出的诉讼请求所依据的事实或者反驳对方诉讼请求所依据的事实提供证据加以证明。没有证据或者证据不足以证明其事实主张的,上诉人须承担不利后果。上诉人临潼公司认为合同解除不应由其承担违约责任,同时其有权要求被上诉人金现公司返还合同解除后收取的物业管理费及之前因项目营运产生的相关电费。对此法院认为,一审依据查明的事实认定双方订立的服务合同合法有效,遂根据在案事实认定合同解除的时间,并结合双方合约内容及相关法律规定判决各方承担相应的责任,并驳回双方本反诉的其余诉请,无不当,法院对此予以维持。二审期间,上诉人临潼公司坚持其上诉意见。然法院认为根据证据规则,上诉人并未能提供充分的证据佐证其提前终止系争合同的行为不属于双方约定违约情形的事实,亦未能提供确凿的证据证明其要求对方支付的电费及物业费的主张符合双方约定或法定的事实,故法院对上诉人的相关诉求均不予支持。综上所述,临潼公司的上诉请求不能成立,应予驳回;一审判决认定事实清楚,适用法律正确,应予维持。判决:驳回上诉,维持原判。[1]

开发商委托物业服务人对小区物业服务的,委托合同终止后对其争议一并处理。

【案例6－40】 北京中海物业管理有限公司诉北京房太合龙脉地产开发有限责任公司物业管理委托合同纠纷

判决观点:双方签订《北京欧陆经典—万兴苑物业管理全权委托合同》系双方真实意思表示,不违背相关法律法规,为有效合同。合同条款就委托管理的范围、事项、时间、责任等作出了较为明确的约定,但在条款中有的词义(如无正当理由)的适用上没有约定解释;有的条款约定不够具体、严谨。在履行合同中,双方均未严格履行,也未严格按照约定追究对方责任,在履约中发生变更的事项也未按合同要求签订补充协议,由此双方在诉讼中各执一词。物业管理委托双方除按合同约定的权利义务履约外,重要的是要相互配合,勤恳服务,以业主利益为重。发生问题后,指责对方推卸责任的处事态度是不可取的。就诉讼中双方争议的主要问题,法院认为,太合龙脉公司按合同应向中海公司支付项目前期管理费、开办费共计3,000,000元。北区未入伙,可不支付入伙费500,000元。太合龙脉公司实支付中海公司人民币1,500,000元。太合龙脉公司称其给中海公司的第一笔500,000元不是项目前期管理费,而是1999年4月12日发票开出的"开办费",项目前期管理费的诉讼时效已过,不应再向中海公司支付项目前期管理费,理由不充分。双方合同约定1999年3月19日合同签订后一周内服务项目前期管理费,本项

---

〔1〕 上海市第二中级人民法院(2021)沪02民终4688号民事判决书。

目7、8号楼入伙前一周内支付开办费1,000,000元,又约定7、8号楼入伙时间为1999年7月1日。审查双方的履约情况,法院认为太合龙脉公司支付的1,500,000元,包括项目前期管理费5,000,000元和开办费1,000,000元,考虑中海公司实际管理了南二期部分楼房提前撤出小区管理后由太合龙脉公司接手小区管理的情况,中海公司应得开放费数额,法院将酌情判定。关于中海公司主张的太合龙脉公司,支付2,500,000违约金一节,鉴于合同依据不足,且中海公司出具"开办费"发票,引起双方在付款性质上的歧义,加之双方在履约中对不按时又未加追究和表达异议的情况,法院不予支持。三表远传系统及对讲机、门禁系统使用中确有问题。究其原因是产品质量还是维护不到位,双方陈述不一,但均无充分证据证实对方应负担全部责任而自己一方无责任。系统使用状况对中海公司的管理效果有一定的影响。对中海公司要求水费损失由太合龙脉公司负担的请求,法院将根据太合龙脉公司应承担一定责任成分确定数额,更多损失非太合龙脉公司应予承担负担的。小区会所及地下室外租的管理问题,太合龙脉公司和中海公司均有管理职责。太合龙脉公司只讲出租人权利,不讲出租人对承租人的监管和物业公司的管理配合,且在业主提出意见后作出承诺又无明显改善是不当的。一些业主对房屋质量及小区规划改变表示不满,产生意见的主要承担者是太合龙脉公司,中海公司在日常维修和对业主装修管理方面亦有缺陷。中海公司称太合龙脉公司致其加大管理难度有一定道理。双方合同约定的物业管理所需的图纸、档案、资料等由太合龙脉公司收集、管理的并在物业入伙后一个月内向中海公司移交,现实中,双方没有移交,中海公司需用相关资料,向太合龙脉公司借阅,太合龙脉公司称对方拒绝接受相关资料没有提供证据,可以确认太合龙脉公司未按合同履约,加大了中海公司的工作投入。对小区到封闭管理问题,合同中虽有要求,但小区建设尚未完成,封闭管理在一定时间内不能实现也是客观现实,中海公司应有思想准备,以此追究对方责任道理不充分。对小区停车场的管理问题,双方在履约中已形成一致,变更了合同内容,中海公司不应再依此要求对方承担违反合同责任。双方约定将管理公约作为房屋租赁合同的附件要求业主和物业使用人遵守,而太合龙脉公司未按此约定让管理公约成为租赁合同的"附件"。中海公司提出由于太合龙脉公司未履约,致使其物业费受损,法院认为二者之间没有必然联系,中海公司以此为由要求太合龙脉公司赔偿其物业费方面的损失,没有支持的依据。

关于中海公司提出业主欠交的物业费、取暖费为600余万元,要求由太合龙脉公司承担一节,已生效的北京市朝阳区人民法院民事判决书中表明中海公司违反规定多收取的费用扣除后,业主应当向其交纳物业费用,并无因管理问题减交费用;对取暖费的判决亦是因供暖瑕疵酌减费用,与小区物业管理难度不形成联系。因此中海公司要求太合龙脉公司负担物业费、取暖费理由不足，法院难以支持。法院考虑由于太合龙脉公司的一些行为使得中海公司管理难度加大，中海公司对业主的不及时交纳物业费、取暖费的追索增加了工作投入，对此，太合龙脉公司应当适当赔偿。应当指出，管理难度加大因素是多方面的，据法院了解业主对物业公司在管理中不尽责，不向业主公布管理账目情况等颇有意见。中海公司亦应自担其他损失。

法院认为，物业管理委托合同的订立、履行、解除事关重大，与众多业主利益密切联系，对合同履行的重大变化，应更慎重决断，程序严密，既要瞻前顾后。中海公司撤出万兴苑小区的物业管理，虽有其“理由”，但不能认为其“理由”完全正当。双方在合同中多处约定“无正当理由”应承担责任，但何为“正当理由”没有词义解释。多少条“正当理由”可以达到合同解除权的行使，也没有清楚约定。中海公司认为其撤出小区之日即为合同解除之日，法院难以采信。太合龙脉公司认为在判决生效之前双方仍应履行物业管理委托合同，并要求中海公司承担其违反合同第六十三条违约金2,500,000元，法院认为合同依据不足，不予支持。双方合同约定该小区业主委员会成立后双方合同终止，而小区业主委员会已于2004年1月成立并备案。双方合同终止条件已成就，法院将对合同终止予以确认。综合双方的其他请求，法院认为，太合龙脉公司售房时向业主承诺赠送的取暖费、物业费、车位费，已由其向中海公司支付了一部分，尚未支付的部分亦应从行为约定，由其支付。其中物业费支付数额应当考虑业主已支付及后来降低的因素酌情给付。太合龙脉公司的空置房、会所的取暖费及会所、售楼处保安费应由太合龙脉公司承担。太合龙脉公司承诺给付的地下车库管理人员费用应当兑现，至于人员安排的情况，太合龙脉公司无相反证据，法院将以中海公司提供的证据为考虑依据。中海公司除此之外还要求太合龙脉公司给付维修材料费，双方无特别约定，且中海公司已收取车位管理费，太合龙脉公司不同意支付，法院判令支付无依据。关于向太合龙脉公司收取太合金润公司费用一节，因双方最终意见不一致，且义务承担者为另一法人单位，本案对此不予涉及。太合龙脉公司使用1号楼2109室的费用及其销售代表所欠取暖费，法院一并判决。对中海公司主张支付的10号楼九套住房的物业费，因无客户入住，太合龙脉公司所称合同约定销售率达到70%以上，可不交空置房物业费的意见，法院予以考虑。中海公司于2003年9月8日张贴公示，并陆续撤出管理，此时距小区业主委员会成立四月有余，且正常退出物业管理应留出若干月交接时间。此期间太合龙脉公司进行管理，其投入所需费用应由中海公司部分承担，法院在确定其应付中海公司开办费时一并考虑。根据本案的实际情况，应当确定2003年9月8日（不含9月8日）太合龙脉公司物业管理应当收取和支取费用的权利义务由太合龙脉公司享有和承担。太合龙脉公司为中海公司垫付的水电等费用,中海公司应予给付;给付数额的确定应考虑中海公司因三表远传系统的原因而受到损失的因素。太合龙脉公司要求中海公司支付2003年11月7日支付的供暖费,法院考虑此时小区的物业管理已非中海公司,此款不宜判决由中海公司支付。中海公司、太合龙脉公司均向保安支付了费用,可不再相互给付。太合龙脉公司要求中海公司公开致歉并承担其售房损失,承担小区推广活动费用及赔偿名誉受损的费用,其请求事项根据不足,法院不予支持。在法院审理前及审理中,双方当事人已办理了相关事项的交接手续,对此,本案不再判决。判决:(1)太合龙脉公司与中海公司1999年3月19日签订的《北京欧陆经典—万兴苑物业管理全权委托合同》于2004年1月29日终止。2003年9月9日至2004年1月29日因对万兴苑小区物业管理产生的义务和权利由太合龙脉公司承担和享有。(2)太合龙脉公司给付中海公司开办费70万元;给付其赠送业主的取暖费、物业费、车位费共计29万元;给付其空置房取暖费、会所的取暖费及会所、售楼处的保安费834,000元;给付地下车库人员费用487,200元;1号楼2109室相关费用及销售代表所欠费用计2万元;给付中海公司冷、热水费及其他损失70万元,以上共计3,031,200元。(3)中海公司给太合龙脉公司付蒸汽费专项资金、蒸汽费、电费、水费及15号楼2002室业主共计赔偿金150万元。(4)驳回中海公司其他诉讼请求。(5)驳回太合龙脉公司其他反诉请求。[1]

(三)出租车位合同终止处理

这里讲的出租车位合同,是开发商与第三人签订的出租车位、车库合同。《建筑物区分所有权解释》第五条规定了对规划车位、车库应当首先满足业主的需要。司法解释制定者认为,似乎可以从三个层面理解业主的需要。第一个层面:对于业主的需要,我们认为在时间上应当是合理的。第二个层面:业主的需要在数量上也应当合理。第三个层面:业主的需要,还应当解释为全体业主的需要,或者说最广大业主的需要,而不能是个别业主的需要。[2] 开发商在没有首先满足业主的需要的前提下,业主可以提起诉讼请求宣告开发商与第三人签订出租车位、车库合同终止履行。之所以要求终止履行,是因为起诉之前的出租行为已经履行,

---

〔1〕 参见北京市高级人民法院民事审判第一庭编:《北京民事审判疑难案例与问题解析》(第一卷),法律出版社2007年版,第527~530页。

〔2〕 参见最高人民法院民事审判第一庭编著:《最高人民法院建筑物区分所有权、物业服务司法解释理解与适用》,人民法院出版社2009年版,第87页。

已经不可能将终止时间提前至该出租合同订立时,终止的只能是起诉之后的出租行为。业主合理的停车需要没有得到满足的,业主可以向法院请求宣告开发商与业主签订的超过配置比例买卖车位、车库的合同部分终止履行。这个"部分"是超过合理需要的部分。

专题七　物业服务费支付纠纷

本专题只阐述物业服务费支付的相关问题，因为在物业服务纠纷中，物业服务费纠纷成为物业纠纷的主要类型。涉及的重要方面就是物业收费标准及物业服务标准问题。

一、物业服务费支付理解

(一)物业费支付含义

《民法典》第九百四十四条第一款规定:“业主应当按照约定向物业服务人支付物业费。物业服务人已经按照约定和有关规定提供服务的,业主不得以未接受或者无需接受相关物业服务为由拒绝支付物业费。”该条规定了业主必须按合同约定支付物业费。主要含义为:其一,支付物业费的强制性和对价性。业主按合同约定应支付物业费,这是基于物业服务人物业服务必须支付的对价,支付费用具有强制性。其二,业主支付物业费应按照合同约定的数额、支付方式和期限履行,严格遵守合同。其三,业主不按合同约定履行,则应视为违约行为并承担相应责任。

《物业管理条例》第四十条规定:“物业服务收费应当遵循合理、公开以及费用与服务水平相适应的原则,区别不同物业的性质和特点,由业主和物业服务企业按照国务院价格主管部门会同国务院建设行政主管部门制定的物业服务收费办法,在物业服务合同中约定。”该条确定了物业服务公司收费标准的原则和标准。根据该规定可知,在物业管理收费中应遵循公平原则,即在物业服务管理过程中当物业管理服务存在严重瑕疵时,可以适当减少业主物业管理费的交纳,其目的在于维护业主合法权益,同时,可以避免物业管理企业因业主不支付任何费用而造成重大损失。此外,物业管理费用应当以物业服务收费办法中的标准进行收取,可以在政府定价的基础上,基于业主的需求和同意适当调整,物业企业也可以基于自己提供的特定服务收取相对应的合理费用。

物业费即物业服务费用,是指物业服务人按照物业服务合同的约定,对物业服务区域内的建筑物及其附属设施、相关场地进行维修、养护、管理,维护相关区域内的环境卫生和秩序,而向业主收取的报酬。[1] 本专题所指物业费除包括通常的物业费外,还包括水、电、暖及滞纳金相关的其他费用。

物业费的收费范围、收费标准和收费办法通常应当在物业服务合同中作出约

〔1〕 参见黄薇主编:《中华人民共和国民法典合同编释义》,法律出版社2020年版,第932页。

定。收费范围,也即物业费中所包含的收费项目,一般包括建筑物及其附属设施的维修养护、小区环境的清洁绿化等有关费用,如电梯使用费、车辆管理费、垃圾清运费等。收费标准,即应当交纳的物业费数额的计算标准。根据《民法典》第二百八十三条的规定,建筑物及其附属设施的费用分摊、收益分配等事项,有约定的,按照约定;没有约定或者约定不明确的,按照业主专有部分面积所占比例确定。物业费的收取办法,也即物业费的交纳方式,具体包括物业费的支付时间、付款方式等,可以约定一次性交纳,也可以约定分期交纳。如果物业服务合同没有约定或者约定不明确的,应当按照法律、行政法规、部门规章等规定确定;如果没有约定亦没有相关规定,则应当依据当事人之间的交易习惯或者行业的通行做法来确定。[1]

物业费支付标准。对地方政府确定物业费价格的,如果物业服务人与业主协商物业服务收费高于定价标准的,法院可以直接按照政府确定的价格标准确定物业服务费用。如果没有定价,而只有政府指导价的,法院可以确定在规定基准价及其浮动价的浮动范围内进行收费。如物业服务人收费过高,法院可予以调整。如没有定价和政府指导价的,一般情况应按合同约定价格认定,双方签订的合同有欺诈或隐瞒等情形的除外。

物业费支付起算时间。一般认为,应当以房屋交付时间作为业主开始承担物业费的时间点,即业主应该从实际接收房屋之次日起开始承担物业费,因为虽然预售合同约定了交房时间,实践中因各种原因开发商迟延交房,业主迟延收房并入住的责任应由开发商承担,而不是业主承担。业主在未收到房屋并不能入住的前提下,其承担物业费不公平且不合情理,物业服务人要求业主按照预售合同约定的交房日交纳物业费的做法没有法律依据,也不受法律保护。业主可以就此与物业服务人协商处理;协商不成,可走法定程序解决纠纷。

实践中,通常的做法是开发商委托物业服务人代为向购房人办理交付房屋和相关手续,物业服务人要求购房人交纳物业费才办理交付手续,这混淆了房屋买卖和物业服务两种不同性质的法律关系。物业服务人仅是受开发商委托履行房屋买卖合同约定的交付义务,其是在履行房屋买卖合同而不是履行物业服务合同。购房人入住成为业主与物业服务人建立物业服务合同关系,物业服务人方依照物业服务合同享有收取物业费的权利。委托交房产生的法律后果由开发商承担,而不是物业服务人承担。在向购房人交房之前,物业服务人不享有收取物业费的权利。在向购房人交房并办理入住手续后,物业服务人才可以收取物业费。物业服务人将收取物业费的时间提前到交房阶段不符合法律规定,也侵害了业主的合法权益。从严格意义上讲,业主在收到房屋之前,没有义务先交付物业费。

---

〔1〕 参见黄薇主编:《中华人民共和国民法典合同编释义》,法律出版社2020年版,第935~936页。

现实社会中,习惯的做法是物业服务人代开发商交付房屋同时办理入住手续并收取物业费,而且是让购房人在房屋接收单先签字认可后验房,购房人无奈只好妥协,这种不合法、不合理现象需引起足够重视并采取措施予以纠正。换言之,业主在接收房屋并办理入住后方能产生交纳物业费的义务。

对于开发商要求业主在办理入住前先交纳物业费问题。交付房屋是开发商法定义务,而交纳物业费是业主的义务,购房人在收到开发商交付房屋并办理入住手续方负有交纳物业费的义务。现行法律法规并没有开发商先收取物业费后交付房屋的规定,不应将事先交纳物业费作为购房人办理入住手续的前提条件而拒绝按约交付房屋,该行为不符合法律规定,亦构成违约。相关房产管理法律法规没有明确规定物业费的交纳是在入住前还是入住后,但由法律规定的精神和交易习惯、生活经验可知,业主交纳物业费是在接收房屋之后而绝不是未收到房屋就先交物业费。《民法典》与《物业管理条例》规定,开发商有义务事先委托前期物业服务人进行物业管理。实践中,有些开发商因防范少数业主拖欠物业费而影响整个小区的物业管理,如为防止前期物业服务人利益受损,而将物业费的交纳作为交房入住的必要条件,这从表面上看似乎有一定合理性,其实质是违反商品房预售合同交房约定的,开发商以不交纳物业费而拒绝交房的行为应得否定评价。

司法实践中,法院对起算物业费日期的观点并不一致。

其一,购房合同约定有物业费起算时间的,从其约定,有证据证明未按约定履行的除外。

其二,购房人未领取钥匙,且至今房屋尚未登记在购房人名下的,法院有两种观点认定起算月。

一种为对于购房人无正当理由构成受领迟延的,自开发商通知其办理手续的期限届满次日起算。

【案例7－1】　深圳市某物业服务有限公司上海分公司诉曹某物业服务合同纠纷案

二审法院认为,被上诉人以开发商已按约通知上诉人于2008年1月31日办理房屋交接手续作为房屋交付的依据,向上诉人主张自2009年6月16日起至2015年2月止的物业费。上诉人则认为房屋存在质量问题,双方未按约定办理房屋交付手续,要求以其实际收到房屋钥匙之日,即2013年7月19日,作为其支付物业费的起算点。鉴于被上诉人已提供证据证明开发商已按合同约定时间及约定地址通知上诉人办理房屋交接手续,故被上诉人作为开发商选定的前期物业服务单位向上诉人主张房屋按期交付后业主应支付的物业服务费，于法不悖。[1]

另一种为物业服务中的房屋交付是现实交付，即业主办理了收房手续或领取了房屋钥匙为起算日。

【案例7-2】 湖州某物业管理有限公司（以下简称某物业公司）诉湖州DF置业有限公司（以下简称DF公司）物业服务合同纠纷再审案

再审法院认为，本案前期物业服务委托合同第二十条第四点也纳入物业管理范围的已竣工但尚未出售，或因DF公司原因未能按时交给物业买受人的物业，其服务费由DF公司交纳。本案再审中双方争议的49套房屋的钥匙尚未交给物业买受人的事实清楚。根据某物业公司提交的证据二，可以证实案涉小区的物业钥匙虽由某物业公司保管，但某物业公司仍应在收到DF公司的入住手续后方可向购房者发放钥匙。对于DF公司在向购房者发送入住通知后购房者仍未领取钥匙的情形，因相关买受人未参与本案诉讼而无法查清。故对某物业公司而言，该49套房屋仍属于尚未交付给物业买受人的物业。根据上述法规、规范性文件及本案物业服务合同的约定，本案再审诉争的49套房屋的385,202元物业管理费应由房屋开发商DF公司支付给JD物业公司。[2]

其三，购房人虽未领取钥匙，但房屋已经登记在购房人名下的情形，法院亦有两种观点认定起算日。

一种为房屋已经登记在购房人名下，业主身份确定。

【案例7-3】 上海某物业管理有限公司（以下简称某公司）诉浙江XF物资有限公司（以下简称XF公司）物业服务合同纠纷案

二审法院认为，XF公司系案涉房屋的登记业主……某公司依据其与业主委员会签订的物业服务合同向XF公司收取物业费于法有据。[3]

【案例7-4】 宁波市某物业总公司（以下简称某物业公司）诉朱某某物业服务合同纠纷再审案

再审法院认为，无论根据原审查明的事实还是朱某某自认，均可确认朱某某已于2007年6月27日交纳房屋契税并取得房屋产权证书，故从该时间起，朱某某已是案涉房屋的实际业主，某物业公司诉请朱某某补交拖欠的物业费有合同依据。[4]

---

〔1〕 上海市第一中级人民法院（2015）沪一中民二（民）字第1261号民事判决书。

〔2〕 参见方大明、吴志华：《物业服务纠纷判例梳理与实务指引》，法律出版社2021年版，第12页。

〔3〕 浙江省杭州市中级人民法院（2016）浙01民终3778号民事判决书。

〔4〕 浙江省高级人民法院（2016）浙民申1757号民事裁定书。

另一种为房屋已经登记在购房人名下，但物业服务人应对房屋交付承担举证责任。

【案例7－5】　某物业服务集团有限公司诉冯某某物业服务合同纠纷案

判决观点：在原、被告双方涉诉房屋是否已经交付产生争议的情形下，根据开发商与被告的商品房买卖合同中"商品房达到交付使用条件后，开发商应当书面通知被告冯某某办理交付手续"的约定可见，被告与开发商对房屋的交付形式作出了明确约定。故原告作为涉案房屋在内的小区提供物业服务的企业，其有义务也有能力了解该房屋的交付使用情况，原告至今尚未提供涉案房屋已通知交付或交付被告使用的书面证据，其要求被告支付上述物业费的依据不足。[1]

地下室、储藏室支付物业费是比较特殊问题。一些楼房、别墅建造了地下室，有的不动产登记部门在不动产证分别注明建筑面积和地下室面积，更多的只载明建筑面积而地下室面积不予登记。至于储藏室通常建在地下，则基本上没有登记。从《民法典》物权编上讲，物业费应属于第二百八十三条规定中的"建筑物及其附属设施的费用"的范畴。物业费的计算规则和依据与业主的专有部分面积有紧密关系，但不能简单地视为是对专有部分的面积的收费。法律规定的"专有部分面积"，而非"专有部分建筑面积"两者之间的内涵是不同的。从该条规定看，应理解为按照业主专有部分的面积计算物业费，其实质就是按照业主专有部分占总面积的比例进行的一种分摊的简化公式。地下室、储藏室具有专属性，在这一点上无异议。地下室、储藏室虽具专属性，但并非必须支付物业费，主要还是看合同的约定。对于地下室、储藏室是否支付物业费有两点判断标准：其一，物业服务合同约定地下室面积计入物业费交纳面积的，业主应予交纳。其二，储藏室约定支付物业费的，业主应予交纳。

【案例7－6】　北京某物业管理有限责任公司（以下简称某公司）诉徐某某物业服务合同纠纷案

二审法院认为：本案中，徐某某所居住小区的业主委员会与某公司签订了物业服务合同，约定某别墅的物业管理费按建筑面积（包含地上建筑面积和地下室建筑面积）4.98元/（平方米·月）的标准，由某公司向业主或物业使用人收取物业管理费，该约定并未违反法律、法规的强制性规定，亦未违反有关部门制定的物业服务收费办法，因此该合同内容对徐某某具有约束力。因徐某某所有的涉诉房屋存在地下室，且其房屋登记表上明确了该栋别墅的地下室建筑面积为149.34平方米，故徐某某应当根据物业服务合同中物业

---

〔1〕　湖州市安吉县人民法院（2015）湖安孝民初字第61号民事判决书。

管理费的收费标准和地下室建筑面积,交纳相应的物业费。[1]

【案例7-7】 安徽某物业服务有限公司诉祝某、吴某物业服务合同纠纷案

二审法院认为,祝某、吴某所购房屋房产证登记建筑面积虽然为223.66平方米,但该房产查询单上显示尚有地下室面积29.22平方米不在登记建筑面积范围内,在双方签订的前期物业管理服务协议中,对于建筑面积的表述则为223.66平方米+29.22平方米。签订前期物业管理服务协议时,祝某应知晓物业收费面积为登记面积+地下室面积,现其等以房产证登记的建筑面积仅为223.66平方米为由,上诉主张原审确定的收费面积错误无依据,法院依法不予支持。[2]

实践中,对合同约定储藏室支付物业费的,法院支持其诉求。

【案例7-8】 浙江安吉某物业管理有限公司诉许某某物业服务合同纠纷再审案

再审法院认为,储藏间从实际情况看,类似于地上车库,物业服务企业根据实际使用情况,比照地下车库(车位)主张对该类储藏室收取服务费,不能谓之不合理。[3]

物业服务费依据实测面积收取。

【案例7-9】 北京大地物业管理有限责任公司诉邓某某物业服务合同纠纷案

再审法院认为,本案的争议焦点是63号房屋的物业服务费核算面积应当如何认定。根据《物业服务解释》规定,大地房产公司与大地物业公司签订的《红螺湖别墅物业管理服务合同》对邓某某具有法律约束力,邓某某应当按照前期物业服务合同支付物业费。该合同第六条明确约定收费标准为每月每建筑平方米4.5元,按照实测建筑面积计算。现双方均认可63号房屋实际建筑面积是379.36平方米,大地物业公司请求以此计算物业费数额具有合同依据。再审中,邓某某称多出的面积是开发商赠送的,不应收取物业费。一方面,大地房产公司出具证明对此予以否认,邓某某也未提供证据证明赠送的面积不应收费,也未提交证据证明其他小区业主存在不按照实测面积收费的情况。另一方面,大地物业公司提供姜某的生效判决等证据,可以证明北京市怀柔区人民法院此前曾经判决同一小区其他业主按照实测面积收费,故法院对邓某某的该项辩称不予采信。邓某某辩称此前物业公司长

---

〔1〕 北京市第三中级人民法院(2015)三中民终字第02257号民事判决书。

〔2〕 安徽省合肥市中级人民法院(2016)皖01民终816号民事判决书。

〔3〕 浙江省高级人民法院(2016)浙民申898号民事裁定书。

期按照251.72平方米收费,说明双方已经认可该收费面积,原审也以大地物业公司在2016年前未提出异议为由,推定双方认可收费面积为251.72平方米。法院认为,并无证据证明大地物业公司在诉前已经明知63号房屋的实测面积为379.36平方米而仍同意按照251.72平方米收费,故邓某某的该项辩称事实依据不足。原审认定应收费面积为251.72平方米属于事实认定错误,法院予以纠正。综上所述,大地物业公司的再审请求和理由成立,法院予以支持。判决:撤销北京市第三中级人民法院(2020)京03民终13417号民事判决及北京市怀柔区人民法院(2020)京0116民初1352号民事判决;邓某某向北京大地物业管理有限责任公司支付2017年1月1日至2019年12月31日物业费61,456.32元。[1]

小区物业划分为不同管理主体的情况下,可以交接协议和管理主体对产权共有部分管理来确定交付费用。

【案例7-10】 长城物业集团股份有限公司北京物业管理分公司北京天平房地产开发经营有限责任公司物业合同纠纷案

二审法院认为,长城物业公司与天平公司等四方主体在2009年12月28日签署了交接协议。该交接协议将本属于一个物业管理区域的物业服务事项划分为不同管理主体,在管理权目前未能协议一致归属同一物业公司的情形下,势必导致本案双方在物业管理区域范围上存在混乱的现象。本案中,尽管天平公司称其有自己单独的物业管理公司,但正如庭审所调查的事实,双方就管理权无法也不可能确定彼此清晰的界限,造成该问题的原因即在于交接协议本身。因此,在双方无法协议一致的情形下,目前只能依据该协议内容以及天平公司作为业主,其产权共有部分由长城物业公司管理服务的客观既定事实确定相应的费用。依据该协议第六条约定,天平公司有义务向长城物业公司交纳相关设备设施的使用、维修费用。同时,依据第七条约定,产权以及管理权有疑义的其他事宜,应经过双方协商一致解决。而在不能协议一致的情形下,应该依据实际管理原则确定。长城物业公司作为小区主要物业管理单位,其与业主委员会签署了物业服务合同,属于全体业主的选择。天平公司作为部分产权的产权人,亦具有业主身份,应该交纳相应的物业服务费用。一审法院依据长城物业公司收费明细,以物业共用部分、共用设施设备的日常维护以及日常运行费用,绿化养护、秩序维护费用,社区文化活动以及装饰费、固定资产折旧等费用确定收费标准,进而计算出应缴纳的物业服务费并无不当之处。长城物业公司的收费标准应适用于本案,其申请评估

---

〔1〕 北京市高级人民法院(2021)京民再146号民事判决书。

鉴定的理由不能成立。依据现有证据显示,长城物业公司已逐年张贴了物业费缴费通知单,说明其并无怠于主张权利的事实,天平公司主张本案已经超过诉讼时效的理由没有事实和法律依据。天平公司不同意交纳费用的上诉意见,一方面与交接协议不符,另一方面也与长城物业公司基于所有业主委托履行物业服务的事实不符,对其上诉请求和理由,法院不予支持。综上所述,长城物业公司与天平公司的上诉请求均不能成立,应予驳回;一审判决认定事实清楚,适用法律正确,应予维持。判决:驳回上诉,维持原判。[1]

(二)物业费支付认定

业主应该按照合同约定的项目、标准支付物业费,有当地政府规定价格的应按照政府定价向物业服务人支付;其未有正当理由拖欠的,还应当支付滞纳金或利息。

物业服务人收取物业费应公平合理,但实践中仍存在诸多不合理的情形,主要为:其一,自立名目收费。如收取装修管理费、修缮补贴费、房屋补修费、水电总表补助费等。其二,超过核定标准收费。如将政府主管部门核准本小区物业收费每平方米1.5元私自提高到1.8元或2.2元。其三,改变收费方法,变相多收费。如在业主办理入住手续时或在服务中,将以户为单位收取保安费、保洁费改为按面积收取,将按年度收取的物业费改为一次收取3年或5年甚至更长,将其购买或接受赠送的车位改变原定收费方法。其四,不执行国家定价。物业服务人接受供水、供电、供燃气公司委托,在收取上述费用时不执行国家统一价格或价格管理方法,擅自涨价。常见的如以收取二次供水费为由在政府定价之上擅自提高水价。

物业费预收期限问题。不同地区或同一地区不同小区,物业服务人收取物业费的时间和范围不尽相同,但必须遵循合理、公开且与物业产权人、使用人的承受能力相适应的原则。故无论采取何种收费模式,物业服务人都不允许预收5年或10年物业费,并且物业费的交纳通常都是在物业服务合同中约定交费时间和交费期限的。实践中,各地基本允许预收物业费,但预收的期限一般不得超过一年。

合同终止后收取物业费的收费范围。《民法典》第九百五十条规定:"物业服务合同终止后,在业主或者业主大会选聘的新物业服务人或者决定自行管理的业主接管之前,原物业服务人应当继续处理物业服务事项,并可以请求业主支付该期间的物业费。"立法者认为,在这种情况下,物业服务人可以请求业主支付在其

[1] 北京市第一中级人民法院(2021)京01民终10373号民事判决书。

继续为业主提供物业服务期间的物业费。在物业服务人继续处理物业服务事项，业主实际接受物业服务人所提供的服务的情形下，即使当事人没有订立正式的书面的物业服务合同，业主也应当向物业服务人支付相应的报酬。[1] 应强调的是，如果物业服务人不按约定退出小区，则限制其收取物业费。

实践中，业主对保洁自行委托第三人清理并承担其费用的，可以从物业费中扣除。

【案例7-11】 宁波市镇海鼎天物业管理有限公司（以下简称鼎天物业公司）诉宁波市北仑加贝购物俱乐部（以下简称加贝俱乐部）物业管理合同纠纷案

二审法院认为，宁波市镇海区鼓韵花苑业主委员会与宁波市镇海区招宝山街道东社区居民委员会均确认鼎天物业公司自2006年1月1日对鼓楼步行街提供保洁服务，这些证据与鼎天物业公司提供的其他证据可以相互印证，证明鼎天物业公司事实上也在履行物业管理服务。但加贝俱乐部也自行委托宁波市镇海区环卫保洁中心对粪便、垃圾进行清理，并支出了相应的保洁费。故鼎天物业公司客观上并未承担该物业管理区域内的全部保洁服务，且对加贝俱乐部支出2006年、2007年保洁费，鼎天物业公司也表示愿意在诉求的综合服务费中予以扣除，故法院认定加贝俱乐部应向鼎天物业公司支付综合服务费共计39,129元。[2]

业主交纳了公共维修基金后，物业服务人不能再收取电梯运行维护费和高压水泵运行维修费，即物业费不包含公共部位维修费用。

【案例7-12】 某某园物业管理有限公司诉葛某物业服务合同纠纷案

判决观点：小区的电梯及高压水泵均属于共用设施设备，该设施的中修费和大修费均应当包含在公共维修基金中，对于业主已交纳公共维修基金的，物业管理企业不应再向业主收取电梯的大、中修费和折旧费以及高压水泵的大修费和折旧费。葛某已经按规定交纳了涉案房屋的公共维修基金，而双方签订的《物业管理委托合同》中关于电梯运行维护费和高压水泵运行维修费的约定并没有列明具体的收费项目，葛某签订了该合同，但不属于其真实意思表示，因葛某已经交纳的公共维修基金中含有电梯、高压水泵的相关费用，某某园物业管理有限公司主张的物业费中应当扣除重复收取的电梯的

---

〔1〕 参见黄薇主编：《中华人民共和国民法典合同编释义》，法律出版社2020年版，第954页。

〔2〕 参见最高人民法院中国应用法学研究所编：《人民法院案例选》2010年第1辑（总第71辑），人民法院出版社2010年版，第193页。浙江省宁波市中级人民法院（2008）甬民三终字第518号民事判决书。

大、中修费和高压水泵的大修费和折旧费。[1]

供暖单位有权对利用民宅经商的业主，按照商业用热价格收取供暖费。

【案例7－13】 北京某物业公司诉韩某物业服务合同纠纷案

一审法院认为，原告与被告虽未签订供暖协议，但原告实际为被告提供了供暖服务，被告亦实际享受了原告提供的供暖服务，双方形成了事实上的供用热力合同，被告理应按照北京市有关部门关于供暖服务费收费标准向原告交纳供暖费，其未予交纳不妥。故原告要求被告交纳拖欠的供暖费，有事实及法律依据，应予以支持。关于供暖费的价格，居民供热与非居民供热的界定以房屋所有权证标明的房屋设计用途为准，采暖用户房屋所有权证载明的房屋设计用途与实际用热情况不一致的，采暖用户应当按实际用热性质交纳供暖费，故对被告的房屋在2007年11月15日至2011年3月15日应按16.5元/平方米的价格收取供暖费，在2011年11月15日至2012年3月15日应按28元/平方米的价格收取供暖费。判决：被告给付原告2007年至2012年供暖费共计6298元。二审法院亦持同样意见，维持一审判决。[2]

城市供水价格属于政府定价的范畴。供水企业在未接管居民小区物业管理等单位的供水职责之前，应对居民小区物业管理等单位的供水实行趸售价格。物业管理区域内，供水、供电、供气、通讯、有线电视等单位应当向最终用户收取有关费用。对于非终端用户来说，无权享受政府供水统一计算定价的权利。

【案例7－14】 胡某诉宜昌华银物业管理有限责任公司（以下简称华银物业管理公司）物业服务合同纠纷案

二审法院认为，本案的争议焦点是上诉人胡某以水价1.40元/吨向华银物业管理公司购买生活用水买卖合同是否有效？华银物业管理公司以1.40元/吨将生活用水卖给胡某是否构成侵权？从华银世纪欧洲城有限公司与胡某签订的《商品房买卖合同》看，双方在关于物业管理方面的约定：买受人同意在业主委员会成立之前，其所购商品房委托华银物业管理公司进行前期物业管理，即上诉人胡某是接受华银物业管理公司进行前期物业管理的。华银物业管理公司根据其与华银世纪欧洲城有限公司签订的《前期物业管理服务合同》的约定，将生活用水以1.40元/吨的价格卖给胡某。尽管华银物业管理公司与华银世纪欧洲城有限公司签订的《前期物业管理服务合

---

〔1〕 参见北京市高级人民法院编：《审判前沿——新类型案件审判实务》2008年3集（总第21集），法律出版社2008年版，第121页。

〔2〕 参见北京市高级人民法院编：《审判前沿——新类型案件审判实务》（总第51集），法律出版社2015年版，第105～106页。

同》对第三人不具有约束力,但华银物业管理公司以该约定的生活用水价格将生活用水卖给胡某,是胡某自愿的,其意思表示真实,买卖合同有效,华银物业管理公司并未侵权。宜昌市自来水公司只对终端用户华银物业管理公司收取有关费用,胡某是华银物业管理公司的供水对象,而其二次供水中的管网维修、水电损耗,并未另外要求二次供水对象胡某承担。虽然上诉人胡某住在4楼,不需要二次加压,但其并不是宜昌市自来水公司的终端用户,也没有剥离二次供水对象之外,这是不争的事实。因此,华银物业管理公司以1.40元/吨将生活用水卖给胡某,并未违反《宜昌市物价局关于世纪欧洲城物业服务费指导价的批复》中"允许指导价上浮幅度不超过20%"的规定。故上诉人胡某上诉要求被上诉人华银物业管理公司退还147元和判令被上诉人停止侵权之理由不能成立。原判认定事实清楚,判决正确。判决:驳回上诉,维持原判。[1]

虽为同一物业管理区域,但之前存在事实上的分割管理,后成立业主大会决定由同一物业服务人管理的,在共有设施设备移交并实施管理后,物业服务人方有权主张物业费。

【案例7-15】　广州市越秀区某大厦业主委员会诉广东省某集团公司等物业服务合同纠纷案

二审法院认为,业主委员会未能对涉案小区整体实施完整的管理,对商业部分收取管理费的诉求不予支持,符合等价有偿的原则。在实际完整管理后,管理人当然可以提出相应管理费用支付主张。[2]

对于特殊的业主物业费的收取标准应放在个案中确定。

【案例7-16】　上海新大物业管理有限公司诉上海应用技术大学物业服务合同纠纷案

二审法院认为,本案的争议焦点为应技大应按照何种标准支付物业服务费。首先,新大公寓业主大会与新大物业签订的物业服务合同对应技大和新大物业具有法律约束力,双方均应按照物业合同的相关约定履行权利和义务。其次,依照应技大提供的涉案房屋的产证,该房屋用途为"教育",且应技大提供了相关材料证明其已经委托了其他物业公司和服务机构为该房屋进行物业服务。基于该房屋的特殊用途以及物业服务的实际履行情况,涉案

---

〔1〕 参见最高人民法院中国应用法学研究所编:《人民法院案例选》2006年第2辑(总第56辑),人民法院出版社2006年版,第249页。湖北省宜昌市中级人民法院(2005)宜中民一终字第00497号民事判决书。

〔2〕 广东省广州市中级人民法院(2018)粤01民终11181号民事判决书。

房屋确实与其他非住宅房屋的情况存在不同之处,应技大基于学校管理的特殊需要另外聘请其他物业进行服务尚属合理。再次,基于前述的实际情况,新大物业对应技大涉案房屋提供物业服务时,付出的人力及物力客观较少,根据质价相符的原则,法院对应技大应付的物业费进行扣减未有不妥,法院对原审认定的物业费金额予以确认。最后,双方就物业合同纠纷已提起过诉讼,且双方就物业费支付标准也进行过多次协商,应技大也表示愿意按照前案生效判决认定的标准交纳物业费,故难言应技大系恶意拖欠物业费,新大物业主张滞纳金的诉请,法院不予支持。另外,法院注意到,双方之所以一直未能妥善解决物业费纠纷有多方面的原因:一方面,应技大作为高校,在使用涉案房屋时确实存在一些不同于一般非住宅房屋的使用需求,存在一些物业管理方面的特殊要求,基于此,应技大聘请了其他相关机构提供服务,客观上减轻了新大物业的工作内容。另一方面,基于双方的合同关系和涉案房屋的地理位置,应技大无法完全脱离新大物业的相关服务,故应当向新大物业支付相应的物业服务费。双方应当在诉讼之外从实际出发,友好协商,积极寻求纠纷解决方案,就服务内容和费用标准达成一致以妥善解决问题,避免长期讼累,构建和谐稳定的社区环境。综上所述,新大物业的上诉请求不能成立,应予驳回;一审判决认定事实清楚,适用法律正确,应予维持。据此判决:驳回上诉,维持原判。[1]

【案例7-17】 浙江绿升物业服务有限公司昆山分公司诉苏州工业园区沃佳体育发展有限公司物业服务合同纠纷案

一审法院认为,根据《前期物业服务协议》的约定,由绿升昆山分公司对沃佳公司租赁的房屋提供物业服务,业主与物业使用人约定由物业使用人交纳物业服务费及代收代缴费用的,从其约定。根据《滨江皇冠商铺租赁合同》的约定,沃佳公司应当向绿升昆山分公司支付物业服务费。绿升昆山分公司自认物业服务费以3元/月/平方米计算不违反法律规定,且有利于沃佳公司,一审法院予以支持。关于沃佳公司拖欠绿升昆山分公司物业费的金额,一审法院认为,《终止协议》约定租赁合同于2020年6月30日终止,物业费应从2019年12月12日计算至2020年6月30日,故物业费10,749.98元(540.2平方米×3元/月/平方米×199天/30天)需支付。关于绿升昆山分公司提出应当支付滞纳金的诉讼请求,经查,《滨江皇冠商铺租赁合同》中并未约定有关滞纳金的条款,绿升昆山分公司要求沃佳公司支付滞纳金的诉讼请求于法无据,一审法院不予支持。关于沃佳公司辩称其在承租期间涉及了

---

〔1〕 上海市第一中级人民法院(2021)沪01民终374号民事判决书。

两次失窃，金额为245,957.29元的抗辩意见，沃佳公司被窃产生的损失与本案物业合同纠纷不属同一法律关系，可另案主张。判决：(1)被告苏州工业园区沃佳体育发展有限公司支付绿升昆山分公司浙江绿升物业服务有限公司昆山分公司2019年12月12日至2020年6月30日物业服务费10,749.98元。(2)驳回绿升昆山分公司浙江绿升物业服务有限公司昆山分公司其他诉讼请求。

二审法院认为《前期物业服务协议》的约定，由绿升昆山分公司对沃佳公司租赁的房屋提供物业服务，业主与物业使用人约定由物业使用人交纳物业服务费及代收代缴费用的，从其约定。根据《滨江皇冠商铺租赁合同》的约定，沃佳公司应当向绿升昆山分公司支付物业服务费。2020年9月18日，树家公司与沃佳公司签订的《终止协议》明确沃佳公司除向树家公司支付租金外，需自行与物业公司结算物业费和水电费，费用截至2020年6月30日止。因此沃佳公司向绿升昆山分公司支付的物业费应从2019年12月12日计算至2020年6月30日。沃佳公司称已向树家公司支付该期间款项的主张，明显与《终止协议》约定不符，且沃佳公司未提交其他证据证实。其上诉理由不能成立，应予驳回。综上所述，一审判决认定事实清楚、审判程序合法、处理结果并无不当。苏州工业园区沃佳体育发展有限公司上诉理由不能成立，不予采纳。判决：驳回上诉，维持原判。[1]

(三)滞纳金收取认定

滞纳金不等同于物业费，但又与物业费有紧密内在联系，业主因逾期支付物业费而产生滞纳金。从现行法律规定看，滞纳金具有法定性，多数存在于《税收征收管理法》《海关法》等法律规范中，适用于行政主管机关对被管理对象违规行为征收金额。滞纳金的计算一般是按超过规定期限的天数，每天征收应缴款数额的一定百分比。在物业服务关系中，物业服务人与业主之间不是行政管理关系，而是普通民事主体之间的合同关系，现行法律法规没有规定业主逾期支付物业费则应支付滞纳金。物业服务人能否就业主拖欠物业费加收滞纳金，应完全依照物业服务合同的规定。当事人在物业服务合同中约定了逾期交纳物业费的滞纳金，依据《民法典》规定的当事人意思自治原则，法官应依据当事人的约定进行判决；当事人没有约定，则依据“无约定从法定”的原则进行处理。

关于合同约定滞纳金的性质。物业服务合同中约定滞纳金，实践中一般将其

[1] 江苏省苏州市中级人民法院(2021)苏05民终9925号民事判决书。

视为违约金的约定,可参照适用违约金的相关规定。从法理上讲,滞纳金的约定其实就是业主对没有按时支付物业费所应承担的一种违约责任,因此可以把滞纳金看作是一种违约责任的约定。如江某地诉广东客都物业管理有限公司物业服务合同纠纷案。[1] 对滞纳金性质法院确定为,物业服务合同中约定逾期给付物业服务费应承担的滞纳金,应当视为违约金。[2] 也就是说,滞纳金实际上是业主迟延交纳物业费及其他费用所承担的违约金,属于民事责任承担方式的一种,并非独属行政责任的承担方式,业主认为滞纳金只有行政机关才能收取是对物业服务合同约定的滞纳金性质的曲解。在双方签订的物业服务合同中含有加收滞纳金条款的,则物业服务人完全可以依照合同约定,对逾期不交纳物业费的业主收取滞纳金。从这个意义上讲,无论《民法典》合同编或《物业管理条例》中是否规定业主和使用人逾期交纳物业费承担滞纳金,在合同有约定时,物业服务人可每日加收欠交金额一定比例的滞纳金。

如果合同中没有约定滞纳金,物业服务人能否依据地方性法规收取滞纳金是疑难问题。如果地方性法规的物业管理规定与《物业管理条例》关于滞纳金的规定有冲突,则自然不应适用地方性法规中关于滞纳金规定,其物业服务人要求业主支付滞纳金的诉求不予支持。《立法法》第八条规定了只能制定法律的十一项情形,第七十二条规定省、自治区、直辖市的人民代表大会及其常委会依据本行政区域的具体情况和实际需要,在不同宪法、法律、行政法规相抵触的前提下,可以制定地方性法规。由于逾期交纳物业费需支付滞纳金不属于只能制定法律的十一项情形,且《物业管理条例》对此并没有作出禁止支付滞纳金的规定,故地方性法规物业管理规定中有关逾期交纳物业费的滞纳金规定与《物业管理条例》并无冲突,且符合《立法法》的规定的,为有效的条款。当前,一些省市制定的物业管理条例对物业费滞纳金作了规定。笔者认为,虽然地方性法规对滞纳金进行了规定,但在个案适用时其标准过高,且并非强制性的必须适用条款的,可以将其视为一种指导性的条款,由法官根据具体案情行使自由裁量权。

关于滞纳金调整理由。在物业服务合同中约定了逾期交纳物业费的滞纳金,且应当按一定比例每日支付滞纳金,其实就是约定的逾期付款违约金。对这种滞纳金,在没有证据显示欠费给物业服务人造成额外重大损失时,对于过高的滞纳金标准,法官通常不予支持。在物业服务不达标的情况下,如果没有给业主造成额外损失,物业服务人承担的违约责任是相当有限的,多数情况采取补救措施即可,而业主仅因逾期交纳物业费便要承担高额违约金,其合同主体相似违约行为

[1] 参见国家法官学院案例开发研究中心编:《中国法院 2019 年度案例》(合同纠纷),中国法制出版社 2019 年版,第 237~238 页。广东省梅州市中级人民法院(2017)粤 14 民终 22 号民事判决书。

[2] 《浙江省高级人民法院民一庭关于审理物业服务合同纠纷案件适用法律若干问题的意见(试行)》(浙法民一〔2011〕3 号)第十八条规定。

的责任承担将明显失衡,违反公平原则。实践中,业主逾期交纳物业费是对物业服务不满的唯一途径,如果确定过高的违约金,极易导致矛盾升级,造成司法不公的印象,不能案结事了化解纠纷。故对于合同中约定了逾期交纳物业费的滞纳金的,应对过高的违约金予以调整。

关于滞纳金调整比例。业主欠交物业费,会产生一定的滞纳金。业主无正当理由拖欠物业费的,物业服务人可以根据合同约定,请求业主交纳物业费并支付滞纳金,约定的滞纳金标准过高的,业主可以请求变更合同约定,予以调整。调整后的滞纳金一般不应超过欠费金额。在物业服务合同(或前期物业服务合同)中约定的标准,明显过高有违公平原则的,在诉讼中,业主可以物业服务人提供格式条款限制权利、加重责任而主张无效,也可主张滞纳金过高,请求降低。一些地方法院对如何认定处理滞纳金作了规定,如《北京市高级人民法院关于审理物业管理纠纷案件的意见(试行)》第二十五条规定:"业主拖欠物业服务费用,物业管理企业依据约定请求一并支付滞纳金的,应予支持。滞纳金数额过高的,可以依据欠费方的请求予以适当调整,调整后的滞纳金一般不应超过欠费金额。"

双方在合同中未约定滞纳金的,物业服务人要求业主支付滞纳金的,法院可以按照全国银行间同业拆借利率计算滞纳金或逾期付款利息。

实践中,物业服务人在小区物业服务过程中,确实存在部分瑕疵的,法官一般支持物业服务人主张的拖欠的物业费,而驳回关于收取合同中约定了逾期交纳的滞纳金诉求。显然,法官在对物业服务人违约责任的处理上没有采取减免物业费的方式,而是通过免收滞纳金的方式予以解决。这种技术处理是比较妥当的,判决也取得了比较好的社会效果。换言之,对于物业服务质量瑕疵轻微的,物业费不予减少,但滞纳金不予支持。

【案例7-18】　温州市某物业管理有限公司(以下简称某公司)诉陈某晖物业服务合同纠纷再审案

再审法院认为,对于滞纳金的问题在原物业服务合同中也有相关约定,二审通过全案审理查明的事实,对某公司提供的物业存有瑕疵予以认定,并将陈某晖应当向某公司支付的滞纳金与某公司提供的物业服务瑕疵相抵,体现了公平性。[1]

类似的案例有宁波经济技术开发区某物业有限公司诉张某峰物业服务合同纠纷案。[2]

实践中,业主以家中被盗抗辩物业费交纳的,法官认为物业服务质量有瑕疵

---

〔1〕浙江省高级人民法院(2014)浙民申258号民事裁定书。

〔2〕浙江省慈溪市人民法院(2016)浙0282民初5155号民事判决书。

的，物业费不予减少，但对滞纳金不予支持。

【案例7-19】 郑州市某物业管理有限公司（以下简称某物业）诉张某见物业服务合同纠纷案

二审法院认为，因某物业提供的物业服务有瑕疵，原审法院对某物业有关张某见支付滞纳金的诉讼请求予以驳回。据此，原审判决的处理并无不当。[1]

在事实物业服务合同关系中，原物业费的标准可以参照，但有法院认为违约金（滞纳金）条款不具有参照意义，因为参照合同与合同续期为两个不同概念。

【案例7-20】 广州市某物业管理有限公司（以下简称某公司）诉廖某某物业服务合同纠纷案

二审法院认为，某公司与涉案房屋所属物业管理区域的广州市番禺区某小区业主委员会签订的物业管理服务合同约定的管理期限至2011年12月31日，已届满。之后，因某小区业主委员会未作出选聘或续聘决定，而某公司继续对涉案房屋提供物业服务，物业服务费的支付标准可参照原物业管理服务合同约定，但某公司要求廖某某依照原物业管理服务合同的约定标准承担逾期交纳物业管理费的滞纳金则缺乏充分理据，故认为原审判决驳回该项诉请并无不当。[2]

---

〔1〕 河南省郑州市中级人民法院（2016）豫01民终3787号民事判决书。

〔2〕 广东省广州市中级人民法院（2016）粤01民终291号民事判决书。

二、物业服务费法律适用

（一）物业费降低标准

1. 物业收费标准与物业服务标准相互关系

实践中，物业收费标准及物业服务标准处于相分离的现象，从逻辑上分析，基本上都是先考虑物业收费标准是否符合双方约定或政府指导价，再考虑物业服务标准如何确定。但在诉讼中，物业服务人起诉业主索要物业费的，几乎不涉及物业服务标准。现在审理物业费案件纠纷中存在的一个缺陷，即缺乏与收费标准相对应的准确、精细物业服务标准，因此很难平衡两者的利益关系。为了促进两个标准的统一，除了建议行政主管部门制定相应规定外，从司法审判角度讲，应要求物业服务人就其具体服务标准对业主尽到说明、告知义务。例如在小区内张榜公示、在合同中明确列明等。这种情况下，业主如果认为物业服务人不达标，就需要说明不达标的具体情形。需要明确的是，不能认为只要物业服务不达标，就应该酌减物业费。因为物业服务不达标时，物业服务人构成违约，酌减物业费不过是其承担违约责任的一种形式；物业服务具有长期性和连续性，如果只要物业服务不达标就酌减物业费，则实际操作中非常容易诱使业主拖欠物业费。所以个案中，法官需要区分物业服务不达标的情节轻重，再行具体处理。

2. 物业费降低标准认定

小区业主接受了物业服务人的服务，应当交纳物业费。实践中，业主常以物业服务人提供服务与收费标准不相符、存在服务瑕疵，要求降低物业费，这里就涉及物业费减免标准问题。因受众群体广、管理事项多，物业服务人提供的服务与各业主衡量之标准可能无法一一吻合；各业主对权利义务关注的重点与物业服务人提供服务的基准点势必存在出入，且各个业主主观感觉差别往往很大，在客观上难以确定一个降低物业费标准。

业主以物业服务不达标为由进行抗辩并要求减免物业服务费用的，法官应当要求业主说明不达标的具体情形。物业服务人能够证明其已经履行了合同的主要义务,物业服务范围内的秩序有序、清洁,安全保卫工作基本到位的,业主要求减免物业费用的抗辩理由不予采纳。当前,在核减服务费上存在问题较多。囿于审判实际,物业服务质量标准的缺失导致法官对物业服务质量难以认定,且物业服务合同条款系物业服务人提供格式条款,合同对物业服务范围及服务质量的约定较为笼统,无清晰量化标准,加之对物业服务的履行情况缺乏第三方机构或组织的有效监管、评估,使得法院对物业服务质量的好坏无法明确判定。由此带来的后果是法官更倾向于保守适用法律,完全依靠成文法规则调整利益关系,从而判定业主败诉。此种判决导致了漠视当前物业服务人普遍存在的服务质量不达标的现实,忽视业主方应享有的抗辩权益,裁判的正确性与个案的合理性并不合拍,不能从根本上化解物业服务人与业主的矛盾,从而对再次诉讼起到"推波助澜"的作用。

在诉讼中,法官查明物业服务人提供的服务项目和质量与合同约定标准差距明显,且为业主大会或多数业主所确认,法官才有必要根据物业服务达标的程度,考虑统一降低收费标准。因为法官行使自由裁量权,应持慎重态度。

物业收费标准与物业服务的范围和服务量是紧密关联的,物业收费标准建立在对价基础之上,在物业服务人提供的服务范围比合同约定少的情况下,即实际付出的服务少于通常小区物业服务量的,亦应降低收费标准。在同一个物业管理区域内,业主自管部分物业的,应结合物业服务人的实际情形降低收费标准。

【案例7-21】 重庆某物业管理有限责任公司(以下简称某物业公司)诉中国人民解放军四川省某某军分区物业服务合同纠纷案

二审法院认为,因某某军分区所属物业为宾馆性质,某物业公司并未按照其他住宅物业的方式尽到服务管理,仅对某某军分区与该小区的共用部分进行了管理,对此事实某物业公司也予认可。据此,法院对某某军分区2016年1月1日至2017年9月23日应支付的物业费酌情调整。[1]

【案例7-22】 上海某物业管理有限公司诉上海市黄浦区总工会物业服务合同纠纷案

判决观点:考虑到系争房屋长期以来形成的历史状况、"主楼与俱乐部用房互不干扰"的使用功能、原告实际提供服务的情况和被告实际享受的服务内容,法院认为原告要求按照每月每平方米建筑面积5.04元的标准支付物业管理费有失公允,法院酌情予以调整。[2]

---

〔1〕 四川省内江市中级人民法院(2018)川10民终92号民事判决书。

〔2〕 上海市黄浦区人民法院(2014)黄浦民四初字第1800号民事判决书。

(二)物业费变更调整

物业费价格的调整属于对合同内容的变更,其变更应经过相应程序,即必须经双方协商或依据法律规定进行调整、修改或补充。物业费的变更包括业主提出变更或物业服务人提出变更两种情形,而后者提出变更是实践中常见的情形。原则上讲,任何一方需变更合同内容,均需与合同相对方协商达成一致才可。在业主大会未成立情况下,物业服务人未与业主进行协商,单方申请备案调整的物业费价格标准对业主没有约束力。政府部门要求对物业收费价格标准进行备案,是为了防止收费超出政府制定的浮动幅度,备案价格对业主来说,并不具有强制执行效力。

物业费价格的变更应适用《民法典》合同编的一般原理,但由于物业服务合同的特殊性,也有必要适用一些特殊的规则。实践中,区分不同情形予以处理,主要有:其一,以物业服务合同系格式合同为由,请求变更物业费价格。业主经常提出物业服务合同是格式合同,签署物业服务合同时并无选择的余地,该协议不是其真实意思表示,而对比类似区域、相同档次的其他小区物业收费标准,本小区物业服务价格偏高。在上述情形下,如果业主没有提出其他的理由,对此类变更物业费的诉讼请求,法院不应予以支持,以免导致法院对合同的过度干预,影响物业服务市场的正常发展。如果业主与物业服务人就变更物业服务价格不能达成一致意见,经业主大会作出决议,可以请求解除物业服务合同。其二,以物业服务价格的计算依据不实为由,请求变更。从公平的角度讲,法院一般应予以支持,理由是物业服务人在订立物业服务合同时可能存在欺诈。根据《民法典》的规定,业主委员会可以提起撤销权诉讼。其三,以物业收费不符合法规、规章确定的价格标准为由,请求变更。针对物业收费的范围、收费标准,有关机关制定了一系列规范。在物业服务收费不符合价格标准,业主要求降低物业收费的情形下,法官可以直接按照价格标准的上限确定物业费。在物业服务合同纠纷中,如果业主一方不要求解除物业服务合同,法官就应当尽可能维持合同的正常履行,因为业主更换物业服务人成本较高,更换物业服务人的过程还会对小区的正常生活造成不良影响,不符合大多数业主的利益和社会和谐稳定。因此,妥善的处理办法就是按照有关规定,直接变更物业服务价格,这种变更权也是一种特殊的合同变更权。其四,以物业服务没有达到法定、约定标准为由,请求变更物业费价格。现行有关管理部门尚未有统一的物业服务标准规定,物业服务人的服务不达标的程度差别很大,其更多凭主观意识加以判断。另外,物业服务是否达标,亦是业主履行抗辩权的依据。法官根据业主举证证明物业服务不达标的事实和程度,酌情降低物业费。也就是说,法官可以根据具体案情变更物业费价格。

实践中,业主委员会依据有关法规和规定诉请变更或取消超过规定物业费价格的,法院一般都依法支持。如美B园业委会与红A物业公司物业服务合同纠纷案。[1]

对于开发商与物业服务人已经在前期物业服务合同约定了物业费标准的,应按其该确定标准支付,对于物业服务人单方提出变更要求的不予支持。在物业服务中,物业服务人以服务亏损等各种理由单方提高收费标准的不受法律保护。

【案例7-23】 曲靖佳恒物业服务有限公司(以下简称佳恒物业公司)诉王某某、陈某物业服务合同纠纷案

业主大会未成立情况下,经部分业主同意的物业费备案价格,能否对全体业主产生约束力?物业服务企业与业主之间建立法律关系的桥梁是物业服务合同,物业服务合同属于平等民事主体之间订立的合同,具有平等性、自愿性、协商性。物业服务合同作为合同双方权利义务的载体,是物业服务企业向业主收取物业服务费的依据。现行法规、有关规章规定实行政府指导价的物业服务收费要进行备案,是为了对物业服务收费进行价格管理,防止收费超出政府制定的浮动幅度。备案价格对物业服务合同当事人来说,并不当然具有约束力,备案价格只有经过物业服务合同双方协商一致,才对双方产生法律效力。业主大会代表和维护全体业主在物业管理活动中的合法权益。《物业管理条例》虽然规定了在符合条件情况下,业主大会会议可以采用书面征求意见的形式,但物业服务企业不能代替业主大会行使相关的权利,即使2/3以上业主向物业服务企业表示同意调整物业服务费价格标准,也不能视为业主大会以征求意见形式作出了对全体业主具有约束力的决议。同时,法律、行政法规所规定的经专有部分占建筑总面积2/3以上的业主且占总人数2/3以上业主同意才能决定的事项中并不包括调整物业服务费价格。在业主大会未成立情况下,佳恒物业公司上调物业服务费价格需遵循与业主协商一致的原则,而不能以备案价格已经小区2/3以上业主同意就视为业主大会决议的事项,并主张对全体业主具有约束力。前期物业管理服务委托合同所约定每月1.00元/平方米的收费标准对本案当事人有效。虽然合同约定了业主逾期交纳物业服务费应支付违约金,但王某某、陈某自2016年以来未交纳物业服务费的主要原因在于佳恒物业公司上调了物业服务费标准,而双方对新标准未能协商一致,应属合同所约定的逾期交纳物业服务费因有正当理由而无须承担违约金的情形。基于此,二审法院改判由王某某、陈某按每

---

〔1〕 参见北京市高级人民法院编:《审判前沿——新类型案件审判实务》2008年第2集(总第20集),法律出版社2008年版,第31页。

月 1.00 元/平方米的标准向佳恒物业公司支付 2016 年、2017 年的物业服务费。[1]

前期物业服务合同期满但未成立业主大会的，物业服务人如要调整收费则应征求小区业主意见，同时须符合如下两个条件：一是必须获得专有部分占建筑物总面积过半数的业主同意，二是必须获得总人数过半数的业主同意，即须经过“双过半业主”同意。笔者认为，法官对于“双过半”表决过程是否真实、程序是否合法仅负责依照物业管理法律规定的要件进行形式审查，而不宜作实体审查。在前期物业服务阶段，开发商不能通过重新招投标的方式调整物业费收费标准。

【案例 7－24】　詹某诉某物业公司物业服务合同纠纷案

二审法院认为，詹某与某物业公司在 2009 年 5 月 3 日签订的《商厦物业管理合同》合法有效。根据上述合同的约定，“该合同的履行期限与詹某实际使用物业的期限相同；管理费收费标准按照詹某使用物业的建筑面积计算，写字楼为每月 2.8 元/平方米；某物业公司制定管理费的收费标准，可在超过 1/2 物业所有权人或使用人同意的前提下根据市场变化情况对管理收费标准进行调整”，即双方当事人在物业服务合同中明确约定了调整物业管理收费标准的程序与要求。另外，根据《物权法》第七十六条第一款、第二款之规定，物业服务收费标准显然属于“有关共有和共同管理权利的其他重大事项”，对于决定该类事项，应当经专有部分占建筑物总面积过半数的业主且占总人数过半数的业主同意。某物业公司的现有证据显然不符合《物权法》规定的上述要求。某物业公司未经征求案涉物业管理区域业主的意见，仅凭其与开发商在 2010 年 10 月 16 日重新签订的《商厦物业管理委托合同》将物业管理费标准从原来的 2.8 元/平方米/月调高至 6 元/平方米/月，要求詹某按照 6 元/平方米/月的标准交纳物业管理费，依据不足。詹某要求某物业公司退还多收取的管理费有理。综上所述，原审判决认定事实基本清楚，但适用法律不当，处理不妥，予以纠正。[2]

在前期物业服务阶段，物业服务人通过征求业主意见的形式调整物业服务收费标准的，其提价符合法律规定的程序。在小区内对住宅、商铺、配套公共服务机构、车位实行不同的物业服务收费标准，而调整物业服务收费标准只针对住宅的物业服务费的，根据权利义务对等的原则，物业服务人仅向住宅部分的小区业主

---

〔1〕 参见《人民司法·案例》2018 年第 5 期（总第 808 期）。云南省曲靖市中级人民法院（2017）云 03 民终 1415 号民事判决书。

〔2〕 参见最高人民法院中国应用法学研究所编：《人民法院案例选》2013 年第 3 辑（总第 85 辑），人民法院出版社 2014 年版，第 187 页。广东省广州市中级人民法院（2011）穗中法民五终字第 3025 号民事判决书。

征求调价方案的意见即可。也就是说,调整物业服务收费标准只针对小区部分业主而不涉及其他业主利益的,就收费标准调整对象按法定程序进行就应认定为合法。

【案例7－25】 邓某某等诉SK物业管理公司LJ花园分公司物业服务合同纠纷案

一审法院认为,LJ花园物业管理费调价方案,通过书面征求业主意见的形式,已经专有部分占建筑物总面积1/2以上的业主且占总人数1/2以上的业主表决通过,表决结果亦公示60日以上,异议期内13人次共14户业主查验了本人表决意见,被告已更正统计表决结果并公告,相关文件亦已依法书面报送社区居民委员会、街道办事处、物价局、房屋管理行政主管部门备案,所以调价方案是合法有效的。根据投票结果,234户业主在表决中签了同意票,公示期内也没有提出异议,公示期满后又在原告提供的授权确认表中签名反对,属于反悔行为,无法对抗依法经"双过半"业主表决通过且已发生法律效力的调价决定。本案提价仅仅涉及住宅部分,被告征求住宅部分业主意见符合法律规定。法院判决驳回原告的诉讼请求。二审法院亦持同样意见,维持一审判决。[1]

根据《民法典》第二百七十八条之规定,物业服务收费标准调整属于"有关共有和共同管理权利的其他重大事项",对于决定该类事项,应当经专有部分占建筑物总面积过半数的业主且占总人数过半数的业主同意,亦是合法的,受法律保护。

【案例7－26】 广西某物业管理有限公司(以下简称某物业公司)诉费某某物业服务合同纠纷再审案

再审法院认为,某物业公司与费某某2005年12月6日签订的物业管理服务合同虽约定住宅管理费按建筑面积0.45元/(平方米·月)收取,但随着时间的推移,物价上涨等因素促使某物业公司需要上调物业服务费收费标准。某物业公司二审提交的备案于南宁市物价局的问卷调查表表明,某物业公司于2012年4月采用挨家挨户上门发放问卷调查表的方式征求业主的意见,共对某小区内4033户住宅业主发放问卷调查表,回收3399份调查表,其中表示同意调整物业服务费的有3058份,表示不同意调整物业服务费的有298份,未表态的有43份,另有634份调查表未予回收。也就是说,对上调物业服务费到0.6元/(平方米·月),已经经过专有部分占建筑物总面积过半数的业主且占总人数过半数的业主同意。之后,某物业公司于2012年5月

[1] 参见程磊、周滨:《律师说法:业主委员会及物业服务纠纷案例评析》,法律出版社2020年版,第259页。

16日在某小区内发布《关于物业费及专项维修资金提价方案的公示》,并书面发文给某小区所在的南宁市良庆区住房和城乡建设局、南宁市良庆区大沙田街道办、南宁市良庆区大沙田某社区居委会、良庆区物价局、南宁市物价局等单位,并向南宁市物价局申请调整收费标准备案。2012年6月29日,南宁市物价局同意某小区三级备案,按建筑面积计,住宅综合费最高为无电梯0.6元/(平方米·月)。由于某小区未成立业主委员会,某物业公司采用发放问卷调查表的形式征求意见并未违反法律规定,且调价过程符合法律法规的相关规定,合法有效,某物业公司从2012年7月1日开始对某小区无电梯住宅的物业服务费按照0.6元/(平方米·月)收取并无不当。[1]

前期物业服务合同是依照当地政府指导价签订的,在合同履行期内,政府指导价调整的,物业服务人不得主张径行以调整后的价格收费。

【案例7-27】 金华市某物业管理有限公司(以下简称某物业公司)诉张某军物业服务合同纠纷再审案

再审法院认为,因提高收费标准属于变更合同的重要事项,根据《物权法》第七十六条第一款第七项与《物业管理条例》第十一条第七项有关共有和共同管理权利的重大事项,应由业主共同决定之规定,某物业公司提高物业费收费标准需由业主共同决定。某物业公司就提高收费标准既未与业主重新签订合同,也未经正当程序取得业主同意,原判决对此未予支持,并无不当。至于某物业公司的三级收费资格是否经过政府考核评定,与其能否直接提高收费标准不存在关联性。[2]

法律并未禁止物业公司与开发商签订《前期物业服务委托合同》后可另行与业主重新签订物业管理服务协议,即使《前期物业管理服务协议》因收费标准高于开发商与物业公司签订的《前期物业服务委托合同》,且不是与房屋买卖合同同时签订,但当物业管理费收费标准已依法经物价局备案批准,又不存在其他无效情形时应当认定为有效。

【案例7-28】 范某某诉越宁公司、万佳物业公司合同纠纷案

判决观点:本案中,原告与被告万佳物业签订的《前期物业管理服务协议》系各方真实意思表示,不违反法律规定,合法有效。原告要求确认其与被告万佳物业签订的《前期物业管理服务协议》无效,理由为:(1)《前期物业管理服务协议》因收费标准高于开发商与物业公司签订的《前期物业服务委托合同》,且不是与房屋买卖合同同时签订,违反法律强制性规定;(2)《前期物

---

〔1〕 广西壮族自治区高级人民法院(2015)桂民提字199号民事裁定书。

〔2〕 浙江省高级人民法院(2017)浙民申字146号民事裁定书。

业管理服务协议》系原告在受胁迫的情况下被迫签订。对此法院认为,首先,本案万佳物业的物业管理费收费标准已依法经物价局备案批准,且法律并未禁止物业公司与开发商签订《前期物业服务委托合同》后可另行与业主重新签订物业管理服务协议;其次,原告陈述越宁公司、万佳物业胁迫其签署《前期物业管理服务协议》按2元/月/m^2标准交纳物业费,否则就无法拿房,仅进行了口头陈述,未提交证据,且原告与越宁公司的房屋买卖合同中并无签订物业合同后才可拿房的约定,原告作为具有一定知识储备的完全民事行为能力人,交房受阻时,其完全可以通过诉讼等方式主张权利,而不是"受胁迫"与万佳物业签署《前期物业管理服务协议》。综上所述,对原告要求确认其与万佳物业签订的《前期物业管理服务协议》无效的诉讼请求,法院不予支持。原告与万佳物业之间就物业服务相关事宜已签订《前期物业管理服务协议》,双方的权利义务应按该协议履行,故原告要求按照0.8元/月/m^2交纳物业费、退还2018年3月~2019年3月物业费差价3092元的诉讼请求法院亦不予支持。原告认为其购买的房屋并非别墅,法院认为,本案讼争纠纷为物业服务、物业收费标准等,原告与万佳物业已就房屋类别、标准等作出约定,故对原告该项抗辩不予支持。原告认为,越宁公司在《房屋买卖合同》中未按规定与原告书面约定物业费标准或与原告同时签订前期物业服务委托协议,在销售房屋时一直承诺物业费标准为0.8元/月/m^2~1元/月/m^2,故应承担原告超出0.8元/月/m^2标准的物业费差价。对此法院认为,原告认为越宁公司向其承诺物业费按0.8元/月/m^2标准收取的证据主要有三:一是网页广告信息,二是售楼人员短信,三是业主之间的相互证明,但该三项证据并非直接证据,越宁公司亦提供了相关反证,原告并不能达到其证明目的,故该诉讼请求法院不予支持。原告主张物业管理费应按登记的住宅建筑面积收取,车库不应交纳物业费。对此法院认为,物业合同为物业服务企业或其他管理人为业主提供物业服务,业主支付物业费的合同,万佳物业提供的物业管理服务涵盖了车库部分,且双方签订的《前期物业管理服务协议》中物业服务面积为257.73平方米,包含了车库,故对原告该主张法院不予支持。《民法典时间效力规定》第一条第三款规定,民法典施行前的法律事实持续至民法典施行后,该法律事实引起的民事纠纷案件,适用民法典的规定,但是法律、司法解释另有规定的除外。本案法律事实自2017年延续至今,应适用民法典的规定。判决:驳回原告范某某的全部诉讼请求。[1]

物业公司依据《物业服务合同》可以约定收取相应的物业服务费,但不得违

---

〔1〕 江苏省仪征市人民法院(2021)苏1081民初1356号民事判决书。

反相关法律法规。

【案例7－29】　博峰物业公司与郭某某物业服务合同纠纷案

判决观点：新油房地产公司与博峰物业公司签订《委托物业管理合同》、郭某某与新油房地产公司签订《地下停车位使用合同》均系双方当事人的真实意思表示，且不违反法律、行政法规的强制性规定，合法有效。《委托物业管理合同》约定合同期限为自签订合同之日起至业主委员会成立。根据《民法典》第九百四十八条的规定，《委托物业管理合同》继续有效，服务期限为不定期。郭某某出示2022年5月7日小区××栋门前绿化照片拟证实小区绿化不达标。法院认为郭某某拍摄照片的时间并非博峰物业公司所主张的欠交物业费期间，与本案无关联性，法院对该证据不予采信。郭某某主张小区物业消防不过关、车辆随意停放，但未举证证明，法院不予采信。根据《最高人民法院关于审理物业服务纠纷案件具体应用法律若干问题的解释》第一条"建设单位依法与物业服务企业签订的前期物业服务合同，对业主具有约束力"的规定，《委托物业管理合同》对郭某某具有约束力，双方均应遵照履行。博峰物业公司为包括郭某某在内的小区业主提供了物业服务，且物业综合服务收费经克拉玛依市发展和改革委员会备案，郭某某理应按照合同约定履行支付物业费的义务。故博峰物业公司要求郭某某按照1.5元/平方米/月的标准，支付案涉房屋2018年9月1日至2021年12月31日物业费的主张法院予以支持。郭某某主张被告博峰物业公司出租地下车库中属于全体业主共有的房屋损害了业主利益。该纠纷属于另一法律关系，不属于本案的审理范围，可另行主张解决。关于小区停车位物业费问题。郭某某主张依据2017年7月1日施行的《新疆维吾尔自治区物业管理条例》第十五条、第五十四条，案涉停车位物业费属于重复收费，法院认为上述两条款是分别是关于业主共有车位以及物业服务具体内容的相关规定，与案涉停车位收费并无关联性，法院不予采信。郭某某主张根据《克拉玛依市物业服务收费管理办法》第十二条"物业公共服务费按照不动产权属证书记载的建筑面积计算；尚未进行权属登记的，按测绘面积或购房合同记载的建筑面积计算"，案涉停车位没有产权，所以不用交物业费。法院认为该条款是关于物业公共服务费的相关规定，与住宅小区停车收费无关联性，法院不予采信。郭某某主张根据《克拉玛依市物业服务收费管理办法》第二十七条、第二十八条的规定，物业服务企业只能向业主收取车位租赁费、场地占用费、停车服务费中的一项，且停车位的收费由价格主管部门制定，不应当由博峰物业公司制定标准。博峰物业公司认为，克拉玛依市发展和改革委员会下达批复时虽然对商铺和车位均没有明确的收费标准，但前期物业服务合同有明确收费标准，故应按照前期物业服务合同交费，此外郭某某与开发商签订的《地下停车位使用合同》中也明确规定业主在后期要按照物业部门的规定交纳停车位物业服务费。法院认为,根据《新疆维吾尔自治区物业服务收费管理办法》(新发改法规〔2016〕1189号)第十三条"对普通住宅小区内业主拥有产权(或使用权)的车库或车库内的车位按照普通住宅物业服务收费标准收取物业服务费用"的规定,案涉小区属于普通住宅小区,物业综合服务收费也已备案。博峰物业公司要求按照住宅物业费标准收取案涉车位2018年9月1日至2020年9月30日物业费的主张符合规定,法院予以支持。2020年10月1日至2021年12月31日的停车位服务费。根据2020年10月1日起执行的《新疆维吾尔自治区物业服务收费管理办法》(新发改规〔2020〕8号)第二十四条"普通住宅物业管理区域的车位租赁费和普通住宅前期物业管理的场地占用费、停车服务费标准由市(设区市)、县(市)发展改革部门制定并公布相应的基准价及浮动幅度"的规定、2021年1月1日起执行的《克拉玛依市物业服务收费管理办法》第二十七条"未成立业主大会的普通住宅小区,实行前期物业管理的业主拥有产权(或使用权)的车库、车位停车服务费标准,由市价格主管部门制定"的规定,案涉车位停车服务费标准由克拉玛依市价格主管部门制定。但考虑到截至案件受理之日上述标准尚未公布,案涉《委托物业管理合同》已经过克拉玛依市发展和改革委员会备案,博峰物业公司也提供了停车位相关设施设备运行、保洁、秩序维护等服务,亦无证据证明博峰物业公司2020年10月1日以后提供的停车位相关物业服务质量较此前有所下降。故对博峰物业公司要求按照1.5元/平方米/月标准收取案涉车位2020年10月1日至2021年12月31日物业费的主张法院予以支持。判决:被告郭某某向原告克拉玛依市博峰物业服务有限公司支付2018年9月1日至2021年12月31日物业费10,296元。[1]

业主应当按照合同约定的标准交纳物业费。

【案例7-30】 毅知行教育公司诉亿恒物业西城分公司物业合同纠纷纠纷案

二审法院认为,毅知行教育公司与亿恒物业西城分公司均认可毅知行教育公司的物业费交纳至2018年4月27日,毅知行教育公司欠交物业费期间系从2018年4月28日开始计算。双方亦认可毅知行教育公司承租的房屋为两层,面积共826.29平方米,其中一层面积270平方米,二层面积556.29平方米。从2020年4月28日开始,毅知行教育公司仅使用了二层部分即556.29平方米。故从2018年4月28日至2020年4月27日,毅知行教育公

〔1〕 新疆维吾尔自治区克拉玛依市克拉玛依区人民法院(2022)新0203民初1436号民事判决书。

司应当交纳826.29平方米的物业费。从2020年4月28日至2021年7月27日毅知行教育公司应当交纳556.29平方米的物业费。本案争议焦点在于毅知行教育公司应当按照何种标准交纳物业费。毅知行教育公司主张涉案房屋应当按照住宅标准即4元/月/平方米的标准交纳,而亿恒物业西城分公司则主张按照商业标准即20元/月/平方米的标准交纳。毅知行教育公司上诉主张,涉案房屋位于黄寺大街26号院5号楼、6号楼的中间部分,不属于5号楼或者6号楼,不能因为5号楼或者6号楼低层房屋按照商业标准交纳物业费,就延及位于5号楼、6号楼之间的涉案房屋。一审法院到北京市西城区不动产登记事务中心未查询到介于5号楼、6号楼之间的139号、140号房屋的产权信息,可见没有证据表明涉案房屋为商业用房。毅知行教育公司认为应当由亿恒物业西城分公司承担未能证明涉案房屋是商业产权性质的举证不能的后果。在产权性质不清的情况下,应当按照毅知行教育公司主张的住宅标准交纳。物业费对此,法院认为双方签订的物业合同纠纷约定了交费的标准并在合同履行发生争议前毅知行教育公司亦按照该标准交纳了物业费。虽然毅知行教育公司在股东变更后对物业费交费标准产生了异议,但在双方变更交费标准前,原约定的交费标准对双方仍具有法律约束力,仍应按照约定的交费标准履行。现毅知行教育公司主张产权性质不清应当按照住宅的标准交纳物业费,毅知行教育公司系主张推翻原约定交纳物业费标准的一方,应当由毅知行教育公司承担涉案房屋应当按照住宅标准交纳物业费的举证责任及相应后果。现毅知行教育公司亦未提交充分证据证明涉案房屋的物业费应当按照住宅标准交纳的证据。一审法院以双方通过合同约定了涉案房屋的物业费用标准,且涉案房屋确实用于商业经营,认定毅知行教育公司应当按照合同约定的20元/月/平方米的标准交纳物业费并无不当。毅知行教育公司不同意按照20元/月/平方米的标准交纳物业费的上诉请求缺乏依据,法院不予支持。结合双方认可的使用房屋面积及使用期间,一审判决认定的毅知行教育公司向亿恒物业西城分公司支付的物业服务费数额并无不当,法院予以维持。关于违约金,一审法院以亿恒物业西城分公司的损失为基础,结合合同履行以及毅知行教育公司的主观因素等综合考量,酌定毅知行教育公司支付亿恒物业西城分公司违约金20,000元,亦无不当。另外,毅知行教育公司上诉认为涉案房屋门前乱停车等现象始终十分严重,物业服务存在重大瑕疵,毅知行教育公司为解决上述问题支付了费用,主张该部分支出及物业合同重大瑕疵应当在物业费中予以减免。结合一审法院认定的事实及二审中毅知行教育公司提交的照片,法院认为毅知行教育公司的上述主张尚不足以构成其要求减免本案所涉相关费用的合理抗辩,对其该项请求不予支持。综上所述,毅知行教育公司的上诉请求不能成立,应予驳回;一审判决认定事实清楚，适用法律正确，应予维持。判决：驳回上诉，维持原判。[1]

【案例7－31】 江苏钰之鑫物业服务有限公司诉俞某物业服务合同纠纷案

判决观点：连云港市海州区中茵名都物业管理委员会与原告签订的《物业服务合同》系双方真实意思表示，且不违反法律、行政法规的强制性规定，合法有效。原告为中茵名都小区提供物业服务，应按照合同约定提供相关服务。被告作为小区业主，应当及时向原告交纳物业费用，故被告应给付原告尚欠物业费、电梯费、公共水电费等共计7650.4元。被告俞某经法院合法传唤，无正当理由未到庭，视为其对相关诉讼权利的放弃，不利后果依法由其承担。判决：被告俞某给付原告江苏钰之鑫物业服务有限公司物业管理服务费5838.8元、公共水电费750元、电梯费1061.6元，合计7650.4元（欠交期间自2016年11月1日至2020年12月31日）。[2]

"三供一业"分离移交协议是移交企业与接收单位签订的协议，双方协议约定的物业收费标准对于协议之外的业主不具有法律约束力，需经业主与物业服务人双方达成合意方可作为收费依据。物业服务价格的确定是关系到业主"共同管理权利"的"重大事项"，依法属于由业主共同决定的事项，物业服务人与业主未经依法协商确定，就以其委托评估确定的物业收费标准向业主主张物业费，依据不足。"三供一业"移交后物业服务人与业主形成事实物业服务合同关系，业主享受物业服务应履行支付物业费的义务，产权单位与业主在移交前就物业服务有明确约定的，移交后如业主未履行共同决定程序，则应沿用原产权单位与业主关于物业费的约定，不沿用原物业服务约定的，则应经业主共同决定确定物业标准和收费标准。"三供一业"物业分离移交后，物业服务人应及时与业主依法定程序确定物业服务价格。

【案例7－32】 某物业公司诉徐某物业服务合同纠纷案

二审法院认为，2020年5月1日起施行的《北京市物业管理条例》第三十四条规定，"业主大会依照法律法规的规定召开，决定下列事项：……（三）确定或者调整物业服务方式、服务内容、服务标准和服务价格……"本案中，移交协议签订于2020年8月，《物业服务费用评估报告》记载的作出时间是2021年4月2日。关于本案诉争的2021年物业费，根据现有证据，尚不足以认定案涉小区的业主已经依法对确定此期间物业服务价格作出共同决定，且物业公司与徐某亦未就诉争期间物业费达成合意，故对于物业公司要求徐某支付上述期间物业费，法院暂不予支持，最终判决驳回物业公司的

---

〔1〕 北京市第二中级人民法院（2021）京02民终4217号民事判决书。

〔2〕 江苏省连云港市海州区人民法院（2021）苏0706民初8066号民事判决书。

诉讼请求。[1]

(三)物业费特别约定

物业服务合同特别约定涉及合同双方当事人权利义务认定,尤其是关系到业主的费用交纳,如实践中经常发生首层业主能否拒交电梯运营维护费用纠纷。根据《民法典》的规定,业主对小区共有部分享有共同参与和共同管理的权利,同时应当承担相应的义务,但该法没有具体规定何为共有部分中的共有设备设施。最高人民法院《建筑物区分所有权解释》对"共有部分"作了明确规定,即除法律、行政法规规定的共有部分以外,建筑物的基础、承重结构等基本结构部分,通道、楼梯、大堂等公共通行部分,消防、公共照明等附属设施、设备,避难层、设备层或者设备间等结构部分均应属于共有部分。另外,根据原建设部和财政部联合颁发的行政规章《住宅专项维修资金管理办法》第三条的规定,业主共有的附属设施设备一般包括电梯、天线、照明、消防设施、绿地、道路、路灯、沟渠、池、井等。据此,电梯是全体业主的公用设备,属于小区公用部分,小区业主应对物业服务公司提供的物业服务范围中的电梯养护交纳物业费,但有例外情况。《民法典》第八十三条前半段规定,"建筑物及其附属设施的费用分摊、收益分配等事项,有约定的,按照约定"。在判断首层业主是否应当交纳电梯运行维护费用时,首先应看其与物业服务人签订的物业服务合同中是否对这个问题进行了约定,如果合同中已经明确约定首层业主不必交纳电梯运营维护费用,则业主可以不交纳该项费用。如果合同中没有对这个问题进行约定,根据法律规定,首层业主应当交纳电梯运行维护费用。

【案例 7 -33】　某物业公司诉田某物业服务合同纠纷案

判决观点:电梯系全体业主的共有部分,业主在对共有部分享有权利的同时,应承担相应的义务,不得以放弃权利为由而不履行义务。田某与物业公司签订的《前期物业管理服务协议》第六条明确约定物业服务费用中包含了电梯运营费,该协议未就首层业主是否免交或者减交电梯运营费等事项进行约定。故法院对田某不应当交纳电梯运营费的意见,不予支持,判决被告田某给付原告物业公司 2007 年 5 月 1 日至 2009 年 12 月 31 日的物业费共计 7686.73 元,驳回原告物业公司的其他诉讼请求。[2]

---

[1] 北京市第二中级人民法院 2023 年 11 月 28 日物业服务合同纠纷典型案例 5。

[2] 参见北京市高级人民法院编:《审判前沿——新类型案件审判实务》2011 年第 1 集(总第 37 集),法律出版社 2012 年版,第 83 页。

(四)空置房收费标准

所谓空置房是指房屋已经交付即业主领取了钥匙但未入住。空置房并非法律概念,其描述的应是房屋"未使用"的一种事实状态。可从两个层面讲这个问题:(1)在房产销售领域,空置房是指房屋竣工一年后没有售出的房屋,此类房屋的物业费应由开发商交纳。(2)在物业服务领域,空置房应当是指已经销售并交付给业主但未入住的房屋,这里的入住包括进驻装修。因为房屋交付给业主后,业主对房屋已经享有基本的处分、使用权利,进驻装修后就会产生生活和装修垃圾,业主即开始实际享受关涉自身利益的物业服务,此时不能再视为空置房。对空置房的边界未有明确界定,未入住但对房屋已经装修是否属于空置房是有争议的问题。一般认为,只要业主领取钥匙接收了房屋,不论是否入住都实际占有了房屋亦应该交纳物业费。但在一些地方性法规、房屋买卖合同对于空置房有规定或约定时,其空置房的物业费收取标准将发生变化。

地方性规定对空置房物业费收取标准有规定的,法院原则适用地方性的规定。但各地规定的条件和标准并不一致,故法院对空置房的物业费收取标准尺度亦不相同。

【案例7-34】 浙江某物业服务公司诉方某、楼某斐物业服务合同纠纷案

判决观点:2014年1月1日起至2015年12月31日的物业费用,鉴于涉案房屋并未实际入住,依据原《杭州市物业管理条例》的规定,业主尚未居住的物业费按70%收取,2014年5月1日起实施的《杭州市物业管理条例》规定物业费按约定收取。[1]

【案例7-35】 青岛某物业服务集团有限公司胶州分公司诉贤某斌物业服务合同纠纷案

二审法院认为,双方当事人争议的焦点是,涉案的物业费上诉人能否全额收取。对此,法院认为,根据《山东省物业服务收费管理办法》及青岛市物价局、青岛市房产管理局的相关规定,普通住宅交付后空置6个月的,其前期物业费应当减收,具体收费标准按照不超过公共服务费标准的60%执行。[2]

【不同处理】 有的法院认为空置房折扣的地方性法规规定,并不能当然作为减收物业费依据。

---

〔1〕 浙江省淳安县人民法院(2015)杭淳民初字第902号民事判决书。

〔2〕 山东省青岛市中级人民法院(2019)鲁02民终10097号民事判决书。

【案例7-36】　杭州某物业管理有限公司(以下简称某公司)诉蒋某东物业服务合同纠纷案

二审法院认为,某公司有权依据其与案涉小区业主委员会签订的物业管理委托服务合同向业主蒋某东收取物业费。因案涉物业管理委托服务合同中并未约定空置房物业费打折计收,某公司也未同意对蒋某东房屋打折计收物业费,故蒋某东仅依据原《杭州市物业管理条例》规定主张打折计收物业费依据不足,某公司对其他业主物业费的减免亦不能作为蒋某东减免物业费的依据。[1]

物业服务合同对空置房物业费收取标准有约定的,应按约定执行,即适用约定优先原则。换言之,对空置房物业费地方性法规规定收取比例,但又规定物业服务合同另有约定的除外的:合同约定空置房全额收取的,则按其全额收取;合同约定空置房比例收取的,则按其比例收取。

【案例7-37】　河北某物业服务有限公司诉张某东物业服务合同纠纷案

判决观点:根据《石家庄市物业管理条例》第三十七条规定,"连续三个月以上无人居住、使用、装修空置的物业,空置期间按百分之二十缴纳物业服务费。物业服务合同双方另有约定的除外……"而双方的前期物业管理服务协议书第五章第四条明确约定,已交验房屋但不在此居住的业主应全额交纳物业服务费,因此被告要求按20%交纳物业管理费的理由不能成立。[2]

【案例7-38】　宁波市某物业管理有限公司诉李某益物业服务合同纠纷案

判决观点:前期物业管理服务协议书明确约定,空关房的物业管理服务费由业主全额交纳,且被告2007年装修,2008年开始偶尔居住,故被告的商品房不属于空关房,被告要求按空关房的标准计算2012年12月31日之前的物业管理服务费,法院不予支持。[3]

从公平合理角度讲,酌情收费体现权利义务相一致的原则,同样也应适用于空置房收取物业费。虽然双方物业服务合同中明确约定,因业主原因闲置房屋,按全额收取物业费,但现实生活中,业主领取房屋后既未装修入住也未实际享受物业服务,房屋一直处于空闲状态的亦大量存在,物业服务人的服务成本相应有所减少,根据权利义务相一致原则,考虑到物业合同为物业服务人起草的格式合同,法官可以作出核减物业费的判决。

---

[1] 浙江省杭州市中级人民法院(2016)浙01民终3732号民事判决书。

[2] 河北省石家庄市裕华区人民法院(2014)裕民二初字第419号民事判决书。

[3] 浙江省宁波市鄞州区人民法院(2015)甬鄞民初字第5号民事判决书。

三、物业服务费支付处理

(一)物业费扣减处理

物业合同约定的物业费是对无质量问题的物业服务的收费,若物业服务人提供的物业服务存在质量问题,仍然按照合同约定的标准进行收费,就违背了质价相符原则,对业主不公平,同时也不利于督促物业服务人提高物业服务水平,减少与业主的物业服务纠纷。因此,可以根据物业服务人的服务质量对物业费进行核减,物业服务人未履行某项或某几项物业服务时,若物业合同约定分项计收物业费,应按照分项情况扣减物业费;若约定统一收取物业费,应结合当地物业服务情况及该物业服务未履行对业主造成的影响综合认定扣减的物业费。物业服务履行存在瑕疵时,应根据物业服务人的违约程度,结合物业费收费标准和物业服务实际履行情况,以及物业服务瑕疵对业主的影响等综合判定扣减的物业费。常见的如物业服务人提供了保洁、保安服务,但未达到合同约定的标准,法官既不能全额支持物业服务的诉讼请求,亦不宜判决驳回其诉讼请求,而应根据具体案情酌情减少业主欠交的物业费。实践中,对于物业服务人的服务瑕疵,可以作为请求扣减服务费的理由。

【案例7-39】 北京富源通物业管理有限公司(以下简称富源通物业)诉贾某某物业服务合同纠纷案

一审法院认为,富源通物业在提供物业服务期间存在一定的服务瑕疵,故富源通物业要求的物业服务费法院予以适当扣减。二审法院认为,上诉人贾某某提出的漏水、电线短路、单元门安装等及其他上诉人在原审及法院审理期间提出问题,属于物业未及时配合产生的问题或物业管理瑕疵,原审法院已经给予考虑并酌情扣减了富源通物业的物业费,并无不妥,贾某某的上诉请求和理由缺乏事实和法律依据,不予支持。[1]

---

〔1〕 参见国家法官学院案例开发研究中心编:《中国法院2013年度案例》(合同纠纷),中国法制出版社2013年版,第88页。北京市第一中级人民法院(2011)一中民终字第13757号民事判决书。

【案例 7-40】 湖南某物业有限公司(以下简称某物业公司)诉段某忠、娄某民物业服务合同纠纷案

二审法院认为,2010 年 11 月 9 日,某小区业主刘某家中被盗,奇家岭派出所出具的证明显示,因当时小区监控全部损坏,未能及时查明犯罪嫌疑人信息,该案至今未破。本案中,某物业公司提供的常规物业管理服务包括公共场所、房屋共用部位的清洁卫生,垃圾的收集、清运及排水管道、污水管道的疏通,机动车和非机动车的停放管理,公共秩序、安全、消防等事项的协助管理和服务,装饰装修管理服务,专项维修资金的代管,物业档案资料管理等 12 项内容,而某物业公司所履行义务不符合约定之处只是其中的小部分问题,其还属于管理服务质量的瑕疵,因此根据某物业公司的违约程度,综合段某忠、娄某民欠交物业费的情节,法院酌情认定某物业公司承担 10% 的违约责任,即扣减物业费 155.5 元。[1]

物业服务合同是一种双务有偿合同,物业服务应符合质价相符原则,物业服务人提供服务不符合约定的,构成违约应承担违约责任,业主可以要求减少物业费。在具体处理时应注意:其一,审慎适用。物业服务人的服务存在瑕疵应当是严重瑕疵,对于轻微的服务不到位等不应作为酌减的理由,应结合实际对业主的生活影响综合判断。其二,酌情扣减。减少物业费的目的是对物业服务人起到警示作用,促使其依约履行义务,另外可以平衡业主的利益,但由于物业服务人的公众性,对于物业费的扣减幅度不宜过大,一般控制在 10% 至 30% 内。其三,阐述理由。在判决书中法官应该详尽阐明酌减的原因,既让物业服务人知悉情由,敦促其改进工作,又让涉案业主或其他业主了解酌减的具体情况,避免引起不良示范。

【案例 7-41】 广州世纪物业管理有限公司诉刘某某拖欠物业管理费纠纷案

二审法院认为,依据物业管理委托合同,被上诉人负有实行 24 小时保安的义务,每天巡查 12 次,固定岗设 15 个并对电梯、大堂等监控,根据合同的约定,被上诉人提供的保安应该比较完备,但上诉人的房屋在 2003 年 8 月 31 日至 11 月 8 日被盗窃 5 次,尤其是上诉人将房屋被盗情况告知被上诉人后,被上诉人理应加强对上诉人房屋所在区域的保安监控,但上诉人的房屋仍然在短时间内多次被盗,可见被上诉人没有切实履行物业管理委托合同中约定的保安义务,故自 2003 年 9 月 1 日起的物业管理费中应扣减保安方面的费用。由于物业管理委托合同没有明确保安费的具体数额,而合同约定的物业

---

〔1〕 湖南省岳阳市中级人民法院(2015)岳中民二终字第 87 号民事判决书。

公司管理义务共有9项，故保安费占物业管理费总额的1/9为宜。被上诉人的物业管理不仅包括保安而且还包括公共环境、清洁卫生等8项义务，上诉人没有提供证据证实被上诉人没有履行上述8项义务，故上诉人以被上诉人没有切实履行保安义务拒绝支付其余8项物业管理费没有依据，法院不予支持。虽然物业管理委托合同明确约定了逾期交纳物业管理费的违约责任，但被上诉人没有切实履行物业管理合同中约定的保安义务，且物业管理合同没有明确约定物业管理费中应如何扣减保安费，故上诉人不应支付逾期交纳物业管理费的滞纳金，原审法院判令上诉人支付滞纳金不当，法院予以纠正。〔1〕

【案例7-42】 启东市银洲物业管理有限公司（以下简称银洲公司）诉施某某物业服务合同纠纷案

二审法院认为，银洲公司向启东市物价局申报涉案小区物业服务等级为五级，启东市物价局以函件的形式予以同意，其应当按照五级服务标准提供服务，该五级服务标准应视为物业服务合同的组成部分。银洲公司提供物业服务存在瑕疵，应承担违约责任。因物业服务具有公共服务的性质，关系到小区全体业主的切身利益，需要业主与物业公司相互配合才能提高小区的物业服务质量，业主不及时交纳物业费也会使得物业企业无法维持正常运营和提供符合约定的物业服务。综上，酌定银洲公司按照每月0.36元/m^2（原收费标准的80%）向施某某收取物业费。〔2〕

个案中，法官依据公平原则结合具体案情行使自由裁量权确定核减比例。

【案例7-43】 郴州某物业服务有限公司诉彭某等物业服务合同纠纷案

判决观点：某开发有限公司与原告签订的《物业管理委托合同》对被告彭某、A公司均具有约束力。因此，原告某物业服务有限公司应当按照《物业管理委托合同》的约定提供物业服务，被告彭某、A公司应当履行支付物业服务费的义务。本案中，因物业的使用人彭某未支付物业服务费，被告A公司应负连带交纳责任。但被告彭某自2006年9月经营某某宾馆以来，自行开设水、电户头并交纳水电费，自行管理水电设施，自行聘请安保人员和保洁人员，且某某宾馆的消费车辆也未享有物业公司的停车服务。对以上服务项目，原告本应按《物业管理委托合同》履行服务义务，而本案中，原告未按《物

---

〔1〕 参见最高人民法院中国应用法学研究所编：《人民法院案例选》2005年第4辑（总第54辑），人民法院出版社2006年版，第185页。广东省广州市中级人民法院（2004）穗中法民四终字第3968号民事判决书。

〔2〕 参见国家法官学院案例开发研究中心编：《中国法院2017年度案例》（合同纠纷），中国法制出版社2017年版，第237页。江苏省南通市中级人民法院（2015）通中民终字第00355号民事判决书。

业管理委托合同》的约定全部履行物业管理服务。根据公平合理和等价有偿原则,原告向被告收取的物业服务费标准应相应核减。根据本案具体情况,物业服务费标准可以参照住宅物业服务费定价,调整为0.35元/平方米/月为宜。至于拖欠物业管理费的滞纳金问题,因原告某物业服务有限公司提供的服务项目减少,被告彭某与原告之间对物业管理费的标准存在争议,在争议未解决之前,不宜要求被告支付该段时间物业管理的滞纳金。据此,法院判决被告彭某和被告A公司支付原告某物业服务有限公司物业服务费38,449.593元。[1]

【案例7-44】　温州市某物业管理有限公司(以下简称某物业公司)诉戚某冬物业服务合同纠纷再审案

再审法院认为,2014年8月底,某大厦业主委员会因某物业公司服务不到位,解除了与某物业公司的物业服务合同。某物业公司在原审庭审中对上述事实亦予以认可。原审据此认定某物业公司系被解聘,业主尚未交纳的物业管理综合服务费按70%的标准计付,并无不当。[2]

【案例7-45】　广州市番禺区某物业管理有限公司诉广州市番禺区某房地产开发有限公司物业服务合同纠纷案

二审法院认为,某物业管理有限公司提供的物业服务确实存在瑕疵,根据瑕疵程度及影响,物业管理费以95%折扣处理。[3]

个案中,法官根据案情决定判令业主支付物业费的数额。

【案例7-46】　淮安市中房物业服务有限公司诉赵某某物业服务合同纠纷案

判决观点:小区开发商以及小区业主委员会与物业服务企业签订的前期物业服务合同,对业主具有约束力。业主应当按照约定向物业服务人员支付物业费。物业服务人已经按照约定和有关规定提供服务的,业主不得以未接受或者无须接受相关物业服务为由拒绝支付物业费。本案中,原告与房产开发企业签订的前期物业管理服务合同合法有效,被告作为业主,应当根据物业服务合同的约定交纳物业服务费用。原告通过向被告打电话催要物业费,诉讼时效已中断,故被告辩称原告主张物业费已过诉讼时效不能成立。2015年9月1日至2017年12月31日,被告未向原告交纳物业服务费,对原告主张被告支付该期间物业费的诉请,其合理的部分法院予以支持。涉案房屋自

〔1〕参见骆鑫、刘娅编著:《物业管理纠纷案例与实务》,清华大学出版社2017年版,第88页。
〔2〕浙江省高级人民法院(2016)浙民申250号民事裁定书。
〔3〕广东省广州市中级人民法院(2015)穗中法民五终字第5734号民事判决书。

2013年始用于开设宾馆,正常使用中,结合原告实际服务状况,综上所述,法院酌定被告向原告交纳物业费24,100元。判决:(1)被告赵某某支付原告淮安市中房物业服务有限公司物业费24,100元;(2)驳回原告淮安市中房物业服务有限公司其他诉讼请求。[1]

【案例7-47】 北京卓信中达物业服务集团有限公司诉刘某某物业服务合同纠纷案

二审法院认为,本案中,刘某某上诉主张,一审判决遗漏了卓信中达公司主动侵占绿地、私划车位、业主入住13年来小区可视对讲系统仍未修复等严重违约事实;更忽略了卓信中达公司未及时修缮共用部位外立面开裂砌块、占用消防车道,致使不特定多数人生命财产安全处于危险之中的严重情形,仅以私搭乱建、违法建设为依据作出的酌减比例,显然不能与卓信中达公司严重违约事实相适应。一审判决还遗漏卓信中达公司丧失商誉事实,应当依法维护刘某某的不安抗辩权利。对此法院认为,首先,一审法院根据双方提交证据的情况已经认定了卓信中达公司提供的物业服务存在瑕疵的问题,但并非仅依据涉案小区内存在违法建设、私搭乱建行为的事实,而是根据卓信中达公司提供的小区整体的物业服务情况而作出的认定。其次,卓信中达公司对于制止私搭乱建、违法建设缺乏法律强制执行权力,而建筑物的外墙维修涉及公共维修基金的使用问题,均非卓信中达公司单方提供物业服务的范畴,不能仅据此认定卓信中达公司存在严重违约行为。而卓信中达公司是否丧失商誉亦不影响其主张已经发生的物业服务费用。综上所述,鉴于一审法院已经认定了卓信中达公司提供的物业服务存在瑕疵,并据此酌减了刘某某应当支付的物业服务费用,刘某某虽主张酌减过少,但亦并未提交充分证据证明一审法院酌减比例过低,故对于刘某某的该项上诉主张,法院不予支持。刘某某上诉还提出一审法院认定卓信中达公司向刘某某主张过债权事实认定错误,自2014年10月以来,刘某某从未收到卓信中达公司任何形式交纳物业费用通知。一审判决仅以卓信中达公司提供的几张催费单复印件,就认定卓信中达公司向刘某某主张过权利,根本不具备说服力。一审判决适用法律严重错误,在卓信中达公司未向刘某某主张过债权的事实情况下,自卓信中达公司起诉之日起往前3年至2017年11月25日后的物业费在诉讼时效内,其余部分债权已过诉讼时效。即使考虑《北京市高级人民法院关于审理物业管理纠纷案件的意见》,卓信中达公司显然也无法提供任何有效证据证明其及时主张过债权,在明显怠于行使债权情形下,一审判决依据长期性、连

---

〔1〕 江苏省淮安经济技术开发区人民法院(2021)苏0891民初4454号民事判决书。

续性特点而不采纳诉讼时效，也不是遵循北京市高级人民法院相关规定，而是对诉讼时效的随意认定，严重地损害了刘某某的合法权益。对此法院认为，虽然刘某某不认可卓信中达公司提交的交费通知单的真实性，但结合物业服务费用催交的行业惯例，法院认为卓信中达公司采用张贴交费通知单的方式对于物业服务费用进行过连续催交的事实具有高度盖然性；且物业服务本身具有长期性、连续性的特点，一审法院结合相关解释意见，认定在审理物业服务合同纠纷的案件中对诉讼时效的认定不宜过苛，并无不当，亦不违反法律规定。刘某某关于卓信中达公司主张的部分物业服务费用已超过诉讼时效的上诉主张，缺乏事实和法律依据，法院不予采信。综上所述，刘某某的上诉理由不能成立，对其上诉请求，法院不予支持。判决：驳回上诉，维持原判。[1]

【案例7－48】　碧桂园生活服务集团股份有限公司连云港分公司诉杨某某物业服务合同纠纷案

一审法院认为，碧桂园公司为杨某某提供物业服务，杨某某应给付物业服务费。因杨某某于2018年9月20日才接收房屋，故其物业服务费应从该日起算。另杨某某已预交物业管理服务费79,711.31元，足以支付至2020年10月31日期间已产生的物业管理服务费73,481.16元，故对碧桂园公司主张自2019年5月1日至2020年10月31日物业费的诉讼请求，一审法院不予支持。杨某某辩称其与碧桂园公司之间无物业服务合同关系及其物业不属于碧桂园公司服务范围，与事实不符，故对此意见，一审法院不予采信。判决：驳回碧桂园公司的诉讼请求。二审法院认为，经审查，涉案房屋的建设单位依法与被上诉人签订了《连云港碧桂园前期物业服务合同》，将包括涉案房屋在内的整个小区的物业交由被上诉人进行服务，该前期物业服务合同合法有效，上诉人应受该前期物业服务合同的约束。上诉人主张不应按照3元/平方米/月的标准计取物业费，法院认为，涉案房屋的性质为商铺，前期物业服务合同明确约定商铺的计费标准为3元/平方米/月，上诉人也未提供证据证明该标准违反了法律、法规的强制性规定，故上诉人的该项上诉主张不能成立，法院依法不予采信。上诉人还上诉主张涉案房屋与被上诉人服务的住宅性质的房屋分属于两个不同的物业管理区域，被上诉人亦未向其提供物业服务，故其不应支付物业费。法院认为，经审查，上诉人并未提供证据证明涉案的房屋与被上诉人服务的住宅性质的房屋分属于两个不同的物业管理区域，且综合双方当事人提供的证据，被上诉人向上诉人提供了物业服务，上

〔1〕北京市第三中级人民法院（2021）京03民终9621号民事判决书。

诉人交纳物业费的行为也印证了其认可被上诉人向其提供了物业服务费的事实,故上诉人作为业主及物业受益人有义务交纳物业服务费。但是被上诉人作为物业服务企业,也应当提供合格的物业服务,即便对于空置的房屋的物业服务也应达到合同约定的服务标准,鉴于被上诉人提供的物业服务不到位,法院结合实际对于物业服务费酌情扣减30%,故上诉人应向被上诉人交纳自2018年9月20日至2020年10月31日的物业服务费共计51,436.81元(73,481.16元×70%=51,436.81元),一审法院对该部分事实认定错误,法院依法予以纠正,其他事实认定部分正确,法院依法予以确认。综上所述,上诉人杨某某的上诉请求能够成立;一审判决认定部分事实错误,但判决结果正确,应予维持。判决:驳回上诉,维持原判。[1]

(二)返还物业费处理

《物业服务解释》第二条第二款规定:"业主请求物业服务人退还其已经收取的违规费用的,人民法院应予支持。"该条是对物业服务人违规收费处理的规定。物业服务人擅自提高收费标准、扩大收费范围、重复收费的,业主有权拒绝,法院应该判决物业服务人返还业主多交的物业费。

【案例7-49】 安阳某物业管理责任有限公司诉赵某物业服务合同纠纷案

判决观点:某花园管理处系原告非依法设立的分支机构,原告应承担其权利义务。《前期物业管理服务协议》系双方当事人真实意思表示,原、被告之间形成物业服务合同关系。被告辩称2005年11月9日正式入住小区,原告没有出示相反证据。2004年12月5日至2005年11月9日应按空置房屋收费,收费标准应依据(安价房〔2007〕127号)通知,协议属格式条款,约定空置房收费标准与通知相抵触而无效,计11个月,应收费33元。原告提交收费许可证的有效日期自2005年3月21日起,鉴于原告已实际提供物业服务且以双方协议作为依据,原告收取一定服务费用不违反法律、行政法规的强制性规定,需要强调的是这只是对物业公司劳务的一种等价交换,并非对在收费许可有效期外收费的认可,且该种交换应以相应的协议作为基础。被告辩称2007年4月18日原告退出小区物业服务,且提交情况说明和告示、报纸。原告没有出示相反证据。2005年11月9日被告已正式入住至2007年4月18日,计17个月,0.25元/(平方米·月)×119.07平方米×17个月≈

---

〔1〕 江苏省连云港市中级人民法院(2021)苏07民终4918号民事判决书。

506元。原告没有证据证明2007年4月18日后继续提供协议约定的物业服务,其请求该阶段物业费缺乏依据。综上所述,被告共需支付原告物业费539元,已支付500元,尚欠39元。原告请求被告支付生活垃圾清理费,由于收费项目已包括垃圾清理费,且原告提交通知不能证明原告有收取该费的权利,原告收取生活垃圾处置费没有依据。被告请求返还收取的100元垃圾清运费,应予支持。折抵尚欠39元物业费,原告需返还61元。[1]

个案中,对于业主提出物业服务人多收物业费应予返还的问题,法官根据具体案情处理。

【案例7-50】 阳泉市宏诚物业服务有限公司诉尹某某物业服务合同纠纷案

二审法院认为,本案中,尹某某系阳泉市某家园小区业主,宏诚物业公司系案涉小区的物业服务企业,宏诚物业与某家园小区建设单位阳泉市某房地产开发有限责任公司依法签订的《前期物业服务合同》主体适格,意思表示真实,内容不违反法律、行政法规的强制性规定,应当认定有效,对双方当事人均具有法律约束力,双方应按合同约定履行权利和义务。宏诚物业公司依照合同约定向业主提供了服务,尹某某作为业主亦应履行交纳物业费的义务。尹某某称宏诚物业服务不到位,存在严重质量问题和瑕疵,但其提供的照片和证人证言等证据,不能充分证明其主张,故一审判决尹某某交纳相应的物业费并无不当;关于尹某某提出的物业服务收费标准高问题,因在案有阳泉市××区物业费收取标准的文件予以规范,故对上诉人此项上诉理由不予采纳;关于尹某某提出被上诉人应退还多收取的其他物业费的问题,因此项争议不在本案诉请范围,故法院不予审理;关于尹某某提到的宏诚物业应赔偿其住宅专项维修金,以及物业公司将部分公用房屋出租,收取租金的问题,不属本案审理,上诉人可另行主张权利。本案系由业主拒交物业费引起,物业服务与小区业主的生活休戚相关,一审法院虽判决尹某某交纳物业管理费,其上诉请求和理由依法亦不能成立。但通过本诉也可以看出,宏诚物业公司服务质量确有需要提高和改进的地方,宏诚物业对于业主的意见也应诚恳接受,加强沟通协调,确保小区和谐安稳,避免纠纷的发生。综上所述,尹某某的上诉请求不能成立,应予驳回。判决:驳回上诉,维持原判。[2]

---

〔1〕 参见骆鑫、刘娅编著:《物业管理纠纷案例与实务》,清华大学出版社2017年版,第146页。
〔2〕 山西省阳泉市中级人民法院(2021)晋03民终77号民事判决书。

(三)物业费诉讼处理

1.群体性欠费诉讼

现实社会中,小区内拖欠物业费的业主往往不止一两个,经常是一部分业主。物业纠纷诉讼具有群体效应,审理结果具有示范效应。因此,物业服务人在起诉案涉小区内拖欠物业费的业主时,并不是简单地将所有拖欠物业费的业主一并起诉至法院,而是先针对其中的少数人提起诉讼,这种做法可以称之为选择性的欠费诉讼。这种诉讼表面上所体现的是个别业主违约拖欠物业费,一般情况下法院都会按照双方之间物业管理费的支付情况进行审查。因此类案件事实简单、证据缺少,通常法官会判令业主交纳物业费,并承担相应的滞纳金。即使部分业主提出的诸多抗辩理由有一定道理,也会因没有证据而不会得到支持。物业服务人在个案胜诉后,再起诉其他拖欠物业费的业主,把诉讼当成实现收费的手段,但物业服务人服务中存在的问题、业主对服务提出的合理要求均未得到解决。从法院个案判决来看是公正的,但从此类案件整体分析就存在一定问题。就此类群体性欠费纠纷,在前案已作出判决的前提下,后案是否遵循同案同判的审判原则有不同看法。笔者认为,对群体性欠费纠纷,在一般情况下坚持同案同判的审判原则,对于同类案件的裁判依据以及裁判结论之间,应保持内在的连贯性和延续性,减少不同法院作出自相矛盾的裁判,维护判决的公信力,但要对同案作出合理的理解,由于同一小区业主在诉讼中的抗辩主张和举证情况不同,完全有可能导致同一小区不同业主诉讼结果不同的情形,这是民事诉讼的正常规律。对此类案件的处理,应允许法官在法律效果和社会效果有机统一前提下,其后案的处理结果与前案有不同之处,司法实践亦有实例。

【案例7-51】 广州市科泉物业管理有限公司(以下简称科泉公司)诉刘某某、李某某物业服务合同纠纷案

一审法院认为,2007年1月开始,科泉公司按新的收费标准收取物业服务费,但由于科泉公司此行为未能取得绿佳花园小区所有业主的支持与理解,导致包括本案刘某某、李某某在内的35户业主亦于2010年2月分别向该院提起诉讼,要求本案科泉公司退回多收部分的物业管理费。据此可见,双方对于管理费收费标准的分歧极大,当时情况下矛盾难以调和,故刘某某、李某某关于“科泉公司因其不愿按1.2元/平方米/月的标准交纳管理费而拒绝收取水电费、垃圾处理费及按0.8元/平方米/月先行交纳的管理费”的陈述是真实可信的,予以采信,导致上述费用至今仍未交纳并不可完全归责于刘某某、李某某。综合以上案情，依照公平合理的民法原则，对于科泉公司要求刘某某、李某某支付上述滞纳金的诉请，不予支持。二审法院认为，原判综合本案案情，依照公平合理的民法原则，对于科泉公司要求刘某某、李某某支付上述滞纳金的诉请不予支持并无不当。[1]

2. 安置房物业费交纳主体

安置房的所有权人和实际经营管理责任人是否应当承担安置房管理的连带责任是疑难问题之一。

【案例7－52】　厦门永祥物业服务有限公司诉厦门市集美国有投资公司(以下简称集美国投)等物业服务合同纠纷案

判决观点：关于物业费责任主体问题，根据《2009年物业服务解释》第七条的规定，被告王某某作为讼争物业的实际使用人，在接受了原告提供的物业管理服务的同时，理应履行交纳物业管理费、公维金之义务。被告集美国投基于集美区政府的决定、相关合同的约定，对讼争物业负有经营管理职责，对上述费用的交纳应当承担连带责任。原告在合同约定中对讼争物业产权所有人即被告集美建设局交纳物业费采取放弃态度，故原告要求集美建设局承担连带责任的请求，不予支持。关于公维金问题，被告王某某主张讼争物业属于(集府专〔2010〕46号)专题会议纪要中的空置安置房，应由集美国投交纳物业费和公维金，不符合事实和相关规定，不予采信。[2]

3. 物业费催告

《民法典》第九百四十四条第二款规定："业主违反约定逾期不支付物业费的，物业服务人可以催告其在合理期限内支付；合理期限届满仍不支付的，物业服务人可以提起诉讼或者申请仲裁。"实践中，业主逾期未支付物业费的，物业服务人一般要先进行催告。其催告的方式，可以单独向欠费单个业主作出，亦可以在小区内针对众多欠费业主公告。

关于催告是否为诉讼的前置程序，立法者在其释义中态度十分明确，需要指出的是，催告不是物业服务人提起诉讼或者申请仲裁的前置程序。业主违反约定逾期不支付物业费的，不要求物业服务人必须先进行催告，物业服务人也可以不

〔1〕参见国家法官学院案例开发研究中心编：《中国法院2014年度案例》(合同纠纷)，中国法制出版社2014年版，第175～176页。广东省广州市中级人民法院(2011)穗中法民五终字第737号民事判决书。

〔2〕参见国家法官学院案例开发研究中心编：《中国法院2014年度案例》(合同纠纷)，中国法制出版社2014年版，第164页。福建省厦门市集美区人民法院(2012)集民初字第1648号民事判决书。

经催告直接向法院提起诉讼或者申请仲裁，以保护自己的合法权益。[1]

有法官认为，在司法实务中，需要明确的主要问题是，催告履行是否属于物业服务人提起诉讼的前置程序。各地法院对此意见不一，存在两种截然相反的裁判观点。从《民法典》第九百四十四条第二款文义的逻辑结构来看，业主逾期支付报酬后，物业服务人如欲通过诉讼方式请求业主支付报酬的，必须先履行催告付款的程序。物业服务人没有履行催告程序即提起诉讼的，可以参考实务中的通常做法，裁定驳回其起诉。物业服务人完成催告付款程序后，可以再行提起诉讼。另外，还需特别注意的是，相较于《2009 年物业服务解释》第六条的规定，物业服务人采取合理催告的方式不再限于“书面催交”，只要物业服务人能够证明其已经将催告的通知妥当送达业主即可。[2]

《民法典》第九百四十四条第二款规定与《2009 年物业服务解释》第六条规定在催告问题上不一致处，应以法律规定为准，况且该条司法解释已经废止。在《民法典》颁布前，法院依据《2009 年物业服务解释》第六条的规定，对物业服务人未经书面催交物业费的，法院主要有三种处理模式。

其一，不予受理，已经受理的以不符合法定起诉条件驳回起诉。

【案例 7－53】 李某诉济宁甲物业服务有限公司物业服务合同纠纷案

二审法院认为，本案中，济宁甲物业服务有限公司虽然主张多次向李某催交物业费，但在一、二审中均未提交其向李某书面催交物业费的相关证据，且李某对济宁甲物业服务有限公司向其进行了书面催交不予认可。故应认定济宁甲物业服务有限公司并未在提起本案诉讼前向李某送达有效的催交物业管理费的书面通知，故其提起本案诉讼的法定条件未成就，依法应驳回其起诉。[3]

【案例 7－54】 桐庐 LT 物业管理有限公司诉夏某泉等物业服务合同纠纷案

判决观点：原告并未先行送达催交通知书而提起诉讼，应予以驳回起诉。[4]

其二，向法院起诉可视为书面催交。

【案例 7－55】 福州 HS 物业管理服务有限公司（以下简称 HS 公司）诉翁某某物业服务合同纠纷再审案

再审法院认为，《物业管理条例》第六十四条规定虽体现了“督促限期交

[1] 参见黄薇主编：《中华人民共和国民法典合同编释义》，法律出版社 2020 年版，第 940 页。

[2] 参见中国审判理论研究会民事专业委员会编著：《民法典合同编条文理解与司法适用》，法律出版社 2020 年版，第 739～740 页。

[3] 山东省济宁市中级人民法院（2018）鲁 08 民终 3493 号民事裁定书。

[4] 浙江省桐庐县人民法院（2016）浙 0122 民初 397 号民事裁定书。

纳”及“经书面催交”，但小区业主委员会有无催交并不影响物业服务企业对自身诉权的行使，况且 HS 公司早于 2012 年就起诉要求翁某某支付拖欠的 2009 年 3 月 16 日起至 2012 年 5 月的物业服务费及公摊水电费。HS 公司通过起诉来主张权利属“书面催交”的一种方式，上述规定中的书面催交程序属于管理性规范，与 HS 公司是否有权起诉无关。[1]

【案例 7－56】 重庆市 ZN 物业管理分公司诉唐某某物业服务合同纠纷案

二审法院认为，被上诉人曾于 2013 年因物业服务费收缴问题将上诉人诉至法院，证明了被上诉人进行过书面催收，上诉人关于未书面催交而拒交物业服务费的上诉请求，法院不予支持。[2]

其三，未经书面催交，应驳回物业服务人诉讼请求。

【案例 7－57】 濮阳市 QH 物业服务有限公司诉王某物业服务合同纠纷再审案

二审法院认为，濮阳市 QH 物业服务有限公司提供的证据不足以证明其已书面通知王某交纳 2014 年 1 月至 2015 年 12 月物业管理费、公摊费及滞纳金，且王某否认其对书面催交通知知晓，故对该请求不予支持。判决驳回濮阳市 QH 物业服务有限公司的诉讼请求。再审法院亦持同样意见，驳回濮阳市 QH 物业服务有限公司的再审申请。[3]

应当注意的是，在物业服务人催告的合理期限内，不管业主是否作出拒绝支付物业费的意思表示，物业服务人都不能提起诉讼或申请仲裁，必须满足业主在合理期限届满仍不支付的条件，才可以提起诉讼或申请仲裁。之所以这样规定，是为了尽最大可能缓和业主和物业服务人之间的关系，给予双方足够的时间解决纠纷，避免矛盾激化。[4]

4. 物业费请求疑难问题

物业服务合同约定的服务区域未包含物业，物业服务人请求物业费的，应提供证据证明对该区域提供了物业服务。

---

〔1〕 福建省高级人民法院（2016）闽民申 1943 号民事裁定书。

〔2〕 重庆市第四中级人民法院（2014）渝四中法民终 01117 号民事判决书。

〔3〕 河南省濮阳市中级人民法院（2016）豫 09 民终 1295 号民事判决书。

〔4〕 参见最高人民法院民事审判第一庭编：《民事审判指导与参考》2022 年第 1 辑（总第 89 辑），人民法院出版社 2022 年版，第 137 页。

【案例7－58】 本溪某物业有限公司(以下简称某物业公司)诉本溪某房地产开发有限公司物业服务合同纠纷再审案

最高人民法院认为,某物业公司主张物业服务合同约定的物业服务区域包括某公寓负一层及公建一层、二层,其有责任提供证据证明自己的主张。物业服务合同载明的物业服务类型为商住楼20层,但是某公寓的客观实际是一栋23层单体楼宇。某物业公司作为专业的物业服务公司,在签订合同时应当注意到合同约定的物业服务区域与某公寓客观实际不同这一事实,但是其未与某公寓业主委员会对合同内容进行补充或者修改,且在2009年所签物业服务合同到期后,续签2011年6月1日至2014年5月31日的物业服务合同时仍然约定物业服务类型为商住楼20层,也就是说,某物业公司在签订合同时,对其提供物业服务的区域仅为商住楼20层,并非某公寓全部楼层是明知的。据此,某物业公司提供的证据不足以证明物业服务合同约定的物业服务区域包括某公寓负一层及公建一层、二层,亦不足以证明其已实际为该三层提供了物业服务,其应当承担于己不利的法律后果。[1]

物业服务合同未约定或超出约定范围物业服务,业主明确拒绝其物业服务的,物业服务人以不当得利为由主张物业费的不受法律保护。

【案例7－59】 广州某物业管理有限公司深圳分公司(以下简称某深圳分公司)诉深圳某进出口有限公司(以下简称某公司)等合同及不当得利纠纷再审案

最高人民法院认为,根据物业管理的相关规定,选聘和解聘物业服务企业应当由业主共同决定。深圳某某实业公司与某深圳分公司于2008年9月3日签订了某大厦物业管理服务合同,明确约定物业服务范围限于所属建筑面积16,237.17平方米,即深圳某某实业公司拥有产权的物业及相关设备设施。虽然某深圳分公司实际提供的物业服务涉及了某公司的物业范围,但据《广东省物业管理条例》第三十一条第二款规定,物业管理公司在物业管理委托合同约定以外自行提供服务,未经业主委员会或者业主认可的,业主或者使用人可以不支付服务费用。某公司对某深圳分公司的物业管理不予认可,原判决并未否定上述某大厦物业管理服务合同的效力,只是认定该合同对某公司不发生法律效力,并据此认定某公司无须负担2008年9月至2013年7月的物业费,不违反上述规定,并无不当。[2]

---

〔1〕 最高人民法院(2016)民申641号民事裁定书。

〔2〕 最高人民法院(2018)民申1379号民事裁定书。

(四)合同终止物业费处理

由于种种原因,物业服务期限届满,或者物业服务合同被解除,导致物业服务合同终止的,物业服务人可能还继续为业主提供物业服务,此时物业服务人是否有权主张业主交纳物业费,应当根据具体情况来进行判断。如果物业服务合同终止后,物业服务人应当退出物业服务区域而拒绝退出的,按照《民法典》第九百四十九条的规定,物业服务人不得请求物业服务合同终止后的物业费,而且如果物业服务人给业主造成损失的,还应当赔偿业主的损失。根据《民法典》第九百五十条的规定,在物业服务合同终止后,在业主或业主大会选聘的新物业服务人或者决定自行管理的业主接管之前,原物业服务人应当继续处理物业服务事项,而业主也继续接受物业服务的,即使当事人在此期间没有订立正式的物业服务合同,业主仍有义务支付相应的报酬。其法理基础,有的观点认为,此时双方当事人实际上形成一种事实合同关系;也有观点认为,物业服务人继续服务的行为构成无因管理;还有观点认为,双方当事人是以默示的方式变更了物业服务合同,延长了物业服务期限。[1]

实践中,物业服务合同被确认无效或撤销后,已经提供物业服务的物业服务人要求业主给付相应物业费的,可以结合物业服务合同约定、物业服务人实际提供的物业服务水平、有关部门提供的物业服务成本、当地物业服务标准等因素合理确定。

物业服务合同终止后,原物业服务人担负后合同义务继续提供物业服务的,有权向业主主张该期间的物业费。

【案例7-60】　张某芳诉上海甲物业管理有限公司(以下简称甲物业)物业服务合同纠纷再审案

再审法院认为,民事活动应当遵循公平、等价有偿等原则。涉案小区业委会与甲物业签订的物业服务合同终止后,由于涉案小区业主大会未能通过合法有效的程序选聘新的物业服务企业,故甲物业担负起后合同义务,仍根据原物业管理服务合同实际承担涉案小区的物业服务,其有权向被服务对象主张相应期间的物业服务费。[2]

---

〔1〕 参见黄薇主编:《中华人民共和国民法典合同编释义》,法律出版社2020年版,第937页。

〔2〕 上海市高级人民法院(2014)沪高民一(民)申字第112号民事裁定书。

【案例7-61】 苏州依士达物业管理有限公司吴江分公司诉袁某物业服务合同纠纷案

判决观点:双方的争议焦点是物业费的计算区间及物业收费标准是否应予以调整。关于物业费计算区间。依士达公司认为与天城花园一期的前期物业服务合同是否终止以及终止时间的判决是在2018年1月15日判决的,依士达公司2018年1月31日撤场完毕属于合理缓冲时间,虽然判决书确认合同终止时间为2016年10月10日,但在2016年10月10日至2018年1月31日依士达公司一直在小区提供服务,故物业费应计算至2018年1月31日。袁某认为2016年10月10日天城花园一期业委会与万科物业公司签订《物业服务合同》,并向依士达公司发送终止物业服务的函要求其于2017年1月10日前搬离小区并完成物业交接工作,因此前期物业服务合同已于2016年10月10日终止,物业费只能计算至2016年10月10日。前期物业服务合同终止时间已有生效法律文书确认,双方均没有争议,双方争议的焦点是涉案前期物业服务合同终止后依士达公司提供的物业服务业主是否应支付费用问题。法院认为,根据法律规定,合同终止后,双方权利义务终止,依士达公司拒绝退出、移交,并以存在事实上的物业服务关系为由,请求业主支付物业服务合同权利义务终止后的物业费的,没有法律依据,法院不予支持。天城花园一期业委会向依士达公司送达的前期物业服务协议终止函要求依士达公司于2017年1月10日前搬离并完成交接手续,应理解为业委会给予依士达公司3个月合理的撤场期限,依士达公司主张业主支付该期限内的物业费法院予以支持,故依士达公司请求支付物业费计算日期截止时间为2017年1月10日。关于物业费计算标准。依士达公司主张按照合同约定应按1.9元/月/平方米计算,袁某认为依士达公司提供的物业服务不符合合同约定标准,主张物业费按照7折计算。法院认为,关于2015年1月1日起至2015年12月31日的物业费,袁某并没有证据证明依士达公司提供的物业服务不符合合同约定的标准,对其主张扣减相应的物业费的主张法院不予支持;关于2016年1月1日至2017年1月10日的物业费,根据法院已生效的(2017)苏0509民初4523号案件查明的事实,2016年依士达公司被评定为不合格小区,袁某主张扣减部分物业费的主张并无不当,故法院酌定自2016年1月1日起至2017年1月10日的物业费按20%比例扣减。综上所述,袁某应支付自2015年1月1日起至2015年12月31日的物业费,计3275.9元(12个月物业费:143.68×1.9×12),自2016年1月1日起至2016年12月31日的物业费,计2620.7元(12个月物业费:143.68×1.9×12×0.8),2017年1月1日起至2017年1月10日的物业费计72元(10天物业费:143.68×1.9×0.33×0.8),合计5968.6元。关于依士达公司主张的逾期交纳物业费的利息损失，本案认为，袁某未按期支付物业费显属违约，应赔偿因此给依士达公司造成的损失，现依士达公司以提起诉讼的方式向其主张支付物业服务费并自起诉之日起赔偿其利息损失符合法律规定，应予以支持，但利率应予以调整。逾期付款利息应自起诉之日即2021年6月25日起算，利率应按同期全国银行间同业拆借中心公布的贷款市场报价利率（LPR）计算。判决：被告袁某于本判决生效之日起十日内给付原告依士达物业管理有限公司吴江分公司物业管理费5968.6元，并赔偿利息损失。（以5968.6元为基数，自2021年6月25日起计算至实际付清之日止，按同期全国银行间同业拆借中心公布的贷款市场报价利率（LPR）计算）。[1]

（五）物业费债权转让处理

在现实社会生活中，当小区物业管理权发生变更时，退出小区的物业服务人因担心无法收回业主的欠费而不愿撤出。原物业服务人往往与后手的物业服务人协商，将接受转让未收取物业费作为及时撤出小区的一个前提条件，双方就退出小区时转让未收取的物业费达成协议。转让收取拖欠物业费的协议履行中时常发生争议，主要涉及转让协议效力和通知问题。

就转让协议效力而言，转让协议中的物业费债权是普通债权，不属于法定禁止或限制转让的范围。只要双方就转让债权意思表示真实，不存在前手物业服务人以欺诈、胁迫手段订立合同的情况，则合同不能认定无效。因此，此类协议一经签订立即生效。更为重要的是，该转让协议独立存在，不受事后受让方能否收回受让物业费的影响。转让协议约定的付款时间一到，前手物业服务人就可以向后手物业服务人主张转让债权。所以，受让债权的物业服务人可能存在无法全部追回受让物业费的风险。

就转让协议通知而言，《民法典》第五百四十六条第一款规定："债权人转让债权，未通知债务人的，该转让对债务人不发生效力。"前手物业服务人将其对小区业主享有的物业费债权转让给后手物业服务人的，其有法定义务将物业费债权转让事实通知各欠费业主。依法律规定，前手物业服务人的物业费债权转让未通知欠费业主的对其不发生效力。如果转让协议约定限制前手物业服务人将转让条款对外发布的，前手物业服务人没有将物业费债权转让的事实通知欠费业主，则对欠费业主不发生效力。但债权让与合同的生效并不以同意为条件，让与人与受让人一经达成债权转让协议，债权让与立即生效，对债务人的转让通知义务的

〔1〕 江苏省苏州市吴江区人民法院（2021）苏0509民初7736号判决书。

履行情况只能影响转让协议对债务人的外部效力,并不影响业已达成的债权转让协议的生效。对于未通知欠费业主的责任,应根据合同约定划分责任,但后手物业服务人以前手物业服务人未履行对欠费业主转让通知义务作为拒绝履行转让协议的抗辩理由不成立,其应按转让协议约定给付转让款项。

【案例7-62】 长治市隆广物业服务有限公司诉来某物业服务合同纠纷案

二审法院认为,本案中金色家园小区业主委员会与长治市隆广物业服务有限公司签订的《物业服务费转让书》及《物业服务合同》是在平等自愿的基础上,且合同内容不违反法律行政法规的规定,故合同自成立时生效。合同生效后金色家园小区业主委员代表全体业主与长治市隆广物业服务有限公司订立的合同,对包括上诉人来某在内的小区业主具有法律约束力,任何一方违约都将承担相应的法律责任。《物业服务费转让书》中,金色家园小区业主委员会已将小区部分业主所欠物业服务费用的债权转让给长治市隆广物业有限公司。同时根据《物业服务合同》约定,长治市隆广物业服务有限公司提供物业服务的受益人为本物业区域的全体业主和物业使用人,全体业主和物业使用人均应遵守本合同约定。作为小区的业主应当认识到及时交纳物业费是保障物业管理正常运转的前提条件,拒绝交纳物业费将导致物业服务可能无法为小区全体业主提供正常的服务,同时也将侵害已交纳物业费的广大业主的相关合法权益的实现。本案经一审法院查明,长治市隆广物业服务有限公司已按合同约定履行了其物业管理服务的义务,原审判决上诉人来某应交纳相应的物业费及滞纳金是正确的。上诉人来某的其他请求,原审法院在一审中已告知其相关的权利,二审不再赘述。综上所述,上诉人来某的上诉请求不能成立,应予驳回;一审判决认定事实清楚,适用法律正确,应予维持。判决:驳回上诉,维持原判。[1]

(六)拍卖房屋积欠物业费处理

实践中,业主房屋被法院拍卖存在一部分积欠物业费的,对此如何处理时常发生争议。根据《民法典》《物业管理条例》的规定,物业费的基本交纳主体是业主。通过司法拍卖途径取得房屋所有权的人亦为业主,根据权利义务一致的原则,一般在取得房屋所有权后应交纳物业费,而不对拍卖取得房屋所有权之前积欠物业费承担给付责任。对于积欠物业费,在竞拍公告相关条款即"竞买须知"

---

〔1〕 山西省长治市中级人民法院(2021)晋04民终2756号民事判决书。

"竞买公告"中对此有明确告知的,应按其告知内容认定。在"竞买须知""竞买公告"明确向竞买人告知涉案房产存在拖欠物业费及水、电费等相关费用的瑕疵,并提醒竞买人自行到涉案房屋现场及相关部门调查涉案房产拖欠费用情况的情形下,竞买人出价竞买拍卖房产的行为应视为其愿意承担拍卖房产所拖欠的物业费。基于竞买是缔约的一种方式,应认定竞买人同意或可推定同意承担积欠的物业费,法院应依此确定竞买人承担支付积欠物业费的清偿责任。竞买人承担物业费的理论基础是"债的转移"并非"债的加入",但物业费已经判决由原业主承担的,在竞买人无特别承诺下,不应由竞买人承担。

"竞买须知"载明物业费由买受人自行解决的,竞买人受该规则制约,竞买人负责清偿前业主的物业费。

【案例7-63】　昆明SJC物业管理有限公司诉刘某某物业服务合同纠纷案

一审法院认为,被告通过拍卖方式取得讼争房屋的所有权,视为对上述拍卖公告的内容已知悉,并且接受上述条款的约束,故原告根据拍卖公告的内容要求被告支付2014年1月1日至2015年12月31日的物业费,理由正当,予以支持。二审法院就竞买须知载明内容认为,对可能存在的影响标的物使用的水、电、物业管理费等欠费由买受人自行解决,拍卖人不承担上述费用。据此,应认定涉案房屋前业主的物业费债务转移到上诉人身上,故原审判令上诉人支付物业费于法有据,并无不当。[1]

类似的案例有上海WK物业服务有限公司诉甄某某物业服务合同纠纷案,[2]LC物业服务集团有限公司诉杭州FZ有限公司物业服务合同纠纷案。[3]

对于拍卖前积欠物业费已有生效判决确定由前业主承担的,竞买人可依此抗辩物业服务人的请求,并不承担清偿责任。

【案例7-64】　广州市JH物业管理有限公司(以下简称JH公司)等诉祝某某物业服务合同纠纷案

二审法院认为,对于JH公司在本案主张的JH大厦第七、八层所欠的物业服务费、公共水电分摊费及滞纳金,上述生效判决已明确判令由GX公司支付。如JH公司对上述判决确定的承责主体有异议,应通过审判监督程序申请处理。而JH公司在本案中对祝某某提出主张,违反了民事诉讼法"一事不再理"原则,法院对其起诉依法予以驳回。判决:撤销一审判决,驳回JH公司的起诉。[4]

---

〔1〕 浙江省宁波市中级人民法院(2016)浙02民终2102号民事判决书。

〔2〕 上海市青浦区人民法院(2016)沪0118民初13932号民事判决书。

〔3〕 浙江省杭州市西湖区人民法院(2016)浙0106民初6097号民事判决书。

〔4〕 广东省广州市中级人民法院(2014)穗中法民五终字第3980号民事判决书。

【案例7－65】 天津市JY物业管理有限公司（以下简称JY公司）诉韩某物业服务合同纠纷案

二审法院认为，JY公司已经在发生拍卖前，对该房屋的原所有权人就欠交物业费和电费的问题进行了诉讼，该院业已作出了判决，并已发生法律效力，故对JY公司就该期间的欠费要求再予判定韩某承担的请求，不属本案涉讼解决的范畴，故对此不支持。[1]

应注意的是，拍卖法院应在拍卖公告中用特别提醒方式记载拍卖房屋拖欠物业费的起止日期和金额，以减少此类纠纷的发生。

〔1〕 天津市第一中级人民法院（2014）一中民二终字第194号民事判决书。

专题八　物业服务费抗辩纠纷

本专题围绕业主对物业服务费交纳、减免是否具有正当理由抗辩予以阐述。本专题物业费抗辩与物业费支付纠纷专题有紧密联系，即抗辩成功了可以减免物业费也可以拒付物业费，但两个专题阐述侧重的点和面不同，因而有必要分开阐述。

一、物业服务费抗辩理解

(一)物业费抗辩含义

物业服务合同列为《民法典》的典型合同,属于民事合同的范畴。依照《民法典》的规定,双务合同的当事人享有履行抗辩权,包括同时履行抗辩权、后履行抗辩权和不安抗辩权。履行抗辩权是法律赋予合同当事人的权利,在合同有效期间,如果出现法律规定的抗辩事由,合同当事人依法行使抗辩权,并不构成违约,而应该得到支持。从这个意义上讲,业主依法享有物业费抗辩权,其物业费抗辩权应该属于履行抗辩权的范畴,其合理的抗辩权受法律保护。最高人民法院法官认为,按照《民法典》第五百二十五条规定,同时履行抗辩权为"一方在对方履行债务不符合约定时,有权拒绝其相应履行请求",第五百二十六条规定的先履行抗辩权为"先履行一方履行债务不符合约定的,后履行一方有权拒绝其相应的履行请求"。因此,业主对于物业服务人的请求物业费的抗辩权属于何种抗辩权,应当依据物业管理合同的约定和当事人履行合同的情况作出认定。[1]

抗辩是客观现实的需要。物业服务人未能按照物业服务合同履行服务义务,由此产生业主要求物业服务人按照合同约定履行的抗辩权,其可以拒绝支付物业费。物业费是分不同项目收取的,业主仅能就物业服务人未尽职责部分的部分费用行使抗辩权,而不能就业主应交的物业费全部数额行使抗辩权。物业费交付的期限未届满的,业主可以就交付的期限行使抗辩权。在物业服务人催交的物业费数额中,既包括合同约定应付物业费也包括擅自提价多收部分的数额,业主可以对擅自提价多收部分行使抗辩权,直接拒交擅自提价多收物业费。

抗辩的法律后果。《民法典》第五百八十二条规定:"履行不符合约定的,应当按照当事人的约定承担违约责任。对违约责任没有约定或者约定不明确,依据本法第五百一十条的规定仍不能确定的,受损害方根据标的的性质以及损失的大小,可以合理选择请求对方承担修理、重作、更换、退货、减少价款或者报酬等违约

---

〔1〕 参见最高人民法院民事审判第一庭编:《民事审判指导与参考》2022 年第 1 辑(总第 89 辑),人民法院出版社 2022 年版,第 135 页。

责任。”业主抗辩权行使得到法律支持，其诉请的减免物业费、承担违约责任等将会被支持。

抗辩的限制。《民法典》规定履行抗辩权的目的在于维护当事人之间的利益平衡以实现民法诚实守信等基本理念，当抗辩行为的结果违背这些民法基本原则时，就应当予以限制或否定。物业合同的标的具有“公共产品”的属性，直接关乎当事人的基本生活，拒绝履行“公共产品”的抗辩有悖诚实信用原则。同时，物业服务具有整体性和不可分割性，涉及全体业主和整个小区的公共利益。物业服务人所提供的很多物业服务是针对全体业主的，在效用上具有不可分割性和相互依赖性，如果因为物业服务人的服务只是存在微小瑕疵或多了少许不合理的费用，业主便拒绝交纳全部物业费，这样的做法将使其所获的收益远远小于给物业服务人和小区多数业主造成的损害。也就是说，业主拒交物业费的抗辩不应损害小区整体利益。

对《民法典》第九百五十条规定的抗辩问题。由于本条中的物业服务关系也是法律拟制的结果，故个别业主不能就此提出基础事实方面的否认抗辩，但可以提出履行抗辩。具体而言，在原物业服务人依法提供物业服务的过渡期间，业主不得以业主大会已另聘新物业服务人或业主已决定自行管理小区为由，拒绝支付服务费。但是，如果原物业服务人未按照原物业服务合同的内容以及有关法律规定全面履行义务，业主有权抗辩并主张其承担违约责任。[1]

物业服务合同瑕疵履行抗辩现状存在的问题。实践中，物业服务合同纠纷存在一个显著特征，即各地法院对物业服务人提出的物业费请求权的裁判观点几无分歧，绝大部分物业费案件均以物业服务人胜诉或部分胜诉告终，而产生这种后果与业主是否正确行使抗辩权是有一定内在联系的。就业主对其物业服务合同瑕疵抗辩大致可从三方面分析存在的问题。其一，抗辩主体方面。从理论上讲，作为物业服务合同实质主体的业主当然享有独立提出履行抗辩的资格和权利。但是，在司法实践中却存在不同认识。这种观点主要从物业服务合同的集体性和公益性角度出发，认为物业服务合同的履行关涉全体业主的整体利益和共同生活秩序，而在大多数业主都依约交费的情况下，能否允许个别或部分业主单独就物业服务人的履约行为提出抗辩，是需要慎重考虑和谨慎对待的问题。从现行法律规定看，开发商和业主委员会仅是物业服务合同的形式缔约主体，而实质上的权利义务主体则为全体业主。合同主体上的这种二重性和集合性，引发了物业服务合同纠纷裁判中的履行抗辩主体认定难题。物业服务合同具有继续性、连续性的特征，这使得评价物业服务质量时不能采用静态的检验标准，而只能以一定的动

---

〔1〕 参见中国审判理论研究会民事审判理论专业委员会编著：《民法典合同编条文理解与司法适用》，法律出版社2020年版，第751页。

态期间为参照进行阶段评估。不同法官认知的差异,造成执法尺度不统一。其二,正当理由方面。《2009 年物业服务解释》第六条规定了评价抗辩合理性的"正当理由"原则,现在该条款已经被取消,取而代之的是《物业服务解释》第二条规定。第二条第一款规定:"物业服务人违反物业服务合同约定或者法律、法规、部门规章规定,擅自扩大收费范围、提高收费标准或者重复收费,业主以违规收费为由提出抗辩的,人民法院应予支持。"该条规定业主对物业服务人三种收费抗辩,无疑是归属于正当理由范畴。除此之外,对于物业服务合同履行瑕疵抗辩至今并未明确具体的判断标准。实践中的难点和分歧在于,如何判断和把握物业服务瑕疵的程度,以及瑕疵程度与拒交或少交物业费的关系,个案中差别颇大。因缺少物业服务质量瑕疵区分标准即"可容忍"和"应担责"两种情形,易导致法官对物业服务人主观上尽到了谨慎的注意义务和勤勉义务的判断仍出现若干瑕疵,将业主抗辩理由归入"可容忍"范畴发生偏差。业主正当理由的成立还需衡量相关服务质量问题是侵犯全体业主之利益,还是仅影响少数或个别业主之利益。其三,证明责任和证据采信方面。根据"谁主张、谁举证"的原则,业主对其主张抗辩理由应承担举证责任。业主在物业服务合同履行抗辩中的证明责任可分为提出证据的困境和量化证明标准的困境两类。前者表现为业主不懂或不知举证,以及在提出证据的形式上欠缺规范性。后者则主要与物业服务的继续性合同属性以及集体合同属性相关联,涉及法官采信问题。根据案件反映出的问题,有的法官对业主提出抗辩理由证据采信标准过于严苛,没有在综合各种影响因素的基础上衡量业主整体利益与物业服务人之间的利益冲突采信证据,以致业主抗辩理由不能被认定。

抗辩理由的司法审查。在发生物业费纠纷进入诉讼程序后,法官依据法律规定对业主抗辩的合法性、合理性进行审查。司法解释制定者认为,在审判过程中,对业主的抗辩理由应当进行审查,如业主拒交或欠交物业费确有正当理由,物业服务企业扩大收费范围、提高收费标准或者重复收费等,应判决驳回物业服务企业的诉讼请求或者酌情减少应收物业费金额。但是对业主以未享受物业服务企业已经提供的服务(如未在该小区实际居住等)或者无需接受相关物业服务(如低楼层业主提出其从未乘坐电梯等)抗辩的,不予支持。因选聘物业服务企业是业主共同作出的决定,物业服务企业系为全体业主提供服务并根据业主大会的授权进行相应服务的。只要物业服务企业按照合同约定提供了相关服务,则物业费的交纳义务对全体业主而言都是均等的,否则,物业服务关系的稳定性和确定性将会被彻底打破。业主以前述理由所提的抗辩属于权利滥用,势必破坏业主自治机制和物业服务秩序,所以不应得到支持。[1] 也就是说,法官对业主抗辩理由的审查,是对案件裁量必不可少的部分,抗辩理由是否成立是法律对其支持和否定的基础。

(二)正当理由抗辩理解

《民法典》第九百四十四条第一款规定:"业主应当按照约定向物业服务人支付物业费。物业服务人已经按照约定和有关规定提供服务的,业主不得以未接受或者无需接受相关物业服务为由拒绝支付物业费。"该条规定了业主必须按合同约定支付物业费,同时也明确了抗辩理由是否正当的判断标准。《物业服务解释》第二条第一款规定:"物业服务人违反物业服务合同约定或者法律、法规、部门规章规定,擅自扩大收费范围、提高收费标准或者重复收费,业主以违规收费为由提出抗辩的,人民法院应予支持。"该条规定了三种正当理由抗辩,可以得到法院支持。

《民法典》第九百四十四条第二款规定:"业主违反约定逾期不支付物业费的,物业服务人可以催告其在合理期限内支付;合理期限届满仍不支付的,物业服务人可以提起诉讼或者申请仲裁。"该条规定合理期限应是业主的一个抗辩理由,物业服务人是否催告其在合理期限内支付以及合理期限是否合理均可成为业主抗辩理由成立的一个方面。

应注意《2009 年物业服务解释》第六条规定现已废止。该条规定:"经书面催交,业主无正当理由拒绝交纳或者在催告的合理期限内仍未交纳物业费,物业服务企业请求业主支付物业费的,人民法院应予支持。……"该条规定了业主无正当理由拒交物业费的,法院不予支持;而业主有正当理由拒交物业费的,法院应予支持。何为正当理由,该条司法解释没有进行明晰。对于物业服务人擅自扩大收费范围、提高收费标准和重复收费的,无疑构成业主拒交物业费的正当理由。实践中,业主能否将物业服务人没有把小区扫干净或者没有定期剪除花园里的杂草,以及未能阻止小区车辆随意停放及部分业主违章装修和搭盖等作为拒交物业费用的理由,涉及物业服务人服务质量未达标,业主对其服务不满意而拒交物业服务费用的理由是否正当,是物业服务纠纷的焦点问题,也是认定处理的难点。有学者认为,对正当理由的理解和判断,可分为两个层次:(1)违法或违约损害业主利益的,构成抗辩的正当理由。具体言之,即物业服务企业违反法律、法规、部

---

〔1〕 参见最高人民法院民事审判第一庭编著:《最高人民法院建筑物区分所有权、物业服务司法解释理解与适用》,人民法院出版社 2009 年版,第 314 页。

门规章规定的收费标准，违法违规收费，或者违反合同的约定，损害业主利益的，可以作为业主抗辩的正当理由。(2)在不存在违法或明显违约的情况下，对于业主以服务存在瑕疵提出的抗辩，法院需要以诚实信用原则为基础，结合物业服务企业的服务标准与物业收费标准，对物业服务进行综合评价，进而确定业主抗辩之正当理由能否成立。[1] 最高人民法院法官认为，《2009 年物业服务解释》第六条规定的正当理由，应当限定在物业服务企业不履行物业服务合同，或者履行合同有重大瑕疵。[2] 实践中要对正当理由认真审查，从严把握，即限定于物业服务人不履行物业服务合同，或者履行合同存在重大瑕疵，比如物业公司违法违规收费，违反合同约定占用或出租公共绿地、空间等。处理类似纠纷不仅要保护债权人即物业服务人的利益，也要判断债务人即业主拒交物业费的理由是否正当。个案中，法官可以本着以上精神在实地调查的基础上根据不同情形行使自由裁量权。

一般来讲，以下几种情况可以拒交物业费：其一，因为房屋质量问题还未交房，物业费是由开发商交纳。其二，物业公司未履行物业合同服务责任的，全体业主可以拒交，但要证据证明。其三，物业公司提供的服务质量达不到物业合同约定的标准，存在严重的瑕疵问题。其四，物业公司没有物价行政管理部门各项审批文件原件。其五，物业公司擅自增加收费项目、扩大收费范围、提高收费标准的。

业主拒交物业费是否基于正当理由的认定。从合同法理的角度而言，合同一方抗辩权所赖以产生的法律基础是诚信原则，在合同中赋予一方抗辩权就是诚信原则的具体体现。诚信原则对抗辩权的指导作用主要体现在三个方面：其一，根据诚信原则，如果发生特殊情况使当事人之间的利益关系失去平衡时，应当进行调整，使利益平衡得以恢复，由此维持一定的社会经济秩序。其二，诚信原则要求合同的双方当事人应当彼此尊重对方的利益，并建立密切的协作关系。其三，诚信原则允许业主行使抗辩权，但不得滥用这项权利。因此，在司法实践中，判断业主拒交物业费是否基于正当理由，主要通过审查业主的拒交行为是否基于诚信原则而作出。

二手房买卖购房人因入住时并未与物业服务人签订物业服务合同，未参加物业费收取标准讨论等会议导致其知情权受阻，其以未见到物业服务合同及收费标准拒交物业费的，可以构成抗辩的正当理由。

《民法典》第九百四十四条第一款规定业主不得以未接受或者无需接受服务

---

[1] 参见姚辉、段睿：《物业服务合同履行的相关法律问题研究》，载《法律适用》2010 年第 1 期。

[2] 参见杜万华等：《〈关于审理物业服务纠纷案件具体应用法律若干问题的解释〉的理解与适用》，载《人民司法》2009 年第 13 期。

为由拒绝支付物业费，立法者进一步分析此种抗辩理由不能成立的原因。

业主之所以不能以未接受相关物业服务为由拒绝支付物业费，主要有以下几个原因：其一，物业服务人请求业主支付物业费的依据是物业服务合同，提供物业服务是物业服务人的主要合同义务，如果物业服务人已经按照合同约定向全体业主提供了物业服务，就履行了合同义务，业主就应当按照约定支付物业费。其二，在物业服务合同中，并没有约定先由物业服务人提供物业服务，物业服务人履行合同义务后，业主才支付物业费，所以业主并不享有先履行抗辩权，不能以其还未接受物业服务人提供的物业服务为由提出抗辩。其三，如果物业服务人不履行或者不完全履行物业服务合同约定的或者法律、法规规定的义务，业主可以依法请求物业服务人承担继续履行、采取补救措施或者赔偿损失等违约责任。在司法实践中，如果物业服务人起诉业主请求支付物业费，同时业主也以物业服务人不履行合同义务，或者服务质量不符合合同约定为由，请求物业服务人承担违约责任的，在符合合并审理的条件下一般都予以合并审理。

业主之所以不能以无需接受相关物业服务为由拒绝支付物业费，主要理由在于，建筑物区分所有权具有整体性，不同于普通的所有权，建筑物区分所有权包括专有权、共有权和成员权三个方面的内容，并不是单个业主的绝对支配权。共有部分的利用和管理，与每个业主的利益息息相关，应当由全体业主共同作出决定，而非单个业主可以决定。《民法典》第二百七十八条也规定，选聘和解聘物业服务企业或者其他管理人由业主共同决定。第二百八十条第一款规定，业主大会或者业主委员会的决定，对业主具有法律约束力。根据我国区分所有权制度的安排，全体业主通过业主大会来作出决定，由业主委员会来执行。业主委员会、业主大会与依法选聘的物业服务人订立的物业服务合同，对业主具有法律约束力，业主应当按照合同约定履行义务。因此，只要合同是由业主委员会根据业主大会依法通过的决议与物业服务人签订的，即对所有业主具有法律约束力，这在《民法典》第九百三十九条的释义中已经阐明。业主不得以无需接受相关物业服务为由进行抗辩。物业服务人对业主共有部分进行管理，就是在为全部业主提供物业服务，每个业主都可以实际享受相应的利益，并不因业主主观上是否需要而受影响。如果允许业主以“无需接受相关物业服务”为由拒绝支付物业费，恐怕支付物业费的业主将寥寥无几，甚至无人再支付物业费，这将使得物业服务人无法正常提供物业服务，无法实现物业服务合同的目的，反而损害了全体业主的共同利益。[1]

实践中，物业服务人未全面履行物业服务义务被认定为抗辩的正当理由。

---

〔1〕 参见黄薇主编：《中华人民共和国民法典合同编释义》，法律出版社2020年版，第938～939页。

【案例8－1】　某物业管理公司诉沈某物业服务合同纠纷案

判决观点：根据本案《物业服务合同》第二条的约定，乙方（某公司）应当为物业管理区域的业主、物业使用人提供包括物业公司公共部位维护、物业共用设施设备日常运行和维护、公共绿化养护、物业公共区域清洁卫生、公共秩序维护、物业使用禁止性行为管理、物业其他公共事务管理，以及业主委托的其他物业管理服务事项等在内的全面服务。但2009年3月至2010年8月某花苑物业管理服务的主要工作仍由甲物业管理有限公司提供，原告虽委派管理人员和维修人员进入某花苑小区，但未能全面提供《物业服务合同》约定的服务，也不符合物业管理的综合性、全面性要求，故不能认定其对某花苑小区提供了物业管理服务。根据权利与义务相一致的原则，原告主张2008年3月至2009年8月的物业管理费，法院不予支持。2008年3月起原告未能按约进入小区全面进行管理，许多业主对交纳物业管理费的对象发生分歧，部分业主向甲公司交纳，部分业主向某公司交纳。鉴于上述收费混乱现象的产生非业主过错造成，因此，被告未及时交纳物业管理费不可归责于被告，原告主张违约金，法院不予支持。据此判决：驳回原告某公司的全部诉讼请求。[1]

---

〔1〕 参见骆鑫、刘娅编著：《物业管理纠纷案例与实务》，清华大学出版社2017年版，第91页。

二、物业服务费抗辩范围

(一)服务质量抗辩

由于物业服务具有综合性、长期性和重复性的特点,因而服务质量难以量化。因物业服务行业整体规范不足,无法形成一个明确量化标准,至今,我国物业服务行业尚无统一的质量标准。同一种服务水准,不同的业主有不同评价,因此,影响正当理由的认定。这就是以服务质量不达标作为拒交物业费的抗辩理由很难得到法院支持的重要原因。业主主张物业服务质量差,客观上存在举证难的问题。即便业主能够举证物业服务人在某一项或两项服务中存在质量问题,但由于物业费收取属综合性收费,业主也很难计算出减少收费的数额。同时,这也给法官行使自由裁量权带来了相当大的难度。在这种情况下,法官通常不会支持业主免交物业费的诉求。实践中,众多物业服务人服务存在缺陷或质量差的情况具有普遍性。业主多以物业服务水平低、质量差为抗辩理由,在一些批量案件中,业主抱团应诉抗辩,虽然抗辩大多因证据欠缺未被法院采信,但也从一个侧面反映出物业服务人的服务质量无法得到多数业主的认可。

业主以物业服务人的服务质量差而拒绝交纳全部物业费的行为,是错误行使了双方合同履行过程中的抗辩权。双务合同中的抗辩权是指在符合法律规定的条件下,合同当事人一方为对抗对方当事人的履行请求权,暂时拒绝履行其债务的权利,包括同时履行抗辩权、先履行抗辩权和不安抗辩权。但这些抗辩权的行使只是在一定期间内中止履行合同,并不消灭合同的履行效力。根据《民法典》第五百二十七条的规定,并结合物业服务合同关系分析,通常是由业主先交纳物业费,物业服务人后提供服务,在先履行债务的当事人有确切证据证明后履行债务的当事人有丧失或者有可能丧失履行债务能力的情形时,可中止履行自己的债务。但实际上,物业服务人提供的服务即使存在瑕疵,也达不到《民法典》第五百二十七条“有丧失或者可能丧失履行债务能力”的要求。因此,如果没有充分的理由,业主拒绝交纳全部物业费的理由不能成立,反而因其未交纳物业费,而应向物业服务人承担违约责任。但有正当理由拒交物业费的是例外,也不影响业主主张核减物业费。

【案例8-2】 厦门市创优物业管理有限公司诉庄某某物业服务合同纠纷案

二审法院认为,庄某某主张创优物业公司未尽职责履行物业管理委托事项,导致案涉小区内长期存在公共卫生脏乱、小区道路交通无序等情形,但其所提供的相关证据不足以证明物业管理长期存在上述问题。至于庄某某提出的小区车辆随意停放及部分业主违章装修和搭盖等问题,由于物业服务企业的职责只是根据物业服务合同的授权,为物业的正常使用提供服务,其本身并无执法权,既无权对车主进行处罚,也无权拆除违章搭建,业主如果认为相邻业主的搭建侵犯了自己的权益,可以另行主张,但不能构成拒付物业管理费的理由。况且,创优物业公司在接受委托对物业进行管理后,已经履行了合同约定的维修、养护、管理和维护的主要义务,即使其在物业管理服务过程中存在瑕疵,庄某某等业主也可以根据《物业管理委托合同》的约定,通过要求物业服务企业限期整改直至终止合同并提议选聘新的物业管理企业等方式维护自己的合法权益,或者根据《最高人民法院关于审理物业服务纠纷案件具体应用法律若干问题的解释》第三条的规定,要求物业服务企业承担继续履行、采取补救措施或者赔偿损失等违约责任,以拒付物业管理费对抗物业服务瑕疵的行为既无合法依据,也非明智之举。[1]

【案例8-3】 台山市信联物业管理有限公司诉黄某某物业服务合同纠纷案

一审法院认为,业主拒绝交纳物业费的抗辩,需要基于正当理由。而从合同法理的角度理解,"正当理由"应当限定在物业服务企业不履行物业服务合同,或者履行合同有重大瑕疵,才能构成业主拒交的"正当理由"。本案中,物业公司提供的物业服务虽然存在瑕疵,但未达到有重大瑕疵,或者不能履行物业服务合同这一要求。二审法院亦持同样意见。[2]

正确认定物业服务人服务质量差或降低与拒交物业费用正当理由间的关系。理论上讲,如果物业服务人提供的服务达不到法定或约定标准致使业主拒绝交费的,则是物业服务人违约在先,业主拒交费用属于行使抗辩权。但因物业管理作为一项服务,许多服务项目的标准较难量化,法官对于如何妥善平衡双方利益,恰当把握核减物业费的幅度事实上较为困难,在个案问题的处理上难免失之偏颇。通常来讲,个别业主以物业服务收费标准偏高为正当理由抗辩的,法院一般不予支持。物业服务人服务差是认定构成拒交物业费的正当理由的内容之一,但判断是否构成正当理由应以服务合同约定或质量存在严重瑕疵为标准,物业服务人服

---

〔1〕 参见最高人民法院中国应用法学研究所编:《人民法院案例选》2013年第1辑(总第83辑),人民法院出版社2013年版,第129页。福建省厦门市中级人民法院(2011)厦民终字第656号民事判决书。

〔2〕 参见国家法官学院案例开发研究中心编:《中国法院2013年度案例》(合同纠纷),中国法制出版社2013年版,第81页。广东省江门市中级人民法院(2011)江中法民二终字第214号民事判决书。

务质量差的事实并非就一定能构成业主的正当理由抗辩，轻微服务差或质量降低并不构成拒交物业费用的正当理由。但拒交物业费理由可能具有一定正当性，拒交物业费用正当理由不成立时，其可以构成减少物业费用的理由。

【案例8－4】 无锡新江南物业公司诉汤某某物业服务合同纠纷案

一审法院认为，因新江南物业公司确实存在物业服务质量降低，汤某某拒交物业服务费的理由具有一定正当性，但是尚不足以构成免除其交费义务的抗辩事由，故根据新江南物业公司提供物业服务的质量对其所诉物业服务欠费应酌情减少。二审法院认为，本案中，业主就物业服务质量不到位提供了相关照片予以证明，虽然照片只能反映某个时间点的局部情况，但业主已进行了初步举证，应由负有履行义务的一方进一步举证。新江南物业公司不能有效证明物业服务质量已经到位，应承担举证不利后果。原审法院综合全案情形酌减物业服务费并无不当，根据该公司经理周某某的陈述，已有约10%的业主按该标准交纳了物业费，故该酌减在合理裁量范围内。[1]

【案例8－5】 福建省厦门市佰鸿物业有限公司诉樊某某物业服务合同纠纷案

一审法院认为，对樊某某辩称物业公司不完全履行物业服务合同义务故拒交物业费的问题。物业服务具有公共性，系针对广大业主，每个业主利益角度不同，要求物业服务企业提高服务质量属于小区共有利益，如果业主均以物业服务不能令其满意或存在瑕疵为由拒绝交纳物业服务费，则物业服务正常运行所需经费将无法得到保障，最终将损害大多数业主的权利。佰鸿物业公司的服务瑕疵并不构成樊某某减交或免除物业服务费的理由，故樊某某以佰鸿物业公司不完全履行物业服务义务为由拒绝交纳相关费用缺乏依据，法院不予采纳。樊某某主张佰鸿物业公司向业主代收水费时擅自增加额外费用违反了《物业管理条例》的规定，但从佰鸿物业公司龙岩分公司与华龙社区签订的《城市中心花园小区供水协议书》来看，华龙社区并非委托佰鸿物业公司向城市中心花园小区业主收取水费，故不属于《物业管理条例》第四十五条第二款所规定的情形，佰鸿物业公司收取的水费系沿用其入驻之前该小区水费标准，并对水费的收取标准作了解释，该标准亦属合理，故对樊某某的前述抗辩，不予采纳。二审法院亦持同样意见，维持原判。[2]

这里涉及服务标准认定，法官在审查时一般认为，应当坚持质价相符的原则，

〔1〕 参见国家法官学院案例开发研究中心编：《中国法院2015年度案例》（合同纠纷），中国法制出版社2015年版，第234页。江苏省无锡市中级人民法院（2012）锡民终字第915号民事判决书。

〔2〕 参见国家法官学院、最高人民法院司法案例研究院编：《中国法院2020年度案例》（合同纠纷），中国法制出版社2020年版，第240页。福建省龙岩市中级人民法院（2018）闽08民终1620号民事判决书。

即物业服务人提供的服务的标准应与服务收费的标准相适应。对于服务标准是否达标,这是法官的一个认知过程,因服务未达标原因复杂且认定没有统一规范,故对是否符合标准认定反映出服务质量差尺度有差异。物业服务人收费标准高,服务的项目也要多,所提供的管理水平和服务质量也高;物业服务管理收费的标准低,所提供的服务内容就少,服务的要求就低。对物业服务人高标准收费低质量服务的,法官可根据具体案情裁定收费与提供服务标准不一致的责任比例。应强调的是,虽然业主基于服务质量差的事实提出的正当理由不能成立,但绝不等于不能以此理由请求核减应交的物业费。

【案例8-6】 某装潢公司诉某物业有限公司物业服务合同纠纷案

法院查明,装潢公司入室偷窃事件与物业服务企业履行保安值勤的物业服务管理义务不当有直接关系,物业服务企业提供的物业服务管理确有瑕疵。法院认为,装潢公司以此为由拒交物业服务管理费用属于行使合同履行中抗辩权的行为,但该抗辩权的行使范围应当与物业服务企业的违约程度相对应。因此,对于装潢公司的抗辩理由,部分予以支持。法院判决装潢公司支付物业服务公司物业服务管理费用的90%,物业服务公司承担的违约责任为物业服务管理费用的10%。[1]

个案中,法官对业主提出物业服务人存在服务瑕疵构成根本违约而拒交物业费的抗辩理由不予采信。

【案例8-7】 银杏物业公司诉朱某物业服务合同纠纷案

判决观点:被告朱某是否应当支付物业费。根据银杏物业公司与远征公司签订的《物业管理服务协议》以及远征公司与被告朱某签订的《商品房买卖合同》的约定,原告银杏物业公司作为物业服务企业,已经提供了合同约定的物业服务,虽然在提供物业服务的过程中存在一定不足和瑕疵,但并未构成根本违约,不能成为被告朱某拒付物业费的理由,被告朱某应当及时支付物业管理费。被告朱某认为原告银杏物业公司在某些方面未尽到管理和维护义务的,可以请求其承担继续履行、采取补救措施的违约责任。关于违约金,原告银杏物业公司主张的标准日万分之五过高,依法应予调整,其在庭审中同意按照银行同期贷款利率计算,该计算标准合情合理,法院予以采纳。[2]

---

〔1〕 参见最高人民法院民事审判第一庭编著:《最高人民法院建筑物区分所有权、物业服务司法解释理解与适用》,人民法院出版社2009年版,第299页。

〔2〕 参见国家法官学院、最高人民法院司法案例研究院编:《中国法院2021年度案例》(合同纠纷),中国法制出版社2021年版,第197页。湖北省宜昌市远安县人民法院(2019)鄂0525民初1079号民事判决书。

【案例8-8】 嘉越公司诉苏某物业服务合同纠纷案

判决观点:物业管理服务是综合性事务,项目多,范围广,个别之处存在瑕疵在所难免。物业管理服务是面向整个小区的,时间上具有连续性,不能以小区个别区域和某一时间段的物业管理服务存在瑕疵而否认整体的物业管理服务水平。苏某身为小区业主,本该协助物业公司改进服务,提高水平,却以拒交物业费的方式对抗原告提供的物业管理服务中存在的瑕疵,不仅不利于小区物业的健康发展,如果扩散开来,还可能导致恶性循环,最终影响包括被告自己在内的小区全体业主的正常生活秩序。嘉越公司在小区内设广告位,与广告公司签订以物抵租赁费的广告合同。法律规定,物业公司可以利用公共部位从事经营活动,物业服务企业代表业主大会收取的相关收益,主要用于补充专项维修资金、改善共用设施设备,也可以按照业主大会的决定使用。嘉越公司在开发商没有在电梯内安装摄像头,小区内座椅严重老化,而且没有相关经费使用的客观情况下,利用电梯内公共部位和小区座椅等设广告牌,是以物折抵广告费的变通方式,系对小区的经营管理,但此行为未经业主大会或相关业主同意,程序上存在瑕疵。虽然没有经过业主大会或相关业主同意,但考虑到其主观上也是为了给小区增购公共设施,以变通的方式对小区进行的经营管理,且电梯内广告投入时业主大会还未成立。苏某以嘉越公司提供的物业管理服务中存在瑕疵为由拒交物业费不能成立,法院不予支持。嘉越公司请求苏某给付物业费1745.9元,低于苏某实际拖欠的数额1746.5元,属于嘉越公司对其权利进行处分,法院照准。嘉越公司提供的物业管理服务存在瑕疵,故对其要苏某支付违约金的诉讼请求,法院不予支持。[1]

物业服务的对象系小区全体业主,个别业主对物业服务合同履行所持异议不能代表全体业主的意见,不足以作为个别业主不交纳物业费的合理理由。

【案例8-9】 杭州钱塘物业管理有限公司诉王某某物业服务合同纠纷案

二审法院认为,2012年3月,中江花园业主委员会代表业主与钱塘物业签订《中江花园物业服务合同》,委托钱塘物业对该住宅小区进行物业管理,系双方真实意思表示,内容不违反法律法规的强制性规定,案涉物业服务合同有效,对中江花园小区业主具有约束力。王某某作为该小区的业主,应按照合同约定的物业费标准支付物业费,现王某某未按合同约定支付物业费,应承担相应的民事责任。王某某以钱塘物业主张的物业费收取标准与钱塘

---

〔1〕 参见国家法官学院、最高人民法院司法案例研究院编:《中国法院2021年度案例》(合同纠纷),中国法制出版社2021年版,第199~200页。天津市蓟州区人民法院(2019)津0119民初5491号民事判决书。

物业履行的物业服务质量之间相差甚大且其提供的物业服务不符合合同的约定等为由拒不支付物业费，对此，由于该服务合同中已明确约定了物业费的收费标准，且钱塘物业系为全体业主提供物业服务，王某某的意见系其个人意见，不能代表其他业主，应当认定王某某不能以此为由拒付物业费。对于钱塘物业向王某某主张物业费滞纳金1675元的诉讼请求，因双方对合同履行存在争议，故不予支持。[1]

业主以物业服务不到位等理由拒绝交纳物业服务费用，不符合法律规定。物业费是用于整个小区设施设备的维护保养、小区正常秩序维护所必需的费用，个别业主拒交物业费的行为，不仅损害了物业公司的利益，实际上也是对其他正常交费业主利益的损害，不利于小区整体管理；业主可以请求物业服务企业承担继续履行、采取补救措施或者赔偿损失等违约责任，但据此拒交物业费，不应予以支持。

【案例8-10】 抱龙明珠物业公司诉高某某物业合同纠纷案

二审法院认为，本案中，关于上诉人提出被上诉人未能尽到约定的物业管理义务，没有按照约定的标准提供服务，故应免交或少交物业费的问题，法院认为，业主拒绝交纳物业费需要基于正当理由。就物业服务合同而言，根据诚实信用原则和公平等价有偿原则，“正当理由”的认定，应当限定在物业服务企业不履行物业服务合同，或者履行合同有重大瑕疵。具体到本案，案涉《入住协议书》约定，抱龙明珠物业对业主支付物业费应当履行的对价义务是专人负责楼梯口清扫和每天一次生活垃圾清运，专人负责小区室外卫生清扫和绿化，对业主未改动的室内公用设施发生损坏的部位进行维修等。结合已经查明的案件事实，高某某家漏水的阁楼窗户属于高某某专有部分，不在抱龙明珠物业维修范围内。抱龙明珠物业基本履行了物业服务合同中约定的义务，即使偶尔存在清理垃圾不及时到位、扫雪不及时等瑕疵问题尚不足以构成免除或减少上诉人交费义务的抗辩事由。既然被上诉人作为物业服务公司已经为包括上诉人在内的小区业主实际提供了物业服务，根据等价有偿原则，一审判决高某某全额交费并无不妥。关于上诉人提出物业私设栏杆给其出行带来不便一节，抱龙明珠物业对此的解释是为了防止有车位业主的通行道路被没有车位的业主的车辆堵塞等，法院认为，无论此节事实是否成立均不构成上诉人拒交物业费的理由，如上诉人认为被上诉人的行为侵害了其权益，可另行起诉，故对上诉人此项主张同样不予支持。……综上所述，

---

〔1〕 参见最高人民法院中国应用法学研究所编：《人民法院案例选》2015年第4辑（总第94辑），人民法院出版社2016年版，第10页。浙江省杭州市中级人民法院（2015）浙杭民终字第1704号民事判决书。

高某某的上诉理由不成立，对其上诉请求应予驳回。判决：驳回上诉，维持原判。[1]

业主只有在物业公司不履行物业服务合同，或者履行合同存在重大瑕疵等情形时才可以拒交物业费。

【案例8－11】 金地格林物业公司海城分公司诉赵某物业服务合同纠纷案

二审法院认为，关于上诉人赵某提出的本案应依法中止审理，不应在服务合同效力待定的情况下作出判决，一审法院程序违法一节。一审法院审理本案物业服务合同纠纷期间，赵某等业主以金地格林物业公司为被告，诉请撤销金地格林物业公司与辽宁省海州管理区上海城（一期）业主委员会签订的《海城上海城（一期）物业服务合同》。因另案并未作出生效判决，案涉《海城上海城（一期）物业服务合同》并未被确认为无效合同，亦未被撤销，且无论合同是否被撤销，金地格林物业公司已提供了物业服务。本案争议的焦点为前期已提供物业服务期间的物业费应如何交纳的问题，故在合同未被撤销前，一审法院经审查认为案涉《海城上海城（一期）物业服务合同》合法有效，并无不当，本案无须中止审理。赵某提出涉案《物业服务合同》构成欺诈一节。案涉《物业服务合同》系由金地格林物业公司与辽宁省海州管理区上海城（一期）业主委员会签订，业主委员会加盖公章并有业主委员会成员签字，对业主具有拘束力。本案一、二审期间，赵某并未提供证明该合同的签订存在欺诈的证据，故对赵某的此点上诉理由，法院不予支持。关于上诉人赵某提出的因上海芸绮物业管理有限公司海城分公司没有通知赵某，《海城上海城前期物业费债权转让协议》无效一节。金地格林物业公司（丙方）与上海芸绮物业管理有限公司（甲方）、上海芸绮物业管理有限公司海城分公司（乙方）签订《海城上海城前期物业费债权转让协议》。根据该协议，金地格林物业公司取得本小区2018年8月15日之前的物业费债权。《合同法》第八十条第一款规定的“债权人转让权利的，应当通知债务人。未经通知，该转让对债务人不发生效力”，应当理解为在债权转让通知未送达债务人时，债务人对债权转让人的清偿仍发生债务清偿之法律效果，但并不影响债权受让人受让债权。虽然该款法律规定的债权转让通知行为人从文义上应理解为债权转让人，但在确认债权转让行为真实性的前提下，亦不应否定债权受让人为该通知行为的法律效力，其应以债务人是否知晓债权转让事实，作为认定债权转让通知法律效力之关键，故债权受让人直接以债务人为被告提起诉讼，借助法院向债务人送达可以起到债权转让通知的效果。本案中，金地格林物业

〔1〕 辽宁省大连市中级人民法院（2022）辽02民终5069号民事判决书。

公司在一审提交的起诉状中已明确写明其受让债权,赵某在收到法院送达起诉状时,对该债权转让协议已知晓,故已经起到债权转让通知的效果。并且在本案金地格林物业公司提起诉讼之前,至今,赵某一直未向上海芸绮物业管理有限公司海城分公司支付其所欠交的物业费,故该债权转让协议并未导致赵某重复交费。故上诉人赵某主张债权转让协议无效的理由,法院不予支持。关于案涉商铺的物业费标准一节。金地格林物业公司认为其已按照合同约定提供了物业服务,一审法院将商铺物业费金额酌情按全额物业服务管理费的80%收取,不符合合同约定,亦无法律规定。赵某提出因商铺独立于小区,无法享受到合同中的任何服务,按80%支付物业费明显过高。该标准也明显高于附近地段商铺物业费。因辽宁上海城置业有限公司与上海芸绮物业管理有限公司签订的《上海城一期(C地块)前期物业服务协议》、金地格林海城分公司与海城市海州管理区上海城一期业主委员会签订的《海城上海城(一期)物业服务合同》均约定商业用房2.5元/月/平方米,金地格林物业公司为赵某的商铺提供物业服务,赵某作为商铺的业主接受了金地格林物业公司服务,应当交纳相应的物业费。《最高人民法院关于审理物业服务纠纷案件具体应用法律若干问题的解释》第六条规定:"业主拒绝交纳物业费需要基于正当理由,一般限于物业服务企业不履行物业服务合同,或者履行合同存在重大瑕疵等情形。"依此规定可知,业主只有在金地格林物业公司不履行物业服务合同,或者履行合同存在重大瑕疵等情形时才可以拒交物业费。本案中,金地格林物业公司的服务虽然在某些方面存在一定的瑕疵,不能达到全体业主满意的程度,但金地格林物业公司在服务过程中针对存在的问题也在不断进行改进,基本上履行了物业合同约定的义务。物业服务企业为业主提供服务属于连续的、动态的,不同业主对于物业服务企业提供的服务也会因评判标准不同出现差异。本案中,一审法院确认涉案小区实行封闭式管理,商铺独立于小区之外,依照《物业管理条例》第四十一条"物业收费应当遵循合理、公开以及费用与服务水平相适应的原则"的规定,考虑到赵某实际未享受物业服务合同中约定的全部物业管理服务,物业费金额酌情按其全额物业管理服务费的80%收取,并无不当,故对双方当事人关于物业费数额的上诉理由,法院均不予支持。关于上诉人赵某主张对2017年4月1日至2017年9月3日期间的物业费已经超过3年诉讼时效一节。经查,赵某从2017年4月开始未履行交纳物业费义务,在一审中,金地格林物业公司已提供2019年3月15日的催交通知单照片,证明已向赵某催交物业费,依据《民法总则》第一百八十八条"向人民法院请求保护民事权利的诉讼时效期间为三年。法律另有规定的,依照其规定。诉讼时效期间自权利人知道或者应当知道权利受到损害以及义务人之日起计算……"及第一百九十五条"有下列情形之一的，诉讼时效中断，从中断、有关程序终结时起，诉讼时效期间重新计算：（一）权利人向义务人提出履行请求；（二）义务人同意履行义务；（三）权利人提起诉讼或者申请仲裁；（四）与提起诉讼或者申请仲裁具有同等效力的其他情形”的规定，本案金地格林物业公司催交物业费的行为符合诉讼时效中断的法律规定，即诉讼时效期间应当自2019年3月16日至2022年3月15日，而金地格林物业公司于2020年9月3日起诉，属于法律保护的诉讼时效期间。故对上诉人赵某的此节上诉理由，法院亦不予支持。综上所述，上诉人北京金地格林物业管理有限公司海城分公司、上诉人赵某的上诉请求均不能成立，应予驳回；一审判决认定事实清楚，适用法律正确，应予维持。判决：驳回上诉，维持原判。[1]

业主主张物业服务存在不符合约定，物业门岗未尽职，安保设备、监控设施不完善不运行，小区内垃圾成山等情况应当提供证据佐证，根据“谁主张、谁举证”的原则，如无法举证，业主应当对其举证不能，承担对其不利的责任。

【案例8－12】 王某某诉城投物业公司物业合同纠纷纠纷案

二审法院认为，第一，《民法典》第九百四十四条规定：“业主应当按照约定向物业服务人支付物业费。物业服务人已经按照约定和有关规定提供服务的，业主不得以未接受或者无需接受相关物业服务为由拒绝支付物业费。业主违反约定逾期不支付物业费的，物业服务人可以催告其在合理期限内支付；合理期限届满仍不支付的，物业服务人可以提起诉讼或者申请仲裁。”本案中，根据现有证据显示，城投物业公司为王某某提供了基本物业服务，王某某有义务按相关约定标准向其交纳物业服务费。因此，一审法院支持关于要求王某某交纳物业费的诉讼请求并无不当。第二，《民事诉讼法》第六十七条第一款规定：“当事人对自己提出的主张，有责任提供证据。”《最高人民法院关于适用〈中华人民共和国民事诉讼法〉的解释》第九十条第二款规定，在作出判决前，当事人未能提供证据或者证据不足以证明其事实主张的，由负有举证证明责任的当事人承担不利的后果。本案中，王某某认为物业门岗未尽职，安保设备、监控设施不完善不运行，小区内垃圾成山等，但并未提供证据佐证，根据“谁主张，谁举证”的原则，王某某应当对其举证不充分的行为承担对其不利的责任。综上所述，王某某的上诉请求不能成立，应予驳回；一审判决认定事实清楚，适用法律正确，应予维持。判决：驳回上诉，维持原判。[2]

---

〔1〕 辽宁省鞍山市中级人民法院（2021）辽03民终508号民事判决书。

〔2〕 山东省菏泽市中级人民法院（2022）鲁17民终1743号民事判决书。

应注意的是，因业主与小区相邻方之间的纠纷，不能成为物业服务人服务质量问题，也不能成为业主拒交物业费的理由。

【案例8-13】　上海某物业管理有限公司诉沈某物业服务合同纠纷案

判决观点：原告根据与上海某绿色置业有限公司签订的《前期物业管理合同》，为HT社区提供物业管理服务，该合同合法有效。被告作为业主，接受了原告提供的物业管理服务，应当按约支付相应的物业管理费。现原告要求被告支付欠交的物业管理费，于法不悖，法院予以支持。关于原告主张的滞纳金，因被告就楼下业主搭建防盗栅栏影响其住宅安全问题多次向原告反映，原告应积极配合解决该问题，但该问题未得到有效解决，致使被告因该原因住宅被盗受损，原告的管理服务存在瑕疵，因此，对于原告的滞纳金请求，法院不予支持。由于原告并不是防盗栅栏的使用人或所有人，被告要求拆除该防盗栅栏或请求赔偿因此造成的损害，应向相邻关系中的相对方另行主张自己的权利，原告做了相应的劝说、管理工作，被告损失的发生并非原告过错所致，被告拒付物业管理费无法律依据。判决：被告沈某支付上海某物业管理有限公司物业管理费2278.37元。[1]

实践中，对业主抗辩物业服务质量的相关问题可作另案处理。

【案例8-14】　上海A物业发展有限公司诉朱某物业服务合同纠纷案

判决观点：原告作为被告所在小区的物业服务部门，在履行自己义务的同时，依法享有向业主收取物业服务费的权利。现原告主张1.2元/平方米/月收取物业服务费符合合同的约定，故原告要求被告给付拖欠的物业服务费10,161.90元，于法有据，法院予以支持。至于被告以原告管理不当造成别墅区进水为由不支付物业服务费的辩称，因其未提供相应证据予以证实，不予采信。此外，被告就别墅区的排水管道问题欲另案向小区开发商及物业公司提起诉讼，故本案中对原、被告争议的排水管道问题不作处理。[2]

业主以物业服务人维修不到位抗辩的，法院根据具体情况处理。

【案例8-15】　上海某物业管理有限公司重庆分公司诉胡某物业服务合同纠纷案

判决观点：物业服务人应该按照合同约定，妥善维修、养护物业共用部位及设施设备。物业小区楼道的瓷砖有脱落瓷砖未修复、用胶带粘贴瓷砖等现象，存在安全隐患的，物业服务人应修复脱落瓷砖，排除安全隐患；物业小区

---

〔1〕参见骆鑫、刘娅编著：《物业管理纠纷案例与实务》，清华大学出版社2017年版，第140页。

〔2〕参见骆鑫、刘娅编著：《物业管理纠纷案例与实务》，清华大学出版社2017年版，第149页。

的电梯损坏系主板损坏，不属于一般维修即可解决运行故障，需要启动大修基金予以维修，物业服务人已在业主群告知各业主电梯维修需启动大修资金，需要业主配合签字，故电梯不能运行不可归责于物业服务人。[1]

还应注意的是，对业主以物业服务人管理与服务存在瑕疵为由拒交物业费的抗辩理由认定，应分情况适用过错推定原则。业主仅提供局部的照片作为证据的，不具有连续性，不能达到证明目的。法官须综合考虑业主在诉讼中取证存在诸多困难，其无法对物业服务人的管理与服务情况查阅相关资料，所举证据种类单一、随意性大、证明力不强。由于业主缺乏法律知识而又不请律师代理，法官有必要充分行使释明权，指导其举证和参加诉讼。物业服务地区差异较大、服务项目广，不适合普遍适用过错推定原则。但对于物业服务完善地区，法官应对物业服务人适用过错推定原则，物业服务人应当就基础职能先行举证，提交关于日常清洁记录、巡逻记录、门口安保登记、车辆管理记录、政府考核评价、绿化养护、公共维护及违建告知等涉及管理服务证据，未提交的部分承担举证不能的法律责任，其业主抗辩理由成立。

还应特别强调的是，业主以物业服务人没有提供服务或提供的服务质量没有达到约定标准抗辩，需要提供有力的证据予以证明。业主仅以未接受或者无须接受相关物业服务为由拒绝支付物业费用的，法院不予支持。业主如果有充足的证据证明物业服务不到位、没有达到合同中约定的标准的，法院一般会支持业主酌情减少物业费的请求。

（二）房屋质量和开发商违约抗辩

1. 房屋质量抗辩

业主以房屋质量问题的拒交物业费能否构成正当理由，为多发争议和常见现象。

开发商建造的房屋具有质量问题，是造成业主和物业服务人产生矛盾的重要因素，突出体现在房屋质量差、配套设施不完善、外墙修复质量差问题等。甚至在一些楼盘销售的过程中，开发商为谋取利润，往往对小区的基础设施及物业服务做出不切实际的承诺。而在业主进驻后发现实际情况与承诺相去甚远时，便把矛头指向物业服务人，且以拒绝交纳物业服务费的方式相对抗。业主往往认为开发

---

〔1〕 参见最高人民法院民法典贯彻实施工作领导小组编著：《中国民法典适用大全》（合同卷五），人民法院出版社 2022 年版，第 3521 页。重庆市合川区人民法院（2020）渝 0117 民初 8957 号民事判决书。

商与物业服务人系属一家,如有房屋质量问题物业服务人应负责修理到位,故一旦因房屋质量瑕疵引起纠纷或在向开发商投诉无果后,业主往往要求物业服务人负责修理。而对于房屋的一些结构性缺陷,如外墙漏水、外墙装饰条脱落等,物业服务人并无足够人力或资金进行修理,由此导致业主以房屋质量缺陷未能修理完好为由而拒绝交纳物业费,并以此为手段向开发商施压。对此,业主应明确房屋质量问题是开发商和施工单位的责任,物业服务人只是物业服务性企业,双方签订的物业服务合同具有对等性,与房屋质量的本身问题不发生关系。换言之,业主与物业服务人之间签订的是《物业服务合同》,房屋质量问题不属于物业服务人的责任。业主以此为理由进行抗辩的,法院不予支持。

业主不能因开发商导致的房屋质量问题直接向物业服务人主张抵销物业费。《民法典》第五百六十八条第一款规定:"当事人互负债务,该债务的标的物种类、品质相同的,任何一方可以将自己的债务与对方的到期债务抵销;但是,根据债务性质、按照当事人约定或者依照法律规定不得抵销的除外。"《民法典合同编通则解释》第五十五条规定:"当事人一方依据民法典第五百六十八条的规定主张抵销,人民法院经审理认为抵销权成立的,应当认定通知到达对方时双方互负的主债务、利息、违约金或者损害赔偿金等债务在同等数额内消灭。"开发商、业主与物业服务人三者存在债权、债务关系:开发商与业主之间存在合同关系,因为房屋质量问题,开发商基于赔偿责任对业主负有债务。业主与物业服务人之间存在合同关系,如果物业服务人如约履行自身的义务,业主不交纳物业费,则业主对物业服务人负有债务。开发商与物业服务人之间没有债权、债务关系,其并不符合"当事人互负到期债务"的抵销条件,业主主张的抵销不受法律保护。在此类纠纷中,业主以房屋质量问题作为不如期交纳物业费的理由不成立,法律不予支持。必须强调的是,合同抗辩权的行使必须基于同一法律关系才可主张。因此,业主不能以与开发商之间存在的房屋买卖法律关系中的相关事由作为与物业服务人之间物业服务法律关系中的抗辩理由。

【案例8-16】　盘锦荣祥物业管理有限公司诉赵某物业服务合同纠纷案

判决观点:被告庭审中提到的单元门上方因漏水导致楼内墙皮脱落,楼下地板砖破损,根据《物业服务合同》第二条规定不在原告维修服务范围之内及责任内,被告反映的其他情况不是拖欠交纳物业费的正当理由,对被告的抗辩理由,不予支持。[1]

---

〔1〕参见国家法官学院案例开发研究中心编:《中国法院2015年度案例》(合同纠纷),中国法制出版社2015年版,第236页。辽宁省盘锦市双台子区人民法院(2013)双民二初字第93号民事判决书。

【案例8-17】 上海枫丹白露物业有限公司诉郑甲等物业服务合同纠纷案

二审法院认为,上诉人上诉称,开发商在符合交房条件的情况下,小区业主拒绝接受标的物,物业管理费则由小区业主承担;开发商不具备交房条件时,物业管理费则由开发商承担。2008年6月起,被上诉人名流公司已符合交房条件,上诉人以房屋存在质量问题而拒绝接受标的物,上诉人应当承担物业管理费。因为,房屋存在质量问题是另一个维修或赔偿的法律关系,不能以此拒付物业管理费,故上诉人拒付物业管理费没有法律依据。原审法院在查明事实的基础上,适用法律正确,依法所作的判决并无不当,应予维持。上诉人郑甲、张某某、郑乙的上诉请求和理由,缺乏事实和法律依据,二审法院不予支持。[1]

实践中,法官多以房屋质量问题为另一法律关系且业主也使用物业服务而不予支持业主的抗辩。

【案例8-18】 明享公司禄劝分公司诉赵某物业服务合同纠纷案

判决观点:原、被告签订的《禄劝阳光尚居管理规约及物业服务协议》是双方在平等、自愿的前提下签订的,并不违反法律、法规的强制性规定,是合法有效的合同,对被告具有约束力。现原告已按管理规约及物业服务协议约定,提供了约定的管理服务,被告就应按约定,履行交纳物业服务费,配合物业管理的义务。庭审中,被告确认上述期间的物业服务费尚未交纳,认可原告主张的具体金额。因此,原告要求被告支付物业服务费3272元有合同依据和事实依据,法院予以支持。关于原告主张的违约金1267元,因原、被告间并未约定物业服务费的期限,被告可随时交纳,原告也可随时主张。故原告主张的违约金,法院不予支持。关于被告提出的所住房屋存在墙面崩壳、漏水的质量问题,造成该住户人身财产受到严重损害,经被告多次找原告反映至今未给合理说法,故拒交物业管理服务费的抗辩理由。根据《物业管理条例》第二条规定,原告的职责主要是对公共配套设施和相关场地进行维修、养护、管理。就本案具体事实而言,被告称所居住房屋存在墙面崩壳、漏水的质量问题,属另一法律关系,不宜在本案进行评判;且物业服务企业系对整个物业服务区域提供长期持续的环境卫生、安保、公共设施维护维修等服务等工作,并非针对某一特定业主或物业使用人,物业服务企业不能因为部分业主或物业使用人而停止物业服务。由于物业服务针对物业服务区域内的全体业主或物业使用人,物业服务和特定业主支付物业服务费并非对待给付关系,某一具体时间、事件的具体物业服务瑕疵不能当然成为业主或物业使用

〔1〕 参见沈志先主编:《2012年上海法院案例精选》,上海人民出版社2012年版,第165页。

人拒交物业服务费的合法抗辩事由，故法院对被告的抗辩理由不予支持。[1]

【案例8-19】 广东康景物业服务有限公司北京分公司诉郭某物业服务合同纠纷案

判决观点：根据我国法律规定，依法成立的合同，具有法律约束力。业主无正当理由拒绝交纳或者在催交的合理期限内仍未交纳物业费，物业服务企业请求业主支付物业费的，人民法院应予支持。本案中，原、被告签订的《前期物业管理服务合同》系双方真实的意思表示，合同应为有效，双方当事人应当按照约定履行自己的义务，不得擅自变更或解除合同。原告对被告居住的小区提供了实际的物业管理服务，被告在客观上已经享受了物业服务，理应交纳物业服务费，其拖欠至今未付不妥。原告起诉要求被告支付2009年1月1日至2009年3月31日、2010年1月1日至2015年12月31日的物业费16,440元，于法有据，应予支持。对于被告提出的其房屋漏水、质量不合格等问题，系另一法律关系且被告不能提供证据证明原告提供的物业服务严重不合格，故对被告的抗辩，法院不予采信。但考虑到本案审理实际情况，对于原告主张的违约金一节，法院不予支持。判决：(1)被告郭某给付原告广东康景物业服务有限公司北京分公司2009年1月1日至2009年3月31日、2010年1月1日至2015年12月31日的物业费共计16,440元。(2)驳回原告广东康景物业服务有限公司北京分公司的其他诉讼请求。[2]

【案例8-20】 无锡物业管理有限公司南通分公司诉南通某电力工程设计有限公司物业服务合同纠纷案

二审法院认为，建设单位选聘的物业服务企业已经为业主所在的物业小区提供物业服务。业主已经取得房产的所有权，并将房产作为工商登记的经营地址，说明其实际接收并使用案涉房产。业主以房屋存在质量问题为由拒收房屋，并主张房屋未交付，与事实不符。房屋是否存在质量问题是业主与建设单位之间的商品房买卖合同纠纷，与案涉物业服务合同纠纷并无关联。故业主与物业服务之间的服务合同成立，应交纳物业费。[3]

房屋质量问题不构成业主拒绝支付物业费的合法理由。

---

[1] 参见国家法官学院、最高人民法院司法案例研究院编：《中国法院2021年度案例》(合同纠纷)，中国法制出版社2021年版，第193～194页。云南省禄劝彝族苗族自治县人民法院(2019)云0128民初2167号民事判决书。

[2] 北京市丰台区人民法院(2016)京0106民初6615号民事判决书。

[3] 参见最高人民法院民法典贯彻实施工作领导小组编著：《中国民法典适用大全》(合同卷五)，人民法院出版社2022年版，第3521页。江苏省南通市中级人民法院(2020)苏06民终3610号民事判决书。

【案例8－21】 甲公司诉王某物业服务合同纠纷案

判决观点：甲公司为王某提供物业服务，王某作为业主在享受服务的同时应当向甲公司交纳物业管理费等相关费用。王某提出房屋漏雨问题一直没有解决，但未提交证据予以证明，且根据本案现有证据尚不足以认定甲公司在王某所述的房屋问题上存在过错，故王某的上述意见不构成其拒绝支付物业费的合法理由，法院不予采纳。[1]

法官支持业主以房屋质量抗辩的情形是，物业服务人是开发商的内设部门或分公司，房屋质量存在问题，业主自然可以拒交物业费，业主拒交行为从法律上讲是债务抵销，业主用应交物业费抵销开发商因房屋质量应给付的赔偿或补偿，因为开发商与物业服务人作为法律上的同一主体所以可以适用债权债务的抵销。此外，如果开发商与物业服务人是两个独立民事主体，在有三方协议约定或协商一致的情况下，开发商应支付业主的违约金与业主应支付给物业服务人的物业费予以抵销，房屋质量抗辩成立。

2. 开发商违约抗辩

业主与开发商签订商品房预售合同，双方有可能因房屋保修、规划变更、绿地、车库、会所等遗留问题产生纠纷，有的业主要求物业服务人履行开发商的义务或要求物业服务人协助开发商履行约定义务。在此种情况下，法律关系主体是业主与开发商，其所发生的纠纷事项不属于物业服务人的管理服务范围，业主应直接向开发商主张违约责任，而不能以此拒绝交纳物业费。实践中，开发商可能存在各种违约情况，业主不能以开发商违约事实作为抗辩物业费的理由，该种抗辩在法律上不能成立。

3. 业主未收房抗辩

《物业管理条例》第四十一条第二款规定："已竣工但尚未出售或者尚未交给物业买受人的物业，物业服务费用由建设单位交纳。"

房屋交付之前，产生的物业费用由建设单位交纳，业主不承担。业主抗辩房屋因质量问题尚未交房，物业费应当由开发商交纳依法可以成立。

业主对验收不合格的房子有权拒收，物业费从接收房子之日起计算。

【案例8－22】 碧桂园物业句容分公司诉徐某某物业服务合同纠纷案

一审法院认为，碧桂园开发以及碧桂园物业与徐某某签订的前期物业合同均合法有效，依法对小区全体业主均有约束力。房屋质量问题与本案物业

---

[1] 北京市第二中级人民法院2023年11月28日物业服务合同纠纷典型案例2。

> 合同纠纷系不同法律关系,合同主体不同,徐某某抗辩理由不能成立,判决支持物业的诉求。
>
> 二审法院认为,《物业管理条例》第四十一条规定:……已竣工但尚未出售或者尚未交给买受人的物业,物业服务费用由建设单位交纳。根据上述规定,物业实际交付之前的物业费交纳义务不在物业买受人;本案中,物业公司在一、二审中均认可,徐某某至今未办理收房手续,故相应的物业服务费支付义务亦不应由徐某某承担。一审法院将双方当事人签订的商品房买卖合同中约定的交付之日作为物业费的起算时间,适用法律不当,予以纠正,判决驳回碧桂园物业的诉讼请求。[1]

但应注意的是,在开发商建成小区交付物业服务人进行管理期间,物业服务人对小区新建的自行车棚、儿童游乐场等与规划、商品房预售合同中的小区平面图不符的,不属于开发商违约,而是物业服务人自身问题,业主对此享有抗辩权。

(三)未接受或未享用抗辩

司法实践中,经常遇到业主以无需接受或未享用相关物业服务进行抗辩,但这不能成为拒交物业费的正当理由。虽然物业服务人不是由业主聘请的,也不与其直接签订合同,但物业服务合同的约束力及于单个业主,业主应为其接受物业服务人为小区共有部分和业主专有部分的服务支付费用。小区共有部分的利用和管理与小区全体业主正常居住生活息息相关,必须由全体共有人以团体意思决议,业主以无需接受物业服务的抗辩理由不能成立。业主不在家或外出期间,物业服务人为小区服务并未停止,故业主因自身原因没有享用服务的仍要支付费用。单个业主可能基于各种原因如出国留学、工作等长期不在小区居住,但这并不意味着就减少物业服务人工作量,或物业服务人停止服务。小区电梯、共用照明、消防设施等共用设备、设施仍然要投入正常运行,仍需要维修和保养;物业保安的值勤、巡逻、安全检查等工作量也不会减少;小区卫生绿化等日常清洁工作亦需要正常运转,从这个意义讲,业主也不能拒绝交纳物业费。

业主以与物业服务人未签订物业服务合同进行抗辩,是这类纠纷的常见表现形式。实践中,有的小区多年一直没有成立业主委员会,业主与物业服务人之间未签订物业服务合同。但是,该物业服务人已实际提供了物业服务,并得到了小区绝大多数业主认可的,业主应交纳物业费。

---

〔1〕 江苏省镇江市中级人民法院(2020)苏11民终113号民事判决书。

【案例8-23】 上海上实物业管理有限公司诉张某物业服务合同纠纷案

二审法院认为,建设单位依法与物业服务企业签订的前期物业服务合同对业主具有约束力,按照前期物业服务合同以及临时规约的约定,业主应按时足额交纳服务费用,其中包括电梯使用费。物业管理基于的建筑物所有权不同于普通的所有权,其涉及建筑物区分所有权的整体性问题。一般来说,物业管理费的交纳义务对全体业主而言都是均等的。张某与上实公司之间对于电梯使用费有明确的约定,且张某所居住的楼房起始层为负一层,不符合减免条件。根据证据规定,张某提供的证据不足以证明物业公司不履行物业服务合同,或者履行合同有重大瑕疵,且张某自认曾多次到物业公司交纳物业管理费,仅因其未交纳电梯使用费而未能顺利交付,其作出的愿意足额交纳电梯使用费以外的物业管理费的表示,亦能反映出其内心对物业服务质量的认可。张某的上诉请求不予支持,判决驳回上诉,维持原判。[1]

现实社会生活中,在小区沿街的房屋、商铺或小区内的房屋,存在个别业主或物业使用人为了实现经营目的并加强其对自有物业的管理,自聘保安和清洁人员提供服务的情况。其自聘相关人员所提供的服务在性质上是针对业主或物业使用人的私人服务,并不等同于物业服务人对小区内的全部物业及全体业主提供的物业管理服务,且两者在服务的内容上也并不完全相同。因此,业主或物业使用人享受了其自聘人员对自由物业所提供的服务,同时也享受了物业服务人在小区内对物业的公有部分及公共事务所提供的物业管理服务,因此,业主或物业使用人不得以自聘保安和清洁工提供服务而拒绝向物业服务人交纳物业费。当然,如果物业服务人未能全部履行约定的物业服务义务,物业费应根据公平合理和等价有偿原则适当减少。也就是说,在建筑区划内的房屋存在公有部分、公共设施设备,物业服务人对其提供了服务管理的,业主或物业使用人无论是否直接享受都应支付物业费,业主或物业使用人的未享受未使用的抗辩理由在法律上不成立。

(四)物业使用人抗辩

1. 以业主违约抗辩

物业使用人以业主违反其与自己订立的合同为由拒交物业费能否构成正当理由问题。物业使用人一般是与业主订立了租赁合同、借用合同或者买卖合同的

〔1〕 参见国家法官学院案例开发研究中心编:《中国法院2013年度案例》(合同纠纷),中国法制出版社2013年版,第93页。江苏省无锡市中级人民法院(2011)锡民终字第0021号民事判决书。

承租人、借用人或者买受人。对于物业使用人的抗辩理由，法官应审查业主与物业使用人订立的合同内容，而不能一概而论。具体分两种情形确认：一种情况是合同约定了物业使用人拒付条件，即业主依约履行合同是物业使用人支付物业费的条件，或者是约定物业使用人在业主没有履行或履行不符合约定的情形下可以拒付。当业主违反合同约定时，物业使用人可以拒交物业费，并且成立正当理由。另一种情况是合同没有约定物业使用人拒付条件。物业使用人在物业服务人提供了服务且又享用了服务的情况下，不能拒付物业费，也不能成立正当理由。在前一种情况下，物业服务人可以追究业主的清偿责任来保障其自身利益不受损失，法律应持尊重与宽容态度，对业主与物业使用人在其权利义务范围内的行使不宜过多干涉。《物业管理条例》第四十一条第一款规定："业主应当根据物业服务合同的约定交纳物业服务费用。业主与物业使用人约定由物业使用人交纳物业服务费用的，从其约定，业主负连带交纳责任。"故物业使用人抗辩的后果，应由业主承担连带清偿支付物业费责任。

2. 以物业服务人违约抗辩

物业使用人既不是物业服务合同名义当事人，也不是物业服务合同的实质当事人，按照合同相对性原则，物业服务合同在物业使用人与物业服务人之间一般并不发生对应的权利义务关系，因此一般也不产生合同履行抗辩的问题。但在两种情况下产生履行抗辩，一种是物业使用人与业主支付物业费的约定，另一种是物业使用人直接与物业服务人签订物业服务合同。在第一种情况下，根据《物业管理条例》第四十一条第一款规定，物业使用人与业主约定，而法律认可由其承担物业费的义务，实质上是由业主基于其与物业服务人订立的物业服务合同的约定交费义务，变成由物业使用人承诺来履行这个义务。物业使用人既然是替业主履行物业服务合同约定的支付物业费义务，那么基于权利与义务相一致的原则，物业使用人同样可以行使业主享有的对物业服务人的履行抗辩权。物业使用人行使抗辩权的范围和理由与业主相同，应受法律保护。在第二种情况下，物业使用人直接与物业服务人签订物业服务合同，作为合同一方自然享有履行抗辩权。但与业主享有的抗辩权范围可能不一致，在物业服务合同约定物业使用人支付物业费数额大于业主与物业服务人约定数额时，物业使用人抗辩的范围亦大于业主抗辩范围。换言之，不论哪种情形，物业服务人违反物业服务合同，物业使用人均可以依法行使抗辩权，符合拒绝履行条件的，物业使用人可以拒绝履行支付物业费的义务。除以上两种情况之外，不存在对应的权利义务关系，物业使用人不能对物业服务人行使履行抗辩权。

(五)停车位收费抗辩

小区地面停车位收费的抗辩问题。商品房小区地面停车位,不论是规划停车位还是临时停车位,如设置在业主共有的小区地面,开发商与业主没有特别约定,又不能办理专有产权登记的,根据《民法典》第二百七十五条第二款规定,应当属于小区业主共有。物业服务人基于物业服务合同对小区停车位进行管理是应尽的合同义务,不因管理行为当然获得收取停车费的权利。如物业服务人收费既无物业服务合同依据,又无停车位权利人的授权,业主以其擅自扩大收费范围、违规收费为由抗辩的,法律应予支持。

【案例8-24】 海安天宝物业有限公司诉徐某某、袁某某物业服务合同纠纷案

二审法院认为,物业服务企业并非小区停车位的所有权人或使用权人,其基于物业服务合同对小区范围内的停车位进行维护、管理,但并不因此当然取得在物业服务费之外另行收取停车费的权利。物业服务企业停车位收费权的取得应当基于物业服务合同的约定或者停车位所有权人、使用权人的委托。否则,物业服务企业主张收取停车费,既没有物业服务合同依据,也没有委托授权的权利基础,必将侵害停车位实际权利人的合法权益。业主以物业服务企业擅自扩大收费范围、违规收费为由提出抗辩的,人民法院应予支持。具体理由如下:第一,天宝公司主张案涉规划停车位属于天楹公司所有,其基于天楹公司的书面授权收取停车费不能成立。由于地面停车位是直接设置在土地表面的停车设施,即直接设置在业主共同拥有使用权的土地表面上,地面停车位的所谓产权,实际上就是土地使用权。鉴于全体业主共同拥有住宅小区宗地号的土地使用权,在天宝公司既不能证明天楹公司与业主存在特别约定,又不能证明该地面停车位已经或可以办理产权登记成为天楹公司专有部分的情况下,仅凭小区总平面图注明为规划车位本身并不能作出该地面停车位属于天楹公司的认定。天宝公司主张基于天楹公司的授权收取案涉停车费缺乏权利基础和事实依据,不能成立。第二,天宝公司与小区业主委员会就北广场地面停车位收费标准进行的联合公示,不能作为天宝公司收取案涉停车费的依据。该联合公示只能证明天宝公司与小区业主就收费标准进行了协商确定,不能据此认定天宝公司获得了公示范围内停车位的收费权。公示中虽明确了收费标准,但没有业主大会或其授权的业主委员会委托天宝公司进行收费的内容。天宝公司主张其收取停车费是基于天楹公司的授权,不能成立。第三,天宝公司称徐某某、袁某某事实上接受了停车服务,使用停车券时也未提出异议,据此主张案涉停车费不能成立。天宝公司即便在车辆进出口安排了人员并对车辆停放进行了管理,也只能视为其在履行物业服务协议的合同义务,并不因该事实上的管理行为而当然获得在收取物业费之外另行收取临时停车费的权利,否则将构成对实际权利人的权利侵害。作为业主的徐某某、袁某某以天宝公司擅自扩大收费范围、违规收费为由提出抗辩,符合《最高人民法院关于审理物业服务纠纷案件具体应用法律若干问题的解释》第五条规定,予以支持。[1]

(六)侵权抗辩

业主以物业服务人侵害业主利益进行抗辩是否构成正当理由问题。一些业主认为物业服务人存在侵占小区公用空间进行经营,将专有用途的房屋出租营利、未适当履行安全保障义务、其他业主违章搭建物业服务人未予劝阻进行处理等侵害业主权益的行为,并以此作为正当理由抗辩要求核减物业费。笔者认为,对此应视情况进行具体审查,如物业服务人的行为侵害某一或某些业主的个体利益,且造成业主相关财产性损失的,法官可告知其提起反诉或另行起诉,如未造成财产性损失的则可作为抗辩事由,但一般不宜直接核减物业费。对物业服务人侵害业主个体共同权益的行为,法官应告知业主或向物业管理行政主管部门投诉反映,或通过业主委员会主张权利的方式解决。实践中,物业服务人未拆除小区内违章建筑亦不构成正当理由。依据《物业管理条例》第四十六条规定,物业管理区域内发生属于行政主管部门执法管理范畴的不当行为,应由行政主管部门责令整改或限期拆除。违章建筑是由行政主管部门执法管理的,不属于物业公司管理范围,但有报告义务。物业公司本身没有对违章建筑的处罚权和强制拆除权,也没有权力责令对违章建筑整改或限期拆除,在其无权自行处分时,无论是主动或被动对违章建筑采取措施或不采取措施,均不应认定为违反合同从义务或附随义务,业主应当支付相应物业费。但应注意,物业服务人不对违章建筑业主执行行政主管部门整改情况报告的,应认定为违反合同义务。

业主以物业服务人毒死宠物狗抗辩拒交物业费,法官根据具体案情裁定。

【案例8-25】　仪征万博物业服务有限公司与张某物业服务合同纠纷案

判决观点:仪征市奥龙湾小区业主委员会与原告签订的《物业管理服务合同》,对业主具有约束力。合同签订后,原告提供了物业服务,被告应给付

---

[1] 参见《人民司法·案例》2018年第29期(总第832期)。江苏省南通市中级人民法院(2018)苏06民终1076号民事判决书。

相应的物业管理服务费等。关于被告主张其宠物狗被原告毒死，其提供照片一张证实其主张，该照片显示为2021年1月3日爱心宠物医院工作人员所发微信照片（无法下载、显示原图，模糊，疑似用药清单），该照片无法证实被告宠物狗的死亡与原告的物业服务之间存在因果关系，对被告主张不给付物业费的意见，法院不予采纳。原告主张物业管理服务费为705.7元（0.6元/月/平方米×98.02平方米×12个月）、公共能耗费为120元、电梯维保费为647元（0.55元/月/平方米×98.02平方米×12个月），共计1472.7元，被告对建筑面积未提出异议，原告主张的标准符合《物业管理服务合同》的约定，法院予以支持。判决：被告张某给付原告仪征万博物业服务有限公司2020年物业管理服务费705.7元、公共能耗费120元、电梯维保费647元，共计1472.7元。[1]

（七）不存在合同关系抗辩

关于业主抗辩与原告之间不存在物业服务合同问题。法律规定，物业服务人可以通过三种方式与业主订立服务合同：（1）概括受让建设单位与物业服务人订立的前期物业服务合同。（2）业主委员会与物业服务人订立的物业服务合同。（3）业主本人与物业服务人订立物业服务合同。《民法典》第九百三十九条规定，建设单位依法与物业服务人订立的前期物业服务合同，以及业主委员会与业主大会依法选聘的物业服务人订立的物业服务合同，对业主具有法律约束力。

在物业服务合同纠纷案件中，业主一方的抗辩理由往往包含不存在合同关系一项，主要原因有两方面，一是小区只存在开发商与物业服务人签订的前期物业服务合同，业主本人未参与合同签订，不是合同签订方。二是小区没有签订过书面的物业服务合同。依据法律法规规定，前期物业服务合同对未签订合同的业主发生约束力，在前期物业服务合同届满后未签订新的物业服务合同情况下，一般根据事实服务确定合同关系。具体详见合同关系、合同效力专题的有关阐述。

建设单位依法与物业服务企业签订的前期物业服务合同，以及业主委员会与业主大会依法选聘的物业服务企业签订的物业服务合同，对业主具有约束力。业主以其并非合同当事人为由提出抗辩的，法院不予支持。

【案例8－26】 新天物业公司与环宇公司物业服务合同纠纷再审案

最高人民法院认为，新天公司的再审申请不能成立。（1）关于新天公司

---

〔1〕 江苏省仪征市人民法院（2022）苏1081民初130号民事判决书。

的再审申请是否符合《民事诉讼法》第二百条第一项“有新的证据足以推翻原判决、裁定的”情形的问题。新天公司申请再审提交了三份证据：证据一：(2013)青民二商终字第549号判决书；证据二：(2009)崂民一初字第607号判决书；证据三：新闻报道：《开发商消失房产证难办，温哥华花园业主告房管局》(http://qdxin.cn/qingdao/2015/47253.html)。经法院审查，证据一、证据二和证据三的形成时间分别为2013年12月5日、2009年10月9日和2015年9月24日，都远早于本案生效判决作出时间2016年12月5日。其中，证据一的当事人之一就是新天公司。对此，新天公司并未向法院说明逾期提交该证据的正当理由。而且，从三份证据内容来看，证据一是关于新天公司是否履行物业管理服务的问题，但本案原判决并非以新天公司未履行物业管理服务为由驳回其诉讼请求，故证据一证明事项与判决作出的依据没有直接关联，不足以推翻原判决。证据二证明案涉房屋未经竣工验收合格即交付使用。基于该事实，新天公司认为根据《物业管理条例》第四十一条，相应物业服务费用应由建设单位环宇公司交纳。经查，《物业管理条例》第四十一条第二款规定的是“已竣工但尚未出售或者尚未交给物业买受人的物业，物业服务费用由建设单位交纳”。也即物业服务费用由建设单位交纳的前提是案涉房屋已竣工但尚未出售或者尚未交付。证据二得不出上述前提条件具备的结论。因此，证据二不足以推翻原判决。至于证据三，则只能反映案涉房屋小业主没有取得房产证，曾上访和起诉房管局等，其内容与是否交纳物业费没有直接关系，故证据三亦不足以推翻原判决。(2)关于新天公司的再审申请是否符合《民事诉讼法》第二百条第二项“原判决、裁定认定的基本事实缺乏证据证明的”情形的问题。新天公司再审申请认为本案事实清楚，不存在真伪不明的情形。原判决关于“本案真伪不明，且造成真伪不明的原因系新天公司”的认定，缺乏证据证明。经查，原判决法院认为部分并无上述引号内的表述原文。事实上，原判决认定的本案真伪不明的具体情形主要有各业主的交费时间、应交费面积及交费标准及欠费数额、已交房面积和免除费用面积和新天公司已收取业主物业服务费的具体数额等。根据《物业合同》第三条“本物业的全体业主和物业使用人均应对履行本合同承担相应的责任，委托方承担连带责任”规定可知，双方已约定在案涉房屋业主或使用人不履行交付物业管理服务费等费用的义务时，环宇公司应与业主或物业使用人一起对新天公司连带承担因不履行义务所产生的责任。至于案涉房屋业主或使用人履行交付物业管理服务费义务的时间，则根据该合同第二十七条第1项可知，由业主每6个月交纳一次(于月初七日内)。按惯例，新天公司应在每位业主临近交纳期满前通知业主交纳。《最高人民法院关于审理物业服务纠纷案件具体应用法律若干问题的解释》第六条也规定，经书面催交，业主无正当理由拒绝交纳或者在催告的合理期限内仍未交纳物业费,物业服务企业请求业主支付物业费的,人民法院应予支持。进而,新天公司应承担案涉房屋业主或使用人收到其催交通知后拒不交付或者在催告的合理期限内仍未交纳物业管理服务费等费用这一事项的举证证明责任。根据原判决已查明事实,新天公司没有提交收到其催交通知后拒不交费的业主和使用权人具体情况,反而在诉讼初期还虚假辩称业主的物业费均未收取。直到环宇公司提供部分业主交费单据后,才不得不承认已收取了部分物业服务费。这违反了《民事诉讼法》第十三条"民事诉讼应当遵循诚实信用原则"的规定。至于交费主体、交费时间、应交费面积及交费标准及欠费数额的相关证据,根据日常生活经验可知,新天公司负责日常物业服务费收费事宜,是业主及使用权人物业服务费交纳关系中的相对人,比环宇公司更接近证据、更掌握实际情况,故原审法院以其没有提供上述情况的相关证据为由,将上述情况未查明归因于新天公司,并无不妥。(3)关于新天公司的再审申请是否符合《民事诉讼法》第二百条第六项"原判决、裁定适用法律确有错误的"情形的问题。新天公司申请再审认为,本案应由环宇公司对是否交纳物业费承担举证责任,但二审法院没有要求环宇公司提交已交纳物业费的相关证据,存在适用法律错误。诚然,根据《证据规定》第五条第二款"对合同是否履行发生争议的,由负有履行义务的当事人承担举证责任"规定,负有履行义务的当事人承担举证责任。但根据《最高人民法院关于审理物业服务纠纷案件具体应用法律若干问题的解释》第一条"建设单位依法与物业服务企业签订的前期物业服务合同,以及业主委员会与业主大会依法选聘的物业服务企业签订的物业服务合同,对业主具有约束力。业主以其并非合同当事人为由提出抗辩的,人民法院不予支持"可知,《物业合同》作为前期物业服务合同对业主有约束力。即业主应按《物业合同》约定,向新天公司履行交纳物业费的义务。而环宇公司本身没有履行交纳物业费的义务,只是在业主或物业使用人不履行交纳物业费义务时才承担连带责任。换言之,负有约定交纳物业费义务的主体是业主或物业使用人,应由其证明新天公司已收取的物业费数额。既然环宇公司没有交纳物业费义务,那么根据上述第五条规定,环宇公司对交纳物业费亦无须承担举证责任。另外,环宇公司有无证据证明应收的物业费金额与新天公司所主张的物业费金额是否有充分证据没有必然关系。根据"谁主张,谁举证"的证明责任分配一般原则,新天公司能否要求环宇公司承担连带责任,取决于其应先提供证据证明已向案涉房屋所有业主及房屋使用权人主张收取物业费,但被后者拒绝。但本案中,新天公司并未提供能证明上述事实的充分证据,而且在陈述已收取物业费金额时,新天公司还存在前后矛盾的表述。故原判决认定其主张的事实真伪不明,并无不当。故不能由此得出原判决在证明责任分配问题上存在适用法律错误的结论。由于环宇公司承担连带责任的前提是业主及房屋使用权人没有或没有完全交纳物业费，故相对环宇公司而言，新天公司应承担上述前提的证明责任。由于新天公司在收取物业费一事上存在不实陈述，致使法院已无法确信其陈述的真实性，再加上业主及房屋使用权人并未参加本案诉讼，客观上导致了新天公司自认的已收物业费金额也无法得到证实。原判决正是基于此才认定新天公司承担不利后果，而并没有将"没收物业费"的证明责任分配给新天公司。至于《补充合同》约定的物业费，新天公司申请再审认为，环宇公司如对其该部分物业费主张有异议，应承担举证责任。对此，根据"谁主张，谁举证"的原则，在环宇公司已向新天公司支付物业费158,943.6元的情况下，如果新天公司认为物业费不够，则应举证证明已交房面积和免除费用面积以得出新天公司应给付物业费的具体金额及其差额。故新天公司申请再审主张环宇公司承担相应举证责任，缺乏依据。至于新天公司在原审先否认收到物业费后又承认曾收取业主物业费的情况，新天公司没有对此提供合理解释。根据日常生活经验可知，新天公司作为以收取物业费为主要收入来源的公司，不可能不清楚其是否收取过物业费。而一旦承认收取过物业费的事实，则意味着其向环宇公司提出的主张也要随之减少，这显然对其不利。故原判决依据新天公司上述自相矛盾的陈述认定其在诉讼中故意隐瞒对其不利的证据，并无不当。裁定：驳回再审申请。[1]

【案例8－27】　浙江中州物业管理有限公司与范某某、徐某物业服务合同纠纷案

判决观点：被告范某某主张未经业主大会决议，业主委员会不具备选聘物业公司的权利，《物业服务合同》对业主不具有约束力，但青春大厦业主委员会与原告签订合同前是否经过业主大会授权，属青春大厦业主委员会与各业主之间的法律关系，该法律关系并不属于本案审查范围。在未撤销业主委员会的决定前，业主委员会的决定对业主具有约束力，故原告与青春大厦业主委员会签订的物业服务合同对范某某、徐某具有约束力。范某某、徐某作为青春大厦的1115室、1116室业主，在接受原告物业服务的同时理应支付物业服务费。对原告要求被告支付物业服务费9834元的诉请，法院予以支持。被告徐某无正当理由拒不到庭参加诉讼，亦不答辩和提供证据，视为放弃一审抗辩的权利，并自行承担由此带来的相应法律后果，法院依法可以缺席判决。判决：被告范某某、徐某支付原告浙江中州物业管理有限公司9834元。[2]

---

〔1〕 最高人民法院(2017)民申2518号裁定书。

〔2〕 浙江省嘉兴市南湖区人民法院(2022)浙0402民初4580号民事判决书。

物业服务合同到期后，业主不认可物业服务人提供的物业服务抗辩。根据《民法典》第九百五十条的规定，物业服务人继续提供物业服务的，双方之间形成物业服务法律关系，业主的抗辩理由显然不符合法律规定。

（八）物业费收取抗辩

业主就物业费金额计算标准提出抗辩。物业服务事关民生，与每个人的生活和利益都息息相关。为规范物业管理活动，维护业主和物业服务人合法权益，各地行政管理部门都会制定本区域内的一般住宅小区物业收费标准，业主主张收费标准超过该规定上限的，法院一般会予以支持。

业主就违约金数额提出过高的抗辩。《民法典》第五百五十八条第二款规定，"约定的违约金低于造成的损失的，人民法院或者仲裁机构可以根据当事人的请求予以增加；约定的违约金过分高于造成的损失的，人民法院或者仲裁机构可以根据当事人的请求予以适当减少"。《民法典合同编通则解释》第六十五条规定：" 当事人主张约定的违约金过分高于违约造成的损失，请求予以适当减少的，人民法院应当以民法典第五百八十四条规定的损失为基础，兼顾合同主体、交易类型、合同的履行情况、当事人的过错程度、履约背景等因素，遵循公平原则和诚信原则进行衡量，并作出裁判。约定的违约金超过造成损失的百分之三十的，人民法院一般可以认定为过分高于造成的损失。恶意违约的当事人一方请求减少违约金的，人民法院一般不予支持。"《物业服务合同》约定业主延迟支付物业费时，应当支付违约金。对违约金的计算方式进行了约定，并以此计算业主应当支付的违约金。对于违约金过高的，业主可以以反诉或者抗辩的方式主张违约金明显高于其遭受的实际损失，请求法院予以适当降低。

业主就已过诉讼时效提出抗辩。对于连续性的物业服务合同，物业服务人向业主主张债权是否适用诉讼时效，存在两种观点：有观点认为，物业服务合同是连续性服务合同，物业服务人在未退出之前，合同一直在履行过程中，不适用3年诉讼时效的规定；也有观点认为，《物业服务合同》中约定业主按年度/季度交纳物业费，每个交费周期内产生的物业费属于不同笔债务，应当适用诉讼时效的规定。物业费按照约定的交费周期计算，属于不同笔债务（不属于同一笔债务的分期履行），适用诉讼时效的相关规定。在这个问题上，各地法院执法尺度并不统一，详见专题一的有关阐述。

三、物业服务费抗辩疑难问题

(一)抗辩理由认定

对业主以各种理由拒交或少交物业费的抗辩,法官宜根据具体案情行使自由裁量权裁定。在诉讼中,对业主抗辩是否成立的认定主体是法官。业主为证明其抗辩理由的成立应负举证责任,其不能举证证明物业服务人的行为达到较为严重的程度的,基于没有充分的事实和法律依据,其抗辩理由不能成立且得不到法律支持。

最高人民法院法官认为,在物业服务人提供的物业服务不符合约定的情况下,业主的抗辩能否得到支持有赖于法官根据案件的具体情况,结合合同约定对当事人实际权利义务关系予以平衡并做出调整。[1]

【案例8－28】 季某诉甲公司物业服务合同纠纷案

二审法院认为,上诉人季某以被上诉人甲公司未按物业服务合同要求向上诉人履行正常供水和供电、公共设施维修维护义务为由,要求将物业服务费收费标准降低30%。被上诉人对电梯等公共设施是积极履行维修维护义务的。但是在维护过程中被上诉人确实存在一定延迟,没有充分保障所有电梯正常运行,给上诉人等业主造成一定麻烦和不方便,存在一定的怠于履行物业义务行为,而且事后处理该问题不够诚恳,使得物业公司与用户之间产生矛盾升级,履行物业合同存在瑕疵,被上诉人作为物业公司应当认真对待这一情况。另外,根据二审查明的事实,一审原告诉求的要求被告履行向原告正常供水和供电、维修维护公共设施等义务的情形已不存在。但针对上诉人要求减少物业费的诉求,法院认为被上诉人虽然在履行义务的过程中存在一定瑕疵,但上诉人未能举证证明被上诉人的行为达到较为严重的程度,且亦有证据表明被上诉人履行了物业服务合同约定的对小区进行管理和服务

---

〔1〕 参见最高人民法院民法典贯彻实施工作领导小组编著:《中国民法典适用大全》(合同卷五),人民法院出版社2022年版,第3520页。

义务,上诉人主张降低物业费没有充分的事实和法律依据,法院不予支持。[1]

【案例8-29】 李某某、樊某某诉常熟市明珠佳苑业主委员会、常熟市明珠物业管理有限公司业主撤销权纠纷案

二审法院认为,对于上诉人李某某、樊某某提出每平方米每月0.78元收费违背了政府的定价主张,《苏州市物业服务收费管理实施办法》中明确三级资质的基准价格为0.50元/月/平方米,但具体执行标准可上、下浮动20%,基准价不含电梯、水泵、中央空调等设施的运行电费和公共照明、公共用水等代收代交费用。而本案小区有一定特殊性,即多层住宅仍需电梯进行运行,被上诉人认为0.78元的收费标准包含了电梯运行费用。上诉人现无证据证明常熟市明珠物业管理有限公司违反了法律、法规、部门规章而擅自扩大收费范围、提高收费标准,且本案的电梯起始层并非为一楼(其下尚有车库),上诉人主张其不承担电梯运行费依据亦不足。现上诉人不认同上述收费标准,且认为电梯费用分摊不合理,其可在今后业主大会召开时提出其观点,由业主大会来决定相关事项。判决:驳回上诉,维持原判。[2]

【案例8-30】 某物业资产管理有限责任公司诉刘某物业服务合同纠纷案

二审法院认为,物业服务人依约取得对物业小区物业管理服务资格,其与业主虽未签订物业服务合同,但实际为案涉小区提供物业服务。业主居住在位于物业小区内的房屋,接受了物业服务人提供的物业服务,双方形成了实质物业服务合同关系,故业主应向物业服务人支付物业费。[3]

个案中,对于业主提出的拆除违章建筑、房屋漏水的理由,列举了部分物业服务不到位的事例及照片抗辩,某项服务有瑕疵就否定物业服务人整个服务过程。一、二审法院虽支持了物业服务人主张业主支付逾期未支付物业费的诉讼请求,但未支持其违约金的主张,是综合考虑本案的处理结果,并无不当。

【案例8-31】 长沙捷建物业管理有限公司诉廖某明物业服务合同纠纷案

二审法院认为,本案中,上诉人认为案涉物业服务合同上署名的业主委员会成立不合法,上诉人对业主委员会选聘被上诉人及该物业服务合同的签订、合同内容均不知情,认为案涉物业服务合同无效。法院认为,被上诉人与

---

〔1〕 海南省第一中级人民法院(2019)琼96民终1502号民事判决书。

〔2〕 参见最高人民法院中国应用法学研究所编:《人民法院案例选》2011年第3辑(总第77辑),人民法院出版社2011年版,第138页。江苏省苏州市中级人民法院(2010)苏中民终字第2385号民事判决书。

〔3〕 参见最高人民法院民法典贯彻实施工作领导小组编著:《中国民法典适用大全》(合同卷五),人民法院出版社2022年版,第3531页。陕西省渭南市中级人民法院(2021)陕05民终2919号民事判决书。

湘潭市岳塘区新滴水安置小区业主委员会签订的《湘潭市岳塘区新滴水安置小区物业服务合同》系双方真实意思表示，且不违反法律法规的强制性规定，在未被撤销前，应认定为合法、有效，对包括上诉人在内的湘潭市岳塘区新滴水安置小区业主均有约束力。上诉人对其认为案涉物业服务合同无效的主张，未提供证据证实，于法无据，法院不予支持。被上诉人已于2021年2月1日入驻湘潭市岳塘区新滴水安置小区，为该小区提供物业管理服务，上诉人作为小区业主应当支付物业服务费用。上诉人认为小区业主许某民违章搭建、改造房屋及房屋漏水的现象。法院认为，被上诉人不具备行政执法权，无权拆除违章建筑，而对于房屋漏水，在房屋质保期内，是由开发商负责维修，质保期后，应动用维修资金进行维修，上诉人不能因为这些理由，抗拒或少交物业费。物业服务是一个长期、动态的过程，包含了诸多内容，上诉人虽然列举了部分被上诉人物业服务不到位的事例及照片，但不能因为某项服务有瑕疵就否定被上诉人整个服务过程。一审法院虽支持了被上诉人要求上诉人支付逾期未支付物业费的诉讼请求，但未支持其违约金的主张，是综合考虑本案的处理结果，并无不当，法院予以支持。另上诉人认为案涉小区是安置小区，不存在交纳物业费或不应按一般商品房的标准收取物业费的主张，无法律依据，法院不予支持。综上所述，廖某明的上诉请求不能成立，应予驳回。一审判决认定事实清楚，适用法律正确，应予维持。判决：驳回上诉，维持原判。[1]

对于协议解除劳动关系，劳动者抗辩交纳供暖费的认定。在协议解除劳动关系时由何者承担交纳供暖费责任，应区别情况认定。在劳动者与单位协议解除劳动关系时，对于供暖费的负担问题有明确约定的，从其约定。在劳动者与单位协议解除劳动关系时，对于供暖费的负担问题未有明确约定，但原单位与供暖单位存在供用热力合同（包括原合同关系存续和重新建立合同两种情形），且该供用热力合同明确涉及某特定与其单位协议解除劳动关系的劳动者的，则原单位仍然系交费主体；除此之外，应当以实际采暖用户确定供暖费的交纳义务主体。

【案例8－32】　某物业公司诉张某物业服务合同纠纷案

判决观点：原告依据开发商的委托为被告居住的房屋提供了供暖服务，被告亦实际享受了供暖服务，双方即形成了事实的供用热力合同关系，被告应按照相关部门规定的标准交纳供暖费，现未交纳不妥，故原告要求被告给付拖欠供暖费的诉讼请求，于法有据，应当予以支持。被告以双方未签订供暖协议为其拒绝交纳供暖费的抗辩意见，依据不足。因被告已于2005年5

〔1〕　湖南省湘潭市中级人民法院（2023）湘03民终448号民事判决书。

月与东方化工厂协议解除了劳动关系,且东方化工厂于每年供暖季与原告分别签订供暖协议书,现被告以其原系东方化工厂职工,应由东方化工厂为其支付供暖费作为拒绝交纳供暖费的辩解意见,依据不足,不予采信。判决:被告张某给付原告某物业公司2005年11月15日至2008年3月15日的供暖费共计人民币3482.34元。[1] 本案中,在解除劳动合同之前供暖费由东方化工厂交纳,在解除劳动合同之后在东方化工厂交纳供暖费的名单中未有张某的名字,自然应由张某自己交纳。

物业服务合同表述有瑕疵的,如约定了别墅的收费标准,而没有约定公寓的收费标准,但合同上明确规定了按建筑面积每月每平方米具体数额,居住公寓的业主以未有收费标准拒交物业费的抗辩理由不能成立。

业主拒交捆绑收费抗辩理由成立的认定问题。物业服务人在收取物业费时,能否捆绑收取其他费用?一般认为,在物业服务合同对其收费范围有约定时,业主虽没有直接与物业服务人签订物业服务合同,但作为小区业主应受其约束,其应按约定的标准交纳物业费和其他相关费用,物业服务人捆绑收费有物业服务合同的依据,业主的该抗辩理由不能成立。

物业费提价抗辩理由成立的认定问题。判断物业费提价的标准是否具有正当性,由政府指导价格或以法定程序形成的价格的即符合正当性标准。小区尚未成立业主大会并选举业主委员会的,根据物业服务人的申请,居委会在基层政府的指导和监督下代行业主委员会的职责并全权委托物业服务人负责入户调查并未违反相关规定。物业服务人受托进行民意调查后,将调查结果向居委会和基层政府分别进行报告,居委会认可调查结果并同意上调小区物业费,基层政府亦决定予以变更物业服务合同的,物业服务人的物业费提价行为符合法律规定。因物业服务人这种提价具有正当性,业主以物业费提价作为抗辩理由的,该抗辩理由不能成立。

不动产证上登记的业主,以借名买房作为抗辩理由是否成立问题。一般认为,作为物业服务合同一方的业主,应当是指不动产登记管理机关发放的不动产权证书上记载的房屋产权人。借名买房的业主称其并非房屋所有权人,但物业服务人履行物业服务合同范围不包括对此查明义务,其向不动产证书上记载的产权人主张物业费,符合法律规定。不动产证上登记的业主与其房屋实际所有人或借名人的争议并不影响物业服务人主张物业费的权利,其抗辩理由不能成立。

离婚案件中,房屋产权未过户在业主名下,其拒交物业费抗辩理由认定问题。根据《民法典》规定,房屋所有权自法院判决生效之日即应归于判决确定权利人。

---

[1] 参见北京市高级人民法院编:《审判前沿——新类型案件审判实务》2009年第6集(总第30集),法律出版社2010年版,第65页。

物业服务人与业主委员会之间签订物业服务合同系双方当事人的真实意思表示，合法有效，对判决确定权利人有约束力。判决确定权利人认为房屋虽有民事判决的判定，但该房屋并未过户登记在其名下，且不由其本人居住使用，而是一直登记在前妻名下并由其居住，故本人没有履行交纳物业费的义务。但房产实际为何人居住并不影响物业服务人向判决确定权利人主张物业费的权利，且物业服务人已依约提供了物业服务，判决确定权利人应依约支付物业费，其抗辩理由不能成立。

个案中，法官根据具体案情并结合业主的举证裁量其抗辩理由成立。

【案例8－33】　温岭市某物业管理有限公司诉夏某某物业服务合同纠纷案

二审法院认为，根据被上诉人提供的《温岭日报》上的有关报道，某小区因存在停电、停水、绿化维护不力、垃圾无人清理、小偷频频光顾等问题而被多次投诉和发帖反映，尽管反映的内容是否完全客观属实在当事人之间尚存争议，但却暴露出上诉人在某小区物业管理上存在瑕疵，以及小区业主对物业服务质量的质疑和不满。本案中，被上诉人提供的证据可以初步证明某小区物业服务质量存在瑕疵，上诉人对此存有异议的，应由上诉人举证证明其已按照合同约定和有关规定履行了相关物业服务义务。由于上诉人未能举证证明其提供的物业服务均符合合同约定和有关规定，故应由上诉人承担举证不能的不利后果。〔1〕

【案例8－34】　温州市某物业管理有限公司诉黄某桂物业服务合同纠纷再审案

再审法院认为，根据某人厦业主委员会、某物业公司、居民委员会三方于2013年9月召开的联席会议内容、某大厦业主委员会于2014年4月2日要求某物业公司加强物业服务及整改的函件及某物业公司于2014年6月17日出具承诺书等证据材料，均证实某物业公司前期物业管理存在不善和欠缺，并同意给予业主物业管理费优惠折扣收取。2014年8月底，某大厦业主委员会因某物业公司服务不到位，解除了与某物业公司的物业服务合同。某物业公司在原审庭审中对上述事实亦予以认可。原审据此认定某物业公司系被解聘，业主尚未交纳的物业管理综合服务费按70%的标准计付，并无不当。〔2〕

业主以家中被盗为由抗辩物业费交纳的，其举证不足的不受法律保护。

【案例8－35】　平湖市某物业管理有限公司诉吴某某物业服务合同纠纷案

二审法院认为，物业公司依照物业服务合同约定应承担的安保义务，仅

---

〔1〕　浙江省台州市中级人民法院(2011)浙台民终字第792号民事判决书。

〔2〕　浙江省高级人民法院(2016)浙民申248号民事裁定书。

指为维护物业管理区域的公共秩序和物业使用安全而实施的必要的和正常的防范性安全防卫活动，不承担确保物业服务区域内业主人身、财产安全不遭受任何不法侵害的义务，吴某某以其家中被盗为由拒交物业费，依据不足。因此，吴某某提供的证据不足以证明某物业公司不履行合同义务或履行合同义务存在重大瑕疵，其拒绝交纳物业费的抗辩理由不能成立。另外，吴某某上诉要求物业公司赔偿其因被盗窃造成的损失5000元，属另一法律关系，不应在本案中予以处理。[1]

对业主提出物业服务人服务不到位抗辩理由的认定，法官注意到物业服务在很大程度上是一种“行为义务”而非“结果义务”，坚持了客观全面的评判。

【案例8－36】 北京市某物业管理有限公司诉唐某某物业服务合同纠纷案

二审法院认为，物业服务瑕疵不宜根据某一段时期的服务质量问题或者单个、局部问题来认定，而应考虑小区的整体服务情况、持续状态和小区全体业主的利益予以确认。[2]

业主提出物业服务人对小区违法拆建、违法装修等乱象管理服务不到位，以此拒交物业费的，由法官裁量是否成立。

【案例8－37】 上海某物业服务有限公司诉俞某某、孙某物业服务合同纠纷案

二审法院认为，关于小区存在违法拆建一节，某物业公司作为物业管理机构，并不享有行政执法权，其在知道发生违法拆建行为后，对相应的业主进行了规劝，在规劝无效的情况下向相关政府机关进行了举报，有关政府机关也对违章建筑进行了拆除。依据上述事实可以认定某物业公司已经尽到了相应的管理义务，俞某某、孙某以此为由要求拒交或少交物业管理费，依据不足，原审法院未予支持并无不当。[3]

【案例8－38】 齐某某诉吉林某物业服务有限公司物业服务合同纠纷案

二审法院认为，齐某某主张因某物业推卸管理职责使其南侧住户未经规划部门审批建立违章建筑，其不应支付违法建筑存续期间的物业费。因某物业并无行政执法执行权，其已将建筑情况向行政执法部门进行了汇报，应视其已经履行应尽义务……故齐某某仅因某物业推卸管理职责致使其南侧住户建立违章建筑一事拒付全部物业管理费用于法无据，对其该项主张不予

---

〔1〕 浙江省嘉兴市中级人民法院(2015)浙嘉民终字第75号民事判决书。
〔2〕 北京市第三中级人民法院(2018)京03民终14407号民事判决书。
〔3〕 浙江省杭州市中级人民法院(2014)浙杭民终字第2345号民事判决书。

支持。[1]

【案例8－39】 中房物业公司诉邢某某物业服务合同纠纷案

二审法院认为,邢某某以中房物业公司提供的物业服务存在重大瑕疵为由要求将其已交纳物业费打五折收取。物业服务具有公共性,企业的服务,收取物业费是用于整体物业设施的维护保养、正常秩序维护所必需的费用。物业费在形式上体现为物业服务企业提供服务所收取的对价,但从本质上讲,物业费也是全体业主享受物业服务的物质基础。邢某某需提供证据证明中房物业公司在服务过程中仍存在重大问题,但中房物业公司亦就此提供反证证明其提供了物业服务。一审法院结合小区部分业主提交的"联名上书"及现场调查走访情况驳回邢某某诉讼请求,并无不当。综上所述,邢某某的上诉请求不能成立,应予驳回;一审判决认定事实清楚,适用法律正确,应予维持。判决:驳回上诉,维持原判。[2]

物业公司无行政执法权,小区有关问题应由相应行政执法部门依法解决,不能将此问题完全归咎于服务性质的物业公司。且对公共部位的权利义务行使应由全体业主共同享有和承担,即便存在他人占用公共部位违法搭建或阻塞消防通道等侵犯全体业主共同利益的情形时,也应由业主委员会代全体业主依法主张权利,单一业主不能直接以此为由拒交或少交物业费。

【案例8－40】 李某某、刘某某诉坤达物业公司物业服务合同纠纷案

二审法院认为,本案的争议焦点为坤达物业公司是否违反物业服务合同约定存在重大瑕疵构成违约,刘某某、李某某是否可以少交物业费的问题。上诉人称小区楼顶存在违法搭建、改变楼顶结构和阻塞消防通道等问题,双方对是否存在违法搭建等情形所说不一。即便存在违法搭建、改变楼顶结构和阻塞消防通道等情形,但物业公司并无行政执法权,有关问题应由相应行政执法部门依法解决,不能将此问题完全归咎于服务性质的物业公司。且对公共部位的权利义务行使应由全体业主共同享有和承担,即便存在他人占用公共部位违法搭建或阻塞消防通道等侵犯全体业主共同利益的情形时,也应由业主委员会代全体业主依法主张权利,单一业主不能直接以此为由拒交或少交物业费。上诉人所称的问题还不足以明显影响业主的个人生活,其证据不足以证明被上诉人存在物业服务重大瑕疵造成违约。物业服务合同具有特殊性、持久性,物业公司向业主收取物业费既是其生存、发展的前提,也是其按照物业服务合同向全体业主提供正常服务的经济保障,只有在物业服务

---

[1] 吉林省长春市中级人民法院(2016)吉01民终2183号民事判决书。

[2] 河南省郑州市中级人民法院(2021)豫01民终5884号民事判决书。

企业不履行物业服务合同，造成业主特定性利益损害，构成物业服务重大瑕疵的情形下，业主才能拒交或少交物业费。否则就会影响物业服务企业的正常运转，无法维持正常的物业服务水平，进而导致小区物业服务质量下降，同时少部分业主拖欠物业费对按时足额交纳物业费的业主也不公平，从长远来讲也会对业主个人的正常生活秩序造成影响。住宅小区的管理是小区业主和物业服务公司的共同责任，业主应支持小区物业的管理及后续改善和发展，物业公司应认真听取业主的建议进一步做好各项物业服务。一审判决刘某某、李某某支付坤达物业公司自2015年2月1日起至2020年12月31日止的物业服务费4696.65元合理。综上所述，上诉人李某某、刘某某的上诉请求均不能成立，应予驳回；一审判决结果正确，应予维持。判决：驳回上诉，维持原判。[1]

物业费收费标准系由市场调节，物业公司根据市场供需关系确定物业费收费标准，未超过物价部门核定的当地同类小区物业收费水平，属于合理的商业行为。物业公司在为小区业主提供物业服务过程中，存在未公布代收水电费交费明细及物业服务质量不符合合同约定等服务瑕疵，业主要求物业公司进行整改、采取补救措施、赔偿损失，但不应以此为由拒交或少交物业费。

【案例8－41】 斯创达公司诉石某某物业合同纠纷再审案

再审法院认为，(1)物业费收费标准系由市场调节，斯创达公司根据市场供需关系确定物业费收费标准，未超过物价部门核定的当地同类小区物业收费水平，属于合理的商业行为。斯创达公司在为案涉小区业主提供物业服务过程中，存在未公布代收水电费交费明细及物业服务质量不符合合同约定等服务瑕疵，再审申请人可要求物业公司进行整改、采取补救措施、赔偿损失，但不应以此为由拒交或少交物业费。若再审申请人有证据证明因斯创达公司的物业服务导致其财产受损，可就其财产损失另行主张权利。(2)案涉小区未成立业主委员会，未设立专门账户存放小区住宅专项维修资金，斯创达公司进驻案涉小区提供物业服务，将案涉小区住宅专项维修资金存入公司账户，用于案涉小区住宅公共部分的维护、维修支出，并非将小区住宅专项维修资金据为己有，维修资金的所有权人仍系全体业主。再审申请人主张斯创达公司侵占小区住宅专项维修资金的再审理由不成立。(3)依据《民事诉讼法》第一百六十九条“第二审人民法院对上诉案件，应当组成合议庭，开庭审理。经过阅卷、调查和询问当事人，对没有提出新的事实、证据或者理由，合议庭认为不需要开庭审理的，可以不开庭审理”的规定，本案二审过程中，当

---

〔1〕 湖北省宜昌市中级人民法院(2021)鄂05民终2431号民事判决书。

事人未提出新的事实、证据及理由，合议庭认为不需要开庭审理，通过书面审理的方式审理本案，符合法律规定，不存在程序违法的情形。综上所述，石某某的再审申请不符合《民事诉讼法》第二百条规定的情形。裁定：驳回石某某的再审申请。[1]

业主因对交纳物业费存在争议的，不宜认定为拒交物业费，承担违约责任。

【案例8-42】 西郊物业诉董某物业服务合同纠纷案

二审法院认为，本案争议焦点为：涉案物业费收费标准是否应按1.2元/月/平方米计收，董某逾期未交纳物业费是否应支付相应违约金。本案中，《商品房买卖合同（预售）》中约定住宅物业服务费的标准为0.8元/月/平方米，但该合同中关于物业费的约定系前期物业服务合同标准，之后涉案小区业委会已与西郊物业重新签订《物业服务合同》，根据市场行情及物价水平调整了物业收费标准，并在业主接收房屋时在《物业管理服务协议》中予以明确约定，双方应按照合同约定的1.2元/月/平方米予以履行，西郊物业要求业主自2019年起按照该标准交纳物业费符合合同约定，一审法院予以支持并无不当。董某主张西郊物业存在不签业主手册即不交房的情况，涉案协议系在受胁迫方式下签订，但其提交的证据不足以证实上述主张，法院不予采纳。相对于物业公司而言，物业服务合同系外部法律关系，业主与业委会之间系内部法律关系，本案系物业服务合同纠纷，业主大会是否召开属于内部法律关系的内容，不属于本案审查范围，故法院不予处理。物业公司与业主关系是否和谐，关系小区社会秩序健康稳定和居民生活质量问题，双方应当加强沟通，增进互信。物业公司应当加强宣传，增加服务和收费的透明度，提高服务意识，依法依约履行义务，最大限度争取业主的理解和支持。本案业主董某就物业费增加部分存在争议，且一直与西郊物业保持沟通，表示可以按照0.8元的标准交纳物业费，并非恶意逃避交纳物业费，一审法院综合案件事实不予支持西郊物业关于违约金的诉讼请求，并无不当。综上所述，董某、威海西郊物业服务有限公司的上诉请求不能成立，应予驳回；一审判决认定事实清楚，适用法律正确，应予维持。判决：驳回上诉，维持原判。[2]

【案例8-43】 上海鑫铭物业管理有限公司诉杨某某物业服务合同纠纷案

二审法院认为，上诉人与被上诉人之间因物业费纠纷已多次涉讼，并已有生效判决确认上诉人应支付系争房屋的物业费。因此，一审判决认定上诉人应支付被上诉人2018年的物业费并无不当，法院予以认同。上诉人不同

---

〔1〕 广西壮族自治区高级人民法院（2021）桂民申2424号民事裁定书。

〔2〕 山东省威海市中级人民法院（2022）鲁10民终1748号民事判决书。

意承担物业费的理由仍系坚持其对原房屋动拆迁安置问题的异议，然该异议并不属于本案审理范围，故法院对上诉人的上诉理由均不予采纳。综上所述，上诉人杨某某的上诉请求不能成立，应予驳回；一审判决认定事实清楚，适用法律正确，应予维持。判决：驳回上诉，维持原判。[1]

司法实践中，法官从物业费的公共属性、物业服务的整体性诸多方面和因素综合判断业主抗辩理由是否成立。

【案例8-44】 付某某与北京夏都红雨物业管理有限公司物业服务合同纠纷案

二审法院认为，民事活动应当遵循公平和等价有偿的原则。按照法律规定，业主委员会与业主大会依法选聘的物业服务企业签订的物业服务合同，对业主具有约束力，各方当事人均应当按照合同约定履行各自的义务。物业服务企业提供了物业管理服务，业主应当按照合同约定的收费标准交纳物业费。物业服务作为一种全天候、不间断、全方位、多层次的过程性服务，难免会出现一些瑕疵，物业服务瑕疵亦不宜根据某一时期的服务质量问题或者单个、局部问题来认定，而应考虑小区的整体服务情况、持续状态和小区全体业主的利益予以确认。物业公司与小区业主之间存在相互依存的关系。物业服务公司在服务过程中应充分听取业主的意见和建议，对业主反映的物业服务中存在的问题应及时答复与解决，不断提升物业服务水平和质量，以充分获取所在小区业主的理解和配合。同时，业主也应对物业公司给予一定谅解，不能求全责备，尽可能地看到其在物业管理中的努力和付出，应当认识到及时交纳物业管理费是保障物业管理正常运转的前提条件。小区业主发现物业公司在服务过程中出现瑕疵时，应当主动向物业公司反映，并提出合理化建议，通过合法途径主张权利，但不应以此为由拒绝交纳物业费。否则将导致降低服务质量的恶性循环，不利于小区乃至整个社会的发展，同时也侵害了已交物业费的业主的合法权益。唯有通过彼此间的换位思考和共同努力，方能营造更加和谐的小区环境。[2]

【案例8-45】 林某某与苏州红星品唯物业管理有限公司无锡分公司物业服务合同纠纷案

二审法院认为，物业费具有一定公共属性，物业公司的物业服务费靠业主交纳的物业费维系，如个别业主对物业公司服务质量不满意不支付物业

---

〔1〕 上海市第一中级人民法院(2021)沪01民终9487号民事判决书。

〔2〕 参见最高人民法院民法典贯彻实施工作领导小组编著:《中国民法典适用大全》(合同卷五),人民法院出版社2022年版,第3573页。北京市第一中级人民法院(2021)京01民终10213号民事判决书。

费，没有足够的物业费维系，物业公司就更加无法保证物业服务的质量，长此以往，必然恶性循环，不仅会损害其他正常交费业主的权益，也会影响到整个小区的品质，损害全体业主的共同利益。物业公司在已提供物业服务的情况下，在整体服务上不存在影响业主基本生活质量的严重缺陷，相关不足之处仅为物业服务瑕疵。物业服务瑕疵不是业主拒付物业费的理由，业主应当按照前期物业管理服务协议支付物业费，拒绝支付物业费无合同和法律依据。物业服务涉及维修、养护、管理小区的相关房屋及配套设施、场地以及维护小区环境卫生与秩序等多项内容，服务内容和范围比较广泛，服务效果还受到服务对象的主观感受影响。一方面，物业公司作为物业服务企业，在催要物业费的同时，应树立服务意识、质量意识，与业主共同营造安全、宁静、自由、舒适的生活环境。另一方面，业主对物业服务也应有一定的容忍度，业主及时、足额支付物业费是保证物业服务企业对小区进行正常、有序、良性管理的必要条件，若因物业服务存在一点瑕疵就拒绝履行交纳物业费这一合同主要义务，显然超出了合理的限度，物业经费不足将危及物业服务工作的正常开展，势必导致小区物业服务质量整体下降，最终会使小区全体业主之根本利益遭受损害，这对于按时足额交付物业费的业主来说也不公平。[1]

业主以物业管理公司在管理服务过程中存在瑕疵为由提出先履行抗辩权而拒交物业费的，人民法院不予支持。

【案例8-46】　黄某与润达物业管理有限公司洛阳分公司物业服务合同纠纷再审案

再审法院认为，本案不符合再审申请条件，关于黄某提出的先履行抗辩权的问题，基于黄某与润达洛阳分公司之间有效的物业服务合同，润达洛阳分公司在接受委托对物业进行管理后，已经履行了合同约定的主要义务，尽管其在物业管理服务过程中存在瑕疵，亦不符合先履行抗辩权的适用条件。黄某作为业主，可以根据《前期物业管理服务协议》的约定，要求润达洛阳分公司整改直至终止合同并提议召开业主大会选聘新的物业管理企业等方式维护自己的合法权益，或者要求润达洛阳分公司承担继续履行、采取补救措施或者赔偿损失等违约责任。因此，黄某以先履行抗辩权为由拒付物业费的主张不能成立。[2]

在没有证据证明业主家中被盗与物业公司未尽安保义务存在直接的因果关

---

〔1〕 参见最高人民法院民法典贯彻实施工作领导小组编著：《中国民法典适用大全》（合同卷五），人民法院出版社2022年版，第3573～3574页。江苏省无锡市中级人民法院（2021）苏02民终5708号民事判决书。

〔2〕 河南省高级人民法院（2020）豫民申7878号民事裁定书。

系时,业主因家中被盗而要求物业公司承担损失并拒绝交付物业费的,人民法院不予支持。

【案例8-47】 王某峰与北京万通鼎安国际物业服务有限公司物业服务合同纠纷再审案

再审法院认为,结合本案查证事实,王某峰家中被盗一事是由案外人实施,在万通鼎安物业公司配备安保的前提下,王某峰并未提交证据证明其家中被盗与万通鼎安物业公司未尽安保义务存在直接的因果关系。因此,王某峰要求万通鼎安物业公司承担其相应损失,并以万通鼎安物业公司存在违约为由主张同时履行抗辩权而拒交物业费的主张,缺乏法律和事实依据,不予支持,二审法院处理得当。[1]

业主以物业服务公司的服务标准未达物业公司的资质等级为由主张调整物业费金额的,人民法院不予支持。

【案例8-48】 秦某鸣、陈某燕与上海龙邸物业管理有限公司物业合同纠纷案

二审法院认为,秦某鸣、陈某燕以龙邸公司承诺以三级物业服务标准提供服务,实际服务未达标为由上诉主张调整物业费金额,但是,秦某鸣、陈某燕对其主张未提供证据予以证明,合同中载明龙邸公司的资质等级为三级,但资质等级并不等同于服务标准,服务标准仍需由签约当事人在合同中予以明确。秦某鸣、陈某燕以物业公司提供的人员配置、小区清洁时间等服务标准未达三级资质为由拒付物业费的主张,不予支持。[2]

在物业服务过程中,物业公司在履行合同中存在较大瑕疵时,业主请求适当减少物业服务费的,人民法院应予支持。

【案例8-49】 隋某军与玉林市和黄物业管理有限公司北海分公司物业服务合同纠纷案

二审法院认为,本案的争点是隋某军应否向和黄物业交纳物业服务费。经审查,上诉人隋某军与被上诉人和黄物业签订的《前期物业管理服务协议》合法有效,双方均应按合同约定全面履行各自的义务。然而,根据隋某军的举证,和黄物业在履行物业服务合同期间,小区有较多的电动车失窃;小区内路面有破损、凹陷且不设置路灯,楼道大部分照明设备有坏烂无人修理;消防器材破损;公共区域存在车辆乱停放、乱堆放杂物等乱象,且和黄物业没有

---

〔1〕 北京市高级人民法院(2022)京民申2420号民事裁定书。

〔2〕 上海市第二中级人民法院(2022)沪02民终6349号民事判决书。

证据证明其已经尽到了相应的维护义务,说明和黄物业在履行合同中有较大瑕疵。上诉人隋某军作为案涉小区业主,可以请求适当减少物业服务费并支付与和黄物业提供物业服务的水平相适应的物业服务费。〔1〕

依约交纳物业费系业主的合同义务。业主以物业公司存在服务瑕疵为由主张降低物业收费标准,其提供的证据虽然可以反映出物业公司在物业服务过程中有一定瑕疵,但均属于一般性瑕疵,并不构成重大违约,且对物业服务是否满意,取决于个人主观认知,不能因个别业主的感受在个案中降低本小区的物业费标准,该事项应由业主集体行使权利。故法院对其降低物业费标准的主张不予支持并无不当。

【案例8－50】　王某丹与营口大中物业服务有限公司物业服务合同纠纷再审案

再审法院认为,王某丹与营口大中物业服务有限公司签订的《大中·自然风景前期物业服务协议》,系双方真实意思表示,不违反法律法规的强制性规定,应为合法有效,对双方均有约束力,依约交纳物业费系王某丹的合同义务。关于王某丹主张的确认申请人与被申请人签订的《大中·自然风景前期物业服务协议》无效一节,王某丹的申请再审理由不符合合同无效的法定事由,原审不予支持并无不当。关于王某丹主张降低物业收费标准一节。原审王某丹提供的证据虽然可以反映出营口大中物业服务有限公司在物业服务过程中有一定的瑕疵,但均属于一般性瑕疵,并不构成重大违约,且对物业服务是否满意,取决于个人主观认知,不能因个别业主的感受在个案中降低本小区的物业费标准,该事项应由业主集体行使权利,王某丹小区所在社区与营口大中物业服务有限公司达成补充协议,对物业服务进行了进一步约定,如若在之后的服务过程中出现问题,王某丹可向社区反映。原审对王某丹降低物业费标准的主张不予支持并无不当。关于王某丹主张园区基本没有绿化,大部分绿地被个人占用,要求营口大中物业服务有限公司限期整改的问题。营口大中物业服务有限公司向法院提交照片证明园区绿化现状,原审判决对于该问题亦要求营口大中物业服务有限公司在日后的工作中应及时发现问题并向有关部门进行报告,积极配合执法部门依法解决相关问题,原审对王某丹该项主张处理并无不当。综上所述,王某丹的再审申请不符合《民事诉讼法》第二百条第二项、第四项规定的情形。裁定:驳回王某丹的再审申请。〔2〕

---

〔1〕广西壮族自治区北海市中级人民法院(2021)桂05民终1579号民事判决书。

〔2〕辽宁省高级人民法院(2021)辽民申6757号民事裁定书。

（二）抗辩理由发展

《物业管理条例》规定，物业管理是指“由业主和物业服务企业按照物业服务合同约定，对房屋及配套的设施设备和相关场地进行维修、养护、管理、维护物业管理区域内的环境卫生和相关秩序的活动”。依此定义，物业服务的范畴或者内容大致可以分为“房屋管理”“共用设施设备维修养护”“协助维护公共秩序”“保洁服务”“绿化养护管理”这五项，所谓“服务不到位”的抗辩必然指向上述五项内容，在五项内容里还可以再作细化，则业主抗辩的理由势必发生变化，且物业服务合同约定内容增加时抗辩理由亦随之增加。

司法实践中，经常出现业主提出拒付和减少支付物业费的理由，最高人民法院法官对其作了归纳：(1)物业服务企业怠于履行职责，未尽安全防范义务，导致物业小区内发生公共设备、设施遗失，或者发生重大事故，并且造成业主财产损失或人身损害；(2)物业服务企业在小区设立了停车位，收取服务管理费，但是未尽服务管理职责，导致业主的车辆遗失；(3)物业服务企业的工作人员在履行管理职责过程中行为失当，对业主实施侵权行为，导致业主人身或财产受到损害；(4)物业服务企业或者该企业雇用的施工人员在施工或者维修过程中，未采取有效的安全措施，未尽到高空作业的注意义务，或违反施工规章制度给业主造成人身损害或者财产损失；(5)物业服务企业疏于管理，致使物业小区的公共设施存在安全隐患，造成业主伤害事件发生；(6)由于物业服务企业的过错造成电梯、供暖等停运，给业主造成财产损失或身体伤害；(7)物业服务企业未履行保安职责，或者履行保安职责存在过错，导致物业小区内发生第三人对业主的侵害事件，造成业主的重大损失或者人身伤害。[1]

随着社会生活的不断发展，新情况、新问题层出不穷，构成正当理由的事项是无法一一列举或穷尽的，基于此，最高人民法院法官认为，司法解释并没有列举何为所谓“正当理由”，而是把对是否符合“正当理由”的要求赋予了法官，由法官行使自由裁量权加以判断。[2] 也就是说，最终正当理由成立是由法官认定的。正当理由的认定和提出抗辩是两个不同概念，正当理由提出是业主在行使诉讼权利，是抗辩权的内涵，应受法律保护。业主提出正当理由抗辩，最终是由法官加以裁量的。提出正当理由抗辩的主体，不仅包括业主也包括物业使用人，物业使用

---

〔1〕 参见最高人民法院民事审判第一庭编著：《最高人民法院建筑物区分所有权、物业服务司法解释理解与适用》，人民法院出版社2009年版，第296～297页。

〔2〕 参见最高人民法院民事审判第一庭编著：《最高人民法院建筑物区分所有权、物业服务司法解释理解与适用》，人民法院出版社2009年版，第310页。

人享有与业主同样的权利。

应注意的是,法官在对正当理由进行审查时应突出三点:其一,合理进行利益衡平。物业服务人和业主的利益冲突可归入消费秩序与消费权利的范畴,法官进行利益平衡时,应在社会整体所确认的主流价值相一致的范围内,在民众可接受性的基础上,对社会行为进行正向激励,以平衡利益冲突,最大限度地满足、实现诉讼双方的合理诉求,保障实体正义。其二,正确运用自由裁量。在物业服务质量瑕疵认定、正当理由成立和案件裁量时,法官在判断业主抗辩证据证明力大小与效力强弱时不应苛刻,不能机械地适用法律、放弃自由裁量权的行使,死板地判决业主方败诉,而应在核定事实、遵守法律的基础上合理运用自由裁量权,准确划分物业服务人与业主之间的权责。其三,完善物业服务瑕疵履行的证明规则和裁判方法。探索发挥依职权调查取证化解业主在物业服务合同履行抗辩困境作用,及时固定该时点的物业服务履行状况。在对勘验所固定的事实的关联性和证明力进行认定时,可采取事实推定和举证倒置的方法,首先推定该时点以前一定期间内有关瑕疵问题处于持续存在状态,除非物业服务人提供相应反证予以推翻。探索业主委员会在此类合同纠纷中抗辩权行使规则,由业主个体式抗辩行使模式转化为以业主委员会为集体的行使模式。在诉讼证明协助机制上,允许业主委员会以单位证言的形式提交材料,即关于物业服务合同履行事实的相关说明以及与证明相印证的证据材料,增强业主提出抗辩理由成立的能力。

还应注意的是,业主抗辩拒交物业费的理由往往不是单一的,有的可达四五个理由,即从不同的角度进行抗辩。在一个小区内,多名业主与物业服务人发生拒交物业费纠纷,业主抗辩的理由不尽相同。

【案例8-51】　北京首欣物业管理有限责任公司诉赵某某、邱某某物业服务合同纠纷案

二审法院认为,首欣物业公司与邱某某签订的《前期物业管理服务协议》系双方真实意思表示,其内容不违反法律、行政法规的强制性规定,应属合法有效。204号房屋登记在赵某某名下,且赵某某与邱某某为夫妻并在案涉房屋居住,首欣物业公司起诉要求赵某某、邱某某支付该房屋物业费并无不当。首欣物业公司已为204号房屋所在小区提供物业服务,邱某某、赵某某实际使用该房屋,应交纳物业费用和垃圾清运费。邱某某、赵某某主张首欣物业公司提供的物业服务不符合合同的约定,但其主张的相关情况不足以证明首欣物业公司存在长期严重违约行为而达到应减免物业费的程度;邱某某、赵某某主张小区内业主共有部分收益一节,与该收益相关的事项应由小区业主整体作出决定,并非本案物业合同纠纷审理的范畴。针对邱某某、赵某某主张首欣物业公司提起本案诉讼超过诉讼时效一节。法院认为,首欣物业公司一审诉讼期间已经提交初步证据证明向邱某某、赵某某主张权利,且首欣物业公司持续对案涉小区提供物业服务,邱某某、赵某某虽称收到的首欣物业公司发出的数份交费通知的项目中不包括案涉费用,但该情况不足以否定首欣物业公司主张权利的事实,邱某某、赵某某该上诉主张缺乏事实和法律依据,法院不予支持。关于邱某某、赵某某主张以首钢总公司在集资建房中多收取利润抵销204号房屋物业费一节,法院认为,首欣物业公司依据《前期物业管理服务协议》的约定提起本案诉讼,该协议并无邱某某、赵某某以其他款项抵扣案涉费用的约定,邱某某、赵某某与其他主体就案涉房屋因集资建房产生的争议,并非本案物业服务合同纠纷审理的范畴,邱某某、赵某某该项上诉主张缺乏事实和法律依据,法院不予采信。邱某某、赵某某的其他主张对本案处理结果并无影响,法院不再一一论述。综上所述,邱某某、赵某某的上诉请求不能成立,应予驳回;一审判决认定事实清楚,处理结果并无不当,应予维持。判决:驳回上诉,维持原判。[1]

【案例8-52】 北京首欣物业管理有限责任公司诉王某某物业服务合同纠纷案

二审法院认为,首欣物业公司与王某某签订的《前期物业管理服务协议》系双方真实意思表示,其内容不违反法律、行政法规的强制性规定,应属合法有效。首欣物业公司已为涉案房屋所在小区提供物业服务,王某某作为该房屋的业主,应交纳物业费用和垃圾清运费。王某某上诉称首欣物业公司以低于《前期物业管理服务协议》约定的物业费的标准,计算诉争房屋案涉期间的物业费,对此法院认为,此系首欣物业公司对自身权利的处分,且未增加王某某的义务,法院不持异议。王某某上诉称首欣物业公司提供的物业服务不符合协议的约定,对此法院认为,王某某提出的上述情况并不足以证明首欣物业公司存在长期严重违约行为,而达到应减免物业费的程度,故对其该上诉意见,法院不予支持。王某某上诉称首欣物业公司提起本案诉讼已超诉讼时效,对此法院认为,首欣物业公司在一审诉讼期间已经提交初步证据证明向王某某主张权利,且首欣物业公司持续对案涉小区提供物业服务,王某某陈述的情况不足以否定首欣物业公司主张权利的事实,故王某某的该上诉意见缺乏事实和法律依据,不能成立,法院不予支持。关于王某某上诉主张的小区内业主共有部分收益一节,法院认为,与该收益相关的事项应由小区业主整体作出决定,并非本案物业合同纠纷审理的范畴,故王某某该项上诉意见缺乏事实和法律依据,不能成立,法院不予支持。关于王某某上诉称首钢总公司在集资建房中多收取的利润应用于抵销物业费,对此法院认为,

[1] 北京市第一中级人民法院(2021)京01民终10395民事判决书。

因案涉房屋集资建房产生的争议不属于本案物业合同纠纷审理的范畴，且《前期物业管理服务协议》并约定以购房款等款项抵扣物业费，故王某某的该项上诉意见亦缺乏事实和法律依据，不能成立，法院不予支持。王某某的其他上诉主张对本案处理结果并无影响，法院不再一一论述。综上所述，王某某的上诉请求缺乏事实和法律依据，不能成立，应予驳回；一审判决认定事实清楚，处理结果并无不当，应予维持。判决：驳回上诉，维持原判。[1]

【案例8－53】 北京首欣物业管理有限责任公司诉殷某某物业服务合同纠纷案

二审法院认为，首欣物业公司与刘某签订的《前期物业管理服务协议》系双方真实意思表示，其内容不违反法律、行政法规的强制性规定，应属合法有效。首欣物业公司已为涉案房屋所在小区提供物业服务，殷某某作为该房屋的业主，应交纳物业费用和垃圾清运费。殷某某上诉称首欣物业公司提供的物业服务不符合协议约定，对此法院认为，其主张的上述情况不足以证明首欣物业公司存在长期严重违约行为而达到应减免物业费的程度。殷某某上诉称物业费收取标准与协议约定不符，对此法院认为，首欣物业公司以低于《前期物业管理服务协议》约定的物业费的标准计算涉案房屋案涉期间的物业费，系对自身权利的处分，且未增加殷某某的义务，法院不持异议。殷某某上诉称小区内共有部分收益归业主所有，对此法院认为，与该收益相关的事项应由小区业主整体作出决定，非本案物业合同纠纷审理的范畴。殷某某上诉称应将原有福利房面积减去后再计算物业费，对此法院认为，《前期物业管理服务协议》明确约定案涉房屋的面积，该面积差额是否存在及存在原因，不属于本案物业合同纠纷审理的范畴。殷某某的其他主张对本案处理结果并无影响，法院不再一一论述。综上所述，殷某某的上诉请求缺乏事实和法律依据，不能成立，应予驳回；一审判决认定事实清楚，处理结果并无不当，应予维持。判决：驳回上诉，维持原判。[2]

【案例8－54】 北京首欣物业管理有限责任公司诉张某某物业服务合同纠纷案

二审法院认为，首欣物业公司与张某某签订的《前期物业管理服务协议》系双方真实意思表示，其内容不违反法律、行政法规的强制性规定，应属合法有效。首欣物业公司已为涉案房屋所在小区提供物业服务，张某某作为该房屋的业主，应交纳物业费用和垃圾清运费。张某某上诉称同楼的不同业

---

〔1〕 北京市第一中级人民法院(2021)京01民终10392号民事判决书。

〔2〕 北京市第一中级人民法院(2021)京01民终10388号民事判决书。

主收取物业费标准不一致,应将原有福利房面积减去后再计算物业费,对此本院认为,《前期物业管理服务协议》明确约定案涉房屋的面积,首欣物业公司按照合同的约定计算物业费用及垃圾清运费具有依据,同楼不同业主物业费收取标准不一致的问题并非否定前述约定的依据,面积差额是否存在及存在原因,并不属于本案物业合同纠纷审理的范畴。故张某某的上诉主张缺乏事实和法律依据,不能成立,法院不予支持。张某某的其他主张对本案处理结果并无影响,法院不再一一论述。综上所述,张某某的上诉请求缺乏事实和法律依据,不能成立,应予驳回;一审判决认定事实清楚,处理结果并无不当,应予维持。判决:驳回上诉,维持原判。[1]

(三)一层电梯费抗辩

实践中,住在一层业主以未使用电梯而拒交电梯费为多发纠纷。

电梯是高层建筑的必需之物,属于建筑物的附属设施,其设计、施工、使用都综合考虑了整体物业的需要,与建筑物的规模相配套。电梯的有无以及使用性能的好坏,对建筑物本身的价值是有重要影响的,关系到对应建筑物全体业主的利益。从这个意义上讲,在电梯费用分摊问题上,有明确约定的,从其约定;没有约定或约定不明确的,在电梯使用范围内对应的建筑物内,全体业主都应该按照专有部分占建筑物总面积的比例来分摊电梯的费用。换言之,对建筑物专有部分以外的共有部分,权利与义务对等,不得以放弃权利为由不履行其义务。况且现实生活中,绝大多数电梯费包含在物业费中而没有再细分。

【案例8-55】 杭州某物业管理有限公司诉冯某物业服务合同纠纷案

一审法院认为,《物业服务合同》并未因冯某居住在一楼而约定不同的收费标准,冯某关于其不需要坐电梯,对能耗费收取不认可的意见与合同约定不符,法院亦不予采信。某物业公司的相关诉请合情合理,予以支持。二审法院认为,本案二审的争议焦点为冯某是否应该支付该两笔费用的问题。某物业公司与某苑小区第一届业委会签订物业服务合同,并实际进场提供物业服务,根据法律规定,该物业服务合同对小区业主均有约束力。冯某主张选聘物业服务企业和签订物业服务合同的行为未得到业主大会的授权,物业服务合同无效。对此法院认为,即使冯某该主张成立,也仅是合同可撤销的情形,而非合同无效的法定事由,在该合同未被撤销之前应属有效,冯某作为

---

[1] 北京市第一中级人民法院(2021)京01民终10393号民事判决书。

小区业主,应当按照合同的约定及时交纳物业服务费和能耗费。在案涉物业服务合同期满后,某苑小区第二届业委会出于现实情况的考虑,决定委托某物业公司暂时继续提供物业服务,而某物业公司也实际提供了物业服务,故某物业公司要求参照之前物业合同的约定收取物业费,理由正当,一审法院予以支持,并无不当,二审法院予以确认。综上所述,一审法院认定事实清楚,适用法律正确,实际处理妥当,予以维持。冯某的上诉主张依据不足,不予支持。据此,判决:驳回上诉,维持原判。[1]

【案例 8-56】 上海紫泰物业管理有限公司诉黎某物业服务合同纠纷案

一审法院认为,公民、法人的合法民事权益受法律保护。紫泰公司与上海尚晋实业有限公司签订的《前期物业服务合同》及补充协议合法有效,紫泰公司按约定履行了物业管理服务,黎某作为业主理应按约定交纳物业服务费。黎某主张紫泰公司存在欺诈并称其居住在底楼,不应承担电梯运行费,要求紫泰公司退还多收的钱款及三倍赔偿。对此法院认为,首先在黎某买房时签收的业主服务手册中应明确知晓所涉小区的物业服务费收费标准;其次黎某房屋在一层并附有地下室,而所涉房屋的电梯通行至负一层,根据紫泰公司与开发商的会议纪要,对高屋的楼道电梯是通往地下车库的,约定高层一楼按建筑面积收取 2.08 元/平方米/月;再则前期物业合同中对居住在底楼的住户未特别约定可以免除电梯运行费,且楼道电梯是公共设施,属全体业主共有,其设立的目的在于服务全体业主,其费用理应由全体业主共同负担。故黎某的主张无法律依据,法院不予采信。紫泰公司要求黎某支付物业服务费的诉讼请求符合法律规定,予以支持。另按照商品房预售合同中对于计入产权登记面积的地下附属面积,业主应按照所附一楼房屋的物业服务费标准交纳物业费,且前期服务合同补充协议中也只规定了多层地下建筑面积的收费标准,现紫泰公司自愿按 1.68 元/平方米/月的收费标准收取黎某房屋地下建筑面积的物业服务费,系其对自身权利的处分,法院予以支持。因黎某并非故意拖欠物业服务费,故法院对紫泰公司要求黎某支付违约金的诉讼请求不予支持。判决:(1)黎某应于判决生效之日起10日内支付紫泰公司物业服务费4824元;(2)驳回紫泰公司的其余诉讼请求。

二审法院认为,紫泰公司与上海尚晋实业有限公司签订的《前期物业服务合同》及补充协议系双方真实意思表示,合法有效。紫泰公司按约履行物业管理服务,黎某作为业主应当根据物业服务合同的约定交纳物业服务费用。黎某主张涉案房屋应当按照地上建筑面积 1.68 元/平方米/月,地下建

[1] 参见骆鑫、刘娅编著:《物业管理纠纷案例与实务》,清华大学出版社 2017 年版,第 77~78 页。

筑面积0.84元/平方米/月的标准计算物业服务费，其应交纳的物业服务费为3429.90元，缺乏合同与法律依据，其上诉请求理由尚不充分，法院难以支持。一审判决认定事实清楚，适用法律正确，应予维持。依照《民事诉讼法》第一百七十条第一款第（一）项规定，判决：驳回上诉，维持原判。[1]

【案例8-57】 安徽家德福物业有限公司诉卢某某物业服务合同纠纷案

判决观点：建设单位依法与物业服务企业签订的前期物业服务合同，以及业主委员会与业主大会依法选聘的物业服务企业签订的物业服务合同，对业主具有约束力。原告安徽家德福物业有限公司依约为被告卢某某提供物业管理服务，被告卢某某应按约交纳物业费。物业服务合同是双务合同，从权利义务对等原则来看，业主交纳物业费的高低与物业企业提供的服务质量是相对应的，原告安徽家德福物业有限公司在履行合同过程中存在不足，被告卢某某拒交全部的物业服务费超出了合同履行抗辩权的范畴，其行为构成违约。综合考虑小区物业服务情况、物业服务费的起止时间、双方的违约程度等因素，法院酌情对原告安徽家德福物业有限公司要求对被告卢某某应支付的物业服务费调整为3330元（3700元×90%）。对于要求被告卢某某支付违约金222元的诉讼请求，因诉请过高，加重了业主负担，法院不予支持。判决：一、被告卢某某向原告安徽家德福物业有限公司支付物业服务费人民币3330元。二、驳回原告安徽家德福物业有限公司其他诉讼请求。[2]

【案例8-58】 厦门海谊楼宇经营管理有限公司东营分公司诉李某、赵某某物业服务合同纠纷案

判决观点：物业服务企业系为全体业主提供服务并根据物业服务合同的约定进行相应的服务，物业服务企业按照合同约定提供了服务，则物业费的交纳义务对全体业主而言都是均等的。厦门海谊楼宇经营管理有限公司东营分公司与东营市东营区某小区业主委员会签订的物业服务合同不违反法律、行政法规的强制性规定，合法有效，故该合同对全体业主均具有约束力。东营市东营区某居民委员会出具的证明，以及某经营管理有限公司出具的授权书可以证实厦门海谊楼宇经营管理有限公司东营分公司按照物业服务合同的约定向被告所在小区提供了物业服务，李某、赵某某应当根据合同约定交纳物业服务费用，其未交纳自2014年1月至2018年8月的物业费，已构成违约。故对厦门海谊楼宇经营管理有限公司东营分公司主张李某、赵某某

---

〔1〕 上海市第二中级人民法院（2018）沪02民终5698号民事判决书。
〔2〕 安徽省铜陵市铜官区人民法院（2022）皖0705民初1754号民事判决书。

交纳自2014年1月至2018年8月物业费的诉讼请求,法院予以支持;李某、赵某某应向厦门海谊楼宇经营管理有限公司东营分公司交纳物业费5330元,原告主张被告李某、赵某某应交纳物业费5432元,系计算错误。厦门海谊楼宇经营管理有限公司东营分公司主张李某、赵某某交纳自2017年1月至2018年8月的一楼电梯费600元,符合电梯行业收费习惯,法院予以支持。关于违约金的诉讼请求,李某、赵某某未按时交纳物业费,厦门海谊楼宇经营管理有限公司东营分公司应向李某、赵某某进行书面催收,但厦门海谊楼宇经营管理有限公司东营分公司未提交证据证实其向李某、赵某某进行书面催收,故对厦门海谊楼宇经营管理有限公司东营分公司主张李某、赵某某支付违约金的诉讼请求,法院不予支持。被告李某、赵某某经法院合法传唤无正当理由拒不到庭参加诉讼,视为自动放弃部分诉讼权利。判决:被告李某、赵某某支付原告厦门海谊楼宇经营管理有限公司东营分公司物业费5330元、电梯费600元。[1]

个案中,一层电梯使用费的争议由法官按照合同约定裁定。

【案例8-59】　青岛弘通物业管理有限公司诉侯某某物业服务合同纠纷案

判决观点:原告与被告签订的《公共契约》、原告与青岛市城阳区弘通漫城小区业主委员会签订的《物业服务合同》,均不违反法律或者行政法规的强制性规定,合法有效,对原、被告双方均具有法律约束力,被告享受了原告提供的物业服务,就应当按照约定履行按时交纳物业费及其他相关费用的义务。根据《物权法》第八十条关于"建筑物及其附属设施的费用分摊、收益分配等事项,有约定的,按照约定;没有约定或者约定不明确的,按照业主专有部分占建筑物总面积的比例确定"的规定,本案争议的电梯运行费属于建筑物附属设施的维护费用,在无约定或者约定不明的情况下,该费用应由全体业主,包括居住在一楼的业主共同分担,且在本案中,原、被告于2009年5月30日签订的《公共契约》中明确约定物业费包括但不限于电梯运行费,2012年6月原告又向小区业主公示将于2012年7月开始收取一楼住户的电梯运行费,2016年青岛市城阳区弘通漫城小区业主委员会与原告签订的《物业服务合同》中也明确约定"首层也应交纳电梯运行费",因此,被告以原告没有法律规定或者约定,一楼为电梯起始层等理由拒交电梯运行费的抗辩意见,法院不予支持。其次,根据《物权法》第七十二条"业主对建筑物专有部分以外的共有部分,享有权利、承担义务,不得以放弃权利不履行义务"的规定,被告以其不方便使用电梯为由拒交电梯运行费的抗辩意见,法院亦不予支持。

---

〔1〕　山东省东营经济技术开发区人民法院(2019)鲁0591民初2406号民事判决书。

因此,被告欠交2012年11月至2018年12月的物业费9537元(其中,2012年11月至2016年2月为0.8元/月/平方米×40个月×119.81平方米;2016年3月至2018年12月为1.4元/月/平方米×34个月×119.81平方米)、电梯运行费3546元(2012年11月至2018年12月为0.4元/月/平方米×74个月×119.81平方米),共计13,083元事实清楚、证据充分,法院予以确认;原告要求被告向其支付上述费用,于法有据,法院予以支持。原告依据《公共契约》和《物业服务合同》主张的滞纳金,其实质为双方约定的当业主迟延交纳物业费及其他相关费用时所应承担的违约金,被告欠交物业费和电梯运行费的行为,给原告造成一定经济损失,原告根据上述约定主张违约金并无不当。但原告要求按照日3‰标准计取损失,明显过分高于因被告违约给其所造成的经济损失,且被告也认为原告主张的违约金数额过高,法院依法对违约金进行调整。根据公平和诚实信用原则,结合青岛市城阳区弘通漫城小区业主委员会与原告签订的《物业服务合同》的约定,法院认为被告所应当承担的违约金的计算方式应为:2012年11月至2016年2月的物业费和电梯运行费用于计算违约金的基数为每两个月288元(1.2元/月/平方米×119.81平方米×2个月),2016年3月至2018年12月的物业费和电梯运行费用于计算违约金的基数为每两个月431元(1.8元/月/平方米×119.81平方米×2个月),分别以缴费周期(2个月为一个周期)结束后次月的16日为逾期之日开始,按照中国人民银行规定的同期同类贷款利率计算。根据该计算方式,结合被告违约天数、逾期付款金额等因素,本院酌情认定,截至2018年12月31日,被告应支付的逾期付款违约金为3000元。自2019年1月1日起至被告实际付清所欠款项之日止的违约金,以被告拖欠金额13,083元为基数,按照银行同期同类贷款利率计算。判决:(1)被告侯某某向原告青岛弘通物业管理有限公司支付2012年11月至2018年12月的物业费9537元,电梯运行费3546元,逾期付款违约金3000元,共计16,083元;并承担以13,083元为基数,自2019年1月1日起至实际付清所拖欠的物业费、电梯运行费之日止,按照中国人民银行同期同类贷款利率计算的违约金。(2)驳回原告青岛弘通物业管理有限公司的其他诉讼请求。[1]

【案例8-60】 徐州康居物业管理有限公司诉陶某某物业服务合同纠纷案

二审法院认为,(1)关于康居物业公司对陶某某房屋出现的问题是否负有维修义务问题。康居家园业主委员会与康居物业公司签订物业服务合同,康居物业公司应按约定提供服务,小区业主亦应按约定及时交纳物业服务费

---

〔1〕 山东省青岛市城阳区人民法院(2019)鲁0214民初3号民事判决书。

用。《房屋买卖合同解释》第十三条第二款规定:“交付使用的房屋存在质量问题,在保修期内,出卖人应当承担修复责任;出卖人拒绝修复或者在合理期限内拖延修复的,买受人可以自行或者委托他人修复。修复费用及修复期间造成的其他损失由出卖人承担。”陶某某于2005年3月购买房屋,同年8月即发现房屋存在墙面渗水,导致飘窗台面发霉、潮湿、装饰板起泡、涂料霉变脱落,该问题发生于房屋质量保修期内,维修义务人应为出卖人,并非康居物业公司。陶某某提供的协议书既未经康居物业公司盖章确认,也未经该公司法定代表人签字认可,协议内容不能证明康居物业公司为维修义务人。2007年,陶某某对其房屋安装雨搭,解决了墙面渗水问题,如日后其房屋外墙面再现渗水问题,可依照物业服务合同主张权利。陶某某作为一审被告,其在一审中未提出康居物业公司履行维修义务、赔偿安装雨搭费用的反诉请求,故法院对其在二审中提出的该项请求不予理涉。(2)关于陶某某应否向康居物业公司交纳电梯费问题。依照康居家园业主委员会与康居物业公司签订的物业服务合同,对于陶某某居住的小高层楼房,截至2007年4月,物业服务费的收取标准为每月每平方米0.8元(含电梯费0.5元);自2007年5月后,物业服务费的收取标准为每月每平方米0.98元(含电梯费0.5元)。对于小高层一楼业主的电梯费,康居家园业主委员出具专门意见:小高层一楼电梯费用按全额的50%收取。《物业管理条例》第十二条第四款规定:“业主大会或业主委员会的决定,对业主具有约束力。”据此,陶某某作为该小区小高层一楼业主,应当按照合同的约定及业主委员的决定履行交纳电梯费义务。综上所述,上诉人陶某某的上诉请求缺乏事实依据和法律依据,法院不予支持。一审判决认定事实清楚,适用法律正确,依法应予维持。判决:驳回上诉,维持原判。[1]

【案例8-61】　承德县兆远物业服务有限公司诉朱某某物业服务合同纠纷案

判决观点:秦皇岛港苑房地产集团有限公司与原告承德县兆远物业服务有限公司签订的前期物业服务合同及补充协议是双方当事人的真实意思表示,该合同不违反法律及行政法规的强制性规定,合法有效。原告为了加强物业管理制定了《水岸新园居住小区临时管理规约》,被告朱某某在原告印发的《水岸新园居住小区临时管理规约》中签字确认,该管理规定内容亦不违反法律及行政法规的强制性规定,双方当事人均应严格按合同约定履行。依据《最高人民法院关于审理物业合同纠纷案件具体应用法律若干问题的解

〔1〕江苏省徐州市中级人民法院(2013)徐民终字第818号民事判决书。

释》第一条规定,建设单位与物业服务企业签订的前期物业服务合同,以及业主委员会与业主大会依法选聘的物业服务企业签订的物业服务合同,对业主具有约束力。依据该解释第三条,物业服务企业不履行或者完全履行物业服务合同约定义务的,业主可以要求物业服务企业继续履行、采取补救措施或者要求赔偿。在物业服务合同中,物业公司服务的对象是人数众多的业主,双方在履行合同中应相互理解,相互配合,相互支持,友好合作。物业公司应尽其所能,努力改进服务质量,让业主在美丽、安全、舒适的环境中生活,同时业主应积极交纳服务费,配合物业公司的各项服务工作,这样才有利于美丽县城、文明城市建设。本案中,作为原告的物业公司,已经为被告提供了物业服务,被告应当按照约定及时交纳物业费用,对于原告主张被告支付物业费的请求法院予以支持。因原、被告双方对涉案住宅小区一楼业主交纳电梯维护保护费未作出明确约定,结合被告以前向原告交纳物业服务费用时亦未交纳电梯维护保护费以及被告系该小区一楼业主这一客观情况,对于原告请求被告交纳电梯维护保护费的请求法院不予支持。对于被告在诉讼过程当中的抗辩理由,虽然原告在庭审中不予认可,但根据本案的具体情况,可以认定原告在物业服务过程当中存在服务不到位的情形,对于原告主张被告支付滞纳金的请求法院不予支持。判决:(1)被告朱某某给付原告承德县兆远物业服务有限公司物业费总计1496.88元(89.1平方米×0.6元/月/平方米×28个月=1496.88元)。(2)驳回原告承德县兆远物业服务有限公司其他诉讼请求。[1]

个案中,一层电梯使用费的争议由法官按照具体案情裁定。

【案例8-62】 烟台市奥德物业管理有限公司诉柳某某物业服务合同纠纷案

判决观点:关于原告与烟台青华中学教师公寓业主委员会签订的三份《物业管理服务合同》,因烟台青华中学教师公寓业主委员会尚未成立,上述合同应属无效,法院对该三份合同不予采纳。本案原告于2011年1月4日与柳某某签订的《前期物业管理服务合同》,是双方的真实意思表示,未违反国家法律的强制性规定,应为有效,原、被告均应恪守履行。履约中,原告作为物业服务公司,其服务在小区范围内具有公共性,物业服务费则是原告维护、保养整个小区的公共设施及维持正常秩序等工作所必需的费用来源,原告要求被告支付2013年7月1日至2017年12月31日的物业服务费、电梯费5754.78元(1元/月/平方米×106.57平方米×54个月),于约有据,于法

[1] 河北省承德县人民法院(2018)冀0821民初3104号民事判决书。

相合，法院予以支持。考虑到原告作为物业公司，就物业服务问题未与小区业主充分沟通，本身亦有瑕疵，故法院对原告要求被告支付滞纳金的诉讼请求，不予支持。被告辩称2013年至2015年物业费已过诉讼时效，原告提供的催费通知单可以证明诉讼时效存在中断情形，对被告该辩解，法院不予采纳。被告关于原告提供的物业服务不达标的辩解，未提供证据证明原告存在根本违约的行为，故被告拒交物业费的理由不能成立，法院不予采纳。判决：(1)被告柳某某向原告烟台市奥德物业管理有限公司支付2013年7月1日至2017年12月31日的物业服务费、电梯费共计5754.78元；(2)驳回原告烟台市奥德物业管理有限公司的其他诉讼请求。[1]

【案例8－63】　沈阳万锦物业服务有限公司香樟树分公司诉刘某物业服务合同纠纷再审案

刘某申请再审称，(1)申请人没有享受到被申请人提供的服务，所以请求判令被申请人扣除物业费中电梯费432元；(2)诉讼费由被申请人承担。事实与理由：原判决称：申请人享受被申请人提供的服务即应履行交纳相应费用的义务。事实是：(1)申请人并未享受到原告提供的电梯服务。香樟树小区实行刷卡乘坐电梯，申请人的电梯卡原告根本没有给开通乘坐的电梯权限。被申请人不允许申请人乘坐电梯，还收取申请人电梯费，这样的事情，不合情不合理不合法。(2)沈阳老旧小区加装电梯，一楼业主都不收取安装费和使用费。同样作为一楼住户申请人已经为电梯购置、安装费买单了，不应该再为维护维修运行费用买单。沈阳市除万锦以外的物业公司都已取消一楼电梯费用(如华润等)，因为需要刷卡乘坐电梯，申请人的卡没有乘坐电梯的权限，申请人乘坐电梯的可能性为零。便不会产生电梯的运行费用、电梯的维修维护也跟电梯的使用有直接关系，申请人主观和客观都不可能乘坐电梯，所以物业费中电梯费用与申请人没有关系。所以收取申请人一楼业主电梯费不合情不合理也不合法。为了维护申请人的合法权益，现依法提起申诉，请人民法院维护人民合法权益，判令被告立即扣除物业费中的电梯费用。案件受理费用由被申请人承担。再审法院认为，再审申请人刘某的再审请求没有事实及法律依据，不符合《民事诉讼法》第二百条的规定，再审事由不成立。裁定：驳回刘某的再审申请。[2]

【案例8－64】　银川承天物业服务有限公司诉邵某物业服务合同纠纷案

判决观点：建设单位依法与物业服务企业签订的前期物业服务合同对业

---

〔1〕　山东省烟台市芝罘区人民法院(2017)鲁0602民初4537号民事判决书。

〔2〕　辽宁省沈阳市浑南区人民法院(2019)辽0112民申22号民事裁定书。

主具有约束力。原告银川承天物业服务有限公司与宁夏新材房地产开发有限公司签订的《前期物业服务合同》没有违反法律、法规的禁止性规定，合法有效。原告为被告提供物业服务，被告应按照《前期物业服务合同》约定交纳物业费。住宅电梯作为物业管理区域内的公共设施，其设立的目的在于服务全体业主，物业使用人有义务按照约定交纳维护保养和运行使用费用。对原告要求被告支付2012年12月至2013年12月的电梯费260元的诉讼请求，法院予以支持。根据《最高人民法院关于审理物业服务纠纷案件具体应用法律若干问题解释》第六条规定，物业服务企业已经按照合同约定以及相关规定提供服务，业主仅以未享受或者无需接受相关物业服务为抗辩理由的，人民法院不予支持，故被告邵某的抗辩理由于法无据，法院不予支持。鉴于被告对于其他物业费能够按时积极交纳，因对一楼是否交纳电梯费有异议，并不存在故意违约的行为，法院对原告要求被告支付违约金的主张不予支持。判决：(1)被告邵某向原告银川承天物业服务有限公司支付自2012年12月起至2013年12月止的电梯维护保养和运行使用费260元；(2)驳回原告的其他诉讼请求。[1]

业主虽居住在三楼，由于小区物业管理不够完善，业主拒绝向物业服务人按照物业服务合同的约定标准交纳电梯使用费，物业服务人一直按照三楼住户提出的标准进行收取，故可以认定双方对物业服务合同做出了变更的意思表示。

【案例8-65】 丹东市恒达社区服务有限公司诉郭某某物业服务合同纠纷案

判决观点：2009年1月到2011年6月，被告居住的三楼共三户业主均按每户每年200元的标准向原告交纳电梯使用费。此后，原告于2010年3月13日向303业主出具的收据、于2010年4月28日向被告出具的收据以及原告法定代表人杨某某亲笔书写的“戚某某2010年全年电梯费200元”等证据材料均表明：被告实际每年交纳的电梯使用费为200元。被告在庭审中出示的书证——原告单方制作的《锦山公寓收费台账》复印件一份，用以证明被告已经交纳2010年全年的物业费、电梯使用费，原告当庭认可该证据的真实性。该份证据与原告提供的收据、书面证言及原、被告自述的被告每年交纳200元电梯费说法相互佐证。可以认定被告已经交纳了2010年全年的物业服务费、电梯使用费以及被告应按每年200元的标准交纳电梯使用费。被告多年来向原告按照每年200元的标准交纳电梯使用费，原告多年来均按此标准进行收取，应当视为其做出作为的默示，且根据被告

[1] 宁夏回族自治区银川市金凤区人民法院(2014)金民初字第2247号民事判决书。

所处楼层位置,双方对收取电梯费的标准做出变更也符合情理。故对原告要求被告给付2009年1月至2011年6月期间拖欠电梯使用费650元的诉请不予支持。[1]

---

〔1〕 参见国家法官学院案例开发研究中心编:《中国法院2013年度案例》(合同纠纷),中国法制出版社2013年版,第97~98页。辽宁省丹东市元宝区人民法院(2011)元民二初字第401号民事判决书。

专题九　物业服务安全保障纠纷

本专题围绕物业服务人安全保障的相关问题展开阐述。

一、物业服务安全保障理解

（一）物业服务安全保障含义

安全保障义务，是指从事住宿、餐饮、娱乐等经营活动或者其他群众性活动的自然人、法人、其他组织，应在合理限度范围内使他人免受人身及财产损害的义务。安全保障义务的主要内容包括两个方面：其一，人之方面的安全保障义务。这种义务体现在应配备适当人员为参与社会活动或特定区域的他人提供预防外界及第三人侵害的保障，具体包括警示、说明、通知等形式。其二，物之方面的安全保障义务。主要体现为保管、维护及配备义务，即安全保障义务人对其所能控制的场所的建筑物、运输工具、配套设施、设备等的安全性负有保障义务。就小区物业安全保障重要性而言，物业共用部位和共用设施设备的使用、公共秩序和环境卫生的维护等事项，事关物业管理区域内业主的共同利益。[1]

所谓违反安全保障义务责任，是指安全保障义务人未尽到法律所规定的，或基于合同、习惯等产生的对他人的安全保障义务，造成他人损害时应承担的侵权责任。违反安全保障义务责任产生的前提，是安全保障义务人自身承担的安全保障义务，这种安全保障义务的来源有两种：一种是法律的专门性规定，即法定的安全保障义务；另一种是基于合同、习惯等产生的安全保障义务，即约定的安全保障义务。由于存在特定的义务，而疏于或没有适当履行义务，而产生了民事责任的承担问题。[2]

物业服务安全保障责任的依据。《民法典》第九百四十二条规定："……维护物业服务区域内的基本秩序，采取合理措施保护业主的人身、财产安全。对物业服务区域内违反有关治安、环保、消防等法律法规的行为，物业服务人应当及时采取合理措施制止、向有关行政主管部门报告并协助处理。"该部分规定是物业服务人承担安全保障义务的法律依据。较多学者认为物业服务人的安全保障义务是

---

〔1〕 参见最高人民法院民事审判第一庭编著：《最高人民法院建筑物区分所有权、物业服务司法解释理解与适用》，人民法院出版社2009年版，第365页。

〔2〕 参见江必新等：《最高人民法院指导性案例裁判规则理解与适用》（侵权赔偿卷一），中国法制出版社2014年版，第192～193页。

基于危险控制理论，因为物业服务人是物业服务区域的实际管理者，对物业服务区域内的危险源的控制力显然要高于业主。另外，物业服务人负有一定的安全保障义务，也符合业主对物业服务合同的期待。人身、财产安全是业主得以生存之基础，业主之所以聘请物业服务人来提供服务、管理物业，其中一个重要目的就是让自己的人身和财产安全能够得到保护。所以，规定物业服务人负有安全保障义务，具有一定的法理基础，也符合现实需要。[1]

物业服务人安全保障的基本要求有二：其一，在涉及人身财产安全时，物业服务人应及时采取措施，在时间上要求第一时间，不能拖延。其二，在涉及人身财产安全时，物业服务人采取的措施应合理妥当，在具体处置上必须具有合理性、为一般人所认同，而不是不合理不妥当，并造成了不应有的后果。

物业服务人安全保障对象是小区业主的人身和财产安全。但物业服务中的保安责任不包括确保小区内业主、物业使用人的人身不受第三人的不法侵害。物业服务人对于业主、物业使用人的人身和财产安全的保护义务主要来源于合同的约定和法律、法规的直接规定，即从事维护小区内一般公共秩序的保安工作性质。物业管理中的保安服务只能起到群防群治的社会综合治理作用，是一种社会治安防范服务，而不是治安保障服务。物业服务人不能超越职权，不能将属于国家行政、司法机关的职能作为保安的职能。因此，对于小区内出现的业主人身损害，如果物业服务人尽到了维护和管理职责，则无须承担损害赔偿责任。换言之，业主所交的物业服务费中所含治安管理服务为公共区域的治安防范服务，而非业主家中的安全保障服务。作为小区物业服务人，对小区住户负有合同约定的安全保障义务。但根据合同的约定和物业服务的性质，物业服务人的责任应当体现在安保设施的日常管理与维护上。

小区保安工作的工作职责系为物业的使用创造方便安全的条件，维护小区管辖范围内公共秩序良好与稳定，而不是广义的社会安全。保安并不是也不能等同于保镖，不能要求确保小区内所有财产和业主人身的绝对安全。根据受害业主与物业服务人之间在保安方面的约定，物业服务人如果未按这些约定履行其职责或履行职责中存在明显过错，可视为其在物业管理方面存在过错和违约行为，应承担违约责任。反之，物业服务人履行了双方合同约定的职责或者受害业主无法提供物业服务人在服务管理中存在过错的证据，则不能认定物业服务人未履行安全保障义务。同时，双方并没有关于物业服务人对业主人身安全予以特殊保障的约定，物业服务人承担的只是维护小区内一般公共秩序的义务，即通过一定的管理措施制约违法犯罪分子，而不是杜绝一切犯罪活动。物业服务人所收取的保安费也未超出这一标准。从这个意义上讲，物业服务人所选派的保安人员在保安工作

---

〔1〕 参见黄薇主编：《中华人民共和国民法典合同编释义》，法律出版社 2020 年版，第 928 ~ 929 页。

中只需尽到普通人的注意义务即可免责。物业服务人对于业主因不可归因于物业服务人的刑事犯罪遭受的人身和财产损失不承担赔偿责任。

法律上设定安全保障义务主要考虑到物业服务人在特定范围内比一般人具有更高的控制力、预见并降低危险的能力更强，但安全隐患的防止与注意义务并不能完全由安全保障义务人承担，而应由保障义务人和被保障人分担，因此安全保障义务应限制在合理限度之内。也就是说，物业服务人承担的安全保障义务，应当在一定、合理、正常范围内，不能过于苛求。[1] 物业服务人所采取的措施应当是“合理”的，应当视具体情况而定，既不能超过必要的限度，也不能只做表面文章达不到制止的效果。[2] 有法官认为，针对物业服务区域内发生的违法行为，物业服务人负有制止、报告和协助的社会协同治理义务。由于物业服务人并不具有公共执法权力，故这里的“及时采取合理措施制止”应当指物业服务人针对违法行为的性质和程度采取了一个理性服务主体所能够实施的合理行为，而不应过度扩大其义务和责任范围。评价的重点应集中在制止措施的及时性与合理性。[3]

《民法典》第一百七十六条规定：“民事主体依照法律规定或者按照当事人约定，履行民事义务，承担民事责任。”《物业管理条例》第三十五条规定：“物业管理企业应当按照物业服务合同的约定，提供相应的服务。物业管理企业未能履行物业服务合同的约定，导致业主人身、财产安全受到损害的，应当依法承担相应的法律责任。”根据以上规定，合同是追究违约责任最根本的依据。物业服务合同可以对业主人身财产安全的保护措施作出更为具体的约定，也可以对业主人身或财产受到不法侵害后要求物业服务人承担一定的赔偿责任作出约定。如果有这方面的约定，一旦出现合同中约定的情形，物业服务人应该按合同约定承担相应的违约责任，但业主选择侵权之诉的除外。如果物业服务人采取了多种防范措施，公共区域没有治安隐患，且物业服务人也谨慎履行了合同义务（如采取了出入登记、安全巡逻等措施），物业服务人尽职尽责，无失职行为，业主也找不到物业服务人的不当之处，则物业服务人不应承担赔偿责任。

应强调的是，安全保障义务与物业接管验收的关系问题。所谓物业接管验收，是指委托人将新建房屋和实行产权转移的原有房屋及其附属设施等物业移交给物业服务人，由物业服务人按照清单和接管验收标准进行综合检验，其后接收管理。从法律性质上来讲，接管验收既是物业服务人履行生效服务合同应尽的一项重要义务，也是物业服务人享有管理权的一项重要权利，是作为委托人的业主

---

〔1〕 参见黄薇主编：《中华人民共和国民法典合同编释义》，法律出版社2020年版，第929页。

〔2〕 参见黄薇主编：《中华人民共和国民法典合同编释义》，法律出版社2020年版，第930页。

〔3〕 参见中国审判理论研究会民事审判理论专业委员会编著：《民法典合同编条文理解与司法适用》，法律出版社2020年版，第736页。

委员会或开发商与物业服务人履行物业服务合同的法定程序和约定程序。不论是前期的物业服务还是后期的物业服务,接管验收程序均是物业管理服务过程中必不可少的一个环节,直接涉及物业服务人安全保障责任。因为从接管验收之后,所接管之物就属于物业服务人的管理范围,就应当承担合同中规定的义务和责任。接管验收中,物业服务人应认真严格验收,及时发现存在的隐患和问题,如果把关不严或放宽验收标准,则有可能造成安全保障责任事故发生,由物业服务人承担过错责任。也就是说,物业接管程序是物业服务人预防安全保障责任的前提条件之一。

(二)物业服务安全保障范围

物业服务人安全保障责任区域在本小区范围内,这是区域范围。物业服务人的安全保障义务之具体范围,可以由当事人自行约定。

物业服务人对小区的管理服务,其主要职责是对建设单位已通过竣工验收的物业进行日常的维护和管理。在通常情况下,小区房屋已经主管部门验收合格,该房屋设施是否仍然存在安全隐患,物业服务人作为非专业机构是无法判断的。因此,对于经验收合格房屋设施仍然存在安全隐患的危险性,物业服务人事先是无法预见的,业主要求物业服务人对事先无法预见的危险作出防范显然是不合常理的。从这个意义上讲,物业服务人安全保障义务范围,是建立在小区房屋、公有设施设备经验收合格基础之上的,而不包括验收合格中的无法预见的危险。

1. 人身安全方面

物业服务人提供的安全保障服务是针对整个物业服务区域的,凡是物业服务区域的业主、物业使用人均有权获得该服务。

业主因小区内公用设施疏于管理造成损害的,应视为物业服务人未尽安全保障义务。物业服务人应遵守房屋管理相关法律法规的规定和物业管理公约的约定,保障物业共用设备设施的正常运转,如电梯不间断运行、水电供应或排水管道的通畅等,安排值班人员在夜间对电梯进行值守,并定期进行检查,督促值班人员忠于职守,否则在值班人员怠于履行物业管理职责或履行不及时、不到位而致人损害时,承担相应的法律责任。在小区电梯发生事故时,不论是何方责任,物业服务人均负有管理维护和保证其正常运转义务。如果事故原因系电梯本身的质量问题,物业服务人在承担责任后,可以向电梯生产商追偿。减少或防止突发心脏病的业主因电梯停运、抢救不及时的死亡事件的发生。物业服务人对小区内的娱乐、运动器材等公共设施有义务进行维护修缮,以保证其处于安全使用状态。如果疏于管理，致使上述公共设施存在不安全因素，造成业主在使用或靠近这些设施时受到伤害的，受害人可以要求物业服务人承担相应的赔偿责任。

业主锻炼时坠楼身亡的，对于物业服务人是否尽到安全保障责任应具体情况具体分析。区分标准是物业服务人是否尽到了监督管理职责，未尽到监督管理职责的则应承担赔偿责任。业主在楼顶上锻炼身体，物业服务人没有及时制止，也没有在楼顶设置警示标志，疏于管理，未能尽到职责范围内的注意义务，增加了业主从楼顶上摔下的可能性，物业服务人对业主死亡虽起次要作用，但应归属于未尽安全保障义务的范畴。

业主在门口被附近电线杆上刮断的高压电线击伤，原则上应由电力公司承担侵权赔偿责任。物业服务人没有维修养护高压电管线义务，不负损害赔偿责任，但存在例外情况的，认定物业服务人未尽到安全保障义务。根据电力规则，电力公司负责进入小区第一个电杆上高压线维护，或物业服务人与电力公司约定小区内电线均由物业服务人负责维护修理的，业主在门口被高压线击伤应由物业服务人负责。因物业服务人负有监督管理、防止损失扩大的职责，其未尽到相关职责而使损失扩大的，物业服务人应该承担相应责任。

业主因楼道设计不合理摔伤，物业服务人的安全保障义务问题。根据《物业管理条例》第五十五条第一款规定，物业服务人应及时查验物业共用设备设施，以避免侵害业主利益的事故发生；若发生侵害事故的，应采取应急处理措施，将损失降到最小。如物业服务人应预见停电事故将出现的安全问题，应开启楼道应急灯等设备，或派出保安在停电过程中加强楼道的巡视，以应对各种突发事件的发生。对于楼道设计存在缺陷致人受伤的，应由开发商和施工人负责。对于楼道存在设计缺陷有可能造成业主受伤的，物业服务人未采取合理措施提示或预防的亦属于未尽安全保障义务。

业主在小区内因堆放垃圾受伤，物业服务人的安全保障义务问题。对于建筑垃圾清理责任，各小区的规定不一致，有的小区规定业主自行委托人员清理，有的小区则由物业服务人统一清理。物业服务人对于小区内的建筑垃圾，既不督促业主及时清理，也未自行清理，对建筑垃圾致人损害应该承担疏于管理的责任。

业主在小区内因危险品疏于管理受到伤害，物业服务人的安全保障义务问题。物业服务人对小区内可能存放的危险品，要随时检查查找安全隐患。对已发现的危险品谨慎看管，及时清除安全隐患，以免因疏忽管理发生事故致人损害。对露天存放的危险品，小孩点燃引爆受伤的，根据业主与物业服务人的过错大小划定各自责任分担比例。

业主在小区内因火灾、火灾或物业坍塌等重大事故受损，物业服务人的安全保障义务问题。物业服务人有义务采取措施有效预防小区水灾、火灾或物业坍塌等重大事故发生。如果该事故发生的原因在于物业服务人怠于行使管理职责，致使小区内发生水灾、火灾或物业坍塌等重大事故，造成业主人身（或财产）损害的，应认定物业服务人未尽安全保障义务。

业主在小区内因物业服务行为受损，物业服务人的安全保障义务问题。物业服务人聘请的施工人员在施工时，或其受雇人员在履行职务中，侵害业主的人身（或财产）权益的，物业服务人应当承担损害赔偿责任。

业主在小区内遭社会人员伤害，物业服务人的安全保障义务问题。《民法典》第九百四十二条第一款规定："……维护物业服务区域内的基本秩序，采取合理措施保护业主的人身、财产安全。"《物业管理条例》第四十六条第一款规定，物业服务人应当协助做好物业管理区域内的安全防范工作。发生安全事故时，物业服务人在采取应急措施的同时，应当及时向有关行政主管部门报告，协助做好救助工作。上述法律规定要求物业服务人承担小区内的安全防范工作，但并不能由此推出只要小区出现人身伤害等安全事故，就是物业服务人未履行安全保障义务，一律由物业服务人承担法律责任。物业服务人对小区的服务与管理除法律规定职责外，主要根据物业服务合同的约定。一般的物业服务合同中对小区的安全防范有约定，且小区的安全防范也是物业服务中不可缺少的服务事项。对于小区发生的人身伤害及盗窃等事件，物业服务人是否未尽安全保障义务，不能"一刀切"，而要根据事件发生与物业服务人是否有过错等情况具体分析。一般来说，对于进入小区的外来人员，物业服务人应进行必要核查或登记以加强防范。物业服务合同明确约定，对进入小区的人员需要进行登记的，物业服务人应按合同约定对外来人员逐一登记，否则就是未尽安全保障义务的行为表现。如果是因未登记外来人员致业主受伤，亦认定物业服务人有过错。业主白天在小区受到外来人员伤害的，因物业服务合同约定巡逻服务仅限于夜间，则物业服务人不存在过错或过错较小。物业服务合同约定小区实行 24 小时巡逻，若物业服务人没有按照物业服务合同要求履行巡视察看义务，亦存在过错。物业服务人对外来人员进入小区进行核查登记、巡逻察看等未按物业服务合同约定履行的，均应视为未尽安全保障义务。

业主在小区内被汽车撞伤，事故经交警部门认定是业主与侵权人双方的责任，而未认定物业服务人对事故发生有责任。因此，虽然物业服务人在物业服务管理工作中有不足，但与业主受伤事故的发生无直接因果关系，则不应视为物业服务人未尽安全保障义务。

2. 财产安全方面

小区内业主财产遭受损失的，应区分确定责任主体的责任范围。行为人对业主财产造成直接损失，是直接责任人，一般应承担全部责任或主要责任。物业服务人对小区内的公共场所和公共设施具有维护与管理职责，负有安全保障义务。

物业服务人怠于履行安全保障义务使业主财产受到损失的,应当对业主遭受的损失承担补充责任。如物业服务人在业主装修房屋过程中未尽到监督管理职责,导致其居住的楼外墙皮脱落,砸坏楼下业主停放的车辆。反之,物业服务人履行了安全监督义务的则不承担责任。类似物业服务人因监管不力造成业主财产损失,还应该注意业主是否遵守了法律规定和管理规约,是否存在业主有过失的情形,对其有过失的,业主也应该承担相应的次要责任。

业主擅自改变指定停车位停车,停放他处造成车辆丢失或损坏的,物业服务人不承担赔偿责任。

业主在小区楼下空旷位置堆放物品,物业服务人在小区内事先告知了业主需自觉清理其堆放杂物以及不清理的后果,虽然仅在小区张贴《通知》存在一定瑕疵,但小区安置的居民较多,且有外来租户、购房而来的住户等,物业服务人难以一一通知到户符合常理。在《通知》规定时间到期,业主不予清理情况下,物业服务人进行整治清理不构成侵权责任。

(三)物业服务人社会责任

物业服务人与所有企业一样应承担社会责任,物业服务人不仅仅是向业主提供服务,成立商品交换关系,追求利润的机器,其还负有社会责任。而物业服务人的安全保障责任,是社会责任的重要组成部分。

对于物业服务人的社会责任,有法官认为,物业管理企业是以提供物业维修、养护、维护环境卫生和秩序为主要服务内容的企业,其社会责任的含义可能更为广泛,不仅仅局限于其行为对社会发展和消费者所产生的直接后果。第一,物业管理企业基本的权利与义务应当是以物业服务合同为基础的,其提供服务的重要内容是维护业主的利益均衡,维护业主的共同利益,而这些内容单凭合同是不能详尽的,也不能遵循等价交换的原则。第二,业主之所以委托物业管理企业实施物业管理,很重要的因素是期望物业管理企业维护公共秩序,承担"管家"的角色,否则业主完全可以直接将每一项服务需求逐一委托专门企业,无须支付"管理"成本。第三,作为社会成员之一的物业管理企业,在维持住宅区秩序的活动中,不应漠视社会公共利益。从这个意义上说,物业管理企业所履行的社会责任,是业主选择物业管理的重要动因。在现实生活中,物业管理企业的社会责任也是被社会各方关注的问题。规范物业管理企业的社会责任,是保证物业管理健康发展的一个重要内容。[1]

物业服务人只有对安全保障责任进行准确理解和定位,方能更好地对其社会责任进行理解和定位;只有全面落实安全保障责任的各项内容,方能更好地履行和担当社会责任。

〔1〕 参见吴庆宝主编:《最高人民法院专家法官阐释民商裁判疑难问题》(民事裁判精要卷)(增订版),中国法制出版社2011年版,第97页。

二、物业服务安全保障法律适用

(一)安全保障责任认定

物业服务人作为从事经营活动或者公共场所的管理人,是承担安全保障义务的主体之一。物业服务合同纠纷中的安全保障义务,既涉及法定义务,亦更多地体现在合同义务中。例如,物业服务合同对物业服务人的安全保障义务约定较高标准时,从合同约定;物业服务合同对物业服务人的安全保障义务没有约定或者不甚明确时,则根据物业服务人应当承担的法定安全保障义务作出认定。

通说认为,判断物业服务人是否尽到安全保障义务,一般要审查其行为是否符合法律或合同要求、是否符合行业一般规范、是否尽到了一个善良管理人应尽的注意义务。除此之外,还要综合考虑物业服务人的受益情况、风险控制能力、物业费收费标准、采取防范措施的成本与遭受损失的比例、受保护对象自身情况、对危险源可预见能力等多方面因素。也就是说,物业服务人安全保障责任是广义上的社会安全,即要求物业服务人具有普通管理人的注意义务去保障物业使用的方便安全和小区公共秩序井然有序。但物业服务人不是人身保险公司,其无法担保业主的一切人身和财产损害赔偿责任,除非对此有特别约定。

实践中,物业服务人的安全保障义务一般以合同约定和行业要求作为判断依据。物业服务合同约定物业服务人应维持公共秩序,保障小区安全,做好防火防盗及自然灾害的预防,切实保护小区业主的生命及财产安全,包括安全监控、巡视、门岗执勤。而安装能够正常使用的监控系统是物业服务人进行安全监控、保障小区安全的方式之一,如安全监控不能正常使用,应认定小区安全保障不到位,物业服务人有过错。

具体来讲,个案中应当结合具体情况,从以下方面进行客观考察:其一,物业服务人的保安制度是否到位,有否符合法规、规章或相关文件强制性规定的合格保安人员,其数量、质量与小区的规模、安全情况是否相适应,各项保安制度是否完备、合理,并在日常管理中得到了认真落实。其二,是否具备了合同约定的与小区状况、安全等级和收费标准等相适应的保安措施,如合理的门卫、门岗、巡查、盘问等各项制度。其三,保安人员是否勤勉尽职,是否保障监控系统正常有效运作。

其四，发现犯罪或侵害业主行为时是否及时采取相应的合理措施。其五，小区业主或业主委员会对安全提出合理怀疑或指出不足时是否引起重视并予以改进。只要物业服务人尽到了上述义务，即便发生了第三人对业主的侵害行为，物业服务人也不应承担责任，否则应承担相应的补充赔偿责任。

【案例9-1】 穆天子房产公司诉百花物管公司物业服务合同纠纷案

二审法院认为，关于百花物管公司是否怠于履行安全保障义务问题。根据公安机关的讯问笔录反映，百花物管公司所聘请的个别保安员在平时存在偷盗行为，在保险柜被盗当晚更是存在多名当值保安员疏忽管理或者打瞌睡、未尽职责的现象。百花物管公司理应对其所聘请的保安员行为负责，而上述保安员的行为足以认定百花物管公司没有完全履行物业管理合同所规定的维持公共秩序和安全保障义务，已构成违约。因百花物管公司的违约行为，疏忽保护合同相对方的财产安全，此与穆天子房产公司财务室保险柜被偷盗造成重大财产损失之间存在一定直接关系，故百花物管公司理应承担违约责任，赔偿由此造成的损失。原审判决对此认定正确，应予维持。[1]

物业服务人是否违反安全保障义务，关键是看物业服务人在安全防范实施上是否有过错。由于安全防范的具体措施可以由物业服务合同进行约定，因此物业服务合同约定的防范措施是否履行是判断物业服务人是否有过错的直接依据。

【案例9-2】 徐某诉某物业管理公司物业服务合同纠纷案

判决观点：物业管理公司与业主委员会签订了物业管理合同后即在物业管理公司和业主、物业使用者之间成立包括安全服务内容的合同，物业管理公司应当严格按照物业管理合同和相关物业管理法律、法规履行自己的职责。具体到物业管理公司，应当为防范第三人对业主及物业使用者财产侵害提供安全服务，物业管理者既需要为与业主约定的特定物看护提供保管服务，又需要根据物业管理合同提供一般性的安全保障服务，如聘请专业的保安人员履行安全保障工作，并且保证保安人员尽职尽责，保持专有人员特有的警觉和合理的注意义务，如在特定时间，合理使用安全措施，并对特别可疑的人员保持应有的警觉，进行必要的检查询问，否则物业管理公司的安全保障义务将沦为空谈。但物业管理公司的安全防范服务是一种群防群治的安全防范，即便防范工作没有疏忽，不存在管理上的缺陷，也不能完全确保业主财产、人身的安全，此时业主财产、人身遭受第三方侵害的，物业管理公司不承担赔偿责任。如果物业管理公司未能履行物业管理合同的约定并存在明

---

〔1〕 参见吴庆宝主编：《最高人民法院专家法官阐释民商裁判疑难问题》（民事裁判精要卷）（增订版），中国法制出版社2011年版，第101页。

显过错,则应当承担未履行合同或者履行合同存在疏漏的赔偿责任。但物业管理公司承担责任的前提是侵权人先承担赔偿责任,只有在侵权人无法查明或侵权人无赔偿能力的情况下,物业管理公司才承担相应责任。

本案中,在凌晨4点左右行人稀少时,物业管理公司门卫未及时将伸缩门关闭,违反了专门工作人员应有的谨慎和注意义务,未妥善使用安全设施,使两个不明身份的人毫无阻拦地在短时间内进出小区。门卫违反了作为专门工作人员的警觉义务,不进行最低限度的查询,致使有可能在严格门卫管理制度下得到阻止的盗窃事件发生,应当认定物业管理公司违反安全保障义务,并承担相应的赔偿责任。但业主享受安全防范服务并不能免除财产所有人对自身财产的安全责任,业主仍然是自身财产的安全责任主体,对原告的电动三轮车实施盗窃的是两个不明身份的人,原告和两个不明身份的人之间形成直接侵权关系。因两个身份不明的人无法查明,原告无法主张损害赔偿,所以应由被告在其过错限度内先行承担一定的赔偿责任,被告在承担了相应责任以后,如果两个不明身份的人被抓获,可以向他们追偿。原告要求被告全额赔偿没有法律依据,因为对电动三轮车而言,被告没有保管义务,财产安全责任仍由原告自己承担,被告承担与其过错相称的补充赔偿义务。被告辩称原告没有按要求将电动三轮车停放到指定地点,所以被盗与其无关的观点法院不予采纳,因为原、被告之间的物业管理纠纷并不能免除被告对原告财产的安全保障义务,前者依业主公约处理,后者应依物业管理合同和物业管理条例处理。据此,判决:被告一次性赔偿原告电动自行车被盗时价值4700元的30%即1410元。[1]

业主向供电企业申请在其停车位安装电动汽车充电桩时,物业服务人应当根据相关行政法律规范及合同的概括约定予以协助。经核验停车位产权、小区输电设施设备功率与负荷、车库物理结构等,适宜安装充电桩,物业服务人应根据需要出具同意或适宜安装的证明,物业服务人以物业服务合同未约定或约定不明确为由抗辩的,法院不予支持。

【案例9-3】　范某某诉重庆港华物业管理公司物业服务合同纠纷案

判决观点:当事人行使权利、履行义务应当遵循诚实信用原则。范某某与港华物业公司签订了《停车位物业管理服务协议》,双方系物业服务合同关系,在服务内容的确定上,应当以协议为基础,结合诚实信用原则确定。大力发展电动汽车,对保障能源安全、促进节能减排、防治大气污染等具有重要意义,而充电设施建设是电动汽车应用推广的重要举措,国家部委、重庆市发

---

〔1〕 参见刘长森:《物业纠纷新型案例教程》,人民法院出版社2010年版,第172~173页。

布的相关部门规章、行政规章等均要求物业服务企业在充电设施建设时予以配合、提供便利。原、被告双方签订的《停车位物业管理服务协议》第四条约定:"本协议中未规定的事宜,遵照国家有关法律、法规和规章执行。"范某某申请在其停车位安装充电桩,按供电企业要求,需小区物业服务企业出具证明,该"出具证明"为前述协议第四条规定所涵盖,属于港华物业公司的合同义务,其应当履行。港华物业公司辩称:新能源汽车、充电桩存在安全隐患;充电桩安装中需使用共有部分,破坏承重结构及外观等其他辩解意见。法院认为,新能源汽车作为新生事物,其诞生发展之初并不完善,但是社会不应因噎废食,且充电桩安装时,因布设电线,需使用共有部分,属于建筑物区分所有权人为提升专有部分使用价值,对共有部分的合理使用,故对其上述辩解意见不予采信。至于破坏承重结构及外观等其他辩解意见,均缺乏充分证据证明,且同意业主安装充电桩,并不意味着物业服务企业可以放松、放弃管理,港华物业公司仍可在发现侵权等不当行为时,及时行使物业管理权力,予以纠正、制止。判决:被告重庆港华物业管理公司向原告范某某出具同意在其停车位安装新能源汽车充电桩的证明。[1]

物业公司应对业主安装自有车位充电桩给予必要配合与协助,无权对安装充电桩是否造成安全隐患进行主观认定。

【案例9-4】 邢某立诉物业服务公司物业服务合同纠纷案

一审法院认为,《国务院办公厅关于加快电动汽车充电基础设施建设的指导意见》提出坚持以纯电驱动为新能源汽车发展的主要战略取向,将充电基础设施建设放在更加重要位置,促进发展和电力消费,方便群众生活,更好惠及民生。对有固定停车位的用户,优先在停车位配建充电设施。《关于加快居民区电动汽车充电基础设施建设的通知》第六条要求,在居民区充电基础设施安装过程中,物业服务企业应配合业主或其委托的建设单位,及时提供相关图纸资料,积极配合并协助现场勘察、施工。该通知附件《居民区电动汽车充电基础设施建设管理示范文本》明确自用充电基础设施,指购买和使用电动汽车的个人,在其拥有所有权或使用权的专用固定停车位上建设的充电桩及接入上级电源的相关设施。《示范文本》第三条规定,居民区充电基础设施建设管理流程应包括:用电申请、现场勘查、建设施工、接电确认、运营维护等阶段。第四条第三项规定,在接到用户自用桩安装申请之后,物业应在五个工作日内予以办理,若不同意须书面说明具体理由。原告与被告存在

---

〔1〕 参见最高人民法院中国应用法学研究所编:《人民法院案例选》2021年第2辑(总第156辑),人民法院出版社2021年版,第115~116页。重庆市江津区人民法院(2019)渝0116民初12700号民事判决书。

物业服务合同关系，原告向被告提出安装充电桩申请，符合上述要求，被告不予出具同意证明的抗辩理由，未有佐证及依据，法院不予采纳。原告有固定车位使用权，且家庭已有新能源电车，被告同意原告安装是原告安装充电桩的前提条件，被告作为物业服务企业，不仅原则上应予同意，还应在安装使用中提供必要配合与协助。关于被告提出的走明线，存在安全隐患是在用电、施工可行性勘察、建设施工设计和消除解决。《指导意见》第四点（第二十一条）、《通知》第九条，明确了安全管理要求和要求加强居民区充电设施安全管理，有关各方应严格执行，及时排查消除安全隐患。另《示范文本》第四条第四项规定，在安装前，被告可与原告、电动汽车企业及安装公司签订安装承诺书，明确各自责任义务。关于被告提出的该小区消防问题，应积极推进解决。判决：(1)被告物业服务公司向原告邢某立出具同意在车位安装充电桩的证明。(2)在充电桩安装过程中被告给予必要配合与协助。二审法院同意一审法院裁判意见，判决：驳回上诉，维持原判。[1]

审查不作为侵权责任是否成立时，重点需要考虑的是加害人是否具有作为义务以及是否履行该义务。物业服务已经履行了约定义务，并不构成不作为侵权。

【案例9－5】　电子设备公司诉建筑公司、物业公司侵权责任纠纷案

二审法院认为，物业公司虽有义务维护业主财产安全、核查进入小区的车辆、维护车辆通行秩序等，但是对于潘某所驾车辆在正常道路行驶过程中撞向其他车辆的行为且由此导致的财产损害，不负监管及赔偿义务，结合本案证据情况，物业公司已履行了其应尽的义务。故一审法院对电子设备公司要求物业公司承担不作为侵权责任、支付车辆维修费的诉讼请求不予支持，亦无不当，法院予以确认。对电子设备公司所提的上诉理由，法院均不予采纳。综上所述，电子设备公司的上诉请求不能成立，应予驳回；一审判决认定事实清楚，适用法律正确，审判程序合法，应予维持。判决：驳回上诉，维持原判。[2]

---

〔1〕　参见国家法官学院、最高人民法院司法案例研究院编：《中国法院2023年度案例》（合同纠纷），中国法制出版社2023年版，第203～204页。天津市第三中级人民法院（2021）津03民终8287号民事判决书。

〔2〕　参见国家法官学院、最高人民法院司法案例研究院编：《中国法院2022年度案例》（侵权赔偿纠纷），中国法制出版社2022年版，第88～89页。北京市第一中级人民法院（2020）京01民终7033号民事判决书。

(二)安全保障到位举证

对于是否尽到安全保障义务,应由物业服务人承担举证责任。物业服务人举证责任一般有四:其一,保证小区的保安监控系统处于正常运作状态,能够及时发现可疑人员。其二,保安按合同约定对进出小区的可疑人员进行盘查、登记,对小区进行定时巡查。其三,工作人员按合同约定对公有设施设备进行维修或检查。其四,物业服务合同约定的安全保障义务履行证据。

根据《民法典》第一千二百五十三条的规定,建筑物或电梯等其他设备设施致人损伤的侵权案件适用举证责任倒置的证明标准,管理人如不能证明自己没有过错的,就应承担责任。作为小区电梯等设备设施管理人的物业服务人若没有证据证明自己没有过错,就推定其未尽到安全保障义务,对电梯造成业主损害存在过错。业主在使用电梯等物业共用设备设施时,发现其存在异常或安全隐患的,应及时通知物业服务人进行修理维护,以保障共用设备设施的正常运行。对于遭受共用设备设施突发事故的业主,应及时保存相关证据。物业服务人应当对共用设备设施进行定期检测,发现问题或接到业主反映的问题的应及时修理维护。对于怠于物业管理致使共用设备设施发生事故致业主损害的,或对业主发生损害后处置不及时不合理的,应视为物业服务人未尽到安全保障义务,并承担赔偿责任,但能提供证据证明自己已履行物业管理义务的除外。

【案例9-6】 孟某诉南京市建宇物业公司物业管理合同纠纷案

二审法院认为,建宇物业公司不能举证证明其对孟某的摩托车丢失已经尽到了安全防范义务,一审法院基于建宇物业公司在履行小区安全防范义务中的过错酌情判令其赔偿60%的损失并无明显不当,建宇物业公司的上诉理由均不能成立。[1]

【案例9-7】 刁某某诉泉州市华洲物业管理有限公司未尽人身安全保卫义务纠纷案

二审法院认为,关于华洲物业公司是否存在怠于履行安全保卫义务的违约行为的问题。法院认为:虽然华洲物业公司抗辩其未与刁某某签订书面物业管理合同,因此也不存在法定或约定的安全保卫义务,但从刁某某提供的其与出租人关于华洲商贸城好望角917室的租赁合同及华洲物业公司向917

---

〔1〕 参见最高人民法院中国应用法学研究所编:《人民法院案例选》2007年第1辑(总第59辑),人民法院出版社2007年版,第250页。江苏省南京市中级人民法院(2006)宁民四终字第501号民事判决书。

室住户催交水电费、物业管理费的单据和刁某某的交纳水电费、物业管理费凭证,可以认为刁某某作为小区的居住者,已经事实上与华洲物业公司之间建立了物业管理合同关系,享有相应的权利义务,因此华洲物业公司抗辩与刁某某之间不存在合同关系,从而也不存在法定、约定义务的理由不能成立,原审法院以刁某某与华洲物业公司之间未签订书面物业管理合同从而认定不存在约定的安全保卫义务是错误的,应予纠正。华洲物业公司又辩称即使存在安全保卫义务,其范畴也仅是协助公安机关维持小区的正常生活秩序,不包括保护刁某某的人身安全,刁某某受到犯罪行为侵害是刑事案件,应由犯罪分子负责。安全保卫义务作为中华人民共和国国务院颁发的《物业管理条例》第四十七条规定的法定义务和一般物业管理合同中管理人的一项主要职责,虽不要求物业管理公司完全保证业主的财产利益和人身安全不受侵害,但要求其履行包括提供与收费水平和标准相配套的安全保卫的合理硬件设施如监控、封闭设施,保障上述设施的正常运作;建立和执行保安人员正常的工作制度和值班、巡查、警卫等工作,确保保安人员勤勉尽职;以及对于居民反映的安全保卫问题和疏漏的及时处理,对违法犯罪行为的及时制止、保卫现场和报警,对小区突发事件的及时处理,以尽可能地保护小区居民的人身、财产安全,合理降低其受侵害的风险。本案中,作为市场与居民区相混,人流量大,未能实行封闭管理的华洲商贸城,华洲物业公司在进行小区管理时,更应采取与此情况相应的更严格的制度和措施来履行其应尽的安全保卫义务。但在二审审理中,在法院明确释明了华洲物业公司上述应尽的安全保卫义务并指定了相应举证期限、要求其对此提供证据的情况下,华洲物业公司在指定期限内仅提供了一份时间为 2003 年 7 月的《家装市场 7 月份保安安排表》,但该份表格系华洲物业公司单方制作形成的,且是一份预先制定的排班表,华洲物业公司没有进一步的证据证明存在上述保安人员以及该排班表得到妥当的执行,刁某某受到侵害当日的安全保卫状况、采取措施等其他职责,均未提供证据证明。安全保卫义务作为合同义务,是一种积极的义务,应由华洲物业公司承担相应的举证责任。华洲物业公司未能举证证明其在履行物业管理合同尤其是事发当天尽到了合理、谨慎的安全保卫义务,结合刁某某在有关公安机关询问笔录中陈述和公安机关立案信息记录中记载的刁某某遭到穿酒店保安制服人员尾随并拖入其租住房屋欲行侵害,后从阳台跳落逃脱,该名穿保安制服人员后来也逃跑经过,应认定华洲物业公司存在未尽安全保卫义务的违约行为。该行为客观上也导致了上诉人刁某某作为小区居民受他人非法侵害的风险的增大和在发生侵害行为时未能及时被发现、制止或采取其他措施使刁某某得到帮助,造成侵害后果的扩大,因此该行为也与刁某某受侵害之间存在法律上的因果关系。[1]

在小区内,具有公益性质的健身器材致人损害的情况下,首先应确定健身器材的所有人或管理人,并根据案件具体情况确定责任主体,除非该责任主体能证明其没有过错,否则应承担民事责任。物业服务人负有对健身器材直接管理义务,必须证明其自身无过错方可免责。

【案例9-8】 郑某某诉厦门市湖里区吕岭社区居民委员会、厦门市住总物业管理公司人身损害赔偿纠纷案

一审法院认为,首先,被告住总物业作为吕岭小区金岭园的物业管理者,对《吕岭小区物业管理服务合同》中约定的小区内各项公共设施和附属建筑物、构筑物有维修、养护和管理义务,对公共设施损坏及维修过程可能造成危险的,应设立警示标志,维修完毕后即撤除。焦点一已认定讼争健身器材属于小区公共设施的范围,被告住总物业对此应负有维修、养护和管理义务。但是,讼争健身器材在损坏后,被告住总物业既没有及时维修和养护,也没有在该可能造成危险的健身器材周围设置明显警示标志。正是由于被告住总物业对讼争器材疏于维护,最终导致本案事故的发生并造成原告损害的严重后果。被告住总物业的举证既不能证明其对讼争健身器材已进行合理的维护及管理,也不能证明其在可能造成危险的健身器材周围设置了明显的警示标志。因此,应认定被告住总物业对讼争健身器材未尽合理管理义务。其次,焦点二已认定被告吕岭居委会对被告住总物业在小区范围内的物业管理行为负有一定的监督管理义务。被告吕岭居委会的举证也不能证明在讼争健身器材损坏后,其已对被告住总物业疏于管理的行为进行了适当、合理的监管。因此,应认定被告吕岭居委会对讼争健身器材未尽合理的监督管理义务。综上所述,本案中,被告住总物业作为讼争健身器材的直接管理人,提交的证据无法证明其对讼争健身器材已合理、尽职地履行了检查、维修和危险警示职责;被告吕岭居委会作为讼争器材的监督管理人,提交的证据无法证明其对讼争健身器材合理履行了相应的监督管理职责,两被告对此应承担举证不能的责任。因此,被告住总物业和被告吕岭居委会作为讼争健身器材的管理人无法证明其对本案事故的发生及原告所受伤害没有过错具有免责事

---

〔1〕 参见最高人民法院中国应用法学研究所编:《人民法院案例选》2007年第1辑(总第59辑),人民法院出版社2007年版,第200~201页。福建省泉州市中级人民法院(2005)泉民终字第1598号民事判决书。

由。二审法院亦持同样意见，维持一审判决。[1]

【案例9-9】 汤某诉连云港光鼎置业有限公司、灌南县开源物业管理有限公司人身损害赔偿纠纷案

判决观点：物业公司作为小区健身器材的管理人，应当对健身器材进行日常管理和维护，器材存在安全隐患的，物业公司应设置警示标志并及时维修，以保障他人使用器材的安全，物业公司未尽到该职责造成他人损害的，应依法承担相应赔偿责任。[2]

物业服务人在处理意外事故时，应当对提供服务的过程进行证据保全。否则，一旦发生诉讼，物业服务人将承担举证不能的不利法律后果。

【案例9-10】 乐德公司诉深圳市某物业公司物业服务侵权纠纷案

判决观点：本案中，原、被告均认可水侵事故系大厦615房间水管破裂，致使水大量流出，蔓延至涉诉房屋。因此，水浸事故的发生并非被告管理不善造成。至于原告关于被告在原告装修工人报告后未及时处理，才导致损失发生的主张。法院认为：针对主张，被告已提交了交接班记录及录像资料等证据证明其在接到相关报告后及时对事故现场进行了处理，事故现场无法还原，且被告已穷尽其举证能力证明其在2006年6月23日5时许接到原告装修工人汇报后派人到事故现场进行清理积水、清扫等处理工作，已履行物业服务义务。因此，原告关于被告未及时处理，导致损失发生的主张缺乏事实依据，法院不予采纳。法院判决驳回了原告的全部诉讼请求。[3]

业主要求物业服务人承担家中被盗的赔偿责任，则应举证证明物业服务人履行安全保障义务时存在瑕疵，即应证明物业服务人履行安全保障义务存在瑕疵与家中被盗之间的因果关系举证责任。

【案例9-11】 周某某诉成都市某物业管理有限公司委托合同纠纷案

二审法院认为，周某某主张因某物业公司修建围墙给犯罪分子提供了可乘之机，但其提供的证据不能证明犯罪分子借助某物业公司修建的围墙进入其家中实施盗窃，即不能证明某物业公司修建围墙与周某某家中被盗存在必然的、直接的因果关系。在上诉人周某某不能提供证据证明某物业公司未尽

---

〔1〕 参见最高人民法院中国应用法学研究所编：《人民法院案例选》2009年第2辑（总第68辑），人民法院出版社2009年版，第100~101页。福建省厦门市中级人民法院（2008）厦民终字第1596号民事判决书。

〔2〕 参见《最高人民法院公报》2017年第3期。江苏省灌南县人民法院（2015）南少民初字第7号民事判决书。

〔3〕 参见刘长森：《物业纠纷新型案例教程》，人民法院出版社2010年版，第82页。

到小区公共秩序和安全防范义务的情况下,判决驳回周某某的上诉。[1]

【案例9-12】 杨某诉徐州鼎尚置业有限公司、南京万科物业管理有限公司徐州分公司、南京万科物业管理有限公司财产损害赔偿纠纷案

判决观点:当事人对自己提出的诉讼请求所依据的事实有责任提供证据加以证明。当事人未能提供证据或者证据不足以证明其事实主张的,由负有举证责任的当事人承担不利后果。本案中,原告并未举证证明系被告徐州鼎尚置业有限公司实施了侵害其财产的行为,也未举证证明被告南京万科物业管理有限公司徐州分公司存在不履行物业服务合同约定或者法律、法规规定以及相关行业规范确定的维修、养护、管理、维护义务从而对其财产造成损害,故对原告的诉请法院不予支持。判决:驳回原告杨某的诉讼请求。[2]

没有证据证明物业服务人有提供物业服务义务的,不承担赔偿责任。

【案例9-13】 袁某某等诉王某某等、上海菲罗物业管理有限公司等生命权纠纷案

一审法院认为,袁淑某在无人看护的情况下,进入放置于绿化带上的储物柜中,导致事故的发生,经抢救及住院治疗无效后身亡,法院确认袁淑某的死亡与事故的发生具有直接的因果关系。

根据原、被告提供的监控视频显示,袁某某在袁淑某事故发生前后,曾几次出现在监控视频内,但最终并未发现袁淑某进入了储物柜,在事故发生后,经居民寻找,才再次出现在事故发生地点,其间长达十多分钟,袁淑某处于无人看护的状态,虽然袁淑某居于附近,袁某某亦在附近的理发店工作,事故发生地点属于原告及袁淑某较为熟悉的环境,但袁淑某年仅3周岁,缺乏独立辨认危险的能力,原告疏于照顾,使袁淑某置于无人看护之下,最终导致本案事故的发生,法院认为原告自身存有主要过错。王某某作为丢弃储物柜的直接行为人,应当根据相关法律规定将储物柜定时定点丢弃。即使王某某辩称不知相关法律法规,但废弃储物柜作为大件家具,在丢弃时应当进行必要的处理或通知区域相关的管理人员、保洁人员,以便及时、妥善处理。王某某虽将废弃储物柜放置于垃圾桶旁,但未对储物柜进行必要的处理,也未通知区域的管理或保洁人员,后储物柜被平置,并致袁淑某事故的发生,故法院认为王某某在此次事故中负有次要责任。同时,飞宏公司作为事发区域的保洁单位,经宝利公司委托,对事发区域提供保洁等综合管理服务,对该区域负有相

---

〔1〕 四川省成都市中级人民法院(2014)成民终字第2365号民事判决书。

〔2〕 江苏省徐州市泉山区人民法院(2021)苏0311民初6006号民事判决书。

应的保洁管理职责。王某某不应将废弃的储物柜置于路边,但其已经将储物柜置于垃圾桶旁,抛弃的意思表示明确,飞宏公司应当将废弃的储物柜进行及时处置或在知道丢弃人和所有人后进行相应的告知并尽监督之责。飞宏公司疏于管理,在储物柜被丢弃后未及时进行后续处理,对事故的发生亦有责任,法院认定飞宏公司对此次事故亦承担次要责任。本案中,薛某某作为废弃储物柜的所有人,对于废弃储物柜的处置,亦应当尽到谨慎、合理的注意义务,现薛某某提供的证人证言,系薛某某多年的朋友及多年的房客,与薛某某具有一定的利害关系,法院认为证人证言不足以证明薛某某曾叮嘱王某某需要将储物柜敲碎后丢弃,退一步说,即使薛某某曾经叮嘱过王某某,但薛某某亦居住在22号房屋内,垃圾桶及储物柜就在22号房屋门前,薛某某应当知道王某某并未将储物柜敲碎后丢弃,薛某某作为储物柜的所有人,应当督促王某某将储物柜处理后丢弃,法院认定薛某某对本案事故的发生亦负有一定责任。对于菲罗公司,现无证据证明菲罗公司系事故发生区域的物业管理单位,宝利公司亦予以确认事故发生区域未聘请物业管理单位,故菲罗公司在本案中不应承担责任,原告要求菲罗公司承担本案赔偿责任的诉讼请求,于法无据,法院不予支持。对于宝利公司,根据宝利公司与飞宏公司签订的服务协议,约定飞宏公司为包括老宅角在内的部分区域的市容环境卫生综合管理单位,飞宏公司因内部管理问题在管理过程中对外产生的任何民事责任、劳资纠纷及行政处罚均由飞宏公司承担、解决。宝利公司与飞宏公司的协议系双方的真实意思表示,符合法律规定,法院予以确认,现原告并未提供证据证明宝利公司在委托飞宏公司进行综合管理中存在问题,且飞宏公司对于保洁服务、物业服务具有相应的资质,故原告要求宝利公司承担本案侵权责任的依据不充分,法院不予支持。法院依法根据审理查明的事实确定原告自身应对袁淑某的死亡承担65%的责任,王某某、飞宏公司对袁淑某的死亡各承担15%的赔偿责任,薛某某承担5%的赔偿责任。根据法律规定,二人以上分别实施侵权行为造成同一损害,能够确定责任大小的,各自承担相应的责任。本案中,王某某、飞宏公司、薛某某在事故发生中并无相应意思联系,仅是其各自行为间接结合发生了同一损害后果,故应当根据各自过错程度的大小承担相应的赔偿责任,现原告要求各被告承担共同赔偿责任的诉讼请求,依据不足,法院不予支持。二审法院判决:驳回上诉,维持原判。[1]

---

〔1〕 参见陈昶主编:《2020年上海法院案例精选》,上海人民出版社2022年版,第39~41页。

（三）安全保障责任类型

在物业服务活动中，物业服务人不仅仅要承担合同违约责任，还有可能承担侵权责任，而侵权责任是由法律明确规定的。《民法典》第一千二百五十四条第二款规定："物业服务企业等建筑物管理人应当采取必要的安全保障措施防止前款规定情形的发生；未采取必要的安全保障措施的，应当依法承担未履行安全保障义务的侵权责任。"实践中，侵权责任认定主要包括以下五种类型。

1. 公共设施管理中的侵权

个案中，物业服务人在小区存在安全隐患的公共设施设备处未设置安全警示标志的，表明其未尽安全警示的义务，因此对进入小区受到伤害的非业主人员亦应承担侵权责任。

【案例9－14】 张某诉遂宁市金安物业服务有限公司、遂宁市德利置业有限公司生命权、健康权、身体权纠纷案

一审法院认为，金安公司作为"天一·水都钰园"的物业管理者，有义务排除小区的安全隐患，但其没有及时发现电梯检测门虚掩而将其关闭，亦未及时进行检修，张贴警示标志，因此，金安公司在本案中没有尽到管理职责，存在过错，应当承担30%的赔偿责任。

二审法院认为，张某与十余名同学进入"天一·水都钰园"楼盘尚未使用的三楼商业用房玩游戏，不慎从三楼电梯安全门坠入电梯井底摔伤。张某作为事发时已年满17周岁的高中二年级学生，应该具备相应的安全意识。其在未征得物业管理人员同意下，擅自进入该区域与同学玩危险性的游戏，且在玩耍中未谨慎注意行走路径的安全，导致受到损害，其自身应承担相应的民事责任。德利公司与金安公司《前期物业管理委托合同》签订后，"天一·水都钰园"小区的物业管理即由金安公司负责。"天一·水都钰园"建设项目于2014年7月15日经相关部门验收为合格工程。金安公司作为小区的物业管理者，应对该区域内的共用设施、设备进行管理、维护，经常性检查运行情况，及时排除安全隐患，避免造成相关安全事故。还应对非小区人员进出进行询问并登记，但金安公司对于非小区人员张某及其同学进入小区并未进行询问和阻止，且对张某及其同学在金安公司管理的三楼区域玩危险性游戏的行为亦未进行阻止。同时金安公司在事故发生地未设置警示标志。因此，金安公司对张某的损害应承担相应的民事责任。德利公司作为"天一·水都钰园"小区的建设者，已将小区的物业管理委托金安公司实施，对于小区发生的安全事故,应由物业管理人金安公司承担相应民事责任,德利公司不承担民事责任。一审根据过错责任原则,对张某所受损害作出民事责任划分是正确的,法院应予确认。判决:驳回上诉,维持原判。[1]

物业服务人对小区公共设施未尽谨慎周全的安全管理义务的,应承担侵权责任。

【案例9-15】　刘某某等诉重庆市金科物业服务有限公司无锡分公司等生命权、健康权、身体权纠纷案

判决观点:行为人因过错侵害他人民事权益,应当承担侵权责任。第一,该小区不论是设计方案还是施工成果,均是经过审批、验收通过,事发所在的车库设计并没有违反国家规范,也没有证据显示该位置存在交付质量或安全隐患问题,故而从本案侵权赔偿的因果联系上来说,损害发生与开发商、设计单位无关,故据此金科房地产公司、民用设计院不需要承担赔偿责任。第二,周某某作为具有完全民事行为能力的公民,其应具备相应的安全意识,其驾驶的电动三轮车载货较多、未对货物进行有效的安全防护、进入地下车库速度过快,是导致其死亡的直接原因,应由其自身承担主要责任。第三,物业分公司虽然表示小区内有非机动车专用车库,但金科米兰小区内非机动车道入口处设有路障,电动三轮车无法正常通过,须由保安卸下路障杆后方可驶入,且事发时入口处还堆放有施工材料,物业分公司在周某某驶入小区后未给予适当的疏导及提示,存在一定的管理疏忽,对于事故的发生存在一定的过错,应当承担相应的赔偿责任。第四,陆某某对周某某的死亡并不存在直接因果联系,故刘某某等主张陆某某承担一般侵权损害赔偿责任于法无据。第五,刘某某等五原告主张物业分公司、金科房地产公司、民用设计院、陆某某承担连带赔偿责任,于法无据,不予支持。综合上述情况,酌定物业分公司对周某某的死亡承担15%的赔偿责任,周某某自行承担85%的责任。因物业分公司不具有独立的法人资格,对物业分公司所负债务不能清偿部分,由物业总公司承担清偿责任。[2]

【案例9-16】　程某某诉广东碧桂园物业管理有限公司荔城分公司侵权赔偿纠纷案

一审法院认为,碧桂园物业公司作为拦车杆系统的管理人,对该系统负

---

〔1〕 参见国家法官学院案例开发研究中心编:《中国法院2018年度案例》(侵权赔偿纠纷),中国法制出版社2018年版,第142页。四川省遂宁市中级人民法院(2016)川09民终770号民事判决书。

〔2〕 参见国家法官学院案例开发研究中心编:《中国法院2016年度案例》(侵权赔偿纠纷),中国法制出版社2016年版,第89~90页。江苏省无锡市高新技术产业开发区人民法院(2014)新民初字第0003号民事判决书。

有适当管理、谨慎注意的义务。其将拦车杆系统设置为"一车一杆",应当预见到第三人冲卡可能给尾随通过的人带来的危险,理应采取适当措施防止危险发生。在其无法举证证明存在第三人冲卡的情况下,对于拦车杆意外落下导致程某某受伤的事故应负全责。二审法院亦持同样意见,维持一审判决。[1]

物业服务人对小区泳池未尽到安全管理义务造成溺水事故存在过错的,应承担侵权责任,而不再区分受害人是小区业主还是非小区业主,泳池是其自身管理还是出租、承包他人经营管理。

【案例9-17】 曾某某、马某某诉深圳市某物业管理有限公司等侵权责任纠纷案

二审法院认为,被上诉人深圳市某物业管理有限公司作为小区的管理人,将事发游泳池出租给不具有经营资质的被上诉人深圳市某某有限公司经营,且在深圳市宝安区文体旅游局已责令停业后仍由其继续经营,存在选任及管理上的过错,应当就本案事故与被上诉人深圳市某某有限公司承担连带赔偿责任。[2]

【案例9-18】 柳某诉深圳市某体育发展有限公司、深圳市某物业服务有限公司等生命权、健康权、身体权纠纷案

二审法院认为,上诉人某体育公司提交的高危险性体育项目经营许可证和卫生许可证均载明经营涉案泳池的被许可单位为被上诉人某物业中心。高危险性体育项目经营许可证显示,游泳经营项目为高危险性体育经营项目,经营者须具备法定资格和条件并经主管部门审批许可方可经营。该许可证为被上诉人某物业中心经营游泳项目的许可,不能证明上诉人某体育公司具有经营资格。被上诉人某物业中心和上诉人某体育公司均无法证明上诉人某体育公司已取得游泳项目的经营许可,应视为上诉人某体育公司不具有该资格。被上诉人某物业中心违法将高危险性体育经营项目发包给无资质单位经营,发生安全事故,上诉人柳某主张其与实际经营人承担连带责任,合理合法,法院予以支持。被上诉人某物业中心为被上诉人某物业公司的分公司,其民事责任应由被上诉人某物业公司承担。原审认定被上诉人某物业中心无明显选任过错,属于认定事实不清,法院予以纠正。被上诉人某物业公司应对上诉人某体育公司的赔偿义务承担连带责任。[3]

---

〔1〕 参见国家法官学院案例开发研究中心编:《中国法院2013年度案例》(侵权赔偿纠纷),中国法制出版社2013年版,第132页。广东省广州市中级人民法院(2011)穗中法民一终字第1526号民事判决书。

〔2〕 广东省深圳市中级人民法院(2017)粤03民终12216号民事判决书。

〔3〕 广东省深圳市中级人民法院(2016)粤03民终21892号民事判决书。

物业服务人对小区公共设施尽到安全管理义务不存在过错的,不应承担侵权责任。

【案例9-19】 严某某诉上海宾电物业管理有限公司、何某某财产损害赔偿纠纷案

一审法院认为,本案的争议焦点在于漏水事故的责任承担,而责任的承担必须根据具体的漏水点确定。至于具体的漏水点,由于双方当事人均不申请鉴定,且已不再漏水,已无鉴定的可能和必要,故法院只能根据数次的现场勘察情况作出判断。严某某家中天花板渗水,不外乎自来水进水总管漏水、污水管漏水以及严某某楼上住户自用水管漏水等几个原因。经过漏水点排除试验,在将何某某家中进水总管水闸关闭后,严某某家中漏水情况就逐渐好转直至不再漏水,而水闸打开后,严某某家中漏水情况又继续出现。由此推断,漏水点在何某某家中的自用管道某处存在高度盖然性,若漏水点在其他住户的自用管道或者是污水管、自来水总管等,将不可能得到上述试验结果。此外,在其他共用部位和其他住户自用部位均无改变的情况下,何某某对其家中自用部位进行开挖排查后,严某某家中漏水情况已停止,由此可见,漏水部位与何某某自用部位存在紧密的联系。因此,法院认为,何某某应对严某某家中的漏水事故承担民事赔偿责任,上海宾电物业管理有限公司对此并无过错,不应承担赔偿责任。二审法院亦持同样意见,维持一审判决。[1]

2. 火灾责任认定

在物业管理区域内发生火灾,物业服务人不存在过错的,不应承担赔偿责任。

【案例9-20】 丛某诉济南某物业管理有限公司物业服务合同纠纷再审案

再审法院认为,物业公司与小区业主之间形成的服务合同,物业公司只有在提供服务不符合合同约定给业主造成损失的情况下,才需要承担相应法律责任。某小区业主委员会提供的证明,可以证明某物业公司划分了烟花爆竹燃放点,对烟花爆竹的燃放点及时间做了特别提示。事故发生后,某物业公司及时报警并组织灭火,已经尽到合同义务。丛某主张物业公司承担违约责任并无合同依据。原审法院未予支持并无不当。[2]

---

〔1〕 参见国家法官学院案例开发研究中心编:《中国法院2015年度案例》(侵权赔偿纠纷),中国法制出版社2015年版,第220页。上海市第一中级人民法院(2013)沪一中民一(民)终字第1693号民事判决书。

〔2〕 山东省高级人民法院(2015)鲁民提字第370号民事裁定书。

【案例9-21】 徐某某诉深圳市某某有限公司、深圳市某物业管理有限公司等财产损害赔偿纠纷再审案

再审法院认为,根据法院(2011)粤高法民一提字第413号民事判决书的认定,某物业公司、某小区物业管理处对其提供的物业服务已尽到合理必要的注意义务,对本案火灾事故的发生没有过错,其不应承担责任。[1]

在物业管理区域内发生火灾,物业服务人存在过错的,则应按过错程度承担相应赔偿责任。

【案例9-22】 赵某某诉沈阳某酒店管理有限公司、某物业管理有限公司财产损害纠纷再审案

最高人民法院认为,本案中,某物业公司未履行法定或约定的安全防范义务。第一,某物业公司未尽到谨慎注意义务。在接受法院询问时,某物业公司认可其作为某大厦前期物业服务企业,某公司将某大厦竣工验收手续移交至某物业公司时开始履行物业服务职责,某物业公司对某大厦外墙保温建筑材料为可燃物、不具备防火性能的情况是明知的。某物业公司明知某大厦存在消防安全隐患,其在履行物业安全防范职责时应当更加细致、认真,但其在主观上未尽到专业管理人的谨慎注意义务。第二,某物业公司对案外人燃放烟花的危险行为具有防控能力。案涉烟花燃放处位于某大厦南侧的停车场内,紧邻某大厦南侧LED大屏幕及高层平台,上述燃放烟花及火灾地点属于某物业公司监控或巡逻可视范围,但某物业公司未采取适当措施发现火情、防范灾害。第三,某物业公司怠于履行春节期间物业安保的特别职责。除夕夜燃放烟花爆竹是我国传统民俗,某物业公司未提供证据证明其在此火灾高发时点采取了能够有效预防火灾发生、排除事故隐患的消防措施,如加强巡逻、实时监控、备足灭火器材等,对某大厦住店客人在某大厦周边近距离燃放烟花的情况未予发现。此外,依据现有证据不能认定案涉房屋的喷淋系统在火灾发生时正常运行,某公司与某物业公司关于消防设施设备的管理与维护职责分工界限不明,亦应推定某公司对消防设施维护负有管理职责。综上所述,考虑到火灾发生在某大厦室外停车场、某大厦周边属于开放式街区,物业自有区域与市政公共区域并无明显分界,某物业公司未能适当履行物业安全防范职责与火灾发生间存在关联关系。据此,某物业公司应承担相应的侵权赔偿民事责任。某物业公司辩称案外人燃放烟花地点不属于某物业公司物业管理范围,故不应承担责任的抗辩理由,不能成立。作为物业公司,某物业公司应当在其预见和能够防范的范围内承担相应的补充责任。基于前

---

〔1〕 广东省高级人民法院(2015)粤民申字第50号民事裁定书。

述理由，判决某物业公司在赵某某全部损失不超过30%的范围内承担补充责任。[1]

【案例9-23】 廖某某、陈某某诉某（福州）物业管理有限公司财产损害纠纷案

二审法院认为，鉴于火灾发生前，某物业公司虽然结合元宵夜燃放烟花爆竹的习俗张贴禁止燃放烟花告示，但未能派员巡查、监管和约束业主的燃放行为，火灾发生后又未能及时接听报警电话和发现火情，未能提供进入火灾现场的房门钥匙而使消防员破门而入，未能保持公共消防设施的完好有效而使消防员因十七楼火灾门口的消火栓水压不足而另择消防车上的水进行灭火，对此，某物业公司因未尽到安全保障义务，也应承担相应的补充责任。[2]

物业公司系小区物业管理单位，对楼道公共区域负有管理责任；业主将易燃物品长期大量堆放在公共区域导致火灾事故的发生。二者应当对受害业主因本次火灾事故产生的损失承担赔偿责任。对于赔偿责任比例和赔偿范围，由法官根据具体案情酌定。

【案例9-24】 廖某1、廖某2诉王某、北京恒安物业服务有限公司生命权、身体权、健康权纠纷案

二审法院认为，2020年1月27日北京市朝阳区南湖西里小区×号楼×单元楼道一层入口内的公共区域发生火灾，造成居住在该单元102室的廖某1被烧伤。虽然北京市朝阳区公安局消防支队出具的火灾事故认定书中，对起火原因认定为可排除用火不慎和电气线路故障引发火灾，不排除遗留火种引发火灾的因素。但根据法院查明的事实，在起火部位×号楼×单元一层楼道入口内西南侧，曾大量堆放201室王某家收集的废旧纸箱等杂物。王某家庭收入微薄，其妻靠捡卖废品补贴家用，本无可厚非，但王某及其家人长期在楼道口堆放其捡拾的废旧纸板等易燃物品，不仅污染环境，影响通行，更存在重大的安全隐患，特别是春节期间，导致引发火灾的可能性增大。本案事发正值春节假期，因王某未能按照小区物业的提示及要求将其堆放在公共楼道内的大量废旧纸板等易燃物自行清理，也未对上述易燃物采取相应的消除隐患措施，在不排除遗留火种引发火灾的前提下，最终引发火灾，造成廖某1身体受损。因此，法院认为，王某对火灾的发生主观上具有过错，根据《侵权责任法》第六条之规定，王某因过错侵害他人民事权益，应当承担侵权责任。同

---

〔1〕 最高人民法院(2018)最高法民再206号民事判决书。

〔2〕 福建省三明市中级人民法院(2017)闽04民终300号民事判决书。

时北京市朝阳区公安局消防支队对起火原因认定为,可排除用火不慎和电气线路故障引发火灾,不排除遗留火种引发火灾的因素。因此,本案中可能存在遗留火种人,火灾的发生是堆放易燃物品与遗留火种相结合的后果,在火种遗留人无法查明的情况下法院根据王某的过错程度判定其承担相应的责任,现综合评判确定王某对本次火灾事故的后果承担70%的赔偿责任。一审法院判令承担全部的侵权责任不当,二审法院在查明事实的基础上予以改判。

对于物业公司的责任,法院认为,物业公司虽不是直接侵权人,但其作为专职为小区共用部位及共用设施提供维修养护、消防安全防范、绿化养护、环境卫生、公共秩序维护的单位,系受小区全体业主委托对小区共用部位及共用设施履行综合管理职能,这种管理职能不仅是权利,也是义务,是对小区公共场所进行管理和对公共安全提供保障的义务,特别是其中关于制止消防安全违法行为及排除火灾隐患的部分,关系到所在小区全体业主的生命财产安全,物业公司对此责任重大。而且,在物业公司自行制定的《恒安物业住宅物业服务标准》中,物业公司也明确规定自己负有"发现消防安全违法行为和火灾隐患,立即纠正、排除,立即纠正、排除有困难的,应向公安消防机构报告"的义务。因此,任何业主在小区共有部位堆放废旧纸板等物品,物业公司均负有立即纠正、及时排除危险的义务,如果物业公司对于清理确有困难,无法纠正、排除的,也应当在第一时间向公安消防机构报告。本案中物业公司作为小区物业管理者,虽辩称对于业主堆放在公共楼道内的物品,由于所有权问题,自行清理可能涉及其他纠纷,物业公司也曾对拾荒的业主进行过多次劝说,但作为物业管理单位,其安全保障义务如果只做到这种程度是远远不够的,对于可能造成火灾隐患的事件,应当做到及时监督排除隐患才能视为其完成了法定义务,否则,应视为其未尽到必要的安全保障义务,危险发生时,物业公司必须承担相应的法律责任。综上所述,导致廖某1身体受伤的直接责任人是王某和火种遗留人,但物业公司在本案中也未尽到安全保障义务,存在过错,其明知王某及家人是拾荒者,时值春节,只对其堆放行为进行提醒、提示,未直接清理,也未报相关部门处理,放任废旧纸板等易燃危险物的存在,最终引发火灾,导致廖某1受伤。鉴于其不是直接侵权人,其应当就直接侵权人的侵权造成的损失承担补充赔偿责任。鉴于物业公司的过错,法院认为物业公司应当对王某及火种遗留人的侵权行为全额承担补充赔偿责任。本案中,物业公司上诉称其收取的物业费金额低,还存在大量拖欠的情形,判令其承担过重的责任有失公平,法院认为,物业公司的上诉理由不能成为其请求减轻责任的依据,法院判令其承担全额的补充责任与其过错程度相当,物业公司只有在承担了上述责任后才能真正重视自己肩负的责任并积极履行相应的义务。基于此,物业公司的该上诉理由法院不予采信。

关于王某及物业公司上诉认为廖某1采取了错误的逃生方式,其对损害结果的发生亦应承担相应的责任一节,法院认为,火灾的发生系由王某在公共区域大量堆放废旧纸板等物品,不排除遗留火种引发火灾的因素造成的。王某是直接侵权人,应承担侵权责任。物业公司未履行相应的管理义务,放任废旧纸板等易燃危险物的存在,最终引发火灾,应对王某的侵权行为全额承担补充赔偿责任。廖某1的逃生手段是否适当,不是减免责任人侵权责任的原因,基于此,一审法院判令王某全部承担对廖某1的侵权所造成的损失并无不当,二审法院对此予以确认。

对于廖某1损失数额的确定,王某和物业公司对一审法院判令其承担的医药费、住院伙食补助费、营养费、残疾赔偿金、绷带、尿垫、弹力套、一次性手套费用、康复期间的住宿费、交通费、财产损失费、精神损害抚慰金的数额均无异议,上述费用合计1,700,361.99元(该费用已扣减王某和物业公司垫付的相关费用)。

对于王某与物业公司对法院确定的廖某1的护理费金额有异议一节,法院认为,一审法院根据廖某1的伤情及其受伤时不满20周岁的事实,酌情判定从事故发生时至定残前一日按每天一人护理,护理费标准190元为计算标准,定残后按20年,每天一人,护理费减半的标准进行判付,一审法院该认定并无不当,二审法院予以确认。

对于王某与物业公司对法院确定的廖某1的假肢费金额有异议一节,法院认为,考虑到廖某1现已安装假肢,每年发生10%的维修费用,三年需更换新的假肢的情况,一审法院认定每三年发生费用为353,600元并无不当,同时,法院也考虑到廖某1的伤情及年龄等因素,综合评断,确认在本案中再支持廖某1更换10套假肢费用并无不当,法院亦予以确认。

综上所述,王某和物业公司的上诉请求部分成立,法院予以支持。一审法院认定部分事实不清,适用法律不当,二审法院在查明事实的基础上依法予以改判。判决:(1)撤销一审民事判决;(2)廖某1医药费369,493.99元,住院伙食补助费15,900元,营养费7500元,护理费748,885元,残疾赔偿金1,209,632元,绷带、尿垫、弹力套、一次性手套费用9432元,假肢费用3,889,600元,康复期间食宿费3404元,交通费4000元,财产损失费1000元,精神损害抚慰金80,000元,上述费用合计:6,338,846.99元,王某向廖某1赔偿上述费用金额的70%,即4,437,193元;(3)北京恒安物业服务有限公司对廖某1发生的费用合计6,338,846.99元全额承担补充赔偿责任;(4)驳回廖某1的其他诉讼请求。[1]

对起因不明的火灾损害赔偿责任认定,应细致考量与侵权事实有关的人员是否对避免损害事实负有法定或约定的义务,分析是否已尽到注意义务,如其主观上具有过错,则应承担相应的赔偿责任。

【案例9-25】 王某某等诉北京市七星生活物业管理中心等损害赔偿纠纷案

一审法院认为,七星物业中心作为失火楼房的管理单位负有组织防火检查、及时消除火灾隐患以及保障疏散通道、安全出口畅通的消防安全职责,但其疏于管理,未尽到上述消防安全职责,致使在起火地点处的公用通道内堆放了废旧杂物,形成了安全隐患,严重影响了消防安全。因此,七星物业中心应对其过错行为致二原告财产、人身所遭受的损失承担赔偿责任。无线电器材厂作为失火楼房的所有权人是二原告救火行为的受益方,故法院认为可以责令无线电器材厂对二原告给予一定的经济补偿,具体金额由法院结合二原告受损情况及其未赔偿部分予以酌定。二审法院亦持同样意见,维持一审判决。[2]

承租人未经出租人同意擅自将房屋进行转租,房屋在使用过程中造成他人损害的,出租人与承租人、次承租人均应承担赔偿责任。

【案例9-26】 王某诉北京心连心物业管理公司等财产损害赔偿纠纷案

判决观点:北京心连心物业管理公司作为宾阳北里27号楼西侧平房的出租方,对出租房屋负有维修和安全保障义务,房屋电路作为租赁房屋附属设施,出租人理应负有维修和管理义务。由于北京心连心物业管理公司出租房屋未尽到维修和管理义务,致使房屋发生火灾,对原告财产造成损失,北京心连心物业管理公司对原告损失应当承担赔偿责任;马某某未经北京心连心物业公司同意,擅自将其承租的房屋转租给相某某使用,相某某作为房屋的实际使用者和管理者,对房屋内的电路设施未尽到合理的注意义务,对存在安全隐患的电路设施未及时发现和报修,对于原告的损失亦应承担赔偿责任。关于原告的财产损失,由于原告未提供证据,法院依据密云县公安消防支队确定的财产损失认定。关于原告的经营损失,法院综合其经营种类、条件及合理的维修时间等酌情确定。[3]

---

〔1〕 参见北京市第三中级人民法院(2021)京03民终15120号民事判决书。

〔2〕 参见北京市高级人民法院编:《审判前沿——新类型案件审判实务》2009年第1集(总第25集),法律出版社2010年版,第129页。

〔3〕 参见国家法官学院案例开发研究中心编:《中国法院2014年度案例》(侵权赔偿纠纷),中国法制出版社2014年版,第120页。北京市密云县人民法院(2012)密民初字第4895号民事判决书。

3. 高空抛物坠物责任认定

在小区内,就高空抛物坠物造成的损失,物业服务人是否承担赔偿责任,可分三种情形并结合其是否存在过错认定。

其一,高空抛物坠物能够确定行为人的,物业服务人有过错的承担责任,反之则不承担责任。一般情况下,物业服务人不承担责任。

【案例9-27】 李某诉吴某、山东某物业服务有限责任公司等身体权纠纷案

二审法院认为,某物业公司对作为公共区域的楼顶负有管理、维护、清洁职能,某物业公司未完全履行管理、维护、清洁责任,与吴某的捡拾楼顶砖块后抛掷行为间接结合造成李某人身损害,某物业公司应对事故的发生承担次要责任。一审法院酌定某物业公司承担15%的责任,并无不当,二审法院予以维持。[1]

【案例9-28】 杨某某诉四川某物业服务有限责任公司、杜某某等生命权、健康权、身体权纠纷案

二审法院认为,生效刑事判决中已认定,姚某某是上诉人某物业公司招聘的保洁员,在其所负责的工作区域清理建筑材料时,为贪图省力,直接将建筑弃材扔至楼下,致被上诉人杨某某受伤,属过失伤害他人致人重伤。故姚某某实施过失犯罪行为的目的在于完成上诉人某物业公司的工作任务,而非为执行工作任务以外的目的而实施的过失犯罪行为。《侵权责任法》第三十四条第一款规定:"用人单位的工作人员因执行工作任务造成他人损害的,由用人单位承担侵权责任。"故在刑事判决中未就杨某某受伤后的损失作出判决的情况下,杨某某另行要求某物业公司承担民事赔偿责任,法院予以支持。[2]

其二,高空抛物坠物不能够确定行为人的,物业服务人有过错的承担责任,反之则不承担责任。一般情况下,物业服务人不承担责任。

【案例9-29】 刘某某诉四川宜宾某地产开发集团有限公司、四川宜宾某物业服务有限责任公司等不明抛掷物、坠落物损害责任纠纷案

二审法院认为,根据本案现有的证据材料已经能够证明的事实,本案系建筑物抛掷物致人损害案件,应当适用《侵权责任法》第八十七条的规定。开发商某公司和物管企业某物业公司不属于本案可能加害的建筑物使用人,不属于本案适格主体,再加上本条规定的补偿责任,故刘某某上诉请求开发

---

〔1〕 山东省济宁市中级人民法院(2018)鲁08民终4008号民事判决书。

〔2〕 四川省巴中市中级人民法院(2018)川19民终222号民事判决书。

商某公司和物管企业某物业公司在本案中承担赔偿责任的理由不能成立,对其上诉请求法院不予支持。〔1〕

【案例9－30】 余某某诉贵州某物业服务有限公司物业服务合同纠纷案

二审法院认为,造成余某某受伤的是该栋建筑物楼上住户抛下的玻璃杯,实施高空抛物的行为人应承担侵权责任,因余某某一审中自愿撤回对该栋建筑物的行为人的起诉,本案对该栋建筑物行为人的责任不予认定。关于上诉人物业服务公司是否有责任,物业服务公司作为大楼的物业管理者,应维护相关区域秩序,对高空抛物的行为加强宣传引导。物业服务公司并未提供充分的证据证明其已经履行了提示管理义务,因此对余某某的损失应承担相应的责任。综合本案的案情,判决物业服务公司承担20%的责任。〔2〕

【不同处理】 有的法院认为,物业服务人已尽管理职责的,则不承担责任。

【案例9－31】 陈某诉吕某某等34人、肇东市某物业服务有限公司不明抛掷物责任纠纷案

判决观点:物业公司在业主进户时已经明确告知了业主装修的注意事项,其中包含不允许高空抛物。物业公司已经尽到了管理职责,对本案的发生没有过错,不应承担责任。〔3〕

【案例9－32】 陈甲诉呼图壁县某物业服务有限公司、马甲等不明抛掷物、坠落物损害责任纠纷案

判决观点:物业公司已对房屋装饰装修中的禁止行为和注意事项以张贴告知书、温馨提示等方式告知业主,且被告马甲、马乙、潘某某、陈乙、冯某某均认可见到过被告某物业公司张贴告知书、温馨提示,故被告某物业公司已履行了告知义务,其在原告陈甲受伤过程中无过错,原告主张被告某物业公司承担侵权责任,于法无据,故法院对此不予支持。〔4〕

物业服务人对高空坠物可能导致的人身和财产损害的风险发生较与常人更高的注意和防范义务,在有八级大风临近的情况下,其仅通过社交软件向业主发出预警,主观上放任了危险的发生,忽视了自身的安全注意义务,可认定物业服务人在客观上存在一般过失,应当承担损害赔偿责任。

【案例9－33】 邱某俊诉某物业公司建筑物和物件损害责任纠纷案

判决观点:本案因楼顶粘贴的油毡瓦脱落导致损害的发生,依法属于推

---

〔1〕 四川省宜宾市中级人民法院(2017)川15民终1877号民事判决书。

〔2〕 贵州省贵阳市中级人民法院(2018)黔01民终5494号民事判决书。

〔3〕 黑龙江省肇东市人民法院(2014)肇东民初字第213号民事判决书。

〔4〕 新疆维吾尔自治区呼图壁县人民法院(2015)呼民初字第1507号民事判决书。

定过错责任，物业公司作为油毡瓦的管理维护方，是否尽到了相应的管理责任，是否应承担相应的民事赔偿责任，法院认定如下，首先，从在案所查实的事发原因来看，导致油毡瓦掉落的直接原因虽系当日的八级大风所导致，但物业公司系油毡瓦加固、维护的单位。自然因素虽一般不可避免，但并非一切自然因素均为免责情形，只有在已经尽到自身应尽的法律义务的前提下，仍未能避免自然因素导致事件的发生，方可称之为人力所不能及的意外。故物业公司将事件的发生完全归因于自然因素，系对其管理义务的推诿，法院不予采信。其次，从可预见性角度看，物业公司在得知将有大风来临的情况发生后，虽对小区内的居民进行了通知和提醒，但并未对其工作管理范围内的楼顶房屋油毡稳固程度进行了有效的防控和检查，存在工作中的疏漏。最后，从应尽的管理义务程度来看，物业公司及专门从事物业管理的企业，油毡瓦的维护系其物业管理工作的范围。其作为商业主体，对于发生于其自身经营范围经营业务领域的风险防范，本身即应负有高于一般人程度的风险注意义务。涉案损害的发生源于油毡瓦的掉落，属于高空坠物，在本案中虽仅导致了车辆损害的财产损失结果，但此种发生于住宅小区的高空坠物亦有较大危及业主的生命权、健康权等人身权益的风险，现实中常见此类悲剧的发生，其危险性不言而喻。正是由于此种较高危险性，《侵权责任法》将之作为专门的侵权类型加以规范。基于此类事故具有较高的危险性及多发性，亦基于物业公司作为专门的物业管理企业的身份，物业公司应当加强对此类可能导致人身损害的风险发生情况负有高度的注意和防范义务。综上所述，物业公司虽进行了日常维护和风险排除工作，但未完全做到对油毡瓦安全的维护及防范，物业公司应承担相应的赔偿责任。判决：(1)物业公司向邱某俊支付维修费用损失9186元；(2)驳回邱某俊的其他诉讼请求。[1]

其三，特殊高空坠冰伤人责任的认定。我国北方地区气候寒冷，在屋顶普遍存有积雪。由于当地的气候、建筑物设计等原因导致楼顶积雪在初春季节反复融化、结冰、冰挂，楼顶冰柱坠落产生危险隐患，由此引发人身财产损害案件。在特殊季节，物业服务人对存在的安全隐患未能及时采取安全防护措施并尽到管理义务，其小区楼顶冰块坠落致人伤害的，应由物业服务人承担赔偿责任。

【案例9－34】　孙某诉内蒙古某小区物业服务有限公司损害赔偿责任纠纷案

判决观点：被告物业公司是原告居住小区的物业公司，并向小区业主收

〔1〕 参见国家法官学院、最高人民法院司法案例研究院编：《中国法院2022年度案例》(侵权赔偿纠纷)，中国法制出版社2022年版，第234页。北京市丰台区人民法院(2020)京0106民初22125号民事判决书。

取服务费用，物业公司与业主虽未签订明确的物业服务合同，且在事故发生前履行了告知警示义务，但对存在的隐患疏于管理和采取必要的消除行为，对楼顶冰块滑落导致砸伤原告的后果应承担赔偿责任。判决：物业公司赔偿孙某医疗费、伤残赔偿金等各项损失13.5万元。[1]

4. 狗伤人责任认定

在小区内，除了流浪狗之外，还有业主不束犬链、不牵领的脱管狗，流浪狗、脱管狗给业主、物业使用人带来伤害，物业服务人是否承担责任以及如何承担责任都是有争议的问题。

其一，对于流浪狗伤人，物业服务人未尽到安全保障义务有过错的承担相应的责任，反之则不承担责任。物业服务人承担责任比例，由法官根据其过错程度进行裁量。

【案例9-35】 顾甲、顾乙诉王某某、南通某物业管理有限公司等饲养动物损害责任纠纷案

判决观点：本案系饲养动物造成他人损害，动物饲养人或者管理人应当承担侵权责任，安全保障义务人有过错的，应当在其能够防止或者制止损害的范围内承担相应的赔偿责任。本案中，被告某物业公司事前在日常的巡逻管理中没有及时发现楼梯通道中的肇事犬以避免侵权事件发生，事后又未能协助警察找到肇事犬的主人，证明其在安全管理工作中存在疏漏，没有完全尽到妥善管理的责任。因此，被告某物业公司在本案中应当承担相应的赔偿责任。但被告某物业公司即使存在疏漏，其过错并不是导致两原告遭到侵害的直接原因，不应苛求物业服务企业能时时刻刻巡查到每个角落，况且事发时被告某物业公司亦派出工作人员，协助打死了肇事犬，因此被告某物业公司应当只在其过错责任内承担相应的赔偿责任，法院酌定按30%承担赔偿责任。[2]

流浪狗长期在固定地点喂食的情况下，法官一般认定喂食行为人构成饲养人，饲养人与物业服务人承担连带责任。

【案例9-36】 杨某某诉南充某物业管理有限公司、四川省某总公司南充分公司饲养动物损害责任纠纷案

一审法院认为，该狗原来是只流浪狗，因某公司职工宿舍院内的人给其

---

〔1〕 参见张冉：《楼顶冰块坠落致人损伤物业公司应否担责》，载《人民法院报》2012年12月13日，第7版。

〔2〕 江苏省南通市港闸区人民法院（2014）港民初字第00712号民事判决书。

食物吃，狗就留下来一直待在某公司职工宿舍院内，已有五六年的时间，某公司对该狗没有采取任何处置措施，可以认定某公司系该流浪狗的饲养人。又因某公司职工宿舍是某公司修建的单位职工集资房，没有成立业主委员会，多年来均由某公司委托的某物业公司负责管理职工宿舍院内的安全卫生工作，并由某公司给付全部物业管理费。某公司作为一个单位主体，没有实际对该流浪狗进行管理，某公司委托某物业公司管理该宿舍的安全工作，某物业公司应是该流浪狗的实际管理人，此与证人证言和挂在保安值班室墙上的狗嘴笼能相互印证。一审法院判决某物业公司承担60%的责任，某公司承担40%责任，且双方互负连带责任。二审法院予以维持。[1]

《民法典》对饲养的动物伤人情况，规定的是动物饲养人或管理人应当承担责任。对流浪动物进行投食、喂食不是该动物的饲养人或管理人，喂养人主观上并没有对动物饲养的愿望，客观上也没有对其控制、管理的行为，所以，只是有时对流浪动物进行过喂养行为，并不能成为流浪动物的饲养人或管理人，并不应承担该动物伤人的赔偿责任。

【案例9－37】　刘某某与博凡物业公司、张某某物业服务合同纠纷案

判决观点：动物饲养人是指动物的所有人，动物管理人是指实际控制和管束动物的人。被告物业作为小区的物业管理人，理应对小区尽到管理和安全保障的义务，小区有流浪猫出没，即存在对他人的生命、健康和财产造成侵害的危险，博凡物业仅在小区张贴《宠物管理规定》，不能证明其对小区内的流浪动物尽到管束义务，依法应承担相应的赔偿责任。被告张某某虽对涉案流浪猫进行过投喂，不代表其对涉案流浪猫享有占有或控制等权利，亦不构成法律意义上的饲养或管理，故张某某不承担责任。判决：博凡物业公司赔偿刘某某1929.50元。[2]

其二，对于脱管狗伤人，物业服务人已尽到管理职责的，一般不承担责任。

【案例9－38】　林某某诉杨某某、王某某、深圳市某物业管理有限公司等生命权、身体权、健康权纠纷案

一审法院认为，关于赔偿责任的问题，根据原告所提供的现场监控视频、值班记录表、证人证言、通话录音等证据，已经可以证实致原告受伤的涉案犬只系被告杨某某、王某某所饲养。被告杨某某、王某某作为涉案犬只的饲养人应承担赔偿责任。根据巡逻签到表及岗位巡视检查表、温馨提示照片及标示牌的照片、某小区业主管理规约等在案证据，多份证据均有宠物狗出入公

---

〔1〕四川省南充市中级人民法院（2014）南中法民终字2009号民事判决书。

〔2〕河南省洛阳市老城区人民法院（2021）豫0302民初1532号民事判决书。

共场所时应拴上狗绳由成年人牵领，主动避开行人等相应规定，证明深圳市某物业管理有限公司与深圳市某物业管理有限公司某小区客户服务中心已尽到了应尽的物业管理职责，对伤害后果的发生没有过错，不应承担赔偿责任。二审法院对此予以确认。[1]

【案例9－39】 童某某诉陈某、武汉市某物业服务有限公司侵权责任纠纷案

二审法院认为，在本案中，陈某饲养的狗将童某某咬伤，陈某作为饲养人和管理人，在没有出庭提交证据证实童某某有故意或者重大过失的情况下，应当承担侵权责任。童某某被狗咬伤，直接侵权人为陈某。物业公司依照物业服务合同的约定为某某城小区提供物业服务，已通过《精神文明公约》、设置宣传牌等方式对小区业主养狗进行了宣传教育，对童某某被狗咬伤一事没有过错，不应承担责任。[2]

【不同处理】 有的法院认为，物业服务人未尽到安全保障义务有过错的，应承担相应的补充责任。

【案例9－40】 牟某某、佘某等诉李某某、深圳市某物业管理有限公司芜湖分公司等侵权责任纠纷案

二审法院认为，物业公司对于小区的安全管理不能仅仅停留在告知、提示上，更应该落实到具体的管理措施中去。具体到本案中，尽管某物业芜湖分公司在一审中提供了《关于小区文明养狗的通知》《关于园区文明养犬的温馨提示》等文件，但从其提供的监控视频可以看出，李某某长期将涉案黑狗放在小区地下车库内放养，给小区造成了极大的安全隐患，而某物业芜湖分公司对此未采取任何有效措施加以制止，其作为车库管理人，放任李某某在其管理场所内养狗，客观上为李某某养狗提供了场所，故其对于涉案黑狗应负有管理失职之过错。佘某的死亡系李某某违法饲养动物行为、某物业芜湖分公司安全保障失职和某医院医疗过错行为共同导致，应根据各自过错比例承担责任。[3]

5. 侵权责任认定疑难问题

《民法典》第一千一百九十八条规定："公共场所的经营者、管理者或者群众性活动的组织者，未尽到安全保障义务，造成他人损害的，应承担侵权责任。"

《民法典》第一千二百五十八条规定："在公共场所或者道路上挖掘、修缮安

---

〔1〕 广东省深圳市中级人民法院（2017）粤03民终4790号民事判决书。

〔2〕 湖北省武汉市中级人民法院（2014）鄂武汉中民二终字第00910号民事判决书。

〔3〕 安徽省芜湖市中级人民法院（2018）皖02民终2237号民事判决书。

装地下设施等造成他人损害,施工人不能证明已经设置明显标志和采取安全措施的,应当承担侵权责任。窨井等地下设施造成他人损害,管理人不能证明尽到管理职责的,应当承担侵权责任。”

(1)物业服务人依其法律、法规以及其与业主之间的合同而负有管理职责,尤其是根据与小区业主之间签订的《物业服务合同》负有管理义务,对小区的公共场所具有实际的控制力,自然对本小区业主负有安全保障义务。但物业服务人对于访客有无安全保障义务是有争议的问题。因《民法典》合同编理论坚持合同的相对性,对于第三人的损害一般按照侵权责任而非合同责任处理。所以,在访客和物业服务人之间不能根据合同确定其权利、义务和责任,访客不能基于合同向物业服务人索赔,物业服务人的安全保障义务是侵权法上的义务而非物业服务合同中的义务。

例如,有学者在一起案例分析中认为,尽管物业公司不能基于合同承担责任,但是在侵权法上负有安全保障义务,应当属于原《侵权责任法》第三十七条所规定的“管理人”。通常安全保障义务以一定的社会关系存在为前提,如雇用关系、运输关系、服务关系、学校幼儿园对学生的教育关系等。如果特定的所有者和管理者控制某一特定场所,所有进入该场所的人都应成为安保义务的保护对象。因而特定场所的所有者、管理者、承包经营者等对进入该场所的人负有法定的安全保障义务。尤其应当看到,安全保障义务目的在于保障人身安全,人身安全在现代社会属于优先保护的价值位阶,应当置于比财产保障优先的位置。任何人对于自己的财产都有看管的义务,就像每个人都要看好自己的钱袋一样,但是对于人身难免遭受各种无妄之灾,因此不仅需要权利人自身注意,更要求社会提供一个更为安全的生活环境。在该案中,如果李某摔倒之后仅仅是把随身携带的财物摔坏,则没有必要要求物业公司承担赔偿责任,但因其遭受的是人身伤害,所以,即便访客和业主没有任何特定社会关系,但只要访客进入小区则应受到安保人员的保护。毕竟事故发生地处于物业公司所管理的小区内部,这种空间上的结合关系使得作为小区管理人的物业公司应当承担责任。[1]

(2)建筑物区分所有权共有部分本不属租户的承租范围,虽然租户在使用过程中对共有部分进行了装修等行为,把共有部分纳入其使用范围,但物业服务人仍负有对共有部分安全保障义务,未尽必要的谨慎注意义务的仍应承担相应责任。

---

〔1〕 参见王利明:《物业管理公司的安全保障义务》,载王利明主编:《判解研究》2010 年第 1 辑(总第 51 辑),人民法院出版社 2010 年版,第 98 页。

【案例9－41】 厦门日报社诉厦门市音乐风文化休闲有限公司、厦门大鼎餐饮有限公司、厦门海谊楼宇经营管理有限公司返还代垫款纠纷案

判决观点：被告海谊公司作为报业大厦的物业管理机构，对管理服务范围内物业的安全负有检查和监督义务，对安全隐患有及时采取措施消除隐患的义务。海谊公司在三楼扶梯旁的护栏被拆除后，未及时发现和责令消除安全隐患，使得三楼扶梯处的安全隐患长期存在，是导致吴某某坠楼死亡事故的因素之一，故被告海谊公司对该损害结果应承担相应的赔偿责任。[1]

(3)物业服务人是否与业主(或侵权人)构成共同侵权，不能仅凭物业服务人是否有过错认定。当业主(或侵权人)的单独行为即可造成受害人损害的后果，不存在与物业服务人侵权行为直接结合发生的后果，即物业服务人的过错属于履行物业服务所产生的，其属于违反安全保障义务的过错，则物业服务人与业主(或侵权人)不构成共同侵权。个案中，法官根据具体案情认定共同侵权的除外。

(4)违反安全保障义务的补充赔偿责任，是《民法典》第一千一百九十八条第二款所规定的内容。侵权补充赔偿责任的“补充”性质包括两个方面：其一，后位责任，即首先应由直接侵权人承担赔偿责任，只有在不能确定直接侵权人或其没有赔偿能力时，才由物业服务人承担相应责任。其二，合理范围内的实体责任，即在直接侵权人不能全额赔偿时，由物业服务人补足差额，该差额以物业服务人能够防止或制止损害的范围为限。可以确定的未成年人致业主财产损害，应先由本人及其父母承担侵权责任。物业服务人的补充责任范围应从侵权行为的性质与强度、相关安保设施及制度、侵权行为前后安保义务的实际履行情况等方面综合判定。

【案例9－42】 汉川星网咖网络科技有限公司诉黄某等、汉川汉正物业公司财产损害赔偿纠纷案

判决观点：黄某及父母三被告应承担本案赔偿责任。物业公司的安保义务重在风险防控。本案中，在楼顶平台有大量裸装的空调室外机、近年来盗割贵重金属案件多发、商城内部分商业网点24小时开放的情况下，被告汉正物业公司在完善安全保障系统的过程中，忽视了对楼顶平台业主财产的监控，留下安全隐患导致案发，应承担安保义务不作为的补充赔偿责任。法院判决被告黄某及其父母赔偿原告财产损失8.5万元，被告汉正物业公司在三

---

〔1〕 参见最高人民法院中国应用法学研究所编：《人民法院案例选》2009年第4辑(总第70辑)，人民法院出版社2010年版，第240页。福建省厦门市思明区人民法院(2007)思民初字第4343号民事判决书。

被告不能赔偿时承担20%的补充赔偿责任。[1]

(5)关于第三人侵权物业服务人承担侵权责任限度范围。因第三人侵权导致损害结果发生的,由实施侵权行为的第三人承担赔偿责任。物业服务人违反安全保障义务有过错的,应当在其能够防止或者制止损害的范围内承担相应的补充赔偿责任。物业服务人承担责任后,可以向第三人追偿。换言之,物业服务人因其自身过错承担责任性质是垫付责任,其限度上是部分责任而不是全部责任,是次要责任而不是主要责任。至于责任的比例,是由法官根据具体案情行使自由裁量权确定的。

【案例9-43】　黄某诉陈某、某物业公司物业服务侵权纠纷案

判决观点:结合相关人员证言、消防人员勘查笔录、提取的烟花盒等一系列形成证据锁链的证据,法院认定陈某的燃放行为与黄某的房屋着火之间存在直接的因果关系。因此,陈某违反《烟花爆竹安全管理条例》等相关法律、法规的规定,从无证人员处购置不合格烟花,违反业主公约及物业管理相关规定在禁放区燃放烟花,造成黄某住房失火,理应承担85%的赔偿责任。物业公司对禁放烟花事项缺乏明显告示,小区内有燃放烟花时制止不力,失火后组织施救不力,因此也存在一定过错,理应承担15%的次要赔偿责任。[2]

【案例9-44】　赵某某与沈阳皇朝万鑫酒店管理有限公司、沈阳中一万鑫物业管理有限公司财产损害赔偿纠纷再审案

最高人民法院认为,消防安全事关人身、财产安全,属于社会公共利益,确保建筑物消防安全是建设单位的法定义务。商品房买卖合同的购房人一般不具有检测所购房屋是否符合消防安全规定的能力,难以适用一般商品房买卖合同在标的物交付后买受人应当及时检验产品质量的规定。案涉责任人在不同时期的数个行为密切结合致使火灾发生,侵权行为、致害原因前后相继而非叠加,责任人对火灾的发生均有重大过失,但没有共同故意或共同过失,应各自承担相应责任。物业服务企业依法或依约在物业管理区域内负有安全防范义务,应协助做好安全事故、隐患等的防范、制止或救助工作,因第三人原因致损,物业服务企业未尽到专业管理人的谨慎注意义务的,应在其能够预见和防范的范围内承担相应的补充责任。[3]

(6)关于物业服务人承担侵权责任主体确定。受害人起诉物业服务人的,应

---

〔1〕 湖北省汉川市人民法院(2011)川民初字第694号民事判决书。

〔2〕 参见刘长森:《物业纠纷新型案例教程》,人民法院出版社2010年版,第178页。

〔3〕 参见《最高人民法院公报》2019年第5期(总第271期)。最高人民法院(2018)最高法民再206号民事判决书。

当将第三人作为共同被告,但第三人不能确定的,则物业服务人作为被告。

物业服务活动中侵权责任证明,应由权利人或受害人承担物业服务人作为小区的管理人存在过错的举证责任。也就是说,业主权利遭受第三人侵害,业主以物业服务人未尽到安全保障义务提起侵权之诉,此种情形下应适用过错责任原则,举证责任应由受害人承担,即业主应举证证明物业服务人主观上存在过错。

【案例9-45】 姜某诉北京和泓物业服务有限公司侵权纠纷案

判决观点:本案中,被告是否应当赔偿相应轮胎损失,需考量被告是否为原告相应轮胎的肇事人、被告是否负有对原告案涉车辆安全保障义务及保障义务程度。结合本案查明事实,法院认为被告对原告相应轮胎损失无赔偿义务,理由如下:第一,原告提供的证据不足以证实被告系其相应轮胎损失的肇事人,被告对该损失不应承担直接侵权责任;第二,原告非西现代城小区业主,其与被告不存在物业服务关系,原告未提供证据证实其在案涉轮胎被扎期间交纳过相应车位费,即便其提供该相应证据,其交纳对象亦非被告,被告提供的收据亦能显示案涉轮胎被扎期间西现代城小区车位使用费的收取主体非被告,在被告与原告既不存在物业服务关系,被告亦未收取过原告相应车位使用费的前提下,对被告针对案涉车辆的相应安全保障义务要求不应过于苛刻,故被告对原告案涉车辆不负有相应安全保障义务,对原告相应轮胎损失亦不应承担基于安全保障义务方面的赔偿责任。判决:驳回姜某全部诉讼请求。[1]

物业公司是小区内公共区域、公共设施的管理者,业主在小区公共区域内受到伤害,物业是否属于侵权、是否要承担赔偿责任,由法官根据具体案情裁量。业主在小区内受到伤害,主要是因为小区内部施工、高空抛物、公共设施管理不当等原因造成的,所以,当业主在小区内受到伤害,关于物业公司是否承担赔偿责任、赔偿比例的问题,关键是要看物业公司是否有导致业主受到伤害的过错,是否能证明已尽到管理职责,以及业主自身的过错程度。

【案例9-46】 李某坤诉金百丰物业公司物业服务合同纠纷案

一审法院认为,作为完全民事行为能力人应当预见到停车库墙边与车辆尾部之间可能设有排水设施,通行风险远大于车头前的人车通道,但李某坤却置自身于风险之中,从狭窄的车库墙边绕行,以致受伤,自身过错明显,依法应当对自己的行为负主要责任。金百丰物业公司作为小区及停车场的管

---

〔1〕 参见国家法官学院、最高人民法院司法案例研究院编:《中国法院2020年度案例》(侵权赔偿纠纷),中国法制出版社2020年版,第103页。北京市石景山区人民法院(2018)京0107民初2259号民事判决书。

理人,其本身就具有约定的安全保障义务,对于车库灯光覆盖要求、排水沟(井)设置警示标志未能充分履责,导致李某坤跌入受伤,也应承担相应的责任。判决:由金百丰物业公司承担30%的次要赔偿责任,即赔偿46,892.83元。二审法院判决:驳回上诉,维持原判。[1]

【案例9-47】 许某与上海欣百物业管理有限公司物业服务合同纠纷案

判决观点:物业在小区内开挖排水沟,但未在施工区域设置警示标志,造成途经的业主发生侵权事故,应当承担赔偿责任。业主作为完全民事行为能力的自然人,对特殊的小区环境亦有注意义务。故酌情确定物业对受伤业主的损害承担70%的赔偿责任。判决:物业公司承担许某损失合计298,617.77元的70%,即209,032.44元。[2]

---

〔1〕 江苏省南京市中级人民法院(2020)苏01民终11117号民事判决书。
〔2〕 上海市松江区人民法院(2021)沪0117民初13344号民事判决书。

三、物业服务安全保障疑难问题

(一)安全保障责任致害原因与处理关系

司法实践中,物业服务人违反安全保障义务所涉及的纠纷因致害原因、侵害对象及区域范围的不同,具体处理原则亦有区别,主要有以下四类。

其一,物业小区的所有物或管理物对业主或第三人造成损害时安全保障义务的承担。

【案例9-48】 杨甲、杨乙诉嘉里建设管理(上海)有限公司、嘉里发展(上海)有限公司人身损害赔偿纠纷案

一审法院认为,被告嘉里管理公司应承担侵权赔偿责任。根据法律规定,嘉里管理公司作为小区的物业管理单位,其负有"合理限度范围内安全保障义务"应是针对发生危及他人房屋使用安全或者公共安全的紧急情况时,应当及时组织维修、更新或者采取应急防范措施,对于可能产生危险的情形,在其职能范围内尽到风险提醒义务。嘉里管理公司是否构成违反安全保障义务应从是否未尽合理限度范围内的安全保障义务、受害人是否受到人身损害、损害事实与违反安全保障义务之间有无因果关系、违反安全保障义务行为的行为人是否有过错四方面考量。首先,系争疏散门系小区的公共设施,日常维护和管理由嘉里管理公司负责,在长达数年的物业管理中,嘉里管理公司对该门使用情况以及存在的问题应十分清楚,有义务及时消除安全隐患,积极更换门锁,但嘉里管理公司在管理物业的数年中皆未更换门锁,消除安全隐患。在未更换门锁期间,嘉里管理公司亦未在该门附近张贴警示标志或者门锁使用方法的说明以尽到风险提醒义务;涉案天台是未设立禁止入内提示牌的场所,作为管理者的嘉里管理公司未及时清理该高屋天台放置的长木凳,留下被人攀爬的隐患。嘉里管理公司在底楼设置保安并设有监控设施,且对并非居住事发楼宇的杨丙进入该楼以及多次进出电梯也未发觉,未完全尽到管理义务。其次,杨丙坠楼死亡的后果,各方当事人没有异议。再次,杨丙坠楼死亡与嘉里管理公司上述行为之间有无因果关系,应适用因果关系规则来判断,虽然嘉里管理公司上述行为不是导致杨丙坠楼死亡的直接原因，但却是造成该后果的适当条件，因此构成相当的因果关系。最后，嘉里管理公司在物业管理中了解涉案楼宇天台消防安全疏散门存在安全隐患，应当组织维修、更新或者采取应急防范措施，及时向业主、使用人告知安全合理使用物业的注意事项等，但其未尽到安全保障义务，具有过错。因此，嘉里管理公司应对杨丙死亡后果承担相应的侵权赔偿责任。至于嘉里管理公司主张无侵权行为，其行为与杨丙死亡后果不具有因果关系、无过错的抗辩意见，不予采纳。二审法院亦持同样意见，维持一审判决。[1]

【案例9-49】 詹某诉南京某物业公司物业服务合同纠纷案

判决观点：本案中，被告南京某物业公司未能尽到适当的管理服务义务，致他人车辆占用了原告詹某的车位并与之发生纠纷，造成詹某受伤，南京某物业公司存在服务管理之不当。但詹某受伤系案外人侵权所致，与南京某物业公司的管理不当并无直接的因果关系，故詹某主张的要求南京某物业公司赔礼道歉并赔偿精神损失的请求，不予支持。因詹某的受伤系案外人占用其车位所致，詹某交纳的物业费系其接受南京某物业公司其他物业服务应交纳的费用，故詹某主张要求返还物业费的请求，不予支持。詹某的受伤系他人直接侵权所致，且直接侵权人也已经赔偿了詹某的损失，故詹某主张双倍返还车位费的请求，亦不予支持。因南京某物业公司对车位的管理有失，故酌定由南京某物业公司减收詹某1个月的车位费，计80元。二审中经法官主持调解，南京某物业公司给付詹某补偿款1000元。[2]

在出租房屋因物件损害责任纠纷中，出租人、承租人应根据过错承担赔偿责任。

【案例9-50】 熊某某诉北京天鸿宝地物业管理经营有限公司等物件损害赔偿纠纷案

判决观点：根据天鸿宝地公司提供的《商业房屋装饰装修管理规定》，业主在房屋装饰装修前需向物业公司申请并提交相关材料进行审查备案，装修工程个体从业人员，应具备相应个人技能证书，应向物业公司提交职业技能证书。施工人员只有具有相关职业技能，才能确保工程的安全，天鸿宝地公司应对施工人员职业技能进行严格审查并将该材料进行备案，负有严格的审查和监工义务，但天鸿宝地公司并未提供相关证据证明其已尽到了审批义务，导致了具有安全隐患的屋檐的存在，天鸿宝地公司作为房屋管理人，在事

---

〔1〕 参见沈志先主编：《2012年上海法院案例精选》，上海人民出版社2012年版，第188~189页。

〔2〕 参见骆鑫、刘娅编著：《物业管理纠纷案例与实务》，清华大学出版社2017年版，第151~152页。江苏省南京市江宁区人民法院(2012)江宁民初字第265号民事判决书。

前审查方面存在一定的过错,故应承担相应的民事责任。……综合以上,熊某某、杜某某、刘某及天鸿宝地公司对该事故均存在过错,故应考虑各方的过错程度合理分担民事责任。刘某及杜某某作为物件的所有者及使用者,未尽到安全防范义务,致使具有安全隐患的物件脱落造成他人损伤,故刘某及杜某某应当共同承担主要责任,即80%的责任。天鸿宝地公司在安装屋檐时未尽到严格的审查义务,具有过错,应承担10%的责任。熊某某在施工前后未采取安全防护措施,亦应承担一定责任,责任系数为10%。[1]

其二,物业小区内业主汽车失窃或毁损时安全保障义务的承担。车辆在小区内丢失或者毁损,界定物业服务人承担责任应根据其过错程度、收费情况等因素,业主对车辆丢失或者毁损有过错的,应当依其过错程度减轻或者免除物业公司赔偿责任。在小区监控不能正常使用而无法查找到侵权人的情况下,物业服务人应对造成业主车辆损坏的过错承担相应责任,物业服务人承担与其过错相适当的补充赔偿责任。

【案例9-51】 汪某诉江苏卓越物业管理有限公司物业服务合同纠纷案

一审法院认为,原告车辆发生事故时,因被告的监控设备不能正常使用,导致原告无从得知侵权人或侵权车辆的相关信息,从而无法向侵权人主张权利。被告在明知其监控录像无法正常使用的情况下,未能及时维修,保安人员也未尽到相应的管理义务,存在明显的过错或管理瑕疵,故被告应当承担相应的法律责任。原告因本次事故导致的车辆损失5699元,鉴于已由保险公司赔偿了一部分,对于未能得到赔偿的部分,被告卓越公司应承担赔偿责任。二审调解结案。[2]

【案例9-52】 蔡某诉上海某物业有限公司物业服务合同纠纷案

判决观点:本案中,被告与原告所在小区的业主委员会签订了物业服务合同并为该小区提供物业服务。原告交纳了物业费,被告应当按照物业服务合同的约定为业主提供物业共用部位的维护,确保物业共用设施设备的日常运行和维护等。由于该小区的监控器损坏,物业公司未能及时维修或采取其他相应的防范措施,致使原告的车辆轮胎被人毁坏,嗣后公安机关无法追溯事发当时的监控录像,被告未尽到必要的小区安防义务,应当对原告的损失承担相应的民事责任。尽管本案事发在被告承接物业当天,但被告作为接手的物业服务企业,按照《物业管理条例》规定,其在承接物业时,应当对物业

---

〔1〕 参见国家法官学院案例开发研究中心编:《中国法院2014年度案例》(侵权赔偿纠纷),中国法制出版社2014年版,第145~146页。北京市海淀区人民法院(2012)海民初字第25058号民事判决书。

〔2〕 参见国家法官学院案例开发研究中心编:《中国法院2016年度案例》(合同纠纷),中国法制出版社2016年版,第251页。江苏省宿迁市中级人民法院(2014)宿中商终字第0073号民事调解书。

共用部位、共用设施设备进行查验,如有损坏,应当采取相应措施予以弥补,故原告车辆损坏事件虽然已经由公安机关刑事立案侦查,但不能免除被告的过错责任。综上所述,因被告未尽安防义务,存在过错,应对原告的财产损失承担相应的赔偿责任,法院酌情确定被告承担30%的赔偿责任。原告为此发生的实际损失合计为10,197元,并提供了相应的证据,法院予以确认。据此,判决:上海某物业有限公司赔偿蔡某车辆损失费3059元。[1]

物业服务人具有法定和约定的安全防范义务,在类似砸车事故已经发生一次的情况下,其理应预见危险的再次发生,采取根本的防范措施,虽然其采取了设置围挡的防范措施,但未从根本上尽到提示、制止、监管义务是事故发生的次要原因。应根据过错程度和事故发生的原因力比例,界定物业服务人承担责任的比例。

【案例9-53】 某保险公司诉啾咪物业江阴分公司等保险人代位求偿权纠纷案

判决观点:关于争议焦点一,殷某作为小区业主,违章建筑阳光玻璃房,对其他业主的人身、财产安全产生了潜在的隐患,且2018年8月23日其玻璃房就曾发生玻璃坠落砸坏车辆的情况,殷某理应对此引起足够的重视,及时拆除破损的玻璃,但其未采取措施防止事故的再次发生。综上所述,殷某违章搭建玻璃房,疏于采取及时有效措施防止事故的再次发生是造成本次事故的主要原因,应承担赔偿责任。根据《物业服务合同》约定,啾咪物业江阴分公司应做好公共秩序维护、安全防范等事项的协助管理工作。啾咪物业江阴分公司作为小区的物业管理人,对小区安全负有保障义务,理应加强小区安全管理,预防事故发生。根据合同约定,其负有提醒和协助殷某及时拆除违章搭建的阳光房谨防玻璃坠落、监督和制止车主在玻璃坠落处停车的义务,啾咪物业江阴分公司疏于管理,存在监管不力的过错,与车损存在一定因果关系。虽然啾咪物业江阴分公司在2018年8月23日玻璃坠落砸坏车辆后在玻璃房下方的停车位上放置了花箱围挡,但其未严格监管阻止他人移走围挡,采取的措施不足以完全排除安全隐患。综上所述,其未能尽到根本安保义务是事故发生的次要原因,应承担赔偿责任。韩某对于本次事故的发生不具有可预见性,其系在正常车位停放车辆,且本案并无证据证明其知道或应当知道其停放车辆的行为可能导致车辆玻璃被砸损的后果,故其停车行为与车损的发生不存在因果联系,无须承担赔偿责任。

关于争议焦点二,作为本案赔偿责任的承担主体,殷某、啾咪物业江阴分

---

〔1〕 参见骆鑫、刘娅编著:《物业管理纠纷案例与实务》,清华大学出版社2017年版,第160~161页。

公司不符合承担连带责任的法定情形，应依照各自的过错及原因力比例承担相应的赔偿份额。结合事故发生的原因及啾咪物业江阴分公司、殷某在事故中的主观过错程度，判令殷某承担车辆损失80%的责任，啾咪物业江阴分公司承担20%的责任。因啾咪物业江阴分公司不具有独立的法人资格，故啾咪物业公司应对啾咪物业江阴分公司不能清偿的部分承担补充清偿责任。判决：(1)殷某支付某保险公司保险理赔款7376元；(2)啾咪物业江阴分公司支付某保险公司保险理赔款1844元，啾咪物业公司对啾咪物业江阴分公司不能清偿的部分承担补充清偿责任；(3)驳回某保险公司的其他诉讼请求。〔1〕

其三，物业小区公共部位业主遭受第三人侵害时安全保障义务的承担。物业服务人仅应承担与其过错相适应的补充赔偿责任，并且在承担补充赔偿责任之后，有权向直接实施侵权的第三人追偿。其所承担责任范围，应当与其尽到职责范围内的教育、管理、保护义务能够防止或者制止的损害范围相一致，是一种有限度的责任。

业主在小区内市政道路遭殴打且保安在场未救助问题。市政道路在性质上属于社会道路，虽由物业服务人代为管理，但不在物业服务合同范围内，物业服务人在该道路上并无合同约定的保安服务义务。因此，受害业主无权要求物业服务人承担违约责任。保安不仅负有保障约定范围内业主人身、财产安全的义务，还负有维护小区秩序和治安环境的职责。物业服务人在约定保安范围之外的其能够发现并控制侵害的合理区域内，仍对业主负有一定程度的安全保障义务。市政道路在小区内，仍属于物业服务人的服务管理区域，业主遭他人殴打且保安在场完全有能力制止，未制止的应认定为有过错。保安在发现业主遭受不法侵害时，既未尽力防止或控制侵害，也未积极救助，违反了相应的安全保障义务，应承担补充赔偿责任，此项补充赔偿责任应以物业服务人能够防止或制止损害的范围为限。

【案例9－54】 周某某诉裕景(厦门)物业管理有限公司违反安全保障义务纠纷案

一审法院认为，"台湾山庄"小区内的公共道路及与私人别墅之间相连的部分属于公共场所，由于小区本身并不禁止外来人员的进入，而围墙、门等设施亦不能绝对排除不法分子的入侵，被告作为物业管理及保安服务的提供方，利用上述公共场所营利，并对上述公共场所拥有控制力，应当对处于小区

〔1〕 参见国家法官学院、最高人民法院司法案例研究院编：《中国法院2021年度案例》(侵权赔偿纠纷)，中国法制出版社2021年版，第208页。江苏省江阴市中级人民法院(2019)苏0281民初4048号民事判决书。

内的业主负有相应程度的安全保障义务，该义务应至少达到对小区内公共场所的人、情况进行有效的监控，并积极开展巡逻，及时发现并排除危险，提醒业主注意人身财产安全，避免危险损害，必要时采取报警等措施请求有关机关介入消除危险源之程度。本案中被告在安全保障方面存在如监控安装不足、位置设置不合理、画面不能正常显示，安保知识普及和技能培训不足、日常管理制度不足、深夜巡逻制度及巡逻方式不合理或存在漏洞、突发事件应急处置不到位等过错，可以认定被告未能充分、合理地尽到上述安全保障义务，应当向原告承担相应的补充责任。……由于柯某某已被执行死刑且无可供执行财产，被告承担的补充责任范围为柯某某无法赔偿原告因侵权行为遭受的全部损失。考虑被告在柯某某进入"台湾山庄"进而抢劫原告致原告受伤一案中存在过错及原因力大小，以及在原告受到犯罪行为伤害后，被告组织了相应的报警、援助、协助收集犯罪线索等工作，法院酌定被告就原告损失应承担的相应责任为全部赔偿责任的25%，即45,546.02元。二审亦持同样意见，维持一审判决。〔1〕

其四，物业小区专有部位遭受第三人侵害时安全保障义务的承担。这主要是指业主在家中被害或巨额财产失窃，当然亦包括其他非法侵害的案件。一般情况下，在物业服务人已履行合同的约定义务和尽到了安全防范职责时不宜对行为人犯罪造成的损害后果承担责任。

【案例9－55】 杨某某诉成都金丰物业管理有限公司物业管理纠纷案

二审法院认为，业主因家中被盗所遭受的财产损失与物业管理公司未尽到保障义务之间具有明显的因果关系，则物业管理公司应当承担赔偿责任。〔2〕

【案例9－56】 曾某某诉浙江某物业管理服务有限公司物业服务纠纷案

一审法院以生效的刑事裁定书中查明的事实，即罪犯杨某在长达两个小时的时间里多次出入某小区1号楼与28号楼之间，且在最后离开时，杨某衣服已经湿透，其左手持作案工具，右手持从被害人曾某某家盗窃的一蓝白相间的手提袋。一审文书指出，物业公司未能发现并报警，未尽到安全保障义务，应当承担相应的补充赔偿责任。一审法院酌定具体赔偿数额为11万元。二审法院认为，一审法院根据物业公司过错程度，判令其承担相应补充责任，

---

〔1〕 参见国家法官学院案例开发研究中心编：《中国法院2017年度案例》（侵权赔偿纠纷），中国法制出版社2017年版，第175页。福建省厦门市中级人民法院（2014）厦民终字第761号民事判决书。

〔2〕 参见《中国审判案例要览》（2005年商事审判案例卷）。四川省成都市中级人民法院（2004）成民终字第2203号民事调解书。

酌定赔偿额为11万元的处理并无不当,维持了一审判决。[1]

火灾是因为燃放烟花爆竹等外来火源引发的,但当火灾发生时小区的消防栓无法供水,导致火情扩大,造成财产损失扩大,很明显是小区的物业服务人对消防安全重视不够,没有适时地对消防设施检测和维护,对消防设施故障损坏发现维修不及时,出现问题时导致不能及时施救,造成火灾损失发生。因此,物业服务人应该对火灾造成业主财产损失承担赔偿责任。

【案例9-57】 李某诉小区物业管理有限公司物业管理纠纷案

一审法院认为,火灾系燃放烟花爆竹等外来火源引发,小区消防栓无法供水致火情扩大,造成财产损失扩大,物业公司应对本次火灾造成原告财产损失承担赔偿责任,判物业公司赔偿李某11.9万元。二审法院认为,因物业公司管理不善,致火情扩大,与李某财产损失的扩大有直接因果关系,物业公司应承担主要责任,但李某未提交充足证据证实损失数额。据此,判决物业公司赔偿李某经济损失18.4万余元。[2]

第三人侵权时物业服务人安全保障义务的处理是难点问题。物业服务人作为物业服务的提供方,通过管理小区内的公共场所营利,对小区内的公共场所拥有控制力,应对处于小区内的业主负有相应程度的安全保障义务。但安全保障义务的目的在于保障,不能要求物业服务人负担完全避免在小区内发生刑事案件的绝对保障义务。物业服务人有无尽到合理范围的安全保障义务,应结合直接侵权人所实施的具体侵权行为和物业服务人所采取的措施等来认定。

【案例9-58】 梁甲、刘某某诉李某某、黄甲等生命权、健康权、身体权纠纷案

二审法院认为,关于登记检验问题,梁甲、刘某某未提供受害人梁乙与鹏盛公司签订的物业服务合同,双方在庭审询问中亦确认受害人梁乙未与鹏盛公司签订物业服务合同,但有交纳物业服务费,交纳标准为每月每平方米5元。黄乙的身份除为金睿公司的职业中介外,还是居住在涉案小区内住户黄丙的亲戚。根据鹏盛公司提交的《翠馨华庭住户手册》《翠馨华庭物业管理服务协议》,未约定黄乙此类小区住户亲友是否实行进出入登记。同时,法院参考《广东省物价局、省建设委员会关于公布广东省物业管理服务收费政府指导价的通知》《广州市物价局关于印发〈广州市普通住宅物业管理服务等级标准〉的通知》等文件,鹏盛公司收费所对应的物业服务标准为一级标准,一级标准对上述行为亦未予以强制性规定。结合小区的综合环境来看,除了

---

〔1〕 河南省郑州市中级人民法院(2017)豫01民终6732号民事判决书。

〔2〕 参见骆鑫、刘娅编著:《物业管理纠纷案例与实务》,清华大学出版社2017年版,第138页。

有居民住宅还有商户,在A、B两栋住宅的楼下均设有独立的门禁。故在本案中,鹏盛公司未在小区的大门口对黄乙进出小区实行登记,与黄乙入户盗窃杀人的行为并无法律上的因果关系。关于日常安全管理和巡逻的问题,鹏盛公司安排了保安24小时巡逻,且B座三楼平台设有游泳池和空中花园。鉴于三楼平台的设计用途,在黄丙、黄乙作为住宅用户和用户亲友出现在三楼平台且每次停留时间不长的情况下,鹏盛公司主张难以发现其是否具有犯罪意图从而对其予以盘问,法院予以采纳。至于黄丙、黄乙进出电梯、走廊及上下楼却未被巡逻询问的问题,鹏盛公司提交了小区内治安巡逻的初步证据,而梁甲、刘某某未能提供充分证据证明鹏盛公司巡逻不到位,故法院对梁甲、刘某某的主张不予采纳。关于鹏盛公司监控设备和工作人员的问题,鹏盛公司在B座大楼的大堂、电梯和地下车库均安装了电子监控设备,可视为在合理范围内配备了相应的监控设备。至于监控设备是否形同虚设、工作人员是否疏忽职守,梁甲、刘某某未能提供充分证据予以证明。此外,根据《最高人民法院关于审理人身损害赔偿案件适用法律若干问题的解释》第六条的规定,安全保障义务人承担补充赔偿责任的范围是在能够防止或者制止损害的范围内。鹏盛公司工作人员虽未对黄丙、黄乙三次往返出入车库的行为进行盘问,但是该行为发生在损害结果发生之后,梁甲、刘某某未能证明该事实与本案损害结果的发生存在何种因果关系。故本案中,梁甲、刘某某关于鹏盛公司未尽到合理范围的安全保障义务的主张,证据不充分,法院不予认定。[1]

应注意的是,以上四类责任构成物业服务人必须有过错,没有过错的不承担责任。物业服务人违反安全保障义务构成违约责任和侵权责任的竞合的,业主有选择权,本书是从违约责任角度展开。

(二)安全保障责任与不可抗力关系

根据《民法典》的规定,发生不可抗力的,物业服务人对小区物业管理区域内业主遭受的损失可以免责,所以关键是法院对不可抗力构成和范围的认定。实践中,由于法律没有明确规定不可抗力的因素,物业服务人以气象条件提出的抗辩意见很难得到法官采信。

---

〔1〕 参见最高人民法院中国应用法学研究所编:《人民法院案例选》2018年第7辑(总第125辑),人民法院出版社2018年版,第112~113页。广东省广州市中级人民法院(2016)粤01民终17628号民事判决书。

【案例9-59】 靳某某诉郑州某物业管理有限公司物件损害责任纠纷案

二审法院认为，某公司提供的证据不足以证明事故发生当时情况为不可抗力，故其该项主张，理由不能成立。[1]

类似的案件还有郝某秀诉邯郸市房地产开发有限公司财产损害赔偿纠纷案。[2]

对特大暴雨、海(江)水倒灌、城市管网无法排水等，法官根据具体情形认定是否构成不可抗力。

【案例9-60】 珠海某物业管理有限公司诉某保险股份有限公司珠海中心支公司追偿纠纷案

二审法院认为，根据2013年5月21日、5月22日的气象资料可知，虽然珠海市气象局于2013年5月21日上午发布的暴雨黄色预警信号，但下午又解除了预警。2013年5月22日0时40分，发布暴雨橙色预警信号；2013年5月22日2时45分，发布暴雨红色预警信号。上述事实表明，2013年5月22日的暴雨不仅事发突然，来势迅猛，而且事发在凌晨大部分业主熟睡之际，给抢险救灾工作造成了客观困难。某物业公司在事发后的有限时间内采取了电话通知业主等方式让业主转移车辆，已经采取了其所能采取的恰当措施，尽到了安全保障的义务。某保险珠海分公司上诉中要求某物业公司所承担的义务超出了物业公司的能力范畴，不符合涉案事故发生时的特殊情况，某保险珠海分公司上诉理由不成立，法院对其上诉请求予以驳回。[3]

【案例9-61】 冉某某诉海南某物业服务有限公司物业服务合同纠纷案

二审法院认为，台风“海鸥”因风暴增水和天文潮合并导致海口市潮水突破警戒水位达到历史高位引起大面积海水倒灌，某物业公司作为普通经营者对此未能正确预见，具有合理性。而某小区距离海岸较近且海口市城市排水设施标准偏低，因海水倒灌使城市管网无法排水，是导致某小区严重积水及地下车库被淹的直接原因。因此，台风“海鸥”带来的风暴潮和天文潮合并导致海水倒灌和积水具有不可预见和不能避免的情形。[4]

法官认定构成不可抗力，且物业服务人已经尽到管理职责的，一般可以免除赔偿责任。

---

〔1〕 河南省郑州市中级人民法院(2017)豫01民终8506号民事判决书。

〔2〕 河北省邯郸市中级人民法院(2014)邯市民一终字第157号民事判决书。

〔3〕 广东省珠海市中级人民法院(2015)珠中法民二终字第463号民事判决书。

〔4〕 海南省海口市中级人民法院(2015)海中法民一终字第1388号民事判决书。

【案例9－62】　张某某诉慈溪市某物业服务有限公司物业服务合同纠纷案

二审法院认为，被上诉人在“菲特”台风来临前，在小区内张贴了温馨提示，告知包括上诉人在内的业主，提前做好台风应对防范措施，但上诉人并未引起足够重视，未及时将贵重物品搬离车库。台风来临时，面对暴雨导致的积水，被上诉人又采取了水泵抽水等应急排水措施，但因“菲特”台风导致的强降水历史罕见，仍有大量积水灌入车库造成财物损失。被上诉人已经合理履行了物业服务管理义务，上诉人主张因被上诉人不作为导致其财产损失依据不足，法院不予支持。[1]

【案例9－63】　孔某某、李某某诉浙江某物业服务有限公司等财产损害赔偿纠纷案

判决观点：“菲特”台风带来的强降雨造成地下车库进水属于不可抗力，被告某物业公司积极应对，已尽到物业管理职责……故对二原告的诉讼请求法院不予支持。[2]

【不同处理】　有的法院认为，虽然构成不可抗力，但仍应考查物业服务人主观上是否存在过错，且物业服务人应承担无过错的举证责任。在其无过错时方可免责，反之则不能免责。

【案例9－64】　任某某诉上海某置业有限公司财产损害赔偿纠纷案

二审法院认为，本案所涉的“菲特”强台风属于严重的自然灾害，其本身确属不可抗力。但本案中，被上诉人的财物受损系因地下车库被淹而导致，由此需要考虑的是“菲特”强台风引起的暴雨造成系争房屋所在小区的整个地下车库被淹的情况是否符合不可抗力的免责情形。对此，法院认为，在适用不可抗力的免责情形时，除了考虑客观因素之外，还须考虑主观因素。上诉人以不可抗力为事由主张免责，应承担相应的举证责任。上诉人并未提供充分有效的证据证明其系在已经尽到完全、充分的安全管理义务的前提下仍无法防止雨水淹没整个地下车库。故本案不适用不可抗力的免责事由。[3]

【案例9－65】　华某某、瞿某某诉浙江某物业管理有限公司物业服务合同纠纷案

判决观点：从2010年8月31日被告发布防台风温馨告知及9月10日杭州气象台发布全市暴雨预警来看，被告对此期间可能有大雨或暴雨的情形在一定程度上是有预见的。由于9月11日滨江区突降大暴雨，致使被告某

---

〔1〕浙江省宁波市中级人民法院(2014)浙甬民二终字第178号民事判决书。

〔2〕浙江省杭州市余杭区人民法院(2014)杭余民初字第508号民事判决书。

〔3〕上海市第二中级人民法院(2015)沪二中民一(民)终字第2820号民事判决书。

物业公司对雨量的多少及突发性、严重性估计不足，确实存在某些不可预见的因素，但这并不证明地下车库被淹及车辆受损是不可避免并不能克服的。被告抗辩认为，某小区车库设计缺陷、小区周边道路路基被整体抬高、市政管网排水不畅等多种客观原因是导致原告车辆被淹不能避免、不能克服的因素。诚然，以上客观因素是导致灾情加重的重要原因，但事实上，被告某物业公司作为小区管理人，应当事先对地下车库的结构、小区地势及周边管网的情况有一定了解，并针对小区特点及现状、制定应急预案，并采取相应措施，做好地下车库的挡水、排水、防漏等方面的防范，并在险情发生时，采取有效的紧急排水措施。同时，当险情无法排除时，物业公司有义务及时通知业主将车辆移出地下车库，从而避免损失发生或进一步扩大。被告某物业公司抗辩认为其已履行了提前告示、日常巡检工作，并认为根据合同约定，其只对地下车位承担对公共部位、共用设施设备的日常维护、保洁及公共照明的合同义务。物业公司作为物业服务的提供者，对其服务区域内业主的人身、财产安全负有安全保障义务。本案被告虽提供证据证明其履行了提前告示、日常巡检工作，但在险情发生时，紧急排水设备未能及时、有效地排除险情亦属实；且被告也未能举证证明其在险情无法排除时已及时通知并协助原告转移车辆，故其未能完全尽到法定及合同约定的义务。[1]

物业服务人对小区物业管理区域的安全负有一定的防范义务及风险提醒义务，对于可能造成业主财产损害的安全隐患及风险，应当及时消除或提醒，否则，在业主因不可抗力而遭受财产损害时，物业服务人应当承担相应的赔偿责任。但是应当结合物业管理瑕疵的程度及权利义务相对等的原则，物业赔偿标准不宜过高。个案中，由法官根据案情行使自由裁量权裁量。

【案例9－66】 厦门佰仕达物业管理有限公司诉杜某某物业服务合同纠纷案

二审法院认为，佰仕达公司作为明发国际新城小区的物业管理服务单位，应按照《物业管理服务协议》的约定和相关法律规定履行管理义务。综观本次地下车库被淹事件，2013年5月16日凌晨降雨属40年一遇的特大暴雨，讼争小区所在的前埔为此次受灾最严重的区域，再加之城市的排水系统陈旧，故地下通道、地下车库等低洼地带出现一定程度的洪涝是难以避免的。佰仕达公司提供的媒体报道等相关证据可以证明在“5·16”暴雨发生时，佰仕达公司通过敲锣、打电话等方式通知业主移车，积极抢救；虽然“5·16”暴雨具有不可预见性，但本不应该存在的两个违章门洞加速了地下车库水位的

[1] 浙江省杭州市滨江区人民法院（2012）杭滨民初字第936号民事判决书。

上升，致使车主损失一定的抢救时间，因佰仕达公司对他人在公共墙体开凿门洞的违章行为未采取措施，留下了安全隐患，故法院认为佰仕达公司存在管理瑕疵，应当对杜某某的车辆损失承担一定的赔偿责任。……反诉原告杜某某要求反诉被告佰仕达公司赔偿因管理不到位导致其停放地下车库车辆被淹的损失，结合上文的分析，反诉被告应承担因管理不善造成的违约责任。"5·16"暴雨的不可预测性、佰仕达公司组织救灾的表现及其对违章门洞的疏于管理，根据《民法通则》等价有偿和公平合理原则，即权利义务对等，综合考虑物业公司的过错程度、收取物业管理费的标准等实际情况，法院酌定佰仕达公司应承担的赔偿责任以杜某某应交纳的一年度物业管理费为限，即被告应赔偿原告1256.74元（130.91平方米×0.8元/平方米/月×12个月）。[1]

（三）安全保障责任与业主配合关系

《民法典》第二百八十六条第一款规定："业主应当遵守法律、法规以及管理规约，相关行为应当符合节约资源、保护生态环境的要求。对于物业服务企业或者其他管理人执行政府依法实施的应急处置措施和其他管理措施，业主应当依法予以配合。"在该条中，确立了物业服务人在执行政府的应急措施和其他管理措施时业主的配合义务，而上述措施都涉及小区的安全保障，业主必须配合物业服务人，否则应承担相应的责任。

《物业管理条例》第五十六条规定："物业存在安全隐患，危及公共利益及他人合法权益时，责任人应当及时维修养护，有关业主应当给予配合。责任人不履行维修养护义务的，经业主大会同意，可以由物业服务企业维修养护，费用由责任人承担。"在该条中，确立了物业服务人提供物业服务时业主的配合义务，这是物业服务人安全保障责任中不可缺少的部分。对于享有所有权的自用部分/专有部分进行维修养护是业主应尽的责任，如天花板漏水的维修责任应由所属楼上、楼下的业主共同承担。物业服务人可以接受任一方委托代为维修，但实施前应征得另一方业主的同意，未经业主同意对其自用部分/专有部分擅自维修，属侵权行为，应负一般的侵权责任。

对于启动业主配合的程序要求。物业服务人接到业主报修时，应翔实记录并对现场损失情况进行拍照取证，同时现场勘查安全隐患（如漏水）原因及责任方

---

〔1〕 参见最高人民法院中国应用法学研究所编：《人民法院案例选》2015年第4辑（总第94辑），人民法院出版社2016年版，第25～26页。福建省厦门市中级人民法院（2015）厦民终字第22号民事判决书。

(物业服务人或相关业主),如属物业服务人责任范围,应尽快组织实施维修,避免损失扩大;如属相关业主的维修责任,应及时通知相关业主并提供力所能及的帮助、支持。在物业服务人实施或受托实施维修养护遇到相关业主不予配合时,应区分情况分别处理。其一,对于可能引发生命、财产重大损失的紧急情况,可启用紧急避险措施,即在派出所、居委会或业主委员会等第三方见证的情况下,可以在未取得相关业主同意的情形下先维修,然后按相关法定程序对相关方的损失进行追偿。这种紧急处置权的行使,必须针对突发事件,必须具有合理性。其二,对于非紧急情况,应先征得相关业主同意后进行维修,以免侵权情况发生。如经反复协调、沟通,相关业主仍不同意维修,可通过司法程序解决。其原告应是遭受损害一方或物业服务人,被告是侵权人。

【案例9-67】 胡某诉黄某、上海某物业管理有限公司财产损害赔偿纠纷案

判决观点:物业管理单位应对公用部位及时进行维修养护,系争房屋漏水系因下水管老化所致,而该下水管属于公共水管,其养护责任应当属于上海某物业公司的管理职责范围,被告上海某物业公司对此亦予以认可并同意修理漏水管道,法院予以确认。且漏水属于紧急事件,放任发生会造成相关财产损失,被告黄某作为相邻权利人应该即时为被告上海某物业公司的修理行为提供配合,尽快修复漏水,避免损失的扩大,如被告上海某物业公司在修理过程中造成其财产损害,待实际发生后,被告黄某可另行协商解决。判决:被告上海某物业公司修复上海市杨浦区某村×××号211—212室内浴室下水管漏水问题,被告黄某对此应予以配合。[1]

在业主要求物业服务人采取安全保障措施消除隐患未果时,其自行采取的有关安全措施受法律保护。

【案例9-68】 某物业服务公司诉黄某物业服务合同纠纷案

二审法院认为,根据现场情况,黄某房屋北侧平台可以供人落脚,确实会给犯罪分子以可乘之机,从而危及黄某的家庭安全。因此,黄某有权利要求相关部门采取实际措施消除这一安全隐患,同样,其自己也有权利采取一些合理的措施来消除其家庭所面临的危险隐患。考虑到:(1)黄某在多次与物业公司协商并提交书面申请后,用塑钢窗封闭平台,封闭后的二层平台外貌整齐统一,对该楼整体外观形象并无影响;(2)在黄某等10户业主提出封闭平台书面申请后,以及在实际进行封闭平台的施工过程中,物业公司既没有明确地书面答复业主不可以封闭平台,也没有在业主施工过程中以任何方式进行阻止;(3)对于黄某等业主统一封闭平台的行为,相关政府主管部门和

〔1〕 参见骆鑫、刘娅编著:《物业管理纠纷案例与实务》,清华大学出版社2017年版,第163页。

其他业主目前都没有提出异议;(4)黄某等业主只是封闭了平台而没有占用,并且该平台并无特殊用途,可见,黄某这一行为,只是为了消除自身所面临的安全隐患;(5)黄某费力与其他业主协商,统一采用相同的封闭方式,已经尽量避免了对楼整体外貌的影响,并且也没有占用被封闭平台。所以,物业公司要求黄某拆除塑钢窗,理由不足,不应得到支持。黄某上诉请求合理,应予支持。判决:撤销一审判决,驳回物业公司的诉讼请求。[1]

在小区消防设施存在严重安全隐患,小修小补不足以解决问题时,物业服务人除了向物业行政主管部门书面报告外,还应当及时向业主委员会报告或申请。在报告无果后,物业服务人可以就消防设施存在问题提起诉讼请求业主委员会解决。

【案例9-69】　浙江某物业管理服务有限公司诉温州市鹿城区某第一届业主委员会物业服务合同纠纷案

二审法院认为,根据双方于2014年8月17日签订的物业管理委托合同的相关约定,某公司本应当使用其所收取的物业服务费用对包括消防设施在内的公用设施设备进行维护和管理。但是,双方当事人于2014年7月26日签订的临时物业管理服务协议有如下记载:"七、目前小区消防设备设施存在故障。在本小区消防设备设施未维修并检测合格前,乙方不承担本小区消防安全的责任,但乙方应加强消防防范宣传工作。"而且,某公司曾多次向某小区业主委员会反映小区消防问题,并于2015年3月20日申请启动专项维修资金未果。可见,某公司在承接物业时,某小区消防设施设备就已存在故障,其也以积极主动的方式试图解除问题。虽然某小区业主委员会上诉认为小区消防设施存在故障是建设单位的责任,但其未通过诉讼等合法有效的手段去主张权利。现某小区的消防设施设备存在多处故障,无法正常使用,原审法院判令某小区业主委员会承担维修责任,有利于及时排除消防安全隐患,保障小区住户的人身、财产安全,并无不当。至于涉案小区的建设单位是否应对消防设施承担维修责任,系另一法律关系,某小区业主委员会可以另行主张。[2]

《民法典》明确规定,业主应当配合物业服务企业等执行政府依法实施的应急处置措施和其他管理措施,为物业企业履行疫情防控职责提供了明确的法律依据。疫情期间,社区是疫情联防联控的第一线,是遏制疫情扩散蔓延的重要战场,

---

〔1〕 参见北京市高级人民法院编:《审判前沿——新类型案件审判实务》2007年第1集(总第17集),法律出版社2007年版,第25~26页。

〔2〕 浙江省温州市中级人民法院(2015)浙温民终字第3321号民事判决书。

必须落实落细各项防控措施。查码验行虽然给居民日常出行增添了些许麻烦,但却是防控疫情的必要举措,意义重大,每个公民都应积极予以配合。

【案例9-70】 黄某诉某物业服务有限公司健康权纠纷案

判决观点:《民法典》第二百八十六条规定,对于物业服务企业或者其他管理人执行政府依法实施的应急处置措施和其他管理措施,业主应当依法予以配合。事发之时正值聚集性疫情扩散、防控形势严峻的关键时期,某物业服务有限公司依照有关政策要求派员值守、验码登记、阻拦冲岗,是履职尽责的体现,其行为没有过错,不应当承担赔偿责任。黄某在物业人员大声呼喊之际却加速骑行,最终导致摔伤,应自行承担相应后果,遂判决驳回黄某的诉讼请求。[1]

业主与物业公司均应对室内公共管道尽到维护义务。

【案例9-71】 苗某诉张某娟、某能源科技公司财产损害赔偿纠纷案

一审法院认为,在无法鉴定的前提下,法院依据现有证据和双方陈述,认为在不存在其他漏水原因的情况下,张某娟家内一层与二层之间暖气穿墙管漏水和二层散热片漏水均无法排除合理怀疑,故依法认定一层与二层之间暖气穿墙管漏水和二层散热片漏水均为张某娟家漏水原因。区分共用供暖设备和自用供暖设备,应当主要考虑其使用功能上的作用。穿墙立管虽安装在张某娟室内,但从其功能上分析,穿墙立管应当是为了联通和保障全楼的供暖设备,应属于全楼供暖主管道的一部分,因该管维修会导致全楼该组供暖设备停暖,故张某娟家一层与二层之间暖气穿墙立管应为共用供暖设备。某能源科技公司为该小区供暖公司,故应由其负责共用供暖设备的更换和维护,某能源科技公司未定期巡查发现隐患并设法排除。现共用供暖设备即穿墙立管漏水,造成苗某家大面积洇水,对苗某的损失应由某能源科技公司按照其过错程度承担赔偿责任。张某娟并未积极妥善协助某能源科技公司在事发第一时间对穿墙立管进行维护维修,导致房屋漏水严重致使楼下业主房屋内设施大面积受损,故张某娟应对损失扩大部分承担赔偿责任。最后,张某娟家一层与二层之间的暖气穿墙立管因装修被石膏板包裹,客观上造成某能源科技公司定期检查和维护困难,且某能源科技公司在事发第一时间进行了抢修,故应当降低某能源科技公司的赔偿比例。法院认定,苗某因漏水导致的各项损失,应由张某娟承担80%的赔偿责任,由某能源科技公司承担20%的赔偿责任。判决:(1)张某娟赔偿苗某各项损失共计72,311.84元;(2)某能源科技公司赔偿苗某各项损失18,077.96元;(3)驳回苗某的其他

---

[1] 人民法院贯彻实施民法典典型案例第一批之四。

诉讼请求。二审法院同意一审法院裁判意见,判决:驳回上诉,维持原判。[1]

(四)商场物业服务人安全保障义务

《民法典》第一千二百五十四条第二款规定:"物业服务企业等建筑物管理人应当采取必要的安全保障措施防止前款规定情形的发生;未采取必要的安全保障措施的,应当依法承担未履行安全保障义务的侵权责任。"物业服务人在商场提供物业服务的,应对商场安全保障承担相应义务,而不仅仅是商场经营者负有安全保障责任。

【案例9-72】 林甲诉上海福浦物业管理有限公司违反安全保障义务纠纷案

一审法院认为,商场的管理人未尽到安全保障义务,造成他人损害的,应当承担侵权责任,监护人应当履行监护职责,保护被监护人的人身、财产及其他合法权益。本案中,原告林甲仅2周岁半,跟随10周岁的姐姐林乙在乘坐自动扶梯过程中受伤,其父林丙与其母谢某某确实未尽监护职责,对林甲所受伤害应承担相应责任;被告管理的自动扶梯存在安全隐患是造成原告林甲脚趾夹伤的主要原因,作为商场管理者,被告应承担与其过错相适应的赔偿责任。酌定被告福浦公司承担80%的赔偿责任。

二审法院认为,上诉人福浦公司系上海市闸北区七浦路303号七浦路服装批发市场的物业管理公司。根据本案查明的事实,被上诉人受伤时所乘坐的自动扶梯存在梳齿板缺失、松动等现象。上诉人在事发时未能及时发现并紧急关停自动扶梯。现上诉人称被上诉人乘坐自动扶梯的方式不当,但上诉人无法提供可显示被上诉人在事发地点情形的现场监控录像资料,故对上诉人的该项诉称意见法院无法采信。一审法院认定上诉人未尽到安全保障义务并无不当。被上诉人的监护人系商场商铺经营者,应当知晓商场的各项设施以及可能存在的安全隐患。被上诉人作为无民事行为能力人在乘坐自动扶梯时没有成年家属陪同,其监护人对于损害后果的发生亦应承担一定的责任。一审法院据此确定各方当事人的民事责任并无不当,二审法院依法予以维持。上诉人的上诉理由不能成立,其上诉请求法院不予支持。判决:驳回

---

〔1〕 参见国家法官学院、最高人民法院司法案例研究院编:《中国法院2022年度案例》(物权纠纷),中国法制出版社2022年版,第105~106页。北京市第一中级人民法院(2020)京01民终6304号民事判决书。

上诉,维持原判。[1]

(五)安全保障责任与噪声污染关系

现行法律并未明确规定安全保障责任的范围包括不受噪声污染。笔者认为,随着生活质量和水平的不断提升,根据安全保障责任的性质,应将噪声污染纳入安全保障责任范围。实践中,受到噪声污染的业主将物业服务人、开发商诉到法院的环境污染纠纷案件时有发生。

此类噪声污染纠纷案争议焦点有两个:一为评判噪声标准和依据,二为噪声产生是由何人行为所致。对于前者而言,《建筑隔音设计规范》第1.0.4条明确规定,"民用建筑隔声设计、降噪设计除应符合本规范的规定外,尚应符合国家现行有关标准的规定"。所谓"国家现行有关标准"当然指有关噪声污染方面的标准。《建筑隔音设计规范》和《住宅设计规范》中没有关于"固定结构传声污染"相应的专业规定(包括检测方法、评价现值等)。目前,只有原环境保护部的《工业企业厂界环境噪声排放标准》对于固体结构传声,规定了详细的检测方法和评价标准。尽管原环境保护部的复函中说明《工业企业厂界环境噪声排放标准》不适用在居民楼中为本楼居民日常生活提供服务而设置的设备(如电梯、水泵、变压器等设备)产生噪声的评价。锅炉、水泵在业主住宅附近,各种设备通过地板、墙体连接,设备运转时,产生固定结构传声,声音可以直接传播到受噪声影响的业主室内,对业主室内的居住环境和生活造成影响。根据上述分析可知,两类噪声产生和传播的原理不同,对人的影响不同、检测方法不同,不能机械地适用《建筑隔音设计规范》。对于后者而言,关键是确定噪声污染责任人。根据《建筑隔音设计规范》和《住宅设计规范》内容,房屋建筑隔音设计主要针对房屋小区所在区域的隔声噪声标准,开发商进行小区建筑隔音设计,避免房屋遭受道路车辆、人流声音等的影响。建筑隔音设计只能阻挡通过空气进行传播的噪声,而固定结构的噪声来自楼内设施运营中发出,噪声源和建筑结构连接在一起,建筑隔音设计无法阻止。对于因噪声设计和施工造成的噪声污染,应由开发商担责。对于因对锅炉、水泵等维修维护不当造成的噪声污染,则应由物业服务人承担责任。即根据过错确定责任人。

【案例9-73】 赵某某诉北京恒富物业服务有限公司等噪声污染责任纠纷案

一审法院认为,虽然原环境保护部相关复函中说明《工业企业厂界环境

[1] 参见邹碧华主编:《2014年上海法院案例精选》,上海人民出版社2014年版,第156~157页。

噪声排放标准》不适用在居民楼中为本楼居民日常生活提供服务而设置的设备(如电梯、水泵、变压器等设备)产生噪声的评价。但相关复函是行政机关从环境噪声污染行政执法角度对国家标准的适用范围予以的限定,并非民事案件确定是否构成噪声污染的限定性依据。鉴于本案系民事噪声污染责任纠纷,目前国家没有对居民楼内电梯产生噪声进行评价的明确标准。法院认为,既然《工业企业厂界环境噪声排放标准》规定了噪声标准,其所替代的复函中说明《工业企业厂界噪声标准》(GB 12348—90)和《工业企业厂界噪声测量方法》(GB 12349—90)曾适用于评价居民楼内电梯、设备产生的噪声,且无论噪声是来自居民楼内为本楼日常生活提供服务而设置的设备还是居民楼以外,当其噪声达到一定程度时,均会对居民的生活产生一定影响。并且,《建筑隔音设计规范》中没有关于固定结构传声污染的相应检测方法和评价限值。故当水泵、锅炉等楼内设备在运行过程中产生的低频噪声,确实对楼内居民造成影响时,从切实依法保护公民健康权、维护公民合法权益的角度出发,法院认为此种情形下可以参照适用《工业企业厂界环境噪声排放标准》作为检测及评价依据。由于涉案水泵运行中所产生噪声超出国家标准,对原告赵某某的日常生活造成了一定程度的影响,现原告赵某某要求按照 GB 12348—2008 国家标准消除水泵运行的噪声污染,予以支持。对于整改的标准,应根据噪声环境所处功能区的类别来制定。判决:被告富源盛达房地产开发有限公司对污水泵、雨水泵采取降噪措施,使上述水泵的运行噪声在×号房屋内达到《工业企业厂界环境噪声排放标准》的相关要求。二审法院亦持同样意见,维持一审判决。[1] 在本案中,法院没有判决物业公司承担责任,而是判决开发商承担责任是依过错加以区分的。

【案例 9－74】　郭某诉保利(北京)房地产开发有限公司、保利物业管理(北京)有限公司等噪声污染责任纠纷案

一审法院认为,关于法律适用问题,虽然原环境保护部相关复函中说明《工业企业厂界环境噪声排放标准》(GB 12348—2008)不适用在居民楼中为本楼居民日常生活提供服务而设置的电梯设备产生噪声的评价,但相关复函是行政机关从环境噪声污染行政执法角度对国家标准的适用范围进行的限定,并非民事案件确定是否构成噪声污染的限定性依据。鉴于本案系民事噪声污染责任纠纷,目前国家没有对居民楼内电梯产生噪声进行评价的明确标准,而依据《民用建筑隔声设计规范》进行的检测并未包括结构传播固定设备室内噪声排放限制(倍频带声压级),《民用建筑隔声设计规范》总则部分

---

〔1〕 参见国家法官学院案例开发研究中心编:《中国法院 2018 年度案例》(侵权赔偿纠纷),中国法制出版社 2018 年版,第 160～161 页。北京市第二中级人民法院(2016)京 02 民终 10720 号民事判决书。

亦规定应当符合国家现行有关标准的规定。其所替代的《工业企业厂界噪声标准》(GB 12348—90)和《工业企业厂界噪声测量方法》(GB 12349—90)曾适用于评价居民楼内电梯、设备产生的噪声,且无论噪声是来自居民楼内为本楼日常生活提供服务而设置的设备还是居民楼以外,当噪声达到一定程度时,均会对居民的生活产生一定影响。故当电梯在运行过程中所产生的低频噪声,确实对楼内居民造成影响时,从切实依法保护公民健康权,维护公民合法权益的角度出发,此种情形下可以参照适用《工业企业厂界环境噪声排放标准》(GB 12348—2008)作为检测及评价依据。保利地产公司提出的应以《民用建筑隔声设计规范》为标准进行认定的主张,依据不足,不予采纳。判决:被告保利地产公司对电梯采取降噪措施,使电梯的运行噪声在郭某所有的某室房屋内达到《工业企业厂界环境噪声排放标准》的要求。二审法院亦持同样意见,维持一审判决。〔1〕在本案中,法院没有判决物业公司承担责任,而是判决开发商承担责任是依过错加以区分的。

类似的案例还有袁某某诉广州嘉富房地产发展有限公司噪声污染责任纠纷案。〔2〕

实践中,开发商对小区公共设施造成的生活环境污染如发电设备噪声对业主的影响,法院以开发商出售的特殊楼层未履行告知义务,侵犯了业主享有特别知情权而判令其承担拆除并迁移噪声设备的责任。例如,穆某某等诉河南省南阳市鑫东海置业有限公司侵权纠纷案。〔3〕

不同领域有不同的噪声评定标准,但是针对居民楼内的电梯、水泵、变压器等设备产生的噪声问题,在环保界没有统一的标准。在结合法律、鉴定程序以及案件情况的基础上认定噪声标准,噪声设备管理人应对噪声的设备负有维护管理义务,保证其噪声排放符合标准。

【案例9-75】 李某某诉北京懋源房地产开发有限公司、北京新城康景物业管理有限责任公司排除妨害纠纷案

一审法院认为,二被告对涉案房屋噪声的产生是否应该承担责任。(1)噪声排放行为是否构成妨碍从而承担消除责任。根据《检测报告》对涉案房屋噪声的检测数据,其数值均超过上述噪声的标准,也超过了《社会生活环境噪声排放标准》关于倍频带噪声的标准。因此,可认定涉案房屋电梯存

〔1〕 参见国家法官学院、最高人民法院司法案例研究院编:《中国法院2020年度案例》(侵权赔偿纠纷),中国法制出版社2020年版,第125页。北京市第三中级人民法院(2018)京03民终3781号民事判决书。

〔2〕 参见最高人民法院中国应用法学研究所编:《人民法院案例选》2016年第2辑(总第96辑),人民法院出版社2016年版,第122页。广东省广州市中级人民法院(2015)穗中法民一终字第5108号民事判决书。

〔3〕 河南省南阳市中级人民法院(2011)南民一终字第432号民事判决书。

在噪声污染排放行为。(2)关于责任主体。懋源公司在2016年已经完成了涉案房屋的建设,涉案房屋工程和电梯验收合格。原告主张电梯与起居室紧邻违反了住宅设计规范。本案中,法院主要审查懋源公司是否对噪声的产生承担责任,懋源公司对涉案房屋的设计建造是否违反了规定,属于相关行政部门审查的环节,不能作为认定责任承担的要件,且原告在购买房屋时对诉争房屋的布局情况已经明知并同意购买,视为对涉案房屋与电梯位置的认可。法院结合涉案房屋开发时间,电梯的验收、管理和原告的购房情况认定开发建造商对涉案房屋电梯噪声不承担责任。新城公司作为涉案楼房的管理单位,负责维护电梯机房的日常运营,应对该电梯负有维护管理的义务,保证电梯噪声排放符合标准,故新城公司应对涉案房屋噪声的产生承担责任。判决:(1)被告新城公司对位于北京市丰台区丰桥路六号院×号楼的电梯采取降噪措施,使上述电梯的运行噪声在北京市丰台区丰桥路六号院×号楼××层2206房屋不超过《社会生活环境噪声排放标准》的标准;(2)被告新城公司给付原告李某某噪声检测费6000元;(3)驳回原告李某某的其他诉讼请求。二审法院判决:驳回上诉,维持原判。[1]

居民楼电梯噪声致人损害时,被侵权人主张参照适用《社会生活环境噪声排放标准》作为判断噪声是否超标的评价标准时,应予支持。开发商在房屋设计、修建过程中具有噪声污染防治的法定义务,该义务不因房屋买卖合同转移。开发商未履行该义务致人损害的,应当承担损害赔偿责任。噪声污染是否造成精神损害及确定精神损害抚慰金数额,应综合噪声污染的特点、侵权人的过错程度与经济能力、噪声污染程度、持续时间以及被侵权人的实际影响、当地的平均生活水平等因素确定。

【案例9-76】　唐某某诉重庆启昌实业有限公司噪声污染责任纠纷案

判决观点:在目前国家没有对居民楼电梯产生噪声明确平均评价标准的情况下,《社会生活环境噪声排放标准》(GB 2337—2008)针对结构传播固定室内噪声产生的低频噪声问题,规定了详细评价指标,更适合电梯噪声的检测。而《民用建筑隔声设计规范》(GB 50118—2010)等建筑标准中对于固定结构传声产生的低频噪声污染的相应检测方法和评价限制均未有规定。另《社会生活环境噪声排放标准》(GB 2337—2008)对噪声敏感建筑物声环境功能区分进行更为详尽的分类,更能体现对公民权利的确实依法保护。启昌公司作为开发商,对其开发建造的住宅建筑及配套设施负有保障责任,保证

---

〔1〕 参见最高人民法院中国应用法学研究所编:《人民法院案例选》2021年第4辑(总第158辑),人民法院出版社2021年版,第106页。北京市第二中级人民法院(2019)京02民终12931号民事判决书。

其所选定的电梯机房和电梯井位置不对业主产生噪声污染,并承担电梯井产生噪声污染的隔音降噪义务,且该责任与义务不能简单地通过房屋买卖而转移至业主。唐某某从启昌公司处购买的房屋内电梯噪声不符合《社会生活环境噪声排放标准》的规定,影响了唐某某正常生活起居,甚至夜间休息,对唐某某造成了实际损害,启昌公司应当承担侵权责任。唐某某从购买房屋实际居住至噪声整改完成已经将近6年,持续的噪声污染给唐某某日常生活造成不利影响,导致严重精神损害,侵害了其合法权益。唐某某请求精神损害赔偿,符合法律规定。判决:(1)启昌公司支付唐某某检测费4000元。(2)启昌公司支付唐某某精神抚慰金20,000元。(3)驳回唐某某的其他诉讼请求。[1]

【案例9-77】 杨某诉兴华公司、城承公司噪声污染责任纠纷案

一审法院认为,兴华公司作为开发商,在开发建设房屋时,应对与电梯有关的事宜进行合理的设计、选购、安装等,以保证电梯在日后运行中产生的噪声符合国家相关标准,且不对居民造成噪声污染。鉴于本案系民事噪声污染责任纠纷,目前国家没有对居民楼内电梯产生噪声进行评价的明确评准,《社会生活环境噪声排放标准》适用于营业性文化娱乐场所和商业经营活动中产生环境噪声污染的设备、设施边界排放限制和测量方法,按照常理,不论是文娱场所还是商业经营活动,其所能容忍的噪声限值均应高于一般居民屋室的标准,现涉案房屋内的噪声水平已经超过《社会生活环境噪声排放标准》规定的限值,举重以明轻,可以认定电梯已对杨某的居室造成了环境污染。此外,无论噪声是来自居民楼内为本楼居民日常生活提供服务还是居民楼以外,均会对居民的生活产生一定影响。从切实依法保护公民健康权、维护公民合法权益的角度出发,本案应当参照适用《社会生活环境噪声排放标准》,由兴华公司承担降噪等噪声污染民事责任,在整改时应保障电梯运行安全,减轻对居民日常生活的影响。城承公司作为电梯的实际管理人对于这一改造应当予以协助。关于精神损害赔偿的问题,杨某没有证据证明噪声问题对其造成了精神损害,又不申请进行相关鉴定,故该项请求缺乏事实和法律依据,无法得到支持。判决:(1)兴华公司对涉房屋的三部电梯采取整改措施,使涉案房屋噪声符合《社会生活环境噪声排放标准》的要求;(2)城承公司对上述整改予以协助;(3)驳回杨某的其他诉讼请求。二审法院同意一审法院裁判意见。[2]

---

〔1〕 参见最高人民法院中国应用法学研究所编:《人民法院案例选》2021年第7辑(总第161辑),人民法院出版社2021年版,第145页。重庆市江津区人民法院(2019)渝0116民初10808号民事判决书。

〔2〕 参见国家法官学院、最高人民法院司法案例研究院编:《中国法院2021年度案例》(侵权赔偿纠纷),中国法制出版社2021年版,第91页。北京市第三中级人民法院(2019)京03民终8898号民事判决书。

专题十 物业服务人权利纠纷

本专题围绕物业服务人行使权利问题阐述，其行使权利的地理界域范围是绕不开而必须阐明的部分，包括在小区这个特定区域内物业服务人涉及停车、维修诸多的问题。

一、物业服务人权利理解

(一)物业服务人权利含义

物业服务人权利,是指根据物业服务合同的约定对服务管理小区享有相关的权利。该种权利的来源是物业服务合同授权,但同样包括根据法律法规的规定享有的权利在内。根据权利义务对等原则,物业服务人负有义务的范围,对应的就是物业服务人享有权利的范围。这既包括合同约定,也包括法律的规定。

物业服务人权利范围包括收费权、管理权、紧急处置权、诉讼权等权利。其中收费权为最主要的权利,而其他权利则是在物业服务中为实现收费权利而行使的其他权利。

物业服务人诉讼权利,不仅包括合同与侵权诉讼还包括行政诉讼。在履行物业服务合同过程中,物业服务人认为行政主管机关不当行政指导行为影响其合法权利的,亦有权利提起行政诉讼。

【案例10-1】 上海冠好佳物业管理服务有限公司诉上海市虹口区住房保障和房屋管理局行政指导行为纠纷案

判决观点:关于争议焦点一,被告认为,《通报》没有影响到原告已取得及已签订的物业服务合同的效力,即使载明“对有不良记录的企业原则上不予选聘”,因选聘物业服务企业最终决定权在小区业主,故未实质影响到原告的权利和义务,属于不具有强制力的行政指导行为;而原告认为,《通报》中“原则上不予选聘”的限制具有强制力,且已经扩散,严重侵犯了原告的经营权和财产权。对此,一审法院认为,被告作为物业管理的监管部门,对于物业公司的评价相较于其他组织或个人更具有权威性和指引性,其在《通报》中对于具有不良记录的企业所作的“原则上不予选聘”的表述,实质上是对小区业主选聘物业公司的指引,该指引又因被告的管理者身份在客观上对小区业主产生了实质影响力,显然影响到了原告的公平竞争权,故《通报》与原告形成了法律上的利害关系,为可诉的具体行政行为,属于行政诉讼受案范围。

关于争议焦点二,被告认为,其根据《上海市住宅物业管理规定》第四条的规定，具有作出“通报”的法定职权；而原告认为，被告使用“通报”的形式禁止原告经营，并不具有相应的法定职权和依据。对此，一审法院认为，《上海市住宅物业管理规定》第四条的规定，“市房屋行政管理部门负责全市物业管理的监督管理工作。区、县房屋行政管理部门负责本辖区内物业管理的监督管理；其设立的房屋管理办事机构（以下简称房管办事处）承担相关具体事务。市和区、县房屋行政管理部门履行以下职责：……（二）物业服务企业和从业人员的监督管理；……”该条规定系从行政机关之间职能划分的角度对被告法定职权的界定，并未明确授予被告作出“对有不良记录的企业原则上不予选聘”的权力，故被告作出该《通报》属超越法定职权。

关于争议焦点三，被告认为，其提供的证据已经证明原告具有干扰正常选聘工作，扰乱小区管理秩序，严重扰乱被告办公秩序等行为。而原告认为，被告提供的证据存在不真实、无关联性等问题，不足以证明原告具有上述行为。对此，一审法院认为，被告提供的事实证据中，两份《虹口区物业服务企业诚信记录报送表》系其自行制作且其中一份报送表中所记录的纠纷一方为被告，5张照片仅能反映出材料被毁的情况，上海市公安局虹口区分局江湾派出所和曲阳路派出所制作的《上海市公安局案（事）件接报回执单》及询问笔录仅能反映出接警及报警人陈述的内容，上述证据未与其他证据形成完整的证据链，被告即据此对原告作出不良记录及重大不良记录各一次，属证据不足。

关于争议焦点四，被告认为，其对原告所作的不良记录及重大不良记录并非25号文所规定的内容和形式，仅仅是内部的行为，故不需要适用25号文关于程序的规定。而原告认为，被告如要作出不良记录也应当适用25号文的程序规定。对此，一审法院认为，行政行为应当遵循法定程序作出，如无明确的法定程序规定，则应当遵循正当程序。本案中，虽然被告对原告的不良记录及重大不良记录不同于25号文中所规定的内容，也不产生25号文规定的影响物业服务企业资质等级等法律后果，无须遵循25号文的程序规定，但这两次记录客观上属于涉及原告信誉的行为，更何况载明的“对有不良记录的企业原则上不予选聘”，实质影响到原告的公平竞争权，故被告应当遵循正当程序，在作出《通报》前履行告知义务，并听取原告的陈述和申辩，现被告直接作出《通报》显然有违正当程序，属于程序违法。据此，判决撤销被告上海市虹口区住房保障和房屋管理局于2014年8月4日作出的《关于我区物业服务企业负不良诚信记录情况的通报》。[1]

---

〔1〕 参见郭伟清主编：《2016年上海法院案例精选》，上海人民出版社2017年版，第343～344页。

(二)物业服务人行使管理权

物业服务人管理权系基于全体业主的授权或委托对物业本身和业主等人的行为的管理。司法解释制定者认为,物业服务企业的职能是对物业实施服务和管理,物业服务企业这一职能也称为物业服务管理权。该权利并非企业自己所固有的,而是因业主受让取得的,是物业服务企业通过与业主订立物业服务管理合同,基于业主委托而获得的资格,并代表业主运用经济手段经营、服务管理物业。物业服务企业与业主之间是服务与被服务的关系。业主处于主导地位,是权利主体。业主有参加物业管理的权利,包括有权选聘或解聘物业服务企业、决定房屋维修基金的使用和对收费使用情况进行监督等。同时,业主亦有合理使用房屋和公共设施、维护物业的效用和价值的义务。而物业服务企业对物业的服务管理权实质内容是服务。物业服务企业对业主履行服务管理行为是企业行为,在内容上,物业服务企业除对物业进行养护外,还应提供专项服务和特约服务等,其属于多功能全方位的服务管理。物业服务企业的服务管理权是以物业所有权人为对象的服务,并通过服务与业主之间形成服务—获取报酬的法律关系。物业服务企业提供的服务是有偿的,其实行的是"以区养区""以业养房"的方针,其服务管理经费除自筹以外,还包括收取的服务管理费等。物业服务企业的性质,决定了物业服务企业在提供物业服务和实施物业管理行为时,必须依照与业主签订的合同约定以及管理规约等,全面履行服务管理职能。[1]

物业的管理并非从上至下的管理或者行政意义的管理,而仅仅是基于维护业主共同利益的需要为履行物业服务合同所实施的管理,故不得超出合同约定的权限。在物业管理领域,从债法的角度,物业服务人所提供的是作为合同标的物的物业服务;从物权法角度,也可以将这些服务解释为管理区所有建筑物共有部分的权限或职责,其来源即业主的成员权或共同管理权。换言之,物业服务人的服务义务范围虽然主要由物业服务合同约定,但由于相应义务所对应的服务职责又来源于业主的共同授权,所以,即便在物业服务合同并未明确约定的情况下,基于区分所有建筑管理和使用的特性,物业服务人也应当负有针对业主共有部分、物业公共秩序和业主人身安全等方面的法定义务和职责。[2] 从一定意义上讲,物业服务人行使管理权的实质就是履行合同的表现。

---

〔1〕 参见最高人民法院民事审判第一庭编著:《最高人民法院建筑物区分所有权、物业服务司法解释理解与适用》,人民法院出版社2009年版,第275页。

〔2〕 参见中国审判理论研究会民事审判理论专业委员会编著:《民法典合同编条文理解与司法适用》,法律出版社2020年版,第735~736页。

业主不是立法者,物业服务人也不是行政管理机关,无权在管理规约中规定强制措施,如对业主进行罚款、限制出行自由等。业主的私搭乱建行为违反了业主共同利益的,物业服务人可以依据管理规约进行阻止,但不得采取措施直接拆除。

【案例10-2】 广西福来物业服务有限责任公司诉郑某某物业服务合同纠纷案

二审法院认为,物业管理是业主通过选聘物业管理企业,由业主和物业管理企业按照物业管理服务合同约定,对房屋及配套的设施设备和相关场地进行维修、养护、管理,维护相关区域内的环境卫生和秩序的活动。物业管理企业应当按照物业服务合同的约定,提供相应的服务。业主在物业管理活动中,应当按照物业服务合同的约定,接受物业管理企业提供的服务,并按时交纳物业服务费用。[1]

1. 管理权具体范围

物业服务人管理权主要涉及对物的管理,即管理物业服务区域内的业主的共有财产,主要包括小区的道路、绿地、广场等公共场所,电梯、消防设施、公共照明设施和共有的车位车库等公共设施,以及物业服务用房等。

对人方面的管理,在于维护物业服务区域内的基本秩序,常见的情形有:

业主装修不遵守管理规约,物业服务人有权制止。《民法典》第九百四十二条第二款规定:"对物业服务区域内违反有关治安、环保、消防等法律法规的行为,物业服务人应当及时采取合理措施制止、向有关行政主管部门报告并协助处理。"第九百四十五条第一款规定:"业主装饰装修房屋的,应当事先告知物业服务人,遵守物业服务人提示的合理注意事项,并配合其进行必要的现场检查。"《物业管理条例》第四十五条、第五十二条亦作了类似规定。依据上述法律规定,物业服务人享有对违规、违法业主的制止权利。小区临时规约约定不得安装防盗窗、防护栏、对阳台改扩建、拆除承重墙等,对小区所有业主有法律约束力,所有业主都应该遵守。作为小区的管理者,物业服务人制止业主安装防盗窗、拆除承重墙,既是其物业服务与管理的权利,也是对其他业主必须履行的义务。业主违反临时规约的,物业服务人应依据临时规约予以制止,并向有关行政主管部门报告。

物业服务人有权对业主安装可能影响主体结构的室内设备予以阻止。业主对专属的区域有权处分自己的财产,可以安装浴缸,但业主处分其财产也是有边

---

〔1〕 参见最高人民法院民法典贯彻实施工作领导小组编著:《中国民法典适用大全》(合同卷五),人民法院出版社2022年版,第3556页。广西壮族自治区来宾市中级人民法院(2015)来民二终字第232号民事判决书。

界的,受到不能侵害其他业主的合法权益限制。超负荷的室内设备有可能会影响大楼的结构,进而威胁到大楼的安全,物业服务人依据其职责予以制止。业主确需安装大型家具或设备的,应该在相关行业标准规定的范围内,征得物业服务人的同意。业主认为物业服务人无理阻挠,可以聘请相关的专业技术专家进行鉴定分析,经分析在规定限度内物业服务人仍然阻止的,业主可以向法院起诉,请求其排除妨碍赔偿损失。

业主或部分业主占用共用楼道问题。部分业主圈占楼道的行为,不仅是对本层其他业主权益的侵害,也是对整栋楼全体业主权益的损害。事实上即便只有部分业主使用共用楼道,该部分业主也无权占用。

业主在户外安装广告牌拆除问题。业主经有关部门批准在户外安装广告牌,物业服务人以危害楼宇整体安全为由擅自拆除的,超过物业服务合同约定行使管理权范围,其权利行使不当。

业主专属空间设施出现故障问题。对于业主住房内因排水管道堵塞渗水等问题,应区分具体情况确定是否为物业服务人管理范围。对于因业主自身原因造成的排水管道堵塞、渗水,自然排除于物业服务人管理范围之外。对于因相邻业主装修或日常使用上的原因造成排水管道堵塞、渗水,也可以排除物业服务人管理责任。但物业服务人疏于监督管理有过错的,应认定物业服务人有次要责任。对于因物业服务人怠于维修养护造成排水管道堵塞、渗水的,亦是物业服务人管理职责的失职行为,而不因共用设施排水管道通过业主家中而排除物业服务人的管理职责。

业主为对外出租,将自己的房屋随意分割改造多套空间、乱拉电线下水管道,破坏房屋结构,存在明显安全隐患。其群租现象既影响了相邻方的生活,也给小区的物业管理造成困难,不但业主委员会有权制止,这亦是物业服务人管理范围。

物业服务人无权自行限制业主车辆自由进入小区,但有权执行物业管理公约中关于限制业主车辆进入之规定,且目的手段需符合比例原则。

【案例10-3】　舒某某、叶某等诉浙江奥航物业管理有限公司衢州分公司、浙江奥航物业管理有限公司物权纠纷案

二审法院认为,本案中,被告作为绿江南小区的前期物业服务管理公司,为解决因车多位少引发的停车纠纷,在结合业主建议以及衢州市衢江区信访局调处意见的基础上,制定了《管理公约》,并经意见征集,获得2/3以上的业主赞成,故上述《管理公约》对包括原告在内的小区业主均具有约束力。诉讼中,原告提出《管理公约》征求意见的结果意见不真实,但未提供证据证明,故对其所述意见不予采信。因原告林某驾驶的浙H16×××、史某某驾驶的浙H86V×××、周某某驾驶的浙H8D×××、陆某某驾驶的浙H2×××车辆多次不按规定停放,违反《管理公约》三次以上,且又拒签署自愿遵守

《管理公约》的承诺书，为确保小区消防安全，两被告依据《管理公约》对上述车辆实施管理，并无不当。庭审中，被告明确提出，如原告书面承诺遵守《管理公约》，可以恢复其登记车辆的自动识别信息，使其进入小区不受影响。但上述原告仍明确表示拒绝遵守《管理公约》，该事实足以表明，原告驾驶的车辆之所以失去进出小区的便利，完全系其自身拒不承担文明停车的义务所致，由此导致的不利后果应由其自行承担。至于原告舒某某驾驶的浙H9S×××车辆通行问题，因被告辩称其并未将该车的自动识别信息删除，而原告舒某某、叶某亦未提供证据证明侵权事实存在，故对其诉讼请求亦不予支持。

判决：驳回上诉，维持原判。[1]

2. 装修管理

装修管理的依据。《民法典》第九百四十五条第一款规定："业主装饰装修房屋的，应当事先告知物业服务人，遵守物业服务人提示的合理注意事项，并配合其进行必要的现场检查。"该条明确规定了业主告知、遵守和接受检查义务，更确立了物业服务人的装修要求和检查的权利，是业主进行装修管理的法律依据。《住宅室内装饰装修管理办法》第十三条第一款规定："装修人在住宅室内装饰装修工程开工前，应当向物业管理企业或者房屋管理机构（以下简称物业管理单位）申报登记。"第十五条第一款规定："物业管理单位应当将住宅室内装饰装修工程的禁止行为和注意事项告知装修人和装修人委托的装饰装修企业。"第二十条规定："装修人不得拒绝和阻碍物业管理单位依据住宅室内装饰装修管理服务协议的约定，对住宅室内装饰装修活动的监督检查。"从上述规定可以看出，物业服务人对装修人的监督主要在申报登记、禁止行为和注意事项告知及现场检查三个环节。在这三个环节中，现场检查尤为重要。只有及时发现，才能及时制止。如果检查滞后，其事后发现则改正难度加大。因此，物业服务人对业主装修行为及时履行现场检查是装修管理的重中之重。

业主是房屋所有权人，依法对其专属部分享有占有、使用、收益、处分的权利，这些权利的行使必然要在物业服务领域之内。业主对房屋怎么装修是业主自身权利的行使，也是自己的事情，但由于房屋属于不动产，其改造、使用等都有严格的规定，所以业主在装修时，必须遵守相关的法律规定，而不能随心所欲不受必要限制，不得影响建筑物的整体美观和协调进行违章装修。业主在其屋顶独用平台搭建玻璃房，未经业主大会或物业服务人的同意，擅自在平台上搭建违章建筑，影响了小区整体环境面貌，侵犯了整幢楼业主的利益。应注意的是，业主不能以其

---

〔1〕 参见最高人民法院中国应用法学研究所编：《人民法院案例选》2021年第3辑（总第157辑），人民法院出版社2021年版，第68页。浙江省衢州市中级人民法院(2020)浙08民终360号民事判决书。

他业主进行同样装修为由违反物业管理规约擅自装修。换言之,业主不能以他人未履行义务为由免除自己的义务。

业主在装修时,物业服务人一般都会要求签署装修协议书,将房屋装修中应遵守的事项及禁止行为告知业主,并要求业主承诺不破坏房屋的主体结构、承重墙等。大多数物业服务人为了限制业主装修中的违规行为,而要求业主交纳装修押金或保证金,待装修完毕没有违反协议书约定行为的,押金或保证金予以退还。若出现违法装修或因装修造成物业损害的,物业服务人可以从押金或保证金中扣除赔偿款。实践中,物业服务人收取装修押金或保证金带有普遍性和强制性,业主不交装修押金或保证金的,物业服务人以各种理由或方式限制业主装修,如常见的不允许装修施工队进场、不允许装修垃圾在指定地点堆放等。现行法律法规并没有规定业主装修必须交付押金或保证金,也没有规定物业服务人必须收取装修押金或保证金,故物业服务人收取装修押金或保证金没有法律依据。从法律上讲,是否交纳装修押金或保证金、交付多少押金或保证金,完全是业主和物业服务人之间协商一致的结果,物业服务人无权强行要求业主交纳装修押金或保证金,其强行收取的行为超出了物业服务人服务和管理的范围,显然是不妥当的。若物业服务人因业主不交纳装修押金或保证金就阻止业主进行装修,属于侵害业主的合法权益。应注意的是,业主装修交纳押金或保证金在物业服务合同(含前期物业服务合同)有约定的,应遵从约定,物业服务人收取装修押金或保证金有合同依据,在业主不交纳装修押金或保证金时,物业服务人自然有权阻止。

物业服务人对业主违章装修,可以采取暂扣装修工具、限制装修材料进入业主室内等措施。对拒不听从劝阻的业主,物业服务人应及时向有关行政主管部门报告。但物业服务人对业主违章装修的管理应在合理范围内,不得超越管理职权。

物业服务人对业主违章装修如违章搭建、封闭阳台的处理都不具有紧迫性,并不符合自力救济的适用条件。因此物业服务人径行拆除违章装修的行为,超越了自力救济的边界,其管理行为应确认为违法。

【案例10-4】 许某某、冯某某诉某物业服务集团有限公司财产损害赔偿纠纷案

判决观点:根据《物业管理条例》第四十五条规定,被告系提供物业服务的营利法人,并不具有强制执行权限。原告封闭阳台的行为虽违反了临时管理规约的相关条款,但物业公司未经法定程序由职能部门依法处理或通过诉讼途径,而是径行拆除,对其行为的合法性应确认违法,超出了自力救济应当遵循法律规定之边界,有违程序正当。纵然原告违约在先,亦未赋予被告物业公司具有强制拆除的权限,且该权限应当由法律明确设定,故对被告抗辩其实施拆除系履行管理职责延伸之主张，法院不予采纳。[1]

物业服务人限制装修材料进入业主室内装修造成其损失，对业主的损失有过错的亦应承担相应的责任。

【案例10－5】 彭某某诉广东某物业有限公司财产损害赔偿纠纷案

二审法院认为，某物业公司作为广州市白云区某小区的物业管理者，负有对小区进行管理的职责。在发现业主、住户有违反小区公约的行为时，某物业公司有权予以制止并向相关部门进行举报，由相关部门对业主、住户的行为进行处罚。而彭某某作为小区住户，依法享有自由进出小区，并使用自己房屋的权利。但某物业公司却采取以强行妨碍彭某某进出小区的手段，作为对彭某某违规装修的处理方式，显然是不妥当的。故原审法院认定某物业公司的行为属于超越物管职权的行为，应当对损失承担主要责任，并无不当。但彭某某在与小区保安发生冲突时，亦应采取理智的方式进行处理。现彭某某采取两次强行冲卡的行为，导致小区财物受到损害，彭某某亦应承担相应的责任。二审法院维持了一审法院对于某物业公司承担60%的责任，彭某某承担40%的责任的判决。[2]

实践中，物业服务人认为业主装修不当的诉至法院，由法官裁量。

【案例10－6】 北京市大成物业管理有限公司诉李某等物业服务合同纠纷案

二审法院认为，大成开发公司预售商品房时没有将映日园1号楼南侧阳台是否封闭的情况明确告知购房人。购房合同虽有“阳台做法以施工图为准”的条款，但大成开发公司于签约之时没有出示施工图。购房人根据合同无从判断阳台是否封闭，而映日园1号楼的沙盘展示效果该楼阳台均为封闭式，且合同明确装修标准为“封闭阳台：白色塑钢窗”，故购房人有理由相信交付商品房的南侧阳台亦为封闭式，并基于此与大成开发公司签订了购房合同。大成开发公司交付的映日园1号楼南侧阳台均未封闭，购房人不得不接受了这一与其购房期望相悖的事实。业主主张采取补救措施统一封闭阳台解决防盗、防尘等问题，并形成了决议，要求物业管理企业予以实施。但大成物业公司未接受业主正当合理的请求。在此情况下，业主按照合同约定的装修标准，采用白色塑钢窗统一施工封闭了南侧阳台，对保持小区风貌的统一有序和房屋的正常使用无明显妨碍。大成物业公司依据《公约》《装修细则》《业主公约》等文件中产权人不得擅自封闭阳台这一旨在制止无序装修行为

---

〔1〕 浙江省建德市人民法院(2017)浙0182民初5210号民事判决书。

〔2〕 广东省广州市中级人民法院(2014)穗中法民终字第3419号民事判决书。

的条款，拒绝业主的合理要求，不能支持。大成物业公司本当积极协助业主完备封闭阳台的报批手续，现其以手续不全为由要求业主将封闭阳台恢复原状，法院难以支持。其称阳台封闭后存在安全隐患，未提供相关证据，不能采信。原审法院综合本案实际情况，没有支持大成物业公司的诉讼请求，并无不当。判决：驳回上诉，维持原判。[1]

【案例10－7】　北京某小区物业管理有限公司诉王某某物业服务合同纠纷案

二审法院认为，未经政府相关部门批准及物业公司同意，自行加装玻璃封闭阳台，其行为显属不当，应予批评，鉴于王某某加装的玻璃与其弧形阳台走向一致，颜色及窗棂亦与南侧大阳台一致，王某某的行为尚未破坏、改变该楼宇外墙面的形状、颜色，亦未影响小区内的整体美观及市容环境，故王某某自行封闭的阳台尚可维持原状。王某某自行更换封闭阳台的破损玻璃，并无不当，某小区公司不应妨碍。[2]

物业服务人认为业主装修不当，依据装修协议或前期物业服务合同约定主张违约金、没收装修保证金的，法院原则上不予支持。

【案例10－8】　佛山市某物业管理有限公司诉梁甲、刘某某等侵权责任纠纷再审案

再审法院认为，关于某小区物业公司请求梁甲、刘某某、梁乙支付违约金50,000元能否得到支持。某物业公司与刘某某签订的前期物业管理服务协议约定，若违章装修(包括经有关部门批准但未经某物业公司同意的装修或加建的建筑物)，业主需向某物业公司或开发商支付违约金50,000元。某物业公司将业主取得合法手续但未经其同意的行为约定需向其支付违约金50,000元，明显加重了业主的责任，根据《物业服务解释》第二条第一款第二项之规定……二审判决认定该合同条款无效，并对某物业公司主张梁甲、刘某某、梁乙支付违约金50,000元的诉讼请求不予支持并无不当。[3]

【案例10－9】　张某诉郑州市某物业管理有限公司物业服务合同纠纷案

二审法院认为，某物业公司上诉称依据前期物业管理服务协议和装修竣工验收单等，在张某的装修行为违反了前期物业管理服务协议约定的情况

---

〔1〕 参见北京市高级人民法院民一庭编：《北京民事审判疑难案例与问题解析》(第3卷)，法律出版社2007年版，第205页。

〔2〕 北京市第三中级人民法院(2014)三中民终字第03474号民事判决书。

〔3〕 广东省高级人民法院(2017)粤民申1031号民事裁定书。

下,其有权不予退还装修押金2000元。某物业公司与张某系平等民事主体,其作为物业企业,可责令张某整改或移交行政主管机关处理,但无权以此作为没收或继续占有张某装修押金的对价依据。[1]

在对业主装修管理中,最高人民法院法官认为,装修保证金是物业服务人向业主主动收取的费用,带有一定的非协商性,但考虑到装修工程的特点和物业服务人对装修工程的管理需要以及多数业主对装修保证金的总体认同和共同利益,加之装修保证金是物业服务人员和业主之间通过合同确定的担保形式,体现了双方的真实意思表示,在没有相关法律法规对此进行规范的情况下,对物业服务人收取装修保证金的行为不宜作否定性评价。[2]

3. 业主在小区内扩建占用问题

《民法典》第二百七十四条规定:“建筑区划内的道路,属于业主共有,但是属于城镇公共道路的除外。建筑区划内的绿地,属于业主共有,但是属于城镇公共绿地或者明示属于个人的除外。建筑区划内的其他公共场所、公用设施和物业服务用房,属于业主共有。”该条规定了绿地、道路归业主共有,不是说绿地、道路的土地所有权归业主所有,而是特指绿地、道路作为土地上的附着物归业主所有。该条明确了在小区范围内的土地使用权属于全体业主,而不是归个别或部分业主专属,业主除了专有空间外不享有其他土地的使用权,业主不能将房屋及院落扩建至公共人行道或超出专有范围,物业服务人对业主扩建行为可以行使管理权并诉至法院。

享有建筑物区分所有权的业主,擅自在公共区域建设附属设施的行为,侵占了业主共有所有权,物业服务人有权要求拆除违法设施,恢复原状。

【案例10-10】 陕西名苑物业管理有限公司诉杨某某物业服务合同纠纷案

二审法院认为,杨某某作为该小区房屋业主,为居住安全,贴窗安装防护网并不影响小区的管理和其他住户正常生活。但其在101号和102号房屋南阳台之间沿防水渠安置防护网和在101号房屋以东沿防水渠搭建防护网,占用了公共区域,给小区管理造成妨碍,该防护网应予拆除。改判杨某某将其居住的添福阁C座1层101号、102号房屋南阳台之间及101号房屋以东沿防水渠搭建防护网予以拆除,并恢复房屋外观原状。[3]

---

〔1〕 河南省郑州市中级人民法院(2014)郑民三终字第1460号民事判决书。

〔2〕 参见最高人民法院民法典贯彻实施工作领导小组编著:《中国民法典适用大全》(合同卷五),人民法院出版社2022年版,第3582页。

〔3〕 陕西省西安市中级人民法院(2005)西民一终字第949号民事判决书。

4. 物业服务人处罚问题

业主应该遵守相关法律法规以及物业管理公约，不得违章装修。现行法律法规未对业主违法违章等行为赋予物业服务人断水、断电等的处罚权，物业服务人不能对业主行使断水、断电处罚权。《民法典》第九百四十四条第三款规定：“物业服务人不得采取停止供电、供水、供热、供燃气等方式催交物业费。”该条款虽然列在业主违反约定逾期不支付物业费的项下，但表明物业服务人不具上述内容的处罚权，且该项禁止行使上述断水、断电处罚权亦不得用于违法违规的行为，包括装修行为在内。

5. 管理权容忍限度

物业服务人在对小区的服务与管理中，要面对两个方面的问题。一方面，依法正确行使管理权。业主违反物业服务合同法律、法规、管理规约，实施妨害物业服务与管理的行为，物业服务人可以请求业主承担恢复原状、停止侵害、排除妨害等相应民事责任。物业服务人作为小区物业服务的提供者，对小区负有管理之责，对小区业主违反规定的行为有权予以制止。另一方面，准确把握管理权限度。法律规定物权制度的目的，在于通过对物权的支配来实现对物的利用。为了充分发挥不动产的效能，有效利用和实现不动产的价值，所有人或使用人在行使不动产权利时，有权根据相邻关系的法律规定，要求他方提供必要的便利。即便是给他方造成了侵害或妨碍，只要这种侵害或妨碍仍然在正常合理的范围内，他方即负有容忍义务，对物业服务人管理亦是同样道理。判断是否超出相关主体的忍受限度范围，通常根据所受的妨碍是否逾越了社会一般人“容忍限度”，妨害如果逾越一般人的忍受限度，即属违法，构成侵权；反之，如果没有逾越社会一般人的忍受限度，受害人则负有容忍义务，即阻却违法，不构成侵害。也就是说，物业服务人对应在容忍限度内业主行为提出违法并请求排除妨害诉求的，不受法律保护。

如何裁量物业服务人管理权容忍义务的限度，是法官审理此类纠纷案件的难点，也是时常发生争议的问题。民法上针对相邻关系的处理规定了基本原则，即有利于生产、方便生活、团结互助、公平合理，但该原则化的规定在具体案件适用上存在一定困难，审判实践中于一方有利、方便、合理的，于另一方往往是相反的，面对不同当事人的利益诉求如何寻得平衡，需要法官依据相邻关系的立法本意、民法精神以及社会妥当性等基本原则，就案件事实认定及法律适用事项进行权衡、裁量，这是一个行使自由裁量权的过程和结果。个案中，应根据业主拆改房屋的目的是否具有正当性、合理性为基准，在业主拆改房屋行为不影响小区公共安全的前提下，业主基于所有权而产生的对房屋正当、合理、现实的使用需求与物业管理秩序相衡量，在顺位上应优先保护业主对房屋的有效利用之需求，其次是物业服务人的管理，这是物业服务人行使管理权应该容忍的限度。

【案例10－11】 江苏泓安物业管理有限公司诉包某等排除妨害纠纷案

二审法院认为，包某在江阴市某小区16层公共过道墙面上拆墙改门，不符合物业服务合同的约定，但1502室房屋为复式楼（15～16层），包某在16层非承重墙部位开户，并不影响房屋的整体安全，也未超出房屋的合理限度，且包某的行为也是因离婚后生活所需，是其维持正常生活秩序的必然要求。因此，泓安公司对包某的行为应当予以容忍。根据离婚协议书，包某、黄某名下另有滨江中路房产，但该房产非住宅房屋，包某并不存在可合理安置的住房，泓安公司主张包某在公共部位墙体上开门不具有必然性，事实依据不足，不予采信。泓安公司提出即便属生活所需，也应履行相应报批手续的意见，由于相关管理部门就此问题的网上咨询已作出答复，故对泓安公司提出向主管部门调查的申请，不予准许。综上所述，泓安公司的上诉请求不能成立，应予驳回；一审判决认定事实清楚，适用法律正确，应予维持。二审法院判决：驳回上诉，维持原判。[1]

即便业主存在违反管理规约私搭乱建的行为，物业服务人采取强制措施拆除的，应认定为超出管理职权范围。

【案例10－12】 朱甲诉江苏美泉物业管理有限公司恢复原状纠纷案

判决观点：第一，……美泉公司作为开发公司指定的前期物业管理单位，在万家富公寓商住楼小区业主大会未成立前，其职责是根据前期物业服务协议及业主临时规约的规定，对所涉房屋及配套设施设备和相关场所进行维修、养护、管理，维护相关区域内的环境卫生和秩序。其权利本质属于业主的授予，并通过双方的合约确定权利义务关系。第二，强制性措施由国家权力机关依法赋予法定机关或授权有关机关依照法定程序和法律规定行使或实施。美泉公司作为物业服务企业，无权行使强制性措施。美泉公司称其在与城管及社区进行沟通后拆除了朱甲的空调，但美泉公司自认其向城管反映后，城管部门认为朱甲安装的空调并不影响市容。美泉公司以两楼之间平台不能安装空调为由，擅自拆除业主朱甲空调的行为，超越了物业管理公司的职责范围，该行为不仅侵犯了朱甲的权利，而且损害了法律的严肃性。第三，虽然朱乙代表朱甲签署《前期物业服务协议》及《业主临时管理规约》，但是对朱甲具有约束力。朱甲也承诺严格按设计预留位置安装空调。但朱甲能否在两楼之间的平台上安装空调，美泉公司无权作出评判，更无权利拆除。

---

〔1〕 参见国家法官学院、最高人民法院司法案例研究院编：《中国法院2020年度案例》（物权纠纷），中国法制出版社2020年版，第89页。江苏省无锡市中级人民法院（2017）苏02民终5367号民事判决书。

美泉公司向朱甲发出通知称政府部门责令物业对空调外机强行拆除,没有证据证明。无权占有不动产或者动产的,权利人可以请求返还原物,造成不动产或者动产毁损的,权利人可以请求修理、重作、更换或者恢复原状。美泉公司拆除并占有朱甲的空调外机,侵犯了朱甲的物权,朱甲有权要求美泉公司返还财产并恢复原状。故对朱甲的诉讼请求,法院予以支持。判决:美泉公司返还朱甲空调外机两台并恢复安装的原状。[1]

【不同处理】 有的法院认为,业主存在违反管理规约私搭乱建的行为,物业服务人采取积极行为强制拆除的,认定其未超出管理职权范围并可以免责。

【案例 10-13】 杨某诉某物业公司财产损害赔偿纠纷案

判决观点:杨某无权就其违法行为而产生的损失依法获得赔偿。民事主体从事民事活动,不得违反法律,不得违背公序良俗。首先,杨某主张其在购房时曾得到销售人员的口头承诺,可将入户门外移1米,然该主张未得到某物业公司的认可,杨某亦未举证证明,故对该意见不予采纳。其次,从法律规定来看,杨某所装设防盗门的位置位于公共建筑部位,属于建筑物共有部分,其亦确认明知该事实。杨某私自装设防盗门的行为侵害了其他业主对共有部分享有的共有和共同管理的权利,该行为具有违法性,理应得到法律的纠正和制裁。杨某主张之损失系基于其违法行为而产生。若杨某经司法程序就该损失获得赔偿,在客观上会产生其违法后果得到保护的现象,这与立法精神及公序良俗相违背。最后,从双方约定来看,根据《前期物业服务协议》的约定,某物业公司负有提供物业公共部位管理、装饰装修管理服务义务和采取规劝、阻止、上报等必要措施,制止业主违反业主临时管理规约和物业管理区域内物业管理规章制度行为的职责,《临时管理规约》明确约定了业主在物业使用过程中严禁违法搭建建筑物、构筑物,在装饰装修自有单元时亦须保证不损坏占用公共部位、共用设施设备。杨某私自装设防盗门的行为违反了相关约定。某物业公司将上述情况报告相关部门的行为符合合同之约定,其在相关部门的监督下拆除案涉防盗门亦具有正当性。另外,杨某为证明其主张的损失提供了收据和照片,然根据其提供的照片显示的内容,涉案防盗门虽已受损,但尚具有较为完整的轮廓,仅根据照片显示的内容无法认定该防盗门已达全损状态,不足以证明其主张的损失。判决:驳回杨某的诉

---

〔1〕 参见国家法官学院案例开发研究中心编:《中国法院2019年度案例》(物权纠纷),中国法制出版社2019年版,第249~250页。江苏省江阴市人民法院(2017)苏0281民初7039号民事判决书。

讼请求。[1]

6. 共有部分的管理

有法官认为,针对业主共有部分的管理义务,需要注意两个特殊问题:(1)对共有部分维修的程度和类型的不同,其管理和决定的程序也不同。计入物业服务人成本的小规模或日常维护,属于物业服务人的职责范围,由物业服务人自行实施并进行公示。对共有部分进行较大规模的维修或更换等,需要使用物业维修资金的,则应按照法律规定和合同约定的程序作出决议后,由物业服务人组织实施。(2)经营管理业主共有部分必须取得业主的授权,经营管理的范围和方式也须征得业主同意并符合法律法规的规定。经营收益一般应归全体业主所有,或者基于物业服务人与业主之间的约定进行合理分配。[2]

业主不得违反业主公约及物业管理规定,基于个人利益擅自破坏、改造与其房屋毗邻的庭院绿地。即使业主对于该庭院绿地具有独立使用权,如果该庭院绿地属于小区绿地的组成部分,业主在使用该庭院绿地时亦应遵守业主公约、物业管理规定中关于小区绿地的管理规定,不得擅自破坏该庭院绿地,损害小区其他业主的合法权益。物业服务人依据物业服务合同,可以对破坏该庭院绿地公共部分行使管理权。

【案例 10-14】 青岛中南物业管理有限公司南京分公司诉徐某某、陆某某物业管理合同纠纷案

判决观点:根据本案事实,不能认定被告徐某某、陆某某对所购麒麟锦城小区的房屋南阳台外庭院绿地享有独占使用权。被告徐某某、陆某某主张常锦公司的售楼人员曾口头承诺买一楼送花园,并有证人证实常锦公司的售楼人员确实作出过上述口头承诺。根据现场勘查情况,徐某某、陆某某所购麒麟锦城小区的房屋南阳台外庭院绿地设有栅栏围挡,常锦公司建设该房屋时在南阳台上预留了出入门。据此,徐某某、陆某某一家人可以进入该庭院绿地,而小区其他业主则不能进入,即从该庭院绿地的建造设计情况来看,似乎该庭院绿地仅供徐某某、陆某某一家使用。但是,根据上述事实,尚不能认定徐某某、陆某某对所购麒麟锦城小区的房屋南阳台外庭院绿地享有独占使用权。该庭院绿地作为不动产,其使用权的归属不能仅仅依据现实占有、使用

---

〔1〕 参见国家法官学院、最高人民法院司法案例研究院编:《中国法院 2021 年度案例》(物权纠纷),中国法制出版社 2021 年版,第 92～93 页。江苏省无锡市锡山区人民法院(2019)苏 0205 民初 5260 号民事判决书。

〔2〕 参见中国审判理论研究会民事审判理论专业委员会编著:《民法典合同编条文理解与司法适用》,法律出版社 2020 年版,第 736 页。

的情况判断,必须根据房屋买卖双方的协议内容及物权登记情况加以确定。首先,即使常锦公司的售楼人员曾向被告徐某某、陆某某口头承诺买一楼送花园,但在常锦公司与徐某某、陆某某正式签订的商品房买卖契约中,并未对徐某某、陆某某所购麒麟锦城小区的房屋南阳台外庭院绿地的使用权作出明确约定。常锦公司的售楼人员作出口头承诺在先,徐某某、陆某某签订商品房买卖契约在后,且商品房买卖契约系书面合同,故房屋买卖双方关于该庭院绿地使用权归属问题的约定,应当依据常锦公司与徐某某、陆某某正式签订的商品房买卖契约的内容加以确定,而根据该商品房买卖契约,不能认定徐某某、陆某某在购买麒麟锦城小区房屋的同时取得了该房屋南阳台外庭院绿地的使用权。其次,如果被告徐某某、陆某某对其所购麒麟锦城小区房屋南阳台外庭院绿地具有独占使用权,则该项事实应当在房屋所有权证、国有土地使用权证中加以明确记载。鉴于徐某某、陆某某尚未领取房屋所有权证及国有土地使用权证,不能以物权证书证明其对该庭院绿地享有独占使用权,因此,该徐某某、陆某某关于其对该庭院绿地享有独占使用权的主张,缺乏事实根据。综上,根据本案事实,只能认定被告徐某某、陆某某对所购麒麟锦城小区的房屋南阳台外庭院绿地享有一般使用权,不能认定对该庭院绿地享有独占使用权。

被告徐某某、陆某某无权擅自对所购麒麟锦城小区的房屋南阳台外庭院绿地进行改建。首先,鉴于不能认定徐某某、陆某某对其所购麒麟锦城小区的房屋南阳台外庭院绿地享有独占使用权,徐某某、陆某某关于他人无权干涉其改建该庭院绿地的抗辩主张不能成立。其次,根据本案事实,原告中南物业南京公司在发现被告徐某某、陆某某对所购麒麟锦城小区的房屋南阳台外庭院绿地实施改建后,分别于2005年11月1日、2006年3月21日向徐某某、陆某某发出整改通知,要求停止对该庭院绿地的改建,恢复原状。徐某某两次签收了中南物业南京公司出具的整改通知单。庭审中,徐某某虽然主张其仅签收过一次中南物业南京公司出具的整改通知单,而且在签收时并未查阅整改通知单的具体内容,但未能举证加以证明,且其关于未查阅整改通知单的具体内容即予以签收的主张有悖常理,故不予支持。根据中南物业南京公司向徐某某、陆某某两次送达整改通知,在徐某某、陆某某拒不整改后即向法院起诉的行为,可以认定中南物业南京公司不同意徐某某、陆某某改建庭院绿地的行为,徐某某、陆某某系擅自改建庭院绿地的行为,其关于中南物业南京公司明知其改造庭院绿地而未予制止,应当视为同意改造的抗辩主张不能成立。最后,被告徐某某、陆某某签署的《中南麒麟锦城业主公约》及其与原告中南物业南京公司签订的《中南麒麟锦城物业管理服务协议》,系其真实意思表示,且不违反法律、行政法规的强制性规定,应认定为合法有效。故

《中南麒麟锦城业主公约》《中南麒麟锦城物业管理服务协议》均对徐某某、陆某某具有约束力,二被告应当依据《中南麒麟锦城业主公约》《中南麒麟锦城物业管理服务协议》履行相应义务。根据《中南麒麟锦城业主公约》《中南麒麟锦城物业管理服务协议》的规定,徐某某、陆某某不能破坏其所购麒麟锦城小区的房屋南阳台外庭院绿地,不能擅自对庭院绿地进行改造。退一步讲,即使徐某某、陆某某对于该庭院绿地具有独占使用权,鉴于该庭院绿地属于小区组成部分,根据物权的公益性原则,徐某某、陆某某在使用该庭院绿地时亦应遵守《中南麒麟锦城业主公约》《中南麒麟锦城物业管理服务协议》关于小区绿地的管理规定,不得擅自破坏庭院绿地,损害小区其他业主的合法权益。因此,徐某某、陆某某擅自改造庭院绿地的行为已违反了《中南麒麟锦城业主公约》《中南麒麟锦城物业管理服务协议》的规定,中南物业南京公司要求徐某某、陆某某停止对该庭院绿地的改建,拆除水泥地、鱼池、花地,恢复该庭院绿地原状的诉讼请求,应予支持。[1]

物业服务人与开发商或业主委员会签订的物业服务合同约定小区内楼宇的房面使用权、外墙面使用权等公用部位归全体业主所有,由物业服务人统一管理,即享有合法管理权。在物业服务人享有公用部位合法管理权前提下,物业服务人出租或合法利用公用部位是否还需要业主委员会授权有争议。一般认为,如果物业服务合同有约定不授权就可以利用的则遵从合同约定,在物业服务合同对此未约定的,对外出租公用部位的应有业主委托人的特别授权,可减少纠纷的发生。

7. 管理权与专有权冲突

物业服务人行使管理权时,有权在物业管理区域内进行管理。对业主违规装修的行为,出现对建筑物构成安全隐患,危害其他区分所有权人的共同利益、妨碍整幢建筑物正常使用的情形时,物业服务人有权通过制止等合法手段进行管理。物业服务人的这种管理,是对业主所有权行使的一种限制,其是为了其他区分所有权人的共同利益不受侵害。

【案例 10 - 15】 顾某某诉上海巨星物业有限公司排除妨碍、赔偿损失纠纷案

一审法院认为,原告顾某某是三和花园 4 号楼 29E 室的业主,对该室享有建筑物区分所有权。29E 室的墙板、楼板与该楼其他墙板、楼板一样,是使该楼能成为独立建筑物的不可分割部分,应属全体区分所有权人共有的财产。顾某某如果按照设计的用途和设计的荷载量使用 29E 室内的墙板、楼

---

〔1〕 参见《最高人民法院公报》2007 年第 9 期(总第 131 期)。

板,就应该征得其他区分所有权人的同意。29E 室虽然设计了三间浴室,但最大一间的使用面积也只有 10.39 平方米。顾某某的浴缸上口面积达 9.754 平方米,根据日常生活经验,这个浴缸无法安装在顾某某的浴室内。若安装在室内其他部位,势必改变房屋的设计布局和用途。况且该浴缸注满水后的重量,超出了每平方米最大 280 公斤的楼板荷载量。长期使用这个浴缸,不仅顾某某的安全不能保证,且势必危及相邻其他区分所有权人的安全。在此情况下,顾某某必须征得其他区分所有权人的同意,才能放置这个浴缸,否则既是对共有财产的侵犯,也是对相邻关系的损害。《上海市居民物业管理条例》规定,业主应当按照有利于物业使用、安全以及公平、合理的原则使用物业,正确处理相邻关系,不得随意改变住宅的使用性质,禁止损坏房屋承重结构和破坏房屋外貌的使用行为;物业管理企业指导和监督装修、使用住宅的活动,发现不当行为应劝阻制止并督促改正,对拒不改正的,应当及时告知业主委员会并报有关行政管理部门依法处理。被告巨星物业作为物业管理企业,接受业主委员会的委托,对三和花园进行物业管理。巨星物业对原告顾某某吊装浴红的行为加以制止,是其管理职责所在,并无不妥。对这个从面积上看无法在浴室安装、从重量看不能在 29E 室其他部位安装的浴缸,顾某某坚持要求放入 29E 室。浴缸的特定功能是洗澡,将这个浴缸放在室内,其虽然承诺不使用,但这种承诺有悖常理。巨星物业从保障物业安全的角度出发,对这一承诺表示怀疑,有一定的合理性。巨星物业的行为不具有违法性,且无侵权事实。顾某某要求巨星物业赔偿精神损失和人工费损失,该诉讼请求不予支持。

二审法院认为,关于第一个争议焦点。(1)三和花园的设计单位证明,在三和花园 4 号楼 29E 室安装系争浴缸,会对大楼的安全和正常使用带来较大影响。(2)上海市建筑科学研究院的评估报告和补充报告证实:三和花园 4 号楼 29E 室的跃层平板结构不仅承担着跃层室内荷载,还承担室外露台荷载及顶层局部屋面荷载,因此安装系争浴缸对大楼局部结构的安全会造成较大影响。该鉴定人的鉴定资质和鉴定程序合法,鉴定结论应予采信。……(4)顾某某提出,其对 29E 室跃层采取相关加固措施后就能够安装系争浴缸。这是一个在一审审理时没有提出的诉讼请求,已经超出二审审理范围,本案不予处理。综上所述,系争浴缸不能放置在三和花园 4 号楼 29E 室内。关于第二个争议焦点,被上诉人巨星物业接受业主委员会的委托,对三和花园履行管理职能,是三和花园的物业管理者。这一事实不仅有证据证明,上诉人顾某某也以其直接向巨星物业交纳物业管理费的行为证明,其对此是明知的。作为物业管理者,巨星物业当然有权依据《上海市居民物业管理条例》的规定,制止顾某某安放系争浴缸。关于第三个争议焦点。上诉人顾某某未能及时安装系争浴缸后，必然产生相关费用的损失。但这些损失，是由于顾某某准备安装系争浴缸前没有考虑到建筑物安全和物业管理规定造成的。被上诉人巨星物业阻止顾某某安装系争浴缸的行为没有过错，故这部分损失不应由巨星物业承担。综上所述，一审法院适用法律正确，判决对顾某某的诉讼请求不予支持并无不当，应予维持。据此，判决：驳回上诉，维持原判。〔1〕

8. 无因管理问题

无因管理的构成不仅需要管理人在客观上管理的是他人的事务，同时还要求管理人在主观上须有为他人管理事务的意思。无因管理最为核心的制度价值体现在调和“禁止干预他人事务”及“奖励人类互助精神”两项原则，基于此，管理人将他人事务误以为自己的事务而进行管理，因缺乏管理意思而不构成无因管理。物业服务人在物业服务中对小区热力公司热水系统设施设备运行管理和维护保养的，不构成无因管理，其诉求不受法律保护。

【案例10－16】 北京冠城酒店物业管理有限公司与北京冠城热水供应有限公司、北京金房暖通节能技术股份有限公司无因管理纠纷案

二审法院认为，根据各方的诉辩主张，本案涉及以下几个焦点问题，现分别评述如下。关于本案是否构成无因管理的问题。无因管理是指没有法定的或约定的义务，为了使他人利益免受损失而管理他人事务的行为。管理人有为他人管理事务的意思是无因管理的构成要件。管理人应当对此承担证明责任。具体到本案中，根据冠城物业公司的主张，其认为冠城物业公司并非涉案热水系统的所有权人，也不是热水供应单位和受益人，不负有法定或者约定的对冠城南、北园热水系统设施设备的运行管理和维保维修义务，但是却事实上承担了楼内热水运行供水管线设备的维保维修义务，进而构成无因管理。经法院审查，冠城物业公司系案涉小区的前期物业服务企业，自房屋交付业主使用后，即实际履行热水系统设施设备的运行管理和维保维修义务。2003年，冠城热力公司成立后，冠城物业公司并未与冠城热力公司签订合同明确约定移交上述义务。2009年7月冠城热力公司股权变动涉及的框架协议中，冠城物业公司不是协议的当事人，且该协议也没有就小区楼内运行管线设备的维保维修义务承担主体进行明确。冠城物业公司自述其无因管理期间自2009年7月开始，但表示不知道股权转让的事实。可见，冠城物

---

〔1〕 参见《最高人民法院公报》2003年第6期。

业公司当时系认为案涉义务是自己的义务而进行管理。虽然冠城物业公司称其2016年3月知道冠城热力公司发生股权变动的事实,但是基于冠城物业公司此前曾负担维修义务,且框架协议中没有明确涉及楼内热水运水供水管线设备的维保维修义务承担主体,所以仅凭知道框架协议的存在不足以认定冠城物业公司主观上有为冠城热力公司管理之意思。加之,冠城物业公司在进行维修时从未告知冠城热力公司,不符合无因管理的通常情形。因冠城物业公司不能证明有为他人管理之主观意思,故其按照无因管理关系要求冠城热力公司支付相关费用并由金房公司承担连带责任的诉讼请求法院不予支持。

关于冠城物业公司要求判令冠城热力公司即日起承担北京市海淀区冠城南园、冠城北园热水系统设施设备运行管理和维保维修义务的诉讼请求,因不属于无因管理法律关系下应予审查的内容,故法院不予处理。综上所述,冠城物业公司的上诉请求不能成立,应予驳回。一审判决认定事实清楚,适用法律正确,应予维持。[1]

9. 安装道闸管理

在小区进口处安装道闸,物业服务人对出入口进行管理已为常态。实践中,因物业服务人安装和管理道闸纠纷不断,对于业主或业主委员会提出的排除妨害、拆除道闸并恢复原状的诉讼,法院有不同观点。有的法院认为,物业服务人的行为是履行物业管理职责,在原告方没有证据证明设置的道闸对其构成妨害的情形下,其诉求不受法律支持。

【案例10-17】　陈某某等10人诉广州某物业发展有限公司余杭分公司等排除妨害纠纷案

一审法院认为,对进入小区的车辆、人员进行管理是物业管理服务的内容之一,物业服务企业在小区的出入口设置道闸是其履行物业管理服务职能的体现。道闸仅是对车辆、人员进出小区的管理手段,道闸的设置并不必然会影响原告拥有的商铺的商业经营,且原告提供的证据亦不足以证明被告设置道闸后,在对通过道闸进入的车辆管理的过程中,阻止前往案涉商铺的车辆的进入,以致对案涉商铺的商业经营行为产生了超出必要限度的妨害,即便道闸设置后被告某物业公司对道闸进出的管理对原告造成了妨害,亦可通过对道闸通行规则的改善来排除妨害,并非必须拆除道闸。判决驳回原告的

---

〔1〕 参见北京市第一中级人民法院编:《裁判方法与法律适用案例精选》(2019年卷),法律出版社2020年版,第119页。北京市第一中级人民法院(2019)京01民终5314号民事判决书。

诉讼请求。二审法院认为,物业公司对小区内的车辆停放、人员进出等履行管理职能。而在小区进口处设置道闸,系物业公司维护小区的安全秩序所采取的合理措施,且上诉人目前也提供不出确凿证据证明该措施妨害了其通行或对其经营产生了不利的影响。据此判决:驳回上诉,维持原判。[1]

【不同处理】 有的法院认为,物业服务人设置道闸是履行物业服务合同的行为,不应由部分业主提起诉讼。法院以主体不适格而驳回原告的起诉。

【案例10-18】 叶某某等17人诉福建某置业有限公司、某物业管理有限公司物业服务合同纠纷案

二审法院认为,某物业公司依前期物业服务合同约定,对小区住宅内部的车辆通行、停放秩序负有管理义务,其在某小区第一期入口处针对小车通行设置路障的行为,应理解为履行物业服务合同的举措。该举措的目的系出于小区人车分流的整体通行方案和人居环境定位,亦无造成加害特定业主其他权利的情形。因某小区目前未设立业主委员会,更未制定小区管理规约,叶某某等17人亦未举证证明建设单位某置业公司有制定过涉及住宅区域车辆可以自由通行的临时管理规约,故某物业公司该管理行为是否恰当或符合全体业主共同利益,有待全体业主共同决定。叶某某等17人提起本案诉讼,其主体不适格,其上诉请求不能成立,应予驳回。[2]

【案例10-19】 王某某诉天津市某物业经营管理有限公司物业服务合同纠纷案

二审法院认为,上诉人作为涉案小区的业主,以其享有起诉、监督、请求被上诉人赔偿的权利为由,诉请主张因被上诉人擅自将小区公共部位设施拆改为强制收费的工具,故而应判决被上诉人停止侵害、排除妨害并赔偿损失。然而根据《物权法》第七十六条的规定,诸如是否安装梯控、门禁、道闸,以及小区内空地的利用,占有业主共有的场地用于停放汽车的停车区域划定,收费收益分配等事项均属于由业主共同决定的事项,故上诉人以其提交的民意调查表为由主张其个人为适格诉讼主体,依据不足,不能成立。[3]

物业服务人设置道闸的影响若超出了业主必须容忍的限度,法律可以支持业主诉请恢复原状的诉求。

【案例10-20】 查某诉苏州某物业管理有限公司等排除妨害纠纷案

二审法院认为,某公寓业主委员会根据小区大多数业主的意见,要求某

---

〔1〕 浙江省杭州市中级人民法院(2019)浙01民终2620号民事判决书。

〔2〕 福建省宁德市中级人民法院(2017)闽09民终789号民事判决书。

〔3〕 天津市第二中级人民法院(2017)津02民终3714号民事判决书。

物业公司在小区西南角公共场地上安装行人和非机动车智能门禁即道闸设施,旨在维护小区的居住安全及环境的整洁、有序,其主观上虽无妨害查某经营使用商铺的意思,但客观上导致查某的商铺处于一个不利于公众通行的相对封闭的空间内,降低了顾客来查某商铺消费的可能性。虽然某公寓业主委员会及某物业公司采取了设置商铺引导牌等措施,但道闸的设立毕竟会对公众的心理产生一定影响,从而造成查某商铺客流量减少、经营受损的结果。权利的取得和行使,不应当损害他人的合法权益,当两项合法权利发生冲突时,应当根据法律的规定确定保护的原则和方法。判决维持了一审法院判决的苏州某物业管理有限公司等拆除某公寓小区西南角的行人及非机动车通行的智能门禁(道闸)设施。[1]

应注意的是,物业服务人作为业主的"管家",要成为业主的服务者、守护者,既要有一定的权威,又要有一定的克制,对于违反法律法规的行为要有起码的作为,但在采取的措施上又要合法、适当、有效。[2]

(三)物业服务人紧急处置权

《物业管理条例》第四十七条第一款规定:"物业服务企业应当协助做好物业管理区域内的安全防范工作。发生安全事故时,物业服务企业在采取应急措施的同时,应当及时向有关行政管理部门报告,协助做好救助工作。"该条中规定的应急措施,应理解为物业服务人的紧急处置权。

物业服务人紧急处置权,是指在小区业主专有部分发生紧急突发事件,危及业主或相邻业主安全时,物业服务人采取紧急处置措施的权利。紧急处置权,是物业服务人管理权不可缺少的组成部分和必要的延伸。物业服务人是否可以进入业主家中,应区分具体情况而定。其一,业主许可。物业服务人经业主同意进入家中维修检查设施、帮助处理相关事务。其二,紧急情况下,未经业主同意物业服务人可以进入业主家中。所谓紧急情况,是指业主或相邻业主家中水、电、燃气管道等设施出现故障,如常见的漏水、渗水、燃气开关未关闭、漏气,对整幢楼房造成安全威胁,且业主一直联系不上,如果不及时维修处置不足以消除现实的危害并造成严重事故的情况下,物业服务人可以进入业主家中。但为了减少不必要的纠纷,物业服务人应通知警察、居委会成员或有关人员在场见证。事后,物业服务

---

〔1〕 江苏省南京市中级人民法院(2017)津02民终1304号民事判决书。

〔2〕 参见最高人民法院民法典贯彻实施工作领导小组编著:《中国民法典适用大全》(合同卷五),人民法院出版社2022年版,第3556页。

人应向业主讲明进入其家中抢救经过,并提供通知、见证材料。

在小区发生安全事故或紧急情况时,物业服务人采取紧急处置措施是其法定义务,但因采取紧急处置措施可能会对第三人人身或财产造成损害,所以,物业服务人不能超过必要的限度。

(四)物业服务人诉讼权

随着国家城镇化战略的推广,越来越多的百姓成为城镇居民,越来越多的住宅小区建成投入使用。小区业主依据法律基于相邻关系成为一个利益相关的共同体,任何一个业主改变物业现状的行为都会对其他业主产生影响。在现行相关小区物业管理规定不完善、不全面的情况下,住宅小区包括别墅小区违章搭建相当普遍,这不但影响小区的整体美观,也造成了安全隐患。有的业主违章搭建未被及时制止,导致个别业主跟风搭建现象蔓延,再加之行政主管机关作为不够,对这类现象打击不力,成为难以处置的恶疾。物业服务人作为小区的管理者,负有维护小区整体利益的职责,是在小区制止违章搭建最方便、最直接行使的管理主体。根据《物业服务解释》第一条规定,物业服务人对于业主实施的妨害物业服务与管理的行为可以以自己的名义起诉,但实践中依此规定提起诉讼时有争议,绝大多数为向业主主张拖欠的物业费和滞纳金诉讼。详见物业服务人权利纠纷专题阐述。

应注意的是,物业服务人的管理权与诉讼权的关系问题。物业服务人依据物业服务合同有权对小区进行物业管理,而对小区物业服务进行管理的事项,并非都可以有权提起诉讼,二者并非同一概念。例如,常见的业主占用公共过道乱搭建,物业服务人有权予以制止,并非能以诉讼方式提出停止侵害、排除妨碍或恢复原状。对业主将建筑物共有部分及附属设施据为己有的行为,权利受到侵害的业主或相关利害关系人可以向法院提起诉讼。物业服务人依据物业服务合同,向业主提出停止侵害、排除妨害或恢复原状,但该权利是物上请求权,其混淆了物权和合同债权的请求权保护方式,显然没有任何法律依据。物业服务人对此提起诉讼的,法院不予支持,如某物业发展有限责任公司诉瞿某共有权纠纷案。[1]

物业服务人行使诉讼权利范围,应是对小区物业服务中的相关事项,而对业主委员会召开业主大会以及业主大会的表决程序及表决结果是否合法等属于内部自治的事项,则无权提起诉讼要求确认其效力,对此类诉讼请求,法院不予支持。

---

〔1〕 参见骆鑫、刘娅编著:《物业管理纠纷案例与实务》,清华大学出版社 2017 年版,第 54 页。

【案例 10－21】 广州 DJH 物业管理有限公司诉 DJH 业主委员会物业服务合同纠纷案

一审法院认为，DJH 物业公司以 DJH 业主委员会选聘物业公司的程序与结果不合法，损害其合法权益为由，诉请确认 DJH 业主委员会选聘新的物业公司的投票结果无效，但 DJH 业主委员会召开业主大会表决选聘新的物业公司属于业主管理内部事项的范畴，DJH 物业公司作为物业管理公司无权参与，其中的表决程序合法与否，表决结果是否有效，均与 DJH 物业公司无涉，亦不构成对 DJH 物业公司合法权益的侵犯，DJH 物业公司无权提起该项诉讼请求。DJH 业主委员会已通过邀请招标形式选聘了新的物业服务企业并签订了合同，前期物业服务合同终止。据此，判决驳回原告的诉讼请求。二审法院判决：驳回上诉，维持原判。[1]

物业服务人行使追偿权亦是诉讼权利应有范围之一。在小区业主提起财产损害赔偿法院判决后，如果有其他责任人的，物业服务人承担责任后可以依法追偿。例如，常见的外墙面存在质量问题，物业服务人有权向建设单位、施工单位追偿。

【案例 10－22】 无锡市某物业管理有限公司诉江苏某建工集团有限公司等人身损害赔偿纠纷再审案

一审法院认为，(1)某物业公司作为该小区前期物业管理人，负有对小区物业管理的义务，所坠落的水泥块系房屋附着物，存在的安全隐患其难以预料，但其在本案事故发生前即知晓曾有水泥块坠落并造成后果的事实，且坠落地点对人身安全可能造成的危险程度显而易见，除了需与有关单位联系予以及时维修外，在未彻底排除该危险因素前，应立即采取防卫与警示措施，以免产生严重后果。但某物业公司未予采取有效措施，以致未能有效避免本次事故的发生，属未尽到管理人责任。(2)建设方应对建筑物工程质量负责，负有对该建筑物不得对他人造成损害的义务，同时亦负有对建筑物予以修葺以及排除安全隐患等职责，本案中可以判定建设方未能尽到相应的义务。(3)某建工集团公司作为房屋施工人，所建房屋的挑檐板外侧水泥砂浆粉层整块脱落，明显存在安全隐患，脱落的粉层块造成林某某的死亡后果，其应承担相应责任。判决三者按照 35%、20%、45% 的比例分担涉案事故责任。二审法院维持一审判决，再审法院驳回了江苏某建工集团有限公司的再审申请。[2]

---

〔1〕 参见程磊、周滨：《律师说法：业主委员会及物业服务纠纷案例评析》，法律出版社 2020 年版，第 190 页。

〔2〕 江苏省高级人民法院(2014)苏审三民申字第 0532 号民事裁定书。

物业服务人认为业主违章装修、违法搭建有诉权，但是否行使诉权、如何行使诉权履行管理职责由其自行决定，但并不能认定物业服务人未提起诉讼就是管理不当。

【案例10－23】 马某诉南京市某物业服务有限公司物业服务合同纠纷案

二审法院认为，物业公司应采取何种方式检查督促刘某遵守管理规约，物业服务合同并无明确约定，法律亦无相关的强制性规定。故某物业公司在诉讼中函告刘某，要求其对防盗窗进行整改，应属某物业公司督促刘某遵守管理规约的行为，某物业公司已经履行了管理职责……至于某物业公司是否必须对业主违反管理规约的行为采取诉讼方式解决且必须达到上诉人所主张的效果，物业服务合同并未明确约定，亦不应由法院确认某物业公司必须采诉讼方式以达到上诉人要求的管理效果。原审法院驳回马某的诉讼请求，并无不当。[1]

---

〔1〕 江苏省南京市中级人民法院(2015)宁民终字第1882号民事判决书。

二、物业服务区域认定

(一)物业服务区域含义

所谓物业服务区域或称物业管理区域,是指地理上的空间范围,即物业服务人可以在一个确定的地面上行使服务与管理的固定区域。在确定的范围内,物业服务人依据物业服务合同约定行使权利和履行义务,超过该区域范围,物业服务人行使权利缺乏合同依据。物业服务区域,是业主生活与工作的主要场所,该区域环境与安全程度如何,直接关系到业主的生活与工作质量。

物业服务区域是物业服务与管理的基本单元,是物业权利的地理边界、活动基础。物业服务区域是以小区的外在形式出现的,其本质上是业主共有的范围。

小区物业管理是由业主的建筑物区分所有权产生的一项权利。建筑物区分所有权包括专有部分的所有权、共有部分的共有权以及共同管理的权利。对共有部分共同管理的权利,就是业主物业管理的权利来源。从这个意义上讲,物业管理区域有多大,取决于业主的共有范围有多大。

物业服务区域确定直接明确了物业服务人的数量。根据《物业管理条例》第三十四条规定:“一个物业管理区域由一个物业服务企业实施物业管理。”即在一个小区内,只能存在一个物业服务人,而不能存在两个以上的物业服务人。而存在的物业服务人必须是依法定程序取得物业服务资格的适格的主体,对于不适格的物业服务人不受法律保护。例如,华龄物业公司诉TC物业管理有限公司物业服务合同纠纷案。[1]

物业服务区域可能是住宅,也可能是非住宅物业如写字楼、商场、学校等,住宅和非住宅服务内容上可能存在区别,但是在物业服务合同主体及性质特征方面并无实质差异。[2]

---

〔1〕 参见刘长森:《物业纠纷新型案例教程》,人民法院出版社2010年版,第141～145页。

〔2〕 参见最高人民法院民法典贯彻实施工作领导小组编著:《中国民法典适用大全》(合同卷五),人民法院出版社2022年版,第3520页。

(二)物业服务区域理解

在一个小区内,物业服务人服务与管理范围不能超过小区规划的范围,即规划行政主管部门对小区规划的红线图。在小区范围内,物业服务人服务与管理范围不能延伸到业主专属空间内,但个别事项除外。

关于物业管理区域问题。是否是独立的物业管理区域,需要结合物业的共用部位、共用设施设备、规划,以及地方规定等综合因素确定。

在一个小区内,有的建有别墅、洋房或高层住宅,从形成的前后看有可能先建别墅、洋房后建高层住宅,或者是分一期、二期或三期建成的。在有不同建筑物不同类型的小区内,存在诸多需要研究和解决的问题,如别墅、洋房与高层住宅共有权范围区分、服务标准高低等。

小区物业服务人提供服务的事项及内容,主要是依据物业服务合同的约定。一般来说,主要包括以下内容:其一,房屋建筑主体的管理及住宅装修的日常监督。其二,房屋设备、设施的管理维护。其三,环境卫生的管理。其四,绿化养护管理。其五,配合公安和消防应急部门做好住宅区内公共秩序维护和安全防范工作。其六,车辆道路管理与服务。其七,公共休闲、娱乐场所及设施的维护管理。其八,其他约定的服务。根据《物业管理条例》第五十一条第一款规定:“供水、供电、供气、供热、通信、有线电视等单位,应当依法承担物业管理区域内相关管线和设施设备维修、养护的责任。”如上述单位委托物业服务人对小区管理的,亦可成为其服务的组成部分。

根据《物业管理条例》的规定,行政主管机关作为物业管理活动的行政管理部门,应当依职权或者根据当事人的申请,对所辖区域内包括划分物业管理区域在内的物业管理活动,依法实施管理和监督。对物业管理区域的划分,应当考虑物业的共用设施设备、建筑物规模、社区建设等因素。

关于物业管理区域的划分申请不属于物业服务人的义务,不应无限制地扩展物业服务合同内容和责任的问题。《四川省物业管理条例》第九条规定,建设单位在取得商品房预售许可或者现房销售前,应当持房地产开发项目核准或者备案文件、土地使用权证、建设用地规划许可证、项目规划设计方案等资料,向项目所在地县级人民政府房地产行政主管部门申请划分物业管理区域。房地产行政主管部门应当自受理申请之日起20日内,按《四川省物业管理条例》第八条规定进行划分。建设单位应当将划定的物业管理区域以书面说明和图纸形式在房屋销售现场的显著位置公示。第十条规定,已经建成并交付使用的物业,确需要划分物业管理区域的,由业主委员会或业主代表向物业所在地县级人民政府房地产行政主管部门提出申请。房地产行政主管部门应当在物业管理区域所在地街道办事处(乡、镇人民政府)的配合下,征求业主、居民(村民)委员会的意见,经相应区域内2/3以上业主同意后进行划分,并在相应区域内公告。以上条例仅仅是行政许可范围内的具体规定,对物业服务合同内容和履行并没有实质影响。从公正公平的层面来说,物业服务人与业主委员会签订合同,物业服务人提供房屋及配套设备的养护与维修、小区环境卫生清洁和保安等服务,业主支付费用,双方的权利义务是明确且相互对应的,对于法律上没有规定或者规定模糊的事项,应当在合同中明确约定,否则不应该无限制地扩展物业服务合同的内容和责任。也就是说,物业管理区域的划分与物业服务人无关,只是涉及物业服务人行使小区管理权的地理范围。

对于物业管理区域划定争议未得到有关部门解决之前,物业服务人向法院起诉的,法院应予驳回。

【案例10－24】　广州BJ酒店物业有限公司诉广州市荔湾区教育局、广州市荔湾区玛利亚幼儿园物业服务合同纠纷案

二审法院认为,现有证据不足以证实案涉物业属于SJ小区的物业管理区域。在双方当事人并未就玛利亚幼儿园SJ校区是否属于BJ物业公司管理区域达成一致意见的情况下,应当交由房地产行政主管部门确定。BJ物业公司在物业管理区域划定争议未得到房地产行政主管部门解决之前向人民法院提起诉讼,不属于民事案件受理范围,应予驳回。[1]

【案例10－25】　深圳市TH物业管理有限公司诉深圳市LF实业股份有限公司等物业服务合同纠纷案

二审法院认为,本案纠纷系双方对物业管理划分存在争议所致。根据《物业管理条例》《广东省物业管理条例》《深圳经济特区管理条例》的相关规定,该争议应由物业管理行政主管部门先行处理。原审判决直接将上述争议区域认定为同一物业管理区域,该处理欠妥。遂裁定撤销原判,并驳回了物业公司的起诉。[2]

(三)物业服务区域的划分

根据《物业管理条例》第九条第二款规定,物业管理区域的划分应当考虑物

---

〔1〕 广东省广州市中级人民法院(2014)穗中法民五终字第667号民事裁定书。

〔2〕 广东省深圳市中级人民法院(2015)深中法房终字第775号民事判决书。

业的共用设施设备、建筑物规模以及社区建设等因素。也就是说，是否存在共用设施设备、建筑物规模以及社区建设是物业管理区域认定的标准。相对封闭且独立的建筑物集群，如产业园区，虽然各个企业可自行建设或是委托建设一定规模的建筑物并取得独立的产权，但在该建筑物集群中，企业与该区域内的配套公共设施和公共服务密不可分，故该企业与建筑物集群的物业服务人之间的法律关系应受产业园区物业管理规定的约束。

【案例10-26】 厦门火炬集团物业管理有限公司诉厦门市兴致电子工业有限公司物业服务合同纠纷案

二审法院认为，从《厦门火炬高技术产业开发区物业管理暂行规定》的内容及现场勘验结果可知，兴致公司的地理位置位于厦门火炬（翔安）产业区内，其日常的生产、生活均无法脱离厦门火炬（翔安）产业区而独立存在，而火炬物业公司系厦门火炬（翔安）产业区入驻的唯一物业管理单位，因此兴致公司对公共环境及公共设施不可避免存在实际使用的事实，这也导致兴致公司客观上成为火炬物业公司提供的物业服务的受益人，即二者存在事实上的物业法律关系。兴致公司自行管理厂房系企业自有产权的建筑物内部范围，并非《物业管理服务合同》项下的服务区域，故不能免除兴致公司承担物业管理费的义务。综上所述，兴致公司应当承担物业管理费用。[1]

【案例10-27】 广州市LA花园小区业主委员会诉广州市LB物业管理有限公司物业服务合同纠纷案

一审法院认为，根据LA花园建设用地规划许可证确定的红线图范围，结合共用设施设备、社区建设等因素，LA花园住宅和商务楼应划分为一个物业管理区域。二审法院亦持同样意见，维持一审判决。[2]

对于非属于同一物业管理区域争议，虽然没有划分的直接证据，但可以从行政主管部门核准业主大会、业主委员会的备案行为中，推定出同意划为同一物业管理区域的意思。

【案例10-28】 临沂市兰山区DX小区商住楼业主委员会诉临沂市DX置业有限公司、临沂DX物业服务有限公司物业服务合同纠纷案

二审法院认为，物业管理区域的划分是物业主管部门的行政管理职权，

---

〔1〕 参见最高人民法院中国应用法学研究所编：《人民法院案例选》2015年第1辑（总第91辑），人民法院出版社2016年版，第142～143页。福建省厦门市中级人民法院（2014）厦民终字第1735号民事判决书。

〔2〕 参见程磊、周滨：《律师说法：业主委员会及物业服务纠纷案例评析》，法律出版社2020年版，第179页。

一个物业管理区域只能成立一个业主大会。本案中，DX小区业主委员会虽然没有提供物业管理区域的划分登记，但其是在所在地居委会、街道办事处指导下，由1号楼商住楼和2号楼公寓楼业主选举产生，并由兰山区房产管理办公室核准备案，由此可以认定物业主管部门已将该两座楼划为一个物业管理区域，DX置业公司、DX物业公司对物业管理区域的划分有异议，不属于本案民事诉讼的审理范围，法院不予审查。一审未关注物业管理区域划分的行政管理性，以司法权进行论述不当，二审法院予以纠正，但认定结果正确，法院予以确认。[1]

争议的物业与其连在一起的小区同属于一个开发商开发，虽争议的物业根据业主需要单独设计建设而成，但其与小区其他物业仍连成一个整体，仍属于同一物业管理区域。

【案例10－29】 重庆某物业管理有限责任公司诉中国人民解放军四川省某某军分区物业服务合同纠纷案

二审法院认为，某某军分区抗辩其所有的物业为特殊用房，且与JP房产公司事先约定了物业的管理方式，其不受案涉GY小区物业服务合同约束的理由缺乏事实和法律依据，不能成立。[2] 在本案中，法院认定某某军分区自管物业区与小区为一个物业管理区域。

楼房露台的归属认定涉及管理责任的主体，露台本身具有构造上的独立性，能够明确区分，且业主对该露台具有利用上的排他性，故业主需要对露台的损坏及其产生的其他损失承担责任，而露台无疑不属物业公司担责区域。

【案例10－30】 张某某诉北京万科物业服务有限公司物业服务合同纠纷案

二审法院认为，案件的争议焦点在于万科物业公司对于涉案露台是否具有管理及维护的责任。根据查明的事实，涉案露台在构造上附属于张某某房屋，该露台除与张某某房屋连接外，未与其他业主房屋相接，张某某系该露台的实际控制人。涉案露台只能通过张某某的房屋才能到达，并无其他通道可以通向露台，张某某对于该露台具有利用上的独立性，可以排他使用。张某某认可涉案露台系买房时开发商赠与其使用，房屋交付时露台为毛坯状态，张某某验收入住后即对露台进行铺砖改造，并单独使用至今。涉案露台实际上已由张某某专属使用，故其对露台负有管理及维护的责任。原审法院结合张某某对涉案露台实际控制与使用状态，根据权利与义务相一致原则，将涉案露台管理及维护的责任确认给张某某，处理正确，法院予以维持。张某某

---

〔1〕 山东省临沂市中级人民法院(2018)鲁13民终7577号民事判决书。

〔2〕 四川省内江市中级人民法院(2018)川10民终92号民事判决书。

因露台漏水产生财产损失,要求万科物业公司承担民事责任,违反公平原则,故对其上诉请求,不予支持。原审判决认定事实清楚,适用法律正确,予以维持。[1]

在具体物业管理区域内,由于业主性质的特殊、业主房屋区位或功能结构的特定性,以及物业管理区域的特定历史延续,往往造成物业服务人为特定业主提供物业服务客观上可能与书面的物业服务合同存在差异,且一直为双方所默认、接收的情况。此种差异倘若并不损害国家、社会或第三人利益,且符合双方意愿,法律应对之保持尊重,不必强求双方按照书面的物业服务合同履行。也就是说,在同一个物业服务区域内,物业服务人对特定业主服务显著不同于物业服务合同约定的,特定业主交纳物业费用范围限于物业服务人所提供的具体物业服务。

【案例10-31】 厦门欧鹭物业管理有限公司诉厦门市建筑装饰公司物业服务合同纠纷案

二审法院认为,业主建装公司现址位于思明区阳台山D栋3-3号及3-7号一、二楼,一楼用于店面出租,二楼用于办公,属太子山庄用地核定红线图范围内,建筑面积合计为689.72平方米。其用于出入的通道楼梯朝向万寿路,无须经太子山庄小区门口及庭院出入。思明区阳台山D栋3-3号及3-7号三至八楼为太子山庄小区住户,出入需经小区门口。2010年及2011年,其向阳台山社区居委会交纳保洁员补贴,该费用系社区居委会保洁员负责将建装公司二楼的生活垃圾进行清理并转运到清洁楼而由社区居委会收取。欧鹭公司虽然提供了小区二次供水水泵电费、总供电发票,但其已认可建装公司的电是独立于小区之外,而其提交的证据五则表明,其在向建装公司二次供水管理服务的同时,另行向建装公司收取了水泵费用;欧鹭公司虽提供了化粪池清理费用的发票,但建装公司提交的化粪池清理收费发票虽不能表明其曾经向欧鹭公司支付该费用的事实,但可以表明存在向物业管理人另行交纳该费用的历史。因此,可以认定本案中欧鹭公司为建装公司所提供物业服务显著少于《太子山庄物业管理服务合同》约定,仍是以个别收费的方式进行结算。关于建装公司作为业主负担交纳物业服务费的范围,建装公司的房产出入口独立于诉争小区,其自行向社区居委会交纳保洁员将生活垃圾进行清理并转运到清洁楼的费用,其电表、消防系统均独立于涉案小区,在接受欧鹭公司提供的二次供水共用部分的服务时,采用了另行交费的方式,对公用化粪池的清理在此前亦采用另行交费的方式,鉴于欧鹭公司未能提供

[1] 参见国家法官学院案例开发研究中心编:《中国法院2017年度案例》(合同纠纷),中国法制出版社2017年版,第234页。北京市第三中级人民法院(2016)京三民终字第1487号民事判决书。

证据表明其对建装公司曾履行《太子山庄物业管理服务合同》中规定的安保、维护等其他物业服务,且在实际履行中建装公司对其享受的小区公用部分服务向欧鹭公司采用了另行交纳相关费用的方式,故欧鹭公司要求建装公司依照《太子山庄物业管理服务合同》的约定交费的主张,没有相应的事实依据,但建装公司应当依照此前的惯例,对其享受的小区公用部分服务适当向欧鹭公司交纳相关费用。[1]

一个物业管理区域内,其设施设备能够分割、独立使用的,可以不统一物业管理。

【案例 10－32】　汤某某诉广州市社会科学院排除妨害纠纷案

二审法院认为,汤某某主张其享有产权的房屋与广州市社会科学院的办公区域同属一个物业管理区域,据此要求广州市社会科学院实际为其提供车辆通行及停放的物业管理服务,但根据《广东省物业管理条例》第七条"物业管理区域根据物业建设用地规划许可证确定的红线图范围,结合物业的共用设施设备、社区建设等因素划定。物业的配套设施设备共用的,应当划定为一个物业管理区域;但其设施设备能够分割、独立使用的,可以划定为不同的物业管理区域"之规定可知,本案汤某某享有产权房屋不动产证附图记载公用地为 848.7359 平方米,此共用土地面积由产权人共同使用,与广州市社会科学院所享有的建设用地使用权范围界限清晰,没有证据证明设施设备不能分割,独立使用,也没有证据证明广州市社会科学院享有建设用地使用权的范围与汤某某房屋所在地所在建筑物事实上已进行了统一的物业管理,一审认为《广东省物业管理条例》第七条并未对是否实际需要进行统一的物业管理服务进行强制性规定,对汤某某依据物业管理范围界限的规定主张本案诉请一审法院不予支持,亦无不当,二审法院予以维持。[2]

(四)专有区域和公共区域区分

区分专有区域与公共区域有两方面的法律意义。一方面对业主而言,业主应在专有区域内行使其专有权利,其合法合理的行为受法律保护。另一方面对物业服务人而言,物业服务人应在专有区域之外小区公共区域进行服务与管理。对业

[1] 参见国家法官学院案例开发研究中心编:《中国法院 2014 年度案例》(合同纠纷),中国法制出版社 2014 年版,第 168 页。福建省厦门市中级人民法院(2012)厦民终字第 2381 号民事判决书。

[2] 参见最高人民法院中国应用法学研究所编:《人民法院案例选》2022 年第 5 辑(总第 171 辑),人民法院出版社 2022 年版,第 71 页。广东省广州市中级人民法院(2021)粤 01 民终 14483 号民事判决书。

主未合理使用相邻公共区域，损害相邻业主合法权益的，物业服务人可以行使管理权予以制止。也就是说，在小区内区分专有区域与公共区域，就是界定物业服务人在小区行使权利的边界，明确物业服务人权利的指向范围。

专有部分所有权，是指“区分所有人对专属自己的、由建筑材料组成的、在构造上和使用上具有独立性的封闭建筑空间所有权”。《建筑物区分所有权解释》明确规定了具有能够明确区分的构造独立性，可以排他使用的利用独立性，能够登记为特定业主所有权客体的房屋，以及车位、摊位等特定空间，应当认为专有部分。专有部分之外的区域则为公共区域，范围包括：(1)建筑区划内的道路、绿地；(2)建筑区划内的其他公共场所、公用设施和物业服务用房；(3)占用业主共有的道路或者其他场地的车位；(4)建筑物的基本构造部分，承重结构、外墙、屋顶等；(5)公共通行部分、通道、楼梯、大堂等；(6)公共结构部分，避难层、设备层或者设备间等；(7)建筑区划内的土地，依法由业主享有土地使用权。对于露台、车位等是否属于专有部分的组成部分，最高人民法院从符合规划、物理上专属特定房屋、销售合同有约定三个条件进行判断。[1]

1. 法院对区域认定裁判

由于法律难以对区分所有建筑物共有部分的使用作出详尽规定，在处理此类纠纷时，应从物尽其用、有利于生产生活角度出发，结合实际情况，兼顾各方面的利益，适当考虑使用习惯，公平合理地处理此类纠纷。

【案例10-33】 林某诉厦门市商意大药店连锁有限公司宁宝分店、厦门市安吉利家物业公司物权保护纠纷案

一审法院认为，商意公司宁宝分店设置的广告牌位于小区共有部分，而非林某的专有权属部分，且广告牌高度未超出女儿墙范围，因此林某主张商意公司宁宝分店超出合理界限而侵犯其权益，缺乏事实与法律依据，不予支持。林某主张商意公司宁宝分店设置招牌行为会导致影响女儿墙墙体、威胁林某财产和人身安全等不利后果，但林某主张的侵害情形仅是其本人推断，并未实际发生，林某也未就其主张提供证据予以证明，故林某的主张缺乏事实与法律依据，不予支持。因广告牌的设置属于行政管理范围，若林某对讼争广告牌可能产生的侵害存在忧虑，可依法申请相关行政管理部门介入处理。林某关于商意公司宁宝分店承担责任的主张无法成立，主张安吉利家公司承担连带责任也因此缺乏事实与法律依据，不予支持。判决：驳回林某的诉讼请求。二审法院认为，林某对讼争露台享有使用权，而非所有权，不能禁

[1] 参见最高人民法院民事审判第一庭编著：《最高人民法院建筑物区分所有权、物业服务司法解释理解与适用》，人民法院出版社2009年版，第51页。

止他人的合理使用。商意公司宁宝分店设置的广告牌位于小区的共有部分，并未影响到林某对讼争露台的正常使用。林某主张安装广告牌将引发的非常态出现的情况会影响其正常生活，缺乏法律依据，不予支持。因此，林某的上诉请求和理由缺乏事实与法律依据，应予驳回。一审法院认定事实清楚，适用法律正确，应予维持。判决：驳回上诉，维持原判。〔1〕

【案例10－34】　武某诉周某、北京博安物业服务有限公司连云港分公司等排除妨害纠纷案

一审法院认为：(1)关于周某是否对涉案绿地享有专有使用权。涉案绿地规划用途为公共绿地，开发商与业主签订的商品房买卖合同中并未约定该绿地由周某使用，周某也未提供证据证明在其购买房屋时明示该绿地归其专有使用，故周某关于其对涉案绿地享有专有使用权的主张无事实和法律依据。在不符合上述条件的情况下，物业公司及开发商无权单方确定绿地归某一业主专有使用。(2)武某要求周某恢复涉案绿地原状，排除周某对该绿地独占使用是否有事实和法律依据。涉案绿地为小区公共绿地，具有提高空气湿度、降温、减弱噪声、除尘等改善小区业主居住环境的功能，是衡量居住空间质量的重要标志。同时，绿地也是小区品质的一个关键性指标，绿地面积大小直接影响房屋的价值。周某的改造行为，一方面影响武某正常使用其房屋，另一方面其改变绿地原有用途，并圈为己用，不可避免地造成与该绿地相邻的武某生活质量下降，也可能会造成武某房屋价值减损。综上所述，武某作为相邻权利人有权要求周某恢复原状。因该绿地已无从查实，周某应当拆除围栏，恢复该块绿地功能，并消除对武某房屋的影响。因物业公司和开发商未实施破坏绿地的行为，武某要求两公司承担恢复原状的义务无事实和法律依据，不予支持。但物业公司作为涉案小区的物业管理公司，应当依法履行职责，对侵犯业主利益的违法行为加强监督和管理，共同维护和谐、优美的小区环境。因物业公司和开发商出具的《情况说明》系证据，武某要求确认该《情况说明》无效，不能构成单独的诉讼请求，依法不予处理。判决：周某拆除其别墅东侧绿地的围栏及地面硬化，并将该地块种植草坪，恢复绿地功能。二审法院同意一审法院裁判意见。〔2〕

---

〔1〕　参见国家法官学院、最高人民法院司法案例研究院编：《中国法院2020年度案例》(物权纠纷)，中国法制出版社2020年版，第182～183页。福建省厦门市中级人民法院(2017)闽02民终4623号民事判决书。

〔2〕　参见国家法官学院、最高人民法院司法案例研究院编：《中国法院2020年度案例》(物权纠纷)，中国法制出版社2020年版，第186页。江苏省连云港市中级人民法院(2018)苏07民终1839号民事判决书。

【案例 10－35】 吴某、姚某某诉王某某等恢复原状纠纷案

一审法院认为,吴某、姚某某发现王某某围圈的小院面积侵占了吴某、姚某某所拥有使用权的小院面积,要求王某某停止侵害、恢复原状。判决:王某某将涉案土地的使用权返还给吴某、姚某某。二审查明,涉案的绿地面积并不包含在吴某、姚某某所购买房屋面积内,涉案的土地的使用权也没有登记在吴某、姚某某名下,故不能认定吴某、姚某某对涉案土地享有土地使用权。涉案土地系属于小区整体绿化的部分绿地,建筑区划内的绿地,属于业主共有。二审判决王某某将涉案土地恢复至其占用前的绿地状态,并驳回吴某、姚某某的其他诉讼请求。[1]

玻璃幕墙属于建筑幕墙,亦为外墙界定的范围,属于《建筑物区分所有权解释》第三条规定的建筑物的共有部分,而非业主房屋的专有部分。

【案例 10－36】 梁某某诉广州 JX 物业管理有限公司物权保护纠纷案

判决观点:从位置上看,涉案破裂的玻璃既是房屋主人房的东北角位置,也是整个外墙面的组成部分。从功能上看,其主要作用除提高房间的采光度外还具有遮风挡雨、隔音隔热等其他传统砖墙的功能,因此玻璃幕墙也应认定为外墙,属于建筑物的共有部分,被告应按照前期物业服务合同的约定,履行对外墙面的维修养护和管理义务。法院判决 JX 物业公司履行 JX 花园 7 栋 703 号房外玻璃幕墙破裂的维护与检修的义务并更换破裂的玻璃幕墙。[2]

【案例 10－37】 简某某、萧某某诉上海英达方物业管理有限公司排除妨害纠纷案

判决观点:根据系争及相邻商铺预售合同的附图记载,系争商铺北侧与商厦墙体之间存在间隔,故法院认为商铺设计之初两者应非同一墙体,按照有关规定建筑物的外墙等基本结构部分应属于全体业主共有。即便以目前两者为同一墙体的实际情况而论,依"壁心和最后粉刷表层说"观点,专有与共有部分的区分通常以房屋的墙壁、地板、天花板等边界部分厚度的中心线为界,并兼顾业主在墙体上的最后粉刷层面所及部分,因此被告覆盖广告的部位仍属全体业主共有。[3]

会所系开发商通过拍卖获得国有土地使用权,并自筹资金建造而原始取得,

---

〔1〕 北京市第三中级人民法院(2019)京 03 民终 13764 号民事判决书。

〔2〕 参见程磊、周滨:《律师说法:业主委员会及物业服务纠纷案例评析》,法律出版社 2020 年版,第 63 页。

〔3〕 参见国家法官学院案例开发研究中心编:《中国法院 2015 年度案例》(物权纠纷),中国法制出版社 2015 年版,第 150 页。上海市闸北区人民法院(2012)闸民三(民)初字第 1824 号民事判决书。

根据“谁投资、谁受益”原则,会所产权归属开发商所有;且会所具有构造上、利用上的独立性,能够依法办理产权证书,且符合司法解释规定的专有部分条件。

【案例10－38】　浙江HB房地产开发有限公司诉HB花园业主委员会物权纠纷案

判决观点:建筑成本是购买人在作价格决定时的考虑因素,不能作为确定会所产权的依据。房产面积测量技术报告显示,会所的面积已计入建筑物总面积和容积率,未计入全体业主的分摊面积,未被业主分摊,因此,会所产权应属于建设单位所有。商品房买卖合同也约定了会所属原告所有,故法院判决确认HB花园小区42栋中的42－5(532.15平方米)和42－202(341.66平方米)共计873.81平方米的房屋属原告浙江HB房地产开发有限公司所有。[1]

【案例10－39】　浙江省温州市某某区LZ花园业主委员会诉LZ房地产开发有限公司物权纠纷案

判决观点:会所即便作为小区配套设施,涉及的是会所的功能和使用性质,而非会所的权属的确认,在目前相关法律、法规对小区会所的权属未作明确界定,亦未对权属专门规定的情况下,关于住宅小区会所的权属应当根据双方的合同约定及“谁投资、谁受益”的原则确认。涉案会所系LZ地产建设,且其与购房人在商品房买卖合同中已对小区会所的权属有明确约定,合同同时约定公共部分分摊面积不含会所,上述约定不违反法律、法规的禁止性规定,应认定为合法有效,可视为双方当事人对小区会所权属问题达成合意。根据“谁投资、谁受益”的民法原则,涉案会所属温州LZ地产所有。温州市某某区LZ花园业主大会认为涉案会所是以配套用房报建,其所有权就属全体业主所有,并没有事实和法律依据。判决:驳回原告的诉讼请求。[2]

个案中,在特定条件下楼顶平台系由特定业主专有。

【案例10－40】　原审第三人锦绣华城房地产开发有限公司排除妨害纠纷案

二审法院认为,该建筑物1～3层登记在华城公司名下,门牌号为3218,房屋性质为商用;该建筑4层以上登记在上诉人等业主名下,对应的门牌号是××弄××、××号,房屋性质为居住。业主使用的电梯不能达到该建筑物的1～3层,在使用上具有独立性,因此相关部门在产权登记时对1～3层

---

〔1〕 参见程磊、周滨:《律师说法:业主委员会及物业服务纠纷案例评析》,法律出版社2020年版,第66页。

〔2〕 参见程磊、周滨:《律师说法:业主委员会及物业服务纠纷案例评析》,法律出版社2020年版,第84页。

与4~19层作了区分,分别登记在不同的产权证中,且没有标注为共有关系。××弄××、××号屋顶与3218号屋顶不存在同一屋顶等基本结构关系。故此,上诉人所在××弄××、××号与华城公司所有的3218号之间已经属于"具有构造上的独立性,能够明确区分;具有利用上的独立性,可以排他使用;能够登记成为特定业主所有权的客体",争议的3218号楼顶平台属于华城公司的专有部分,而非业主共有。[1]

2. 法院对区域认定裁判诠释

关于小区绿地归属问题,《民法典》颁布前,最高人民法院法官认为,规划上专属于特定房屋,且建设单位销售时已经根据规划列入特定房屋买卖合同中的绿地,应当认定为该特定房屋的组成部分。审判实践中可以从以下方面把握:

第一,该绿地是否在"规划上"专属于特定房屋。这里的规划,是指与规划有关的所有文件,而不仅仅是规划图,如经规划行政主管部门批准的施工首层图就明确标明了小区的首层房屋是否专门附属于该房屋的绿地,绿地的面积多大。因此,人民法院在审理这类案件时,应当以批准的施工首层图来认定明示属于个人的绿地是否合法。如施工首层图明确标明有属于个人的绿地,而且面积正好相符,该绿地就是合法的。如果面积超过了施工首层图载明的面积,超过部分就违法。当然,如果施工首层图上没有标明有专属于一层房屋的绿地,那么,该绿地就属于业主共有。如果业主买房时并没有附属的绿地,或者附属的绿地没有这么大,而是自己圈一块绿地,或者扩大自己的绿地,作为自己专有部分的组成部分,那当然构成侵权。在这种情况下,原告都不用举其他证据了。

第二,开发商在卖房时也已经根据规划将该绿地列入该特定房屋买卖合同中。如果购房合同中没有约定,该绿地也不属于该特定业主的专有部分的组成部分。

第三,该绿地在业主购买时就已经"明示",如该绿地被围了起来,只能从该特定房屋才能进入该绿地。这就是《民法典》第七十四条中规定的"明示属于个人的"。我们认为,"明示"的标准实际上就是《建筑物区分所有权解释》第二条中规定的"具有构造上的独立性,能够明确区分"和"具有利用上的独立性,可以排他使用"。

第四,关于明示属于个人的绿地的登记问题。我们认为,由于明示属于个人绿地具备了《建筑物区分所有权解释》第二条中规定的专有部分的前两个条件,其已经构成了专有部分的组成部分,其已经"能够登记",故是否在登记机关的登

[1] 上海市第一中级人民法院(2016)沪01民终8802号民事判决书。

记簿上进行登记,可以不予考虑。之所以这样理解,是因为专有部分已经进行了登记,既符合规划,买卖合同又进行了约定,还进行了"明示"。[1]

《民法典》颁布后,最高人民法院法官认为,《民法典》第二百七十四条规定:"建筑区划内的道路,属于业主共有,但是属于城镇公共道路的除外。建筑区划内的绿地,属于业主共有,但是属于城镇公共绿地或者明示属于个人的除外。建筑区划内的其他公共场所、公用设施和物业服务用房,属于业主共有。"这一规定说明,建筑区划内的绿地,原则上均属于业主共有,但也存在专属个人使用的例外情形。现实生活中,经常有开发商与买受人签订商品房买卖合同或补充协议约定,位于底层商品房窗前建有合围设施,由买受人专有使用的院落(绿地)连同底层商品房一起向买受人出售。然而,按照《民法典》的规定,要使绿地专属于个人,需要符合相关条件,即立法条文所表述的"明示属于个人"。而要符合"明示"这一条件,必须具备下列要素:一是窗前绿地规划必须经过规划部门事前批准。如果商品房规划已经有关部门批准而窗前绿地没有报批,或者报批后未经批准,或者开发商与底层业主私下达成窗前绿地专有权买卖协议后未补办规划批准手续的,都不能认定窗前绿地专有使用权买卖合同有效。二是开发商或销售商在出售商品房时,必须通过广告、合同或者其他有效方式向其他业主明示窗前绿地属于底层业主专有(独占)使用,也就是说,开发商或者销售商必须有证据证明,在销售商品房时,其他业主知道或者应当知道窗前绿地按照规划和合同约定属于底层业主专有使用。需要注意的是,第一,窗前绿地一般与底层住宅一同取得,一同移转让与。实践中业主之间转让窗前绿地的,只要该绿地符合上述条件,且转让手续合法,则该绿地转让行为应当认定为有效。第二,底层业主取得的窗前绿地权利,仅仅是专有使用权,而不是所有权,因为城市土地归国家所有,业主只对建筑物所依附的土地以及所取得的绿地享有使用权而不具有所有权,业主只对绿地上的植物享有所有权。第三,窗前绿地不得妨碍建筑区内公共道路、公共场所、公用设施及物业服务用房等有关公用事业的建设和使用。第四,窗前绿地的土地专有使用权费用及绿地维护费用应单独计算,由专有(独占)使用绿地的业主承担,其他区分所有权人不承担此项费用。[2]

关于外墙面的归属问题,最高人民法院法官认为外墙面属业主共有。共有部分的标准实质有二:一是不属于专有部分,二是不属于市政公用部分或者其他权利人所有的场所及设施等。对于利用共有部分获得的收益,应当归业主共有。关于专有部分的含义,《民法典》和《物业管理条例》都没有明确规定,根据"壁心和

---

〔1〕 参见最高人民法院民事审判第一庭编著:《最高人民法院建筑物区分所有权、物业服务司法解释理解与适用》,人民法院出版社 2009 年版,第 56～57 页。

〔2〕 参见最高人民法院民事审判第一庭编:《民事审判实务问答》,法律出版社 2021 年版,第 4～5 页。

最后粉刷表层说”,外墙面既在壁心之外,当然也在最后粉刷表层之外。因此,专有部分的范围不包括外墙面,外墙面不属于业主专有部分的范围。根据外墙面的属性,开发商也不可能保留外墙面的所有权。“外墙面是房屋的组成部分,与房屋的专有部分不可分割。外墙面不可能由开发商所有,因为出售专有部分的时候已经计算了外墙面的面积,不可能由开发商为业主支付单独的成本,对外墙面保留所有权并享有收益。”〔1〕我们认为,这一观点是正确的,即开发商不可能保留小区外墙面的所有权。关于外墙面不能归单个业主所有的另一个理由是,在登记机关的不动产登记簿上,也不可能将特定房屋外墙面登记为单个业主所有。根据《民法典》第二百一十六条的规定,不动产登记簿是物权归属和内容的根据。根据以上理由,主张房屋的外墙面属于个人所有的观点没有法律依据,不应予以支持。既然小区房屋的外墙面不属于单个业主所有那只能属于该楼的全体业主了。需要强调的是,在一个业主拥有小区内的一栋楼的情况下,该楼的所有部分属于该业主所有,包括外墙壁面、电梯等。这时的外墙壁面就不属于共有部分。〔2〕

关于楼顶平台归属问题。最高人民法院法官认为,楼顶平台的实质是楼顶的一定空间,讲的是空间权的内容。如果这个问题把握清楚了,很多问题就可以比较好地解决。我们认为,符合以下条件的楼顶平台,应当认定为专有部分的组成部分:第一,符合规划。也就是说,规划设计上有楼顶平台。如果规划设计上只有楼顶,没有平台的,就谈不上楼顶平台是共有部分还是专有部分的问题。这时的楼顶平台就是违法建筑。另外,还应当审查规划本身是否合法。第二,必须具备“具有构造上的独立性,能够明确区分”和“具有利用上的独立性,可以排他使用”这一条件。这是审判实践中特别需要注意的。可以排他使用,是指规划上专属特定房屋,不经过该特定房屋,就不能到达楼顶平台。换言之,楼顶平台只能通过该特定的专有部分才能与外界相通,通过公共通道到不了楼顶平台。而这是符合规划的。这一点非常重要。如果规划上经过公共通道能够到达楼顶平台,那么表明这样的楼顶平台属于《民法典》第二百七十四条所讲的“其他公共场所”。这样的话,它就不属于专有部分的组成部分。当然,如果有人人为地堵塞公共通道,造成只能从他家才能到楼顶平台的现状,那么这样的楼顶平台也属于其他公共场所,而不属于专有部分的组成部分。第三,建设单位销售时已经根据规划列入该特定房屋买卖合同。如果没有合同依据,认定符合上述两个条件的楼顶平台属于某个业主就没有依据。

我们认为,楼顶平台任何时候都是楼顶平台,不能单独买卖。开发商任何时

---

〔1〕 参见王利明:《物权法论》(修订二版),中国政法大学出版社 2008 年版,第 171 页。

〔2〕 参见最高人民法院民事审判第一庭编著:《最高人民法院建筑物区分所有权、物业服务司法解释理解与适用》,人民法院出版社 2009 年版,第 69 ~ 72 页。

候都不能将楼顶平台单独出卖。如果单独出卖,在小区业主都可以到楼顶平台的场合,实际上处分了属于全体业主共有的财产,小区业主不同意,该买卖行为无效。在只有顶楼业主才能到楼顶的场合,实际上开发商不可能单独出卖,只能附赠给楼顶业主。

另外需要考虑的是,在只有顶楼业主才能到楼顶平台的场合,将楼顶平台的所有权认定归属于顶楼业主,是否损害了其他业主的合法权益。我们认为答案是否定的。一是这样确权有规划设计的依据,符合法律规定;二是如果认为任何情形下全体业主对楼顶平台享有所有权,在只有顶楼业主才能到楼顶平台的场合,除顶楼的业主外,其他业主根本不可能行使所有权的任何权能,所以说认为全体业主对楼顶平台享有所有权是不切实际的,也没有任何意义;三是顶楼业主支付了比其他业主更高的价格,对楼顶平台享有所有权也是应该的;四是这样确权,并不影响其他业主行使建筑物区分所有权;五是如果认为只有顶楼业主才能到的楼顶平台的所有权属于全体业主,那么,正常的维护费用也要全体业主负担,但其他业主并不能实际上享有任何权利。这样的结果是:全体业主负担费用,但享受不到任何权益,实际上对全体业主是不利的。〔1〕

区分所有建筑物的屋顶实质上包括了屋顶结构与屋顶空间。屋顶结构属于全体区分所有权人共有,而屋顶空间则属于所有权人保留的分层空间权,两者分属《民法典》物权编体系下不同物权种类的权利客体。屋顶不仅是顶层区分部分的"盖",而且是整栋楼房的"顶",与建筑物的基础、承重结构和外墙一样,属于建筑物基础结构的组成部分,不可或缺,与建筑物结构安全和功能完整有密切关联,故最上层屋顶结构仅能作为共有部分,而不能认定为业主专有。实践中,开发商与单个业主就屋顶(结构)空间签订的专用协议是无效的,并不能改变屋顶(结构)空间属于业主共有的归属,也不是单个业主利用屋顶(结构)空间的合法依据。单个业主擅自使用屋顶(结构)空间,不仅侵犯了土地所有权人保留的分层空间权,亦侵犯了全体区分所有权人对屋顶(结构)空间的共有权,业主委员会有权代表全体业主提起侵权之诉。如重庆市江北区盘溪南桥新苑业主委员会诉杨某某、徐某、康全医院排除妨害恢复原状纠纷案。〔2〕

关于整栋楼房区域界定。小区内的独栋别墅的所有权人是不是对该独栋别墅享有专有部分的权利呢?司法解释制定者认为答案应当是肯定的。应当将小区内的独栋别墅认定为专有部分,只是这一专有部分比较特别。实际上,即使不是小区内的独栋别墅,一个业主独自购买小区内的一栋可区分所有的建筑物的情

〔1〕 参见最高人民法院民事审判第一庭编著:《最高人民法院建筑物区分所有权、物业服务司法解释理解与适用》,人民法院出版社 2009 年版,第 73 ~ 76 页。

〔2〕 参见《人民司法·案例》2015 年第 12 期(总第 719 期)。重庆市第一中级人民法院(2014)渝一中法民终字第 02001 号民事判决书。

况也是存在的。业主对小区内这样一栋可区分所有的建筑物也应当享有专有部分的权利。因此,司法解释在解释原《民法典》第二编第六章的专有部分时,根据现实生活的需要,将其做了扩大解释,即将专有部分扩大到小区内的整栋建筑物。这样,专有部分不仅存在于建筑物内,就是小区内的建筑物本身也是专有部分。《建筑物区分所有权解释》将小区内的整栋建筑物纳入专有部分范围之内,从而使该整栋建筑物的所有权人对该整栋建筑物享有专有部分的权利。因现行法律中混同使用房屋与建筑物的概念,例如,《城市房地产管理法》第二条第二款将房屋界定为土地上的房屋等建筑物及构筑物。为避免重复,《建筑物区分所有权解释》第二条第三款特别规定:本条第一款所称的房屋,包括整栋建筑物。特别需要指出的是,我们这里规定的整栋建筑物,一定是小区内的整栋建筑物。如果一栋建筑物归一个人所有,而该栋建筑物又不在一个小区内,那么就不属于《民法典》第二编第六章所规定的业主的建筑物区分所有权。[1] 需要厘清的问题是,不能认为一套房屋就有几个专有部分。这是因为每一个房间都不能直接与外界相通,不具备利用上的独立性,可以排他使用,但不符合专有部分的认定标准。

(五)居住与非居住物业区域

物业服务人提供服务的对象,从区域上划分为居住物业区域的业主与非居住区域的业主,前者就是常见的业主居住物业小区,后者如办公楼、工业区、学校,甚至包括医院、敬老院等。

有法官认为,居住物业的物业管理与非居住物业的物业管理,因其服务对象不同而具有不同特点,主要表现在四个方面。其一,在居住物业的物业管理中,物业管理企业面对的是众多的服务需求者,即向众多业主提供服务,与众多业主发生经济关系。而在非居住物业的物业管理中,物业管理企业一般只面对单一业主,与单一业主发生经济关系。居住物业的物业管理相较于非居住物业的物业管理,服务的法律关系要复杂一些。其二,居住物业的设施、设备具有普遍适用性;非居住物业的设施、设备与物业的功能特征相关,与业主的特殊性需求相关,具有特殊性。居住物业的物业管理相较于非居住物业的物业管理,特殊的技术性要求要少一些。其三,居住物业的物业管理,因服务对象是众多业主,其利益既有相对独立性又有关联性,存在相关业主共同利益的均衡和共同利益的维护;而非居住物业的物业管理,服务对象是单一业主,其服务对象的利益是独立的、直接的、非

---

〔1〕 参见最高人民法院民事审判第一庭编著:《最高人民法院建筑物区分所有权、物业服务司法解释理解与适用》,人民法院出版社2009年版,第50页。

关联的。其四,居住物业的物业管理,服务直接面对服务需求者,提供的是终端服务,消费者从物业管理企业提供的服务中直接得益;而非居住物业的物业管理,因物业本身是提供其他服务的,物业管理是构成其服务的中间环节,是其最终服务的组成部分,最终消费者从物业管理企业提供的服务中间接得益。[1]

居住物业的物业管理与非居住物业的物业管理,虽然有不同点,但其物业服务规则并不存在区别。其一,法律关系相同。在居住与非居住物业服务中,均是业主与物业服务人之间的服务合同关系,其法律关系的形成方式具有同一性。其二,法律制度相同。在居住与非居住物业服务中,主要是服务内容存在差异,而服务内容是由合同约定事项所规范的,并非法律制度的内容,亦不影响合同效力。其三,法律规则通用。在居住与非居住物业服务中,对于物业服务中的各项行为,如前期物业管理、服务合同关系成立、物业的使用和维护等创设的规则,对所有形式的物业都是通用的。

---

〔1〕 参见吴庆宝主编:《最高人民法院专家法官阐释民商裁判疑难问题》(民事裁判精要卷)(增订版),中国法制出版社2011年版,第93页。

三、物业服务区域疑难问题

（一）小产权房区域管理

由村委会投资，占用集体土地建设的小区，从法律上讲，属于“小产权房”。“小产权房”不是法律上的概念，而是现实社会生活中形成的一种约定俗成的称谓。这种“小产权房”，也称“乡产权房”，是指由乡镇政府而不是国家颁发产权证的房产。现行法律对于小产权房的定性尚不明晰，其法律性质上的模糊使得小产权房在物业、供暖出现各种矛盾时，缺乏相应的法律调整。笔者认为，小产权房作为当今社会普遍存在的现象，当产生纠纷时亦应依法处理。基于小产权房在实际使用用途和使用方式上与普通的商品房并无区别，对其物业费的收取可以参照《物业管理条例》中的普通小区规定处理。但是，小产权房物业服务较之规范的小区尚有差距，在参照国家和当地政府有关规定时，酌情降低收费标准，确定收费金额。如南彩村委会诉孙某某物业服务合同纠纷案。[1]

（二）小区停车位处理

随着社会经济的发展和居民生活水平日益提高，私家车保有量亦随之急剧增长，受小区建筑面积及整体规划所限，因车多位少等困境而引发的车位纠纷日益增多，亦是小区物业多发纠纷。不少物业服务人对小区规划的地区停车位进行出租，甚至在业主共有的道路或者场地开辟临时车位收费。对于物业服务人是否有权对小区地面停车位进行收费、应当如何收费、收益如何分配等，理论上和实务上都存在不同争议。

---

〔1〕 参见国家法官学院案例开发研究中心编：《中国法院2013年度案例》（合同纠纷），中国法制出版社2013年版，第90页。北京市顺义区人民法院（2011）顺民初字第1952号民事判决书。

1. 小区停车位理解

《民法典》第二百七十五条第一款规定："建筑区划内，规划用于停放汽车的车位、车库的归属，由当事人通过出售、附赠或者出租等方式约定。"第二款规定："占用业主共有的道路或者其他场地用于停放汽车的车位，属于业主共有。"《建筑物区分所有权解释》第六条规定："建筑区划内在规划用于停放汽车的车位之外，占用业主共有道路或者其他场地增设的车位，应当认定为民法典第二百七十五条第二款所称的车位。"根据上述规定，小区停车位的所有权取得有两种方式：其一，根据约定取得。规划用于停放汽车的车位或车库，在开发商销售时没有计入销售成本，没有算入公摊面积，其所有权归于开发商。开发商可以通过销售、附赠的方式约定给购房人或购买人，也可以约定方式出租给承租人。此种情况下，因停车位、停车库所有权属于开发商，其收益归于开发商；转让或赠与的停车位、停车库所有权属于业主，其收益归属业主。其二，根据法律规定直接取得。即利用业主共有的道路或者其他场地用于停放汽车的车位，其所有权属于业主共有，此种情况下取得的收益应归全体业主共有，而不归属物业服务人所有。物业服务人已经收取了物业费，该费用本身包含了物业服务人对物业服务区域的维护、服务和管理的费用。因此，物业服务人不能再将收取的停车费据为已有，用于服务成本开支。例外的是，物业服务合同对管理停车收取一定比例的管理费有约定的，应按约定处理。

如何理解《民法典》第二百七十五条第一款与第二款的关系，直接影响到车位产权的判断。该条第一款中的"规划"应是解决车位、车库建设的合法性、合规性和合理性问题，并非解决权属问题。建筑规划的目的在于确定建筑物的位置、规模及用途等指标，而建筑规划审批是职能部门依法履行监管职责的方式，建筑规划本身并不能确定建筑物的所有权归属，其只能证明建筑物建设的合法性、合规性和合理性。故应将第一款和第二款结合起来理解，绝不能割裂开来，从第二款规定可知占用共有部分的车位属于业主共有，所以第一款规定实际上有一个前置隐形条件，即"未占用业主共有部分"，所以区分业主车位权属的关键在于是否占用业主共有部分，而非是否经过规划。从立法精神和法律规定看，该法第一款是一般规定，而第二款是特别规定。根据特别法优于一般法的原则，出现法条竞合既在规划中又占有业主共有场地的情况时，应优先适用第二款。规划图中标明的车位，是规划用于停车的车位。规划内的车位归属可以约定，但是占用"业主共有的道路或者其他场地"的车位应属于业主共有，不属于该条第一款所说可以约定的范围。如其可以约定，则实质后果是小区业主共有地被开发商占有，开发商把可停车的平面位置都规划成车位，按规划图得车位，凭空坐享七十年收益。在规划内的车位没有占用"业主共有的道路或者其他场地"的情况下，开发商可以依该条第一款取得车位原始产权,在办理产权证明后,可以由其出售、附赠。《江苏省物业管理条例》第六十二条第二款规定,建设单位办理商品房房屋预售登记后出售或者附赠的车位、车库,应当明示并在物业管理区域内显著位置公示拟出售车位、车库的产权证明文件和出售价格。这就表明小区土地使用权在房屋出售后归全体业主,地面车位占用了业主共有场地。地面车位不能办理产权登记,不能成为专有部分,因而是共有部分。也就是说,小区规划中的地面停车位归全体业主所有,规划图并不能决定车位产权。小区地面停车位是由开发商依照行政规划建设的物业附属设施,实际上并无建筑物,其本质属于土地使用权,不能办理产权登记。开发商将商品房向业主出售后,建设范围内的土地使用权归属于全体业主。因此,地面停车位的权益作为附属设施属于全体业主共有,其性质与其他公共附属设施性质并无不同。开发商有义务按照规划修建小区附属设施,但并非依据规划建设的附属设施都归开发商所有。

小区道路上的车位有两种类别,其归属不能一概而论。小区道路上规划用于停放汽车的车位,属于开发商;规划之外新增的车位,属于业主共有。[1]

【案例 10-41】 某开发商诉重庆市九龙坡区西彭帝景豪苑小区业主委员会车位确权纠纷再审案

二审法院认为,地面车位不能办理产权登记,不是专有部分,归全体业主并无不当。另外,一个建筑物所占建筑面积能否办理产权登记与是否纳入容积率的计算有关。容积率 = 总计容建筑面积 ÷ 总用地面积;总计容建筑面积 = 地上总建筑面积 - 地上不计容建筑面积 + 特殊多计容面积。地上停车位所占面积不属于计容积率的地上建筑面积,不能办理产权登记手续,故该部分停车位应属于《物权法》第七十四条第三款规定的"占用业主公有的道路或者其他场地用于停放汽车的车位"。故驳回上诉,维持原判。最高人民法院再审认为,根据《物权法》第一百四十二条规定,业主购买房屋后取得建设用地使用权,开发商没有相反证据,地面车位归全体业主。根据《建筑物区分所有权解释》第二条第一款之规定,案涉车位不能办理产权登记,因此其不能成为享有专有权的专有部分,故驳回再审申请。[2]

对于小区停车位,依据不同的分类标准可分为地上停车位和地下停车位、规划停车位和非规划停车位、人防停车位和非人防停车位。地上停车位是指直接设置在小区地表,以画线分割方式表明界线的停车设施,可分为规划地面停车位和占用业主共有道路或其他共有场地的停车位。对于地下停车位,可根据是否属于

---

〔1〕 参见最高人民法院民事审判第一庭编:《民事审判实务问答》,法律出版社 2021 年版,第 5~6 页。

〔2〕 最高人民法院(2017)最高法民申 2817 号民事裁定书。

人防工程性质分为人防停车位和非人防停车位两类，或依据是否属于规划范围内分为规划停车位和占用业主共有道路或其他共有场地的非规划停车位。在建筑规划范围内的规划用于停放汽车的车位、车库权归开发商所有，开发商可以出售或出租，而占用业主共有的道路或者其他场地用于停放汽车的车位，则属于业主共有。

2. 人防车位理解

人防车位不属于规划用于停放汽车的车位。开发商只是根据法律的强制性规定，在小区房屋出售后业主拥有土地上完成了其建设人防工程的法定任务，其建设人防地下室的行为不能使其直接获得人防地下室或人防车位所有权，但不影响因投资建设取得使用权和收益权。对此，最高人民法院态度明确，即人防车位作为人防工程的一种现实存在形式，其本质属性为国防战备设施，应当归国家所有。[1]

【不同处理】 有的法院认为，符合规划许可的人防车位属开发商所有。

【案例 10－42】 柏某某、汪某某与盐城市某房地产开发有限公司车位纠纷案

二审法院认为，符合规划许可的人防车位，建设单位可以根据《物权法》第三十条，即因合法建造设立物权的，自事实行为成就时发生效力，享有人防车位的所有权。[2]

人防停车位的使用前提是经过人防主管部门的批准，这与普通车位存在明显区别。

【案例 10－43】 闫某某与杨某、抚顺某房地产开发有限公司申请执行人执行异议之诉再审案

最高人民法院认为，本案中，各方当事人对案涉车位的性质为人防工程均无异议，且均认可案涉车位未经人民防空主管部门审查合格后发给使用证的事实。根据上述规定，某公司在未经人民防空主管部门审查合格发给使用证的情况下，对案涉车位不享有合法的使用权和收益权。故二审判决认定案涉车位并非执行标的，并无不当。[3]

---

〔1〕 参见贺小荣主编：《最高人民法院第二巡回法庭法官会议纪要》，人民法院出版社 2019 年版，第 121 页。

〔2〕 江苏省盐城市中级人民法院（2014）盐民终字第 01318 号民事判决书。

〔3〕 最高人民法院（2019）最高法民申 2108 号民事裁定书。

人防车位买卖合同应为无效合同。

【案例 10-44】 周某诉张某、济南泽源房地产经纪有限公司买卖合同纠纷案

二审法院认为,本案的争议焦点是周某、张某、济南泽源房地产经纪有限公司买卖合同是否有效。根据查明的事实,涉案车位系人防设施,人防设施不得进行买卖,张某对案涉车位仅享有使用权,无权对案涉车位出售所有权。一审判决认定该买卖合同无效并无不当。在合同无效的情况下,张某、济南泽源房地产经纪有限公司应向周某返回合同取得的财产。综上所述,张某、济南泽源房地产经纪有限公司买卖合同的上诉请求及理由均不成立,法院不予支持。判决:驳回上诉,维持原判。[1]

地下人防车位本质属性为国家战备设施应当归国家所有,投资建设的开发商享有用益物权。

【案例 10-45】 王某某诉菏泽某景房地产开发有限公司车位纠纷案

二审法院认为,本案争议的焦点是:(1)涉案地下车位认购协议书的法律性质及效力问题;(2)上诉人请求返还车位认购款2万元并赔偿损失是否具有正当的基础事实依据。关于焦点一。关于认购协议的法律性质问题。根据2012年5月10日施行的《最高人民法院关于审理买卖合同纠纷案件适用法律问题的解释》第二条的规定,涉案车位认购协议为预约合同,预约合同的法律性质不同于预售合同。涉案认购协议的法律效力问题分析如下:第一,菏泽市人民防空办公室、菏泽市原规划局均出具书面证明,根据涉案地下车库建设工程规划许可证、防空地下室异地建设费交款通知单、非税收通用票据等证据,可以证明地产公司缴纳了人防工程异地建设费,属于异地建设人防项目,地下车库并非人防工程,而是经规划主管批准由地产公司投资建设的地下车库项目。第二,涉案车位属于地下停车位,并非占有业主共有的地面道路或者其他公共场地;经规划主管部门批准由地产公司投资建设,涉案商品房买卖合同未显示约定涉案地下车位已计入商品房公摊面积;业主亦未提供证据证明地产公司在销售房屋时将地下车位按公摊面积分摊给了全体业主,或者将地下车位建设成本以分摊方式计入商品房销售价格。第三,鉴于预约合同、预售合同系两种法律性质不同的合同类型,目前尚无法律、法规等强制性规定明确要求签订预约合同需要事先取得预售(销售)许可证,即地产公司是否确定车位预售(销售)许可证并不必然影响涉案认购协议的

---

〔1〕 参见国家法官学院案例开发研究中心编:《中国法院2019年度案例》(买卖合同纠纷),中国法制出版社2019年版,第118页。山东省济南市中级人民法院(2017)鲁01民终8946号民事判决书。

法律效力。第四,涉案认购协议仅仅系约定在将来一定期限内订立车位销售合同的意向性协议,该预约合同并未约定涉案车位能否办理产权登记,故该项内容应当是双方进一步签订正式车位协议销售合同时应当协商确定的事项。综上,涉案地下车位认购协议书不符合合同无效的情形,应当是合法有效的。关于焦点二。人民法院应当按照当事人起诉选择的法律关系性质和请求权基础事实进行审理,并作出肯定或者否定性裁判。本案中,王某某起诉认为涉案认购协议无效并要求返还车位款,鉴于当事人主张的法律关系性质或者民事行为效力与人民法院根据案件事实作出的认定不一致,二审期间虽经法院释明上诉人仍不变更确认认购协议无效的诉讼主张,故上诉人基于认购协议无效导致退还车位款的诉讼请求依法不能成立。原判认定事实清楚,判决结果并无不当,二审依法予以确认。判决:驳回上诉,维持原判。[1]

未纳入公摊且属人防工程的小区地下车位权利归开发商。

【案例10-46】　某房地产公司诉某小区业主委员会车位纠纷案

一审法院认为,某小区地下车位并未纳入公摊面积,故某房地产公司销售给业主的房屋并不包含地下车库中非人防工程区域内的车位。根据《人民防空法》第五条……之规定,该案中的人民防空工程系某房地产开发公司投资建设,由某房地产公司使用管理,收益归某房地产公司所有。鉴于某小区地下室人防工程和非人防工程之间并无明显界限,整个地下室为一个整体,无法区分人防车位和非人防车位,根据《人民防空法》关于人防工程属国家所有的规定,结合小区地下车库非人防区域的车位由某房地产公司享有所有权小区住户众多,人防区域和非人防区域一共只有47个车位的实际以及某县住房和城乡建设局与某房地产公司签订的《人防工程维护和管理责任书》,某房地产公司享有小区地下室停车位的管理权、使用权、收益权,但不得出售和转让。某小区业主委员会认为房屋出售后,人防工程应作为公建设施归全体成员业主所有的辩称,无证据证明开发商将人防工程建设投资成本摊入房屋销售价格中,开发商销售房屋并不必然导致人防工程投资者转移,故对某小区业主委员会的辩解不予采信。判决:(1)某房地产公司享有某小区地下车库47个规划车位的使用权、管理权和收益权;(2)驳回某房地产公司的其他诉

---

〔1〕参见最高人民法院中国应用法学研究所编:《人民法院案例选》2022年第12辑(总第178辑),人民法院出版社2023年版,第76~77页。山东省菏泽市中级人民法院(2020)鲁17民终1717号民事判决书。

讼请求。二审法院同意一审法院裁判意见,判决:驳回上诉,维持原判。[1]

关于人防车位使用权转让合同的法律效力,主要存在三种不同的观点:无效、有效、部分有效。

最高人民法院第二巡回法庭2019年第15次法官会议纪要认为,人防车位作为人防工程的一种现实存在形式,本质属性为国家战备设施,应当归国家所有。但为鼓励社会资本投资人防工程建设,减轻国家财政负担,人防工程经验收合格后,投资者可以取得用益物权性质的人防车位使用权。也就是说,投资者经人防主管部门备案批准,取得人防车位使用权,该人防车位使用权可以作为执行标的;投资者未经人防主管部门批准,对人防车位不享有合法的使用权,申请执行人将其作为投资者的合法财产申请强制执行的,人民法院不予支持。虽然《民法典》针对人防车位使用权的法律性质没有规定,但是《人民防空法》第五条却针对人防车位的投资使用权权益进行了明确规定,因此投资者针对人防车位享有用益物权。投资单位可以取得所投资的人防车位的使用权,仅仅是赋予了其取得权利的资格,并不意味着投资者凭借其投资行为就当然地取得了人防车位的使用权,成了人防车位的使用权人。作为一种用益物权,人防车位使用权的取得也应有一定的事实依据,通过一定的法律事实和法律程序而创设,并应符合物权的公示公信原则。人防车位作为一种国防战备设施,服务于国家战备需要,有别于普通民事财产。因此,为保障人防工程在战时满足人民防空的需要,利于平时的监督管理和有效维护,国家相关主管部门对人防工程的利用采取许可制,只有经过国家相关主管部门备案批准,颁发使用权证,使用人才能享有合法的人防车位使用权。因此,最高人民法院认为,人防工程平时使用权证书事实上发挥了确认人防工程使用权的物权凭证的作用,且据此将是否取得人防工程平时使用权证书作为是否享有合法使用权的依据。前述会议纪要将人防车位使用权认定为一种用益物权,并将人防工程平时使用权证书作为其为用益物权的凭证。从这个意义上讲一般认为,根据物权行为与债权行为相区分的原则,是否取得人防工程平时使用权证书并不影响人防车位使用权转让合同的法律效力。

3. 小区停车位认定

占用小区的共有的道路或其他场地用于停放汽车的车位属业主共有。

---

[1] 参见国家法官学院、最高人民法院司法案例研究院编:《中国法院2022年度案例》(物权纠纷),中国法制出版社2022年版,第121~122页。云南省大理白族自治州中级人民法院(2020)云29民终253号民事判决书。

【案例 10-47】 甲小区业主委员会、谢某某与乙公司建筑物区分所有权纠纷再审案

二审法院认为,本案中,被告乙公司在甲小区建设环保停车场并将其中的 001 号车位通过出租等方式处置给第三人谢某某,业委会对此提出异议。本案争议焦点为涉案停车位所有权的归属问题。经法院查明,规划职能仅决定用途和功能,涉案环保停车场经过规划审批环节并不能作为认定其属乙公司所有的依据。乙公司在不具有涉案环保停车场所有权或使用权的情况下,通过出租方式约定涉案停车位的使用权是无权处分行为,应属无效。涉案 001 号停车位占用甲小区建筑区划内公共土地面积,依照《物权法》第七十四条第三款关于"占用业主共有的道路或者其他场地用于停放汽车的车位,属于业主共有"的规定,该车位应属甲小区全体业主共有。乙公司将涉案 001 号停车位擅自出租给第三人的行为,损害了甲小区全体业主的合法权益,业委会诉请其腾退该车位有事实和法律依据,应予以支持。[1]

【案例 10-48】 某小区业主委员会与云南保山市某有限责任公司车位纠纷再审案

再审法院认为,虽然医药公司在取得涉案项目土地使用权时支付建筑区划内的土地使用权出让金,成为涉案项目使用权人,但小区建设完成之后,随着小区房屋出售,小区建筑区划内土地使用权也随之转移,小区建筑区划内共有部分土地使用权归小区业主共有。[2]

【不同处理】 有的法院认为,经过规划的地上停车位应归属于开发商所有。

【案例 10-49】 南充市某小区业主委员会与四川某有限公司等业主共有权纠纷再审案

再审法院认为,根据某公司开发案涉某小区时,某小区建设用地使用权人为某公司,小区地面停车位系规划车位的事实,一、二审法院适用《物权法》第七十四条……规定,认定案涉停车位的使用权系某公司依法取得,并无不当。[3]

【案例 10-50】 北京市海淀区某小区业主委员会与北京某房地产开发有限公司等车位纠纷再审案

再审法院认为,某业主委员会未提供充分证据证实诉争的车位全部或部分系占用共有道路或共有绿地建设,故其提出的诉争车位归小区业主共有一

---

〔1〕 广东省高级人民法院(2014)粤高法民一提字第 77 号民事判决书。

〔2〕 云南省高级人民法院(2019)云民申 1634 号民事裁定书。

〔3〕 四川省高级人民法院(2018)川民申 5180 号民事裁定书。

节缺乏依据。[1]

共有部分的界定采取排除法的模式，以确定专有部分内容为参照，排除专有部分之外的其他部分为共有部分。屋顶平台究竟是建筑物全体业主的共有部分还是特定的顶楼业主的专有部分，理论和实践中存在争议。屋顶停车场在规划上并不专属于特定房屋，并非由特定业主排他使用，显然不符合专有部分的认定条件，故应认定为小区全体业主共有。

【案例 10－51】 上海市黄浦区金瓯万国大厦业主委员会诉上海国宏置业有限公司等物权确认纠纷案

二审法院认为，对于系争屋顶停车场的权属，应根据本案具体情况综合考虑。首先，根据法律等规定，建筑物的基础、承重结构、外墙、屋顶等基本结构部分应属业主共有。系争停车场建造在归业主共有的、本属于建筑物基本结构部分的屋顶之上，并与房屋直接结合为一体，无法脱离屋顶单独存在。国宏公司认为系争屋顶停车场应为其所有，但在裙房屋顶这一业主共有结构上设置平面停车场即能形成他人对此停车场的专有权，该抗辩与法理相悖。其次，国宏公司自裙房屋顶停车场发生权属纠纷前，系由全体业主使用，并通过物业服务单位统一管理，其自身权益仅通过免交停车管理费来实现。国宏公司亦未能提供证据证明在系争屋顶停车场使用期间，其曾持续地投入资金进行全面管理维护，并从中直接获取收益，其行为亦不符合对系争屋顶停车场所有权的法律特征。最后，根据建筑物规划设计要求，在系争裙房屋顶设置停车场是为了满足小区全体业主停车的需要，涉案两幢住楼之间由裙房相连，三幢楼形成一呈“凹”字形的整体建筑，建筑面积亦是作为一体进行分摊，故综合本案的实际情况，在无相反证据以及特别约定的情况下，系争屋顶停车场应属小区全体业主共有。据此，判决：金瓯万国大厦小区内的裙房屋顶停车场为金瓯万国大厦小区全体业主共有。[2]

【案例 10－52】 兰州某房地产开发有限公司诉开封市某花园小区业主委员会物权确认纠纷案

二审法院认为，某公司开发建设的某花园小区房产，建设规划中有双方争议的两个车库，宣传资料和销售广告件也明确告知了公众，配套设施的完善也是构成房价的重要因素，属于小区的配套设施之一，应属于小区共有。某公司诉称未将两个车库的成本纳入房屋销售价格之中，未能提供充分证据

---

〔1〕 北京市高级人民法院(2014)高民申字第 02968 号民事裁定书。

〔2〕 参见沈志先主编：《2012 年上海法院案例精选》，上海人民出版社 2012 年版，第 170 页。

予以证明。其理由不能成立。一审认定事实清楚,判决正确,应予维持。[1]

实践中,存在可以办理产权登记的停车位即标准车位,可称“母车位”,亦有不能满足正常停放车辆的使用要求,无法办理产权登记的车位,可称“子车位”,因其不属于规划范围内的车位,开发商不可以销售,业主不能买卖。对于这种停车位,因其与规划范围内的车位连接,且不能正常销售,故应属于类似于楼梯、过道、走廊等建筑物区分所有权中的共有权部分,属于购买车库的业主的公摊面积范围。对于开发商将其与之相连的母车位进行捆绑销售,则属于侵犯业主共有权的行为,不能依该捆绑销售行为改变该子车位的性质和归属。

【案例 10－53】　俞某诉王某某案外人执行异议纠纷案

一审法院认为,案涉车位包括有产权的母车位和没有产权的子车位,均为东西方向的停车位,母车位为标准车位,但在该车位上与子车位交界处有一立柱,子车位则不是标准车位,并不能满足东西方向正常停放车辆的使用要求。该车位的存在可能是开发商在规划车位时考虑到案涉车位有立柱占用部分面积,而立柱南边尚空余部分面积,虽然因不符合标准车位的面积而无法办理产权登记,但是如果与主车位由同一人购买,在使用时将车辆改为南北方向停放,则可以同时满足两辆车的停放需要,对此栾某某应当是明知的,开发商才将两个车位进行捆绑销售。故应当认定两个车位属于同一整体,不能得到产权登记的部分(子车位)应属于案涉11号车位的附属部分,两者应属一个整体,不可分割。综上所述,原告依据其所提供的抵债协议不能享有诉争的子车位的使用权,原告所提供的证据不足以证明诉争的未进行产权登记的子车位的使用权归其所有,其要求停止对该车位执行的诉讼请求缺乏事实和法律依据,不予支持。判决:驳回俞某的诉讼请求。二审法院认为,案外人执行异议之诉的原告应系对执行标的具有实体权利的公民、法人或者其他组织。俞某在二审中陈述,涉案车位应为全体业主所有,并非其所有,则依其主张,其已经认可涉案争议车位不享有阻却强制执行的合法民事权益,其作为案外人异议之诉的原告主体不适格。二审法院撤销一审判决,驳回起诉。[2] 本案中,一、二审法院作出的裁判有差别,但对停车位的认定是一致的,亦是正确的。

开放性的地下车位通过画线等方式完全独立、排他地使用,属于具有独立使用价值的特定空间,业主对车位享有独立的物权即建筑物区分所有权。因开放性

---

〔1〕 参见骆鑫、刘娅编著:《物业管理纠纷案例与实务》,清华大学出版社 2017 年版,第 2 页。

〔2〕 参见国家法官学院案例开发研究中心编:《中国法院 2019 年度案例》(物权纠纷),中国法制出版社 2019 年版,第 226～227 页。江苏省淮安市中级人民法院(2017)苏 08 民终 2360 号民事裁定书。

车位四周均未封闭,其所对应的地面空间范围较为明确,即画线范围内的部分,然而对于开放性车位上的立体空间范围如何确定尚无具体规范。如是否只要是业主在画线范围内搭建的立体停车设施,无论搭建多少层都是合法等有争议。开放性的地下车位权利边界不能像房屋等封闭性空间一样清晰,但在实践中仍可通过法律对于建筑物专有权的规定来确定开放性车位的专有权边界。《民法典》第二百七十二条规定:"业主对其建筑物专有部分享有占有、使用、收益和处分的权利。业主行使权利不得危及建筑物的安全,不得损害其他业主的合法权益。"依此可以得出,对开放性车位的利用,往往涉及小区全体业主与个别业主之间的利益平衡问题,故不能仅仅依据车位的权利归属状况,还必须结合业主的现实生活需求、车位的实际使用情况、该小区的整体规划等因素加以综合平衡,进而确定开放性车位的立体空间专有权的权利边界。也就是说,开放性的地下车位虽然在画线区域内,但是其车位的立体空间利用上存在危及他人人身安全的隐患,亦应认定占用了其他业主的共有区域,违反了小区管理规约。

【案例10-54】 北京万科物业服务有限公司诉王某、邹某某排除妨害纠纷案

判决观点:……第二,二被告在812号、813号车位上搭建的升降停车设备是否损害了其他业主的合法权益。首先,二被告所搭建的升降停车设备所使用的支撑杆和电路均占用了业主共有区域,在未取得业委会同意的情况下,其行为侵犯了其他业主对共有部分的权利;其次,二被告擅自将380伏电路穿过公用的楼梯和墙体引入地下一层,存在安全隐患,对其他业主的人身安全存在巨大风险;最后,二被告将未经相关部门验收的升降停车设备安装在开放性的车位上,会给途经车位的行人的人身安全带来不可预料的风险。故二被告在812号、813号车位上搭建的升降停车设备损害了其他业主的合法权益。第三,当小区公约对业主行使业主专有权设定限制时,业主是否需要遵守小区公约。《某小区业主公约(草案)》载明禁止擅自在车位上安装设施,二被告辩称该公约限制了业主权利应为无效。法院认为,业主对专有部分的利用,往往涉及小区全体业主与个别业主之间的利益平衡问题。因此,业主在行使业主专有权时不能仅仅依据权利归属情况,还必须遵守小区管理规约的相关规定。故二被告作为812号、813号车位产权人,有权使用并处分车位,但在使用车位的过程中应当遵守《某小区业主公约(草案)》,据此履行义务。原告要求二被告拆除812号、813号车位上的升降停车设备的诉请,于法有据,法院予以支持。需要说明的是,为了解决停车难题,政府鼓励建立体停车设施,但在兴建立体停车设施时应确保设施安全并遵守相应规范，且不得侵犯他人利益。[1]

小区室外停车位不计入容积率，不能办理产权登记的，应当属于业主共有。

【案例10－55】　广东省台山市RM房地产开发有限公司诉TTY小区业主委员会物权确认纠纷案

一审法院认为，在TTY小区开发建设并销售完毕后，原告将该土地使用证交回国土部门办理土地使用权分割变更手续，为各业主办理土地分割证，上述土地证已注销，即RM公司已丧失了涉案室外停车位的土地使用权。一个建筑物所占建筑面积能否办理产权登记与是否纳入容积率的计算有关。根据台山市城乡规划局的回复，涉案小区的室外停车位不属于地上建筑物的范畴，不计算建筑面积及容积率，应属于业主共有车位。法院判决：驳回原告的诉讼请求。二审法院判决：驳回上诉，维持原判。[2]

架空层车位产权应属于开发商，而不属于小区全体业主共有。

【案例10－56】　福建省厦门市某区JY小区业主委员会诉JY房地产有限公司等物权确认纠纷案

判决观点：涉案的JY花园1～7号楼的底层的建筑功能规划设计为"架空层车库"。公寓、住宅面积测算明细表显示，案涉底层也未纳入小区业主的商品房面积公摊范围。案涉底层是建造为多个可独立使用的车库，具有特定的使用价值和经济价值，且数量众多，属于一项重大资产，并无证据显示JY公司曾经承诺将案涉底层归业主共有。JY小区业主委员会请求确认涉案底层归JY小区全体业主共同所有缺乏事实和法律依据，不予支持。法院判决：驳回原告的诉讼请求。[3]

【案例10－57】　刘某某等诉广西钦州华信置业有限公司业主共有权纠纷案

判决观点：本案争议的架空层是建筑物中仅有结构支撑而无外围护结构的开敞空间，具有构造的独立性和完全独立的经济效用，该架空层由被告投资建设。钦州市建设规划委员会在《建设工程规划许可证审批单》中已明确架空层折算一半面积，计入总面积内，架空层的审批用途为架空停车，且没有计入业主公摊面积，不属于第三栋业主的共有共用建筑面积。原、被告签订

---

〔1〕　参见国家法官学院案例开发研究中心编：《中国法院2019年度案例》（物权纠纷），中国法制出版社2019年版，第230～231页。北京市朝阳区人民法院（2016）京0105民初16482号民事判决书。

〔2〕　参见程磊、周滨：《律师说法：业主委员会及物业服务纠纷案例评析》，法律出版社2020年版，第102页。

〔3〕　参见程磊、周滨：《律师说法：业主委员会及物业服务纠纷案例评析》，法律出版社2020年版，第77页。

的《商品房买卖合同补充协议》第三条第六款约定："除业主成套房屋属建筑面积及共有共用建筑面积(已公摊给业主面积)外,其余建筑面积均归开发商所有。"该约定没有违反法律、行政法规的强制性规定,根据合同当事人的意思自治原则及《物权法》第七十四条第二款"建筑区划内,规划用于停放汽车的车位、车库的归属,由当事人通过出售、附赠或者出租等方式约定"的规定,本案争议的架空层属被告所有,被告将架空层车位采取有偿委托经营及出租的行为是其行使合法的处分权。综上所述,原告请求确认华信·香江花园第三栋单体建筑房屋架空层属第三栋全体业主共有,要求被告将架空层交付第三栋全体业主管理使用的诉讼请求没有法律依据和合同依据,不予支持。判决:驳回原告刘某某、梁某某等74人的诉讼请求。〔1〕

规划车库的权利归属应当由当事人之间的约定予以确定,未作约定的归开发商所有。

【案例10-58】 湖北省武汉市某区LY花园小区业主委员会诉ZQ物业有限公司等物权确认纠纷案

判决观点:根据《物权法》第七十四条第二款之规定,规划车库的权利归属应当由当事人之间的约定予以确定。LY花园小区业主委员会在本案的诉讼过程中,均未提交充足的证据证明62栋底层车库由开发商通过出售、附赠或出租等方式由业主享有,或将该车库纳入业主共有建筑面积进行分摊,故应由其承担举证不能的后果。综上所述,法院对原告的诉讼请求不予支持,判决:驳回原告的诉讼请求。〔2〕

【案例10-59】 上海市闵行区上海春城业主委员会诉上海金樱房地产发展有限公司区分所有权纠纷案

一审法院认为,系争车库属"上海春城"建筑区划内经规划核准建造专用于停放车辆的车库,被告作为开发商,就上述车库的归属未曾与购房人进行过约定,而原告也无法证明车库占用业主共有道路或者其他场地,根据《物权法》规定,该车库应当属于被告。另外,对于原告以《上海市住宅物业管理规定》中"共用地面架空层归业主共有"的规定为由主张权利,法院认为,首先,对于建筑物区分所有权中的归属争议,应当以法律、行政法规为依据,其次,系争车库亦并非"共用地面架空层",原告的主张不能成立。判决:驳回

〔1〕 参见国家法官学院案例开发研究中心编:《中国法院2014年度案例》(物权纠纷),中国法制出版社2014年版,第146页。广西壮族自治区钦州市钦南区人民法院(2012)钦南民初字第1665号民事判决书。

〔2〕 参见程磊、周滨:《律师说法:业主委员会及物业服务纠纷案例评析》,法律出版社2020年版,第93页。

原告上海市闵行区上海春城业主委员会的诉讼请求。二审法院亦持同样意见,维持一审判决。[1]

地下车库作为住宅小区的配套设施,当其产权归开发商所有时,开发商对地下车库的使用、收益及处分应优先满足全体业主需要。一个物业管理区域由一个物业服务人实施物业管理,故地下车库的经营、收益权与管理权应当分离,开发商作为所有权享有地下车库车位出租、出售等产生的收益,但对地下车库的管理则应当委托住宅小区全体业主选聘的物业服务人统一进行管理。

【案例10-60】　上海延平房地产经营开发有限公司诉上海久实物业有限公司、上海市静安区新平金叶业主大会占有排除妨害纠纷案

二审法院认为,延平公司系上海静安区延平路×××号小区的开发商,取得了涉案小区的大产权证。地下车库在涉案小区内,属于该小区的配套设施。虽然地下车库没有独立的产证,但地下车库由延平公司出资建造,且根据延平路×××号房屋建筑面积测算书,地下车库未计入共有面积,亦未分摊计入各小产证,故地下车库不属于全体业主共有,仍应归属于延平公司。由于地下车库的产权人系延平公司,故延平公司享有地下车库的收益权,现延平公司主张地下车库的占有使用费,于法有据,可予支持。至于使用费的标准,一审法院参照地下车库的收费标准,综合考虑固定停车的数量及存在临时停车的情形,扣除久实公司一定的管理成本,酌情确定每月使用费为7700元,并无不妥。由于现地下车库实际由久实公司管理,且停车费亦由久实公司收取,故一审法院判令久实公司向延平公司支付地下车库的使用费并无不妥。

关于延平公司收回地下车库的问题。小区地下车库系小区的配套设施,车库内车位应当首先满足业主的需求,并由小区业主进行整体管理。一般而言,小区业主会聘请一个物业服务企业对小区物业进行管理。具体聘请哪家物业服务企业是全体业主的权利,并非开发商的权利。根据《物业管理条例》的相关规定,一个物业管理区域由一个物业服务企业实施物业管理。而地下车库的管理亦属于物业管理范畴,故地下车库亦应当由全体小区业主聘请物业服务企业进行物业管理。现涉案小区已聘请久实公司为本小区的物业服务企业,地下车库亦实际由久实公司进行物业管理,故延平公司要求久实公司返还地下车库已无必要。一审法院判令久实公司返还延平公司不当,二审法院予以改判。[2]

---

〔1〕 参见国家法官学院案例开发研究中心编:《中国法院2014年度案例》(物权纠纷),中国法制出版社2014年版,第157页。上海市第一中级人民法院(2012)沪一中民二(民)终字第1001号民事判决书。

〔2〕 上海市第二中级人民法院(2019)沪02民终5269号民事判决书。

地下车库属于地下空间资源,权利归属应符合“谁投资、谁所有、谁收益、谁维护”的原则。在地下车位未计入业主公摊面积,在无证据证明地下车库建造成本已以其他方式实际计入业主购房款的情况下,不能认定开发商因销售地上房屋的行为对地下车位享有的权利转让给了业主共有。

【案例10-61】 喀什市丰材小区业主委员会诉穆某某、莎车县华夏房地产开发有限公司喀什市分公司等案外人执行异议纠纷案

二审法院认为,关于丰材小区业委会对涉案争议的87个地下车位是否享有阻却执行的民事权益的问题。丰材小区业委会上诉主张涉案地下车位占用业主的共有的地下面积修建的,且开发商销售小区后便不再享有小区的土地使用权、空间权。《物权法》第七十四条对开发商权利进行了限制,对商品房买卖合同中未约定已出售、附赠或出租方式明确地下车位归属的,从开发商和业主地位强弱、格式合同解释原则角度出发,涉案地下车位亦应归属全体业主共有。涉案地下车位属于小区配建车位且未计入容积率,不属于可以区分特定空间的专有部分,无法办理产权。车位与房屋为主从物关系,在买卖时车位所有权应随房屋一并转移等理由主张涉案地下车位应归全体业主共同所有。对此二审法院认为,涉案地下车位属于规划内建设车位,依据现有证据丰材小区业委会并不能证明涉案车位小区业主共有,具体分述如下:

第一,华夏房地产公司喀什市分公司系基于合法建造的事实行为,原始取得涉案地下车位的所有权。涉案地下车位不属于人防工程,丰材小区业委会对此亦认可。《物权法》第三十条规定:“因合法建造、拆除房屋等等事实行为设立或者消灭物权的,自事实行为成就时发生效力”、第一百三十六条规定:“建设用地使用权可以在土地的地表、地上和地下分别设立”、第一百四十二条规定:“建设用地使用权人建造的建筑物、构筑物及其附属设施的所有权属于建设用地使用权人,但有相反证据证明的除外”。依据前述规定,丰材小区系由华夏房地产公司喀什市分公司投资建造,涉案地下车库建设工程规划许可证中载明的建设单位已为华夏房产公司喀什市分公司,华夏房产公司喀什市分公司基于合法建造的事实行为取得了涉案地下车位的所有权。

第二,涉案地下车位不属于法律明确规定的共有部分,也不属于建设规划中明确的公共设施。《物权法》第七十四条第三款规定:“占用业主共有的道路或者其他场地用于停放汽车的车位,属于业主共有”、《建筑物区分所有权解释》第三条第一款规定:“除法律行政法规规定的共有部分外,建筑区划内的以下部分,也应认定为物权法第六章所称的共有部分:(一)建筑物的基础、承重结构、外墙、屋顶等基本结构部分,通道、楼梯、大堂等公共通行部分,消防、公共照明等附属设施、设备,避难层、设备层或者设备间等结构部分;

（二）其他不属于业主专有部分，也不属于市政公用部分或者其他权利人所有的场所及设施等。”根据前述规定，涉案地下车位并不属于承重结构、外墙等基本结构部分，也不属于消防、公共照明等附属设施。根据已查明的事实，涉案小区《规划设计条件书》载明的公共服务配套设施亦未包括涉案地下车位。

第三，涉案地下车位属于可专有部分。法院认为，《建筑物区分所有权解释》第二条第一款之所以将“能够登记成为特定业主所有权的客体”作为评判标准，主要系为了与我国不动产登记制度相契合，通过权利公示明确特定空间的专有归属，同时将违法或违章建筑排除在外。但实践中也大量存在基于与建设单位之间的商品房买卖民事法律行为，房屋买受人在已经合法占有使用专有部分的情况下，仍未依法取得所有权登记的情形。如果仅以是否已经依法登记取得所有权作为界定权利人或专有部分的标准，将有可能损害上述权利人应享有的权利。故应当从实际出发，对符合前两种实质要件、不属于违法或违章建筑且可以通过其他方式进行权属区分的空间等，也应认定为系《物权法》第六章所称的专有部分。涉案地下车位四至清晰、功能明确、建设手续齐备，与房屋可以明显区分构造，并进行排他性使用，且上述车位在生活中可通过买卖合同或在物业公司登记备案等方式区分权属，故其应属于可专有部分。丰材小区业委会主张因涉案地下车位不能办理产权登记故不属于专有部分，缺乏法律依据，法院不予支持。

第四，涉案地下车库属于地下空间资源，权力归属应符合“谁投资、谁所有、谁收益、谁维护”的原则。《建设用地容积率管理办法》第三条规定“容积率是指一定地块内，总建筑面积与建筑用地面积的比值”，未计入容积率意味着未分摊土地使用权。而地下车库具有特殊性，其属于对地表之下一定空间的使用。地下空间利用权虽包含在土地使用权之中，但并非因专有部分的购买而当然取得，地下空间利用权的归属要根据规划来确定。换言之，地上建筑物与土地使用权不能分割使用的原则，并不适用地下建筑物与土地使用权的关系。根据《城市地下空间开发利用管理规定》第二十五条“地下工程应本着‘谁投资、谁所有、谁收益、谁维护’的原则，允许建设单位对其投资开发建设的地下工程自营或依法进行转让、租赁”的规定，在丰材小区业委会认可该地下车库未计入业主公摊面积，且未提交证据证明地下车库建造成本以及其他方式进入业主购房款的情况下，不能认定开发商因销售地上房屋行为将对地下车位享有的权利转让给了业主共有。

第五，华夏房产公司喀什市分公司在商品房销售初始时向业主出售车位的行为，应视为当事人已对地下车位的归属进行了约定。《物权法》第七十四条第二款规定：“建筑区划内，规划用于停放汽车的车位、车库的归属，由当事人通过出售、附赠或者出租方式进行约定”，该规定是认定车位、车库权权属归属的一般规则。根据一审查明的事实，丰材小区115个地下车位在查封前已由华夏房产公司喀什市分公司售出28个，由此可认定华夏房产公司喀什市分公司作为涉案地下车库的建设者，在商品房销售时已通过另行签订合同方式对地下车位的权益进行了明确规定。对华夏房产公司喀什市分公司未处分部分的车位权属，并不会因为未进行约定或未处分而当然丧失权利。丰材小区业委会主张从开发商与业主的地位强弱对比、格式合同的解释等方面推定未约定地下车位归属的应归业主共有的上诉理由，缺乏事实和法律依据，二审法院不予采纳。

此外，关于丰材小区业委会上诉称涉案地下车位依法应优先保障业主需求的主张，法院认为，根据《执行异议和复议规定》第八条第二款“案外人既基于实体权利对执行标的提出排除执行异议又作为利害关系人提出与实体权利无关的执行行为异议的，人民法院应当分别依照民事诉讼法第二百二十七条和二百二十五条规定进行审查”的规定，鉴于其提出的对涉案地下车位享有实体权利的主张不能成立，其关于“优先保障业主需求”的主张，属于与实体权利无关的异议，不属于本案审理范围，依法应通过《民事诉讼法》第二百二十五条规定的法律途径予以解决。

综上所述，丰材小区业委会提交的材料并不足以证明其对涉案车位享有足以排除法院强制执行的民事权益。判决：驳回上诉，维持原判。[1]

开发商在地下车库中增设的车位归属是有争议的问题。有的法院认为，开发商增设的车位不属于规划批准的车位，因此其不享有车位的所有权。

【案例10-62】 浙江某房地产开发有限公司嵊州分公司诉潘某某返还原物(腾退房屋、车位)纠纷案

一审法院认为，其中50号、55号两个车位不属规划确定的车位，所以开发商对其编制的该两个车位不享有归属权。二审法院对此予以维持。[2]

【不同处理】 有的法院认为，从物权的原始取得来看，超出规划建设的地下车位应当归属于开发商。

【案例10-63】 景德镇市某小区业主委员会诉景德镇某房地产开发有限公司等车库车位纠纷案

二审法院认为，某房地产建设的地下车库车位虽然超出了原有规划，得

---

〔1〕 参见《新疆审判》2021年第4期(总第132期)。新疆维吾尔自治区高级人民法院(2021)新民终164号民事判决书。

〔2〕 浙江省绍兴市中级人民法院(2009)浙绍民终字第68号民事判决书。

到认可的地下车库车位数由最初设计的494个增加到720个，而实际建设的有742个，故该争议地下车库车位的建设超出规划，其行为违反的是行政法规，并不意味着超出部分为他人所有，从物权的原始取得来看，仍然应当归属于建设者即上诉人某房地产。[1]

4. 小区停车位收费

小区停车位的价值主要体现在停车位这一"物"本身的价值，并非物业服务与管理行为。物业服务人并非小区停车位的所有权人或使用权人，其基于物业服务合同对小区停车位进行管理是应尽义务，并不因物业管理行为当然获得收取停车费的权利。如果物业服务合同对地面停车位的收费未作约定，物业服务人收取停车费则须得到业主大会或业主委员会的授权，由业主（代表）大会形成决议，确定是否收费、如何收费、收益分配等事宜，经过公示程序并办理相关手续后委托物业服务人收取，业主委员会负责监督。否则，如未经业主大会或者业主委员会授权同意，物业服务人就对地面停车位进行收费，没有合法的权利来源，侵害了停车位实际权利人的合法权益，其收费行为不受法律保护。

【案例10－64】 海安天宝物业有限公司诉徐某、袁某物业服务合同纠纷案

二审法院认为，物业服务企业并非小区停车位的所有权人或使用权人，其基于物业服务合同对小区范围内停车位进行维护、管理，但并不因此当然取得在物业服务费之外另行收取停车费的权利。物业服务企业停车位收费权的取得应当基于物业服务合同的约定或者停车位所有权人的委托。否则，物业服务企业主张收取停车费，既没有物业服务合同依据，也没有委托授权的权利基础，必将侵害停车位实际权利人的合法权益。业主以物业服务企业擅自扩大收费范围、违规收费为由提出抗辩的，应予支持。具体理由如下：

第一，天宝公司主张案涉规划停车位属于天楹公司所有，其基于天楹公司的书面授权收取停车费不能成立。由于地面停车位是直接设置在土地表面的停车设施，即直接设置在业主共同拥有使用权的土地表面上，地面停车位的所谓产权，实际上就是土地使用权。鉴于全体业主共同拥有住宅小区宗地号的土地使用权，在天宝公司既不能证明天楹公司与业主存在特别约定，又不能证明该地面停车位已经或可以办理产权登记成为天楹公司专有部分的情况下，仅凭小区总平面注明为规划车位本身并不能作出该地面停车位属于天楹公司的认定。天宝公司可主张基于天楹公司的授权收取案涉停车费缺乏权利基础和事实依据，不能成立。

---

〔1〕 江西省景德镇市中级人民法院(2018)赣02民终83号民事判决书。

第二，天宝公司与小区业主委员会就北广场地面停车位收费标准进行的联合公示，不能作为天宝公司收取案涉停车费的依据。该联合公示只能证明天宝公司与小区业主委员会就收费标准进行了协商确定，不能据此认定天宝公司获得了公示范围内停车位的收费权。公示中虽明确了收费标准，但没有业主大会或其授权的业主委员会委托天宝公司进行收费的内容。天宝公司主张其收取停车费是基于天楹公司的授权，不能成立。

第三，天宝公司称徐某、袁某事实上接受了停车服务，使用停车券时也未提出异议，据此主张案涉停车费不能成立。天宝公司即便在车辆进出口安排了人员并对车辆停放进行了管理，也只能视为其在履行物业服务协议的合同义务，并不因该事实上的管理行为而当然获得在收取物业费之外另行收取临时停车费的权利，否则将构成对实际权利人的权利侵害，作为业主的徐某、袁某以天宝公司擅自扩大收费范围、违规收费为由提出抗辩，符合《物业服务解释》第五条规定，予以支持。

据此，二审法院撤销一审判决，徐某、袁某给付天宝公司物业服务费2471元。[1] 本案中二审法院撤销一审判徐某、袁某给付天宝公司的停车费11,480元。

地下车位的租赁收费标准，由谁确定、如何确定，《管理规约》能否约定车位具体价格是有争议的问题。《管理规约》虽可以用于管理小区业主公共事务，但仅能对业主间一致性利益的事务予以约定，无权限制业主间的对立性利益。地下车位定价，是作为业主的开发商与同样作为业主的车位使用人之间两种根本对立利益的对抗。如果车位使用费属于业主共同管理事项，则价格上涨必须经过业主双过半数的程序作出决议，可能的结果是价格上涨受限，直接阻碍开发商专有部分所有权能实现，进而导致其拒绝出租车位，同时其也不能因此将车位出租给非小区业主，导致车位闲置，最终损害需要车位业主的利益。《管理规约》中的合同价格条款应定性为宣示性条款，可视为双方谈判过程中暂时性条件的约定，而确定具体权利义务，还要经过另行协商签订停车服务合同。其适用期限应截至业主与开发商首次协商车位租赁时，而且仅作为协商的基础价格，绝不能成为缔约的绝对标准。《北京市物业管理办法》规定地下车位停车费“需双方协商”，各地相关政府部门努力引导开发商和业主在“市场调节”机制下妥善解决停车收费标准问题。车位价格的调整，最终还是取决于双方平等协商。至于调整程序，目前政策并未给出恰当规定，各小区实际情况不尽相同，如车位配置比例、业主入住情

〔1〕 参见国家法官学院、最高人民法院司法案例研究院编：《中国法院2020年度案例》（物权纠纷），中国法制出版社2020年版，第201～202页。江苏省南通市中级人民法院（2018）苏06民终1076号民事判决书。

况、单个业主拥有车辆数量、停车场管理水平、小区物业服务水平等。基于现实情况的复杂性、多样性，确定统一程序调整困难，宜由小区根据自身情况设定双方均能接受的机制定价。也就是说，地下车位租赁收费标准应由开发商与业主协商确定，不能因价格条款规定在《管理规约》内而简单适用《民法典》第二百七十八条的双过半数原则。

【案例10－65】　薛某诉北京匠心置业有限公司、北京铄城物业服务有限公司建筑物区分所有权纠纷案

一审法院认为，薛某与匠心公司就车位租赁使用达成新的协议，停车费标准变更为500元/个/月，后又变更为700元/个/月，并未按照300元/个/月标准执行，故不支持薛某继续履行合同请求。薛某至今仍租赁、使用车位，其作为业主对车位的优先续租权并未受到侵害。薛某未提交充分证据证明其在符合进出地下车库条件的情形下，匠心公司、铄城物业公司对其车辆进入地下停车场采取了限制措施，故对薛某的该诉讼请求不予支持。判决：(1)薛某与北京匠心置业有限公司签订的《商品房预售合同》附件《临时管理规约》约定的每个地下停车位300元/个/月的收费标准合法有效；(2)驳回薛某的其他诉讼请求。二审法院认为，第一，车位使用费并非业主共同管理权行使的对象，也并不存在将该事项归于业主自治的共同利益基础。因此，《临时管理规约》无权约定地下车位使用费具体价格。第二，条款只是合同中的宣示性条款，即仅仅是双方谈判过程中暂时性条件的约定，而确定具体权利义务，还要经过另行协商并签订停车服务合同。第三，业主享受何种续租条件，只能源于已到期租赁合同的约定或开发商在协商新合同时的承诺。法院审理合同类案件时，没有权利强制任何一方缔约或以具体价格标准缔约。判决：驳回上诉，维持原判。[1]

在同一物业管理区域内，停车场归属不影响物业服务人收取停车费。

【案例10－66】　深圳市某发展有限公司诉深圳市某物业发展有限公司等物业服务合同纠纷再审案

再审法院认为，某公司申请再审称其作为停车场权利人未授权或委托物业服务公司接管停车场并收取管理费的问题，因本案审理的是停车场是否应按照物业服务合同的约定由物业公司统一管理并收取管理费，而地下停车场的所有权是否归属于某公司，与收取管理费并不冲突，故法院对某公司该项

---

〔1〕　参见国家法官学院案例开发研究中心编：《中国法院2019年度案例》(物权纠纷)，中国法制出版社2019年版，第234页。北京市第二中级人民法院(2017)京02民终3981号民事判决书。

再审理由亦不予支持。[1]

停车场归属不影响物业服务人收取停车费,但物业服务人收取停车费的分配利益,则需权利人的同意认可。

【案例10-67】 深圳市某实业有限公司与深圳市某物业管理有限公司物业服务合同纠纷再审案

最高人民法院认为,案涉地下停车场没有计入容积率即未占用案涉小区土地的使用权,现某公司也未提交证据证明案涉地下停车场开发成本已相应分摊到各个商品房的出售价格之中,因此不宜认定案涉车位已随某广场项目所有权的转让,一并转移给全体业主。关于某物业公司应否归还车位以及相应收益,某物业公司与某公司之间的委托合同期满后,双方当事人并未就委托事宜重新签订相关协议,故某公司不再是案涉停车位管理委托人,应当依照约定归还案涉车位。该委托合同还约定,停车场的收费标准按政府规定执行,从批准收费之日起收入全归某物业公司,用于补贴物业管理费用的不足,但该委托合同期满后,某公司已经没有补贴某物业公司物业管理费用不足的义务。因此,某物业公司在该委托合同期满后所收取的案涉车位的租金收益返还给某公司。[2]

5. 租赁车位使用权处理

根据《民法典》的规定,小区业主对小区内公共车位理应享有物权。为方便小区物业管理经营,业主委员会可代表全体业主将包括公共车位的小区物业统一交由物业服务人经营收益。后者受委托后可将公共车位出租经营,所得收益按约定部分交还业主委员会处理。小区业主作为租赁方,其不再以对车位享有物权为由无理拒绝服从物业服务人管理并无视车位租赁合同的约束。业主未按租赁合同约定使用停车位的,依法应承担相应的责任。

【案例10-68】 徐某某诉缪某某停止侵权返还停车位纠纷案

判决观点:现本案的争议焦点为某小区二期52号停车位是否系固定车位,谁应停放车辆。法院认为,依据《物权法》第七十四条第三款之规定:"占用业主共有的道路或者其他场地用于停放汽车的车位,属于业主共有",本案系争的二期52号车位权属归全体业主共有,经物业管理单位对外出租,其租金收益由全体业主共有。原、被告双方虽均通过物业管理单位租赁车位并支付了相应的租赁费用,但对于租赁车位的管理,应从小区秩序和谐稳定、业主

---

〔1〕 广东省高级人民法院(2015)粤民申189号民事裁定书。

〔2〕 最高人民法院(2018)最高法民再263号民事判决书。

生活安定便利等要求出发，遵循小区业主大会的决议，物业管理合同、小区管理惯例及物业管理单位的规范要求。现被告既否认系争车位为固定车位，又认为该车位应由其租赁停放车辆，两项答辩意见相互矛盾。同时，二位证人的证言内容均陈述为被告车辆曾停放于系争车位上，但对车位的租赁情况其二人并不清楚，被告借此以证明系争车位由其租赁的主张法院难以采信。而依据小区原物业管理单位与业主大会签订的物业管理合同来看，其中虽未规定车位固定或临时之分，但明确约定2010年4月1日前所有事项按原合同条款约定执行，同时合同还反映出车位的管理应遵循客服中心的要求。现经物业管理单位确认，原告为系争车位的承租人，其于2010年4月1日前已租赁该车位，而被告并未能证明其系该车位的承租人，故法院结合双方的实际租赁情况，根据小区物业的管理规定及车位管理惯例予以衡量，确认某二期52号车位的承租人为原告徐某某，原告对系争车位有占有、使用的权利。又原、被告双方同为该小区的业主，作为邻居应按照有利生产、方便生活、公平合理的精神，正确处理停车矛盾，友爱团结、互帮互助。判决：被告缪某某向原告返还车位。[1]

6. 车位转让涉及问题

小区业主将其使用车位转让，在实践中亦发生诸多纠纷。

其一，根据车位使用权转让合同的性质，应定性买卖合同而非租赁合同。

【案例10-69】　周某某、胡某诉杭州某置业有限公司车位使用权转让合同纠纷案

二审法院认为，租赁合同中承租人享有的仅是暂时性的使用权，而非所在土地使用权剩余年限内的使用权，且在租期届满时承租人亦应将承租物返还出租人所有。同时，地下停车位使用权转让协议中亦约定上诉人可以自行处置该车位使用权，无须征得某置业的同意，仅将处置对象范围限定在项目内其他业主，这与《物权法》第七十四条“建筑区划内，规划用于停放汽车的车位、车库应当首先满足业主的需要”的立法精神相符。而在租赁合同中，承租人的处置权仅限于转租行为，且该转租行为需要征得出租人的同意，否则出租人可以解除租赁合同。故就以上分析而言，本案的地下停车位使用权转让协议与租赁合同无论在合同订立的目的及具体的权利范围上均存在显著差异，上诉人关于该协议系租赁合同性质，并主张以重大误解撤销该合同无

---

〔1〕　参见《人民司法·案例》2015年第18期（总第725期）。上海市闵行区人民法院（2013）闵民五（民）初字第418号民事判决书。

法律和事实依据，法院不予支持。[1]

其二，在车位不能获得产权登记的情形下，应以权利人实际占有车位为判断所有权标准。

【案例 10－70】 杭州某有限公司与某银行股份有限公司杭州滨江支行等案外人执行异议纠纷案

二审法院认为，占有的表现形式包括对车位的自用、出租、通知物业服务企业车位使用权转让事项，以自己名义交纳车位的物业管理费用并对车位及其相应的辅助配套设备设施进行维修、保养，向建筑区划外的第三人转让车位使用权前通知建筑区划的其他业主车位使用权转让事项、通知车位承租人车位使用权转让事项等。[2]

其三，在车位转让时，可以适用善意取得制度。

【案例 10－71】 赵某某诉童某某、卢某某、苏某某车位纠纷案

二审法院认为，童某某将上述房屋转让给卢某某、苏某某时，双方同时签订了车位转让协议，童某某将该车位转让给了卢某某、苏某某，并将上述停车卡也交付给卢某某、苏某某，卢某某、苏某某也支付了合理的对价。因此，根据《物权法》第一百零六条规定，卢某某、苏某某属于善意取得。原审法院据此认定讼争的车位使用权归卢某某、苏某某并无不当。[3]

7. 业主车位享有优先权问题

根据《民法典》、《建筑物区分所有权解释》的相关规定，在规划车位属于开发商的前提下，业主是否享有优先权是有争议问题。有的法院认为，车位租赁合同作为一种民商事合同，应当遵循自愿的原则，法院不能强制当事人缔约，故不能支持签订车位租赁合同的诉讼请求。

【案例 10－72】 肖某某诉北京某物业管理有限公司建筑物区分所有权纠纷案

二审法院认为，当事人依法享有自愿订立合同的权利，任何单位和个人不得非法干预。首先，肖某某、被告物业公司从未签订过车位租赁的相关合同，而肖某某与 A 公司原有的租赁车位期限已到，现肖某某欲租赁被告管理的车位，而被告明确表示不同意，肖某某要求租赁诉争车位并享有优先续租

〔1〕 浙江省杭州市中级人民法院(2019)浙 01 民终 806 号民事判决书。
〔2〕 浙江省杭州市中级人民法院(2016)浙 01 民终 309 号民事判决书。
〔3〕 浙江省杭州市中级人民法院(2017)浙 01 民终 5560 号民事判决书。

权，均属于订立合同问题，应当尊重当事人的意思自治，人民法院不宜强行干预。故肖某某的上述请求缺乏法律依据，法院难以支持。肖某某要求被告赔偿误工费，但未提供误工费的相关证据，故法院对此项诉讼请求不予支持。肖某某主张被告违反《物权法》相关规定，剥夺了其作为业主对诉争车位享有的优先使用权，依据不足，法院不予支持。判决：驳回上诉，维持原判。[1]

【案例 10－73】　叶某某诉芜湖市某房地产开发有限公司车位纠纷再审案

再审法院认为，涉案小区地下车位采取出租、出售或者附赠等方式进行交易，业主叶某某与某公司作为平等主体进行市场行为，双方均有权自主决定是否进行交易以及采取何种交易方式。因此，叶某某诉求某公司必须采取出租的方式满足其停放汽车的车位需要，既不符合双方协议的约定，也缺乏法律依据。[2]

【不同处理】　有的法院认为，开发商只售不租的行为就是未履行“首先满足业主需要”的义务，侵害了业主的权利，故应支持签订车位租赁合同的诉讼请求。

【案例 10－74】　郭某某诉太原市某物业管理有限公司、山西某投资有限公司所有权纠纷案

二审法院认为，某公司、某物业公司强制以出售方式确定车位、车库的归属并限制郭某某车辆的通行停放，属于限制、剥夺了郭某某的业主权利。故原审判决某公司自本判决生效之日起 10 日内以出售、附赠或者出租等方式向郭某某提供涉案小区建筑区划内规划用于停放汽车未处分停车位，供其使用，并无不妥。[3]

非小区业主不能取得小区车位使用权。

【案例 10－75】　房某平诉某物业公司撤销权纠纷案

判决观点：某置地公司同意并委托某物业公司转让某小区地下车位使用权，转让款用来冲抵某置地公司欠结某物业公司的欠款，某物业公司将 78 号、79 号车位使用权转让给陆某玉有合法授权。《物权法》第七十四条第一款规定，建筑区划内规划用于停放汽车的车位、车库，应当首先满足业主的需要。陆某玉系某小区业主，居住在某小区，并向物业公司交纳了物业管理费和车位管理费，占有了案涉车位，房某平并非该小区业主，未交纳车位管理费，也未有证据证明其占有车位。某置地公司违反《物权法》第七十四条第

---

〔1〕　参见北京市高级人民法院编：《审判前沿——新类型案件审判实务》（总第 50 集），法律出版社 2014 年版，第 30 页。

〔2〕　安徽省高级人民法院（2016）皖民申 997 号民事裁定书。

〔3〕　山西省太原市中级人民法院（2019）晋 01 民终 1430 号民事判决书。

一款规定,将建筑区划内的车位使用权出让给小区以外的人,某置地公司与房某平签订的《车位永久使用协议》因违反《物权法》该条款的强制性规定,属无效协议。根据《合同法》第五十四条规定,房某平要求撤销某物业公司与房某平签订的《地下车库使用转让协议》,不符合上述法律规定的情形。综上,房某平不能取得78号、79号车位的使用权。对于《车位永久使用协议》无效产生的相应损失,房某平可另行主张权利。判决:驳回房某平的诉讼请求。[1]

8. 停车位使用、车辆通行管理问题

业主将小区房屋出售后,不能无偿使用原小区的停车位。

业主车位常被他人占有,应是物业服务人管理职责的范围。因车位使用权发生争议,但物业服务人不能直接采取锁车位、不给任何人使用的方式。

【案例10-76】 陈某诉某物业服务集团有限公司杭州分公司侵权责任纠纷案

二审法院认为,某物业公司为小区提供物业管理服务,有责任维护小区的停车秩序,对于权属存在争议的涉案H131车位,某物业公司直接锁车位,不给任何人使用的方式有失妥当……对某物业公司的锁车位行为,涉案H131车位权利人可以提出排除妨碍等请求。[2]

物业服务人限制车辆出入小区,其以限制通行的方式管理停车为多发争议之一。一般情况下,在小区内共用车位尚未停满情况下,物业服务人不应限制无车位业主出入。

【案例10-77】 徐某某诉深圳某物业管理有限公司排除妨碍纠纷案

二审法院认为,小区内存在小区业主共有的车位,徐某某作为小区业主,在小区内车位尚未停满车辆的情况下,有权利通过门岗道闸进入小区停车,某物业有义务予以配合放行,不应当阻止其在车位未使用完毕的情况下进入小区。[3]

有的法院认为,物业服务人在小区对车辆管理职责包括通行和停放,但应区分二者的管理内容,对其业主通行权应予以保障,对车辆停放应遵守物业服务人物业管理制度。

---

〔1〕 参见国家法官学院、最高人民法院司法案例研究院编:《中国法院2022年度案例》(物权纠纷),中国法制出版社2022年版,第125~126页。江苏省无锡市惠山区人民法院(2020)苏0206民初926号民事判决书。

〔2〕 广东省深圳市中级人民法院(2016)粤03民终20265号民事判决书。

〔3〕 江苏省阜宁县人民法院(2018)苏0923民初1228号民事判决书。

【案例10－78】　周某诉江苏某物业有限公司排除妨碍纠纷案

二审法院认为，现某物业公司阻止上诉人周某驾车出入小区，侵害了上诉人的通行权。上诉人周某主张某物业公司停止侵权行为，允许其所有的车辆进入小区的诉讼请求符合法律规定，应予支持。根据前期物业服务管理协议的约定，某物业公司对某小区具有维护本物业区域的交通秩序及车辆停放的管理职责，周某有遵守车辆管理规约的义务。因此，虽然上诉人周某作为小区业主可以自由驾车进出小区，但理应受到某物业公司的物业管理约束。也就是说，一方面，某物业公司可以对上诉人周某实施相应的车辆管理，避免发生随意占用其他业主租赁的车位停放车辆的情况；另一方面，上诉人周某负有维护小区交通顺畅及保证车辆行驶安全和停放有序等义务，不得影响小区业主的正常生活，损害其他业主的合法权益。[1]

【不同处理】　有的法院认为，车主系小区业主，则其当然享有车辆在小区通行自由的权利，物业服务人限制车辆通行构成侵权。

【案例10－79】　孙某某诉江苏某物业服务有限公司排除妨害纠纷案

判决观点：作为小区业主，其依法享有驾驶车辆出入小区的权利。某物业公司依照双方签订的前期物业服务合同约定，虽有权对某小区进行封闭式管理，包括对机动车出入登记按序停放进行管理，但其无权对业主车辆出入小区进行限制，某物业公司在物业服务管理过程中限制小区业主车辆出入小区的行为，既无法律依据，也无合同依据，故对原告孙某某要求被告某物业公司不得妨害其车辆出入小区的诉讼请求，法院予以支持。[2]

实践中，存在业主是有车位的，但因未按时交纳车位费而被限制出入的情况。物业服务人可在小区采用道闸自动识别车牌系统，未交停车费的无法自动放行等管理形式。但若超出明显合理的限度，则物业服务人应承担一定的责任。

【案例10－80】　仲某某诉兰州某物业服务有限公司返还原物纠纷案

二审法院认为，本案中，上诉人仲某某作为小区业主，拒不交纳小区停车费用，被上诉人某物业公司保安对不交纳停车费的车辆不予放行属于履行职责的行为，不构成侵权。[3]

【案例10－81】　易某某、谢某诉深圳市某物业服务有限公司长沙分公司物权保护纠纷案

二审法院认为，本案中，某物业公司以易某某、谢某没有支付2016年9

---

〔1〕参见方大明、吴志华：《物业服务纠纷判例梳理与实务指引》，法律出版社2021年版，第263页。

〔2〕江苏省靖江市人民法院（2018）苏1282民初7939号民事判决书。

〔3〕甘肃省兰州市中级人民法院（2015）兰民一终字第1064号民事判决书。

月16日5元的临时停车费用为由，对其车辆实施长达2个月不予放行的行为，明显超出其应收5元停车费的合理范围，超过了自力救济应有和合理的范围，由此对易某某、谢某造成的损失，某物业公司应承担一定责任。〔1〕

业主停放车辆堵塞通道，物业服务人为恢复通行秩序，移车并使用锁车器上锁的，在进行相应告知的情形下，应认定物业服务人进行的管理行为不具有违法性。

【案例10－82】 刘某某诉北京某物业管理有限责任公司财产损害赔偿纠纷案

二审法院认为，刘某某认为某物业公司无权就小区停车及物业进行管理，遂将车辆停放在停车场入口，影响了小区出行，在经过民警现场处理并已告知不要有堵路行为的情况下，其第二次仍将车辆停放在停车场入口，其行为超出了权利的正当行使界限，影响了其他居民的正常生活秩序，其行为显属不当。某物业公司为维护小区正常交通秩序，使用移车器将案涉车辆挪走，并停放于合理位置，进行相应告知，其行为本身不具有违法性，其处置方式及过程亦无不妥之处。〔2〕

业主擅自停在他人车位，物业服务人锁其车轮并未尽告知义务的，应认定为管理不当行为，应对损失承担相应责任。

【案例10－83】 魏某某诉佛山市某物业服务有限公司、深圳某物业服务有限公司顺德分公司财产损害赔偿纠纷案

二审法院认为，虽然深圳某物业顺德分公司锁车后在魏某某的小汽车驾驶室玻璃上张贴了告知单，但该告知单确实未载明已对小汽车进行锁车处理，结合深圳某物业顺德分公司并没有充分证据证明其在此之前已在小区公共区域悬挂宣传横幅或在显著位置张贴告示，明确告知乱停乱放将会产生被锁车的后果。魏某某上诉主张其不知道车辆被锁而启动车辆具有一定的可能性……深圳某物业顺德分公司应承担与其疏忽大意的过失相适应的赔偿责任。改判物业公司承担10%的赔偿责任。〔3〕

一个停车位是否可以停放两辆车是有争议的问题。其判断标准为是否属于合理权限，即是否超越车位线停车。

---

〔1〕 湖南省长沙市中级人民法院(2017)湘01民终2184号民事判决书。

〔2〕 北京市第二中级人民法院(2018)京02民终字第7112号民事判决书。

〔3〕 广东省佛山市中级人民法院(2016)粤06民终3792号民事判决书。

【案例 10－84】　罗某某诉广东某物业服务发展有限公司、佛山市顺德区某业主委员会排除妨害纠纷案

二审法院认为,罗某某作为案涉车位的所有权人,其在案涉车位上停放两辆汽车虽有少许部分超出了案涉车位,但并不妨碍其他行人、车辆的正常通行或存在明显的安全隐患,也不影响相邻车位的使用,其该行为是其对案涉车位的合理使用,应受法律保护。判决:支持罗某某的诉讼请求。[1]

【不同处理】　有的法院认为,在一个停车位停放两辆车超越了合理权利界限。

【案例 10－85】　卢某某、蔡某某诉无锡某物业管理有限公司常州分公司等排除妨害纠纷案

二审法院认为,卢某某、蔡某某要求停放在车位内的两部家用车,其停放方向与其他车辆不同,对道路的通行安全有所影响;从其拍摄的照片来看,两部车的车头车尾均已压在车位两边的实线之上。考虑到车位的规划和设计初衷是一个车位停放一部汽车,且停放的汽车与汽车之间应有适当的安全距离,而卢某某、蔡某某停放案涉两部家用车的方式已经占用了这安全距离的范围。故卢某某、蔡某某要求在其车位上停放案涉两部汽车,超过其权利行使的合理界限。据此,法院不予支持卢某某、蔡某某的诉讼请求。[2]

(三)小区维修费处理

对于物业区域内的共用设施、设备,物业服务人负有维修义务。但对老旧小区超过保修期的楼顶及设备,物业服务人是否应承担维修责任时常发生争议。物业服务合同对此有明确约定的可按约定处理,但没有约定或者约定不明确的,可以具体情况具体分析。

根据各地区的实践经验和普遍做法,当房屋共用设备和设施超过保修期后,在物业服务合同没有特别约定的情况下,不应该由物业服务人负责维修。根据“谁所有、谁负担”的原则,决定维修人和费用承担。业主作为物业的所有权人,应对其所有的物业承担维修养护责任。对于业主房屋专属部分即室内入户门以内的部位和设备,包括水、电、气户表以内的管线和自用阳台,由业主自行负责维修。对专属部分以外房屋共用部位和共用的设施设备,包括房屋的外墙面、楼梯

---

〔1〕 广东省佛山市中级人民法院(2018)粤 06 民终 3233 号民事判决书。

〔2〕 江苏省常州市中级人民法院(2018)苏 04 民终 4406 号民事判决书。

间、通道、屋面、上下水管道、共用水箱、加压水泵、电梯、机电设备和消防设施等房屋主体共用设施,由全体业主负责维护,由业主委员会委托物业服务人组织定期养护。业主按照国家有关规定交纳专项维修基金,该笔款项由购房人(业主)交由维修资金管理中心管理,作为对小区共用设施、设备的费用。对于超过保修期限的共用设施、设备损坏如楼顶漏水,可依照法定程序申请使用维修基金用于修理,具体可请专门维修人员维修,也可委托物业服务人负责维修,但维修费用是用专项维修基金支付。

关于小区未成立业主委员会也未有物业服务人,顶楼漏雨修理费用的承担问题。根据《民法典》及相关司法解释的规定,建筑物的屋顶属于住宅的共有部位。同一单元同一立面楼房的住户,系同一建筑物内业主,楼顶应属于本楼业主共有部分,本楼业主享有共同管理的权利,并应共同承担义务。顶楼业主在楼顶发生漏雨后,对顶楼修缮费,依照法律规定应该由该楼业主共同承担。

业主的房屋专有部分系因共有部分的设施设备损坏而产生损失,如因共有部分的管道、防水层老化破裂等问题造成业主的房屋专有部分发生渗漏的情形,尤为多见。由此,造成了大量业主与物业服务人、开发商之间的纠纷。对于业主房屋专有部分的渗漏系因房屋共有部分的管道、防水等造成的,则需根据共有设施设备损害的时间、维修的范围及难度等划分责任。在住宅保修期满后,如因房屋质量不合格导致房屋共用设施设备出现问题,开发商仍应承担维修义务。但是,房屋共有设施设备是否存在质量问题一般也需通过鉴定予以确认。如因共用设施正常的损耗与老化产生问题,则由物业服务人负责一般的日常维护与保养,但对于修缮范围大、维修难度高、维修费用高等共用设施的修缮、改造等,则应使用住宅专项维修资金进行维修。

实践中,业主在通知物业服务人或开发商进行维修,而物业服务人或开发商拒绝维修或维修不充分的情况下,业主有义务通过自行维修来减少自身损失。维修费用,业主可另行主张,法院根据维修费用及合理性等综合予以判定。如曹某诉北京龙城兴业物业管理有限公司、北京市鲁艺房地产开发有限责任公司侵权责任纠纷案。[1]

(四)业主协助义务处理

根据《民法典》和《物业管理条例》的相关规定,鉴于建筑物连体相邻的特殊

---

〔1〕 参见国家法官学院、最高人民法院司法案例研究院编:《中国法院2020年度案例》(侵权纠纷),中国法制出版社2020年版,第157页。北京市第一中级人民法院(2018)京01民终7071号民事判决书。

性,相邻业主之间负有排除安全隐患的责任。同时,物业服务人作为小区物业管理主体,负有对小区内公共设施、公共场所的安全保障义务,在存在安全隐患或其他情形时,应该予以解决。但这并不等于减轻或者排除业主的协助义务。业主这种协助义务表现在诸多方面,不仅仅是业主对于共用设施,如下水管道堵塞或存在安全隐患等问题,一经发现应及时通知物业服务人,由其履行物业维修管理职责。在修理共用设施涉及相邻业主专属空间时,相邻业主应本着相互理解、相互配合的心态,积极配合物业服务人排除共用部位、共用设施设备存在的安全隐患。而且在实践中业主应更多体现在其房屋专属空间共有设施的协助,且常常是多发争议。

位于业主房屋内部的共有设施属于建筑物区分所有权中的共有部分,业主对于房屋内的共有设施应共同享有权利,同时还应共同承担相应义务。其权利主要体现在:根据《民法典》第二百八十四条规定,业主可以自行管理建筑物及其附属设施,也可以委托物业服务企业或者其他管理人管理。在业主委托物业服务人对建筑物及其附属设施进行管理的情况下,对位于业主房屋内部的共有设施的管理也应由物业服务人负责。业主在委托物业服务人对建筑物及其附属设施进行管理的同时,业主自身还应积极配合物业服务进行管理,避免出现损害他人合法行为。现实生活中,业主对房屋专有部分进行装饰装修的同时,通常会对内部的共有设施一并进行装饰装修。房屋内部的共有设施除自来水主管道外,还包括燃气主管道、供电主管线、暖气主管道等其他共有设施。业主为了房屋内部整体的美观、舒适而对位于房屋内部的共有设施进行装饰装修是人之常情,但必须考虑到分布于房屋内部的各类共有设施属于相关业主共有,应由该部分业主共用共管,而且这类设施具有上下楼楼层或左右邻舍之间相互毗连的特征,一处发生问题会牵连其他部分的使用,影响该共有设施在整个建筑物内部整体功能的发挥。从这个意义上讲,业主对位于房屋内部的共有设施的装饰装修应履行的基本义务,一是不能改变该共有设施的功能,二是不能影响物业服务人的管理。在业主对房屋内共有设施如自来水管道进行封包的时候,应留有必要的检修窗口,以方便日后物业服务人正常的维修和更换,对物业服务人在房屋内部的维修应予积极协助。换言之,业主有妨碍共有权人对位于其房屋内共有设施进行管理的行为而导致其房屋受损的,损失应自担。

【案例 10 -86】　秦某诉胡某某、北京首都机场物业管理有限公司财产损害赔偿纠纷案

判决观点:本案中,发生爆裂的胡某某家厨房的自来水主管道属于业主专有部分以外的共有部分,对于该部分的维修、更换事项,应当由小区的物业公司承担,但秦某和胡某某作为业主,应当履行配合物业公司进行维修的义务。在本案的漏水事故发生前,胡某某已经发现该管道存在安全隐患,并且

也通知秦某，但秦某在未经机场物业公司同意的情况下，擅自将自来水主管道封包，并向胡某某和机场物业公司提出维修、更换必须将封包恢复原状的无法律依据的要求，导致在漏水发生前，未能及时维修，致使秦某和胡某某的财产受损。在此情况下，秦某应当积极配合机场物业公司维修道管，在其未履行协助义务后发生漏水，产生财产损失，该损失系由秦某自身原因造成。秦某要求胡某某、机场物业公司承担赔偿责任的诉讼请求，没有事实和法律依据，法院不予支持。判决：驳回秦某的全部诉讼请求。[1]

《物业服务合同》未对公共管理维护义务的部分作出具体约定，应当根据案件的实际情况，认定双方承担责任比例。公用下水管道，在每户业主自家内可能存在部分管道，因业主家其具有私密性，物业公司不能像进其他公共区域那样随时维护，以及没有业主及时反映公用管道出现问题需要管理、维护、疏通的情况下，要求物业服务人定期入户对室内公用下水管道进行疏通不太符合实际，物业服务人应在接到反映时第一时间进行维护。

【案例10－87】 高某诉惠民通公司物业服务合同纠纷案

二审法院认为，本案的争议焦点：上诉人惠民通公司是否应向被上诉人高某承担损失42,645元。(1)关于上诉人惠民通公司提出本案属于典型的侵权案件，以物业合同纠纷审理，无法查清案件的基本事实。被上诉人高某选择以物业服务合同纠纷为由，主张上诉人惠民通公司未尽到物业服务义务要求赔偿损失，是被上诉人高某对其诉讼权利和实体权利的选择，一审认为上诉人惠民通公司无权要求被上诉人高某予以变更案由和诉请，并无不当。(2)关于上诉人惠民通公司提出其履行了物业服务应提供的内容，尽到定期维修维护公用管道的义务，不应承担全部责任。《陕西省物业服务管理条例》第六十九条规定，"物业服务人应当按照物业服务合同约定的服务质量等级和服务标准提供下列服务：(一)共有部分、共用设施设备的运行、维修、养护和经营管理"；第一百一十六条规定，"本条例中有关的专业用语含义：(一)专有部分，是指门户以内业主使用的房间、阳台、天井、庭院以及室内墙面等部位；(二)专有设施设备，是指门户以内业主自用的门窗、卫生洁具和通向总管的供水、排水、供热、燃气的管道，电线以及水、电、气户表等设备；(三)共有部分，是指属于业主共有共用的房屋主体承重结构部位(包括基础、内外承重墙体、柱、梁、楼板、屋顶等)、户外墙面、门厅、电梯井、楼梯间、走廊通道等；(四)共用设施设备，是指物业服务区域内业主共同使用的供排水

---

〔1〕 参见国家法官学院案例开发研究中心编：《中国法院2017年度案例》(物权纠纷)，中国法制出版社2017年版，第166页。北京市朝阳区人民法院(2015)朝民初字第28706号民事判决书。

管道、水箱、加压水泵、电梯、天线、照明设施、供电线路、煤气(天然气)管道、消防设施、安防设施、垃圾转运、绿地、道路、沟渠、池、井、公益性文体等设施设备";本案中,双方当事人均未提供物业服务合同证明双方对单元楼公用下水管道的管理维护义务的具体约定。根据本案的实际情况,公用下水管道在业主家庭装修时基本已将该管道进行包装,且该管道在业主家里,在没有物业服务合同中约定对业主家里的公用管道进行定期疏通,以及没有业主及时反映公用管道出现问题需要管理、维护、疏通的情况下,要求物业服务人定期入户对室内公用下水管道进行疏通不太符合实际。(3)上诉人惠民通公司是否应向被上诉人高某承担损失42,645元。由于被上诉人高某没有在案涉房屋中居住,地面出现积水时未能及时发现,而上诉人惠民通公司作为物业服务人在事发后第一时间对涉案房屋及时进行了下水管道疏通,尽到了一定的义务,加之造成管道堵塞可能是多方面原因造成的。因此,一审认为上诉人惠民通公司未尽到物业服务义务,应对被上诉人高某房屋的装修损失予以赔偿没有法律依据,依法应予纠正。综上所述,上诉人惠民通公司的上诉理由成立,其上诉请求应予支持。判决:(1)撤销一审民事判决;(2)驳回被上诉人高某的全部诉讼请求。[1]

(五)共用设施维修费用处理

共用设施出现故障,由责任人负责处理。业主应维护小区共用设备设施的正常使用,不能擅自无序排放,造成下水道堵塞或其他共用设备设施不能正常使用情况发生。对基于业主共有的建筑物部分发生的损害,不知道或不能确定具体责任人的情况下,可以由共有业主共同承担维修费用责任。

例如,根据设计规划,露台并不属于个别业主专有,因此妨害受害人专有部分使用权的相对人并非个别业主,而应是公用部位,需动用共用维修基金予以处理。物业服务人对非其修缮义务范围内的妨害,并不承担排除妨害责任。

【案例10-88】　袁某某诉北京某物业公司、毕某某排除妨害纠纷案

判决观点:袁某某以排除妨害请求权为由,要求北京某物业公司及毕某某对漏水屋面做防水处理,并修缮受损的屋面。但其诉讼请求实际是对受损的房面即露台进行修理。根据《建筑物区分所有权解释》第二条第二款规定,规划上专属于特定房屋中的露台等,应当认定为《物权法》第六章所称专

[1] 陕西省渭南市中级人民法院(2022)陕05民终1230号民事判决书。

有部分的组成部分。依据现有证据,502 室北面卧室屋顶对应的 602 室露台在销售时规划并未明确属于 602 室,属于公共部分,应属于北京某物业公司的日常维修范围。袁某某认为需要对露台上的地砖拆除后重新做防水即大修处理才能解决问题。而《物业服务合同》约定,北京某物业公司只是对房屋建筑共用部位的日常维修、养护和管理,此项维修属于大修,超出了《物业服务合同》的范围,故对袁某某要求北京某物业公司承担民事责任的诉讼请求,无法支持。当事人均认可 602 室露台漏水主要是因为该建筑年久老化,超过保质期,非日常维修,需要申请启动公共维修基金进行大修,而使用公共维修基金需要有关部门协调。袁某某与毕某某系不动产相邻权利人。依照法律规定,应当按照有利生产、方便生活、团结互助、公平合理的原则,正确处理相邻关系。根据毕某某《房屋买卖协议》及现场勘验笔录,602 室露台并非毕某某的专有部分,漏水并非毕某某使用不当或损坏引起。故对原告起诉毕某某承担民事责任的诉讼请求,亦无法支持。判决:驳回袁某某的诉讼请求。[1]

---

〔1〕 参见国家法官学院、最高人民法院司法案例研究院编:《中国法院 2020 年度案例》(物权纠纷),中国法制出版社 2020 年版,第 92 ~93 页。北京市昌平区人民法院(2018)京 0114 民初 17262 号民事判决书。

专题十一　业主委员会权利纠纷

本专题是围绕业主委员会权利相关问题阐述。成立业主委员会就是在小区搭建一个业主和物业服务人平等的平台，弱势的个体业主依据这个平台与强势的物业服务人能够有平等互利的对话权利，利于业主有效监督物业服务人的各项服务和维护自身利益，进一步促进小区文明建设发展。

一、业主委员会权利理解

(一)业主委员会含义

《民法典》第二百七十七条第一款规定:“业主可以设立业主大会,选举业主委员会。业主大会、业主委员会成立的具体条件和程序,依照法律、法规的规定。”该条是关于业主自治管理组织的设立问题的规定。该条规定涉及业主、业主大会、业主委员会的权利和义务以及法律地位等方面的内容,主要体现在有关行政法规中。《物业管理条例》第六条、第七条分别规定了业主在物业管理活动中所享有的权利和应当履行的义务。

业主委员会是业主的自治组织,是业主行使管理权的平台,是业主大会的常设机构和执行机构。业主委员会集中业主意志,代表业主利益,由选举产生,接受业主监督,以维护业主利益为宗旨。业主通过业主大会和业主委员会行使共同管理权,业主委员会秉承业主大会的意旨,负责日常管理工作。需要讲明两点,其一,业主自治权利是以建筑物区分所有权为基础的,是对小区物业享有专有权的业主对小区共同共有部分享有共同共有和共同管理的权利,是业主委员会权利来源的基础。其二,业主委员会的权利来源于业主大会,但并非就意味着业主委员会的每一项活动和具体工作都需要业主大会授权。

业主委员会具有两大法律属性:(1)法定性。业主委员会的法定性主要体现在以下三个方面:其一,成立业主委员会是法定的。《民法典》第二百七十七条第一款及《物业管理条例》第十条均对成立业主委员会作了明确规定。其二,成立业主委员会的程序是法定的。根据《民法典》第二百七十八条规定,业主委员会的产生必须经过一定的程序。其三,业主委员会的职权是法定的,《物业管理条例》第十五条、第十六条均有明确规定。(2)代表性。所谓业主委员会的代表性即要求业主委员会应代表全体业主的利益,通过业主委员会能够真正代表和反映业主的利益,表达业主的意愿。代表性具体体现在以下三个方面:其一,成员的产生应具有广泛的群众基础,业主委员会委员是通过全体业主通过法定程序选举产生,《民法典》和《物业管理条例》均有规定。其二,业主委员会能代表业主的利益并正确表达业主的意志。法律上要求业主委员会不能侵害业主合法权益,并对委员的任职资格作了原则性规定。其三,业主委员会的决定应得到遵守,《民法典》第二百八十条作了规定。

业主委员会代表全体业主直接从事很多活动,其权利能力和行为能力比业主大会更为直观清晰。业主委员会具有相对独立性,主要是指其独立的权利能力和行为能力,换言之,业主委员会有以自己的名义做事的资格。在业主自治的框架下,业主委员会具有双重属性,一是业主委员会是全体业主利益的代表,不能存在有别于全体业主的独有利益。二是业主委员会独立于单个业主,其行为甚至可能和单个业主、少数业主发生冲突。应着重强调的是,业主委员会没有独立意志,也没有独立财产,不是独立于全体业主的独立组织。业主委员会只有在维护业主共同利益时才能对个别业主从事民事行为,其行为的结果也应由全体业主共同承担。

根据《民法典》《物业管理条例》等的规定,业主委员会具有民事权利能力,且以自己名义开展活动,具体有七:其一,就相关材料向备案的行政主管部门、街道等备案,持备案证明向公安机关申请刻章。其二,按法律规定组织召开业主大会,报告监督物业服务的实施情况。其三,从事物业服务的相关活动,催交物业费,对损害共有设施设备、业主合法权益行为进行制止,有权依法依约要求行为人停止侵害、消除危险、排除妨害、赔偿损失。其四,按业主大会决定选聘的物业服务人签订物业服务合同,并对合同履行情况进行监督。其五,在物业服务合同终止或解除时,督促物业服务人移交或接收小区的相关材料。其六,向业主公布物业服务与管理的有关材料。其七,配合公安机关、社区、居委会做好小区内的社会治安等相关工作。另外,在业主大会通过决议或议事规则就某些事项对业主委员会予以授权,业主委员会也可以独立开展业主大会授权的活动。

业主委员会是一个没有独立财产却有独立资格的新型主体,主要体现在以下四个方面:其一,业主委员会有自己的组织机构和印章,可以以自己的名义从事活动,包括民事活动。其二,业主委员会可以依据法律规定和业主大会决议对业主行为和物业服务人履行服务合同进行监督,并作为原告提起诉讼请求赔偿。其三,业主委员会在物业服务合同结束后,要求并接收物业服务人移交的小区物业相关材料。其四,业主委员会可以从事物业服务与管理以外的,包括社会治安在内的与小区服务与管理有关的活动。

根据《民法典》《物业管理条例》等的规定,业主委员会履行职责范围为:

其一,召集业主大会会议。

其二,代表业主与业主大会选聘的物业服务人签订物业服务合同。

其三,及时了解业主、物业使用人的意见和建议,监督和协助物业服务人履行物业服务合同。

其四,监督管理规约的实施。

其五，业主大会赋予的其他职责。

业主大会是业主依法设立的自治组织，具有实体性。作为代表全体业主利益的自治组织，如果没有任何行为能力，势必难以发挥其应有的作用。各地对此进行了有益探索，2013 年浙江省温州市已开始出现把业主大会登记为法人的情况，上海市从 2017 年年底开始，业主大会可以申请社会统一信用代码，业主大会制度在不断发展完善中。

应注意的是，从社会发展变化来看，有必要从法律上确立业主委员会相对独立财产权利是一个趋势，也符合现代城市社会管理的特点。2006 年《中国人民银行关于规范人民币银行结算账户管理有关问题的通知》（银发〔2006〕71 号）明确规定，按照现行的法律法规规定可以成立的其他组织，如业主委员会、村民小组等组织在提供其主管部门或相关管理部门出示的证明后开立基本存款账户。实践中，亦有业主委员会具有独立办公用房财产的实例，如合肥商业投资控股志德置业投资有限公司诉合肥中央花园小区业主委员会赠与合同纠纷案中，一、二审法院认定合肥中央花园小区业主委员会拥有登记在自己名下的办公用房。[1]

（二）业主委员会成立

根据《物业管理条例》第九条第一款规定："一个物业管理区域成立一个业主大会。"而一个业主大会只能成立一个业主委员会，也就是说一个小区只能成立一个业主委员会。一个小区有上百个或多达几千个业主，不论业主数额多少只可以成立一个业主委员会，而不能几千户业主就可以成立两个以上业主委员会。同时也不能一个业主大会成立几个业主委员会。实践中，小区共用的生活用水、用电、消防设施设备为一个整体，不能分开，是一个整体项目，且所有建筑物同属于一个物业管理区域，对其分割成立的业主委员会不受法律保护。

【案例 11－1】　湖南省长沙市 MR 花园小区业主委员会诉某区城建局、街道办事处作出的撤销备案公告撤销纠纷案

判决观点：本案中，MR 花园整个共用设施（如消防水池、生活水箱、变电间、配电间）均设于商务大楼地下室，且整个 MR 花园生活供水、消防供水管网均从上述设备中接出，共用的生活用水、用电、消防设施设备为一个整体，不能分开，是一个整体项目。2016 年的业主大会，只有商住楼区 454 户（占

〔1〕 参见最高人民法院中国应用法学研究所编：《人民法院案例选》2009 年第 3 辑（总第 69 辑），人民法院出版社 2010 年版，第 141 页。安徽省合肥市中级人民法院（2008）合民一终字第 898 号民事判决书。

专有面积约3.89万平方米)参与,将物业管理区域进行了分割,且没有达到"双过半"的标准,因此,MR花园小区的业主大会和首次选举业主委员会,违反了上述行政法规的规定。涉案撤销备案公告认定事实清楚,程序合法,适用法律正确。法院判决驳回原告MR花园小区业主委员会的诉讼请求。[1]

由于地方对成立业主委员会要求条件和程序均有具体规定,应注意其差别,但共同点均是强调依法成立,如新疆乌鲁木齐市文件规定成立业主委员会需要做好以下几项工作:(1)首先成立业主委员会筹备组。(2)制定业主公约和议事规则。(3)召开业主大会选举业主委员会成员。

首次业主大会会议的召开标志着业主大会的正式成立。业主委员会由业主大会选举产生,由5~11人的单数委员组成,每届任期不超过5年,委员可以连选连任。业主委员会应当自选举之日起7日内召开首次会议,推选业主委员会主任和副主任人选。应注意的是,业主大会和业主委员会的成立不以备案为标志。从法律上讲,只要业主大会依法召开并依法选举产生业主委员会,则业主自治组织成立,是否备案不是业主大会和业主委员会成立的依据,备案并不是审批也不等于审批,即在备案之前已经合法成立。

对于业主大会和业主委员会,成立最大的争议在程序和表决方面。从诉至法院纠纷案件分析,主要集中在通知的时间、方式和表决权方面。个别或部分业主认为侵害了自己的参与权与管理权,请求撤销业主大会和业主委员会。实践中,物业服务人与个别业主相互勾结,通过成立业主大会和业主委员会的方式谋取不正当利益,业主当然有权请求撤销。

对业主大会或业主委员会成立质疑合法性的主体是否包括物业服务人,物业服务人是否可以申请撤销其决议亦是实践中发生的争议。根据《民法典》、《物业管理条例》和《物业服务解释》的相关规定,物业服务人不具有对业主大会或业主委员会成立质疑合法性向法院诉讼的资格,当然不能就此提起诉讼。

具备成立业主大会条件但未成立,经物业所在地物业行政主管部门或者街道办事处指导后仍不能成立的,可以由街道办事处、社区居民委员会、社区服务机构、建设单位、业主代表等组成所在物业管理区域内的物业管理委员会,代行业主大会和业主委员会职责。住房和城乡建设部等部门《关于加强和改进住宅物业管理的通知》(建房规〔2020〕10号)第九条规定,暂不具备设立业主大会条件的,探索组建由社区居民委员会、业主代表等参加的物业管理委员会,临时代替业主委员会开展工作。既然物业管理委员会代行业主大会和业主委员会职责,物业管理委员会应参照业主大会和业主委员会相关规定,应当依法履行职责,通过定期会

---

〔1〕 参见程磊、周滨:《律师说法:业主委员会及物业服务纠纷案例评析》,法律出版社2020年版,第158~159页。

议和临时会议的方式作出决定。物业管理委员会应当由业主、居民委员会代表等组成,会议参会委员人数和同意某项决定的委员人数均应当超过半数。

业主认为物业管理委员会主体地位不合法,且作出的决定侵害其合法权益的,可起诉请求撤销决定。

【案例11-2】　黄某等诉无锡市紫金英郡东苑小区物业管理委员会业主撤销权纠纷案

判决观点:紫金英郡东苑小区新一层业委会无法成立,且行政主管部门反复指导后无法成立新一届业委会,故河埒街道在该小区成立了由小区所在地社区、业主代表组成的物管会,组织形式符合法律法规要求。物管会代行业主大会及业委会的职责,有权选聘物业服务企业。物管会决定选聘文汇公司作为临时物业服务企业,属于物管会代行业主大会、业委会履行职责的体现。另外,根据《物业管理条例》第十二条规定,业主有权对业主大会、业委会侵害其合法权益的决定撤销。同理而言,业主也有权对物管会侵害其合法权益的决定撤销,故本案物管会所作选聘临时物业公司的决定,业主可诉至法院主张撤销。[1]

第一次业主委员会会议无法召开,业主大会筹备组是否妥当处理为常见问题。地方性法规有明确规定的,则应按其规定执行。《深圳市业主大会和业主委员会指导规则》第三十条规定:"筹备组应当自业主委员会选举产生之日起30日内组织召开首次业主委员会会议,由业主委员会委员推选产生业主委员会主任一名、副主任一至两名。首次业主委员会会议结束后,筹备组自行解散。"从该规定可知,组织召开首次业主委员会会议是业主大会筹备组的职责。在未成功召开首次业主委员会会议并推选出主任和副主任前,业主大会筹备组应继续履行首次业主委员会会议召集人的职责。实践中,筹备组首次向业主委员会成员发出会议通知,在部分业主委员会成员拒绝参加会议的情况下,筹备组应当将未参加会议成员名单及不参加会议的理由记录在案。然后向全体业主委员会成员第二次发出召开业主委员会会议的通知,将无故缺席会议的委员名单记录在案。如果仍达不到过半数的委员参加会议,则筹备组第三次发出召开业主委员会会议的通知,并告知如果一年内无故三次缺席业主委员会会议,则可依据《物业管理条例》或地方物业管理规定中止其委员资格。同时,依据《物业管理条例》关于业主委员会缺员超过40%的,应当召开业主大会会议增补的规定,组织召开业主大会就中止三次缺席的委员及增补新的业主委员会成员进行表决。

---

[1] 参见国家法官学院、最高人民法院司法案例研究院编:《中国法院2020年度案例》(物权纠纷),中国法制出版社2020年版,第206页。江苏省无锡市滨湖区人民法院(2018)苏0211民初993号民事判决书。

业主委员会成立与选举关系。对于在选举过程中存在个别候选人未公示等瑕疵,并不必然导致选举整体无效和业主委员会不成立,因此否定整个选举结果,否则就是否定了小区广大业主的真实意愿。业主委员会的成立符合绝大部分业主利益,符合业主自治原则,选举过程并无重大违法和侵害业主利益的情形的,否定业主委员会的成立不符合绝大部分业主的愿望。因业主大会是业主自治的权力机构,该权力属于业主管理私有财产权利而非社会公权力的范围。因此,对于选举过程中的瑕疵,可以通过行政指导的方式予以纠正,不应通过备案无效的方式导致选举整体无效和业主委员会不成立。

应注意的是,根据法律规定,业主与业主大会和业主委员会选举中出现的争议,有关业主提出异议的,不属于民事争议,不属于法院受理民事诉讼范围,而应向有关行政机关申请解决。但限制业主选举资格的除外,可以向法院提起民事诉讼。

【案例 11－3】 谢某某诉曾某某等申请确定选民资格纠纷再审案

再审法院认为,本案中,谢某某起诉曾某某等10人在甲小区第六届业主委员会选举中以不正当方式竞选。请求确认曾某某等10人造假并取消参选资格,以及确认第六届业主委员会选举结果违法。因此,本案属于业主委员会选举中产生的争议。根据《物权法》第七十五条第二款"地方人民政府有关部门应当对设立业主大会和选举业主委员会给予指导和协助"的规定,业主对业主委员会选举中出现的争议,应向有关行政机关申请解决。本案不属于人民法院受理民事诉讼的范围。一、二审裁定对谢某某的起诉不予受理正确。谢某某认为本案符合立案受理条件的再审缺乏法律依据,再审法院不予支持。谢某某的再审申请不符合《民事诉讼法》第二百条规定的情形。依照《民事诉讼法》第二百零四条第一款之规定裁定驳回再审申请。[1]

(三)业主大会决议

业主大会是小区业主的最高权力机构,也是其行使权利的组织形式。业主大会形成文件主要有管理规约、决议(或决定)。管理规约或者议事规则属于业主间最高自治规范,全体业主都应当无条件遵守,而法律法规属于全体公民都应当遵守的规范性文件,无疑是小区全体业主应当遵守的内容,业主大会行使权力的依据,亦为判断业主大会违反以上规范的依据。

---

〔1〕 广东省高级人民法院(2014)粤高法立民申字第131号民事裁定书。

决议或称决定是业主大会形成的对其小区全体业主具有约束力的文件。法官认为,业主一旦形成共同决议,将其所有的物业委托物业管理企业实施物业管理,不但将共同财产的管理而且将一部分纯私人财产的管理置于整体的共同契约中,这一共同契约就必须既要反映单个业主的利益,又要在单个业主利益的分散性与众多业主利益的协调性之间实现均衡。业主在加入这一共同契约时,必然地已允诺遵守少数服从多数的原则,在个别意志与多数人意志不一致时服从多数人意志。业主大会由有财产、利益关联关系的全体业主组成,是表达业主意愿、实现业主利益均衡的组织形式,其基本的议事准则是民主协商。投票表决是作为民主协商达成一致结果的有效方式。在业主大会中,所有业主是平等的,但这一平等涵盖了数量上的平等和以价值而定的平等两种标准。在业主大会的民主协商机制中,应当采用哪种标准?如果采用以价值而定的平等标准,即以业主拥有的财产价值单位作为投票基准值,占有房屋面积大的业主拥有的投票权数量也多,从形式上是维护了财产关系和财产权组合这种组织结构中的平等,但单一的财产决定标准不可避免地会使利益均衡机制的杠杆向富裕者倾斜。在人数上占多数、而在财产比例上占少数的业主的利益可能得不到体现。如果采用数量上的平等标准,即以绝对的业主单位作为投票的基准值,从行为人的角度维护了业主之间的平等,但业主大会这一组合毕竟是以共同财产的管理为纽带的,以单一的业主单位为标准,财产权能完全被摒弃,会使某些业主的财产权利受到损害。投票权的确定方式应当是业主大会议事规则的主要内容。投票权应当根据业主拥有的物业建筑面积和住宅套数等因素确定,从而将数量上的平等和价值上的平等结合起来。[1]

业主大会决议瑕疵包括程序瑕疵和内容瑕疵。因业主大会和业主委员会的组成、召开、议事和表决程序一般都事先在业主公约中约定,因此程序瑕疵和内容瑕疵具体包含哪些内容,一般可以通过《民法典》、《物业管理条例》和业主公约等予以判断。但在司法实践中,尚存在认定困难和争议。

关于决议程序瑕疵,决议一般包括议事(包括召集)和表决两个过程,相应地,决议程序又包括议事瑕疵和表决瑕疵。对于业主大会议事程序,《物业管理条例》有明确规定。对于业主大会的表决程序,《民法典》《物业管理条例》亦有明确规定。一些地方行政主管部门对此都制定了规定或示范文本,详细规定了业主大会会议召开的形式、程序、议事和表决等事项。以上规定都属于强制性规定,限制业主大会降低该标准,即便小区管理规约中没有相关约定,以上规定也同样适用该小区。

---

〔1〕 参见吴庆宝主编:《最高人民法院专家法官阐释民商裁判疑难问题》(民事裁判精要卷)(增订版),中国法制出版社2011年版,第93~94页。

《民法典》第二百七十八条第二款规定:"业主共同决定事项,应当由专有部分面积占比三分之二以上的业主且人数占比三分之二以上的业主参与表决。决定前款第六项至第八项规定的事项,应当经参与表决专有部分面积四分之三以上的业主且参与表决人数四分之三以上的业主同意。决定前款其他事项,应当经参与表决专有部分面积过半数的业主且参与表决人数过半数的业主同意。"该条对业主决定建筑区划内重大事项的范围和表决事宜进行了重大修改,旨在增加表决范围,降低权利行使条件。该条对通过业主大会决议的投票比例进行了调整,降低了决议通过的门槛,但同时可能放大了"视为同意"条款的负面作用。"视为同意"条款本是作为打破"表决僵局"的措施出现,但由于条款本身的缺点,往往容易成为业主委员会操纵业主大会决议的工具,导致其越来越有被滥用的趋势。

【案例11-4】 上海市浦东新区汇豪天下业主委员会诉上海市浦东新区房地产(集团)有限公司建筑物区分所有权纠纷案

2012年9月,汇豪天下业委会启动业主大会会议,就起诉一事进行表决;10月,汇豪天下业委会向小区业主公告表决结果,载明:共发出表决票909份,其中,同意899份、不同意8份、弃权2份。小区业主大会决定授权业委会通过司法途径解决本小区的物业管理用房等公建配套问题。

本案双方争议一个争议焦点就是汇豪天下业主大会本次决议是否有效。

本案历经一审、二审、重审、再次二审,法院均认定业主大会决议有效。

法官在对该案投票组成再作审视,就发现问题。在899张赞成票中,只有253户通过签署表决票的正常方式表决的,占总户数的27.83%,另有电话同意的162户,占总户数的17.82%,视为同意的419户,占总户数的46.09%。也就是说,如果没有"视为同意"条款,那么赞成率将陡降至微弱过半。如果再考虑电话征求意见并不是约定的投票方式,既出现了程序瑕疵又无从查证,法院就有可能改变原有的态度。而业委会作为会议的发起者,在选择表决事项上具有天然优势,可有效掌握这46.09%的同意票,只需要另外争取4%的赞成票,大约37户,即可通过决议。也就是说,本次业主大会会议的决议事项能否获得通过,这37户的意见至关重要。本次诉讼涉及价值3000万元的不动产,系小区的重大事务,本应由多数业主决定,结果却变成由少数业主主导,"视为同意"条款的效果,由此可见一斑。

该案所展现的问题不是个案,在法官随机抽取的10件记录表决票构成的案件中,可以看出"视为同意"条款的作用十分明显。从列表中反映的情况看,80%的案件中视为同意票都足以左右投票结果,在40%的案件中甚至出现了视为同意票即"双过半"的现象。这说明,"视为同意"条款的运用,可能会令业主大会制度的基本原则“多数决”丧失表达多数业主真实意思的功能。[1]

鉴于实践中业主大会表决适用“视为同意”条款出现的问题,有法官认为,在处理涉及“视为同意”条款的业主大会决议纠纷案件时,不宜一概肯定或否定其效力,而是应重点审查该条款适用的环境、程序、表决的事项性质、在结果中的占比情况等,根据不同的情况作出不同的判断。在首次业主大会会议表决规则中,“视为同意”条款的效力不应得到认定,因为其作为默示同意条款,本身并未获得业主大会授权,不应具备法律效力。认可“视为同意”条款的效力,应当以业主知情权获得充分保障为前提,以表决票的送达已穷尽送达手段和国家代表的到场监督为程序要件,以印刷规范要素齐全的表决票为形式要件。在上述条件均满足的情况下方可认定“视为同意”条款的效力。在决议过程中,对于一般事项的表决,以满足开会最低人数、最低专有建筑面积为限,“视为同意”票计入参加业主,但计入参加业主的“视为同意”票中超过最低通过比例的一半的部分不计入投票结果。对于特别事项的表决,“视为同意”票仅以满足开会最低人数、最低专有建筑面积为限,计入参加业主,使之满足“双三分之二”可以召开业主大会会议,但不计入投票结果。[2]

就《民法典》第二百七十八条第一款第(九)项的规定,有法官认为,关于如何确定“有关共有和共同管理权利的其他重大事项”的范围问题,本法没有规定,在审判实践中需要根据具体情况判定。笔者认为,从总体上讲,凡是涉及全体业主共同利益的事项都属于业主有权共同决定的事项范围,如建筑物命名权和经营权,除此之外,还应当包括诸如绿地面积的调整、小区内空地的利用、绿化树木种类和花草品种的更换或者其他场地用于停放汽车的停车区域划定及收费收益分配等,均属于业主有权决定的其他重大事项范围,涉及上述事项的业主权利应该受到法律保护。[3]

关于决议内容瑕疵,即决议结果本身违反法律、法规和小区管理规约等。因内容瑕疵的范围过于宽泛,要依据《民法典》《物业管理条例》相关法规、规章及司法解释予以界定,个案中根据具体案情由法官裁量。

实践中,业主委员会在诉讼过程中提交的证据不能证明大会决议符合法定程序的,其诉求不受法律保护。

---

〔1〕 参见茆荣华主编:《〈民法典〉适用与司法实务》(第二版),法律出版社2021年版,第145~146页。上海市高级人民法院(2018)沪民终385号民事判决书。

〔2〕 参见茆荣华主编:《〈民法典〉适用与司法实务》(第二版),法律出版社2021年版,第164~165页。

〔3〕 参见中国审判理论研究会民事审判理论专业委员会编著:《民法典物权编条文理解与司法适用》,法律出版社2020年版,第164页。

【案例11－5】 北京市海淀区希格玛小区物业管理委员会诉希格玛物业管理有限公司物业服务合同纠纷案

一审法院认为,业主委员会称希格玛小区业主大会形成了“接管希格玛公寓公共建筑和共用设施的场地,恢复该部位使用功能”的决议,并依据上述决议提起诉讼。但业主委员会提交的证据只能证明希格玛小区的业主对是否更换物业公司进行了投票表决,无法证明就其诉请内容召开了业主大会并形成了决议。故对于业主委员会的起诉不予受理。裁定:驳回北京市海淀区希格玛小区物业管理委员会的起诉。二审法院认为,业主委员会向法院提交的2003年6月25日希格玛公寓全体业主大会会议纪要不仅业主签名未过半数,且无记载表明业主委员会诉请的内容是业主召开业主大会形成的决议。故原审法院作出的裁定正确,应予维持。据此,二审法院裁定维持一审裁定。[1]

就业主能否在业主大会议事规则中约定与《民法典》第二百七十八条规定不同的规则问题,最高人民法院法官认为,对于业主的此类特别约定,我们认为应当承认其效力,业主可以约定不低于《民法典》第二百七十八条规定标准的决议规则。[2]

就出现表决僵局问题的处理,最高人民法院法官认为,如果业主大会议事规则未作规定,则业主大会如果未满足召开条件或者决议通过条件,其法律效果应当是该次会议不具有决议能力或者所作的决议无效。[3]

---

〔1〕 参见北京市高级人民法院编:《审判前沿——新类型案件审判实务》2007年第1集(总第17集),法律出版社2007年版,第226页。

〔2〕 参见最高人民法院民事审判第一庭编著:《民事审判指导与参考》2021年第2辑(总第86辑),人民法院出版社2021年版,第66页。

〔3〕 参见最高人民法院民事审判第一庭编著:《民事审判指导与参考》2021年第2辑(总第86辑),人民法院出版社2021年版,第67页。

二、业主委员会权利法律适用

（一）业主委员会权利行使

1. 选聘物业服务人

合法成立的业主委员会有权要求物业服务人退出物业服务区域，选聘新的物业服务人。

【案例 11－6】 广州市 LA 花园小区业主委员会诉广州市 LB 物业管理有限公司物业服务合同纠纷案

一审法院认为，商务楼自管小组与 LB 物业公司签订物业服务合同，委托 LB 物业公司为商务楼业主提供物业服务，该物业服务指向的是基于全体业主对共有财产和共有事务的管理而产生的共同权益，该委托管理服务合同并未依法遵循业主大会表决程序和表决规则，不符合《物权法》第七十八条的规定，侵犯了 LA 花园小区其他业主的合法权益，理应承担侵权责任。法院判决 LB 物业公司撤出 LA 花园 B 区的商务楼、该商务楼前面的广场、地下一层的车库及农贸市场等由其提供物业服务的区域，并向 JF 物业公司移交物业服务的相关设施、设备。二审法院亦持同样意见，维持一审判决。[1]

2. 解聘物业服务人

这里的解聘物业服务人，既包括前期物业服务人，也包括正在履行合同的物业服务人。根据《物业管理条例》第二十九条规定，业主委员会在前期物业服务合同终止时接收小区的相关资料。根据第五十八条规定，在前期物业服务人遭解聘拒不退出不移交相关资料的，业主委员会可向房屋所在地的行政主管部门要求查处。根据《物业服务解释》规定，可向有管辖权的法院提起民事诉讼。

在地方制定条例对物业服务相关事项有明确规定的，依照该规定成立的物业

---

〔1〕 参见程磊、周滨：《律师说法：业主委员会及物业服务纠纷案例评析》，法律出版社 2020 年版，第 179 页。

管理委员会有权代表全体业主解聘物业服务人。如日照市 SJ 物业管理有限公司诉 AL 公馆物业管委会物业服务合同纠纷案。[1]

根据《物业管理条例》第十五条第(二)项规定:业主委员会只能代表业主与业主大会选聘的物业服务企业签订物业服务合同。因此,业主委员会与物业服务人签订合同生效的前提是该物业服务人经过了业主大会的选聘。业主委员会主任或成员擅自与新的物业服务人签订合同,未经业主大会表决显然不能生效。业主委员会已经与新的物业服务人签订物业服务合同,则前期物业服务合同应当终止的观点不正确,原因在于未区分新的物业服务人是否经过了业主大会的选聘,业主委员会未经过业主大会选聘程序就与新的物业服务人签订合同,则原物业服务合同不终止。

3. 制止督促物业服务人违约行为

根据《物业管理条例》第三十五条的规定,业主委员会有权制止物业服务人的违约行为,督促其限期改正,并赔偿业主的实际损失。

4. 督促业主按时交纳物业费

《物业管理条例》规定了业主委员会有督促业主按时交纳物业费职责,但对其督促方式未作规定。该条例第十七条第一款规定:“管理规约应当对有关物业的使用、维护、管理、业主的共同利益,业主应当履行的义务,违反管理规约应当承担的责任等事项依法作出约定。”实践中,业主委员会可以制定管理规约限制欠费业主的小区共同管理权进行督促。

地方性法规有对督促欠费业主规定的可按规定执行,如《江苏省物业管理条例》规定,催交的形式可以是在小区内显著位置公示等,但应当谨慎使用,把握好公示的度。

业主委员会作为小区业主大会的执行机构,为督促业主按时交纳物业费,依据业主大会制定通过的管理规约限制欠费业主的小区共同管理权,包括投票权和小区福利分配权,系积极履行自治管理职责,维护小区公共利益,并无不妥,且应予肯定。同时,业主委员会行使职权须谨慎、适度,不得逾越法律法规和管理规约的授权范围。在欠费业主补交了拖欠的物业费后,业主委员会仍继续限制其行使小区共同管理权的,其行为超越了管理规约规定的权限,有失公平,不受法律保护。

---

〔1〕 参见程磊、周滨:《律师说法:业主委员会及物业服务纠纷案例评析》,法律出版社 2020 年版,第 203 页。

【案例11－7】　蔡某某诉杭州市兰桂花园业主委员会业主撤销权纠纷案

一审法院认为,物业费的交纳系蔡某某与物业公司之间的权利义务关系,不影响蔡某某与业委会之间的权利义务关系,业委会以蔡某某拒付物业费为由作出上述决定,显属不妥,应予撤销。判决:撤销兰桂花园业委会作出限制蔡某某行使共同管理权决定。

二审法院认为,兰桂花园业委会依据小区管理规约对欠费业主的共同管理权进行限制并无不当,但鉴于蔡某某已于2015年12月交纳了相关物业费,兰桂花园业委会继续限制其上述权利应属不妥,应恢复蔡某某的上述权利。判决:驳回上诉,维持原判。[1]

5. 业主其他重大事项决定

《民法典》第二百七十八条第一款规定:“下列事项由业主共同决定……(九)有关共有和共同管理权利的其他重大事项。”该条款是在前八项重大事项之后的兜底性规定,但何为其他重大事项,立法者没有进行详细具体规定。一般认为,从司法实践来看,其他重大事项主要有两类,一是针对占有共用部分的行为,二是解除物业服务合同。对于前一种,对小区外的侵权人侵占小区共用部分的行为,一般容易取得大多数业主的共识。但也非绝对化,如在小区空地摆摊卖菜,有利于方便业主的生活,个别业主向法院起诉停止侵权亦可能遭到其他多数业主的反对。对小区内的业主侵占共用部分,侵害了业主共有权,个别业主与多数业主意见的冲突显而易见。如果按其他重大事项决定程序进行,则有可能最大限度化解消除此类矛盾。对于后一种情况,则必须交由业主自治,这是法律的强制性规定。解聘物业服务人或者说解除物业服务合同,是事关全体业主利益的重大事项,如果未经业主大会讨论即解除物业服务合同,势必严重损害业主的权利,也将导致物业服务秩序的混乱。基于此,《民法典》第二百七十八条第(四)项明确规定:解聘物业服务企业或其他管理人由业主共同决定。与此相关联的,在个别小区如独栋建筑物,如欲实行业主委员会自管,也应成为其他重大事项共同决定的范围,由业主共同决定重大事项的程序进行。

《物业管理条例》第十七条第一款规定:“管理规约应当对有关物业的使用、维护、管理、业主的共同利益,业主应当履行的义务,违反管理规约应当承担的责任等事项依法作出约定。”应当认定为《民法典》第二百七十八条第一款第九项规定的有关共有和共同管理权利的“其他重大事项”。首先,应明确何为“管理规约”。关于这一概念,民法典没有给出具体规定。基于业主对专有部分以外的共

〔1〕　参见王超:《业委会对欠费业主的管理权限及依据》,载《人民法院报》2018年6月14日,第7版。

有部分享有共同管理的权利这一原则,学理上一般将其定义为,由业主通过业主大会制定的有关共同财产的管理、使用、维护,以及规范业主相互关系的协议或者规则。管理规约首先是业主自治的产物。业主在不违反法律规定的情况下,有权自主决定其共同事务管理以及相互权利义务关系的一切规则,在性质上,其属于自治法和自治规则。[1] 其次,管理规约是业主共同意志的产物,性质上属于一种共同行为,是各业主对共同事项一致的意思表示,类似于公司章程,全体业主必须要严格遵守。[2]

6. 在酬金制模式中,业主委员会有权主张结余物业费

《物业服务收费管理办法》第九条规定,业主与物业管理企业可以采取“包干制”或者“酬金制”等形式约定物业服务费用。实践中,一般约定采用包干制。在包干制模式下,物业服务人自担经营风险,盈利归其所有,即使出现亏损也不能向业主追加费用。采用酬金制的物业服务人收取的物业费属于代收性质,扣除相应酬金后,其他款项应当用于物业服务成本支出,结余的物业费不属于物业服务人,而应由业主决定处置方式。

【案例 11－8】 上海市某区 LF 花园业主委员会诉 XL 物业管理有限公司物业服务合同纠纷案

判决观点:酬金制是指在预收的物业服务资金中按约定或者约定数额提取酬金支付给物业管理企业,其余全部用于物业服务合同约定的支出,结余或者不足均由业主享有或者承担的物业服务计费方式。双方已经在合同中明确了物业服务的利润标准为成本的12%,即明确了物业服务企业提取利润的固定比例,符合酬金制的特点。被告撤场后,应进行物业服务费的结算。根据司法审计鉴定意见,被告理应将其应收物业管理费4,824,976.51元与实际发生的物业管理成本45,887,495.43元之间的结余2,353,481.08元返还LF业主委员会。法院判决:被告返还原告物业管理费(结余资金)2,353,481.08元。[3]

7. 应注意的问题

有律师认为,《物权法》规定的业主决定与业主大会决定不是一个概念。业主大会决定是针对整个物业管理区域的,业主大会不能代替物业管理区域内某一

---

〔1〕 参见最高人民法院民事审判第一庭编著:《民事审判指导与参考》2021年第2辑(总第86辑),人民法院出版社2021年版,第56页。

〔2〕 参见王泽鉴:《民法物权》(第一册),中国政法大学出版社2001年版,第263页。

〔3〕 参见程磊、周滨:《律师说法:业主委员会及物业服务纠纷案例评析》,法律出版社2020年版,第248页。

栋楼全体业主就其共有部分作出决定。同样,业主委员会也不能代替某一栋楼全体业主就其共有部分作出决定。[1]

对于住改商纠纷中,不能以“多数决”原则确定有利害关系业主的意见。《物权法》第七十七条规定的“应当经有利害关系的业主同意”,在理解和实践中产生分歧和争议。基于此,《民法典》第二百七十九条明确规定“应当经有利害关系的业主一致同意”,虽然只增加了“一致”两字,但更为精准。本条要求“一致”同意,也就意味着,即使多数有利害关系业主同意,但只要有一人不同意,仍不可以住改商,这样规定有利于减少本条适用中的分歧。住改商的业主,虽然已有办理工商登记取得营业执照的事实,但不能成为抵消有利害关系业主反对意见的理由。住改商的业主办理工商登记并取得营业执照,属于行政登记及许可范围,其不涉及“应当经有利害关系的业主一致同意”的法律强制性规定,该事实不具备颠覆或者限制《民法典》第二百七十九条明确规定的效力,其抗辩的理由在法律上不能成立。

应注意的是,单独的业主个体不能组成也不能代表业主群体,不能单独委托物业服务人,委托物业服务人进行管理是出于业主群体的整体意思,物业服务合同实质应当是业主群体与物业服务人之间的合意与安排。按照我国现有制度,业主的意思应当由业主大会代表全体业主作出决定,业主委员会负责执行,即业主群体的整体意识及行为能力应当由业主大会或业主委员会代表,业主个体加入业主群体获取个体享有业主群体的成员性权利,与之相对应的就是支付物业费的义务,也是业主享有业主团体成员所负担的基础性义务。[2]

(二)业主委员会诉讼权利行使

业主委员会有权作为原告起诉物业服务人解除物业服务合同、返还维修基金等,业主委员会代表全体业主为公益诉讼提起诉讼,法院应当准许。涉及业主公共利益的信息资料,业主委员会主张要求公开、查阅的,法院应当依法准许。关于业主委员会作为原告主体资格的适格性,详见物业服务主体纠纷专题阐述。

1. 业主委员会参加诉讼程序

业主委员会参加诉讼是否必须由业主大会授权,对此法律没有明确规定。为

---

〔1〕 参见刘长森:《物业纠纷新型案例教程》,人民法院出版社2010年版,第6页。

〔2〕 最高人民法院民事审判第一庭编:《民事审判指导与参考》2022年第1辑(总第89辑),人民法院出版社2022年版,第134页。

了方便诉讼、减少不必要麻烦，一些业主委员会也愿意召开业主大会取得授权。在法院内部对此的认识不同，有的法院认为业主委员会当然代表全体业主意志，是否授权是业主内部的事情，在没有业主质疑的情况下，法官无须主动审查。有的法院认为，业主委员会是业主大会的执行机构，获得业主大会授权是业主委员会参加诉讼的前置程序。因不同法院或同一法院不同法官对此认知差异，执法尺度不一致的判决结果时有发生。

关于业主委员会的诉讼主体资格问题。有学者认为，将业主委员会作为业主大会的诉讼代表人，在业主或业主大会明确授权的前提下，业主委员会的诉讼主体资格才应予确认。[1] 这是基于业主委员会本就由若干业主代表组成，在得到业主或业主大会授权后，业主委员会可以作为诉讼代表人的集合，以自身名义进行诉讼活动，相应法律后果归于全体业主。需要强调的是，业主委员会参加诉讼的事项仅限于共同物业事务，业主委员会代表业主发起诉讼应经业主大会授权，而作为被告应诉则应通知全体业主相关事项。

在有地方法院对业主委员会参加诉讼必须获得业主大会授权规定的，应遵从其规定。如广东省高级人民法院发布的《关于审理住宅物业服务纠纷案件若干问题的指导意见》（粤高法发〔2011〕49号）第一条规定："业主委员会作为当事人，就物业服务有关事项代表全体业主进行诉讼，法律后果由全体业主承担。业主委员会起诉、应诉、提起反诉、上诉、撤诉、变更、放弃或者承认诉讼请求，进行和解、调解等诉讼行为的，应当向人民法院提交业主大会的授权决定。"

业主委员会作为原告的程序问题。有学者认为，除了法律和司法解释进行明确规定的情形外，业主权益诉讼事项属于业主的共同管理事项之一，应当有相应足够的人数比例和专有面积比例的业主支持该诉讼方能使业主委员会的诉讼主体适格。根据法律规定，应当经专有部分占建筑物总面积过半数的业主且占总人数过半数的业主同意。[2]

【案例11－9】 某住宅小区业主委员会诉某置业投资有限公司物权纠纷案

二审法院认为，本案中，某业主委员会未能提供证据证明其提起本案诉讼业已经过专有部分占建筑物总面积过半数的业主且占总人数过半数的业主同意。一审法院认定某业主委员会就本案提起诉讼不符合法律规定的条件，并无不妥。一审裁定认定事实清楚，适用法律正确。裁定：驳回上诉，维持原裁定。[3]

关于起诉或应诉是业主大会还是业主委员会的问题。因无法律的明确规定，

---

〔1〕 参见谭玲、胡丹缨：《物业管理相关问题再探析》，载《现代法学》2006年第6期。
〔2〕 参见骆鑫、刘娅编著：《物业管理纠纷案例与实务》，清华大学出版社2017年版，第49页。
〔3〕 参见骆鑫、刘娅编著：《物业管理纠纷案例与实务》，清华大学出版社2017年版，第48页。

各地现行做法有差异，有以业主大会之名的，也有以业主委员会之名的。笔者认为，以业主委员会之名较为妥当。

2. 业主委员会参加诉讼范围

根据法律规定和业主委员会职权及性质，业主委员会参加诉讼范围主要为：

其一，业主委员会职权范围涉及合同问题，如解除与物业服务人的物业服务合同等。

《民法典》第二百八十六条第二款规定："业主大会或者业主委员会，对任意弃置垃圾、排放污染物或者噪声、违反规定饲养动物、违章搭建、侵占通道、拒付物业费等损害他人合法权益的行为，有权依照法律、法规以及管理规约，请求行为人停止侵害、排除妨碍、消除危险、恢复原状、赔偿损失。"这是业主委员会行使诉讼权利的法律依据。

业主委员会有权督促业主交纳拖欠的物业费，原则上无权对业主提起诉讼主张拖欠物业费，但在自管物业时可以对拖欠物业费的业主主张权利。从法律上讲，业主委员会可以代表全体业主自行管理物业，管理物业就要产生相应的成本费用，这部分成本费用因服务业主而产生，当然也应由业主负担。从合同角度讲，自治方案是全体业主共同签订的，所有业主都是当事人。从物业服务角度来看，作为个体的业主享受代表全体业主的业主委员会的物业服务，应交纳物业费，实质上是单个业主与全体业主发生了服务合同关系。

【案例 11－10】　某小区业主委员会诉李某物业费纠纷案

二审法院认为，某小区业主委员会依法成立，代表业主行使物业管理的职责，有权起诉违反管理规约、拖欠物业费的业主。一审裁定驳回其起诉不当，依法予以纠正，裁定撤销一审法院的民事裁定，由一审法院对案件进行审理。[1]

业主未经有关行政部门审批，私自在后墙上开凿门窗，构成对小区业主共有部分建筑物的违章改建，为小区业主的安全带来隐患，损害了其他业主的合法权益。

【案例 11－11】　甲小区业主委员会诉王某某恢复原状纠纷再审案

再审法院认为，本案中，王某某未经有关行政部门的审批，私自在甲小区17号楼4、5、6号网点后墙开凿两处门窗，构成对小区业主共有部分建筑物的违章改建，为小区业主的安全带来隐患，损害了其他业主的合法权益，故甲小区业主委员会要求王某某拆除在案涉网点开凿的门窗并将该处墙体恢复

---

〔1〕 参见骆鑫、刘娅编著：《物业管理纠纷案例与实务》，清华大学出版社2017年版，第7页。

原状的诉讼请求，应当予以支持。[1]

其二，业主委员会职权范围内涉及侵权问题，如业主委员会有权对于侵犯小区业主利益涉及的被告，包括侵权业主、第三人、物业服务人、开发商主张权利。例如，小林园社区文化广场业主委员会诉宜昌环中房地产开发有限公司建筑物区分所有权纠纷案。[2] 业主委员会的侵权诉讼主体资格问题一直是民事审判中的热点和难点问题，业主委员会参加诉讼只能限于业主共有和物业共同管理事项以及由此延伸引发的诉讼，限制对业主专有部分行使诉权，如就业主与开发商之间的商品房销售合同履行和违约问题提起诉讼。

根据《民法典》第二百八十六条第二款的规定，业主委员会对侵权行为提起诉讼主要包括四种情形：(1)损害房屋承重结构，损害或者违章使用电力、燃气、消防设施，在建筑物内放置危险、放射性物品等危及建筑物安全或者妨碍建筑物正常使用。(2)违反规定破坏、改变建筑物外墙面的形状、颜色等损害建筑物外观。(3)违反规定进行房屋装饰装修。(4)违章加建、改建，侵占、挖掘公共通道、道路、场地或者其他共有部分。在形式多样、纷繁复杂的建筑物区分所有权诉讼中，判断是否属于实施侵害他人合法权益行为，关键考察以下三种情况：专有权人是否过度行使专有权；是否对他人合法权益造成损害；是否对共同关系的秩序造成损害。在此基础上，结合建筑物区分所有法理和物权法原理，对行为人行为加以规范和调整。[3]

开发商改变原有规划设计使用功能的改建，损害了小区业主的共同权益，业主委员会作为全体业主利益的代表，有权要求拆除并恢复至竣工验收标准。

【案例 11－12】 湖南省常德市 SD 花园业主委员会诉 JT 房地产开发公司物权纠纷案

判决观点：恢复诉争架空层与架空夹层的原状涉及全体业主的共同利益，属于 SD 花园业主委员会处理公共事务的职务范围，且提起本案诉讼已得到业主大会的授权，SD 花园业主委员会有权作为原告提起本案诉讼。案涉架空层及架空夹层属于法律规定的不颁发权属证书的公共场所、公用设施和物业服务用房，属于业主共有。被告未经业主大会同意擅自实施了将案涉架空层及架空夹层部分改建成住房或车库并出售的行为，该行为不仅改变了

---

〔1〕 吉林省高级人民法院(2018)吉民再66号民事判决书。

〔2〕 参见国家法官学院、最高人民法院司法案例研究院编：《中国法院2020年度案例》(物权纠纷)，中国法制出版社2020年版，第190～191页。湖北省宜昌市中级人民法院(2018)鄂05民终3025号民事判决书。

〔3〕 参见最高人民法院民事审判第一庭编著：《最高人民法院建筑物区分所有权、物业服务司法解释理解与适用》，人民法院出版社2009年版，第213～214页。

架空层及架空夹层的使用功能，而且侵害了业主的共有权，损害了全体业主的合法权益，其理应承担恢复原状的民事责任。法院判决被告拆除SD花园住宅楼的架空层、架空夹层改建的房屋（车库），按SD花园住宅楼竣工图恢复原状。[1]

【案例11－13】　上海市黄浦区中福花苑业主大会诉上海中福（集团）有限公司等恢复地下车位、消防通道纠纷案

二审法院认为，中福地产作为系争的地下停车库的产权人（后将房地产权利转让给中福集团），其将该地下车库出租给好又多公司、诚鼎百货。双方在《商业房屋租赁合同》中约定，出租方须对原有房屋进行全面的结构加固和补强，双方对该约定的履行导致目前现状与经竣工验收的中福花苑一期《地下室平面图》《七单元底板结构平面图》有所改变，比原设计减少近10个停车位，改变了规划设置规定数量的停车位，致使小区业主居住便利受到影响，同时，目前现状也改变了消防通道通行方式，对小区业主安全确实存在隐患。原审法院对中福业主大会要求中福地产、中福集团、好又多公司、诚鼎百货按经竣工验收的中福花苑一期《地下层平面图》恢复消防通道之诉请予以支持，并无不当，实施恢复停车位、消防通道所发生的费用，应由中福房产、中福集团、好又多公司、诚鼎百货共同承担。判决：驳回上诉，维持原判。[2]

认定交付规划共有停车位的数量应以工程规划验收合格和物业移交依据为准。

【案例11－14】　某业委会诉某房屋建设开发公司、某实业公司建筑物区分所有权纠纷案

一审法院认为，（1）关于停车位。某房屋建设开发公司、某实业公司联合开发某小区，于2007年3月16日竣工验收，于2007年11月28日办理竣工验收备案，且该小区的住宅、商业早已办理了产权证书，故某房屋建设开发公司、某实业公司已按规划设计要求进行了项目开发建设，包括诉争地面停车位、地下停车位及物业管理用房在内的配套设施均已通过竣工验收并合格。根据某实业公司与前期物业建业公司签订的《前期物业服务合同》及移交的物业共用设施设备明细，案涉小区竣工交付物业时，某房屋建设开发公司、某实业公司已按规划设计要求交付了地下停车位302个（双层机械车

---

〔1〕　参见程磊、周滨：《律师说法：业主委员会及物业服务纠纷案例评析》，法律出版社2020年版，第88页。

〔2〕　参见最高人民法院中国应用法学研究所编：《人民法院案例选》2010年第3辑（总第73辑），人民法院出版社2011年版，第127页。上海市第二中级人民法院（2009）沪二中民二（民）终字第668号民事判决书。

位)、地面停车位110个以及物业管理用房等公用设施、设备。故业委会认为某房屋建设开发公司、某实业公司交付的地下停车位数量不够的理由不能成立。实地勘测地面停车位已经历任物业公司管理后,原有车位因市政建设和小区内规划调整,已不能一一对应,某业委会对此予以知晓并盖章确认。某业委会现依据地面停车位的现状和现任物业公司出具的情况说明而认为某房屋建设开发公司、某实业公司交付的地面停车位数量不够,并认为交付的部分车位面积不符合标准的理由不能成立。(2)关于垃圾用房。本案中双方当事人提交的图纸所载明的"经济技术指标"中"其他用地面积652.51平方米(门卫、垃圾用房等)"并非为建筑面积,且"其他用地面积"并非仅包含门卫、垃圾用房的用地面积,案涉小区的《房产测绘成果报告》《建设工程规划验收合格证》均未载明垃圾用房的建筑面积,故某业委会认为某房屋建设开发公司、某实业公司未交付的垃圾用房建筑面积为618.81平方米的理由不能成立。某业委会现依据小区现状以及其提交的图纸,认为某房屋建设开发公司、某实业公司将垃圾用房改为商业用房而未交付的理由不能成立。判决:驳回某业委会的诉讼请求。二审法院同意一审法院裁判意见,判决:驳回上诉,维持原判。[1]

物业服务人未依法公开相关物业服务信息的,业主或业主委员会有权请求物业服务人公开。物业服务人以复函或者将有关信息进行公布的方式向业主公开,视为已经履行了公示义务。

【案例11-15】 北京市昌平区回龙观甲小区业主委员会诉北京乙物业管理发展有限公司物业服务合同纠纷案

二审法院认为,根据法律规定,业主有权要求公示建筑物及其附属设施的维修资金的筹集、使用情况,物业服务合同、共有部分的使用和收益情况,建筑区划内规划用于停放汽车的车位、车库的处分情况。甲业委会基于法律规定要求乙物业公司公示相关材料,而乙物业公司在向甲业委会的复函以及在建委的公示材料中对涉及的中修费、对外供暖情况及供暖维修情况,小修费及车位费的收支情况均予以公布,应视为乙物业公司已经履行了公示义务。至于甲业委会对公示内容存在异议,要求提供财务凭证等,法律依据不足。对于甲业委会认为应公示而未公示的文件类,对外广告合同、供暖设施设备原始单据以及折旧、维修情况的诉讼请求,因乙物业公司否认持有上述文件、单据,未向外签订广告合同,故在缺乏证据的情况下,法院无法支持甲

[1] 参见国家法官学院、最高人民法院司法案例研究院编:《中国法院2023年度案例》(物权纠纷),中国法制出版社2023年版,第123~124页。四川省成都市中级人民法院(2021)川01民终6971号民事判决书。

业委会的诉讼请求。[1]

当小区内的土地使用权遭受侵害时,业主委员会有权代表小区全体业主向法院提起侵权诉讼。

【案例11-16】 朗琴园小区业主委员会诉润博公司侵权纠纷案

二审法院认为,本案争议焦点在于上诉人润博公司挖井的行为是否构成朗琴园小区业主民事权利的侵害,本案争议之处理应当从程序问题与实体问题两个方面展开。就程序问题而言,首先应当解决本案是否属于人民法院民事案件主管范围的问题。就此问题,二审法院认为,在水务局等行政机关对采水许可等相关行政事项进行行政管理之外,人民法院依法对平等主体之间民事实体法律关系争议进行审理。因此,解决本案的主管机关问题的前提是确定本案纠纷是否属于民事争议,而就本案而言,此问题取决于朗琴园小区业主委员会起诉所寻求的司法救济的权利基础及其理由。本案中,朗琴园业委会起诉主张对方行为对业主造成安全隐患并侵犯业主共有的土地使用权,其理由及权利主张均与其民事权利受到侵害后的司法救济有关,故此争议为民事纠纷,属于人民法院管辖民事案件的主管范围。

就案件实体问题处理而言,首先应当确定处理本案的法律依据问题。二审法院认为,润博公司挖井的行为虽然发生在《物权法》实施之前,但其行为之效果一直持续至今,是否构成侵权应当适用《物权法》确定。故一审法院适用《物权法》处理本案正确。关于业主委员会诉讼请求的权利基础问题。根据《物权法》的规定,建筑物转让之后,其占用范围内的建设用地使用权一并处分。本案中,朗琴园小区业主在购买房屋之后共同取得了小区规划用地的土地使用权,其权利受到法律保护。润博公司在此土地范围内挖井,其行为直接侵犯了业主的土地使用权,应予纠正。朗琴园业委会主张对方行为侵犯业主共有的土地使用权,要求排除妨碍,恢复原状,理由正当,其请求权之基础在于民事权利受侵害时的救济。原审法院在认定润博公司妨害物权的基础上,判决润博公司回填机井,拆除设施,是基于其侵害业主民事权利所应承担的民事责任,并非行政执法,判决正确,二审法院予以维持。关于挖井对服务造成的安全隐患问题,二审法院认为,润博公司在小区楼宇附近大规模挖井并大量取水的行为,有损楼房地基的牢固性、稳定性,由此构成对业主的安全隐患应属生活常识。对此危险,业主委员会要求排除,理由正当,原审法院判决正确,润博公司的异议不能成立。据此:驳回上诉,维持原判。[2]

---

〔1〕 北京市第一中级人民法院(2013)一中民终字14415号民事判决书。

〔2〕 参见最高人民法院民事审判第一庭编:《民事审判指导与参考》2010年第1集(总第41集),法律出版社2010年版,第220~221页。

最高人民法院民一庭认为,小区业主在购买房屋时,一并取得建筑物区分所有权和建设用地使用权。建设用地使用权由该小区规划范围内的公共空间占用的土地共同享有,其权利及于地表、地上和地下,并在该领域内排除他人的侵害或干预。当小区内的土地使用权遭受侵害时,业主委员会有权代表小区全体业主向人民法院提起侵权诉讼,要求行为人停止侵害、消除危险、排除妨碍、赔偿损失,保护业主共有的小区土地使用权。[1]

业主侵犯全体所有人对屋顶结构共有权的,业主委员会有权代表全体业主提起侵权之诉。

【案例11-17】 重庆市江北区盘溪南桥新苑业主委员会诉杨某某、徐某、康全医院排除妨害恢复原状纠纷案

一审法院认为,南桥新苑小区仅有一栋建筑物,该栋建筑物是一个完整的统一体,而名义层一层屋顶结构部分,属于全体业主。另通过开发商修建的分摊至全体业主的楼梯间可以进入争议屋顶来看,名义层一层屋顶并非属于徐某可以排他使用的范围,故杨某某、徐某、康全医院对名义层一层屋顶的使用已构成侵权,判决支持南桥新苑业主委员会的诉讼请求。二审法院亦持同样意见,维持一审判决。[2]

其三,业主委员会职权范围内行政领域,如业主委员会认为行政机关行政决定侵害业主共同利益的,有权提起行政诉讼。

【案例11-18】 上环公寓业主委员会不服上海市闸北区城市规划局规划行政决定纠纷案

一审法院认为,根据《上海市城市规划条例》第七条第二款、第五十条的规定,被告作为区规划管理部门有权负责本行政区域城市规划工作并依法具有变更建筑物使用性质的执法主体资格。但根据上海市城市规划局制定的《关于加强建筑物变更使用性质规划管理的若干意见(试行)》(沪规法〔2005〕1175号)第五条的规定,居住建筑未经法定程序调整规划,不得变更建筑物使用性质,且建筑物是指整幢建筑。规划管理中的有关变更建筑物使用性质是针对《建设工程规划许可证》的变更,而单套房屋的业主仅为建筑物区分所有权的权利人,即本案第三人所有的三套房屋不属于上述文件规定的建筑物变更使用性质的范围。因此,被告作出的准予变更位于西藏北路1355号甲、乙、丙底层三间门面房屋的使用性质为商业用房的具体行

---

〔1〕 参见最高人民法院民事审判第一庭编:《民事审判指导与参考》2010年第1集(总第41集),法律出版社2010年版,第226页。

〔2〕 参见《人民司法·案例》2015年第12期(总第719期)。重庆市第一中级人民法院(2014)渝一中法民终字第02001号民事判决书。

政行为亦不符合上述规划管理文件规定。上海市西藏北路 1377 弄 1 号 202 室房屋现作为物业管理用房及业委会办公地点。根据《物业管理条例》的有关规定，物业管理用房的所有权依法属于业主。而被告在征求意见时，未针对全体业主，却以上海上环房地产开发有限公司为产权人向其征求意见，属征求意见的对象发生了偏差。综上所述，被告作出的具体行政行为适用法律、法规错误，判决撤销被告准予变更建筑物使用性质的决定。

二审法院认为，区规划局作出的具体行政行为适用法律、法规错误，原审法院判决撤销被诉具体行为并无不当，判决：驳回上诉，维持原判。[1]

【案例 11－19】　××小区第二届业主委员会诉湖北省生态环境厅、中华人民共和国生态环境部行政许可纠纷案

一审法院认为，第三人武汉地铁公司委托具有相应资质的机构对涉案建设项目编制环境影响报告书，在编制过程中，第三人武汉地铁公司进行两次公示，并通过问卷调查、团体意见征询等方式征求涉案建设项目周边公众意见。涉案建设项目编制环境影响报告书的内容涵盖了法定报批内容。被告省生态环境厅收到第三人武汉地铁公司提交的涉案建设项目编制环境影响报告书进行了技术评估，在湖北省投资项目在线审批平台上公告环境影响报告书受理的有关信息，并进行了批前公示，公示完毕后作出被诉环评批复行为，符合法律法规的规定。对于原告认为环评公众参与作假的主张，根据涉案建设项目编制环境影响报告书中公众参与专章的内容，第三人武汉地铁公司征求了建设项目周边公众意见，其中大部分意见支持涉案项目的建设，××小区业主的意见为不支持，从形式上看无明显不实。且原告××小区第二届业委会未提供证据证明公众参与作假，故对于原告的该项主张，法院不予支持。综上所述，对于原告××小区第二届业委会要求撤销被告省生态环境厅作出的被诉环评批复行为的诉讼请求，法院不予支持，被告生态环境部对原告的行政复议申请依法受理，并在法定期限内作出行政复议决定，符合法定程序。判决：驳回××小区第二届业委会要求撤销省生态环境厅环境影响报告书的批复行为的诉讼请求、撤销生态环境部行政复议书行为的诉讼请求。二审法院同意一审法院裁判意见。[2]

其四，“其他重大事项”法官裁量范围。根据《民法典》第二百七十八条规定，

---

〔1〕 参见张海棠主编：《上海法院 30 年经典案例（1978—2008）》（下卷），上海人民出版社 2009 年版，第 1490～1491 页。上海市第二中级人民法院（2007）沪二中行终字第 461 号行政判决书。

〔2〕 参见国家法官学院、最高人民法院司法案例研究院编：《中国法院 2021 年度案例》（行政纠纷），中国法制出版社 2021 年版，第 67 页。湖北省武汉市中级人民法院（2019）鄂 01 行终 307 号行政判决书。

需要业主共同决定的事项共有九项,前八项规定了需要业主共同决定的具体事项,第九项规定了兜底条款即"其他重大事项"。《物业管理条例》第十一条亦有类似规定。因此,业主委员会职权范围除与业主共有相关的事项和与物业共同管理相关的事项外,还包括"其他重大事项"。"其他重大事项"是为达到设立目的而必要之事项,如因经营管理业主共有的车位、房屋、广告牌等共有财产引发的合同纠纷、为维持业主委员会运转购买办公设备引发的买卖合同纠纷等。因社会生活的复杂性和多样性,法律不可能全部予以详细规定,立法者规定"其他重大事项"解决法律未明确规定内容,在争议进入诉讼后,由法官根据具体案情裁量业主委员会进入诉讼主体是否适格。

其五,业主委员会限制提起诉讼范围。对业主委员会职权范围外业主专有部分利益,业主委员会不能直接取代业主作为原告提起诉讼,法律不认可其具有原告的主体资格。

【案例11-20】 沈阳市大东区鹏利花园AB区业主委员会诉沈阳凯莱物业管理有限公司不当得利纠纷再审案

再审法院认为,关于业主委员会要求凯莱物业公司赔偿业主房屋损失的问题。因业主房屋属于《物权法》规定的业主专有部分,由业主各自享有所有权,因此房屋是否贬损属于业主个人主张权利范畴,业主委员会无权代替业主行使权利,且业主委员会也未提供充分的证据证明凯莱物业公司的物业服务造成了业主房屋的贬损。因此,对于业主委员会的该项主张,不予支持。[1]

(三)业主委员会权利限制

1.业主委员会权利限制范围

业主委员会作为业主大会的执行机关,应当在法律、行政法规和业主大会授权范围内行使权利,超越上述范围将构成权利滥用,应受到必要的限制。

实践中,业主委员会权利滥用现象颇多,应受限制情形主要有六:其一,无权决定将小区公共绿地改建为停车位创收。其二,不得挪用专项维修基金作为办公经费。其三,不得擅自与物业服务人签订物业服务合同。其四,业

〔1〕 参见最高人民法院中国应用法学研究所编:《人民法院案例选》2017年第8辑(总第114辑),人民法院出版社2017年版,第80页。辽宁省沈阳市中级人民法院(2014)沈中审民终再字第136号民事判决书。

主委员会动用专项维修资金购买理财产品的决定。其五，业主委员会随意使用专项维修资金改造小区的决定。其六，业主委员会行使权利表决比例标准不足。

业主委员会有权要求开发商交付物业服务用房、政务、管理用房，但无权对开发商擅自更改规划的行为提起诉讼。

【案例 11－21】　某小区业主委员会诉某置业公司业主专有权纠纷案

判决观点：案涉小区的建筑面积为 1.62 万平方米，因此某置业公司作为建设单位应提供建筑面积不低于 100 平方米的物业管理用房。此外，根据《山东省物业管理条例》第十三条的规定，住宅小区内城管执法、治安管理等政务管理用房的建筑面积不低于 50 平方米；住宅小区内的社区居民委员会用房应当按照规划要求进行配套建设。住宅小区内按照规划配套建设的政务管理用房、社区居民委员会用房和承担义务教育的中小学，属于政府所有，建设投资由政府承担，具体投资来源应当在项目建设条件意见书中载明。由于某小区业主委员会并未提供证据证明某小区规划了城管执法、治安管理等政务管理用房，对某小区业主委员会要求某置业公司提供政务管理用房的诉讼请求，法院依法不予支持。关于某小区地下车位 98 个是否属于全体业主所有问题，根据《民法典》第二百七十五条第一款的规定，建筑区划内，规划用于停放汽车的车位车库的归属，由当事人通过出售、附赠或者出租等方式约定。《民法典》第三百五十二条规定，建设用地使用人建造的建筑物、构筑物及其附属设施的所有权属于建设用地使用权人，但是有相反证据证明的除外。本案中，某小区业主委员会未提供证据证明双方有关地下车位归属的约定，且某置业公司作为某小区所涉建设用地的使用权人，办理了房屋所有权证，房屋所有权证记载了地下车库 63 间，车位 25 个，因此某小区业主委员会主张地下车位 98 个属于全体业主所有，没有法律依据，法院依法不予支持。关于某小区业主委员会主张某置业公司未按照规划建设地上车位 24 个的问题，某小区业主委员会应向有关主管部门反映处理，不属于人民法院民事案件受案范围。关于某小区委员会要求某置业公司支付物业费，属于物业服务合同纠纷，与本案并非同一法律关系，应另行主张权利。关于某小区业主委员会要求某置业公司交付的竣工验收资料技术资料等相关问题。根据《山东省物业管理条例》第二十七条的规定，庭审中某置业公司作为建设单位未提供证据证明其向前期物业服务服务企业移交了竣工验收资料及技术资料，某小区业主委员会要求某置业公司交付，符合法律规定，法院依法予以支持。判决：(1)某置业公司向潍坊市坊子区某小区业主委员会提供建筑面积不低于 100 平方米的物业管理用房；(2)某置业公司向潍坊市坊子区某小区业主委员会提供某小区的竣工验收资料和技术资料；(3)驳回某小区业主委员会的其他诉讼请求。[1]

2. 业主委员会权利限制的启动

对业主委员会权利进行监督的主体是小区业主,业主因业主委员会权利滥用行为有权向法院起诉。如王某诉无锡高新技术产业开发区第二届业主委员会物业服务合同纠纷案。[2] 业主有权以民事权益提起民事诉讼,而不能以行政诉讼向法院起诉业主委员会。

业主委员会收集业主个人信息应以合法合理为限度。

【案例11-22】 许某华诉某业委会等业主共有权纠纷案

一审法院认为,(1)关于支付公共收益的责任主体。物业服务企业或者其他管理人等利用业主共有部分产生的收入,在扣除合理成本之后,属于业主共有。某服务公司苏州分公司系某业委会的代理人,代理人在代理权限内,以被代理人名义实施的民事法律行为,对被代理人发生效力。故某业委会应当向许某华发放公共收益,而某服务公司苏州分公司、某服务公司并非支付公共收益的义务人。(2)关于某业委会发放公共收益时是否有权收集业主许某华的个人信息。首先,双方表面的争议虽是某业委会是否应支付公共收益及1元利息,实则是某业委会是否有权要求许某华提供房产证和身份证复印件。身份证,房产证上记载了许某华的身份证号码、出生日期、住址、房产坐落等信息,属于可以指向特定个人身份识别性的个人信息,故本案实质的争议焦点涉及个人信息保护的边界问题。涉案纠纷发生于《民法典》实施前,裁决于《民法典》实施后。相较于《民法总则》,《民法典》对个人信息保护作了更为详尽的规定,在审理本案时可以依据《民法典》有关个人信息保护的具体规定进行裁判说理。其次,收集、存储、使用个人信息应当遵循合法性、正当性、必要性原则,不得过度处理。某业委会通过身份证、房产证原件确认业主身份和房屋面积,即可向其发放公共收益。也可根据存款人的签名、签收金额等信息核对公共收益账目。法律法规并未授权业主委员会收集个人信息,其要求业主留存身份证复印件、房产证复印件,违反了处理个人信息的原则。最后,某业委会在发布公告时明确"带上本人房产证原件和本人身份证原件,现场核对无误后方可发放"。某业委会另行要求保存复印件,超出业主合理预期,不符合诚

---

〔1〕 参见国家法官学院、最高人民法院司法案例研究院编:《中国法院2023年度案例》(物权纠纷),中国法制出版社2023年版,第135~136页。山东省潍坊市坊子区人民法院(2021)鲁0704民初1442号民事判决书。

〔2〕 江苏省无锡市中级人民法院(2016)苏02民终1784号民事裁定书。

实信用原则。综上，某业委会以许某华拒绝提供房产证、身份证复印件供其核对为由，不及时支付相应公共收益，违反法律规定。许某华要求支付公共收益及利息，于法有据，法院予以支持。判决：(1)某业委会支付许某华公共收益1788.24元及利息1元；(2)驳回许某华的其他诉讼请求。某业委会在上诉期内未交纳上诉案件受理费，二审法院依法裁定按某业委会自动撤回上诉处理。[1]

业主对业主委员会的权利滥用，也可以依据法律、法规的规定向居民委员会等有关部门投诉。

3. 业主委员会权利限制的例外

《业主大会和业主委员会指导规则》第三十二条规定：业主委员会委员实行任期制，每届任期不超过5年。《民法典》中对业委会的任期没有规定，应由业主自己决定，这体现了业委会自治性的原则。一般会在业委会期满前三个月召开业主大会进行换届选举，选举新一届的业委会成员。如果因种种原因，业委会到期前没有进行换届选举，或在到期日时仍未选出新一届业委会，原业委会是否还能履行职责呢，在没有新一届业委会时，原业委会到期后是否仍有效，是有争议的问题。对此，法院应查明业委会到期后为什么没有按规定进行换届选举工作原因，在业委会已按规定上报街道办后，超期的责任就由街道办承担，而不论街道办是因为主观或客观原因(如疫情)，原业委会仍可履职的。在新一届业委会没有产生时，即使原业委会任期已满，仍应继续履行业委会的相关职责，直到新一届业委会产生时为止。

【案例11－23】 某某与滨江苑小区业委会业主撤销权纠纷案

一审法院认为，滨江苑小区业委会在任期届满前四个月口头报告街道办事处，要求进行换届改选工作，业委会后于2020年8月进行汇报予以确认，故法院认为业委会的报告手续虽存在瑕疵，但未构成对《上海市住宅物业管理规定》及《议事规则》的实质性违反。街道办在知悉业委会任期将于12月底届满后，至任期实际届满之时仍未启动组建换届改选小组，故新一届业委会未及时成立的责任不能归咎于滨江苑小区业委会。至于街道办是否因疫情等原因未开展换届，不在本案的审查范围。判定滨江苑小区业委会在任期届满后，有权组织召开业主大会开展物业选聘工作。

---

[1] 参见国家法官学院、最高人民法院司法案例研究院编：《中国法院2023年度案例》(物权纠纷)，中国法制出版社2023年版，第127～128页。江苏省苏州市中级人民法院(2021)苏05民终6850号民事裁定书。

二审法院认为,街道办在知晓业委会任期将届满,客观上未及时启动组建换届改选小组,新一届业委会未及时成立不能归咎于原业委会,维持一审判决。[1]

〔1〕 上海市第一中级人民法院(2022)沪01民终2714号民事判决书。

三、业主委员会权利纠纷疑难问题

(一)业主委员会行使程序处理

业主委员会召开业主大会通知的形式问题,《物业管理条例》没有作出强制性规定,实践中可以采取口头形式、书面形式等。根据《物业管理条例》第十四条规定,住宅小区的业主大会会议,应当同时告知相关的居民委员会。

业主委员会只通知部分业主召开业主大会的,不符合召开业主大会的程序,而其作出的决议又涉及每个业主的切身利益,故其决议不合法。

一般来讲,业主委员会以征求意见表的形式征求业主意见的开会形式,符合法律规定。需要注意的是,业主委员会召开业主大会应提前15日通知业主,将会议通知及有关材料以书面形式在小区内公告。

在实践中,对于业主人数较多的住宅小区,业主成员的分散性直接导致业主集体行动的难题。业主委员会往往无法及时有效地组织业主大会共同决议重大事项。基于这些现实困难,有些业主委员会采取变通的方式征求业主意见以代替召开业主大会。例如,业主委员会以逐户向业主发放征求意见表或填写表决票的方式组织业主集体决议有关事项,或者通过与物业服务人联合发布公告的方式,以业主继续交纳服务费用的行为作为默示同意续聘的条件,进而在表决结果符合法定条件后与物业服务人续订合同。对于类似情形,人民法院在司法裁判时有必要充分考虑和衡量区分所有建筑物共同管理和业主团体制度运行中的现实状况,结合具体案情妥善认定相应的变通做法是否实质上符合法律目的和精神,而不宜径直作出否定性评价。[1]

业主委员会采取逐户书面征求业主意见的方式形成更换物业服务人的决定,表决结果符合法律规定的,应当认定有效。

---

〔1〕 参见中国审判理论研究会民事审判理论专业委员会编著:《民法典合同编条文理解与司法适用》,法律出版社2020年版,第745~746页。

【案例11-24】 山东甲物业服务有限公司诉周村区乙小区业主委员会物业服务合同纠纷案

二审法院认为，本案中，建设单位与甲公司签订的《前期物业管理服务合同》期限为2009年11月2日至2012年11月1日，合同期满后，甲公司继续在案涉物业管理服务区域提供物业服务，即甲公司与乙小区业主实际上仍履行了物业服务合同。2018年8月，乙业委会对业主进行征求意见，207户参加调查，201户业主同意更换物业服务企业，参加调查人数及同意更换物业服务企业人数均占现有业主335户的一半以上；参加调查业主及同意更换物业服务企业业主专有面积亦均超过建筑物总面积半数。2018年9月19日，乙小区形成表决决议，决定通过招标选择物业服务公司，乙小区共32个单元中的16个单元长在决议上签字捺印。综上所述，乙业主大会解除与甲公司物业服务合同的决定符合上述法律法规规定的程序，乙业委会根据该决定请求解除与甲公司物业服务合同，应予支持。〔1〕

业主委员会根据市政供热部门的改造建议及小区供热管道严重老化需要改造的事实，依法定程序决定实施小区供热管道改造，符合全体业主的根本利益。

【案例11-25】 山东省济南JZ花园小区业主委员会诉伍某某物业服务合同纠纷案

判决观点：原告在进行供热管道改造之前，采用书面征求意见形式召开了业主大会，并将征求意见表送达小区业主。统计结果表明2/3以上业主同意小区供热管道改造。从业主实际交费情况来看，416户业主有332户业主已经交费，占总人数的79.8%，同意的业主的专有部分面积占建筑物总面积的比例为80.12%，符合《物权法》第七十六条规定的人数和面积双2/3的法定比例。JZ花园业主委员会依据该小区业主大会决议（2/3业主同意）对供热管道进行改造，该决议对全体业主有法律约束力，被告即使不同意也必须执行。鉴于该小区所涉总建筑面积为59,034.16平方米，故各业主应分摊的改造费用标准为22.73元/平方米，本案被告应支付的费用为1985.01元。〔2〕

业委会事先决定就要换物业、再组织业主选新的物业，直接决定启动程序违法，这样就直接剥夺了业主对是否换物业的选择权，法院撤销了选聘新物业的决议。

---

〔1〕 山东省淄博市中级人民法院（2019）鲁03民终1686号民事判决书。

〔2〕 参见程磊、周滨：《律师说法：业主委员会及物业服务纠纷案例评析》，法律出版社2020年版，第81页。

【案例 11－26】　业主与湖南省长沙市芙蓉区天心华庭小区第一届业委会业主撤销权纠纷案

一审法院认为，根据《民法典》第二百七十八条规定，选聘和解聘物业服务企业由业主共同决定，即由业主大会表决决定是否选聘和解聘物业服务企业。小区此次选聘和解聘物业服务企业启动程序并非由业主大会表决决定，而是由业委会直接决定启动，违反了上述法律的规定，系启动程序不合法。因启动程序不合法，按此程序确定的决定，属于无效民事法律行为，应予撤销。二审法院判决：驳回上诉，维持原判。[1]

(二)业主委员会交接争议处理

新老业主委员会交接产生的纠纷时有发生。《福建省物业管理条例》第二十三条规定，原业主委员会应当在任期届满十日内将其保管的有关财务凭证、档案等文件资料、印章及其他属于全体业主所有的财物移交新一届业主委员会，并做好其他交接工作。业主委员会公章、办公室钥匙系业主委员会正常履行职务必需的物品，依法应属于全体业主所有。原业主委员会主任，在其已不再担任业主委员会主任的情况下，已无权占有业主委员会公章、办公室钥匙等物品，其有义务代表原业主委员会就其保管的印章及其他属于全体业主所有的财物向新一届业主委员会进行移交，新成立的业主委员会亦有权要求原业主委员会主任履行移交义务。原业主委员会主任在其担任主任期间为业主委员会工作垫付的相关费用，属于前任业主委员会因内部管理事项所产生的费用。但属于原主任个人与业主委员会之间的债权债务关系，应与新的业主委员会进行结算，并根据结算结果以其个人名义向新业主委员会主张偿还。该债权债务关系与两届业主委员会之间因管理小区产生的权利义务关系不属于同一法律关系，原主任不按时移交公章、办公室钥匙等物品必然影响新的业主委员会履行职能，同时也会对小区内广大业主利益造成一定程度的损害，不能因为存在前任业主委员会主任垫付款项未结的情况而影响到整个小区业主委员会正常的运作，原主任与业主委员会之间的债权债务关系不能成为其拒绝向新的业主委员会移交公章等相关物品的抗辩理由。

【案例 11－27】　厦门特祥苑业主委员会诉范某某返还原物纠纷案

判决观点：范某某原为特祥苑业委会主任，在新一届业主委员会产生后

---

〔1〕 湖南省长沙市中级人民法院(2021)湘01民终7587号民事判决书。

其已经不再担任业主委员会主任或委员，其占有的属于业主委员会的物品应移交给新一届的业主委员会。范某某确认其占有特祥苑业委会公章及物业办公室钥匙，业主委员会公章系特祥苑业委会所有，范某某作为无权占有人依法应予以返还。物业办公室属全体业主所有，其钥匙在原物业公司撤离后，特祥苑业委会有权代表全体业主保管，范某某在不具有合法占有资格的情况下应当向特祥苑业委会返还物业办公室钥匙。对于特祥苑业委会主张范某某返还的其他物品，特祥苑业委会没有证据证明系范某某占有，亦无法提交相应物品曾移交给范某某的证据，故特祥苑业委会关于范某某返还除公章、钥匙外其他物品的请求，不予支持。特祥苑业委会在取得对小区物业办公室控制后可另行对物品进行清点。特祥苑业委会已经所在地的居民委员会、派出所审查及街道办事处登记备案认可为合法成立，现范某某主张特祥苑业委会委员不具有合法资格，投票过程存在造假行为，应向有关管理部门申请撤销业主委员会，在特祥苑业委会未被确认违法成立的情况下，范某某仍有义务向其移交属于业主委员会的相关物品。至于范某某主张特祥苑业委会尚欠其20,700元款项的问题，与本案返还原物不属同一法律关系，范某某可另行主张，但不能成为其拒绝返还属于业主委员会物品的抗辩理由。[1]

（三）业主委员会指导监督处理

《民法典》第二百七十七条第二款规定："地方人民政府有关部门、居民委员会应当对设立业主大会和选举业主委员会给予指导和协助。"《业主大会和业主委员会指导规则》第六条规定："物业所在地的区、县房地产行政主管部门和街道办事处、乡镇人民政府负责对设立业主大会和选举业主委员会给予指导和协助，负责对业主大会和业主委员会的日常活动进行指导和监督。"该条规定指导监督的主体和范围，也是业主大会和业主委员会接受指导和监督的法律依据。实践中，多发的争议为街道办事处对临时业主大会的指导和监督纠纷、撤销业主委员会备案纠纷、物业服务人拒不退出小区的行政处罚纠纷等。

街道办事处直接委托社区居委会召开临时业主大会不合法，法院可以根据业主委员会的诉求予以撤销。

【案例11－28】 DH花园业主委员会诉某街道办事处作出公告撤销纠纷案

判决观点：被告对于原告是否拒绝召开业主大会并未提供证据证明。被

---

〔1〕 参见国家法官学院案例开发研究中心编：《中国法院2018年度案例》（物权纠纷），中国法制出版社2018年版，第87页。福建省厦门市湖里区人民法院（2016）闽0206民初5360号民事判决书。

告应当提交其发布公告是正确的、合法的证据及依据，但被告并未提交，故被告作出被诉行政行为，主要证据不足。法院判决撤销被告某街道办事处委托第三人社区居委会于2016年1月5日作出的公告。[1]

街道办事处组织召开临时业主大会合法，法院应予以支持。

【案例11－29】　刘某某等诉某街道办事处、TY花园业主委员会作出公告撤销纠纷案

判决观点：《深圳经济特区物业管理条例》第十二条规定，业主委员会不按规定召集业主大会会议的，业主可以请求所在地街道办事处责令限期召集；逾期仍未召集的，由街道办事处组织召集。根据上述规定，被告辖区街道办事处具有指导、监督业主大会和业主委员会活动的法定职权。TY花园第三届业主委员会未按被告辖区街道办事处的要求期限组织召开临时业主大会，辖区街道办事处有权组织召集临时业主大会。原告并未提供证明"罢免现业主委员会"不合法的法律依据，且业主委员会被罢免与业主委员会解散的实际效果皆是该业主委员会不再存续以及业主委员会成员职务的终止，罢免业主委员会的实质就是罢免TY花园第三届业主委员会委员。法院判决：驳回原告刘某某、王某某、谢某某、杨某的全部诉讼请求。[2]

【不同处理】　有的法院认为，街道办事处不能解散业主委员会。

【案例11－30】　浙江省宁波市LJ花园业主委员会诉某街道办事处作出公告撤销纠纷案

判决观点：原宁波市建设委员会发布的《宁波市业主、业主大会、业主委员会指导规则》虽赋予街道办事处在一定情形下直接解散业主委员会的权力，但该规定与《物业管理条例》《浙江省物业管理条例》等规定不符。根据《浙江省物业管理条例》规定，申请人某街道办事处作为所在地物业管理行政主管部门，对辖区内的LJ花园业主委员会应履行的是行政指导职责。通告中关于解散业主委员会及将印章、财务、档案等所有材料交由社区封存等内容，带有行政强制性，超越了其职权范围。判决：撤销被告宁波市某区人民政府某街道办事处于2018年3月29日作出的通告。[3]

---

〔1〕 参见程磊、周滨：《律师说法：业主委员会及物业服务纠纷案例评析》，法律出版社2020年版，第120页。

〔2〕 参见程磊、周滨：《律师说法：业主委员会及物业服务纠纷案例评析》，法律出版社2020年版，第149～150页。

〔3〕 参见程磊、周滨：《律师说法：业主委员会及物业服务纠纷案例评析》，法律出版社2020年版，第153页。

应注意的是，少数业主不具备撤销业主委员会备案的原告主体资格，其诉讼请求不受法律保护。

【案例11－31】 刘某某等诉某街道办事处作出备案回执撤销纠纷案

一审法院认为，本案中，4名原告不服街道办事处的备案行为，实质是对业主委员会的选举有异议，应当由经专有部分占建筑物总面积过半数且占总人数过半数的业主向人民法院提起诉讼，原告四人向法院提起行政诉讼请求撤销业主委员会备案登记不符合上述规定。据此驳回原告的起诉。二审法院亦持同样意见，维持一审裁定。[1]

根据《业主大会和业主委员会指导规则》第五十八条的规定，新一届业主委员会因客观原因未能选举产生的，在街道办事处的指导和监督下，由居委会代行业主委员会职责有合法依据。

【案例11－32】 广州市FH物业有限公司诉某街道办事处、居委会等赔偿损失纠纷案

判决观点：被告居民委员会在业主委员会未能在任期内完成业主委员会的换届选举工作的情况下，代行业主委员会的职责，决定由被告DX物业公司暂时为FL花园小区提供物业服务并不违反相关法律规定。被告HY物业公司系通过招投标方式中标，其进入FL花园小区提供物业服务有合法依据。且原告没有进入FL花园小区提供物业服务，故其要求四被告承担因物业服务合同履行不能造成的损失，没有事实和法律依据，判决：驳回原告的诉讼请求。[2]

在业主委员会任期内，部分业主要求进行业主委员会换届选举的，街道办事处应当依法驳回部分业主换届请求。《物业管理条例》第十九条第二款规定，业主大会、业主委员会作出的决定违反法律、法规的，物业所在地的区、县人民政府房地产行政主管部门，应当责令限期改正或者撤销其决定，并通告全体业主。

业主委员会不作为是实践中常见现象之一，对此现象行政主管部门应及时依法处理。其一，对于业主委员会集体不作为的，依照法律法规或地方性法规的规定处理，即业主委员会不按规定履行业主委员会职责，情节严重的，可由行政主管部门责令限期改正；逾期改正的，由行政主管部门决定予以解散。并通知物业所在地街道办事处依法组织召开业主大会会议，选举产生新一届业主委员会。其

---

〔1〕 参见程磊、周滨：《律师说法：业主委员会及物业服务纠纷案例评析》，法律出版社2020年版，第166页。

〔2〕 参见程磊、周滨：《律师说法：业主委员会及物业服务纠纷案例评析》，法律出版社2020年版，第186页。

二，对于业主委员会主任或副主任不履行召集业主委员会会议职责的，街道办事处指定一名委员代行业主委员会召集人的职责。其三，对于个别业主委员会成员不履行职责的，可中止其委员资格，增补新的委员。

从《民法典》《物业管理条例》立法本意、业主大会与业主委员会的关系以及保护广大业主合法权益的角度出发，业主大会不能将业主大会的权利授权业主委员会行使，其自治应当以法律规定为边界，对逾越自治边界的行为，行政机关有权监督纠正。

【案例 11－33】　北京市某社区业主委员会诉北京市某区某地区办事处撤销《业主大会议事规则撤销决定》纠纷案

二审法院认为，关于第一个焦点，《物业管理条例》第十九条第二款规定，业主大会、业主委员会作出的决定违反法律、法规的，物业所在地的区、县人民政府房地产行政主管部门或者街道办事处、乡镇人民政府，应当责令限期改正或者撤销其决定，并通告全体业主。经审查，某地区办事处系北京市民政局批准成立的区域性行政管理机构，是负责管理回龙观地区行政事务的基层政府，与负责管理回龙观农村行政事务的回龙观镇人民政府地位相同。金榜园社区位于某地区办事处管辖范围，故某地区办事处对某业委会作的《议事规则》行使撤销权并未违反上述法规规定。

关于第二个焦点问题，某地区办事处认定《议事规则》中“授权业主委员会采用邀请招标的方式选聘物业服务企业”“授权业主委员会在物业服务合同到期或物业服务企业出现严重违约时终止物业服务合同”“因业主大会自身以外原因导致业主大会常设机构无法顺利换届，原机构继续履行职责，直至换届完成，选举出新一届常设机构”的内容存在违反法律、法规规定的情形。……因此，法律、法规明确规定，选聘和解聘物业服务企业或者其他管理人的事项应由业主共同决定，业主委员会执行代表业主与业主大会选聘的物业服务企业签订物业服务合同的职责。《议事规则》中“授权业主委员会采用邀请招标的方式选聘物业服务企业”“授权业主委员会在物业服务合同到期或物业服务企业出现严重违约时终止物业服务合同”的内容，将本属于法律赋予业主的权利通过《议事规则》的形式转移至业主委员会，不符合上述法律、法规规定，且与充分体现业主意愿、保障业主权利的行使与真正实现的立法精神相悖。某业委会关于上述内容合法的诉讼缺乏法律依据，不予支持。根据某业委会的陈述，《议事规则》中涉及的“业主大会常设机构换届”问题，即指业主委员会的换届。参照《业主大会和业主委员会指导规则》第三十二条规定，业主委员会委员实行任期制，每届任期不超过 5 年，可连选连任。同时第五十八条规定，因客观原因未能选举产生业主委员会或者业主委员会委员人数不足总数的 1/2 的，新一届业主委员会产生之前，可以由物业所在地的居民委员会在街道办事处、乡镇人民政府的指导和监督之下,代行业主委员会的职责。因此,《议事规则》中"因业主大会自身以外原因导致业主大会常设机构无法顺利换届,原机构继续履行职责,直至换届完成,选举出新一届常设机构"的内容,不符合上述规定,且通过《议事规则》的形式对业主委员会行使权利及履行职责的期限进行延续亦缺乏法律依据。综上所述,某地区办事处作出的《撤销决定》符合法律规定,一审法院判决驳回某业委会的诉讼请求正确,应予维持。某业委会的上诉理由缺乏充分的事实及法律依据,其撤销一审判决及《撤销决定》的上诉请求,不予支持。判决:驳回上诉,维持一审判决。[1]

乡镇人民政府、街道办对业主大会的指导系行政指导行为,不属于行政诉讼受案范围。

【案例 11 -34】 某某与某街道办行政诉讼纠纷案

二审法院认为,本案中,上诉人要求被上诉人履行的是其依据物业管理条例所作的行政指导行为,被上诉人的该项职责并非行政诉讼法调整的行政行为,不属于人民法院行政诉讼的受案范围,且林溪郡小区依法暂不具备首次业主大会成立的条件,故上诉人起诉不符合法定条件。原审裁定认定事实清楚,适用法律正确,并无不当。[2]

街道办要求业委会对小区存在的问题及时处理,但业委会依然未履行相关职责。后来业主代表提出召开临朝业主大会的申请,手续合法合规,出于全体业主利益考虑为出发点,希望小区业主的事情由业主自行处置,所以发出了公告,属于指导、协助性行为,小区业委会是否提前换届选举等事项系基于业主自治、由业主投票结果决定,并非召开业主大会产生的必然结果;被诉公告未对业委会设定新的权利义务关系,也未对业委会的合法权益产生实际影响。

【案例 11 -35】 上海虹口区金宝大厦业主委员会诉某街道办撤销权纠纷案

判决观点:街道办是为核实业主代表提出的申请是否代表全体业主的意愿,作出的公告。而业委会是否提前换届等事项取决于业主自治投票结果而定,且公告并未实际执行,对业委会的合法权益明显不产生实际影响,不属于行政诉讼的受案范围,裁定:驳回业委会的起诉。[3]

---

〔1〕 参见北京市高级人民法院编:《审判前沿——新类型案件审判实务》(总第 50 集),法律出版社 2014 年版,第 4 ~6 页。

〔2〕 河北省石家庄市中级人民法院(2020)冀 01 行终 152 号行政裁定书。

〔3〕 上海铁路运输法院(2021)沪 7101 行初 990 号行政裁定书。

(四)业主委员会备案审查处理

所谓备案审查,是指对属于公民或市场主体自治范围的事项向行政主管部门报告备查,以便有关行政机关管理和监控的一种市场经济条件下的监督管理制度和手段。在各类备案登记制度中,分为事先和事后备案两类。事先备案即不登记备案就不赋予相应行为能力,这种备案就带有一定的行政许可成分。而事后备案因备案机关认识不同,其具体操作有别,有的备案机关采取实质审查。在特定的法律框架下,法律的构成要件不同,会导致备案行为的性质不同。

《物业管理条例》第十六条第一款规定:"业主委员会应当自选举产生之日起30日内,向物业所在地的区、县人民政府房地产行政主管部门和街道办事处、乡镇人民政府备案。"该条规定的"备案"依文义解释应为"向主管机关报告事由存案以备查考"。法规制定者并未以登记、审核、许可等用语界定备案机关的行政职权,明显区别于行政登记、确认、许可的性质。上述"备案"的文义解释既应为该条用语含义最直接的表述,也是区别于近似用语的关键所在。从目的解释上讲,制定者解释认为,本条规定业主委员会成立后应当向物业所在地的区、县人民政府房地产行政主管部门和街道办事处、乡镇人民政府备案,以便行政机关对业主委员会的情况进行必要的了解和掌握。目前,在我国一些地方的物业管理法规中,规定业主委员会实行登记制度,即业主委员会成立后要到房地产行政主管部门进行登记审核。这样做的目的是强化对业主委员会的管理,但在实践中存在许多问题:首先,政府房地产行政主管部门缺少足够的精力和时间对业主委员会进行实质性的审核,难以起到登记的效果;其次,登记审核容易造成政府对业主委员会的成立与运作进行不正当的干预,而且业主委员会是业主自律的一种形式,政府不宜干预过多,介入太深。政府的作用主要应该体现在指导、帮助、协调、监督业主委员会的成立及运作上,以保证业主委员会真正代表全体业主的利益。因此,本条明确对业主委员会的成立实行备案制度,区别于审批制度。[1] 这表明,业主委员会会议过程是否存在瑕疵,业主委员会成立是否合法等问题均非业主委员会备案程序所能涉及,备案制度本身并非行政指导与监督的手段,故备案机关试图通过设置备案形式合法要件起到业主大会召开、业主委员会成立的作用,与法规规定备案制度的目的相悖。从体系解释上讲,小区业主委员会成立的过程,系小区全体业主行使自治权的过程,在这一过程中,物业管理机关虽有指导之责,

[1] 参见国务院法制办农业资源环保法制司,建设部政策法规司、住宅与房地产业司编:《物业管理条例释义》,知识产权出版社2008年版,第42～43页。

却无权以接受其指导作为业主委员会成立之必要前提并体现于备案程序中。综上所述,《物业管理条例》第十六条第一款规定的备案意义在于将法定事由向备案机关报告,使备案机关知悉,便于事后的查考与监督,而非赋予备案机关对备案事由的审查并决定是否准予备案的职责,更不应作为备案事由成立或生效的前提。换言之,备案机关对业主委员会备案只是形式审查,只要备案申请人提交了业主委员会备案的相关材料,备案机关就应予备案,无权对业主委员会成立的合法性进行审查并作出评价。备案机关的备案行为本应属于未对当事人的权利义务产生实质影响的行为,不具有可诉性。反之,备案行为对当事人的权利义务产生实质影响并具备一定的法律后果,则是实质审查,其行为构成超越《物业管理条例》第十六条第一款规定的备案规定职权范围。

国务院法制办在《对于关于〈物业管理条例〉第十六条的请示答复》(国发秘函〔2005〕439 号)中,指出《物业管理条例》第十六条第一款规定对业主委员会的备案是一种告知形式,不具有行政许可性质。从这个答复可以得出,对依法成立的业主委员会进行备案登记仅是一种告知性、公示性备案,在现行法律、行政法规对备案性质均没有明文规定的情形下,行政主管部门对依法设立的业主委员会进行备案仅仅是登记存档备查,是一种形式审查也是一种便于监管措施手段,而非一种行政确认或者行政许可,是否经过行政主管备案并不影响业主委员会的主体资格。也就是说,备案登记不是业主委员会主体资格的确认程序。

业主委员会是小区业主通过召开业主大会选举产生的自治管理组织,在备案之前,其已经产生。但从地方性法规的规定中可以看到,如果业主委员会不备案登记就无法取得印章,无法开展活动,这势必对业主委员会的相关物业活动产生实际影响。备案机关对业主委员会准予备案行为,对外产生法律效力。从这个意义上讲,行政主管部门对业主委员会的备案审查实际上有一定的行政许可或确认因素,该行政行为应当属于可诉的行政行为,属于行政诉讼的受案范围,应当接受司法审查。也就是说,若备案的结果将对业主、业主委员会和其他利害关系人的权利义务产生实际影响,则属于可诉的行政行为。

【案例 11 -36】 周某某等诉上海市普陀区房屋土地管理局颁发业主委员会备案证纠纷案

二审法院认为,本案中,从两湾城业委员会向普陀房地局提交的上述备案申请材料中,可以反映涉案小区通过向业主书面征求意见的形式召开了业主大会,并通过业主大会选举了业主委员会、制定了《业主公约》及《业主大会议事规则》。该业委会的选举与《业主大会议事规则》并无明显冲突。两湾城小区分四期建设,规模超大,小区的业主大会及业委会的筹集工作自 2004 年即已开始,在筹建工作启动过程中,两湾城第四期业主未全部入住,故业委会对第四期预留 9 个委员名额,先行对第一至第三期计算投票权进行选举,未侵害到第四期业主的合法权益。由于第一至第三期6个区域中第二区域组未能正常进行选举活动,业委会委员遂又保留了2个名额。所以,两湾城业委会25个委员名额现选出14个,亦符合小区的特定情况,并不违反法律的强制性规定。在备案表中,两湾城小区所在街道亦对业委会等的备案表示同意。普陀房地局根据小区情况,并结合业委会提交的备案申请材料反映的选投票比例等,认定业主大会和业委会已依法产生,《议事规则》与《业主公约》已依法予以通过,遂准予备案,符合物业管理规定,该局已尽到了备案审查的法定义务。

物业管理区域内的选举、投票等活动系小区业主的自主管理行为,有关业主大会、业委会选举等物业管理规定的立法宗旨是为了更好地保障小区业主的自主权力,使小区管理活动体现大多数业主的意愿。本案中,十二位原审原告对小区推选业委会成员及公布《议事规则》和《业主公约》等程序提出异议,该选举、投票等活动均为小区业主的自主管理行为。上诉人认为普陀房地局应当对形成统计结果的有关选票、表决票等的真实性进行核查,已超出了行政机关依据物业管理规定进行备案审查的范围。两湾城业委会选举活动已历时多年,作为一个超大规模的物业小区,其选票工作虽然难度很大,但尽快成立一个维护小区业主权益的业委会也势在必行。筹备工作组在选举表决过程中,将业主在规定的时间内不反馈意见视为同意,符合小区的实际情况,有关法律法规对该表决方式也并无明确的禁止性规定。此外,原审法院认为上诉人在起诉时请求"两湾城业委会选举剥夺了近3000户业主的选举权和被选举权的事实",仅系上诉人认为被诉备案行为违法的理由,而非独立的诉讼请求,该认定符合法律规定。

综上所述,上诉人的上诉请求,缺乏事实及法律依据,不予支持。原审法院判决驳回上诉人要求撤销涉案备案证的诉讼请求正确。据此,判决:驳回上诉,维持原判。[1]

街道办事处对不符合业主议事规则程序的选举,不准许备案。

【案例11-37】　江苏省南京市BS花园业主委员会诉某街道办事处不准备案撤销纠纷案

判决观点:《物业管理条例》第十六条第一款规定:"业主委员会应当自选举产生之日起30日内,向物业所在地的区、县人民政府房地产行政主管部门和街道办事处、乡镇人民政府备案。"某街道办事处作为BS花园小区所在

---

[1] 参见最高人民法院中国应用法学研究所编:《人民法院案例选》2009年第3辑(总第69辑),人民法院出版社2010年版,第386~387页。上海市第二中级人民法院(2008)沪二中行终字第256号民事判决书。

地的街道办事处,依法负有办理业主委员会备案的法定职责。BS花园业主委员会的换届选举违反法律规定的选举期限,选举结果亦不符合《业主大会议事规则》的相关规定。因此,某街道办事处作出的不予备案决定并无不当,BS花园业主委员会要求撤销某街道办事处作出的不予备案的指导意见书,并责令某街道办事处予以备案的诉讼请求,法院不予支持。法院判决:驳回BS花园业主委员会的诉讼请求。[1]

【案例11-38】 广东省佛山市HP花园业主委员会诉某街道办事处不准备案撤销纠纷案

判决观点:根据《业主大会和业主委员会指导规则》第四十六条的规定,业主委员会人数不足总数的1/2时,应当召开业主大会临时会议,重新选举业主委员会。被告认为原告提交的业主委员会备案申请未经重新选举业主委员会的程序,不符合上述规定,作出不予备案的决定并无不当。法院判决:驳回原告的诉讼请求。[2]

有的法院认为,业主委员会的备案行为系行政确认行为,备案机关具有对备案材料是否齐备、是否符合法定要求,业主大会、业主委员会成立是否具备真实性、合法性进行审查的行政职责。

【案例11-39】 吴某等7人诉某区建设委员会、街道办事处业主委员会备案纠纷案

一审法院认为,本案中,街道办事处和区建委下属小区办作为对业主委员会进行备案的行政机关,在格瑞雅居小区业主大会筹备组向其递交业委会备案材料后,经审查认为格瑞雅居小区首次业主大会第二次会议未告知居委会,未接受物业管理机关指导,不符合法规规定。故街道办事处和区建委下属小区办作出对业主委员会全过程的真实性、合法性不予认可并暂不予备案的意见并无不妥。吴某等7人的诉讼请求缺乏事实和法律依据,不予支持。故判决驳回吴某等7人诉讼请求。二审法院认为,本案中,格瑞雅居小区首次业主大会第二次会议未告知居委会,未接受物业管理机关指导的事实表明业主委员会的备案欠缺合法的形式要件,据此,街道办事处和区建委下属小区办作出的备案意见并不违反法律规定。判决:驳回上诉,维持原判。[3] 对

---

〔1〕 参见程磊、周滨:《律师说法:业主委员会及物业服务纠纷案例评析》,法律出版社2020年版,第117页。

〔2〕 参见程磊、周滨:《律师说法:业主委员会及物业服务纠纷案例评析》,法律出版社2020年版,第124页。

〔3〕 参见北京市高级人民法院编:《审判前沿——新类型案件审判实务》2010年第1集(总第31集),法律出版社2010年版,第82页。

本案的判决，亦有法官提出异议，备案机关作出的小区业主委员会备案行为并非行政审批、核准，备案机关不具有对备案事项真实性、合法性的审查权，本案中被诉备案意见明显带有行政核准、确认性质，故应以超越法定职权为由判决撤销。[1]

行政机关作出的不予变更备案回复意见，属于行政诉讼的受案范围。作出行政机关的行为的依据主要证据不足的，法院可以判决撤销或者部分撤销，判决重新作出行政行为。

【案例11-40】 郑州市方圆创世业主委员会诉郑州市管城回族区住房保障服务中心不予变更备案纠纷案

二审法院认为，本案被告作为区房地产管理部门，负有对辖区内依法成立的业主委员会及其变更情况进行审查备案的法定职责。备案行为是备案机关对业主委员会合法成立、具备主体资格等一系列事实的确认，对外产生法律效力。备案的结果将对业主、业主委员会和其他利害关系人的权利义务产生实际影响。因此，被告作出的不予变更备案回复意见，属于行政诉讼的受案范围。被告辩称其行为对原告的权利义务不产生影响，应当驳回起诉，理由不当，依法不予支持。……本案中，原告组织召开业主大会，业主大会决定增选2名业委会委员，原告持增选业委会委员会议报告材料向被告申请变更备案。被告审核后，以业主大会存在延期、未在有效监督指导下进行和选票上存在其他议题为由，作出不予变更的回复意见。被告应当核查选举程序和结果是否违反法律法规的强制性规定，而被告不予变更备案的理由缺乏相应的法律依据。故此，被告作出的不予变更备案的回复意见，属于行政行为主要证据不足的情形，依法应予撤销。被告应当对原告的变更备案申请重新作出行政行为。[2]

业主委员会备案应提交相关文件，文件不齐或者存在明显缺陷的，构成撤销备案的事由。

【案例11-41】 名门城业委会与睢阳区房管所备案撤销权纠纷案

二审法院认为，关于被诉备案登记行为的合法性问题，《业主大会和业主委员会指导规则》第三十三条规定："业主委员会应当自选举产生之日起30日内，持下列文件向物业所在地的区、县房地产行政主管部门和街道办事处、

---

〔1〕 参见北京市高级人民法院编：《审判前沿——新类型案件审判实务》2010年第1集（总第31集），法律出版社2010年版，第86页。

〔2〕 参见最高人民法院中国应用法学研究所编：《人民法院案例选》2019年第2辑（总第132辑），人民法院出版社2019年版，第186~187页。河南省郑州市中级人民法院（2016）豫01行终954号行政判决书。

乡镇人民政府办理备案手续:(一)业主大会成立和业主委员会选举的情况;(二)管理规约;(三)业主大会议事规则;(四)业主大会决定的其他重大事项。"本案中,原审被告睢阳区房管所提交的证据材料中,缺少管理规约和业主大会议事规则,同时,也存在登记备案表中参加大会应到票权数、实到票权数空白的问题,故原审被告睢阳区房管所对上诉人名门城业委会进行备案登记,不符合《业主大会和业主委员会指导规则》第三十三条规定的法定形式。原审法院判决撤销睢阳区房管所作出的备案登记并无不当。[1]

(五)业主决议司法审查度

对业主大会或者业主委员会的决议、决定司法审查,是指进入诉讼程序中业主与业主大会或业主委员会作出的决议、决定发生争议,由法院进行裁决的机制。这种司法审查应有适当的度,防止过度干预、不当干预。

根据《民法典》、《物业管理条例》和《建筑物区分所有权解释》等法律法规和司法解释的精神与具体规定,小区涉及共有财产处理、共同事务决定等问题,应当由小区全体业主通过民主议定程序决策。上述法律法规中,还对具体事项进行表决的组织、程序以及决议通过的具体条件等进行了详细规定。这意味着法院在受理相关纠纷后,依法不会组织小区的相关业主进行表决。表决小区内部事务的民主议定程序,应当由小区的业主委员会、业主大会启动或者以其他合法的形式启动。法院只对已经进行及产生的民主议定行为及结果进行评价。就涉及全体业主权益的共有事项议题,应首先按照相关法律法规的规定在小区内部发起提议,就相关事项进行讨论并表决。在表决的结果存在争议或者相关人员阻碍表决结果的实行或者不实行表决结果的情况下,小区业主可向法院提起诉讼,请求法院裁决。对于业主自治过程中的民主决策,司法应做适当审查,以防止多数人对少数人权利的侵害,防止部分人扭曲决策结果。因此,司法对于业主民主决策的审查也应当是有限的,要充分尊重业主自治的结果,避免干扰小区管理人的正常工作。

【案例 11-42】 张某某等 55 名业主诉云南滇鸿物业管理有限公司车位纠纷案

一审法院认为,本案中,双方当事人争议的车位根据物权法的规定属于全体业主共有。绿佳苑小区前期物业公司从方便已经入住的业主的角度出

[1] 河南省商丘市中级人民法院(2019)豫 14 行终 170 号行政判决书。

发,采取车位固定租赁方式处理小区共有车位符合当时小区车辆不多的状况,并不违反法律规定。将车位出租给固定业主的方式一直沿用至滇鸿公司成为绿佳苑小区物业服务公司。但随着该小区内业主拥有的车辆数量增多,停车问题矛盾凸显。根据《物权法》第七十六条及《建筑物区分所有权纠纷解释》第七条的规定,本案争议的车位应当由小区全体业主共同决定,并且应当经专有部分占建筑物总面积过半数的业主且占总人数过半数的业主同意,才能决定使用方式。滇鸿公司曾于2015年3月就车位使用问题向小区居民发放了意见征询表。依据《物业管理条例》的具体规定和精神原则,对涉及小区共有事项进行表决涉及小区全体业主,一般情况下应该按照程序召开业主大会或者在业主委员会的组织下进行集体讨论或书面征求意见。但现实生活中,因为小区的业主众多,涉及的情况比较复杂,本案涉及的小区并没有选举业主委员会,业主大会的召开、组织存在一定困难。但为充分保障业主的权利行使,法律及以上行政法规中没有明确规定对相关小区事务进行表决必须召开业主大会。从媒体的报道及意见征询发放后部分业主还组织过维权等情况来看,就车位的问题,绿佳苑小区虽没有经过20%的业主提起组织召开业主大会等形式,但车位问题实际上已经是很多业主都广泛关注的问题。滇鸿公司发放意见征询表可视为通过书面形式向绿佳苑小区全体业主征询意见。经审查意见征询表发放的程序和结果,程序上,参照住房和城乡建设部发布的部门规范性文件《业主大会和业主委员会指导规则》,对涉及小区的事项进行表决,程序上应当达到一定的标准与要求,以确保实体表决结果能公正、公开地反映小区业主的决定。本案中,没有证据证实调查表已经发放到每一位业主手上,业主对表决结果是否签名也并不清楚,程序上并不完善,存在瑕疵。从结果来看,滇鸿公司要求的"先到先停"一项意见得到的支持数是345户,小区共有业主1254户,支持这一选项的人数没有超过小区业主总数的半数。而在意见征询表已经无法取得,当时也未予以统计的情况下,支持"先到先停"选项的业主的专有部分面积数无法确认。故滇鸿公司征询意见的过程在程序上存在一定瑕疵,实体上也无法确认支持数已经符合法律规定。综上所述,滇鸿公司目前对绿佳苑小区属于业主共有部分车位的处理方式是沿用前期物业服务公司所采取的方式,并没有违反法律规定。在55名业主不能证明小区业主已经对车位使用方式作出决定的情况下,对其要求滇鸿公司停止处分共有车位的侵权行为,并因侵权行为道歉的诉讼请求不予支持。业主共有地上车位是否应当改变现有使用方式的问题,应当由小区全体业主按照《物权法》等法律、法规的规定自行决议。

55名业主的第二项诉讼请求是要求滇鸿公司公开调查结果的真实情况并按照"先到先停"管理公共车位。庭审中,滇鸿公司陈述意见征询表已经无法提交。而依据以上《物权法》等法律法规的规定,滇鸿公司作为物业服务公司,并不负有组织或者提起召开业主大会或者组织全体业主对某事进行决议的职责,业主和滇鸿公司对征询表的保管如何约定没有证据可以证实。故对55名业主的此项诉讼请求不予支持。

至于55名业主要求的滇鸿公司公开车位收费详细情况的诉讼请求,属于业主知情权纠纷,与本案涉及共有车位的事项不是同一法律关系。对该诉讼请求在本案中不予处理。判决:驳回55名业主的全部诉讼请求。

二审法院主持双方达成调解协议:由滇鸿公司在55名业主的配合下,就绿佳苑小区共有部分车位的管理使用方式再进行一次征询调查表决(在2016年12月1日之前双方协商完成调查表决)。[1]

---

[1] 参见国家法官学院案例开发研究中心编:《中国法院2018年度案例》(物权纠纷),中国法制出版社2018年版,第185~187页。云南省昆明市中级人民法院(2016)云01民终字第2926号民事调解书。

专题十二　业主权利纠纷

本专题只阐述业主的相关权利的问题，对于物业服务合同其他专门问题分别由其专题阐述。实践中，业主与业主委员会的纠纷经常发生，有必要对此予以剖析。

一、业主权利理解

（一）业主权利含义

业主的合法权利既包括实体性权利，也包括程序性权利。根据《民法典》第二百七十一条规定："业主对建筑物内的住宅、经营性用房等专有部分享有所有权，对专有部分以外的共有部分享有共有和共同管理的权利。"该条确定了业主三种基本权能，即专有部分的所有权、共有部分的共有权和共有部分的共同管理权。换言之，业主实体性权利，除包括专有部分的所有权外，还包括共有部分的管理权、参与权等各种相关权利。业主享有权利范围的确定，决定权利行使的基础和受法律保护的范围。

实体性权利受到侵害，是指业主基于建筑物区分所有权所享有的合法权利受到业主大会或业主委员会决议的侵害。《建筑物区分所有权解释》第四条规定："业主基于对住宅、经营性用房等专有部分特定使用功能的合理需要，无偿利用屋顶以及与其专有部分相对应的外墙面等共有部分的，不应认定为侵权。但违反法律、法规、管理规约，损害他人合法权益的除外。"该条规定了业主利用共有部分的权利和条件，即个别业主有权无偿利用建筑物屋顶和外墙面。但利用以不违反法律、法规、管理规约，不损害他人合法权益为前提，不得出租或转让获利。业主使用外墙面设立门店招牌显然属于广告性质，其目的是招揽顾客增加经营收益，因此，业主以营利为目的使用外墙面应当支付使用费。当然，业主为自己经营需要设立门店招牌，其支付使用费的标准应当在低于市场租金标准的合理范围内确定。

程序性权利受到侵害，是指业主大会或业主委员会决议的内容并未侵害业主的合法权益，然而作出决议的程序违反法律规定或者超出了权限范围。当业主的程序性权益受到侵害时，业主同样有权提起撤销权之诉。

业主权利行使。社会生活中，个别业主提出的投诉或诉求中常涉及小区业主公共利益与个人合法权益区分的问题。准确区分小区业主公共利益与个人合法权益，并确定其权益的边界，有利于化解纠纷。根据《民法典》、《物业管理条例》和《建筑物区分所有权解释》中的相关规定，小区住宅边的绿地、减伐的绿化及住宅边消防栓设置的停车位,均应属于小区业主的共有部分,涉及全体业主的共同利益,因此不论是对其土地用途的改变还是要求恢复至原用途均应由业主共同决定,个别或部分业主不能以自己名义主张涉及小区全体业主的共同权益部分,其不具有合法主体资格。个别或部分业主因施工或其他行为致使自身合法权益受损的情形,常见如减少绿地、减伐绿化、在消防栓设置停车位等,使得其住宅被汽车包围,汽车灯光、噪声、废气等污染造成其居住生活环境恶化、安全隐患增加,将导致其身心健康遭受侵害,房产价值减损的,上述情形应属于业主自身合法权益范畴,自然可依法行使权利。

《民法典》第二百八十七条规定:"业主对建设单位、物业服务企业或者其他管理人以及其他业主侵害自己合法权益的行为,有权请求行为人承担民事责任。"本条是关于业主对侵害自己合法权益的行为,有权请求其承担民事责任的规定。所谓合法权益,是指受国家法律保护并能取得预期收益的特权,如各项无形资产。实践中,关键是对侵犯合法权益的依据与范围认定,而这个问题又与业主提起侵权之诉或撤销权之诉密切相连,如对业主大会决议侵犯业主合法权益的,则业主可提起撤销权之诉,反之则只能提起侵权之诉。

(二)业主权利范围

业主依法享有《宪法》《民法》《民事诉讼法》赋予的各项权利。具体主要有监督权、合法权益不受侵犯的保护权、起诉权等相关权利。

作为建筑物区分所有权的业主,其权利既包括专有部分的专有权,也包括对共有部分享有的共有权,还有共同管理权。

共同管理权或称业主成员权。从理论上讲,建筑物区分所有权满足了居民对专有财产和共有财产区分和界定的需求,形成了一种新型的权义集合体。业主作为这种权义集合体的成员,享有的权利和承担的义务即业主成员权,亦是建筑物区分所有权之成员权。有学者认为,所谓业主成员权,主要是指建筑物区分所有权人基于一栋建筑物的构造、权利归属及使用上的不可分离的共同关系而产生的作为建筑物的一个团体组织的成员而享有的权利与承担的义务。[1] 从以上概念可以看出,成员权与传统民法中的社员权概念不同。社员权是团体成员依其在团体中的地位产生的对于团体的权利。[2] 区分所有权以区分建筑物所有权的一部分,而社员权基于社员资格而产生,两者最大的区别在于,社员权强调的是身份关

---

〔1〕 参见陈华彬:《建筑物区分所有权研究》,法律出版社2007年版,第235页。

〔2〕 参见张俊浩主编:《民法学原理》,中国政法大学出版社2000年版,第69页。

系，而成员权强调的更多的是一种财产权利。也有学者认为，从本质上讲，业主成员权接近于所有权与管理权的集合。[1] 业主成员权主要体现各区分所有权人在共同关系事项作出决定的意思以及该意思如何执行等问题上。[2] 成员权的内在属性决定了其涵盖的事项主要限于共同关系事项，主要体现在区分所有建筑物的共有部分的利用、相邻关系的协调以及建筑区划内的秩序的维持等方面。应注意的是，业主成员权并非全部为权利，其还包含义务在内。以体系解释的方法分析，业主大会或者业主委员会是业主行使成员权的途径，形成的决议属于业主行使成员权的结果，业主撤销权诉讼机制的设立应当是为了救济业主受侵害的实体权利，故业主提起撤销权之诉中的合法权益应当理解为业主的成员权中包含的权利，即对共有部分的所有权和管理权。[3]

业主共同管理权的主要内容，包括对建筑物本身的管理和业主共同生活秩序的维护，也就是物（设施）的管理、人（行为）的管理。业主可以自行管理建筑物及其附属设施，也可以委托物业服务企业或者其他管理人管理。物的管理，是对建筑物及其附属设施、设备的保存、改良、利用和处分。与广大业主关系最为密切，就是共用部分的维护修缮和共有部分的使用收益。人的管理，主要针对人的行为，一般可以分为对建筑物的不当毁损行为、不当使用行为和对生活妨害行为的管理。民法典新增规定中最为典型的，是对“住改商”的限制，常见的如将住宅擅自改为餐饮、娱乐等商业用途。共同管理权行使的方式主要是，业主可以设立业主大会，选举业主委员会，制定或修改业主大会议事规则和建筑物及其附属设施的管理规约，选举业主委员会和更换业主委员会成员，选聘和解除物业服务企业或者其他管理人，筹集和使用建筑物及其附属设施的维修资金，改建和重建建筑物及其附属设施等。总体而言，建筑物专有权和共有权具有传统的“物法性”特征；而共同管理权本质上属于成员权的范畴，建筑物区分所有权的性质决定了业主的自治管理起着主导作用，同时，共同管理权的行使表现出“公私相济”的显著特征。由于所有业主对建筑物专有部分以外的共有部分享有共有和共同管理的权利，对共有部分的处分将涉及业主自身权益及共同权益，势必对业主专有权，共有权以及共同管理权的行使产生重大影响，因此，该事项应由业主共同决定，应作为须由业主共同决定的重大事项。[4]

业主在小区对共有部分行使权利是本专题讨论的重点。《民法典》第二百七

[1] 参见张海战、张胜坤：《区分建筑物管理权与成员权概念比较与选择》，载《西南农业大学学报（社会科学版）》2007 年第 3 期。

[2] 参见陈华彬：《建筑物区分所有权研究》，法律出版社 2007 年版，第 236 页。

[3] 参见《人民司法·应用》2013 年第 23 期（总第 682 期）。

[4] 参见最高人民法院民事审判第一庭编著：《民事审判指导与参考》，2021 年第 2 辑（总第 86 辑），人民法院出版社 2021 年版，第 55 页。

十八条规定："下列事项由业主共同决定：(一)制定和修改业主大会议事规则；(二)制定和修改管理规约；(三)选举业主委员会或者更换业主委员会成员；(四)选聘和解聘物业服务企业或者其他管理人；(五)使用建筑物及其附属设施的维修资金；(六)筹集建筑物及其附属设施的维修资金；(七)改建、重建建筑物及其附属设施；(八)改变共有部分的用途或者利用共有部分从事经营活动；(九)有关共有和共同管理权利的其他重大事项。业主共同决定事项，应当由专有部分面积占比三分之二以上的业主且人数占比三分之二以上的业主参与表决。决定前款第六项至第八项规定的事项，应当经参与表决专有部分面积四分之三以上的业主且参与表决人数四分之三以上的业主同意。决定前款其他事项，应当经参与表决专有部分面积过半数的业主且参与表决人数过半数的业主同意。"这是业主行使权利的法律依据，也是业主行使小区共有部分权利的具体范围。其第(九)项隐含了两个程序要件，意义在于，小区建筑区划内的重大事项事关全体业主，应依民主表决程序，由业主自行决定及负责。法院不应介入业主关于小区共有部分的具体管理事宜，仅从程序上审查相关决定的合法性，留足小区业主的自治空间。该条规定了业主共同管理权利的依据和范围，业主共同管理事项仅限于共有部分和共同的生活秩序。根据该条的规定，业主专有部分的区分所有权行使，不属于共同决定的范围，限制对业主专有部分进行共同管理。

业主行使知情权。所谓业主知情权，是指业主了解建筑区划内涉及业主共有权以及共同管理权相关事项的权利。尽管业主行使知情权查询、阅览相关资料时不仅意在了解与其权益有关的事项，而且含有检查监督相关主体行为状况的意图，但是，由于业主的知情权主要是以查阅文件报表或者相关资料的方式进行的，所以，业主的知情权主要表现为业主的查阅权。业主知情权是业主所享有的固有权利，是基于其作为建筑区划内的区分所有人在由全体区分所有人组成的共同体中的成员地位所取得的。[1] 从这个意义讲，业主知情权是业主权利不可或缺的部分，该项权利不应被剥夺且不容侵犯，应受法律保护。从业主行使共同管理权必要性上讲知情权，各区分所有权人在参与团体会议决定对区分所有建筑物及附属设施的共有部分的管理、利用以及处分事项以及关涉共同管理事项时，应当知悉与此有关的情况，否则，无从依据自身利益作出自主判断。同时，在有关共有以及共同管理权利的重大事项的决定作出后，业主同样有权了解该决定是否获得执行以及如何执行等情况以便正当行使监督权利。[2]

业主单独缔约权问题。对于《民法典》第九百四十条规定，有法官认为，在司

---

〔1〕 参见最高人民法院民事审判第一庭编著：《最高人民法院建筑物区分所有权、物业服务司法解释理解与适用》，人民法院出版社2009年版，第186页。

〔2〕 参见最高人民法院民事审判第一庭编著：《最高人民法院建筑物区分所有权、物业服务司法解释理解与适用》，人民法院出版社2009年版，第185页。

法实务中还需要思考和注意的问题是，本条是否间接确认了存在业主大会和业主委员会的情况下，业主也可以自行与新的物业服务人单独订立合同？毕竟，在司法实践中存在大量的物业服务人与业主于集体性物业服务合同之外另行“重复缔约”的现象。[1] 单从本条的文义以及规范目的的角度看，似乎不能得出上述推论。但是，在具体理解与适用过程中，还是需要结合本章各条规定之间的体系和逻辑关系以及个案所呈现的案件事实，进行综合衡量和判断。[2]

业主并非必须成立业主大会。在实践中提出物业服务需求的业主可能是多种情况，既可能是众多业主的组合，也可能是少数业主的组合，还可能是单一业主。设立业主大会的本意是建立业主之间的协商机制。对于人数较多的业主组合，没有业主大会这种民主协商的机制，要就共同利益形成一致意见显然是不可能的。但是，这种机制并非普遍适用的。对于人数较少的业主组合，其共同利益可以经业主们直接协商取得一致，并非必须以业主大会的形式进行磋商。单一业主的情况下，业主大会就成了完全没有必要的形式。[3]

业主对小区配套用房是否享有权益以及享有何种权益，应以配套用房是否摊入商品房成本及业主购买商品房时该配套用房用途是否构成其合同的一部分，区分不同情况进行确认。配套用房转让时，受让人是否受业主对配套用房相关权益的约束，亦应依此作相对区分。其一，配套用房的成本摊入商品房成本。购买商品房的业主对配套用房支付了相应对价，享有对这些配套设施的使用权益，开发商或物业服务人无权处分该配套用房，不得擅自买卖，其转让行为是无权处分。全体业主作为权利人如认可该转让后该配套用房的用途，该转让行为便被追认为有效。反之，业主不同意该转让行为及用途的变更，该转让不发生法律效力。其二，配套用房的成本未摊入商品房成本但商品房买卖合同中对配套用房用途有约定，开发商对这些配套用房享有完全的所有权，业主不享有相关权益。开发商有权转让该配套用房，但对于合同约定的配套用房用途，在转让时应一并向受让人说明，受让人亦应受该配套用房用途约束。开发商未披露该用途约定，因受让人不知情且不受此约束，由此对业主造成的影响和损失，业主可依据合同向开发商主张违约责任，而不能向受让人主张权利。其三，配套用房的成本未摊入商品房成本且在商品房买卖合同中对配套用房用途无约定，开发商对这些配套用房享有完全的所有权，所以业主不享有相关权益。开发商转让该配套用房的，受让人亦

---

〔1〕 参见肖明明：《物业服务合同“多重缔约”问题探究》，载刘云生主编：《中国不动产法研究》（2019年第1辑），社会科学文献出版社2019年版，第188页。

〔2〕 参见中国审判理论研究会民事审判理论专业委员会编著：《民法典合同编条文理解与司法适用》，法律出版社2020年版，第732页。

〔3〕 参见吴庆宝主编：《最高人民法院专家法官阐释民商裁判疑难问题》（民事裁判精要卷）（增订版），中国法制出版社2011年版，第95页。

不受业主相关权益约束。

【案例12-1】 龚某诉B公司用益物权纠纷再审案

一审法院认为,地役权系指依照合同的约定而以他人土地供自己土地的方便和利益之用的权利。设立地役权,当事人应当采取书面形式订立地役权合同。龚某主张对3号楼房屋享有地役权,但就其提供的《商品房买卖合同》、售楼宣传单等证据材料中均不具备地役权合同的一般条款。根据现有证据不足以认定龚某与A公司之间对3号楼房屋曾设立地役权。因此,《商品房买卖合同》仅具有房屋买卖合同性质,龚某对203号房屋享有的所有权属于业主的建筑物区分所有权,仅对专有部分享有所有权。龚某提起本次诉讼的初衷或者目的在于恢复3号楼房屋的会所用途。但是,由于其选取的、据以提出诉讼请求的权利依据为地役权,故B公司将3号楼房屋自用是否违反规划用途、该公司是否负有恢复3号楼房屋会所之功能义务等,均不属于本案审理范围。判决:驳回龚某的全部诉讼请求。二审法院亦持同样意见,维持一审判决。

再审法院认为,龚某系涉案小区内203号房屋的业主,其与A公司签订的《商品房买卖合同》没有对小区3号楼房屋用途进行约定,该小区房屋售楼宣传单等材料,亦不具备地役权合同的一般条款。因此,无法认定龚某与A公司就3号楼房屋设立了地役权,进而亦无法认定B公司自A公司拍卖取得3号楼房屋时亦负有地役权的义务。龚某申请再审提交的A公司制作的售楼宣传广告,不足以证明其与开发商就3号楼房屋达成了地役权协议,不能推翻一、二审判决,不予采信。综上所述,龚某的再审申请缺乏充分的事实和法律依据,不符合《民事诉讼法》第二百条第二项、第六项规定的情形,不予支持。裁定:驳回龚某的再审申请。[1]

(三)业主权利与管理规约冲突

在小区内,为了便于管理和对业主的约束,普遍制定有管理规约。管理规约是否合法,应依照《民法典》《物业管理条例》等进行判断。

实践中,常见有对未交纳物业费的业主限制投票表决、车位面积不计入用于确定业主投票权数的专有部分面积等在管理规约中的约定,需要分析判定其合

〔1〕 参见国家法官学院、最高人民法院司法案例研究院编:《中国法院2021年度案例》(物权纠纷),中国法制出版社2021年版,第100~101页。北京市第一中级人民法院(2019)京01民终1606号民事判决书。

法性。

对于未交纳物业费的业主限制投票表决。根据《民法典》第二百七十一条规定业主共同事项管理权利，第二百七十八条第一款规定业主共同决定事项的范围，以及《物业管理条例》第六条第二款规定业主投票权、第十一条规定业主共同决定事项范围来分析，并无业主未交纳物业费不得行使参与共同管理权的限制。如管理规约规定对业主未交纳物业费不得投票表决，其实质就是对业主共同事项管理权的限制，与上述法律法规规定的业主享有的法定的权利相冲突。且根据该类管理规约的限制，未交物业费的业主均无法行使《民法典》第二百七十八条、《物业管理条例》第十一条规定的共同管理事项的权利，这必将损害小区全体业主的利益。《民法典》第二百七十一条规定，业主对共有部分享有共有和共同管理的权利，该权利的行使是基于业主对物业享有的所有权，应受到法律的全面保护，而不应当受到排除和限制。从这一点讲，业主是否欠交物业费与是否享有投票权之间，没有法律上的必然联系。管理规约直接排除未交物业费业主的投票权，与《民法典》相悖。

对于车位面积不计入用于确定业主投票权数的专有部分面积。《业主大会和业主委员会指导规则》第二十五条第一款规定："业主大会应当在业主大会议事规则中约定车位、摊位等特定空间是否计入用于确定业主投票权数的专有部分面积。"根据上述规定，业主大会议事规则可以约定车位等特定空间是否计入投票权数。

【案例 12－2】　王某某诉 JC 公馆业主委员会业主撤销权纠纷案

一审法院认为，按照 JC 公馆管理规约的规定，如半数业主欠费，则过半数业主将被取消共同管理事项的表决权，那么《物权法》第七十六条规定的任何需要业主共同决定的事项均无法进行，故上述规定与业主享有的法定的权利相冲突。JC 公馆议事规则约定车位不计入用于确定业主投票权数的专有部分面积，符合《业主大会和业主委员会指导规则》第二十五条的规定。在案涉小区过半数业主拖欠管理费业主管理事项表决权并没有损害王某某的合法权益。判决：驳回原告的诉讼请求。二审法院亦持同样意见，维持一审判决。[1]

【案例 12－3】　梅某某诉佛山市 SL 豪庭业主委员会业主撤销权纠纷案

一审法院认为，SL 豪庭业主大会议事规则是小区业主集体决策的产物，体现了小区业主的集体意志。该议事规则将车位不计入用于确定业主投票

---

〔1〕 参见程磊、周滨：《律师说法：业主委员会及物业服务纠纷案例评析》，法律出版社 2020 年版，第 32 页。

权的专有面积,将未参加表决的业主的投票权计入已表决的多数票范围符合《业主大会和业主委员会指导规则》《佛山市物业管理办法》的规定,且经业主大会表决通过并在政府的主管部门备案,合法有效,不存在侵犯业主表决权的情形。根据该议事规则的上述规定,被告作出“同意解聘目前物业服务企业,另由业主委员会通过招标方式选聘新物业服务企业”的决定已经专有部分占建筑总面积过半数的业主且占总人数过半数的业主同意。判决:驳回原告梅某某的诉讼请求。二审法院亦持同样意见,维持一审判决。[1]

(四)业主管理权限冲突

业主享有小区的物业管理权,在业主出租房屋成为出租人,对租赁房屋所涉门卫区域进行管理并无不妥。租赁合同虽未涉及对承租人征收停车费的规定,但在租赁合同履行几年期间,承租人一直享有免费停车的权利,属于合同当事人在长期合作中形成的交易规则。后业主设立经营性停车场对承租人征收停车费,使得租赁合同中隐含的承租人免费停车的权利被剥夺,无形中增加了承租人履约成本。因此,出租人行为违反了租赁合同约定。在肯定承租人具有免费停车这一隐含权利的同时,又认可出租人的物业管理权限,二者不可避免产生冲突。在比对合同权利范围和物业管理权限范围的基础上,确定二者的重叠之处,即承租人(其工作人员)的停车费是否应当收取的问题,此时应以“租赁合同的隐含条款”优先考量,而承租人诉请中主张的住院老人探访家属的停车费是否应当收取的问题,则应将业主的物业管理权放在优先考虑的地位,区别对待。

【案例12-4】 上海宝地实业有限公司诉上海威斯莱克酒店公寓有限公司房屋租赁合同纠纷案

一审法院认为,本案的争议焦点在于被告对进出沪南路3217号小区的车辆征收停车费这一行为的定性问题。一方面,从物业管理的角度来看,作为小区的业主方,对于整个小区公共部位有物业管理的权限。被告方征收停车费系经过相关主管部门的申请并经过核准,从而对外经营停车场,故该行为系被告方对小区内停车问题行使正常的管理权限,并无不当。另一方面,从原、被告的租赁关系角度来看,双方租赁合同中虽然没有就停车收费一事进行过明确规定,然而从合同履行情况上看,自2009年合同履行初始至2012年上半年,被告从未向原告在涉案小区的进出车辆征收过停车费。并且,在

[1] 参见程磊、周滨:《律师说法:业主委员会及物业服务纠纷案例评析》,法律出版社2020年版,第40页。

被告征收停车费之前长达三年的租赁期间内,原告在小区内黄色停车线内免费停车,被告是明知亦未予以制止。这表明双方的租赁合同中,隐含了被告给予原告免费停车的权利。即便现在被告基于物业管理对进出整个小区的车辆开始征收停车费,也应当考虑到作为小区最大的承租方的原告,长期以来免费停车的事实,给予合理的免费停车位或者免费停车的便利条件。综上,收费行为本身并没有不合理性,但因收费导致原有租赁合同隐含原告可以免费停车权利被打破,事实上增加了原告的租赁成本。原告已经向原告收取的停车费应当予以返还,但返还的范围仅限于原告方工作人员基于租赁合同应有的免费停车权利,不包括原告经营的阳光城福利院住养老人或老人家属、访客等停车费的返还,应根据原告方车辆进出的情况对于停车费的返还数额酌情予以调整。据此,一审法院判决被告返还原告已收取的停车费3000元。二审法院亦持同样意见,维持一审判决。[1]

(五)业主专有权权限边界

权利的行使所阐释的问题是在享有正当权利的基础上如何合理使用自己的权利,其与权利的享有是两个相互联系而又截然不同的问题,实践中这两个问题容易发生混淆。权利人通过自身权利的行使实现自身权益,一方面,其权利的享有要具有正当性;另一方面,该权利的行使还要具备一定的条件、受到一定限制。虽然业主取得了所购房屋的所有权,其权利行使可自由支配和决定,不过权利的行使也是有限度的,任何一个人的权利都不是无限制的,要受到方方面面的限制。在《民法典》中已明确规定业主对专有部分的使用不得危及建筑物之安全正常使用,亦不得有损区分所有权人之共同利益。

区分所有权相邻关系的内容,包括两个方面:其一,对专有部分的使用而产生的相邻使用关系。各区分所有权人的专有部分之间以及专有部分与共有部分之间紧密相连,无法分割。这些特点决定了区分所有权人在维护或者改造自己的专有部分时,必然要使用其他所有权人的专有部分或者共用部分。从这个意义上讲,区分所有权人可以在必要合理限度内,请求使用其他区分所有权人的专有部分或者非由自己占有使用的其他共有部分,被请求人没有正当理由不得拒绝。在法律规定的范围内,该类相邻关系与传统相邻关系的区别在于空间上的扩张,传统相邻关系规范可以规范该类相邻关系。其二,对全体区分所有权人共同利益的

---

[1] 参见国家法官学院案例开发研究中心编:《中国法院2015年度案例》(合同纠纷),中国法制出版社2015年版,第103页。上海市第一中级人民法院(2013)沪一中民二(民)终字第541号民事判决书。

维护。这是区分所有相邻关系与传统相邻关系的重要区别。区分所有建筑物的各专有部分在构造上相互关联，物理上相互连接，形成密切的立体的相邻关系，业主对自己所属专有部分的使用、收益或处分应受彼此间强力的约束，必须要考虑到全体业主的共同利益。业主应按照建筑物的使用目的或规约使用专有部分并负有维护建筑物安全和完整的义务，不得损害或随意改变建筑物的结构，即使形式上属于行使其专有部分所有权权能的行为，也应在限制范围之内。

一般来说，对于业主行使专有部分权利的行为是否违反其他业主的共同利益，应根据具体的时间和区域，依据社会的一般观念进行认定。

1. 业主专有权权限

业主只能在建筑物中自己专有的部位行使所有权四项权能，未经该建筑物的其他区分所有权人和物业服务人许可，不得对建筑物的共有部位行使权利。也就是说，单个业主权限要受到共用部位使用限制。

【案例12－5】 郑州二建诉王某某公有住房出售协议违约纠纷案

二审法院认为，被上诉人郑州二建公司出售给上诉人王某某的11号房间，位于1号楼一层，是1号楼的组成部分，并非独立房屋。鉴于楼房的建筑特性，王某某对11号房间享有所有权，并非独立、完整的所有权，而是建筑物区分所有权。建筑物区分所有权人，只是对整幢建筑物中属于其专用的部分享有包括占有、使用、收益和处分四项权能在内的完整所有权；而整幢建筑物中的共用部位，则由整幢建筑物的全部区分所有权人共有。11号房间的临街墙，是1号楼不可或缺的共用部位，不能由王某某专有。王某某未经许可在此墙上开挖门、窗，此举不仅侵犯了1号楼中其他共有权人的共有权利，也因违反了《公有住房出售协议书》第六条的约定，而应对郑州二建承担违约责任。[1]

【案例12－6】 魏某某诉高某建筑物区分所有权纠纷案

一审法院认为，本案中，高某在业主共有部分擅自搭建平台和凉亭，改变了该共有部分的景观和用途，同时因平台和凉亭与被告院落相通，实际为高某所占用，故高某之行为影响了其他业主行使共有权。此外，高某所建平台与凉亭距离变电箱距离较近，不可避免地产生安全隐患。综上所述，法院认为高某所建平台与凉亭以拆除为宜，但拆除范围应以业主共有部分为限。二审法院亦持同样意见，维持一审判决。[2]

---

〔1〕 参见《最高人民法院公报》2006年第11期（总第121期）。

〔2〕 参见国家法官学院案例开发研究中心编：《中国法院2012年度案例》（物权纠纷），中国法制出版社2012年版，第161页。北京市第二中级人民法院（2010）二中民终字第5844号民事判决书。

实践中,业主是否合理行使专有权应根据具体案情而定。

【案例 12－7】 刘某诉吴某某排除妨害纠纷案

判决观点:刘某和吴某某之间为上下楼之相邻关系,根据法院现场勘验的情况,吴某某家的空调外机安装在刘某家卫生间窗户下方的外墙上,如果不移除该机,刘某家的空调外机就无处安装,同时,吴某某家卫生间窗下方外墙面处于空闲状态并未安装任何设施设备,故吴某某应当将安装在刘某家卫生间窗户下方外墙上空调外机拆除,以便刘某能够在此安装空调外机。故对于刘某要求吴某某拆除悬挂在 501 号房屋卫生间外墙空调外机的诉讼请求,法院予以支持。[1]

业主依法享有对其建筑物共有部分合理使用的权利。

【案例 12－8】 赖某标诉厦门某物业管理有限公司三明某服务部物业服务合同纠纷案

判决观点,业主依法对其建筑物专有部分享有占有、使用、收益和处分的权利。业主要求安装新能源汽车充电桩,在不违反法律规定的前提下,属于业主的正当权利,业主基于对专有部分特定使用功能的合理需要,可以对共有部分进行合理利用。而在安装充电桩时因布电线等需要使用共有部分,即属于建筑物区分所有权人为提升专有部分使用价值,对共有部分的合理使用。[2]

未经批准在楼房公共区域私自搭建改造的,属于对其他业主建筑物区分所有权的侵犯。

【案例 12－9】 边某某、刘某某诉张某某、董某某建筑物区分所有权纠纷案

二审法院认为,涉案连廊是公共空间,双方系因张某某、董某某在该公共空间内实施建设改造行为而产生争议,一审据此确认本案案由为建筑物区分所有权纠纷并无不当。张某某、董某某未经相关政府部门批准在连廊上私自进行搭建、改造,不符合法律规定,且即使确如张某某、董某某所称,涉案连廊存在施工设计缺陷影响其生活方便和安全,张某某、董某某亦无权擅自改造,故一审法院判决张某某、董某某拆除其在连廊的搭建物并无不当。综上所述,一审判决认定事实清楚,适用法律正确,审判程序合法,应予维持。判决:

---

〔1〕 参见国家法官学院案例开发研究中心编:《中国法院 2015 年度案例》(物权纠纷),中国法制出版社 2015 年版,第 132 页。北京市朝阳区人民法院(2013)朝民初字第 26971 号民事判决书。

〔2〕 人民法院案例库 2024－11－2－121－001。福建省三明市三元区人民法院(2022)闽 0403 民初 134 号民事判决书。

驳回上诉,维持原判。[1]

【案例 12-10】 黄某某等诉林某某建筑物区分所有权纠纷案

二审法院认为,上述302室房屋所在楼梯上方的屋顶位置虽按现状看未发现留有“上人口”,但根据规划设计图,该位置是留有“上人口”的。本案诉争屋顶平台是双方当事人所在楼宇的楼顶屋面,属于建筑物区分所得权客体的共有部分,应归属该幢楼全体业主共有。上诉人林某某未经其他共有人同意,擅自在该屋顶平台上建造花坛、水池等,已超出合理使用的范围,侵犯到其他业主的建筑物区分共有权。原审判决上诉人拆除花坛、水池并恢复原状正确,应予维持。上诉人称诉争屋顶平台属其专有部分,与规划设计图不相符,故其该项主张缺乏依据,法院不予支持。判决:驳回上诉,维持原判。[2]

业主行使权利不得损害其他业主的合法权益,法律支持受侵害业主行使合法区分所有权的诉求。

【案例 12-11】 刘某某诉陈某建筑物区分所有权纠纷案

二审法院认为,本案的争议焦点是,陈某的搭建行为以及安装案涉空调外机的行为是否符合法律规定。根据《物权法》第七十一条的规定,业主应当按照建筑物的使用目的使用专有部分,并负有维护建筑物牢固和完整的义务,不得损害或随意改变建筑物的结构。陈某次卧室落地玻璃墙外的结构板设计用途是放置空调外机,而陈某在装修时却将落地玻璃墙拆除,在落地玻璃墙外的结构板边沿砌筑墙体,加装彩铝玻璃窗户,安装带电脑桌、书架的写字台,改变了结构板的设计用途,存在一定的安全隐患;并且,也导致其次卧室空调外机无处放置,最终,陈某将次卧室的空调外机悬挂于窗外的竖立墙面,会给刘某某的生活带来一定的影响。陈某的搭建行为、安装案涉空调外机的行为造成公众隐患,损害其他业主的利益。法院判令其恢复原状。[3]

【案例 12-12】 谢某、吴某、张某某诉吴某某建筑物区分所有权纠纷案

一审法院认为,本案中,原、被告均系丹阳市画院路30号北楼1单元的建筑物区分所有权人,被告作为该30号108门面房的区分所有权人,对其专有房屋室内及内墙部分可以任意使用或者改造,但不得有损于建筑物的整体安全,不得擅自改变房屋结构、外貌和用途。而对于建筑物中共有部分的使

[1] 参见国家法官学院、最高人民法院司法案例研究院编:《中国法院2020年度案例》(物权纠纷),中国法制出版社2020年版,第195页。山东省淄博市中级人民法院(2018)鲁03民终578号民事判决书。

[2] 参见国家法官学院案例开发研究中心编:《中国法院2014年度案例》(物权纠纷),中国法制出版社2014年版,第149页。福建省泉州市中级人民法院(2012)泉民终字第2673—2号民事判决书。

[3] 四川省乐山市中级人民法院(2018)川11民终356号民事判决书。

用，则需征得其他共有人即原告等人的同意。本案诉争之门开设在三原告等人共有的楼道墙体上，该墙体朝向被告室内的内墙部分及于表面敷层属于被告的专有权范围，但其朝向楼道的外墙部分则系公共楼道的一个组成部分，属该单元业主共有。被告就该堵墙享有的专有权达不到穿透该墙体的效力，被告穿透该墙体开设诉争之门，超出了其行使专有权的范围，故被告开设该门应当征得原告等其他共有人的同意，其未经其他共有人的同意即擅自改造共有墙体，侵害了原告等共有人的建筑物区分所有权。因此，该院对被告关于其开设诉争之门是在其自己所有的房屋墙壁上，是其行使房屋所有权的正当行为的辩称主张未予采信。被告另辩称，其开设诉争之门是改善其住房环境和通风、通行及采光之需，而被告购买房屋时，内室即为此结构，该门面房也有原始设置的通向画院路的门，且有独立的楼道供该一、二层房屋通行，而非必须通过开设诉争之门才能实现其不动产通行权，故原告等人不负有法律上的为被告改善其住宅室内环境而改变建筑物原始结构和外貌、占用共有部分提供便利的义务。现三原告不同意被告在共有的楼道墙体上开门，要求被告排除妨碍，恢复原状，于法有据，法院予以支持。被告吴某某提起上诉，之后其又撤回上诉。[1]

物业服务人规定未经批准不得擅自更改房屋结构外貌，但业主自封平台，没有影响楼房外貌的，不能按法律的一般规定进行处理，而应该适用衡平原则为特殊处理。

【案例 12－13】 北京延龙物业管理有限责任公司诉黄某某物业服务合同纠纷案

二审法院认为，根据现场情况，黄某某房屋北侧平台可以供人落脚，且紧邻黄某某房屋客厅北窗，确实会给犯罪分子以可乘之机，从而危及黄某某的家庭安全。因此，黄某某有权利要求相关部门采取实际措施消除这一安全隐患，同样自己也有权利采用一些合理的措施来保护其家庭所面临的危险隐患。本案中，考虑到：(1)黄某某等 10 户业主在多次和延龙物业公司协商并提交书面申请后用塑钢窗封闭平台，封闭后的二层外貌整体统一，对该楼整体外观形象并不影响；(2)在黄某某等 10 户业主提出封闭平台申请后，以及在实际进行封闭平台的施工过程中，延龙物业公司既没有明确书面答复业主不可以封闭平台，也没有在施工过程中以任何方式进行阻止；(3)对于黄某某等业主统一封闭平台的行为，相关政府主管部门和其他业主目前都没有提

〔1〕 参见最高人民法院中国应用法学研究所编：《人民法院案例选》2009 年第 1 辑（总第 67 辑），人民法院出版社 2009 年版，第 256 页。江苏省镇江市中级人民法院（2008）镇民一终字第 593 号民事裁定书。

出异议;(4)黄某某等业主只是封闭了平台而没有占用,并且该平台并无特殊用途。可见,黄某某的这一行为,只是为了消除自身所面临的安全隐患;其费力、协商统一采用相同的封闭方式,已经尽量地避免了对楼整体外貌的影响,并且也没有占用被封闭的平台,所以延龙物业公司要求黄某某拆除塑钢窗,理由不足,不应得到支持。黄某某上诉请求合理,应当支持。判决:(1)撤销一审判决;(2)驳回延龙物业公司的诉讼请求。[1]

业主作为自有房屋外墙面的共有人,对该外墙面不享有排他和独占的权益,也不享有优先权,故其无权阻止其他业主对该外墙面的合理使用。即业主对自身房屋的专有权,不能否认或排除其他业主对共有权益的合理使用权。

【案例12-14】 李某诉刘某等排除妨害纠纷案

判决观点:李某所有的109号商铺的二层房屋外墙属该楼栋共有部分。对于该共有部分的使用,李某主张享有优先权,法院从109号商铺与110号商铺的具体情况分析认为,109号商铺的格局特殊,其一层房屋在110号商铺隔壁,二层房屋在110号商铺正对楼上,109号商铺二层房屋进出须经过其一层房屋,其一层房屋的门楣上方有安装广告牌的位置,故110号商铺安装广告牌位置应在110商铺门楣上方,李某主张优先使用权的意见缺乏依据,法院不予采纳,李某的诉讼请求,缺乏事实及法律依据,法院不予支持。[2]

个案中,业主行使专有权不当的不受法律保护。

【案例12-15】 邓某某诉杨某某共有权纠纷案

二审法院认为,杨某某所居住房屋的阳台外墙作为该栋楼房的基本构造部分,并不为杨某某专有,建筑物的专有所有权人对其专有部分享有权利,但专有所有权人对其专有部分的使用应当考虑对其他区分所有权人的影响,应当在合理的范围内行使自己的使用权,不得损害其他区分所有权人的利益,依据我国《物权法》第七十一条明确规定,杨某某为阻止邓某某在其门楣上方悬挂经营或广告牌匾而从其封闭阳台离地面30厘米处从内向外穿出一根铁棍的行为属对建筑物不当使用行为,亦损害了该楼其他共有人的权益,邓某某作为其所居住楼房的业主及利害关系人,有权请求法院判令杨某某停止不当使用和侵害其他共有权人权益的行为,故邓某某请求法院判令杨某某拔

---

〔1〕 参见北京市高级人民法院民一庭编:《北京民事审判疑难案例与问题解析》(第一卷),法律出版社2007年版,第8~9页。

〔2〕 参见国家法官学院案例开发研究中心编:《中国法院2013年度案例》(物权纠纷),中国法制出版社2013年版,第188页。北京市朝阳区人民法院(2011)朝民初字第04220号民事判决书。

除其钉在邓某某门楣上的铁棍的诉讼请求成立。邓某某如果设置牌匾广告，应经市政市容行政管理部门审批。杨某某在本案诉讼中所称邓某某将住宅改变为经营性用房及其房屋门楣上设置经营性广告牌匾未经其同意的主张与原审法院(2004)沙民一初字第3149号民事判决书及二审法院(2005)乌中民一终字第190号民事判决书所确认的事实相悖，法院不予采信。原审法院判决确认杨某某从其家封闭阳台离地面30厘米处从内向外穿出铁棍的行为不构成侵权不当，法院予以纠正。判决：撤销一审判决，杨某某拔出从阳台由内向外穿出的铁棍。[1]

一楼业主搭建廊架对二楼业主居住安全产生危险的，应当拆除以消除安全隐患。

【案例12－16】　范某诉姜某、某物业公司相邻关系纠纷案

二审法院认为，姜某在其房屋前搭建木质廊架时未征得楼上业主即范某的同意，该廊架延伸至范某主卧室窗下，间距不足1米，对范某的人身、财产构成一定的安全隐患。某物业公司作为物业管理方也给姜某下达了限期拆除的通知。因此，姜某提出不会造成安全隐患的上诉意见，不予采信。虽然范某没有实际入住涉案房屋，但并不妨碍其作为相邻权利人行使权利，故姜某主张范某不享有本案的诉讼主体资格的观点，于法无据，不予支持。综上所述，姜某的上诉请求不能成立，应予驳回；一审判决认定事实清楚，适用法律正确，应予维持。判决：驳回上诉，维持原判。[2]

建筑物区分所有权中的相邻关系适用相邻关系的一般规则。业主如果对相邻方造成损害，应依法承担赔偿责任，不以其对损害事实的发生存在过错为前提。

【案例12－17】　杨某某诉挚合物业公司、马某某健康权纠纷案

一审法院认为，被告马某某虽然雇佣专业公司安装并享有燃气使用证，但对相邻方造成损害，依法亦应承担赔偿责任，不以其对损害事实的发生存在过错为前提。故原告要求被告马某某承担损害赔偿的请求，于法有据，依法应予支持。被告挚合物业公司在接到包括原告在内的业主报修后，采取了相应措施，并依合同约定，给被告马某某送达整改通知书的行为表明，被告物业公司履行了相应的合同义务，故原告要求被告物业公司承担相应赔偿责任

---

〔1〕　参见最高人民法院中国应用法学研究所编：《人民法院案例选》2010年第4辑(总第74辑)，人民法院出版社2011年版，第144～145页。新疆维吾尔自治区乌鲁木齐市中级人民法院(2009)乌中民四终字第69号民事判决书。

〔2〕　参见国家法官学院、最高人民法院司法案例研究院编：《中国法院2021年度案例》(物权纠纷)，中国法制出版社2021年版，第168页。辽宁省丹东市中级人民法院(2020)辽06民终250号民事判决书。

的请求，不予支持。二审法院判决：驳回上诉，维持原判。[1]

相邻权纠纷，邻里之间由于通行、通风、采光、噪声等各种原因，往往会产生诸多矛盾，难以解决，甚至引发更多的纠纷。在对建筑物进行装修、改造等过程中，既要遵循建设规范和施工要求，也要考虑邻居通行、采光等权利，不可以作特殊设计和改造，妨碍其他人的合法权益。

【案例 12－18】 401 房屋业主与 501 房屋业主物业服务合同纠纷再审案

一审法院认为，被告家安装的护栏确实在一定程度上影响了原告家的采光和日照，故判决被告将其南向窗户外护栏尺寸缩小为长 1.9 米，宽 0.5 米，高 1.5 米。二审法院维持原判。再审法院认为，不动产的相邻权利人应当按照有利生产、方便生活、团结互助、公平合理的原则，正确处理相邻关系。本案中，双方系楼上楼下邻居，被告家窗户外护栏的长度和宽度均大于原告家，亦大于该单元其他家庭护栏。一、二审法院根据本案实际情况，考虑善良风俗和纠纷的有效解决，判令被告缩小窗户外护栏尺寸，并无不当。[2]

2. 业主权限合理延伸

《建筑物区分所有权解释》第四条规定："业主基于对住宅、经营性用房等专有部分特定使用功能的合理需要，无偿利用屋顶以及与其专有部分相对应的外墙面等共有部分的，不应认定为侵权。但违反法律、法规、管理规约，损害他人合法权益的除外。"该条是关于业主合理利用共有部分的规定。

业主基于对专有部分享有的权利，可以合理延伸到业主共有部分。对于判断合理使用的标准，一般认为包括以下三个方面：其一，无偿不以营利为目的。其二，基于专有部分特定使用功能的合理需要，以便更好地利用专有部分，达到物尽其用。其三，不违反法律、法规及管理规约，损害他人的合法权益。如何判断业主合理使用范围，是实践中疑难问题，个案中由法官根据具体案情裁定。应注意的是，从单个业主可以利用共有部分的利用时间上讲，不仅可以短期利用，而且可以长期利用。

建筑物区分所有权人虽然是在专有的部分增建夹层，但是其增建夹层的行为利用了属于共用部分，是对共用部分的非正常使用，影响到全体区分所有权人的共同利益。由于增建夹层需要利用房屋的共用部分，而房屋共用部分的所有权由全体区分所有权人享有，不是由批准的行政机关享有，因此增建夹层的行为的实施，必须由建筑物区分所有权人征求全体区分所有权人的意见。

---

〔1〕 参见杜博懿、刘志强：《业主对相邻方承担赔偿责任不以存在过错为前提》，载《人民法院报》2016年8月4日第6版。天津市第一中级人民法院（2015）一中民一终字第1465号民事判决书。

〔2〕 北京市高级人民法院（2023）京民申1020号民事裁定书。

【案例 12－19】 南京市鼓楼区房产经营公司、钟某某等诉江苏盛名实业有限公司房屋侵权纠纷案

二审法院认为，坐落在娄子巷 164 号、166 号和 166－2 号的六层商住楼，是由上诉人钟某某、原审原告房产公司和被上诉人盛名公司区分所有。各区分所有权人既对各自的专有部分享有独立的所有权，又对整幢楼房及其共用部分享有共有权。专有部分，是指由建筑材料组成的四周上下均为封闭的建筑空间。除此以外的房屋的其他部分（包括底层地板以下的掩埋工程），应属共用部分。对共用部分的任何改动，应以不违背共同利益为前提，并须经全体区分所有权人同意，否则即构成对其他权利人共有权的侵害。

被上诉人盛名公司虽然是在其专有部分增建夹层，但是其增建夹层的行为利用了属于共用部分的梁、柱和地板以下的掩埋工程，使梁、柱的负载加大，地梁裸露，是对共用部分的非正常使用，影响到全体区分所有权人的共同利益。盛名公司增建夹层的行为虽然得到行政机关的批准，但这只能说明行政机关从行政管理的角度看，不认为该行为能给社会造成危害，可以实施。由于增建夹层需要利用房屋的共用部分，而房屋共用部分的所有权由全体区分所有权人享有，不是由批准的行政机关享有，因此增建夹层的行为应否实施，必须由盛名公司征求全体区分所有权人的意见。盛名公司以在自己的产权范围内对属自己所有的房屋进行装潢改造为由提出没有侵权的辩解，不能成立。无论上诉人钟某某等住户的房屋是否损坏，无论该损坏是否与盛名公司有关，盛名公司在没有征得全体区分所有权人同意的情况下就利用共用部分给自己增建夹层，都侵害了其他区分所有权人的共有权。故钟某某等住户以盛名公司侵犯了产权人合法权益为由提出的上诉，应予支持。盛名公司应当拆除夹层，将下挖的部分恢复原状。原审判决对各方当事人的房屋所有权形态未作分析，就以相邻权的法律规定解决本案纠纷，是适用法律不当。原审判决盛名公司用高标号水泥砂浆粉刷底层共用部位大平台楼梯间的墙体裂缝，对地梁露筋部分做好保护层和疏通下水管道，是正确的；但以房产公司、钟某某等住户的房屋损害与盛名公司无关为由，判决不予支持房产公司、钟某某等住户的诉讼请求，是错误的，应当改判。[1]

业主对共有部分的使用只要符合设计用途、固有性质，在正常合理的范围内，即可自主进行，无须征得其他业主的同意，其他业主也不得干涉。

【案例 12－20】 商某某诉邵某某等业主共有权纠纷案

判决观点：二被告系仲景花园 × 号楼 6 单元 601 室及其阁楼的合法所有

---

〔1〕 参见《最高人民法院公报》2001 年第 5 期（总第 73 期）。

权人,601 室及阁楼属于二被告的专有部分,其对 601 室及阁楼内部享有占有、使用、收益、处分和排除他人干扰的权利。仲景花园×号楼并未设计通往楼顶的通道,故二被告也就不存在独占通往楼顶通道的权利。楼顶平台在规划设计时考虑到其使用价值,即为了方便业主安放太阳能热水器所用,除此并无其他用途,故楼顶平台应属于业主共有。至于原告所称的被告独占楼顶的主张,因二被告并未将楼顶占为己有,亦未阻止他人使用楼顶(他人已在楼顶安装 1 部太阳能热水器),故对于原告关于二被告独占楼顶的主张法院不予采信。因楼顶属于共有部分,故原告作为业主只要保证在楼顶安全合理使用范围内使用楼顶,无须征得其他所有权人的同意,其他所有权人也不得干涉。根据《山东省物业管理条例》第四十五条"业主利用屋面安装太阳能热水器等设施的,不得破坏屋面,影响房屋安全,物业顶层的业主和物业服务企业应当予以配合"的规定,原告亦有权在楼顶处安装太阳能热水器。至于原告主张的经济损失,因原告并未提供充分证据,且被告亦未侵犯原告使用楼顶的权利,故对原告的该主张法院不予支持。判决:原告商某某有权在仲景花园×号楼 6 单元楼顶处安装太阳能热水器,驳回其他诉讼请求。[1]

【案例 12-21】 张某某诉方某某侵权、排除妨害纠纷案

二审法院认为,本案中,开发商为了使楼盘顶层增值,改变设计,将通往楼面的楼道设在顶层业主家中,并与该楼盘的全体业主约定,楼面的使用权由开发商送给顶层业主使用。《城市异产毗连房屋管理规定》(2001 年)第六条第一款规定:所有人和使用人对共有、共用的门厅、阳台、屋面、楼道、厨房、厕所以及院落、上下水设施等,应共同合理使用并承担相应的义务;除另有约定外,任何一方不得多占、独占。《物业管理条例》(2018 年)第二十七条规定:业主依法享有的物业共用部位、共用设施设备的所有权或者使用权,建设单位不得擅自处分。《物权法》第七十条规定:业主对建筑物内的住宅、经营性用房等专有部分享有所有权,对专有部分以外的共有部分享有共有和共同管理的权利。开发商的这种"买顶层送楼面"的营销手段不仅违反了法律规定,更是侵犯了其他业主的合法权益,即建筑物区分所有权。所谓建筑物区分所有权,是指区分所有权人对于区分所有建筑物的专有部分特别所有权。不论楼盘开发商将通往楼面的楼道如何设计,该楼面仍应当属于整栋楼盘的共用部分,全部业主均有使用权和管理权。因此,张某某认为楼面已由开发商送与自己独家使用,其他业主无权在楼面上安装太阳能热水器的主张,二审法院不予支持。方某某在楼盘共用部分安装太阳能热水器的行为并未侵

---

〔1〕 参见国家法官学院案例开发研究中心编:《中国法院 2012 年度案例》(物权纠纷),中国法制出版社 2012 年版,第 168 页。山东省济南市历城区人民法院(2010)历城民初字第 553 号民事判决书。

犯张某某的权益，二审法院予以支持。[1]

建筑物区分所有权人基于对专有部分的合理需要有权无偿利用共有部分，但不得超出其对专有部分特定使用功能的合理需要。

【案例 12－22】　王某诉黄某建筑物区分所有权纠纷案

判决观点：虽然被告基于对生活热水的需要在楼顶安装太阳能的行为系事出有因，但是就其同时安装三个太阳能的行为被告尚无法证明其出于合理需要，且在未经其他业主建筑物区分所有权人同意、明显违背业主公约的情形下，其擅自安装行为侵犯了其他业主尤其是对楼顶享有特殊利益的原告方的利益，显属不当。此外，被告将三个太阳能并排安放，无端增加了楼顶承重力，定期或不定期地登上楼顶以人力去检修、维护太阳能，都有可能对楼顶瓦片及其隔热、防水层造成安全隐患，减少其使用寿命，妨碍楼顶功能的正常发挥。判决：被告黄某将安装在屋顶房屋上方楼顶的三个太阳能移除，恢复楼顶原状。[2]

由于法律难以对区分所有建筑物共有部分的使用作出详尽规定，所以在处理此类纠纷时，应从物尽其用、有利于生产生活角度出发，结合实际情况，兼顾各方面的利益，适当考虑使用习惯，公平合理地处理此类纠纷。业主不能以自己预测的非常态的安全隐患为由阻止他人正当、合理地使用建筑物的公共部分。如林某诉厦门商意大药房连锁有限公司宁宝分店、厦门市安吉利家物业有限公司物权保护纠纷案。[3]

【案例 12－23】　福建省烟草公司厦门市分公司诉厦门汇景集团有限公司排除妨害纠纷案

二审法院认为，汇景公司开发汇景新城中心商品房项目安装冷却塔之前已进行安装设计，工程施工图纸经厦门市规划局翔安分局审批。厦门市环境保护局关于汇景新城中心建设项目的环境影响报告亦批复同意该项目建设。厦门市规划局翔安分局对汇景新城中心工程施工设计图予以核准，该施工设计图上注明了安装冷却塔的位置，即在烟草厦门公司所购商铺的屋面。该冷却塔的安装用于地下商场的配套使用，冷却塔属项目的附属设备，包含在整个项目中，因此，汇景公司主张其安装冷却塔已事先进行设计审批有相应的依据。本案讼争的涉及商品房项目有关冷却塔的安装问题，烟草厦门公司依

---

〔1〕 江西省赣州市中级人民法院(2007)赣中民一终字第 135 号民事判决书。

〔2〕 参见北京市高级人民法院编：《审判前沿——新类型案件审判实务》2012 年第 4 集（总第 46 集），法律出版社 2013 年版，第 122 页。

〔3〕 参见国家法官学院、最高人民法院司法案例研究院编：《中国法院 2020 年度案例》（物权纠纷），中国法制出版社 2020 年版，第 183 页。福建省厦门市中级人民法院(2017)闽 02 民终 4623 号民事判决书。

据《地铁设计规范》(GB 50157—2003)的规定,主张汇景公司冷却塔的安装不符合设计规范规定控制距离等理由不能成立。汇景公司是否告知烟草厦门公司其购买房产屋面上已有安装冷却塔设计,属房屋买卖签约时买方是否详细了解所购汇景新城中心项目整体的配套设施的争议,烟草厦门公司以汇景公司未告知为由,要求汇景公司拆除设计安装的冷却塔缺乏事实和法律依据,法院不予采纳。烟草厦门公司所购商铺的屋顶为整栋建筑物的公共部分,不存在相对独立性,也不具备烟草厦门公司专属使用条件,且安装的冷却塔是汇景新城中心商品房项目地下商场使用的配套设施,已事先进行了设计,有利于营造地下商场具备良好的使用环境和充分合理的使用,烟草厦门公司没有证据证明汇景公司安装的冷却塔影响其所购房屋的正常使用,其主张汇景公司侵犯其财产权的依据不足,法院不予采纳。烟草厦门公司也未提交相关证据证明汇景公司安装的冷却塔存在安全隐患、噪声污染及无法防患或整改、应当予以拆除等相关证据,故原审判决驳回烟草厦门公司的诉讼请求并无不当。综上所述,原审判决正确,依法应予维持。判决:驳回上诉,维持原判。[1]

建筑物的外墙属于全体业主共有,但专有部分的业主是否在任何情况下都不能使用屋顶以及与其专有部分的业主外墙面等共有部分是需要研究的。从公平和实践上讲,对业主加以限制既不公平,也与现实生活脱节,因为业主基于对专有部分享有的权利,难免有利用共有部分的现实需求。例如,利用与专有住宅相对应的外墙面放置空调外机,提高生活舒适度;或者利用与专有商铺相对应的外墙面设置标识牌,便于顾客识别该商铺。对于前者在业主看来是理所当然的,生活中鲜见提出异议;而对于后者业已形成商业惯例,一般也不予付费使用。就此现象,这是基于业主对屋顶以及其专有部分相对应的外墙面等共有部分拥有合理使用的权利,亦是业主专有权利行使的合理延伸,故对于业主使用共有部分,只要是合理的,法律应予保护。

【案例 12-24】 厦门市凤凰名都业主委员会诉交通银行股份有限公司厦门分行建筑物区分所有权纠纷案

一审法院认为,建筑物的外墙属于全体业主共有,但业主基于对住宅、经营性用房等专有部分特定使用功能的合理需要,无偿利用屋顶以及与其专有部分相对应的外墙面等共有部分的,不应认定为侵权。交行厦门分行系凤凰名都之二至八室房屋的合法承租人,上述房屋系经营性用房,交行厦门分行

[1] 参见国家法官学院案例开发研究中心编:《中国法院 2013 年度案例》(物权纠纷),中国法制出版社 2013 年版,第 197 页。福建省厦门市中级人民法院(2011)厦民终字第 2477 号民事判决书。

基于上述房屋特定使用功能的合理需要,经上述房屋业主同意无偿利用与上述房屋(专有部分)相对应的外墙面(共有部分),即在上述房屋的外墙面设置“交通银行”“24 小时自助银行服务”中英文标识,应认定为合理使用,主要起标明和指示作用,以便于顾客识别该店面。凤凰名都业委会认为交行厦门分行在上述房屋外墙设置的店面标识系广告牌,依据不足,法院不予采信。凤凰名都业委会诉请交行厦门分行注销、拆除广告牌并赔偿损失,缺乏法律依据,法院不予支持。

二审法院认为,交行厦门分行承租的房屋用途均为商业、办公,其使用权来源正当、合法。经实地勘查,上述房屋外墙与公共人行走廊相连,走廊外墙与临街墙面相连。这种建筑即“骑楼”,底层沿街店面后退且留出公共人行空间,但临街墙面部分遮挡了底层店面的外墙。交行厦门分行基于商业办公的需要,在其承租房屋的专有部分相对应的临街墙面设置中英文标识,既符合商用房屋惯常设置、建造和使用目的,又符合民事习惯、社会大众观念及公平合理精神,应属合理使用范畴,凤凰名都业委会的上诉理由缺乏事实与法律依据,原审判决事实认定清楚,适用法律正确,依法应予维持。判决:驳回上诉,维持原判。[1]

3. 业主行使区分所有权专有部分的边界应注意问题

有的法官认为,关于共有部分的具体范围,应当注意下述两个方面的问题。一是注意共有部分的三种重要分类:(1)法定共用部分和约定共用部分的分类;(2)全体所有人部分和部分所有人共用部分的分类;(3)约定专用部分和约定共用部分的分类,或者说共同使用权和专有使用权的分类。二是区分判断专有部分还是共用部分及确定共有权的权属,应当从客体和主体、自然物理属性和功用等方面综合把握。既要注意到共有部分在构造、使用上具有非独立性这一客观方面的重要物理属性,也要注意到共用部分对全体或部分业主在功能用途上的公共性、非排他使用性。[2]

注意与“共有部分专有使用权”的区分。所谓共有部分专有使用权,是指根据法律的规定和区分所有权人的约定,某一个或数个区分所有权人享有排他独立使用共有部分的权利。共有部分专有使用权的主体为特定的区分所有权人或特定第三人,共有部分专有使用权的产生方式有以下三种:(1)全体区分所有权人

---

〔1〕 参见国家法官学院案例开发研究中心编:《中国法院 2017 年度案例》(物权纠纷),中国法制出版社 2017 年版,第 208~209 页。福建省厦门市中级人民法院(2015)厦民终字第 1460 号民事判决书。

〔2〕 参见中国审判理论研究会民事审判理论专业委员会编著:《民法典物权编条文理解与司法适用》,法律出版社 2020 年版,第 147 页。

共同约定而产生，如允许某人在外墙悬挂广告牌、楼顶由某人加盖房屋；(2)商品房开发商在出售商品房时保留了某一部分(如地下停车场)的所有权，之后在这一部分上设立专有使用权；(3)区分所有权人经全体业主同意将某些共有财产提供给区分所有权人以外的其他人使用。需要注意的是，并非所有的共用部分均可设定专有使用权。在构造上有固定的使用方法且为区分所有权人在生活利用上所不可或缺的共用部分，如公共楼梯、公共走廊等，不得设定专有使用权。[1]

不动产权证上未记载分摊面积享有共有部分共有权问题。对区分所有建筑物享有专有权的所有权人当然地享有同一建筑物共有部分的共有权，而不应以不动产权证载明享有该建筑共有部分的建筑面积为要件。在没有特别约定的情况下，建筑物区分所有权人按其专有部分的份额占整幢建筑物份额的比例对其共有部分享有权利和承担义务，建筑物区分所有权人对共有部分的权利从属于其对专有部分的所有权，即共有权随专有权的设定、转移和消灭而产生、转移和消灭。建筑物区分所有权人丧失了专有权，即当然地丧失了共有权。反之，建筑物区分所有权人取得了专有权，即当然地取得了依附于该建筑上的共有权。从这个意义上讲，无论不动产权证上是否只记载专有部分面积而未有分摊面积，专有权人依法都享有共有部分共有权。

【案例12－25】 姜某某诉曹某某建筑物区分所有权纠纷再审案

一审法院认为，姜某某与曹某某对各自住宅套内部分享有专属所有权，而对共用的墙壁、楼梯、楼梯平台享有共有权。相邻之间的楼梯平台属共有财产，任何一方都不能占为己有。现曹某某所建的大门将部分共有的楼梯平台圈为己有，侵犯了姜某某对共有财产享有的权利。判决：曹某某拆除位于双方住宅之间楼梯平台上所建的门，恢复楼梯平台的原状。

二审法院认为，本案中无证据证明房改时姜某某就住房的共有面积作了分摊，且根据双方无异议的房屋平面图可和，姜某某现居住的套内建筑面积大于房屋所有权证中所载明的建筑面积，足以说明姜某某所有的房屋并未分摊共用面积，包括讼争的楼梯平台，所以姜某某无权以建筑物区分所有权来行使对楼梯平台的相关权利，本案的案由应性为相邻权纠纷。本案中，曹某某圈占楼梯平台并未在实质上对姜某某构成妨碍。原审案由定性有误，应予纠正。据此判决：撤销一审判决，驳回姜某某的诉讼请求。

再审法院认为，邵某某之夫姜某某是房屋的合法所有权人，其享有与其所有房屋相毗连的建筑物楼梯共有部分的共有权，不能因为邵某某之产权证的登记面积低于原审认定的房屋实际的使用面积这一事实，进而简单认定其

[1] 参见中国审判理论研究会民事审判理论专业委员会编著：《民法典物权编条文理解与司法适用》，法律出版社2020年版，第152页。

没有合理分摊公用面积，并以此来排斥其对共用楼梯享有的共有权。本案中，曹某某将户门位置前移占用楼梯平台公用面积而且将其作为自己专有部分加以使用，已明显超出合理使用限度的范围，从而侵犯了作为相邻一方邵某某对该共有面积所享有的权利，故曹某某的上述行为依法构成侵权。本案的案由应定性为建筑物区分所有权纠纷。原二审对此定性为相邻权纠纷不当，应予纠正。判决撤销二审判决，维持一审判决。[1]

界定区分所有建筑物的共有部分应从建筑物的自然物理属性和功能用途两个方面综合把握，既要注意到共有部分在构造、使用上具有非独立性，也要注意到共有部分对全体部分业主在功能用途上的公共性、非独立排他使用性。共有部分所有权的取得不以分摊了共有部分面积及支付对价为前提，只要区分所有权人取得了专有部分所有权即同时取得共有部分共有权和成员权。建筑物的共有权与专有权密切相关，其既不能请求分割，也不能单独让与，并且依附于专有权。

【案例 12－26】　明某诉如皋城镇建设开发有限公司、戴某商品房买卖合同纠纷案

一审法院认为，双方讼争的一层通道是大楼一至五层使用的主通道，显属该建筑物的共有部分。原告在购买二层房屋时已实际分摊了大楼二层楼梯的面积，应当对作为楼梯出口的一层通道享有共有和使用的权利。戴某与城镇开发公司签订房屋买卖合同，将属于大楼共有部分的一层通道单独买卖，该处分行为未征得其他共有人的同意，侵犯了明某作为该楼业主对通道所享有的共有权。原告购买时是否实际分摊了讼争通道的面积，不能作为两被告抗辩其道通买卖合法的依据。判决：城镇开发公司与戴某 2004 年 10 月 14 日签订的商品房买卖合同中涉及如城镇海阳中路 9 号地综合楼一层通道买卖的部分无效。

二审法院认为，建筑物的业主对建筑物的公有部分享有共有和共同管理的权利。明某购买房屋二层，虽然有一个专用通道，但其购买的房屋用于经营宾馆，按照要求宾馆应当具备双通道才能通过消防验收。城镇开发公司在出售房屋已经知道明某购买房屋的用途，其出售给戴某时就应考虑到两个以上业主对于通道、楼梯等公用部分享有共同共有和共同管理的权利，不应对大楼的公用部分进行分割出售。城镇开发公司与戴某的房屋买卖合同把一楼通道及二楼楼梯之外的楼梯均卖给戴某一人所有，这违反了法律的规定，故该部分应属无效。戴某上诉称一审认定通道为建筑物公用部分错误的理由，没有法律依据，法院不予采信。一审认定事实清楚，实体判决并无不当。

---

〔1〕 江苏省南通市中级人民法院(2006)通中民再终字第 0040 号民事判决书。

判决：驳回上诉，维持原判。[1]

现行法律对相邻关系中的权利类型采用了列举形式加以设定，尚无视觉卫生权、眺望权等新类型权利。但在特定环境中，物权主体权利的行使对相邻关系中特定主体的视觉卫生权构成侵害的，侵权之物权主体应当承担排除妨碍、赔偿损失等法律责任。如前举的黄某某、沈某某诉无锡市锦江旅游客运有限公司、无锡城建物业管理有限公司侵权赔偿纠纷案。[2]

业主在建筑物区分所有权中的容忍义务问题。为既有多层住宅增设电梯，必然会产生传统相邻关系的法律后果，如影响通行、采光，产生噪声等。但囿于各地经济发展程度不同，对电梯"最低需要"标准不一，现有法律对该类情形无法作出统一强制性规定，试点地区采用鼓励、帮扶等政策。当绝对所有权与相邻关系容忍义务相冲突时，利益衡量成为焦点与难点，在考量受损利益时，可以结合考虑受损的是财产利益、人身健康，还是生活上或营业的不便等。为多层住宅增设电梯，方便老人出入，改善居住环境，对底楼的业主造成的"损害"，也在法律允许范围内，因此具备了合理性与合法性。社会利益需要保护和增加的价值，要求业主专有权利益予以限缩。

【案例12-27】 王某等诉郭某等排除妨害纠纷案

一审法院认为，为既有多层住宅增设电梯，系政府为适应社会经济发展和满足人口老龄化需求而推行的一项实事工程。电梯安装或许会给底楼住户的采光造成一定影响，但本着方便生活、团结互助的原则，底楼住户应当给予其他业主安装电梯的便利并接受一定的限制。且郭某等5人作为底楼业主代表最初亦在电梯安装申请表上签字，表明其对7号楼加装电梯事宜亦是同意的，现其反悔并实施阻挠，违反了诚实信用原则。虽然电梯安装是宇环电梯工程公司实施的，但王某等7人是3楼至6楼房屋的产权人，宇环电梯工程公司是根据王某等7人的委托而施工的，故王某等7人有权从相邻权纠纷的角度出发，要求郭某等5人排除妨碍。郭某等5人认为王某等7人主体不适格的答辩意见不予采信。至于经济损失，虽然王某等7人已按约支付了宇环电梯工程公司第一期电梯加装费用，但该公司在勘测时即已遭到郭某等5人的阻挠，并未正式进入施工，且该笔费用亦是日后继续安装电梯所必须产生的，现施工延期或许有损失存在，但尚不确定，故对于王某等7人要求赔偿经济损失185,000元的请求，不予支持。因诉讼具有专业性，故王某等7

[1] 参见《人民司法·案例》2009年第14期。

[2] 参见最高人民法院中国应用法学研究所编：《人民法院案例选》2009年第1辑（总第67辑），人民法院出版社2009年版，第247~250页。江苏省无锡市高新技术产业开发区人民法院（2007）新民一初字第0695号民事判决书。

人聘请律师具有一定合理性，且王某等7人已提供聘请合同及律师代理费发票，证明其已产生了该部分损失，酌情支持律师代理费3500元。判决：郭某等5人应立即停止对宇环电梯工程公司施工的妨碍，使宇环电梯工程公司能继续实施电梯改造工程，并支付王某等7人律师代理费3500元。二审法院亦持同样意见，维持一审判决。[1]

4. 业主改变住宅用途限制条件问题

《民法典》第二百七十九条规定："业主不得违反法律、法规以及管理规约，将住宅改变为经营性用房。业主将住宅改变为经营性用房的，除遵守法律、法规以及管理规约外，应当经有利害关系的业主一致同意。"该条规定是业主行使区分专有所有权应恪守的底线。实践中，业主改变住宅用途的形态复杂多样，不仅是改变住宅结构，还改变住宅性质，其改变住宅性质是认定疑难问题。

【案例12－28】　张某诉郑某某、甲公司建筑物区分所有权纠纷案

二审法院认为，本案中，甲公司租赁讼争房屋用于放置光纤传输机柜作为数据传输汇聚节点，以建设有线光纤传输宽带网络，解决"平安城市"视频监控录像传输、无线城市综合项目WLAN（无线局域网）、周边居民小区宽带、固定电话等接入业务的汇聚、交换需求。首先，从其用途可以看出，其租赁讼争房屋并不是为了生活居住，而是为了从事经营性活动。其次，根据《建筑物区分所有权解释》第十条第一款和第十六条第一款的规定，甲公司应承担相应的责任。被上诉人郑某某明知其嫂子刘某某将讼争房屋出租给被上诉人甲公司用于建设通信机房，仍对该房屋租赁合同予以认可，其应与甲公司共同承担责任。[2]

【案例12－29】　赵某某等8人诉某移动运营商排除妨碍恢复原状纠纷案

二审法院认为，首先，某移动运营商在其自购商品房内设置通信基站，从事移动通信作业，是否属于《物权法》禁止的将住宅改变为经营性用房？根据《物权法》第七十七条的规定，业主若需将住宅改变为经营性用房，必须同时满足两个条件：遵守法律、法规以及管理规约；应当经有利害关系的业主同意。本案中，某移动运营商明知该小区23栋商品房属住宅性用房，在未经有利害关系的业主同意的情况下，擅自在房屋内搭设工业通信基站设施，从事

---

〔1〕 参见国家法官学院、最高人民法院司法案例研究院编：《中国法院2021年度案例》（物权纠纷），中国法制出版社2021年版，第161～162页。上海市第二中级人民法院（2019）沪02民终11741号民事判决书。

〔2〕 参见最高人民法院案例指导与参考丛书编选组编：《最高人民法院物权案例指导与参考》，人民法院出版社2018年版，第151页。

无线通信作业，与原有房屋性质即个人、家庭日常生活居住使用目的相悖，应认定为将住宅改变为经营性用房。其次，某移动运营商在其自购商品房屋顶架设天线是否构成对其他业主共有部分权利的侵害？某移动运营商与赵某某等8人均系小区23栋楼屋顶的共同共有人，然而某移动运营商在屋顶架设发射天线与更好地利用专有部分居住功能关系，并非基于专有部分居住功能对共有部分的利用，实属增强发射信号，实现公司营利的目的。故某移动运营商架设天线，擅自占用共有部分进行经营性活动，已对同栋楼房其他业主的共有权利造成侵害，应依法支持赵某某等8人的相应诉请。故判决：驳回上诉，维持原判。[1]

【案例12－30】 唐某亮等6人诉中国联合网络通信有限公司桂林市分公司建筑物区分所有权纠纷案

二审法院认为，中国联合网络通信有限公司桂林市分公司未经有利害关系的业主同意在涉诉房屋内安装机器、通信设备，其最终目的是从事经营性活动，以收取通信费用，为其公司产生经济收益，一审判决认定其改造涉诉房屋的行为属于将住宅改变为经营性用房正确。从现场情况来看，中国联合网络通信有限公司桂林市分公司在涉诉房屋内放置了大量的通信设备及空调等，其在本案中虽举证证明了涉诉房屋不存在辐射风险，但危及涉诉住宅楼内其他住户安全的因素不只是辐射，还有噪声、用电、消防等方面的因素。因此，唐某亮等当事人在本案中提出的诉讼请求有事实和法律依据，一审判决中国联合网络通信有限公司桂林市分公司拆除涉诉房屋的机房及通信设备，恢复房屋住宅用途正确，二审法院应予以维持。判决：驳回上诉，维持原判。[2]

小区业主改变住宅用途须经有利害关系的业主一致同意。

【案例12－31】 黎某红、邱某芳诉某通信公司建筑物区分所有权纠纷案

二审法院认为，根据黎某红、邱某芳的一审诉讼请求以及双方当事人之间的法律关系，一审法院将本案定性为建筑物区分所有权纠纷是正确的，某通信公司主张本案属于相邻关系纠纷，理由不成立，法院不予采信。某通信公司未经有利害关系的业主同意在案涉房屋内安装光纤传输机器等通信设备，其最终目的是从事经营性活动，收取通信费用，为其公司产生经济收益，一审判决认定其改造涉案房屋的行为属于将住宅改变为经营性用房是正确

---

〔1〕 参见《人民司法·案例》2014年第4期（总第687期）。湖北省荆门市中级人民法院（2013）鄂荆门民一终字第00212号民事判决书。

〔2〕 参见国家法官学院案例开发研究中心编：《中国法院2019年度案例》（侵权赔偿纠纷），中国法制出版社2019年版，第265页。广西壮族自治区桂林市中级人民法院（2017）桂03民终2869号民事判决书。

的，某通信公司主张涉案房屋用途属于服务性用房而非经济性用房，缺乏事实依据，法院不予支持。从现场情况来看，某通信公司在涉案房屋内放置了通信设备及空调等，虽然将专用空调更换为家用空调以消除黎某红、邱某芳房屋地板凝结水珠问题，但危及涉案住宅楼内其他住户安全的因素不只是空调发热的问题，还有噪声、用电、消防等方面的隐患因素，因此一审判决某通信公司将所有光纤传输设备搬离涉案房屋以恢复房屋的住宅用途是正确的，法院予以维持。某通信公司主张其在自有房屋内放置通信设备符合国家规定而不应搬离，依据不足，法院不予支持。判决：驳回上诉，维持原判。[1]

【案例 12－32】 徐某华诉某通讯公司上饶市分公司、某通讯公司广信区分公司建筑物所有权纠纷案

一审法院认为，通信机房运行系通信经营活动的一部分，将住宅改用作通信机房，属于《民法典》第二百七十九条规定的将住宅改变为经营性用房的“住改商”行为，应当取得有利害关系的业主一致同意。同意原则上应以明示方式做出，在利害关系人持续信访的情形下，也不应推定其同意。判决：某通讯公司上饶市分公司、某通讯公司广信区分公司拆除位于上饶市广信区某小区 2 栋 2 单元 201 室光纤、宽带传输设备，恢复房屋的住宅用途。二审法院同意一审法院裁判意见，判决：驳回上诉，维持原判。[2]

业主对只要房屋的用途发生改变，属于将住宅改变为经营性用房，应按业主改变住宅用途的规定处理。

【案例 12－33】 张某诉郑某伟、中国联合网络通信有限公司武汉市分公司建筑物区分所有权纠纷案

判决观点：在审理建筑物区分所有权案件时，即使业主对房屋的使用没有给其他区分所有权人造成噪声、污水、异味等影响，只要房屋的用途发生改变，由专供个人、家庭日常生活居住使用改变为用于商业、工业、旅游、办公等经营性活动，即可认定该行为影响了业主的安宁生活，属于将住宅改变为经营性用房，应依照《物权法》第七十七条关于业主改变住宅用途的规定处理。房屋使用人将住宅改变为经营性用房的，应承担与业主相同的法定义务，除遵守法律、法规和管理规约外，还应当经有利害关系的业主同意。[3]

---

〔1〕 参见国家法官学院、最高人民法院司法案例研究院编：《中国法院 2023 年度案例》（物权纠纷），中国法制出版社 2023 年版，第 111～112 页。广西壮族自治区贵港市中级人民法院（2021）桂 08 民终 2556 号民事判决书。

〔2〕 参见国家法官学院、最高人民法院司法案例研究院编：《中国法院 2023 年度案例》（物权纠纷），中国法制出版社 2023 年版，第 115 页。江西省上饶市中级人民法院（2021）赣 11 民终 2421 号民事判决书。

〔3〕 参见《最高人民法院公报》2014 年第 11 期。

业主对房屋使用没有给其他区分所有权人造成噪声、污水、异味等影响，只要房屋的用途发生改变，由专供个人、家庭日常生活居住使用改变为商业、工业、旅游、办公等经营性活动，即可认定该行为影响了业主的安宁生活，属于将住宅改变为经营性用房，应按业主改变住宅用途的规定处理。如张某诉郑某某、中国联合网络通信有限公司武汉市分公司建筑物区分所有权纠纷案。[1]

业主专有部分用于群租是否认定为住改商是有争议且需要深入研究的问题。群租不同于合租、家庭旅馆等短期租赁的一种特殊租赁的房屋租住方式，但原则上仍在使用业主专有部分原有用途，应当受《民法典》及相关法规的调整。在现行法律、法规对群租没有具体规定的前提下，对群租带来的问题应予以必要规制。群租的业主作为建筑物的区分所有权人，其物权受到其他业主的区分所有权的限制，可以根据《民法典》以及《物业管理条例》等规定，通过制定管理规约、形成业主大会或业主委员会决议的形式禁止小区内的群租行为，并授权物业服务人加以防范。社会生活中，群租现象是否改变住宅用途成为商住房，需要从法律层面予以明确规定。但有一点可以肯定，群租不是业主行使建筑物区分所有权的合理延伸。

---

〔1〕 参见《最高人民法院公报》2014 年第 11 期。

二、业主撤销权行使处理

(一)业主撤销权理解

随着我国房地产市场和物业服务行业的发展,因业主撤销权引发的纠纷不断涌现,业主就业主委员会的某一行为或发布的某一文件提起诉讼。业主撤销权是法律规定的一项业主重要权利,是一种新型的撤销权。

撤销权为溯及地使可撤销的民事行为归于消灭的权利。[1] 业主撤销权属撤销权的一种,业主若认为业主大会或业主委员会作出的决定侵害其合法权益或违反法定程序,有权在法定期限内向人民法院请求撤销该决定。设立业主的撤销权,是为了防止业主大会或业委会滥用权利作出决定而侵害业主的合法权益。[2] 《民法典》第二百八十条第二款规定:"业主大会或者业主委员会作出的决定侵害业主合法权益的,受侵害的业主可以请求人民法院予以撤销。"《物业管理条例》第十二条也作了同样规定。这是业主行使撤销权的法律依据。

业主撤销权之诉中的合法权益界定是疑难问题。业主撤销权之诉与普通形成之诉最大的不同点在于,少数业主提起的诉讼一旦得到法院支持,其后果将会撤销多数业主参加会议形成的决议。无论是决议程序瑕疵或者内容瑕疵,其后果都是已形成的决议失效,多数业主集体行为造成的结果应自行承担,恢复到未作出决议时原状的后果。如果决议被撤销,该决议以撤销时点为基准向将来失效;如果该决议无效,那么该决议自始无效。侵犯小区全体公共利益的自然应界定为侵犯了业主合法权益,这没有争议。对于决议既涉及公共利益也涉及个人利益的事项,例如物业费标准从 1.5 元提高到 2.2 元,多数业主通过决议制度形成共同意思,个别业主认为侵犯了自己的合法权益,是否构成撤销权诉讼中的合法权益有争议,尚需要研究分析。笔者认为,提高物业费标准当然是对业主自身利益的侵犯,更多的实质上是对业主共同利益的侵犯,不能只认为侵犯业主自身合法权益而否认侵犯业主共同利益。应该肯定,少数业主提起撤销

---

〔1〕 参见梁慧星:《民法总论》,法律出版社 2001 年版,第 221 页。

〔2〕 参见姚辉:《〈物权法〉上的业主撤销权及其适用》,载《法学论坛》2009 年第 6 期。

权之诉是为了救济其共有部分的合法权益,而非专有权利。在这个问题上有广义和狭义解释两种区分,广义的解释认为业主大会的决议不论侵犯了业主的共同权益还是专有权利,业主都可以此为据请求法院撤销。而狭义的解释为通说,即业主大会的决议侵犯了业主的共同权益方可提起撤销权之诉,限制对业主专有权提起诉讼,也限制非业主提起撤销权之诉。换言之,业主大会或者业主委员会决议如果对社会其他主体造成了不良后果,社会其他主体可以按照法律规定直接提起侵权之诉、相邻关系等相关诉讼,而不能也不必请求法院撤销该决议。

【不同处理】 有的法院认为,业主大会或者业主委员会决议不论侵犯业主公共利益还是业主专有权的,业主都可以此为依据请求法院予以撤销。

【案例 12 -34】 南京秦淮晨光幼儿园诉南京市赛世香樟园业主委员会业主撤销权纠纷案

南京秦淮晨光幼儿园在小区内拥有规划用途为幼儿园的自有房产,小区的业主通过大会的方式形成不同意南京秦淮晨光幼儿园在规划地点开办幼儿园的决议,南京秦淮晨光幼儿园遂诉至法院请求撤销该决议,一、二审法院均支持其请求。[1]

在审判实务中应当注意:第一,在撤销权诉讼中,解决的问题是决议是否符合法律规定或者业主规约的规定,而非各区分所有权的专有部分的面积到底是多少、建筑物总面积到底是多少的问题。如果当事人在诉讼中请求确认其专有部分面积或者建筑物总面积的,法院不应当在同一诉讼中进行处理。从诉讼法的角度看,该请求所形成的诉讼标的与撤销权之诉的诉讼标的是两个,应当分别处理。第二,如果在撤销权诉讼中,一方当事人认为不动产登记簿、测量报告或者房屋合同中记载的面积错误,申请实际测量的,应当不予准许。[2]

根据《建筑物区分所有权解释》第十二条的规定,业主行使撤销权的期限为1年。此期限属于除斥期间,不发生中止、中断或者延长的法律效力,期间经过,撤销权当然、确定、绝对地消灭。实践中,因起诉对象错误而导致除斥期间经过的不利后果,应由原告业主承担。为了维护法律行为的稳定性,法官依法驳回原告业主的起诉。

【案例 12 -35】 王某等诉和贵馨城小区业主大会业主撤销权纠纷案

一审法院认为,根据《物权法》第七十八条第二款……之规定,王某等10

---

〔1〕 江苏省南京市中级人民法院(2012)宁民终字第150号民事判决书。

〔2〕 参见最高人民法院民事审判第一庭编著:《最高人民法院建筑物区分所有权、物业服务司法解释理解与适用》,人民法院出版社2009年版,第134页。

人有权就和贵馨城小区业主大会所作出的侵害其合法权益的决定行使撤销权。行使权利的时间应为2016年12月5日知晓物业费上调的决定时起算。王某等10人于2018年9月13日提起本案诉讼,已超过1年的撤销权行使期间。此外,业主撤销权的行使期间属于除斥期间,不发生中止、中断或者延长的法律效力,期间经过,撤销权当然、确定、绝对地消灭。虽然王某等10人已于2017年7月14日向法院提起过诉讼,但将起诉对象错误地认定为和贵馨城业委会,导致其向适格的被告所提出的诉讼请求超过法定的行使期间,其应当自行承担由此造成的法律后果。因此,该诉讼并不影响撤销权行使的起算时间为2016年12月5日的计算。判决:驳回王某等10人的诉讼请求。二审法院同意一审法院的裁判意见。[1]

从《物权法》到《民法典》,均规定了业主认为业主大会或业主委员会侵害了业主合法权益的,可以请求法院予以撤销,但对于业主撤销权的行使,法律也没有更为详细的、具有可操作性的细则,导致实践中业主撤销权诉讼比较混乱,因此,有必要对争议的问题予以梳理。

1. 业主撤销权条件

实践中,准确把握业主撤销权的条件,充分权衡业主委员会决议瑕疵与全体业主利益之间的关系。对业主行使撤销权前提条件应考虑以下三方面因素。

其一,权利主体适格性。业主撤销权的权利主体为业主,但应明白并非所有认为其合法权利受到侵害的业主都有权提起撤销权之诉。业主在参加表决时所表达的意见应当作为判断其嗣后能否提起撤销权之诉的依据。司法解释制定者认为,基于简化诉讼关系消除滥诉干扰的目的,有权提起撤销权诉讼的主体应当限于在业主大会以及业主委员会投票明确表示反对的业主。在表决过程中投票赞成以及未明确表示异议的业主事后不得提起撤销权之诉,以维护业主大会以及业主委员会作出的正当决定的法律效力,杜绝见风使舵、出尔反尔、投机取巧的行为,同时这也符合诚实信用原则以及允诺后禁反言原则。[2] 也就是说,业主参加业主大会或业主委员会发表过同意意见,根据诚实信用原则和禁止反言规则,限制业主在之后就其同意的意见提出撤销。

---

〔1〕 参见国家法官学院、最高人民法院司法案例研究院编:《中国法院2021年度案例》(物权纠纷),中国法制出版社2021年版,第184页。四川省成都市中级人民法院(2019)川01民终16088号民事判决书。

〔2〕 参见最高人民法院民事审判第一庭编著:《最高人民法院建筑物区分所有权、物业服务司法解释理解与适用》,人民法院出版社2009年版,第180页。

【案例 12－36】 王某某诉广州市某区 JYX 业主委员会业主撤销权纠纷案

一审法院认为，根据 JYX 业主委员会向法院提交的表决票原件，赞成选聘 RD 公司的业主人数和面积均已超过半数，因此选聘 RD 公司作为 JYX 物业服务企业的过程未违反法律规定。虽原告提出上述表决票中有 82 份业主签名并非其本人签写，但其提交的业主证明不能直接证实表决票上的签名非真实，且在诉讼过程中撤回了鉴定签名真实性的申请，故法院对原告提出的表决票的签名不具真实性的抗辩意见不予接纳，驳回原告的全部诉讼请求。二审法院认为，原告已经投了赞成票，根据"禁反言"的基本原则，不得作为原告起诉；物业服务合同并非业主委员会决议，有权提出撤销该合同的应为该合同的签约当事方，故法院裁定维持一审判决，驳回原告的起诉。[1]

对于业主未参加业主大会或业主委员会表决的情形，应区分两种情形讨论。其一，如果未收到合法通知的自然不受限制，业主的撤销权不受任何影响。在未收到表决票和选票的情况下，业主未投票而作弃权票处理，属于被动弃权，其有权作为原告提起诉讼。其二，倘若业主在收到通知或者应当收到通知时未予以表示，理论上有两种不同观点。一种是可适用推定规则视为业主对其自身权利的放弃，从而限制其撤销权的行使。应注意的是，默示推定规则的适用应当慎重，其目的就在于确保意思自治。但是，如业主大会或业主委员会在充分尊重意思自治的前提下，也就是已经全体业主表决通过，其适用可以避免表决不能的困境，具有合法性和合理性，应当予以认可。换言之，业主大会议事规则中明确规定默示推定的适用，在业主委员会履行充分通知义务且不损害业主意思表达之自由的情况下，将默示推定为同意具有合理性。另一种是业主并非放弃撤销权。业主未出席业主大会或业主委员会，其对自身参与权、表决权的放弃并不意味着其丧失对业主大会或业主委员会适当运营的合理期待，并不等同于其对决定程序和内容的认同，二者不能也不应该画等号。自动放弃出席业主大会或业主委员会的业主对有瑕疵的决定具有利害关系，不存在以自己的行为放弃撤销权的问题，其撤销权行使不应受到限制。

业主主动不参与表决的，依法享有撤销权。法理同上段第二种观点所述，不再重复。

实践中，有的法院依据地方制定的物业管理规定认为业主委员会默示表决规则投票不合法，其作出的决议应予撤销。

---

〔1〕 参见程磊、周滨：《律师说法：业主委员会及物业服务纠纷案例评析》，法律出版社 2020 年版，第 44 页。

【案例 12－37】　DF 公司诉 HW 新城业主委员会业主撤销权纠纷案

判决观点：DF 公司作为业主，认为 HW 新城小区首届业主大会表决通过的决议侵害其合法权益，有权提起本案诉讼。根据《广东省物业管理条例》第二十三条的规定，业主大会会议表决采用记名投票的方式。业主应在表决票上明确表达其赞成、反对或弃权的意思表示。筹备组采用“默示表决规则”统计投票结果，而“默示表决规则”并未经人数和面积“双过半”的业主同意，违反了法律规定。判决撤销 HW 新城小区首届业主大会表决通过的 HW 新城小区业主大会议事规则、HW 新城小区管理规约，撤销选举产生 HW 新城小区业主委员会成员的决议。[1]

【不同处理】　有的法院否认未投票视为有效同意条款效力。

【案例 12－38】　广州市宏富房地产有限公司诉广州市番禺区大石街河湾小区第一届业主委员会业主撤销权纠纷案

二审法院认为，投票行为应当以明示为之，默示投票的方式侵害了业主合法权益，故判决对业主大会决议予以撤销。[2] 该案二审法院推翻了一审法院的判决理由。

对于业主委员会向业主送达的表决票中，载有“已送达的征求表决意见单，业主在规定的时间内不反馈意见或者提出同意、不同意、弃权意见的视为同意”。业主以表决票中的上述条款违法为由主张撤销的，有的法院不予支持。

【案例 12－39】　俞某诉上海市徐汇区中虹汇之苑业主委员会业主撤销权纠纷案

一审法院认为，这一表决形式，目前并无法律的禁止性规定，并且在《表决票》中也明示了这一条款，并未误导、影响业主的表决意向。同时，这一表决形式客观上也有利于促使业主积极行使投票的权利，故判决驳回俞某的诉请。二审法院认为，该条款实为表决票的计票方法或规则，属小区业主自治范畴，相关物业管理法律法规对此无明文规定，因此上诉人主张该条款违反法律规定，缺乏依据，维持原判。[3]

提起撤销权之诉的原告可以是单个业主，也可以是部分业主共同诉讼。在多个业主分别起诉的，法院可以合并审理。在一个小区内，某栋楼的业主可以对业主委员会作出的涉及该栋楼的决定提起诉讼。也就是说，一个业主、部分业主或

---

〔1〕　参见程磊、周滨：《律师说法：业主委员会及物业服务纠纷案例评析》，法律出版社 2020 年版，第 29 页。

〔2〕　广东省广州市中级人民法院（2018）粤 01 民终 9963 号民事判决书。

〔3〕　上海市第一中级人民法院（2010）沪一中民二（民）终字第 2697 号民事判决书。

全体业主均可以对侵害自身权益的行为提起诉讼。当他们作为原告时，均具备主体资格。其诉讼不以业主委员会决定实际侵害业主权益为前提，只要业主认为侵害其合法权益即可。最高人民法院民一庭意见：业主以违反法定程序为由请求撤销业主大会所作决定的，人民法院应当受理并对业主大会所作决定是否符合法定程序进行审查。[1] 在该意见中并未要求主体是部分业主或全体业主。

【案例 12－40】 康某某诉甲小区第三届业主委员会业主撤销权纠纷再审案

再审法院认为，本案焦点在于康某某是否有权作为原告就撤销甲小区业委会关于物业选聘等决定单独起诉。甲小区业委会关于物业选聘等的决定，属于涉及共有和共同管理的权利的重大事项，根据《物权法》第七十六条的规定，应经专有部分占建筑物总面积过半数的业主且总人数过半数的业主同意。业主以业主大会或业主委员会决定侵害其权益为由提起撤销权之诉是业主的一项法定权利，法律并未规定业主行使该项权利需以业主大会授权为前提。本案中，选聘物业服务企业显然属于涉及全体业主合法权益的决议，康某某系案涉小区的业主，理当享有对该项决定提起诉讼的权利。[2]

其二，权利行使的违法性。违法性包括程序违法和内容违法两个方面。对于程序违法而言，只有在业主大会或业主委员会违背议事规则且该程序瑕疵达到一定程度，如没有通知或表决计票虚假等情况，业主才享有撤销权。对于内容违法而言，只有在业主大会或业主委员会违背法律法规的效力性强制性规定，或者违背业主大会或业主委员会议事规则的，如决策目的非正当、决策内容越权或损害全体业主的合法权益等情况，业主才享有撤销权。

关于违法程度的把握。业主行使撤销权背后隐含个别业主或少数业主与全体业主利益的冲突，在大多数业主形成决议的前提下，撤销其决议必然涉及全体业主的利益。如果仅以程序存在瑕疵或单以程序考虑，或仅以内容稍有不妥便行使撤销权，势必造成不良后果。应当从全体业主利益出发，权衡程序或内容瑕疵的度是否危及业主意思表达的真实性，从而作出正确判断。

其三，决策后果的致害性。判断业主大会或业主委员会的决议是否具有侵害性，应参照数量和时间两方面因素作标准。就数量而言，小区内业主众多，业主大会或业主委员会的决定虽然在客观上体现了多数业主的意志，但同时也会侵害个别业主或部分业主的利益。但必须强调的是，决定是否侵害业主利益不能以声称受侵害业主的绝对人数为标准，而必须考虑该决定对声称受侵害业主的实体权益造成损害。就时间而言，只要业主大会或业主委员决定存在违法性、致害性，即使

〔1〕 参见最高人民法院民事审判第一庭编：《民事审判指导与参考》2008 年第 2 集（总第 34 集），法律出版社 2008 年版，第 103 页。

〔2〕 浙江省高级人民法院（2019）浙民再 133 号民事裁定书。

损害未发生,也应当将其作为侵权的因素认定,而不以受侵害业主损害后果实际发生为条件。

业主行使撤销权应证明其合法权益受到侵害事实。具体来讲,主要包括以下三个方面:其一,关于选票是否送达的认定。业主委员会根据业主提前留存的联系方式向业主送达选票,业主未提供证据证明变更了联系方式,该送达方式应视为有效送达,并未侵害业主的投票权。应注意的是,对于类似幼儿园、会所等长期以出租为业的非住宅,对业主选票的送达宜作宽松认定,此前成功送达的路径在无其他证据推翻的情况下可作为此后送达的参照。其二,关于投票是否已经达到法定人数、面积过半标准的举证责任分配。若业主认为投票未达到法定的人数、面积双过半标准,则业主委员会应提供全部选票由业主核对,此时举证责任发生转移,业主应就其认为有问题的选票进行举证,若逾期未举证证明则应承担不利后果。其三,在不影响选票人数、面积双过半标准的情形下,行使撤销权的业主以其他业主的选票涉嫌造假为由主张自己的合法权益被侵害,缺少事实和法律依据,法院不予支持。

具体案件中,应注意把握业主的合法权益是指人身权、财产权等平等主体间的民事权益,业主合法权益受侵害的标准应是明确具体而不应模糊抽象的,法官应坚持适度从严的判断标准。例如,业主诉称业主大会侵犯了其参与小区治理的权利,而小区自治本身就是基层民主的形式,民主权利更多的是政治权利,不应笼统地归为民事权利。同时,也不能说业主大会的决议与本人意见不同,就是侵害了本人权益,这并不符合民主的精神,是否属于合法权益也值得商榷。

2. 业主撤销权对象

实践中业主行使撤销权,要求撤销的对象复杂多样,厘清业主撤销权的对象及其性质、剖析业主撤销权行使对象的构成要素,是正确解决业主撤销权纠纷的前提和基础。

对法律规定业主撤销权对象的理解。《民法典》第二百七十八条正面规定了业主成员权范围问题,第二百八十条则规定了成员权被侵害时的救济权问题,该两条共同构成对业主合法权益的保护,也是撤销权的对象,即只要决议内容属于共同决定事项均为撤销权对象。若将业主有权行使撤销权的对象仅限于《民法典》第二百七十八条第四项、第五项、第六项和第七项规定的决议,这显然不符合立法逻辑。成立业主大会、业主委员会本身是为了物业管理的方便,业主大会、业主委员会成立产生的决议均属于有关物业管理的决议,故《物业管理条例》第十九条规定本身并没有问题,有关《民法典》第二百七十八条所列事项均属于业主撤销权的撤销对象。

业主撤销权对象,应明确定位在业主大会或业主委员会作出的决定,该决定

从性质上属于业主团体作出的决议,系民事法律行为的一种,因此其应具备民事法律行为的三要素,即民事主体、意思表示以及设立、变更、终止法律关系。同时,还应结合业主撤销权自身特征具备相应的构成要素。业主撤销权案件中,应从业主要求撤销的对象进行甄别,可通过行为主体、行为对象及行为结果三个方面进行考量。

其一,行为主体是业主大会或业主委员会。按照多数学者的观点,决议行为是特殊多方法律行为,决议系由若干人组成的机构通过意思表示表达出来,并形成的多数决结果。作出该多数决意思表示结果的机构则为决议的行为主体。该主体的判定并非仅以文件署名为准。实践中存在业主委员会以其自身名义发布业主大会作出相关决议的情形,由于文件内容实为对业主大会某项决议的公示,因此该决议应为业主大会决议。对于业主委员会代表业主大会实施的行为,或由业主大会授权实施的行为,虽其对外效力可视为业主大会的行为,但业主撤销权之诉针对的是对内效力,故该行为的主体应为业主委员会。

判断行为主体的目的,在于在起诉状上列明具体被告。业主大会系非常设机构,其是通过召开会议作出决议的决策性机构,一般不直接对外从事民事活动,亦无独立财产,故从严格意义讲,业主大会不属于民事诉讼主体,而属于法律拟制的民事主体。业主委员会作为民事诉讼当事人已得到司法实践的认可,法院在裁判文书中列明业主委员会为被告而非业主大会。从二者的关系上讲,业主委员会是业主大会的执行机构,业主大会作出决定的相关资料由业主委员会收集和保管,业主委员会可以代表业主大会参加诉讼,并就作出决定合法性承担举证责任,同时承担法院的裁判结果。换言之,在撤销权诉讼中,如果业主要求撤销的是业主大会作出的决议,法院应当认定业主委员会作为被告参加诉讼的主体资格地位,但在诉讼中必须明确业主要求撤销的决议系由业主大会还是业主委员会作出,即明确被撤销决议作出的主体。

其二,行为对象为小区物业服务或管理事项。根据《物业管理条例》规定,业主大会、业主委员会应当依法履行职责,不得作出与物业管理无关的决定,不得从事与物业管理无关的活动。业主大会或业主委员会作出的决定应当与物业管理相关,因此业主行使撤销权要求撤销的对象应当系与物业服务或管理相关决定。对于业主委员会作出属于小区公共管理事项,但超越《民法典》《物业管理条例》等相关法律法规或业主大会赋予的职责的越权行为,应视为业主委员会作出的决议。业主委员会作出的与小区物业服务或管理事项无关的决定,由于超越了业主委员会设立的行为范畴,不产生相应约束力,业主认为侵害其合法权益的当然依法可以提起诉讼,但不是撤销权之诉。

其三,行为结果具有结论性。业主撤销权的对象必须是针对物业服务或管理事项作出的具有具体结论性的处理,涉及法律关系的设立、变更或终止,并且受侵

害的权益应当是具体的，而非模糊性、抽象性的权利。在实践中，业主委员会作为业主大会的执行机构，在其授权范围内做出诸多程序性、告知性、征询性的行为。此类行为因未对业主相关权利义务产生实质性影响，不具有业主委员会决议的性质，当然不能成为业主撤销权行使的对象。而上述行为产生的仅是程序性文件，只能归属于通知、征询等范畴之内，因不涉及实体权益内容不能认定为业主大会或业主委员会作出的最终决议本身。对此，业主认为通知、公告等文件的作出违反法定程序的，可在符合条件的业主撤销权之诉中请求法官一并审查决议，裁定是否存在违反法定程序的情形，但就此项单独的起诉不符合条件，其诉求不受法律保护。也就是说，业主委员会作出的决定应当是其对小区内公共管理事项所作出的处理，业主委员会作出程序性告知公告、过程性文件不属于业主委员会决议。对于诉争行为或文件是否具有业主委员会决定的性质，是业主行使撤销权成立的前提。法官审查诉争业主委员会行为或文件不属于业主委员会决定的，应当裁定驳回业主要求撤销决定的诉请。

【案例12－41】　刘甲等诉北京市朝阳区恋日绿岛小区业主委员会业主撤销权纠纷案

二审法院认为，业主撤销权纠纷是指业主认为业主大会或业主委员会作出的决定侵害其合法权益，依照法律规定向人民法院提起的撤销业主大会或业主委员会决定的纠纷。该法律纠纷所指向的客体为业主大会或业主委员会作出的决定，刘甲等作为业主，行使撤销权的前提系上述公告属于业委会的决定，且该项决定侵害了刘甲等业主的合法权益。涉案公告的内容，仅包含通知召开业主大会的时间、地点及业主大会讨论的议题，故该公告应属通知性质，而非决定，其没有侵害业主合法权益的实质内容，故刘甲等起诉请求撤销的涉案公告，不属于涉诉法律关系调整之客体。据此，撤销一审民事判决，驳回刘甲、刘乙、张某、李某的起诉。[1]

【案例12－42】　陆某诉北京市海淀区富润家园业主委员会业主撤销权纠纷案

一审法院认为，涉案《公告》的内容为对《选聘方案》提请业主大会进行表决，并对表决时间、表决地点、表决内容、表决方式进行公示。虽在作为表决对象的《选聘方案》中，富润家园业委会对选聘方式及流程进行了草拟，如通过公开招标、授权业委会与具有合法资质的招标公司签订《委托招标协议》等方式及流程选聘物业企业，但根据《公告》的内容，业主可对上述方案

---

〔1〕　参见国家法官学院、最高人民法院司法案例研究院编：《中国法院2020年度案例》（物权纠纷），中国法制出版社2020年版，第212～213页。北京市第三中级人民法院（2018）京03民终14190号民事裁定书。

发表是否同意或弃权之意见。再者,征询意见之方式有多种,包括开放性征询意见和草拟方案提交表决等,可见,提交业主大会表决之草拟方案并非最终决定。因此,上述《公告》应属征询业主意见之文件,而非具有结论性的、对小区内公共管理事项所作出的处理。综上,上述《公告》并非富润家园业委会决定,故陆某以该《公告》系业委会决定为前提,提出该《公告》内容上、程序上违法,应予以撤销之诉讼请求,不予支持。判决:驳回陆某的全部诉讼请求。二审法院认为,业委会决定应当是业委会对小区内公共管理事项所作出的结论性的处理。本案公告的内容为对《选聘方案》提请业主大会进行表决,并对表决时间、表决地点、表决内容、表决方式进行公示。业主可对上述方案发表是否同意或弃权之意见。因此,《公告》并非决定。原审法院认定该《公告》并非富润家园业委会决定,故驳回陆某要求撤销该《公告》的诉讼请求正确,予以确认。判决:驳回上诉,维持原判。[1]

应注意的是,业主委员会与物业服务人签订的物业服务合同不能成为撤销对象,物业服务合同不是业主大会或业主委员会的决议,而只是一种合同。根据合同相对性原则,只有合同签订人享有撤销权,单个业主并非物业服务合同相对方(签约人),无权要求撤销物业服务合同。

3. 撤销权效力

所谓撤销权效力,是指业主大会或业主委员会有害于业主的决定被法院撤销后的客观效力。业主大会或业主委员会的决定涉及单一内容的,撤销后的决定全部不发生效力。业主大会或业主委员会决定存在多项内容多个条款,有的针对全体业主的共同利益,有的涉及部分业主的相关权益,其涉及侵害少数业主合法权益的可能是部分内容部分条款,在业主大会或业主委员会决定内容具有可分且又相互独立存在的情况下,法官判决时应分离正常条款和侵权条款,撤销决定中的侵权部分条款而不应撤销全部条款,业主撤销权的效力应仅及于该决定涉及侵权的部分内容,其他部分的内容仍应是有效的,不受业主撤销权的影响。但是业主大会或业主委员会决定的内容不能分离的除外。

业主撤销权对受害业主的效力,受害业主有权一并主张损害赔偿与撤销权。业主撤销权对受益业主的效力,决定的撤销将影响其效力,受益业主丧失业主大会或业主委员会的决定获得的权益,亦不能依决定主张权益。业主撤销权对第三人的效力,包括物业服务人在内的第三人因业主大会或业主委员会的决定被撤销而与之实施的法律行为无效。但应区分善意与恶意两种情况讨论,如果是

---

〔1〕 参见国家法官学院案例开发研究中心编:《中国法院2019年度案例》(物权纠纷),中国法制出版社2019年版,第238~239页。北京市第一中级人民法院(2017)京01民终3906号民事判决书。

善意的第三人,有权主张损害赔偿,如果是恶意的第三人,则无权主张损害赔偿。

撤销权与合同效力关系。对于物业服务合同,业主大会作出选聘物业服务人的决议程序违反法律规定的,业主有权提起撤销之诉,请求人民法院撤销相应决议。但是,决议撤销后,已经按照原决议订立的物业服务合同并不当然无效,只是缺乏了继续履行的基础,物业服务人可以主张解除合同并要求赔偿损失。[1] 换言之,业主撤销权诉讼不能一并请求确认物业服务合同无效。

【案例 12-43】 陈某诉重庆市江北区某大厦业主委员会确认合同无效纠纷案

二审法院认为,业主大会或业主委员会作出决议的行为和物业服务合同的签订是两个独立的阶段。业主大会或业主委员会的决议是业主之间的内部决议,是明确业主权利、约束业主行为的内部约定,并不涉及全体业主以外的第三方。业主大会决议原则上仅形成或变更业主内部之间的法律关系,并确立业主大会或业主委员会对外作出意思表示的基础,但并不直接地、自动地创设与第三人之间的法律关系。而物业服务合同则是确立业主与第三方物业服务企业之间权利义务的规定。故业主大会或业主委员会形成决议与物业服务合同的签订系两个不同的民事法律行为,业主无权以内部决议的瑕疵去否定业主与第三方之间的合同关系,其超越了合同相对性原则。《物业服务解释》第二条第一款规定……该规定明确指出业主要求确认合同或者合同相关条款无效的情形,是针对物业公司的行为或者物业合同内容,但不涉及业主大会或业主委员会决议的内容。[2]

【不同处理】 有的法院认为,业主委员会选聘或续聘物业服务人的决定被撤销之后,则业主委员会依此前决定签订的物业服务合同无效,即法院一并作出无效确认。

【案例 12-44】 张某某等 4 人诉成都市青羊区某小区业主委员会撤销权纠纷案

判决观点:物业服务企业的选聘事关全体业主切身利益,应当严格按照法律、法规的规定进行。根据前述分析……故对原告请求撤销被告于 2011 年 1 月 20 日作出的《某小区第二届业主大会关于选聘物业服务企业决议公告》的主张,法院予以支持;由于选聘公告程序不合法,因此被告在此基础上

---

〔1〕 参见中国审判理论研究会民事审判理论专业委员会编著:《民法典合同编条文理解与司法适用》,法律出版社 2020 年版,第 731 页。

〔2〕 重庆市第一中级人民法院(2019)渝 01 民终 1126 号民事判决书。

与第三人所签订的物业服务合同亦不合法，故原告请求确认被告与第三人某物业公司签订的物业服务合同无效的诉讼主张，法院予以支持。[1]

4. 撤销权诉讼的既判力

业主撤销权诉讼的裁决的约束力不限于提起诉讼的业主，必然包含未参与诉讼的所有业主。撤销权诉讼的判决具有对外效力，因此撤销权的行使具有极强的外部性，不仅关涉权利行使者的利益，而且会对其他业主的利益产生直接影响。[2]

（二）业主撤销权范围

业主撤销权系《民法典》《物业管理条例》规定的由权利受侵害的业主享有的权利，即只有自身权益受到侵害的业主才具有行使撤销权的权利。业主的合法权利受到侵害应当包括实体权利受到侵害和程序权利受到侵害两个方面。实体上的权利应当包括业主生活、财产上的利益，而程序上的权利应当是业主作为小区的一员所享有的共同参与小区公共事务管理和表决等权利。也就是说，受到侵害的业主可向业主委员会主张的权利仅限于法律规定的情形。

法院有权依法撤销违背法律法规且不具正当性的业主决议。

【案例 12－45】 曾某敏诉某小区第一届业主委员会业主撤销权纠纷案

判决观点：曾某敏系我国澳门特别行政区居民，根据《最高人民法院关于适用〈中华人民共和国涉外民事关系法律适用法〉若干问题的解释（一）》第十九条规定，应参照涉外民事关系确定法律适用。该案是业主撤销权纠纷，曾某敏主张撤销的决议及合同履行地、某小区第一届业主委员会住所地均在珠海市，内地与本案具有密切联系，故案件适用我国内地法律。首先，某小区第一届业主委员会并未举证证实其运行规则、聘用秘书及发放薪酬的决定经过业主大会决定，直至该案法庭辩论终结前也未能补正相关手续。其次，即使某小区第一届业主委员会提交的运行规则经业主大会通过，其第七十二条关于秘书薪酬的决定权也与法律、地方性法规相抵触，故某小区第一届业主委员会的行为违反了《珠海经济特区物业管理条例》第四十七条“业主大会和业主委员会专职工作人员薪酬的发放……由业主大会决定”的规定，曾某

[1] 四川省成都市青羊区人民法院（2011）青羊民初字第 1690 号民事判决书。

[2] 参见程磊、周滨：《律师说法：业主委员会及物业服务纠纷案例评析》，法律出版社 2020 年版，第 6 页。

敏作为业主有权申请撤销。判决:(1)撤销某小区第一届业主委员会2020年6月3日与陈某签订的《秘书聘用协议》;(2)撤销某小区第一届业主委员会2019年月聘用陈某为专职秘书的决定;(3)撤销某小区第一届业主委员会2020年12月25日《会议纪要》中对2019年欠发陈某的薪酬按现行月工资的一半补发半年工资10,500元的决定。[1]

【案例12-46】　邹某文等诉某小区业主委员会业主撤销权纠纷案

判决观点:关于系争决定是否侵害到邹某文等合法权益。本案在行政机关已认定系争建筑垃圾堆放点违反地方性法规《上海市绿化条例》第三十七条,并责令恢复原样的情况下,某小区欲通过业主自治权将其合法化,违背公序良俗,亦与普通人最朴素的正义观相悖,业主自治权应有其合法的边界。系争决定通过多数人"同意"剥夺了系争建筑垃圾堆放点附近的包括原告在内的少数业主,就影响其居住环境的周边绿化被合法保护的权利。虽然从全体业主的共同利益出发,在可能影响部分业主利益时,部分业主应在合理范围内加以容忍,但前述全体业主的共同利益应当以符合法律、法规的范围为限。关于系争决定是否符合法律规定的程序。从计票情况来看,某小区总计发放选票703票,现根据选票统计表计算,"小区建筑垃圾池改造(二选一)"的统计选票总数为709票,"河边人行步道太阳能灯安装"的统计选票总数为697票。两项决定事项存在6票的计票误差。某小区实际计票过程中已存在统计偏差而后再行复核计票的情况,然其最终计票结果存在错误,可见计票程序存在明显问题,从而难以保证其计票结果的真实性。据此法院认定系争业主大会的决定尚不符合法律规定的程序。判决:撤销上海市闵行区某小区业主大会于2020年9月2日作出的确定小区22号西侧为建筑垃圾堆放点位的决定。[2]

业主委员会违反程序上调物业费,侵害业主共同利益的,业主有权提起撤销权之诉。

【案例12-47】　林某等诉上海市普陀区金沙雅苑·地中海之恋业主委员会业主撤销权纠纷案

判决观点:本案的争议焦点在于被告作出的关于上海市普陀区金沙雅苑·地中海之恋小区北商物业服务费在原有基础上上调2.5倍的决定程序

---

[1] 参见国家法官学院、最高人民法院司法案例研究院编:《中国法院2023年度案例》(物权纠纷),中国法制出版社2023年版,第152页。广东省珠海市横琴新区人民法院(2021)粤0491民初1143号民事判决书。

[2] 参见国家法官学院、最高人民法院司法案例研究院编:《中国法院2023年度案例》(物权纠纷),中国法制出版社2023年版,第156~157页。上海市闵行区人民法院(2020)沪0112民初36110号民事判决书。

是否合法。根据庭审查明的事实,被告自认关于物业费调价征询意见时,通过电话联系商铺业主,并非所有业主都能够联系上。在送达《征询意见表》时,既没有业主签收的证明,也没有通过其他有效途径送达的凭证,法院据此认为被告在送达《征询意见表》过程中存在瑕疵,商铺业主实际上未能参与意见征询阶段的工作,在商铺业主没有参加征询工作的情况下,被告以全体小区业主过半数同意为由,通过了将北商物业服务费在原来的基础上上调2.5倍的决定,侵犯了北商业主的权益,法院认为该决议的形成不符合程序上的要求,故被告对北商物业服务费作出上调2.5倍的决定,侵犯了北商商铺业主的合法权益,应当予以撤销。[1]

【不同处理】 业主认为业主大会或者业主委员会的上调物业费决议不适当,致使自己的合法权益受到侵害,有的法院在裁判时因无法准确界定合法权益的范围,无法判断业主的合法权益是否受到侵害,而不予支持业主的诉求。

【案例12-48】 某二位业主诉南京市万科金色家园小区业主委员会业主撤销权纠纷案

一审法院认为,两业主没有证据证明业主委员会的决议侵害了其合法权益,判决驳回诉讼请求。二审法院认为,根据《物权法》的规定,业主请求法院撤销业主委员会决议的请求权基础为该决议侵犯了其专属权利,如业主因业主委员会或业主大会的召开、决议等行为发生的纠纷,应当由房地产行政管理部门处理,人民法院不予处理。判决:驳回上诉,维持原判。[2]

业主大会违反法定程序作出的选举业主委员会的决议应予撤销。

【案例12-49】 高某某等诉北京市朝阳区望京明苑小区业主委员会业主撤销权纠纷案

二审法院认为,第一,业主大会决议的撤销问题属于民事案件受理范围。根据《物权法》第七条、第七十八条第二款之规定可以看出,业主认为业主大会作出的决议侵害自己合法权益的,有权向人民法院提起撤销权诉讼。第二,业委会是本案适格被告。业主委员会是业主大会的执行机关,根据业主大会的决议,代表业主管理建筑区划内的公共事务。业委会作为业主大会的常设机构,履行日常管理职责,是本案的适格被告。第三,业主大会所作决议违反法律规定的程序,应予撤销。《得票统计》仅有人数统计,没有对专有部分占建筑物总面积数的业主是否过半数同意进行统计。将票权数相加所得总数与《业主大会决议》中所载的代表权票数也不一致。业委会始终未能提

〔1〕 参见郭伟清主编:《2015年上海法院案例精选》,上海人民出版社2016年版,第155页。
〔2〕 江苏省南京市中级人民法院(2011)宁民终字第1052号民事判决书。

供代表权票数的计算方法，无法证明上述事项经过专有部分建筑物总面积数的过半数业主同意，亦无法提供业主大会召开的相关工作材料，导致法院无法核实，该后果应由业委会承担。综上，判决：驳回上诉，维持原判。[1]

业主大会违反法定程序作出的续聘物业公司的决议应予撤销。

【案例12－50】　王某诉南京市某住宅小区业主委员会业主撤销权纠纷再审案

再审法院认为，业主委员会重新选聘物业服务企业的决议仍达不到专有部分占建筑物总面积过半数的业主同意的法定要求，一、二审法院据此对王某要求撤销某小区业主委员会作出的选聘小区物业服务企业的决议的诉讼请求予以支持并无不当。[2]

【案例12－51】　樊某诉某小区第二届业主委员会业主撤销权纠纷案

判决观点：本案中，某小区业主大会未对《某小区业主大会议事规则》进行修改，且议事规则约定的决议通过条件不低于法律规定的标准，因此，《某小区业主大会议事规则》约定的决议通过条件对全体业主有约束力，应严格遵守。某小区业主大会解聘物业服务企业应当符合业主大会议事规则规定“经专有部分占建筑物总面积过半数的业主且总人数超过半数的业主同意”的通过条件，某小区业委会在公告中亦明确“如与会业主所持有的投票权未超过本物业管理区域内投票数半数，且与会业主人数未超过全体业主人数半数”的“双过半”决议规则，而某小区业委会在2021年1月11日发布的投票结果显示，小区物业管理区域总户数为2518户（过半为1259户）、总面积为282,953.70平方米（过半面积为141,476.85平方米），不同意续聘户数1013户，面积115,064.96平方米，未达到决议通过条件。即便将弃权票（128户、面积14,229.93平方米）计入多数票，未达到决议通过的条件。某小区业委会作出的《某小区业主大会物业续聘投票结果公示》不符合《某小区业主大会议事规则》的约定，侵害了樊某及其他业主的程序权益。判决：撤销某小区第二届业主委员会于2021年1月11日作出的《某小区业主大会物业续聘投票结果公示》。[3]

表决票未向全体业主送达的业主大会决议应被撤销。

---

〔1〕参见国家法官学院案例开发研究中心编：《中国法院2018年度案例》（物权纠纷），中国法制出版社2018年版，第201页。北京市第三中级人民法院（2016）京03民终663号民事判决书。

〔2〕参见江苏省高级人民法院（2016）苏民申5911号民事裁定书。

〔3〕参见国家法官学院、最高人民法院司法案例研究院编：《中国法院2023年度案例》（物权纠纷），中国法制出版社2023年版，第140页。湖北省武汉市江岸区人民法院（2021）鄂0102民初2542号民事判决书。

【案例12-52】 罗某媚等诉某小区业主委员会业主撤销权纠纷案

二审法院认为,首先,涉案业主大会表决票未向全体业主送达。根据涉案小区议事规则第十一条,非当面送达的表决票必须履行相应的送达程序才能被视为有效送达。某小区业委会未能提供有效的《选票签收表》,其公告行为缺乏前置事实基础,因此,表决票发放行为违反了涉案小区议事规则第十一条的规定。其次,涉案小区大会表决票的送达时间违反议事规则。根据涉案小区议事规则第十五条第三项,全部表决票应当于投票日期七日前全部送达,才能视为有效送达。某小区业委会对非当面领取的表决票送达情况进行公告的时间,可以认定并未按照议事规则规定的时间将全体选票送达完毕。最后,关于《某小区关于重新补选业主委员会的公告》规定的业主委员会候选人应当"业主年龄在七十周岁以下"其将70周岁以上年龄限制作为相应的禁止性规定,明显于法无据,亦违反了涉案小区议事规则第十九条。综上,由于业主大会召开程序上的严重瑕疵,而全体业主大会决议程序违反了法律规定及小区议事规则,足以侵害罗某媚等到合法权益,应当予以撤销。判决:(1)撤销一审民事判决;(2)撤销某小区业主大会2019年第一次全体业主大会决议。[1]

程序违反法律强制性规定的业委会决定应予以撤销。

【案例12-53】 林某雄、叶某超诉某小区业委会业主撤销权纠纷案

判决观点:根据《民法典》第二百八十条……的规定,业主对业主委员会所做的决定行使撤销权的前提是:首先,该决定对业主具有实质上的拘束力,会对业主的权利义务产生直接影响;其次,该决定侵害了业主的合法权益。本案中,林某雄、叶某超明确其主张撤销的对象某小区业委会于2021年6月20日作出的《某小区物业自治服务分包项目邀请文件》、某小区业委会于2021年6月23日作出的《某小区物业自治服务分包项目开标结果公示》、某小区业委会于2021年7月2日作出的《某小区关于启动物业自治管理的公告》。某小区业委会发布的《某小区物业自治服务分包项目邀请文件》《某小区物业自治服务分包项目开标结果公示》本身并不对业主产生实质拘束力,也不对业主权利义务产生直接影响,因此,某小区业委发布的上述两份文件并不属于法律规定的业主可以请求人民法院予以撤销的业委会决定。某小区业委会发布《某小区关于启动物业自治管理的公告》明确提到"即日起本小区正式启动物业自治管理",该决定对业主权利义务产生直接影响,林某

---

〔1〕 参见国家法官学院、最高人民法院司法案例研究院编:《中国法院2023年度案例》(物权纠纷),中国法制出版社2023年版,第144页。上海市第一中级人民法院(2020)沪01民终11488号民事判决书。

雄、叶某超可就该决定提起业主撤销权诉讼。关于《某小区关于启动物业自治管理的公告》是否合法,林某雄、叶某超提出的撤销理由是否成立。《民法典》第二百七十八条规定……本案中,某小区业委会所作出的关于启动物业自治管理的决定,该事项属于《民法典》中所规定的由业主共同决定的选聘和解聘物业服务企业或者其他管理人事由,需要专用面积占比2/3以上的业主且人数在2/3以上的业主参与表决。某小区业委会在作出该决定前未召开业主大会就是否实行物业自治管理进行表决,违反了法律规定,侵害了林某雄、叶某超的合法权益,应予以撤销。某小区业委会辩称该份文件并未实施,林某雄、叶某超的实体权利并未受到侵害,依据不足,不予采纳。判决:(1)撤销某小区业委会于2021年7月2日作出的《某小区关于启动物业自治管理的公告》;(2)驳回林某雄、叶某超的其他诉讼请求。[1]

【案例12-54】　朱某刚等诉甲小区一、二期物业管理委员会业主撤销权纠纷案

判决观点:物管会代行业主大会或者业主委员会职责期间,街道办事处(镇人民政府)对能成立业主大会的,应当指导筹备工作,成立业主大会;能够选举产生业主委员会的,应当指导选举业主委员会。甲小区一、二期成立绿地物管会,代行业主委员会和业主大会职责。首次业主大会召开前应做好业主委员会候选人产生办法的制定、业主委员会候选人名单的确定以及业主委员会选举办法的筹备工作。本案中,双方争议的"首次业主大会"表决内容中仅涉及业主大会议事规则、管理规约以及其他具体施工事项,并未对成立业主委员会的内容有所涉及。绿地物管会于2018年12月24日发布公告,通知召开首次业主大会,公告中未明确首次业主大会会议表决规则等内容,于法不符。另外,根据绿地物管会发布的首次召开业主大会的通知以及使用的表决票载明的说明事项对委托投票有明确的要求。该首次业主大会并未确定业主投票权数,根据双方确认的业主总户数以及绿地物管会发布公告中相应通过票数的计算方式,有效同意票已不足总户数的50%比例。据此,绿地物管会自行召开业主大会,会议召开过程表决票数确定等方面均存在程序不合法的地方,表决票亦未超出相应比例。朱某刚等现要求撤销表决通过《业主大会议事规则》《管理规约》的决议的诉讼请求,法院予以支持。判决:撤销2019年4月2日甲小区一、二期物业管理委员会发布到公告中关

[1] 参见国家法官学院、最高人民法院司法案例研究院编:《中国法院2023年度案例》(物权纠纷),中国法制出版社2023年版,第147~148页。福建省闽侯县人民法院(2021)闽0121民初4646号民事判决书。

于表决通过《业主大会议事规则》《管理规约》的决议。[1]

业主委员会未专人送达,也未与居委会人员逐户发送表决票,而仅在小区进出口设置投票箱,向进出的业主发放表决票,以及电话委托投票方式等均不合法。

【案例12-55】 XF房地产公司诉XY豪苑业主委员会业主撤销权纠纷案

判决观点:本案中,业主委员会在开会前并未核实业主情况,以及原告所享有的176个车位(票权面积为2028平方米)未纳入其票权面积。业主委员会擅自改变表决方式,仅在小区东、西门口出口设置投票箱,向进出的业主发放表决票,与业主大会议事规则所规定的表决方式不符。业主委员会在统计表决票时未将原告的车位面积计入其票权面积。在未核实上述车位专有面积产权的情况下直接将部分面积计入弃权票面积存在实体错误。业主委员会通过的第二次业主大会决议,在程序及实体上均存在瑕疵及违法之处。故法院判决撤销业主委员会于2016年3月14日作出的"解聘RQ公司,由业主委员会选聘物业服务企业"的决定。[2]

业主委员会通过挂号信邮寄表决票程序不合法,业主委员会的决议应予撤销。

【案例12-56】 梁某某、林某某诉YL花园业主委员会业主撤销权纠纷案

一审法院认为,业主委员会组织召开业主大会,应在业主大会召开期间的合理期限内,将表决票通过挂号信的方式送达无法投票的业主。本案中,被告在投票期限届满的前一两天才以挂号信的方式送达相应业主,导致该部分业主无法收到挂号信行使表决权,侵害了该部分业主的合法权益,程序违法。判决撤销被告YL花园业主委员会关于2015年6月6日作出的两项决议。二审法院亦持同样意见,维持一审判决。[3]

业主委员会采用业主代表大会形式作出的决定应予撤销。

【案例12-57】 罗某某诉云城街XZ花园业主委员会业主撤销权纠纷案

判决观点:业主代表到会仅是如实反映业主的投票情况,并不能直接代表业主发表意见。业主的赞同、反对及弃权的具体票数须经业主本人签字,

---

〔1〕 参见国家法官学院、最高人民法院司法案例研究院编:《中国法院2022年度案例》(物权纠纷),中国法制出版社2022年版,第133~134页。江苏省无锡市惠山区人民法院(2019)苏0206民初5929号民事判决书。

〔2〕 参见程磊、周滨:《律师说法:业主委员会及物业服务纠纷案例评析》,法律出版社2020年版,第16页。

〔3〕 参见程磊、周滨:《律师说法:业主委员会及物业服务纠纷案例评析》,法律出版社2020年版,第24~25页。

采用记名投票的方式,由业主代表在参加业主大会时如实反映。本案中,参会的27名代表会前并未书面征求其代表的业主的意见,故27名代表所投的票数,仅代表其27人的真实意思,未达到《物权法》第七十六条规定的人数和面积“双过半”的比例。法院判决:撤销被告云城街XZ花园住宅小区业主大会于2015年6月15日表决通过的XZ花园住宅小区业主大会议事规则。[1]

【案例12-58】 肖某某、丰某诉长沙市雨花区某小区业主委员会业主撤销权纠纷案

二审法院认为,在本案中,被上诉人业主委员会未组织召开业主大会,而以召开代表大会的形式,决定通过招标方式选聘物业服务企业、确定评标办法与标准、确定中标候选单位,侵害了上诉人对选聘和解聘物业服务企业的参与权和投票权。[2]

业主委员会未经业主大会依法定程序决议,而是自行开会决议选聘新物业服务人的,业主有权请求撤销该决议。

【案例12-59】 万某某诉甲业主委员会业主撤销权纠纷案

判决观点:原物业服务合同期满后,业主委员会未组织召开业主大会选聘物业服务企业,而是自行召开会议决定由乙公司对小区进行物业管理。业主委员会在未召开业主大会投票表决的情况下,自行决定选聘新的物业服务企业,违反了《物权法》关于选聘物业服务企业应当由业主共同决定的规定,损害了业主享有的对物业小区进行共同管理的权利。万某某在一年期间内行使业主撤销权,请求撤销业主委员会选定乙公司作为物业服务企业的决定,符合法律规定,法院予以支持。[3]

【案例12-60】 何某某、宋某某等12人诉杭州市某小区业主委员会业主撤销权纠纷案

二审法院认为,业主委员会虽依授权负责具体拟定、实施选聘物业服务企业的方案,但因上述方案决定物业服务企业的选定原则、基本规则等内容,也是全体业主最关心的核心问题,不宜由业主委员会拟定并自行决定,仍应由全体业主共同决定。业主委员会未能适格履行义务,超越职权确定选聘物业服务企业的方案,并在此基础上确定了中标企业,侵害了业主的合法权利,

---

〔1〕 参见程磊、周滨:《律师说法:业主委员会及物业服务纠纷案例评析》,法律出版社2020年版,第36页。

〔2〕 湖南省长沙市中级人民法院(2016)湘01民终2439号民事判决书。

〔3〕 广东省东莞市第一人民法院(2010)东一法民一初字第2308号民事判决书。

业主有权要求撤销上述决定。据此,二审法院维持一审判决,即撤销杭州市某业主委员会于2015年7月30日作出的《关于小区"二选一"竞聘物业开票计票结果的公示》的决议。[1]

初始登记面积不能作为建筑物总面积计算,应扣除部分不能颁发权属证书的建筑物面积。业主委员会将公共服务设施和预留扶梯的面积计入专有面积,不符合"双过半"的法律规定,业主请求撤销此决定具有法律依据。

【案例12-61】 刘某某诉LJ业主委员会业主撤销权纠纷案

判决观点:《物权法》第七十八条赋予单个业主作为原告的诉权。被告业主委员会是业主大会的执行机构,有权作为业主撤销权案的被告。初始登记面积包括部分不能颁发产权证的建筑物面积,应从初始登记面积中扣减相应的不能颁发产权证的房屋面积,由此计算出LJ花园小区"建筑物总面积"应为46,009.0572平方米,而同意授权业主委员会选聘物业和签订物业合同的业主专有部分面积之和为21,426.52平方米,占建筑物总面积比例的46.5%,不符合《物权法》第七十六条人数和面积"双过半"的规定,原告要求撤销上述决定合法、有理,法院予以支持。据此,法院判决撤销LJ花园第二次业主大会授权由广州市某区LJ花园业主委员会选聘物业公司及签订新物业合同的决定。[2]

对《民法典》规定的业主撤销权,不能单从字面上理解,其适用范围理解过于机械和狭隘,应从立法宗旨上把握。对于没有用业主委员会决定出现,而以其他形式出现的,只要违反《民法典》立法精神的仍应属于业主撤销权范围。业主委员会与开发商签订的小区物业设施收益的分配协议,在本质上是业主委员会就小区针对共有和共同管理做出决定外在表现形式,亦即该收益分配协议虽然表面上是双方就小区物业用房收益的合同,但是如果该协议内容侵犯了业主合法权益,则应其属于业主撤销权范围。

【案例12-62】 李某等人诉B业主委员会、A公司业主撤销权纠纷案

一审法院认为,在业主撤销权纠纷中,业主享有的撤销权仅限于业主大会或者业主委员会作出的决定侵害业主合法权益,协议是不属于业主撤销权范围的,故驳回了原告的诉讼请求。

二审法院认为,本案业主委员会与A公司签订的协议,本质上是B业主委员会作出决定的一种表现形式,属于业主撤销权适用范围。该协议内容显

---

〔1〕 浙江省杭州市中级人民法院(2018)浙01民终3234号民事判决书。

〔2〕 参见程磊、周滨:《律师说法:业主委员会及物业服务纠纷案例评析》,法律出版社2020年版,第8页。

然侵害了业主合法权益,故判决予以撤销。[1]

在小区内,有住宅和商铺两种不同使用功能的房屋类型,因小区的公共设施设备由全体业主共有,无法进行分割,故不同房屋类型的业主不应分开表决。同一物业服务人提供服务时,对商铺物业服务的工作量和成本要大于住宅部分,对共有设施设备的维护成本比住宅更高,"双过半"业主同意商铺部分的物业费高于住宅部分合理,并不违反"同等服务、同等收费"原则,其业主大会作出的决议不属于撤销的对象。

【案例12-63】　孙某某等10人诉上海市XJ花园业主委员会业主撤销权纠纷案

二审法院认为,商铺业主主张将商铺物业费收费标准调整至每月2.2元/平方米侵害了少数商铺业主利益,但其并未提供切实证据证明该收费标准明显高于商铺业主实际享受的物业服务所对应的物业费标准,而商铺物业费的调价幅度高于住宅的调价幅度并不必然表明调整后的商铺物业费标准不合理,所谓的"同等服务、同等收费"原则亦应适用于性质相同的物业,故在原告并未提供充分证据证实其主张的情况下,原审法院仅以调价幅度的不同而认定关于调整商铺物业费收费标准的决议侵害了商铺业主利益而应予撤销,缺乏充分的事实和法律依据,判决:撤销一审判决,驳回原告的诉讼请求。[2]

个案中,法官应根据具体案情对是否符合撤销权条件予以判断。

【案例12-64】　黄某某等诉上海市闵行区海申花园业主委员会业主撤销权纠纷案

一审法院认为,第一,业主委员会是由业主大会从热心公益事业、责任心强、具有一定组织能力的业主中选举产生出来的,代表业主履行对建筑物及其附属设施的具体管理职责,为全体业主服务。就本案而言,上海市海申花园小区发生雨水管断裂坠落的事件后,物业采取紧急抢修措施,并经检查发现小区各幢楼雨水管、污水管年久自然损坏断裂,存在安全隐患,向被告提出了对小区雨水管进行急修更换的建议。雨水管、污水管作为小区附属设施,其安全与否关系到小区业主的切身利益,只有防患于未然才能避免安全事故的发生,所以被告接受了物业公司的建议,并及时召开业主大会,书面征求业主更换雨水管的意见,该行为客观上符合全体业主的利益。因此,被告作出

---

〔1〕 参见赵克、刘德宝:《业主撤销权适用范围的界定》,载《人民法院报》2015年11月12日第7版。

〔2〕 参见程磊、周滨:《律师说法:业主委员会及物业服务纠纷案例评析》,法律出版社2020年版,第13页。

"关于同意物业大修和专项维修、更新、改造使用公共收益资金的决议"具有正当性目的。第二,从被告作出该项决议的程序来看,被告在海申花园小区发生雨水管断裂坠落的事件之后,积极履行管理职责,采用书面征求意见的形式召开业主大会,在小区各门洞内张贴告知书与关于更换雨水管、污水管的征询意见表,该程序符合《业主大会议事规则》相关规定的精神。至于原告认为,被告送达表决票的方式与《业主大会议事规则》的约定不符,被告的行为侵犯了其成员权的诉称意见,一审法院认为,《业主大会议事规则》第九条、第十条、第十一条、第十四条的规定意在保证小区的每一位业主对业主大会所需表决权的事项的知情权、表决权,尽可能使每位业主能积极参与小区事务的管理中。现被告在事态紧急的情况下,采用在每幢房屋门口张贴意见征询表的方式,并未剥夺原告对相关事宜的知情权与表决权。事实上,原告均看到了贴在楼门口的意见征询表,原告对业主大会所需讨论的事项的内容是清楚的。在被告张贴告知书与征询意见表上发表关于是否同意更换雨水管、污水管的意见,但其未在征询意见表上发表意见,消极行使作为小区业主对小区共同管理的权利,可以视为对自身权利的放弃。综上所述,原告的诉称意见,于法无据,法院不予采信。第三,关于原告黄某某、陈某某、邵某、过某某请求撤销关于施工单位、工程费用的决定,一审法院认为,业主委员会在选择施工单位、决定工程费用的预算时未召开业主大会、征询全体业主的意见,程序上确实有欠妥当,希望被告在今后的工作中能加以改进。但从齐凯公司的施工进度来看,海申花园小区的雨水管、污水管更换工作即将完工,为了小区业主的安全利益,从维护民事法律关系稳定性的角度出发,撤销业主委员会作出的关于施工单位、工程费用的决定将损害整个小区业主的利益,故对原告的该项诉讼请求,法院不予支持。二审法院亦持同样意见,维持一审判决。[1]

业主委员会以带来安全隐患为由阻止业主在专有部位安装使用充电桩的,业主有权行使撤销权,业主在专有车位安装充电桩更加符合民法绿色原则,应受法律保护。

【案例12-65】 刘某诉上海市静安区怡景苑花园业主委员会等业主撤销权纠纷案

判决观点:本案的争议焦点有二:(1)原告安装充电桩的行为是否会带来安全隐患。从法院现场勘查所得情况来看,原告拥有的某号车位所在车库虽然存在空气潮湿的问题,但两被告并未证明原告的充电桩不能在此种环境

〔1〕 参见沈志先主编:《2012年上海法院案例精选》,上海人民出版社2012年版,第176~177页。

下使用。国网上海市电力公司市区供电公司经勘查后表示,现场具备安装充电桩的申请条件。原告已经提供了相关证书和检测报告,此设备符合国家标准,因此两被告关于环境潮湿的抗辩理由不能成立。至于两被告主张的墙壁渗水现象,会导致安全隐患的主张,法院在现场勘查时并未发现足以影响安全的渗水现象,况且为充电桩供电的线缆均由符合国家电气标准的绝缘层覆盖,墙壁曾发生过轻微的渗水不足以造成故障,因此两被告的该项抗辩理由不成立。而两被告重点陈述的排水沟溢水一事,亦不构成合法的抗辩理由。地下车库并非蓄水池,其原有排水系统应当足以应对正常降水。况且车库内本就装有用电设备,并非原告安装充电桩带来的新问题。如有堵塞及排水不畅导致水淹车库等情况,应由管理单位及时疏通解决,不可以此对抗业主的合法权利。因此,两被告关于充电桩存在安全隐患的抗辩法院不予采纳。(2)原告是否有权在其私人车位安装充电桩。业主依法对其建筑物专有部分享有占有、使用、收益和处分的权利。业主可根据自己的意志,通过其选定的合法方式对建筑物专有部分进行使用,但使用方式应当符合该部分的规划用途。本案所涉某号车位,其规划用途为停放汽车。原告购买的特斯拉牌小汽车符合该用途,可以停放至该车位。但原告要求安装的充电桩并非汽车本身,是否可安装在该号车位上,法律并无明确规定,属于科技进步带来的新领域和法律空白点。法律空白点可通过法律原则进行填补,故法院根据民法原则对车位用途进行理解。《民法总则》第九条规定,民事主体从事民事活动,应当有利于节约资源、保护生态环境。原告购买的特斯拉牌小汽车,其使用的能源为电能,无废气排放,且不单纯依赖化石能源,较燃油车辆更为清洁环保。在原告同样需要使用机动车辆时,使用该汽车可减少对化石能源的消耗,且可利用电能,有助于节约资源。而缺少充电桩这一设施,会给原告使用该汽车带来不便,从而降低原告使用该汽车的频率和里程,亦难以利用电能。原告因此所减少使用的清洁能源,将会转移至燃油汽车上实现,由此带来尾气排放,会增加生态环境负担。因此,给原告使用清洁能源的车辆提供便利,会有助于节约资源、保护生态环境。从上述民法原则出发,应当将充电桩视为充电汽车实现使用目的所不可或缺的设施。同时,本案所涉充电桩并非可移动设备,需要固定安装使用。因此,法院认定原告有权在其拥有的车位上安装与其汽车相配套的充电桩,故法院判决支持原告的诉请。[1]

在特殊情况下,业主委员会与物业服务人签订物业服务合同后业主要求撤销问题。在业主委员会通过合理方式召集业主就物业服务合同的签订事宜召开业

---

〔1〕 参见陈昶主编:《2019年上海法院案例精选》,上海人民出版社2021年版,第86~87页。

主大会,而业主怠于行使管理权,未积极参与业主大会有关事项无法形成业主大会决议的,业主委员会为维护小区的正常生活秩序,善意履行职责,与物业服务人签订物业服务合同,合同条款符合相关规定且合同内容为大多数业主实际接受的,则对于怠于行使管理权的业主无权提起诉讼要求撤销该决定,法律不支持其诉求。

【案例12-66】 李某某、樊某某诉常熟市明珠佳苑业主委员会、常熟市明珠物业管理有限公司业主撤销权纠纷案

一审法院认为,被告常熟市明珠佳苑业主委员会成立后,先后两次组织召开业主大会,讨论涉及业主利益的相关事项,但均因大部分业主未到导致业主大会未能成功召开,相关事项的决定未能形成。被告常熟市明珠佳苑业主委员会为了维护小区内业主正常生活的利益,避免因此对业主生活、小区秩序产生不利影响,与进行前期物业服务的常熟市明珠物业管理有限公司签订了物业服务合同,常熟市明珠物业管理有限公司签订合同后进行了物业服务,大部分业主亦交纳了物业费。原告拖欠物业费,在被告催交、提起诉讼的情况下,诉讼至法院要求撤销两被告之间签订的物业服务合同,显然有违诚实信用原则。如支持两原告的诉请,则有可能对小区内大部分业主的生活、小区的正常秩序产生不利影响,故原告的诉讼请求不予支持。如业主认为常熟市明珠物业管理有限公司未能履行物业服务合同约定的义务要解聘物业服务企业,可以依法召开业主大会,经专有部分占建筑物总面积过半数以上的业主且占总人数过半数的业主同意后作出决定。据此,判决:驳回原告的诉讼请求。二审法院持同样意见,维持一审判决。[1]

物业服务合同本身并非业主撤销权的对象,对业主的诉讼请求法律不予支持。

【案例12-67】 吴某某、龚某某等诉四川某物业服务有限公司、金牛区某小区第一届业主委员会业主撤销权纠纷再审案

再审法院认为,《物权法》规定的撤销权是赋予业主的权利,业主可提起业主撤销权之诉,但业主撤销权针对的是业主大会或者业主委员会作出的决定,而吴某某等4名业主的起诉并非针对某小区业主大会或者业主委员会作出的决定,而是某小区业主委员会与某公司签订的物业服务合同。因此,吴某某等4名业主要求撤销某小区业主委员会与某公司签订的物业服务合同

---

〔1〕 参见最高人民法院中国应用法学研究所编:《人民法院案例选》2011年第3辑(总第77辑),人民法院出版社2011年版,第138页。江苏省苏州市中级人民法院(2010)苏中民终字第2385号民事判决书。

的请求没有法律依据，法院不予支持。[1]

业主对业主委员会出租房屋造成妨害的，有权提起诉讼。

【案例12－68】　张某某诉韩某某、某业主委员会排除妨害纠纷案

一审法院认为，当事人在对不动产的使用过程中，应按有利于生产生活、团结互助、公平合理的原则，正确处理相邻关系。因系争地下室处于居住小区内，而小区系居民日常生活、休憩之所，故任何人对该地下室的使用，不得对居民的生活起居造成影响或妨害，有上述行为的，则相对人有权要求停止并排除妨害。现据法院查明，被告韩某某承租该地下室用以存储香蕉的行为显然忽视了地下室所在的地理位置及周边环境，无论其主观是否有造成妨害的故意，此类行为对邻近而居的原告之生活起居所造成的影响不可避免且已经实际发生。故被告韩某某作为地下室的使用者应负排除妨害之责任。对原告第一诉请可予支持。针对原告的赔偿诉请，法院认为，被告业主委员会将小区地下室对外出租时未充分考虑对于相邻居民的影响，其工作有不周之处，但直接侵权行为非其实施，故其不符合排除妨害案件的赔偿主体资格。而被告韩某某对地下室的使用行为既已构成侵权，则赔偿责任应由其按侵害程度负担，但原告请求的赔偿数额依据不足，故由法院结合案情酌定。据此，判决被告韩某某迁出其向被告业主委员会承租的地下室，被告韩某某赔偿原告张某某500元。二审法院认为，目前上诉人韩某某所采取的措施并不足以使周边生活环境不受影响，故驳回上诉，维持原判。[2] 本案中，法院要求被告迁出小区亦是对业主委员会与被告之间租赁合同的撤销，即对业主委员会决定的撤销。

个案中，业主行使撤销权不当的不受法律保护。

【案例12－69】　密某某等诉上海市闵行区东兰世茗雅苑业主委员会业主撤销权纠纷案

一审法院认为，被上诉人在选聘物业服务企业时在小区内公示，并以发放意见征询表的方式向业主征询意见，公示方案以及意见征询表中均明确拟选聘的物业服务企业的资质，全部方案经业主表决通过。上述流程符合世茗雅苑小区业主大会议事规则，对小区全体业主具有约束力。现上诉人要求确认被上诉人作出广州市三原物业管理有限公司上海分公司为世茗雅苑小区物业管理单位的决定无效，于法无据。原审法院根据被上诉人选聘物业服务企业的程序及内容均符合业主表决通过的选聘方案的事实，依法驳回上诉人

---

〔1〕 上海市高级人民法院（2016）沪民申680号民事裁定书。

〔2〕 参见沈志先主编：《2011年上海法院案例精选》，上海人民出版社2012年版，第79～80页。

的诉讼请求是正确的，应予维持。上诉人的上诉请求和理由，缺乏事实和法律依据，法院不予支持。判决：驳回上诉，维持原判。[1]

小区业主大会或者业主委员会选举中出现的争议，不属于人民法院受理民事诉讼的范围。

【案例12－70】 谢某见、丁某煌诉某小区业主委员会撤销权纠纷案

二审法院认为，谢某见、丁某煌请求撤销小区业主大会成立业主委员会的决议，请求撤销某小区业主大会表决通过《小区业主大会议事规则》的决定。小区业主大会的上诉决议和决定并不必然侵害谢某见、丁某煌的特定利益。因此，谢某见、丁某煌的起诉不符合《物权法》第七十八第二款的规定。因此，谢某见、丁某煌在本案中的请求的事项不属于人民法院受理民事诉讼的范围，原审法院驳回起诉的裁定正确，应予维持。裁定：驳回上诉，维持原裁定。[2]

个案中，法官根据具体案情裁量撤销权能否成立。

【案例12－71】 胡某诉某小区业主委员会业主撤销权纠纷案

判决观点：首先，某小区业主委员会经业主选举产生并依法备案的，系该小区业主大会的执行机构。地下停车场存在部分产权车位，车位的管理及维护涉及小区业主的切身利益，业主委员会有权就小区地下停车场的事宜召开业主大会临时会议并进行决议。其次，关于申请召开临时大会的业主人数问题。从某小区业主委员会提交的证据可以看出，申请召开临时业主大会的业主人数已超过小区人数的20%，故此次业主大会临时会议的申请人数符合小区议事规则的约定。再次，关于胡某主张的部分业主申请时的会议议题与临时大会实际决议的议题不符一节，经查，会议议题虽在文字表述上前后存在部分差异，但并不影响业主对临时会议议题的了解，亦未改变临时会议议题的核心内容，故不应视为对议题的变更。法院对胡某上述主张不予支持。最后，关于胡某主张的《某小区2018年业主大会临时会议决议》中表决人数以及表决面积数据存在虚假一节。某小区业主委员会已就上述情形做出了解释，且即便未涉及7～9号楼、小区幼儿园等业主人数及面积，仅就1～6号楼（住宅楼）的表决人数及表决面积亦已超过业主大会议事规则规定的面积过半数人数过半数的规定。另考虑到业主大会以及业主委员会是小区业主

---

〔1〕 参见国家法官学院案例开发研究中心编：《中国法院2014年度案例》（物权纠纷），中国法制出版社2014年版，第154页。上海市第一中级人民法院（2012）沪一中民二（民）终字第958号民事判决书。

〔2〕 参见国家法官学院、最高人民法院司法案例研究院编：《中国法院2022年度案例》（物权纠纷），中国法制出版社2022年版，第130页。广西壮族自治区南宁市中级人民法院（2020）桂01民终15454号民事裁定书。

对小区内公共事务进行民主管理的一种组织形式，在不违反法律、行政法规以及小区内议事规则约定的前提下，不应对相关程序性工作进行过于严苛的实质审查，应尊重业主真实的自治意思表示，以维护广大业主的合法权益。现胡某并未举证证明某小区业主委员会在2018年12月2日组织召开业主大会临时过程中存在严重违反法律、行政法规以及议事规则的情形，故要求撤销某小区业主委员会作出的决议缺乏相应的事实及法律依据，法院对其全部诉讼请求不予支持。判决：驳回胡某的全部诉讼请求。〔1〕

在审查业主委员会的权限时，既要考虑法律法规、小区管理规范，也应注意业主委员会对业主的实体、程序性的影响。业主合法权益的保护固然重要，但同样也不能忽视业主委员会的日正常管理行为。物业服务人的选聘、解聘属于业主大会的职权，而且这些事项也可以授权交由业主委员会行使。

【案例12－72】　金某等诉上海市嘉定区东方豪园小区第一届业主委员会业主撤销权纠纷案

二审法院认为，本案争议焦点为：第一，上诉人东方豪园业主委员会是否有权委托招标代理机构；第二，如何审查上诉人东方豪园的决定是否侵害业主合法权益。

(1)关于上诉人东方豪园业主委员会是否有权委托招标代理机构。上诉人东方豪园业主委员会有权委托招标代理机构，主要基于以下两个方面的考量：一方面，从强制性规定考虑，根据法律规定，选聘和解聘物业服务企业或者其他管理人系业主共同决定的事项，业主委员会无权自行决定。本案中，《管理规约》规定业主大会仅授权业主委员会委托招标代理机构，而委托招标代理机构系选聘物业服务企业的前期准备性环节，仅为业主大会确定可选聘的物业服务企业提供便利，业主委员会实际并不直接选聘物业服务企业，而对于物业服务企业的选择，依然需召开业主大会，由全体业主共同行使共同管理权才能确定。另一方面，从授权性规定考虑，《物业管理条例》明确业主大会可依法授权业主委员会履行部分职责，对于不属于法律规定必须由业主大会共同决定的事项，业主大会也可授权业主委员会代位行使权利。本案中，虽然《业主大会议事规则》对委托专业中介服务机构的相关事宜规定为由业主大会决定，但《管理规约》已经明确该将该事项的权利授给了业主委员会，两者均在同一天经业主大会表决通过，并无效力高低之分，而仅有一般与特殊之别。本案所涉授权并未违反法律、法规强制性规定，也未违背公

〔1〕　参见国家法官学院、最高人民法院司法案例研究院编：《中国法院2022年度案例》(物权纠纷)，中国法制出版社2022年版，第137～138页。北京市海淀区人民法院(2019)京0108民初47033号民事判决书。

序良俗，应为有效。

(2)应如何审查上诉人东方豪园业委会的决定是否侵害业主合法权益。业主以其共同管理权被侵犯为由主张撤销业主委员会决定的，其所主张受侵害的权利应该是明确、具体的，而非抽象的、概念化的，也即决定应该具有实害性。业主主张行使共同管理权的事项应是法律明确规定由业主共同决定的事项，业主委员会所侵犯的权益应是实体权利或重大程序权利，而不应是少数业主超过该权利需要的个性化、中间过程性权利。特别是在业主大会已经授权其日常执行机构业主委员会的情况下，更不宜仅以权利应属业主大会所享有为由而要求撤销业主委员会的决定。本案中，对于经过业主大会授权的东方豪园业主委员会按照工作流程选择招标代理机构的决定，被上诉人金某等仅以侵犯其知情权、决定权为由要求撤销，依据不足。判决：(1)撤销一审判决；(2)改判对金某等请求撤销东方豪园业委会作出的确定芸绮公司为东方豪园代理物业公司公开招标工作的决定的诉讼请求不予支持。[1]

(三)业主撤销权特殊情形

1.临时物业管理委员会作为撤销权被告

实践中，因各种原因未成立业主大会的，可由街道办事处、社区居民委员会、社区服务机构、建设单位、业主代表等组成所在物业管理区域内的物业管理委员会，代行业主大会和业主委员会职责。业主认为物业管理委员会主体地位不合法，且作出的决定侵害其合法权益的，可起诉请求撤销决定。一方面，物业管理委员会是在小区无法进行正常自治或者存在治理混乱情况下所成立的，具有临时性和紧迫性的特征。另一方面，由行政机关指导成立的小区临时自治机关，本身兼具自治性及一定的行政色彩。法官在审查物业管理委员会所作决定是否侵害业主合法权益时，不仅应审查物业管理委员会的决定是否符合法律法规规定的程序，更应审查物业管理委员会的决定从实质上是否符合小区业主的整体利益。个案中，由法官根据具体案情裁量撤销事由是否成立。

【案例12－73】 黄某等诉无锡市紫金英郡东苑小区物业管理委员会业主撤销权纠纷案

判决观点：涉案小区物管会成立后，多次催促长庆公司办理物业管理交

〔1〕 参见陈昶主编：《2022年上海法院案例选》，上海人民出版社2022年版，第50页。

接事宜,但长庆公司均未予理睬,以其实际行为表明不再履行其与业委会所签订的合同。为维护小区的稳定,确保小区业主享受正常的物业服务,物管会遂与文汇公司签订临时物业管理合同,由文汇公司在长庆公司的物业服务合同有效期内临时提供物业服务,收费标准未超过原业委会与长庆公司物业服务合同的标准。由此可见,物管会系为了维护小区业主的利益与文汇公司签订的临时物业服务合同。业主委员会的决定侵害业主合法权益的,受侵害的业主可要求法院予以撤销。物管会与文汇公司签订临时物业管理合同并未侵害黄某、沈某、任某合法权益,故黄某、沈某、任某请求撤销物管会选聘文汇公司作为临时物业管理企业的决定,不予支持。另外,黄某、沈某、任某并非合同相对方,无权要求判令物管会与长庆公司办理交接手续。判决:驳回黄某、沈某、任某的诉讼请求。[1] 本案中,根据《无锡市物业管理条例》第二十条规定,物管会作出选聘临时物业公司的决定存在未有书面征求意见以及未进行30日公示的程序问题。但是从规定的立法本意来看,程序性限制仍然服务于从实体上保护业主整体利益的实体价值,结合上述客观事实,不应因物管会在决定上存在程序瑕疵而认定侵害了业主利益。

2. 业主依据撤销决定再起诉问题

在业主行使撤销权后,如果赋予个别业主就涉及被撤销决定的相关事项进行诉讼的权利,则可能导致个别业主通过起诉业主委员会的形式,行使了业主对于共有部分的相关权利。因此,即便相应业主委员会的决定被撤销,对于决定涉及的相关事项如何处理,仍应由全体业主重新根据法律规定的程序共同决定,个别业主不能基于被撤销的决定而要求恢复原状。也就是说,业主委员会的决定被撤销或者业主委员会选举程序违法,个别业主据此以个人名义起诉要求恢复原状,该诉求不受法律保护。法院支持了业主撤销业主委员会决定,但并不等于支持业主根据法院撤销判决再就撤销内容另行主张权利。

【案例 12-74】 卢某等诉厦门市龙山山庄业主委员会物权纠纷案

一审法院认为,首先,业主撤销权系指业主认为业主大会或业主委员会作出的决定侵害其合法权益,依照法律规定向人民法院提起的撤销业主大会或业主委员会决定的纠纷。卢某等7人提出的恢复原状的诉求,并不属于业主撤销权的范围,故其主张本案为业主撤销权纠纷缺乏依据。根据其诉讼请求,本案案由应定为物权纠纷,即卢某等7人认为龙山山庄业主委员会的行

---

[1] 参见国家法官学院、最高人民法院司法案例研究院编:《中国法院2020年度案例》(物权纠纷),中国法制出版社2020年版,第206页。江苏省无锡市滨湖区人民法院(2018)苏0211民初993号民事判决书。

为侵害了业主对小区共有部分所享有的权利。因将龙山山庄东门通道入口现有的人行道及停车位恢复成绿化带，属于《物权法》第七十六条规定的应由全体业主共同决定，共同行使权利的事项，应由全体业主根据法定程序决定。卢某等7人作为个别业主，提起本案诉讼并未经过符合条件的业主同意及授权，应认定卢某等7人不具备诉讼主体资格。其次，卢某等7人以龙山山庄业主委员会作为被告，要求龙山山庄业主委员会承担恢复原状的责任。鉴于业委会是小区物业管理的合议组织，其本身并无财产可供执行，相应的责任承担主体事实上亦为龙山山庄的全体业主。因此，龙山山庄东门通道入口现有的人行道及停车位是否要恢复成绿化带，理应由全体业主依法决定。至于卢某等7人主张的龙山山庄东门通道入口人行道及停车位的设置未办理相关审批手续，属违章建筑以及相应罚款及工程款的问题，属行政部门的行政管理职权，应由相关行政部门依法进行认定处理，不属于人民法院民事案件的受理范围。据此，裁定：驳回卢某等7人的起诉。二审法院认为，卢某等7人向一审法院起诉请求恢复原状，虽于一审法庭辩论结束后变更其诉讼请求，但已超过变更诉讼时限的规定。因此，一审法院围绕卢某等7人的诉求进行审查，案由定性为物权纠纷并无不当。卢某等7人上诉称其有业主撤销权，不符合其诉求的法律关系。卢某等7人于二审提交的证据不影响本案二审的处理结果。裁定：驳回上诉，维持原裁定。〔1〕

3. 开发商作为业主撤销权适用

实践中，行使业主撤销权的并非普通业主，也包括在小区未出售或自用的保留商品房所有权的开发商。开发商为开发小区幼儿园、会所的所有权人，符合小区业主的身份。虽然幼儿园、会所不是普通住宅，亦未办理权属证书，但不影响开发商作为业主的身份，其依法享有行使业主撤销权主体资格。

【案例12－75】 苏源集团江苏房地产开发有限公司诉南京市江宁区颐和南园业主委员会业主撤销权纠纷案

一审法院认为，关于苏源公司的主体适格问题认定，虽然幼儿园、会所未办理权属证书、面积未测绘，但苏源公司提交了与承租人签订的租赁合同予以证明，且苏源公司、颐和南园业委会对《颐和南园基础资料》真实性认可，基础资料载明了会所、幼儿园的产权单位为苏源公司、联系人为刘某以及相应面积，故苏源公司系小区业主，行使业主撤销权主体适格。

---

〔1〕 参见国家法官学院、最高人民法院司法案例研究院编：《中国法院2020年度案例》（物权纠纷），中国法制出版社2020年版，第216～217页。福建省厦门市中级人民法院（2018）闽02民终3656号之一民事裁定书。

关于选票有无送达给苏源公司的认定，根据《颐和南园基础资料》，刘某为幼儿园、会所的联系人，2018 年第一次业主大会中幼儿园、会所的相关表决票通过中粮物业南京分公司转交给刘某，由刘某在选票上勾选并签字后交回业委会；颐和南园业委会就 2018 年第二次业主大会召开事宜通过手机短信通知了刘某，且通过中粮物业南京分公司转交了幼儿园、会所的选票，后选票未交回业委会，幼儿园、会所被计入弃权票，苏源公司并未提供证据证明其在该次投票之后变更了联系人，故颐和南园业委会已经按照《议事规则》向幼儿园、会所送达了选票。

关于选票是否达到法定的人数、面积"双过半"标准以及业委会是否存在私自修改选票、弄虚作假情形的认定，业委会应苏源公司要求提供了 974 张选票原件，证明人数、面积均已双过半，苏源公司称有 220 张选票存在问题，但未在法院指定的举证期限内提交证据予以证明。苏源公司还主张部分业主的选票系伪造，颐和南园业委会均作出了合理解释且提供了证据佐证，苏源公司未能提供证明予以反驳。

综上所述，苏源公司要求撤销颐和南园业委会于 2018 年 7 月 24 日作出的业主大会五项决议的诉讼请求，缺乏事实及法律依据。判决：驳回苏源公司的诉讼请求。

二审法院同意一审法院裁判意见，维持一审判决。[1]

【案例 12－76】　上海珠街阁房地产开发有限公司诉上海市青浦区文苑、悦湖郡小区业主委员会业主撤销权纠纷案

一审法院认为，业主大会或者业主委员会作出的决定侵害业主合法权益的，受侵害的业主可以请求人民法院予以撤销。业主以业主大会或者业主委员会作出的决定侵害其合法权益或者违反了法律规定的程序为由，请求撤销该决定的，应当在知道或者应当知道业主大会或者业主委员会作出决定之日起一年内行使。2019 年 1 月 17 日，珠街阁公司对青浦区文苑、悦湖郡小区业主委员会发布《关于公开选聘物业服务企业方案的公告》进行了投票，故其对青浦区文苑、悦湖郡小区业主委员会作出的该收费决定及选聘物业公司的决定已经知晓或应当知晓，但珠街阁公司起诉本案的时间是 2021 年 2 月 23 日，已经超过业主行使业主撤销权的法定诉讼期间一年，故珠街阁公司已经丧失了胜诉权。一审法院判决：驳回珠街阁公司的全部诉讼请求。

二审法院认为，本案争议焦点在于珠街阁公司行使业主撤销权是否超过

---

〔1〕 参见国家法官学院、最高人民法院司法案例研究院编：《中国法院 2020 年度案例》（物权纠纷），中国法制出版社 2020 年版，第 209 页。江苏省南京市中级人民法院（2019）苏 01 民终 645 号民事判决书。

法定除斥期间,以及涉案两项决定是否侵害珠街阁公司的实体权益。经查,珠街阁公司系涉案小区的开发商,也是该小区部分商铺及地下车位的产权人,其作为业主参与了此次涉案两项决定的投票,表决结果关乎其切身利益,其理应及时关注表决的结果。在涉案两项决定作出之前,涉案小区由开发商珠街阁公司委托的前期物业提供物业管理服务。涉案两项决定作出之后,珠街阁公司与前期物业的前期物业服务合同的履行发生变化:涉案小区由复瑞公司提供物业管理服务,珠街阁公司支付物业管理费、停车管理服务费的对象变更为复瑞公司,其前期物业服务合同的相对方发生了显著变化。因此,按照常理,珠街阁公司应当知道涉案两项决定,即涉案小区物业公司变更为复瑞公司以及相关收费标准有所调整。据此,珠街阁公司以其直至2020年11月收到复瑞公司起诉物业管理费案件的诉讼材料后方知晓涉案两项决定为由,主张其提出本案诉讼未超过除斥期间,缺乏法律依据,本院不予采纳。关于珠街阁公司的实体权益是否受损的问题,悦湖郡酒店式公寓、商业与住宅物业的属性不同,青浦区文苑、悦湖郡小区业主委员会经业主投票针对不同的物业制定不同的物业管理费标准,不属于违反同一物业服务标准执行同一价格收费标准的法律规定。珠街阁公司上诉称青浦区文苑、悦湖郡小区业主委员会程序违法,依据不足,本院不予采纳。综上所述,上诉人珠街阁公司的上诉请求,缺乏依据,本院不予支持。一审判决并无不当,应予维持。判决:驳回上诉,维持原判。[1]

4. 撤销权诉讼特殊主体

在业主提起撤销权诉讼中,公租房的承租人有权作为撤销权诉讼案的原告,如王某某诉广东省珠海市NL花园业主委员会业主撤销权纠纷案。[2] 详见物业服务合同主体纠纷专题阐述。

在业主提起撤销权案件中,物业服务人可以作为被告,如陈某某等诉广东省江门市JQ物业管理有限公司业主撤销权纠纷案,[3]详见物业服务合同主体纠纷专题阐述。

5. 业主委员会备案撤销问题

根据现行法律法规的规定,业主委员会须到房地产行政主管部门备案。业主

---

〔1〕 上海市第二中级人民法院(2021)沪02民终10063号民事判决书。

〔2〕 参见程磊、周滨:《律师说法:业主委员会及物业服务纠纷案例评析》,法律出版社2020年版,第52页。

〔3〕 参见程磊、周滨:《律师说法:业主委员会及物业服务纠纷案例评析》,法律出版社2020年版,第47页。

请求撤销业主委员会备案,其性质是行政诉讼。根据《物业管理条例》第十条和第十五条的规定,业主委员会是业主大会的执行机构,由业主大会选举产生。由此推出业主委员会的设立权或撤销权只能由业主大会行使。从这个意义上讲,业主委员会具有行使物业管理权的资格不是因行政备案取得的,而是由业主大会决定的。所以,业主委员会备案性质不属于行政许可的范畴,行政主管部门无权依照行政许可程序对业主委员会备案进行实质审查,进而作出许可或不许可的决定。业主委员会备案应定性为告知性的,行政主管部门只有形式审查义务,给予某一业主委员会备案,其实质是对该业主委员会合法化的确认和宣告,而不是处理成立的合法化问题。业主请求行政主管部门撤销业主委员会备案,实际是在请求确认业主委员会成立的合法性,而业主委员会由业主大会选举产生,是业主大会的内部执行机构,因不能登记、注册,行政主管部门无法判断其合法性,也无对其实质审查合法性的法律依据。即便行政主管部门撤销业主委员会备案,但不能撤销或改变业主委员会依法成立的事实。业主应到法院提起撤销权之诉,请求撤销业主大会违法成立业主委员会的决定,而不是请求行政主管部门撤销准予业主委员会备案。故业主请求行政主管部门撤销业主委员会备案诉求的,不受法律保护。

(四)业主撤销权举证责任

《民法典》《建筑物区分所有权解释》未对撤销权纠纷举证作出明确规定,应适用《民事诉讼法》和《民事诉讼法解释》的一般规定,作为原告的业主以其权利受到侵害为由主张撤销权应负有一定的举证责任,即应当举证证明其利益遭受侵害的情形,包括人身、财产和参与管理共同事务上的利益损害,同时应当初步举证证明业主委员会或业主大会所作出的决议存在一定的瑕疵。作为被告的业主委员会应当证明该决议作出程序上的合法性,业主委员会应当向法庭提交程序上的证据材料。业主委员会不能证明业主大会或业主委员会作出的决议在程序上合法的,应承担不利的法律后果。实践中,对撤销权举证责任分配存在业主实体或程序受侵害两个方面的争议。有法官认为,在实体权益受侵害举证责任分配方面,结合双方当事人的举证能力,可以考虑从以下几个方面分配举证责任:(1)起诉业主应当举证证明遭受不利益,这里的不利益应当是指由于决定的生效而使不动产的价值降低或者有降低之虞,也包括其他人身、财产和组织管理上的利益损害。(2)业主大会或业主委员会有义务证明其所作决定的公共价值,主要是指是否有助于提升区分所有建筑物的物质价值和多数区分所有人所追求的精神价值。换言之,该决定目的是否旨在提升物业的价值和小区品位,以及在实践中是否可以真正达到上述目的。(3)业主大会或业主委员会还有义务证明,同小区价值相比,个别业主不利益是否在可以忍受的限度内。当然,若关系到少数业主的人身安全或重大财产损失等优位价值,则无论如何也不能认为是没有超过必要的忍受限度。(4)作为排除撤销权行使的特殊情形,业主大会或业主委员会可以证明,作为超过忍受限度的例外,少数业主的不利益是否已经降到最低或给予合理补偿,重新达到合理性标准。少数业主的不利益在以同意为前提的体制下,通常都可以通过协商获得比市场价值高的补偿,这就使业主大会或业主委员会的决定具备了合理性,排除了撤销权的行使。在业主程序权益受到侵害举证责任分配方面:(1)业主是否需要同时证明其实体权益遭受损害。(2)业主大会或业主委员会决定存在程序瑕疵的举证责任主体问题。业主以程序存在瑕疵为由提起撤销之诉,法院判断业主主张是否成立的关键在于业主大会或业主委员会所作决定是否逾越了法定或约定的权限范围或者程序是否违反了法律、法规的程序性规定。而这方面的证据材料都是由业主大会或业主委员会制作和保管的,业主大会或业主委员会也有义务确保其所作决定程序合法。据此,在业主因程序权益提起撤销之诉却因举证能力有限无法提供证据时,法院可以依据公平原则考虑将举证责任倒置给业主大会或业主委员会。实践中,只要业主提出了业主大会或业主委员会所作决定存在瑕疵的初步证据,业主大会或者业主委员会就需对自身所作决定程序合法举证,否则承担不利的后果。[1]

【案例12-77】 李某诉济南市天桥区金冠花园业主委员会业主撤销权纠纷案

一审法院认为,关于建银物业公司解聘程序是否合法的问题,第一,金冠花园小区业主大会已依法制定业主管理规约和业主大会议事规则,该议事规则系通过召开业主大会由业主表决通过,内容及制定程序均未违反法律、法规的强制性规定,且已在物业管理主管机关备案,合法有效,李某虽对议事规则如何审议通过有异议,但未提交任何相应证据,对其异议不予采纳。议事规则第六条已明确规定业主大会可以采用书面征求意见的形式召开,第七条规定:"业主大会采用专人送达、回收意见的办法进行表决。由业主委员会组织有关人员逐户派送,回收业主意见表,经业主委员会统计汇总公布表决结果。业主委员会根据统计结果形成会议决议、作出大会决定。决定作出3日内以书面形式在小区内公告,接受业主的查询和监督。"金冠花园小区召开解聘物业公司的业主大会符合议事规定的形式,即采用逐户征求意见的方式,且业主大会召开已提前进行了公示。第二,根据《物业管理条例》规定,解聘

---

〔1〕 参见北京市高级人民法院编:《审判前沿——新类型案件审判实务》(总第38集),法律出版社2012年版,第197~200页。

物业公司的表决应由专有部分占建筑物总面积过半数的业主且占总人数过半数的业主同意。《建筑物区分所有权解释》第八条和第九条规定,建筑物总面积为专有部分面积之和;业主人数按照专有部分的数量计算,一个专有部分按照一人计算,但同一买受人拥有一个以上专有部分的,按一人计算;总人数按照前述的统计总和计算。关于涉案小区的建筑物总面积及业主总数,在李某未提交其他证据证明的情况下,以涉案小区在行政主管机关的备案材料为准,即建筑总面积为31,000平方米,业主数量为252个。根据金冠花园业主委员会提交的证据,涉案小区业主大会临时会议共走访填写意见203份,反馈意见182份,代表投票权数24,311.49平方米,超过全体业主所持投票权(252户、31,000平方米)的半数;对公开招标选聘物业服务企业的意见中,同意解聘建银物业公司,授权业主委员会选聘新物业公司程序的意见获同意票数为169票,占全部总户票数的67%,同意票数面积为23,337.99平方米,占总建筑面积票权数的75%,同意票户数、面积均过半,符合《物权法》及《物业管理条例》的相关规定。第三,投票程序在居委会及派出所的监督下进行,且金冠花园业主委员会作为业主大会执行机构对投票结果进行了公示,而另案中建银物业公司提交的业主签名效力不仅未显示具体时间、表决程序,亦未有社区或派出所等单位予以监票,与金冠花园业主委员会提交的表决程序证据相比,效力明显较低。第四,在建银物业公司被解聘后,金冠花园业主委员会已将金冠花园小区启动选聘物业程序的事宜告知建银物业公司,建银物业公司具有再次参与招标的选择权,但建银物业公司未再参与。综上所述,金冠花园小区业主大会关于解聘建银物业公司的程序合法。

关于选聘文成物业公司的程序是否合法的问题,第一,《物业管理条例》规定,业主大会具有选聘新物业公司的权利,国家亦提倡通过招投标方式选聘物业服务企业。金冠花园小区业主大会已经授权业主委员会进行公开招标,对中标物业公司进行筛选排名,并就召开业主大会临时会议选聘新物业服务企业进行了提前公告,符合相关法律规定。第二,业主大会临时会议的召开程序符合《物业管理条例》的规定,亦采用符合议事规则的书面征求意见的方式,进行了意见统计,并由社区居民委员会进行监票。第三,《关于金冠花园小区业主大会临时会议选聘新物业服务企业表决结果的公告》载明,经统计,《金冠花园业主选聘新物业服务企业表决票》共上门填写意见153份,反馈意见152份(其中1户多套为1票),其中同意票数为141票,反对票数为2票,弃权票数为9票,同意票数占全部总户数票数的56%;同意票数面积为19,122.8平方米,占总建筑面积(31,000平方米)的62%,同意票户数、面积均过半。第四,李某作为业主,在上述投票公示期内未提出异议,现对投票程序提出异议,且未提交任何证据证明投票程序的违法性,对其主张不予采纳。因此,选聘文成物业公司的程序合法。

综上所述,金冠花园业主委员会解聘建银物业公司和选聘文成物业公司作为新物业服务企业的程序均合法有效,作出解聘和选聘决议的主体为金冠花园小区业主大会,并非金冠花园业主委员会,在业主大会的决议均有效的情况下,李某作为业主,应当遵守决议。《物权法》规定,业主大会或业主委员会作出的决定侵害业主合法权益的,受侵害的业主可以请求人民法院予以撤销。李某并未举证证明其作为业主权利受到侵害之处,亦无证据证明金冠花园业主大会作出的解聘及选聘物业决议的程序违反法律规定,故李某要求撤销金冠花园业主委员会解聘建银物业公司及选聘文成物业公司为金冠花园小区物业服务企业的决议的诉讼请求,于法无据,不予支持。判决:驳回李某的诉讼请求。二审法院亦持同样意见,维持一审判决。[1]

【案例12-78】 孙某某诉北京市昌平区王府花园小区业主委员会业主撤销权纠纷案

判决观点:孙某某起诉要求撤销王府花园小区临时业主大会作出的决议,但其未能举证证明其个人合法权益受到了临时业主大会的侵害,也未能证明业主大会的决议违背了业主的整体意愿。关于孙某某提出业主大会召开程序违法的问题,业主大会和业主委员会是小区业主进行自我管理的一种方式,是我国探索基层民主和社区自治的有效形式,《物权法》第七十六条对于业主共同决定的事项和要求进行了规定,业主大会的决议不应违反《物权法》的规定。在《物权法》规定的内容之外,对于业主自我完善社区的治理活动,司法应给予必要的尊重和支持。孙某某也未能举证证明王府花园小区业主大会(临时)的召开违反了法律规定的程序。综上所述,孙某某要求撤销《王府花园2016业主大会(临时)会议决议书》的诉讼请求,没有事实和法律依据,不予支持。判决:驳回孙某某的全部诉讼请求。[2]

业主以程序严重违法为由,请求撤销业主大会或业主委员会决议的,业主应当提交证据予以证明。当业主履行相应的举证责任后,业主委员会仍主张决议程序合法的,业主委员会应负担证明程序合法的举证证明责任。业主因客观原因不能收集证据,在举证期限届满前书面申请人民法院调查收集的,人民法院应当依

---

〔1〕 参见国家法官学院、最高人民法院司法案例研究院编:《中国法院2020年度案例》(物权纠纷),中国法制出版社2020年版,第220~223页。山东省济南市中级人民法院(2018)鲁01民终7751号民事判决书。

〔2〕 参见国家法官学院案例开发研究中心编:《中国法院2019年度案例》(物权纠纷),中国法制出版社2019年版,第242页。北京市昌平区人民法院(2017)京0114民初10260号民事判决书。

照法律和司法解释的相关规定进行处理。

【案例 12－79】　北京龙洋房地产开发有限责任公司与北京市朝阳区时点·新坐标小区业主委员会业主撤销权纠纷案

判决观点：本案中，根据查明事实，龙洋公司系北京市朝阳区时点·新坐标小区业主，其提出撤销业主大会作出的决议，主体适格。《物权法》第七十六条规定……本案中，龙洋公司对业主大会临时会议就上述法律规定的事项作出决议的程序合法性提出质疑，并履行了相应举证责任，业主委员会主张决议程序合法，应当对作出决议的程序合法性承担举证责任。现业主委员会未能举证证明参与投票表决业主和接受业主委托投票者身份的真实性、合法性，不能认定业主大会临时会议的程序合法，故龙洋公司要求撤销业主大会会议决议的诉讼请求，法院予以支持。判决：撤销被告北京市朝阳区时点·新坐标小区业主委员会于2015年10月19日作出的《时点·新坐标小区业主大会临时会议决议》。[1]

---

〔1〕 参见北京市高级人民法院研究室编：《审判前沿——新类型案件审判实务》（总第63辑），法律出版社2023年版，第229页。北京市法院参阅案例第47号。

三、业主权利疑难问题

(一)业主抵销理解

《民法典》第五百六十八条第一款规定:“当事人互负债务,该债务的标的物种类、品质相同的,任何一方可以将自己的债务与对方的到期债务抵销;但是,根据债务性质、按照当事人约定或者依照法律规定不得抵销的除外。”开发商、业主与物业服务人三者存在债权、债务关系:开发商与业主之间存在合同关系,因为房屋质量问题,开发商基于赔偿责任对业主负有债务。业主与物业服务人之间存在合同关系,如果物业服务人如约履行自身的义务,业主不交纳物业费,则业主对物业服务人负有债务。开发商与物业服务人之间没有债权、债务关系,其并不符合“当事人互负到期债务”的抵销条件,业主主张的抵销不受法律保护。在此类纠纷中,业主以房屋质量问题作为不如期交纳物业费的理由不成立,法律不予支持。必须强调的是,合同抗辩权的行使必须基于同一法律关系才可主张。因此,业主不能以与开发商之间存在的房屋买卖法律关系中的相关事由作为与物业服务人之间物业服务法律关系中的抗辩理由。

物业服务人在移交时对拖欠共有部分收益主张与部分业主结欠的物业费抵销的,笔者认为,因其债务性质不同,债权债务主体不同,两种债务不能行使抵销。

【案例12-80】 无锡市春江花园业主委员会诉上海陆家嘴物业管理有限公司等物业管理纠纷案

判决观点:关于物业服务企业能否对部分业主结欠的物业管理费行使抵销权的问题。物业服务企业提出有部分业主尚结欠物业管理费,并未提交充分证据予以证明,更重要的是,根据《合同法》第九十九条规定,要进行债务抵销,当事人之间应当互负债务,互享债权。本案中双方当事人为业委会和物业服务企业,而结欠物业管理费的为部分业主,是单个的主体。业委会系代表小区全体业主提起诉讼,虽然包括了该部分欠费业主,但两者有本质的区别。因此,双方债权债务主体不同,不符合法定抵销的规定,因此,对物业服务企业行使抵销权的主张不予支持。[1]

业主主张抵销物业费问题。在业主拖欠物业费主张用委托物业服务人代收租金抵销时,首先应看双方是否有约定,有约定的,可以抵销。物业服务人是业主委托代收租金的主体,同时也是收取物业费的主体。因而,在双方协商一致的情况下,房屋租金和物业费可以抵销。房屋租金抵销物业费,抵销多少取决于租金数额和物业费数额两个因素,当房屋租金数额大于物业费时,超过物业费数额部分应退还给业主;当物业费数额大于租金数额时,业主应支付差额部分的物业费,物业服务人亦有权向业主收取物业费。二者抵销时,遵循多退少补的规则。在业主和物业服务人没有约定,任何一方提出相互抵销时,根据《民法典》第五百六十八条规定,只要没有约定或反对抵销,且又不属于法律规定或按性质不得抵销的,自然也可以抵销。

(二)业主知情权边界

在业主与业主委员会的纠纷中,有相当多的是关于知情权的争议。法律设立业主知情权,目的是让业主获得小区管理的有关信息,以便监督小区管理人的行为,及时发现问题。从法律上讲,业主的知情权是实现共同管理权和监督权的基础和保障。

1. 业主行使知情权依据

《民法典》第二百八十一条第一款规定了维修资金筹集、使用情况应当定期公布。立法者对此解释为,为便于业主及时了解建筑物及其附属设施维修资金的筹集情况,依法监督维修资金的使用,本条还规定,建筑物及其附属设施的维修资金筹集、使用情况应当予以公布。[2]《建筑物区分所有权解释》第十三条规定了业主行使知情权的具体内容。以上规定,是业主行使知情权的法律依据。

2. 业主行使知情权方式

《建筑物区分所有权解释》第十三条规定,业主行使知情权的方式是请求公布或请求查阅。在实践中,业主有多种行使知情权的方式,用诉讼方式行使知情权亦是一种,但仅限于请求公布或请求查阅。"请求查阅"可以查阅任何应当向业主公开的情况和资料,但"请求公布"应当限于按照业主大会议事规则或者管

---

〔1〕 参见《最高人民法院公报》2010 年第 5 期(总第 163 期)。

〔2〕 参见黄薇主编:《中华人民共和国民法典物权编释义》,法律出版社 2020 年版,第 178 页。

理规约应当公布的其他情况或资料。

3. 业主行使知情权范围

《建筑物区分所有权解释》第十三条规定："业主请求公布、查阅下列应当向业主公开的情况和资料的,人民法院应予支持:(一)建筑物及其附属设施的维修资金的筹集、使用情况;(二)管理规约、业主大会议事规则,以及业主大会或者业主委员会的决定及会议记录;(三)物业服务合同、共有部分的使用和收益情况;(四)建筑区划内规划用于停放汽车的车位、车库的处分情况;(五)其他应当向业主公开的情况和资料。"该条规定的五项内容即业主行使知情权的范围。其中第二项中的业主大会或者业主委员会的决定,是指在业主大会或者业主委员会会议上就特定事项形成的具体决定。业主委员会或个别成员非依具体决定所做事项,如业主委员会主体对权限内小额经费支出的指示或审批,虽也为抽象意义上的"决定",但不是第二项所指的决定。没有具体的决定,就不存在撤销问题。本条第五项只是为规范的周延性,避免存在漏洞而作出的兜底性条款,并非可以包罗万象,是否属于其他应当公开的情况和资料,应以对于行使共同管理权和监督权与前四项情形具有同样的必要性为标准考量。换言之,业主委员会应当向业主公开的材料限于司法解释的范围,不应滥用兜底性条款任意做扩大解释。

实践中,应注意起诉物业服务人时公开和报告义务的区别。物业服务人履行公开义务的对象是业主,履行报告义务的对象是业主大会及业主委员会。业主作为权利方,向物业服务人主张其公开相关情况,物业服务人应当公开。同时,物业服务人员报告义务的对象是业主大会及业主委员会,而非单独的业主个体。因此,若业主认为物业服务人未及时履行公开义务的,可以起诉物业服务人要求其及时履行。如果业主起诉要求物业服务人向其履行报告义务或者业主大会、业主委员会履行报告义务,因接受报告义务的主体是作为业主团体及其执行机构的业主大会、业主委员会而非个别业主,则存在起诉主体不适格的问题。业主若认为物业服务人未履行报告义务的,可行使监督权利,或向业主委员会、业主大会反映情况,要求业主委员会、业主大会向物业服务人主张权利。[1]

4. 业主行使知情权限制

业主知情权的行使必须受到合理限制,否则极易被滥用。对业主知情权的行使限制应当区分业主申请查阅的文件或者情况的性质以及业主行使查阅权的主观目的是否正当而定。关于正当目的的判断标准,司法解释制定者认为只要业主

---

〔1〕 参见最高人民法院民法典贯彻实施工作领导小组编著:《中国民法典适用大全》(合同卷五),人民法院出版社2022年版,第3562页。

行使查阅权获取信息的目的与保护业主的合法权益具有直接的关系，业主的查阅目的就具有正当性。因此，在处理涉及业主的查阅行为的纠纷时，应当区分相关文件或者情况的性质并评判申请查阅的业主主观上是否具有正当目的而综合判定。〔1〕具体限制的情形为：

其一，限制业主对已经知道或者应当知道的事项再主张行使知情权。业主委员会按照有关规则定期公布有关情况，凡是在物业管理区域内已经公布的事项，视为业主已经知情的事项，应认定业主向业主委员会请求查阅相关情况和资料已经获得满足并知情，业主起诉对其已知情的事项请求公布或查阅的，没有事实依据，是应受限制范围，法院不予支持。这是一种法律上的推定，业主有证据证明不知情的除外。对业主主张不知情的情况和资料的诉求，则不受其限制。

其二，限制业主对未实际发生的情况或实际存在的资料主张知情权。业主行使知情权的前提必须是实际发生的情况或实际存在的资料，对没有发生的情况起诉要求行使知情权无疑属于没有事实根据，法院不支持其诉求。

其三，限制业主对超过法律规定知情权行使方式。业主行使知情权必须是合理的方式，以诉讼方式行使知情权的，仅限于请求公布或请求查阅两种方式，其书面答复或书面说明不适合在诉讼中适用，限制适用法律规定业主行使知情权之外的方式。

其四，限制业主超过法律规定请求公布情况或资料范围行使知情权。依照法律规定，业主可以查阅任何应当向业主公开的情况和资料，但并不是任何情况和资料均适合公布。账目凭证在财务上有严格的管理规范，客观上不宜于公示，业主对账目凭证行使知情权应通过查阅方式实现。业主对只适合查阅的情况或资料而请求公布的，应认定为超过法律规定的合理方式行使知情权，其以不合理方式行使知情权诉求不受法律保护。

其五，限制业主行使知情权笼统诉求。业主起诉行使知情权必须有具体的诉讼请求和事实、理由，必须满足起诉的基本条件。对于业主希望通过诉讼获取更多的情况和资料，从中发现对其有价值内容的诉求，在法官对其释明后业主仍不明确的，应认为不符合起诉条件裁定驳回起诉。

5. 业主行使知情权裁判

知情权的标的是业主委员会展示应公开材料的行为，但实质是业主对信息的获取，法官在审理业主知情权纠纷时应当要求业主明确要求查阅的具体资料清单，审理期间通过证据交换、法官调查等方式行使知情权，同时排除业主委员

---

〔1〕 参见最高人民法院民事审判第一庭编著：《最高人民法院建筑物区分所有权、物业服务司法解释理解与适用》，人民法院出版社2009年版，第192～193页。

会明确表示不能提供的材料，不宜简单判决支持或驳回业主行使知情权的诉讼请求。

【案例12－81】 夏某某等诉上海市闸北区精文城市家园小区业主委员会共有权纠纷案

判决观点：本案的争议焦点在于业主有权请求业主委员会公布和查阅资料、情况的范围应当如何确定以及业主委员会应当如何公布上述资料和情况。原告在诉讼中自愿撤回部分诉请，并无不妥，可予准许。根据《建筑物区分所有权解释》的规定，业主可以请求公布、查阅维修基金的使用情况、业主委员会的决定及会议记录、物业服务合同、共有部分的收益情况以及其他应当向业主公开的情况与资料。根据《上海市商品住宅维修基金管理办法》（以下简称《维修基金管理办法》）的规定，业主委员会应将物业管理区域内收取的停车费、广告费等经营性收益及时存入维修基金账户。业主委员会每月应与开户银行核对维修基金账目，并按每半年一次向业主公布以下情况：维修基金交纳、使用和结存的金额；发生物业维修、更新的项目和费用及按户分摊的情况；维修基金使用和管理的其他有关情况。维修基金公示的目的在于能充分反映出资金的使用情况与业主分摊情况，以便于业主及时进行监督。本案被告虽已4次公布收益账目，但内容不完整，维修基金的结存及按户分摊情况未能在其中全面体现。原告认为被告已公布的维修基金、公共收益账目不符合规定的理由成立，原告第三项诉讼请求中要求被告重新予以制作、公布的诉讼请求，法院予以支持。被告应按《维修基金管理办法》第十九条的规定重新公布维修基金账目，以提高维修基金的透明度。至于上述账目应当在何处公布的问题，法院认为在小区的公告栏内张贴既能够起到公示的作用又较为便利，原告关于将所有账目张贴于各个门牌号前的要求不具有合理性和必要性，亦有违经济原则，法院不予采纳。关于原告第四项诉讼请求，根据《维修基金管理办法》中有关核对账目的规定，业主对公布的维修基金账目情况有异议的，可以要求业主委员会和物业公司提供有关的费用清单、发票原件和按户分摊费用清单进行核对。本案中，因原告对于被告已公布账目中的停车费、广告费及清洗玻璃、景观灯改造、业主委员会值班津贴（19,023元）的收支情况有异议，故被告有义务提供相应的发票、清单等以便于原告进行查阅、核对及复印。如需精文物业协助的，被告应督促其予以配合。关于原告第六项诉讼请求，鉴于原告上述权利的行使足以保障原告对维修基金管理和使用的知情权，原告再行要求被告提供维修基金的会计账目缺乏法律依据，亦超出业主知情权的合理范围，法院难以支持。[1]

【案例12－82】　陆某诉北京市海淀区富润家园小区业主委员会知情权纠纷案

二审法院认为，业主就其已经知情或者应当知情的情况仍要求行使知情权的，不予支持。陆某提交的《议事规则》明确规定业主大会及业主委员会的财务管理原则以及业主委员会有权公开招聘秘书，其应当知道财务管理原则及招聘秘书的依据。陆某就其已知情况仍然起诉要求公布，不予支持。业主委员会在履行职责过程中已经公布的情况，属于业主知情或者应当知情的情况。业主委员会已经在物业管理区域内公布了历年收支，列明了各项收支及余额，陆某对已公示内容应当知情，陆某仍起诉要求公示第3、6、7、8项，不予支持。业主就没有发生的情况要求行使知情权的，不予支持。业主委员会已就财务支出情况进行了公示，除非有相反证据，公示中的支出情况就是资金的所有支出情况。陆某起诉要求公示第1、2、4、5项及业主委员会秘书的薪酬情况，在公示的财务支出情况中没有出现，陆某亦未提供证据证明实际发生，应当认定支出尚未发生，对陆某的请求，不予支持。账目凭证在财务上有严格的管理规范，客观上不宜于公示，业主对账目凭证行使知情权应通过查阅的方式实现。富润家园小区《管理规约》第四部分明确公布的范围亦仅限于收支情况而不包括账目凭证。故陆某要求公示第11、12项，不予支持。陆某若对账目、发票收据行使知情权，可提出查阅请求。起诉必须有具体的诉讼请求和事实、理由。陆某起诉请求公示的第9项内容太过笼统，且陆某未阐明具体事实，亦未阐明行使该项知情权的具体理由，故不符合人民法院受理民事案件的起诉条件，在本案中不予支持。在该项诉讼请求范围内，陆某可持具体的诉讼请求、事实和理由另行主张。判决：驳回上诉，维持原判。[2]

物业专项维修资金收支情况属于业主知情权范畴，物业服务人应当予以公布。

【案例12－83】　王某等132人诉深圳市某物业服务有限公司业主知情权纠纷案

二审法院认为，某物业服务有限公司另辩称其并非物业专项维修资金收

---

〔1〕　参见沈志先主编：《2011年上海法院案例精选》，上海人民出版社2012年版，第112～113页。《最高人民法院公报》2011年第10期（总第180期）。

〔2〕　参见国家法官学院、最高人民法院司法案例研究院编：《中国法院2020年度案例》（物权纠纷），中国法制出版社2020年版，第227～228页。北京市第一中级人民法院（2018）京01民终2630号民事判决书。

益使用情况公布的法定义务主体,但从《某某苑 2005 年至 2007 年本体基金收支情况表》所载内容可知,其早在 2005 年便已代管物业专项维修资金,即使当时没有相关法律文件要求其主动公布收支情况,仍不能免除其作为资金管理人配合业主了解以往收支情况的义务。故对某物业服务有限公司的抗辩主张,不予支持。关于公布收支账目起始时间的问题。二审法院认为,王某等 132 名业主主张某物业服务有限公司于 1998 年已对涉案小区进行物业管理,但并未提供证据予以证明。结合某物业服务有限公司在一审开庭时的自认,并结合《某某苑 2005 年至 2007 年本体基金收支情况表》所载内容,二审法院确认某物业服务有限公司于 2005 年 1 月 1 日起对涉案小区进行物业管理,故某物业服务有限公司应公布 2005 年 1 月 1 日至 2012 年 12 月 31 日的公共收益、支出的财务账目及物业专项维修资金的收支财务账目。[1]

根据有关规定,业主委员会负有公开专项维修资金申请使用及获批的情况、资料的义务,应当向业主公开专项维修资金申请使用及获批情况、资料。

【案例 12-84】 杜某某诉甲小区业主委员会业主知情权纠纷案

二审法院认为,本案中,涉及关于公开专项维修资金筹集、使用情况的问题。经查,甲小区业委会作为小区全体业主代表对小区进行管理,根据甲小区业委会与乙公司签订的物业服务合同关于"专项维修资金"的约定,甲小区业委会对申请使用专项维修资金的情况以及是否获得批准的情况理应清楚知悉。至于专项维修资金是否由甲小区业委会直接掌握管理,不影响其对专项维修资金情况的公布。因此,根据有关规定,甲小区业委会负有公开专项维修资金申请使用及获批的情况、资料的义务。甲小区第一区至第七区未筹集专项维修资金,第八区、第九区筹集了专项维修资金,徐某某为第八区业主,甲小区业委会应向徐某某公开第八区专项维修资金申请使用及获批情况、资料。[2]

个案中,业主的诉求是否属于司法解释中明确列举材料之外的兜底条款范围,由法官裁量。

【案例 12-85】 北京恒远创新科技有限公司诉上地国际科技创业园业主委员会知情权纠纷案

二审法院认为,依据《建筑物区分所有权解释》第十三条之规定,恒远公司要求创业园业委会提供查阅的材料应当属于该司法解释规定的范围,不应任意扩大解释。本案中,关于业主委员会的组成、业主大会和业主委员会的

---

〔1〕 参见骆鑫、刘娅编著:《物业管理纠纷案例与实务》,清华大学出版社 2017 年版,第 23 页。

〔2〕 广东省中山市中级人民法院(2019)粤 20 民终 2870 号民事判决书。

会议、招投标等方面的情况，创业园业委会已经提供了符合司法解释规定的主要材料，足以保证恒远公司的知情权，恒远公司要求的其他材料，均是这几方面工作中可能产生的过程性资料，不直接影响业主权利，不属于司法解释明确列举的范围，且与司法解释所明确列举的应公开材料的性质、重要性明显不同，恒远公司主张属于兜底条款范围理由不充分，请求查阅这些材料的法律依据不足，对其上诉请求，不予支持。一审法院认定事实清楚，适用法律正确，但判决确定的义务在审理期间已经履行完毕，对原判相应部分予以纠正。判决：撤销一审判决，驳回恒远公司的全部诉讼请求。[1]

对于车位数量及处分情况，物业服务人是否应当予以公布实践中有不同观点。有的法院认为，物业服务人不属于小区内所有车位及处分情况公布义务主体。

【案例12－86】　涂某某诉江西某物业服务有限公司知情权纠纷案

二审法院认为，虽上诉人对建筑区划内停车位的处分情况享有知情权，但因建筑区划内停车位的所有权和处分权不属于被上诉人，被上诉人无权支配和处分，因此上诉人作为业主向被上诉人主张车位处分情况的知情权，缺乏依据，法院不予支持。[2]

【案例12－87】　王某诉北京某物业管理有限公司知情权纠纷案

二审法院认为，某物业提供了北京房地产开发有限公司出具的说明，证明小区的建筑区划内规划用于停放汽车的车位归开发商所有，王某虽表示不清楚，但未提供证据证明某物业对该部分车位享有处分权利，故其此部分诉求亦应予以驳回。[3]

【不同处理】　有的法院认为，依照“谁掌握，谁公布”的原则，物业服务人属于小区内所有车位及处分情况公布义务主体。

【案例12－88】　李某某诉北京某物业管理有限公司知情权纠纷案

二审法院认为，本案中，某公司作为涉案小区地上停车位的物业服务公司，应知晓并应向业主公开小区车位、车库的处分情况及收益处分情况。故某公司关于其主体不适格的答辩意见，无法律依据，法院不予采信。虽然司法解释并未规定可以向谁请求公布，但根据“谁掌握，谁公布”的原则，李某

---

〔1〕 参见国家法官学院案例开发研究中心编：《中国法院2018年度案例》（物权纠纷），中国法制出版社2018年版，第191页。北京市第一中级人民法院（2016）京01民终790号民事判决书。

〔2〕 江西省南昌市中级人民法院（2017）赣01民终2373号民事判决书。

〔3〕 北京市第三中级人民法院（2017）京03民终13042号民事判决书。

某向实际掌握该情况的物业公司主张权利，有事实依据，应当予以支持。[1]

关于业主委员会知情权范畴，相关法律虽有规定，但相当笼统。实践中，对于几乎涵盖了法律、法规规定和涉及物业管理所有领域的知情权案的案件处理有一定难度。对于此类案件可根据诉求作区分处理。其一，对于法律明确的业主权，法官应全部予以支持。其二，对于法律虽有明文规定，但物业服务人已经遗失或缺少的书面资料，虽不能支持业主委员会的诉求，但应全方位地分析无法支持其此项诉求理由，对物业服务人违规行为进行书面训诫，对业主委员会指明救济渠道。其三，针对虽然不属于法律规定的知情权范畴部分，但属于物业服务人应该按照行业规范严格制作的报表或应向相关部门予以保存或备案的资料，不予笼统驳回诉求。即在驳回诉求的同时，应针对提出的各项资料，逐项对其作释法或建议。其四，针对不属于法律明确规定的知情权范畴部分，明确驳回其诉求。

【案例12－89】 北京市西城区韵竹园小区业主委员会诉北京鲁能物业管理有限公司知情权纠纷案

一审法院认为，关于韵竹园业委会要求鲁能物业提交国务院《物业管理条例》第三十九条和《北京市物业管理办法》第二十七条所规定的如下文件：工程总平面图，物业质量保修文件和物业使用说明文件，物业管理区域划分资料、附图，单体建筑、结构、设备竣工图。配套设施、地下管网工程竣工图，物业质量保修文件和物业使用说明文件之诉讼请求，按照国务院《物业管理条例》的相关规定，物业服务终止时，物业服务企业就应当将物业管理用房和本条例第二十九条第一款规定的资料交还给业主委员会。第二十九条第一款规定：在办理物业承接验收手续时，建设单位应当向物业服务企业移交竣工总平面图，单体建筑、结构、设备竣工图等资料。故韵竹园业委会的该项申请符合法律规定，但鉴于鲁能物业与恒辉分公司已在韵竹园业委会和恒辉北京分公司共同聘请的案外人青宇（北京）物业服务评估监理有限公司监理下对涉案小区的所有设备和包括建筑用地规划许可证、建设工程规划许可证附件与附图、消防验收竣工资料与竣工验收资料、设施设备出场随机资料、安装验收使用维修保养和定期检验资料、设施设备运营维护保养记录、业主名册等档案资料进行了全面交接，恒辉北京分公司已经进驻并全面接管了涉案小区，鲁能物业现明确表示该公司已经没有涉案小区的任何资料，韵竹园业委会亦无证据证明上述资料仍在鲁能物业处保管，故韵竹园业委会坚持要求鲁能物业提交上述资料，缺乏事实依据，对此难以支持。但有必要指出，鲁能物业作为物业服务企业，应严格遵守相关物业管理规定，在办理物业承接验收

〔1〕 北京市第二中级人民法院（2017）京02民终1731号民事判决书。

手续时,要求建设单位移交国务院《物业管理条例》第二十九条第一款所规定的全部资料,且根据鲁能物业与建设单位签署的《韵竹园住宅区物业管理委托合同》,作为甲方的建设单位应在物业交付使用之前向作为乙方的鲁能物业移交以下资料:(1)竣工总平面图,单体建筑、结构、设备竣工图,配套设施、地下管网工程竣工图等竣工验收资料;(2)各专业部门验收资料;(3)房屋及配套设施的产权归属清单(包括业主姓名、联系方式等);(4)物业管理所必需的其他资料;(5)如移交资料缺失,甲方应协助补齐或督促有关部门补齐。故鲁能物业理应依据法律和合同约定,要求建设单位向其提交上述资料,予以妥善保管,并于物业服务终止时,将国务院《物业管理条例》第二十九条第一款规定的资料交还给韵竹园业委会或者下一任物业服务企业即恒辉北京分公司。而鲁能物业向恒辉北京分公司移交的文档资料中缺失包括竣工总平面图,单体建筑、结构竣工图等重要资料,且在庭审中明确表示涉案小区的所有资料均已移交恒辉北京分公司,该行为显然违反物业管理相关条例。对于鲁能物业的违规行为韵竹园业委会可以通过相关行政部门进行投诉或发出处罚建议,亦可以依照相关合同约定向鲁能物业追究民事违约责任,或另行向小区建设单位索要相关资料。

关于韵竹园业委会要求鲁能物业单独针对本小区制作2010年至2013年依据北京市行政主管部门要求制定的物业服务项目收支情况之诉讼请求,根据相关法律规定,业主委员会有权要求物业服务企业公开,并查阅小区共有部分的使用和收益情况以及建筑区划内用于停放汽车的车位、车库的处分情况,故鲁能物业有义务向韵竹园业委会公开服务期间物业服务项目收支情况,公布公共部分的经营收入及支付情况。鲁能物业虽然辩称其已经将审计报告提交给二审法院,但向韵竹园业委会公开服务期间物业服务项目收支情况,公布公共部分的经营收入及支付情况是鲁能物业作为物业服务企业应尽的法定义务,故对于韵竹园业委会该项中的部分诉讼请求,予以支持。

关于韵竹园业委会要求判令鲁能物业提供2003年2月至2013年5月的公共维修资金收集和使用情况各项相关文件之请求,理由正当,予以支持。

关于韵竹园业委会要求判令鲁能物业提供2003年2月至2013年5月的公共部位、公用设施设备场地(含小区各楼自行车库和设备间、小区会所)使用情况、相关合同及收益情况,按照《建筑物区分所有权解释》第十三条的规定,业主可以请求公布、查阅物业服务合同、共有部分的使用和收益情况。由于共有部分的使用和收益情况与业主的利益息息相关,对此应纳入业主知情权的范围,鲁能物业应向业主公布其所认为的公共部分,并将该公共部分的经营收入及支付情况公布。如韵竹园业委会对鲁能物业所提出的公共部分有异议,双方可另行解决。

韵竹园业委会要求判令鲁能物业向韵竹园业委会提供2003年至2013年5月鲁能物业在小区经营的情况,包括每年度的经营项目、经营合同、经营收入情况以及2003年2月至2013年5月因酬金制物业服务管理小区形成的原始凭证、汇总凭证、总账、明细账、日记账、辅助账簿、会计移交清册、会计移交清单、会计档案保管清册、会计档案毁损清册、年度财务报表之诉讼请求,该请求不属于法律明文规定的知情权范畴,不予支持。但韵竹园业委会在法院另案中向鲁能物业主张公共经营收益,可根据人民法院的举证责任分配,申请鲁能物业就财务审计问题提交审计所需的相关资料。

另韵竹园小区虽然有会所,但鉴于从目前查实的情况分析,该会所并非由物业公司实际控制,恒辉北京分公司亦表明会所产权人不明,并未交纳过任何物业费,且韵竹园业委会对于鲁能物业将会所用于经营之主张未能提供证据,故对韵竹园业委会该项诉讼请求不予支持。

韵竹园业委会为有效行使知情权而要求复印部分资料,符合立法本意,予以支持。复印费用由韵竹园业委会自行承担。

二审法院认为,一审审理意见正确,韵竹园业委会、鲁能物业公司的上诉请求均不成立,均应予以驳回;一审判决认定事实清楚,适用法律正确,应予维持。判决:驳回上诉,维持原判。[1]

【案例12-90】 王某某诉亿达物业服务集团有限公司大连分公司业主知情权纠纷案

二审法院认为,业主享有的知情权应限于建筑区域内涉及自身利益或直接关系全体业主共同利益间接关系其自身利益的事项,业主超出法律规定的事项范围请求物业服务人进行公示的,人民法院不予支持。[2]

【案例12-91】 秦某、冯某某、莫某诉北京万通鼎案国际物业服务有限公司业主知情权纠纷案

二审法院认为,业主对物业共有部分、共用设施设备使用及收益情况享有知情权。物业服务人应当定期将服务的事项、负责人员、质量要求、收费项目、收费标准、履行情况以及维修资金使用情况、业主共有部分的经营与收益

〔1〕 参见国家法官学院案例开发研究中心编:《中国法院2018年度案例》(物权纠纷),中国法制出版社2018年版,第194~197页。北京市第二中级人民法院(2016)京02民终8179号民事判决书。

〔2〕 参见最高人民法院民法典贯彻实施工作领导小组编著:《中国民法典适用大全》(合同卷五),人民法院出版社2022年版,第3562页。辽宁省大连市中级人民法院(2021)辽02民终9573号民事判决书。

情况等以合理方式向业主公开并向业主大会、业主委员会报告。[1]

个案中,对于向业主公开事项的时效问题由法官裁定。

【案例12-92】 李某某诉无锡市洲际物业管理有限公司业主知情权纠纷案

一审法院认为,业主知情权依法应受到保护,但业主亦应在法律规定的范围内合理合法行使其相应权利。洲际公司辩称李某某知情权的诉讼时效应当为3年,洲际公司公布的时间应为2018年、2019年、2020年一节,符合法律规定,且李某某未提供相反证据主张应从2013年开始公示,故洲际公司相关辩称意见,法院予以采纳。鉴于洲际公司同意公示李某某第20、21项诉讼请求,并当庭提供相关公示内容,因该内容应向全体业主公示,并非向李某某出示即可,故洲际公司仍需履行相关公示义务,李某某的该项诉讼请求法院予以支持。另洲际公司需公开建筑区划内规划用于停放汽车的车位、车库的处分情况以及小区服务等级及内容、收费标准、收费项目、人员配置等情况;李某某其他诉讼请求所涉需要洲际公司履行相关公示义务的内容,并无相关法律依据,且部分内容涉及第三人,故相关诉讼请求法院不予支持。故一审法院判决:(1)洲际公司公布2018年1月1日至今创富商务广场小区如下内容:①小区公共区域、公共部位、公共设备设施的收益、分配、支出情况。(房屋及场地的租金收入、广告收入、停车费收入等)。②小区建筑物及其附属设施的维修资金筹集和使用情况。③建筑区划内规划用于停放汽车的车位、车库的处分情况。④小区服务等级及内容、收费标准、收费项目、人员配置等情况。(2)驳回李某某的其他诉讼请求。《民法典》第九百四十三条规定:"物业服务人应当定期将服务的事项、负责人员、质量要求、收费项目、收费标准、履行情况,以及维修资金使用情况、业主共有部分的经营与收益情况等以合理方式向业主公开并向业主大会、业主委员会报告"。二审法院认为,《建筑物区分所有权解释》第十三条规定:"业主请求公布、查阅下列应当向业主公开的情况和资料的,人民法院应予支持:(一)建筑物及其附属设施的维修资金的筹集、使用情况;(二)管理规约、业主大会议事规则,以及业主大会或者业主委员会的决定及会议记录;(三)物业服务合同、共有部分的使用和收益情况;(四)建筑区划内规划用于停放汽车的车位、车库的处分情况;(五)其他应当向业主公开的情况和资料"。本案中,一审法院根据业主享有知情权的相关法律规定,作出的相应判决是符合法律规定的,法院应予支持。至于上诉人提出的其他请求,有的属于行政管理范畴,有的属于

[1] 参见最高人民法院民法典贯彻实施工作领导小组编著:《中国民法典适用大全》(合同卷五),人民法院出版社2022年版,第3563页。北京市第一中级人民法院(2021)京01民终10213号民事判决书。

小区内部自治的规则约定,并非法律明确规定的属于业主知情权的范畴,故一审法院未予支持并无不当。综上所述,一审法院认定事实清楚,适用法律正确,所作判决亦无不当,法院应予维持。判决:驳回上诉,维持原判。[1]

业主对开发商出售的特殊楼层享有特别知情权。开发商对小区公共设施造成的生活环境污染的因果关系承担证明责任。

【案例12-93】 穆某某等诉河南省南阳市鑫东海置业有限公司侵权纠纷案

二审法院认为,关于上诉人开发商应当履行告知义务,开发商称买房人看房时应对周围环境进行考察,对此,开发商将小区的变电设备及应急发电设备安放在9号楼的地下室,在出售房屋时应对9号楼的业主特别是1楼的购房户予以释明,以保障消费者的知情权。通过现场勘查,该小区地下室面积较大,均设计为车位予以出售,小区院内绿地下方的地下空间完全可以用来安放供电设备。关于是否对三被上诉人造成环境污染,通过实地勘查,地下室机房内噪声较大,下午四点多钟在被上诉人穆某某家中能够听到交流变压器的明显噪声。关于电磁波辐射及散热问题,因没有进行鉴定,无法予以定量。综上所述,开发商开发的楼盘,虽然经过相关行政部门的审批、验收,但将该小区所使用变压器设备和应急发电设备安装在被上诉人对应的地下室,对长期生活居住的被上诉人有较大的影响,应当予以拆除并迁移到不妨碍小区居住生活的地方。[2]

业主行使知情权应受到必要合理限制,其行使不当的,不受法律保护。换言之,知情权范围应限于涉及业主合法权益的信息,同时遵循简便的原则。

【案例12-94】 黄某某、高某某诉南宁市安吉新城业主委员会业主知情权纠纷案

二审法院认为,业主知情权的义务主体应视业主知情权的具体内容而定。安吉新城业主委员会系"建筑物及其附属设施的维修资金的筹集、使用情况""管理规约、业主大会议事规则,以及业主大会或业主委员会的决定及会议记录"等业主知情权内容的义务主体。但是业主知情权的行使并非毫无限制,业主在行使知情权时主观上必须具有正当目的,即业主行使知情权的目的与保护业主的合法权益具有直接关系,此为对业主知情权的限制。业主行使知情权,应首先向相关义务主体提出申请并说明目的,相关义务主体无理由拒绝时,业主即可向人民法院申请业主知情权的保护。本案中,黄某某、高某某无证据证明安吉新城业主委员会无理由拒绝行使业主知情权的请求,且未就行使业主

---

〔1〕 江苏省无锡市中级人民法院(2021)苏02民终7594号民事判决书。
〔2〕 河南省南阳市中级人民法院(2011)南民一终字第432号民事判决书。

知情权的主观正当性作出合理陈述,故黄某某、高某某径直向人民法院提起业主知情权诉讼,应为权利之滥用。基于黄某某、高某某行使业主请求权条件未获满足,其诉请尚不能成立,法院不予支持。判决:驳回上诉,维持原判。[1]

【案例12-95】 孙某某诉南京市清江花苑小区业主委员会业主知情权纠纷案

判决观点:原告孙某某作为业主,有权向被告清江花苑业委会主张由被告掌握的情况和资料。根据《建筑物区分所有权解释》第十三条之规定,被告认为原告主张的权利应通过业主大会予以集体行使的抗辩理由,缺乏法律依据,且有违经济、便利原则,不利于业主上述知情权的行使与保护,因此不予支持。清江花苑业委会应保障业主对上述资料进行查阅的权利,并及时公布与业主利益相关的资料。关于原告各项请求分析如下:(1)关于原告孙某某请求公布清江花苑小区建筑物及附属设施的维修资金筹集使用情况的主张。建筑物及附属设施的维修资金属业主共有,用于住宅共有部位、共用设施设备保修期满后的维修更新,业主有权了解其使用情况。被告清江花苑业委会作为小区全体业主的代表对小区进行管理,对于维修资金的筹集及使用情况应当知晓,而且资金是否由其直接掌握不影响其对维修资金情况的公布。被告向法院提交的2013年清江花苑小区屋面、墙体防水工程等资金使用情况,仅为部分资金的使用情况,并非全部维修资金的筹集、使用情况。故对原告的该项诉请,予以支持。(2)关于原告要求公布本届业主委员会所有决定、决议和会议记录的主张。业委会作出的决定、决议和会议记录与业主的权利紧密相关,应予公开,并提供给业主查阅。在本案审理过程中,被告虽已提交了相关会议纪要等证据,但并未在小区向全体业主公布,故原告的该项诉请,予以支持。(3)关于原告要求公布本届业主委员会与物业公司之间的物业服务合同和共有部分的使用及收益情况的主张。被告在小区公告栏内已经张贴与谐和公司、启成公司所签订的《物业服务合同》,原告亦可通过被告办公室查阅上述物业服务合同。因此对于原告该项主张,不予支持。小区共有部分使用和收益与业主的利益亦密切相关,虽存在谐和公司未及时上交公共收益等的问题,但是被告作为全体业主代表应及时追缴,保障业主的合法权利,并将目前的使用和收益情况及时公布。(4)关于原告要求公布本小区停车费收支分配和车位处分情况的主张。小区共有停车位,即规划区外的车位,虽由物业公司代管,但归属于小区全体业主共有,业主对于小区共有部分停车费的收支分配及停车位处分情况享有知情权。被告应及时联系物业公司,及时公布上述信息。故

---

〔1〕 参见国家法官学院案例开发研究中心编:《中国法院2014年度案例》(物权纠纷),中国法制出版社2014年版,第143页。广西壮族自治区南宁市中级人民法院(2012)南市民一终字第516号民事判决书。

对于原告的该项主张,予以支持。(5)关于原告主张公布本届业主委员任期内的各年度财务收支账目、收支凭证的主张。小区财务收支与小区业主具体利益息息相关,业委会应予公布。被告虽在小区公告栏公布了2013年度及2014年度的收支一览表,但项目较少且不详细,后被告虽在庭审中提供账目明细表及凭证,但并未履行公布的义务,因此支持原告的主张。[1]

不属于业主知情权的范畴诉求不受法律。

【案例12-96】 朱某诉天宇弘公司业主知情权纠纷案

二审院认为,通过本院二审审理及审查朱某所提上诉状和上诉理由,可知朱某要求公开涉案小区由建设单位所签订的前期物业服务合同的目的实乃对所交物业费的收缴标准有异议,对于朱某应交物业费的收缴标准与本案业主知情权纠纷的处理无关,且该前期物业服务合同的内容亦与本案业主知情权纠纷无关,不影响业主基于建筑区划内基于共有而享有的相关权利,故一审法院对朱某要求天宇弘公司公示与建设单位签订的《物业服务合同》的中标及备案情况不予支持,并无不当。此外,朱某所签的《物业服务合同》载明了物业服务费的开支明细及收费依据。一审法院根据在案证据所作裁判均无不当,法院予以维持。对朱某所提的上诉理由,法院不予采信。综上所述,朱某的上诉理由不能成立,其上诉请求应予驳回。一审判决认定事实清楚,处理结果并无不当,应予维持。判决:驳回上诉,维持原判。[2]

小区内经常有人对业主大会的投票结果产生质疑,出于对广大业主个人信息的保护,一般只是公开投票结果而不是将每张选票都予以公开。如果业主对业主大会的投票结果有异议,无权查阅其他业主的投票。

【案例12-97】 李某某、张某某与重庆市瀚恩北城旺角小区业委会业主知情权纠纷案

判决观点:原告李某某和张某某在公示期内并未向业委会或相关部门以书面形式提出查询表决票。业主大会系在街道办、社区全程参与指导监督下召开的,且表决票原件在每天投票结束后均封存于街道办,在唱票、统计结束后亦存档于街道办,在整个过程中业委会没有经手、保管表决票。原告并没有提供选票存在造假等的明确线索,申请查询表决票原件缺乏正当性。虽然业主享有知情权,但业主知情权的行使不应损害其他业主的利益。因原告要求查阅、复制的表决票上有业主房号、姓名等个人信息以及表决意见,故在未取得其他业主同意和授权的情况下,原告无权要求查阅、复制。最终法院判

〔1〕 参见《最高人民法院公报》2015年第12期(总第230期)。
〔2〕 北京市第一中级人民法院(2022)京01民终5084号民事判决书。

决驳回了原告的诉讼请求。[1]

业主依据司法解释规定行使知情权时，请求公布、查阅的资料应当与业主共有权及管理权密切相关。业主请求公布、查阅形成业主大会和业主委员会决议的公过程性资料，法院一般不予支持，但业主能够证明这些资料与业主共有权及管理权密切相关的除外。

【案例 12－98】　北京恒远创新科技有限公司诉上地国际科技创业园业主委员会业主知情权纠纷案

二审法院认为，依据《建筑物区分所有权解释》第十三条之规定，恒远公司要求创业园业主会提供查阅的材料应当属于该司法解释规定的范围，不应任意扩大解释。本案中，关于业主委员会的组成、业主大会和业主委员会的决议、招投标等方面的情况，创业园业委会已经当庭提供了符合司法解释规定的主要材料，足以保证恒远公司的知情权，恒远公司要求的其他材料，均是这几方面工作中可能产生的过程性资料，不直接影响业主权利，不属于司法解释明确列举的范围，且与司法解释所明确列举的应公开材料的性质、重要性明显不同，恒远公司主张属于兜底条款范围理由不充分，请求查阅这些材料的法律依据不足，对其上诉请求，二审法院不予支持。原审法院认定事实清楚，适用法律正确，但判决确定的义务在审理期间已经履行完毕，二审法院对原判相应部分予以纠正。判决：(1)撤销一审判决；(2)驳回恒远公司的全部诉讼请求。[2]

业主行使知情权应当以建筑区划内涉及业主共有权以及共同管理相关事项为限。业主请求公布、查阅其他业主的姓名、房号、建筑物专有部分面积个人信息的，法院一般不予支持，但业主能够证明这些资料与业主共有权及管理权密切相关的除外。

【案例 12－99】　王某等与某小区业主委员会业主知情权纠纷案

判决观点：王某作为小区建筑区划内的区分所有人，对于涉及小区共有部分以及共同管理的事项享有知情权，但该种权利应当限于业主查阅、复印涉及其自身权益或直接关系全体区分所有人共同利益间接关系其自身利益的事项。故其要求业委会提供投票业主的姓名及房间号，因涉及业主隐私，且与其权益并无直接或间接关联，法院不予支持。判决：业委会配合王某等人查阅复印业主大会、业主委员会的决定及会议记录等部分资料，驳回王某等人要求查阅复印历次业主大会会议投票的业主姓名、房号和专用部分面积

---

〔1〕 重庆市璧山区人民法院(2020)渝 0120 民初 8970 号民事判决书。

〔2〕 参见北京市高级人民法院研究室编：《审判前沿——新类型案件审判实务》(总第 64 辑)，法律出版社 2023 年版，第 227 页。北京市法院参阅案例第 48 号。

数的诉讼请求。[1]

应注意的是,由于业主知情权系业主基于所有权人地位取得并享有的固有权利,并非债权请求权,故不应适用诉讼时效的规定,亦不受诉讼时效限制。

(三)业主权利司法审查

业主权利行使司法审查,是指业主行使撤销权、知情权等区分所有权权利的诉讼进入审判程序之后,法官对业主主张的诉求及事实予以裁量考察,即司法审查。也就是说,法律未对业主撤销权的具体构成要件作出明确规定,由此产生审查范围和标准的裁量空间。一般来讲,业主权利司法审查是从程序和实体两方面予以审查。

1. 程序正当性审查

其一,审查标准适用。程序权益受到侵害是指区分所有权人团体作出的决定,逾越了法定或约定的权限范围或者作出共同决定的程序违反了法律、法规的强制性规定。[2]

被审查对象为业主大会或业主委员会决议决定和业主议事规则。业主大会或业主委员会决议决定,受《民法典》《物业管理条例》《建筑物区分所有权解释》等规范性文件的调整。业主议事规则作为业主自治性文件,是全体业主对有关物业管理方面的约定准则。法定和约定标准之间的适用关系为:首先,强制性规范优先适用,即法定标准中的强制性规定应作为首要依据,自治性文件可以补充适用。其次,法律标准中属于任意性规范或未有明确规定的,应以约定标准为依据。最后,约定标准仍需审查后才能适用,既不得与有关强制性规定的文义和目的相冲突又必须符合程序要求,即自治性文件产生的程序合法。

其二,审查程度要求。按照结果程度划分,程序瑕疵主要分为重大瑕疵和轻微瑕疵两种类型。由于决定的作出须经诸多环节,并非任意瑕疵均足以达到撤销该决定的严重程度。当决定的程序性瑕疵显著轻微、不会影响决定的实质内容,即使重新作出决定内容亦不会有重大变化时,应尽量维持决定的效力。[3] 从这

[1] 参见北京市高级人民法院研究室编:《审判前沿——新类型案件审判实务》(总第64辑),法律出版社2023年版,第229页。北京市法院参阅案例第49号。

[2] 参见最高人民法院民事审判第一庭编著:《最高人民法院建筑物区分所有权、物业服务司法解释理解与适用》,人民法院出版社2009年版,第175页。

[3] 参见张朝阳:《业主撤销权纠纷审理中的若干法律问题》,载《人民司法》2011年第1期。

个意义上讲,法官应对结果程度进行甄别区分,只有涉及重大程序瑕疵的才能纳入审查范围。

其三,审查范围判断。一是超越职权的审查,依《民法典》《物业管理条例》对业主大会或业主委员会规定的物业管理范围职权行为为据。二是主体合法性审查,即有无业主委员会自行决定但以业主大会名义履行事项。三是形成过程的重大瑕疵审查,侧重以下三点内容,即拟定内容、公示程序和表决结果。

2. 实体正当性审查

其一,利益衡量。有学者认为,利益衡量是指在法律所确认的利益之间发生相互冲突时,由法官对冲突的利益确定其轻重而进行权衡与取舍活动。[1] 这既是法官审判权利范围,也是应限制法官自行裁量权的法理所在。实践中,权利边界划分是把握重点,需要分清利益所代表的权利性质和权利行使是否逾越合理边界两个方面。

其二,具体审查内容。实际操作中可从四个方面着手考量,一是人格利益优先于财产利益,二是既有利益优于或然利益,三是群体利益优先于个体财产利益,四是可预见风险负担原则。

其三,法律规定为审查依据。依据《民法典》《物业管理条例》《建筑物区分所有权解释》相关规定,并结合法学原理和理论研究成果,是正确界定实体正当性的基础和保障。

【案例 12-100】 李某诉北京市某小区业主委员会业主撤销权纠纷案

一审法院认为,李某主张撤销权能否成立应从两个方面分析:(1)封闭式管理通告和公告是否符合程序要求。首先,封闭式管理方案系业主大会的最终决定。业主大会会议可以采用集体讨论的形式,也可以采用书面征求意见的形式。业委会以书面形式公布决定,实质上是以业主大会的形式征集意见并做出结论。其次,通告和公告的形成过程符合议事规则。一是告知方式具有合理性。业委会在小区公共区域内履行告知义务,保障了业主知情权。二是投票方式具有有效性。通告中采用的默示同意原则符合小区现实状况,并不妨碍全体业主充分行使表决权。三是决定所依据的表决票数具有合法性。依据表决规则的计票结果,封闭式管理决定的赞成票具有合法依据。(2)封闭式管理通告和公告是否侵害业主实体利益。首先,本案封闭式管理并不限制业主行使建筑物的专有权和共有权。根据现有证据,难以认定给李某的房屋经营利益造成实际损害。其次,李某主张商业用房的功能受限于财

〔1〕 参见王利明:《法学方法论》,中国人民大学出版社 2012 年版,第 632 页。

产权益范畴,封闭式管理决定的实施目的在于维护小区人身财产安全和正常管理秩序,从利益保护程度的价值考量,该决定应优先实现。最后,在不侵害业主专有权和共有权的前提下,从多数利益相对于个体利益优先实现考虑,应选择封闭式管理所体现的群体利益。因此,法院对业委会公布的决定应当维持。判决:驳回李某的诉讼请求。

二审法院亦持同样意见,驳回上诉,维持原判。[1]

法院对业主权利行使排除妨害司法审查,区分不同的诉求而相应的处理模式。如有业主起诉拆除小区商品房与配建的保障性住房之间隔离的,法院一般坚持由行政主管部门先行处理模式。

【案例 12-101】 欧阳某某、徐某某诉北京市某地产开发有限公司商品房销售合同纠纷案

二审法院认为,截至目前,相关行政主管部门对本案涉诉的违规设施仍在调查过程中,故法院认为行政主管部门作出行政行为前,本案所涉设施不宜直接通过民事诉讼予以处理。[2]

对于业主起诉物业服务人主张通行门禁卡的,业主行使的是建筑物区分所有权中共有权能的权利,因门禁卡是物业服务人管理和发放的,法院对小区业主的合理诉求予以支持。

【案例 12-102】 陈某某诉某置地(福州)发展有限公司、某置地(福州)物业服务有限公司物业服务合同纠纷案

一审法院认为,某小区高层认购前温馨提示虽然表示小区分割的两个区域互不通达,但该内容侵犯了小区业主对公共场所的共有权。被告某物业公司作为该小区的物业管理单位,应当在小区规划设计的基础上进行管理,其未向原告发放东大门的出入卡,妨碍原告在该小区东大门道路的通行,显属不当。因此,一审法院判决要求物业公司向作为原告的业主提供小区东门的出入卡,二审判决对此予以维持。[3]

(四)业主表决权计算依据

实践中,应以建筑面积还是使用面积为标准计算业主表决权理解并不一致。

---

〔1〕 参见北京市高级人民法院编:《审判前沿——新类型案件审判实务》(总第 54 集),法律出版社 2016 年版,第 46 页。

〔2〕 北京市第三中级人民法院(2019)京 03 民终 2613 号民事判决书。

〔3〕 福建省福州市中级人民法院(2017)闽 01 民终 196 号民事判决书。

最高人民法院法官认为,关于专有部分,《民法典》第二百七十一条延续了《物权法》第七十条的表述,规定"业主对建筑物内的住宅,经营性用房等专有部分享有所有权,对专有部分以外的共有部分享有共有和共同管理的权利";《建筑物区分所有权解释》第二条第一款规定,"建筑区划内符合下列条件的房屋,以及车位、摊位等特定空间,应当认定为民法典第二编第六章所称的专有部分:(一)具有构造上的独立性,能够明确区分;(二)具有利用上的独立性,可以排他使用;(三)能够登记成为特定业主所有权的客体"。从上述法律和司法解释规定的文义来看,专有部分应具有构造上的独立性、利用上的独立性及可登记性,业主对该部分享有独立的所有权。而《民法典》第二百七十八条第二款也使用了"专有部分"这一表述,从体系解释角度来看,其与《民法典》第二百七十一条规定的"专有部分"应当是同一含义。从这个角度理解,在计算业主表决权时,仍应按各个业主所有房屋的专有部分面积即套内面积进行计算,不应包括共有部分的面积。

但我们认为,这样的理解过于机械,实质上是混淆了专有部分应按何种标准登记(计算业主享有所有权的面积)和专有部分应按何种标准计算业主表决权两个不同的问题。《民法典》第二百七十一条、《建筑物区分所有权解释》第二条第一款和《民法典》第二百七十八条第二款所要解决的问题是不同的:《民法典》第二百七十一条、《建筑物区分所有权解释》第二条第一款规定所要解决的是前一个问题,目的是明确业主对专有部分享有的是单独所有权,对共有部分享有的则是共有权;《民法典》第二百七十八条第二款规定所有解决的是后一个问题,是业主的议决能力的问题,即业主对重大事项的表决能力。而无论是按照建筑物面积还是使用面积为依据计算,每个业主所享有的表决权所占比例不会因此而发生变化。因此,在实践中,在标准统一的前提下,既可以建筑面积为依据,也可以使用面积为依据。正是基于这种理念,同时考虑到各地对专有部分面积依何种标准记载不统一的情况,《建筑物区分所有权解释》第八条规定:"《民法典》第二百七十八条第二款和第二百八十三条规定的专有部分面积可以按照不动产登记簿记载的面积计算;尚未进行物权登记的,暂按测绘机构的实测面积计算;尚未进行实测的,暂按房屋买卖合同记载的面积计算。"其并未明确统一规定在适用《民法典》第二百七十八条第二款时应该以何种标准计算专有部分面积,而是交由各地业主自行决定采用建筑面积还是使用面积作为计算标准,只要在同一建筑区划内采取同标准即可。[1]

---

〔1〕 参见最高人民法院民事审判第一庭编著:《民事审判实务问答》,法律出版社2021年版,第8~9页。

附录1　中华人民共和国民法典(节选)

(2020年5月28日第十三届全国人民代表大会第三次会议通过)

第六章　业主的建筑物区分所有权

第二百七十一条　业主对建筑物内的住宅、经营性用房等专有部分享有所有权,对专有部分以外的共有部分享有共有和共同管理的权利。

第二百七十二条　业主对其建筑物专有部分享有占有、使用、收益和处分的权利。业主行使权利不得危及建筑物的安全,不得损害其他业主的合法权益。

第二百七十三条　业主对建筑物专有部分以外的共有部分,享有权利,承担义务;不得以放弃权利为由不履行义务。

业主转让建筑物内的住宅、经营性用房,其对共有部分享有的共有和共同管理的权利一并转让。

第二百七十四条　建筑区划内的道路,属于业主共有,但是属于城镇公共道路的除外。建筑区划内的绿地,属于业主共有,但是属于城镇公共绿地或者明示属于个人的除外。建筑区划内的其他公共场所、公用设施和物业服务用房,属于业主共有。

第二百七十五条　建筑区划内,规划用于停放汽车的车位、车库的归属,由当事人通过出售、附赠或者出租等方式约定。

占用业主共有的道路或者其他场地用于停放汽车的车位,属于业主共有。

第二百七十六条　建筑区划内,规划用于停放汽车的车位、车库应当首先满足业主的需要。

第二百七十七条　业主可以设立业主大会,选举业主委员会。业主大会、业主委员会成立的具体条件和程序,依照法律、法规的规定。

地方人民政府有关部门、居民委员会应当对设立业主大会和选举业主委员会给予指导和协助。

第二百七十八条　下列事项由业主共同决定:

(一)制定和修改业主大会议事规则;

(二)制定和修改管理规约;

（三）选举业主委员会或者更换业主委员会成员；

（四）选聘和解聘物业服务企业或者其他管理人；

（五）使用建筑物及其附属设施的维修资金；

（六）筹集建筑物及其附属设施的维修资金；

（七）改建、重建建筑物及其附属设施；

（八）改变共有部分的用途或者利用共有部分从事经营活动；

（九）有关共有和共同管理权利的其他重大事项。

业主共同决定事项，应当由专有部分面积占比三分之二以上的业主且人数占比三分之二以上的业主参与表决。决定前款第六项至第八项规定的事项，应当经参与表决专有部分面积四分之三以上的业主且参与表决人数四分之三以上的业主同意。决定前款其他事项，应当经参与表决专有部分面积过半数的业主且参与表决人数过半数的业主同意。

第二百七十九条　业主不得违反法律、法规以及管理规约，将住宅改变为经营性用房。业主将住宅改变为经营性用房的，除遵守法律、法规以及管理规约外，应当经有利害关系的业主一致同意。

第二百八十条　业主大会或者业主委员会的决定，对业主具有法律约束力。

业主大会或者业主委员会作出的决定侵害业主合法权益的，受侵害的业主可以请求人民法院予以撤销。

第二百八十一条　建筑物及其附属设施的维修资金，属于业主共有。经业主共同决定，可以用于电梯、屋顶、外墙、无障碍设施等共有部分的维修、更新和改造。建筑物及其附属设施的维修资金的筹集、使用情况应当定期公布。

紧急情况下需要维修建筑物及其附属设施的，业主大会或者业主委员会可以依法申请使用建筑物及其附属设施的维修资金。

第二百八十二条　建设单位、物业服务企业或者其他管理人等利用业主的共有部分产生的收入，在扣除合理成本之后，属于业主共有。

第二百八十三条　建筑物及其附属设施的费用分摊、收益分配等事项，有约定的，按照约定；没有约定或者约定不明确的，按照业主专有部分面积所占比例确定。

第二百八十四条　业主可以自行管理建筑物及其附属设施，也可以委托物业服务企业或者其他管理人管理。

对建设单位聘请的物业服务企业或者其他管理人，业主有权依法更换。

第二百八十五条　物业服务企业或者其他管理人根据业主的委托，依照本法第三编有关物业服务合同的规定管理建筑区划内的建筑物及其附属设施，接受业主的监督，并及时答复业主对物业服务情况提出的询问。

物业服务企业或者其他管理人应当执行政府依法实施的应急处置措施和其

他管理措施,积极配合开展相关工作。

第二百八十六条 业主应当遵守法律、法规以及管理规约,相关行为应当符合节约资源、保护生态环境的要求。对于物业服务企业或者其他管理人执行政府依法实施的应急处置措施和其他管理措施,业主应当依法予以配合。

业主大会或者业主委员会,对任意弃置垃圾、排放污染物或者噪声、违反规定饲养动物、违章搭建、侵占通道、拒付物业费等损害他人合法权益的行为,有权依照法律、法规以及管理规约,请求行为人停止侵害、排除妨碍、消除危险、恢复原状、赔偿损失。

业主或者其他行为人拒不履行相关义务的,有关当事人可以向有关行政主管部门报告或者投诉,有关行政主管部门应当依法处理。

第二百八十七条 业主对建设单位、物业服务企业或者其他管理人以及其他业主侵害自己合法权益的行为,有权请求其承担民事责任。

……

第二十四章 物业服务合同

第九百三十七条 物业服务合同是物业服务人在物业服务区域内,为业主提供建筑物及其附属设施的维修养护、环境卫生和相关秩序的管理维护等物业服务,业主支付物业费的合同。

物业服务人包括物业服务企业和其他管理人。

第九百三十八条 物业服务合同的内容一般包括服务事项、服务质量、服务费用的标准和收取办法、维修资金的使用、服务用房的管理和使用、服务期限、服务交接等条款。

物业服务人公开作出的有利于业主的服务承诺,为物业服务合同的组成部分。

物业服务合同应当采用书面形式。

第九百三十九条 建设单位依法与物业服务人订立的前期物业服务合同,以及业主委员会与业主大会依法选聘的物业服务人订立的物业服务合同,对业主具有法律约束力。

第九百四十条 建设单位依法与物业服务人订立的前期物业服务合同约定的服务期限届满前,业主委员会或者业主与新物业服务人订立的物业服务合同生效的,前期物业服务合同终止。

第九百四十一条 物业服务人将物业服务区域内的部分专项服务事项委托给专业性服务组织或者其他第三人的,应当就该部分专项服务事项向业主负责。

物业服务人不得将其应当提供的全部物业服务转委托给第三人，或者将全部物业服务支解后分别转委托给第三人。

第九百四十二条　物业服务人应当按照约定和物业的使用性质，妥善维修、养护、清洁、绿化和经营管理物业服务区域内的业主共有部分，维护物业服务区域内的基本秩序，采取合理措施保护业主的人身、财产安全。

对物业服务区域内违反有关治安、环保、消防等法律法规的行为，物业服务人应当及时采取合理措施制止、向有关行政主管部门报告并协助处理。

第九百四十三条　物业服务人应当定期将服务的事项、负责人员、质量要求、收费项目、收费标准、履行情况，以及维修资金使用情况、业主共有部分的经营与收益情况等以合理方式向业主公开并向业主大会、业主委员会报告。

第九百四十四条　业主应当按照约定向物业服务人支付物业费。物业服务人已经按照约定和有关规定提供服务的，业主不得以未接受或者无需接受相关物业服务为由拒绝支付物业费。

业主违反约定逾期不支付物业费的，物业服务人可以催告其在合理期限内支付；合理期限届满仍不支付的，物业服务人可以提起诉讼或者申请仲裁。

物业服务人不得采取停止供电、供水、供热、供燃气等方式催交物业费。

第九百四十五条　业主装饰装修房屋的，应当事先告知物业服务人，遵守物业服务人提示的合理注意事项，并配合其进行必要的现场检查。

业主转让、出租物业专有部分、设立居住权或者依法改变共有部分用途的，应当及时将相关情况告知物业服务人。

第九百四十六条　业主依照法定程序共同决定解聘物业服务人的，可以解除物业服务合同。决定解聘的，应当提前六十日书面通知物业服务人，但是合同对通知期限另有约定的除外。

依据前款规定解除合同造成物业服务人损失的，除不可归责于业主的事由外，业主应当赔偿损失。

第九百四十七条　物业服务期限届满前，业主依法共同决定续聘的，应当与原物业服务人在合同期限届满前续订物业服务合同。

物业服务期限届满前，物业服务人不同意续聘的，应当在合同期限届满前九十日书面通知业主或者业主委员会，但是合同对通知期限另有约定的除外。

第九百四十八条　物业服务期限届满后，业主没有依法作出续聘或者另聘物业服务人的决定，物业服务人继续提供物业服务的，原物业服务合同继续有效，但是服务期限为不定期。

当事人可以随时解除不定期物业服务合同，但是应当提前六十日书面通知对方。

第九百四十九条　物业服务合同终止的，原物业服务人应当在约定期限或者合理期限内退出物业服务区域，将物业服务用房、相关设施、物业服务所必需的相关资料等交还给业主委员会、决定自行管理的业主或者其指定的人，配合新物业服务人做好交接工作，并如实告知物业的使用和管理状况。

原物业服务人违反前款规定的，不得请求业主支付物业服务合同终止后的物业费；造成业主损失的，应当赔偿损失。

第九百五十条 物业服务合同终止后，在业主或者业主大会选聘的新物业服务人或者决定自行管理的业主接管之前，原物业服务人应当继续处理物业服务事项，并可以请求业主支付该期间的物业费。

附录 2　物业管理条例

(2003 年 6 月 8 日中华人民共和国国务院令第 379 号公布　根据 2007 年 8 月 26 日《国务院关于修改〈物业管理条例〉的决定》第一次修订　根据 2016 年 2 月 6 日《国务院关于修改部分行政法规的决定》第二次修订　根据 2018 年 3 月 19 日《国务院关于修改和废止部分行政法规的决定》第三次修订)

目　录

第一章　总则

第一条　为了规范物业管理活动,维护业主和物业服务企业的合法权益,改善人民群众的生活和工作环境,制定本条例。

第二条　本条例所称物业管理,是指业主通过选聘物业服务企业,由业主和物业服务企业按照物业服务合同约定,对房屋及配套的设施设备和相关场地进行维修、养护、管理,维护物业管理区域内的环境卫生和相关秩序的活动。

第三条　国家提倡业主通过公开、公平、公正的市场竞争机制选择物业服务企业。

第四条　国家鼓励采用新技术、新方法,依靠科技进步提高物业管理和服务水平。

第五条　国务院建设行政主管部门负责全国物业管理活动的监督管理工作。

县级以上地方人民政府房地产行政主管部门负责本行政区域内物业管理活动的监督管理工作。

第二章　业主及业主大会

第六条　房屋的所有权人为业主。

业主在物业管理活动中,享有下列权利:

(一)按照物业服务合同的约定,接受物业服务企业提供的服务;

(二)提议召开业主大会会议,并就物业管理的有关事项提出建议;

(三)提出制定和修改管理规约、业主大会议事规则的建议;

(四)参加业主大会会议,行使投票权;

(五)选举业主委员会成员,并享有被选举权;

(六)监督业主委员会的工作;

(七)监督物业服务企业履行物业服务合同;

(八)对物业共用部位、共用设施设备和相关场地使用情况享有知情权和监督权;

(九)监督物业共用部位、共用设施设备专项维修资金(以下简称专项维修资金)的管理和使用;

(十)法律、法规规定的其他权利。

第七条　业主在物业管理活动中,履行下列义务:

(一)遵守管理规约、业主大会议事规则;

(二)遵守物业管理区域内物业共用部位和共用设施设备的使用、公共秩序和环境卫生的维护等方面的规章制度;

(三)执行业主大会的决定和业主大会授权业主委员会作出的决定;

(四)按照国家有关规定交纳专项维修资金;

(五)按时交纳物业服务费用;

(六)法律、法规规定的其他义务。

第八条　物业管理区域内全体业主组成业主大会。

业主大会应当代表和维护物业管理区域内全体业主在物业管理活动中的合法权益。

第九条　一个物业管理区域成立一个业主大会。

物业管理区域的划分应当考虑物业的共用设施设备、建筑物规模、社区建设等因素。具体办法由省、自治区、直辖市制定。

第十条　同一个物业管理区域内的业主，应当在物业所在地的区、县人民政府房地产行政主管部门或者街道办事处、乡镇人民政府的指导下成立业主大会，并选举产生业主委员会。但是，只有一个业主的，或者业主人数较少且经全体业主一致同意，决定不成立业主大会的，由业主共同履行业主大会、业主委员会职责。

第十一条　下列事项由业主共同决定：

（一）制定和修改业主大会议事规则；

（二）制定和修改管理规约；

（三）选举业主委员会或者更换业主委员会成员；

（四）选聘和解聘物业服务企业；

（五）筹集和使用专项维修资金；

（六）改建、重建建筑物及其附属设施；

（七）有关共有和共同管理权利的其他重大事项。

第十二条　业主大会会议可以采用集体讨论的形式，也可以采用书面征求意见的形式；但是，应当有物业管理区域内专有部分占建筑物总面积过半数的业主且占总人数过半数的业主参加。

业主可以委托代理人参加业主大会会议。

业主大会决定本条例第十一条第（五）项和第（六）项规定的事项，应当经专有部分占建筑物总面积 2/3 以上的业主且占总人数 2/3 以上的业主同意；决定本条例第十一条规定的其他事项，应当经专有部分占建筑物总面积过半数的业主且占总人数过半数的业主同意。

业主大会或者业主委员会的决定，对业主具有约束力。

业主大会或者业主委员会作出的决定侵害业主合法权益的，受侵害的业主可以请求人民法院予以撤销。

第十三条　业主大会会议分为定期会议和临时会议。

业主大会定期会议应当按照业主大会议事规则的规定召开。经 20% 以上的业主提议，业主委员会应当组织召开业主大会临时会议。

第十四条　召开业主大会会议，应当于会议召开 15 日以前通知全体业主。

住宅小区的业主大会会议，应当同时告知相关的居民委员会。

业主委员会应当做好业主大会会议记录。

第十五条　业主委员会执行业主大会的决定事项，履行下列职责：

（一）召集业主大会会议，报告物业管理的实施情况；

（二）代表业主与业主大会选聘的物业服务企业签订物业服务合同；

（三）及时了解业主、物业使用人的意见和建议，监督和协助物业服务企业履行物业服务合同；

(四)监督管理规约的实施；

(五)业主大会赋予的其他职责。

第十六条 业主委员会应当自选举产生之日起30日内,向物业所在地的区、县人民政府房地产行政主管部门和街道办事处、乡镇人民政府备案。

业主委员会委员应当由热心公益事业、责任心强、具有一定组织能力的业主担任。

业主委员会主任、副主任在业主委员会成员中推选产生。

第十七条 管理规约应当对有关物业的使用、维护、管理,业主的共同利益,业主应当履行的义务,违反管理规约应当承担的责任等事项依法作出约定。

管理规约应当尊重社会公德,不得违反法律、法规或者损害社会公共利益。

管理规约对全体业主具有约束力。

第十八条 业主大会议事规则应当就业主大会的议事方式、表决程序、业主委员会的组成和成员任期等事项作出约定。

第十九条 业主大会、业主委员会应当依法履行职责,不得作出与物业管理无关的决定,不得从事与物业管理无关的活动。

业主大会、业主委员会作出的决定违反法律、法规的,物业所在地的区、县人民政府房地产行政主管部门或者街道办事处、乡镇人民政府,应当责令限期改正或者撤销其决定,并通告全体业主。

第二十条 业主大会、业主委员会应当配合公安机关,与居民委员会相互协作,共同做好维护物业管理区域内的社会治安等相关工作。

在物业管理区域内,业主大会、业主委员会应当积极配合相关居民委员会依法履行自治管理职责,支持居民委员会开展工作,并接受其指导和监督。

住宅小区的业主大会、业主委员会作出的决定,应当告知相关的居民委员会,并认真听取居民委员会的建议。

第三章 前期物业管理

第二十一条 在业主、业主大会选聘物业服务企业之前,建设单位选聘物业服务企业的,应当签订书面的前期物业服务合同。

第二十二条 建设单位应当在销售物业之前,制定临时管理规约,对有关物业的使用、维护、管理,业主的共同利益,业主应当履行的义务,违反临时管理规约应当承担的责任等事项依法作出约定。

建设单位制定的临时管理规约,不得侵害物业买受人的合法权益。

第二十三条 建设单位应当在物业销售前将临时管理规约向物业买受人明示,并予以说明。

物业买受人在与建设单位签订物业买卖合同时,应当对遵守临时管理规约予以书面承诺。

第二十四条 国家提倡建设单位按照房地产开发与物业管理相分离的原则,通过招投标的方式选聘物业服务企业。

住宅物业的建设单位,应当通过招投标的方式选聘物业服务企业;投标人少于3个或者住宅规模较小的,经物业所在地的区、县人民政府房地产行政主管部门批准,可以采用协议方式选聘物业服务企业。

第二十五条 建设单位与物业买受人签订的买卖合同应当包含前期物业服务合同约定的内容。

第二十六条 前期物业服务合同可以约定期限;但是,期限未满、业主委员会与物业服务企业签订的物业服务合同生效的,前期物业服务合同终止。

第二十七条 业主依法享有的物业共用部位、共用设施设备的所有权或者使用权,建设单位不得擅自处分。

第二十八条 物业服务企业承接物业时,应当对物业共用部位、共用设施设备进行查验。

第二十九条 在办理物业承接验收手续时,建设单位应当向物业服务企业移交下列资料:

(一)竣工总平面图,单体建筑、结构、设备竣工图,配套设施、地下管网工程竣工图等竣工验收资料;

(二)设施设备的安装、使用和维护保养等技术资料;

(三)物业质量保修文件和物业使用说明文件;

(四)物业管理所必需的其他资料。

物业服务企业应当在前期物业服务合同终止时将上述资料移交给业主委员会。

第三十条 建设单位应当按照规定在物业管理区域内配置必要的物业管理用房。

第三十一条 建设单位应当按照国家规定的保修期限和保修范围,承担物业的保修责任。

第四章 物业管理服务

第三十二条 从事物业管理活动的企业应当具有独立的法人资格。

国务院建设行政主管部门应当会同有关部门建立守信联合激励和失信联合惩戒机制,加强行业诚信管理。

第三十三条 一个物业管理区域由一个物业服务企业实施物业管理。

第三十四条 业主委员会应当与业主大会选聘的物业服务企业订立书面的物业服务合同。

物业服务合同应当对物业管理事项、服务质量、服务费用、双方的权利义务、专项维修资金的管理与使用、物业管理用房、合同期限、违约责任等内容进行约定。

第三十五条 物业服务企业应当按照物业服务合同的约定,提供相应的服务。

物业服务企业未能履行物业服务合同的约定,导致业主人身、财产安全受到损害的,应当依法承担相应的法律责任。

第三十六条 物业服务企业承接物业时,应当与业主委员会办理物业验收手续。

业主委员会应当向物业服务企业移交本条例第二十九条第一款规定的资料。

第三十七条 物业管理用房的所有权依法属于业主。未经业主大会同意,物业服务企业不得改变物业管理用房的用途。

第三十八条 物业服务合同终止时,物业服务企业应当将物业管理用房和本条例第二十九条第一款规定的资料交还给业主委员会。

物业服务合同终止时,业主大会选聘了新的物业服务企业的,物业服务企业之间应当做好交接工作。

第三十九条 物业服务企业可以将物业管理区域内的专项服务业务委托给专业性服务企业,但不得将该区域内的全部物业管理一并委托给他人。

第四十条 物业服务收费应当遵循合理、公开以及费用与服务水平相适应的原则,区别不同物业的性质和特点,由业主和物业服务企业按照国务院价格主管部门会同国务院建设行政主管部门制定的物业服务收费办法,在物业服务合同中约定。

第四十一条 业主应当根据物业服务合同的约定交纳物业服务费用。业主与物业使用人约定由物业使用人交纳物业服务费用的,从其约定,业主负连带交纳责任。

已竣工但尚未出售或者尚未交给物业买受人的物业,物业服务费用由建设单位交纳。

第四十二条 县级以上人民政府价格主管部门会同同级房地产行政主管部门,应当加强对物业服务收费的监督。

第四十三条 物业服务企业可以根据业主的委托提供物业服务合同约定以

外的服务项目，服务报酬由双方约定。

第四十四条 物业管理区域内，供水、供电、供气、供热、通信、有线电视等单位应当向最终用户收取有关费用。

物业服务企业接受委托代收前款费用的，不得向业主收取手续费等额外费用。

第四十五条 对物业管理区域内违反有关治安、环保、物业装饰装修和使用等方面法律、法规规定的行为，物业服务企业应当制止，并及时向有关行政管理部门报告。

有关行政管理部门在接到物业服务企业的报告后，应当依法对违法行为予以制止或者依法处理。

第四十六条 物业服务企业应当协助做好物业管理区域内的安全防范工作。发生安全事故时，物业服务企业在采取应急措施的同时，应当及时向有关行政管理部门报告，协助做好救助工作。

物业服务企业雇请保安人员的，应当遵守国家有关规定。保安人员在维护物业管理区域内的公共秩序时，应当履行职责，不得侵害公民的合法权益。

第四十七条 物业使用人在物业管理活动中的权利义务由业主和物业使用人约定，但不得违反法律、法规和管理规约的有关规定。

物业使用人违反本条例和管理规约的规定，有关业主应当承担连带责任。

第四十八条 县级以上地方人民政府房地产行政主管部门应当及时处理业主、业主委员会、物业使用人和物业服务企业在物业管理活动中的投诉。

第五章 物业的使用与维护

第四十九条 物业管理区域内按照规划建设的公共建筑和共用设施，不得改变用途。

业主依法确需改变公共建筑和共用设施用途的，应当在依法办理有关手续后告知物业服务企业；物业服务企业确需改变公共建筑和共用设施用途的，应当提请业主大会讨论决定同意后，由业主依法办理有关手续。

第五十条 业主、物业服务企业不得擅自占用、挖掘物业管理区域内的道路、场地，损害业主的共同利益。

因维修物业或者公共利益，业主确需临时占用、挖掘道路、场地的，应当征得业主委员会和物业服务企业的同意；物业服务企业确需临时占用、挖掘道路、场地的，应当征得业主委员会的同意。

业主、物业服务企业应当将临时占用、挖掘的道路、场地，在约定期限内恢复原状。

第五十一条 供水、供电、供气、供热、通信、有线电视等单位,应当依法承担物业管理区域内相关管线和设施设备维修、养护的责任。

前款规定的单位因维修、养护等需要,临时占用、挖掘道路、场地的,应当及时恢复原状。

第五十二条 业主需要装饰装修房屋的,应当事先告知物业服务企业。

物业服务企业应当将房屋装饰装修中的禁止行为和注意事项告知业主。

第五十三条 住宅物业、住宅小区内的非住宅物业或者与单幢住宅楼结构相连的非住宅物业的业主,应当按照国家有关规定交纳专项维修资金。

专项维修资金属于业主所有,专项用于物业保修期满后物业共用部位、共用设施设备的维修和更新、改造,不得挪作他用。

专项维修资金收取、使用、管理的办法由国务院建设行政主管部门会同国务院财政部门制定。

第五十四条 利用物业共用部位、共用设施设备进行经营的,应当在征得相关业主、业主大会、物业服务企业的同意后,按照规定办理有关手续。业主所得收益应当主要用于补充专项维修资金,也可以按照业主大会的决定使用。

第五十五条 物业存在安全隐患,危及公共利益及他人合法权益时,责任人应当及时维修养护,有关业主应当给予配合。

责任人不履行维修养护义务的,经业主大会同意,可以由物业服务企业维修养护,费用由责任人承担。

第六章 法律责任

第五十六条 违反本条例的规定,住宅物业的建设单位未通过招投标的方式选聘物业服务企业或者未经批准,擅自采用协议方式选聘物业服务企业的,由县级以上地方人民政府房地产行政主管部门责令限期改正,给予警告,可以并处10万元以下的罚款。

第五十七条 违反本条例的规定,建设单位擅自处分属于业主的物业共用部位、共用设施设备的所有权或者使用权的,由县级以上地方人民政府房地产行政主管部门处5万元以上20万元以下的罚款;给业主造成损失的,依法承担赔偿责任。

第五十八条 违反本条例的规定,不移交有关资料的,由县级以上地方人民政府房地产行政主管部门责令限期改正;逾期仍不移交有关资料的,对建设单位、物业服务企业予以通报,处1万元以上10万元以下的罚款。

第五十九条　违反本条例的规定，物业服务企业将一个物业管理区域内的全部物业管理一并委托给他人的，由县级以上地方人民政府房地产行政主管部门责令限期改正，处委托合同价款 30% 以上 50% 以下的罚款。委托所得收益，用于物业管理区域内物业共用部位、共用设施设备的维修、养护，剩余部分按照业主大会的决定使用；给业主造成损失的，依法承担赔偿责任。

第六十条　违反本条例的规定，挪用专项维修资金的，由县级以上地方人民政府房地产行政主管部门追回挪用的专项维修资金，给予警告，没收违法所得，可以并处挪用数额 2 倍以下的罚款；构成犯罪的，依法追究直接负责的主管人员和其他直接责任人员的刑事责任。

第六十一条　违反本条例的规定，建设单位在物业管理区域内不按照规定配置必要的物业管理用房的，由县级以上地方人民政府房地产行政主管部门责令限期改正，给予警告，没收违法所得，并处 10 万元以上 50 万元以下的罚款。

第六十二条　违反本条例的规定，未经业主大会同意，物业服务企业擅自改变物业管理用房的用途的，由县级以上地方人民政府房地产行政主管部门责令限期改正，给予警告，并处 1 万元以上 10 万元以下的罚款；有收益的，所得收益用于物业管理区域内物业共用部位、共用设施设备的维修、养护，剩余部分按照业主大会的决定使用。

第六十三条　违反本条例的规定，有下列行为之一的，由县级以上地方人民政府房地产行政主管部门责令限期改正，给予警告，并按照本条第二款的规定处以罚款；所得收益，用于物业管理区域内物业共用部位、共用设施设备的维修、养护，剩余部分按照业主大会的决定使用：

（一）擅自改变物业管理区域内按照规划建设的公共建筑和共用设施用途的；

（二）擅自占用、挖掘物业管理区域内道路、场地，损害业主共同利益的；

（三）擅自利用物业共用部位、共用设施设备进行经营的。

个人有前款规定行为之一的，处 1000 元以上 1 万元以下的罚款；单位有前款规定行为之一的，处 5 万元以上 20 万元以下的罚款。

第六十四条　违反物业服务合同约定，业主逾期不交纳物业服务费用的，业主委员会应当督促其限期交纳；逾期仍不交纳的，物业服务企业可以向人民法院起诉。

第六十五条　业主以业主大会或者业主委员会的名义，从事违反法律、法规的活动，构成犯罪的，依法追究刑事责任；尚不构成犯罪的，依法给予治安管理处罚。

第六十六条　违反本条例的规定，国务院建设行政主管部门、县级以上地方人民政府房地产行政主管部门或者其他有关行政管理部门的工作人员利用职务上的便利,收受他人财物或者其他好处,不依法履行监督管理职责,或者发现违法行为不予查处,构成犯罪的,依法追究刑事责任;尚不构成犯罪的,依法给予行政处分。

第七章　附则

第六十七条　本条例自 2003 年 9 月 1 日起施行。

附录3 最高人民法院关于审理建筑物区分所有权纠纷案件适用法律若干问题的解释（2021.1.1）

（2009 年 3 月 23 日由最高人民法院审判委员会第 1464 次会议通过 根据 2020 年 12 月 23 日最高人民法院审判委员会第 1823 次会议通过的《最高人民法院关于修改〈最高人民法院关于在民事审判工作中适用《中华人民共和国工会法》若干问题的解释〉等二十七件民事类司法解释的决定》修正）

为正确审理建筑物区分所有权纠纷案件，依法保护当事人的合法权益，根据《中华人民共和国民法典》等法律的规定，结合民事审判实践，制定本解释。

第一条 依法登记取得或者依据民法典第二百二十九条至第二百三十一条规定取得建筑物专有部分所有权的人，应当认定为民法典第二编第六章所称的业主。

基于与建设单位之间的商品房买卖民事法律行为，已经合法占有建筑物专有部分，但尚未依法办理所有权登记的人，可以认定为民法典第二编第六章所称的业主。

第二条 建筑区划内符合下列条件的房屋，以及车位、摊位等特定空间，应当认定为民法典第二编第六章所称的专有部分：

（一）具有构造上的独立性，能够明确区分；

（二）具有利用上的独立性，可以排他使用；

（三）能够登记成为特定业主所有权的客体。

规划上专属于特定房屋，且建设单位销售时已经根据规划列入该特定房屋买卖合同中的露台等，应当认定为前款所称的专有部分的组成部分。

本条第一款所称房屋，包括整栋建筑物。

第三条 除法律、行政法规规定的共有部分外，建筑区划内的以下部分，也应当认定为民法典第二编第六章所称的共有部分：

（一）建筑物的基础、承重结构、外墙、屋顶等基本结构部分，通道、楼梯、大堂等公共通行部分，消防、公共照明等附属设施、设备，避难层、设备层或者设备间等结构部分；

（二）其他不属于业主专有部分，也不属于市政公用部分或者其他权利人所有的场所及设施等。

建筑区划内的土地，依法由业主共同享有建设用地使用权，但属于业主专有的整栋建筑物的规划占地或者城镇公共道路、绿地占地除外。

第四条 业主基于对住宅、经营性用房等专有部分特定使用功能的合理需要，无偿利用屋顶以及与其专有部分相对应的外墙面等共有部分的，不应认定为侵权。但违反法律、法规、管理规约，损害他人合法权益的除外。

第五条 建设单位按照配置比例将车位，车库，以出售、附赠或者出租等方式处分给业主的，应当认定其行为符合民法典第二百七十六条有关“应当首先满足业主的需要”的规定。

前款所称配置比例是指规划确定的建筑区划内规划内用于停放汽车的车位、车库与房屋套数的比例。

第六条 建筑区划内在规划用于停放汽车的车位之外，占用业主共有道路或者其他场地增设的车位，应当认定为民法典第二百七十五条第二款所称的车位。

第七条 处分共处有部分，以及业主大会依法决定或者管理规约依法确定应由业主共同决定的事项，应当认定为民法典第二百七十八条第一款第（九）项规定的有关共有和共同管理权利的“其他重大事项”。

第八条 民法典第二百七十八条第二款和第二百八十三条规定的专有部分面积可以按照不动产登记簿记载的面积计算：尚未进行物权登记的，暂按测绘机构的实测面积计算；尚未进行实测的，暂按房屋买卖合同记载的面积计算。

第九条 民法典第二百七十八条第二款规定的业主人数可以按照专有部分的数量计算，一个专有部分按一人计算。但建设单位尚未出售和虽已出售但尚未交付的部分，以及同一买受人拥有一个以上专有部分的，按一人计算。

第十条 业主将住宅改变为经营性用房，未依据民法典第二百七十九条的规定经有利害关系的业主一致同意，有利害关系的业主请求排除妨害、消除危险、恢复原状或者赔偿损失的，人民法院应予支持。

将住宅改变为经营性用房的业主以多数有利害关系的业主同意其行为进行抗辩的，人民法院不予支持。

第十一条 业主将住宅改变为经营性用房。本栋建筑物内的其他业主，应当认定为民法典第二百七十九条所称“有利害关系的业主”。建筑区划内，本栋建筑物之外的业主，主张与自己有利害关系的，应证明其房屋价值、生活质量受到或者可能受到不利影响。

第十二条 业主以业主大会或者业主委员会作出的决定侵害其合法权益或者违反了法律规定的程序为由，依据民法典第二百八十条第二款的规定请求人民法院撤销该决定的,应当在知道或者应当知道业主大会或者业主委员会作出决定之日起一年内行使。

第十三条 业主请求公布、查阅下列应当向业主公开的情况和资料的,人民法院应予支持:

(一)建筑物及其附属设施的维修资金的筹集、使用情况;

(二)管理规约、业主大会议事规则,以及业主大会或者业主委员会的决定及会议记录;

(三)物业服务合同、共有部分的使用和收益情况;

(四)建筑区划内规划用于停放汽车的车位、车库的处分情况;

(五)其他应当向业主公开的情况和资料。

第十四条 建设单位、物业服务企业或者其他管理人等擅自占用、处分业主共有部分、改变其使用功能或者进行经营性活动,权利人请求排除妨害、恢复原状、确认处分行为无效或者赔偿损失的,人民法院应予支持。

属于前款所称擅自进行经营性活动的情形,权利人请求建设单位、物业服务企业或者其他管理人等将扣除合理成本之后的收益用于补充专项维修资金或者业主共同决定的其他用途的,人民法院应予支持。行为人对成本的支出及其合理性承担举证责任。

第十五条 业主或者其他行为人违反法律、法规、国家相关强制性标准、管理规约,或者违反业主大会、业主委员会依法作出的决定,实施下列行为的,可以认定为民法典第二百八十六条第二款所称的其他"损害他人合法权益的行为":

(一)损害房屋承重结构,损害或者违章使用电力、燃气、消防设施,在建筑物内放置危险、放射性物品等危及建筑物安全或者妨碍建筑物正常使用;

(二)违反规定破坏、改变建筑物外墙面的形状、颜色等损害建筑物外观;

(三)违反规定进行房屋装饰装修;

(四)违章加建、改建,侵占、挖掘公共通道、道路、场地或者其他共有部分。

第十六条 建筑物区分所有权纠纷涉及专有部分的承租人、借用人等物业使用人的,参照本解释处理。

专有部分的承租人、借用人等物业使用人,根据法律、法规、管理规约、业主大会或者业主委员会依法作出的决定,以及其与业主的约定,享有相应权利,承担相应义务。

第十七条 本解释所称建设单位,包括包销期满,按照包销合同约定的包销价格购买尚未销售的物业后,以自己名义对外销售的包销人。

第十八条 人民法院审理建筑物区分所有权案件中,涉及有关物权归属争议的,应当以法律、行政法规为依据。

第十九条 本解释自2009年10月1日起施行。

因物权法施行后实施的行为引起的建筑物区分所有权纠纷案件,适用本解释。

本解释施行前已经终审,本解释施行后当事人申请再审或者按照审判监督程序决定再审的案件,不适用本解释。

附录4　最高人民法院关于审理物业服务纠纷案件适用法律若干问题的解释（2021.1.1）

（2009年4月20日由最高人民法院审判委员会第1466次会议通过　根据2020年12月23日最高人民法院审判委员会第1823次会议通过的《最高人民法院关于修改〈最高人民法院关于在民事审判工作中适用《中华人民共和国工会法》若干问题的解释〉等二十七件民事类司法解释的决定》修正）

为正确审理物业服务纠纷案件,依法保护当事人的合法权益,根据《中华人民共和国民法典》等法律规定,结合民事审判实践,制定本解释。

第一条　业主违反物业服务合同或者法律、法规、管理规约,实施妨碍物业服务与管理的行为,物业服务人请求业主承担停止侵害、排除妨碍、恢复原状等相应民事责任的,人民法院应予支持。

第二条　物业服务人违反物业服务合同约定或者法律、法规、部门规章规定,擅自扩大收费范围、提高收费标准或者重复收费,业主以违规收费为由提出抗辩的,人民法院应予支持。

业主请求物业服务人退还其已经收取的违规费用的,人民法院应予支持。

第三条　物业服务合同的权利义务终止后,业主请求物业服务人退还已经预收,但尚未提供物业服务期间的物业服务费的,人民法院应予支持。

第四条　因物业的承租人、借用人或者其他物业使用人实施违反物业服务合同,以及法律、法规或者管理规约的行为引起的物业服务纠纷,人民法院可以参照关于业主的规定处理。

第五条　本解释自2009年10月1日起施行。

本解释施行前已经终审,本解释施行后当事人申请再审或者按照审判监督程序决定再审的案件,不适用本解释。